Pillole per la memoria – 9

Isbn 978-88-96576-11-3

Prima edizione: 2009
Seconda edizione: 2021
Edizioni Trabant – Brindisi
www.edizionitrabant.it
redazione@edizionitrabant.it

Giacinto De Sivo

Storia delle Due Sicilie 1847-1861

II

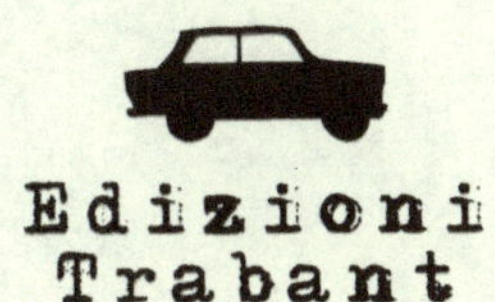

Edizioni Trabant

STORIA DELLE DUE SICILIE

VOLUME SECONDO

LIBRO DECIMOTTAVO

SOMMARIO

§. 1. Nel regno la rivoluzione ha poche forze. — 2. Decreti regi. — 3. Carestia. — 4. Quietudine. — 5. Condizione del regno. — 6. Governo di re Ferdinando. — 7. Traditori attorno al trono. — 8. Le Finanze. — 9. Confronti tra Napoli e Torino. — 10. Troppe economie. — 11. L'accentramento. — 12. L'amministrazione civile. — 13. La polizia. — 14. I Gendarmi. — 15. Le Guardie urbane. — 16. L'esercito. — 17. Come s'afforzasse. — 18. L'armata. — 19. La giustizia. — 20. Il clero. — 21. L'istruzione pubblica. — 22. Notizie di dotti trapassati. — 23. Quali i nemici interni. — 24. Condizioni della Sicilia.—25. Lamentanze sicule. — 26. Il Castelcicala. —21. Il Maniscalco. — 28. Tentano assassinarlo. — 29. Il clero di Sicilia. — 30. Come a' nostri errori rimediò la setta. — 31. Un anno di Francesco II. — 32. Le strade di ferro. — 33. Tutto è pronto.

§. 1. Nel regno la rivoluzione ha poche forze.

Per la calata de' Francesi, l'alta e la mediana Italia s'eran volte a rivoluzione. Il Milanese per guerra, Toscana, Modena, Parma, e Romagna, per insidiose conseguenze di guerra, quasi senza pugna, nè sangue, come gioco di bussoli, mutarono governo; e le popolazioni stupite di quei brogli fatti a nome loro, un po' pasteggiate, un po' minacciate, tollerarono, aspettando le felicità nuove. Ma tai mene non bastavano a muovere il nostro regno, più lontano dalle fonti corruttrici, più chiuso alle istigazioni, più tenace alle tradizioni patrie, e men rotto (fuorchè Napoli) a quelle mollezze ch'oggidì falsano la civiltà. Qui non bastò comprare i nostri più alti *inciviliti,* chè il *rozzo* popolo riluttò; e bisognò sforzarlo a cannonate e fucilate, e poi schiacciarlo e diradarlo con carceri ed esigli. Sardegna col pretesto menzognero d'esser chiamata, potè nella mediana Italia trionfare, gridando *non intervento*; nel regno quel pretesto non valse, bisognò *intervenisse* tutta la setta del mondo, e poi darle aiuto; e sì mescolar bombe e insidie, oro e ferro. I Lombardi e Toscani sottostettero senza reagire; i regnicoli, compri i pochi, riluttarono in moltitudine. Cotale opposizione fa più luccicare tradimenti de' nostri, perchè singolari; sicchè l'orbe cita con orrore i nomi di tre o quattro dozzine di traditori napoletani, mentre ha quasi dimenticati i traditori toscani e lombardi. L'aver tutti in un dì ceduto, ch'è più onta, fa tacere di loro; lo aver contrastato a lungo fa parlar di noi, e rende i nostri colpevoli ben traditori più solenni. I rivoluzionarii italiani stupivano a vedere il regno solo non ribellare; e forte ne rampognavano i nostri congiuratori, quasi inerti o codardi. Usarono seduzioni grandi, e indarno: il Manin scrisse un libro, *D'un nuovo diritto europeo*; e il dedicava al popolo delle due Sicilie, con una scritta incitante tutta a rivoluzione.

Ora pria di narrare le sforzate mutazioni, giova mostrare in questo libro le condizioni del regno.

§. 2. Decreti regi.

Intanto che s'addensavan nugoloni di fuori, il giovine re lavorava al bene interno. A' 25 novembre 59 prescriveva un dritto di lanternaggio pei nuovi fari messi sulle coste. Ordinava una commessione per discutere su i disegni d'ampliamento al porto di Napoli, e per la costruzione d'un bacino o *dock* corrispondente a' bisogni commerciali, artistici, industriali e politici del paese. Altro decreto del 25 febbraio 60 stabiliva l'ampliazione della città con disegno generale e coordinato. Ordinava il proseguimento della strada ferrata, fatta dall'erario, per Sanseverino e Salerno, e l'altra a' confini del regno; anzi a' 28 aprile ne decretò una rete per tutto il reame. Sul continente una linea da Napoli a Brindisi e Lecce; altra per Basilicata a Reggio; altra per Abbruzzo al Tronto. In Sicilia una da Palermo a Catania, altra per Messina, e altra per Girgenti a Terranova. Decreti del 31 marzo concedevano le borse di commercio a Reggio e a Chieti, coi regolamenti come quelli fatti per Bari. A 11 febbraio si crebbero gli stipendii agli agenti silvani. Al 1 marzo si scemavano le tasse doganali, in ispecie quella su' libri, state di tre carlini a volume, ridotta a ducati sei per ogni cantaio di peso.

§. 3. Carestia.

Per iscarsi ricolti mancava il grano; e i mercatanti avidi sel serravano, aspettando carestia. Sforzarli era attentare all'industria; però il governo si avvisò comprar grani all'estero, e venderlo con perdita e qui e in Sicilia. Sino a' 16 giugno entrarono nel regno tomola di grano 2,767,827, di granone 244,898, di avena 44,358, di orzo 54,295, cantaia di riso 20,588,36, e di farine 78,521,77, comprati a cari prezzi, mancando, in tutta l'Europa, il frumento. In Napoli il municipio vendea pane a' poveri per grani cinque a rotolo; lo stesso a Palermo, e per tutte le province. I grani esteri menati a' mercati facevan bassare i prezzi de' grani paesani, e svanire l'avidità e 'l monopolio de' ricchi. Inoltre era vietata l'esportazione, e anche a' 18 agosto 59 s'era proibito usare i granoni a trarne spirito.

Tai pratiche d'antiche teorie eran maledette dagli economisti nuovi, che intendono economia il comprar caro. I mercanti sbuffavano, chè fugata la carestia vedevano loro lucri in fumo; e gridavano alla tirannia d'un governo che faceva mangiar pane a buon mercato.

§. 4. Quietudine.

Minacciando rivoluzioni imminenti Francia e Inghilterra, il re sperava accontentare i dissidenti, con modifiche di leggi larghe; e vi lavorava attorno. Oltre l'allargare i consigli provinciali, si preparavan riforme alle tasse doganali e a' dazii di consumo, a modificare le leggi d'espropria sostituendo al principio d'apprezzo quello di vendita, e farne men dispendiosa e più breve la procedura. Queste mutazioni credo si facessero più a secondare in parte le voglianze, che a speme di grande utilità; perchè, con tutte le lamentanze ipocrite, il popolo vero sentiva sua prosperità e quietava. Il continente, per le molte soldatesche spinte in Sicilia e sul Tronto, avea poche milizie, e stava tranquillo. Napoli avente il comitato segreto de' congiuratori, e i palesi protettori ministri inglese, Francese e Sardo benchè di leggieri ogni dì stuzzicata dalla setta mondiale, Napoli dico, con quasi mezzo milione d'abitanti, e con appena cinquemila soldatelli nei quartieri, ancora che udisse rimbombar le pugne sicule, e le triste e bugiarde novelle, non die' un grido. Era tanta la pace che avevamo alla vigilia di quelle ruine, che i ministri inglesi n'erano sconsolatissimi, e il mondo lesse nei dispacci all'Eliot ministro in Napoli, presentati al parlamento di Londra, le incredibili offese lanciate al nostro sovrano e al suo governo. Infuriavano che stavam quieti. Ma chi di noi sentendosi in casa sicuro, potea credere che esteri potentati, per regalarne nomi di libertà, volessero recarne saccheggi, arsioni e fucilazioni piemontesi? Fuorchè i congiurati, nessuno sapeva del Piemonte altro che il nome e le pazzie.

§. 5. Condizione del regno.

Non dico il regno mancasse d'errori, e che paradiso fosse. Sinchè uomini governeranno uomini saranvi scontentezze, che questa è terra. Ma il bene umano è relativo, nè può in tutti e per tutto essere uguale. Le nazioni altre son guerriere, altre agricole, o commerciali, artiste e industriali; e qual per l'una e qual per l'altra cosa sovrasta. Male giudica chi non pesa il bene e il male; chè il più de' beni e il meno de' mali sommati fanno il grado di prosperità d'un paese. Usanza di sette è aggrandire i fatti d'un governo, senza valutar tempi e circostanze, e giudicarne a bacchio assolutamente, tacendone il bene relativo, quasi l'umana opera potesse esser perfetta. Chiudono gli occhi al buono, tutto veggon male, e voglion causa vinta. Napoli avea men soldati che Francia, men vascelli che Londra, men libertà che America, meno arti belle forse che Roma, men verniciamento che Parigi; ma queste cose sole non danno felicità. Eppure di tutte queste cose avea tal somma, che relativa al territorio e alle sue condizioni, non era seconda a nessuna. Commercio, arti, lettere, morale, culto, sicurezza, agiatezza, industria, scienze, libertà civile aveva in copia. La vita lieta e a buon mercato, piena di ricreazioni e godimenti era; chi non s'impacciava di sette era civilmente liberissimo, e potea far quello che volea. Nella somma delle cose il reame era il meglio felice del mondo; e quanti vi arrivavano stranieri vi arricchivano, e i più vi si restavano. La popolazione in quarant'anni crebbe d'un quarto. A dovizia monumenti, strade buone, acquedotti, manicomii, lazzaretti, ponti di ferro, di pietra e di battelli, arsenali, cantieri, caserme, opificii, ginnasii, accademie, università, chiese, reggie, ospedali, monasteri, ritiri, camposanti, porti, bacini, vascelli, fortezze, prigioni, asili d'infanzie, prosperose arti, agricoltura buona, pastorizia, bonificazioni di paludi, disseccamenti di laghi, raddrizzamenti e arginazioni di fiumi, orti botanici e sperimentali, monti di pegni e di frumenti, borse, banchi, porti franchi, istituti d'arti e mestieri, casse di soccorsi, di risparmio, di assicurazioni, di navigazione, case per proietti, vie ferrate, telegrafi elettrici e sottomarini, gassi, e quanto altro accennasse al ben della vita. Qui tenui le statistiche de' delitti, raro l'omicidio, pochi i poveri, la fame quasi male ignoto; la carità religiosa e privata, comunale e governativa provvedeva; non carta moneta, tutto argento e oro, poche tasse, poche privazioni, con poco si godeva tutto. Facile il lavoro, lieve il prezzo, molte feste popolari, rispetto a' gentiluomini, giustizia, tutela, sicurezza per tutti, ordine sempre.

Ma avendo il Gladston detto questo governo esser *la negazione di Dio,* le sette che lui avevano imbeccato, s'ingegnarono a portarne l'*affermazione del loro Dio,* ch'è stata la distruzione compiuta de' nostri beni. Ma prima infamarono i governanti e il paese con calunnie incredibili, ribattute ogni dì su tutti i giornali del mondo; e anche fecero scrivere storie menzognere, pingendo quasi cannibali i nostri re e i loro uffiziali; così per colpir quelli abbiettando la nazione che li avrebbe sopportati. Pertanto mi corre il debito di scrutare quali fossero i veri errori de' governanti, e dirli quali furono, nè scemati, nè esagerati, con coscienza e moderazione. Dovrò certo spiacere a molti viventi, o loro figliuoli, narrando loro falli, amici forse o anche a me affini; ma dirò spassionato, guardando al vero e alla posterità.

§. 6. Governo di re Ferdinando.

In Ferdinando son da notare due tempi, ambo lodevoli per forza d'intelletto e volontà, indipendenza nazionale, cresciute ricchezze, scemate tasse, sicurezza, opere pubbliche e mirabile ordine; fra' due tempi sta la rivoluzione del 48, e sparteli in due modi diversi di governo. Prima fiducioso dell'avvenire, spregiante o non credente a sètte, fidante in sè, molto perdonò, troppo anzi colmò d'onori e ufficii i vecchi nemici del trono. Dopo il 48, circospetto, pugnante con la rivoluzione, ma sperante in Dio più che nella potestà, indignato delle cose e degli uomini, poco in essi fidò, poco credè nel merito altrui, si lasciò a poco a poco circondare da alquanti uomini mediocri o astuti. Prima ebbe reggie e ministri, poi casini e direttori; prima scelse e fe' fare, dopo volle il più far esso; prima regnò, dopo amministrò; pria fu in mezzo al popolo, dopo lontano. Mescolamento di beni e mali prima e dopo, quelli da re, questi da ministro.

Da' narrati fatti riluce il gran bene che fece Ferdinando al paese; qui dirò i falli. Visti i danni venuti da ministri discordi e potenti, passato il 48 fe' l'opposto; chè prese volentieri uomini mezzani a uffiziali. E il più li volle non ministri ma direttori, cioè capi d'amministrazione non di governo, d'esecuzione non di comando, facitori non pensatori. A sè volse la somma delle cose alte e basse; e spese la vita a un lavorìo immenso, cui uomo non bastava, e vi macerò i giorni suoi. Schiacciato da facende e suppliche innumerevoli era, che ogni cosa doveva iniziarsi da esso; e seguendo la macchina dello Stato tal verso, l'ingegno v'avea poco a fare, sendo mestieri anzi di chi cieco ubbidisse, che di chi perspicace pensasse. Quindi molta forma, poco pensiero, spesso la forma alterava la legge, tra tante carte filtrava l'arbitrio; quindi falli di macchina senza responsabilità, pregio l'ubbidienza, non rampognato il mal fatto. Ciò adusava gli ufficiali a cercar piuttosto di trovarsi bene che di far bene: però salivan su i mediocri, perchè docili ad andare a verso di chi poteva più. Correa come fior di sapienza il motto: *Chi più fa meno fa.* Sinchè fu bonaccia s'andò avanti, al primo uragano si perigliò; e il *senno del non fare* la die' vinta a' congiuratori *che faceano.* Ferdinando avea nelle mani tutte le volontà; mancato esso appunto nel gran momento del bisogno, non si trovò chi abbrancasse il timone; e lo stato fra' marosi fu nave senza pilota.

§. 7. Traditori attorno al trono.

Eran giunti con ipocrisie a stare attorno al trono alquanti uomini mali. Alcuni eran vecchi massoni del 99, carbonari al 20, perdonati al 30, e rifatti semiliberali nel 48, ovvero loro figliuoli e nepoti. Altri nel 48 entrati in posto, giocato a doppio, eran rimasti, e pur dopo promossi; altri rapaci, coprenti l'avidità con inchini e baciamani. Questa gente unita sopraffaceva i vecchi signori notissimi per fedeltà e onestà; e or per un verso or per un altro pesavano come potevano su la popolazione. Costoro inoltre gittavano a tempo qua e là motti liberaleschi; e delle male opere loro aggravavano il re. Tacciavan tiranno quel sovrano col cui braccio si facevano tiranni.

Alcuni di questi dopo il 15 maggio ostentando reazione, s'eran messi avanti, ed eran saliti a gradi alti nella milizia e nel governo, con croci, titoli, e ricchezze. Si confessavano ogni domenica, sentivan la messa ginocchioni, parlavan di santi e miracoli; e intanto di sbieco lanciavan sospetti su' fedeli senza macchia,. Così fecero siepe attorno Casa reale, svogliandosene i buoni; e quando non so come il re si condusse ad annosa dimora in Gaeta, diventarono più potenti. In ogni branca di governo, e più nell'esercito, seminarono male contentezze; e facevano alzare a tutti uffizii, come lor veniva fatto, loro cagnotti. Fu in tal guisa costituito un disordine ordinato, un controsenso alle leggi, un controsenso al realismo, e lattarono la rivoluzione in nome della reazione. V'era un malessere latente inesplicabile, una fiacchezza uffiziale tra gagliardie di parole, un'audacia speranzosa fra' tristi, un malcontento sfiducioso fra gli amatori della patria e della monarchia. Veri oppressori e finti oppressi lavoravano concordi per contrario verso all'opera stessa.

Nel 1859 molti uffizii alti erano in traditori o fiacchi; parecchi di questi restati nell'ombra sfuggiranno alla storia; altri per ingratitudine e malvagità, stupefecero il mondo; gli uni e gli altri al momento del pericolo disertarono la reggia, o si misero col nemico. Ne fe' maraviglia la loro tristizia, sendo per vizii a immoralità ben noti; maraviglia fu sentirli liberali.

§. 8. Le Finanze.

Ora dirò a parte a parte il bene e il male de' varii ministeri dello Stato. L'erario napolitano era forse in Europa il più prosperoso. Sotto i Borboni, cioè dal 1734 al 1805, e dal 1815 al 1860, questi popoli non ebbero accrescimenti di tributi; e 'l marchese Tanucci, che vi stette quasi quarant'anni ministro, meritò scritto sulla tomba che mai non impose balzelli. Tal metodo, che posa sul rispetto alla proprietà privata, fece la ricchezza del regno. Pagammo poco, e avemmo molto. Questo era appunto il rangolo della setta, che vuol tasse e debiti per ingoiare l'altrui; laonde strepitava contro lo scandalo d'un regno, ostinato nel vecchio errore del non felicitare i sudditi con tasse e debiti consolidati. Gli economisti d'oggi insegnano che dove son più debiti più il popolo è ricco; perlocchè il governo napolitano, intanto a levarli, dicevano retrogrado e sciocco. Ma se non aver debiti è povertà, eravamo *poveri* felici.

Pagavamo sola tassa diretta la Fondiaria, pur messa in gran parte da' Francesi nel decennio. Avevamo quattro tasse indirette; una sulle dogane, tabacchi, sali, polveri da sparo e carte da gioco; l'altre tre sul registro, la lotteria e le poste, nè mai altre. Dalla restaurazione, del 1815 in qua, non aumentate mai, spesso scemarono; eppure bastarono alle spese, con l'ordine e l'economia. Provammo co' fatti il miglior governare esser quello che costa meno. Calcolate le imposte sulle popolazioni, ogni Napolitano pagava lire 14 di tasse all'anno, dove ogni Piemontese ne pagava 28.

Al medio evo eran tasse invariabili, cioè fissate a somme d'introiti certi; talvolta fittate o vendute a' privati; e così sendo l'entrate determinate, l'erario dello Stato non poteva crescere, benchè la ricchezza privata crescesse; e restava sempre povero fra l'universale prosperità. L'ultimo sistema, con proventi variabili a seconda della condizione sociale, associa lo Stato a' privati, sì che l'entrate d'entrambi salgono e scendono insieme all'avvenante. Così il governo, senza aggravare le tasse, crebbe l'entrate e le spese; perchè sendosi in questo secolo duplicata la ricchezza privata, duplicò del pari il provento al fisco; e ben ripartito bastò al bisogno; sebbene l'esercito salisse a centomila, e la flotta diventasse la prima in Italia, e le bonificazioni e le vie ferrate si facessero dal tesoro. Il bilancio del doppio regno nell'ultimo anno di Francesco II, chiuso a' 22 giugno 1860, saliva per introito ed esito a trenta milioni e 135,442 ducati; dove la Sicilia entrava per soli quattro milioni e 157,525, cioè pel sesto.

I nostri debiti si contano con le rivoluzioni. Per esse dal 1799 ai 1815 se n'eran fatti da pagare l'annuo interesse di ducati 1,420,000, che nè parevano assai; però ne' seguenti cinque anni l'economia borbonica portò tanto avanzo nell'erario, che fummo in punto da scemare d'un sesto il contributo fondiario. Ma i Carbonari del 1820 rovesciarono questo primo bene; e i sopravvenuti Tedeschi, e 'l riordinamento dell'esercito ne constrinsero ad altri ottanta milioni di debiti; onde gl'interessi crebbero a ducati 5,190,850. E quando tal frutto carbonaresco avrebbe dovuto produrre accrescimento di tributi, pure il re deciso a non gravare la proprietà privata, sopperì con economie; e fatte poche lievi eccezioni non crebbe gabelle. Ferdinando II, nel 1830, fe' come dissi ritenute su' soldi, scemò la sua lista civile d'annui ducati 370 mila; fe' del suo molte spese che prima gravavano il tesoro; e trovò modo da cassare le lievi tasse soppravvenute per eguagliare alle spese l'entrate. Lo stato di bilancio dal 1847 aveva sopravanzo di ducati 313,817,09. Allora scoppiò il 1848; e i figli de' Carbonari, fidi a' principii progressivi, cacciaron le mani dentro l'erario. E sebbene si schiacciasse la rivoluzione con arme proprie, pure ne costò il debito di altri annui interessi per un milione e 38,079 ducati. Saria stato necessità sovrimporre qualche gabella, ma neppure una se n'alzò; anzi alcune, come quella sul sale, restarono sbassate. Giungemmo a tanta prosperosa fama in Europa, che il nostro debito si negoziò sempre il più alto di tutti, e giunse al 120 per cento.

Spesso i bugiardi ripetendo le bugie finiscono col credervi anch'essi; così i settarii predicando che il re rubava lo Stato e mandava tesori a Londra, vedendo i miracoli dell'amministrazione, non se ne davan pace; e credettero il paese fosse una gran miniera, e che l'oro sbucasse di sotto a' piedi: perlocchè tanto più si struggevano d'aggraffarlo. Dipoi, perchè l'oro non di sotterra, ma da economia sorgeva, entrati essi, la miniera sparve. In un anno il Piemonte ingoiò i benefizii di 126 anni di regnare paterno.

§. 9. Confronti tra Napoli e Torino.

Giacomo Savarese fece confronti fra Napoli e Torino. Ambo ebbero il 1848; in Napoli tornò l'antico, a Torino seguitò *la libertà*. Ambo in 12 anni per cagione della rivoluzione han fatto debiti; ma Napoli crebbe l'interesse per lire 5,210,731, e Torino per lire 58,611,470; cioè questo Stato mezzo del nostro fe' più debiti di noi per interessi di lire annue 53,400,739, cioè quasi dodici volte di più che fanno per ragion di popolazione ventiquattro volte di più. Poi confrontate le tasse, trovò che Napoli di nuove non n'ebbe NESSUNA, e Torino per nuove e crescimento di vecchie ebbe 22 leggi aggravanti balzelli. Da ultimo confrontate le rendite de' beni dello Stato, notò nessun palmo di terra demaniale venduto da Napoli; dove Torino con cinque leggi vendè beni nazionali a Torino, Chieri, Gassino, Casella, Chiavasso, Genova, Cuneo, e lo stabilimento metallurgico di S. Pier d'arena. In somma Napoli assoluto non mise tasse nuove, non vendè terre, e restò ricco; e Torino, co' deputati della nazione, mise con 22 leggi nuove tasse, fe' debiti per 24 volte più di noi, e con cinque leggi vendè beni nazionali. Nulladimeno da Tile a Battro udivi Napoli imprecato, e Torino sublimato! E Torino, più non avendo da mangiare, venne a mangiar Napoli.

§. 10. Troppe economie.

Le tante economie, se coordinate con gli altri principii governativi, sarebbero state gran bene; ma sole, in disarmonia col resto, ne furono talora danno. Esse così assorbirono gli occhi de' governanti, che questi sol badando al risparmio non vedevan altro. In ogni cosa si voleva spendere poco. Poco per soldi a uffiziali, e n'erano spinti a disonestà; poco per molte opere pubbliche, e talora se ne avean melense; poco per indennità di viaggi, e non s'andava a vedere le cose; poco per la polizia, e quasi più non v'era polizia; poco per tutto, e spesso mancava il decoro.

Soprattutto fu cieca l'economia su' bassi impiegati. Molte cariche importanti con lievi soldi, e mezzi soldi, o senza; soprannumerarii, alunni senza niente, e per molti anni talora ciascuno si provvedeva da sè; e il più per campare si vendè alla setta. Le guardie di polizia con tre ducati al mese dovevano stendere le mani, o far soprusi, o vendere i segreti della potestà. Altri si stringeva ad allungare le faccende per buscar mance da sollecitatori. Per parsimonia non si visitavano i comuni, e spesso restavano non curati alla rapacità di certi loro municipali amministratori. La Finanza per risparmiare battagliava con tutti i ministeri. Il ministro Durso soleva vantarsi di non aver preso moglie per non dire SI. Si trionfava ad ogni NO. Si ritenevan decimi di soldi, doppii decimi, anche sulle spese di viaggi. Quasi il governo non fosse uno, ogni ministero attendeva a stringere tutti; ogni primario amministratore studiava la lesina per presentare risparmii alla fine dell'anno. Ma i soldi di quelle grandi non iscemavano. Oh! facemmo economie insigni; ma esse appunto spronarono l'avidità settaria; e la rivoluzione insaziabile inghiottì in pochi giorni il frutto di tante nostre privazioni.

Tanti stringimenti si tacevano per non imporre altre tasse, ma essi partorivano una maniera di tasse illegali; perciocchè gli uffiziali bisognosi e pagati male, si vantaggiavano sulla povera gente; la quale giudicando grosso, a ogni motto dicevali tutti ladri. Quindi mance per ogni cosa, a uscieri, a servitori, regalie indecorose il Natale e la Pasqua, gli onomastici e i morti; e s'era fatto andazzo, nel quale pur qualche onesto cadeva. Peggio che *gli avvocati amministrativi*, ovvero i sollecitatori, queste minuzie rapportavano a' loro lontani clienti esageratissime. Ma credo tai cose non s'estirperanno mai pienamente da qualsisia governo. Un fallo proprio nostro era quello delle percettorie e ricevitorie de' tributi. I percettori e ricevitori eran pagati assai bene, e quando ci stavan sul luogo eran caritatevoli, davan dilazioni e larghezze perchè non avean bisogni. Ma tai cariche cominciaronsi a dar per grazie ad alti personaggi, o a' loro figliuoli anche di culla; cui poi si permetteva venderle o fittarle; onde v'andavan persone sostituite per un niente. Questi miseri e avidi non potevano dar requie a nessuno; e con soprusi e spese ruinavano i contribuenti poveri. Ciò era un lamentio comune, e un maledire. E quelle grazie andavano perloppiù a' Nunzianti, a' Pianelli, a' Lanza, a' Clary e a molti di quei generali, che poi visti mille mascalzoni han lor dato il regno.

§. 11. L'accentramento.

L'altro vizio era l'accentramento amministrativo. Tratta la potestà al re, i ministri suoi l'imitavano ove potevano; sicchè ogni dì più si tirava al centro, con vero danno pubblico. Il governare vuol essere, accentrato, chè un sol pensiero dee volgere tutte volontà ad un fine; ma l'amministrare, che non volontà ma cose riguarda, non si può accentrare. Confuso l'amministrare col governare, se n'eran pur confuse le branche e i concetti; nè più se ne sapeva o voleva vedere la differenza. Si governano gli uomini, e si amministrano le cose; però si può da lontano governare, non si può da lontano amministrare. Eppure tutti da Napoli volevano amministrare province, ospizii, soldatesche, collegi, fortezze, diocesi e ogni cosa. Mentre i direttori nelle cose di governo mancavano d'indirizzo uno, tutti poi le cose amministrative tiravano a sè, pel piacere di comandare. Non isceglievano uffiziali buoni, e volevanli macchine, passatori di carte; il che n'avvezzò a non pensare, nè a provvedere, altrimenti che schizzando inchiostro.

L'accentramento in ogni ministero infierì cieco, e fu esso non ultima cagione de' rovesci guerreschi. Niuno osava movere un soldato o una daga senza *ordine superiore,* onde venivan ritardamenti ed errori; perchè se da lontano non puoi guidare una casa, meno guiderai la guerra, dove sortono casi subiti e impensati. I nostri duci avvezzi ad esser passivi, non sapevan fare essi; intenti a sfuggire responsabili là, vedean senza rimorso cader il mondo; nè si risicavano a iniziare un movimento, nè a dare nè a modificare ordini. Ciò dicevauo *disciplina:* ciò frenò sempre l'ardore del soldato, e 'l fe' vinto senza guerra. I fedeli rattenuti a difendersi, i ribelli sbrigliati dalla rivoluzione, bravi a sicure offese.

§. 12. L'amministrazione civile.

Dell'amministrazione civile ho parlato al libro 3, e poco è da aggiungere, perche essa poco variò da' modi piantativi dal Sant'Angelo, che nel 47 n'avea lasciato il ministero. Dopo i ministri rivoluzionarii del 48, tennerla il Durso, il Longobardi, il Murena e il Bianchini. Dal 1849 al 53 si rivendicarono a' comuni 108,950 moggia di terreni usurpati; e furo parecchi terreni demaniali divisi a' coloni poveri. Anche sino al 60 molti altri terreni si rivendicarono. Tutte le usurpazioni verificare, giudicare e reintegrare non si potè; nè tampoco menare a fine gli avanzi delle liti feudali. I commessarii ripartitori de' demanii aveano al tempo de' Francesi grandi potestà, eppur quell'opera gravissima di scrollamento feudale in breve a grandi colpi in gran parte eseguirono: succeduti con le nuove leggi gl'intendenti, questi avean troppe faccende, nè guardavano i demanii; però usurpazioni, lamenti, liti continue. S'avevano a mandar delegati, e perchè mal pagati svogliati; poi rapportare, citare, udir le parti, giudicare, e con forme solenni andare sino al re per la decisione. Ciò forse era necessità per evitar gli abusi; ma ritardò l'opera, nè credo mai si compirà, senza magistrati di eccezione; dotti e integri.

Lo abbandono delle cose demaniali menò a male quel bene de' demanii spartiti a' poveri. Non si seppe impedire che questi vendesserli per nulla; onde nacquero speculatori succeduti agli usurpatori primieri; i quali con più brogli che monete presero il luogo qua e là degli antichi baronetti.

Niuno negherà che l'amministrazione in questi ultimi anni procedesse più oculata. A forza di spremere sugli affitti dei fondi e de' dazii s' alzarono di molto le entrate comunali; le spese con più ragione e modo s'eseguivano; e credo i municipii, ove fossero stati alla sola dipendenza de' superiori ordinata dalla legge, meglio sarian prosperati. Ma il pazzo sistema d'accentramento guastava tutto: generava brogli, concussioni, ritardo, latrocinii, stolti ordini, inesecuzioni, e menzogne. Tutto si tirò al ministero; quindi istruzioni, regolamenti, lettere, rampogne a milioni, per indurre l'amministrazione a formole da risolvere tutti i casi a una misura: si volea Napoli preveder tutto, saper tutto, approvare o disapprovar tutto. Gl'intendenti e i sindaci non potean movere un carlino, non rimuovere un servo comunale. Conseguitava uno scrivere eterno, un andare e venire di carte, dimande, spiegazioni, incertezze ed errori; certo il ritardo, incerto l'esame, danno certissimo alla cosa pubblica. Il ministro non bastando a leggere, udire e risolvere tante miriadi di faccende, dovea fidare; e così giovanetti uffizialetti del ministero, senza esperienza nè conoscenza, comandavano a batocchio. Non si lasciavano amministrare secondo la legge a quindici Intendenti le province loro; e per accentrare la amministrazione la si sparpagliava in mille del ministero; onde udivi definizioni dissimili di casi consimili, e vedevi capricci, arroganze, deferenze e peggio.

Ma la testardaggine umana non muta natura alle cose. L'amministrazione è fiume gonfio cui non basta dir ferma, ch'ei t'allaga. Dire a' municipii non fate senza permissione, significava non vivete; la bisogna sociale vuol subiti provvedimenti, e segue sua urgenza: si cercavano permessi talvolta dopo l'opere. Però altro parere e altro fare; e la necessità del mentire metteva capo al rubare; che viste approvar tardi cose da farsi ch'eran fatte, qualcuno n'impetrava per cose da farsi che non faceva. Il ministero si gloriava d'avere accentrato, e avea burle. Gli uffiziali impacciati sul tavolino per tante minuzie, non avean tempo da verificar molto.

L'accentramento voleva gran braccia pel grande scrivere; però mentre tutto era risparmio occorrevan molti a lavorarci più erano, e men si pagavano; più bisognosi, che si provvedevano con la man rovescia. Mille richieste per una approvazione, e passavano anni: quindi ritardi alle discussioni de' conti, danno gravissimo. Ne seguivano spesse significazioni e condanne a' sindaci, che n'erano sforzati a viaggiare, tener procuratori, dar beveraggi, o pagar del proprio. I disonesti sapean come rifarsi; gli onesti fuggivan la carica, nè bastavan multe a sforzarli, chè fuggivan da' paesi. La legge comminava multe di venti ducati, bisognò un decreto l'elevasse a dugento. E pagavanla, nè facevano i sindaci.

S'ebbe a' 7 aprile 51 un nuovo regolamento sulle intendenze. Prima gli uffiziali di esse non avean decreto governativo; per accentrare pur questo capo s'ordinò la nomina ministeriale; così si resero men dipendenti da' superiori del luogo, e riottosi e baldanzosi. Spada a due tagli: se cadevano in colpa, potevano per protezioni sul ministero sfuggir la pena; ma per contrario se avean là qualche nemico, per un nulla eran traslocati lontano, costretti a viaggiare con famiglie e mobili appresso, con pochi ducati di soldo. Vedevi visi nuovi arrivati da lungi, ignari delle costumanze, sparuti e miserrimi. Si venne a tale che pur qualche usciere fu fatto in consiglio di Stato.

L'altra fantasia fu nell'opere pubbliche. Esse invero sono vanti de' Borboni. Carlo III fe' monumenti insigni, Ferdinando e Francesco seguitarono; Ferdinando II guardò più al numero che alla grandezza, e n'era caldissimo. Dal 51 al 55 si spese sul continente in opere pubbliche per 14,693,182 ducati; nel 56 se ne spesero 4,517,587. Le strade nel 1828 erano appena per miglia 1505; nel 55 giunsero a 4587, e più dappoi. Ma tal lodevole intento uscì in vizio, pel troppo volere di certi governanti andare a verso del re; che mancando spesso i denari usavano arbitrio. Talora s'occupavan fondi privati, s'abbattevano case, e di compensamenti si parlava poi. Quando tai cose il re conobbe, ordinò severamente non s'occupasse per pubblica utilità nulla più, se non pagato prima.

L'accentramento inoltre è idea rivoluzionaria partorita dall'89, che fa facili le rivoluzioni. Per esso un tumulto riuscito in una città capitale rimuta a un botto lo Stato; siccome s'è visto in questo secolo più volte in Francia, accentrata a Parigi.

Tra noi lo accentramento cominciò ad esagerarsi sotto il Sant'Angelo; sempre più co' seguenti ministri s'alzò; più debaccò col Bianchini, che non fe' altro che firmar carte. Surto col nuovo re il Rosica, si prese a restituire all'amministrazione le facoltà di legge; ma subito la rivoluzione guastò tutto.

§. 13. La Polizia.

Mentre si stampavan vituperii contro la napolitana polizia, quasi non ve n'era; ridotta a forme, gravante solo su' piccini. V'era venuto a' 14 settembre 55 direttore il detto Bianchini, ch'era anche all'interno, sì cumulando due grandi ministeri, uomo più da corteggiamento che da lavoro. Bentosto gli fecer siepe attorno settarii d'ogni maniera; e sì l'addormentarono ch'ei si credeva in paradiso. La setta in quei cinque anni s'ordinò tutta da un capo all'altro del regno; stabilì comitati, sistemò la propaganda, e le corrispondenze, sparse attorno mandatarii impunemente, guadagnò pubblici uffiziali e magistrati; e per più tenere il direttore in riguardo, fea stampare all'estero cose tremende di questa polizia, allora appunto ch'era rimbambita. Certo non mancavano soprusi; ma tutte le polizie moderne sono come le scope, che per nettar altri imbrattan sè. Inoltre è da considerare l'indole del popolo napolitano, tutta passionata, che di leggieri dà in troppo, e nell'azione e nella reazione. Qui tanto il male che la repressione del male ha faccia di veemenza; ogni cosa fassi con modi maneschi e rumorosi; perlocchè quante polizie qui vedrai, parran sempre angariatrici e opprimenti. Più assai birresca fu la polizia del decennio francese; e quella de' liberali dopo il 60 non ha più tristi paragoni, incredibile nemica d'ogni umano e divino dritto.

Dissi iti alle Finanze i fondi per le spese di Polizia: ciò tolse al ministero la potenza preventitrice de' reati; chè chi per niente fa l'arte della spia? e chi la fa a prezzo, se questo è palese, fuggito da tutti, niente spia. Nelle province gl'intendenti non aveano un ducato da spendere in segreto, e per averne aperto era uno stento. Però mancandosi di occhi ad appurare i maneggi settarii, la polizia stava solo per le cose comuni, dove riusciva pianta parassita anzi che fruttuosa. I suoi bassi agenti scarsi di soldo, e talor d'onestà, s'ingegnavano a render servizii per mance a' ricchi; su' poveri pesavano; ond'essa in breve restò fiacca per la sicurezza dello Stato, valida per noiar la buona gente. Così s'avvezzavano a poco guardare, a niente operare; e chi si zelava tacciavano imprudente o almanaccante, mandavanlo viaggiando per province discoste. Finì ch'anco i buoni uffiziali si turarono la bocca, per non aver guai da quello stesso governo che dovea premiarli. Anche attorno al re, sendovi una sezione di polizia addetta al palazzo, v'era il marcio grande; e il fatto provò che i più spiavano non la setta, ma il re per la setta.

Dissi anche delle liste de' sospetti, severe a pompa, non eseguite. Quelli atteggiati a vittime di dispotismo, aven favori da ogni parte, esenzione di cariche onerose, dritto a lamentarsi, e a farsi credere oppressi. Parecchi viaggiavano *gratis* sulla regia strada ferrata; s'avean sempre il miglior posto, e per poche regalie la Pasqua e il Natale trovavano tutte porte aperte. Per contrario la gente minuta, devotissima al trono, vedevi compressa per ogni minimo fallo; un po' di tabacco intercettato, un qualche grosso cane, un bastone grossetto lor facevano sperimentare la potenza poliziesca; in mentre i Mazziniani, in carrozza alla libera, armati e baldanzosi, s'avevano le scappellate de' regi uffiziali. La polizia, non più forza al governo, era utile a' cospiratori.

§. 14. I Gendarmi.

Erano i gendarmi quasi settemila, tra fanti e cavalli, in cinque battaglioni e cinque squadroni, disseminati per ogni paesello. Dopo il 48 non più come prima potenti, nè soperchiatori, con questo men solerti, volsero l'arme a uso di mercanti, a' ricchi servendo, a' poveri imperando. Costituita s'era da moltissimi anni, a' tempi del Del Carretto, una ruberia sistemata quasi aperta. Un caporale in ogni paesello metteva prezzo mensuale a taverne, locande, caffè, bigliardi, pizzicagnoli e venditori ambulanti; e si chiudeva gli occhi sull'infrazioni dell'ordinanze, cioè giochi proibiti, star aperti in ore vietate, e altre minute contravvenzioni. Della tolleranza, anzi del mancare al dovere, s'avean fatto un provento; ciò fruttificava al capitano, e anche più su; laonde si spartivan per le terre tai caporali e sergenti per favore, secondo il più o il meno che pagavano a' superiori in ogni mese; e talora se ne facevano licitazioni, ponendo quelle ruberie all'incanto. Costoro pertanto sicuri e protetti, se ne rivalevano per dieci doppii, e pesavano sul popolo; che i faziosi facevanseli amici per un carlino. Severo sono, chè questa fu troppa vergogna. Venuta la rivoluzione, vedesti i più di quei caporali farsi disarmare senza dir molto, o scappare, o voltarsi a quella, come fecero i loro comandanti Brigadiere Santamaria e colonello Francesco Dupuy. Il quale di casa dal re beneficatissima, carico di croci, tradì vilmente; e fu tra' fieri persecutori de' suoi compagni rimasti fedeli. Nondimeno pur molti uffiziali e soldati di gendarmeria egregiamente fecero il debito loro, come narrerò a suo luogo.

§. 15. Le guardie urbane.

Le guardie urbane erano agricoltori, artegiani, mercanti e cittadini in ogni contrada del ragno; però numerosissimi, devoti all'ordine e alla monarchia; e fu la più utile instituzione nostra, de' cui servigi sempre si facevan belli i gendarmi. Resero di fatto servigi grandi alla sicurezza della proprietà e dello Stato; senza rimunerazione, servian la patria per amore. Eglino presero i Bandiera nel 44; trassero fucilate al Garibaldi ad Arce nel 48, debellarono e uccisero il Pesacane a Sanza nel 57; eglino tenevan gli occhi su' latenti maneggi della setta; però odiati da' faziosi, e tenuti sempre depressi da chi vedevali ostacoli a' tradimenti. Erano la vera rappresentanza armata del popolo; e avrebbero ben essi combattuta la rivoluzione; chè non avria potuto pur mostrarsi, sendo pochi e disseminati qua e là i congiuratori, senza forza nè seguenza. Erano l'antidoto della rivoluzione, anzi la controrivoluzione in potenza. Però tenuti quasi senz'arme per affettata diffidenza, mal sopportati da parecchi militari, poco sostenuti dagl'Intendenti, dove rapportavan cosa su' settarii, risicavan d'esser detti visionarii, *denunzianti,* e mossi da livori di parte e da vendette private. Trovavano ostacoli in ogni dove; dalla setta di nascoso, da molti uffiziali regi in palese; nondimeno con ammirevole costanza, mossi da sentimento arcano e dall'amore della cosa pubblica, lottavano non isconfortati. Ed era lo stesso per gli Urbani di Sicilia. Pertanto a preparare la rivoluzione in quell'isola si cominciò ad abolirli in Catania e in qualche altra città grossa, sotto colore di alleviare i comuni dalle spese di caserme. E quando il Garibaldi dovea passare sul continente, il ministero traditore s'affrettò a scioglierli e lor surrogare i Nazionali. Sperperata la rappresentanza del popolo, s'alzò la rappresentanza della setta. Di ciò meglio appresso.

§. 16. L'esercito.

L'esercito nel 1848 e 1849, quando ben s'era condotto, avea diciotto reggimenti di 2200 uomini ciascuno, nove battaglioni cacciatori di 1150, ottomila e più Svizzeri, oltre la cavalleria, i gendarmi e i veterani invalidi. Dappoi s'accrebbero cinque battaglioni, tra cacciatori, tiragliatori e Svizzeri. La sperienza del 48 avea mostro il paese mancare di fortificazioni buone a difesa; e sendo l'erario dalla rivoluzione scusso, nè il re volendo imporre tasse nuove, non v'era modo a spendere. Dall'altra si pensava il regno non poter crollare per rivoluzione; de' conati venuti di fuori essersi visti gli sforzi inani, e nessuna difesa bastare contro grandi potentati. Chi sospettava dell'arme del Piemonte, e de' suoi brogli incredibili? Pareva dunque equo non aggravare i sudditi di spese per armamenti, che credevansi non servire. Inoltre i soldati non avean buone arme, nessun corpo avea fucili a percussione, nè carabine rigate. Si pensò scemar le forze dei corpi, e con quelle economie rifar l'altre cose. Così costituironsi lavori a Gaeta, e qualcosa a Messina e in altre cittadelle, ma poco. Nulla a Capua, sendo idea di Ferdinando ergervi un gran campo trincerato, che non seguì, per mancanza di moneta.

Per tai ragioni scemato assai il numero de' soldati, si giunse che una volta un reggimento, tolte le guardie e gli assenti, contava appena trecento in ischiera; quindi negli uffiziali ignavia, mancanza d'esercizio e comando, scemamento di spirito marziale. Per risparmio si tardavan gli ascensi, e v'eran vecchi impotenti e giovani scontenti. Nel 1858 l'esercito era in quadro piuttosto che in fatto, nè com'era composto poteva entrare in campagna. Ciò si taceva dal governo; sapevalo la setta. Nulladimeno i battaglioni cacciatori eran belli, prodi e svelti; chè i nostri soldati, massime gli abruzzesi, sono gente indurita a fatica, a disagi di monti, a parsimonia, pazienti e coraggiosi; e tutti siccome figli di buoni contadini amavano la patria ed il re. Buona la cavalleria e ben montata; scarsa l'artiglieria, ma bene istrutta, mancava di cannoni rigati, inventati allora allora. Gli scrittori garibaldeschi, per non far vedere loro vittorie compre, gittan giù l'esercito napolitano; celano il buono, esagerano il male, e sbagliano sempre, non sapendo dire neppure veramente il male, intenti ad abbassarne alla cieca. Io dirò il male, forse più che essi, ma vero. Eglino, per salvare i traditori pochi, infamano la nazione tutta; io della nazione tradita mostrerò la compressa energia, e de' colpevoli narrerò le vergogne.

Difetto era negli uffiziali; poco sapevano di lettere e scienze, istruiti nel maneggiar l'arme e delle ordinanze: geografia, fisica, tattica, strategia pochi intendevano. Quei d'artiglieria e genio bravi nel mestiere, senza più: come uscivan di collegio quasi non studiavan altro. Già lo Ayala stato maestro al collegio militare, v'avea schizzato il seme settario; uscito lui, restaron suoi scolari, e v'entravano suoi scritti di nascoso. Però nell'artiglieria e genio v'era infezione, e anche nello stato maggiore, dove il Filangieri e 'l Nunziante vi lasciarono entrare parecchi adepti di sètte. Questi poi nei momenti di guerra, stancando o menando a male i soldati crearono le corone al Garibaldi. L'Ayala stesso ha stampato nel 1800 che istigati da lui gli uffiziali a disertare, rispondessergli nol farebbero aperto, ma sperare *la rivoluzione li vincesse.* Questo è l'onore de' settarii.

Fra gli uffiziali di linea era men fradicio, ma più ignoranza e miseria. Una legge vietava menar moglie a' sottuffiziali; poi impetravano la grazia. Altra vietavalo agli uffiziali, se non con dolo di quattromila ducali; e pure avean grazia, e simulavano la dote. Venuti figliuoli, nè bastando il soldo si dovean gittare a rubacchiare nelle compagnie e ne pigliavan l'abito; sicchè vedevali inonesti pur negli alti gradi. La miseria tronca gli spiriti, snerva il coraggio; l'ignoranza addoppia le fantasie de' pericoli; l'amor dei figli, il timor del lasciarli orfani su piana terra, tien l'uomo riguardato nel fervore del conflitto. Gli uffiziali divisi per arme si guardavano in broncio, gelose l'una dell'altra, e tra loro gelosi. I sottufficiali eran quasi un'altra casta, e un'altra i soldati; quindi diffidenze in tutti. Tra quei di mare e di terra era un abbisso: parean di due nazioni. Quindi in tutti vizio di egoismo, non virtù di colleganza. Nello insieme fu detto del nostro esercito, e si sperimentò, che avesse soldati bravi, buoni sottuffiziali, mediocri uffiziali, mediocrissimi colonnelli, e generali di nessuna bontà. Certo furonvi onorevoli eccezioni, e la storia alquanti ne noterà; ma il più de' generali erano uffiziali fatti vecchi; ovvero uomini che comprato il grado da fanciulli, eran saliti sopra gli altri. E appunto da questi ultimi uscirono i più traditori.

L'accentramento e l'economie infierivano pure nelle cose militari, ma qui sovente pel fine d'aggraffare. Gli ispettori di fanterie o cavallerie, le direzioni del Genio, dell'armature, de' vestiarii, degli ospedali pensavan sempre a stringere le spese. Al soldato toglievano ogni refrigerio. Un ordine tolse la cenere del loco de' *ranci* alle povere mogli de' soldati. Altro volle gli ospedali serbassero le briciole cadenti da' tagliamenti del pane, onde non si comprasse il pane grattugiato. Altro chiese ad introito il valore delle carte de' maccheroni. Un qualche colonnello faceva spegnere lo lucerne pria dell'alba, per risparmio d'una sopra dieci. L'ispettore di fanteria pigliava da ogni compagnia una piastra al mese, risecata dal *lustro,* cioè dalla privazione de' poveri soldati. Gli ospedali stringevan le fibie sulle medele, sul nutrimento, su' pannilini. Le direzioni dell'arme stringevan sugli artefici. L'ispettore di cavalleria scemava fieno e biade a' cavalli; e per non ismagrarli diminuiva gli esercizii. Il De Sauget capo della giunta de' vestiarii lavorava grosso. Non finirei a dir per minuto tai vergogne. Quando andavan reggimenti per le province, eran la disperazione de' sindaci: volevano alloggi, paglia, olio e danari; e come l'ordinanze vietavano le due ultime cose, il sindaco talvolta per amor di quiete pagava esso. È maraviglia che tanta avidità li lanciasse poi a farli corrompere? Quasi tutti quei che sperimentammo traditori eran già noti malversatori e inonesti. Il governo colpava di poca severità co' ladri, purchè credesseli fedeli; ma la fedeltà è virtù, nè può stare con le ruberie. I più ladri si scopersero i più liberali, quando venne il tempo dell'*Italia una.*

Questi veri con amaritudine dico, ma essi furon cagione della poca coesione di quell'esercito bello a vedere. In essi è il segreto delle sue sventure guerresche. Meglio svelar tai malori e le infamie de' pochi, che lasciar nell'Europa e nella posterità note ingiuste di codardìa sulla nazione. Sapendoli, sarà anzi giudicata un portento la lunga difesa.

§. 17. Come s'afforzasse.

Adunque l'esercito era fievole per numero, per arme, scienza e pensieri; quando nel 1858, visto abbuiarsi il mondo, si corse a reclutare ed armare in fretta. Si chiamò la leva di quell'anno e del precedente, e s'ebbero trentaseimila reclute, che alquanto riempiuti i vuoti trovarono mediocri uffiziali. Per non gravar l'erario, non si tentarono rimedii radicali, nè si *giubilarono* i vecchi. Si scelsero poi battaglioni cacciatori quasi i migliori uffiziali, ma non si potè nulla pe' ventotto battaglioni di linea rimasti scheletri. I loro 168 capitani facevano quasi diecimil'anni d'età, cioè ciascuno aveva intorno a sessantanni. Non si fe' altro sforzo; che sendosi in pace, si credea bastare a tener l'interno, non ostante le mene straniere. Dopo le annessioni d'Italia, sospettandosi aggressione, si chiamò la leva del 1859, e si resero compiuti i reggimenti di linea; ma con vecchi e inerti duci eran piuttosto numero che soldatesche.

Sopraggiunta la cacciata degli Svizzeri, e la certezza de' brogli con l'oro sabaudo, venne evidente la necessità d'armarsi bene, e surrogare altra gente a' Svizzeri mancati. Si ridussero a percussione i fucili, e si chiamò l'ultima leva del 1860, in altri diciottomila; cosicchè quattro leve fatte in breve posero nell'esercito settantaduemila reclute non istruite, quando erano imminenti le pugne. Considerandosi Sicilia non dar soldati, nè bastare il solo continente, s'apersero reclutamenti di volontarii siciliani ed esteri, da farne due reggimenti di linea, quattro battaglioni cacciatori, e tre esteri (de'quali ho su detto); il che sul cominciare del 60 era avviato alla meglio.

Tai solleciti incrementi, e le necessarie promozioni molte e in fretta, fero il danno che posero uffiziali e generali nuovi a nuovissimi soldati. Fu così grosso l'esercito, ma disunito, poco fidante in sè, e con nemici nelle sue file stesse, venuti a posta di dentro e di fuori per farlo distruggere. Gli scrittori stranieri n'esagerano il numero; ma da documenti uffiziali ho per fermo che a' 4 aprile, principio della rivoluzione, era tra fanti, cavalieri, artiglieri, genio, guide, gendarmi, guardie reali, uffiziali alle classi sedentanee e in commessionii, collegi militari ed altro, in tutto di 93,091 uomini e 9194 animali; tra quelli erano 2869 uffiziali. In Sicilia si trovano 24,864 uomini e 1338 animali.

Facevano i fanti sedici battaglioni cacciatori, uno di carabinieri esteri, quindici reggimenti di linea, due granatieri e uno cacciatori della guardia reale, uno di marina, un bel battaglione di tiragliatori della guardia, due di zappatori e pionieri, e uno di pontonieri. L'artiglieria avea due reggimenti, una brigata di seicento artiglieri, quindici batterie montate da campo e da montagna, e una batteria a cavallo. I cavalli eran nove reggimenti: due ussari, due lancieri, tre dragoni, uno cacciatori, e uno carabinieri, oltre uno squadrone di guide e parecchi di gendarmi.

Ogni reggimento di fanti facea due battaglioni di sette compagnie, ciascuna di 160 uomini. Il reggimento di cavalli facea cinque squadroni di quattro *plotoni* ciascuno, ogni plotone avea venticinque uomini. Ogni batteria era d'otto cannoni, con circa dugento tra servienti e conduttori. Ma tai numeri, come sempre avviene, mai nel fatto eran compiuti; e l'Ordinanze prescrivevano farsi in tempo di guerra battaglioni da operare, minori de' consueti, più agevoli a' movimenti. Con ciò risparmiavi uffiziali superiori. Adunque se togli i gendarmi, gl'invalidi, i collegiali, i mancanti, e altri molti scritti sì ne' ruoli, ma inabili al servizio, consegue che l'esercito napolitano effettivo pronto a combattere non passava i sessantamila, su tutta la superficie del regno.

§. 18. L'armata.

Molto il paese s'aspettava dall'armata, costata tanto, ricca di navi, potente per cannoni, florida per marinai ottimi, animosi e destri; eppure di là venne la maggiore ruina. Fece brutta mostra d'infedeltà, pel cuor vendereccio o dappoco del più de' suoi capi. Gli uffiziali in gran parte nè onesti nè sapienti, surti per favori, beneficati oltre misura, avean grosse mercedi, croci cavalleresche, percettorie, collegi *gratis* a' figliuoli, e a' figliuoli e nepoti uffizii per grazia in magistratura, in amministrazioni, nelle Finanze e nell'esercito. Fatto i Sardanapali all'ombra de' gigli, presero la croce sabauda piuttosto per iscansar fatiche che per congiurazione. Non che congiuratori vi mancassero, ma i più subirono la congiura per codardia. La setta stava tra' giovani, chè nello stesso collegio di marina era tra' maestri il mal seme. A' 5 agosto 1850 s'era creato un Consiglio d'Ammiragliato, preseduto come dissi dal conte d'Aquila Luigi di Borbone, che per farsi proseliti non curò la disciplina, e lasciava fare. Però non avea in pregio i sapienti e i decorosi, ma gli spioni, o chi il solleticasse favellandogli di ballerine e cavalli; perlocchè i più furbi o vendereccì più salivano in grazia. Da più anni si sussurrava di furti grandi nelle costruzioni de' bastimenti, e su vettovaglie, polvere e carbone. La forza di mare costava all'erario due milioni e settecento mila ducati annuali; e servì a combattere il regno.

Era numerosa, e dopo il 48 crebbe. Prima il *Vottis* e 'l *Bombay* fregate comprate a Londra dalla Sicilia, cui riappellammo *Veloce* e *Fulminante;* poi nel 50 l'*Ettore Fieramosca* con macchina di Pietrarsa, e 'l *Monarca* vascello a due ponti, varato il 5 giugno a Castellamare; nel 54 a' 18 luglio si varò la *Maria Teresa,* brigantino a vapore; e nel 56 a' 28 maggio il *Torquato Tasso,* fregata con macchina pur fatta a Pietrarsa. Sicchè nel 60 avevamo in tutto due vascelli: il *Monarca* misto di 90 cannoni, e 'l *Vesuvio* a vela di 81, ma non atto a entrare in guerra; due fregate da 60, tre da 44, una corvetta, cinque brigantini, un *Cotter* una bombarda; di legni a vapore, dodici fregate, quattro corvette, quattro brigantini, quattro golette; poi 79 barche cannoniere e bombardiere, e le navi da trasporto. Certo alto numero di navi, ma alquanto addietro per la qualità alle migliorazioni seguite negli ultimi anni nell'altre armate; chè non bene opportuni avevamo porti militari, arsenali e approvigionamenti. Ma il male interno era la mancanza di nesso tra gli uffiziali, i pensieri diversi, le avidità, le malizie, l'ignavia di ciascuno. Pochi eran buoni. Impertanto credo che l'armata nostra non poteva entrar in lizza nè anche a forze uguali con navi inglesi e francesi, ma certo superava quelle dei Sardi, e di leggieri combattendole poteva averne la palma. È da notare che benchè molti porti antichi sulle coste richiedessero lavori grandi, pur vi si spendeva: quello decretato nel 56 a Pozzuolo, col farsi il canale tra 'l mare e i laghi Lucrino e Averno, si stava eseguendo. Si lavorava in Puglia e in Sicilia agli altri. Nel 53 s'era instituita la corderia navale presso il cantiere di Castellammare; e nel 52 s'era costruito il bacino da raddobbo a Napoli. Ma molto e molto restava da fare.

Il commercio mercantile molto per leggi e in fatto favorito, avea nel 1825, legni

5008, di tonnellate 107,938; nel 1855 aveva già 9174 legni di 230 mila tonnellate; cioè in trent'anni era duplicato. In quell'anno 1855 Piemonte avea 3173 legni, la Toscana 911, Roma 1323, e 'l Lombardo Veneto 1819, in tutti 7226; sicchè le Sicilie sole avevano 1948, legni più di tutto il resto d'Italia. E ne' seguìti cinque anni pur crebbe.

§. 19. La giustizia.

Non serve a parlare della bontà delle leggi nostre. Nel regno la giustizia civile avea pieno compimento: illesa la possidenza, sicure le strade, rispettate le persone, i costumi e la religione. Più scarsi che altrove erano i delitti. Nel 54 sulle Provincie continentali furono 27,181 processure, e ne usciron rei soli 5767; il che mostra l'accuratezza del giudicare, e la tenuità de' condannati in quasi sette milioni d'abitanti: v'erano i furti a ragion del 25 per cento, le insidie per interesse al 15, le lascivie al 12, le gelosie al 13, le invidie al 10, le dissensioni domestiche al 9.

Le prigioni eran migliorate. Ampie, nette, divise per classi, occupazioni speciali d'arti e mestieri, riti religiosi, pratiche di morale, buona igiene e buon nutrimento. Nelle città grosse s'eran fatti splendidi edifizii penitenziarii. Uno bello a Palermo; nè serve a notare quelli d'Avellino, S. Maria, Aversa, Campobasso, Trani e altrettali.

I magistrati già furono ottimi, poi come dissi guasti in parte, dopo il 48 peggiori. Quell'anno v'entraron parecchi, usciti di setta, che mutato il vento voltarono carta, e anzi iniziarono le reazioni. Per protettori segreti, e per quelle lustre, restarono in sedia; ma non paghi della toga arraffata con la man rovescia, passato il primo tremore, lavorarono a porsi sopra agli antichi, e ne trovarono le vie. Messe, confessioni, riverenze a vescovi e potenti; si fingevan calunniati, s'atteggiavano a sofferenti, vantavano onestà e imparzialità. Striscianti nelle sale e ne' cortili di re Ferdinando e de' suoi ministri, venuta la riscossa gittaron lo maschere; e li vedesti Garibaldesi a un botto; venendo Abd-el-Kader fariensi Algerini, pronti a stare con qualunque vincitore. Si crebbero le barbe, si posero cravatte rosse, e cappelli puntuti con penne di capponi. Allora con altissime cervici, inesorabili co' colleghi; codardi nell'audacia impunita, accusavanli, spiavano e facevanli dal Dittatore destituire.

Tai magistrati negli undici anni erano stati i protettori della genia de' *paglietti*. Paglietta in Napoli significava curiale o avvocato cavilloso, senza coscienza, capace di farsi pagare dal cliente e dall'avversario, o vender l'uno all'altro; malizioso non ingegnoso, ciarlatore non eloquente, saputo non dotto, con l'occhio non all'onore ma al denaro, intento non alla scienza ma al sofisma. Paglietta è camorrista di tribunali. Ne fu tipo Liborio Romano. Cotal genia fu il nucleo de' comitati settarii nelle province, donde poi senza risico per mezzo di clienti stendevano le branche in tutti i paesi. Protetti da' detti magistrati questi vantavan giusti, sè invincibili, e a quelli fama, a sè moneta e nomea procacciavano. La catena scendeva nelle cancellerie, dove era chi per un carlino si vendeva al demonio. Così in quella magistratura ch'aveva a tutelare lo Stato covava il nemico.

Questi magistrati settarii, ne' giudizii contro i rei di maestà, lavorarono astutamente. Gravavano la mano su' più bassi, per farsi dire severi; contro i grossi facevano gli schifiltosi, e sì destreggiavansi che i più ne salvarono, con lieve o nessuna condanna. In tal guisa notai fatti liberi Agesilao Milano, il Bentivegna ed altri. Inoltre su' testimonii onesti spargevan dubbii, quasi vendette private, e ne' buoni colleghi poneano scrupoli; sicchè salvando il reo spandean per giunta una nebbia sull'onestà degl'integri cittadini. Per contrario il falso testimone dicevano schietto. Udii io stesso un certo liberale in settembre 1860, ebbro del trionfo, gridare a proposito di tai testimonianze in giudizio: *A pro de' liberali si giura anche il falso!* Certo eran molti i magistrati integri; ma l'onestà che abborre le cabale, forte di sua coscienza non fa partiti; però i molti buoni e disgiunti sottostanno sempre a' pochi ligati in setta. Ne' giudici regi fu il peggio. Quasi tutti aveano premuto le popolazioni; e la rivoluzione li premiò.

Queste cagioni con altre minori ferono zoppicare la giustizia. Il governo non s'avvedea che tai magistrati gli minavano la base del potere. E i liberali a disegno sclamavano su' rigorosi scrutinii, sulle liste d'*attendibili,* sulla magistratura *codina*; perocchè volevan che niuno, proprio niuno, de' fidi sudditi sedesse a difesa vera della legge. Nè placavanli l'inesauribili grazie regie, anzi ne facevan arma d'accusa; dicevanle polvere agli occhi, favori a ladri, politica di paura. Pochissimi per maestà ebbero condanne capitali, quasi tutti graziati; nè più che dugento dopo il 48 uscirono dal regno. Ferdinando faceva grazie dove si trovava; nel 53 ad Ischia perdonò un De Honestis confinato colà, e più gli pagò i debiti. Ho già notate le grazie di Francesco quasi generali; sicchè stavan fuori quelli soli pertinaci che non vollero promettere di star quieti.

§. 20. Il clero.

Ferdinando a sorvegliar meglio la morale accrebbe come dissi i vescovadi in Sicilia. Sul continente nel 48 repristinò l'arcipretura d'Acquaviva, aggregandola a quella d'Altamura; nel 50 divise in due la diocesi di Capaccio; nel 52 reintegrò il vescovado di Cerreto, separandolo da quello d'Alife; l'anno seguente surse quello di Vasto; nel 55 divise quei d'Acerra e S. Agata, ne stabilì uno a Foggia, separandolo da Troia, e fe' arcivescovato la chiesa di Gaeta. Prima s'erano representati i vescovati a Caiazzo e altrove. Cose approvate dal Pontefice. Il regno giusta l'enumerazione fatta nel 58, avea 26 sedi arcivescovili; 78 vescovi, 22 cattedrali, 6 abbaziali; in tutto 130, con abitanti cattolici 8,983,751.

Delle dimande episcopali del 51, quasi tutte negate, e poi concedute in buona parte nel 57, già per minuto narrai. La fama dell'operoso clero della città di Napoli era meritata. Esso provvedea di confessori, predicatori e catechisti le carceri, gli ospedali, l'Albergo de' poveri, l'Annunziata, e molti conservatorii e ritiri di orfani e poverelli. Eran dieci congregazioni di spirito per studenti, e ogni settimana vi si spiegava il vangelo e 'l catechismo, e si ministravano i sacramenti. Eran 68 cappelle serotine pel volgo e gli artegiani, antica istituzione accresciuta da S. Alfonso: ogni sera rosario, dottrina, e un sacerdote facea l'istruzione; poi nel pomeriggio i fedeli in ordine d'età per le vie con la croce a capo, recitavano orazioni sino a qualche giardino, o fuor delle mura, ove in ricreazioni oneste sotto gli occhi de' sacerdoti si trattenevano. Eran anche due congregazioni di spirito per gl'infermi e gli ospedali. Non dirò le prediche, le confessioni, le quarantore, le processioni, e tutto quanto era debito sacerdotale; il clero di Napoli era operosissimo e morigerato.

Non così nelle province; distanza da' pastori, rilassatezza, male usanze teneano i preti più intenti all'interesse che al culto. I vescovi di leggieri erano ingannati da infedeli rapporti, e sovente consacravano molti preti, nè tutti meritevoli: i quali inoperosi nel santo ministero, operosissimi erano a lacerarsi l'uno l'altro; il loro mal esempio spesso a' secolari era scandalo e incentivo. Liti spesso tra sacerdoti e secolari; e talora v'entrava il municipio, dove pel padronato d'una chiesa, dove per una via o per un bosco; e la foga delle private passioni traeva gli uni e gli altri al male. In questi garosi brogli talora si chiamava la polizia, rimedio peggiore. Anche nelle province i buoni prelati e sacerdoti non mancavano, e molti ve n'ha per dottrina insigni. Ma il fatto mostra che dove questo regno in tutta Italia s'è visto il più contrario alle dottrine rivoluzionarie, esso ha poi dato il più de' religiosi alla setta. Cito per tutti il vescovo Caputo vergogna nostra; e d'altri barcollanti v'ha.

§. 21. L'istruzione pubblica.

Speciosa accusa al governo fu d'avversare l'ingegno, nè era vero. Università, licei, collegi, ginnasii, teatri, pergami, concorsi, tutte cattedre di dritto e di scienze, musei, accademie d'arti e lettere, istituti d'incoraggiamento, pensionati artisti a Roma, pubbliche mostre di obbietti d'arte e prodotti, società economiche, orti botanici e sperimentali, compre di quadri e statue, osservatorii astronomici e metereologici, conservatorii di musica, archivii classici, biblioteche magne; cura di monumenti antichi, disotterramenti d'antiche città, maestri primarii e secondarii, scuole serotine, quanto era mestieri all'educazione buona del popolo non mancava qui; e molte branche dell'umana sapienza n'andarono avanti assai. N'è prova che avemmo in proporzione più scienziati, oratori, filisofi, poeti e artisti che il resto d'Italia; n'è prova il Piemonte che a' nostri esuli dava cattedre; e anche oggi non è forse parte d'Italia dove non sien maestri napoletani in arti e scienze. La censura de' libri, e più quella del teatro, state già grette, dopo il 48 furon il più sennate, e s'aveva onesta libertà di scrivere e pensare, purchè non contro la religione e lo Stato. Nè al vero sapere eran chiuse le vie degli uffizii; e a citar solo recenti morti, il Nicolini, il Galluppi, l'Avellino, il Ventignano, lo Sperduti, il Ruffa, il Genuino ed altri uomini preclari, che or ora noterò, avean cattedra o onorevoli impieghi. Quasi a tutti i primi gradi accademici e di uffizialità s'andava per concorsi; larga entrata era aperta alle libere professioni; per esami s'avean lauree d'architetti, patrocinatori, medici, chirurgi, ostetrici, farmacisti e salassatori; per concorsi le cattedre all'Università; per concorsi i disegni di monumenti ed edifizii; si davan premii per opere dotte, e su temi prestabiliti; sicchè fra tante migliaia di uffizii e professioni, non mai l'ingegno e 'l merito vero restavano senza pane e senza fama. V'era inoltre un fondo di quattromila ducati annui, per soccorsi a letterati poveri; e ogni ministero lor porgea le mani, comprandone le opere, e raccomandandole (forse con troppa faciltà) a' Comuni e alle amministrazioni. Oh quanti di cotali aiutati in tutte guise dal governo, si smascherarono in un attimo felloni, e sin Garibaldesi e Piemontisti! Il Troya, lo storico de' Goti, che fu il famoso ministro del 3 aprile 48, aveva ottenuti sì larghi e pieni soccorsi per quell'opera sua, che ne trasse oltre a trentamila ducati.

Veramente era avversato alquanto l'ingegno settario, e la falsa scienza: vietatisi libri tristi, predicatori falsi, giornali sediziosi, poesie disperate; nè si poteva alla libera percuotere la morale, il culto e lo Stato, nè con libelli e immagini oscene attentare al nome e al pudore de' cittadini. Però dicevano retrogrado il governo; chè pei tristi il progresso è la diffusione del male. Grave fallo fu che al male si contrastava più a parole che a fatti; entrando ascoso libri, giornali e poesie sovversive quanto ne volevano. Ma dicevano ignoranza il credere a Dio, ubbidire a leggi, ossequiare il re; più che ignoranza il lodar Dio, re e leggi. Eglino di non buona scienza forniti, tassavan barbari i dotti e religiosi uomini. Quando poi trionfanti han gittato alla via ogni uomo di mente, e cattedratici e accademici, e sciolto accademie, collegi, e istituti di religione e dottrina, han dimostrato eglino niente tanto abborrire quanto scienza e ingegno.

Un'opera insigne a pro delle lettere fe' il governo, ordinando il grande archivio dal regno; quasi creato con decreto del 35 da Ferdinando. Sin da Guglielmo I si fean degli atti feudali registri detti *defetarii*; Carlo I v'unì i diplomi; e sì crebbero, che Roberto li pose là dov'è la Zecca. Gli Aragonesi v'aggiunsero le decretazioni della Regia Camera; e misero l'archivio a Castelcapuano, statovi sino al 1818. Ferdinando I il divise in cinque sezioni: Politica e diplomatica, Amministrazione, Finanze, Giustizia, e Guerra e Marina. Ferdinando II stabilendo nel 35 l'archivio nell'ex monastero Benedettino a S. Severino, vi recò ogni sorta di documenti, pria sparsi per curie e conventi. V'ha carte saracene del secolo ottavo; più che quarantamila diplomi in greco e greco-latino; da trecentottantamila pergamene e atti angioini in 378 volumi; il che basteria a fare la vera storia civile del reame, di quei secoli mal conosciuti. V'ha tra l'altre cose un registro privato di Federigo II imperatore, con sue lettere ed ordini che lumeggerebbero quella storia segreta.

Provveduto con infinite scuole pubbliche s'era all'educazione popolare massime all'istruzione della donna. La prima volta in ottobre 43 vennero a Napoli otto suore della Carità; e tosto cresciute assaissimo, s'addissero a tutti gl'istituti di mendicità donnesca. A' 25 aprile vennero sparse in tutto il regno. Nel 53 si fe' in Napoli una casa centrale, con noviziato, e una Visitatrice generale; nel 59 eran già sul continente cinquanta case, e altre molte in Sicilia: solo in Napoli ventisette convitti. Non dirò come queste pie figlie di San Vincenzo attendessero alla muliebre istruzione, a curare i miseri e gl'infermi, e al sollievo dell'umane infelicità; lodanle le sette con le loro ire e vendette.

Del decreto del 55 vietante agli studenti provinciali il lasciar lor licei per istudiare in Napoli, molto i liberali si lamentarono, quasi ruinasse la scienza. Che sapienza gli studenti apparassero a Napoli non so bene; certo poco popolavano l'Università, molto i caffè. Qui la setta tenea cattedra per acchiappar giovani, cosa difficile a fare in provincia; però tiranno il decreto. S'era sempre osservato il reame aver città secondarie, gran capo su piccol corpo; a ciò s'andava provvedendo, aggrandendo le province con porti franchi, borse, banchi, tribunali di commercio e licei; onde ogni suddito dovunque nascesse avesse propinquo suo bisogno. I genitori tenevano i figliuoli sotto gli occhi, con meno spesa e minori seduzioni; ma la setta per contrario si trovava con meno adepti in piazza da insegnar la rivoluzione.

Fu grave errore del governo l'isolarsi in breve cerchio, in una esclusività cieca e impolitica; e 'l non valersi de' talentosi, e farli propugnatori del dritto e del buono. Sogliono i potenti largheggiar favori piuttosto a' bassi che agl'ingegnosi, per l'umana albagia che non vuol chinarsi all'altrui virtù, ma anzi star ritta sul fievole e 'l mediocre. I nostri potenti di allora credean meglio gittare una coltre su tutte cose; meglio dissimulare che luccicare. Il governo non avea nè volea giornali, che il bene del paese mostrassero: intento al bene materiale, sdegnò la lotta che la stampa esterna con pertinaci calunnie provocava; non rispondeva, non volgea la buona stampa contro la mala stampa. Peggio che sospettò degli scrittori, non li adoprò, nè molto permise s'adoprassero; gl'indotti saliti alto, temendone il confronto, sempre li scostavano; e tai stolte repulsioni ne fecero parecchi scivolar nella rivoluzione, che avrebbero servito il paese ed il trono. Il governo facendo suoi i sapienti, avria alla protestà aggiunta la leva del sapere, la forza della penna: dovea far nazionale la istruzione, e nol fece. All'opposto la setta mondiale trovati adepti in quei mal curati ingegnetti, strimpellando in tutti i tuoni contro il nostro paese, vi trovava l'eco dentro; e ne persuase il mondo, che ne credè Ottentotti governati con la mazza; e plaudì poi alla ruina nostra, appellandola rigenerazione.

§. 22. Notizie di dotti trapassati.

Qui vuolsi serbar memoria di uomini eccellenti regnicoli, mancati a' vivi in questi anni. Nel 1848, Nicola Parisio, giureconsulto, ex ministro, Maria Giuseppa Guacci, poetessa, Leopoldo Pilla, mineralogista, Michele Cimorelli, letterato. Nel 49, abate Cataldo Iannelli, archeologo, Gaspare Capone, giureconsulto, abate Antonio Ottaviano, interprete di papiri, Pasquale Borrelli, gran giurista, oratore e letterato, Giovanni Salemi da Palermo, letterato, Gioacchino Arresto da Messina, chimico, Carlo Rocco, matematico. Nel 50, Francesco Maria Avellino, grande archeologo, canonico Michele Savarese, dotto di scienze sacre, monsignor Fra

Giuseppe Maria Mazzetti, dottissimo, che fu presidente dell'Istruzione pubblica, Luigi Ruggiero, cattedratico di meccanica, Giuseppe Castaldi, letterato. Salvatore de Angelis, matematico, Giuseppe Cammarano, pittore, Giacomo Filioli, Vito Buonsanti, e abate Matteo Carpino, letterati, Orazio Angelini, architetto, Tommaso Arnaud, incisore, barone Michele Calì-Sardo d'Acireale, giureconsulto, e Antonino di Giacomo, professore di Patologia in Catania. Nel 5l, canonico Andrea de Iorio e Raimondo Guarini, archeologi, Giuseppe Bonolis, pittore, canonico Pietro Paolo Parzanese, poeta, Francesco Ruffa, poeta, Nicola Santangiolo, ex ministro, uomo di Stato, barone Giovan Carlo Cosenza, drammaturgo. Fedele Amante, matematico, sacerdote Placido Baccher, di vita devota, rinomato oratore popolare. Nel 52, Vincenzo Stellati, cattedratico in medicina, Salvatore Cammarano, poeta, abate Luca Cagnazzi, statistico, Giuseppe Patania di Palermo, pittore, abate Francesco Saverio Abbruscia, letterato, abate Giuseppe Bertini da Palermo, filarmonico, Agnello Carfora, giureconsulto, Vincenzo Murena, economista, sacerdote Matteo d'Ambrosio, oratore sacro. Nel 53, Leonardo Santoro, eccellente chirurgo, canonico Bartolommeo Pessetti, grecista, Francesco Romani, medico, Maria Landolina di Siracusa, e conte Vito Capialbi, letterati, monsignor D. Benedetto Denti, cassinese, palermitano, promotore di studii nel clero. Nel 54 Francesco Navarra, giureconsulto, Giacomo Paci, fisico, Giuseppe Cua, cattedratico d'agricoltura, Benedetto Vulpes, medico e poeta, Giuseppe Genovesi, cattedratico di Paleografia, monsignor Francesco Iavarone, teologo e letterato, Antonio Prestandrea, botanico, Salvatore Pontali di Catania, naturalista, Gabriele Sperduti, autore di 28 tragedie, Giacomo Bursotti, economista, abate Mariano de Laurentiis e abate Giacomo Rucca, archeologi, abate Mangiacomo, poeta e oratore sacro. Nel 55, canonico Nicola Lucignano, latinista, Filippo Carrillo e Michele Agresti, giureconsulti, mons. Fra Giuseppe Maria Maniscalco, rinomato per opere ne' luoghi santi, abate Giuseppe Placente, teologo e fisico, monsignor Francesco Marasca, apostolo in Cina. Nel 56 abate Giuseppe Canonico, cattedratico di Paleografia, abate Domenico Cutillo, cattedratico di dritto naturale, abate Gaspare Selvaggi, grecista, abate Gaetano Greco, Filippo de Iorio e principe Pietro di Valguarnero siciliano, letterati, Agatino Sammartino e abate Antonio Serao messinese, matematici, monsignor Basilio Clary, dotto scrittore d'apologie. Nel 57 Prospero de' Rosa dei marchesi Villarosa, antiquario e giureconsulto. Nicola Nicolini, giureconsulto insigne, morto a 4 marzo, Giovanni Guarini, chimico, Salvatore Cirillo, grecista, abate Pasquale Panvini, medico siciliano, Lorenzo Camilli, che scrisse sulla declamazione, Gennaro Maldarelli, pittore. Nel 58 Pietro Magliari, medico-chirurgo, Carlo Troya ex ministro, insigne storico, Vincenzo Tineo, cattedratico e naturalista siciliano. Nel 59 Agostino Cappello, scienziato abruzzese, conte Troiano Marnili, archeologo, Pietro Valente, architetto, Nicola d'Apuzzo, scrittore d'architettura, canonico Andrea Ferrigni Pisone, cattedratico di scrittura sacra. Nel 60, il duca di Ventignano, poeta tragico e comico insigne, marchese Giammaria Puoti, economista e giureconsulto, Vincenzo Lanza, celebre medico, Stefano Delle

Chiaie, gran naturalista, Francesco Oliva, pittore. Nel 61, padre Venanzio da Celano, scrittore d'opere apologetiche, Pietro Perrone scrisse di scienze mediche, Michele Tenore, rinomato scrittore della *Flora-napoletana*, Francesco Foderaro, cattedratico di Patologia, Angelo Granito principe di Belmonte, ex soprintendente al grande archivio, solerte ritrovatore di codici antichi, padre Gioacchino Ventura, Teatino siciliano, celebrato oratore sacro. Non è qui mio debito notare il trapasso di chiarissimi uomini mancati dopo.

§. 23. Quali i nemici interni.

Le calunnie contro l'istruzione pubblica del reame inventate dalla rivoluzione, caddero di per sè quando la vincitrice rivoluzione edificar nulla seppe, ma tutte le glorie nostre distruggere. Gl'ingegni presenti ebbero il latte della pace e degli ozii dottrinarii, cui un governo forte e proteggitore della civile libertà guarentiva; l'età vegnente sentirà i frutti di questo latte rivoluzionario superbamente indotto e bestiale. Gli uomini d'ingegno e di studi sotto il regno di Ferdinando non mancarono; e se ne contan pochi iti alle sètte; molti ne conti tra' retrogradi, tutti però da' predicatori di scienza e civiltà destituiti d'impiego. A scrutare la vita passata degli uomini dell'ordine e di quelli della rivoluzione, trovi cattivi di quelli dieci fra cento, e di questi trovi tra cento dieci appena di onesti illusi; il resto fur notorii per immoralità, malversazioni, libidini, prepotenze e altre malvagità.

Ma i molti buoni non facean rumore, i pochi tristi strepitavano, e parean molti. Erano ambiziosi, sfaccendati, curiali, che nella potestà, trovavano argini a' cavilli, architetti scontenti del rubar poco, professori di *dritto nuovo,* dissoluti avversati nelle libidini, preti vogliolosi di donne, giornalisti impediti di scrivere *spolitica,* poetastri repressi dal piangere Italia, sollecitatori non ottenenti l'ingiusto, mercanti impediti da' monopolii de' grani, studenti ch'avean lasciato Virgilio pel Guerrazzi, proletari agognanti i demanii, possidenti speranzosi di non pagar fondiaria, babuassi speranti l'ignoto, falliti fiutanti soldi, medici imbriacati per le fortune dei Cialdini e de' Farini, e ragazzacci abbagliati da' rumorosi nomi d'Italia e redenzione. Afforzavanli l'oro sardo, le protezioni di Londra e Parigi, gli asili inviolabili de' ministri esteri nelle loro case, e quella del conte di Siracusa; nella quale quasi una dozzina di nobili convenivano, sotto spezie di letteratura e drammatica, a congiurare, afforzavano i traditori compri che spingendo co' mali consigli il governo ad errori, aspettavano il momento per fare i Bruti e i Catoni. Tutti costoro si dicevano oppressi perchè volevano opprimere. Ma quanti avean gravità di costume e di senno e di scienza furon netti da quel contagio.

§. 24. Condizioni della Sicilia.

Scrutiamo ora la condizione vera di quella Sicilia, cui da mezzo secolo si fan fare rivoluzioni, cagioni e pretesti di tutti i guai comuni. Dopo il 48 dissi come separata dal continente fu l'amministrazione dell'isola. A Palermo s'era nel 49 fondato il Gran Libro del debito pubblico siciliano; così quei popoli accontentando del non avere i loro capitali soggetti a perturbazioni straniere. Allora i debiti di Sicilia montavano a 19 milioni e 535, 580 ducati; cioè pretesi dal tesoro di Napoli 13,774,716, e dai pubblici stabilimenti 5,760,864. Però come narrai (lib. 11, §. 22) il debito si fe' di venti milioni per riparare a' disavanzi preveduti a dover seguire nei primi anni. Ma ebbero più, perchè conteggiato con Napoli, il debito si moderò a 9,983,773 e grana 49; cioè 3,790,943 men del preteso: che servì a pagare i tanti danni della rivoluzione.

Si riposero le tasse ch'eran prima del 48; cioè fondiaria, dazii indiretti, compreso dogane e macinato, registro fisso, e lotti, poste e procacci. Si tentennava a riporre il macinato, grave più pel modo del riscuoterlo che per sè. Esso durava dal 1549, rendita principale de' comuni; e il decreto del 1842, a simplificarne la percezione, avocato aveva al governo in una amministrazione il dazio comunale e il regio, fermatolo a carlini cinque per cantaio sulla macinatura de' frumenti; e dava a' comuni un tanto corrispondente al consumo presunto della popolazione. La rivoluzione per fingere la generosa abolì il dazio; ma anche tolse gli assegni a' comuni; i quali però posero tasse nuove, e maggiori e più moleste. Restaurata la potestà regia, i municipii supplicarono si riponesse il macinato, e l'ottennero a' 3 settembre 49 come nel 42, con modifiche, da renderlo men grave: così restituiti gli assegni, s'abolirono le nuove tasse. Se non che sendo l'erario in iscapito, il luogotenente propose crescere d'altre grana venticinque a cantaio il macino; s'udì la consulta, e due apposite commessioni; le quali dichiararono quello essere il men gravoso de' dazii; onde fu approvato a' 15 novembre 54, fuorchè per Palermo e Messina. Da ultimo re Francesco II ridusse a metà questa soprattassa di grana 25.

Questa del macinato era la parte più solida del reddito pubblico, e il più aulico balzello; ma increscevole a' contadini; perlocchè i congiuratori solcavano fuoco, e promettevano d'abolirlo. S'era serbata la tassa posta dalla rivoluzione sulle finestre; poi tramutata in imposta del sei per cento su' predii urbani; poi tolta via a' 26 marzo 58. Si ripose il dazio di due tarì a quintale sulla esportazione dello zolfo, gravante gli stranieri. Misesi la carta bollata come sul continente. A moderare il dazio doganale si concesse il *fido*; cioè dilazioni a' mercanti di pagarlo dopo sei mesi, senza interesse; bella facilitazione che vivificò il commercio; tanto che a' 4 giugno 59 il governo n'avea un credito di ducati 793,611. Oltracciò sendosi non riscossi nel 48 e nel 49 i tributi fondiarii in Palermo, questi con altri arretrati sin dai 1826 montavano a 303,368 ducati; e il re a' 17 dicembre 58 li condonò.

A' 13 aprile 50 si riordinarono le due Casse di Corte di Palermo e Messina, indipendenti da Napoli; e sì prosperarono che nel 56 s'ebbe ad aggiungere in Palermo una seconda Cassa d'Argento, e crescere gl'impiegati in ambe. A facilitare i negozii col napolitano i banchi insulari pigliavano in pagamento le carte bancarie di Napoli; Napoli ricusava quelle insulari, temendo di non puntuali rivalute; ma re Francesco a' 15 settembre 59 ordinò che dal 1 gennaio 60 si scambiassero in contanti le polizze di qua e di là del faro reciprocamente. Al 1 aprile 59 s'attuarono due casse di sconto a Palermo e a Messina, da potervisi pegnorare pur le rendite del Gran Libro, con un milione dato dal tesoro, tosto accresciuto; che davan danari a tre e mezzo per cento. Un decreto del 2 maggio 59 ordinò altresì casse di risparmio dipendenti da quelle di sconto, e si stavan preparando. Sicilia non avea coscrizione militare, tolta già a' 26 maggio 21, per dar le braccia a' campi; ma quell'erario insulare pagava al ministero di guerra ducati otto per ogni persona chiamata a servire, ch'era niente; cosa tutta rifluente sulle popolazioni di terraferma. Per lauti benefizii, la proprietà immobile avea duplicato valore; e la rendita siciliana, negoziata la prima volta a' 18 giugno 50 all'87 per cento, alzò sino a 116 e 3/4. Quel tesoro a' 4 giugno 58 avea ducati contanti 2,954,123 e grana 77. Il banco palermitano che a' 15 maggio 49 venne nelle mani regie con soli ducati 825 in rame, e duemila in argento tosato, era colmo; ed esso e quel di Messina tenevan da undici milioni de' privati. Lo stato discusso del 59 fu di ducati 10,150,709 e grana 28.

I creditori dello Stato e tutte obbligazioni eran soddisfatte a un puntino. Le strade sicurissime, s'eran moltiplicate l'industrie, migliorata l'agricoltura, cresciuta la pastorizia, e sì sospinta l'esportazione dello zolfo, che ogni anno n'usciva per sei milioni di ducati. Abbondantissima l'annona e vigilata, rotti i monopolii di grani negli anni magri 53 e 54, proibita l'uscita del frumento, scemati i dazii d'entrata, e menati grani dall'estero con perdita, a ingrossarne i mercati.

Notai l'opere pubbliche eseguite in Sicilia. A Messina il porto franco s'estendeva a tutta la città, si costruiva la palizzata, s'elevavan monumenti; e i colossi marmorei di Ferdinando II, infranti dalla rivoluzione, rifacevansi per gli scultori Calì, Persico ed Angelini. Aveva un Liceo, ed ebbe l'Università. Saria noioso noverare l'opere in tutte le città: s'iniziava la via Toledo a Palermo, si faceva il ponte ad Imera, e i saggi per l'arginazione del Simeto nel piano catanese. Gridavano mancassero strade; ma si correva in poste migliaia di miglia. Sono strade tra tutti i capi di province e de' distretti, e vie carreggiate fra' paeselli e le consolari. S'eran fatte quattrocento miglia tra Palermo e Messina, per la Marina, oltre l'antica, per l'interno. Le vie ferrate s'eran ritardate, non per negarle, ma per farle con danari proprii; eppure, come or ora dirò, se ne facevano i disegni; e già un giornale delle *Strade ferrate in Sicilia* usciva a Palermo.

Il più delle strade e dell'opere Pubbliche si eran fatte dopo il 1815; chè nel 12 quando v'era la Costituzione, tanto dappoi piagnucolata, quando la rappresentanza nazionale votava l'entrata e le spese, non era segnato in quei bilanci per opere pubbliche altro che novemil'onze l'anno. Prima del 12 non v'era quasi nulla. E i faziosi che accusano i Borboni d'aver fatto poco che han fatto poi ch'han vinto? ingoiato tutto. La Sicilia invero era prosperosa in proporzione della sua popolazione e de' suoi mezzi; e aveva inoltre pace, commercio, lettere, ordine, sicurezza e giustizia.

§. 25. Lamentanze sicule.

Certo erano errori nel governo: quasi gli stessi che sul continente; ma nell'isola s'esageravano più. Sospiravano indipendenze di municipii, meno giri di carte, meno inceppamenti al ben fare. Dicevano gravi le imposte, poco guadagno dalle lettere, noiosa censura di stampa, non protetta l'industria, e che in coda al secolo stesse la patria. I congiuratori stuzzicavano quella natura siciliana dello sdegnar le cose napolitane, e lor facean veder tutto nero. Offesa lo star ligati a Napoli, veder soldati napolitani, non aver la Corte; almanco avessero un principe reale vicerè, con ministri e pompa regia. Errare il governo, massimo errore esser governo napolitano. Ricordavano la storia, Palermo culla della monarchia, stato reame distinto più secoli, poi viceregenza ma separata, ora ridotta a quarto di regno. E come le aspirazioni s'incarnano in un'idea, così messe le voglianze d'una corte e d'un re, ripingevano i pensieri a quella costituzione brittana del 1812, quando il re stava in Sicilia quasi con essa tornasse il paradiso.

Nelle province eran altre lamentanze: tenean Palermo in conto di tiranna di Sicilia; volente sempre imporre a tutta l'isola le opinioni sue. I governanti con errore fortificarono tal predominio, perchè il più degl'impieghi si davano a Palermitani. Palermitani i quattro direttori di ministeri, il più de' Consultori, e cinque de' sette intendenti. Moltissimi fra gli impiegati del macino eran di Palermo, cumulati così gli odii della tassa e delle persone. Dicevano: se muore il boia anche Palermitano il faranno. Eppure in Palermo favoreggiata co' mali umori delle province s'iniziò la rivoluzione.

La nobiltà siciliana aveva una parte ruinata, e corrotta; e benchè caduta, avea seguenze nel popolo e lavorava a infellonirlo. *L'Unità Italiana* era in pochi e pretesto; nessuno la voleva, tutti guardavanla per istar con quel motto uniti a rovesciare il governo regio, salvo il da farsi poi.

§. 26. Il Castelcicala.

Paolo Ruffo principe di Castelcicala, ito luogotenente dopo il Filangieri, uomo buono a ubbidire, salvo l'onestà e la fedeltà, non avea pregio da stare in tanta sedia. La gara tra il Filangieri e 'l Cassisi facea zittire i Siciliani; che in essa vedevano un'egida al loro paese; ma caduto lui che parea propugnarlo, restarono offesi nella boria nazionale, e si tennero abbandonati all'ire di quel ministro. Rivolsero allora gli occhi alla setta. Intanto, sendo il Castelcicala passivo, il Cassisi da Napoli governava il tutto; ma l'isola fuor dell'occhio della potestà, stretta da un accentramento assurdo fuor dell'isola, si sentiva più odio, e più larghezza da congiurare.

Siccome in Napoli l'inerte Bianchini avea resa nulla la polizia e lasciato costituire di nascoso la setta, così in Sicilia quel bonario Castelcicala fe' alla setta stendere le reti. In Palermo e nelle città primarie eran nati comitati sin dal 54: quel di Palermo avea il principe di S. Elia, un Marinuzzi, un Nicola Botta da Cefalù, Fortunato

Vergara Crachi, Narciso Cozzo, e segreto operatore Gaetano La Loggia, stretto coll'ostretico Raffaeli (lo inventore della cuffia del silenzio) che si carteggiava col Gladston. Nelle province eran capi questi: a Cefalù il fratello del Botta Carlo, con un Barone Filippo Agnello; a Termini Pietro Gullo cognato del La Masa; a Grattèri Francesco Buonafede; a Partinico Antonio Modica; a Trapani Turillo Malato; a Girgenti Gaetano Lo Re e Gerlando Scozzari; e così altri altrove. Costoro collegati e corrispondenti, denigravano la potestà, promovevano ire, facevano adepti, raccoglievan sussidii, stillavan paure e false nuove; e i motti della setta mondiale e gli ordini e le idee propagavano. Fatti a governo sotterraneo con segreti uffiziali, lavoravano a muta guerra al governo legale. I fuorusciti mandavano da Torino proclamazioni stampate per tutte terre, gittate per le vie, ne' caffe, e anco in chiesa a rinfocolare le passioni. Gl'impiegati già ribelli, graziati e messi in uffizio dal Filangieri, rimutando non natura ma mantello, erano alla saliente rivoluzione occhio e voce e braccio e speranza. Che sapeva il Castelcicala? che il Cassisi? Mentre quegli sonniferava, e questi padroneggiava, la rivoluzione stendeva l'unghie. Inghilterra, Piemonte, i costoro consoli, la stampa settaria per tutto l'orbe mostravano facile, plaudita, protetta l'impresa; davan danari e arme, promettevano soccorsi e impunità. E si giunse al 1860.

§. 27. Il Maniscalco.

Salvatore Maniscalco, già ufficiale di Gendarmi, ito in Sicilia col Filangieri nel 49, fu prevosto del campo, poi ebbe la sorveglianza di Palermo; dove mostrato animo e mente, fu a' 27 ottobre 51 messo a direttore di polizia nell'isola. Mantenne l'ordine legale senza noiare gli onesti, scelse uffiziali a suo modo, die' buoni soldi, severe regole e militare disciplina; ebbe il plauso de' più, sventò ogni tranello, sciolse ogni conventicola faziosa, tenne il piè sulla setta. Risurte con l'uscita del Filangieri le nuove speranze, il Maniscalco restò al posto, solo contro tutti. Sino allora stato amico di gentiluomini, n'aveva avuto lodi; vistili a cospirare, tenne al suo dovere; ed eccolo di buono diventato malo. Cieco il Castelcicala, egli veggente, unico puntello alla potestà, cominciò a sentire i dardi settarii.

Come a Napoli, andò anche colà il motto del festeggiare le giornate di Magenta e Solferino: dicevasi aperto Austria aver perduta l'Italia; e gli stessi realisti ripetevano stolidamente esser bene che il re non fosse più mancipio di Tedeschi. Dimenticavano il re anzi essere stato troppo indipendente, e 'l non aver soccorso Austria giusta i trattati, esporrebbelo a esser mancipio d'altri, o cadere. La domenica 3 luglio 59, correndo le quarantore alla chiesa di Portosalvo, s'eran fatti inviti per illuminazioni; che si festeggiasse Solferino pochi sapevano. Dopo l'imbrunire apparvero lumi ai balconi e splendidi doppieri in tre casini: presso i Centorinari, alla Madonna del Cassero, e in quello de' Nobili in Piazza Bologna; poi gente a spasseggiare. Il Maniscalco che il fine intendeva, mal sopportando quello stecco negli occhi, mandò poliziotti; che vedendo giovani parlar alto di politica avanti al caffè di Sicilia, intimarono si sciogliessero; e trovata resistenza alzarono le mani. Fu un po' di tumulto; scende il Maniscalco ed è fischiato; infuria, e seguito da dieci de' suoi entra nel casino de' nobili, nè udendo le dolci parole del marchese Ugo (legittimista) col bastone abbatte i doppieri. Alla dimane fa pigliare quarantatre de' nobili della sera, non già i figli del Santelia ch'eran pure i principali. Per contrario quel mattino seguirono a vendetta plausi infiniti al console inglese nella Flora. Certo fu indecoroso l'atto del direttore sceso di persona a' fatti in Piazza. S'andò sussurrando grandissima offesa; innocenti quei lumi, i diporti, i serenanti; gli sgherreschi modi insulto alla nobiltà; questa dover raccogliere il guanto. Messina e Catania, ma più quella, fecero eco; il resto dell'isola non fiatò. Appositi mandatarii col braccio dei consoli stranieri, andavano e venivano da Torino. Nè furono arrestati, ma i tribunali codardi o felloni liberavanli. S'era in punto che forviata l'opinione pubblica, la legge non è più presidio allo Stato; e soverchiato il principio di autorità riesce impotente: volevasi legge militare a salvarlo.

La notte dell'8 al 9 ottobre di quell'anno 59, si volea far novità in Palermo con facinorosi del contado: saputosi, la potestà occupò i luoghi, e sventò la cosa. Nondimeno da sessanta facinorosi accozzati in Bagheria volan tentar la notte d'entrar nella città, ma affrontati per via dalla forza pubblica furon rotti. Al mattino il Maniscalco die' un'ordinanza, e fe' il disarmamento di Palermo, l'arme serrò in Castellamare, e promise restituirle, chetati quei rumori.

§. 28. Tentano assassinarlo.

Questo scacco sì irritò i congiuranti, che statuirono torsi davanti quell'incomodo direttore di polizia. Di costoro trovo i nomi nelle memore scritte dal Maniscalco medesimo (ora defunto) cioè il Trigona principe di S. Elia, Antonio Pignatelli di Monteleone, il barone Riso, il figlio del marchese Rudini, il principe di S. Cataldo, il professore Casimiro Pisani, principe Corrado Niscemi, Francesco Riso popolano, ed altri; i quali per seicento ducati trovarono l'assassino, che fu Vito Farinella *camorrista*, cui dettero il prezzo del sangue, e un pugnale. Il direttore la domenica 27 novembre dopo il mezzodì andava al duomo a udir la messa; tenea per mano due suoi figliuoletti, seguivanlo la consorte incinta; pioveva, eran le strade deserte, entrato dal vestibolo di dietro, accostandosi alla pila dell'acqua benedetta, si sente da tergo conficcare un ferro sotto i reni; vacillò, ma visto fuggir l'uomo gli corse appresso, poi venne manco; l'inseguì un famigliare, e indarno, chè i congiurati avean preparato l'asilo al sicario in quei viottoli presso la cattedrale; il quale gittata barba e cappuccio, uscì di nuovo, e si miscelò nella folla de' curiosi.

La città atterrita del reo colpo, i principali corsero a onorar di visita il direttore; tra' primi i congiuratori atteggiati a commiserazione; mala ferita fu lieve e guarì presto. Il re gli scrisse, e diegli la Gran Croce di Francesco I e l'assimilazione al grado e il soldo di direttore di ministero. Dopo una settimana preso era il sicario Farinella; ma il tribunale procedendo legalmente agli atti, miselo provvisoriamente in libertà.

Dell'assassinio già un giornale svizzero avea data la nuova anticipata; mancato, la tattica settaria fe' suo debito. Nella città spargevano il fatto non aver colore politico ma personale; nell'altre parti infamavan la vittima, plaudivan l'assassino; corsero pel mondo calunnie inique, menzogne sperticate e fantasiose come novelle arabe sulla sicula polizia, piovevano libelli, e giornali da ogni banda. Anche il drammaturgo Victor-Ugo scagliò di Francia la sua pietra. Il tutelatore dell'ordine fu detto oppositore alle grandi aspirazioni de' popoli; i suoi precedenti meriti diventarono colpe; e chi l'avea già plaudito, poi che mutò pensieri, gittò l'onta sull'uomo che non avea mutato.

Per non tornare su questa turpezza, noto che sendo proceduti gli atti fiscali contro il feritore, avvenne come dirò lo scoppio della congiura della Gancia, dove ferito a morte il fontanaio Antonio Paso, morente all'ospedale civico, svelò i nomi del comitato, de' mandanti, del mandatario Farinella, del prezzo di seicento ducati, e confermando la propria reità spirò. Ma il sicario era in salvo, unito a' rivoltosi fuggiti a' campi. Trionfato poi il Garibaldi, a questo si presentò il Farinetta vantandosi del colpo, mostrandone il certificato del Monteleone e del barone Riso; ed ebbe da quel rimuneratore d'assassini quindici ducati al mese di pensione, cui oggidì re Vittorio Emmanuele sta pagando.

Dopo questo ferimento, il comitato composto di nobili borghesi e popolani, denominato *Bene pubblico*, faceva collette per comprare arme e munizioni. Conseguenza necessaria dell'audacia faziosa era il rigore governativo per contenerla; quindi più vigilanza, più censura di stampa, e arresti di felloni; quindi la libertà del paese dovea risentire la tensione de' legami e della condizione pugnace tra governanti e governati. E i sommovitori accusavano la potestà regia di quei rigori da esso loro provocati.

§. 29. Il clero di Sicilia.

Vi dava la mano una parte del clero. Eran nell'isola moltissimi sacerdoti irreprensibili e rinomati per virtù e scienza; ma pur ve n'avea, cui non vocazione, ma interesse avea spinti all'altare. Notai nel libro 3. numerosi preti corsi pe' soli benefizii ecclesiastici, poco ordinati seminarii, vescovi a correggerli impotenti, e clero quasi da Roma indipendente, sottomesso al poter civile del tribunale della monarchia; quindi inobbedienza, rilassatezza di costumi, e fazioni. Il più de' corrotti era tra' novizii. Il popolo tien gli occhi al clero, che gli è guida, moderatore ed esempio; onde n'è tratto o al bene o al male, o almanco a scusa e corruzione. Molto valsero i mali preti a guastare la morale nell'isola; da quel clero uscì il Pantaleo, cumulo d'ignoranza e baldanza.

Assai la setta avea lavorato a pervertire i preti e i giovani. Nelle università stesse, s'insegnavano con varie forme idee panteistiche; in quello scoglio urtava l'innocenza giovanile; e corruzioni e vizii e ateismo s'apprendevano colà dove i genitori supponevano la vera sapienza si spandesse. Là reclutava la setta; là non iscienza ma arte da cospirare s'imparava. Talora i professori aperto eruttavano massime di dritto canonico condannate dalla Chiesa. Il *Gerofilo* giornale religioso di Sicilia meritò che Roma il ponesse all'indice. Il governo con incredibile errore ordinò si desse nell'Università la filosofia del Mancini, che in apparenza è una sbiadita Giobertinata, e in sostanza un intingolo degli errori del Bruno e del Kant. Al tempo delle sventure di Santa Chiesa, quando la Cristianità tutta, e il resto del regno mandava indirizzi e voti al Pontefice, solo l'isola stette dura; e come il canonico Turano fe' a nome dell'arcivescovo di Palermo un indirizzo affettuoso, fu segno a persecuzioni.

Ferdinando nel 56, conferito col Papa a Porto d'Anzio, mise un freno a' suoi ministri ne' rapporti con la Chiesa, e temperò le massime invalse nell'uso. Un breve pontificio del 30 gennaio di quell'anno, avea statuiti nuovi principii, in ispezialtà su' voti monastici e sulle cause matrimoniali; ma poco se ne fece; perchè date quali concessioni del Principe, per questo appunto mancò il riconoscimento e l'esecuzione del dritto papale. Quando poi *Papa* Garibaldi abolì quel breve ed altri, i mali preti tennero valida l'abolizione.

Col clero si corrompeva il popolo. La nobiltà scaduta dal lustro antico, era in parte sdrucciolata nella setta; dove sul continente per contrario fur pochi i nobili felloni. Guasti gli artegiani e i giovani borghesi, quasi solo i contadini eran religiosi e quieti. Ma quelli facean rumore, e uniti eran molti.

Ben tutti i gesuiti propugnavano la Fede. Avean nell'isola 308 religiosi, e quindici case, con rendita in tutto di quasi quarantaquattromila ducati; e dovean provvedere alle spese d'amministrazione, a collegi, scuole, biblioteche, limosine, e a riparazioni d'edifizii. Eppure co' risparmii fabbricarono case in villa per diporto degli allievi. Espulsi al 48, tornati al 60, ripresero loro fatiche, soprattutto l'insegnare.

A Palermo avean 1500 scolari d'ogni condizione, ond'ebbero a comprare casamenti per allogarli; e ottennero l'antico Noviziato distrutto nel 48, cui per la sopravvenuta rivoluzione non giunsero a ricostruire. I Catanesi lor fidarono il rinomato collegio Cutelli. Aci-reale, Caltagirone, e altre città domandavano, con petizioni alla Consulta ed al re. I padri con missioni, confessioni e congregazioni lavoravano per la vigna del Signore; e per questo, non già per l'impacciarsi di governo, che mai nol fecero, meritavano l'arcerbe accuse della setta; la quale, con l'ateismo e l'immoralità s'ingrossa. Ma i Gesuiti in Sicilia, come in ogni dove, avean le simpatie dell'onesta gente.

§. 30. Come a' nostri errori rimediò la setta.

Parmi aver detto e sul bene e sul male del governo napolitano quanto coscienza dettava, nè ho risparmiata severità, perchè niuno possa stimarmi parziale. Chi non è tinto de' colori trionfanti vedrà gli errori di Napoli non esser cardinali nè invincibili. Molti Stati possenti a l'Europa oggidì che n'han di gran lunga maggiori; eppur niuno con tanta pervicacia li condanna. Gli errori nostri eran pel più suscitati da chi appunto accusavanli e aggrandivanli; e tutti eran poi sopportabili per la bontà delle patrie leggi; sicchè unico rimedio ai mali credo saria stato più eletta scelta d'uffiziali, premiare e punire, e severamente invigorir d'esecuzione le leggi.

La rivoluzione strombazzante quelli errori, li corresse forse quand'ella vinse? Nol poteva; perchè l'errore appunto è il suo regno; e per necessità dovè fare il rovescio del nostro bisogno. Essa non era popolare nè nazionale, ma straniera; e per reggersi dovea mutar tutto, uomini e cose: abolir leggi buone per male, conculcar la religione per l'empietà, scacciar uffiziali onesti per premiar traditori, vuotar l'erario per satollarsi, far debiti e tasse per empiere le bocche a' famelici adepti, versar sangue a fiumi per regnare. A' pochi sopportevoli mali sostituì arbitrio, e vendette e spogli. Né poteva fare altrimenti. Piangono i popoli, ma la setta gavazza.

§. 31. Un anno di Francesco II.

Francesco II giovine, proclive a studiare, aneloso di correggere le amministrazioni, molto lavorò; già dell'opere del suo breve regnar re qualcosa dissi; qui ne farò epilogo breve. Disapprovò con rescritto del 20 ottobre 59 lo accentramento amministrativo, n'enumerò i danni, ordinò s'eseguissero le leggi, non s'inceppassero con vani giri di carte. Nel consiglio di Stato del 24 luglio aveva disposto s'accedesse alle giuste proposte de' consigli provinciali, perchè *i Governi debbono subito concedere quel ch'è lecito di dare; l'affermativa per sé esser bella, la negativa doversi giustificare con la ragione e la necessità.* E pronto annuì a più voti di consigli. A Catania un tribunale di commercio e le Casse di Corte e di Sconto; a Trapani lavori al porto; a Messina abolito il doppio dazio di stallaggio sui depositi a quel porto franco; a Palermo franchigie daziarie; e per tutta Sicilia condonati gli avanzi della tassa sulle aperture, già soppressa dal 37. Il decreto del 17 febbrajo 60 provvide all'agricoltura nell'isola, all'incremento de' capitali e delle popolazioni rurali, accedendo a' voti de' consigli, cioè ordinando le permutazioni de' beni patrimoniali de' Comuni. A' 27 di quel mese si smezzò, come ho detto, la sopraimposta al macinato, s'abolì la tassa diretta sulle case terranee per la gente povera; s'ordinarono riforme al metodo di riscuotere i dazii sulle solfaie.

Istruzioni e regolamenti die' il 31 ottobre 59 a' consigli di reclutazioni, da evitare brogli e baratterie. A' 15 settembre s'era risoluto il dubbio che i figli de' Siciliani anche domiciliati sul continente fossero esenti di leva. Ciò fu all'isola favore, al continente gravezza, dove quei giovani fruendo i diritti civili, eran salvi del duro servigio personale, debito dagli altri soggetti. Riformò, come notai, i giudici regi, cresciutine i soldi. Mandò regi verificatori a' Comuni e a' giudicati circondariali. I decreti del 15 marzo e 1. maggio 60 sminuirono le tasse su mercanzie straniere, così mettendo in atto quasi libero commercio, sol restando di dazio quanto bastasse a coordinare gl'interessi fiscali all'industria privata; e lo scemamento fu prova dell'incremento d'ambedue. Quei decreti coordinarono altresì le tasse tra Napoli e Sicilia, buon provvedimento.

In breve s'approvarono molti monti frumentarii e di pegni, casse di risparmio e di prestanze in parecchi paesi. Anche stabilimenti di Figlie della Carità, altri istituti da ospedali, educandati e proietti; a Gaeta ponevansi i padri Ignorantelli per insegnare a' giovanetti. A' 13 giugno s'apriva in Napoli l'ospedale servito da' Cavalieri di Malta, per poveri ecclesiastici infermi.

S'aggiunsero cattedre a' collegi: tre a Foggia per dritto romano e patrio, patologia e ostetricia, e medicina pratica e legale; a Chieti quella d'agronomia; a Trani due pel diritto civile e 'l penale. S'ordinò miglior vigilanza alle scuole primarie comunali, e dove mancasse danaro, pagasse la provincia. Pur si provvide a' fondi per le spese delle società economiche.

Una legge del 1° marzo 60 prescrisse a tutti i fondi le servitù degli acquidotti; il che favorì l'irrigazione de' campi, vietò gl'impaludamenti, tutelò la pubblica salute. Uscì a 3 maggio un regolamento per l'opera di disseccameato del Fucino, ove tu provveduto per arbitramenti alle insorgenti quistioni, a troncar liti lunghe. Altro ne uscì a' 10 aprile per le cave di pietre adiacenti alle strade. A' 19 di quel mese era sanzionata una convenzione con l'Ottomano, per le tre linee telegrafiche aperte ne' paesi turcheschi.

Seguivano sempre nuove disposizioni ad abolire l'accentramento. Ai 12 settembre 59 si rivocava un decreto del 1827, che sottoponeva ad approvazione ministeriale le spese per opere pubbliche non urgenti: così gl'Intendenti e i municipii ripigliavano anche quella responsabilità cui la venia superiore lor toglieva. Il rescritto del 10 dicembre fiaccò ogni arbitrio, statuendo che l'espropriazione per utilità pubblica si avesse a dichiarare per atto sovrano. A' 10 gennaio 60 si sanzionò un regolamento per l'opere pubbliche di Sicilia; e a' 26 marzo altro per la città di Napoli.

Si die' impulso novello ed efficace a tutte opere. S'ordinò per l'ampliamento di Napoli a' 25 febbraio una commissione. Si decretò una strada tra Montesarchio e Pontelandolfo, da congiungere in questi altri due punti le strade Irpina e Sannitica; un nuovo ponte sul Calore si fe' con arco di ferro laminato, lungo dugento, largo 24 palmi. Fu continuato il raddrizzamento del Sarno, con altri cinque ponti, un canale navigabile di mille palmi, e le molte strade da unir quei paeselli. Seguivano anco lavori alle paludi Napolitane, e allo sgombro della foce del Sebeto. Compievansi i fari sulle coste siciliane. Cotesto e altro si faceva con denaro nostro, senza debiti.

§. 32. Le strade di ferro.

Vieta e facile accusa le poche strade di ferro. Eppure la prima fatta in Italia si vide nel regno; poi surso l'altra a spese dell'erario a Capua, e voltata da Cancello per Nola, Palma e Sarno a Sanseverino. E pur l'erario costruiva, l'altra lunga da Capua al confine romano. Ferdinando non avea troppo voluto impacciarsi con istranieri; e perchè avea ragione di temerne insidie, e perchè volea piuttosto a' suoi sudditi che ad estranei dar quei lucri. Nel regno certo non mancavano capitali; perchè chiamarne di fuori a padroneggiare, e a venir poi con vascelli a sostenerne per ogni piato le pretensioni? Impertanto avea concesso a privati quelle da farsi per Abruzzo e Puglia; le quali non s'eseguirono, non concorrendovi i possidenti, o perchè soffiati a negarsi, o perchè non ben vedendone l'utilità. Venuto Francesco, stracco del sentir l'accuse, ordinò si compiesse presto quella di Roma, e chiese conto del perchè quelle date a' privati non s'eseguissero. Inoltre con decreto del 28 aprile 60 stabilì una rete di vie ferrate per tutto il regno: tre lunghe linee sul continente da unire l'Adriatico col Tirreno e col Ionio: una per Foggia, Brindisi e Lecce, altra per Basilicata a Reggio, e altra per Abruzzo al Tronto. E tre in Sicilia; da Palermo a Catania, altra a Messina, e l'ultima per Girgenti a Terranova. Fe' una commissione per esaminare le dimande di concessioni, e studiare i disegni e i modi d'esecuzione: si stesero anche i patti su cui accogliere le dimande. Parmi il nuovo indirizzo dato al governo, col minore accentramento, in breve desse buoni frutti. Ma ne mandarono la rivoluzione.

§. 33. Tutto è pronto.

Questa non poteva aspettare che gl'influssi del nuovo regno operassero, e meno che il giovine re avesse tempo di ben conoscere gli uomini e il paese, e forte afferrasse lo scettro. Già il Piemonte compiute le annessioni nell'Italia mediana, irrequieto, ansioso di nuove prede, non voleva s'affreddasse l'ardore rivoluzionario, nè che il tempo svelando le nefandezze e le rapacità di lui, lasciasse all'entusiasmo seguire il pentimento. Già la setta repubblicana, postasi all'ordine di un re per esser protetta a ribellare, aguzzate avea l'arme. Quello era il momento di spingere tutte le mondiali forze rivoluzionarie contro quel regno delle due Sicilie, che nel 1848 le avea saputo fiaccare. Umiliata Austria, contenta Inghilterra, e Francia, la gran setta poteva impunemente tutte sue universali arme lanciare sui nostro bel paese, per ischiantarvi la religione e la prosperità.

Il reame non era più quello del 1848. I Faziosi v'avean preso i migliori posti: ve n'era fra' consiglieri della corona, ne' ministeri, in magistratura, nell'amministrazione civile, nella Polizia, nel clero, nell'esercito e nell'armata; ve n'era d'alti e bassi in ogni uffizio, in ogni luogo. Ciascuno avea la sua parte; chi fingersi fido a consigliar male, chi aperto ribellare, chi disertare a tempo, chi spaventar con paurose nuove, chi tradire il segreto, chi spiare, chi combattere pel re, per farlo perdere; nè mancò chi dovea seguirlo in esilio per iscrutarne le angoscie e i pensieri. Tutto era, siccome la nave d'Agrippina, acconcio a far crollar da sè l'edifizio, e da tutti i lati, per mano de' suoi stessi difensori. Mine, stipe, fradici puntelli avean posto; sol mancava una scintilla, e fecerla recare, da un marinajo di Nizza. Sì vili e svergognati furono tai nostri congiuratori *liberali,* che non ebbero animo d'alzare il braccio essi stessi, coprire almanco la fellonia con l'audacia, che talora quaggiù innalza anche le sceileratezze; ma ebbero bisogno d'un melenso straniero che lor recasse il coraggio della colpa. Nelle tante distribuite parti lasciarono a stranieri le ardimentose; e serbarono per sè l'arti codarde del mentire, del tradire e del fuggire.

Napolitani! la nostra nazione così assalita cadde, ma pur riluttando e combattendo. Ora ergiamo un monumento in calcarei massi, da scolpirvi i nomi de' venditori della patria; affinchè i posteri n'abbiano memoria ererna, e un salutare rossore pe' più abbietti cospiratori che mai si vedessero al mondo.

LIBRO DECIMONONO

SOMMARIO

§. 1. Duro uffizio dell'autore. — 2. Sforzi per sommovere il regno. — 3. Melensi frutti. — 4. Pretesti a Stati stranieri. — 5. Mutamenti ministeriali e il Conte di Siracusa. — 6. Apparecchiamenti in Sicilia. — 7. La vigilia. — 8. Il 4 aprile. — 9. Fazioni de' seguenti giorni. — 10. Ordinazioni del re. — 11. Fatti delle province. — 12. Seguito de' fatti d'arme. — 13. Tredici fucilati. — 14. Conati inani a Napoli. — 15. I legni sardi. — 16. Alessandro Nunziante. — 17. Insidie insigni. — 18. Provvedimenti del governo. — 19. Il Garibaldi. — 20. Preparativi di lui. — 21. Partenza da Genova. — 22. Fatto del Zambianchi. — 23. Lo sbarco a Marsala. — 24. Proteste e le bugie Cavourrine. —25. I duci chiudono le truppe entro Palermo. — 26. Fievoli provvedimenti. — 27. Il Garibaldi a Salemi. — 28. Fatto di Calatafimi. — 29. Infame ritirata del Landi. — 30. Conseguenze.

§. 1. Duro uffizio dell'autore.

Giunto sono a' tristi casi. Studiando i fatti e i documenti, udendo i testimoni, confrontando i tempi, l'opere e gli scritti, l'animo resta affranto; e il pensiero non sa donde cominciare la nefanda iliade di codardie, inettezze, e tradimenti di molti che per somma napolitana sventura si trovarono alla pubblica cosa preposti. Tali e tante stoltezze e nequizie vedemmo, che a noverarle vorrebbersi volumi, e tempo, e pazienza infinita. Il cuore sanguina, la mente si prostra, e l'anima angosciata quasi quasi rilutta contro la volontà del Signore, che tanta ignominia e infelicità permise insozzasse la già lieta patria nostra. Qui è duro l'uffizio dello storico: nudar piaghe, vituperare persone, forse parenti od amici, sfidare vendette di potenti, borie di dominanti, ire di vincitori, false interpretazioni d'invidi o di stolti; svelare le false amicizie, i perversi consigli, il tradito sangue, le insidiose protezioni; affrontare tutte insieme le iracondie di genti perverse, che son tante e diverse! certo sono pericoli e amaritudini e dolori inenarrabili e supremi.

Non mai fur visti più viluppi di malizie, più strazio de' venerati nomi di patria e libertà, più versamenti di sangue innocente per più ingorde cagioni. Mai più furon viste nazioni potenti ch'avrebbero potuto per la forza conquiderne con minor danno, usar arti di premeditate calunnie e corruzioni, per farne iniquamente l'un l'altro uccidere e subissare. Si voleva usurpare la monarchia, e s'è percossa la nazione; si voleva abbattere un re, e si sono spenti centomila sudditi, e spogliati, coperti d'onta e messi in bando delle genti nove milioni d'uomini, che eran tranquilli e prosperosi. In nessun tempo mai fu tanto calpestato lo onore, tanto punita la virtù, tanto irrisa la fedeltà, tanto scontorta la ragione, nè mai per contrario fu tanto disonore estolto in trono, tanto premiato il vizio, baciato il tradimento, o gloriato il sofisma. Gli antichi videro per guerre cadere città e monarchie; ma d'impudenti ipocrisie, di spergiurati patti, d'assalimenti senza guerra, di rapine sì spudoratamente vantate, mai non ebbero esempio. Questo i fati serbavano alla nostra generazione.

Nondimeno facciamo cuore, diamo pel futuro bene sociale la nostra quiete; chè la vita e l'avvenire d'un umile scrittore bene sono spesi per la manifestazione del vero. Potenti d'oggidì, cingetevi pure gli occhi e la fronte con aureole d'infamie celebrate; mala Provvidenza aguzza le penne della storia, acciò restiate avvolti del vostro fango al cospetto della posterità.

§. 2. Sforzi per sommovere il regno.

Benchè tutte l'arti rivoluzionarie usate nel regno vi tenessero le cose in pronto, pur non vi potevano fare il miracolo di Toscana, dove in quattr'ore il ministro sardo avea tolto il seggio al Granduca: qua la popolazione devota alla monarchia tenea il sangue suo in un esercito numeroso; nè valeva averne compri o corrotti parecchi duci. Che potevan questi fare? palesarsi ed essere schiacciati saria stato un attimo. Bisognò procedere per vie contorte, con lento lavorio. Tolsero lo assunto di smembrare e distruggere con le proprie mani quell'esercito fedele, dissolverlo, sperperarlo, con disagi, stenti, vane pugne e vergogne.

Dissi come stretta lega tra Piemontisti e Mazziniani, col mezzo dell'Hudson ministro brittanno, avea il Cavour, consentendolo Napoleone, ripreso il seggio ministeriale, per seguitare la guerra italica, non contro Austria, ma contro Pio IX e Francesco II. A operare sicuramente, e torre al governo sardo la responsabilità degli eventi, Vittorio re, e 'l Garibaldi marinaio si strinsero le mani al buio; e fu data carta bianca a costui, fatto presidente dell'*Assemblea nazionale,* e poi dell'altra società *La nazione armata,* così sopportando in apparenza un governo nel governo, laddove il Cavour amico di Napoleone era operatore del tutto. Fu detto allora che l'Hudson scherzando chiedesse a chi s'avesse a volgere se al Garibaldi capo della *nazione armata,* ovvero al ministro capo dell'esercito regio. Protestarono i potentati, ma ne rise il Cavour, che già pagato aveva alla Francia l'impunità delle future rapine. Della società nazionale afferrava la presidenza il già segretario La Farina, lancia del Cavour. Questi gli dava l'imbeccata, quegli eseguiva in nome della nazione: si creavano in piazza una opinione fittizia, e il ministro poi fingea calarsi alla volontà nazionale ch'esso stesso avea fatto simulare. Cito fra le tante una sua lettera del 21 febbraio 60 al detto La Farina (poi stampata) dichiarante dargli il *là* cioè il tuono da trasmettere a' giornalisti settarii, ed ora questo: « Chiedete risentitamente una risoluzione; spingete l'armamento, dicendo assurdo il fidare nella diplomazia, non potendo essa riconoscere abbattimenti di troni, se non quando fossero *fatti compiuti*; prendete tuono non ostile, ma un po' minaccioso. Non è ch'io abbisogni di spinta per andare avanti; ma sarammi utile poter dire *che sono premuto.* » Oh talento ministeriale!

Così pure nelle parti nostre ci dava il tuono. Servivalo il Villamarina legato, strettisi attorno i primarii congiurati di Napoli e delle province, e col conte di Siracusa zio del re, quei che in casa di costui bazzicavano. Gli erano ausilio i ministri di Inghilterra e Francia, e il conte d'Aquila altro zio del re, allora capo della flotta; il quale visto il torbido, sperava con la protezione francese pescarvi in forma di reggente il potere supremo. Così la rivoluzione democratica fu servita da due grandi personaggi, che presto n'avevano i primi a patir le percosse. Il Cavour avea inoltre corrispondenze dirette nel paese, dove faceva negozii d'importanza. Mandò anzi sfacciatamente a Palermo in febbraio 60 un Enrico Benso suo parente, per tirarsi quei nobili versipelli con lettere di fuorusciti, e fe' frutto; sfrattato dal governo, osò passare a Napoli, e ne fu anche espulso. Di Torino venivano stampe e danari, e promesse larghe d'armi e d'uomini, e anco di mandare l'esercito e re Vittorio: con quel danaro si pagavano i *Camorristi,* e quanto occorrea per far *dimostrazioni,* cui poi celebravano unanimi e spontanee, con esso stampavasi un giornalaccio clandestino il *Corriere di Calabria,* tutto calunnie e speranze faziose.

§. 3. Melensi frutti.

Eppure tanti sforzi riuscirono a' melensaggini. Una volta gittarono dal ponte di Chiaia nastri a tre colori: un'altra ne lanciarono dalla piccionaia del teatro Fiorentini. Altresì in Acerra, patria di Pulcinella, dove molto potea casa Spinelli ch'ereditò roba ex feudale, si videro per terra di quei nastri un dì sull'alba. Il municipio dichiarò con deliberazione l'innocenza della città. Tai cose infatti facevanle i pochi speranzosi di tumulti; e come n'usciva patente l'impotenza, voltavan carta, e n'accusavano la Polizia, quasi il facesse pel piacere d'inveire: di quella accusarono il caporale dei gendarmi. Qualche altra stupidezza simile fu in Abruzzo, e su' confini. Le popolazioni guardavano con ispregio, irridendo gli ignoti congiuranti, che con vili *Camorristi* intendevano a rovesciare la monarchia; niuno sapeva i Camorristi collegati con re e imperatori.

A Taranto il 18 luglio 59 si vide sur una colonna un busto in gesso, passato la gola fuor fuora, lordo di sangue cavallino, e una scritta: *Morte alla nobiltà, viva l'unità e la costituzione, morte al sindaco.* E una lettera cieca al sottintendente de Monaco diceva: *Avete veduta quella testa di Francesco II? tra breve vedrete la sua vera testa in Napoli infitta alla sua spada; a Lecce quella dell'intendente; a Taranto quella del sindaco Mannarini* ec. Fecesi il processo a un Vito Cicala; ma l'autore principale era un notaio Di Palma; chè sorpresa una sua lettera, si provò per stima di periti il carattere essere lo stesso della scritta. Carcerato costui il 27 gennaio 60, andò tosto alla potestà giudiziaria; ma la corte di Lecce trovò modo da mandarlo libero; anzi il procuratore generale Pietro Corigliano il 5 luglio gli sollecitò l'applicazione dell'amnistia del 25 giugno. E poi con la vittoria della rivoluzione il Di Palma si potè vantare *martire.*

Poi nel carnovale 1860, certi compri sicarii presero a dar colpi di mazze a persone pacifiche, e tre col figlio del sottintendente ne ferirono. Apparve anche una tabella a tre colori col motto *costituzione*; e più sere sparsero per le vie tricolorate nappe.

La setta pur negli ergastoli stese sue reti, e v'avea adepti. Il tre maggio transitando per Taranto certi galeotti, che dal bagno di Nisita andavano a quel di Brindisi, si trovò sopra un d'essi, certo Giuseppe Monterosso di S. Eufemia, la nappa tricolorata, una moneta con la effigie sfregiata di Francesco II, molte carte sediziose, un programma di cospirazione, e 'l giuramento *di perseguitare la stirpe borbonica, di vendicarsi de' Gesuiti cagioni di ruina di tutti i popoli, e di spargere il sangue per la Giovine Italia e pe' veri dogmi di Cristo.* Confessò di avere il carico di propagare la setta negli ergastoli, e svelò stare arme nascoste e preparate rivolture nel Reggino. Per presto punire tal difensore di Cristo, il Procuratore generale Corigliano in tre dì chiamò a Lecce la processura; ebbe il reo l'8 giugno, lo interrogò, n'ebbe altre rivelazioni, e lui pose non già nel carcere centrale addetto ai rei di stato, ma in quel di S. Francesco poco sicuro, d'onde l'11 sparve. Fu chi il disse ucciso acciò non rivelasse oltre; nè più se n'ebbe nuova. Quel Corigliano, surta poi la rivoluzione, quando i galeotti s'alzavano a redentori d'Italia, dal balcone gittava confetti a' tumultuanti.

Che s'era fatto nel Reggiano? A' 2 aprile 60 apparve presso Villa S. Giovanni una bandiera a tre colori con motto latino celebrante re Vittorio. Altra senza motto se ne trovò all'alba del 10 sugli scogli del forte Scilla. La gente non se ne curava. Cercandosi i rei, incolparono una realista; venuta la rivoluzione i rei si vantavano del gran fatto, e dell'acuta calunnia.

§. 4. Pretesti e Stati stranieri.

Eppure cotali fievoli e inani conati liberaleschi servian di pretesto ai governi di Francia e Inghilterra, per ispingere di continuo Francesco a riforme. Licenziati gli Svizzeri, avean cominciato a martellare; seguite l'annessioni italiche, si rinfocolarono; in marzo raddoppiarono i consigli. Il Brenier e l'Elliot, per incoraggiare i congiurati a tentar cosa di più momento, fecero in quel mese apparire le due flotte avanti Napoli: speravano come in Toscana far la rivoluzione senza guerra; ma i Napolitani non ci posero mente, e i congiurati non osarono fiatare. Il governo vigilando i passi di questi stava in impaccio; farli giudicare era magnificare il male, e mostrar palese la protettrice mano straniera; lasciarli fare, e' poteano suscitare subugli da far co' rei pericolare innocenti; però a tutelare la cosa pubblica, s'avvisò sbandeggiarli. Al 1. marzo il marchese di Bella, il marchese Vulcano e qualche altro cicalone furono sloggiati. Ed ecco il ministro inglese Elliot piglia a difenderne l'innocenza, e concitato rapporta a Londra dell'ingiusto esilio di quelli, cui chiamava suoi amici.

Il La Farina qual presidente della *Società Nazionale*, scoccava da Torino a' 22 marzo una focosa proclamazione all'esercito napolitano, incitante a ribellare. Diceva i Borboni stirpe di vigliacchi, Vittorio stirpe di eroi; la rivoluzione essere invincibile, certo sarebbero vinti; avrebbero vergogna eterna; e aggiungeva: *Già la metà di voi è preparata a unirsi a noi come vede la nostra bandiera.* Così seminava sospetti e sgomenti. Subito dopo i fuorusciti, soprattutto quelli usciti di fresco per grazia dagli ergastoli, preseduti dal Poerio, si adunarono con gran sicumera a Torino, e senza mandato di nessuno, quasi fossero nove milioni, deliberarono a 1. aprile, che Francesco II cessava d'esser re, e 'l reame era annesso al Piemonte. Quest'atto non più visto di servilismo a stranieri, su terra straniera, esautorante la patria a pro del pagatore, si celebrava per coraggioso patriottico atto; e il governo pagatore stampavalo ne'giornali uffiziali!

§. 5. Mutamenti ministeriali, e il Conte di Siracusa.

In quei gravi momenti il Filangieri, che volendolo avria potuto salvare la monarchia e il paese, usando forte della potestà e delle leggi, invece alla vigilia appunto della rivoluzione siciliana, pria dello scoppio, si dimise con parte del ministero, e ne cadde anche il Cumbo ministro di Sicilia. Pertanto a calmarlo il re co' decreti de' 16 Marzo e 4 Aprile fe' presidente de' ministri il principe di Cassero, uomo insigne ma vecchio molto, pose il generale Winspear alla guerra, il Gamboa alla giustizia, e agli affari di Sicilia il principe di Comitini con direttore il Bracci; restarono gli altri con sempre il Filangieri in privato alla direzione del tutto. Il Comitini non accettò.

E mentre, come or narrerò, la rivoluzione era il 4 aprile per isfavillare, ecco appunto il giorno innanzi esce il Conte di Siracusa a darle appoggio morale. Togliendosi la maschera, con la quale tanti anni impunemente nel suo inviolabile palazzo avea fatto congiurare, mette di sua mano la firma a una lettera scritta dal Fioretti suo segretario, ispirata dal Villamarina. Egli non insignito di uffizio pubblico, tolse pubblicamente a consigliare il re nipote: *si salvasse pigliando politica nazionale, si collegasse col Piemonte, desse la Costituzione.* Non sapeva ei forse non bastare le Costituzioni a' nemici de' Borboni? non avea viste l'annessioni toscane e romagnole? non sapeva la già da' fuorusciti a Torino dichiarata annessione del reame? ignorava la rivoluzione essere unitaria? Il dare la costituzione era allora abdicare, ch'avrebbe scissa la nazione, fiaccata la potestà, sconnesso l'esercito; e presto lo evento il provò. Il Siracusa non pago di quella lettera sparsa per tutto il reame a stuzzicare le passioni, altra indi a poco ne fe', inculcando a Francesco *imitasse la duchessa di Parma, liberasse i sudditi dal giuramento, si desse nelle braccia del Piemonte.* Costui credo più che reo stolto; e par non avesse capetino sangue nelle vene.

§. 6. Apparecchiamento in Sicilia.

La congiura sul continente nulla poteva, molto nell'isola pronta a novità; onde là si risolse dar principio, e là cominciare il disegnato dissolvimento dell'esercito. Più facile era là, perchè un vecchio errore governativo facea mandarvi come in pena gli uffiziali di mala condotta, o che non avessero protettori; però tristi o mal contenti.

I congiurati avacciarono, sendo propizie le congiunture; re giovine, insidie in famiglia, Europa istigante o inerte, milizie quasi tutte reclute nuove, e duci in parte compri. Dal novembre 59 i comitati segreti trattavano con gli impiegati regi acconci a voltar bandiera; in gennaio si spandevano scritti incitatori; a' 10 febbraio uscì un indirizzo all'Europa in nome de' popoli del regno; si die' qualche grido in teatro, si vide qualche mazzetto di fiori a tre colori e si strillò viva *Verdi!* perchè le lettere componenti tal nome significavano Vittorio Emanuele re d'Italia. In marzo quasi ogni dì sulle muraglie palermitane s'appiccavano proclamazioni, consigli, e ordinazioni del comitato: larghe promesse al popolo, nere minacce al governo; nunziavano il Garibaldi, soccorsi sardi, aiuti inglesi, unità italiana, annessione a Sardegna, o il motto *Italia e Vittorio Emanuele.*

Da qualche tempo parecchi nobili e ricchi, alcuni anche gentiluomini di Camera del re, tenevano a prezzo certi facinorosi, avanzi del 48, in bande nelle circostanti campagne e ne' distretti; sicchè o per finire di spendere, o per tema di essere scoperti, o perchè ardenti o spinti, risolvettero gittare il dado. Il Mazzini mandò Lombardi e Piemontesi, come viaggiatori, pronti a dar nell'arme; e il fuoruscito Rosolino Pilo fratello del conte di Capace allora intendente di Palermo. Questo Pilo poco avanti era stato da' Piemonlesi agguantato a Bologna, con nella valigia una lettera del Mazzini; tosto liberato perchè corresse in Sicilia a portare il fuoco. Fuvvi mandato altresì Francesco Crispi fuoruscito anche, e n'ebbe il modo dal Farini allora dittatore nell'Emilia, consentendolo il Cavour; il quale rassicurò non mancherebbero i denari alla spedizione de' volontarii, allestita a Genova dalla Società Nazionale. Costoro ed altri insistevano per pronta levata, i paesani dubbiavano se levarsi prima o dopo l'arrivo del Garibaldi; ma questi ricordandosi del Pesacane, promise venire, ma dopo la sollevazione dell'isola; acciò ingaggiata, non potesse voltargli le spalle.

Il governo sapeva tutto, ma nel dualismo governativo non usava opere efficaci. Il Castelcicala, come già il Mayo del 47, circuito da' nobili cospiratori, mal sorreggeva il Maniscalco, che volea dare in testa alla serpe; diceval visionario, gli troncava i passi; e i faziosi imbaldanzivano. Sul finir di marzo egli andò a Napoli, e sì da bambino giunse ad assicurare il re *Sicilia esser tranquilla,* il Maniscalco nella sua assenza a' 30 marzo mise le mani addosso ad alcuni del comitato; e gli altri s'ascosero. Ciò li avvisò essere conosciuti, funesto ogni indugio, prontissimo dovere levar la bandiera. Disegnarono cominciar da Palermo, assalendo i quartieri e i posti di polizia; quei del contado correrebbero in aiuto; Messina, Catania e Siracusa e altro città imiterebbero Palermo, e bande rivoluzionarie tutte campagne infesterebbero.

§. 7. La vigilia.

Era un Francesco Riso, fontanaio; il quale sendo de' congiurati s'avea fittato, sotto colore di porvi arnesi dal suo mestiere, un magazzino del convento detto della Gangia de' minori osservanti, dov'era una porticina ascosa che l'univa al convento. Quei buoni fraticelli, il più conniventi, fecero entrare di là due cannoni, molti scoppietti, lance, e arnesi e munizioni da guerra. Era statuito che allo stormo di quella campana la città levasse rumore; perchè ampio, e di facile difesa il luogo, provveduto di uscite fuor di mano; o presso alle porte di Palermo potea di leggieri aver soccorso di fuori, e pronta la ritratta. Anche designato era il 4 aprile, martedì santo, ne' dì di Pasqua, per ricordare il famoso Vespro.

Il Maniscalco la vigilia da un frate stesso, Fra Michele da S. Antonio, ne ebbe avviso a un puntino, fuorchè del luogo dell'arme, perlocchè la sera del 5 mandò un Chinnici capitan d'arme, a perquirere il convento. Ma o questi fidasse nell'onestà dei religiosi, o se ne lasciasse persuadere, non bene rovistò il luogo, nè visitò le sepolture, dove stavan celate le arme, nè si avvide d'un egresso segreto in sottostante giardino: rinvenne soltanto sotto una tettoia lo scheletro senza testa d'una donna, forse da sei mesi estinta; che mostrò di quali atrocità quei frati liberali fossero rei, e come spesso ai liberaleschi spiriti moderni i malvagi si danno. Benchè non si trovassero arme, il Maniscalco tenea sicuro l'avviso; postò il Chinnici co' compagni di arme ne' dintorni, a guardar le porte del convento; e la stessa notte nunziò per telegrafo al re, che Palermo la dimane si solleverebbe.

Sull'imbrunire la città mostrava calma significativa, una sfida muta, uno scendere da tutte case a comprare commestibili per farne serbo. Nei monti di Monreale erano bande armate; quei d'attorno Palermo avean fuochi come d'accampamenti; e si buccinava che al mattino al tocco della campana scenderebbero difensori a propugnare la sollevazione. Impertanto il generale Salzano comandante l'arme della provincia, che si portò da uomo, mise fuori a' passi opportuni milizie da affrontare gli accorrenti; e al villaggio S. Lorenzo, ove dicevasi s'adunassero i ribelli, mandò il maggiore Polizzy dello stato maggiore, con due compagnie di fanti e uno squadrone di cacciatori a cavallo; ed egli fe' suo quartier generale a piazza Bologna.

§. 8. Il 4 aprile.

La Gància ha da' canti vielle strettissime, ma sta sur una buona strada, con a fronte quella che va a Castellammare. La notte i faziosi a uno alla volta entrando nel giardino, eran messi dentro dal frate portinaio intorno a sessanta; gli altri viste le sentinelle, tenuta la congiura sventata, eran dati addietro; nondimeno quei sessanta sull'alba, in punto alle ore cinque, cominciarono da finestre e da' tetti a sparar moschettate sulla pattuglia dei Compagni d'arme e sulle sentinelle ch'erano giù scoperte alla strada, e poco dopo a suonare a stormo. Il primo a cader morto de' regi fu un soldato Domenico Cipollone del 2.° cacciatori, sentinella al secondo posto della Zecca, principio di sangue infinito. Odi di qua Viva il re! di là Viva Vittorio! Incontanente battuta la chiamata generale, i soldati lanciatisi a' designati posti e un battaglione del 6° di linea col tenente-colonnello Perrone rafforza i Compagni d'arme e poliziotti. Come un obice sfonda la porta e la barricata interna, i soldati con le baionette v'entrano a frotte. De' ribelli muoiono diciannove ed un frate, e sette cadono feriti tra' quali è quell'Antonio Riso figlio del fontanaio, di cui dissi svelasse, morente all'ospedale, la congiura. Il resto con due frati furono agguantati. Due non veduti si ascosero nelle sepolture tra' morti, donde dopo tre dì poterono scampare per una finestra, cui poscia la rivoluzione vincitrice appellò *buca della salvezza,* e vi pose una lapide. I buoni fraticelli, che quasi tutti avean combattuto, fuggirono a' campi. Si trovarono polveri, lance, granate, altri strumenti, due cannoni, uno di quercia, altro di ferro. I regi ebbero due morti e nove feriti. Ma l'edifizio preso d'assalto andò sossopra; il popolaccio ne compì il sacco; e ne sarebbe ita la chiesa, se un corpo di soldatesche non l'avesse guardata. La città non rispose al movimento.

Le milizie scorrevano la città da un capo all'altro, e pochi altri corpi si traevano sulla via alla Fieravecchia, quando apparvero armati faziosi presso S. Maria di Gesù fuor delle mura, e quindi a Boccadifalco, e alle porte di Termini e S. Antonino, e alla Sestacasa; i quali con le consuete bandiere e motti assalirono i soldati postati; ma respinti fuggivano e si ragranellavano altrove. Nelle ore pomeridiane investirono i regi a' Porrazzi, respinti anche. Ingrossati ritornavano, e pur sempre rifuggivan dispersi. Poterono un istante occupare i mulini indifesi, e deviarne l'acque, e far mancar le farine alla città. Frattanto il Polizzy, non trovato nemico a S. Lorenzo, ne tornava; ma rinforzato per via da tre compagnie, con ordine di voltare indietro a' Colli, a perseguitare una mano di ribelli vista in quelle parti, vi si avviò.

Il Salzano lo stesso dì pose la città in assedio, e ordinò si consegnassero l'arme tra ventiquattr'ore. Ma la ribellione soffocata nel suo primo conato a Palermo, divampava ne' dintorni. Il dì stesso moveansi Bagheria, Misilmeri, Carini, Partinico, Piana, e Capaci; a Termini fu qualche mostra, contenuta dalla presenza della guarnigione. Ciò seguiva stando il Castelcicala luogotenente a Napoli; giunto l'annunzio, ripartì subito la dimane.

§. 9. Fazioni de' seguenti giorni.

Il Polizzy al mattino s'avanzò a S. Lorenzo, accolto fuor del villaggio da gran colpi di mani invisibili, annidati nelle case: bisognò combatterle ad una ad una, e sì prese mezzo il paese; ma verso l'ore undici retrocesse a occupare il piano del castello; dove avuti due cannoni e un'altra compagnia di fanti ricominciò fiaccamente la pugna; tale che indi a poco, dicendo che le bande avverse ingrossavano e potrebberlo circondare, si ritrasse nell'ore vespertine alle casine Airoldi e indi a Palermo, perduti da trenta uomini tra morti e feriti. Questo fu il primo esempio dello andare indietro.

Intanto i faziosi accorrenti da molte parti dell'isola cercavano d'entrare in Palermo; però la fregata *Ercole*, posta tra l'acque de' Corsari e Bagheria, traeva a scaglie su quanti di là tentassero il passo. Stava a Monreale il maggiore Ferdinando Bosco col suo battaglione 9° cacciatori; e sebbene assalito di frequente, resistè. I sollevati dalle casine de' Porrazzi percuotevano gli avamposti regi; però investiti fuggirono, lasciando morti e prigioni. Inoltre tagliavano qua e là i telegrafi, vietavano il transito a' corrieri, e la notte dove vedean soldati d'avamposto percussavanli e fuggivano. Una notte s'appiattarono in una gran fabbrica di cuoi; e bisognò per isnidarneli ardere il caseggiato.

A Bagheria due compagnie del 4° di linea col comandante Rizzo, circondate da molti, s'ebbero a ritrarre nella casina Inguaggiato; e ancora che strenuamente si difendessero, pur digiune e stanche per due giorni di zuffe, avean bisogno di pronto soccorso. V'andò il generale Sury da Palermo il 6 con sei compagnie di fanti, quattro obici, e mezzo squadrone di cacciatori a cavallo; arrivò in punto che forte si pugnava; operò col cannone, arse tre case, prese due bandiere, e parecchi prigioni; e scacciati i rimanenti, liberò quei del Rizzo, e seco giusta l'ordine a Palermo a sera li riportò. Egli il giorno 8 andò pe' villaggi propinqui; e come i faziosi gli fuggivan d'avanti, le popolazioni festeggiavano con viva il Re. La notte seguente fu stabilito assalire S. Lorenzo con due colonne; una col Polizzy per la strada regia, l'altra col tenente-colonnello Torrebruna, che con l'*Ercole* sbarcherebbe a Mondello al nord-ovest del villaggio. Di fatto il primo con sei compagnie di fanti, venticinque pioneri, cinquanta cacciatori a cavallo, sessanta compagni d'arme, e due cannoni da campo andò per la Favorita; mentre il Torrebruna con quattro compagnie del 4° di linea, pochi compagni d'arme e venticinque pionieri entrava in mare. Costui sull'alba sparato il cannone, convenuto segno, scese a Mondello, e s'incaminò; laonde il Polizzy dopo un'ora investì S. Lorenzo, donde invero dalla sera erano i più de' ribelli sloggiati; però senza sforzo, ma con inopportuno rigore, fu dal Polizzy ripreso quel paesello torbido, stato terrore de' dintorni. Il Torrebruna, giunto dopo, volse a Baida e a Boccadifalco, e fe' perquisizioni, e dove trovava arme, punizioni severe. Poi tornarono a Palermo lo stesso dì.

Frattanto dal governo al 7 si arrestavano sette del comitato, nascosti in casa Monteleone; cioè il barone Riso, il principino Niscemi, il principe Giardinelli, Gentiluomini di Camera del re; il duchino Cesarò, il principe Antonio Pigliatelli Monteleone, il cavaliere S. Giovanni, Ottavio Lanza sacerdote, e con essi un La Croix cameriere. (Il padre del Niscemi si godeva per grazia regia 1500 ducati annui di pensione!) Menati in carrozza sino alla gran piazza, poi di là a Castellammare, fur tratti a piedi, fra' gendarmi; per ordine del Salzano: il che fatto a pompa crebbe odio al Maniscalco. Eglino in Castellammare gozzovigliavano fastosi; poi tratti alla vicaria, vennero divisi; con un regio assegno di novanta ducati al mese per ciascuno.

§. 10. Ordinazioni del re.

Domata in città la ribellione, spazzate le campagne, racconci i molini, parea calmata la bufèra; ma i soldati erano stanchi, trafelati, per troppe veglie e viaggi, sempre sull'arme e in campagna sparpagliati. Cotali fazioni s'eseguivan quasi tutte per ordini veementi di Napoli, il Castelcicala avea chiesto un battaglione di pionieri ed uno di carabinieri a piede, e tosto il 7 su tre navi arrivavano: avea chiesto farine pe' cittadini, e ne giungeva il *Capri* carico; che portò ordine si distribuissero da' parrochi quattromila ducati a' poveri che per mancato lavoro patissero inedia; perlocchè quei miseri dettero in benedizioni infinite. Il re forte da' primi di quello star sulle difese disapprovò. Scriveva: « Se più a lungo vi difendete senza assalire, tutta Sicilia ribellerà. Solo a Palermo avete quindicimil'uomini, e quattro fregate, oltre i legni di commercio: rifate i molini, mandate da Termini a dar nelle reni a' ribelli; disponete i navigli in guisa da impedire sbarchi stranieri sulle coste. I soldati riposino, dormano, onde stiano freschi al bisogno; non date retta a falsi allarmi, riposate e combattete a proposito, impedite il sacco, ciò frange la disciplina o inimica anche i buoni. Presto dovete fare a distruggere le bande che infestano il paese, o che saranno pretesto di gravi diplomatiche perturbazioni. » Ma non bene ciò si eseguiva; si spiccavano soldati qua e là; fugati i faziosi, tornavano a casa; la dimane rifacevano la via stessa; quindi stanchezza, sciupio d'arnesi e munizioni; pericoli cresciuti, diffidenza de' duci, e sospetti. Quando pareva sedato ogni cosa, la fazione con più ira rialzava il capo.

Era un marchese Letizia stato giocatore e malversatore, cospiratore antico, fatto nel 48 colonnello di Nazionali; il quale perchè al 15 maggio parve farsi regio, era stato in premio fatto colonnello d'un reggimento di linea dimorato più anni sull'isola. Costui surte queste sollevazioni nuove, chiese al re d'esservi mandato a domarle; e gli fu con infausto consiglio concesso. Altresì fu al brigadiere Clary fidata la guarnigione di Catania; e per rafforzarla andavano da Napoli a Messina due altri battaglioni del 14° e 15° di linea, una batteria d'obici e quattro squadroni di lancieri.

§. 11. Fatti delle province.

Rotti i telegrafi, il luogotenente più giorni ignorò i fatti delle province che ebbero contemporanei turbamenti; perchè i congiurati volevano che al segnale di Palermo tutta l'isola si sollevasse; il che fe' sì magro effetto che si può dire abortisse. A Termini, a Cefalù l'ordine si serbò. A Caltanisetta per cagion de' molini fu lieve subuglio in piazza e benchè fievole il presidio, il popolo si mostrò devoto al governo; anzi vi si fecero i consigli distrettuali e provinciali, e feste e fiere consuete, anche dopo venuto il Garibaldi. Catania era grata a' Borboni, per freschi benefizii; l'ordinata irrigazione del Simeto, il fatto porto, la cassa di sconto, il vescovato fatto arcivescovato, il tribunale di commercio concesso l'anno prima a' 22 luglio; nè sperava altro. Però stette cheta; sol per genie corsavi dal contado seguirono lievi rumori l'8 e 9 aprile; sventati dal contegno dei cittadini. Nondimeno per timore d'altro s'imbarcarono per Napoli quarantadue famiglie di militari; ma niente fu, e a' 7 maggio si tenne il consiglio provinciale. A Girgenti solo pensieri caldi; apparve una bandiera faziosa piantata a terra fuor del paese, senza più, sino al Garibaldi. A Marsala un Lipari consolo sardo corse le strade il 7 in divisa uffiziale sfacciatamente, con lo stendardo subalpino e una gridante bruzzaglia. Certi Damiani e D'Anna unirono gente con danari delle casse pubbliche, e speranze di bottino, per correre a Palermo; e sparso, non so come, che i Gesuiti palermitani dessero quattromila moschetti a' rivoltosi, ne pretendeano altri da' padri di Marsala, se non che alla dimane uditosi Palermo sedato, i caporioni fuggirono a Malta; chi altro s'ascose; i più al solito si rimirarono in denunziatori e spie, che mai i più fedeli di loro.

In Messina seconda città dell'isola i congiurati volean far rumori. Vi era intendente un marchese Artale di pel rosso, ch'avea sempre blandito i felloni, per averne popolarità, e trovarsi bene ove trionfassero. Capo di polizia, tirava in fronte la polizia cui scherniva, rimproverava, e lasciava inerte. Nel giugno 59, passando pel porto la flotta sarda spinta contro Venezia, lasciò si rumoreggiasse in piazza con grida sediziose a plaudirla; ed egli trascese a passare in carrozza in mezzo alla folla, con mazzo di fiori a tre colori, e salutando col cappello. Ora conscio della giurata caduta della monarchia, smessa la prudenza, con calcolata inerzia chiudeva gli occhi su tutto, e pur su' viaggiatori. Così mandatario del Mazzini e del Cavour, potè impunemente sbarcare colà a' 10 aprile Rosolino Pilo con Giovanni Corrao fuorusciti, e poi anche il Crispi che andaron propagando in ogni paesello: *Garibaldi arriva, Viva Vittorio!* A questo regio intendente i congiurati a' 7 aprile mandarono dicendo ritraesse da' consueti posti i poliziotti; ed egli subito gli tolse. Poi i consoli francesi e inglesi e 'l comandante di un legno inglese andarono al maresciallo Russo comandante la piazza, chiedendogli se la cittadella facesse fuoco in caso di rivoltura, e raccomandando blandizie: avuto risposta gagliarda, pregarono esser prima avvertiti. Già aperto i ribelli tenean due comitati; uno di guerra, altro civile, andavano sulle case per danari; cosa che molto spaurì, e fe' moltissime famiglie fuggire dalla città. Bentosto col braccio d'incogniti stranieri suscitarono tumulti sul pomeriggio del giorno 8: un fuggir per la strade, un assalire le pattuglie e corpi di guardia: sicchè s'ebbe a versar sangue, e sedare con la forza le cose; e poi la dimane bandire lo stato d'assedio. Conseguentemente, sollecitandolo il maresciallo Russo, l'Àrtale fu chiamato a Napoli, date al segretario generale Curtada le funzioni d'intendente. I ribelli delle campagne tornarono a' 10 del mese ad assalire il posto di S. Leone, e alla dimane quello di Portazaera e il forte Castellaccio, sempre respinti. Ed ecco i consoli sardo, francese e inglese (nativi di Sicilia) protestano quel dì stesso 11, con apposita scritta, e v'osan pretendere che in caso d'aggressione i Napolitani *non si difendessero con arma da fuoco, ma cercassero prendere gli assalitori con altri mezzi.* E intanto spargeano in piazza notizie paurose, trionfi palermitani, certezze d'aiuti esteri, tutto a fomentare la ribellione. Ma a loro dispetto stando cheti i cittadini, riposta in breve la pace, il Senato messinese con suppliche al re protestava a' 17 aprile l'innocenza e la devozione della città, turbata, dicevano, da pochi tristi, aspiranti alla roba altrui. Il re dispose s'usassero quattromila ducati del tesoro in opere pubbliche, di che il senato con indirizzo del 12 mostrò riconoscenza, riprotestando fedeltà. Anche alle milizie, uscite in colonne mobili pe' paesi attorno, le popolazioni facean testa, e gridavan al re viva infiniti. Fu poco rumore a Barcellona, niente a Patti, niente a Noto. Siracusa chetò sino al 16 maggio. Qualche cosa s'udì ad Alcamo, fuggiti gli ufficiali civili, disarmati i compagni d'arme; il simigliante a Castellammare; ma ambe udite le regressioni di Palermo rinsavirono; e tutto tornò a posto. Le cose di Trapani eran ite cosi: L'intendente Stazzone era sì stretto co' capi faziosi in casa sua, che fu detto egli stesso vi tenesse il comitato. Poco avanti un legno genovese v'avea recato impunemente armi e munizioni. Pertanto i congiurati, fatto numero in arme, pretesero alzando bandiere di tre colori di tener essi l'ordine; e quell'intendente e anche il comandante la piazza Iauch colonnello del 15° di linea gliel concessero; sicchè quelli si formarono in compagnie, fecero Turillo Malato maggiore, e alzarono i tre colori. Chiesero poi si lasciasse a loro il corpo di guardia, e il Iauch ritrasse al castello i soldati frementi; vollero non si facesse veder polizia, e l'intendente l'ordinò; vollero si mettesse in libertà un Coppola ribelle e altri 15 rei di maestà, e 'l procurator generale li scarcerò l'8 aprile. Da ultimo la guardia cittadina fatta dall'intendente col sindaco a capo compie la rivoluzione, grida Vittorio, e comanda luminarie. Ed eran presenti mille soldati chiusi dal colonnello in fortezza! Nè tampoco contenti, procedettero a pretendere l'arme dei soldati, che irosi rifiutarono; ma l'intendente fe' con suo ordine disarmare le poche guardie doganali e della marina. Quando il capitano Correale osservò al colonnello il disdecoro di tanta viltà, fu da esso scacciato fuori di stanza. Il Iauch era valoroso col suo subordinato.

Vennero da Napoli il 10 ordini di giustizia: al Iauch sostituito il brigadiere Giordano; allo Stazzone il San Secondo. Poco stante a' 23 aprile giunto il Letizia colà, menò il Iauch per ordine sovrano a Palermo, senza divisa militare, e chiuselo in castello, benchè lo stesso Letizia cercasse d'aiutarlo. Ma egli e lo Stazzone a 1° maggio, quando parea la rivoltura finita, con suppliche protestarono innocenza.

Adunque la sola provincia infestata da bande rivoluzionarie era Palermo, e un po' Trapani: il più de' comuni si guardavano da sè; vietavano con l'armi l'entrata a' ribelli; ed eccetto due o tre intendenti, la potestà civile stette salda. Fu la mala condotta de' duci militari che ruinò il regno.

§. 12. Seguito de' fatti d'arme.

L'11 aprile a Boccadifalco la soldatesca respinse i faziosi, e tolse tre bandiere. Sull'alba del domani investirono il maggiore Bosco a Monreale; e altresì perduta la bandiera si fuggirono. La sera dell'11 il Salzano disponeva che quattro compagnie del 4° di linea movessero al convento di Gibilrosso, per facilitarci le mosse del generale Cataldo, che dovea piombare su Misilmeri occupato da' ribelli. Costui infatti con due battaglioni di fanti, uno squadrone di cavalli, cinquanta compagni d'arme, ventiquattro pionieri, e quattro cannoni da montagna, mosse pria dell'alba; trovò Misilmeri vuotato dai ribelli, e v'entrò, dal popolo plaudito. Ivi quel mattino proclamò grazia a qualunque tra ventiquattr'ore si presentasse. Poi procedette a Marineo, dove neppur trasse colpo, tra' plausi del paese. I rivoltosi fuggenti s'eran divisi; parte andò a Villafrate, ma combattuti dalle guardie urbane del luogo, si dispersero; l'altra indietreggiò a Piana; e sentendo rumoreggiare il Cataldo, volse verso Partinico. Quivi in mezzo tra il Cataldo di fronte e il Bosco accorrente per la via di Montelepre, s'andarono ad afforzare dentro Carini. Intanto reagendo, come dissi, le popolazioni in Alcamo e Castellammare del golfo, i ribelli perdean le speranze d'andare avanti. Erano gli avanzi di più bande: una d'Alcamo comandata da Stefano Santanna, altra di Partinico con Mariano Giani, altra di Piana guidata da certi Salapò e Petta, altra di Corleone con certi Fermaturo e Vassallo, e la banda di Cerda con Luigi La Porta; i quali uniti facean forse duemila a Carini.

Per circondarli si postava il Cataldo su' circostanti monti, e il Bosco scendeva verso la valle S. Martino; dall'altra banda partian da Palermo il Torrebruna a' 17 con sei compagnie di fanti, due obici e alquanti cavalli; e la dimane per mare il Perrone con due battaglioni del 6° di linea da sbarcare sulla spiaggia di Cinisi, e simultaneamente l'uno e l'altro stringere Carini. È città di ottomil'anime, a diciotto miglia da Palermo; credesi esser l'antica Hiccaria; sta sopra alla collina con una pianura a piè. Il Torrebruna giunto il primo, sia volesse combatter solo, sia, come disse, che pochi uditi colpi gli facessero credere appiccata la zuffa, non aspettò; e investì ch'era quasi il meriggio. I difensori postati sulle rampe che menano al paese, poteano opporre gran contrasto a' salienti cacciatori; ma presto rincularon dentro, per combattere dalle case; e là pure fecero mala prova; e fuggendo scontrarono due compagnie del Cataldo ch'entravano dalla banda opposta. Molti nondimeno scamparono; chi s'ascose nei sotterranei, chi dava nelle scolte agli sbocchi. Vi morirono intorno a cinquanta, e dieci de' paesani; e se il Torrebruna avesse aspettato come doveva, tutti eran presi o sterminati. Il Perrone giunse dopo il fatto. Ma i soldati dettero in eccessi, arsero una dozzina di case; e quei del 4° di linea non ben dagli uffiziali repressi, si dettero al bevere e al sacco; il che vituperò la giornata, ed ebbe dal re biasimi severi, ed anche punizione. Il Torrebruna trasse i suoi dalla trista scena, menandoli a Capace; e là raccolti gli arnesi rapiti, li mandò restituendo a' padroni.

Cotal fatto produsse uno sgominio. A Carini stesso si presentarono i tre capi di quei luoghi. A Corleone, entrate quattro compagnie di fanti, e 'l già fuggito sottintendente, presentavansi a torme. Lo stesso a Piana, Monreale, Montelepre e Misilmeri. Il resto perseguitati, sparnazzati pe' campi, perpetrarono gran furti e assassinii ne' distretti di Termini e Cefalù, massime a Cimmina, Petralia, e Caccamo. Pertanto le soldatesche eseguivano il disarmamento in tai paesi; e sì le strade sicuravano, aprivano le comunicazioni con le province, riponevano i telegrafi. Tolse per mare una colonna col general Primerano pel Terminese, altra col Letizia come ho detto a Trapani; ambo a' 23 aprile.

§. 13. Tredici fucilati.

Da quando eran giunte in Napoli le prime nuove della ribellione e dei prigioni fatti alla Gància, il re scrisse promettersi l'amnistia a' traviati; il che potendo interpetrarsi per debolezza, si strinse a munire il general Cataldo, operante con una colonna militare nel contado, delle facoltà di perdonare chi spontaneo si sottomettesse; ciò fatto, si raccolsero in breve dì da tremila fucili. Ma la perdonanza niente poteva ne' congiurati, che aspettavano il sicuro soccorso del Piemonte. A' 13 accozzano in Palermo un dugento persone, e fan gridare *Italia e Vittorio e abbasso la polizia*; incontrati militari disarmanti, poi accorrendo le pattuglie si disperdono. Il giorno dopo gittano per la città scritti incendiarii; e la sera del 15 si scopre un deposito di polvere, granate ed arme, presso la chiesa della Magione. Si susurrava d'altro tumulto alla dimane; ma vigilando la potestà non fu nulla. I governanti persuasi della necessità di dare un esempio severo, il 13 stesso tennero il consiglio di guerra, a giudicare i presi alla Gància. I monaci uscirono innocenti; e solo i tredici artegiani e villani ebbero condanna, eseguita al vespro. Queste sono le sole giustizie fatte, che dettero tema di lamentazioni infinite a' liberaleschi del mondo.

Tal rigore, e più la rotta di Carini, scoraggiò i congiuratori, che in quel nucleo di bande tenevano speranza; laonde Palermo tornò alle consuete faccende.

§. 14. Conati inani a Napoli.

Le notizie di Sicilia s'andavano a Napoli buccinando a rovescio, per mover subugli. Il venerdì santo, che giusta l'antico costume, proibite le carrozze, i Napolitani sogliono girar per le vie con vesti sfarzose, per recarsi alle sacre funzioni, venuta l'una ora di notte s'udirono grida da' vicoli della Corsèa e dalle Chianche della Carità: *Vivano i fratelli siciliani! viva Garibaldi!* qualcuno pur *Costituzione!* E tosto poche dozzine di studenti tenentisi a braccio, presero a scendere giù aggruppati per Toledo, strisciando i piedi per terra senza dar voce. Passavano a caso il conte di Capaccio Doria, e 'l marchese Vito Nunziante, giovanetti uffiziali d'Ussari; il secondo sendo in vesti da borghese prese a rimproverare gli studenti, che in quel sacro dì turbassero la passeggiata: e mentre quelli rispondevano, e s'altercava alto, eccoti lo Sbordone ispettore di polizia che col bastone dette poche opportune busse, e fe' sparire i *dimostranti*. La sera seguente scoppiava una bomba al vico rotto S. Carlo, a imitazione del fatto in Toscana; ciò spezzò i vetri alle case vicine. Da ultimo all'alba del 14 si trovò incollato a' cantoni un manifesto, che celebrando la rivoluzione siciliana (che appunto allora era doma) *l'invincibile Palermo, e 'l Maniscalco co' suoi sgherri fuggito*, incitava il popolo a rovesciare il governo: conchiudeva: *L'indifferenza è fratricidio, l'inerzia è tradimento.* Ma i Napolitani preferirono esser *fratricidi* e *traditori*, e restarono inerti. Questo fu tutto lo sforzo della rivoluzione indigena sul continente.

§. 15. I legni sardi.

1 nemici stavano fuori. Il governo dava avviso al Luogotenente di Sicilia a' 20 aprile della spedizione garibaldese preparantesi a Genova; e destinava quattordici legni da guerra per far le crociere, ciascun legno guardante una parte di costa designata, con ordine d'impedire qualsivoglia sbarco d'esteri. Videsi presto come venduti alla setta erano i nostri uffiziali di marina: allora dubbiosi dell'avvenire, parendo le cose pender prospere al regno, si mostravan volenterosi a parole, ma operavano titubanti e

fiacchi, e faceano le crociere ad occhi chiusi. Accadde che entrando a Palermo il 1° maggio un legno inglese e un altro olandese mercantili, richiesti i comandanti se avessero viste le crociere, risposero sì ma con maraviglia non essere stati chiamati all'ubbidienza. Ciò sparso nella città rianimò le speranze de' faziosi. Il consolo nostro a Genova ne die' avviso che il 21 aprile era di là partito il *Governolo* fregata sarda, e si sospettava stessevi il Garibaldi per menarlo in Sicilia insieme ad altro legno co' volontarii. Di ciò ei die' parte al luogotenente, acciò sorvegliasse; e operasse con prudenza, per non appiccar guerra col Piemonte e la rivoluzione insieme. Di fatto il *Governolo* comandato dal marchese d'Asta, e l'*Authion* corvetta comandata dal cavalier Piola, giungono il 23 a Palermo; il che die' certezza dell'aiuto sardo; però i ribellanti presero animo, andavano e venivano dalla fregata, dettero qualche grido sedizioso per le vie; e bisognò tornare al duro ufficio del carcerare. Poi saputosi che si volea far gridìo alla discesa della ciurma a terra, fu mandato il Polizzy sul legno a prevenire il comandante, ch'ove allo scendere dei suoi ne venisse tumulto, i soldati farebbero il loro dovere, e sarebbe increscevole si trovassero Sardi nella folla. Promise non far discendere uomo, e tenne parola; ma richiesto il consolo di far allontanare i legni, rispose gravemente partirebbe la corvetta nella notte, come avvenne, ma resterebbe la fregata per tutela de' sudditi sardi (e in Palermo non era stanziato che un Piemontese solo!) e per pigliare a bordo il consolato *nella vicina sommossa di tutta Sicilia.* Subito la casa di quel consolo fu il focolare degli incendii, il maneggio degli brogli. E perchè tutta l'isola sapesse dell'ausilio sabaudo, il Piola con l'*Authion* se ne andò girando le coste attorno, visitando Trapani, Girgenti, Siracusa, Catania e Messina, e recando poscia al telegrafo sottomarino di Cagliari tutto quanto al Cavour occorrea di sapere. La vicinanza di quelle bandiere sarde teneva agitati i popoli, e in moto le truppe. Ricominciarono le *dimostrazioni*: una il 24 in piazza Ballarò e porta S. Antonino, con solite grida e qualche colpo di fucile; altra a' 26 di studenti a porta Maqueda: per le quali cose, benchè in Palermo fossero tante migliaia di soldati, pur quei duci vi richiamarono in fretta il Cataldo con la sua colonna; così quasi abbandonando il contado. Subito il 27 furono aggrediti i posti telegrafici di Sferracacallo e Cinisi; fuggono gl'impiegati, v'accorrono milizie, e torna l'ordine. Similmente il Bosco a' 28 snida certi ribelli dal monte Beddolampo. A Cimmina nel Terminese una banda saccheggia, e al venir soldati si disperde. Il dì seguente entrano ribelli in Petralia presso Cefalù, e v'uccidono il sindaco e altri; sinchè i naturali s'armano e li scacciano. Peggio che a' 30 aprile s' aggiunsero altri due legni sardi. Le bande ricomparse a Campofelice tra Termini e Cefalù con un Meli a capo, andavan parecchi paeselli devastando. E il general Primerano che con un nerbo di truppe per quei luoghi passeggiava, quasi sfuggendo quei malfattori, aggiratosi più giorni, in fine se ne tornò bello e sano a Palermo. Stringevano i tempi. Aspettandosi il Garibaldi, sapendosi seminata la divisione e la corruzione nell'esercito, gli stessi realisti cominciarono a disperare; molti uffiziali abbandonarono le sedie, e molti o conniventi, o tementi le vendette rivoluzionarie, stesero alla rivoluzione la mano. Il governo restò isolato; e dove non avea soldati non era ubbidito.

§. 16. Alessandro Nunziante.

Il re mandò in Sicilia il maresciallo Alessandro Nunziante, nel quale molto fidava, affinchè vi scrutasse lo stato delle cose. Questi figlio e fratello d'uomini rinomati per operosa fedeltà al trono, e però di casa da umile ad alto stato salita, fu sempre accanto a Ferdinando II, militare insieme e cortegiano. Per la moglie fu duca di Migliano; corse rapido i gradi sino a maresciallo, ebbe ciondoli e soldi; e niuno più di esso abusò de' regi favori, tanto da guadagnarne odio meritato. Ottenne che il piccolo Migliano diventasse capo di circondario con danno de' comuni circostanti, e sì duplicò il valore de' suoi fondi. Ottenne che il municipio napolitano aprisse la via nuova della Pace; perchè ei v'elevasse un gran palagio, che tolse l'aria a' vicini. Ottenne si tacesse un traforamento sotto il colle Pizzofalcone; perchè altra via mettesse a quel suo palagio, e per averne le pietre *gratis* da fabbricarlo; mentre il municipio comprava poi le pietre per far muraglie in quel traforamento stesso, e pagava i danni a' possidenti delle pericolate case superiori. Ottenne danari dalla Cassa di sconto, sebbene ei non fosse mercante, contro gli statuti; e seppe con tutte arti diventar ricco, e porsi in cima di onorificenze e poteri. Solo di buono fece, l'ordinamento de' nostri buoni battaglioni cacciatori. Se il dispensare qualcuno dalla legge è ingiustizia, per nessuno mai ne fu fatta più che per costui: ma la Provvidenza punisce l'ingiustizie con l'ingratitudine di quelli appunto che n'ebbero favore. Fatto grande dai Borboni, fu tra' primi traditori de' Borboni; amico del Filangieri, il vedemmo con esso strumento alla cacciata degli Svizzeri; venduto all'inglese Elliot e al piemontese Villamarina, il vedemmo percuotere i suoi benefattori, e primo disonorarsi con la sabauda divisa.

Questi adunque il buon Francesco mandava in Sicilia, quasi altro sè stesso. Il quale già assolutissimo, e despota nel suo uffizio, tristo mobile di Corte, esoso ad ogni partito, diventa a un tratto cedevole e umanitario; disapprova le cose fatte, disapprova la Polizia (rimasta solo argine, benchè lieve, all'imminente ruina), disapprova lo stato d'assedio; e tornato, rapporta i Siciliani non volere Costituzione, ma buon governo; cattiva essere la Polizia, non saper nulla, molta essere la miseria, e altre simiglianti. Conseguentemente il Castelcicala a' 5 maggio die' un'ordinanza contro gli esportatori di arme, ed una proclamazione a' Siciliani, dove nunziando ritornato l'ordine, concedeva l'indulto, e toglieva lo stato di assedio a Palermo. Lo stessso dì si tolse anche a Messina. Ciò fu grave errore, che mostrò debolezza, quando era notorio il livore de' ribelli. Rimaste le porte non guardate, molti facinorosi delle sperperate bande si cacciavan nelle mura a starvi ascosi, in aspettazione degli eventi. Allora in tutta l'isola si parlava aperto del Garibaldi accorrente. E per giunta il re udendo quel crudo Nunziante parlar d'umanità e buon governo, e più spiacendosi de' tredici fucilati, si persuase di leggieri; e a' 7 maggio ordinò non s'eseguissero giustizie capitali senza sua saputa.

Ricominciano lo *dimostrazioni*, anche nelle chiese di Palermo; s'intima alla gente di non uscir di casa, o subito ritirarsi; si spande già il Garibaldi sbarcato a Terranova o a Licata. A' 7 maggio aggruppamenti nella città, colpi di fucili agli avamposti. A' 9 la città è uno squallore, botteghe chiuse, vie deserte; ma sulle ventitrè ore in via Maqueda si fa folla d'ogni ordine di persone, anche magistrati e uffiziali civili, le donne a' balconi; si grida Italia e Vittorio, s'insultano e s'incalzano le pattuglie accorrenti; bisognò calar le baionette, sparar qualche colpo; uno muore, sei restati feriti, e torna la quiete. Alla dimane cresce il fermento per le mene dei consoli esteri, i faziosi imbaldanziscono, i buoni si scorano, la potestà è in mani fiacche. E laddove si era certo il Garibaldi sbarcherebbe sulle coste, si facevano rientrare in Palermo le colonne del Letizia e del D'Ambrosio, quivi così quindicimil'uomini irragionevolmente concentrando.

§. 17. Insidie insigni.

Come di fatto l'ordine materiale era riposto, subito cominciò fuori del regno il piagnucolare sulle violenze delle compressioni. Uscirono ne' giornali invettive furenti, menzogne sperticate; un La Varenne scrisse a posta un libello *La torture en Sicile,* che a furia di calunnie tendeva a mover cielo e terra; poi novelle, romanzi, e storie peggio che romanzi ribadivano il chiodo. Il Brenier ambasciatore francese diceva che la polizia siciliana facea soprusi, torture ed estorsioni. Il governo doveva essere infallibile, e il non fallire gli si rendeva impossibile: gli si aizzavano le ire, gli si avventavano le fazioni: perditore dicevanlo abborrito dal popolo; vincitore gridavanlo iniquo e mostro. L'ammiraglio sardo rapportò a Torino essersi riposto l'ordine (che nol potea celare) ma n'eccettuava Marsala, ch'anzi era quietissima: forse fu gergo per indicare il luogo opportuno da farvi sbarcare il Garibaldi; e sel sapeva lo ammiraglio inglese, che appunto colà mandò vascelli a dargli spalla.

Il Cavour teneva del tutto avvisati chi preparavano la spedizione; e si son trovate e stampate lettere di suo pugno nunzianti i fatti principali, e incitanti a far presto. Interpellato in parlamento a' 15 aprile, rispose sibillino, e finì: *I nostri compatrioti continuano la lotta.* Da qual parte erano i suoi compatrioti? ipocrita istigatore di guerra civile cui tingeva deplorare, accennava a italianità, quasi non fossero italiani i combattenti pel dritto. Per esso erano italiani e compatrioti i ribelli, i traditori e i codardi che gli venderono la patria.

La lotta con l'arme era sopita, durava con le insidie. Gli uffiziali di marina sarda scendevano nelle città in divisa, lanciando sguardi protettori, e quando da qualche finestra avessero fiori e nastri a tre colori, ringraziavano e plaudivano; in case, caffè e crocchi davan promesse larghe, s'affratellavano, incitavano odio contro il legittimo sovrano. E tai legni costeggiavano tutta l'isola per spargere novelle, ed eccitare le popolazioni, e dar gli ordini a' loro consoli. I comitati ogni dì diffondevano scritti, e vaticinavano il Garibaldi, gittavan nappe per le strade, facevano vestir nero il dì della fucilazione de' trecidi, sparavan bombe la notte, e tenevano la potestà affaticata. Se poi si reagiva, si malediva alla ferina ferocia de' Borboni.

§. 18. Provvedimenti del governo.

Il governo, certo della invasione, provvide. Quattro fregate a vapore, due a vela, e altri nove piroscafi da guerra incrociavano attorno all'isola e al canale di Malta; alquante compagnie d'arme s'erano postate sulle spiaggie più solinghe. Il general Primerano vagolava nella provincia di Palermo con forte colonna, e fiacco animo, senza cannoni; che aveali lasciati sulla nave, per essere più lesto a rimbarcarsi. Il Letizia tornava allora da Trapani e da Marsala; il 6 maggio altra colonna col Landi, allora promosso generale, usciva verso Mazzara. Era il maresciallo Gaetano Rivera a Caltanisetta con truppe colà ed a Girgenti, pronto a correre verso Terranova e Licata. A Catania il brigadiere Clary, il maresciallo Russo a Messina. Inoltre le compagnie, d'arme e la polizia e le guardie urbane, dove s'eran rimaste, facevano il debito loro. Per le quali provvidenze pareva il Garibaldi dover esser preso o in mare o in terra a prima giunta; il che secondo il natural corso delle cose avrebbe dovuto avvenire. Inoltre si sollecitò lo incremento de' lavori pubblici, si curò il basso prezzo de' cereali; e ogni dì si facevano dispensare a Palermo da' Cappuccini cinquecento zuppe a' poverelli.

§. 19. Il Garibaldi.

II Garibaldi, condottiero della rivoluzione mondiale, avea una fama con gran cura fabbricata in molti anni. Lui audacissimo, celeberrimo capitano predicavano; aver vinto i Francesi a Roma nel 49, vinto i Tedeschi nel 59; ora dover incarnare l'italiche speranze cacciando lo straniero. Nell'ultima guerra egli con certe migliaia di saccheggiatori, avea potuto, protetto da' Francesi, campeggiare sulla loro sinistra, e turbar la pace di qualche borgata; imprese date per vittorie insigni e maravigliose. Niuno gridava Viva Napoleone, ch'avea fatto morire cinquantamila francesi, e si gridava viva Garibaldi!

Ma il Cavour, sendo fresche le spampanate garibaldesche nella Camera per Nizza e Savoia, avendo a mandare in Sicilia un *redentore,* punto non volea lui, e pensava al Bixio, rompicollo più alla mano. Allora dolentissimo il Nizzardo, scordò la venduta patria, e scrisse umilissime lettere al La Farina, scongiurandolo d'aiutarlo, *nulla potendo egli fare senza il concorso di tanto uomo.* E tra l'altro soggiungea: « Bisogna fare e presto. Io non sono che povero braccio, voi siete la mente; consigliatemi, guidatemi, soccorretemi con ogni mezzo; e siate certo che non volterò mai il tergo alla bandiera del re Galantuomo. » Quando poi in Palermo trionfatore arrestò questo stesso La Farina, questi a scornarlo stampò nel *Cittadino di Palermo* in novembre tai lettere.

Allora il La Farina lo rappacciò col Cavour; perocchè quel marinaio già dalla stampa mazziniana magnificato, quasi promesso da' fati, per patti segreti tra reggitori di popoli potenti, con l'oro del Piemonte indebitato a posta, doveva lanciarsi a portar guerra civile nelle Sicilie. Bocche e scritti settarii facevanlo uno spauracchio;

ma saria riuscito inane fantasma all'urto d'un braccio onorato. Il Filangieri di dieci anni avanti, i morti Nunziante e Pronio avrebbero tenuto a fortuna d'avere l'opportunità d'agguantare questo scorazzatore alla brigantesca. Cosa provata nel 49, quando si ficcò nel regno; e statovi quattr'ore, non osò aspettarvi il Nunziante che gli correva addosso. Ora dovunque sbarcato fosse era lieve il pigliarlo; i soldati ne bollivano dal desiderio, ma i principali loro duci voleano voltar le spalle.

§. 20. Preparativi di lui.

Il La Farina presidente dell'*assemblea nunziante,* già con manifesto del 22 marzo avea detto che *gran numero de' napolitani uffiziali sentissero in seno un cuor italiano, egli saperne i nomi ed i sensi;* e sì svelando i tradimenti futuri seminava diffidenze nell'esercito nostro. Prometteva dar danari e armi per la spedizione in Sicilia, a' primi annunzii della ribellione scoppiata. Dappoi scriveva, al segreto comitato di Napoli, ch'avea per simbolo assunto la parola *Ordine,* dichiarandolo parte della società nazionale, con facoltà d'usarne il nome; però pregava quanti volessero *Indipendenza, Unificazione e Casa Savoia,* a cooperare con esso comitato. Questo pertanto dava fuori il giornaletto *Corriere di Napoli,* e altri fogli spezzati, cui imprimeva con suggello il motto *Ordine,* l'opposto del desiderio, per non ismentire il programma di menzogna della rivoluzione. Anche il Mazzini mandava altra proclamazione alla Sicilia, dicente venuta l'ora del riscatto.

Il Garibaldi che pel negozio della venduta Nizza parea nimico mortale del Cavour, allontanatosi da Torino, per meglio gabbare il mondo, s'annidò nella Villa Spinola al villaggio Quarto presso Genova, dove reclutava volontarii. Mezzani tra esso e 'l Cavour erano quel La Farina, un Sirtori ex prete, un Nino Bixio, e qualche altro. Costoro dopo il trionfo l'hanno spudoratamente dichiarato; vantandosene il Bixio in parlamento a' 19 giugno 63; e in quella tornata stessa il Sirtori assicurò che il Cavour gli avea detto: « Va bene che la rivoluzione cominci dal sud per salire al nord. Quanto ad aiuti, io per audacia non son secondo a nessuno; v'aiuterò. » Infatti mandava al Garibaldi tutti i dispacci che venian di Sicilia; il quale per non iscoraggiare i volontarii e i pagatori con quelle notizie della rivoluzione domata, ne faceva storcere il senso al siciliano Crispi, che aggiustavali a mo' da far colpo nel pubblico. Esso Cavour diegli 1019 fucili, e in prima ottomila franchi per principio di cassa militare; altro denaro die' la società nazionale; il resto s'unì in varii modi. La *Gazzetta di Milano* a' 26 aprile invitava al suo uffizio chi volesse esser dell'impresa di Sicilia. Da ogni banda si facevano collette per moneta: in Francia facevale l'*Opinion Nationale* giornale, e a' 16 maggio dichiarò non pubblicare i nomi degli offerenti per ubbidire al Ministero: facevala a Londra il *Times* il 9 maggio; e a' 17 se ne parlò alla Camera de' comuni. La *società nazionale* stampava lettere a' settarii del mondo, inculcando generosità di borsa. E l'ambasciatore inglese a Torino teneva a mensa in aprile il Garibaldi con molti nostri fuorusciti.

Perchè libero operasse, fu fatto rinunziare d'esser deputato al parlamento, e generale sardo. Egli a Quarto provvedeva all'apparecchio; radunava uomini, gli stessi già stati con lui a Roma e nell'ultima guerra, accoglieva Veneti, Siculi, Romaneschi, giovani disperati, e aperto accozzava arme e munizioni, e facea cucire camice rosse. Ingaggiatori e armatori erano un ebreo Giuseppe Finzi, e un medico Agostino Bertani, quello rappresentante il Cavour, questo il Mazzini. Nè solo s'univan quelli da andare col Nizzardo, ma altri ancora. Avemmo nuova di 220 partiti il 3 maggio per Malta con carabine e pistole a rivolta; e anche di 350 fucili, ottocento pistole a rivolta, e 4200 granate vuote, tolte dall'arsenale di Genova, e imbarcate su nave sarda. Giorno e notte eran menate arme ed arnesi, gli avventurieri arrivavano festeggiati e accompagnati; passeggiavan per Genova, sebbene non militari di nessuno stato, armati alla militare e in frotta. La partenza fu prima nunziata, poi differita. Tutta Genova correva a vedere, solo il governo no. Reclamando il nostro ministro, il Cavour si storcea, mendicava parole, e prometteva impedire l'andata. Il Thouvenel ministro parigino fe' le viste d'avanzarne inchieste, e 'l Cavour non capiva. A' 4 maggio vigilia della partenza, il Russell ministro inglese interpellato nella Camera diceva: « Spero che la spedizione non si faccia. »

Tanto rumore a Genova dando troppo nell'occhio, quella potestà non volendone la responsabilità fe' qualche rimostranza; ma venne il La Farina con lettere del Cavour al prefetto, e nessuno fiatò; anzi s'ebbero aiuti manifesti, e fu visto un Fasella ispettore di polizia aiutare con due suoi uomini il trasporto de' fucili a mare.

§.21. Partenza da Genova.

Seguì l'imbarco il 3 maggio a sera. Fra il Garibaldi e la compagnia Rubattino era segreto accordo, men segreto col Fauchè amministratore di essa, perchè desse due bastimenti a vapore. Era quella medesima che dette il *Cagliari* al Pesacane, e poi tanto reclamante innocenza l'aveva avuto restituito per forza inglese. Questa volta pretese vendere i legni, e 'l Medici pur ne convenne il prezzo; ma non volea consegnarli sulla nuda firma del Garibaldi. Voltisi allora al Farini ministro dell'interno, questi non potea firmare come ministro, nè il volea come privato, senza essere da altri garantito; onde si pensò farvi entrare il re. Fecesi istrumento per man di un notaio Badigni a Torino, dove i legni fur venduti; e v'intervenne il Medici pel Garibaldi, il general Saint-Frond pel re, e il Riccardi pel Farini. Impertanto lasciati nel porto genovese i due bastimenti il *Piemonte* e il *Lombardo,* il Bixio vi simulò violenza; su la mezzanotte con quarant'uomini v'andò dal porto interno su due barche; e preseli, sendovi dentro pochi conniventi. Nondimeno il Garibaldi segnò di sua mano a' direttori della Compagnia un attestato d'aver egli tolto violentemente i legni; attestato simile a quello del Pesacane, ch'ebbe virtù di persuadere Inghilterra dell'innocenza de' Rubattino. Tosto i due battelli dato fuoco uscirono dal porto, e gettarono l'ancore presso il quartiere della Foce, presente gran popolo; e vi s'imbarcarono munizioni, bagagli, armi, e uomini. Questi arrivavano in carrozze tra amici e parenti, plaudente la moltitudine. Il Garibaldi con mille e dugento seguaci d'ogni nazione, e pur con qualche uffiziale e soldato sardo in divisa, con quasi nessun napolitano, si partì sul far del giorno, egli sul *Piemonte,* il Bixio sul *Lombardo.* Parve la spedizione degli Argonauti per rapire il vello d'oro. E oh quanti milioni d'oro fur rapiti alle contrade nostre, che per nuove traditrici Medee videro seminate per le terre le membra de' suoi figli! Ecco frutto di civiltà: spedizione di avventurieri, in pieno dì, nel mezzo del secolo XIX, per ispogliare e imbarbarire un popolo civile. Ma erano scesi Francesi in Italia.

Il condottiero, partendo, mandò letterà a re Vittorio, scritta affinchè il mondo non credesse alla complicità di lui. Diceva anch'egli aver sentito *il grido di dolore della Sicilia,* e che aggiungerebbe altro gioiello alla sabauda corona. Scrisse al medico Agostino Bertoni, incaricandolo d'unire a possa uomini, arme e danari, per soccorrere la spedizione che andava in Sicilia a combattere i nemici d'Italia. Die' un ordine del giorno incitatore a' suoi, e che il grido di guerra sarebbe *Italia e Vittorio Emmanuele.* Avea preparate e diffuse altre proclamazioni: una agl'Italiani, onde ogni città ribellasse; altra a' soldati italiani, dicente *doversi sbarazzare il mezzogiorno d'Italia*; altra all'esercito napolitano, perche i Sanniti e i Marsi s'unissero a' Siculi e a quelli del settentrione; altra a' Siciliani che s'armassero tutti, altra a' popoli del Napolitano che imitassero Sicilia. Questa era pur firmata da Giuseppe Ricciardi e dal barone Stocco, e finiva: *I fratelli del settentrione non ambiscono che l'amplesso nostro.* E il vedemmo! Ma il Ricciardi, o malato come disse, o che ricordasse Calabria e il 18, non partì. L'ultima proclamazione volse a' Romani, e disse: *Distruggete lo straniero, e i preti.* Non credo intendesse stranieri i Francesi, pei quali avea possa da far quelle bravate; stranieri intendeva i Napolitani, il papa, Francesco II, propugnatori del dritto patrio.

Partito, ecco i Rubattino far subito un simulacro di protesta pe' due legni presi *con violenza*; e 'l mattino stesso viene ordine rumoroso da Torino a Genova, catturassero l'arme, sorvegliassero le coste! e più fu spiccata dal porto la flotta regia, con ordine visibile d'impedire lo sbarco garibaldesco in Sicilia, ma veramente per proteggerlo, S'è poi trovata lettera di pugno del Cavour al Persano ammiraglio, così: *Vegga di navigare tra Garibaldi e gl'incrociatori napolitani. Spero m'abbia capito.* E il Persano rispondeva: *Credo aver capito, e dato il caso, ella mi manderà a Fenestrelle.* Tai lettere oggi il governo italico fa stampare; perchè preso il tutto, per non dar le parti, vuol far vedere come esso fece la rivoluzione. E dice il vero; ma si vide mai cinismo e ingordigia simile, da spiattellare come vanti cotali infami vergogne?

§. 22. Fatto del Zambianchi.

Il Garibaldi al mattino del 7 scese a Talamone, porto di Toscana. Quivi lasciò un Zambianchi con dugent'uomini; del resto fe' sette compagnie, con capitani i nominati Bixio, Orsini, Stocco, La Masa, Anfossi, Carini e Cairoli. Un Musto pose a capo de' carabinieri genovesi, il Sirtori allo stato maggiore, un Minutelli al Genio. Ciò scrisse in ordine del giorno che finiva: *la organizzazione è la stessa dell'esercito italiano cui apparteniamo.* A sera si rimbarcò, ponendo due compagnie sul *Piemonte* co' carabinieri genovesi e lo stato maggiore, e cinque sul *Lombardo.* Al mattino fu ad Orbitello sulla stessa costa: egli vestito da generale sardo, benchè si fosse dimesso, facevasi rispettare da' comandanti del luogo, e mandò un Turr ungaro, gran Massone, suo aiutante di campo cui chiamò colonnello, al governatore d'Orbitello; il quale per ordine del Fanti ministro di guerra, gli die' centomila cartucce, quattro cannoni e trecento cariche. Allora fe' comandante le artiglierie l'Orsini, nostro disertore del 48, e alla sua compagnia surrogò un Furno. A Piombino e S. Stefano, già nostri antichi presidii, ebbe carbon fossile, piombo e altre arme e munizioni.

Il Zambianchi era già impiegato papalino nelle dogane, messosi nel 48 a capo di sicarii; sicchè durante l'assedio di Roma avea fatto scannare parecchi preti, sospetti di favorire i Francesi. Questi dunque scelto a redimere lo stato della Chiesa, aggiunta a' dugento alla masnada de' dintorni, accozzata col permesso degli uffiziali sardi, passò la frontiera toscana, e s'inoltrò rapinando verso il lago di Bolsena; e taglieggiando i villani si spinse a Latera nel Viterbense, e la saccheggiò. Il colonnello papalino Pimodan, udito che a' 19 maggio quella gente era al villaggio Grotte, v'accorse da Montefiascone, con soli sessanta carabinieri a cavallo e 'l loro capilano Luigi Evangelisti; e mentre gavazzavano per taverne e bagordi sparpagliati, improvviso li colse, ne uccise e ferì parecchi a colpi di stocchi, e li mise a sbaratto. I contadini del paese fecero il resto. Fuggirono sì ratti in Toscana, che sopravvenuti gli Zuavi del papa, non li poterono raggiungere. Fu tra' morti trovato un altro Orsini, fratello di quello giustiziato a Parigi per le bombe al Bonaparte; e avea lettere addosso, provanti come il governo di Torino lor pagava le spese.

Caduta l'impresa così, il Cavour stampò nel *Giornale Uffiziale di Toscana* che il governo volea disarmare il Zambianchi, non averlo potuto pei fiumi grossi. Autore e pagatore di quell'orde, dettava tale bambinesca protesta; se vincevano, se ne vantava come fe' per Sicilia. Questa era la gran mente italica! Il ministro russo a Torino gli sguainò in viso l'ordine uffiziale, che ingiungeva al comandante d'Orbitello di dare al Turr quanto chiedesse. Il Cavour per farsi credere arrestò il Zambianchi; e a mostrar sua onestà fecegli anche il processo, per *attentato a mano armata contro uno stato straniero*; ma costui dalle carceri toscane spiattellò la verità; e venimmo a sapere ch'ei non alle terre papali, ma agli Abruzzi era volto, per mettere il fuoco altresì sul Tronto.

L'esempio di valore di sessanta soldatelli del papa è monumento di scorno a' nostri generali.

§. 23. Lo sbarco a Marsala.

Il governo di Napoli avuto notizia della partita spedizione, incontanente a' 6 maggio nunziavala al luogotenente in Sicilia; poscia l'8 con lunga lettera prevedeva il caso di sbarco in più luoghi, tra quali indicava Marsala, e dava norme da combattere utilmente dovunque fosse. Ma chi regolavan le cose nell'isola, non eseguendo bene i comandamenti, solo stancavano i battaglioni con marce e contromarce. Il re dal 5 maggio con lettera al luogotenente l'avvisò: *Sopra Marsala o Mazzara lo sbarco sarà facilmente divelto.* Così s'era mandato da quelle parti la colonna del Letizia; ma questi appunto nel più grand'uopo, passato da Marsala a Mazzara, s'era come ho detto tornato a Palermo; e intanto si faceva uscire il Landi con altra colonna. *E non poteva quegli restare colà?* osservava il re con lettera del 7 maggio. Il perchè Dio lo sa; e forse il Letizia vecchio carbonaro volle fuggire all'infamia de' prestabiliti eventi. Era anche provveduto che dal continente si mandassero soldatesche sul luogo dello sbarco, per dare addosso agl'invasori, e metterli in mezzo; e in qual maniera s'ubbidisse il vedremo.

Marsala fabbricata da' Saraceni sull'antico Lilibeo, è città di venticinquemila anime sulla spiaggia occidentale di Sicilia, in fertile pianura tra Girgenti e Trapani; ha mura del medio evo rovinate, un sobborgo, e un porto con fondo basso, cinto di bastioni e terrazzi, ma senza artiglierie, nè guarnigione. Il Letizia l'avea con due battaglioni visitata, e due dì prima s'era partito. I nostri legni facevan le crociere stando la notte ne' porti; a giorno uscivano un poco, nè si scostavan guari, nè punto esploravano il mare. Presso Marsala stava la fregata *Partenope* con due legni a vapore: lo *Stromboli* col capitano Acton, e il *Capri* col capitano Caracciolo, poco l'un dall'altro distanti; e sebbene il giorno avanti avessero avviso dal luogotenente che là appunto sbarcherebbero i garibaldesi, non vollero tener gli occhi aperti. Invece due vascelli britanni l'*Intrepido* e l'*Argo,* lasciato improvvisamente Palermo, la sera del 10 maggio tiraron dritto appunto a quel dimenticato porticciuolo di Marsala; e vi furono la dimane verso l'un'ora pomeridiana, e subito sbarcarono gente a terra come a passeggio. Il Garibaldi co' suoi due piroscafi e una barcaccia s'era ascoso la notte dietro l'isole di Levanzo, e poi dietro Favignana: al mattino, udito da altro bastimento inglese che Marsala non avea legni napolitani, sforza le macchine, e alzando il vessillo sardo entra poco dopo i vascelli inglesi. Intanto i telegrafi avendoli scoperti sin dal mattino, tosto n'avean dato avviso a' nostri incrociatori; i quali invece d'accorrere presto a catturarli, evitaronli, pigliando il largo verso la fregata a vela *Partenope* ch'era discosto; la presero a rimorchiare, e lentamente s'appressarono a Marsala. Il Bixio col *Lombardo* arrivato dopo il Garibaldi, vede avvicinare lo *Stromboli,* e con subito consiglio arrena il legno alla bocca del porto, per chiamar sovr'esso l'attenzione del Napolitano, e dar tempo al Garibaldi. Aveva il consolo sardo fatto trovare da quaranta barche e molti carri, per far presto lo sbarco e traghettar dentro le bagaglie; però frettolosamente cominciò la discesa.

Il *Capri* rimorchiando la fregata avea di che mostrare d'andar lento; ma lo *Stromboli* svelto non potea non camminar di più, onde giunse mezzora prima dell'altro: era pien meriggio, dardeggiava il sole, il mare cheto, in niun modo si poteva non vedere; però lo *Stromboli* (lo stesso legno che nel 48 avea catturati i Siciliani presso Corfù!) fa le viste di far fuoco sugli sbarcanti; ma l'inglese Ingrham comandante dell'*Argo,* s'accosta dicendo aver gente a terra, aspettasse che prima tornassero: ciò basta a intrametter lunghe discussioni, che parvero maravigliose anche a certi *candidi* scrittori garibaldesi. Gl'Inglesi a terra, benchè chiamati dal Marryat capitano dell'*Intrepido,* tardarono tanto da dar campo agl'invasori di scendere, e ascondersi pel più dietro l'edifizio della dogana. Così lo *Stromboli* e 'l sopraggiunto *Capri* si stettero a veder lo sbarco impunemente, nè pensarono a trarre un colpo solo al *Piemonte* che l'affondasse con gli avventurieri: sol dopo due ore il *Capri* tirò su' pochi ancora sparsi pel molo, ma da non far male, sicchè due appena ferì. Qualche Garibaldino stampò che i Napolitani non impedirono lo sbarco, *per prudenza.*

I duci de' legni, avrebbero anche dopo lo sbarco potuto metter gente a terra, per chiamarsi attorno quanti uomini armati si potea da' dintorni; i quali protetti dalle artiglierie loro, potean tenere in riguardo gli avventurieri, in quei primi momenti affraliti dal mare, e sbaldanziti dal paese che trovarono avverso. Invece catturarono il *Piemonte* vuoto, e si posero a trar dal fondo l'arrenato *Lombardo*; ma lavoratovi indarno ventiquattr'ore, pigliato il solo *Piemonte*; menaronlo a Napoli pel trionfo della loro iniquità. L'avrebbero condotto a Palermo, se non l'avesse vietato il luogotenente, per non farlo vedere a' Piemontesi in quella rada. Fecero rapporti gloriosi, come di battaglia vinta, con centinaia di nemici morti e altre tronfie goffaggini: e il governo non fe' giudicare e impiccare i comandanti; chè il trono era assiepato da *umanitarii* traditori. La impunità surta a regola precipitò le cose.

Il Russell interpellato in parlamento sul perchè favorisse lo sbarco, rispose: le navi britanne esser ite a Marsala per tutela de' sudditi inglesi; ma che i bastimenti napolitani *avrebbero potuto tirare sulle navi garibaldesi, e nol fecero.* Marino Caracciolo, comandante del *Capri,* dappoi delle sue vergogne si vantò; chè nel 61 arrestato dal governo piemontese per sospetto di secondo tradimento, dichiarò al magistrato rivoluzionario la sua fede alla rivoluzione, citando le sue geste, e disse: *Come seguisse lo sbarco di Garibaldi a Marsala, la storia parla della mia persona.* E soggiunse che il Garibaldi a' 16 settembre 60, presentandolo a' suoi uffiziali, dicesse: *Ecco il più caro de' miei amici, quello cui di dritto si deve la gloria che s'attribuisce a noi.* E seguitò spiattellando a lungo la serie de' suoi servigi alla setta. Beneficatissimo egli e la sua casa dai Borboni, si celebrava dell'ingratitudine; e la storia giustamente parlerà di lui, turpe onta a una famiglia onorata.

Primo pensiero de' Garibaldini fu correre al telegrafo. L'uffiziale n'aveva già a Trapani segnalato l'arrivo; e mentre quel di Trapani ridomanda, egli deve fuggire; e altro segnalatore garibaldino risponde: « M'ingannai; sono due bastimenti carichi di zolfo. » Così guadagnan tempo. Intanto gittano veementi proclamazioni, gridano Libertà, Italia e Vittorio, sventolano bandiere, si piglian l'arme di certi soldati malati, occupano le quattro porte, e violano a ogni persona l'entrata e l'uscita. Ma nessun Marsalese risponde, stan deserte le vie, il municipio non si trova; e quando l'invasore chiede l'atto di riconoscimento a Vittorio, niuno va alla casa comunale. Di ciò scontento, mette lo stato d'assedio; per tema d'aggressione non alloggia nelle case, sta raccolto, e dorme in chiese e sulle vie. Pria dell'alba si schiera sulla porta di Calafatimi; e con trentacinque carri di bagaglio si volge a Salemi.

§. 24. Proteste, e le bugie Cavourrine.

I giornali della rivoluzione, seguito lo sbarco, incielavano il Garibaldi; dicevanlo il figlio eroico d'Italia, il Genio italico, il redentore, l'Arcangelo Gabriele: i giornali dell'ordine appellavanlo pirata, filibustiere, bandito, avventuriero e anticristo. Il Carafa, il 12 maggio, protestò all'Europa, per l'atto di pirateria consumato contro il reame, e preparato in territorio di Stato amico. Nunciava i fatti, gli apparecchi, l'arme, i denari, gli uomini raccolti a Genova, a Milano, a Torino, a Livorno e a Siena; le napolitane reclamazioni, le promesse sarde inadempiute; e concludeva: « Quali saransi le conseguenze future di tanto attentato, in violazione d'ogni legge internazionale, e che forse partorirà in Italia e in Europa una sanguinosa anarchia le responsabilità dovranno pesare sugli autori, promotori e complici della barbara invasione. » E i potentati d'Europa non tacquero, chi per sentimento, chi per pudore, chi per ironia. Berlino fe' rimostranze al Piemonte, e chiese a Londra spiegazioni sulla condotta de' legni inglesi a Marsala. Vienna spedì corrieri a Parigi e a Londra, protestando contro l'invasione violatrice del dritto delle genti. Russia parlò alto, e dimandò a Torino se si fossero puniti gli ufficiali di Genova, se il Garibaldi avesse divisa di generale sardo. E sul dispaccio l'imperatore mise di una mano: *C'est infame, et de la part des Anglais aussi.* Al Sauli ministro sardo a Pietroburgo disse a voce, ch'ove la Russia fosse posta in luogo vicino, già con l'arme saria intervenuta, non ostante il *non intervento* proclamato dagli Stati occidentali. Indignazione molta, ma sterile. Francia con nota del 17 maggio, ricordati i continui avvisi dati a Torino, ne lamentava la *negligenza* a non aver impedito un fatto meritevole di *generale disapprovazione*; e se ne lavò le mani come Pilato. L'inglese Russell dopo aver detto nella vigilia della spedizione *sperare che non si farebbe,* fatta, spinse una certa protesta, disapprovante men la cosa che il modo, quasi avesse desiderato nel Cavour avvedutezza maggiore.

Costui niente smarrito, s'armò di bugie. Prima solennemente il suo Villamarina a Napoli protestò contro l'accusa di complicità data dal Carafa, e dichiarolla falsa e ingiuriosa. Avea ragione, ingiuriare uomini d'onore! Poi il foglio uffiziale sardo a' 17 maggio stampava: il governo non aver saputo niente, disapprovare il fatto, aver ordinato alla flotta d'impedirlo, non esservi riuscito; ma *saper l'Europa come il re di Piemonte conosca e rispetti i principii del diritto internazionale, e senta il debito di farli rispettare.* A Francia e agli altri il Cavour con fronte invetriata disse: *esser sorpreso della partenza del Garibaldi ch'avea promesso differirla.* E al nostro ministro a Torino ch'avea chiesto si disapprovassero gli atti del Garibaldi dicentesi dittatore per re Vittorio, rispose a' 20 maggio: « Benchè non possa cader dubbio sul proposito, dichiaro il governo sardo affatto estraneo a qualsisia atto del Garibaldi, e a qualunque titolo costui avesse usurpato, e formalmente lo disapprovo. »

Egli avea dato denari e arme; l'avventuriero era partito da porto regio, da mezzo a regi vascelli, di giorno; i giornali ufficiosi aventi fatte proclamazioni e collette, egli avea mandati ordini scritti per dargli ausilio; fingeva ignorar tutto, e non puniva suoi uffiziali? era ingiurioso il sospetto di complicità, e non protestava contro il possesso che si prendeva di Sicilia in nome di Vittorio? Ingiurioso dicea lo spoglio non compiuto; compiuto, fu glorioso; e se ne vantò autore in parlamento, al cospetto degli stessi ministri di quei potentati cui avea protestato innocenza. Uomo abbiettissimo.

§. 25. I duci chiudono le truppe entro Palermo.

Il buono ma fievole Castelcicala non potea bastare in tempi grossi. Attorniavanlo uomini astuti; tra' generali fermentavano pensieri varii, però sfiducia e sospetti tra essi, tra generali e colonnelli, tra uffiziali e soldati. Nello stato maggiore, il cui capo era il Polizzy, stava ascoso un seme perverso, infirmante tutta la condotta della guerra: si mandavano innanzi i dappochi, rattenevansi in quartiere gli animosi; si lasciavan ne' campi afforzare le bande, si tenevano i soldati a disagio stretti nelle mura. I congiurati prima dell'arrivo del Garibaldi, certi che verrebbe, aizzati dai presenti legni sardi, ritentavano le sommosse; le bande si riprodussero in viso all'inerte general Primerano, ponendo a sacco e fuoco più luoghi dei distretti di Termini e Cefalù; donde i buoni paesani fuggivano per protezione a' generali regi, che non se ne curavano. Dugento entrarono in Castelduccia e disarmaronla; altri andarono verso Bagaria, Trabia, e Altavilla; e tai miseri conati cui bastava un colpo a spegnere, serviano di pretesto a persuadere il luogotenente di non movere soldati da Palermo.

Il re nella lettera del 9 maggio avea pure indicato Salemi, per porvi una colonna militare, siccome incontro a Marsala e Mazzara, dove si sapea verrebbe il nemico, e non se ne fe' nulla. Giunse la segnalazione da Marsala del seguito sbarco; e benchè la seconda smentisse la prima, ben si vide esser da altra mano dettata. Il Castelcicala tenne consiglio; e considerato il Garibaldi starsi in luoghi senza regie truppe, con Salemi sguernito, disposesi che da Girgenti il maggiore Sforza con l'8.° cacciatori navigasse a Trapani, ad aspettarvi le soldatesche che da Napoli doveano andare al luogo dello sbarco avvenuto, per dare insieme addosso all'assalitore. Però subito si segnalò a Napoli il fatto, e che pel domani si mandassero almen due battaglioni a Marsala. Speravano che questi e 'l Landi da Alcamo, cui ordinarono assalisse il nemico, il mettessero in mezzo. Inoltre decisero spedire prestissimo la *Saetta* vaporetto veloce, che in quindici ore sarebbe ito e tornato da Marsala, a intendere le forze degl'invasori, e la via presa; e poscia mandar per mare soldatesche in luogo vicino, per assalirli. Il generale Chretien di marina scrisse l'ordine alla *Saetta,* e mandollo al capitano del porto, il Fawis, (già comandante del *Carlo III,* saltato in aria); ma la *Saetta* non partì, e la ragione non so. Or mentre chiedeano soldati a Napoli, perchè non mandarne de' tanti soverchi di Palermo?

Il re infatti maravigliato che tanta truppa in Sicilia non bastasse contro mille avventurieri, ne riprese il luogotenente; eppure faceva partire da Gaeta la sera dell'11 stesso non due ma quattro bei battaglioni e una batteria, col colonnello Bonanno per Marsala, in navi guidate dal Salazar generale di marina. Oltracciò mandò anche il 5.° battaglione carabinieri, e il 14.°; e si lamentò del perchè, seguito lo sbarco nemico, le soldatesche da Girgenti, Alcamo e Trapani non si fossero mosse convergenti a opprimerlo subito; com'era ordinato. Ma il Salazar lento navigando, invece di tirare a Marsala, si fermò il 14 avanti Palermo, per chieder ordini al luogotenente, quando gli ordini li aveva. E sulla considerazione che il Landi a quell'ora dovea già perseguitare i Garibaldini venne l'ordine di sbarcare a Palermo, quasi colà fosse il bisogno. Allora sendosi sollevato il distretto di Corleone, rotte le strade e i telegrafi, non passavano corrieri; e invece d'uscire a campeggiare, s'addensavan tutti dentro la città.

Il Castelcicala, accorgendosi credo del male indirizzo delle cose, già il 13 chiesto aveva al re di ritrarsi, e più forte il ridimandò la dimane; buono in questo che vistosi inadatto nel pericolo, volea che più gagliardo braccio operasse. E vedi fatalità, fu appunto pel suo ritrarsi, che il sopravvenire d'altro duce precipitò le cose. Sovrani, che vi compiacete a estoller pusilli ad alti uffizii, voi con le mani vostre v'aprite la ruina; in pace inetti a far benedire la potestà, in tempesta son nulli: allora cercate uomini, e non li trovate, chè gli uomini non s'improvvisano, ma si creano colle prove e col tempo. Ecco tanti baldanzosi, indorati di ricami, brillanti di ciondoli, ignoranti o furbi, vigliacchi o traditori, rattenere qualche raro prode, e calunniarlo od obbliarlo; rattenere ventimil'uomini volenterosi, abbatterli con marce, accampamenti, fame e pidocchi, per dar la patria a mille sconosciuti. Ed ora che mirano la patria saccheggiata e vituperata, vivono ancora; e ancora s'appellan generali!

§. 26. Fievoli provvedimenti.

Un consiglio di generali nel dì 15 avea deciso non iscemarsi le forze della guarnigione palermitana, dove dicevano si deciderebbero le sorti dell'isola. Murarono le piccole porte, sol restate le principali. A veder questo la popolazione fuggiva spaventata a' bastimenti, disertavano i preposti alla cosa pubblica. Le notizie dello sbarco divulgate, la ripigliata baldanza di faziosi, il favore e gli aiuti del corpo consolare e degli ammiragli esteri nel porto, rialzavano le rivoluzione; e il comitato segreto a' 14 volse lettere a' consoli, nunziando la rivoluzione essere *annessionista,* che scacciati i regi, il popolo voterebbe per re Vittorio. Impertanto a' 15 riposto fu lo stato d'assedio, ma di nome; chè ordinanze militari non s'eseguivano, se non per forma. Tradimento di pochi, codardia di molti, e imbecillità codardia e tradimento insieme, cumularono onte eterne sulla patria bandiera. Si chiusero, quasi assediati da spregevoli mascalzoni, che occupavano Gibilrosso, il Mezzagno ed il Parco. Mandaronvi al mattino del 15 il colonnello Bonanno, venuto la vigilia da Gaeta, sminuzzandogli la bella brigata; che occupasse con due battaglioni e due obici il Parco, mentre altro battaglione andrebbe a S. Maria del Gesù, e altro a Villabate. Il Buonanno giunto al Parco, villaggio in fondo a una valle dominata da rocce, fu assalito da lontani colpi; e mandò poche compagnie col capitano Bellucci; le quali consumata molta polvere, e scacciato col rumore l'abbietto nemico, furono a sera richiamate giù. Cotale melensa avvisaglia, dove solo un sergente fu sgraffiato, spinse il colonnello a chiedere d'esser tolto di là. Del Garibaldi, di qual via avesse presa, niente si sapeva, e di undici corrieri alla fila mandati verso Corleone non ne era tornato uno. Allora quando una buona colonna d'esercito avrebbe dovuto andarlo a trovare, tutti si serrarono dentro Palermo.

§. 27. Il Garibaldi a Salemi.

Il Garibaldi, lasciato Marsala che non gli avea dato un uomo, s'avviò scorato verso Salemi, che è a venti miglia dentro; avea mandato con un po' d'avanguardia il La Masa a far popolo; e quegli sparse già sbarcati quattromila Sardi, altri sbarcare sopra altre coste. Il Nizzardo accampò a Rampingallo presso Zafferana, accolto da un Mistretta, cui poi in premio fe' governatore di Salemi sua patria. Quivi entrò il mattino del 13 fragorosamente, sendovi già ite bande co' fratelli Santanna, Coppola e altri; il che lo rianimò. Alloggiò in casa il marchese Torralta, che n'ebbe poco piacere; allogò la gente nel collegio de' Gesuiti, mise alla meglio i suoi cannoni sopra affusti, e accozzati da tremil'uomini, benchè non tutti armati, gli parve esser forte. Pertanto il domani 14, proclamò la sua dittatura in nome di Vittorio Emmanuele, disse, *sull'invito de' notevoli, dopo le deliberazioni de' comuni liberi dell'isola.* E quali erano i notevoli, quali i comuni deliberanti? nondimeno la fe' riconoscere da' paeselli vicini, prese i danari delle casse pubbliche, e die' un decreto di diciannove capi per la creazione d'un esercito siciliano, a modo delle novelle arabe, ch'avrebbe dato dugentocinquantamil'uomini; onde non ebbe nè allora nè mai nessun principio d'esecuzione. Dappoi arringò a' sacerdoti in una sala del collegio gesuitico: favellò del suo mandato, dell'unità, del regnar di Vittorio, e del papa *che n'era il più grande nemico*; al che quelli allibendo chinarono gli occhi, e come lor venne fatto sbiettarono. Pur trovò qualche prete; ma scorto che l'isola era religiosa, smise il bestemmiare il papa; e anzi die' una proclamazione *a' buoni preti;* incitandoli a unirsi a lui contro gli oppressori, per mostrare *la vera religione di Cristo non essere estinta.* A Salemi fe' un opificio d'artiglieria, co' due macchinisti del *Piemonte* e del *Lombardo;* fe' artiglieri i marinari, e scelse una compagnia di carabinieri genovesi o cacciatori con a capo il suo figlio Menotti. Stato così due giorni, fu visto a ristretto con qualche soldato regio dicentesi disertore; e uditi i Borboniani ad Alcamo, invece di scansarli, mosse loro incontro il mattino del 15, come a sicura festa.

§. 28. Fatto di Calatafimi.

Francesco Landi fatto brigadiere dieci dì prima, già carbonaro del 1820, vecchio e malaticcio, non era uomo da fare; ben qualcuno ciò osservava al Polizzy, capo dello stato maggiore; difeselo dicendo non v'esser ragione da torlo da quell'onore; onde s'era mandato lui fuori, quando appunto l'altre colonne regie s'eran chiamate dentro Palermo. Parve scelto a posta per intessere la prima foglia d'alloro al preconizzato Nizzardo. Il luogotenente, fatto aspettare lo Sforza con l'ottavo cacciatori a Trapani due dì, visto scendere a Palermo il Buonanno che dovea sbarcare a Marsala, allo Sforza ordinò raggiungesse il Landi; il che subito fece. Pertanto, questo brigadiere avea seco tre battaglioni: l'8.° detto, il 4° del 10° di linea col tenentecolonello Pini e 'l maggiore Afflitto; il 2° battaglione carabinieri col tenentecolonnello de Cosiron; più uno squadrone di cavalli e quattro obici; in tutto da tremila uomini, volonterosissimi di venire alle mani. Egli spinto dagli ordini del Castelcicala, mosse il 14 da Alcamo incontro al nemico; e senza cagione s'era fermato a mezza via, sette miglia, discosto da Salemi, a Calatafimi, città d'ottomil'anime, sul pendio tra due colli, presso le ruine di Segesta. Prima ordinò che l'8° cacciatori fosse esente da servizio di campagna, per riposare del fatto cammino; poi a un tratto il mandò d'avamposto verso Salemi, due miglia avanti, con due altre compagnie, cioè la prima cacciatori del 10°, e 2° cacciatori carabinieri, due obici e ventiquattro cavalli, con ordine di solo riconoscere il nemico.

Questa gente lo Sforza comandante pose sur un'altura detta *Pianto de' Romani,* e fra essa e 'l propinquo comune Vita sta un piano con la strada per mezzo. Il Garibaldi giunto sull'ore nove di quel giorno 15, fatte sol quattro miglia da Salemi, al vedere i Regi fermò, e stette più ore titubante, anzi fe' qualche barricata per difesa de' suoi mal retti cannoni, e aspettò. Poi o s'ingegnasse cansar lo scontro, o al non vedere i Napolitani accostarsi da amici, come pare s'aspettasse, o cercasse lor girare i fianchi, lasciò la via, e prese i monti della dritta. Allora lo Sforza parlò a' suoi; disse non aver ordine d'appiccar la zuffa, ma parergli vergogna dare addietro avanti a quello spregio di nemico. Risposero Viva il re! Spinse tre compagnie, cioè la 7.° dell'8.° cacciatori, quella del 10.° e l'altra carabinieri comandate da Gaetano de Blasi capitano del 10.°; le quali non badando al loro poco numero, discesero al piano, fer festa dietro una cosuccia; e mandarono tre plotoni in cordone a' colli opposti a investir l'avversario. Era mezzodì.

I Garibaldini appiattati per terra, come li videro a tiro, levandosi tutti costrinseli co' loro numerosi colpi a rinculare su' sostegni; dove cominciò più grosso schioppettìo; sicchè presto prevalendo la disciplina, i cacciatori con ben nudriti fuochi di linea, e poi con la baionetta fugarono gli avventurieri. Indi a poco tornarono con a capo Menotti figlio del Garibaldi ch'avea nelle mani la bandiera; ma ferito alla destra, l'ebbe a cedere a certo Schiaffini; questo fu ucciso da un soldato calabrese di nome Francesco Serratore; e però ratto l'altro soldato Angelo de Vito afferrò la bandiera, mentre il resto de' nemici si dileguavano. Allora i Regi avendo quasi finito le munizioni, mandarono nunziando la vittoria al Landi, e che accorresse con la brigata a proseguirla.

In quella aspettazione, i Garibaldini come sicuri del Landi, ebbero il tempo di raggranellare le genti, delle quali il più de' Siciliani eran fuggiti; e ricondussero alquante compagnie a trarre da lontano co' moschetti; e com'erano investiti, traevansi per tornar da altri lati. Cosi quelle tre compagnie regie con un'altra dell'8.° cacciatori stettero fucilando più ore, inatte pel poco numero a compiere la disfatta del nemico, e manovrando di posizioni or qua or là, aspettando la brigata, spiccando al Landi messi sopra messi. E certo di vederlo arrivare, lo Sforza non ispiegò il resto del battaglione; sicchè nel fatto solo quattro compagnie di fanti combatterono. Ma il Landi che col farsi solo vedere avrebbe finita la guerra, prima fe' il sordo a' reiterati inviti de' suoi; poi fe' l'adirato perchè lo Sforza aveva ingaggiata la zuffa contro gli ordini avuti, e comandò la ritirata.

Il tocco di tromba per la partenza, nel momento che ancora alla lontana il nemico combatteva, produsse un po' di confusione: chi fremeva, chi imprecava; e sendo morta la mula d'un obice cui s'era pur rotto il cilindro, per non portarlo addosso rovesciaronlo in un burrone. Retrocedettero con rari fuochi di ritirata, per difetto di munizioni, e chi non n'avea gittava pietre; perlocchè i Garibaldini imbaldanziti per la maravigliosa vittoria trassero i loro cannoni dalla barricata, e dettero appresso a' regi, i quali non tanto nella pugna, quanto in questa ritirata perdettero tra morti e feriti da sessanta, che in proporzione de' cinquecento ch'avean pugnato fu grave danno. Trovarono presso Calafatimi sulla rampa che mena al paese gli altri due battaglioni con cannoni e cavalli, e l'arme a fascio come in pace. Il Landi al vederli fa una commedia; afferra la conquistata bandiera, e grida vittoria, mentre i soldati si abbraccian l'un l'altro, per isperanza di tornar congiunti presto alla pugna. Di fatto parecchi soldati, uscenti rabbiosi dalle righe, con grave voce chiedevano al brigadiere di combattere; ma ei grida stessero in linea o li farebbe decimare; e nondimeno alquante centinaia di lutti i corpi, sordi alle voci degli uffiziali, si lancian su pel monte contro i nemici. Il Garibaldi al vederli da lungi, supponendo fosse la brigata intiera, chiamò indietro la sua gente alle lasciate posizioni. Così finì la giornata.

§. 29. Infame ritirata del Landi.

Il Landi con due battaglioni intatti, e con uno anelante di ripigliare la vittoria, scrive al luogotenente un rapporto da codardo: dice immensi i nemici, abbietta i suoi, chiede soccorso pronto, si confessa vinto (quasi avesse combattuto), parla di molini perduti, di non aver farina e pur finiva che aspetterebbe aiuto in luogo elevato. Mandò tal rapporto, tutto costernazione, che ito in man del nemico servì a incoraggiarlo; il quale con sue giunte il fe' andare a Palermo a scoraggiare i regi. Egli poi chiamò consiglio, presente il sindaco di Calatafimi; fa da questo affermare, non aver vettovaglie, nè fornai; egli dice trovarsi circondati, soli, lontani tante miglia da Palermo, privi di pane e munizioni; unica salvezza lo andarsene. E il sindaco approvava. Contradisse lo Sforza: non mancar nulla, se mancar fornai, farebberli i soldati, abbietto il nemico, potersi vincere a un urto; potersi moschettare il sindaco se non desse grano. Afforzaronlo con parere stesso il Pini, l'Afflitto e il Cosiron. E il sindaco spaurito mutò stile, e promise grano, fornai e tutto. Allora il Landi rabbioso del non aver potuto trarre a' suoi fini il Consiglio, nonostante l'avviso contrario, il disciolse muto, giocò d'autorità, e dopo due ore die' riciso l'ordine della partenza. Questo fu uno de' frutti dell'aver perdonati e innalzati Carbonari.

Nè tampoco cercò posizione alta come avea promesso nel rapporto; nè pure fermò ad Alcamo, messa in alto e abbondante di vettovaglie, dove certo gli arrivavano aiuti; vi passò fuggendo. A Partinico, sendovi accorsi alle poste i ribelli de' dintorni, bisognò che i soldati colpiti rispondessero col ferro e col fuoco. Più avanti scontrato un compagno d'arme travestito, e saputo starsi bande nelle gole di Borghetto, piegò a sinistra per Montelepre corrente al mare. E quivi anche ebbe a combattere con danno per passare, e sempre a 'fianchi e a coda molestato. Fe' d'un fiato quarantatrè miglia di montagne, ove n'avria fatte trenta piane. Però co' soldati spedati, stanchissimi, sparpagliati, e abbandonati arnesi e bagaglie, giunse sull'alba del 17 a Palermo vergognosamente. Il più strano di questo fatto fu che non patì castello, nè consiglio di guerra; anzi fu fatto seguitare a comandare in quella stessa Palermo i traditi soldati.

§. 30. Conseguenze.

Il Garibaldi trovo scritto perdesse 110 uomini con sedici uffiziali; altri dice settanta: stette la notte sul luogo ove s'era combattuto, aspettando che mai facesse il regio duce suo proteggitore. Saputolo partito, entrò il domani in Calatafimi trionfante, e die' a suoi ordini del giorno gloriosissimi. L'incredibile vittoria risquillò per tutte le trombe della fama; e un fatto dove cinquecento Napolitani avean respinti più volte tremila avversarii, sonò turpe disfatta al cospetto dell'Europa. Gli scrittori garibaldesi ne fanno una pugna omerica; fan combattere il Landi con migliaia. Non so come il Nizzardo se la intendesse con costui; che questi tradisse diconlo i fatti: die' ordine di non combattere, cominciata la pugna lasciò lo Sforza solo, non mandò munizione, non corse a compiere la vittoria, comandò la ritratta; tenne consiglio per farsi consigliare d'andarsene, consigliato a guerra, con abuso d'autorità levò il campo, e si presentò in miserrimo stato a Palermo per iscorare l'esercito tutto. Che fuggisse per codardia non è da credere, che la zuffa lontana da lui potea finir vittoriosa, sol ch'avesse mandato un altro battaglione. Traditore il gridò concorde la fama, traditore affermavano a voce molti Garibaldini stessi. Seguìta la catastrofe del regno, ei si moriva improvviso in marzo 61; e fu notorio, e anche stampato il perchè, ch'io ho verificato vero. Mandò al banco di Napoli a cambiare una polizza di quattordicimila ducati, ma trovatasi essere di quattordici ducati, e alterata e falsa nella cifra, costretto a parlare confessò averla dal Garibaldi; laonde per dolore tocco d'apoplessia lo stesso giorno si morì.

Il Castelcicala, ignaro ancora della giornata, avea mandato al mattino del 16 il buon colonnello Won de Mechel col 5.° battaglione estero sulla pirofregata *Ercole* a Castellamare del golfo, per accorrere a rafforzare il Landi, che supponeva incontro al nemico; se non che giunto a Palermo sul tardi il fuggito sottintendente d'Alcamo a narrare i casi di Calatafimi e la defezione del Landi, subito fu inviato il vaporetto l'*Eolo* a richiamare l'*Ercole* e il Mechel, che sbarcato appena ebbe a tornare a

Palermo. Chi avesse voluto mostrare il viso avrebbe anzi ingrossato il Mechel a Castellamare, e spintolo nelle reni a' Garibaldini, mentre altre colonne da Palermo li assalirebbero di fronte; ma quei duci studiavano non il pugnare, non il vincere, ma come con inoperose arme perdere senza pugna, e tener i soldati stretti e impacciati, per dar tempo all'avversario da guadagnare riputazione e forza.

Questi a Calalafimi riparava le sue perdite; vuotava le casse de' comuni rimasti in sua balia, reclutava uomini, animali, arme e vettovaglie da ogni parte. Colà si videro barbarie oscene: straziar feriti, farli a pezzi, negar sepellimenti, gittare le membra a' cani, e sin con sentinelle guardar quello scempio, e vietare qualche pietoso coprisse di terra i morti corpi. Gli ausiliarii ch'erano i facinorosi dell'isola, aveano spogliati i cadaveri, nè sol de' Regi, pur degli Italici. Polacchi o Ungheri che fossero: e a questi avean rapito di dosso l'oro che il condottiero avea tra loro partito, per tenerlo sicuro in ogni evento; perlocchè il Garibaldi, rabbioso per non aver trovato sul corpo d'uno de' suoi la moneta che gli avea data, decretò a' 17 la pena di morte contro i ladri. Ma chi se non ladri gli accorrevano? però quel decreto restò pompa di parole. Per darsi aria di vincitore, decretò lo incameramento de' beni de' Gesuiti e de' Liguorini. Così afforzandosi, il 17 stesso fu ad Alcamo, il 18 a Partinico, e la sera accampò a Renna presso Morreale, ch'è a quattro miglia da Palermo. Colà raggiunselo il domani Rosolino Pilo Gioeni, ch'avendo accozzati alquante centinaia d'uomini se n'era fatto colonnello; di sorte che forte d'oltre a cinquemila, divisava per Morreale progredire a Palermo; ma si trattenne tre dì a S. Martino. A Calatafimi gli si era presentato un frate di S. Francesco, padre Giovanni Pantaleo da Castelvetrano, più sgherro che frate, giovine ignorante ed entusiasta; il quale salutollo appellandolo *Messia della libertà.* Lo avvisò di stare tra un popolo *superstizioso,* e che ben farebbe a entrare nel duomo d'Alcamo a udir la messa; *perchè volea egli innanzi a Dio ed agli uomini torgli dal capo l'ingiusta scomunica, e rendere a Dio quel ch'è di Dio.* Si prestò a tal commedia, e tolse seco il frate, sperando valersene a guadagnare il popolo *superstizioso.* E il frate acconciato a maniera scenica, con pistole, sciabole, crocifisso e fasce a tre colori, fu il più gran buffone che mai si vedesse.

LIBRO VIGESIMO

SOMMARIO

§. 1. Il generale Lanza con l'*alter ego.* — 2. Sollevazioni nell'isola. — 3. Pratiche vili. — 4. La colonna Mechel e Bosco — 5. La colonna Orsini disfatta. — 6. Posizione de' Regi a Palermo. — 7. Il Garibaldi tien consiglio. — 8. Si caccia in Palermo. — 9. Il Lanza non volle vincere. — 10. Sua stupenda vergogna. — 11. Arriva il Won Mechel, e non lo fan vincere. —12. Le sospensioni d'arme. — 13. Fraudolenza di esse. — 14. Tregua approvata e prolungata. — 15. Abbandono di Palermo. — 10. Lanza si difende. —17. I cannibali. — 18. Rivoluzioni delle province siciliane.— 19. Moti di Catania. — 20. Fatto d'arme di Catania. — 21. Ritirata dopo la vittoria.— 22. Il Clary a Messina. — 23. Come s'ordinò il disordine in Sicilia. — 24. Come si fe' l'esercito. — 28. Persecuzioni a' Gesuiti. — 29. E a' Liguorini. — 27. Gare tra il Cavour e 'l Garibaldi. — 28. Circoli lafariniani. —29. Gare tra 'l La Farina e il Garibaldi. —30. Giustizie garibaldesche.

§. 1. Il generale Lanza con l'*alter ego.*

Dimessosi il Castelcicala, sendo urgente provvedere alla luogotenenza in quei gravi momenti, il re per mandarvi un uomo insigne si volse al Filangieri. Questi potea col nome suo chetare nell'isola quella tempesta; ma benchè sin allora avesse consigliato da lontano, rifiutò d'andarvi, perchè vecchio e malato, credo perchè sapeva la preparata catastrofe. Ripregato, disse volerne dimandare al medico; invece andò al ministro di Francia, e tornò con la proibizione del medico. Anche l'Ischitella, già tanto burbanzoso, e amico di lui, si ricusò; disse *non volere andare a fare il boia.* Costoro e il Nunziante gli misero avanti il vecchio Ferdinando Lanza, allora tenente-generale, corso co' gradi in cavalleria, tristo amministratore, mediocre soldato, niente generale: il fatto di Palestrina in campagna romana nel 49 aveal mostrato di mente grossa; che fosse codardo niuno sospettava. Da lui non si poteva aspettare opera di mente, si credeva facesse almeno menar le mani; e saria bastato. Chiamato e accettato, all'Ischitella rise l'occhio, consolandosi, e il disse, d'essere egli uscito da quel brutto impegno. A' 18 maggio un decreto fe' *commessario straordinario in Sicilia con alter ego* quel Lanza, con di costa ministro di Stato il Ventimiglia. Si prometteva luogotenente, dopo chetate le cose, un principe reale, e amnistizia. A lui libertà d'operare, e un foglio scritto sulla distribuzione delle truppe, ingegnosamente intento a circondare gl'invasori e combatterli; consigli buoni del Filangieri, che sapeva niuno li eseguirebbe. Quegli infatti ritardava con pretesti lo imbarcarsi; e fattolo, restò a terra il foglio scritto. Giunto la sera del 16 a Palermo fu nuovo strumento nelle stesse mani: medesimo stato maggiore, medesima strategia. Chiamò subito dentro Palermo dal Parco e da S. Maria di Gesù le milizie col Bonanno, che l'avea chiesto; poi scordando gli ardui doveri del suo mandato civile e militare, serrossi in una camera della reggia, lunghe ore, co' figli e la nuora e i nipotini. Credesi il parentado allora il guadagnasse, o lo spingesse, o lo spaurisse, persuadendolo tutto esser perduto. Egli lasciò il palazzo; a precipizio rifugiò a' Quattroventi, presso alle navi; e al mattino scrisse al Salzano pigliasse il comando di tutta la truppa, e provvedesse all'ordine del paese; ma niente senza sua adesione intraprendesse. Il quale rispose risoluto non poter accettare senza libertà d'azione, non poter due comandare un esercito; lasciasse il governo dei soldati, o tornasse in città. Allora egli tornò a Palazzo; chè spinto da chi il volea tenere in cerchio fatato, per fargli comandare il non far nulla, si ritenne la somma delle cose. Nondimeno uomini di cuore, denunziandogli il fremito dell'esercito, l'indussero a dar fuori il 19 maggio due proclamazioni a' Siciliani e a' soldati; buone, ma non seguite da fatti. Ricaduto in inerzia, aperse gli orecchi a' ribelli, restrinse le truppe a quattro punti soli, Quattroventi, Palazzo, Castellammare e Finanze, lasciato libero il resto della città, quasi per darla aperta al Garibaldi ch'entrasse. Col pretesto di togliere al popolo ogni ragion di sdegno, abolì i posti di polizia messi dal Maniscalco; stringendo la polizia nell'Università; e la città lasciò vuota, da tumultuare con sicurezza. Essa era già in rivoluzione morale: sui cantoni vedevi annunzii di vittorie garibaldesche, incitamenti a' soldati per disertare, e a' cittadini per sollevarsi; porte, botteghe, officine chiuse, uffizii deserti, tribunali vuoti, non disordine nè ordine, parea sospesa la vita sociale. Niuna dalle province notizia; non traffico, non telegrafi, non corrieri; navigli, fanti, cavalli, cannoni, tutto agglomerato e inoperoso: ventimil'uomini irti d'arme, non assediati da nessuno, chiusi per volontà de' duci, come aspettanti il fato.

Il Lanza co' primi rapporti scoraggiava: « tutta Sicilia ribellata (e non era vero, nè il poteva sapere), rotti telegrafi, strade vietate, corrieri uccisi, mancar vettovaglie, Palermo star sul ribellare; e avvisava concentrare la gente a Palermo e a Messina, star sulla difesa, abbandonare il resto. » E al maresciallo Rivera a Caltanissetta comandava piegasse a Catania a unirsi al Clary; e dove non vi si potessero tenere, ambi riparassero a Messina. E statosi tre dì, senza aver visto nemico, scriveva a Napoli il 19 più vergognosamente, pingendo a neri colori le cose; concludendo *sarebbe gran ventura potersi ritrarre a Messina, per mare o per terra.* Il Salzano per contrario sin dal 17 scriveva criticando quell'operare.

Il re, benchè pe' rotti telegrafi, sentisse mancar le relazioni tra l'isola e il continente, e dovesse pensare il peggio, pur rispondeva indignato, mostrando l'onta della ritirata; nondimeno, perchè men disonorevole per terra, indicava le due vie, o per le coste settentrionali o per l'interna, cui preferiva. Diceva non poter mandare più gente, sendo in Napoli settemil'uomini appena, nessuno ne' Principati e Terra di Lavoro; molle, inutili, se non combattenti tante legioni a Palermo; anzi di là potersi mandar soccorsi a Catania e a Messina. Ne' giorni innanzi avea già ordinato movesse alle offese; il 17 mandava biscotto, salami e formaggi; il 19 due brigantini, uno con 4100 cantaia di carbone, l'altro con trentacinquemila razioni. Inoltre il 18 rimandò colà a conferire col Lanza il Nunziante, e a recargli una cifra nuova per le segnalazioni segrete. Chi mai allora sospettava costui traditore? Già da più anni avea egli fatto crear da re Ferdinando un Bozza lombardo, direttore de' telegrafi, settario iniquo; il quale venuto questo tempo, svelava i telegrammi a' comitati; che poi uscivano, benchè in cifra, tradotti sui giornali; ovvero anche li sopprimeva, ovvero li falsava, per dar alla reggia novelle continue di diserzioni e sconfitte a spavento. Di che poi ebbe premio.

§. 2. Sollevazioni nell'isola.

Quello starsi de' Regi die' l'isola alla rivoluzione: l'autorità scarca di forza non poteva operare nei paesi; i faziosi alla sicura pigliavan l'armi; seguitavanli chi ne' torbidi sperava fortuna. S'era sollevata Termini, risollevata Castellammare del golfo; la guarnigione di Trapani avea dovuto col cannone scostare i ribelli. A Catania il 16 un legno inglese dava la nuova dello sbarcato Garibaldi; si sparge ne' dintorni Catania in sommossa, e tumultuano Adernò, Paternò, Biancavilla; rumoreggiano Noto, Modica, Avola e Spaccafrono; poi udita Catania quieta, quietano. A Cefalù si fa un governo provvisorio per Vittorio; e il consolo sardo con la bandiera tre colori dal balcone ringrazia, il distretto di Piazza si rivolta; fuggono le potestà regie. Per la provincia di Girgenti scorrazzano bande, e vuotan le casse. A' 13 un legno mercantile inglese sparnazza a Messina sì calde nuove, che tosto tutta intorno la provincia ribella. L'ultimo filo elettrico tra Morreale e Palermo cadeva tagliato il 20 maggio.

§. 3. Pratiche vili.

Frattanto la rada palermitana formicolava di navi straniere, il più inglesi. V'arrivava il 20 il retro ammiraglio Rodney Mundy col vascello *Annibal*; egli confabulato col consolo inglese, certo Goodwill gran partigiano della rivoluzione, scambiò tosto parecchie visite col Lanza, egli censurando le compressioni militari, questi nulla di forte operando. Alla dimane gl'inviò una lettera, mostrante speranza non si venisse al bombardare una citta aperta. Lo stesso dì il capitano Paternò Sessa, parente di parecchi nobili, recossi a dire al Lanza che la rivoluzione poserebbe, e che ben pagato il Garibaldi rimbarcherebbesi a Trapani, dove s'avesse la costituzione del 1812. Tale sciocca proposta il Lanza accolse, tenne consiglio, e il giorno dopo autorizzò il Sessa a trattare; però la duchessa di Monteleone che n'avea tolto il carico chiese la mediazione del Mundy, e provocassela il decurionato di Palermo; se non che, convocato il consesso, niuno vi andò; invece si vide pubblicato in istampa che il municipio s'unirebbe sol dopo mandato via il direttore di polizia, e armata una guardia civica. La solita storia del dammi l'arme per cacciarli.

Nulladimeno il Lanza scriveva il 22 al re, di suo pugno (perchè diceva, *stipandosi, poter altri attraversare l'idea)*; proponeva la costituzione del 12; e finiva col ritornello della ritirata, e 'l motto del maresciallo di Sassonia: *Val meglio una buona ritirata, che una battaglia vinta.*

Che vergognosa ritirata facesse vedremlo; ma non pensava punto nè a vincere nè a combattere. Eppure egli stesso redatto a' 23 maggio lo stato di quella guarnigione, vide avere 571 uffiziali, 20,290 soldati, 684 cavalli, 475 muli, e 56 cannoni. Assai men di tanti nel 49 aveano riconquistata la fortificata e indipendente Sicilia; ed egli avente tutte fortezze e città in mano, non sapeva tenere Palermo.

§. 4. La colonna Mechel e Bosco.

I reiterati ordini regi per ricominciare lo offese, avevano qualche effetto a' 21 maggio, chè diessi al colonnello Won de Mechel del 3.° battaglione estero il comando d'una colonna militare per cercar l'inimico. Ei si fermò a Monreale ov'era il maggiore Bosco, che sebben minacciato da grosse bande, avea col suo 9.° cacciatori sostenuta la posizione; quivi si lasciò il colonnello Bonanno con tre battaglioni; e il Mechel e il Bosco con circa tremil'uomini e quattro obici da montagna, tolti viveri per tre dì, si misero in via, desiderosissimi essi e i soldati di venire alle mani. Quel dì stesso 21 fecero con due battaglioni una ricognizione di là da Monreale verso Partinico, dove credeano trovar fievoli bande, e invece era tutto l'esercito del Garibaldi; il quale, aspettando la levata di Palermo, intendeva a mettere i Regi tra due fuochi. Incontrarono alla prima le bande del mazziniano Rosolino Pilo, che ne' giorni avanti avea messo la rivoluzione in Carini; ma quella gente detta alla siciliana *i picciotti,* benchè fosse in mille, si difese fuggendo; soltanto vi morì esso Pilo con altri nove. Parecchi vennero agguantati, e trattati con carità; gli altri in gran fretta corsero ad avvertire il Garibaldi che si faceva da vero; perlocchè questi, chè già s'era mosso a soccorrerli, si rattenne a un botto, turbatissimo; e considerato la cosa non esser da parlamenti, subito voltò faccia. Invece d'avanzare a Palermo per Morreale come avea proposto, si gittò ne' monti a dritta, sperando nelle bande del La Masa e del Fuxa, o più ne' maneggi e nelle promesse della setta, che erano grandi. Quindi per la via di Renna, piovendo a dirotta, in notte buissima, coi cannoni, sulle braccia, e a digiuno in gran disagio marciando giunse all'alba del 22 sul monte Calvario, due miglia sopra Parco; dove sino al 25, in luogo detto *Pizzo dal fico*, accampò.

Il Mechel di natura alemanna, bravo ma lento, stettesi fermo il 22 e il 23; finalmente statuì urtarlo di rovescio e di fianco; e scrisse al Lanza mandasse soldatesche al villaggio Le Grazie, che fingendo assalir di fronte, si spingessero sotto il Parco. Infatti il generale Filippo Colonna, giunto allora da Napoli invece del Primerano richiamato, vi andò il 25 con due battaglioni, due cannoni e pochi cavalli e presso le Grazie con pochi colpì fugò il nemico; poi giuntogli dispaccio del Mechel, che verrebbe la dimane, tornò indietro e accampò ai Porrazzi. Il giorno seguente da ambi i lati s'avanzarono al Parco il Colonna e il Mechel; al primo urto le genti del

Turr fuggirono sbandate; e il Garibaldi vistosi quasi circuito, riparò rattissimo sulle creste del monte, un miglio su; e vi si trincierò co' suoi cattivi cannoni. I Regi aspettarono di sforzarlo alle dimane, che fu grave fallo; onde egli si potè fuggire la notte verso Piana de' Greci; nè tampoco si fe' vedere a Piana, ma corse dritto alla volta di Corleone. Furono presi alquanti prigionieri, esteri di nazione; certo indegni di perdonanza, eppure vennero graziosamente trattati. La rivoluzione fiaccata da questo colpo, restò malconcia; a Palermo i felloni impallidivano; e le bande sicule che già gremivano i monti, vista la fuga, discioglievansi, e alla spicciolata si rintanavano ne' loro focolari, dicendosi ingannati dagli stranieri. Il Mechel sfuggitogli il Nizzardo, non trovando nemico alla Piana, tenne consiglio: il Colonna proponea tornare a Palermo, sospettando non forse il Garibaldi vi ripiegherebbe, per cercarvi salvezza nel sollevamento della città; appoggiavalo il Bosco; ma egli volle seguitar verso Corleone i fuggenti. Laonde il Colonna retrocesse co' suoi; e prese buona posizione al mezzodì di Palermo, al ponte delle Teste, dove certo impediva l'entrata al nemico; ma ito a conferire a Palazzo, la sua gente fu chiamata dentro, che fu ruina del tutto.

§. 5. La colonna Orsini disfatta.

Col Mechel eran quasi quattro battaglioni, cioè 2. ° e 9.° cacciatori, 3.° estero, e quattro compagnie scelte del 3.° di linea, co' loro comandanti Morgante, Bosco, Giovanni Marra, e 'l capitano Luvarà dello stato maggiore, uno squadrone di cacciatori a cavallo e quattro cannoni; tutta brava gente. Eran sì volenterosi, che tra il 2.° e il 9.° cacciatori surse rivalità, sul posto all'avanguardia, e fu deciso v'alternassero un giorno per uno.

Il Garibaldi già ito quand'era fievole incontro al Landi, ora ingrossato non osava guardare in viso al Mechel, sapendo non poterlo comprare; di combattere neppure pensò. Chiamò a consiglio i suoi Sirtori, Turr, Orsini e Crispi; egli sbalordito nel vedersi abbandonato da' Siciliani ausiliarii, propose lo internarsi ne' monti, e aspettarvi o un rivolgimento pieno dell'isola, o tempo e modo da imbarcarsi; ciò forte oppugnarono gli altri, soprattutto il Turr, consigliante audacia, e cercar di cacciarsi in Palermo da sforzare la fortuna; aggiungeva, la guerra parteggiata dei monti lor sarebbe funesta; chè le popolazioni stesse al vederli fuggenti loro darebbero addosso. Inoltre i ribelli di Palermo con gran promesse li chiamavano. Decisero non potersi in niuna guisa combattere; doversi anzi ingannare i perseguitatori, dividendo le forze, e sì almanco salvarne una parte. Si divisero al quadrivio della Ficuzza, là dove la strada è tagliata dall'altra, che da Corleone mena a Marineo e appresso per Misilmeri a Palermo; questa tra monti e boschi prese il Garibaldi col più della gente; gli altri con le salmerie e i cannoni tolse l'Orsini, e via per Corleone precipitoso.

Giunto a quel quadrivio il Mechel, scorgendo l'orme dall'una e dall'altra via, fermò dubbioso, e chiamò i comandanti a deliberare. Il custode della Ficuzza (terra patrimoniale del re) disse il come gli stranieri si fossero divisi. Allora forte il Bosco insistè si stringesse il Garibaldi, a impedire che si cacciasse in Palermo; in contrario il Mechel struggendosi del pigliarsi i cannoni, volea inseguir questi verso Corleone. Quegli mostrò Palermo pronta a levarsi, bastare la presenza del Nizzardo a mandarla in fiamme, la guerra vera esser dov'è costui, necessità dargli addosso, violargli la città, o entrarvi combattendolo alle reni. A lui s'accostava il Luvarà. Ma il Mechel prode uomo, ma testardo: « Io, sclamò, non debbo supporre che sedicimil'uomini a Palermo abbian bisogno di noi, per accoppar colui; prenderò tutto su di me. » E comandò la marcia per la dritta.

Scontento il Bosco, corse col suo battaglione all'avanguardia; e giunto il 27 a Corleone, trovò l'Orsini postato con l'artiglierie ad un torrente al mezzodì della città, sur un'altura isolata, e con bande sicule appiattate ne' dintorni. Tosto lo investì, o lo sbaragliò, fuggendo quelli a precipizio, uomini e cannoni. Egli con ottanta uomini d'arme a cavallo e mezzo squadrone di cacciatori gl'inseguì sino a notte, ma non li raggiunse; chè l'Orsini, inchiodati i cannoni, e gittandoli ne' valloni, e ardendo gli affusti, senza posar mai trovò fiato a Sambuca. Il Bosco prese una colobrina fusa a Livorno, e si riprese l'obice abbandonato dal Landi a Calatafimi.

Distrutta questo parte delle torme rivoluzionarie, ma con perdita di tempo prezioso, il Mechel stette un giorno a Corleone, poi si rivolse sulle tracce del Garibaldi; ma senza fretta. Allungò sino alla Ficuzza, e anche lento scese a Marineo, indi a Misilmeri, indarno istanti gli uffiziali d'affrettare le marce, però giunse il miattno del 30 avanti porta di Termini a Palermo, quando già eran seguiti gravi fatti.

§. 6. Posizione de' Regi a Palermo.

L'altro danno prodotto dalla venuta del Lanza fu il mancato accordo fra il luogotenente e il Salzano. Dissi com'ei per non dare a questo la libertà d'operare, tornasse a Palazzo a far da sè. Il re saputo quell'incidente, temendo non la disparità dei voleri de' duci principali nocesse alla guerra, chiamò ai 23 il Salzano a Napoli, surrogandogli Pasquale Marra maresciallo; ma il Lanza nol sofferse, e si tenne tutti e due: confusione maggiore. L'esercito era spartito fra' Quattroventi, Palazzo, Castellammare e Finanze, oltre le dette colonne Mechel, e quella Bonanno a Morreale, inutile presidio. Pertanto la città era guardata dal nord al sud-ovest; la flotta sicurava la spiaggia; ma poca o niuna difesa avean lo porte S. Antonino e di Termini, cui avrebbero dovuto anzi guardar più, siccome quelle appunto donde tutti i soccorsi arrivavano a' ribelli. Pareva, e lo si diceva pe' trivii, si lasciassero a posta sguarnite. Se avessero lasciato il Colonna al ponte delle Teste, il Garibaldi non poteva entrare; ma come ho detto chiamaronlo dentro, restando quel varco dischiuso; e il mondo il dica, se per istoltezza o malizia. Tra' duci era profonda apatia; non si pensò a provvedere di viveri il palazzo delle Finanze, sito con solo una compagnia nel mezzo della città; le vettovaglie stavano parte alla reggia, e parte a Castellammare, luoghi discosti dal quartier generale; sicchè presi i luoghi di mezzo, era spezzata la linea, e l'altre truppe restavano affamate e senza munizioni di guerra. Il Maniscalco e altri uffiziali tentarono più volte di scuotere il Lanza, di richiamare il Bonanno da Morreale; d'afforzarlo, e mandarlo a scacciar le bande che s'udivano raggranellarsi a' Gibilrosso; ripondeva sempre: *domani!* Solo fu previdente a trarre a' 24 maggio dal regio Banco settecentoventimila ducati, da servire per la ritirata; e sulla fregata *Ercole* li assicurò.

Giusto quel momento che il Mechel parea tutto aver vinto, era la vigilia della sollevazione generale. Fugato il Garibaldi, sperperato l'Orsini, il nascondersi de' capi felloni, la voce di vittoria piena, e più i ventimila soldati intatti, davano arra certa di trionfo. La setta mai non fu a peggior condizione nell'istante della lotta, nè mai tanto con più sotterranee arti operò.

§. 7. Il Garibaldi tien consiglio.

Il Garibaldi udito i Regi perseguitare l'Orsini, s'inselvò la notte in una foresta a dritta dalla via a Marineo; al mattino del 25 entrò in questa terra, vi stette il giorno, sull'imbrunire volse a Misilmeri, giunsevi a mezzanotte. S'erano accozzate a Gibilrosso parecchie bande siciliane, altre venute da Mezzoiusi col La Masa, altre da Bagaria col Fuxa, altre de' dintorni raggranellate da' fratelli Mastricchi, onde il Garibaldi andò a vederle il mattino del 26. Quel dì si recarono a parlargli parecchi del comitato parlermitano; forte stigandolo a entrare in città, ch'al suo apparire leverebbero a rumore; e v'andò a persuaderlo un Eber Ungaro, ch'era a Palermo giornalista corrispondente del *Times* di Londra. Lo avventuriero creò costui colonnello; ma tentennava sul da fare, e volle ben consigliarsi co' suoi. Avea due vie da tentare; o fuggir dentro terra a Castrogiovanni per ordinare alla brigantesca quelle sue orde incomposte; ovvero tentare la fortuna con un colpo di mano in Palermo. Il primo divisamento era periglioso; chè a tener la campagna incontrava il Mechel, che l'andava cercando; il secondo parea più arduo, a gettarsi in mezzo a ventimil'uomini, ma le pratiche che v'avea non li faccan terribili; vedea una parte di città, aperta, la popolazione per lui, e le antenne sarde e inglesi pronte a dargli scampo, ove soccombesse. Però dopo non molta discussione, scortosi che il cacciarsi in Palermo era piuttosto necessità che consiglio, vi si risolvè. Ciò vantarono come stratagemma esimio; e poterono farlo parere co' seguiti fatti; ma la consultazione tenuta fa evidente che non prestabilito disegno, bensì logica risoluzione in quella alternativa fu, tra' due mali partiti, scegliere quello dove miglior gioco potea dargli fortuna. Se fu stratagemma, il fu col Lonza a fronte: con qualunque altro minimo caporale l'avrebbe pagato caro.

Or mentre egli passava le bande a rassegna, e teneva consigli e pratiche quasi alle porte della città, dove stava da due notti, il Lanza non volea saper nulla, e lasciava mal custodita appunto la porta donde ei dovea entrare. Giunse sul mezzodì del 25 l'*Intrepido*, legno inglese, a dar la nuova che il Garibaldi stava al Parco; ciò produsse nella popolazione un fermento, e nel regio duce più voglia di serrarsi. Sul meriggio del 26 venne polveroso e trafelato un uomo da Belmonte, a nunziargli aver colà visto le camice rosse, e che il Garibaldi movea per Palermo; ei non si smosse; ed a parecchi che supplicavanlo di mandar soldati fuori a combatterlo, rispose: *lascialo scendere che tel concio per le feste!* Dopo due ore un sacerdote sfuggito alla vigilanza de' faziosi lo avvisò che la città tumultuerebbe la notte, e i faziosi si farebbero grossi alle quattro cantoniere; sopravvenivano a confermarlo i segreti agenti di polizia; ei fe' il muto. E al general Colonna che suggeriva di provenire la sollevazione occupando quelle strade, rispose: *non voglio far nulla: se si rivoltano bombardo!* Della sollevazione imminente nessuno dubitava: la sera si leggeva per Palermo una lettera del Garibaldi al barone Narciso Cosso, dicentesi presidente d'un comitato, dove il proveniva ch'entrerebbe all'alba per porta di Termini, che volea trovar barricate pronte, e udir campane a stormo. Il principe di Lampedusa scrisse all'ammiraglio Mundy, che permetterebbe ad ogni uffiziale inglese di salire sulla torre del suo palazzo, *per godere del combattimento.* Un uffiziale regio degli avamposti rapportò che certo il nemico entrerebbe la notte. Niente: il Lanza si teneva lo genti serrate in palazzo. S'aggiunse la lettera d'un gentiluomo al brigadiere Bartolo Marra, assicurandogli certa la levata popolare nella notte, e l'entrata de' rossi. Il Lanza, lettala, disse: *bombarderemo!* però il fratello Pasquale Marra maresciallo scrisse a Bartolo in risposta: *Dormi, dormi, dormi.* E di fatto questi ch'era a Porta di Termini, e comandava nella parte meridionale della città minacciata, e avvisato avrebbe dovuto egli almeno vegliare, si addormì. In contrario tutta notte fu uno scambio continuo di segnali tra la città e le montagne.

§. 8. Si caccia in Palermo.

I garibaldesi in tremila e cinquecento la notte tra il 26 ed il 27 maggio, giorno di pentecoste, evitando le strade battute, lasciarono le alture di Gibilrosso, e pel Mezzagno, e per sotto S. Maria di Gesù, sur un secco letto di torrente scesero all'Oreto, donde si lanciarono al ponte dell'Ammiragliato sull'albeggiare. Alle vicine porte di Termini e S. Antonino erano soltanto 200 reclute del 2° cacciatori; sul ponte stava una compagnia dei 9° di linea; la quale, benchè il nemico s'accostasse frammisto a carri, fece il debito suo con un fiero trarre di moschetti; ma a' primi colpi il capitano Giuseppe Follo, fingendosi ferito, si fuggì, facendosi recare in braccio a porta di Termini, a portarvi con atti e parole lo sgomento; i suoi senza capo non potendo reggere alla piena, rincularono combattendo alla stessa porta, dove più grossi fecero testa. Guidava la vanguardia assalitrice un ungaro Tukery, e fu respinto, soccorsela il battaglione del Bixio, ambi ancora respinti, e il Tukery vi morì. Allora si combatteva acremente e là e sull'altra porta S. Antonino; e se il Lanza avesse mandato subito truppe per la via delle mure sulla sinistra degli assalitori, avrebbe finita la guerra. Bene il Garibaldi il temè; e postò i suoi ne' campi da intrattenerli se vi venissero; in mentre faceva ogni sforzo per entrar prestissimo dentro. Ma il duce regio, non che pensare a quella diversione, neppure a tempo mandò soccorsi alle porte; però i pochi difensori, patendo molte morti incontro al sovrabbondante nemico, e sentendo alle spalle sonare a stormo e ribellare la città, posti tra due fuochi, ebbero a retrocedere per la via delle mura della Pace. Tosto le camice rosse gettandosi a dritta e manca da porta di Termini presero vicoli e palagi, e sempre crescendo tra case e case s'avanzavano. Accorse tardi un battaglione a rafforzare i rinculanti per la via delle mura, e con l'artiglieria guidata dal capitano Guglielmo De Sauguet, che fece molto rumore e nessun frutto. Bartolo Marra preso il comando, avrebbe dovuto gittarsi su' campi, per isnidare i nemici appiattati, e dar poi nelle spalle a quelli entrati; ma combattendo con isvantaggio sulla strada, segno a tutti colpi, presto chiese soccorso, e prima d'averlo retrocesse: si fermò un'altra ora al bastione Montalto in fine si ritirò al largo S. Teresa.

Restata libera la citta, s'ergevano barricate, e i faziosi si facevan grossi a Porta Macqueda e ai quattro cantoni. Là, da presso stava il Landi (quello di Calatafimi) che a' primi colpi proditoriamente die' indietro. Non così il tenentecolonnello Marulli accompagnato fuori porta Macqueda col 3.° di linea; il quale assaltò la barricata avanti la porta; ma non la superò, perchè colpito egli stesso e molti de' suoi da invisibili nemici. Gl'invasori alla Fieravecchia s'unirono a' membri de' comitati; poco dopo entrava il Garibaldi a cavallo; e alla piazza Ballarò fu spettatore del sacco dato alla casa d'un Filadelfio Mistretta, creduto spia di polizia; favoreggiando così quel primo *sfogo di popolo,* che ebbe poi seguito innumerevole a danno di chi non volea farsi ribelle. Prese stanza al palazzo pretorio, chiamò a sè il municipio, si rigridò dittature per Vittorio nunziando con un editto a' comuni dell'isola la sua entrata in Palermo, da dittatore li chiamò alle armi. Riconobbe il comitato generale preseduto da Gaetano La Loggia, già poco d'ora prima costituito; e ad esso e al fuoruscito Crispi, cui nomò Segretario di Stato, die' il governo. Arringò al popolaccio dal balcone, infiammandolo ed esortandolo a sagrifizii. E per far gente, oltre raccogliere ogni sorta di persona, aperse le carceri della Vicaria, e il Bagno dei condannati; così liberati un migliaio e mezzo di quei bambinelli, accozzò molta turba reissima, armata di fucili da caccia, coltelli, spiedi e uncini; certo impotenti contro soldati, potenti dove non aveano avversarii. Pochi battaglioni guidati da chi avesse voluto vincere, investendo a un tratto il palazzo pretorio, avrebbero spento il Garibaldi e la rivoluzione.

Invece i Regi avean pugnato sol per ritrarsi; dove il valore de' giovani soldati era vano, chè niun vantaggio era seguitato, e si dava sempre modo al nemico d'afforzarsi, e barricare ogni viella che toccava. Inutilmente si pugnò al largo Bologna, alla casa arcivescovile, al rione Ballarò, a porta Macqueda, ai giardino inglese, a S. Francesco di Paola, alla villa Filippina, a' conventi de' benedettini e dell'Annunziata, al bastione Montalto, e al quartiere S. Giacomo, investito dal lato del Papireto. La giornata senza nulla intraprendere trascorse; e i soldati mormoravano. Il maresciallo Cataldo che guardava da tramontana la città con un nerbo di truppe, dove non era nemico, spediva telegrammi sopra telegrammi, dicendo non potersi là stare; e a sera consigliandosi non so se con la paura o con la fellonia dell'animo suo, abbandonava il posto, e si rificcava co' suoi in palazzo. Anche il Bonanno se ne venne da Morreale. D'avvantaggio si chiama altresì a palazzo le truppe de' Quattroventi; e si dà l'agio a' condannati di quel bagno a ingrossare come ho detto il nemico, impertanto una sì gran moltitudine di soldati, sanguinosi, frementi, bisognosi di ristoro e di spazio, si accalcavano in luogo stretto, perchè naturalmente senza pugna cadessero vinti.

Il Lanza sul tardi mandò l'ordine al forte Castellammare che bombardasse, ma con riguardo, ogni cinque minuti un colpo, vano rumore, e danno a innocue case. Fu uno scherzo, chè a Castellammare comandava il colonnello Fileno Brigante, quello poi tanto famoso in Calabria. Il mondo udiva essersi bombardato; e ciò bastava affinchè i duci regi avessero mostrato di voler vincere; e ne fosse uscita più lucente la prodezza garibaldese. Bombardare una città ribelle sta nel dritto, ma dove s'accompagni con azioni assalitrici, per far efficace e breve il bombardamento: usarlo a quel modo era danno agl'innocenti, inutile ira, e (che volea forse) infamia al braccio regio. La flotta da mare non fe' altro che guardare, una fregata sola con un solo cannone misesi avanti via Toledo, e seppe trarre con tanto garbo, che potè uccidere tre soldati regi e sette ferirne avanti il palazzo. Quel dì i Borboniani s'ebbero 120 feriti e forse altrettanti morti, per inutili zuffe.

Ma bastò perchè il duce quella stessa notte s'abbassasse a mendicare pel pezzo del Mundy una sospensione d'arme, per medicare i feriti e seppellire i morti: vi mandò il generale Chrelien di marina; ebbe risposto si volgesse al Garibaldi. Però allora ei non ebbe il coraggio di quest'altra viltà.

§. 9. Il Lanza non volle vincere.

All'alba del 28 giungevano in rada i battaglioni esteri 1.° e 2.° i cui combandanti, udendo i colpi, con grandi istanze chiesero di sbarcare e combattere; ma il Lanza che vincere non voleva, e capiva quanta gli verrebbe onta se quei pochi vincessero, sendosi egli tratto indietro coi molti, vietò che sbarcassero; dicendo sarebbero per via trucidati. Il maggiore Migy fremendone osservava: « Averlo il re mandato in fretta; tener soldati nuovi, raccolti allora, mancar d'arnesi e vesti, ma grande ardenza sorreggerli; tutto darebbe la vittoria, dispererebbero dove per inazione quei soldati stranieri pulissero disagi. » Non esaudito, fur lasciati tutto il dì e la seguente notte su' bastimenti; poi il 29 si fecero scendere a Castellammare, e quindi di notte al palazzo reale per istare con gli altri. E per via, non che esser trucidati, ebbero appena quattro feriti.

Il Mundy, non avendo visto ancora il Lanza pregare il Garibaldi, e invece scorgendo volar le bombe, protestò per l'umanità; e si volse alla nostra flotta per quella fregata che con un cannoncino spazzava la via Toledo; e sì la trovò benigna, che incontanente quel mattino del 28 fu tolta dall'incomoda offesa. Stretta lega era tra lui e 'l Persano, ammiraglio sardo, e 'l Garibaldi, cui davano ogni maniera di soccorsi; e sollenne testimonianza ne fe' poscia il Bixio a' 8 maggio 1863, quando nel torinese parlamento dichiarò esser più volte ito al Persano, *per cose dilicate e difficili; perchè sapendosi si scoprivano gli aiuti ch'avevano dal governo di Torino.* E la nostra flotta si facea fare queste tresche in barba.

Tutto il 28 si combattè fiaccamente, quasi per dar tempo al nemico d'afforzarsi. Si perdè l'ospedale per tradimento del cappellano, e per codardia del comandante, andandone i soldati con parte degli infermi nel forte Castellammare. L'altre posizioni il Lanza, traendo i battaglioni indietro, abbandonava; sicchè a sera si fe' chiudere nel palazzo, perdendo le comunicazioni col detto forte e col mare ov'era la sua base, imprigionandosi da sè con tante migliaia d'uomini, morti di fame e disagi. Poteva farsi venire le munizioni dalla flotta, ma le volle dal forte; e il Brigante mandolle con sol quarant'uomini di scorta, però eran felice preda del nemico a Porta Macqueda, il quale nella scarsezza di quei momenti era così provveduto col pane de' Regi. Sul mezzodì il Lanza, risoluto di piegare a Messina, subito inviò avanti la flotta tutta, legni a vapore, a vela e da carico, con le vettovaglie; che mosse di giorno verso Solanto, quasi a mostra; ed emanò anche l'ordine della ritirata per la notte. Ciò divulgato, non si pensava a vincere; e se ancora si versava sangue, era per ripulsare gli assalitori, e per rabbia de 'soldati. Però una sola compagnia dell'8° di linea, scorti i ribelli sul campanile della cattedrale, si lancia gridando, Viva il re! e sotto una pioggia di fuoco, sfonda le porte, e passa per l'arme e gitta giù per gli archi quanti trova. È il generale Wittembach sortendo con un battaglione del 10° fuga i ribelli sino al Monte della Pietà.

Per quanto quel ritrarsi fosse vergognoso, pure poteva riuscire a ruina del Garibaldi; perchè una volta fuori dallo anguste mura, le soldatesche veggendosi intatte e grosse, e più rafforzate dalla vegnente colonna del Mechel, avrebbero potuto vincere il partito di assediare gli avventurieri dentro la città; importante a scansare cotesta possibilità, si lavorò a distornare anche il pensiero della ritirata per terra sotto colore fosse difficile il trasportare i feriti. E non c'era la flotta? Questa mandarono richiamando nel porto.

Intanto il dittatore sicurissimo faceva e sfaceva: die' un altro proclama, felicitando il popolo per la sua attitudine *a probità;* decretava la formazione d'una guardia nazionale, faceva collette di danari, e comitati di guerra per le reclutazioni; discioglieva il municipio, e ne creava altro con pretore il duca della Verdura, cui fe' anche presidente d'un comitato di difesa, per costruire barricate e forare muraglie. E sendo per lo sforzo di tutta la setta, e per gli aiuti sardi ed inglesi e pel guadagnato tempo diventato più grosso, prese sull'ore undici del 29 ad assalire i conventi dei Benedettini e dell'Annunziata, e 'l bastione Montalto, ch'eran quasi sguarniti di gente. Quest'ultimo sta a manca del palazzo reale, a seicento passi, entro una cortina: i soldati forte difendevansi da' colpi vegnenti da' casamenti d'attorno, ma patendo perdite gravi chiamavano soccorso con trombe e messi; mentre i duci regi in palazzo con quel furor guerresco sugli occhi facevano i sordi. Volonteroso il maggiore Auriemma chiedea d'andare a sloggiare il nemico dalle pugnaci case, ma volgeangli le spalle; anzi il general Letizia il garrì. Pertanto il bastione dovè cedere; e soffersero l'onta del vedere la bandiera mazziniana a stesa di mano. Nel modo stesso fu occupata la cattedrale vicinissima, dalle cui torri percossi i soldati col parco d'artiglieria sulla piazza reale, ebbero a sgombrare entrando nel palazzo, e rifugiando al lato opposto fuor dello mura. E il Lanza da sbalordito si dimenava per le sale. Gli fu notato essere impossibile quello starsi tanti sì stretti, senza viveri, in piccolo spazio; e i generali Salzano e Colonna ottennero di poter investire il nemico. Subito il Colonna riacquistò con la baionetta i conventi de' Benedettini e dell'Annunziata; il tenente-colonnello Grenet ritolse Porta di Castro, con sangue avverso, e occupò il Maneggio; e il general Sury, uscendo dalla porta del Papireto, rovescia quanto incontra, ripiglia la cattedrale, e arriva sino al convento dei Sette Angeli. Tai fazioni seguivano baldamente a petto scoperto contro ascosi, che da tetti e usci percotevano: i soldati, sonando le trombe, col grido Viva il re procedevano; i cacciatori spiavano i nemici e imberciavanli, e da ogni banda li scacciavano. Udivi già tra' Garibaldesi: *Si salvi chi può.* Ma perchè non seguitare? perchè render vano il sangue sparso? perchè non finirla contro il nemico fuggente e senza cannoni? ecco, invece le fatali trombe richiamare i vincitori addietro, che mordendosi per rabbia le mani, dovean sofferire nella comandata ritratta i fischi del fuggiti che gridavan vittoria!

Tai pugne inutili affatto, ben erano a danno de' cittadini. Percossi, spogliati, feriti dagli uni e dagli altri, e più da' galeotti usciti dal bagno, diventati militi di libertà, e da' facinorosi di tutta Sicilia e del mondo, colpi, saccheggi, foco e morti da ambe le parti ricevevano. Lo stesso Garibaldi a frenar quei suoi seguaci, quel dì medesimo 29 decretò morte contro i ladri e saccheggiatori; cosa illusoria, chè chi giudice, chi punitore? vendette private, ingordigie, eccessi nefandi seguivano. In quelle zuffe cadean più caso ruinate, e più quelle propinque al palazzo ov'era il fuoco. Il palagio Carini (e 'l padrone era ambasciatore del re) fu quasi diroccato. Nondimeno parecchi uffiziali regi, e anche di garibaldesi, salvarono con pericolo della vita famiglie e masserizie e caso, dal furore de' combattenti esaltati e inferociti dal sangue. Chi riparava a' campi o a' bastimenti; chi nelle cantine e in sepolture s'ascondeva. Schiere di famiglie a ruggire; fuggire suore claustrali fra mezzo allo schioppettio e alle cannonate; vecchi e infermi, portati sulle braccia, donzelle pudiche, fanciulli piangenti, signori e plebei, cittadini e villani, per isfuggire dolori e morti, incontravano morti e dolori, abbracciando la cara patria terra, sospinta a ruina da straniere avidità. Ma il Mazzini e il Cavour da lontano tripudiavano.

§. 10. Stupenda vergogna.

A sera, i feriti a Palazzo eran 335, e in quelle angustie mancavano farmaci e letti. Il duce supremo, che pur la prova fattane poteva della vittoria esser sicuro, rinnovando una pugna generale, nè pure vi pensava. I ribelli respinti da tutte parti, s'aspettavano tremebondi l'ultima spinta; i posti perduti, il sopraggiunto a' Regi soccorso de' battaglioni esteri, la mancanza che avevano d'arme e munizioni, li scoravano affatto. Ma il Lanza non ebbe altro coraggio che d'affrontare la vergogna.

Quella sera, nella ressa di tanti feriti, gli si mise attorno il colonnello Gonzales del Genio; e tanto sel pasteggiò che il persuase a fare col Garibaldi una tregua verbale, per mandare i feriti alle fregate; ma quegli, padrone de' passi, mancò di parola. Questo ch'avrebbe indignato ogni minimo uomo, spinse anzi il capitano regio a mendicar pietà dallo spregevole avventuriero: al mattino, 30, die' a un prigioniero sardo una sua lettera al Nizzardo, cui appellava generale; e pregavalo permettesse al general Letizia il passo, per recarsi al Mundy a trattare d'armestizio, per sotterrare i morti e mandare i feriti a' legni. Un furbo scrittore garibaldino nel suo candore appella *colossale stupidità* l'avere scritta quella incredibile viltà; ma il Lanza ne fe' poi anche di più grosse. Il Garibaldi che meglio ch'afferrare la fortuna pel ciuffo? Dopo un'ora pel prigioniero stesso rispose sì, e ch'egli andrebbe col Letizia al Mundy. E fu disposto per l'ora una pomeridiana da tutte le parti cessasse il fuoco.

§. 11. Arriva il Won Mechel, e non lo fan vincere.

Questo indegno fatto sagrificatore della monarchia, compievasi in quell'ora stessa ch'ai gigli sorrideva la vittoria. Il Won Mechel, dolente d'avere errato, accorreva a emendare il fallo. Già dall'ore di vespro del 29 si era dal forte Castellammare veduta la sua colonna presso Villabate, a tre miglia da Palermo, dov'ei dormì al sereno. Al mattino dall'alto del telegrafo ad asta era stato veduto accostarsi; e l'uffiziale Agostino di Palma, corso al Lanza, gliel fe' con gli occhi proprii osservare; ma costui non mutando proposito, finse anzi niente saperne; e com'era da altri duci istigato, mandò gente più volte a richiederne il Palma, che si tenne burlato. E a chi consigliavalo spinger battaglioni a sorreggerò il Mechel, ricisamente il negò.

L'onesto Svizzero arrivò sulle porte di Palermo sull'ore dieci del mattino; e mandò travestito un sergente Siciliano, con lettera al luogotenente, avvisandolo ch'entrerebbe armata mano; ma di tal messo non s'ebbe mai novella. Spiccò il Bosco verso la marina; per assicurare la dritta, ed ei con alquante compagnie del 5° estero e del 2° cacciatori, con due cannoni sforzò Porta di Termini, superò di forza l'una dopo l'altra le barricate respinse i difensori, feriva il Carini che li comandava, prese cinque bandiere, liberò novanta soldati prigionieri entro un palagio; e tanto valse il valore, che pervenne alla piazza della Fieravecchia, con certezza di piena vittoria. I Sardi o i Siciliani gittando pur terra le bandiere chiedevano mercè, gridavano *Siam fratelli, che serve questa guerra?* e atterriti sventolavano panni bianchi, e nunziavano la cominciata convenzione. Il La Masa pallido fugge a rapportare quella ruina al Garibaldi; il quale udendo il fuoco già nel quartiere S. Anna presso al suo palazzo comunale, e veggendo il fuggir di tutti, si teneva perduto; e preparavasi a trafugarsi su' legni inglesi. Mandò per aiuto al Lanza stesso, perchè mantenesse l'armestizio designato. Costui con la guerra vinto, e che avrebbe dovuto allora correre alla riscossa, con le genti sue, e schiacciare in mozzo il fievole nemico, che fa? spedisce con dispacci Michele Bellucci e Domenico Nicoletti capitani dello stato maggiore al Nizzardo; il quale lettili ne toglie altro accluso, e il manda per quei stessi capitani con suoi uffiziali al Mechel; era l'ordine di sostare dalle offese, perchè *fatta* la sospensione d'arme. Fremette il Mechel; e costretto per lo imperio del Luogotenente con *Alter-ego* a rattenere i vincitori soldati, s'abbandonò sulla persona, oppresso dal dispetto e dal dolore. Restò in possesso della Fieravecchia.

§. 12. Le sospensioni d'arme.

Ora perchè il Lanza spedire quell'ordine pel mezzo stesso del nemico? non poteva usare il telegrafo alla flotta in rada, là appunto sulla strada della marina, ov'erano i Regi arrivati? E perchè disse *fatta* la sospensione d'arme, quando neppure s'eran cominciate discussioni? Non v'era più che una sua lettera richieditrice, e una risposta adesiva, data dal Garibaldi in punto che sapeva il Mechel alle porte: convenzione non vi era, nè scritta nè verbale; e dirla fatta per porre sosta alla vittoria, era più che mentire, era tradire l'esercito, la patria ed il re. Inoltre si seppe dal reduce Bellucci lo stato tristo del nemico, e come già vinto era; eppure volle capitolare. Bentosto il Garibaldi mandò a palazzo un Cenni suo maggiore ad affrettare; e di fatto costui tornò co' regi generali Letizia e Chretien in carrozza, che volsero al Lazzaretto; dove trovato il dittatore in tunica rossa ricamata, col Turr e altri suoi, tutti insieme montarono sull'*Annibale*. Quivi presenti gli uffiziali inglesi e il comandante l'*Irochese,* legno americano, il Letizia con la testa alta favellava di sue passate prodezze, e sì in quel disonore ridicolosamente braveggiando, che meritò da' circostanti le beffe. Abborracciarono quasi senza discussione la convenzione d'armestizio per ventiquattr'ore, però da durare sino al mezzodì del domani. Firmavanla adunque in tanta fretta, lunga ora dopo che s'eran fatte posare l'arme al Mechel; vergogna scritta per coprire la fellonia. E il Letizia e 'l Chretien se ne tornaron sull'ore tre pomeridiane, contentoni, come da grande impresa.

Il duce rivoluzionano fiacco per numero ed arme, senza cannoni, serrato in mezzo che non avea scampo, tra due corpi d'esercito, e un fortilizio, s'atteggiava sicuro da vincitore; e pomposamente dal palazzo municipale nunziava l'armestizio, com'ei per umanità l'avesse conceduto. E tosto si valse del tempo, asserragliando tutte le strade, ordinando la sua gente, e raccogliendo arme e danari: notte e giorno lavorò alle barricate, per trovarsi pronto, o per parer pronto al mezzodì venturo a grandissima difesa.

Nell'ora dell'assalto del Mechel eran corsi due popolani (detti sicilianamente *bonachi*) affannosi al palazzo, chiedendo pace a nome del popolo, e offrendo aprire a' soldati le contrade non ancora da' Garibaldini occupate. Il generale Salzano mandò il capitano Nicoletti (appena tornato dal recare il dispaccio al Mechel) e 'l tenente Savino a scrutare gli animi de' Palermitani; ed eglino corsa un terzo della città, trovando cigli riverenti e udendo promesse di sommessione, tornarono sull'ore sei pomeridiane, insistendo di mandar truppe in quelle strade, che sarebbero utili nelle zuffe del domani. Non si fe' nulla. Invece i duci regi preparavano disegni, cui non volevano eseguire. Stabilivano ripigliar l'offese con tre colonne: una col

Wittembach dal Papireto, altra col Sury in via Ballarò, una terza pel Corso col Landi di Calatafimi. Lo scegliere costui mostra il proposito del voler perdere. Benchè il vincere era più facile il 30, e sarebbe costato più sangue il 31, pure non potean bastare gl'incompiuti lavori d'una notte, e le difese d'indisciplinati Garibaldini a rattenere gl'inviperiti soldati. Ma ecco sull'ore otto del mattino il Buonopane, colonnello di stato maggiore, mandato dal re per esaminare lo stato delle cose, corre a palazzo a distogliere da ogni disegno di guerra; dice: « barricate essersi l'alte innumerevoli, fortissime; difficile lo assalirle, impossibile superarle, meglio prolungare la tregua per altri tre dì, e intanto scriversene al re ». Sè stesso propose per trattare col Nizzardo. Subito il Lanza accede, e manda esso Buonopane col Letizia al palazzo pretorio, a pregare lo abbietto nemico. Segue incontanente più vigliacca convenzione, firmata da esso Lanza luogotenente con *alter-ego* di re Francesco Borbone, e dal fuoruscito Crispi, Segretario di Stato del Garibaldi. Questi non si degnò scendere a pari coi Lanza, e n'avea ragione. Furono cinque patti: 1° prolungamento d'armestizio per tre giorni. 2° Consegna del banco co' denari al Crispi. 3° Imbarcarsi i feriti con le famiglie. 4° Libero passaggio di viveri alle due parti. 5° Scambio di due prigionieri garibaldini con due regi.

§. 13. Fraudolenza di esse.

Così diessi alla rivoluzione tempo da afforzarsi, sicurezza per far gente, e denari per pagarla: Il Crispi trovò nel banco cinque milioni e più di moneta sonante, parte di privati, parte dello Stato. Or perchè dare il banco? perchè pattuendosi tre dì d'armestizio, si consegna tanta moneta ad esteri avventurieri, che pur dopo tre dì s'avevano a combattere? Forse quel dare il banco fu appunto la principal cagione del contratto; chè in quei cofani d'argento e d'oro v'era da contentar tutti, e prendenti e cedenti.

Ogni armestizio suppone che niuna parte debba lavorare con opere e peggiorare la condizione dell'avversario; intanto si asserragliavano le strade in viso a' Regi, massime incontro al Mechel lasciato solo sull'altro capo di Palermo, condannato nel suo trionfo a quell'onta. Il Lanza nè protestò, nè interruppe come dovea col cannone quell'opere, nè abbreviò l'armestizio, così fatto a solo pro del nemico. La convenzione per 24 ore gli die' campo a fortificarsi; ciò die' pretesto a protrarla per altri tre giorni; e le susseguite maggiori fortificazioni dier nuovo pretesto a prolungarla. Pe' lavori d'una notte diceasi la città fatta forte, e si davan tre giorni per farla fortissima, e poi più tempo ancora per farla imprendibile.

E si credano pure inespugnabili quelle improvvisate trincee; che forse le regie sorti eran disperate? Palermo pur senza assalti in breve potea cadere. Essa ha quattro miglia di giro, de' quali uno a mare era da' vascelli bloccato; ne restavano tre da guardare, congiunto da larga via, che tutta ne cinge le mura: postati i Regi a Palazzo, a Castellammare e alla Fieravecchia, si volean solo due colonne mobili, che battessero le brevi campagne da Porta Montalto alla Flora, e da Porta d'Ossuna a Forte S.

Giorgio; vietato il transito, il nemico che dall'interno dell'isola traeva le forze e la sussistenza, restava tagliato, cinto da tutte bande, senza nè arme nè munizioni. Uscire a campo senza cannoni non poteva. Aggiungi i mulini star sull'Oreto; vietati questi, Palermo popolosa cedeva tosto per fame; tronchi gli acquedotti, cedeva per sete; cedeva per foco, se il castello avesse davvero, secondo le prescrizioni dell'arte, usato i colpi di guerra. Nulla di ciò si pensò, chè non si volle; e si costrinse a subire macchie incancellabili a un esercito onorato. Fu detto e stampato il Lanza avesse di sua parte sessantamila ducati: nol so, so l'opere sue. Nè bastò così aver conce le cose; bisognò anche infamare la parte regia. Mentre tutta la stampa declamava, afforzavala l'ammiraglio Mundy, scrivendo a Londra cose nere sul bombardamento di Palermo: sacco spaventevole, tutto un quartiere in cenere, famiglie arse vive nelle case, conventi, chiese e palagi distrutti da bombe.

Peggiori onte: Pel patto 4° era libero il passo a' viveri; ed ecco a' 2 giugno i Garibaldini fermano fuori Porta Macqueda per quattr'ore il convoglio con futili pretesti; e intanto tentano sedurre i soldati, si piglian parte delle vettovaglie, e diciannove muli; onde s'ebbe a sospendere quel transito. E perchè non vendicare coll'arme questa infrazione a' patti? I soldati indignatissimi, già ribellandosi a' capitani, risolvevano ricominciare la guerra da sè la notte: però accorse il Buonopane a impedirlo, perchè (scrisse nel dispaccio) *non era finita la tregua.* E il Lanza narrando dei rapiti muli, chiedeva a Napoli non si prolungasse l'armestizio, *perchè ruinoso.* E non l'avea egli firmato? nol dovea anzi dichiarare rotto dal nemico? non avea egli l'*alter-ego*? Ma egli stesso in quella lettera non proponeva guerra già, ma ritrarsi a' Quattroventi.

§. 14. Tregua approvata e prolungata.

I Letizia e Buonopane fatta appena la convenzione corsero a Napoli a perorare per essa: rapportavano tristissime le condizioni, gagliardissimi i nemici, disperate le cose, necessaria la ritirata, meglio farla senza sangue. Parlavano a giovine sovrano e pio, educato alla pace, cinto da molti traditori. In quella, a dare il colpo di grazia, s'appresenta il Brenier, per offrire mediatore Napoleone, cui accettato, bisognò approvar l'armestizio, e anche il prolungamento. Però lietissimi e vittoriosi i Letizia e Buonopane ratti sulla *Saetta* tornarono a Palermo la sera del 2, dove prima parlamentarono col Garibaldi, poi andarono al Lanza, e a nome del re gli ordinarono ritraesse le soldatesche a' Quattroventi. Più gli scrissero minacciosi, chiedendo cedesse a loro la sua potestà; ed egli sottoscriveva la cessione, poi se ne lamentava con dispaccio a Napoli, e ripigliavala. Costoro gelosi si contrastavano il potere in quei tristi fatti, non già per tentare la riscossa, ma per brigar ciascuno l'onore di trattare col Garibaldi il permesso della ritirata, e chi sa che altro. Ma il sole vide mai peggio? Al mattino dichiararono al Lanza aver già prolungato col nemico l'armestizio, per imbarcare i feriti e provvedere di viveri Castellammare; e tosto ripartirono per Napoli, donde tornarono la sera del 5, con l'ordine d'abbandonare Palermo.

§. 15. Abbandono di Palermo.

Eglino il giorno appresso, 6 giugno, presenti gli ammiragli inglese e francese, contrattarono col Garibaldi lo sgombro di Palermo, con otto patti, cioè: pronto imbarco di malati; l'esercito ritrarsi per terra o per mare a suo grado, con arme, cavalli, bagaglio, famiglie e ogni cosa di sua pertinenza, compreso l'armamento di Castellammare; scambio di feriti e prigionieri; liberazione di sette carcerati nel castello; e altri minori. Con patto addizionale, derogandosi a quel dì prima, convennero la ritratta seguirebbe per mare al molo di Palermo. Conseguentemente le milizie il 7 andavano a' Quattroventi *in bell'ordine,* come lo stesso dì il Lanza *nunziavalo con piacere a Sua Maestà.* Egli allora glorioso, per la prima volta da che era giunto, montò a cavallo avanti a tutti; nè si vergognò di farsi accompagnare da uffiziali garibaldini; e lasciati indietro un magazzino di vesti e altri molti arnesi militari; e i grani e le vettovaglie a Palazzo, tutto venne contro i patti derubato da' Garibaldini, nè punto ei li reclamò.

Quelli d'avvantaggio non perdeano tempo: s'accostavano al campo, spargeanvi proclamazioni in italiano, francese e tedesco; e promettevano a' soldati esteri il viaggio *gratis* per tornare a casa, e ducati quaranta se con arme, e trenta se senza arme disertassero. Di quella gente già, come narrai, mal reclutata, molti fur tratti fuori imbriachi, che tornavano al mattino, altri disertarono, e si facean rivedere vestiti rossi, a mostrar le borse ai compagni: dicevano pieno il banco, sonavano le monete; onde ne mancarono intorno a cento, che fu guadagno. Ma restò in quei corpi esteri il seme delle diffalte. Si spargeva anche un editto dittatoriale del 2 giugno, promettente terre comunali a chi combattesse *per la patria.* Di ufficiali nostri, chi era mazziniano disertò; di soldati disertarono Siciliani e Camorristi.

Un dì che l'esercito tutto schierato ora sul piano avanti i Quattroventi, intatto, fiorente di giovani, fanti, cavalli e cannoni, parecchi a veder le migliaia di baionette luccicanti come onde di mare, piangean di dispetto. Un soldato dell'8° di linea esce di fila, e sclama al Lanza: « Eccellenza, ve' quanti siamo? e ce ne andiamo così? » « Va » rispose « ubbriaco! » Imbarcò la gente un po' per volta dall'8 al 19 giugno; ultimo esso sull'*Etna,* co' generali e lo stato maggiore, parendogli onore.

Giusta i patti si dettero a' 18 i forti Castellammare, Castelluccio del molo, e Lanterna sguerniti; e si liberarono i sette imprigionati già dal 7 aprile; i quali quasi trionfatori furono accolti. Come i soldati li scortavano, era una pietà vederli sfilare avanti, seguiti da laceri Garibaldesi, con bandiere, e fasce tricolorate, quasi insultantili a coda, con gran Viva a Italia e a Vittorio, fra molta marmaglia, debaccante sul muso a quei frementi soldati, obbligati da' loro duci a tanta umiliazione. E il Lanza accolse quei sette, salutandoli, e levandosi il cappello.

Nel 1849 sedicimil'uomini avean riconquistata Sicilia, difesa da truppe ordinate indigene ed estere; ora ventiduemila si facevano cedere a pochi indisciplinati avventurieri. S'eran perduti in quelle fazioni quattro uffiziali e 205 soldati morti, e 33 uffiziali e 529 soldati feriti; e se avessero voluto vincere saria costato minor sangue.

Ma il danno maggiore s'ebbe nella disciplina: due mesi di campeggiamenti, sotto piogge dirotte o caldi raggi di sole, quasi sempre senza combattere, stanchi per marce e contromarce, e fradici per inerzia, sospettosi, sprezzanti de' duci, necessitosi sotto la mole degli umani bisogni, non più di comandi curanti, stimavano di baldanza e d'energia.

§. 16. Il Lanza si difende.

Il Lanza con lettera al re osava a' 13 giugno giustificarsi. Comincia numerando suoi servigi dall'età di tredici anni; e su quelli, massime in cose d'amministrazione, saria molto da dire, ma non era di essi quistione. Segue aver accettato l'uffizio per ubbidienza, dopo seguito lo sbarco e Calatafimi; ma dunque mille uomini bastavano a pigliar Sicilia? e perchè su Calatafimi non inquisì, perchè non sottopose a consiglio il Landi fuggito, perchè lasciollo anzi a comandare soldati? Dice generali e colonnelli ordinando in nome regio lui facevano piuttosto ubbidire che comandare: alludeva ai Letizia e Buonopane; ma egli con costoro ebbe soltanto gara per capitolare non per combattere; ed egli con l'*alter-ego,* e con le lettere autografe del re che gli davan libertà d'azione, non provvedeva? Accusa Won de Mechel d'essersi fatto sfuggir di mano il Garibaldi; e dunque altri diciottomil'uomini con lui non valean niente? perchè li avea serrati in palazzo? non era più lieve agguantare il Garibaldi entro le mura che nell'ampia Sicilia? Dice la città tutta sollevata; e non era tutta, nè potendo volle la non sollevata occupare. Dice riuscito vano il bombardare di due giorni; vano doveva essere, s'egli non assaliva simultaneamente; farlo a quel modo era infamarsi senza prò; chè se davvero avesse bombardato finiva la guerra. Afferma il Medici giunto dopo la tregua, e mentiva, ch'ei l'avea visto venire dal mattino, e giunse sull'ore dieci; e la tregua fu abborracciata in fretta dopo il mezzodì. Afferma averla fatta per provvedere a' feriti; meglio vi avrebbe provveduto vincendo. Seguita aver disposto il combattimento pel domani, e incolpa i Letizia e Buonopane d'aver protratta la tregua; e mentisce avendola egli firmata, egli avendo ceduto il banco con cinque milioni. Confessa che senza la tregua *certo Palermo sarebbe caduta*; è però colpevolissimo di non averla assalita. Dicesi *avvelenato di dispiacere, desiderare la morte*; ma non la cercò con l'arme in mano, combattendo pel re e pel suo paese, che per sessant'anni lo avean pagato e coperto d'onori e ricami. Accusa quei Letizia e Buonopane *occupati a dormire e mangiare sulle fregate,* venuti da ultimo a rapirgli l'*onore d'aver fatto tutto*; onore di aver capitolato, da farsene merito col Garibaldi, non col re delle Sicilie. Conchiude che morrà di dolore, e che mai non seppe tradire o ingannare; ma ha visto cadere ottocent'anni di monarchia, morire dugentomila e più persone, ruinare la patria, e fatta serva, ed ei benchè vecchissimo anzi ha ripreso moglie, ed è vissuto altri cinque anni. Che non tradisse dicalo a Dio che vede l'interno, l'uomo giudica i fatti.

Ei con l'*alter-ego* non isfugge alla colpabilità di tanti mali, nè vi isfugge il Polizzy suo capo di stato maggiore, nè altri. Le lettere regie, studiate col Filangieri, mandavano consigli non ordini, cose opportune, non eseguite. Tutte dicevano: *da lontano non si comanda*; onde lasciavano ampie facoltà a' duci, delle quali con astuta perfidia si valsero, per perdere.

Egli i generali e lo stato maggiore entrarono nel golfo di Napoli a' 20 giugno, e per cenno sovrano sbarcarono ad Ischia. S'ordinò una giunta de' generali Delcarretto, Casella, Vial e Lecco, per esaminare la condotta loro, e sottoporre i rei a consiglio di guerra; ma le sopravvenute calamità, e 'l crescentesi tradimento di tanti, posero cenere. Innocenti e rei, ingiudicati, messi a una stregua, i buoni offuscati, i tristi imbaldanziti, quella inescusabile impunita compiè le ruine. Forse un Lanza impiccato salvava il paese; salvo, ebbe imitatori, e molti.

§. 17. I Cannibali.

Ora m'è strazio a descrivere i delirii gioiosi della rivoluzione: ebbra della incredibile vittoria, quelle passioni, quelle meridionali fantasie sfuriavano. Avean goduto tant'anni libertà civile, dettala tirannia; ora la libertà nuova tanto a gola gridata non sapevano, nè potevano intenderla altro che il poter far tutto e pigliar tutto. Però abbattevano, uccidevano, rapivano, rubavano in tutto parti, in ogni modo; e de' loro eccessi incolpavano i soldati: smentivali il rinnovato decreto dittatoriale contro gli assassini e i ladri; ma non avea esecuzione; restava scritto per abbagliar l'Europa sulla giustizia di quel redentore.

Barbarie inaudite contro i poliziotti. Certo non eran fior di virtù; ve n'era ch'avean con l'uffizio velata l'ingordigia, ma v'era pur chi fido al giuro non avea voluto servire la setta; però contro questi più che contro quelli le vendette sfolgoravano. Sendo cominciata la persecuzione al primo entrar delle camice rosse, i più frammischiandosi a' soldati si salvarono su' navigli; ma altri o nol potessero, o sperassero perdono, o stimassero non meritar pena, o non avessero cuore dì lasciare la patria, restarono, e s'andaron celando, sin per entro canali d'acqua e sepolture. Fermato l'armestizio, si cominciò col saccheggiare tutte le case di quelli; poi le loro famiglie ed essi cercavano a morte: migliaia di coltelli sitibondi di sangue, migliaia d'occhi spiavanli in ogni dove: taglie, promesse, seduzioni, minaccie, tutto si tentava; nè fu sacro loco, o bugigattolo, o sozzo spazio, pur nelle viscere della terra, che non rovistassero. Non travestimenti, non mutar nomi, luoghi e condizione, bastavano. Chi si tagliava baffi e capelli, chi si mozzava un membro; taluno si cavò un occhio per travisarsi, non però sfuggiva. Perseguitavano figli e mogli, e torturavanli e uccidevano; madri co' bambini al seno mazzicate e spente, bambini fatti a pezzi nelle braccia del padre; una moglie ebbe tagliata la mammella a' 16 giugno: poi uccisole il marito, le posero in bocca il membro genitale del cadavere. In questo orrendo giorno, gridando morte a' Borboni, in frotta manigoldi sulle strade, per ogni minimo sospetto ammazzavano; uno che da quindici anni non più serviva in polizia trucidarono; altri sette qua e là barbaramente spegnevano; uno trassero da un magazzino alla doganella, e pugnalavano sulla piazza Marina; altri sette presso la Badia nuova cadean morti per cento ferite. Nè tutti erano poliziotti: chi odiava uno, a incontrarlo gridava *sbirro* ed eccolo sbranato; nè solo sbirri, anche liberali non eran sicuri; s'assassinava per vendetta, per piacere, per un nulla. Un capo banda a Bagheria morì per mano de' suoi stessi seguaci. Vedevi quelle belve accaneggiarsi cercando e fiutando esseri umani. Scorti, eran presi da chi primo arrivasse; trovati, eran cavati fuori, quasi spettri pel digiuno e 'l terrore, strascinati alla, luce; e ferocemente urlando gioiose quello turbe non più umane, tra imprecazioni fischi e percosse, cadevano a membro a membro mutilati. Non valea chiedere pietà, piangere, invocar madonne e santi: sanguinosi, laceri, vesti e carni, patian colpi di tutte armi, e strazii orrendi pria di spirare. Talvolta il misero con gli occhi cavati, abbacchiato le membra, nuotante nel sangue, disperatamente ne' ceppi, contro gli assassini si dibatteva, sinchè tra sataniche risa a furia di lenti e mal destri colpi era finito. Nè morti riposavano, che nudati i cadaveri, strascicati, smembrati, a pezzo a pezzo gittavanli in cloache fra le immondezze in un canto, con proibizione di sepoltura, pasto di cani. Così ogni dì cadaveri nuovi per le vie; sol dentro Palermo più che sessanta furon conci.

I mille liberatori vedevan fare; il redentore mirava, nè reprimeva quell'orgie da cannibali; forse pensava servissero per ispavento agli altri paesi da liberare. Ordinò i poliziotti si presentassero per essere giudicati; ma perchè in quei momenti ei poteva comandare solo il male, o non il bene, egli stesso ne fe' senza giudizio alquanti fucilare. La morte passeggiava lurida e famelica colle negre ali sulla misera Palermo. Ciò gridandosi Italia, civiltà, e Re Galantuomo!

Nella stessa provincia palermitana non meno orribili delitti. Il 2 giugno strage a Polizzi: sull'alba una feccia di plebe s'accozzò a suon di tamburo: assalirono la casa d'un Alberto Somma, e lui trucidarono; poi quella d'un Glorioso, prete ottuagenario arsero; e lui, la sorella, due fratelli, e un servo scannarono; de' cadaveri fecero falò in piazza. Poi ammazzarono un Borgenzano; e finalmente un tal Rampolla comandante quella Guardia nazionale fucilò un Cirino, ancorchè rivoluzionario, accusandolo di pietà, cioè d'aver salvato ad altri innocenti la vita. Il 9 giugno ad acqua di Corsali presso Abate un Chimenti capo di manigoldi fece man bassa sui Borbonici; sgozzò tutta la famiglia Marino sino a una fanciulla, e i corpi entro una botte pose, ed arse. L'11 si fe' qualcosa di simile a Montemaggiore. E il 17 a Contessa di là da Corleone, un Luca Cuccia ribaldo bandito messo su dalla rivoluzione, corse con luridi seguaci le vie, e trucidava qualunque sospetto borboniano incontrava. Tutta la famiglia Loiacono sterminò e gittò giù da' balconi, e nell'agro quattro pargoli innocenti, perchè avean casato Loiacono, fe' scannare senza pietà.

Questi atrocissimi esempii valsero nelle province: gli uomini di polizia pria del tempo fuggivano, o per paura si facevano traditori, e primi a percuotere i gigli. Dovunque la rivoluzione trionfava rinnovava simiglianti eccessi, nè solo contro la polizia; ogni uffiziale regio, ogni uomo onesto poteva esser degno di morte, se pria tradito non avesse. Quindi facile appagamento d'ire private, morti, offese, rappresaglie; e l'un superava l'altro, facendo a chi più fosse liberale; quindi a' buoni l'esilio parve felicità.

§. 18. Rivoluzioni delle provincie siciliane.

Lasciate le province quasi senza forza pubblica, le campagne corse da bande ribelli, mancando le comunicazioni, gli uffiziali civili isolati, senza ordini superiori, non sapean che fare. Le poche e sparpagliate soldatesche sariano state buone a opprimere le fievoli rivolture; ma non avendo novelle di nulla, non potevano simultaneamente operare. Alla nuova dello sbarcato Garibaldi, i faziosi accozzatisi in drappelli entravano ne' paeselli e sforzavano i municipii a gridar Vittorio. Arsioni d'archivii, e di gigli, vuotate casse comunali, requisizioni d'arme, catture e uccisioni di persone devote al trono, tutte cose da terrore, che molti per salvarsi facevano i ribelli. Comparendo soldati, tutto tornava all'antico: ma i soldati eran rari, che marciavano in Palermo. Ove colà avessero schiacciato il Nizzardo, l'isola senza colpo quietava, e da sè faceva le vendette regie, forse troppo.

Noto si mosse la prima a' 15 maggio; l'intendente stesso fu visto con la bandiera de' tre colori; rotti telegrafi, aperte carceri, assalita la casa del commessario di polizia, tolte scritture e arme, infranta la statua di Ferdinando II, opera fresca dell'Angelini, si proclamò Vittorio, e un comitato al governo. Per mandatarii rivoltaronsi gli altri comuni della provincia. Lo stesso a Modica e a Spaccaforno. Restavano isolate le piazze d'Augusta e Siracusa. E qui anche, a' 22 maggio, affluendovi felloni della provincia, vanno al general Rodriguez comandante, chiedendo concessioni, il cessar della polizia, e la scarcerazione di tre rei; egli cede a tutto, e anche a ribassare d'un terzo il dazio sul macino; s'acquietano e mettono cartelli, dicenti che « non potendo quella città far come l'altre, per la presenza dei soldati, s'aspettasse il risultamento delle cose ordite sin da dicembre da mano amica al bene della patria. » Nondimeno alla dimane si trovò sull'orologio del carcere una bandiera, cui tosto un caporale e un soldato pubblicamente strapparono. E l'altro dì, il 24 sendo il dì natalizio della regina inglese, volle quel viceconsolo Carlo Azzupardi alzare la sua bandiera, cosa per lo innanzi non fatta mai, nè da nessun viceconsolo d'altre nazioni; ciò parve cosa rivoluzionaria a un ignorante caporale e a tre soldati; e corsero ex abrupto a strapparla: dov'ebbe lieve ferita la moglie dell'Azzupardi. Subito reclamazioni di esso e di altri viceconsoli (quasi tutti Siciliani) e i soldati fur puniti; e subito arriva il *Caradoc* legno inglese a volere il resto; ma persuaso dalla ragione quietò.

Nel trapanese prima Mazzara si mosse, poi usciti i Gesuiti, fe' poco altro. Marsala restò fida, pur dopo lo sbarco del Garibaldi, benchè gl'inglesi lavoratori de' vini, con pochi monelli tentassero tumulti; ma i cittadini con gli Urbani li tennero a segno. Uditosi il Garibaldi disfatto al Parco, più il paese si rassicurò, e il borioso consolo sardo andò con gli occhi bassi. Poscia i fatti di Palermo prevalsero; un legno estero sbarcò due cannoni; il consolo disse averli trovati sottoterra, ascosi dal 48, e si armò una spedizione contro Trapani. E come la guarnigione di città fu tratta a Messina, quella provincia senza guerra restò a' rivoltosi.

Girgenti s'agitava, quando vennevi un battaglione di carabinieri ad afforzarvi il

15° di linea che v'era di guarnigione, e poco stante a' 9 maggio l'8° cacciatori sul Guiscardo col maresciallo Gaetano Afan de Rivera. Partito agli 11, come narrai, l'8° cacciatori per unirsi al Landi, il Rivera co' carabinieri si recò a Canicattì, a stabilirvi un quartier generale, sendovi già altri due battaglioni, uno squadrone di cavalli e quattro cannoni, e vi arrivarono il 16 altri ottocento fanti da Catania. Ma in Girgenti, partitone il Rivera, seguirono tumulti, e v'entrarono faziosi il 15; che sul meriggio disarmarono la dogana, e assalirono la torre del Molo; il cui piccolo presidio, alzato il ponte; si difese. Respinti, la piazza il giorno dopo fu messa in assedio; e tornatovi il Rivera in fretta l'altro di con duemil'uomini, quietò tutto.

Nel distretto di Sciacca pria Menfi, poi Sciacca si rivoltò il 14, ma vedendo la fregata *Archimede,* tornò al dovere. Poi s'agitarono Bivona, Favara, Naro e Licata.

Per quella provincia girgentese armate bande scorrazzavan ne' piccoli comuni, sforzavano ad aderire, vuotavano lo casse pubbliche e private. Patirono violenza Ribera, Calamonaci, S. Biagio, Montedoro e altre ville. Ma urbani e possidenti uniti ai villani s'armarono, e scacciarono da Ribera i ribelli.

S'era accozzata una frotta di questi su Montecasale, contrada presso Bisacquino, che agli 11 maggio svaligiarono la vettura corriera, e a sera entrarono in Corleone: apersero le prigioni, arsero archivii, saccheggiarono case d'uffiziali regi, fucilarono sulla piazza due compagni d'arme e 'l carceriere, e stamparono che chiunque ospitasse persona del governo, svelasselo, pena il capo. Poi rivoltarono Campofiorito, Bisacquino, e altri comuni del distretto.

A Caltanisetta scortisi i mali pensieri, si proclamò stato d'assedio a' 17. Già a' 15 s'era sottomesso Valguarnera in quel di Piazza, e poco stante tutte il distretto e 'l capoluogo. Ma queste due province s'abbandonarono; chè il Rivera per ordine lasciava Girgenti il 23, e per Canicattì e Caltanissetta giungeva avanti Catania come dirò: però rimasti quei luoghi in balia della rivoluzione, Girgenti il 25 stesso dovè sollevarsi; e Caltanissetta a' 28, non potendo mancare dall'alzar la croce di Savoia, vi sopportò un comitato con un Morello presidente.

§. 19. Moti di Catania.

Catania devota a' Borboni per recenti benefizii, quietava, sebben con poca guarnigione; avea tenuto la fiera, e a' 7 maggio i consigli provinciali. V'era da poco intendente il principe di Fitalia, figlio al maggior fratello di Ruggiero Settimo, già amministrator generale de' Lotti, e nondimeno, s'era il 48 gittato nella rivoluzione; però destituito, stette anche confinato a Modica, e poi a Siracusa. Francesco II, sì volente il Filangieri, con la bella politica del guadagnare i ribelli, fecelo intendente; uomo inetto ed interessato, che guardava al soldo; sicchè intento a trovarsi bene, pareva fedele; ma ricoglieva la sera in casa il comitato rivoluzionario, i cui capi erano l'ex giudice di Gran Corte civile Santo de Grazia, e Giuseppe Amato Barcellona. Inoltre si mise subito di costa un Francesco Serra, stato nel 48 segretario del potere esecutivo rivoltuoso in Siracusa, che fu il tutto nella provincia. Costui presto si fece merito, servendo da spia il Maniscalco, cui svelò la congiura de' Setaiolo, Santocanale e compagni. In Catania la prima cosa sciolsero la Guardia Urbana, sotto colore di risparmio; perchè gli Urbani avean occhi e mani. Colà comandava le soldatesche Tommaso Clary brigadiere, figlio d'altro generale che fu ministro di polizia del primo Francesco; uomo ch'avea fama di avido, forse perchè nel 44, lasciata la milizia, avea ottenuta la ricca carica di Conservatore d'ipoteca in Avellino, e tosto (con brutta permessione) vendutala ad altri, era tornato a militare. Stato dunque favorito tanto, tenevasi per fido. Questi e il Fitalia si strinsero molto, e ogni dì insieme. Egli a' 25 aprile avea cinque squadroni di cavalli, dodici cannoni, e dodici compagnie di fanti; ma ita a Caltanissetta un terzo di tal gente, restò debole, e dimandava soccorsi che non poteva avere, sendo tante truppe a Palermo e sul Tronto. Anche il maresciallo Russo da Messina chiedea gente; e tra esso e il Clary seguian polemiche sul mandarne o no. L'11 maggio toccò Catania una fregata sarda ch'andava per le coste recando la nuova dello sbarcato Garibaldi; e non avendo là prodotto effetto, volse il dì stesso a Messina. Nondimeno a' 15 s'udì qualche susurro per opera di volti sconosciuti, per triste nuove sparse, per le proteste di possibili danni, fatto a disegno da' consoli stranieri, e più dal consolo inglese, che ospitava in casa sua il comitato d'azione. Impertanto a' 17 s'arrestarono certi faziosi, non de' principali, nè si mise lo stato d'assedio. A' 13 era ribellato Mistretta; il seguirono Adernò, Biancavilla, e qualche altro paese; Paternò tumultuato a' 19 rientrò nel dovere da sè; e anche ad Aci s'abbassò la bandiera de' tre colori. Con tutto questo, come non si vedevano soldati in nessuna parte, le bande faziose scorrazzavan libere le campagne, o intercettavano le comunicazioni, fuorchè con Messina. E il maresciallo Rivera, venuto da Girgenti, e da Caltanissetta, come ho detto, non so perchè nè scorresse per quei paesi, nè entrasse in Catania co' suoi tremil'uomini, ma tennesi quattro giorni accampato di là dal Simeto, a vista della città, senza far nulla. Intanto era svaligiata la vettura corriera presso Augusta, e andavan disarmate o fugate le compagnie d'arme d'Aci, e di Catania stessa. Qui s'osava con arti e denari istigare i soldati a diserzione; già gli ufficiali civili quasi tutti non si vedevano più: stavasi fermo lo intendente, ma impassibile. A' 29 del mese tutta la provincia si teneva per Savoia, e vi preparavano apertamente armi, per assalire il Clary co' suoi pochi.

§. 20. Fatto d'arme di Catania.

Era da Malta venuto a Modica il Fabrizi, modenese, stato a' fianchi del Pepe a Venezia, mazziniano, incolpato di complicità per omicidii politici; il quale preceduto da uffiziali sardi, raggranellava facinorosi, aspettandovi l'altra spedizione da Genova; ma udito che questa era stata, come dirò, catturata dal nostro *Fulminante*, e menata a Gaeta, dovè alquanti dì sostare, sinchè da Malta gli giunsero altri soccorsi d'uomini e munizioni. Mosse per Noto reclutando, pigliò gente a Lentini e in altri paesi, e fe' quartier generale Mascalucia, a quattro miglia da

Catania; dove tutti i paesi mandavano; per torseli davanti, uomini rei; e vi s'aggiunsero anche i minatori di zolfo, che fur sempre i più tristi di Sicilia: il più non per guerra, per bottino; ma perchè feroci facevano paura. Coteste orde apertamente in piazza costruivan le cartucce e s'ordinavano, passavano a dozzine avanti al muso del Clary e del Rivera, che potean con poche pattuglie agguantarle, o andare con pochissimo sforzo a dissolverle in quel sì vicino nido. Anche dentro Catania i faziosi alla libera presero i ponti di ferro de' correnti, che stavano in serbo dietro la casa dell'intendente, e costruirono una barricata avanti detta casa e il palazzo d'intendenza, nel centro della città, da impedire il passo a' cavalli regi: ciò a un trar d'arco de' posti militari, frementi, e rattenuti dal duce, quasi quella non guerra ma festa fosse.

Quando a' ribelli parvero le cose ben conce, uscirono da Mascalucia il 31 maggio, comandati da un Giuseppe Poulet, da un Salvatore Testai, e dai due Antonio Gravina e Michele Caudullo, cui testè il Mezzasalma *generoso* intendente di Noto, avea cavati di prigione, sotto parola d'onore di star cheti: e s'avanzarono a Catania. Eran col Clary il 5° cacciatori, quattro compagnie del 14° o 15° di linea, quattro squadroni di cavalli e dodici obici, postati sulla piazza del Duomo, al carcere, alla caserma Castel Ferdinando II, e al seminario; col quartier generale nella casa comunale. Sull'ore cinque mattutine vennero di fuori assaliti agli avamposti, e di dentro da' faziosi nascosti nelle case, sonando a stormo le campane. Gli avamposti piegarono; e gli assalitori poterono occupare la case del consolo di Prussia; indi per la strada Etnea di fronte, e di lato pe' vicoli che menano al Duomo s'ingegnavano con loro artiglierie d'incalzare i Regi. Questi rispondevano; e anzi il consolo prussiano tolse la bandiera, per dar loro adito ad assalire la sua casa; ma la cosa tirava in lungo; perchè i ribelli al fresco e dietro le finestre colpivano sicuri, dove i soldati spossati dalla canicola e dalla fatica, a quella codarda guerra scoperti rispondevano. Però all'ore dieci il tenentecolonnello Ruitz, visto il Clary impassibile, si die' da fare esso, e ordinò s'appiccasse il fuoco alle case ostili; il che sforzò i nemici a scendere in istrada. Allora i colonnelli Sergardi e Macdonald lanciaronsi con la cavalleria; il capitano Virgilio del 1° lancieri, benchè sulla infocata lava, conquistò un cannone, poi un altro sulla via Etnea; e un altro ne strapparono i fanti che a corsa seguivano i cavalli. Così perduti tre de' loro sei cannoni, e due bandiere, i ribelli, che punto non s'aspettavano urto, fuggirono da tutte bande. Il conflitto durò sette ore; sanguinò la vittoria; i vincitori ebbero centottanta morti e feriti, quasi il quinto de' combattenti; vi morì il tenente Melillo del 5° cacciatori, e vi ebbe ferita il tenente di vascello Giulio Vecina. Le case arse non furon più che il convento del Rosario e un magazzino, cui il Clary lasciò bruciare, mentre sforzava i soldati a presto spegnere il foco impigliato a un canto della casa San Giuliano, gran rivoluzionario.

Il Rivera che udendo il conflitto s'era stato fermo di là dal Simeto, dopo il fatto entrò a notte tarda in Catania. L'unione di più migliaia di uomini colà consolidava la vittoria; i paesi circostanti sgombri da' faziosi, che s'andavano intanando, rialzavano i gigli, e con deputazioni domandavano pietà. Per questo fatto di Catania venne poi battuta una medaglia a fregiarne i soldati. Al mattino, che fu il 1° giugno, il Rivera s'imbarcava co' suoi per Messina.

§. 21. Ritirata dopo la vittoria.

La setta perdente coll'arme, già preparato avea leve più potenti. Veniva in Sicilia il brigadiere Rodrigo Afan de Rivera, per visitare le piazze di Messina, Catania, Augusta e Siracusa; scese il 1° giugno a Messina col colonnello Sponsilli, uomo di quelli cui la setta predicava talentoso; il quale di leggieri accalappiò il Rivera e diegli a bevere quel che volle. Era pur là arrivato il Fitalia intendente di Catania, che dopo fattesi fare le barricate in barba avanti la sua casa, veniva mossosi dalla sua sedia, in altra provincia a dar nuove scure, e a sbalordire o corrompere i generali regi. Il Rivera e lo Sponsilli convocarono i generali a consiglio, presente quell'intendente; e sotto specie di pericoli in tutte parti, e dell'aversi a guardar Messina, e dell'esser quivi in pochi per contener questa popolosa città, fu deciso richiamarsi il Clary. Ottenuto ciò, lo Sponsilli e 'l Rivera partirono la sera del 2, e dettero al Clary in Catania l'ordine di ritirarsi. Tentennando egli, il Rivera anche scrissegli esser volere del re che ei guardasse Messina; onde si consigliò con gli uffiziali suoi; o quantunque varii fossero i pareri, volle partire. Ei s'aveva già l'ordine regio positivo di tenere la posizione, ed esso dovea prevalere all'ordine per mano d'un compagno; ch'ov'anche fosse venuto dal re (che non era) certo restava infirmato dal fatto posteriore della vittoria, ch'avea mutato faccia alle cose. Il soldato alzava gli spiriti, abbassavanli i ribelli; ora il momento di cominciar l'offese, marciar sopra Palermo, rafforzarsi per via di tutti gli elementi d'ordine, ch'eransi ascosi non ispenti; e uniti a' battaglioni ch'uscivano da Palermo, a un tratto ripigliar l'isola senza sforzo. Inoltre Catania, luogo intermedio tra' forti di Messina, Augusta e Siracusa, e acconcio alle comunicazioni col centro dell'isola, era punto strategico d'importanza, e da tenersi. Però la setta la voleva; però si vide il fatto incredibile dello andare indietro dopo la vittoria; il che con seguenza infallibile vedemmo sino a Gaeta.

Come al mattino del 3 seppesi la partenza, il corpo consolare e i principali cittadini, presaghi d'imminenti sventure, pregarono il Clary a restare; invano, ch'ei lasciò issofatto a guisa di perditore la vinta città. Giunto ad Aci-reale, mise una contribuzione di guerra; il che recò onta all'esercito reale. Bentosto i fugati rivoluzionarii entrarono in Catania, e vi proclamarono Garibaldi dittatore.

§. 22. Il Clary a Messina.

Le prime voci sediziose nel Messinese s'erano udite a' 10 maggio a S. Stefano di Camastra, e il 14 a Mistretta, con la sollevazione di tal distretto. Messina per la cittadella non si movea, ma v'eran consoli inglese e sardo due Siciliani, che all'odio settario aggiungevano i brogli diplomatici, e la cortezza dell'impunità. Al tempo della guerra italica avean raccolti sussidii pel Piemonte, avean tenute deste l'aspirazioni subalpine; ora senza posa aperto lavoravano: spargevan notizie sinistre, vere o false, tenevan la mano alla fazione ostile, combattevano la potestà con voce e gli scritti, in mille forme e modi. Inoltre giravan mandatari di continuo per incitare; ogni dì navi estere recavan male novelle; e tanto la città fu spaurita, che mentre vi ricovravano da tutte parti i fuggenti impiegati regi, i cittadini vuotavano case e botteghe, e uscivano alle campagne.

Sul finir di maggio s'eran cominciati lavori alla cittadella per tremila ducati, e vi si cumulavan soldati dentro; chi da Palermo, chi d'altre parti. A' 5 giugno v'entrava la guarnigione di Trapani; a' 6 quella di Termini, i cui forti s'eran disarmati e abbandonati; a' 7 giungevi il Clary con la sua gente. Lasciata senza guerra tutta Sicilia alla rivoluzione, ritenevamo solo Siracusa, Augusta, Milazzo e Messina; e a chi lamentava tanto errore, si ripeteva ghignando, gran finezza diplomatica esser quella! A' 15 richiamavano a Napoli il maresciallo Russo; davasi a comandar la piazza al Rivera; e al Clary promosso maresciallo la divisione militare. Questi tosto naviga a Napoli, parla a Portici al re, e gli sottomette un suo disegno di pigliar Taormina, ripigliare l'abbandonata Catania, e sorprendere Palermo; propone gli uffiziali e i battaglioni, dice i soldati ardenti per la riscossa. Approvato il re, rimandato a Messina capo del tutto, richiama il Rivera. Ciò a' 19 del mese; e il ministro di guerra lo stesso dì con istruzioni scritte gli dà le opportune facoltà per la difesa, e per l'offesa. Egli pigliato il comando, ora per difetto di truppe, or di danari, or di affusti e bastimenti, sempre si trattenne.

Veramente da Palermo arnesi ed uomini eran tornati guasti. Il colonnello Brigante avea gittato nelle navi le artiglierie a casaccio, da rovinarne gli affusti; onde fu uno stento raggiustarli; nè si trovavano fabbri, e bisognò chiamarne da Reggio. Era nei reggimenti il seme del malcontento; aggiuntevi le seduzioni paesane, parecchi uffiziali e soldati disertarono; e si vide alcuno ch'avea pugnato bene a Catania, pigliar con brutto scambio la camicia rossa; chè il comitato fazioso lor ne dava il modo e i denari. Quel vedere i regi duci retrocedere sempre, sconfortava; chi volea star col vincitore, vi si gettava. Tra' primi disertò il tenente de Benedictis, figlio del generale comandante in Abruzzo; tutti inarcarono le ciglia; il padre si fe' cader le lagrime; e chi sospettava ch'egli farebbe peggio?

Dopo i primi dì, niuno disertò più; e i reggimenti bramosi di vendicar l'onte palermitane, anelavano la battaglia. Già erano quindicimil'uomini di tutt'arme, oltre armate squadriglie di Siciliani, da scorrazzare di costa all'esercito regio; ma il Clary ch'ogni dì parea si movesse, nicchiò sempre; nè si mosse quando doveva e poteva; sinchè fe' arrivare il 25 giugno con la costituzione; ed ebbe dal nuovo costituzionalesco ministero inibita razione.

§. 23. Come s'ordinò il disordine in Sicilia.

L'inazione servì a dar tempo al Garibaldi da far le cose civili e militari a suo modo; cioè a rendere stabile la rivoluzione, o meglio a ordinare il disordine. Sendo ancora i Regi in Palermo, egli per quelle inoffensive arme, sicuro d'aver l'isola, a' 2 giugno s'avea fatto il ministero. L'Orsini fuggito a rompicollo pochi dì avanti era chiamato con maraviglioso mutamento a ministro di guerra; il Crispi, uscito liberale per fame, occupatore primaio del banco, fu ministro dell'interno; un Guarnieri alla giustizia, il canonico Ugdulena del 48 al culto; un Peranna, già tesorier generale del re, alle Finanze; un Pisani agli affari esteri, ch'era stato del comitato di sollevazione; e a' Lavori pubblici l'ostetrico Raffaeli, tornato di fuori come arpia alla mensa. Il quale a detta del rivoluzionario La Farina era borbonico al 47, repubblicano nel 48, deputato al Filangieri, e membro del borbonico municipio nel 49. Ma l'aver inventata la *cuffia del silenzio per calunniare i Borboni*, gli fu merito al ministero. Poco dopo ne fe' presidente il Torrearsa stato nel 48 presidente del parlamento; e ancora che come creato dal Cavour l'avesse in sospetto, pure gli convenne; fecelo anche prodittatore, appena sbarcò a Palermo, che fu a' 13 giugno. Ho detto del suo decreto promettente terre comunali a maniera de' Gracchi; e ai sei del mese v'aveva aggiunto pensioni a vedove ed orfane de' morti combattendo. Oltracciò divise l'isola in ventiquattro distretti, quasi l'avesse già, e vi creò il governatore per ciascuno; decretò che da' consigli municipali fossero esclusi tutti i precedenti impiegati regi; e abolì il baciamano, e il dar l'eccellenza, cosa già sì nel paese ordinaria, da non più significar nulla.

Abolì gl'ispettori di polizia nel nome; ma v'aggiunse anzi attribuzioni illimitate. E che non può la setta a nome del bene pubblico? L'inventate calunnie alla polizia passata, cui dicevan cose segrete, gl'inventori le usavan essi corampopolo, crescendole con quanto settaria ira può di turpe. Prima l'arte della spia era infame, e facevanla pochi di bassa mano; allora diventò arte gloriosa e da patrioti: quindi migliaia d'occhi a spiare; quindi accuse, calunnie, carcerazioni, fucilazioni, percosse, mutilazioni, rapine, tutto a saziar vendette. Bastava uno sguardo, un motto, una celia, perchè l'onest'uomo perdesse impiego, roba, onore, libertà e vita. Gavazzavano i tristi, e a quelle tristizie ponevan nome di libertà e redenzione. Reissimi i Borboni d'averli compressi, tutelando la possidenza e l'innocenza; giustissima la rivoluzione a scatenarli sui buoni: però l'innocenza e il diritto, legate le mani, stavan sotto i colpi di quei liberali e liberatori. A questi non pene ma elogi di giornali e di decreti, premii, indennità, uffizii, plausi, battimani: sublimate tutte infamie, percosse tutte virtù; parea regno d'Anticristo, fine di mondo. E l'Europa risonava delle gesta redentrici, del senno civile, e della magnanimità garibaldesca!

Delle ruberie uffiziali che serve parlare? più giù dirò di tre ministeri che in un mese si succedettero; qui noto che surse ministro di sicurezza un La Porta rinomatissimo masnadiere. Il dittatore per far sentire alle popolazioni, e potere strombazzare un qualche benefizio della rivoltura, abolì il dazio sul macino; ma con masnade in giro sforzava a pagar l'altre imposte, cui nessuno volea pagare. Prolungò le scadenze alle lettere di cambio; e per contrario ordinò alle Beneficenze e a' luoghi pii di recare nel tesoro quanto avessero in moneta, da servire *pel sollievo de 'patrioti.* Subito emisero in carta *boni del Tesoro* per quattrocentomila ducati; e poco stante in agosto crebbe il debito pubblico d'altri sedici milioni di ducati.

Tante uccisioni e ruberie e scelleratezze dentro Palermo, eran viste e celebrate per glorie dal Dumas romanzatore francese, venuto a posta per questo e alloggiato principescamente nella reggia; come a posta uscivano in luce due giornali l'*Unità Italiana e* il *Precursore,* diretti quello dai fratelli Capitò, l'altro dal Crispi. Queste cose avanti le flotte inglese, francese e sarda; e i loro comandanti davano e ricevevano visite pubbliche dal Nizzardo; anzi il Sardo un dì al vederlo arrivare in barca, gli rese il saluto con diciassette colpi di cannone. Ma peggio; sendosi accostate a Messina certe navi sarde, il comandante si fe' fare da quei faziosi un indrizzo; e vi rispose senza maschera, ringraziando, e dicendo: « Vittorio rivendicare i dritti della famiglia italiana di cui è il capo; egli contarli già per suoi figli di cuore e pensiero; non ancora esser venuta l'ora di marciare contro il comune nemico, e contro chi lo sostiene; ma non tarderebbe a chiamarli; certo che correrebbero sotto la bandiera del re galantuomo. » E tali indirizzi andavano per tutta Italia, e in Francia e in Inghilterra. Solo sul continente napolitano da' buoni s'ignoravano.

§. 24. Come si fe' l'esercito.

L'esercito rivoluzionario s'ingrossava, non di Siciliani già, chè il dittatore stesso in un editto del 16 giugno lamentava il *meschino numero di volontarii che venivano*; s'ingrossava per la setta mondiale. I due armatori garibaldesi il Finzi e il Bertani, rappresentanti come dissi quegli il Cavour, questi il Mazzini, andarono a Marsiglia; e vi comprarono apertamente tre piroscafi, l'*Amsterdam,* con 2400 fucili rigati, l'*Helvetie* e il *Belzume*, pagati provvisoriamente con boni del tesoro piemontese, dal consolo sardo in Marsiglia; però con bandiera francese al 31 maggio partirono da quel porto, ed a Genova, alzata la croce savoiarda, mutati nomi s'appellarono *Franklin, Washington* e *Oregon,* Ebbe in Inghilterra il *The London* per dugentomila franchi, e un battello d'800 tonnellate per 400 mila. Da sei mesi in qua eran venuti dagli arsenali di Francia centomila moschetti, pagati dal ministero Cavour. Il Bertani lasciato dal Garibaldi a Genova per far uomini e denari, non perdea tempo; n'aveva i modi da Cavour, dalla setta e dalle collette d'ogni maniera; e avea stabiliti battelli a vapore, che di là a Palermo con la sabauda bandiera recavano soccorsi. Parecchie centinaia d'uomini partiti sull'*Utile* sbarcarono a Marsala il 1° giugno. Questo medesimo legno e l'altro americano *Charles-lane,* partiti di Genova il 10 con 800 volontarii, la sera del 13 sono incontrati al Capo Corso dalla nostra fregata *Fulminante* comandata dal retroammiraglio Roberti a posta mandato. Chiamati i capitani, ricusano; gli uomini gridano Viva Italia! Presi e tratti a Gaeta nel tragitto fanno sparire arme e munizioni, gittandole a mare. Vennero trattati con ogni amorevolezza e cortesia, benchè fosse provato andassero in Sicilia. Subito il ministro piemontese Villamarina e il legato americano Chandler ebbero la sfacciataggine di protestare contro quel nostro *abuso*; poi surto da noi il ministero costituzionale, questo mandò liberi senza condizione legni e prigionieri; i quali tosto navigarono in

Sicilia a ingrossare la rivoluzione. E quei stessi legni fecero ben altri tragitti da Genova in Sicilia, con arme armati e denari. E chi lor dava impaccio? Il Cavour con ordine espresso fe' dare arme dall'arsenale di Modena. L'altro garibaldino Medici agli 11 giugno movea da Genova con dugentocinquanta volontari, fucili rigati, e quei tre nuovi battelli *Washington, Franklin* e *Oregon*: e portavali in porto a Castellammare del Golfo il 19, scortati da navi sarde *date dal regio ammiraglio Persano*; siccome ne menò vanto poi il Bixio in parlamento l'8 maggio 1863.

S'aggiungevano volontarii e soldati sardi congedati a posta, o fatti disertare a migliaia, che alla spicciolata sbarcavano a Palermo, Marsala, Terranova e altrove; nè tampoco avean tolte le divise sarde, ma un pò modificate; e anzi certi uffiziali comparivano pur col numero del loro reggimento. Il Garibaldi pubblicamente autorizzò un Giov. Sulliotti a recarsi in Sardegna, a reclutare un battaglione. L'impudenza di re Vittorio giunse a fare a' 20 settembre di quello stesso anno un decreto d'amnistia per tai disertori. In Inghilterra s'ingaggiavano i colonnelli Dunn, Forbes, Pearl, e Styles, che aperto ne' giornali nunziavano il reclutamento. Colà si facevano collette, e si stampavano i nomi de' contribuenti, dove la moglie del Palmerston era la prima. Arrivavano in frotte Tedeschi, Polacchi, Ungari, Francesi, Affricani, Greci, e d'altre lingue, spinti dalla setta mondiale: se ne facevano battaglioni. Impertanto il dittatore vistosi forte, con editto del 13 giugno licenziò le bande indigene, che l'impacciavano; poi pomposamente creò generali i Sirtori, Carini, Medici, Bixio, Turr, e non so quanti altri, e colonnelli e capitani; e imbriacato de' favori della pazza fortuna, voleva eseguire la sua fantasiosa leva de' dugentocinquantamil'uomini, co' quali far senza del Piemonte, scacciar Francesco, il Papa e il Tedesco. L'Orsini gli mostrò l'impossibilità di tal leva là dove mai s'eran fatte leve; ma volle almanco ridurla a quarantamila, che neppure ebbe effetto. Ordinò ch'ogni comune desse un cavallo bardato e sessanta canne di tela per ogni mille abitanti; i comuni maggiori dessero un quarto tributo in muli. Avea cannoni da Piemonte; ma pose una fonderia in Palermo, e vi struggea le campane di chiese e conventi. Armata tenea la Guardia nazionale; ma vedevala con sospetto; diceva aver bisogno di soldati, non di curiali. Di Siciliani avea pochi volontarii, fuorchè uffiziali, chè tutti volevan essere uffiziali; ei non li pregiava, accarezzava gli stranieri. Gl'importava di Sicilia cavar danari e robe; e ne cavò per amore o per forza da' ricchi, da' conventi, da' comuni, dalla beneficenza e da tutte parti; i quali insieme con quelli mandatigli dal Piemonte, servirono meglio della polvere alle sue non contrastate vittorie.

Per incalzare i Borboniani a Messina, mandò il Medici a Barcellona con truppe, cui dovevano unirsi le milizie scorrazzanti, per soffiar la rivoluzione attorno. Ma questo accozzamento indisciplinato di tante lingue era più da rumore che da guerra. Valeva col rumore contro i nostri soldati, tenuti come monaci rinchiusi da chi li comandava.

§. 25. Persecuzioni a' Gesuiti.

I Gesuiti espulsi nel 48, restaurati nel 49, non potevano salvarsi nel 60. In balia della rivoluzioue e di un Garibaldi aperto combattitore della Chiesa, pure speravano nell'amor popolare, meritato per benefizii spirituali e materiali. Avevano collegi e pensionati moltissimi, e innumerevoli allievi; non avean preso parte alle politiche vicende; e anzi in quelle ultime fazioni erano stati d'aiuto e scudo agl'infelici. Avean nelle case loro aperto forni, davano pane a' poveri per metà di prezzo, porgevano soccorsi di danari a bisognosi, davano loro case in villa, per ricovero di chi per lo incendiarie bande avean perduto il tetto. Per aiutare il prossimo avevano scornate lo spese per sè. Accoglievano nelle Chiese e ne' loro palagi quanti fuggiti dalle fiamme e da' cannoni, famelici o feriti; ed eglino e loro novizii e allievi accorrevano ov'era uopo a salvar fievoli, vecchi, donne o malati che fossero; eglino avean messe in salvo le suore claustrali dei Sette Angeli; e risicando le vite tra' colpi, ad ogni sorta di sofferenti avean porto soccorrevole braccio. Speravano che, amati e benedetti dal popolo, quella che si diceva vittoria del popolo non li dovesse colpire.

Ma sin da Calatafimi s'era decretata l'esecuzione de' decreti del 48, e lo incameramento de' beni de' Gesuiti e de' Liguorini. E che era da sperare in quel bestemmiatore della Madonna? Gli esempii antichi, i recenti di Lombardia e Romagna, le aspirazioni massoniche, e le mal velate minacce del comitato li tenevan desti: laonde cercavano mandar all'estero loro studenti, perchè cheti gli studii continuassero. Questo pensiero ineseguito fu pretesto al giornalismo uffiziale garibaldese ad accusarli di patria lesa; eppure i ministri a riguardo del popolo non osarono a un colpo inveire. Cominciarono vessando: modi crudi e violenti, richieste strane e molte e ineseguibili. I Palermitani non voleano in casa ne alloggi, nè feriti, nè dar biancherie, ne denari; gli ospedali eran pieni, pochi avean carità pe' liberatori; si volsero a' Gesuiti, nelle case loro ospedali, a loro ordini di preparare alloggi, letti, camere, biancherie, materassi; poi mense e vivande a loro spese, per militi, anzi per fuorbanditi immorali e sanguinosi. S'ubbidiva dove si poteva, dove no, avevan rimprocci, insulti, minacce, calunnie. Non facendo l'impossibile, eran per piazze e giornali accusati nemici della patria, borboniani, egoisti, violatori della confessione, puntelli a tirannia, solite storie.

Finalmente pubblicarono il decreto di Calafatimi, sequestrarono i beni de' padri, suggellarono musei, biblioteche, saloni di fisica, e sin le camere del collegio. Poi il ministero, spinto dal dittatore e dal Crispi, non ostante qualche ministro dissenziente, ordinò l'espulsione de' Gesuiti e Liguorini: ma tennelo segreto. Il decreto, messovi poi la data del 17 giugno, considerava questi due ordini essere stati i più gagliardi sostegni del dispotismo, durante *lo sventurato periodo della borbonica occupazione*. Chiamavano occupazione un regno di centoventisei anni! Pria di pubblicarlo ne schizzarono lampi con calunnie indegne; poi dettero la voce che i partigiani de' Gesuiti sarebbero tenuti per *sorci*. Dicevano *sorci* le persone che s'ascondevan quasi topi all'ire rivoltuose. E l'esempio de' *sorci* allora allora sbranati per le vie di

Palermo era tremendo: i miseri padri restarono privi d'ogni soccorso umano.

Il 12 giugno a due ore dopo mezzanotte, uno sgherrame, con uffiziali di quella nuova Questura, trovato chiuso il collegio, sfondano la porta, invadono corridoi, pongono sentinelle a ogni uscio, dichiarano i padri in arresto. Tutto il dì seguente niuno potè uscire di cella, nè toccar finestra, nè pur tra loro favellare; a sera un padre potè per trecentocinquanta franchi uscire; e corse alla questura a chiedere la liberazione. Finsero nulla sapere, e dettero il permesso d'uscire; nondimeno tennerli altri quattro dì quasi digiuni; in mentre i loro guardatori, invase cucine e cantine, liberamente vettovaglie, vini, masserizie, stoviglie menavano a ruba. Finalmente denunziarono lo esilio irrevocabile; e cacciaronli il 28 sur un legno francese, che a Napoli li condusse. Pretesto alla rivoluzione era lo abolire le tirannie di punire senza giudizii, ed esordivano con esilii in frotta senza giudizii; e con ispogliamenti e uccisioni spietate. Vecchi venerandi per opere lunghe di carità e d'ingegno, scacciati dalle braccia de' parenti, da' luoghi natii o d'adozione, senza danaro, nè arnesi, per tapinare un tozzo di pane, e in tarda età cercare un tetto per l'ampia terra! Rimastosi qualcuno per trovar moneta o aggiustar sue cose, ecco il La Porta detto ministro di sicurezza, stampa su' cantoni, a' 4 luglio, che qualunque Gesuita stesse ancora dopo ventiquattro ore sul suolo siciliano, starebbe fuor di legge, abbandonato al furore del popolo. Così questo masnadiero ministrante svelava al mondo la sua complicità con la plebe cannibala, strascinante e squartante cristiani per le vie. Bisognò che il Iehenne contrammiraglio francese scrivesse al dittatore per pochi giorni di ritardamento, nunziato ne' giornali come grazia preclara. Partirono: chi nol potea per infermità patì forza; nè valea scritta di medico; anche uno d'ottantaquattr'anni, debolissimo, cacciarono. Pertanto espulsi tutti i 308 Gesuiti, soppresse le loro quattordici case, si vide non esser timore di tirannia, ma foga d'essere tiranni, *per allontanare* (come scrisse uno de' loro) *l'ostacolo più possente alla propagazione del protestantismo in Italia.*

Nelle province, dove non erano stranieri, non furono vessazioni. Partirono, ma ebbero tempo da abbracciare i parenti, e vedere le lagrime della popolazione e de' loro allievi, che singhiozzando non si sapean lor dai fianchi distaccare. A Modica, sendovi il Fabrizi, patirono peggio che a Palermo: perquisizioni, spogli, insulti, carcerazioni; e per via eran percossi con arme; sinchè stremati di forze e digiuni, poterono sur una barca respirare a Malta.

§. 26. E a' Liguorini.

I Liguorini aveano tre case, a Palermo, a Sciacca e a Girgenti. Loro colpe le fatte missioni, predicando morale e Fede; non però potevan restare impuniti: spogliati, arrestati, guardati, senza un obolo, senza arredi, nè pane, discacciati, vecchi e informi senza misericordia. Persecuzioni garibaldesche come le pagane de' Neroni. Il Santo Padre con allocuzione del 13 luglio in Vaticano ne fe' lamento.

§. 27. Gare tra il Cavour e 'l Garibaldi.

Il Nizzardo co' proclami suoi non facea mistero de' suoi disegni: conquistare Sicilia, Napoli, Roma e Venezia, poi liberar Nizza da' Francesi, in ultimo proclamare il regno d'Italia una. Queste spampanate al Cavour che gli dava le forze non piacevano tutte. Egli in contrario al governo napolitano, chiedente spiegazioni sulla bandiera e 'l nome di re Vittorio usato in Sicilia per ribellare lo Stato d'un re amico, rispose: la bandiera e 'l nome essere usurpazioni dell'avventuriero, che contro gli ordini del re perpetrava quelli attentati al dritto delle genti. E mentre così rispondeva, faceva da Genova e da Livorno andar truppe, arme e munizioni. Parea non sapere, non vedere, non intendere; protestava, negava, aspettava i fatti per entrare in mezzo *per umanità, per vietar l'anarchia,* e pigliarsi Italia sconvolta da esso.

Impertanto egli e il Mazzini nella rivoltura alleati, nel fruirla, eran rivali, ciascuno voleala per sè. Il Mazzini imperava co' suoi creati, Garibaldi, Crispi, Bertani ed altri, che non avean voglia di dar sì presto l'isola al Piemonte: nè il Garibaldi potea darla senza infievolire i suoi divisamenti; onde procrastinava l'annessione, che avria posto fine alla sua dittatura. Perciò appunto il Cavour teneal d'occhio, e a far l'annessione il sollecitava. V'avea mandato il Torrearsa suo fedele; dopo tre dì mandovvi il La Farina sua lancia, già mazziniano; il quale, come dissi, era stato il principale cooperatore a ficcar questo Garibaldi nella guerra del 59, e poi del farlo mandare in Sicilia; stati insieme poco avanti nella *Società nazionale*; disgiunti poi, sol perche il Nizzardo volea correre veloce nella rivoluzione, ed egli volea *affrettarsi lentamente;* perlocchè costui trovò meglio il mutare la divisa mazziniana per la sabanda croce. Giunse il 16 giugno a Palermo su legno da guerra sardo, Commessario generale di Vittorio; cosa spiaciuta al dittatore, che scrissegli Sicilia voler arme, non Commessarii. Ma il La Farina cominciò suoi maneggi; e ad esso lui il Cavour, mentre protestava innocenza avanti all'Europa, volgeva a' 19 del mese questa lettera: « Tutto quanto accade è bene. Il Persano le darà l'aiuto maggiore che potrà, senza però compromettere la nostra bandiera. Sarebbe gran bene se il Garibaldi passasse in Calabria. Sto concertando un servizio di vapori da Genova e Livorno per Palermo, con bandiera francese, forse bisognerà dar grosso soldo alla compagnia, figurerà Sicilia, ma pagheremo noi. La diplomazia non è soverchiamente molesta: Russia strepita, Prussia meno; il nostro parlamento ha molto senno ».

§. 28. Circoli Lafariniani.

Adunque il La Farina intento a mandare il *redentore in* Calabria, e a movere in Palermo il partito annessionista, si die' ad accozzare proseliti d'ogni maniera, e a crear circoli unitarii. Di questi fe' due principali: uno alto ed uno basso; ed è bello il dirne qualcosa, affinchè i nipoti sappiano che gente lavorò ad asservare la patria. Nel primo mise Giovanni Errante, il barone Sutera, Emerigo Amari, Benedetto Travali, il duca della Verdura, e qualche altro, rivoluzionarii sì ma non infami. Nel secondo poi che s'univa in casa d'un Franceoso Oglialoro allora *guardia dittatoriale*, mescolò più gente di costumi varii, e pur di disonesti famigerati. Ecco alcuni nomi degni di essere ricordati: Paolo Paternostro, fuggito nel 49 in Egitto, del quale si seppe facessesi Musulmano, per avere impiego colà, e dappoi per falsate lettere cambiali fuggisse a Malta; donde accusando oftalmia e bisogno di aria nativa, pregò di perdono Ferdinando II; e potè nel 59 insieme al Verdura ed altri tornare a casa, per ricongiurare. Un Mondini fontanaio, ladrissimo, condannato per grassazioni, allora per la rivoluzione uscito di galera. Un Gaetano Spina ex chierico, cui il governo borbonico trasse scalzo dalla strada, e fattolo studiare a Siena, gli avea pur fornito i libri da far l'avvocato: questi fu il direttore del giornale l'*Annessione*, primo a sclamar contro i Borboni. Il principe di S. Elia, inetto, cupido, ambizioso; di lui scrisse in uffizio il Maniscalco: « Liberale non per sentimento ma per tener codazzo, cattivo padre, pessimo marito, sciupa non il suo, ma quello della vittima sedotta da lui. » Un Del Tignoso, curiale spronato, venditore de' clienti, famoso per aver carpito al principe di Valguarnera, e venduto al barone Giaconia un documento svelante la finta vendita d'una casa, (futuro commendatore de' santi Maurizio e Lazzaro!) Un Giuseppe Ciotti nullo, devoto a chi paga. Un Domenico Fileti figlio di marinaio, che dappoco ebbe da' Borboni uffizio di controloro de' dazii diretti, arricchito per proditorie nozze. Un cavaliere Francesco Vassallo spaccacantoni. Un Pasqualino tristo prete, libertino e indebitato. Un cavaliere Avellono, spia del Maniscalco (futura spia di re Vittorio). Titta Marinuzzi, Mariano Indelicato, Salvatore Cappello, un Corona, un Morano, Federico ed Onofrio di Benedetto. Ai quali tenevano bordone altri minori.

§. 29. Gare tra 'l La Farina e 'l Garibaldi.

Il La Farina con questi attorno, che di molti peggiori di loro disponevano, teneva conciliaboli, movea tumulti, e tendeva a pigliar la mano al dittatore, ricordandogli la sua passata umiltà, e gl'impegni presi. Nol persuadendo, spinse i comuni a far dimande d'annessione; e 'l municipio palermitano col pretore Verdura recava il 23 del mese al Garibaldi un indirizzo di ringraziamento per le suo geste, ma dichiarante, Sicilia volersi annettere subito a Sardegna. Ciò disturbò il *redentore*: rispose: anch'egli volerlo, ma non esserne il tempo, perchè non ancora compiuta l'opera. « Quando sarem giunti a poter dire a chicchessia, senza tema d'opposizione, l'Italia dev'essere una, quello sarà il tempo delle annessioni. Facendolo adesso, gli ordini verrebbero di fuori, ed io sarei costretto a lasciare l'impresa ». Per tal discorso il Torrearsa alla dimane si dimise, ed anche il Pisani ministro agli esteri. Il Crispi vedendo in queste mene la mano lafarinesca, volle dare un certo avviso; e la sera del 25 fe' carcerare il Cricchio, il Grano, il La Dolcetta e qualche altro de' minimi di quella parte; di che uscì un chiasso grande; e i Questori che per lo arresto non avevano avuto ordini scritti, dettero la dimessione, non accolta. Ma alle grida della piazza sciamanti *abbasso il ministero,* questo si ritirò tutto; onde il 26 ne surse altro. Restava l'Orsini alla guerra, andava il medico La

Loggia all'interno, il prete Lanza al culto, il Natoli agli esteri, il Daida all' istruzione, il De Giovanni alle Finanze, il Santocanale a giustizia; e il già citato La Porta alla sicurezza. I quali lo stesso dì pubblicarono una legge elettorale, per contrabbattere alla costituzione, che, come dirò, era allora promessa da re Francesco, e per preparare le annessioni; ma senza fissar giorno pel comizio: ciò fu un mezzo concededere, tendente a pigliar tempo.

L'astuto La Farina compreselo, e tardi si pentiva d'aver proposto il Garibaldi alla spedizione; nè n'ebbe risparmiati i rimprocci dal Cavour, che gli rinfacciò con lettera: esser lui stato *cagione prima dell'intervento garibaldesco nella causa nazionale. L'ostinatezza del generale essere conseguenza d'averlo posto troppo su.* Il La Farina, per ira e vendetta dell'ingratitudine, e per compiere bene la missione avuta dal governo sardo, usava ogni mezzo a muovere il suo partito: fece affiggere a' cantoni cartelli per pronta annessione; lasciò spargere il Garibaldi e il Crispi volessero repubblica; e inoltre fischiare il Crispi nella via. Allora il dittatore lasciata la pazienza, circondatagli la casa, la notte del 7 luglio prese lui e due Corsi, un Giacomo Criselli e un Pasquale Totti; e tutti e tre in mezz'ora, sulla fregata *Maria Adelaide,* per forza mandò a Genova.

Tra queste rabbie, un altro lampo di vero uscì. Il La Farina stampò ch'era stato tre volte espulso di Sicilia da' Borboni, e una dal Garibaldi: i Borboni gli avean dato d'abbracciare la madre, il Garibaldi gli avea negato anche il conforto di rivederla dopo dodici anni. Ve' che figlio costui! Stato dodici anni assente, dimorato a Palermo giorni ventuno, pensando a cospirare contro la rivoluzione stessa, non avea curato di vedere la madre! Inoltre in novembre pubblicò nel *Cittadino* di Palermo le lettere, tutte umiltà, di esso Garibaldi; svelando quanto si era fatto per dargli la parte di *redentore* in quella feroce commedia. Il domani della cacciata lafariniana, il giornale uffiziale scrisse: quei tre essersi espulsi, perchè congiuranti contro l'ordine stabilito nel paese. Allora cadde anche il ministero secondo; e ne nacque un terzo di transazione, credo per calmare gli spiriti; dove rimanendo sempre l'Orsini, andarono il La Loggia agli esteri, l'Amari a istruzione e lavori pubblici, l'Errante a culto e giustizia, l'Interdonato all'interno. Così tre fatte di ministri in un mese.

Il Cavour fremeva; ma quanto bugiardo vile, sentì la necessita, e s'acconciò ad ammorbidire lo ingrato dittatore. Volsesi al Persano ammiraglio sardo, che stava co' legni avanti Palermo, e all'altro mazziniano De Pretis amico di esso; cui persuase d'andare il 15 luglio a Palermo, coll'uffizio stesso ch'ebbe il La Farina, ma col mandato di conciliarlo all'avventuriero fortunato.

§. 30. Giustizie garibaldesche.

Era nato bel caso. Il La Porta che a' 5 aprile aveva accozzata una banda nella provincia di Palermo, er'ito sempre fuggendo da' soldati, taglieggiando le famiglie ricche, dicendole realiste; era entrato in Ventimiglia sua patria, e sì v'avea suoi masnadieri sbrigliato a sacchi e stupri, che vi ebbero a correre Garibaldini da Palermo. Ei fuggì, spargendo essersi imbarcato; ma il suo luogotenente Meli correa le terre, agguantando altresì fanciulli e donne, cui vituperavano ed uccidevano; finalmente preso il Meli, gli si fece il processo: provatogli aver rubato 350,000 ducati in poco tempo. Se non che in quella, fatto dal Garibaldi il masnadiero La Porta *ministro di sicurezza* (incredibile cosa!) ci trovò modo di liberare il Meli, con iscandalo degli stessi Garibaldini inquisitori; e d'avvantaggio sel chiamò vicino nel ministero, per tenersi il sacco l'un l'altro. Questi due per rapinar meglio secondarono l'ire dittatoriali, come ho detto, contro i religiosi; ma rubando troppo, il Garibaldi che avea bisogno esso di danari, andò in furia, e ordinò li arrestassero; ma fuggirono a tempo col bottino. Surrogò il La Porta nel ministero un Gaetano Sangiorgio per qualche dì, sinchè non surse il terzo ministero. Un'altra giustizia si vide: demolito il vecchio forte Castellammare, opera di Saracini, detto *nido di tiranni*, restaronvi poche mura a guardare il mare.

LIBRO VIGESIMOPRIMO

SOMMARIO

§. 1. Re Francesco non trova un generale. — 2. Il ministero di polizia.— 3. Lettere tra Francesco e Napoleone. — 4. Come uscì la costituzione. — 5. Malo accolta. — 6. I *Camorristi.* — 7. Loro prove immediate. — 8. È battuto il Brenier.— 9. Assalimenti ai Commissariati di polizia. — 10. Lo stato d'assedio. — 11. La nuova polizia. — 12. Destituzioni di fedeli, ed esaltamenti di traditori. — 13. È richiamata la costituzione del 48. — 14. La Guardia nazionale. — 15. La stampa, le prigioni, e le legnate. — 16. Altri tumulti. — 17. Reazione soldatesca. — 18. Mutamenti di ministri. — 19. Come si trattava la lega italiana. — 20. Cinismo del parlamento sardo. — 21. Consigli di D. Liborio. — 22. Abbattimenti d'uffiziali a torto. — 23. Distruzioni di municipii. — 24. Primi conati di reazioni nelle province. — 25. Come si corruppe l'esercito. — 26. E l'armata.

§. 1. Re Francesco non trova un generale.

Cotanti raggiri di fedifraghi nemici potevano precipitare a un urto: volevasi un uomo, che stringendo le redini governative usasse la gran maggioranza del popolo devoto alla monarchia, e spingesse a battaglia i soldati, bramosi di vendicare le non meritate onte. Nè certo il regno d'uomini mancava; ma depressi o tenuti bassi i più capaci, stavan su ignoranti o tristi. Nelle cose di governo l'opinione è forza; e dove il merito è stato ascoso o compresso, non avendo potuto mostrar sua valenza nè guadagnar voce, nol trovi all'insorgere del pericolo, nè con utilità il puoi chiamare al timone. Re Francesco si guardava attorno, e in quella cerchia di gente salita alle cime era poco da scegliere; chi inetto, chi tenuto discosto, chi discreditato, chi odiato; e quei pochi in cui sperava eran venduti. Sperava in tre o quattro. Avea posto il tutto nel Filangieri capacissimo; e questi avea scacciati gli Svizzeri, chiamato in alto uomini dubbii, poi chiariti felloni, proposto il Lanza, e mandatolo luogotenente, che fabbricò tanta ruina. Fatto quasi re, pigliava a gioco il trono; non volle sguainare sua spada, non padroneggiare gli eventi, non salvare il paese: accusante non l'amicizia col ministro inglese, non il sospetto d'essersi voluto vendicare del richiamamento suo da Sicilia, non la posteriore sua concordia co' vincitori; lo accusa la sua stessa valentia; che chi potendo non adempie al suo dovere, e traditori protegge, quegli è traditore. Messo in suprema potestà, or faceva il disgustato, e traevasi in villa, or pregato ne tornava; nè dava più che consigli; e prima se li faceva con grosse grazie pagare; sapendo che nessuno li eseguirebbe. Da ultimo si piantò affatto a Pozzo-piano su quel di Sorrento. Ozii fatali, che aspra sentenza dalla giusta posterità e dalla storia severa gli meriteranno!

Il re fidava alquanto nel generale Ischitella stato ministro di guerra; e benchè ciascuno sapesselo di poca mente, pure, perchè spesso la boria par coraggio, reputavanlo buono a zuffa manesca; e in vero col Garibaldi non occorrea di più; ma ei si tenne indietro: dissero covasse pensieri Murattini, credo sentisse sua nullità. V'era Alessandro Nunziante, esoso a tutti; ma perchè stato a capo di quei nostri bei battaglioni cacciatori, tenevanlo capace; e il suo casato, di notoria fede, crescevagli valore. Però Franccseo s'era volto a lui, sin da quando era il Lanza in Palermo; uscitone costui, accettò l'impresa di riconquistarla, e ne scrisse anche il bisogno: ripigliar Palermo *dalle mani de' filibustieri,* preparando segretissimamente un corpo di spedizione, e far due sbarchi contemporanei e notturni a Solanto e a Sferracavallo, e stringere la citta a rendersi o a cadere. Però raccolte con alacrità parecchie truppe, si die' voce fossero destinate per Calabria; anzi si mandò innanzi il maggiore Matteo Negri, con avanguardia che giunse ad Auletta; ma quando tutto ora pronto, sopravvenne la costituzione, che ogni ostilità regia sospese; e il Nunziante voltò carta, ovvero si smascherò. Sperava Francesco altresì in Salvatore Pianelli, comandante allora sulla frontiera d'Abruzzo. Costui figlio d'un commessario di guerra, studiò a spese regie nel collegio, comprò il grado di capitano, poi nel 48 il vedemmo nel comitato rivoluzionario di Cosenza, quindi implicato nel processo, trovò d'aver grazia; e il Filangieri che molto l'amava, procuratogli onore nel riconquisto di Sicilia, sì lo pose nelle grazie di re Ferdinando, ch'ebbene croci cavalleresche, la ricca percettoria d'Acerra, l'uffizialità negli ordini di S. Giorgio e S. Ferdinando, il grado di maresciallo, e, sposando la figlia del conte Ludolf, la dote dalla regina e il titolo di conte. E per tanti benefizi il volgo, che da' premii misura il merito, tenevalo valente. Ma creato del Filangieri ne avea l'imbeccata.

Francesco adunque fidava in questi due Nunziante e Pianelli; stimando s'alzassero all'altezza del pericolo. Intanto i soldati fremevano, i colonnelli posavano guardandosi attorno, il resto de' generali, qual vecchio, qual meno da canto, pigrivano, il popolo era al buio degli eventi, e la rivoluzione mondiale s'avanzava sicura.

§. 2. Il ministero di polizia.

Era da quasi un anno direttore di polizia Luigi Aiossa, stato intendente a Salerno a tempo dello sbarco dol Pesacane, uomo fido e volonteroso, ma di mediocre ingegno. Venuto dopo il Bianchini e il Casella, che avean lasciato infiacchiare la polizia, in tempo di tante inique trame straniere, tra' molti scogli e marosi, non so se, anche capacissimo, avria potuto vincere la burrasca. I faziosi ch'avevano leccato il Bianchini, e sorriso al Casella, lui aperto odiavano e ballavano; e belva dicevanlo, grosso di mente come di corpo. Il re volendo schiettamente conciliare i partiti, tolselo da quel posto a' 15 giugno; e fattovi star provvisoriamente altri per pochi dì, da ultimo a' 10 giugno fe' ministro di polizia il generale duca di S. Vito.

Le liste degli *attendibili,* abolite con decreto a tempo del Casella, e non abolite per lettera di lui, restavano ancora come a' tempi del Peccheneda che l'avea fatte;

ma, come dissi, state sempre spauracchio, non forza. Il S. Vito ordinò subito si ardessero; e quell'atto in quel progredire della rivoluzione parve non giustizia, ma debolezza. L'Aiossa lasciò anche i Lavori pubblici, e v'andò il Rosica ch'era pure all'interno; che fu altra concessione alla rivoluzione giunta alle porte.

La polizia non avea più forza morale. Eserciti in ritirata, silenzio tristo, nuove sinistre, immobilità, non difese, non provvedimenti, nimistà manifesta di due potenti Stati, occhi brilli di faziosi, subdoli ipocriti lamentii di traditori e codardi; eran cose da sospingere ciascuno a guardarsi attorno per sicurare sua persona. In quei solenni giorni quando si voleva azione, fu immobilità; il reame parve esterrefatto augello al fascino del serpe che s'avanza; l'edifizio sociale parea fendersi e tentennare; niuno a puntellarlo, tutta uscirne di sotto; crollò, e schiacciò tutti.

§. 3. Lettere tra Francesco e Napoleone.

Il giovine monarca abbandonato da quelli cui da bambino era uso ad aver fede, tra molti traditori e pusillanimi, spinto a ruina da parenti ambiziosi, premuto da esteri prepossenti sovrani, nuovo al trono e al mondo, non potea bastare alle soverchianti traversie. Quell'era congiura contro la dinastia, fatta da' più forti dell'età; a' quali non maravigliò già la prestabilita sua caduta, ma la non prevista sua lunga resistenza. Francesco fu e sarà accusato di non essere sceso in campo più presto; egli stesso più volte volea correre a Palermo, o a Messina; e forse messosi allora alla testa de' soldati, sforzava la fortuna; ma posergli dubbiezze in mente sulla fedeltà di quelli, e 'l recente esempio di Toscana le confermava. E poi chi lasciare a Napoli?

Ma il più fiero colpo vennegli di Francia. Non ostante tanti tranelli ed insidie, v'era ancora nella monarchia tal forza, che almeno sul continente non potea cadere. Qui non bastava sconnettere con mali comandi le soldatesche. Guardie urbane, popolazioni, municipii, tutti devoti e interessati alla monarchia, avrian fatto guerra all'invasore; e forse in quei rimescolamenti poteva scorgere un uomo a capo del sentimento nazionale. Perchè il re cadesse, era necessario il re stesso infrangesse il suo scettro, disciogliesse quelli ordini, disarmasse le guardie urbane, sperperasse i municipii, e per contrario armasse di forza materiale e morale i nemici suoi; e questo in quel momento non potea farlo che la costituzione; però tutte arti volsersi a persuadergli cotal suicidio. Napoleone mostrava scontento pe' non seguiti suoi precedenti consigli; ora si valea delle garibaldesche imprese per dargliene al re colpa; e sempre più concessioni liberali inculcava. Il perchè Francesco, sospinto dal Brenier e dallo zio conte di Aquila, avea tenuti consigli molti sullo scorcio di maggio e 'l cominciar di giugno: furono i pareri tanti quanti i consiglieri: chi concedere tutto, chi nulla mutare, chi cose mezzane, chi si governasse bene, chi si migliorasse l'amministrazione e l'uffizialità. Solo il vecchio generale Carrascosa disse netto: *Credo la costituzione sia la via più breve per detronizzare la dinastia*; e più volte propose doversi allora pensare a combattere e vincere, pigliasse il Filangieri il comando, egli vecchio il seguirebbe a Palermo. Predica a' sordi: nulla fu concluso; e che concludere quando si volea barcheggiare per non menare alla pugna i soldati?

Alcuni avvisarono si mandasse a Napoleone a dimandare, se concedendosi riforme guarantisse la monarchia; e come ciò sin dal 15 maggio s'era pur dal Filangieri proposto, il re vi si calò; e scrìsse a' 4 giugno una lettera di sua mano al Bonaparte. Ringraziavalo delle sue sollecitudini nella quiete del regno e d'Italia; diceva contare sul possente concorso di lui, per metter fine a' mali che l'estera invasione recava alla Sicilia; egli esser pronto a fare quanto fosse di sua coscienza e della dignità del trono, per risparmiare a' sudditi l'anarchia. Fu scelto a recarla il De Martino, chiamato da Roma ov'era ministro, mostratosi propenso a' franceschi consigli; il quale tenne una sessione co' ministri di Francia e Russia, poi partì; e unito all'Antonini legato nostro a Parigi, diella il mattino del 12 giugno all'imperatore a Fontainebleu; ed ebbe con esso e col suo ministro Thouvenel una conferenza di due ore, ed altre dappoi; dove il Thouvenel si mostrò aspro più del dovere, sempre stuzzicando il suo padrone, quando parea che cedesse alle istanze. Prima proposero dividere il reame con due re della stessa dinastia, a Palermo ed a Napoli; poi concessero serbare la integrità. Il De Martino offerse una costituzione come quella di Francia; Napoleone non volle, dicendo egli dover essere d'accordo coi suoi alleati, pei quali quello statuto avea due difetti: mostreria esclusiva pressione o simpatia francese, e saria un porre in disamina o veder riprovate le istituzioni sue: egli non consigliare costituzione pel valor suo, ma per le esigenze europee; però dover le apparenze sembrare più che si potessero larghe. Al re rispose di suo pugno graziosamente cosi: « Tocco della fidanza che V. M. ha in me, vi corrispondo con piena franchezza. Parmi gl'Italiani avere due istinti, uno a unità nazionale, altro ad autonomie. Ne' ducati prevalse il primo, perchè il sentimento nazionale voleva appagamento; però dove voi provereste di non esser solo re di Napoli, ma pur membro potente della gran famiglia italiana, afforzereste vostra potestà e l'autonomia dello Stato. Se v'intendeste col Piemonte, scongiurereste il pericolo. Ben vorrei darvi io soccorso, ma quando anche mi fosse permesso, non sogliono i soccorsi stranieri afforzare gli Stati: il vostro meglio saria riconciliarvi con la Sicilia, senz'altro sangue. » Questa lettera finiva con cerimonie molte: non guarentiva nulla, consigliava molto, e a rovescia, e facea travedere il tuono. L'Antonini e il De Martino conferirono con gli altri ministri esteri: tiepido quel di Russia, tepidissimo quel di Prussia; l'Austriaco alzò le spalle; lo Spagnuolo parlò chiaro, che cioè Francia e Inghilterra impedirebbero ogni aiuto al regno; previde sarebbe annesso come Parma. Il De Martino tornò il 20, con novelle tutte male; e l'Antonini da Parigi scrisse non si sperasse nulla di buono; unica speranza ne' soldati e nelle popolazioni: non si temesse il Piemonte, che non poteva far guerra, e meglio, facendola, averlo nemico aperto.

§. 4. Come uscì la costituzione.

Lo ambasciatore Brenier a voce rintoccava su' consigli. Questi costavano di tre parti: costituzione e principe reale in Sicilia; altra costituzione a Napoli; alleanza offensiva e difensiva col Piemonte. Sendo allora i più de' regii consiglieri guadagnati o persuasi; e stando il re malato, tennesi il 21 luglio a Portici consiglio di ministri, con intervento di tre principi reali, in tutto tredici, per deliberare se sì o no accedere alla proposta francese. Luigi conte di Trani fratello del re, prevedendo il già designato deliberamento, non volle udire la discussione. Avvisarono pel no i ministri Troya, Carrascosa e Scorza, pel sì il Casserò, il Comitini, il Winspeare, il S. Vito, il Carafa, i direttori Rosica e De Liguoro, e i zii del re conte di Trapani e d'Aquila. Questi aggiunse *doversi far subito*; e d'avantaggio, chiamato dentro il conte di Trani, il volea con bei mondi sforzare ad approvare; ma ei benchè giovanetto ricusò severo, e dicendo non firmerebbe l'abdicazione della dinastia, incontanente firmò *No*. Il Cassero la stessa sera si disdisse, e pregò il re sostenesse il niego. Dopo di questo lo stesso dì 21 si segnalò a Parigi; chiedendosi se dove si cedesse a consiglio s'avesse guarentia al regno: fu risposto che nè Francia nè Inghilterra garentirebbero nulla, solo userebbero buoni uffizii. Il Brenier a sera andò al Carafa, per sapere il risoluto; gli fu risposto l'assenza del re non aver fatto risolvere niente di certo.

In quell'ore molta ressa facevasi al re in opposte sentenze: Una parte ricordavagli: « Sempre fatale il concedere alle sette; più fatale, se per fievolezza. Vincitore, concedere è generoso, perditore è viltà. È momento di conflitto, di stringere lo scettro, di vincere o cadere nobilmente; concedere ora, è esser vinto senza pugna, cadere senza spinta. La rivoluzione è sociale più che dinastica, dinastica più che progressiva, progressiva più che riformatrice; essa volere Italia una e repubblicana; velo è Vittorio, pretesto le riforme; però la costituzione non contentare nessuno. I settarii se ne varranno per iscalzare impunemente il trono; con essa prenderanno il governo, per gittarlo nel lezzo; ed essa anzi che tavola di salvezza a' Borboni, sarà pietra da trarli in fondo. Non valere napoleoniche parole, quando stipulati patti di Zurigo non son valuti. Il Piemonte e la rivoluzione vogliono Italia tutta, altro che costituzione, questa bensì daragli inerme il reame. Il reame non voler novità, volerle gli stranieri, e questi voler la ruina nostra: consigliano il male, nè guarentiscono il bene. Cavar la spada, stringere la potestà, fare appello al vero popolo, armarlo contro lo straniero e la setta, ciò sarà facile salute; la costituzione è ruina certa, e abdicazione. »

Dall'altra banda s'opponeva: « contro Francia, Inghilterra e Sardegna unite, che poter fare Napoli abbandonato da tutta Europa? Antico il desio costituzionale; costituzione vuol Calabria, dove saran della guerra i primi fatti; costituzionale è Europa, nè può Napoli sola, tutta commercio e vita, vivere vita separata dal resto delle nazioni. La setta si vale degli spiriti costituzionali avversati per combattere il trono; appagati, la setta resta fievole e sola. Francia allora potrà pigliare la difesa del re e del regno, allora potrà attuare i patti di Zurigo con l'italica confederazione. Questa taglia i nervi al Garibaldi, questa lo scaccia di Sicilia, questa stringendo in un nodo di pace le due corone d'Italia, costituisce la nazionalità italiana, e preparata a nuovi e grandi destini. Noi non consigliamo costituzione per ambizione; perchè, ministri di re assoluto, scendiamo col nuovo statuto da' seggi; la consigliamo pel bene della dinastia e del paese. Essa non menoma lo scettro, l'afforza anzi, se a forti braccia e ad uomini cari alla nazione si fideranno le redini del governo; essa stringerà in eterno i nodi tra sudditi e sovrano; e con uomini nuovi farà dimenticare gli errori e le ire degli uomini precedenti. »

Questi argomenti speciosi non veri (come han poi mostro i fatti) non persuadevano il re; che però malato in letto se ne stava, non ricevendo persona. Ma la sera del 24 entrò, quasi sforzando il passo, lo zio conte d'Aquila, a nunziargli, lo ambasciatore di Francia Brenier dovergli parlare, per necessità di pubblica salute; e l'obbligò a vederlo, presente la giovine regina. Il Francese in lunga discussione mostrava necessario il proclamar subito le forme rappresentative, per calmar gli spiriti e ridare la pace al regno. Contrastava Francesе, dichiarava fallace il supposto, difficile l'impresa, certi i tumulti immediati; e alquanto mostrato d'intravedere l'insidia ricusò. Allora il Brenier (sorpassando il mandato scritto del suo governo) favellò alto e torbido, minacciante fosco avvenire e compressioni; sì fattamente che il re sopraffatto da tema di chiamar sul regno più neri danni, gli rispose: « Cotal modo di richiedere d'un ministro di Francia mi costringe a cedere; ma la responsabilità delle conseguenze della concessione cui mi sforzate, peserà su voi. » Questo Brenier fu il demone incenditore del reame.

La dimane, memorando 25 giugno 1860, si firmò in Portici l'atto sovrano promettente ordini rappresentativi, conformi a' principii italiani; amnistia piena per reati di maestà; Antonio Spinelli fare un ministero da compilare lo statuto; accordo col Piemonte, per gl'interessi comuni alle due corone in Italia; la bandiera co' tre colori, e l'arme dei Borboni; e alla Sicilia una costituzione a lei conveniente, e principe reale a vicerè.

Dappoi che i fatti smascherarono l'insidia, e Francesco esule in Roma era a' 10 dicembre 1861 consigliato dal Lavallette, altro ministro francese, a esulare più lontano, egli enumerati i molti consigli di Francia riusciti a male, massime quello del Brenier, si ricusava di partirsi da Roma; perlocchè il Lavallette si difese accusando il Brenier d'aver *sorpassate le istruzioni imperiali.* Ma non sappiamo ne fosse punito. Questa gente coll'affermare e il negare, col parlar doppio e il mentire si crede insigne.

§. 5. Male accolta.

L'atto sovrano ebbe mala accoglienza. I buoni a leggere l'improvvisata concessione non richiesta, dolenti e stupiti presentivano l'avvenire. I settarii gongolanti, sentendo l'ora dell'impunità alla rivoltura, dovendo procedere innanzi assai, s'atteggiarono a cupo silenzio, e ne sparsero il motto; sicchè dove aspettavi i consueti ipocriti plausi, fu una calma provocatrice. Nel 48 i fallaci battimani, nel 60 lo sfidatore disprezzo: allora eran deboli, ora si sentivan forti. Niuno compra l'atto sovrano, pochi leggevanlo su le mura, ciascuno andava per sue faccende, quasi nulla fosse; nel pomeriggio si serrarono le botteghe, famiglie intiere fuggivano alle ville; i mercatanti loro merci ascondevano, o su mare in navi fugavanle; i più scrivevano sulle porte: *domicilio francese o inglese.* Si temeva o si fingeva temere sommosse di plebe e sacco. Poche righe di promessa costituzione turbavano in un'ora la pace goduta tant'anni; il primo atto accennante a libertà e italianità sturbava la sicurezza di tanti Italiani, che speravano scampo dicentisi stranieri. Peggio ma con più vero dolore s'udì l'atto sovrano nelle province; chè, men guaste di sètte, vedevano la ruina. Nelle campagne costituzione suona anarchia; fatti due sperimenti, niuno sulla natura del terzo s'illudeva. Spontaneamente in più luoghi reagirono, e bisognò il governo li comprimesse a forza.

Nondimeno gli onesti confortavansi col nome dello Spinelli chiamato a fare il ministero. Uomo tenuto talentoso, gentiluomo di camera del re, cognato del duca d'Ascoli gran somigliere di Corte, aveva avute onoranze e cariche splendide, sino a ministro un po' sulla vigilia del 48; ben nato, ricco, in fama di moderato e onesto; ciascuno sperava si facesse moderatore di ree passioni, salvatore della monarchia e del paese. Egli fu il capo e il fabbro di quel ministero che il re e la patria tradì. Questo surse il 27, e benchè mescolasse uomini che parean di diversi pensieri, pur non ispaventò. Esso Spinelli presidente, il commendatore Giacomo De Martino (reduce allora da Parigi) agli esteri, Gregorio Morelli a grazia e giustizia, il principe di Torella al culto e all'istruzione, Giovanni Manna alle finanze, Federico Del Re a interno e polizia, il generale Ritucci alla guerra, il marchese Augusto La Greca a' lavori pubblici, e il viceammiraglio Francesco Garofalo alla marina: uomini tutti, fuorchè il Manna, stati in alti uffizii negli anni precedenti, però stimati devoti all'ordine e al trono. Ciò appunto fu il più duro inganno.

Lo stesso dì 27 Francesco senza pompa veniva da Portici a Napoli, percorrendo parte della città. Non ebbe plauso. E chi plaudirlo? i faziosi che il volean cacciare dal trono? i buoni fuggiti o fuggenti? o il volgo che il compiangeva e commiserava? il mattino passò in paurosa quiete.

§. 6. I Camorristi.

Sul vespro s'alzò la bandiera de' tre colori ai castelli; e al veder quel vessillo che sempre tra noi fu principio di sangue, ogni onesto ebbe un batticuore. Incontanente va in istrada bieca turba, sozza, proterva; un vociferare sinistro, minaccioso, foriero di subiti guai; ecco la più vile gente del mondo alleata del Garibaldi e di Vittorio, cominciare la serie lunga d'assassinii impuniti, di rapine premiate, d'immoralità e irreligione laudate e pagate; principia il regno de' *Camorristi.*

La sommossa di Mansaniello dissesi de' *Lazzari*, perchè fecerla gente semi-nuda, come Lazzari uscenti di sepolcro; la rivoltura del 60 si dirà de' *Camorristi*, perchè da questi goduta. Nel reame eran da antico *Camorristi*, sì detti da *camorra*, in ispagnuolo *querela*, o forse dal gioco della *morra,* dove usano soprusi. Tai bravacci s'allargarono nelle carceri e nelle caserme soldatesche, riscotenti premii da paura altrui; poi nelle strade, in bettole, bische, postribuli, mercati, dovunque possono speculare sul coltello, davano moneta da' carcerati, dai giocatori, da' mercanti, da' contratti d'ogni sorta. Vestono giacca di velluto, calzoni stretti a' ginocchi e larghi a piè, canna d'india in mano, anelli molti alle dita, capelli lisciati, coltelli in tasca. Per similitudine diciam *Camorristi* i giocatori ladri, gli storcileggi, i sicarii, i vagabondi, e qualunque non fatica e vive di brogli. Camorrista è un composto di ladro, galeotto, pugnalatore, usuraio, contrabandiero e proletario.

Sono setta antica; credesi venuta con gli spagnuoli; hanno statuti con certi articoli in apparenza onesti: per essere ammesso devi essere *onorato*, non stato mai ladro, nè gendarme, nè poliziotto, nè congiunto a meretrici; ammesso, devi poi ubbidire cieco a' superiori, e perpetrare furti, assassinii, e peggio. Prima nel noviziato imparano scherma di coltelli e un linguaggio furbesco; passano avanti per esami, che son duelli a pugnali, e vanno al grado di *Sgarra*; poi a *Contaruolo*, forse perchè conta l'arme ch'ha in deposito, il cui numero dicono *pianta*. Per essere capo-società debbono accoltellarsi contro dodici, e ferirne almeno tre; nè mai rifiutare sfide. A rubare si dividono le parti: chi fa chiavi false, chi il borsaiuolo, chi il rapinatore, chi il manutengolo; e chi non sa meglio fa il *palo* cioè la spia, per ispiar da rubare, e avvisare d'ogni pericolo gli operatori. L'insubordinazione puniscono con isfregi al volto; appellano *infame* chiunque in giudizio fa testimonianze contro di loro, e si vendicano. Sono aiutati da loro donne in tutto, massime nelle esazioni; sicchè anche nelle carceri han la parte de' guadagani, e 'l sostentamento. Il popolo minuto sopporta cotesta tirannia abbietta, e paga senza fiatare; anzi ne' giudizii non trovi chi si quereli, nè chi testimoni contro loro. Oltracciò i *Camorristi* paghi del tributo, proteggono talvolta il fievole contro il forte, e fanno i pacieri.

Eran molti, e qua e di là del faro; e come era loro istituzione il non impacciarsi di politica, eglino nel 48 s'erano valuti de' torbidi, ma poco solo sul finire vi s'eran mescolati. Il governo e prima e dopo tentò d'estirpare questo flagello della società civile; li reprimeva, puniva, tenevali in carceri e al confine, e sin sopra isole li relegava; ma trovavano protezione in altri *Camorristi* vestiti alla borghese, che di più grossi mercedi facevan mercato, e in chi preparavano la camorra in grande, per divorare con la rivoluzione le ricchezze dello Stato. Costoro col pretesto di liberare la patria, valendosi delle persecuzioni della polizia contro quelli, di leggieri li tirarono a sè; e già da più anni assoldati, vivendo con tai paghe facevano il mestiero con più agio e men rumore. Venuto a questi ultimi anni l'Aiossa a direttore di polizia, visto non valere legalità, trovati documenti della setta, ne agguantò più centinaia e li spartì pur l'isole. I faziosi ch'avevano eglino stessi saputo indurre il direttore a quel passo, subito gridarono all'illegalità; i giornali torinesi vomitavano insulti; e da questo i congiuratori trassero opportunità da stringersi meglio con la *camorra*.

§. 7. Loro prove immediate.

Uscita la costituzione, il ministero la prima cosa pose *Camorristi* in uffizio. Lo stesso dì 27 giugno fece prefetto di polizia D. Liborio Romano, storcileggi o *pagliet-*

ta, nato il 1794 in Patù nel Leccese, massone, carbonaro e mazziniano. Costui carcerato nel 1850, andato esule a Parigi, supplicò per grazia, e avutala scriveva il 22 aprile 54 al re, protestando *devozione e attaccamento alla sacra persona reale*; che avea coscienza di non averlo mai offeso, ma ove *inconsapevolmente l'avesse*, prometteva per lo avvenire irreprensibile condotta. Ferdinando lo accolse in regno; ed egli fe' obblianza firmata di rispettare le leggi; ma ricospirò più avveduto. Però ora tra' capi brogliatori, tenuto patrono e cima di Camorristi, era da' cieli destinato a infame celebrità. Chiamò quei suoi clienti; e fattili certi che la potestà tacerebbe, lor disse: *Fate.* Niuno domandi se alzassero la testa, sendo sicurati dal prefetto, e come coraggiosi si lanciassero a vendicarsi di quei poliziotti ch'avean lor dato la caccia. Corso il motto, si ragunarono in piazza, anche con loro donne e bagasce. Capitanava le femmine una Marianna de Crescenzo, tavernaia, detta *la Sangiovannara,* addobbata alla brigantesca; la quale, tutta di D. Liborio, da molto co' denari della setta aveva abbeverato di vino e carboneria quella ladronaia: ella con altre andava avanti come a trionfo, quasi ebbre, piene di fasce e colori e bandiere e pistole e coltelli. Capitanavano gli uomini un Nicola Tossa, un Capuano, un De Crescenzo, un Mele e altri siffatti. Seguitavano bruzzaglia, monelli, proletarii, prostitute e vagabondi, il più della Pignasecca e di Montecalvario. Sul cader del dì corsero le vie con grida faziose; pochi viva la costituzione, molti Viva Garibaldi, Italia, Vittorio gridavano; e minacciavano, percotevano le genti di polizia che vedessero. Pugnalarono un Peppe Aversano stato de' loro, che aveva all'Aiossa svelati loro segreti. Fu qualche ispettore di polizia con pattuglia che mal sopportando gl'insulti cavò la spada. Per questo un giovine ispettore Cioffi fu malconcio, e salvò la vita a stento; per questo il più giovino ispettore Perrelli, a Toledo presso S. Nicola la Carità, difendendosi, e lasciato solo dagl'immobili gendarmi, pagò con la vita l'esercizio del suo dovere. Messo sanguinoso in una carrozzella, potea guarire; ma per ultimo colpo di Ferdinando Mele capo della masnada, boccheggiando, prima d'arrivare all'ospedale, spirò. E ve' giustizia di Dio! Esaltata la canaglia, surto quel Mele commissario di polizia garibaldesca, venne anch'esso, nello stesso mese di giugno dell'anno dopo assassinato da un Demata *camorrista,* di quella stessa sua brigata ch'avea ucciso il Perrelli, e messo boccheggiante in consimile carrozza, prima ancora di giungere all'ospedale, similmente per via lasciò l'anima trista.

§. 8. È battuto il Brenier.

La città in balia di costoro trepidava. Eglino incontrando soldati gridavano; Viva la truppa! e passavano. Era già buio, quando il francese ministro Brenier usciva dal palagio il Nunzio apostolico in carrozza; il cocchiere sferzava i cavalli, come era uso nella quieta Napoli, ma quel popolo libero bastonò lui; e come il Brenier levandosi e dicendo suo nome si aspettava plausi, ebbe due colpi di mazza sul capo; sicchè sanguinando se ne andò. Ciò fecero, sperando impacciare il re con Francia. Francesco mandò tosto a visitare il ferito due suoi aiutanti generali, e lo zio conte di Aquila, che sino a notte tarda gli fe' compagnia. I liberali strombazzarono il feritore dover essere assolutista, non potendo il popolo rigenerato mozzicare il rigeneratore; e per farlo credere imputarono un Giovanni Manetta, costruttore di bagni a mare, noto per devozione a' Borboni; ma il Manetta con altri, stato carcerato parecchi mesi, pitoccò lunga pezza il giudizio al sopravvenuto governo sardo, che benchè voglioso di trovarlo reo, da ultimo innocente l'ebbe a liberare. Nulladimeno fu scritto un indirizzo al Brenier, firmato da tre personaggi *anziani* per ogni quartiere della città, dicentisi incaricati dal popolo (e dov'era il mandato?) a manifestargli, il dolore dei Napolitani, per la ferita toccata al rappresentante di Francia; e la certezza fosse colpo di assolutisti e retrogradi. D. Liborio tai cose stampò a' 3 luglio sul *Giornale Uffiziale.* Non so perchè non arse la carrozza dov'era seguito il fatto, a imitazione di Parma ch'avea atterrata la colonna insanguinata dall'ucciso Anviti. Il Brenier rispose a' 4 luglio: *esser convinto del rispetto de' Napolitani al rappresentante d'un sovrano ch'avea compiti mirabili fatti pel bene d'Italia.* E di tanto bene avea le prove sul capo.

§. 9. Assalimenti a' Commissariati di polizia.

La dimane, 28, peggio assai. Il comitato *Ordine* comandò s'abbattessero i Commessariati di polizia; e die' anzi prescritte le ore da durare il disordine. Camorristi e baldracche con coltelli, stocchi, pistole e fucili correan le vie gridando Italia, Vittorio e Garibaldi; e come le pattuglie de' soldati avean ordine di non usar l'arme, si sopportavano l'insulto dell'udirsi celebrare il nemico in viso onde quelli, sapendo esser padroni delle strade, impunemente birboneggiavano. Seguitavanli monelli e paltonieri, per buscar qualcosa, gridando Mora la polizia! Assalgono i Commessariati; le guardie senza capi, non difese da' Gendarmi, poche e scorate, non osan difendersi; però battute, manomesse cercano scampo, in mentre i vincitori gittano per le finestre e carte e suppellettili, e sin le porte van fendendo e gangherando. Poi giù raccolto il tutto, ne fanno falò, con balli e canti. Di là difilati ad altri quartieri, vi fan lo stesso, e in tutti i commessariati, l'un dopo l'altro. Alla Stella soltanto trovata resistenza, nulla osarono; se non sul tardi, quando i difensori, accortisi che il governo il volea, se n'erano iti; però fu l'ultimo commessariato disfatto. Così un solo nodo di manigoldi in sì ampia città ebbe agio di perpetrare tanto atto di ribellione, senza pericolo. Dappoi gli stessi Camorristi con piatti nelle mani andavano attorno dimandando mercede per la buon opera fatta: e chi volete negasse? E i membri del comitato *Ordine,* poi che si smascherarono, menarono gran vanto del fatto: lodavanlo sapienza politica, colpo di stato.

§. 10. Lo stato d'assedio.

Questo stesso dì il popolo di S. Lucia, udendo quelle vergogne, s'assembrò ed armò, e usci per via di Palazzo gridando viva il re! ma la Guardia reale a impedir sangue violò il passo. Gran prudenza che sempre ligava le braccia agli amici e scioglievale a' nemici! Il posto di S. Maria degli Angeli insultato da certi scarcerati che venivano dalla prigione di S. Maria Apparente, fe' fuoco e ne ferì qualcuno. I Gesuiti impaurendo sciolsero il convitto; dettero le chiavi della Chiesa del Gesù al parroco della Rotonda; e si dispersero. La vedova regina, visto da quel principio la ruina, per mare co' suoi fanciulli si ritrasse a Gaeta.

Il ministro Federigo Del Re, uomo di pensieri legali, fe' tosto togliere dal comando della Piazza il generale Polizzi che avea permesse quelle ruine, e proclamare lo stato d'assedio dal nuovo comandante il duca di S. Vito; il quale proibì ogni assembramento maggiore di dieci persone, e l'asportazione di arme e di grossi bastoni, pena la vita; e anzi volea procedere al disarmamento secondo l'ordinanze; ma forte s'oppose D. Liborio, che non volea levar l'arme alla setta, e vinse il partito; sicchè lo stato d'assedio seguì di forma. Corse anche l'ordine al municipio di presto fare una guardia cittadina. Il mal esempio valse in qualche paese de' dintorni. In Acerra pochi faziosi baldi per la spalla d'uno Spinelli fratello del capo ministro, disarmarono il Corpo di Guardia Urbana; ma eran sì pochi, ch'io scrittore per ordine v'andai solo una notte, vi riposi la quiete, e vi feci una Guardia provvisoria d'uomini tranquilli.

§. 11. La nuova polizia.

Il ministero lavorando a diroccar l'edifizio, scelse quei momenti di disordine, per dare a' 30 giugno un decreto abrogante l'altro del 27 dicembre 58, ch'avea stabiliti consigli di guerra per giudicar rei di Stato colti sul fatto; onde tornò la giurisdizione a' magistrati, secondo il codice. Quel decreto del 58 non mai ben eseguito, e meno ora in tanto bisogno, disfacevanlo, perchè ciascuno pigliasse animo a percuotere lo Stato. Meglio anche provvidero a tale intento, costituendo la polizia rivoluzionaria, cui dissero nuova. Prima fu fatta, poi i decreti. Quello del 7 luglio revocò le attribuzioni poliziesche, limitandole alla prevenzione de' reati e alla sicurezza; però fuorché *in flagranti* non potea carcerare, nè entrare in case private, senza mandato di magistrato. Saria stato un bene; ma il decretò uscì per sicurare i congiuratori: contro i buoni, a malgrado il decreto, si carcerava, s'esiliava, s'abbattevan porte, con istizza settaria. Quel decreto ordinava anche nuova polizia, con più grasse paghe e nuove assise: ciò per dar premio a' *Camorristi*, arnesi d'ergastoli e lupanari, braccio della setta. D. Liborio loro capo feceli tutti guardie di polizia invece de' vecchi, quasi mercede di vittoria: la società dovè pagare i percussori dell'ordine sociale; i cittadini fur dati in custodia a chi tutta la vita avean guerreggiato alla roba altrui. D. Liborio a chi nel riprendeva rispondeva trionfando, averli rimunerati per toglierli alla reazione, cui si sarebbero uniti; necessità valersi di quelli, non potendo fidar ne' Gendarmi e ne' soldati, tutti del re; un governo *riparatore* aver obbligo di riabilitare *quei poveri parias*; l'uomo di Stato dover negli stessi elementi di disordine cercar l'ordine. Egli invero voleva al disordine con gli elementi del disordine provvedere; ma che n'avesse necessità per far la rivoluzione è certo: *la camorra* era il suo popolo. Vedemmo in conseguenza Commessari un Cozzolongo cameriere di locanda, il garzone d'un parrucchiere a Chiaia, un parrucchiere del teatro Nuovo, e quel Mele ucciditore del Perrelli; stato soprastante a' scopatori di strade; un Callicchio taverniere fatto ispettore, e altri peggiori, noti per vergogna, meritevoli per essere spioni della setta. Così i ministri del re iniziarono la cacciata di lui, col fargli dalla sua mano creare i suoi percussori, e costituire la polizia garibaldesca. Talvolta vedevi da lui estolti uomini stati spie del passato governo: un Raffaele Carisio, benchè da Giudice di Sora destituito nel 49, facesse poi la spia pagata, fu fatto uffiziale di ripartimento. Così vedesti prefetto di polizia un Bardari, anche destituito da giudice di Monteleone, che faceva poi la spia a' consettarii per prezzo; e n'avea avuto anche il figlio impiegato in polizia. Costui, surto dopo pochi di ministro D. Liborio, fu prefetto; tale che lo stesso Garibaldi non poteva bramare di più. Subito con editto avvertì i liberali, *la Polizia essere loro protettrice, non nemica ne' loro fini*; e di tai magnanimi sensi ebbe lodi infinite.

Riabilitati i *parias*, cadeva sul lastrico a morir di fame chi fido al dovere avea tant'anni lavorato. Degli antichi restarono quel pochi che innanzi, tradendo l'uffizio e 'l giuramento, avean servito la setta; così antichi e nuovi del pari degni. Allora insulti a virtù, a fama, a roba, a potestà; liste di persecuzioni, estorsioni e vendette durate più anni. Quella polizia con febbrile ansia, paventando la reazione, e comprimendola col nome regio, spingeva la rivoluzione a sublimare il Garibaldi: la quale prima che arrivasse costui aveva trono e scettro.

§. 12. Destituzioni di fedeli, ed esaltamenti di traditori.

Iniquità uguale sull'altre cose di governo. Uffiziali servito tant'anni onoratamente; tutelato l'ordine e la pace, or non eran degni di servire lo stesso re, perchè costituzionale. Egli è che usati alla legge, non poteano valere dove legalità si proclamava a ludibrio, dove si volea l'arbitrio e il disordine preconcetto, e spazzar la strada allo straniero. Voleansi uomini del *dritto nuovo,* adepti di società segrete, ubbidienti al motto, e a senza coscienza eseguire. S'aveva a corrompere la popolazione tenace alla lealtà, e alla Fede, vietare che insorgesse contro l'estrano assalimento; sbrigliarla se rea, contenerla se buona. Nè dovendo dell'antico restar nulla, si facevano dal re destituire i migliori, e alzare i suoi nemici. Francesco da prima riluttò, poi cedè. Primi destituiti andarono gl'intendenti; vedesti intendenti nuovi, ignoti al paese, noti a' congiuratori. Come gli uffizii settari ne' conciliaboli eran divisi, così con facile trapasso, la setta abbrancato il potere poneva a uffiziali pubblici gli uffiziali suoi: essa ne mandava le note a' ministri, questi ne facevano i decreti, il re firmava. Lo Spinelli, impadronitosi del monarca, fe' dal re stesso armare e insediare i felloni: a' quai tutti il sopravvenuto Garibaldi die' ringraziamenti e guiderdoni. Usavano quest'arte. Pria sozzi giornali s'avventavano a nomi onorati; poi i ministri parevano accontentare l'opinione; e sì uno pria infamato, poi destituito, poi carcerato, pagava l'aver voluto esser libero di setta. Per l'opposto esaltazioni incredibili di gente senza cuore, senza mente, senza morale ad alti uffizii in un botto. Uno scrittorello di giornali fu coadiutore di ministro, uno speziale fu intendente a Campobasso. Guai a' fedeli: non valeva esser povero, carco di famiglia, onorato e capace, non illibatezza di costumi, non sapienza, non fama; veramente la virtù fu colpa. Molti poi si vantavano di servigi resi alla fazione, e anche inventavano per farsi belli del tradimento; incamatiti, pettoruti parlavan alto d'italianità; e vedevi sbalzamenti strani di bassi in alti seggi, di magistratura in amministrazione, d'amministrazione in finanze, di finanze a governo; e crescer barbe, e incappellarsi con penne, e gridar redenzione chi più chini s'eran visti baciatori di mani fuor delle sale regie. Veramente viltà e reità furono pregio.

Sendo colpa imperdonabile l'essere stato fido, o merto preclaro l'aver tradito, sin da' primi dì avean cominciato il mutare; ma da prima per moderazione promosso qualche onesto in voce di liberale; tosto con generoso emendamento destituirono questi stessi promossi da loro; poi percossero in grosso e spietati, sino all'ultimo dì del regnar di Francesco; creati così con la mano di lui gli ufficiali al Garibaldi, e risparmiato a costui tanta odiosità del destituire. Migliaia di famiglie perdettero il pane tant'anni sudato; nè allora aveano altre arti da campare; percuotevale la calunnia, non trovavano lavoro, chè minacce e paure comprimevano i cuori. Schernito era l'onore della povertà in uffiziali, caduti appunto per onestà. Li alimentò tra stenti e disagi l'ascosa carità dell'anime belle.

§. 13. È richiamata la costituzione del 48.

Il ministero compì sua insidia a 1° luglio. Con l'atto sovrano del 25 giugno era dato allo Spinelli il carico di compilare lo statuto nuovo; ma questi co' colleghi, consultato D. Liborio, ordine parlante del comitato, volse al monarca un indirizzo dicente: « non abbisognar nuovo statuto, dove quello del 1848 non mai abrogato stava nel pubblico dritto del regno. Si richiami in vigore; e lo straniero ammirerà la sapienza della mente sovrana in sì alto provvedimento; e il popolo s'avrà in esso novello pegno della buona volontà del re. » Ma già il giorno innanzi D. Liborio prefetto avea nunziato al pubblico, la costituzione sarebbe quella del 48; ciò per togliere la facilità del niego; però Francesco, per non cominciar una lotta nel primo passo costituzionale, e sospinto dallo Spinelli che forte la proposta propugnava, cadde, benchè il vedesse, nel laccio; e rispose in iscritto: « l'accettazione partorire gravi conseguenze, mettere a rischio la dinastia e la pubblica tranquillità; nondimeno non volersi separare dal suo ministero responsabile. » Quel dì stesso, 1° luglio, un decreto richiamò a vita il malaugurato statuto del 10 Febbraio 48; altro designò i collegi pe' deputati a' 19 agosto; altro sospese la piena libertà di stampa, ritornandosi a' decreti del 25 maggio 48 e 27 marzo e 6 novembre 49; altro dava al ministero dell'interno facoltà di fare una Commissione da preparare al parlamento i progetti di legge elettorale, e di leggi sulla Guardia nazionale, sull'Amministrazione civile, sul

Consiglio di Stato, sulle responsabilità ministeriali, sulla stampa. Un decreto del 5 ordinò altra Commessione da preparare leggi per riforme di tariffe doganali, e sulla dogana, la navigazione, i contrabbandi, e per far depositi di mercanzie, e ampliare il porto. A' 13 si dichiarò la Consulta Consiglio di Stato; e messi molti Consultori a ritiro, si crearono consiglieri liberaleschi.

Richiamando lo statuto del 48, il ministero Spinelli rovesciava sul trono e sul paese una trista eredità. S'alleggiava in dritto di ripigliarne la via interrotta, mostrava tenere illegali undici anni di quieto governare, metteva la fazione inviata di vittima ingiustamente oppressa, e le dava faccia di rivendicare il suo imperio sulla piazza e ne' tumulti. Astutamente si valea dello errore de'precedenti governanti, che non avean, sebben dal regno richiesti, abolito lo statuto; ond'esso pareva propugnatore di legalità nel momento stesso che stava per attentare a tutte leggi. Conseguenza logica ne fu' il decreto di piena amnistia, anche pe' contumaci, il richiamamento degli esuli, la condonazione e la restituzione de' danni e delle spese giudiziarie. Nulla doveva mancare al trionfo. Ma non s'udì un plauso: i faziosi volean altro; fra' buoni era lutto.

Per l'effetto si chiamarono per le poste gli sbanditi, anche quelli che poco innanzi avean proclamata la decadenza della dinastia; i quali si sparpagliarono per le province, affinchè la grazia giustificassero con più durature fellonie. Nè ben fidando in questi, il Cavour ne mandò per movere la rivoluzione parecchie delle sue lance; tra' quali un Zanardelli, e l'ebreo Finzi, l'ingaggiatore garibaldino, cui il ministero lasciava libero per Napoli brogliare e congiurare. Il conte d'Aquila stato di tanto aiuto già ammiraglio, fecesi comandante supremo della Marina, e presto se ne vide il frutto. A' 2 luglio si tolse lo stato d'assedio; il comamdante di piazza S. Vito mandaron via, e poservi il generale Viglia, cui speravano più morbido. Diminuirono di molto le pene pe' reati comuni; cosa già tanto criticata a' re; ora per guadagnar popolo il facevan essi. Reintegrarono in uffizio i ritirati o dimessi per opinione. Per istanze dell'altro zio conte di Siracusa, il ministero mandò liberi, cedendoli al Villamarina, gli ottocento Piemontesi, catturati come dissi mentre andavano in Sicilia; i quali usarono la libertà correndo al Garibaldi. Il re non contradiceva, perchè non era del regale animo rifiutar grazie sollecitate da' suoi ministri; e avendo protestato al Brenier per le conseguenze della concussione, le lasciava libero corso. Tal generosità per avversarii implacabili ritornanti sempre alle offese, rendeva vani gli sforzi de' pochi fedeli, e li scoraggiava: i ministri lodavanla per sapienza civile e politica conciliatrice, arra certa di accordo con Sicilia: intanto col nome del re, comandavano dalla reggia l'utile del nemico.

Come resistere Francesco, fidente in Napoleone, sperando guadagnarselo seguendone i consigli *concialitivi*, sul pendio delle concessioni, solo tra felloni o spauriti, e dal suo stesso sangue insidiato? Pertanto la nazione compressa, menato a corruzione l'esercito, tutti dal real governo costretti a inazione, si vedea venire senza rimedio la rivoluzione famelica e prepossente. E mentre si preparava l'infrazione ad ogni giuramento, uscì agli 8 luglio il decreto di formola del nuovo giuramento al re e alla costituzione.

§. 14. La Guardia nazionale.

Federigo Del Re ministro dell'interno lasciò fare dall'onniscio Romano la bozza di decreto per la Guardia nazionale: nè dico quant'ei facesselo amplissimo; ma il ministro udito il soprano il moderò, e il fe' pubblico a' 5 luglio, che a' buoni parve guarentigia dell'ordine. Vi si chiamavano padri di famiglia, possidenti, impiegati, mercanti e capi d'arte, o d'età, da' trenta ai quarant'anni: seimila per Napoli, in dodici battaglioni; per le province quarant'uomini pe' comuni di mill'anime, sessanta per quelli di duemila, cento per sino a'cinquemila, o cencinquanta pe' maggiori. I capiluoghi potevano averne trecento. Si provvide altresì a' modi da formarli, e alle divise, all'arme e allo caserme.

La legge dalla setta disapprovata restò scritta: fecesi l'opposto. I faziosi preso in ogni paese il comando della guardia, fecerla a grado loro; poservi loro adepti, *camorristi,* ragazzoni da quindici anni, broglioni e ladri. Uomini già tutte le notti sorvegliati in casa, perchè non uscissero a svaligiare i passaggieri, ora appellati liberali, si dicevan Nazionali, e avean l'arme per tutelare la nazione. I buoni, o esclusi, o s'astennero, schifando quei compagni. E cominciò la tirannide sgherresca, che ancora non ha fine. In Napoli poco diversamente: tolsero i gradi, poi veniva il decreto. A' 15 luglio v'andò comandante il principe d'Ischitella, stato ministro assoluto; ma gli fu merito l'essere stato prima gran Murattino: al quale si aggiunsero dodici maggiori, de' quali rinunziando alcuni, se ne crearono altri a' 27, e altri agli 8 e 22 agosto, che furon poi quelli che dettero giulivi la patria allo straniero. La guardia cominciò in Napoli il servizio la sera del 17 luglio (designato a posta), fra' plausi d'incomposta turba, e per tre sere, con fiori e luminarie; le quali furono le prime feste, susurrandosi fossero pel di natalizio del Garibaldi. La guardia inoltre quel dì fe' un indirizzo d'onore a D. Liborio; ed ei se ne valse per vincere la renitenza del re ad ingrossarla; però Francesco cedendo dissegli con profetica ironia: « Si conceda pur questo al tribuno Romano ». Laonde la Guardia, già cresciuta, ebbe la prima dilatazione legale il 19 luglio, portata con decreto a 9600 in Napoli; e nelle province al numero delle abolite guardie urbane; e per l'età scese da' trent'anni a' venticinque. Più tardi a' 27 agosto, a coprir meglio il fatto, altro decreto crebbela per Napoli a' dodicimila, oltre quella de' villaggi. A' 30 se ne approvò il regolamento disciplinale. Finalmente, maturò le cose, mandaron via l'Ischitella; e fecesi dal re nomar capo supremo il zoppicante generale Desauget, quello innocentino del 48, che doveva andare a invitare il marinaio Nizzardo.

§. 15. La stampa, le prigioni, e le legnate.

La stampa aveva esordito con isfrenata baldanza contro uomini, ordini e cose, con giornali, fogli sciolti e annunzii, avventandosi ad ogni sommità, di grado, ingegno o fama; tale che lo stesso D. Liborio, temente le troppo personali offese partorissero reazioni da turbargli il cammino della rivoluzione, avea fatto richiamare a vita i decreti del 25 maggio 48 e 1° luglio 49, che tra l'altre obbligavano i giornali al deposito di ducati tremila in moneta. Così i giornali avrian dovuto tacere a lungo; ma egli stesso in fatto lasciava sostituire alla moneta un viglietto di negoziante, il che rese illusorio il decreto, e fe' tutta sua la stampa. Del pari, uscito un bando a' 6 luglio pe' foglietti spicciolati, prescrivente permesso preventivo al venderli, da rinnovarsi ogni anno, da revocarsi a' trasgressori, e luogo, tempo, modo da spacciarli, e pene, e procedura, neppur niente s'eseguì. In contrario il Comitato detto *Ordine,* dipendente da Torino, stampava aperto suoi decreti, anche con lo stato d'assedio. La stampa virulentissima non contenuta ma sospinta, cominciò il sovvertimento delle idee sociali, cui la setta agognava.

D. Liborio provvide altresì alle prigioni, dove non era da provvedere; chè vi stavano veterani a custodi, religiosi a invigilare, persone probe e dame a sovrastare. Ma i liberali avendo già con lamenti declamate mirabili accuse alle carceri napolitane, volean mostrarle vere; perciò il Romano a' 7 luglio die' pomposi editti contro *il brutale dispotismo delle segrete e de' Criminali,* che più non erano in nessuna parte spaventosi; e stabilì commessioni delegate ad abolirli. Poco stante pose a custodi delle prigioni i *camorristi,* quelli appunto che per delitti vi erano stati imprigionati. Sicchè la gente onesta carcerata indi a poco a migliaia, sperimentò quei carcerieri, e le carceri luridissime date da' liberatori.

Inoltre il filantropo del prefetto ottenne a' 10 luglio l'abolizione della pena delle legnate disciplinarie, che davansi con giudizii di speciali Commissioni a ladroncelli, a lanciatori di pietre, e a *camorristi* di prigioni, per un rescritto del 10 giugno 1826; il quale era riuscito in Napoli a seppellire il vezzo del lanciar pietre, uso secolare de' lazzaroni. Ora, con riserva di provvedere dappoi con altri regolamenti, s'abolivano quelle costumate legnate, madri di tanto bene; laddove avrian dovuto durare, se non altro per l'esempio della simpatica Inghilterra, che non a mariuoli ma a' suoi soldati le ministra liberalmente. La statistica uffiziale del 59 ne fa sapere 22,505 legnate dal e quell'anno a 512 soldati inglesi. Tra noi le si davano a furfantoni, e di rado, e dopo giudizio: l'abolirle fu un altro ingraziarsi del Romano a' suoi *Camorristi.*

A suscitare odio al passato, fu rappresentata a quei dì una novissima scena. Nel 1854 il governo pontificio ne consegnò un uomo sopra i trent'anni, dicentelo del regno. Interrogato, cinguettava linguaggio da straniero, appellarsi Casanovalis, non saper dove nato, donde venuto, che arte avesse, un dì s'affermò Americano, ma ignorava l'inglese; e 'l consolo d'America, parlatogli, il dichiarò impostore. Fingendosi malato, era tenuto sempre da infermo con brodi e polli: e benchè il più del giorno sul letto, mangiava assai bono. Solo si sdegnava a vestir come altri; Ravvoltolava in un lenzuolo, lasciava crescere l'ugne, la barba e i capelli luridamente. Gli si sorprese una lettera in gergo a una donna delle Marche; onde s'ebbe buon sospetto fosse romagnolo; e corsero molte pratiche per restituirlo al papa, che mai nol volle. Questo adunque misterioso personaggio, ospite volontario delle napolitane prigioni, non dicendo verbo per escirne, pur a quando a quando prometteva rivelazioni, sinchè venuta la Costituzione, uscì con gli altri. Allora trovò alti amici: un avvocato sel prese in casa, e mostravalo qual vittima innocente de' Borboni, *sbucato da' sotterranei* della Vicaria; ma per far più colpo nelle fantasie, il Brenier, ministro francese, tolse lo assunto del mostrarlo alla città nella sua carrozza; e più volte, nel suo storico lenzuolo, con barba e capelli abbaruffati, lo andò per le vie spasseggiando. Dopo cotale piazzata che die' da almanaccare una settimana, gli fecero una colletta; ed ei scomparve affatto, nè più se n'ebbe notizia. Chi fosse, che volesse, niuno seppe, nè perchè quel mistero. O forse tenevanlo da più anni preparato a tal colpo di scena, per avvalorare le calunnie sulle prigioni napolitane?

§. 16. Altri tumulti.

Costituzione, decreti, guardie nazionali, e poliziotti nuovi, fatti per tutela di civiltà e di ordine, partorirono subito tumulti. I congiurati certi della inazione de' soldati, non perdean tempo. Tolto a' 2 luglio lo stato d'assedio, quel dì stesso s'aggrupparono minacciosi: nell'ore vespertine, sparsa voce che il re passeggerebbe in carrozza col ministro sardo per mostra dell'accordo tra le due corone, aspettarono a frotte sino a sera; e fecero lo stesso la dimane. La gente pacifica spiritava, si serrava pria che imbrunisse; chiudevansi le botteghe. La sera del 7 cacciarono dal teatro Nuovo a fischi il Commessario di Polizia. L'altro dì i *camorristi* in folla accompagnarono il mortorio d'un Aniello Formisano loro compagno, figlio d'un burraio, finito per colpo toccato da una pattuglia la sera del 27. Il mattino di quel giorno 8 n'avean fatta un'altra: si recarono per mare alla Villa reale, a' bagni del Manetta, cui imputavano la bastonatura del Brenier, e presero ad arderli; accorrendo soldati, fuggirono: restò l'impunità a quelli, lo spavento ai bagnantisi cittadini. Già il Manetta s'era trafugato ad Ischia; e non ostante l'inviolabilità dichiarata col decreto di tre giorni prima, il ministero l'avea fatto tradurre arrestato a Napoli, acciò tal pompa accreditasse la supposta reità; ne bastò, che molta bruzzaglia si ragunava là da presso, per assassinarlo dentro la prigione. Ciò mosse gli amici di lui realisti; però come s'udì ch'erano per irrompere, accorsero soldatesche, o presolo menaronlo al Castel dell'Uovo, non so se a salvarlo da' nemici, o per toglierlo agli amici. Poi la sera del 13 la canaglia aggraffò il figlio di lui; e con busse e fracasso condottolo alla Prefettura, fu tenuto per ben catturato, impuniti e lodati i catturanti, nuovissimi uffiziali di giustizia. Lo stesso giorno a' Tribunali i *paglietti* fischiarono tre magistrati mentre giuravano, com'era prescritto, al re e alla costituzione. E la sera del 14 furon busse nel teatro S. Carlo, perciocchè un liberale bastonò un ex ispettore di polizia.

La *Camorra* tuttodì assillava le case de' passati impiegati di polizia; manomettevanle, e dove trovavan gente davano coltellate. Poi per case e botteghe estorquevano danari per amor della patria; se no, ferite e percosse. Nell'opificio della strada ferrata, col pretesto dell'ore di lavoro, gli artefici tumultuarono il 18; e due loro capi sconciamente ferirono. Anche gli allievi dell'Albergo de' Poveri al 20 si rivoltarono contro il comandante e gli amministratori. Al 21 s'ammutinarono i conciatori per alzar la mercede; al 25 il medesimo i garzoni fornai, e pure i servienti dell'ospedale Incurabili contro il soprantendente. Al 26 piglia foco la chiesa S. Agostino degli Scalzi, spento da' soldati. Più tardi a' 5 agosto la Guardia Nazionale fa rumore, offesa le si desse il motto di ricognizione, non il Santo. La dimane altro spaurimento, per vane voci di tumulti di poliziotti siciliani. Questo dì gli artefici dell'arsenale s'ammutinarono, chiedendo maggior soldo: e il dì seguente fan lo stesso gl'impiegati a' Lotti. E la stampa ridendosi delle ordinanze lodava tutto, e soffiava nel fuoco.

Consimili rumori nelle province, massime nel Reggiano, dove avendo prima a sbarcare il Garibaldi, gli s'aveva a spianare la via. Il 1° luglio certi Cupido e Ginnari lordarono l'ordine pubblico a Scalea minacciando la potestà. Altri attentati dopo due dì a Palmi e a Bagnara. Qui a' 25 i faziosi, seguendo armati la processione della Madonna del Carmine, gridarono Vittorio, Garibaldi, Italia, e Unità. Molti del distretto di Palmi rifiutarono di pagare la tassa fondiaria; e minacciarono gli esattori. Le difese del littorale erano abbandonate, quella alla Punta del Pezzo avea sol quattordici artiglieri, nè per armarla si mandavano danari. Si chiamarono a guardar le coste le Guardie Nazionali mobilitate; ed ecco a' 14 luglio uno sconosciuto a cavallo corre pe' posti minacciando che tutti or ora sarebbero trucidati, e si indusse a seguirlo la Guardia di Francavilla. La sera del 17 a un'ora di notte s'accosta a Reggio il *Prony*, vapore da guerra francese, che chiamato il capitano del porto dimanda dello *spirito pubblico*; in quella certe barche l'intorniano, e danno in Viva a Garibaldi, Italia, Vittorio, e alla Truppa; ripetute da certa gente corsa alla spiaggia. Fu chi disse le prime grida essere uscite dal legno francese, per mostrare la connivenza della Francia. Il deposito di polvere a Pizzo scoppiò pria dell'alba del 20 luglio; vi eran pochi uomini del 12° di linea; ed essi, benchè la casa crollasse, non patiron niente.

§. 17. Reazione soldatesca.

Tai casi e tumulti, nuovi a memoria de' Napolitani, visti venire da complicità de' governanti, destarono ne' buoni ire e timori. I soldati compressi per disciplina, indignati del vedersela fare in sul viso, fremevano; perlocchè nell'ore vespertine del 15 luglio, surta a caso una rissa presso il Carmine, come certi *Camorristi* gridarono Viva Garibaldi, alquanti granatieri della guardia e fanti di Marina gridando Viva il Re e abbasso la Costituzione, se li cacciarono d'avanti con le spade; e co' ferri insanguinati corsero pe' bassi quartieri sino a Toledo, dove ruppero altresì vetri a quache bottega, e sfogarono l'ira contro i ritratti del Garibaldi e Vittorio; della quale profanazione i liberali ebbero un sacro orrore. La cavalleria, e parecchi uffiziali usciti a tempo riposero l'ordine.

Questo fatto che atterrì la città, mostrava dall'altra parte la pochezza della setta a menar le mani: però avrebbe potuto alzarsi un uomo a dominare gli eventi; invece ebbe diverse conseguenze. Imperciocchè Francesco, accortosi della malvagità del ministero, volea mutarlo; e sin dall'11 del mese avea dato a Pietro Ulloa magistrato il carico di trovargli uomini costituzionali, buoni a salvare la monarchia, e già l'Ulloa diceva averli accozzati; ma quel tumulto soldatesco, che accennava contro la Costituzione, accrescendo le speranze reazionarie e le irritazioni rivoluzionarie, fe' che quelli uomini non ebbero animo di stendere le mani al timone.

§. 18. Mutamenti di ministri.

Ma i ministri discordi, sospettosi, stabilirono niuno di loro da solo proponesse cosa al re: ne' consigli era un vociare, un citar sempre il Villamarina, anche per fatti interni, quasi fosse il padrone: e come il Ritucci e il Del Re ne stomacavano, risolsero mandarli via. I giornali esteri da più dì facevan motto di prossimi mutamenti ministeriali. Contavano i congiurati su due uomini, il Romano e il Pianelli; i quali parecchi dì prima, mentre ancora il ministero era intatto, sapevano le prossime loro promozioni. Il Pianelli anzi sel sapeva stando in Abruzzo; e mandò persona a Napoli a intendere il quando sarebbe chiamato; come saperlo, se non erano i suoi patti con la setta? Intatti Federigo del Re, era a' 14 luglio tornato al suo precedente seggio di Controloro generale: e il giorno medesimo disceso anche il Ritucci ministro di guerra. E furono surrogati tosto: all'interno per opera del conte d'Aquila il prefetto D. Liborio, alla guerra il Pianelli chiamato dagli Abruzzi. Questi due con lo Spinelli presidente costituirono un triunvirato, che per infamia non morrà.

Avvenuto il tumulto de' soldati, se ne fe' scalpore, come di gran napolitana vergogna; e il re al mattino si recò al quartiere di Pizzofalcone ad ammonirli, non voler tai scene, aver dato costituzione, e volerla tenere; e il ripetè nelle caserme de' Cacciatori della Guardia e della Marina; tenne tutto il dì quei corpi in militari esercizii, poi li menò a Portici. Ciò parve niente a' rivoluzionarii: e forte sclamavano contro il re. I ministri baldanzosi chiedevano punizioni gravi; il Romano, la sera stessa del 15, avea proposto in consiglio il licenziamento de' tre battaglioni stranieri; ma avean poco a fare contro la forza materiale, che poteva schiacciarli; onde s'ebbero a contentare di dar sul giornale due proclamazioni reali; una all'esercito, altra al popolo, inculcanti conciliazione, protestanti voler seguire politica italiana, con lega al Piemonte e indipendenza nazionale. Compilava la prima il Pianelli, l'altra lo Spinelli, ambo ministri regi, per la rivoluzione operosissimi. In tal guisa la nazione che presentendo il vicino servaggio era pronta a reagire tutta, veniva compressa; e i soldati già sulle mosse di far giustizia, restavano indignati e intepiditi.

Il Pianelli in un consiglio di generali lagrimò per le sventure dell'esercito; e seguitò la commedia lo stesso dì 15, con un ordine del giorno, dicente i militari aversi a stringere alla patria e al trono; volersi ubbidienza passiva; ricompenserebbe la devozione al re e alle istituzioni nuove; volersi re costituzionale, alleanza italiana, autonomia propria, e bandiera italiana. Mescolanza d'idee pugnanti, per contentar tutti, e tener l'avvenire nelle mani. Le stesse cose con una concione affastellò a voce a' generali.

Gli uffiziali di marina, covando in cuore il fermato tradimento, trovavano difficoltà sulla formola del giuramento alla Costituzione. Mandarono alquanti de' loro al conte d'Aquila dichiarando che giurerebbero, se non che ove avessero comandi anticostituzionali non ubbidirebbero; protesta indisciplinata, e maliziosa, per giustificar poi la tradigione. Nondimeno giurarono; e l'Aquila a' 17 luglio nunziandolo a' ministri, si diceva *lieto di manifestare i sensi di divozione al re e a' veri principii italiani di tutta la Marina.*

A' 20 del mese lasciò il ministero di giustizia anche il Morelli; vi salì Antonio Lanzilli; e con questo fu compiuto li ministero Cavourrino. Ebbevi per direttore un Miraglia. Inoltre D. Liborio trovò l'uomo del suo cuore, e miselo sotto di sè direttore dell'interno, un certo Michele Giacchi, altro grosso leguleio; il quale ingiustamente non ha ugual fama di nefandezza come il suo principale, cui credo meritasse. Il ministero così compatto, procedendo unanime, già si rompeva col generale Ritucci comandante di piazza, alto gridando la stampa immoderatissima; perlocchè il re avvertito della sua ruina die' a' 24 luglio novellamente a Pietro Ulloa il carico di trovar nuovo ministero. Questi acconsentì, e a' 27 presento la nota de' suggetti, fuorché pe' ministeri degli esteri e della guerra, dove volea serbare il Torelli e il Pianelli, ne' quali avea fede. Ma non se ne fe' nulla; e anzi a' 3 agosto, surto direttore di Marina Michele Capecelatro, il ministero fellone guadagnò forza.

Il Filangieri die' allora l'ultimo vampo di sua pubblica vita. Ei che si era negato di capitanare l'esercito quando il doveva, avea scritto a' 2 luglio una lettera al re, esibendosi di servirlo; cui il sovrano la dimane rispose di suo pugno accettare, e varrebbesi di lui. Surto ministro il Panelli sua creatura, questi gli mandò il decreto di ritiro, non so se d'accordo con esso, o per torgli il modo di capitanare la truppa. Allora il Filangieri, cagione prima d'aver fatto cadere il paese in quelle unghie, si mostrò fieramente offeso del vedersi mandar via da un giovine stato tant'anni a baciargli le mani; scrisse per commiato al re, e uscì dal regno; nè di lui s'ebbe altra novella, sinchè non tornò qualche anno dopo, dominante Vittorio.

§. 19. Come si trattava la lega italiana.

Subito messa la costituzione, si dava opera alla lega col Piemonte, per ubbidire a' napoleonici consigli. Il Canofari ministro a Parigi, ne fea Piperò: il re sardo acconsentirebbe ad accogliere un legato nostro straordinario, impedirebbe l'andata d'altri volontarii in Sicilia, e obbligherebbe a tregua il Garibaldi, laddove il re promettesse di far dalla Sicilia stessa senza presenza d'armati decidere i suoi destini. Francesco l'8 luglio faceva rispondere: manderebbe l'ambasciata, accetterebbe la promessa d'impedire altre spedizioni, e consentirebbe che il siciliano parlamento secondo lo statuto del 1812 decidesse senza pressione armata la sorte dell'isola, per conciliare la separazione politica delle Due Sicilie sotto lo stesso re Francesco II. Dichiarava voler la lega, ma non riconoscere, nè poterlo, le tolte Legazioni al Papa, nè qualsiasi offesa al potere temporale; però non poter mai difendere il possesso di quelle province, nè impedire al papa che andasse con quai si fossero soldatesche a rimediarle.

Partiano il 12 luglio i legati: a Parigi il marchese la Greca, a Torino il Winspeare e il Manna; persone, massime il terzo, dette liberali. S'era ordinato a' generali in Sicilia di star sulle difese nè appiccar conflitti. Il Manna ebbe dal Cavour parole, e anche un banchetto a' 22 luglio; nè prima del 25 l'udienza dal re; cioè dopo che il Garibaldi s'era valuto della diplomatica tregua, per rafforzarsi e assalire, come dirò, i Regi a Melazzo. Vittorio si stette con aria fiera e significativa; molto parlò chiedendo spiegazioni sulle cose del regno e dell'esercito; mostrò sorpresa dell'abbandono di Sicilia; disse occorrere prove di forza, e finì dicendo farebbe il meglio che potesse. Dopo ciò si ripigliarono le pratiche, e parve il Manna lavorasse a ottenere un armestizio. Costui da Torino brigava dal re il Cordone Costantiniano: ebbe risposto servisse, poi l'avrebbe.

Il Cavour sollecitato da Russia e Prussia, e a parole anche da Francia, temente guerra o intervento, non potea respingere recisamente l'ambasciata; ma pasceala di proposte dilatorie. A' potentati esteri rispondeva ripetendo le già in tutti i tuoni ricantate tristizie del governo napolitano, e non potersi opporre all'opinione; intanto egli con compra stampa falsava l'opinione. Messosi nella scellerata via, che altro poteva egli? respingere l'alleanza? e avrebbe svelate pria del tempo le suo cupidigie; accettarla? e si sarebbe rassegnato alla confederazione. Quindi tergiversazioni, menzogne, e inganni. Faceva stampare vituperii contro l'alleanza, il legato e il re napolitano, la lega non stringeva, non ricusava, aspettava il compiersi dei fatti. Sperando far cadere le pratiche per la lega, v'impose per patto lo abbandono di Sicilia; e subito il nostro ministero accedeva, e a' 20 luglio nunziavalo a Parigi, a Londra e a Torino; o mentre aderiva Francia, e parea aderire Inghilterra, il Cavour impacciato ricorreva, come dirò, a nuove finzioni. Laonde il Manna, sapendo bene del gabbo, ma giocando a doppio rete, per trovarsi bene in ogni caso, scrissene a' 26 luglio, assicurando Francia niente far d'efficace, lega non volersi, noi dover fidare in noi, non s'evacuasse Sicilia senza armestizio prima. Ma gli ordini del nostro ministero, e il general Clary a Messina, resero vano il consiglio; senza stabilire patto nessuno, s'abbandonò l'isola; il che fe' male effetto anche a Torino, e umiliò i legati. Dopo ciò che più bisognava a Vittorio di collocarsi?

Nondimeno pareva il Manna affaticarsi ancora; nè offeriva più ma implorava l'alleanza; facea la corte al Poerio e al Mancini, fuorusciti, capi degli annessionisti, ch'era carcar pane al lupo. Questo Manna abbiam poi visto a Torino ministro di Vittorio. Del resto la lega n'avrebbe ruinati per altra via; chè pur fatta, era servire la rivoluzione, e guerra all'Austria, cioè pericolosa impresa contro l'amico, a pro del rivale; quindi vincitori o vinti, sempre con danno.

Il marchese La Greca, pur nulla a Parigi concluso, scriveva sconfidato a mezzo agosto: noi non aver da sperare che nelle nostre forze; volersi ardimento, l'opinione maggiore in Francia esser per noi, ne vorrebbero veder trionfare; e dove avvenisse, il re sarebbe tenuto salvatore dell'Europa. Finiva consigliando resistenza, e che il re si facesse vedere alle province e all'esercito. Anche di Russia venian forti consigli: « In nome del cielo, difendetevi, combattete, e operate con duci capaci. »

§. 20. Cinismo del parlamento sardo.

Ma il nostro ministero quelle ambascerie avea mandate per pompa, e già sapeva nulla farebbero; chè la setta non faceva punto de' suoi disegni segreto. Il ministero sardo a menar l'opera rivoluzionaria innanzi, avea proposto a' 27 giugno, e fatto approvare da quel parlamento, un debito di cencinquanta milioni. Il deputato Sineo disse: Non *cencinquanta, ma un milione di milioni vorrei dare;* chè non dava roba sua. L'altro Macchi avvertì che a furia di debiti e d'imposte, lo Stato dovrà un dì necessariamente *o assorbire tutte le proprietà private, o ardere il Gran libro del debito pubblico*; e soggiungeva: «Questo sarebbe il rimedio de' mali che fan sì dolorosa la nostra generazione; questa la inevitabile soluzione degli ardui problemi di economia sociale, che sgomentano gli egoisti, e preoccupano i filantropi, e che saran risoluti a benefizio delle generazioni future. » Il Sella rispondeva essere anche *sua volontà* di ardere il Gran libro, ma *dovrà serbarsi ad altro tempo.* E il Guerrazzi aggiunse netto: « Approvo lo imprestito; a ciò con questi centocinquanta milioni si possa arrivare al Campidoglio. »

Dunque s'era detto chiaro quei danari occorrere per andare al Campidoglio; cioè, non v'essendo guerra, servire per insidiare gli Stati vicini Papalini e Napolitani. S'era udito sulla pubblica bigoncia favellar cinicamente di comunismo, di necessità d'inghiottire le proprietà private; e ciò nell'atto dell'ordinare un debito nuovo. Avvertivano i compratori: Badate, un giorno abbruceremo le vostre carte senza pagare! Tanta impudenza potevano avere, assicurati dall'arme francesi e dalle Note inglesi.

Dunque mentre s'era visto il Piemonte aperto far denari per dar sopra al resto d'Italia, i nostri costituzionali ministri mandavangli dopo pochi dì ambasciate per la lega. Sicchè facevanlo o per distogliere il re dalla difesa, o per balordaggine, incredibile in uomini che indi a poco furono sì astuti a pro del nemico. E che stavano a parlar di lega, quando sia in Sicilia s'era proclamato re Vittorio e lo Statuto Sardo? Quei ludibri d'ambasciate finirono con la monarchia; che non prima del 1° settembre il ministro De Martino propose di richiamarle.

§. 21. Consigli di D. Liborio.

D. Liborio, certo della vacuità della lega, osò fare al re altra indegna proposta : « Non le vittorie sarde e garibaldine, ma l'odioso passato della dinastia minaccia il sangue di Carlo III. Le cose sono a tale che non v'ha salutari consigli, se non estremi e ardimentosi: invadere le Marche e le Umbrie, romperla col Papa e co' preti, stendere la mano al Piemonte sulle rive del Po, son tentativi incerti forse, ma volti a salvezza. » Salvarsi pigliando l'altrui, sfidando le scomuniche, servendo la rivoluzione, era consiglio reo; ma altresì iniquo; per far pigliare al re la soma dell'infamia, e sbardellarne la setta; e altresì puerile, perchè Francesco si sarebbe lasciato alle spalle il nemico irrompente, per assalire l'amico pontefice, per meritare le maledizioni di tutto il suo regno religioso, per diventar simile a Vittorio in vergogna, dissimile in fortuna. Saria caduto più presto; e imprecato ed irriso. Francesco udì con ribrezzo cotal consiglio dal leguleio ministro detto *forte a risoluto.*

§. 22. Abbattimenti d'uffiziali a furia.

Quelle pratiche di lega servirono al ministero, perchè sperante pacificazione non provvedesse alla guerra, e più certo la monarchia diroccasse. Però diessi ad abbattere presto quanto era di forte nell'antico; soprattutto in magistratura, amministrazione civile e polizia, siccome ordini guardiani e tutori dello Stato. I direttori Giacchi e Miraglia tagliavan tondo a cento a cento a deporre uffiziali regi, e a porvi mazziniani: il Romano ne gongolava; il Lanzilli pareva fossevi strascinato: infierirono senza pietà. Ogni sera il giornale recava colonne tutte di licenziamenti e ritiri d'uffiziali, e in quell'incertezza dell'essere e del non essere, ciascuno faceva sua valigia, nè pensava a governare. Solo l'esercito non pativa colpo, chè sel volevan guadagnare con promesse o paure, e serbarlo intatto a Vittorio. Scendevano d'uffizio uomini che v'avevan logorata la vita, o vi salivano cospiratori vissuti fra brogli, ignari, presontuosi, vendicativi. In luglio una lettera ministeriale ordinò darsi le cariche *esclusivamente a' precedenti sorvegliati detti attendibili*: quindi nugoli di postulanti vantar reità e sofferenze; e tosto fur tanti ch'ebbesi a metter le guardie alle porte, per violar l'entrata nelle ministeriali sedi. Nè a contentare quei nuovi liberali bastando le deposizioni a migliaia, spesso i ministri dimandavano a' medesimi richiedenti chi credevano si potesse licenziare. Ma su tutti la vinsero i *paglietti.* Si facevano uffiziali a fascio, talvolta due in uno uffizio, o uno a due; talvolta uno per un altro v'andava, talvolta l'un con l'altro s'accomodavano; sicchè il decreto era formola, nè necessaria. Al distretto di Palmi mandarono con decreto sottintendente Carlo Poerio, nipote del famoso; il quale stimandolo saggio abbietto per lui, vi lasciò andare suo cugino Pierluigi, che si firmò Carlo sino all'arrivo del Garibaldi. E se ne videro altre. Sovente fecero intendenti gli stessi settarii del luogo, dando l'impronta regia a' membri della setta. Così a Reggio fecero intendente il sindaco, certo Balani, che subito lavorò pel Garibaldi.

§. 23. Distruzione de' minicipii.

Il maggior colpo alla parte regia fu il decreto del 23 luglio, non punto costituzionale, ma oltre misura dispotico; eppure lodato a' cicli, che dicevano il dispotismo per fiaccare il re essere libertà. A quei nuovi intendenti si comandò il rinnovamento di metà di tutti i decurionati del regno, fuorchè per Napoli; e creazioni di sindaci ed eletti nuovi: ciò senza forme o dettame di legge, senza proposte comunali; a volontà piena di essi intendenti, in qualsivoglia classe di comuni grandi o piccoli, e pel 6 agosto. Quel decreto calpestò tutte le leggi. Il Romano col suo rapporto al re diceva: « doversi concedere tai poteri eccezionali, perchè gli antichi uffiziali amministrativi eran poco propensi alle libere istituzioni. » In tal guisa dopo tanto declamato sull'universal desiderio di Costituzioni, confessavano i municipii non volerne. E d'avvantaggio il Romano andava ripetendo: « il violare la legge esser necessità suprema in quel periodo di transizione, imperiosa la illegalità per fabbricare lo edifizio della libertà.» Dunque la Costituzione era transizione dal Borbone al Savoiardo. E meglio i suoi pensieri svolse nella lettera che mandò agl'intendenti a' 26 di quel mese.

Bisognò pertanto scomporre i municipii, e ricostruirli con liberali, cercandoli fra ambiziosi o nella melma. In una settimana si cassò quanto di probo e intelligente avean le cure di tanti anni preparato; e il regno cadde nel comitato rivoluzionario servo del Cavour.

Si consideri: mutati in un mese presidi, magistrati, amministratori, sorvegliatori, municipii; aboliti gli Urbani, costrette a inazione le soldatesche, armati e posti in seggio quanti eran ribelli; si consideri una popolazione pacifica tant'anni, avvezza come figli al padre di sottostare alla potestà, ed esserne indirizzata al bene, ora data a un tratto inerme in mani adunche, per esser menata a ribellione o a servaggio: la novità, la sorpresa, l'ignoranza del pericolo, l'esser costretti a ubbidire al cenno venerato del re, l'udir vanti garibaldeschi, voci di vittorie miracolose, di marce trionfali, tutto era cagione di stupore. La fazione unita e forte, perchè imperante in nome regio, potea tutto; il popolo frastagliato in milioni d'individui, senza capi, senza disegno, senza sovrano, co' magistrati ribelli gagliardi per la regia spada, i popoli dico eran come fanciulli al brontolare del tuono.

§. 24. Primi conati di reazioni nella provincie.

Guai a chi si mosse. A Venafro la popolazione al vedere la bandiera di tre colori, piglia a sassate i festeggiatori; questi traggono schioppettate e uccidono due popolani; la moltitudine reagisce, certi galantuomini ferisce, fuga il resto, e straccia la bandiera. Subito i ministri mandano cavalleria, e carcerano i più veementi contadini. A Taranto, sede di congiuratori Liboriani, data la costituzione, volevano il sottintendente proclamasse il governo di Vittorio, dicendogli essere accordo tra questo e 'l Garibaldi e Napoleone. Sendosi negato, eglino a commuovere la numerosa plebe sospendono ogni specie di lavoro, si serrano i loro grani, e per mare li mandan fuori; però la sera de' 15 luglio, il popolaccio gitta in mare il capitano d'un legno calabrese venuto per frumento; alla dimane in mercato sparpaglia i grani per terra; e la sera del 17 fa tumulto in piazza; onde hanno ad accorrere soldati, che con pochi colpi all'aria fugan tutti. Nelle Calabrie, temendosi reazione, non solo gl'Intendenti sciolsero gli Urbani, ma in parte disarmaronli; e per farlo trascorsero a minacce e vessazioni. Tutte arti usarono per creare la guardia Nazionale faziosa. I comuni poneano in terna per uffiziali gli antichi capi urbani: che scandalo! rigettavansi. L'Intendente di Reggio chiese al ministro D. Liborio facoltà d'ordinare l'esclusione dalle terne di quelle persone, *per averne oneste e di specchiata opinione liberale.* Sospesa la gala del 31 luglio, onomastico della regina Teresa, scrisse averlo fatto per isventare *le malvage trame reazionarie.* A' 5 agosto chiese in fretta 1600 fucili pe' Nazionali; e servivano pel Garibaldi. E temendo nel distretto di Gerace imminente reazione, domandò vi sì mandasse altro sottintendente, *uomo forte che si gitti nella nuova via.*

A Bari il popolo non permise che i Gesuiti lasciassero il paese e la loro chiesa. A Molfetta il 22 luglio i popolani assalirono la Guardia nazionale, che per sostenersi ebbe a chiamar soccorsi, o preparar cannoni. A Castellammare furono moti reazionarii, repressi da forze regie. Molti di tai subugli surti per impeto, senza concetto premeditato, eran mossi da odio alla rivoluzione; nè potrei tutti rinvergarli e narrarli; quasi tutti avvenivano per precoci vendette settarie, come ad Avellino. Quivi, certi faziosi, trassero schioppettate a quanti vedean soldati esteri per via, e parecchi ne ammazzarono; e visto accorrere venticinque carabinieri a cavallo, gridarono viva i carabinieri! Colà era di esteri un deposito di dugento; i quali udendo i compagni assassinati, s'armarono a vendetta; ma il colonnello Santamaria de' carabinieri, e 'l brigadiere Mauro, piantatisi sulle porte del quartiere, con preci e autorità li poterono tenere. Così risparmiarono danni alla città, ma mancarono al dovere di agguantar gli assassini; i quali baldanzosi come di vittoria andavan tronfi. Il Santamaria si era vantato entro un caffè star lì per proteggere gli Avellinesi; e quando il generale Scotti mandò ordine ch'accorresse altro battaglione per tenervi la quiete, ei gridò all'orrore, e per telegrafo ne provocò la rivocazione dal ministro; il quale anzi ordinò l'uscita di quei dugento esteri; cui lo stesso Santamaria co' carabinieri accompagnò a Nocera. Avellino restò in braccio alla setta; però a' 5 agosto evasero i carcerati, intorno a novanta, fatti uscire por afforzare il Garibaldi, con quei galeotti; ma ci si posero a' passi, con danno del commercio.

§. 25. Come si corruppe l'esercito.

Mentre si comprimevano le reazioni col braccio dell'esercito, si lavorava a svellere da questo l'amore al trono. Uscito per coscrizione dalle viscere del popolo, esso n'era vero rappresentante; suo grido di guerra era *Viva il re*! e 'l suo nazional sentimento spingevalo a odiare la setta e lo straniero. Cadevano tutti i garbugli settarii, se l'esercito fosse stato da chicchessia menato avanti; però a stornare questo pericolo s'era eretto ministro il Pianelli, e direttore un Clemente Fonzeca allora brigadiere. Costui per favor di Ferdinando era salito a ricchezza maravigliosa; sendo stato scelto a costruire la strada ferrata di Capua, che gli die' quasi mezzo milione di ducati; perlocchè a sdebitarsi di tanti benefizii, lavorò col ministro a scalzare da' fondamenti la monarchia. Entrambi beneficatissimi, alzati dalla mano regia dal fango, però creduti fedelissimi, meglio poterono il tradimento operare: chè chi sospettava sì nera ingratitudine? Nulladimeno osarono avvedutezza serpentina: servivano il re e la rivoluzione insieme; ordinavan la difesa, lasciavan correre l'offesa, quella fievole, questa forte; ma in guisa ch'ove il re avesse vinto, avrebbeli trovati propugnatori. Guadagnati proseliti col fulgore del seggio e con l'esca della potestà, sotto titolo di propagare idee costituzionali, lanciavan nell'esercito i principii settarii; o a renderli autorevoli e comunali, fecero scrivere da un capitano Novi apposito giornale, a spese dello Stato.

La costituzione avea smascherato parecchi, sin'allora mogi, e codardi adulatori de' potenti, ch'ora facevano i gradassi di libertà; e per contrario mise maschere a molti ch'erano fidi. Questi vedevano il sovrano piegare il capo, Francia e Inghilterra ostili, Piemonte pregato non osteggiato, la setta implacabile vestita d'usbergo e spada regia; e ciascuno pensava un poco a sè e al suo avvenire. Nella dubbiezza del consiglio, nella incertezza del governarsi, nella impossibilità del far bene, i più si coprivano con l'adesione; e benchè altro sentissero in cuore, pur tra sorrisi ed inchini, nel facile non far niente aspettavano. Chi più ambizioso volea farsi strada, scorto il partito ch'aveva a vincere, si faceva costituzionale a coda del ministero, e si trovò unitario. Altri più ambizioso passò il Rubicone, e disertò al prestabilito vincitore Garibaldi. Parea sì bello quel trionfare senza fatica! Soltanto i soldati, senza ambizioni, amatori della terra natale, fremevano a vedersi senza pugna vinti da spregevoli stranieri, e gridavano guerra; ma loro voci non arrivavano al trono chiuso in cerchio fatato, o vi eran calunniate come brame di saccheggi. Certo senza quei soldati le cose seguivano come in Toscana, pacificamente abbiette; perocchè il più de' generali e uffiziali si sarebbero acconciati all'Italia una, per serbar gradi e soldi. Disegnarono le invasioni, le capitolazioni, le ritratte, i disagi, la fame, le vane marce, per distruggere l'esercito a colpi di spillo.

Già l'avea disanimato il comandato mutamento di bandiera con quella esosa de' tre colori, da esso combattuta, ora impostagli come segno di disfatta. Aggiungi lo strepitare de' giornali che a diluvio vituperavano il soldato *combattente i fratelli*, laudavano la diserzione, e schernivano le fedeltà; aggiungi i ghigni, i discorsi, le menzogne degli uffiziali settarii, aggiungi la falsata opinione che la quistione siciliana senz'arme, con pratiche diplomatiche si comporrebbe. Quindi l'incertezza, il titubare, che in cose di guerra è esiziale, pigliava i duci; ciascuno aspettando, nessuno pensava a fare, tutti temevano di risicare lo avvenire. Comandati andavano, facevano il men che potessero; e di niente si guardavano il più che del lanciarsi in qualche imprudenza. Stolti! il lasciarsi vincere fu la massima imprudenza!

§. 26. E l'armata.

Le stesse cose per l'armata; ma in essa covava più lezzo settario. Il conte d'Aquila, stato gran tempo ammiraglio, v'avea lasciato istillar mali usi e ruberie, che frodando lo stato giovavano al propagare la setta. Cominciata la rivoluzione, la flotta aveva un po' fatto suo dovere, senza gran fervore, secondo i capitani, che ve n'era di buoni e di guasti. L'Aquila tennesi in disparte durante i mesi d'aprile, maggio e giugno; nel qual tempo i generali Del Re e Iauch con alacrità armarono trentaquattro legni, oltre i noleggiati non pochi. Ma data la Costituzione, l'Aquila volle riprendere il posto, anzi maggiore, come ho detto; allora le cose volsero aperto in peggio, e la flotta non fu di nessun ausilio alla monarchia. Il ministero incontanente chiamò a Napoli tutti i legni a vapore, lasciando a Messina l'*Archimede* con la macchina guasta, e il solo *Veloce* buono, col capitano Anguissola, che primo dovea dar l'esempio del tradimento. L'armata, salvo le ciurme, che per esser popolane erano fide, stava agli ordini della rivoluzione.

A' dì 16 e 23 luglio arrivarono trionfanti in Napoli molti de' più famosi fuorusciti; e il ministro Romano, memore più de' legami settarii che della dignità uffiziale, si recava a festeggiarli sul bastimento. Ma egli avea corrispondenze mal celate con tutti i nemici del trono. Le province continentali eran già sì conce e strette in un pugno, che non potevan altro che ubbidire a' felloni. Ogni cosa era fatta: sol mancava il Garibaldi, e v'era Francesco di soverchio.

LIBRO VIGESIMOSECONDO

SOMMARIO

§. 1. Inazione del Clary a Messina. — 2. Tradimento dell'Anguissola.— 3. Proteste dei marini nostri. — 4. I Garibaldini s'accostano a Melazzo. — 5. Moine del Clary. — 6. Sua trista condizione. — 7. Come si manda il Bosco a Melazzo. — 8. Il Cavour e 'l Garibaldi rappacciati. — 9. Fatto d'Archi. — 10. Preparamenti a battaglia. — 11. Melazzo. — 12. Patto d'arme. — 13. Il Bosco non è dal Clary soccorso. — 14. Nè da Napoli. — 15. Capitolazione di Melazzo. — 16. Vergogne del ministero. — 17. Ritirata alla cittadella di Messina. — 18. Convenzione. — 19. Soldati frementi. — 20. Il Clary è richiamato. — 21. Dubbiezze del re. — 22. Frutti della sicula libertà. — 23. Incisioni a Bronte. — 24. Rapine rivoluzionarie. — 25. Ipocrisie ed empietà. — 26. Persecuzioni alla Chiesa. — 27. Convenzione di Baden e Teoplitz. — 28. Commedia diplomatica. — 29. Vili perfidie. — 30. Viaggio del Garibaldi. — 31. Tenta rapire un vascello.

§. 1. Inazione del Clary a Messina.

Il Clary che vincitore a Catania s'era ritratto a Messina, pur facea le lustre di voler riconquistare la Sicilia. Il re a' 24 giugno sollecitandolo gli scriveva: *Anche una piccola vittoria alza l'animo del soldato.* Gli avea mandato il 1° e il 3° di linea, e la dimane gli aggiunse il 5° e il 7° tutti provvenienti da Gaeta, e i colonnelli Cobianco e Bosco. Così al 25 giugno egli avea 29,188 soldati, 900 uffiziali, 612 cavalli, 579 muli, e quaranta cannoni mobili; ciò diviso tra Messina, Melazzo, Augusta e Siracusa. Allora parendogli star con molte forze e soverchie, prometteva ripigliar tosto Palermo.

Data la costituzione, si scoraggia: sue lettere cominciano a parer triste, esagerano le forze avverse: Sicilia aver sei corvette a vapore di costruzione inglese, cannoni rigati, bande da gremire i monti; dice i suoi mal ridotti, giacenti a terra senza paglia, laceri, nudi, artiglierie guaste, seduzioni settarie; temere il garibaldino Medici lo assalisse. Ed ei così tenevali immobili a Messina, senz'acqua, pe' condotti da' ribelli tagliati, quasi sempre al sereno, nel lezzo e tra gl'insetti; nè prima del 30 giugno, spiccò avamposti verso Colle S. Rizzo, dove i soldati pativano afa cocente il giorno e fredda brezza la notte. Finiva sempre chiedendo rinforzi e danari. Il sovrano sospingevalo a mantener la parola d'andar avanti, unico rimedio; ei rispondeva aver molta gente per tener la cittadella, poca per vincere Sicilia: uscendo sarebbe vinto, meglio star sulla difesa. E dal 1° luglio sino al 4 fe' più istanze per esser richiamato, egli che per restar solo a comandare avea fatto richiamare i marescialli Russo e

Rivera. Quel medesimo dì 4 gli arrivava la commenda di S. Giorgio in premio del fatto di Catania, già decretata.

§. 2. Tradimento dell'Anguissola.

A scambiare la guarnigione di Melazzo, mandò il colonnello Pironti con un battaglione del 1° di linea sul *Brasile* piroscafo francese, scortato dal *Veloce,* che tornando dovea da Melazzo menare il 13° di linea a Reggio. Il *Veloce* sola fregata rimasta nell'acqua di Sicilia, fu già l'*Indipendente,* comprata nel 48 da' Siciliani, sequestrata poi nel 49 dal napolitano governo a Marsiglia. Comandavala Amilcare Anguissola, di famiglia molto da' Borboni beneficata, uomo senza morale, arso di danari e carco di debiti, che per bisogno agognava larghe mercedi. Questo abbietto scagliò la prima pietra alla patria. La vigilia della partenza, stando a desco lodò il suo legno, e gli uscì bastargli l'animo predar con esso l'altre fregate regie: fecelo o per tentare i compagni, o pel vino bevuto. Partito per Melazzo a' 10 luglio, come vi giunse, voltò la prua e s'allontanò; onde il *Brasile* dovè senza scorta far lo scambio de' soldati e menarli a Reggio. Egli d'accordo con altri due corrotti uffiziali, il Sanfelice e l'Afflitto, volse a Palermo, dicendo alla ciurma andarvi per ordine con bandiera parlamentare; ma come là gittò l'ancora, gli si accostò una lancia con un ufficiale genovese; ed ei consapevole vi scese dentro, si recò sulla nave ammiraglia sarda, e poi sul *Franklin,* ov'era già corso il Garibaldi ad abbracciarlo. Indi a poco salì sul *Veloce* molta gente armata a mutarvi la bandiera; e poscia vennevi il Garibaldi, che unita a poppa la ciurma l'arringò, acciò servissero l'Italia. Solo quarantuno persone tra' quali l' Anguissola, e gli uffiziali assentirono; altri 138 e i macchinisti dichiararono essere napolitani, voler servire Napoli. Impertanto quei traditori gloriati, questi fedeli fur messi in una stalla, o quasi digiuni per quattro dì; ultimamente sur un legnetto li rimandarono inermi. Il re li premiò con soldi doppii, promozioni, medaglie e croci.

Ma l'Anguissola fellone, per farsi merito coi nuovi padroni, uscì il giorno 11 in corso a predare le navi regie, naviganti senza sospetto; e prese presso Lipari due vaporetti mercantili, il *Duca di Calabria* parlito da Napoli, e l'*Elba* che da Messina recava a Napoli dispacci e uffiziali. Così trionfante tornò al Garibaldi; che al *Veloce* mutò nome in *Tukery,* a onore dell'Ungaro morto a porta di Termini nell'entrata a Palermo. Il traditore avea due fratelli: Giovanni, maggiore al 4° di linea, e Cesare colonnello che allora comandava gli avamposti a Collereale, questi scrisse al Clary voler egli e Giovanni partire da soldati col colonnello Bosco verso Melazzo, per lavare con onorate morti l'onta al loro casato. Nol permise il Clary, scrissegli mostrerebbero loro fedeltà nell'ora del periglio.

§. 3. Proteste de' marini mostri.

Tal fatto parve vergognoso anche a' nostri uffiziali di marina; e supplicarono il conte d'Aquila significasse al re l'indignazione loro, e che quel dolore ligherebbeli più sempre alla difesa del sovrano, e della sua nazionale bandiera, per la quale darebbero la vita. Il *Giornale Uffiziale* stampò quest'atto, e una proclamazione dell'Aquila. Furono parole; i fatti parlarono diverso. Allora stesso, ito l'ordine che quattro fregate partissero ad assalire il *Veloce,* non ebbe esecuzione; primo a negarsi l'Aquila, e un capitano Vacca, cui Vittorio in premio ha fatto ammiraglio.

Ciò nocque alla posizione di Messina; chè là restava soltanto l'*Archimede* con la macchina guasta, e legni da trasporto senza cannoni; onde mancava di comunicazioni con Melazzo, Augusta e Siracusa. Dopo pochi dì il ministro di guerra scriveva al Clary: « Non posso mandarvi nè munizioni, nè navi, chè la flotta si nega. » Un regno ch'avea la prima flotta d'Italia, ebbe a prendere a nolo, per trasportar gente e roba, legnetti francesi per la sicurezza della bandiera; che furono il *Brasile,* l'*Eugenia,* la *Ville de Lyon,* l'*Avenir,* il *Pythias,* l'*Assirio,* l'*Algeria,* il *Protis,* il *Charle Martel,* e la *Stella;* i quali costavano 460 mila franchi al mese, oltre il carbone e l'olio. Intanto i nostri legni stavano sull'ancore, aspettando impassibili la preparata dissoluzione dell'esercito nazionale, e 'l servaggio della patria.

§. 4. I Garibaldini s'accostano a Melazzo.

Il Garibaldi padrone delle abbandonate Provincie siciliane, le mandò occupando con tre colonne accozzate in fretta. Una col Turr, che per malattia di costui fu guidata dal giornalista Eber, s'afforzò di volontarii per via; e giunse il 15 giugno a Catania, dov'era stato qualche moto reazionario. Altra col Bixio andò per Corleone a Girgenti, o l'ultima, il nerbo de' Sardi, testè giunti col Medici, uscita a' 28 da Palermo, per la costa di Termini volse a Barcellona, con esso Medici creato comandante della provincia di Messina, con poteri militari e civili. Entrò in Barcellona a' 5 luglio, dando proclamazioni agli abitanti della provincia, e a' soldati napolitani. Ingrossò coi corpi franchi messinesi de' dintorni, e minacciava la poco presidiata Melazzo, distante sette miglia. Il colonnello Bosco tosto s'offerì d'andarnelo a scacciare; ma il Clary pria rispose aspettasse, poi il negò. Tra loro due eran già mali umori.

§. 5. Moine del Clary.

Il ministero costituzionale avea ingiunto al Clary non andasse a offendere, non combattesse se non assalito; perchè diceva trattandosi la lega italiana, esser vano versar sangue Italiano. E il Clary che non s'era mosso quando gli si era ordinato, ora si diceva bramoso di fare; dimostrava la necessità di soccorrere Melazzo, tenuta da un solo fievole battaglione, e scacciar da Barcellona il Medici, annidatovisi con quattromila Sardi e dodici cannoni, e alquante centinaia di Calabresi ribelli sbarcati dal continente. Egli aveva armati dugento Siciliani Fedeli; e a' 7 giugno gli eran giunti da Napoli trecento moschetti per armarne altrettanti, che fuggenti la rivoluzione accorrevano a' gigli. Anche l'11 luglio sbarcava il brigadiere Palmieri, con altri quattro bei battaglioni cacciatori, tratti d'Abruzzo; e conforme alla proposta di lui gli si dava dal re e dal Ritucci allora ministro di guerra, con lettera del 13, piena libertà di azione. Voleva dunque con tutte forze assalire; e aveva trentaquattromil'uomini, di cui quattro compagnie ad Augusta, sei a Melazzo, sei a Reggio sul vicino continente, e altre poche a Siracusa; tanto da ingoiar Sicilia non costituita, occupata da predoni e da orde indisciplinate. Il Filangieri nel 49 conquistava Messina con ottomil'uomini; e con quindicimila tutta l'isola costituita e preparata a gran difesa. Egli poteva incontanente guadagnar la campagna; e con una prima vittoria, facile contro il Medici, rianimando i soldati, voltando a suo pro gli animi de' più, che sempre s'accompagnano al vincitore, salvava il regno. Ma ei ch'avea strepitato per combattere, e che lo stesso dì 13 chiedeva con lettera il permesso d'assalire, com'ebbe il permesso, quel dì stesso scriveva a Napoli proponendo vuotare l'altre fortezze, e ritrarre tutte soldatesche a Messina; acciò *i Siciliani in balìa loro avessero opportunità d'uccidersi l'un l'altro, e reclamar soldati per misericordia.* Scritta questa sciocchezza, la dimane mandò solo il Bosco avanti con una magra colonna, come dirò; nè più si mosse. Però risospinto da regio telegramma a uscir d'inazione, di nuovo si mostrava perplesso, or confidente di Vittoria, or timoroso di disfatta; o sempre chiedente istruzioni, e altre truppe, e vettovaglie, e navi e denari.

§. 6. Sua trista condizione.

Quello starsi peggiorava più la sua condizione. Il Garibaldi vi s'era recato il 22 giugno su nave inglese; e rimastovi tutto il dì senza scendere a terra, n'era ripartito sul *Governolo* nave sarda. Che concertasse nol so; di tal fatto l'Intendente fe' rapporto; il Clary nulla ne scrisse. Dopo quel dì la città fecesi deserta, il più degl'impiegati andatosene al nemico, chi restava ubbidiva al comitato segreto; e anche i tributi si percepivano pel Garibaldi, avanti gli occhi de' nostri. I cittadini sloggiavano, scriveano sulle case *domicilio inglese* o *francese;* così palagi, botteghe, abituri, e sin le barchette aveano in lettere cubitali d'essere straniere, appunto in quel furibondo gridar *fuori lo straniero.* E mentre i cittadini uscivano, veri stranieri entravano. Ignoti per volti e linguaggi, alla svelata andavano per le vie designando le case da occupare, per assalire la guarnigione, entravano tra' soldati a sovvertirli; impuniti corrompitori e corrotti. Non represse le baldanze cittadine, rifiuti insolenti, aperte minacce udivi; nessun venditore di vettovaglie, non un carro, non un animale: un locandiere ardì negar lo alloggio al generale Palmieri. Il Clary vietava ogni correzione, predicava pazienza a' soldati, quasi fossero monaci; e rapportava esser guasti nella disciplina.

Questi sperperati per forti e campagne negli avamposti sino a Gesso mancavano d'ogni ben di Dio. Scarso il pane, avean gallette e poche' sempre accampati, nuda terra per letti, non tende, non ricoveri; luridi laceri le vesti. In cittadella pativano d'acqua; lamenti non uditi, giustizie mai, previdenze nessuna. Per contrario facili artifizii, influite seduzioni per farli disertare, e qualcuno ne disertava. Cosi senza andar nè avanti nè indietro, isolate, divise dal mondo, le soldatesche dovean finire;

nessuna più cruenta disfatta potea più danno recare. La pugna era saluto, e non si voleva.

§. 7. Come si manda il Bosco a Melazzo.

Ho detto che per ordine del 13 aveva il Clary il dovere di spingersi a guerra offensiva, secondo ch'egli stesso avea chiesto. Ei tennel segreto a tutti; ma a sera di quel dì fe' una brigata di tre battaglioni cacciatori 1°, 8° e 9°, con uno squadrone di cacciatori a cavallo, 40 pioneri, pochi compagni d'arme, e otto cannoncini a schiena; posevi comandante il colonnello Bosco, uomo stimato da' soldati pe' fatti precedenti, a lui non molto simpatico. Iniziava la guerra con sì poche genti, dopo aver tanto magnificata la forza nemica, e scritto a Napoli che già quattromila Piemontesi e grandi bande paesane stavano minacciosi a Barcellona. Dopo scritto egli esser debole con ventimil'uomini per uscir da Messina, vi mandava il Bosco con duemila, in paese cui s'era dato tempo d'afforzare. Bensì promisegli mandargli soccorsi appresso; onde il persuase d'andare; e non so se maggiore sia il fatto cavalleresco di costui, o l'insidia del Clary. Duemila uscivano a urtar la Sicilia, e ventimila irrugginivano a Messina.

Diegli ordini così: che a Gesso lasciasse il 1° battaglione, e si pigliasse il 5° che v'era d'avamposto. Postasse a Spadafora un po' di gente con avanguardia ad Archi, trivio tra Melazzo, Barcellona e Messina. Sendo scopo dell'andata il guarentire Melazzo, accampasse colà a modo militare, guardasse il raggio del forte, non assalisse, assalito si difendesse, e potendo si stendesse sino a Barcellona, non più. Trattasse con moderazione i popolani, anche i traviati, imponesse rispetto; non permettesse sacco nè soprusi.

Chi militare approverà tal disegno? Sì pochi in vasto paese ribellato, con a fronte numeroso nemico; nè potean vincere, nè guardar Melazzo, piccolo castello cinto da mare in mano a' contrarii; restavano d'aggravio al forte, e tagliati dall'esercito. O voleva ripigliar Sicilia, e dovea lanciarsi con tutte forze a visiera calata, e decidere con una battaglia la sorte; ovvero tener solo Melazzo, e dovea dare almeno il doppio de' battaglioni al Bosco, e altri postarne a scaglioni, per soccorrerlo a tempo. Messina vuota era tenuta dalla cittadella. E che mai vi temeva egli da starvi con tanti? assalti da Taormina, ove non era oste? e in ogni caso i battaglioni voltando a sinistra davan ne' nemici a tergo. Parve mandato il Bosco a perdizione, acciò caduto lui tenuto in fama, si sgominasse il resto senza guerra.

§. 8. Il Cavour e 'l Garibaldi rappaciati.

La costituzione che snervò la difesa, e pose l'esercito sotto il Pianelli congiurato col nemico, ne fe' l'altro danno di far rappaciare il Garibaldi e 'l Cavour. Questi fingendo trattar la lega co' Napolitani ambasciatori, faceva capire all'avventuriero poter egli troncargli i trionfi. La lega parea favorita da Francia, nè oppugnata da Londra; e lo Statuto di Napoli più largo del piemontese, potea tentare Sicilia a fargli buon viso. Perlocchè accortosi il Nizzardo avere il Cavour le chiavi dell'avvenire, ebbe a moderare usa baldanza. Poseli d'accordo il Persano ammiraglio sardo, onde il Cavour con lettera ne lo ringraziò a' 11 luglio, e 'l lodò d'aver saputo acquistare sul Garibaldi *una salutare influenza.* Continuasse nella via del menar l'Italia a salvamento; assicurasselo egli voler quanto lui compiere la grande impresa; ma a riuscire volersi andar di concerto, *benchè con metodi diversi.* I due metodi erano l'assalimento e l'inganno concertati. E dopo due dì per rassicurarlo viemmeglio rescrisse al Persano, affermasse esser menzogne sparse da' comuni nemici le voci di patti segreti di cedere Genova o Sardegna alla Francia. Pertanto ridomandò l'annessione, ma non per decreto dittatoriale, per non urtar nell'opinione; insistè si fondasse su voto popolare, per rispondere con essa alle reclamazioni d'Europa. E allora si lavorava a far da' collegi elettorali uscir deputati, per un'assemblea che rigettasse lo Statuto offerto dal re, e dichiarasse decaduta la dinastia; intanto si voltavano in beffa le concessioni regie, se ne malignavano le intenzioni, e si sforzavano gli animi al Piemonte

I frutti della concordia il Nizzardo videli sul botto. Il ministero di Napoli, ligio del segreto comitato, spianavagli la conquista dell'isola e del continente; il Pianelli mandò ordine al Clary di non assalire, benchè già fosse ito avanti il Bosco; ripetevalo al 17 luglio, spiegando che il non avanzarsi era necessario alla presa politica; e 'l dì seguente aggiunse che il ripigliare le ostilità nocerebbe alle relazioni diplomatiche *già migliorate di molto*, e che la disfatta sarebbe ruina. E il Clary non assalì, ma lasciato assalire il Bosco, il restò solo. Il Garibaldi ebbe agio di raccogliere militi esteri ed indigeni e disertori, per assalire a grado suo. Gli era sbarcato a' 3 luglio dal *Wellington* nave inglese il Cosenz, con altri 1600 Piemontesi, oltre i moltissimi che arrivavano alla spicciolata: onde egli potè mandarli a Barcellona, e ingrossar quel porto con molte migliaia d'uomini provveduti di buone arme.

§. 9. Fatto di Archi.

Il colonnello Bosco usciva da Messina sull'alba del 14 luglio. Di là a Gesso son dieci miglia, altre cinque a Spadafora, e sette a Melazzo. Ei si fermò un poco a S. Rizzo e a Gesso ultimo avamposto, dove vide fuggire le prime camice rosse. Non iscambiò il battaglione com'eragli prescritto, per aderire agli uffiziali del 1° cacciatori, cui pareva onta il restare indietro; la sera stette a Spadafora, v'ebbe le vettovaglie dal municipio, vi rialzò il telegrafo, e lasciovvi secondo l'ordine quattro compagnie dell'8° cacciatori. Il 15 scemato volse a Melazzo; giunsevi sul vespro, e pose al piano S. Papino. Alla dimane occupò due molini verso il mare per macinarvi il grano; misevi una compagnia; che la notte scambiò qualche colpo con pochi scorazzanti cavalli; onde l'afforzò con altra compagnia al mattino» e per ubbidire all'ordine del Clary, mandò al trivio d'Archi il maggiore Maring con quattro compagnie dell'8°, venticinque cavalli e due cannoni. Questi sul mezzodì di quel giorno 17, visti gli avversarii li combattè su' campi di costa alla strada di Barcellona. L'aiutante Stefano d'Auria di artiglieria fe' prigioniero un capitano, un tenente, un sergente e diciotto altri, tutti Piemontesi, il resto gridando Savoia e Italia fuggì, lasciando tra morti feriti e prigionieri un cento. I Regi perdettero 13 morti e 25 feriti, tra' quali il D'Auria, poi promosso alfiere.

Il Medici, credendo d'esser investito di là, rinforzò quella sua dritta, e fe' una barricata sulla via di Merii, perlocchè il Maring temendo restar avviluppato s'avvisò di retrocedere a Melazzo: il che fe' vantare il Medici d'averlo respinto, Il Bosco mise il Maring agli arresti; e forte rampognò il battaglione, che parendogli onta quella punizione dopo aver vinto, osò farne rimostranza. Invece rimandò ad Archi il tenentecolonnello Marra con sei compagnie, venticinque cavalli e quattro cannoni: giunsevi sull'ore quattro vespertine, e investì l'avversario, prima con due compagnie, poi con altre due; ma scortolo grosso ingegnarsi a circondarlo, prese posizione, e da ogni banda lo scacciò; sicchè la sera posò sul campo a maniera di guerra. Furono danni da ambe le parti, maggiori nel nemico perseguitato. Accorsevi in aiuto il Bosco a mezzanotte; e saputo i Garibaldini prepararsi a vendicar l'onta col numero, stimò inopportuno tener senza ragione sperperate sue forze; e tutte al mattino, senza che il nemico osasse apparire, seco a Melazzo le rimenò. Ne scrisse per telegrafo al Clary, e trovarsi egli con pochi minacciato da molte migliaia, subito mandasse due battaglioni almeno e uffiziali di stato maggiore; il qual telegramma divulgato a Messina, mise un ardore nelle soldatesche, bramose d'accorrere. Ma il Clary anzi che affrettarsi, mandò il giorno dopo a sera (e giungeva a mezzanotte) il capitano Fonzeca scortato da sette compagni d'arme, con lettera, che non avea legni da guerra per mandar truppe, sperare nel suo braccio, stesse sulla difesa. E non avea il *Brèsil* e la *Ville do Lyon* con bandiera francese? perchè non mandar per terra, dove se transitava il Fonzeca con sette uomini, meglio il potean due battaglioni? Poi scrisse il 19 al ministro non potersi levar forze, perchè impacciato da Scaletta; e non era vero. E che temeva con ventimil'uomini entro un forte? Al re che gli replicava le inchieste del Bosco d'aver subito il 5° e il 7° cacciatori, rispondea lo stesso dì lagnandosi ei scrivesse dritto a Napoli, e *vuole tutti i battaglioni cacciatori, ed io con che resto qui?* Adunque al Bosco scriveva non aver modo da mandar soldati, e al re non volerne mandare; opposte cose, dove certo una era mendace; precipitava il Bosco, o il regno? l'uno de' due, o entrambi?

Il ricusarsi di soccorrere il compagno, e le sue sconnesse risposte diero da fremere all'esercito, e si levarono di strani sospetti; nondimeno quel mattino stesso del 19 ordinò s'imbarcassero quattro compagnie per Melazzo, gretto soccorso; eppure dopo un'ora, sul punto della partenza, esultando quelli per l'onore lor toccato, rivocò l'ordine con dispetto di tutti. Il dì medesimo dell'avvisaglia di Archi, saputasi a Napoli, il Pianelli, ritenendo per *grave responsabilità l'essersi ricominciate le ostilità* pure comandò al Clary di operare *con piena libertà d'azione*, allora ch'era stato assalito; assicuravalo si protesterebbe all'Europa, per quell'aggressione durante i trattati in corso, e già essersi fatte rimostranze a re Vittorio, acciò allontanasse i suoi legni da guerra, per combattere i legni garibaldini; dopo di che sperava la nostra flotta facesse il suo dovere.

§. 10. Preparamenti a battaglia.

Il Medici respinto da Archi, si valse della ritirata de' Regi per divulgare d'averli scacciati a forza dentro Melazzo, poi usando l'arti consuete, mandò per un cavalier Zirillo di Melazzo invito al Bosco di recarsi a parlamento in una casina; ebbe risposto i soldati del re stare per combattere non per favellare. Allora chiese per telegrafo soccorso a Palermo. Il Garibaldi udita bene la gravezza del fatto d'Archi, nominò a' 18 prodittatore il Sirtori; egli adunò quanti aveva allora armati, parte ne mandò per terra, il resto mise sul *Veloce,* sull'*Aberdeen* e altri legni, e navigò a Patti; dove sbarcato il 19 raggiunse il Medici. Prima passò a rassegna tutta la gente; poi a far credere vittoria il badalucco di Archi, sciorinò un ordine del giorno dichiarante il Medici benemerito della patria; promosse generali i commilitoni Cosenz, Medici, Carini, Bixio ed Eber; fe' dell'esercito, che appellò meridionale, quattro divisioni, e si preparò ad assalire la dimane.

Se il Clary avesse mandato i due chiesti battaglioni avrebbe cavato d'impaccio il Bosco; se avess'egli proceduto con quindicimil'uomini, ingoiava la Sicilia e 'l Garibaldi; ma mentre questo marinaio accorreva da Palermo a combattere, ei marciva a Messina. Il Bosco a' 18 aspettando il soccorso s'era postato così: soldati del 1° cacciatori afforzavano il posto di *Casa Unnazzo,* il resto del battaglione a S. Papino co' pochi cavalli; le quattro rimanenti compagnie dell'8° (stanti l'altre a Spadafora) in massa fuori porta Messina; due compagnie del 9° con l'artiglieria al Quartier Vecchio, pronta a uscire; il resto al piano del Carmine. A sera mandò il Purmann capitano d'artiglieria con avamposti sul colle Capo, a vietar qualche sbarco da mare. Così con appena 1000 uomini sotto l'arme s'aspettava l'urlo della rivoluzione. A' 10 vidersi camice rosse a luogo detto G*rotte,* e vi si postarono soldati a cavallo da recar subito gli avvisi. Sulla spiaggia bazzicavano legni nemici. Certi di essere assaliti la dimane, in aspettazione del soccorso, in quell'ansia arrivava il Fonzeca, con sette uomini a mezzanotte, recando il diniego del Clary.

§. 11. Melazzo.

Melazzo, citta di undicimil'anime è la *Mylas* de' Calcidesi, poi famosa per la vittoria di C. Decilio sui Cartaginesi, e più per la giornata tra le flotte d'Augusto e Sesto Pompeo nel suo ampio porto. Con campi feracissimi, dove i poeti fecero pascere i buoi d'Apollo, è posta sull'istmo d'un promontorio, che va per quattro miglia in mare dall'est al nord, nè più d'un miglio ampio, ma stringe anzi sino a 1400 passi. La Piazza d'Arme mal fortificata all'antica, e sottostante a un colle propinquo, è un ricinto di mura, con poco fronte, tra due bastioncelli a orecchioni senza trinceramento, una cortina lunga o un rivellino informe. Il resto è un trapezio, ad angoli salienti ed entranti, con la cittadella dentro, sur uno scoglio a torri quadre e tonde, e una sola batteria detta *Tedesca.* I difensori son colpiti dalle alture, e pur da' tiri delle case della città. È piuttosto un quartiere che un forte. Mancandovi la polveriera, v'era gran pericolo; chè le munizioni stavan sotto certe tegole, ch'a una scintilla ti gittavano all'aria castello e castellani. Vi dimoravan di presidio settecent'uomini del 1° di linea col colonnello Pironti, più anziano in grado del Bosco; però indipendente, che non prese nessuna parte a quella pugna.

§. 12. Fatto d'arme.

Adunque al mattino de' 20 luglio il Garibaldi con ottomil'uomini scendeva da Merii verso il villaggio S. Pietro. Il Bosco visto ch'ei poteva sbucare da più parti, mandò l'artiglierie alla spiaggia presso S. Giovanni, a Casa Unnazzo, al ponte dopo le Grotte, e sulla strada maestra per protegge i molini. I Garibaldesi lasciate riserve col Cosenz e 'l Fabrizi a Merii e a S. Lucia, procedettero con un Melenchini all'ala sinistra, un Simonetti a destra, e 'l Garibaldi col Medici al centro; e sull'ore sette per tre vie investirono tutta la fronte de' Regi dall'uno all'altro mare, mentre il *Veloce* sostenendo il fianco sinistro sbarcava uomini e munizioni. L'assalto cominciò al centro, poi sulla dritta de' Regi verso i molini, poi generale, a un miglio e mezzo della città con la fucileria; ma dopo due ore tonarono i cannoni da' molini e dalle *Grotte.* Artiglieri e cacciatori con valore e destrezza seminavano la morte, e i soldati eran sì ardenti, che reso inadatto al fuoco il moschetto, ponevanvi la baionetta e si facevano avanti. Cento uomini del 1° di linea scesero senz'arme, a portar dentro i feriti.

L'ala dritta garibaldina rotta e gittata indietro, benchè surrogata da gente fresca, pur fu respinta: accorsevi il Garibaldi co' cacciatori genovesi, e chiamando in fretta la riserva del Cosenz. Allora col numero presero uno de' regi obici: perlocchè cinquanta cacciatori a cavallo animosamente caricarono il nemico al trivio del molino; vi morì il capitano Giuliano che li guidava, e per sette ferite caddevi il tenente Faraone; il Garibaldi tra' cavalli ferito, fu salvo dal Missori suo uffiziale, ambi perdendo i cavalli uccisi. Ma quei pochi cavalieri regi, scemati del terzo, percossi su quei terreni frastagliati, nè potendo guadagnar l'obice, ebbero a cedere.

In quello arrivava il Cosenz da Merii con la riserva a percuotere i suoi connazionali e antichi compagni. Il Bosco che forte combattendo da un vigneto si sforzava a soccorrere i bravi capitani Purmann e Fonzeca, visto il fresco nemico sboccare dalla via maestra, corse a prendervi la piccola riserva di novanta cacciatori che v'avea lasciati col Marra; ma trovò che questi sin da principio non raffrenando i suoi s'era lanciato nella mischia; perlocchè non avendo altra gente, mandò al castellano Pironti, che mandasse trecent'uomini da porli agli avamposti, e sì chiamare in battaglia i cacciatori rimasti colà inoperosi, ma ei rifiutò il soccorso.

Il Garibaldi coprendo col numero le perdite patite, spinsesi a sprofondare il centro de' Regi, per pigliar poi di fianco le ale, e impedir loro la ritratta. Allora il Bosco, vedendo non poter durare con soldati stanchissimi contro i freschi, sopra terreno lavorato e sinuoso che fea malagevole i movimenti, comandò di retrocedere combattendo. Era stato previdente a mutare i tocchi delle trombe, perchè non si comprendessero da' disertori pugnanti co' nemici, sicchè senza ch'ei se n'avvedessero, si fe' indietro lento e intero, stringendo la linea di battaglia sopra Melazzo. Il Nizzardo avea lasciato il campo, ed era salito sul *Veloce* per guardarlo; però vista la ritratta, fe' da quella fregata traditrice trarre a scaglia su' Napolitani, tanto che lor vietò di stabilirsi nella città, e costrinseli a entrar nel forte; il quale tirando poi sul *Veloce* gli fe' prendere il largo. I vincitori dopo la pugna entrarono nell'istmo circospetti, e lentamente nella citta; dove il Garibaldi alloggiò invitato in casa il consolo inglese. La popolazione gli fe' poco buon viso; i più ruggirono; chi restò non die' nè viveri, nè acqua, nè paglia; anche i farmacisti mandarono i farmaci fuori.

I Napolitani in sette ore di zuffa, uno contro cinque, mostrarono che valessero ove non eran compri duci: perderono due uffiziali e 38 soldati morti, 83 feriti e 21 prigionieri. I prigionieri sardi dicevano eglino essere stati diecimila; il Garibaldi al comandante del *Protis* disse aver avuto ottomil'uomini, e perduti ottocento. Chi durante la tregua favellò co' Regi affermò aver perduti mille e cento. Co' rapporti a Torino scrissero 780. E il Bertoni col suo proclama a' volontarii, disse: « I mille caduti a Melazzo provano qual conto i Borboni facciano del sangue italiano! » chè secondo lui era delitto anche il difendersi entro la casa. Il Medici, il Missori e 'l Garibaldi ebbero uccisi i cavalli; questi ebbe ferita al piede, il Cosenz al collo. Un Garibaldino lombardo scrivendo alla *Perseveranza* (5 agosto) aggiungo un colonnello ucciso, un maggiore Magliavacca mal concio e poi morto, e molti uffiziali caduti: dice: *della mia compagnia di 60 mancarono 25, nè fu quella che sofferse più.* Accorsero quanti eran chirurghi sin da Messina.

Questa fu la giornata di Melazzo, della quale si sparsero allora menzogne sperticate. Dopo giunse il 22 a Palermo il Depretis deputato piemontese, inviato dal Cavour per Commessario regio; il quale più prudente del predecessore La Farina, corse a Melazzo al dittatore; che già ammorbidito dal Persano, ben l'accolse, e più la dimane 23 fecelo prodittatore, richiamandone da Palermo il Sirtori. Anche venne a visitarlo il romanziere Dumas, cui die' il carico d'un giornale *L'Indipendente*; e inoltre sotto titolo d'avere a comprare 1500 fucili gli die' lettere per centomila franchi, da riscuotere a Palermo. Il sindaco La Verdura non volle pagare; ma il De Pretis ne fe' pagar subito sessantamila! Allora il Dumas inebbriato di quei denari, sciorinò cose magne: stampò: *settemila Napolitani vinti da 2500 Garibaldini*; nè so quante dozzine di duelli da epopea. Vi ficcò Svizzeri, Bavaresi, e altre baie. Ma il Garibaldi s'aveva a posta menato questo cicalone, che tolse a far l'Omero di quell'Achille.

§. 13. Il Bosco non è dal Clary soccorso.

I Regi ritrattisi con poca perdita, dove il nemico era sanguinoso e danneggiato, potevano guadagnare la vittoria, se il Clary da Messina dava nelle reni al Garibaldi sull'istmo; però il Bosco per telegrafo lo sollecitò mandasse soldati, o dovrebbe capitolare. Quegli già al primo nunziarsi la pugna avea spiccato un battaglione, sì da mutarsi per via; cioè da posare a S. Rizzo, e quello di S. Rizzo a Gesso, e quel di Gesso a Spadafora, e l'ultimo mover di là fresco ad assalire i Garibaldini stanchi; ma alla nuova che questi eran già nella città, chiamò il battaglione indietro. In quella il ministro da Napoli gli scriveva per telegrafo: *le dò facoltà d'usare le sue forze*; laonde pareva ubbidisse, e dettò pur gli ordini per movere in quattro brigate, restando solo il presidio di Messina; ma tosto il sospese, e perdè tempo scrivendo al ministro lunghi dispacci a dimostrare i nemici aver assalito prima, e che lui i consoli esteri lodavano, quasi ciò avesso salvato il paese. Accusava il Bosco d'essersi serrato nel castello, dicea gran gente da Catania minacciar Messina, dover egli star sulla difesa, e dimandava facoltà da mandare la cavalleria in Calabria, soggiungendo: *Se pur siamo a tempo.* Non poter soccorrere Melazzo da mare, pel naviglio avverso, non da terra, per le bande nemiche; oppure la via era tenuta da' suoi soldati a scaglioni, e il telegrafo vi operava netto. Finiva sconfortato: *il funesto colpo di Melazzo echeggia su Messina.* Ma il ministro (ed era il Pianelli) risposegli a mezzanotte della stessa sera: « Nel caso vostro andrei risolutamente a Melazzo, ad investire il nemico allo spalle. Messina si difende co' bastioni; voi dovete spiegare energia e bravura. » Parlava al sordo. Si buccinò che l'astuto Garibaldi non si sarebbe avventurato sull'istmo, se non sicurato di non aver offese allo spalle.

Questo Clary fece cadere una opportunità sì rara in vita d'acquistar fama grande con poca fatica: accorrere a salvare il compagno, stringere l'invasore in cerchio di ferro, spazzare la Sicilia da quei tristi, salvare la patria e l'Italia dal servaggio d'una setta, e guadagnar nomea e guiderdoni. E senza fatica, chè le indisciplinate camice rosse sanguinose e stanche, ficcate in case percosse dal forte, sopra un istmo tra due nemici, non aveano difesa. Se pigliavano il campo, la cavalleria li faceva a pezzi. I soldati aspettavano l'ordine della marcia; ei vi dormì la notte, al mattino chiamò consiglio. Esagerò le forze contrarie, la difficoltà del mare, i monti gremiti di bande, il cammino lungo (22 miglia!) mancar vettovaglie, carri e animali, e si dimandava il parere, dichiarando aver già deciso. Sforzandoli in tal modo ad aderire, pur fra dieci consulenti, tre avvisarono pel pronto soccorso. Il colonnello Brigante volealo mandar per terra una brigata, il colonnello Musto volealo con più forze» e 'l brigadiere Fergola il secondava. Non pertanto il Clary risolse starsi; in caso di ritirata farla nella cittadella; intanto cercar d'andare in Calabria. Tal vigliacca decisione mandò a Napoli per suo discarico: e subito spingeva in terraferma i due battaglioni lancieri, quello de' carabinieri a piede, e quel del 4° di linea; così senza veder nemico cominciando la ritratta.

§. 14. Nè da Napoli.

Quel dì stesso che si combatteva a Melazzo, il re presentendo la ruina, così in Consiglio di Stato favellava: « Concesso quanto Napoleone consigliava, o che per parte nostra si restava dalle offese, e si trattava una tregua per far la lega, il Garibaldi s'afforza, si crea un esercito, riceve spedizioni di volontarii e disertori sardi, ingrossa, e ieri ed oggi stesso assalta i nostri soldati presso Melazzo. Il ministro Cavour ha promesso impedire altre spedizioni dopo quelle del Medici e del Cosenz, e non ha tenuto parola; anzi copre con la sarda bandiera le garibaldesi navi. È chiaro che si cospira non solo all'abbattimento della dinastia, ma anche dell'autonomia del reame. Or sia per la nostra regal dignità, che per la salvezza della patria, val meglio incontrare i rischi della guerra aperta, che restar vittima indifese di codarde percosse; però avviso darsi tosto i passaporti al Villamarina.» Quel ministero non poteva far eco a tai sensi regali; e sbiettò dalla proposta, mostrando facile la lega, prossimo il dì 25 designato da re Vittorio pel ricevimento solenne de' nostri ambasciatori.

Ma il Pianelli e il Nunziante, benchè venduti alla rivoluzione, avrebbero almeno voluto farla senza privare il paese del suo bell'esercito, e tenerlo intatto per patteggiar franche condizioni col Piemonte. Anche lor dolea forse lo scadimento dell'onor militare. Però a rintuzzare lo invasore, si designò eseguire triplice assalimento; cioè mandar truppe a Melazzo, e obbligare il Clary a farsi avanti; così stringere il Garibaldi tra queste due colonne ed il forte, e di là procedere alla riconquista dell'isola. Ma tutto dirocçò il conte d'Aquila capo della marina, ch'ei non più reale, ma *nazionale* appellava: dichiarò aperto che la flotta con disonore recherebbe soccorsi al Bosco. Fra esso e 'l Nunziante corsero sconce parole: questi sperava una rivoluzione a suo modo; quegli voleva il peggio, per trarne partito. Fu impossibile ottener fregate da guerra, però s'ebbe a rinunziare alla riconquista; si pensò mandar almeno legni da carico per imbarcare la guarnigione; e come si trattò non più di pugna ma di ritratta, i nostri marini lasciati i pretesti, si mostrarono volonterosissimi d'andare. La setta fe' ogni sforzo, e vinse ambe questa del non far soccorrere Melazzo, ov'era allora la somma della guerra. Il Pianelli a sera del 21 mandò al Clary un dispaccio telegrafico così: *Le do facoltà per tutto: se crede tornare sul continente, il faccia senza esitare.* Ma ci restò per capitolare. Tutti questi felloni, bracci secondarii della gran setta, credendosi primi, si trovarono ultimi; e loro malgrado sospinti da fellonia in fellonia, riuscirono a una rivoluzione che non s'aspettavano, e cui forse, sapendola, avrebbero combattuta.

§. 15. Capitolazione di Melazzo.

Frattanto il Bosco aspettato invano un giorno, rescrisse il 21, dichiarando il forte non difendibile, la città barricata, i soldati a mezza razione, poca inverminata acqua; scarso pane, necessità d'aiuto; il Clary al mezzodì del domani rispose: se credesse vano il resistere, cedesse. Fu temuto consiglio d'uffiziali la sera: questo non avvisò per la resa, ma per difetto d'acqua, viveri e foraggi, mise uomini ed animali a mezza razione, sì da poter durare quindici giorni; constatò aver munizioni da fuoco per otto dì, quasi nulla pe' fucili, cannoni antichi e inadatti, fortificazioni di tre secoli, mascherate dalla città e dominate da presso. Eppure il ministro di guerra aveva assicurato il re, Melazzo essere in buono stato di difesa. In questo dì 22 giunsero tre bastimenti francesi tra' quali il *Protis,* presi a nolo; e poco stante venne *La Mouette* legnetto da guerra, il cui capitano spinto dal Garibaldi prese a trattar la resa del forte, pel mezzo del Salvy comandante del *Protis.* Domandò la guarnigione si rendesse, o passerebbe a fil di spada; il Bosco rispose darebbe la piazza a condizioni onorevoli, e previa la sanzione regia, o che combatterebbe, o salterebbe col forte in aria; quindi si preparò a respingere l'assalto. In quella gli arrivava dal Clary un dispaccio: *Sospendete le pratiche; forti rinforzi son partiti, tra poche ore sarete salvi.* Un lancio d'entusiasmo piglia i soldati, hanno larghe vettovaglie, si preparano a sortita all'apparire dell'aiuto: niuno dorme, ogni ciglio aguzza il guardo sul mare e sulla terra, per iscoprire l'amica bandiera. Che speranze! Il Clary a quell'ora favellava col Medici inviato dal Garibaldi a Messina.

A prima mattina del 23 diverso telegramma, non al Bosco ma al Pironti, nunzia che verrebbe un uffiziale regio per trattare la resa. Di fatto sul tardi giunge da Napoli il colonnello Anzani con tre fregate; stipula una capitolazione, e al mattino del 15 i Borboniani con quasi tutte arme, artiglierie e onori militari piglian la volta di Castellammare di Napoli. Col forte restarono al Garibaldi 13 cannoni, 95 muli e cavalli, e la metà degli attrezzi da guerra. L'armata sarda avanti Melazzo fe' un simulacro di combattimento, da porre in mezzo le nostre navi: insulto indecoroso, e per la impunità codardo.

§. 16. Vergogne del ministero.

Il niego de' marini e del Clary a soccorrere Melazzo precipitò le cose; e il ministero che sì rigoroso era contro le reazioni, nulla contro i disubidienti operò. Lasciò in Messina si compiesse il disonore della bandiera; non isforzò, nè punì la marina, dove bastava agguantare alquanti capitani, e mandar pochi fanti sulle navi a obbligarle al dovere; e permise che non per combattere ma per vuotar de' Regi la Sicilia andassero con vergogna, acciò il nemico presto passasse in terraferma. E abbattuto l'onor nazionale, fe' l'onta piena a 22 luglio, con un vile indirizzo all'Europa; « Il Garibaldi stringe Melazzo; è riaccesa la guerra civile; il re per troncarla è disposto a qualunque sagrifizio, purchè s'imponga al nemico di cessar le ostilità. » Un re delle Sicilie pregare perchè altri imponga a un avventuriero di sostare! Non bastava a' ministri la distrazione dell'esercito, nè il disonorarlo col ritrarlo avanti a nemico abbietto; non bastava scalzare le basi del trono, nè spingere il monarca a discacciare i fedeli e a porsi i manigoldi a fianco, voleano mostrar lui imbelle, e avvilire la nazione napolitana, cui s'aveva a rapire l'essere e il nome.

Pertanto mentre alla sicura il Cavour lanciava avanti il Garibaldi, re Vittorio pomposamente spediva un aiutante reale a pregarlo di restar dalle offese. Il mondo vide quest'altra commedia. E i ministri nostri intenti a persuadere il re d'abbandonar l'isola, non l'ordinavano già, ma facevanlo fare quasi necessità, che fu il peggio. Il Pianelli visto nel Clary la volontà del non pugnare, vel raffermò, scrivendogli: « Resto convinto che non poteva marciar su Melazzo; può ritrarsi sul continente; può valersi di navi francesi. » Poi si lamenta con esso ch'avesse fatto udire al console francese di bombardare Messina; se ne guardasse. E il Clary si difendea, protestando non aver mai parlato di bombe, nè pensata tanta sciocchezza. Il capitolare era sapienza.

§. 17. Ritratta alla cittadella di Messina.

Ma no; con ventimil'uomini dentro Messina, ei scriveva a' 24 luglio baldanzoso al segretario del re: « Ora il signor Garibaldi si vorrà divertire con me; venga; mi trova giusto giusto!... vi dico che balleremo bene. » E il giorno stesso scriveva al ministro: « Per la tregua mandi a me istruzioni e credenziali per trattare, e sarà servito; almeno lo spero con fondamento ». Il fondamento era che da due giorni confabulava di notte col Medici, cui dava titolo di maggior generale, in casa il consolo sardo. V'andava col suo intimo capitano Ayala, nipote del famoso Mariano; e due volte si fe' seguire dagli altri capitani Torrenteros e Canzano, cui lasciava in sala a pigliar sorbetti; e diceva andarvi per un gran servigio da rendere al sovrano. Impertanto sicurissimamente il Garibaldi mandava ordinazioni pubbliche per l'occupazione di Messina il giorno 25; i locandieri ne aveano la prevenzione, e il regio amministratore offeriva il real palazzo!

Con altra lettera pur del 24 il Clary avea scritto al segretario del re: « I nostri avamposti saranno in questo giorno assaliti. Speriamo bene.» Di fatto quel dì appunto s'avanzarono le prime squadre avverse col Fabrizi e l'Interdonato. Gli avamposti regi a Spadafora, a Gesso, e S. Rizzo, siti gagliardi, dove pochi bersaglieri potevano affrontare un esercito, scambiati i primi colpi, ebbero comando di piegar l'un sull'altro; e 'l fecero ordinati, tenendo il nemico a distanza, sin sotto i bastioni della cittadella. Così il Garibaldi profeta potè il 25 fare occupare Messina da una piccola avanguardia, senza trar colpo: e la città si trovò tranquillamente partita tra i due nemici, benchè, niuna convenzione fosse scritta. Il Clary avea all'ore quattro vespertine sgombrato il luogo: i Garibaldini posero le sentinelle a trenta metri da quelle regie, separate dalla via *Le Quattro Fontane*; e spasseggiavano boriosi avanti a' soldati, aventi indarno i cannoni carichi e le micce accese. E peggio che nella ritratta, lasciati soli i fortini Castellaccio e Gonzaga, furo accerchiati da nemici. Alla dimane entrò il grosso de' Garibaldini.

I quali ebbri di fortuna, prosperosi e pasciuti, s'accostavano a' Napolitani affraliti, laceri, e sitibondi, incitandoli a disertare. L'uscita da Palermo, l'abbandono di Catania, la capitolazione di Melazzo, le lasciate campagne, il vedersi agglomerati l'un sull'altro sotto le muraglie, peggio che vinti, tutto sconfortava; e anzi fe' indignazione ed ira. Prima si mormorava piano de' generali, dirli codardi, ingrati al re, che, per cortigianerie, li aveva innalzati; poi contro il maresciallo, che fosse ingannato, che il suo Ayala s'avesse dodicimila ducati, e si sospettava oltre. E quell'Ajala fu poscia visto a' 7 settembre disertare al nemico! Intanto sotto gli occhi loro le camicie rosse fan baldorie, grida, luminarie: i disertati braveggiano vestiti rossi; vanno e vengono mandatarii, profondono danari e promesse; restano impuniti corruttori e corrotti; manca il pane e l'acqua, accampamenti eterni, caldo e freddo, insetti, miseria, fetori. Eppure pochissimi disertano. I generali raccomandano pazienza, mitezza, e virtù da cenobio a milizie in guerra e tradite. Il Clary perplesso sempre, doppio linguaggio, doppii rapporti, studiava gli errori. Ma spesso entrava in città, riceveva visite dai consoli e dall'ammiraglio inglese, si beveva gli elogi della sua moderazione, e mandava in Calabria a spizzico le soldatesche.

§. 18. Convenzione.

Disse aver fatta a' 26 una convenzione verbale col Medici, così: Cedere *per evitar sangue* la città, ed anche i forti Gonzaga e Castellaccio, fra due giorni, ma disarmati. Imbarcarsi senza molestia. A' Regi la cittadella coi forti Basco, Lanterna e Salvatore, a patto di non trarre colpi se non assaliti, o si costruissero lavori d'assedio. Venti metri di zona neutrale intermedia; libero ad ambi il commercio del mare, rispettate ambe le bandiere, e la cittadella restasse inoffensiva, sino al termine delle ostilità.

Non ora dunque cessazione d'arme, nè tregua, ma patto di far la cittadella inoffensiva, perchè senza tema la rivoluzione avanzasse al continente: tutto a pro del nemico. Già egli avea mandato via le truppe, restata la sola guarnigione; e subito consegnò i fortini Castellaccio o Gonzaga, e anche Torre di Faro (questo non pattuito). E senza scrivere d'aver fatta la convenzione verbale, mandò lo stesso dì 26 il Canzano a Napoli per chiedere facoltà di sottoscrivere una tregua; il quale tornò con istruzioni scritte il 27 così: « Si facesse tregua, senza ledere i dritti del re sulla Sicilia, e serbando la cittadella; il governo, sebbene potesse continuare con forza e a lungo la guerra, rinunzia alla lotta fratricida, per facilitare l'alleanza sarda, e liberare Italia del Tedesco. » Con questo gli era dato di far trenta per troncare la lotta, non per patti che ligavano al re le braccia e sciogliev anle al nemico. Ma egli aveva eseguita la cessione pria di convenire, avea convenuto pria d'averne facoltà, e avutala per *far tregua,* pattuì solo lo abbandono di Sicilia, anzi la ruina della monarchia. Firmò poi la convenzione a' 28. E il ministero, poi che la vide fatta ed eseguita, la tenne per buona; nè poteva di meglio, acciò il Nizzardo senza stare attorno alla cittadella, assicurasse il tolto, coordinasse sue forze a vista della bandiera regia, e presto corresse a scacciare il re da Napoli. Sembra vi fossero altre convenzioni segrete; perocchè lo stesso dì 28 s'ordinava l'abbandono di Augusta e Siracusa; e v'andò a' 2 agosto il Brigante con navi per isgombrarle d'uomini e cannoni. Come l'ordine del Clary aggiungeva *facesse presto,* ei cominciò contemporaneamente il disarmamento di tutte e due le piazze; ma sul più bello venne ordine regio, giunto nel pomeriggio del 5, di riporre le cose al pristino, inculcando a' comandanti si difendessero a possa; laonde bisognò riporre con fatica al posto i cannoni e gli armamenti. Ritratti i Regi alla cittadella, un tal Capopardo sindaco garibaldese di

Messina, fe' due editti; uno invitando i cittadini a rientrare, l'altro nunziante l'entrata dell'esercito rosso; che tosto fu veduto, fievole e con poca artiglieria e quasi niente cavalleria. Poi al 1° agosto stampò un indirizzo al redentore, paragonandolo a Cesare. Il Medici die' una proclamazione agli abitanfi, e un'altra a' soldati napolitani, perchè disertassero, promettendo soldi e promozioni. Posesi a governatore alla provincia un Emmanuele Pancaldo, chè fe' un bando asinino: « Messinesi! Il dittatore creandomi vostro governatore ritenne che nella *vostra convergenza* mi reputai sufficiente alla dittatura distrettuale che *indosso.* Vi prego accordarmi la vostra *efficienza, e presentarvi meco solidali* al cospetto de' gravi doveri che mi circondano senza sopraffarmi, quando la *vostra convergenza* mi rende uguale alla vostra *corporativa dignità.* Quanto a me posso somministrarvi *due elementi:* l'abnegazione di me stesso e il buon volere ».

§. 19. Soldati frementi.

Il Clary non osò manifestare alla truppa la convenzione fatta; e il general Fergola, rimasto castellano dopo la sua partita, ebbe a copiarla dai giornali. Ma i soldati per quell'onte militari fremevano di dispettto. Venne indizio che i Garibaldini volessero sorprendere il forte D. Blasco; però a sera udito un colpo, cominciarono furibondi un fuoco d'avamposti; e gli artiglieri sfondate le porte che chiudean le munizioni, caricarono i cannoni. Corso il Clary a punire il custode, udì dagli artiglieri a coro: *Siamo siati noi*, ond'ei forte li sgridò. Allora il primo soldato di sinistra, salutandolo alla militare, senza lasciare il cannone, gli disse: « imparai a scuola che i Greci per non abbandonare il paese vollero morire sulle loro mura arse; questa cittadella è per noi paese, madre e padre; e vogliamo su' cannoni morire. Che se qualche traditore ne ingannasse, gli daremmo un bagno a mare con la pietra in canna. » La sera dopo fu peggior tumulto: i pionieri mescolati agli artiglieri caricarono i pezzi, e visto venire il maresciallo, gridarongli: *Fuori il traditore!* A stento pose ordine il colonnello De Martino. Alla dimane il Clary mandò per mare a Siracusa quella compagnia pionieri; e scrisse a Napoli: *la brigata d'artiglieria smaniar d'assalire, per uscire dal forte e far sacco.* Con quest'incubo del sacco, non si fe' mai pugna, e si perdè il regno. Anche certi uffiziali di marina l'offesero in pubblico, perchè (scrisselo egli) *volevano si pattuisse libero passaggio pel Faro. Ma che! Garibaldi nol vuole, e mi debbo gittare ai piedi suoi?*

§. 20. Il Clary è richiamato.

Il 31 non festeggiò co' cannoni l'onomastico della regina vedova, e scrisse ch'avrebbe prodotto allarme al nemico, e turbata l'armonia, dalla quale sfruttava trar partito. Al 1° agosto chiamato a Napoli, lasciò uno scritto caldo di fedeltà al re, e ne tornò il 4; ma guardato bieco, poco mancò il presidio il 7 non l'uccidesse; ond'egli spaurito dimandò per telegrafo d'andarsene, e n'ebbe l'ordine la dimane. Ei tennel segreto; e il giorno dopo, 9 agosto, con lettera tutta gentilezza ne die' conoscenza al brigadiere Gennaro Fergola suo successore. Ricevè visita de' consoli stranieri, attestantigli la gratitudine della popolazione, per aver preservata da guerra la città, e quei di Francia e d'Inghilterra dichiararongli ch'avrebbero palesato ai loro governi com'egli avesse saputo guardare gl'interessi del re in circostanze difficili. Ricevuta siffatta lode, che non par vero, ei stettesi in Messina altri tre giorni; partì il 13 sulla Maria Teresa, e si menò seco gli uffiziali di stato maggiore. Non lasciò istruzioni, nè carte, nè notizie sullo stato delle cose; non si congedò da' soldati, non una scritta, nè un addio. A Napoli non fu fatto entrare in palazzo; e ito al Pianelli, questi non gli fe' segno d'onore, e dissegli in faccia: La patria ha molto a dolersi di voi. Egli in ricambio presentò certi conti, dicendosi in credito di diciottomila ducati. Messina abbandonata alla setta vedeva allora nel porto, tre soli vascelli, uno inglese, uno francese, e uno sardo, le tre sentinelle della rivoluzione.

In questa maniera n'andò la Sicilia. La lasciavamo senza cagione e senza ragione; quando il Garibaldi svelava aperto i suoi disegni, nè volle mai promettere di posar l'arme. Al Clary disse netto: « Tregua non voglio, chè debbo fare l'Italia una; disfarò il regno, poi darò sul papa, poi su Venezia, in ultimo strapperò Nizza e Savoia a Francia. Vincerò Napoli o mel farò alleato: con esso faccio il resto; il re o sta sotto Vittorio, o se ne va.» E noi con tai promesse fuggivamo la guerra sull'isola, per averla in casa.

§. 21. Dubbiezze del re.

Il Pianelli avea rampognato il Clary pel vilipeso onor militare, e perchè volea forse intatto l'esercito e pattuir col Piemonte; ma dominato da' comitati rivoluzionarii, egli era strumento, nè potea che ubbidire; laonde si copriva di doppia veste, faceva più parti per trovarsi vincitore con gli eventi; e vi riuscì, ma con infamia. Allora strascicato dalla rivoluzione, la serviva parendo avversarla. La setta sapeva ogni cosa civile e militare, e per quanto segretissima la divulgava. I dispacci in cifra che passavan pel telegrafo eran stampati netti in Calabria. Il re ordinò si mutasse cifra, non fu ubbidito, e se ne dolse a' 27 luglio in Consiglio di Stato.

Spinto nella via costituzionale in quei momenti quando occorrevagli anzi dittatura, ei non poteva combattere la tempesta. Più volte pensò scuotere il giogo di quel ministero, disarmare i camorristi, non far più vessare i buoni, e tor via l'efferato ministeriale dispotismo gravante sovr'esso o sul Paese. Più volte volea accorrere in Sicilia e in Calabria, capitanare egli l'esercito, usar gagliardi atti; e lo stesso conte d'Aquila, intravedendo allora lo abisso, cominciava a consigliargli forti provvedimenti; ma al mattino i ministri sapevano rattenerlo. Francesco vedeva talora la buona via, ma per la costituzione sforzato, non potea seguitarla. Talora volea tentare il contrario: un dì propose a capo della Guardia nazionale quel Girolamo Ulloa liberalissimo tanto, tornato col l'amnistia; ma perchè dopo i fatti di Toscana era sospetto agli annessionisti che il tenevan ligio del Murat o del principe Napoleone, il ministero nol volle.

§. 22. Frutti della sicula libertà.

La rivoluzione trionfante s'avea Sicilia sciolta da ogni impero di legge. Tenevansi le leggi per annullate senza potestà i magistrati, abolita la polizia, chiusi i tribunali, cerchi a morte i precedenti correggitori, tutte sfuriate passioni, ogni scelleratezza gloriata. Assassini e ladri correvano le terre, sommovevan le città, facevan vendette, ponean taglie, pigliavan ricatti, perpetravan nefandezze inaudite fra Cristiani. Le rapine sanguinose del La Porta e del Meli ho raccontate. Un Biondi capo di masnade dichiarò guerra all'onestà e all'agiatezza; uccise in pochi dì ventisette persone; dove incontrava uno, il faceva leggere; e se il sapeva diceval signore, e 'l rubava e trucidava. La durò impunito più mesi, talora col capo alto, trionfando per Catania e Palermo. Lo stesso videsi a Trecastagni, S. Filippo di Argirò, Castiglione, Noto e altrove, ma durato meno. L'anarchia giunse a tale che un Saia liberalissimo un dì gridò al De Pretis prodittatore: « Tal vostro governare, fa desiderare il Maniscalco! » Non narro, chè nol potrei, tulle le brutture di quel tempo, frutti primai di libertà, moltiplicati poi tanto: i giornali coprivano con racconti gloriosi, e dove trapelavan fuori, dicevanli mene di preti, di reazionarii, di nemici d'Italia. Da tutte le parti del mondo venivano avventurieri a vedere quella prima terra della licenza, e a simulare un popolo strepitante che non era palermitano. Eran nell'isola una dozzina di partiti, ciascuno con giornali suoi: il garibaldese, il cavourrino, il repubblicano, quei che volevano o il duca di Genova o il conte di Siracusa, o il principe Napoleone, il costituzionale d'unione con Napoli, l'annessionista, l'autonomista volente annessione condizionata, e in ultimo il Borboniano puro, ch'era il più numeroso, ma più debole, perchè vinto, inerme e da tutti percosso. Gli altri or si davano la mano, or si suddividevano. E in quel pandemonio, solo chi avea carpito uffizio e soldo, andava qua e là abburattato, gridando pace e *Italia fatta.*

§. 23. Uccisioni a Bronte.

Il 1° agosto in Bronte i popolani messi su per cagion dei demanii tumultuarono gridando libertà e repubblica. Rinfocolati da' facinorosi, che in ogni rumore sono attori, barricano le porte, pigliano parecchi galantuomini, e moschettanti; altri ardono nelle case, altri gittan da' balconi. Così diciassette persone di varie condizioni e partiti son sacrificate. Accorsero sei compagnie di Piemontesi, poi il 6 il Bixio da Taormina con due battaglioni di cacciatori detti dell'Etna e delle Alpi; ch'entrarono traendo fucilate per le strade. Il Bixio chiamò il sindaco, l'arciprete e i più facoltosi; e dichiarato Bronte *reo di lesa umanità,* impose multe di lire cento per la prima ora, di cinquecento per la seconda, e di mille per le susseguenti, sinchè non isvelassero i nomi dei capi ribelli. La paura del pagare o del peggio strappò lor di bocca nella seconda ora alquanti nomi. Issofatto tai nominati prese e fucilò in piazza; sicchè tra questi e i primi morti furon da due dozzine; poi riscosse le multe, ligò i men rei, e menò a Catania. A un uomo che per giustificarsi gli si accostava, trasse con la pistola, e se lo freddò a' piedi. Umanitario liberatore, gastigava così Bronte sommariamente, dopo aver sorriso ai trucidatori de' poliziotti a Palermo. Dappoi per più anni si fece giudizio di tale fatto, definito reazionario nel 64, e molti andaron condannati, mentre il Bixio più assassino di tutti si dimenava da generale a Torino. Anche in agosto fu una reazione in Montemaggiore; un consiglio di guerra dannò venti a morte, e altri a' ferri.

Temendosi reazioni a Palermo, v'accorsero da Messina Garibaldini poco dopo, e v'arrestarono molti sospettati, il più nobili; mentre n'esulavano gran parte per Malta, Napoli, Roma e Francia. Ogni dì in Palermo si facevano consigli di guerra, presidente un Antonio Mordini repubblicano, già segretario del Mazzini; e si fucilavano persone, ree e innocenti che fossero. Grande era il terrore, e crebbe per isparsa voce d'essersi trovate liste di quattromila segreti agenti di polizia.

§. 24. Rapine rivoluzionarie.

In tra tanti spaventi, il De Pretis prodittatore promulgava a' 3 agosto lo Statuto sardo: *quello*, disse, *che faceva lieto il regnare di V. Emanuele*; comandò il giuramento d'ogni uffiziale darsi a quel re e a quello statuto; lo stemma di Sicilia esser quello del regno d'Italia; così prima di fingere i voti d'annessione fecerla di fatto. Il ministero per la quarta volta si modificò: abolito quello di sicurezza pubblica s'univa all'interno; abolita la segreteria di Stato presso il prodittatore; il Crispi pigliava l'interno, l'Interdonato i lavori pubblici. Michele Amari l'estero, invece del La Loggia, fatto ispettor generale di salute. Licenziarono i principali magistrati. E perchè gli onesti non si lanciavano in quel lezzo, il Garibaldi quello stesso dì 5 agosto fe' un proclama alle donne, acciò incitassero gli uomini ad armarsi pel riscatto.

Correvano tempi di piglia piglia. Da' beni dei Liguorini e Gesuiti volsero ducati diciottomila annui alla pubblica istruzione. Ordinarono una sovraimposta del due per cento sul valore di tutti i beni del clero, da pagarsi in tre rate. Da tutte le parti del mondo eran venuti sussidii e obbligazioni per la *santa causa della rivoluzione*; fatta questa vincitrice, non si tenne conto di quei denari; e si obbligò il tesoro siciliano a pagar milioni per arme, cannoni, munizioni, vestiarii, cavalli, spie, e altri compensamenti, e anche ducati 700,000 prezzo dei quattro decrepiti legni a vapore sicchè il Garibaldi e 'l Crispi si rivalsero d'ogni minimo quattrino speso, e intascarono quanto era stato offerto da' rivoluzionarii del mondo. Nè sazi di tanto, il dittatore in ottobre, comandò allo *scrivano di razione* così: « Rimborserà il tesoriere generale d'un milione e quattrocentomila ducati, per estinguere cambiali all'estero, *senza darne conto,* ponendo l'esito al capitolo delle spese comuni nello *stato discusso.* » E v'era la firma di Domenico Peranni allora ministro di finanze. Il denaro sel presero; i conti sapevanli il Garibaldi, il Crispi, il Peranni e un Michele Minneci; questi due benificatissimi di Ferdinando II, allora predicatori acerrimi della tirannia de' Borboni.

Sendo direttore degli affari di Sicilia in Napoli un Bracci, questi all'entrare del

Garibaldi avea sulla *madrefede* intorno a novantatremila ducati: se la sentì col Crispi, promise darli, purchè avesse il ritiro con soldo di ducati tremila; così si fece; con una mano piglia il decreto, con l'altra consegna i novantatremila. Il Crispi già morto di fame diventato riccone in un mese, comprò anche un palazzo in via Macqueda, rimpetto a' Crociferi, sotto nome d'un Moggio suo cugino. Di tai rapine narrate si giudichi il sacco per grande e per minuto dato al regno. Poi quando il Garibaldi tornò a Caprera, i suoi stamparono che niente si portasse, altro che un sacco di patate!

§. 25. Ipocrisie ed empietà.

Benchè il Garibaldi capotruppa della setta odiasse Santa Chiesa, e avesse esordito scacciando Gesuiti e Liguorini, avvedendosi Sicilia essor cattolica si moderava o affettava divozione. I suoi dicevanlo santo, messo di Dio, uomo del Signore. Percorreva i monasteri fingendo devozione, dicendo non voler molestare le vergini sacre, aver per dura necessità scacciato Liguorini e Gesuiti; s'inchinava a' santi, abbracciava gl'infermi religiosi, e faceva strombazzare il suo pellegrinaggio a S. Rosolia. E nella festività di questa protettrice di Palermo presiede nel Duomo alla messa pontificale, vi si atteggia a legato apostolico di Santa Chiesa (prerogativa de' monarchi siciliani), monta sul trono reale in camicia rossa, e all'evangelio snuda la spada, come a mostrar di difendere la fede, solevano i re. A' 31 luglio mandò in dono al convento della Gancia una campana fusa a posta, con su la data 4 aprile; ordinò sonasse in ogni anniversario di quel giorno iniziatore della rivoluzione. Così era santocchio colui che poco stante dovea dire il papa *sozzura, cancro d'Italia, vergogna di diciotto secoli.*

Ma tra queste commedie intenti a scrollare la religione, per isradicarla dal cardine crearono a Palermo un collegio pe' *figli del popolo,* con diramazioni nelle provincie, e assegno di tre carlini al giorno per alunno; direttore il Mario famoso marito della famosa Miss White, mazziniano; il quale nel programma stampò: « L'educazione non sarà, quella de' preti, non s'insegneranno ridicolaggini di confessione, di comunione e di Papa, ma invece dottrine accomodate a' tempi, e alle nuove condizioni di Italia rigenerata. » Intanto i Garibaldeschi versavano a piene mani la miscredenza e la depravazione nel popolo. Giornalucci da un soldo movean le passioni, schizzavano idee sovversive, celebravano l'anarchia e la scostumatezza. In burla i dogmi, i riti, e le preghiere, l'Immacolata, il papa, l'eucaristia; dispregiate le leggi di chiesa, calunniati i sacerdoti, insultato il pudore. *La Forbice* di Palermo, emula del *Fischietto* di Milano, e altri fogliacci, oltre gli scritti inverecondi, davan figure sozze, per più stuzzicare i sensi e fiaccare il costume. Vedevi preti in grottesco, papi e cardinali, re e regine in isconci atti, i misteri, i dogmi, significati con emblemi oltraggiosi. E Garibaldini a voce spiegarli, e a vantar l'empietà. Eglino a mettere i piè sull'immagini sacre, bucherarle con baionette, stracciarle, gittarle in cloache, poi canti liberaleschi impudichi, bestemmie grosse, baccanali. Libri d'ogni tristizie pieni, in pulite edizioni per allettare, invadevano il paese: commedie, racconti, romanzi, storiacce, filosofie empie, catechismi guasti, almanacchi osceni, storie galanti da bordelli, poesie luride, compendii di protestantismo, a soprassello le bibbie tradotte dall'apostata Diodati, davansi a prezzi bassi, ligate in oro, quasi per niente. Stillavano veleno ne' cuori, sofismi nei pensieri, voluttà ne' sensi; ma l'appellavano rigenerazione.

§. 26. Persecuzioni alla Chiesa.

Intanto si lanciavano sulla Chiesa, a saccheggiar monasteri, capitoli, mense vescovili, luoghi pii, imponendo vettovaglie, letti, ospizio e danari. E in quel clero insulare ov'era un po' di fradicio trovarono di preti e frati coadiutori allo spoglio; i quali messi su con tuniche rosse, e insieme pistole crocifissi e fasce tricolorate, salian su' pergami a predicare eresie e infamie al papa, a canzonare le scomuniche e le cose sante, sino a meritar gli elogi del Garibaldi. Questa vergogna del garibaldese elogio toccò anche a monsignor Giambattista Naselli arcivescovo di Palermo, siccome *il primo prelato italiano che rendesse visita ad esso* Garibaldi. Uomo ora pusillo, facile strumento d'astuti: movealo un Luigi Siciliano suo procuratore, il nipote Sant'Elia, e certi pretuzzi italianizzanti, un Nascè, un Casaccio, un Teresi e altri che il tirarono a inchinarsi al dittatore; onde andò e tornò dall'Olivuzza alla casa pretoria, con turpi onoranze, tra suoni e strumenti e bandiera. Anche elogi grandi meritò il canonico Ugdulena, fazioso del 48, graziato e premiato con promozioni; il quale l'anno innanzi s'era col Pontefice scolpato de' suoi trascorsi; ora ripentuto del pentimento, rifattosi liberale, meritò salire a ministro. E più meritò promovendo le bande rivoluzionarie; sputando lettere a' vescovi contro le canoniche discipline e la libertà della Chiesa; e approvando quel diluvio di protestantismo sulla terra siciliana. Nondimeno molti furono illibati e degni ministri dell'altare, e in Palermo, e in tutta l'isola, che spregiando calunnie, carceri ed esigli, s'alzarono a sostegno della Chiesa. Il vescovo Guttadauro di Caltanisetta dichiarò alto non parteggiar pe' novatori, e severo a' suoi lo inibì. Il Criscuolo vescovo di Trapani minacciò scomuniche e sospensioni a qualunque religioso rispondesse all'appello garibaldesco. Il Natoli vescovo di Caltagirona meritò che una schiera di sgherri entrassero sin nelle sue stanze, per istrapparlo dal palazzo e dalla diocesi. Il Papardo vicario generale di Messina, poc'anzi con una pastorale (encomiata dal S. Padre) avea detto i Garibaldesi *predoni nemici di giustizia*; però entrati questi, pochi tristi pretazzuoli il plaudirono; e il Garibaldi a vendetta chiamò il vescovo a Palermo. Ei si negò, e fu preso e tradotto colà, per esser giudicato da una giunta speciale, che non trovò da condannare; invece gli s'intimò l'esilio; e protestando egli non partirebbe se non a forza, a forza fu sbandito.

§. 27. Convenzioni di Badem e Toeplitz.

Mentre la Massoneria faceva tai prodezze in Italia, parve Alemagna si dissonnasse un istante; chè i suoi principi s'unirono a Baden, per provvedere a' casi loro. Napoleone videlo con gelosia, e v'andò anch'esso il 15 luglio, e stettevi due dì. Furonvi il principe reggente di Prussia, i re di Wurtemberg, di Baviera, di Sassonia e d'Annover, i duchi di Darmstadt, di Baden, di Nassau, e altri sovranetti alemanni. Austria non v'andò. La Prussia con lettere a' suoi legati all'estero disse Napoleone aver promesso di non aspirare a ingrandimento, e come fosse sorpreso che Germania s'armasse. Quell'andata gli valse a trattenere gli spiriti guerrieri, e lasciar campo al Piemonte d'aggraffar l'altrui. Ma quei principi, partito lui, protrassero le conferenze altri giorni; e poscia a' 26 del mese seguì a Toeplitz un congresso tra il reggente di Prussia e l'imperatore d'Austria, del quale restò segretissimo il frutto; certo fu manifestazione di ravvicinamento tra quei due potentati, dove la setta soffia sempre gare e rivalità; e la stampa prussiana assicurava quella esser guarentigia di pace e d'equilibrio europeo. Vi fu parlato di noi; e Austria impegnò la Prussia a chiedere al Bonaparte ch'affrenasse il Garibaldi: impegni senza ferro. In quella congiuntura i prenci tedeschi visitarono l'imperatore; e indi a poco a' 12 agosto in solenni banchetti a Salisburgo tra l'imperatore e 'l re bavaro, s'udirono brindisi all'unione de' popoli germani. Parve certo ch'ove l'Austria fosse tirata a pugnare con altra nazione oltre Sardegna, sarebbe dall'Alemagna aiutata: certo si fermò il punto fondamentale d'alleanza difensiva, per respingere uniti dal loro territorio ogni straniera aggressione. Ma mancando la Russia all'accordo si tentò conciliarla; onde seguì il congresso di Varsavia in ottobre, del quale a suo luogo narrerò.

Tai cose diero ombra al Cavour e a' suoi protettori. L'Austria con una nota aveva accusato all'Europa le minacce degli armamenti sardi; da' quali assalita si difenderebbe; perlocchè il Russell a' 23 luglio con altra nota, assicurava al mondo non si toccherebbe Venezia; e avvertiva il re sardo a non provocare i forti, e suscitar guerre europee.

§. 28. Commedia diplomatica.

Questi infatti facea gran provviste d'arme, munizioni e soldati; compieva l'armamento della Guardia nazionale mobile, e de' corpi franchi; chiamava a militare due classi di contingenti; rigava fucili e cannoni, faceva affusti, metteva fabbriche d'arme a Firenze e a Brescia; e sino in Isvezia mandava a comprare artiglierie. Ciò dicevano servire contro il Tedesco, ma eran contro Napoli italiano già compro. Intanto lavorava d'ipocrisia, tergiversando per dar tempo alla rivoluzione di fiaccarne, pria di torsi la maschera dal viso. E per far l'innocente e coprire la complicità col Garibaldi, fingeva accondiscendere alla lega.

Avea il nostro ministero, come dissi, chiesto che trattandosi la lega, seguisse una tregua col Garibaldi: cioè costui tenesse Palermo e Catania, i Regi Siracusa e Messina, si sospendessero l'arme, e Piemonte non soccorresse. Francia infingendosi nulla potere sul Cavour, parendo approvare il disegno, pregava il Russell a persuaderlo; e questi nunziando a Torino il desiderio francese, v'aggiungeva triste condizioni per noi. Con siffatto circolo il Cavour pregato, avea chiesto l'abbandono di tutta l'isola, come unica inalterabile condizione d'armestizio; e i nostri ministri subito condiscendevano a tanta vergogna, e che l'isola libera si scegliesse un governo a suo grado, purchè la lega seguisse. Il De Martino a' 20 con telegramma il nunziava a Londra, a Parigi e a Torino; e alla dimane scriveva all'Elliot s'adoperasse al trattato. Aderiva Francia; il Russell ne faceva lo viste; e per affrenare Germania, scrisse al Piemonte mostrando i rischi della rivòluzione ove procedesse, e raccomandandogli far sospendere le siciliane ostilità. Ciò in palese; in segreto il ministro inglese a Torino parlava diverso.

Il Cavour per l'incredibile condiscendenza del napolitano governo, era in impaccio, non si trovando ragione di ricusare: disse niente poter sul Garibaldi, farebbegli scrivere da Vittorio. Ma già il ministero nostro, condotto a tanta bassezza il re, prima ancora di veder accolta la codarda proposta, l'aveva eseguita, lasciando andar le soldatesche sul continente; e abbandonava pur la messinese cittadella, se il re non tenea fermo.

Vittorio scrisse patetico al marinaio nizzardo, chiamandolo *Caro Generale*: ricordavagli non aver approvata la spedizione; ora il consigliava risparmiasse il sangue italiano; e purchè re Francesco abbandonasse l'isola, non passasse lo stretto. Mandavala pel conte Litta suo uffiziale; ma temendosi il dittatore ubbidisse, fu spedito in fretta a lui il Riccardi genero del Farini, a dirgli si dichiarasse indipendente; laonde quegli a' 27 luglio da Melazzo die' al Litta la risposta: « Aver rispetto e devozione al re, ma non potergli ubbidire, chè mancherebbe alla sacra causa d'Italia. Ora sarebbe dissubbidiente; ma liberate le popolazioni *dal giogo detestato*, gli ubbidirebbe tutta la vita. » Noti il lettore come alla dimane di questa lettera il nostro general Clary firmava l'eseguita convenzione di lasciar Messina; e il ministero la ratificava. Ma fu mai un paese subbissato in più trista guisa? Allora il Cavour dichiarò a' legati napolitani: il Garibaldi prevalersi della sua indipendenza, e non accedere ai consigli regi; non potersi uscir da' consigli, *per non prender parte a una guerra tra Italiani deplorata.* I legati risposero: « A non pigliar parte, s'avrebbero a vietare le spedizioni di volontarii da' porti sardi. A che tendono tai spedizioni? quai nemici vanno a combattere? chi a difendere? la rivoluzione? ma questa non è l'Italia; l'interesse italiano e del Piemonte e di Napoli vogliono che tai due paesi, sì diversi per politiche e civili condizioni, sieno alleati. »

§. 29. Vili perfidie.

Durando questa commedia, il Cavour mandava a' 28 del mese all'ammiraglio Persano una lettera (poi stampata) cosi: « Si congratulasse per la vittoria di Melazzo col Garibaldi e compagni. Non vedere come gli s'impedirebbe il passaggio sul continente. Saria stato meglio i Napolitani compiessero o almeno iniziassero l'opera;

ma poichè *non vogliono o non possono,* si lasci fare al Garibaldi. » Dunque sapeva i Napolitani non volere, e mandava a liberarli. Oltracciò mandarli il deputato Bottero con cinquecentomila franchi, per sollecitarlo al passaggio; e poco stante altri cinquecentomila ne recava l'ex deputato Bartolommeo Casalis, con l'ordine ai legni sardi di facilitare la cosa. Conseguentemente il De Pretis pur deputato, mandato da esso da Commissario regio, e fatto prodittatore, die' a' 3 agosto un bando; dove detto il patto tra re Vittorio e l'Italia, egli per *delegata autorità* decretava legge tondamente in Sicilia lo statuto sardo; col qual alto l'isola era annessa di fatto, anche pria del plebiscito.

Il Piemonte intanto armava a furia volontarii, per gittarli nel pontificio a fare il resto. Adunava gente a Genova il medico Bertani, lasciatovi dal Garibaldi; e vi mettea colonnelli un Rostow prussiano, e un Pianciani fuoruscito romano, di casa beneficatissima dal papa, e ch'ora aspirava ad assalirlo. Reclutava in Toscana il calabrese Nicotera, già compagno del Pesacane, preso a Sanza, graziato del capo da re Ferdinando, allora per grazia uscito dal carcere di Favignana, corso a sdebitarsi da settario, ripigliando la fellonia. Adunò a Castelpucci, aiutato dal Ricasoli governante per Vittorio in Toscana, e con danari avuti da esso per le mani del panicocolo cavaliere Dolfi, duemilatecent'uomini, il più venuti dal Garibaldi stesso; che come indisciplinatissimi se n'era con quel pretesto sbarazzato. Facevali istruire da uffiziali sardi venuti a posta, e volea farli capitanare dal Cosenz, poi dall'Ulloa, e ne corsero pratiche; ma questi si negò d'andar contro il papa, e propose gittarsi nel regno sua patria, in Basilicata, a patto di non far l'annessione immediata; onde fu ricusato. Però egli, come dissi, accollata l'amnistia, ritornò a casa tranquillo. Il Nicotera volea sorprendere Perugia; ma si scoperse la trama. Era a Firenze un comitato per ribellare lo Stato romano, e far disertare papalini; e una volta era giunto a pattuire per quattromila franchi la diserzione d'un battaglione da Viterbo; ma aspettandosi la venia da Torino, si spillò la cosa; il battaglione fu mutato, e in Viterbo si fecero arresti. La venia ministeriale arrivò dopo. Molto contavano sulle diserzioni; e n'avean buono in mano, come si vide a Castelfidardo.

Quest'aperto insidiare il Pontefice fe' rumore; e fu pe' giornali divulgato l'Austria tenerselo per caso di guerra. Essa allora s'armava forte. E Napoleone cui la guerra avria frastornati i disegni sulle cose italiane, mandò ordine severissimo s'impedisse per allora ogni offesa al Papa. Il Piemonte ch'odiava l'Austria, ma che senza Francia non potea nulla, quella temeva, a questa ubbidiva. Il Farini ministro dell'interno corso a Genova favellò duro al Bertani, mostrandogli l'inconvenienza di quel dritto urlare il pontefice; a miglior tempo assalirebbelo il re, con arme regie, e venne a patti seco; cioè che a salvar l'apparenze, la gente armata navigasse pria in Sicilia, e di là come spinte dal dittatore corresse nelle terre papali. Per l'effetto il Bertani cominciò a mandare la masnada in Sardegna; e lasciato un Antonnini a reclutare, volse in Sicilia a confabulare con l'eroe.

Inoltre il Farini die' con pompa al conte Borromeo a Genova il carico di sorvegliare la gente raccolta; e lo stesso al Ricasoli per quella in Toscana. Più sospinto dagli ordini di Francia, e per tener l'Austria a bada, fe' a' 23 agosto una lettera a' governatori del regno in un curioso senso repressivo: lodava l'entusiasmo pel Garibaldi; e citando le lodi date alle nazioni che altre fiate avean soccorso America, Grecia e Portogallo, si sperava che pur quest'età lodasse il Piemonte. Confessato così ciò ch'avean tanto negato, inculcava poi prudenza, e di non dar in imprudenti attentati, o che avrebbe dovuto con la forza reprimerli; *non potendosi tollerare si preparassero violenze contro i governi vicini.* Lettera impudente e vile, che dichiarava la complicità, col Garibaldi, l'ubbidienza alla Francia, il timore all'Austria, e come, volendo, potesse impedire le aggressioni. E così scrivendo faceva l'opposto. I volontarii, già in novemila, fean gli esercizii a Genova e a Firenze, avevano onori militari, transito per le vie, *gratis* la strada ferrata, *gratis* il telegrafo, armi dagli arsenali, danari dal tesoro. Partiano da Genova la notte seguente al 7 agosto per Terranova di Sardegna, dove nell'assenza del Bertoni s'ordinavano. Appellarono quella divisione *Terranova* anche per accennare a un nuova terra da unire all'Italia, quella del Papa. Dirò poi come partissero le genti del Nicotera da Toscana. Intanto apertamente da Genova, da Livorno e pur da qualche porto francese passavano in Sicilia uomini, arme e danari ogni dì. I reggimenti piemontesi s'assottigliavano per diserzioni non punite, e alla spicciolota ingrossavano il Garibaldi.

§. 30. Viaggio del Garibaldi.

Non credo si possa ben sommare la gente corsagli da fuor del reame. Gli scrittori garibaldini dicono 1085 gli sbarcati a Marsala, poi il Medici con 2500, poi il Cosenz con 1600, e il Sacchi con 1500. Arrivavano inoltre a drappelli tuttodì da Italia, Francia, Malta e Grecia, bruchi da ogni contrada accorrenti sulle terre nostre. Sembra su' primi d'agosto avesse da ventimila stranieri; su' Sicilia, benchè fossero migliaia facea poco conio; e intenti a rapinare in patria, non volean passare il Faro. Laonde avendo ei visto i Regi ritrarsi intatti e frementi, stimò non bastargli quelli, e fe' pensiero su' novemila del Bertani; però udito quelli volersi gittar nel Romanesco, statuì andar egli a pigliarli. Lasciò al Sirtori il preparar la passata dello stretto, e postar batterie sulle coste a Torre di Faro (dove s'organava il corpo di spedizione, coll'aiuto de' legni inglesi e sardi); ed egli sparso d'andare a Torino per rispondere a voce a quel re sull'assalir la Calabria, si imbarcò sul Washington a' 12 agosto.

§. 31. Tenta rapire un vascello.

Si fermò nel golfo di Napoli a tentare un colpo. Si disse fosse venuto anche prima, la notte del 4, e disceso a Posillipo a favellare col Nunziante e coi capi del Comitato; il che può esser vero, sendo in seggio il ministero Spinelli-Romano. Era un Manzi, nostro uffizial di marina, buono per l'arte, reo di costumi, beone, giocatore e indebitato, perciò dimesso da re Ferdinando; tornato con la costituzione, sul finir di luglio chiese il congedo, dicendo voler mercatare d'olio a Castellamare, dove di fatto andò. Quivi era il *Monarca,* vascello in alto d'armamento; il cui primo capitano Vacca, il mattino del 13 agosto ordinò si togliessero le catene di ferro ch'assicuravanlo a terra, restassero quelle sole di canapa. Ciò si fe', ma per l'ora tarda una di ferro ne rimase. A notte buia il *Washington* del Garibaldi entra in porto a predare il vascello; e manda barche con uomini a segar le gomene. V'era poca guardia, nessun sospetto, dormivan profondo; ma la catena di ferro guastò tutto; chè scricchiolando destò la sentinella; la quale vista la nave a vapore senza fanale accostarsi, e i pirati altri a tagliar gli ormeggi, altri a salire all'abbordaggio, die' il grido. I regi marinai carpate l'arme in fretta li affrontano, e chi già salito è sul cassero ammazzano e travolgono in mare; accorrono soldati da terra a far fuoco; e altri ascosi al propinquo fortino detto *Pozzano*, caricati cannoni, tirano a casaccio, da far paura molta, danno poco. Ma i marinari credendo udir la voce del Manzi traditore guidare i nemici, e d'altri uffiziali disertati già col *Veloce*, infuriano e menan le mani assai bene; però il *Washington,* fuggendo tra gli altri legni del porto, potè col favor del buio senza esser colto pigliare il largo. Fu catturata una barca, e altra se ne trovò poi presso Vico Equense affondata. Sul vascello un marinaio ucciso, e due feriti; e lieve ferita ebbe altresì l'Acton secondo capitano; ond'ebbe lodi, promozione, e la croce di S. Ferdinando. Nondimeno è sospetto ei fosse reo, e che per la prontezza de' marinai si trovasse in mezzo a' colpi; perchè poco stante fu de' primi a passare alla rivoluzione, dalla quale ebbe premii. Il Vacca dopo il fatto corre a rifugio sur un legno inglese; che provò la complicità col nemico.

Il colpo, mancato per caso, fu non pertanto assai celebrato dalla stampa, che ogni rivoluzionaria impresa, riuscisse o no, menava alle stelle. Invero i marinai, i soldati, la Guardia nazionale di Castellammare gareggiarono d'ardore. Ma la cosa confermò i sospetti di ree macchinazioni; laonde nell'incertezza del dove il nemico colpisse, si sperperarono le soldatesche in luoghi diversi. S'armò a difesa in Napoli il littorale; i soldati accorrevano ai posti co' Viva al Re; le persone agiate fuggivano alle ville; si spargeva il Garibaldi entrasse por sorpresa; come a Palermo.

LIBRO VIGESIMOTERZO

SOMMARIO

§. 1. Diffalta del Nunziante. — 2. Programmi del ministero. — 3. Sue fatiche. — 4. Funerali al Pepe. — 5. Esilio del conte d'Aquila. — 6. Stato d'assedio.— 7. Gloria il disertare. — 8. Posizione de' regi nelle Calabrie. — 9. Acconci a perdere. — 10. La provincia di Reggio. — 11. Primi sbarchi garibaldesi. — 12. La brigata Ruitz. — 13. I volontarii del Pianciani. — 14. Numerazione de' Garibaldini. — 15. Passaggio sul Continente. — 16. Presa di Reggio. —17. Ridicolo assalto del Brigante. — 18. Resa del castel di Reggio. — 19. Rea convenzione del Brigante. — 20. Le nostre crociere. — 21. Il Melendez sale al Piale. — 22. Non è dall'altre brigate seguìto. — 23. Arriva il Vial, e riparte. — 24. Tregua di tre ore col Melendez. — 25. Dissoluzione. — 26. Il Vial retrocede anch'esso. — 27. Uccisione del general Brigante. 28. Abbandono del Vial. — 29. Vergogne dei Ghio. — 30. Vergogne del Caldarelli.

§. 1. Diffalta del Nunziante.

Napoli per non credibile fatto stupì. Dissi chi fosse Alessandro Nunziante, figlio di Vito, fratello di Ferdinando, ch'avean tante prove dato al trono di fede e lealtà; egli nella reggia cresciuto, per regio favore arricchito, e perchè abusatone esoso a tutti, non si credeva arrivasse a tradire. Quando cominciasse a nudrir rei pensieri chi 'l sa? Re Ferdinando credo l'avesse in sospetto, chè benchè sel tenesse di costa, nol contentò mai della chiave di Gentiluomo di Camera. Da qualche anno era strettissimo del Filangieri; sovente s'era visto in carrozza e di notte col Salmour ministro sardo; e pur col sopravvenuto Villamarina; tutto era dell'Elliot inglese; gente che cospirava. Capo segreto ora del comitato militare adunantesi in casa il Villamarina; dove interveniva l'ammiraglio sardo Persano, e 'l pur sardo general Ribotti, quello graziato del capo da re Ferdinando. La sua parte era il mover l'esercito a far esso la rivoluzione, prima ch'arrivasse il Garibaldi; che non gli riuscì per la fedeltà dei soldati. Ma coperta era la fellonia di lui: il casato, i benefici, l'essere inviso allontanavano i sospetti; tanto più ch'avea cooperato a far presto condannare il regicida Milano. Sapeva andar sì a verso a' potenti, che d'ogni dura pietra cavava sugo. I faziosi parevano odiarlo, i realisti odiavanlo perchè tristo; anzi avea nome di membro della *camerilla,* cioè d'un circolo di cortegiani consortieri attorno al trono. E sì tai voci crebbero, che re Francesco a mostra di saper fare esso, un dì gli fe' intendere si mostrasse poco a Corte.

Sin dall'8 giugno fu messo a duce d'un corpo di ventiquattromil'uomini per difendere Puglia e Calabria, da farne tre divisioni in sei brigate; ei chiedeva artiglierie, ospedali ambulanti e su bastimenti da costeggiar le terre, e tutto otteneva. L'avanguardia con Matteo Negri già stava ad Auletta; e un tenente Fiore nel Cosentino visitava le Guardie urbane, per ordinarle in isquadre. Ciò eran mosse finte; ch'ei proponeva invece al re un suo disegno da ripigliare Palermo *dalle mani de' filibustieri*, con due sbarchi contemporanei di truppe, sotto un sol duce, cioè esso. Ma data la costituzione, voltò carta; a' 2 luglio dimandò la dimissione; anzi visto il Pianelli ministro, quasi offeso la ridimandò a' 17 del mese, dicendo: « egli uomo retto ed onesto non poter altrimenti respingere le calunnie delle due fazioni estreme, che son le più pericolose nemiche de' troni e degli Stati. » Fu un momento che parve si spingesse al dovere, e n'ebbe come dissi una briga col conte d'Aquila. Lo stesso dì 17 ebbe il ritiro, e 'l permesso d'andare all'estero; ma il rifiutò, cosi a '22 rispondendo: « Quando è speranza di combattere per l'onore e la gloria della patria, un soldato non chiude il ritiro. Aver chiesto dimissione non ritiro, quella volere, o protesterebbe su' giornali. » Goduti tant'anni soldi grossi e potestà, abbandonar la bandiera in tempo di guerra era onore a quest'uomo onesto. Differenza tra dimissione e ritiro altra non v'ha che con questo correvagli il soldo; ed egli era certo d'averlo dal Piemonte. Infatti corso a Torino a confabulare col Cavour, e tornato sulla fregata sarda la *Maria Adelaide,* si era fermato in rada a far quelle bravate. Di là lo stesso dì lanciò altra lettera, al presidente de' ministri: « Non poter egli portar sul petto *decorazioni* d'un governo che confonde uomini onesti, retti e leali, con chi sol merita disprezzo; però restituire i diplomi degli ordini a lui conferiti. » E la moglie scriveva al re: « Il posto di Dama di Corte non mi appartiene, le restituisco il brevetto. » Ma l'uomo leale in quel giorno medesimo, a prova solenne di tradimento, mandò suoi addii in istampa ai battaglioni cacciatori e alla divisione mobile (da esso preparata contro i *filibustieri)* con tai parole: « Vi lascio per santo pegno dell'amor mio l'esortazione di mostrarvi soldati della gloriosa patria italiana, valorosi verso i nemici d'Italia e generosi nella nuova via di gloria destinata dalla Provvidenza a tutti i figli della gran patria comune. » Ciò contro la patria e i benefattori spacciava, sperando i soldati gli ubbidissero; ma cotai motti in quella bocca stupefecero ogni persona; i soldati fremendone, stracciarono quelle scritte. Osò anche una notte scendere travestito a terra, ma tosto spaurito ritornò al legno sardo. Già prima avea stipulato vendita finta ad un Inglese del suo palagio alla nuova via della Pace, che fa di ria guerra auspice nefando.

Codesta stranissima diffalta fe' danno; chè tenuto per gran conoscitore de' suoi interessi, al vederlo da prona cortigianeria passare a spavaldi insulti, si conchiudeva il monarca dover cadere.

§. 2. Programmi del ministero.

A Napoli subugli e disordini. Giornali, ministri, polizia, magistratura, tutti cospirando a diroccare il trono; si bisticciavano a chi corresse più presto; laonde è inconcepibile la cecità di chi avrebbe pouto pigliare il timone e salvare il paese e nol fece; chè il precipizio era scoperto a tutti. Da' legni piemontesi scendevano uomini di tutte lingue per simular popolo, entravano arme per ogni spiaggia; se ne intercettarono a Castelvolturno; arme vendevansi e ritratti del Garibaldi per le vie, e lui a voce e in istampa si celebrava. I giovani correnti a' miracoli, lor parendo un bel che, s'accanivano a quel nome. Impertando i ministri temendo le passioni sollecite guastassero la cosa stuzzicando reazioni, addormentarono la gente con un tratto d'ipocrisia. Stamparono a' 5 agosto il loro programma, scritto da D. Liborio: promettevano: « protezione al culto de' padri, attuazione piena e sincera della costituzione del 48, forte e legale repressione di ogni avverso conato; questo essere il *sostrato immutabile* del governo; voler lega italiana, e tutto esser pronti ad imprendere, per raggiungere il grande scopo della monarchia costituzionale. » Ciò fatto per tener a bada i legittimisti, scontentò chi voleva annetter Napoli a Torino: quindi rovello, critiche, lacerazioni e accuse a quei ministri della rivoluzione che parevano disertare. Temendo si fermassero a mezzo, come già il Bozzelli, presero a scantonarli e diffamarli. Tra l'altre loro apposero voler dare un decreto per torre il divieto all'uscita de' cereali, e si affamerebbero il popolo. Sin allora avean maledetto il divieto, ch'avrian voluto tumulti pel caro del pane, e l'avean detto contrario al commercio; ora maledicevano il toglierlo, che volean si tumultuasse contro la libertà. Logica di settarii, vituperare e lodare la stessa cosa, purchè meni a subugli. Ma il ministero ch'andava al fine medesimo per altre vie, subito dichiarò non aver pensato mai di permettere l'uscita de' grani; ed esso essere *indeclinabilmente* ligio al suo programma, cioè alla monarchia o alla lega italiana. Come declinasse servendo al Garibaldi il vedea chi avea occhi.

§. 3. Due fatiche.

Non volendo attuare la costituzione, e men la elezione de' deputati, D. Liborio propose si ritardasse la convocazione de' collegi elettorali, fingendo agli elettori doversi tempo di studiare la scelta: però a' 27 luglio prorogò la formazione delle liste d'elettori ed eligibili ai 10 agosto. Pel decreto del 1° luglio i collegi s'avevano a convocare a' 19 agosto; poi con decreto del 16 di questo mese s'aggiornavano a' 26; e poi con altro del 20 si prolungavano a' 30 settembre, e il parlamento a' 20 ottobre, cioè per quando la monarchia dovea esser caduta.

E col pretesto delle elezioni sursero comitati dotti elettorali: uno al vico Campane a Toledo, preseduto da Orazio Costa; altro al palazzo Partanna al largo Cappella, preseduto dal Leopardi tornato d'esilio, che v'era ospitato, in casa un Inglese assente, apertagli dal suocero di questo, certo Lorenzo Severe, uomo tre volte fallito. Quello lavorava pel Garibaldi, questo pel Cavour. Qui si vedea spesso bazzicare il ministro Pianelli. Ambi mandavano adepti per le province, a farvene di simiglianti.

Il ministero era operosissimo a far la guardia nazionale, co' più faziosi del regno;

acciò col terrore tenesse inerte la popolazione a subire la invasione. Uffiziali superiori vi creava settarii, notissimi, o settarii ascosi, cui tosto con general maraviglia si videro a sfolgorar liberaleschi paroloni. Costoro poi assembravano uomini facinorosi, e pur truffatori e ladri, e n'escludevan chi spirito avesse nel dritto; bensì per fare il numero v'infarcivano di buoni, che per condizione o timidità fossero inetti a contrasto: ma non li facean neppur caporali. Ciò spezialmente nelle province. E il Giacchi direttore, parendogli s'andasse lenti, avea scritto a' 27 luglio agl'Intendenti facessero presto.

A' 13 agosto un decreto approvò la già fatta Guardia di polizia nuova, tutti camorristi, ch'avean servito a devastar le case e ad uccidere gli iniziali della polizia vecchia. A cotai vincitori si dettero soldi grossi; tale che pigliavan ducati 4936 al mese, con eccesso d'annui ducati 32,848:00 su quello che si pagava prima. Così i liberali abborrenti la polizia, se ne fecero una più gravosa per soldi, più lurida per persone, vera guarentigia del disordine. Seguitandosi a scardinare la regia potestà, si die' sulle Beneficenze: amministrazioni rette da signori, di spirito e di sangue, che non si potevan chinare al tradimento de' loro doveri. Liborio inventò una Giunta da proporre nuove leggi di beneficenza, e attuare il principio che i luoghi pii *debbono possedere non amministrare*. I liberali hanno una grande smania d'amministrare essi, e negano a tutti la facoltà d'amministrare il suo. A' 14 agosto die' sue istruzioni alla Giunta; poi prese a destituire quei signori dagli onorati uffizi, per darli a' sitibondi suoi cagnotti. Inoltre tolse alla delegazione speciale la direzione de' telegrafi elettrici, richiamandola al suo ministero; e sì in quei supremi momenti spogliò la sovrana potestà di quel modo pronto di corrispondenza, e ne infermò il segreto e la celerità.

Adunque stando il re nella reggia, con soldatesche fide e frementi, con la maggioranza de' sudditi indignata, si compieva la rivoluzione; la quale circuito il re, pel re imperava. Nel nome regio si sdradicava l'antico, si imponeva a' soldati di patire insulti, a' cittadini di sopportare le diffamazioni per istampa, e le grida e gli assalimenti degli armati camorristi. Nel nome regio e con regie arme si comprimevano le popolazioni, si punivano del reagire; e 'l regio nome ligando le braccia ad ogni elemento di ordine, slegavale al disordine. La forza secolare e rispettata della monarchia, messa nelle mani de' suoi nemici, combatteva se stessa: il re con la sinistra si troncava la destra.

§. 4. Funerali del Pepe.

Scena più significativa seguì l'8 agosto nella chiesa de' Fiorentini in Napoli, celebratovisi un funerale a Guglielmo Pepe famoso ribelle. Volevano i repubblicani andarvi in processione con la Guardia nazionale, uscendo da S. Chiara con serica bandiera e su il cavallo sfrenato e il lione, per significar Napoli libera, e Venezia difesa dal defunto, e certo nell'atto avriano osato anche più. Ma il ministero, temendo una troppo sollecita crisi, discese a transazione: i funerali permise, la processione no.

Nondimeno si parò la chiesa con emblemi di repubblica. Vi vedesti uomini stati personali nemici del morto, chi a Venezia l'aveva abbandonato, e chi assolutissimo sin allora s'era da curvo cortegiano strisciato per le regie sale; chè paura, ambizione e ingordigia univano uomini di vita e pensieri disparatissimi. V'andò il De Sauget col figlio Guglielmo, smentendo così le stampate proteste d'innocenza per la palermitana diffalta del 48; nè vi mancò il conte di Siracusa zio del re, itovi a pubblica mostra di pregare per l'antesignano de' nemici di casa Borbone. Di ciò alto la stampa il lodò; e anche chi il crederia? per onorarlo assimigliaronlo a Filippo d'Orleans, regicida nella prima rivoluzione francese. E tanti che si vantavano patrioti, per cenno di setta a onorare quel ridicoloso Pepe, che con fuga avanti a' Tedeschi ad Antrodoco, disonorò la divisa militare, e fe' la pagina più vergognosa che abbia la bandiera napolitana.

§. 5. Esilio del conte d'Aquila.

Se aperto il Siracusa congiurava contro il re nipote, di gravi sospetti pesavano sull'altro zio conte d'Aquila. Da più anni avea fumi al capo, proteggea malcontenti, aveva stranii amici, pareva invanito a imitar gli Orleanesi di Francia. Fu sì stretto a D. Liborio, che quando nel 539 era cerco per colpa di Stato, tennelo nella sua villa ascoso a Posillipo, e anzi gli salvò il fratello Giuseppe e altri de' suoi. Retta qual capo tant'anni la Marina, essa divenne il più marcio arnese del regno. Egli più che altri sospinse il nipote alla Costituzione, che il dovea sprofondare; e credendo suo ligio D. Liborio, spinselo al ministero. Ma costui che non la setta s'era servito del principe per averne braccio a congiurare, afferrata la potestà, tenea lui per inciampo, e gli sbiettava. L'Aquila se n'accorse; e fremendo dell'ingratitudine, si spaventò del precipizio spalancato a tutta casa Borbone, e cercò di tornare addietro, e anche tentar la sorte per istender egli la mano al timone.

Preparò ascoso uomini ed arme; e persuaso il re d'abbattere il ministero, chiamò Pietro Ulloa magistrato e 'l tornato fratello Girolamo, e lor propose di formare un ministero con l'Ischitella presidente, per porre Napoli in istato d'assedio *vero*, rifare la Guardia nazionale e la polizia, sciogliere i comitati, e scacciar gli stranieri entrati co' passaporti sardi. Ciò fu anche approvato dal re. Ma l'Aquila fe' l'errore d'aprirsi con uno dei ministri che stimava suo, credo il De Martino; e mandogli un Guarnaschelli siciliano con lettera perchè l'udisse. Il ministro respinse la proposta, e die' la lettera a D. Liborio. Per essi era momento supremo, essere o non essere, trionfare o cadere: però il Romano corso al re spiattellò, il principe far doppia trama, scoppierebbe rivoluzione repubblicana con braccia assolutiste; vincitore vanterebbesi restauratore della monarchia, vinto s'ingrazierebbe col Mazzini; in ambi i casi qualunque vincesse egli salirebbe al potere. Aggiunse aver sorprese casse d'arme e divise nazionali per mascherare gli operatori; sguainò parecchie centinaia di ritratti di lui, con sul petto una fascia e la parola *Reggente*, cui disse intercettate; nè gli fu difficile presentar prove del congiurar di lui, quando egli statogli a' fianchi ne poteva alquante avere alle mani. Francesco uditolo, rispose con ironia: *L'Aquila potere aspirare all'impero del Brasile* (per cagione della brasiliana moglie), poi tacque. Quegli non sicuro della vittoria, unì parecchi ministri, e iti al presidente Spinelli, conclusero unanimi aversi a sbandire il principe; ma osservando lo Spinelli non esser tutti, convennero il ministero intiero andrebbe il dì seguente al real palazzo. Nel frattempo il Romano provvide s'interdicesse al principe la visita del re. Il re alla dimane non volle presedere al ministero nelle regie stanze riunito. Questo confermata la deliberazione per l'esilio, mandolla al sovrano pel De Martino; e 'l Garofalo ministro di marina, stato tant'anni dal conte protetto, s'offerse a eseguire la sentenza, inviandogliene l'ordine pel general Palumbo già precettore di lui; che ove non ubbidisse l'arrestasse. E sì fu fatto.

A quei dì la scelta avea fabbricata una opinione d'infamia alla reazione: il nome di reazionario parea la versiera. Avean martellato tanto su Ferdinando *spergiuro* che Francesco al sentirsi mancar la terra sotto, si contentava piuttosto di sprofondare, che cercar di salvarsi reagendo. Non osò pertanto ostare a' suoi ministri. Il *Giornale uffiziale* del 14 agosto stampò l'Aquila recarsi per missione a Londra. Ma Francesco non persuaso del chi più reo, scrisse, il 13, un'affettuosa lettera d'addio allo zio; cui questi rispose dal legno protestando contro la violenza e la calunnia; lamentava essergli inibita la real presenza, quando volea mostrar prove di sua innocenza; e confermava suoi sensi di divozione al re, alla patria e all'Italia. La povera Italia entrava allora in ogni guazzetto. Ei si partì la notte del 14.

§. 6. Stato d'assedio.

Quei liberali tanto declamatori dell'illegalità passate, iniziavano così la potestà loro con tanto arbitraria tirannia contro un principe reale; scacciato senza giudizio, senza poter parlare. Così D. Liborio si sdebitò de' benefizii. Quei ministri che volean parere imparziali, aveano scritti pomposi mandati d'arresti per gli unitarii e repubblicani Mezzacapo, Spaventa, Ajala e altri; ma non eseguiti, come partì il principe, mentre ebbri del trionfo si gloriavano di gran reazione compressa, non solo quelli invocavano, ma altresì gli ordini d'espulsione a' Mazziniani e alla moglie del Nunziante, tutta gente collegata col Cavour o col Garibaldi. Lo stesso dì 14 con ordinanza del Ritucci comandante la piazza, si ripose lo stato d'assedio; e 'l ministro di guerra ingiungeva all'esercito di stringersi alla Guardia nazionale, *per mantenere le libere istituzioni del paese*. Quello stato d'assedio fu messo non contro la rivoluzione imperante, ma a sua tutela, ma a comprimere qualche moto di controrivoluzione, che certo riusciva terribile e sanguinosa. L'arme regie mantennero l'ordine della rivoluzione che abborrivano. Intanto giunte le nuove de' primi sbarchi garibaldeschi sul continente, molti lasciavan Napoli; primo il Filangieri, che si partì per mare il 12 agosto. Fuggivano i mercatanti su' bastimenti col più prezioso. Serissimo l'avvenire, incerto e spaventevole il presente.

§. 7. Gloria il disertare.

I liberali che sempre parlano di patria, sconosconla sempre, patria per essi è là dov'è la rivoluzione. Appellavano redentore il Garibaldi nizzardofrancese, e dicevan Croati i soldati napoletani difensori della terra dov'eran nati. Con libelli raccomandavano la diserzione *del tiranno*; la patria, dicevano, star ne' Garibaldini, il soldato combattente pel patrio re esser traditore della patria. Un disertore tenente De Benedictis, figlio del generale comandante gli Abruzzi, vi stampò su di luride lettere; altra ne fe' un Marselli, in nome d'alcuni uffiziali; e l'Ajala con un libercolo da Firenze simiglianti dottrine avea sciorinate. Correvano a dozzine scritte minute, o giornalucci su quel tuono. Il Garibaldi a' 6 agosto da Messina proclamava a' soldati nostri: «Ho provato che siete prodi; non vorrei provarlo ancora. Sia tra noi tregua; accettate generosi la mia destra. » I mandatarii suoi sin dentro Napoli avean bottega senza mistero, dispensando danari, e indugiando sottuffiziali e soldati, a corrompere l'esercito. Tutti sapevano la casa e le persone, solo il governo nol sapeva. V'eran poi di segrete adunanze d'uffiziali cospiranti a non far combattere l'esercito: in Napoli una in casa un Cassola, altra in via della Pace. Si giunse a tale che il 18 agosto parecchi uffiziali presentarono al ministro di guerra una petizione firmata, per indurre il re ad andarsene senza guerra. E quel Pianelli ch'aveva il dovere di farli da un consiglio di guerra condannare, si contentò di far ritirare la codarda domanda. E che n'aveva egli mestieri? Fingendosi bonario lasciava fare, e aspettava gli eventi. E perchè i soldati già sospettosi guardavan bieco, tai mene correvan coperte; e a traditori non restò altro partito che il reissimo di guidar quel generosi a morir di stenti e miseria. Nulladimeno non mancarono uomini di cuore pronti a capitanare una opposizione, ma eran respinti da' congiuratori ministri. Tra l'altre proposero un'associazione per unire gli sforzi in comune, e fondare giornali ostili a' rivoluzionarii; ma i ministri inculcando prudenza, con traditrice passività, pur l'impedirono: un d'essi obbiettò di non aver danari, e 'l dì stesso assegnava diciottomila franchi a un giornale della setta. Irretito così, franto, tradito l'esercito, è maraviglia che tanto contrastasse, eppure odo anch'oggi chi dopo aver lavorato a tai nefandezze, mal pagato dal Piemonte osa nella comune rovina accusar di codardia quei soldati.

§. 8. Posizioni de' Regi nelle Calabrie.

Il Garibaldi per dar ardimento a rivoltosi strombazzava a' quattro venti che passerebbe in terraferma; però il nostro governo avvisato avrebbe dovuto provvedere. Era chiaro la invasione comincerebbe da Reggio vicina, sia per dominare il Faro, sia per procedere da Messina base delle sue forze, dove a vista d'occhio si vedevano gli allestimenti. Allora l'esercito regio, partito in più divisioni, n'avea due nelle Calabrie, la 5ª e la 6ª capitanate dal maresciallo Giambattista Vial, giunto a Pizzo il 30 luglio, chi aveva altresì preso il comando territoriale delle tre province. Tai due divisioni s'eran ite formando co' reduci da Messina, e con altre soldatesche scese dalla parte superiore dei regno. La 5ª fe' due brigate. Una col brigadiere Giuseppe Ghio avea dodici compagnie del 2° di linea, e dodici del 12°, uno squadrone di gendarmi a cavallo, e una batteria da campo; spartita fra Monteleone, Pizzo, Nicastro, Maida e Catanzaro. L'altra col brigadiere Nicola Melendez avea dodici compagnie del 4° di linea, e otto del 13°, uno squadrone lancieri, e una batteria da montagna; spartita tra Nicotera, Tropea, Palmi e Bagnara. La sesta divisione comandata dal Brigadiere Bartolo Marra, avea la 5ª e la 4ª brigata, cioè: la terza sotto di lui composta del 1° e del 14° di linea, uno squadrone lancieri, e otto obici da montagna; divisa tra Villa S. Giovanni, Altafiumana, Torre Cavalle, Punta del Pezzo, Scilla o Reggio; e la 4ª col brigadiere Giuseppe Caldaroni con l'8° di linea, il reggimento carabinieri a piedi, due squadroni lancieri, e una batteria da montagna, di cui metà rigata; divisa tra Cosenza, Rogliano e Paola. Dappoi l'8 agosto vennero da Napoli altri due bei battaglioni cacciatori, il 1° e il 5°. Comandavano le arme delle province il brigadiere Carlo Gallotti in Reggia, il colonnello Camillo Locaccio in Catanzaro, e 'l colonnello Giuseppe Ferraiolo in Cosenza. Il ministro di guerra avea prescritto che' ovunque sbarcasse il nemico, le brigate si congiungessero per aggredirlo, dicendo potersi vincere ai leggieri al suo primo arrivare. Ma tra Cosenza e Reggio erano 108 miglia; e sarian corsi più giorni per accozzar le truppe e arrivare stanche contro avversarii freschi. Ciò nondimeno saria stato niente contro a' Garibaldini, se alle truppe avessero preposti comandanti volonterosi. Questi s'eran mandati in fretta allora, ignari dei soldati e de' luoghi; il Marra giunto a' 30 luglio, il Melendez, a' 2 agosto, poi il Brigante a' 9. Nessuno de' capitolati di Palermo e Messina aveva subito punizione; anzi qualcuno era stato promosso, perchè facesse le seconde geste. Chi pur non era reo, vista la impunità, titubava, aspettando l'avvenire; e temea piuttosto guai dal fare che dal non fare. Oltracciò quasi tutti i colonnelli eran nominati di fresco, ignoti a' soldati loro, l'un dell'altro diffidente, però disciplina molle, sospetti, inobbedienze. Nelle compagnie eran filtrati settarii; i quali più gridatori di fedeltà, valendosi de' mali umori, susurravano, accrescevano le diffidenze, per far sorgere a tempo il fatal motto di *tradimento*, che in uomini meridionali, di viva fantasia, è forte dissolvitore. S'era ogni corpo tagliuzzato e disseminato qua e là a spizzico, sotto duci di corpi diversi; il che distruggeva la coesione del tutto. Da ultimo si mancava d'ogni ben di Dio; non foraggi ai cavalli, non pane agli uomini. I fornitori venivano senza danari. E per mancanza di moneta si sospesero i lavori al castello di Reggio.

Disapprovando il re con lettera tal partizione delle soldatesche, il Pianelli promise mandar altra gente alle prime nuove d'assalimento, e andare egli stesso a dirigere la guerra. Dopo aver sì disposte le cose a perdizione, credo vi sarebbe ito, se a caso avesse udito qualche vittoria, per farsene vanto; perocchè da tutto quanto ei fece si vede sarebbesi trovato bene con qualunque vincitore.

§. 9. Acconci a perdere.

Il Marra comandante la sesta divisione notò le mal divise truppe, la mancanza de' mezzi da vincere, la poca fede da porre in certi duci, massime nel Gallotti, comandante l'armi in Reggio; e più volte provocò migliori provvedimenti. Prima a' 2 agosto chiese venire a Napoli, per parlare al ministro di guerra; scrissene al Vial, e dimandò piuttosto le dimissione che perder l'onore. Riscrisse il 4 cederebbe il comando a un colonnello: nessuna promessa mantenuta, mancare istruzioni, uffiziali del genio e di stato maggiore, mancar danari, vesti, pane, e più che altro la *buona fede*. Al ministro che il minacciava replicò più acre il 5. E il Pianelli ordinò al Gallotti mandasselo a Napoli; come fe' l'8 sul vapore *Pompei*; ma giunto fu messo in Castel S. Elmo. Felice che con l'arresto scampò alle imminenti vergogne. Alla brigata di lui preposero Fileno brigante promosso allora a' 4 agosto a brigadiere, in premio a' mali servigi resi a Palermo, e alte male imbarcate artiglierie, e più pei servigi da rendere. Ma a quella sesta divisione non posero comandante; sì le due brigate restarono disgiunte e indipendenti, e prive d'ogni cosa, là appunto dove il primo cozzo dovea seguire. Il Brigante aveva il carico di difendere i forti sulla costa da Scilla a Reggio, che ove li avesse il nemico, dominerebbe il Faro; però egli se ne stava alla Catena, co' soldati stesi lungo la spiaggia. Il Melendez tra Gioia e Bagnara aveva ordine di sorreggere il Brigante; il Vial stavasi a Monteleone, il Ghio a Catanzaro, il Caldarelli a Cosenza. Così ventimil'uomini disseminati in tanto paese, eran fievoli dovunque avessero assalto.

Ma d'avvantaggio il paese era del nemico: comitati rivoluzionarii in tutti i municipii, creati nuovi allora dal ministro; guardia nazionale scelta faziosa, vigile a comprimere chi osasse mostrarsi pel trono; la stampa cospiratrice (sola permessa) inventante pericoli, divulgante guai, magnificante le cose garibaldesi. Per contrario i Regi diventati stranieri in patria, spiati, infamati in ogni minuta cosa. Gl'impiegati ligi al nemico mettevano inciampi all'andar delle munizioni, al passaggio degli ordini e de' dispacci; tentavano i militari, e dove trovavan presa rendevanli veicoli di condizioni. Solo sui soldati non facevan breccia, nè riuscivano a nulla le circolanti proclamazioni incitanti a disertare. Ma non valute queste, valsero i mali duci. In somma cupi felloni, municipii ostili, senza vettovaglie e munizioni opportune, senza spie, sperperati, ignari de' luoghi, ignoti gli uni agli altri, tenuti immobili, disagiati, irrisi, i fidi soldati del reame eran destinati a disfatta senza battaglia.

§. 10. La Provincia di Reggio.

La meglio concia era la provincia di Reggio, ove s'aveva a preparare la prima vittoria all'invasore. Fattosi intendente a' 25 luglio il Balani ex sindaco, questi s'affastellò tosto col Gallotti comandante l'armi. La prima vittoria ebberla a' 27 del mese contro i miseri Compagni d'arme e poliziotti di Sicilia, fuggenti da Messina per iscampo sul continente. Il Balani mandò Nazionali ad arrestarli; quelli fuggirono in mezzo a' Gendarmi; i quali per salvar loro le vite ebbero a menar le mani. Ma intervenuto il comandante Gallotti, chiuse i gendarmi in castello, carcerò i Siciliani, e scrisse a Napoli ch'eran borsaiuoli! Miseri, fuggenti la patria perduta, non trovavano sicurtà, neppur sulla terra di quel re che avean servito! Da ultimo fur mandati a Napoli; e i gendarmi in pena di non averli lasciati uccidere, furo da Reggio allontanati. D. Liborio per questo ed altri fatti dell'Intendente alto il lodò; e questi il ringraziò a' 2 agosto *d'aver approvato la lealtà de' suoi servigi.* Dappoi a' 18, quando già cominciati erano gli sbarchi garibaldesi, l'assicurava *esser migliorate le cose*; *egli esser pienamente d'accordo col vigilantissimo comandante le armi, che lo seconda con amorevole sollecitudine: Nazionali e truppe esser pronti ad accorrere.* Infatti scoppiati i moti reazionarii in Cerchiara, subito vi mandò Nazionali a comprimerli, i magistrati a punirli; e fe' dal buon ministro destituire il Rizzuti giudice regio. Quei regi uffiziali prontissimi contro le reazioni, non avean occhi per l'ordine pubblico. La notte del 1° agosto al ponte del Calderaio fu aggredito il procaccio e ucciso un gendarme. Il 7 a Matera i sediziosi, dato addosso a un Francesco Gattini, per avere i titoli de' terreni usurpati, dicendo questi non averli, l'uccisero con altri due. E il capitano Castagna che chiedea d'andarvi con gendarmi da Potenza, l'ebbe vietato da quell'intendente e comandante l'arme. La notte del 12 nel distretto di Castrovillari si saccheggiava la salina di Lunero. Ciò andava bene; ma guai a chi gridasse viva il re!

§. 11. Primi sbarchi garibaldesi.

Il continente del regno ha 133 miglia quadrate, con sei milioni e 800,000 abitanti. La schiena degli Appennini vi s'alza per mezzo sino alla punta di Reggio. Avea quindici province, che eccetto l'Aquilano e l'Avellinese, tutte hanno mare Adriatico o Tirreno, col mezzodì nel Ionio, che vi s'ingolfa tra Puglia e Calabria. La punta calabra incontro a Sicilia ha sulla costa Reggio, Villa S. Giovanni, Scilla, Bagnara, e Palmi. La prima, capo di provincia, ha un vecchio forte rovinaticcio; e di là a Scilla stanno a guardar lo stretto alquanta batterie con torri; ma fievoli, sottostanti a' monti, nulla valenti contro chi da terra le investisse. E le rimasero senzo munizioni, nè da guerra nè da bocca: gliene mandavano da Reggio.

Il Garibaldi prima di muoversi mandò sue proclamazioni il 6 agosto ai popoli e a' soldati, magnificando sue vittorie, alludendo ad aiuti stranieri, promettendo certo trionfo. Il dì stesso da una finestra a Messina nunziò che partirebbe, e die' l'addio a' Siciliani. La sera dell'8 montato sull'*Aberdeen,* vide partire la prima spedizione di 460 uomini, ov'eran Sardi, Francesi e Inglesi, su venti barche, comandati da un Missori, detto maggiore; per isbarcar a modo d'avanguardia in Calabria, là dove stavan 100 cannoni regi, e 10 regi legni in crociera. Speravano pigliar per sopresa Torre Cavallo; ovvero guadagnare i monti, chiamar le popolazioni all'arme, e con esse molestare i Borboniani alle spalle. Partiti in più drappelli, s'accostano col ciel nuvoloso; ma la parte ov'eran Francesi e Inglesi, scorta dalla batteria ad Altafiumana, non ostante il buio, è dagli artiglieri sì bene imberciata che dà addietro. Gli altri, un cinquanta, col Missori piglia terra presso Cannitello; e se un capitano d'una compagnia del 1° di linea facea suo debito, tutti li agguantava: tolse 17 scale, funi, cappotti, e altri arnesi, un milite ferito, e quattro prigionieri; gli altri non perseguitò. Il Missori tirò in salvo sull'Aspromonte a tre miglia; dove da' faziosi ebbe vettovaglie e qualche centinaio d'uomini da' luogi circostanti; di sorte che ruminò un colpo di mano a Bagnara, per prendere i cannoni d'un posto di soldati. Vi andò sull'alba del 15, guidato dal capitano nazionale di Bagnara, sorprese l'officina telegrafica sulla strada, ruppe il filo; ma i soldati afforzati pur da quattro compagnie del 4° di linea che giungevano da Palmi, li fugaron sì presto, ch'ebbero appena un ferito; l'inseguirono sin sulle alture d'Altafiumara, alquanti n'uccisero, e il Sardi presero. Costoro, stranieri, senza ragion di guerra combattenti, dovevano andar fucilati, ed ebbero invece cortesie: fur mandati alla cittadella di Messina; ed anzi un Eduardo Telling suddito inglese, richiesto dall'inglese ammiraglio, a' 3 settembre fu lasciato libero; quasi l'Inglese pigliato con l'arme in mano su terra altrui, avesse privilegio d'impunità. Lo stesso dì 13 agosto seguivano altri lievi sbarchi sulla costa orientale a Bianco e a Bovalino; mentre le fregate *Ettore Fieramosca* e *Fulminante,* di crociera in quelle acque, niente vedevano.

§. 12. La brigata Ruitz.

Anche quel dì venian da Napoli il 1° e il 3° cacciatori; quello sbarcava a Reggio, questo a Bagnara; che la dimane per ordine del Vial si congiunsero a S. Roberto, e volsero al monte Piale alla cerca del Missori; ma fuggito questo sul Melìa, tornarono indietro. Poi non si fe' altro, e quantunque il Vial ingiungesse di snidar da' monti i faziosi, non era ubbidito; ond'ei credè rimediare con altro ordinamento che riuscì più tristo. Fe' de' battaglioni cacciatori 1°, 5° e 11° una brigata nuova, col carico d'inseguire quelle bande; e fidolla al colonnello Ruitz, cui appellò *sperimentato bravo,* che restò senza dipendenza dall'altre brigate. Costui tolte le truppe migliori, fe' men che nulla: servì a smembrar più l'esercito, e a sperperarlo peggio. Fedele il Vial ma fievol di mente, corbellaval la setta; e fidò in quel Ruitz, già al vecchio Vial suo padre sospetto; che sel tolse da vicino nel 1849, perchè affratellato co' faziosi nel Casertano, e mandato in pena ne' corpi di linea. Poc'anzi s'era ben condotto a Catania, ma ora il vedremo. Cresciute le brigate, s'ebbe meno: ciascuno comandava, domandava, consigliava, nessuno faceva; ciascuno in disparte aspettava d'essere assalito. Il maresciallo invece di venire scriveva: andate, sperdete quella nidiata di ribelli; pria che scenda il nemico, o vi troverete tra due fuochi. Tutti eran sordi; e il Brigante rispondeva: il paese esser sicurato, disarmati e domi i liberali.

I Calabresi buoni, ch'eran molti, al vedersi inermi avanti alla implacabile rivoluzione, al mirar quello sparpagliamento di milizie, e i preparamenti avversi sulla opposta siciliana sponda, presagivano la catastrofe; e con rimostranze a' generali si proffersero di guardar essi le spiagge, purchè avessero un fucile a persona e un carlino a' più bisognosi; così le brigate unendosi in un campo, potrebbero accorrere grosse sull'avversario dove sbarcasse. Il Melendez lo rapportò al ministero, nè ebbe risposta; che il ministero temeva più armare la reazione che il Garibaldi.

§. 13. I volontarii del Pianciani.

Questi, fallitogli il rapimento del vascello, tirò in Sardegna a pigliarsi i novemila raccolti dal Bertani. Il Pianciani che li comandava assicura fossero 8940 in tutto, divisi in sei brigate; un battaglione carabinieri, due squadroni di guide, due compagnie di genio, due batterie rigate da campo, e i servigi amministrativi e sanitarii: ogni brigata aver quattro battaglioni, ciascuno quattro compagnie, sì che se ne potesse accrescere la gente senza alterare i quadri. Il Garibaldi giunto il 14 a Cagliari, solo parte ne trovò, chè due brigate navigavano a Palermo, e parte dell'altre due stavano per arrivare da Genova; dove il Pianciani aspettò sinchè ebbe la moneta dal governo; però fu alla baia di Terranova sul tardi di quella sera; e raggiunse a Cagliari il Nizzardo che v'avea menato il resto della gente. L'incontrò presso al porto in una barca venutagli incontro a ingiungergli di voltar per Palermo. Egli, romano, che forte si struggea di farla al Papa, si turbò; per via soppraggiunselo il *Gulnava*, avviso di guerra sardo, che a nome del governo andava comandando a tutti quei legni di sfilare a Palermo. Giunservi la sera del 17; ma il Pianciani ricusò di far quella guerra, e se ne tornò a Livorno; il surrogò il prussiano Rustow, che li menò a ordinarli a Melazzo.

Eran parte di queste bande le raccolte dal Nicotera, dicevan da 2300 uomini a Castelpucci premo Firenze; il più soldati vestiti rossi, ch'avean da entrare nel pontificio. A queste il Pianciani con un bando disse: « La nostra bandiera ha i colori della nazione; essa vi deve porre lo stemma. » Questo putiva di repubblica; e oltracciò s'aveva a ubbidire a Napoleone, che non volea tocco allora il papa: però il mattino del 28 arrestarono a Firenze il Nicotera e il Sacchi uno de' suoi maggiori. Dopo poche ore liberaronli, dissesi, a patto d'andar subito con la gente in Sicilia, e con promessa di quarantamila franchi ed altro, imbarcati a Livorno, aspettavano la moneta e l'altro promesse fatte dal Ricasoli, e non si movevano; ma accorsero cannoni sul molo, e un Commissario di polizia loro ingiunse partissero, o andrebbero a picco. Il Nicotera rabbioso protestò, e andò; ma dopo pochi dì stampò una lettera al Ricasoli, tutta insulti; dove gli rinfacciò; « Mi prometteste: *Se Torino si oppone mi torrò la maschera, e verrò con voi;* ora, sig. barone, quante sorte di maschere avete sul viso? Fu svelato appresso ei fremesse, perchè non quaranta, ma solo trentamila franchi gli dettero. Certo quei soldati sardi mascherati colla casacca rossa sforzati furono dal governo di Vittorio a venir contro noi, mentre ancora quel re teneva i nostri legati in corte. Le maschere di cotesta gente sono infinite.

§. 14. Numerazione de' Garibaldini.

Gli scrittori garibaldini enumerano lo loro milizie così: il Bixio con 4500 presso

Taormina e Giardina; altre dodici migliaia a scaloni sullo coste nord-est; le divisioni Cosenz e Medici o la brigata Eber presso Messina a Torre di Faro con ottomila; la brigata Sacchi di 1500 presso Spadafora e 'l Rustow con 4000 a Melazzo. Inoltre l'Orsini con gli artiglieri uniti a Palermo, dodici cannoni, una batteria da montagna, altra da campo e due mortai veniva; per via tolse due mortai a Melazzo; e arrivò a Torre di Faro con trentanone pezzi, dove elevava sei batterie di costa, e altre galleggianti, e ponti da imbarcare cavalli. Da tale enumerazione sembrano i soli contati da trentunomila; ma giugnendovi quelli contro la cittadella, i corpi d'artiglieria, quelli rimasti a Palermo, e i 2300 del Nicotera, parrebbero da quarantamila. Ma credo esagerasserli, per magnificarsi, per mostrar non comprate le vittorie, o perchè tanti ne figurassero pagati. Certo pochissimi erano Siciliani; la massima parte parlanti barbare lingue venuti di lontano, eran Sardi, Ungari, Polacchi, Russi, Dalmati, Svizzeri, Inglesi, Francesi, Greci e Affricani; gente ch'avea fatte le guerre rivoluzionarie, vogliolosi di fortuna, buoni rapinatori. Tanti n'erano stranieri che a notarne quei soli ch'eran capi, nomino Turr, Milbitz, Eber, Rustow, Dunn, De Flotte, Tharrena, Csudafy, Ebherard, Pogam e altri di cotai strani nomi, in quell'italianissimo esercito liberatore d'Italia.

La loro flotta avea già undici legni, tra disertati, predati e comprati; cioè cinque armati, *Veloce, Ferret, Anita, Indipendente* e altro senza nome, e sei da trasporto, *Washington, Oregon, Duca di Calabria, Elba. Città d'Aberdeen,* e *Torino,* capienti diecimil'uomini, senza contar altri vapori e barche. Ma di marinai mancavano; i Siciliani si facevano indietro; bisognò servirsi di marinai sardi o francesi, fatti disertare. Tai forze di terra e di mare mal connesse e disordinate non valean molto; ma il Garibaldi fidava ne' duci nostri, nel favor francese e inglese, e nelle seduzioni e corruzioni; onde giudicò bene valersi poco di quelle materiali arme che potean fallire, valersi del momento, non dar tempo a pensare, e presto dar sopra.

§. 15. Passaggio sul continente.

Tenendo Reggio pria d'averla, sendovi suoi l'intendente, il comandante, e il comitato, s'avventura a passarvi con una mano d'uomini; perchè a venirvi con molti risicava a far concentrare le sparpagliate soldatesche, e perdere il frutto di mille minuti inganni; dove arrivando improvviso aveva a fare con una brigata sola, della quale era giù sicuro. Lasciò a Torre di Faro molta gente e barche in mostra per chiamarvi gli sguardi; ed ei corse a Taormina, e il dì 17 o 18 agosto caricò due legni il *Franklin* e il *Torino,* questo ampio, quello piccolissimo. Gli scrittori suoi dicono fossero 1200 uomini sul primo, e 3100 sul secondo, ch'è menzogna, non potendo quelli capire più di 4600 uomini tutti e due. La notte traversarono il mare, il Garibaldi sul *Franklin,* il Bixio sul *Torino,* giunsero all'alba dei 19 a vista di Mèlito sulla costa orientale calabrese, il cui telegrafo scopertili, non segnalò a Reggio, e l'uffiziale se ne vantò poi; invece indi a poco quelle al capo dell'Arme fe' suo dovere. Erano a Reggio due regie navi a vapore, l'*Aquila* e 'l *Fulminante* col general Salazar, capo di tutta la flotta nel Faro, uomo di non so che mente; il quale sino dal 1° agosto aveva assicurato il governo che la marina *non avea bisogno di sproni* per fare il debito suo, ma ch'ei volentieri cederebbe ad altri il comando: in risposta a' 7 del mese fu promosso; rispose esser riconoscentissimo, e anelar di mostrarlo co' fatti. Intanto alle fregate or mancava il carbone, ora s'ardeva quello che v'era; or non valeva l'artiglieria, ora era un'ancora rotta, ora il pennone, or mancava il macchinista, ora il pilota, ora le vele; e sì mandato con tai scuse a Napoli il più de' legni, stavasi con sol tre fregate e l'avviso la *Saetta,* con inadatta artiglieria. I capitani or questo or quello si davano per malati. Saputosi da spie che il nemico sbarcherebbe verso Bianco e Bovalino, il ministro con dispaccio del 17 ordinavagli incrociasse in quelle acque; ed ei si stette a Reggio. E quando il segno telegrafico del mattin del 19 assicurò accostarsi il Garibaldi a capo dell'Arme, il Salassar avuto ordine d'andarvi, udì prima con suo comodo la messa, e si partì sul Mezzodì.

Intanto gl'invasori s'accostarono a un luogo detto Portosalvo; e il Bixio die' col *Torino* nell'arena a disegno, come avea fatto a Marsala, per isbarcar presto: il legno restò dritto, sicchè in breve la gente fu a terra, e quelli del *Franklin* servendosi di esso come ponte sbarcaron del pari. Poscia il Garibaldi col *Franklin* prese a trarre da quella secca il *Torino*; ma nol potendo, voltò al Faro, a cercarvi altro legno di più forza che l'aiutasse a cavarlo. Per via incontrò e si trovò in mezzo alle due navi regie, ch'era l'ora una e mezzo pomeridiana, e alzò bandiera americana. Il Salazar si fermò alquanto a guardarlo, e spiccò anche una lancia; poi vistosi il legno passar vicino, assai piccolo e vuoto, il lasciò andare. E v'era il Garibaldi dentro; che se il pigliava come era suo dovere, finiva la guerra. Andava al luogo d'uno sbarco ostile, il frapposto tempo dicevagli ch'avea già dovuto seguire, incontrava un legno vuoto in quelle acque, nè pigliava sospetto, anzi non vedeva quello certo esser degli assalitori? Dicono il Salazar inetto, ma tanto? Trovò, ch'eran l'ore tre, il *Torino* arenato, e i Garibaldini altri sulle allure, altri a lavorare ancora a vuotarlo del resto delle munizioni. L'*Aquila* con pochi colpi disperse le camice rosse; e la ciurma del *Fulminante* prese del vuoto legno possesso.

Il Garibaldi campato da estremo periglio, udendo il cannone, capì il *Torino* esser perduto; subito si fe' sbarcare sulla costa; congiunsesi a suoi poco discosti, o con essi per le alture fermò alla contrada Annò, nel casino Ramirez; ma giungendo pur là le palle dell'*Aquila,* si gettò più dentro verso Mèlito, a circa venti miglia da Reggio. Stette la notte sur un letto di fiumara a due miglia dallo sbarco, mancando d'ogni cosa, sicchè ebbe alquanti uomini morti proprio di fame. Raggiunselo al mattino il Missori e Agostino Plutino, con quei ch'avevano accozzati ne' monti; ma gli uni e gli altri affamati, pallidi, scoraggiatissimi, vistisi schifati dalle popolazioni, si tenevan perduti, fuorchè il Garibaldi che sapeva il fallo suo. Il Salazar tolte le munizioni e l'arme rimaste sul *Torino,* lavorò sino a sera per ritrarlo a galla, ma non riuscendo, e vista guastata la macchina, l'abbruciò. Altri due legni in crociera di là da Mèlito, non si videro punto.

§.16. Presa di Reggio.

A schiacciare quei pochi sbarcati senza munizioni nè cannoni era cosa da poco, ma il Gallotti comandante la provincia si chiuse in castello a Reggio; bensì stretto d'amistà e parentezza coi capi del comitato segreto, cui faceva leggere gli ordini governativi e militari, lasciava alla sicura in città moglie e figli, quasi in ostaggio. Ciò il Melendez, rapportando al ministero, chiedeva si togliesse di là, ma non ebbe risposta. Era ricevitor generale della provincia un Saverio Melissari, giovine che dalle fasce per regio favore s'aveva quel lucrosissimo impiego; il quale con la gratitudine settaria, insieme a un Domenico Genovesi Zerbi suo cognato, sotto la protezione del già intendente Corrado, aveva potuto lavorare di nascoso alla rivoluzione. Questi aspettando lo sbarcato Garibaldi, per facilitarne l'entrata, unissi col sindaco, con Carlo de Blasio barone di Palizzi, e l'intendente Bolani; andarono in deputazione al ritornato Salazar, a pregarlo non tirasse sulla città in caso di conflitto, e n'ebbe assicurato nol farebbe. Inoltre il Melissari scudo Aglio di Maria Dusmet sorella del colonnello Dusmet, che stava lì col 14° di linea, tentò subornare lo zio, che indignato rispose: « Morirò fedele al re, ed al paese! » Ma il Brigante per fiaccar quel reggimento lo smezzò, e ne chiamò un battaglione a Villa S. Giovanni, restando in Reggio il colonnello con un battaglione solo.

Il re saputo sbarcato il Garibaldi, scrisse ai generali in Calabria non si facessero cogliere alla spicciolata, s'unissero, combattessero grossi. Al Vial rampognò sue lentezze, la non unità di comando, e che si farebbe vincere per minuto; unisse tutte forze, desse una battaglia. Questi in prima ordinò per telegrafo andassero soldati da Reggio a riconoscere il nemico; poi comandò le brigate s'avanzassero l'una sull'altra per combatterlo. Pertanto il Dusmet con sei compagnie di fanti, 94 cavalli e quattro cannoni il lunedì 20 uscì sulla via orientale, e postò una compagnia al luogo detto Modena, altra mise sul torrente S. Agata, altra sul Calopinace torrente vicino Reggio; ed ei si fermò sul ponte di questo co' cannoni e col resto. Stettevi sino a sera senza veder persona; quando il Gallotti gli mandò ordine di ritirarsi, dicendo il nemico non venir sopra Reggio, e aver preso la volta de' monti. Il colonnello ubbidendo ebbe anche a posarsi la notte con sei compagnie strette sulla piazza del Duomo, sendo l'altre compagnie col generale al castello; e fe' l'imprudenza di fidar nella Guardia nazionale che stava all'entrata del paese; mise più in qua un avamposto lieve, il resto su pe' gradini della chiesa, co' cannoni in un canto e l'arme a fascio; e presto per la stanchezza del travagliato e caldo giorno dormiron profondo. Egli stesso sonniferava sur un seggiolone sotto il portone di casa Ramirez.

Sull'ore tre e mezzo dopo mezzanotte, i Garibaldini messi dentro da' Nazionali, presi gli sbocchi, e molte case, s'avanzan numerosi; alle sentinelle rispondono *Francesco II*; ma giunti addosso, cominciano da ogni banda con *Viva Garibaldi*, e colpi di fuoco. I regi così mal desti, percossi dalle vie e dalle finestre, hanno a lottare per prendere le affasciate arme. Il Dusmet cava la spada, grida *Viva il re!* rannoda i suoi; ma da presso ferito di pistola nel ventre cade; e mentre altri il mena semivivo alla propinqua casa vescovile, anche gli è colpito su' fianchi mortalmente il figliuolo sottuffiziale. Il maggiore Nicola Auletta pur ferito rannoda i soldati; e il vecchio tenentecolonnello Zattera salva la bandiera, uccidendo colle sue mani il rapitore. Ma pochi contro molti, colti nel sonno, al buio, percossi da non visti colpi, ignari da che forze fossero assaliti, retrocessero al castello, tutti portando con seco i cannoni, fuorchè un cassone restato per morte de' muli sulla salita del forte.

Le camice rosse si lanciarono per le vie ad alzar barricate, e parecchie ne fecero, ma lievi sugli sbocchi; nè il Gallotti si valse punto del loro disordine, per ischiacciarle con la sua gente fresca; e benchè col giorno ne vedesse il numero spregevole, neppur fe' atto d'uomo. I soldati nondimeno dove dalle muraglie scorgean Garibaldini, senza comando traevano, gridando ad ogni colpo *Viva il re!* e alquanti n'uccisero; ma chiesto più volte d'uscire a combatterli, Gallotti lo vietò. Costui confabulò con un incognito venuto a cavallo nel forte.

§. 17. Ridicolo assalto del Brigante.

Ho detto il Vial da Monteleone ordinasse al Brigante di correre su Reggio, e al Melendez il sorreggesse. Questi mosse lento da Bagnara, fu la sera del 20 presso S. Giovanni, e campò ad Altafiumana; nè andò oltre. Il Brigante avvisato sul mezzodì del 19 del seguìto sbarco, con ordine di accorrere rispose non aver truppe sufficienti; e non ostante gli ordini reiterati si stette tutto l'altro dì. Sull'imbrunire del 20 fe' la chiamata generale. Come battendo il tamburo correvan tutti all'arme, anche il capitano Vincenzo Reggio preparava la sua mezza batteria di obici; chiamato il duce, e gli ordina di starsi, ch'ei non aveva uopo di quei cannoncini buoni alla parata di Piedigrotta. « Signore » risponde il capitano « essi furon buoni il 30 maggio a Catania » e n'ebbe un rabuffo. Poi statosi altre ore, il Brigante partì senza artiglieria, un'ora dopo mezzanotte da Catona; studiò il cammino, anzi fe' alto a Pentimele; e giunse avanti Reggio a giorno chiaro del 21; che anche avria potuto sconfiggere il nemico, se avesse voluto far davvero; ma sul ponte dell'Annunziata si fermò. Due compagnie del 1° di linea si spinsero per impeto; e benchè il generale colle trombe le chiamasse, avanzaronsi al luogo detto Caserta; e travarcati i colli, trovarono i garibaldini a' piani di Còndora, e appiccaron la zuffa, che tre ore con danno di quelli durò. Vennevi con soccorsi il Garibaldi; e visti assottigliati i suoi, fe' gran rumor di strumenti o di voci; sicchè le due compagnie supponendo poter essere intorniate, nè si vedendo aiuto, retrocessero combattendo. In quel mentre il Brigante, invece di dar dentro con la brigata tutta mandò ad assalire la città due compagnie sole del 14° di linea, e pur divise su due punti, comandate dal maggior Cuccione; le quali sì smilze, senza cannoni, percosse dalle barricate, ebbero perdite senza scopo; nondimeno quarant'uomini col maggiore e il capitano Gagliani passarono la barricata; e aspettato indarno soccorso, per non restar presi, tiraron dritto al castello. Ciò mostra con quanto poco si poteva ripigliar Reggio. Il Brigante senza più si ritirò con la brigata, rifacendo in bell'ordine la vita; posò tra Gallico e Catona; lasciando la gente come in piena pace, non guardata, coll'arme a fascio, dandola al bevere e al sonno. Allora si videro Garibaldini andare e tornare da lui in amicizia; e camice rosse scorrazzare alla libera per le adiacenti campagne.

§. 18. Resa del castel di Reggio.

Il Gallotti avente mille uomini, non dato nelle spalle al nemico quando era alle mani con le due compagnie, avea segnalato a Messina per soccorso; ma questo quantunque dal Fergola allestito non potè venire, per mancanza di navi. Egli non so se più traditore o più codardo, visto dar addietro il Brigante, subito alza bandiera bianca; e tratta la resa del castello con quello stesso ignoto personaggio che l'era venuto visitando. I soldati indignatissimi non vollero posar l'arme; onde ebbe a capitolare se le portassero coi bagagli. Die' la piazza, otto cannoni da montagna, 500 fucili, cavalli, muli, vettovaglie e arnesi. Avea per un mese viveri; e trattenendosi quattro dì avrebbe dato tempo da unirsi le soldatesche da Monteleone a lui; ciò appunto con la non necessaria capitolazione volle impedire. Andandosene scese per aver un cavallo dal Garibaldi, dicendogli aver perduto il suo (che non l'aveva); e questi maravigliato di tanta abbiezione gli rispose: « Vada giù, e si pigli il più bel destriero che le piaccia.» Poi anche il rimunerò, ponendolo a capo dello forze doganali del Regno.

Così guadagnò Reggio, che fu bel modo di vincere. I Garibaldini notano aver perduto in tai fazioni 147 morti e feriti; de' nostri tra morti e feriti furon cinquanta.

§. 19. Rea convenzione del Brigante.

Il Medici e il Cosenz lasciati dal dittatore a Torre di Faro, uditi i primi colpi la notte che si prese Reggio, imbarcarono in fretta quanta gente entrava nelle preparate barche, e passarono lo stretto sotto gli occhi della nostra fregata *Archimede*; la quale prima li fe' scendere a terra, poi braveggiò sulle barche vuote. Il telegrafo nunzia alla cittadella di Messina che se ne son prese ventiquattro. Oh ecco alfine una impresa della flotta! tosto si intende che son vuote; ma almeno si vedran ventiquattro barche, e dove? disserle affondate. Intanto i Garibaldini, tra' quali un battaglione di Francesi comandato da un De Flotte vecchio settario, erano sbarcati i più tra Scilla e Bagnara, il resto poco dopo a Favazzina; e presero per Solano tra' monti. Stavano a Bagnarli due sole compagnie col tenentecolonnello Marquez, che dicentesi malato le abbandonò; ma quel pugno di soldati con un tenente a capo corse spontaneo sugli sbarcati; e valorosamente contro più che mille pugnò lunga ora, sinchè ebbe a cedere al numero; ma il nemico toccò danni, ed ebbe morto il De Flotte, cui seppellirono con gran duolo in Solano, e surrogarono al comando un Pogam. Mozzarono il filo elettrico; e dopo questo, il Cosenz su per l'alture della dritta, uscì dietro Villa S. Giovanni, a farsi vedere alla lontana dalla brigata Brigante. Il quale potendo combattere con onore, o almeno piegare sulla brigata del

Melendez, fingendosi circuito, trattò col Garibaldi venuto a Catena con pochi, e messosi in casa il medico Giuseppe Cama; dove i due rari nemici vicinissimi confabularono, e fecero una sospensione d'arme per ventiquattr'ore.

Ciò avveniva a' 21; e quel dì stesso il Garibaldi dava in Reggio un bullettino così: « Le due brigate Melendez e Brigante si sono arrese a discrezione; siamo padroni delle loro artiglierie, armi, animali, e del forte del Pèzzo. » Ma allora no, bensì dopo due dì quelle due brigate finirono, nè già arrese, ma sciolte; sicchè il Nizzardo, sicuro del Brigante, faceva il profeta, e nunziava all'Europa l'avvenire come fatto. I non vietati sbarchi, la resa di Reggio, la sospensione d'arme erano stati una commedia di poche ore, insanguinata da pochi fidi soldati e dall'onorato colonnello Dusmet. Felice che non vide le seguenti vergogne.

§. 20. Le nostre crociere.

Se la flotta avesse fatto anche allora il debito suo, radeva la impresa rivoluzionaria; che restava magra sulla punta di Calabria, divisa e tagliata dalla Sicilia sua base. Comandava il Salazar, nè curava l'ordine regio d'impedire la navigazione nello stretto, e 'l passo per terraferma; nè valevan reiteramenti di comandi, ch'egli e i suoi usavan l'arte di parer di fare e nulla fare. Ribellare aperto non potevano, per la fedeltà delle ciurme; facevan la viste di correre qua e là, ma arrivar tardi, e far rumore senza danno. Il Salazar istesso, dato tempo di sbarcare a' Garibaldini, non catturato il Garibaldi quando il poteva, udendo combattere a Reggio, prese il largo; nè lasciò una nave che menasse a soccorso i mille preparati dal Fergola dalla cittadella di Messina E prima peggio. A' 13 agosto il disertato *Veloce* veniva di notte con bandiera sarda carico di gente, ancorava nel Faro, e ripartiva sull'alba a vista della nostra flotta, che nè il molestò, nè gli diè la caccia. Solo il forte d'Altafiumana, comandandovi il tenentecolonnello Cedrancolo, gli puntò un pezzo da ottanta; ond'esso al primo colpo, celatosi dietro un legno inglese, potè filar via. Avvenne che il Guillamat capitano dell'*Ettore Fieramosca* die' forte di sè sospetto a' marinai; i quali indignati, messo lui e altri ufficiali in sentina, volsero a Napoli, credendo aver giustizia. Qui fattosi il consiglio di guerra a' 20 agosto, il Guillamat e gli uffiziali uscirono innocenti (e fur tosto de' più focosi Garibaldini), e i marinai quai ribelli fur puniti; perchè in quei giorni chi pigliava le parti del re e del paese era ribelle. Tal fatto die' le ciurme in balia de' capitani traditori.

La flotta il giorno si faceva un'aggirata pel Faro, la notte usciva fuori, per lasciar lo stretto libero al nemico; così poterono travarcarlo in barche alla spicciolata da ventimil'uomini, senza che se ne catturasse uno. Innocente crociera! Un dì una nave Sicula, tentando sbarcar gente, visti i Regi accorrere sulla spiaggia, retrocesse avanti a una fregata nostra, che intatta la fe' passare. Richiesto il capitano del perchè, rispose aver ordine di non combattere in mare; quasi potesse combattere le navi in terra. Tanta svergognatezza indignava anche i capitani de' legni francesi presi a nolo. Partiano da Napoli le fregate *Partenope* e *Borbone*, per afforzare la squadra; la seconda col buon capitano Carlo Flores entrò il 22 a mezzodì nello stretto; e sentendosi trarre da' forti siciliani del Faro, rispose così che in mezz'ora li ridusse al silenzio; ma raggiunto nelle acque di Scaletta il Salazar, costui montò sulla *Borbone* e ne prese il comando, quasi a punire il Flores; e ad impedirgli altra scappata. Poco dopo entrava nel Faro una nave francese; e i Siciliani credendola napolitana, a vendicare il loro precedente smacco, trassero sovr'essa diciotto colpi. Il francese dimandò soddisfazione; e il Turr si scusò dicendo non aver conosciuta la nazionalità del legno, perchè innanzi la *Borbone* avea con fraude alzata la bandiera francese; menzogna che contentò il richiedente, ch'ove fossero stati i Regi, vedevi le bocche de' cannoni minacciar Napoli. Dopo la baldanza della *Borbone,* non si vide più flotta nel Faro. E dicono il Salazar inetto!

§. 21. Il Melendez sale al Piale.

Il Garibaldi sicuro dell'avvenire dettava da Reggio a' 22 un decreto, creante governo prodittatorio per dirigere *la grande insurrezione lucana*; e vi poneva i cittadini Mignogna ed Albini con cinque segretarii. Indi corse a opprimere il Melendez, prima che svanisse il rumore de' primi colpi. Questi era ad Altafiumana, con a dritta il brigante e a manca il Ruitz, quando seppe da accorrenti uffiziali l'onta del Gallotti e del Brigante. Anch'esso era in colpa; chè viste le artiglierie lasciate indietro da costui, doveva insospettire, accorrere su Reggio come gli era ordinato, e sendo più antico di grado, pigliarli il comando; ma titubò, nè tampoco die' fede alle colpe gravanti su quel suo compagno d'arme. Fe' diverso disegno; le stessa sera del 21 scrisse al Brigante e al Ruitz, lamentando i fatti, notando le forze sbarcate al nemico e l'altre da sbarcare, che si vedeano sull'opposto lido, e per contrario in sparpagliato forze regie; però gl'invitava a congiungere le tre brigate sui monti Piale e Melìa, per assalire poi insieme lo invasore, quando stenderebbesi a investire i forti della spiaggia. Credo avria meglio provveduto, ubbidendo all'ordine d'assalire Reggio, menandosi avanti tutte e tre le brigate. Ite le lettere, dopo più ore tornava il drappello spedito al Brigante, senza aver potuto passare, per le camice rosse trovate per via, e maravigliò fossero nemici tra le due brigate, il che aggravava i sospetti; rimandò il foglio con 24 cavalli; ebbe risposto approvare il disegno, verrebbe sul Melìa. Somigliante assicurazione venne dal Ruitz. Allora il Melendez die' la batteria abbandonata dal collega a guardia del tenentecolonnello ladruncolo con due compagnie del 4° di linea, nel vecchio castello di Altafiumana; ed ei col resto, ch'eran 1200, salì sul Piale, certo che il Ruitz discosto tre miglia seguisselo da manca, e il Brigante ascendesse al Melìa. Poco stante sopraggiunsero uffiziali, e 'l colonnello Micheroux, e 'l capitano Milton capo dello stato maggiore di esso Brigante, a ragguagliarlo della mala condizione in cui la costui brigata si restava, e de' sospetti su di lui; perlocchè il generale pose i suoi in battaglia, con la fronte al Melìa.

§. 22. Non è dall'altre brigate seguitato.

Più tardi gli arrivano soli senza truppe il Brigante e il Ruitz, all'ora stessa da parti opposte, come a convegno; dicono venire a stabilire il da farsi; si chiama consiglio; ma cominciata la discussione, corre affannoso un tenente Fiore dello stato maggiore del Brigante a nunziare i Garibaldini star già, al vicino villaggio di Campi, e occupare il Melìa. Il Brigante fa lo smarrito, e se ne va, promettendo presto venir co' suoi; e lo stesso il Ruitz; ma corsero l'ore, nè si videro nemici, né amici. Il Melendez spedì il commissario Laghezza a scrutare il vero e a cercar viveri; ma sull'ore vespertine di quel dì 22 venne un laconico viglietto del Brigante così: « Garibaldi è a Catona; ora l'ho visto. Ruitz guarda Cosenz a Solano; io impedirò l'assalto alla tua dritta; non ti turbare; chè avrai tempo, credo sino a domani. » Ciò significava invitarlo a vedere il Garibaldi, ovvero addormentarlo sinchè restasse accerchiato?

§. 23. Arriva il Vial, e riparte

Il Vial rimproverato dal re e dal ministro di non esser presto ito a opprimere i primi sbarcati, ebbe reiterati ordini di raccogliere tutte forze, chiamar anco da Cosenza la brigata Caldarelli, per esser più grosso, e correre alle offese. Egli invece di movere da Monteleone, e tutto per via radunar l'esercito, ed assalire, non avendo pe' rotti telegrafi notizie della guerra, si valse di due legni francesi giuntigli da Napoli allora, e sull'alba del 22 al Pizzo mise il battaglione scelto del 12° di linea sul *Protis,* ed ei salì sulla *Stella,* co' quali giunse a vespro a Villa S. Giovanni. Vide gli avamposti garibaldini a Catona; e seppe da accorrenti uffiziali come il Brigante stesse col Garibaldi a mensa. Lo chiamò, ei negò tutto, accusando il Dusmet morto e 'l Gallotti capitolato: diceva aver assalito Reggio senza cannoni per far presto, la truppa essere indisciplinata; respinto, aver fatto tregua per ventiquattr'ore, nulla sperar ne' soldati. Eppure il Vial che il sospettò traditore (e 'l rapportava!) nol sostenne sulla nave, nol cassò dal comando, perchè, disse, non aver *più capaci di lui*; e 'l mandò indietro, ordinandogli s'unisse al Melendez, e congiunti combattessero alla dimane. Scender esso col recato battaglione, fare il duce, bravar la fortuna, neppure il pensò; scrisse invece al ministro pregandolo a venir esso giusta la promessa, così sè imbelle dichiarando. Mandò al Melendez inculcando si tenesse al Piale, egli sbarcherebbe a soccorso il battaglione a Scilla.

Questi intanto al veder le navi accostarsi al lido, era sceso solo a Villa S. Giovanni; incontrava sul ponte della Fiumana il Brigante, cogitabondo, e alle interrogazioni balbuzzante. Interrompevanli una pietosissima scena. Arrivavano piangenti, esterrefatti un sacerdote D. Pietro Carli e un suo nipote; e ambo abbracciando le ginocchia del Brigante, nunziavano singhiozzando, i Garibaldesi aver trucidato il fratello, padre del giovine ed altri quattro; eglino scampati per miracol di Dio, chiedeano protezione e sicurtà. L'atroce fatto era seguito così. Matteo Carli capo urbano di Fiumara avea nel 49 per ordine arrestato cinque fratelli Morgante; che, condannati, erano allora per l'ultime grazie di re Francesco, usciti di prigione. Costoro al primo dì del garibaldese sbarco, corrono in casa al Carli, pigliano lui e altri quattro, nomati Francesco, Rocco o Felice Imerti, e Francesco Agostini, e menanli fuor del paese a morire. I parenti corsi a invocare il braccio regio, fur dal Brigante discacciati, dicendo aver altro a fare; perlocchè quei miseri caddero impunemente uccisi a colpi di fucile sul fiume, e lor si vietò sin la sepoltura. Gli assassini protetti dal nuovo governo, più anni nel proprio paese impuniti, pettoruti insultarono al sangue delle vittime. Il fratello sacerdote adunque e il figlio del morto Carli, fuggiti, chiedeano sicurtà di loro persone a questo stesso Brigante; ma ei spietatamente li scacciò; onde certi uffiziali impietositi li menarono sul Piale. Passata questa tetra scena, preludio d'infinite atrocità, il Brigante porse l'ordine scritto del Vial al collega; il quale forte bramando parlargli, mandò per rattenerlo, ma tosto con le navi lo vide al largo.

Volgeva il Vial a Scilla per isbarcare il battaglione; giunse di notte, e non potendo farlo pel mar grosso, se ne tornò al Pizzo come era venuto; dove giunto all'ore 11 del 24, pose la gente a terra e tirò a Monteleone. Di qua la soldatesca era per ordine ministeriale in punto di partenza per correre sul nemico; egli prima di muovere dimandò d'essere esonerato dal comando territoriale, e l'ottenne. Mise la cassa militare sul *Protis*, partì la sera, e sull'alba era a Rosarno.

§. 24. Tregua di tre ore del Melendez.

Il Melendez aspettando il Ruitz e 'l promesso battaglione da Scilla, era a mezzanotte assalito da' Garibaldesi, e li respingeva; all'alba ch'era il 21 scorseli numerosi in atto di battaglia, ma con un obice a' primi colpi li sbaragliò. Dopo due ore accostandosi una bandiera bianca con un Corrao e 'l Menotti figlio del dittatore, chiedean del generale; v'andò il Torrenteros capitano di stato maggiore, che parlò col Garibaldi. Questi dissegli non voler sangue italiano, averli circondati, voler parlare col brigadiere; il capitano rispose: il brigadiere prepararsi a combattere, aspettar tanti da Scilla, il Ruitz da sinistra, e il Vial da Monteleone. « No, gridò il Nizzardo, sbagliate, siete da tutte parti chiusi; e dov'è questo Vial? fategli sapere che non venga, e propongo una tregua. » Il capitano infatti vide non venuto il Ruitz, e al luogo suo starsi i russi; ricordò non esser giunte le vettovaglie da Villa S. Giovanni; e disse proporrebbe la tregua. Stabilironla per tre ore: e mandarono uffiziali regi e garibaldini verso Monteleone, per favellare al Vial.

§. 25. Dissoluzione.

Indi a poco il commissario Laghezza scrive non mandar viveri perchè chiusi i passi; il Codrancolo fa sapere il Ruitz essersi mosso avanti a lui pel Piale, ma invece aveal veduto dopo breve cammino voltar le schiene e menar la brigata altrove, non essersi visto il battaglione che dovea sbarcare a Scilla; da ultimo arrivan notizie certe del Brigante: soldati coll'arme a fascio, uffiziali chiacchierar coi nemici, egli pranzare col colonnello Clere aiutante di campo di re Vittorio. Tai turpezze si propagano per le file, e montan l'ire e i mormorii. Intanto il Garibaldi con tutta la tregua piglia posizioni attorno, fa argini e tagliate; e il Melendez credendo non aver uscita, nè viveri, nè munizioni, studia trarre il trattato in lungo, per partirsi di notte. Ma sull'ore due e mezzo pomeridiane il dittatore dichiara fuggito il Vial, si rendessero, o assalirebbe. Il Melendez diventato men che uomo, quando poteva a un urto aprirsi il passo, incaponito d'aspettare la notte, rimandò il Torrenteros, che col pretesto d'aspettarsi il ritorno degl'inviati a Monteleone, guadagnasse l'ora tarda; ma ei nulla ottenne. Allora il brigadiere avvilito chiama gli uffiziali, accusa la sorte e parla di rassegnazione; il Garibaldi stesso s'accosta al campo, e grida: « Chi vuol venir meco è benvenuto, chi no, può andar libero. » Fu un fiero tumulto: soldati accusar uffiziali, uffiziali incolpar generali; imprecano alle diffalte del Brigante e del Ruitz, al partito Vial, al non isbarcato battaglione, alle mancate vettovaglie. Tradimento! senti da ogni banda, sciogliesi la disciplina, segue orribile disordine; chi gitta l'arme, chi sopra rocce e querce le dirompe, furibondi tutti. Eppure nessuno tra tanti si scaglia sul Garibaldi lì presente con pochi; l'ire contro i propri duci van ruminando. Il capotamburo del 10° di linea gridò: « Giuro d' uccidere quel Brigante traditore! » Un ottocent'uomini a un tratto armati, minacciosi, pigliano una via, e non tocchi voltano per Monteleone; gli altri appresso alla spicciolata: non un uomo s'unì al nemico. E se così passarono, perchè la brigata intiera nol poteva?

§. 26. Il Vial retrocede anch'esso.

II Brigante, disciolta egli medesimo la sua brigata, suggellava la fellonia, passando a cavallo pei forti della spiaggia, dicendo vana la resistenza, s'arrendessero; e tirò verso Monteleone, ove avea un figliuolo capitano d'artiglieria. Il Ruitz che con i migliori battaglioni, voltate le spalle, avea fatto la ruina altrui, er'ito a' piani della Corona; e giuntigli ordini reiterati ministeriali e reali di combattere, nol volle; si dimise, e s'imbarcò solo per Napoli, ov'ebbe anzi premio. I suoi tenenticolonnelli Morisani e Armenio, lessero l'ordine regio ai soldati, e rispondendo questi unanimi *Viva il re! a Reggio a Reggio!* vi s'incaminavano; ma incontravano il colonnello Marra e il tenente Giordano mandati dal Melendez con uffiziali Garibaldini a parlar col Vial, che li facevano retrocedere. In quella sopraggiungono alquanti smozzati battaglioni e batterie in ordine e dugento Lancieri, fuggiti alla dissoluzione delle due brigate, con centinaia di sbandati; che seguono, sorpassano, contano il vero e le giunte, e raccendono fremiti o sospetti. A Rosarno incontrano il Vial con le truppe fresche, e v'innestano le passioni istesse. Il general Ghio si dimette, e fu uno stento a farlo restare a posto. Il Vial che a tutto potea rimediare gridando guerra e vendetta, dà indietro il primo; seguolo il Ghio, e lasciano le soldatesche, abbandonate a sè sole; mentre eglino il dì stesso entrano da fuggiaschi in Monteleone trafelati, fugati da nessuno.

Questi duci si scusano accusando d'indisciplina i soldati; ma essi resi indisciplinati li avevano, retrocedendo sempre, lasciando a spregevole nemico non combattute Vittorie; onde quelli a ragione teneanli in uggia e sospetto. Si pensavano assicurare la commedia col farli sbandare, ma questi sempre alle bandiere tornavano, non ostante le mene segrete e le seduzioni molte. Ciò era il rangolo dei congiuratori.

§. 27. Uccisione del general Brigante.

Quel dì 23 restavano a Mileto col Morisani un battaglione del 1° di linea, altro del 15°, molti avanzi del 1° e del 14° e due squadroni lancieri. In sul mattino si presenta a cavallo il general Brigante, senza segno di grado. La sera aveva egli fatta al Pianelli una segnalazione in cifra ignota, che aggravò su di lui i sospetti. Da Palmi avea scritto al Vial verrebbe a Monteleone; ebbe risposto non si risicasse, troppo era odiato; eppur volle venire. Entrando in Mileto, avvertito da un capitano non si facesse vedere, seguitò; come fu conosciuto, gli uffiziali per non salutarlo entrarono in un caffè, i soldati brontolavano; egli passò, ma presso agli avamposti smarrito d'animo retrocesse alla piazza, quasi attratto dal fato. Al rivederlo i soldati proruppero *fuori il traditore!* e 'l capotamburo ch'avea giurato gli grida: *Di' Viva il re*; e come ei tentenna e balbutisce incomprese parole, gli arrivan da più parti molti colpi che lui e 'l cavallo esanimi fan traboccare. Tosto la truppa lasciò il luogo e muta volse a Monteleone.

Lo stesso dì 23 i forti della costa del Faro, non si potendo tenere per mancanza d'acqua e per le cadenti mura, capitolarono perdute arme e cavalli; i soldati a' 28 navigarono per Napoli. Ciò che più mostrò la reità dei duci, fu il fatto dell'11° cacciatori, venuti da Giulianova e sbarcato a Siderno sul *Ionio*, col tenentecolonnello De Lozza, che dopo quella catastrofe seppe traversare l'Aspromonte, e intatto arrivare a Monteleone il 26.

§. 28. Abbandono del Vial.

Quivi eran molti reggimenti e brigate intiere, che potevano dar battaglia; ma se quei duci prima eran fievoli, dopo l'uccisione del Brigante, e rei ed innocenti perdettero il capo. Il Ghio ed altri colonnelli dichiararono al maresciallo non poter tenere i soldati gridanti tradimento, doversi pensare a *ritrarsi in pace.* Un uomo di core avrebbe sclamato: « Soldati, voi siete brutti d'orribile colpa, nè potete lavarla, se non col sangue nemico: andiamo a combatterlo, ripigliamo il terreno perduto, e succeda al grido del misfatto quello della vittoria. » Ma il Vial, circondato da molti che a disegno gli sussurravano terrori, diventato pusillo, si persuase i soldati ucciderebbero lui e gli altri duci nel calar della zuffa: però intento a evitarla, fidò piuttosto nel nemico che ne' suoi, e si abbassò a parlamentare co' capi delle bande de' dintorni e co' noti faziosi del luogo, per impetrare dal Garibaldi di non esser nella ritirata molestato. Per l'obbietto mandò il colonnello Bertolini, che il 26 s'imbarcò sul *Protis,* temente che, per terra, i soldati, al vederlo andare al nemico, lo ammazzassero. Non si vide mai simil caso d'un esercito, ch'avendo libero indietro tutto un regno, piatisse, per ritirarsi, la venia del nemico, ch'era d'altra banda e lontano. Maravigliò più quell'andarvi il Bertolini, che dappoi s'è mostro fido e valente; tanto è vero che l'umana ragione si sperde a fronte delle umane peripezie.

Quel dì 20 arrivava al Pizzo sull'*Eugenia* il capitano Ludovigo De Sauget, mandato dal Pianelli a veder le cose, per ordinare o di combattere o di ritrarsi: e il mandante e il mandatario, che indi a poco sfolgorarono per tradimenti, mostrano la lealtà del messaggio. Ma il Vial ch'avrebbe dovuto farlo scendere a terra, andò a parlargli sulla nave, il che aggravando la voce ch'ei trattasse col Garibaldi, suscitò gran tumulto. Sospettarono che fuggisse per disertare; e bollendo l'ire, un drappello del 12° di linea l'insegui, e al vederlo di lontano imbarcare gli trassero archibugiate, che nol colpirono. Le soldatesche credentisi abbandonate dettero in eccessi; gli sbandati delle disciolte brigate, manomessi i magazzini, sperperarono le vettovaglie, per non lasciarle a' Garibaldini, bevendo, mangiando, donando, gittando; ovver per un niente a' quei del paese le barattarono.

La sera del 27 sendo il nemico presso Mileto, il Ghio disse ordini sovrani chiamarli a Napoli, e mosse con la gente verso l'Angitola; di che generale fu l'indignazione e 'l lamento. Alla dimane ritornava col *Protis* il Bertolini, portante la convenzione fatta col Garibaldi, che cioè i Regi potessero da Monteleone ritrarsi in pace, o per mare o per terra; laonde il Vial passato anch'esso sul *Protis,* mandò l'itinerario della ritratta con sì lente tappe, che sarian dovuti essere a Salerno pel 10 settembre. Egli volea seguire l'esercito lungo la costa; ma udito il Garibaldi a Monteleone, e proclamato a Paola il governo provvisorio, e questo dimandar della cassa militare ch'egli avea sulla nave, veggendosi ronzare attorno qualche legno sardo, insospettito filò a Napoli; dove giunse il 30, con la cassa salva e i soldati perduti. Uomo dappoco, salito per isventura ad alto uffizio. Dappoi a Gaeta, chiesto gli facessero il giudizio, fu assoluto.

§. 29. Vergogne del Ghio.

Il Bertolini ritornò al Garibaldi per richiamarlo a' patti, ma non gliel fecero vedere; onde scrisse al Ghio si guardasse. Questi aveva ancora dodicimila fanti, quattrocento lancieri e dodici cannoni. Al piano Bevilacqua ebbe una scaramuccia con pochi Garibaldini, che finì, come di consueto, prima con la fuga di essi, poi con la comparsa d'un parlamentario, che favellò segreto col Ghio. Ripigliata la via, si vedevano persone ignote andare e venire da esso. Al ponte delle Grazie presso Maida, bastarono dodici lancieri ad aprire il passo; gli avversari fuggendo si fermarono poco discosto a guardare, e a salutare co' cappelli; dove il generale con istupor di tutti fe' sfilare i suoi con arme a volontà, a suon di musica, senza assalire; e similmente passato Tiriolo, la sera del 29 sull'ore cinque della notte entrò sonando e ordinato in

Soveria-Mannelli. Si mise in luoghi bassi entro il paese, ch'è in vallo presso a una fiumara, cinta d'alture, dove non potevan l'arme, e di leggieri doveva esser circondato; di che fan le maraviglie anco gli scrittori della rivoluzione, quando poteva posare in luoghi alti e strategici, che assai ve n'era. Ne mormorarono i soldati; e sentendosi per giunta un tremuoto, ove rischiavano tra le mura essere schiacciati chiesero di partire; ma non volle egli, nè tampoco alla dimane. Chiamò sotto l'arme la truppa digiuna; ed egli a cavallo avanti al fronte nunziò Garibaldi morto, stessero allegri e sicuri, mangiassero; poi distribuì a' soldati poco pane e carne cruda, non per compagnie ma per persone, fuor del consueto; cosicchè ciascuno lasciate l'arme pensava a cucinare.

Il Garibaldi contro i patti seguitava queste migliaia con pochi, e per far presto quasi solo. Andava costa costa, con la gente a drappelli, qua e là disseminata, da essere sfracellata da una fregata sola, ma ogni fregata s'era discostata a posta. Entrò in Tiriolo, appena usciti i Regi; e di là per telegrafo (che il Ghio intatto gli lasciò) ordinava a' sindaci della provincia, e a tutti i caporioni che accorressero con quanta potessero gente. Però lo Stocco, accozzati certi ribaldi, mettevali a mostra su cime di monti; e si spargeva i Calabresi aver rotte le strade, sbarrati i passi, preparati macigni per rotolarli su' Regi. Quindi il dittatore forte più di tai bugie che di seguaci, trovossi il 30 a Soveria-Mannelli, ove il Ghio l'avea voluto aspettare. Mentre i soldati mangiavano sciolti qua e là, cinque a cavallo vestiti alla calabrese, barbuti e armati, voltavan dietro la chiesa; e pur là recatosi il Ghio con certi colonnelli, ben mezz'ora confabulavano. Partiti i cinque, si videro spesseggiare intorno al paese alquante camice rosse e molte bandiere, quai comparse in melodrammi, e s'udir colpi di fucili frequenti: ne' boschi vicini, massime su quel di dritta sulla via da andare a Napoli. Allora il Ghio chiamò i capi de' corpi, disse trovarsi accerchiati, difficile il viaggio, potrebbero i soldati, lasciate arme e munizioni, andarsene a casa, gli uffiziali serbassero l'arme e i cavalli loro; il che chiarì la convenzione fatta. Primo il colonnello Kenich a' suoi mostrò la necessità di cambiar bandiera; ma scorti musi arcigni, mutò tuono, e li licenziò; lo stesso fece l'altro colonnello Guarini, e altri ancora. Si rinnovò, ma in grande la scena del Piale: i soldati imprecando a' traditori gittavano o schiantavan l'arme, stracciavano i sacchi, guastavan le munizioni e gli arnesi; e a stuoli, spezzati, in frotta lasciavano il vergognoso luogo, che sarà onta eterna al nome napolitano. Pochi alle case loro, i più volsero a Napoli dove il re; quasi nessuno stette col nemico; solo il loro duce, il Ghio, scomparso a un botto, si fe' per sicurezza accompagnar da camice rosse, e tornò al Pizzo, tutto del Dittatore. In quella disperazione andarono perdute le casse de' reggimenti, rapinate da' consapevoli traditori; quella dell'11° cacciatori con 1500 ducati se la prese un prete garibaldino. Gli uffiziali fra tanta abbiezione, serbarono il coraggio della propria opinione, e restarono lì coi capi bassi oppressi dall'onta. Ed ecco quasi per incanto lor si fa in mezzo il Garibaldi trionfante, con una dozzina di seguaci, tra cui lo Stocco e 'l Cosenz; fa una diceria, dichiara serbassero le spade, perchè *non vinti,* s'unissero a lui. Rifiutan tutti, fuorché un chirurgo; perlocchè 200 uffiziali s'imbarcano sul

Calatafimi nave di lui, che a Napoli li conduce. I rossi raccolsero per quelle contrade 12 cannoni, 400 cavalli; e muli, e fucili buoni o rotti a migliaia.

§. 30. Vergogne del Caldarelli.

Giunta nel Cosentino la nuova di Reggio presa, i congiuratori levarono il capo; a Rossano presero l'arme a' gendarmi; a Cosenza la sera del 22 levarono grida pompose d'Italia,Vittorio e Garibaldi, presente il general Caldarelli. Questi avuto ordine d'aspettare le milizie da Monteleone per ritrarsi insieme, subito se l'intese co' faziosi; e a 26 fe' una scritta, cui appellò capitolazione, dove pattuì non combattere la rivoluzione, e ritrarsi con arme e bagagli, in undici tappe pel 7 settembre a Salerno; quindi partì con la brigata bell'e fresca, senza veder viso nemico; e lasciò indietro cento barili di polvere e diecimila razioni, per provvederne gli avversi. A S. Lorenzo La Padula più giorni riposò, acciò le bande rosse il sopravvanzassero; e allora temendo i soldati l'uccidessero, mandò vilmente chiedendo al Garibaldi un suo generale per compagina; e n'ebbe il La Masa con anco foraggi e danari per pagar la gente. Sì per la fellonìa era incodardito, che scese a farsi proteggere da un La Masa più codardo di lui; ma quantunque facessergli spalla parecchi uffiziali traditori, pur fu a un pelo non fossero trucidati ambidue. Così datosi al dittatore n'aveva gli ordini; e gli ubbidì, andando non a Salerno, giusta il patto, ma a Nocera; ove giurò alla rivoluzione, con altri uffiziali. Ma il più di questi e i soldati tutti sdegnosissimi si sbandarono; alcuni per via svaligiati, altri arrestati, altri giunsero a Napoli; e fur mandati a Capua e ne' dintorni E altri, partito il re, travarcarono per varie vie il Volturno, a offrir loro braccia al sovrano combattente, come dirò.

Cotali i fatti principali furono dell'esercito di Calabria; messo a posta smozzicato su larghi paesi, e con duci settari o inetti, ch'aveanlo a distruggere senza battaglie. Non n'ho detto tutte le cagioni turpi, perchè mancandone speciali documenti si può errare, e non debb'essersi ingiusto, neppur con gl'ingiusti; chiaro documento è il fatto. Molto svelerà il tempo, molto resterà noto a Dio solo. La setta sciolse difficilissimo problema; in dieci giorni due divisioni di soldati fedeli e volenterosi, annientati con modi da lunghi anni preparati nelle fucine delle tristizie. E si vide la instabile fortuna, che suol far alto e basso, non potere in nessuna sua vicenda essere al reame d'aiuto, sforzata a essere per noi bassa sempre.

LIBRO VIGESIMOQUARTO

SOMMARIO

§. 1. Lettera del Murat. — 2. Decreti in Sicilia. — 3. Protesta del governo napolitano. — 4. Arti per disarmare Francesco. — 5. Rissa tra soldati sardi e napolitani. — 6. Il Romano consiglia il re ad andarsene. — 7. Suo manifesto tradire. — 8. Altra lettera del conte di Siracusa. — 9. La sua fine. — 10. Rivoltura nelle Calabrie. — 11. In Basilicata. — 12. Lettera circolare del direttore Giacchi. — 13. Rivolture nel Salernitano.— 14. Benevento tolta al papa. — 13. Stato di Terra di Lavoro e Abbruzzi. — 16. Le cose di Puglia. — 17. Minaccia di controrivoluzione in Napoli. — 18. Francia vuol sodisfazione per le bastonate al Brenier. — 19. Proposta di far Napoli neutrale.— 20. Tentativi per nuovo ministero. — 21. Seconda proclamazione del Nunziante. — 22. Decisione per dar battaglia a Salerno. — 23. Indecisioni. — 24. Condizione di Napoli. — 25. Come si potesse vincere. — 26. Come si tolse il campo di Salerno. — 27. Come s'eseguì. — 28. Miracoli Garibaldesi. — 29. Ultimi dì della monarchia. — 30. Proclamazioni di Francesco. — 31. Proclamazione della Polizia. — 32. Il re lascia Napoli. — 33. La flotta nol segue. — 34. Il re lascia alla città ordine e soldati. — 35. Subito i ministri voltano faccia. — 36. I ministri esteri a Gaeta.

§. 1. Lettera del Murat.

Mentre il motto *Italia una* assaliva il reame e lo stesso ministero regio lasciaval trionfare, Luciano Murat, pretendente al trono per decreto del primo Bonaparte, dopo quarantacinque anni di silenzio, levava la voce, altro frastuono in tanto subuglio. Correa stampata una sua lettera del 19 agosto da Buzenval a persona innominata, cui parea rispondesse: « Non voglio porre ostacolo a' voti popolari, quand'anche li credessi errati. Parente dell'imperatore Napoleone, non turberò con l'azione mia la politica francese; ma può in tempo di rivoluzione la libera volontà del popolo spegnere le discordie e le incertezze. Giova all'Italia lo stabilirsi in Napoli un governo costituzionale, per isfuggire all'anarchia e all'invasione. Non mi intrametterò ne' moti del regno, se non quando il popolo manifesti legalmente volere in me un pegno d'indipendenza e prosperità;, e in tal caso, *forte dello assenso del cugino*, porterei l'alleanza francese, *sola e certa sicurtà d'indipendenza.* Io amo soltanto il pubblico bene, e sagrifico il mio; ma l'Italia può soltanto nella confederazione riacquistare la potenza primiera. » Come in quei momenti d'annessioni prestabilite entrasse il bene pubblico, con quello d'un re pretendente e fuor dalla lotta; come l'alleanza francese e un re posticcio recassero indipendenza all'Italia, niuno comprese; e quella lettera inopportuna restò inane richiamo di perduto ricordo.

Ma a darle un po' di calor vitale uscì un ibrido articolo al 1° settembre nel *Moniteur* di Parigi, dicente il governo francese approvare la lettera; ma non in quello del potere il Murat andare in Napoli con l'assenso e il braccio di Francia; questo lo imperatore non volere, e respingere uffizialmente la proposizione.

§. 2. Decreti in Sicilia.

Intanto in Sicilia si diroccava lo antico. Ai 17 agosto più decreti dittatoriali ordinarono: 1° aver corso nell'isola la lira, col sistema monetario piemontese; le nuove monete farsi con l'effigie e la leggenda di *V. Emmamiele re d'Italia.* 2° Valere la legge sarda sulle proprietà letterarie ed artistiche. 3° Valere i gradi accademici, matricole, licenze e lauree date in Italia; i meriti in fatto di scienza acquistati in qualunque parte del mondo costituire titoli per concorsi. 4° Rivocarsi le condizioni a residenza, imposto a chi avesse dritto a pensioni. 5° Esser nulle le condanne per maestà inflitte da' Borboni.

Tutto tendeva all'unificazione; e allora stesso si procedeva all'annessione al Piemonte, se il Crispi, creato del Mazzini, e là ministro di tutto, non l'impediva a forza. Infatti affaticandosi tre mandatarii del La Farina, cioè un Cortes veneto, un Campanile napolitano, e 'l siciliano Paternostro, a far comitati della *Società nazionale* per l'annessione, egli, malgrado il prodittatore De Pretis, li agguanta o caccia via.

§. 3. Protesta del governo napolitano.

Il De Martino ministro di Francesco, compiendosi la rovina, blandiva l'animo del misero re con proteste. A' 21 agosto con nota diplomatica protestò contro il Garibaldi, che usurpato il nome e la bandiera del re sardo, avea promulgato in Sicilia lo Statuto subalpino, mutati gli uffiziali pubblici, e fattili giurare a Vittorio. Avere il re conceduto la Costituzione ad evitar sangue, aperto negoziati per unirsi al re sabaudo; questo esser fallito, però non poter altro che protestare contro tanti allentati di forza straniera, nè riconoscerne le conseguenze.

Al Manna legato a Torino s'ordinò recasse a Napoleone a Parigi una lettera di re Francesco, in tai sensi: « Voi mi consigliaste dare la costituzione a un popolo che non la domandava, ed io aderii. Voi m'avete fatto abbandonare senza pugna la Sicilia, promettendo garantirmi il regno, ora vengo abbandonato da tutti. Ma son risoluto a non iscendere dal trono senza combattere; difenderò il regno, e farò appello alla giustizia dell'Europa. »

§. 4. Arti per disarmare Francesco.

Veramente Francesco stava per isguainare la spada; e se il faceva allora, ne risparmiava le calamità garibaldesche. Però a distrarnelo furono arti somme. Dicevangli:

la nazione non volerlo, sarebbe guerra civile, indisciplinato l'esercito niente valere, gli stranieri battaglioni ribellare; e già correre nemici sopra Napoli; i popoli festeggiare l'invasore, i reazionarii esser malvagi, turpe la reazione, scelleratezza il contrastare, atto eroico il cedere e darsi vinto. Ciò a voce alta attorno il trono; ripetevanlo i settarii vecchi e nuovi, ribadivalo la stampa: il re bloccato nella reggia, non udendo nè leggendo altro, non usciva da quella cerchia.

Il comitato rivoluzionario, che col ministero regio e la legazione sarda guidava il tutto, avria voluto poter suscitare qualche sommossa interna. Il Cavour e 'l Villamarina fremevano al veder Napoli quieta non mostrar malcontento. Il comitato dicendo fosse per mancanza d'arme, a mezzo agosto molte da una casa inglese ne accattò, da pagarsi poi, a patto ch'essa casa ne curasse lo sbarco. Non avea la possa da sbarcare fucili, e chi n'avrebbe armati? D'arme Napoli era pieno; mancavano uomini che volessero. Spesso per tentar tumulti sballavan notizie paurose: segnarsi in rosso le case da saccheggiare, i personaggi da uccidere; il re preparare la guardia reale, i Luciani, chiamare reazionarii provinciali, per manomettere Napoli. Susurroni ogni sera ne' quartieri nazionali ripetevano tai baie, ingrossavan gli animi, e mettean su i comandanti, come in debito di salvare il paese. Con tai preamboli riuscirono a un'altra. Il Giacchi, direttore dell'interno, lancia di D. Liborio, si fe' presentare da' capi nazionali di Napoli un indirizzo ai ministri, così: « Gravi fatti accennanti a vili reazioni, legioni straniere, composte di tristi cospiranti sotto *alte ispirazioni* contro la libertà, sozzi satelliti di dispotismo provocanti le milizie cittadine, compri ecclesiastici disonoranti il pergamo, e maledicenti le strappate franchigie, tutto è prova flagrante di sleali macchinazioni. La guardia nazionale, eletta per capi di famiglie, migliori intelligenze e strenua gioventù, reclama garanzie. Debbonsi sciogliere i corpi esteri, la cui presenza è onta all'onorato esercito, che per valore e fedeltà al nuovo ordine di cose dessi rispettare. Si fidi nella guardia nazionale, le si dieno arme e munizioni, si desista da artifizii e insidie vigliacche, si sventino le reazioni, e si cessi da' bellici apparecchi. » Tal prodigio d'impudenza significava dire al re: Si compia presto la vostra ruina; dateci modo da scacciarvi, e distogliere quanto vi potrebbe aiutare; non vi difendete, o andate via. Si fingeva presentato non a' ministri, *perchè in consiglio,* ma al Giacchi. Poi *il Giornale uffiziale* ai 21 agosto lo smentiva; e la dimane lo stesso giornale recava una lettera di essi comandanti confermante lo scritto, e aggiungendo essersi dato al Giacchi la sera del 13, a patto non si pubblicasse, nè se ne facesse uso uffiziale. Cotali altalene usavano per iscagionare da complicità i ministri; e stampavanlo per commuovere il paese, afforzare il nemico, sbalordire i legittimisti, e 'l re stesso rattenere.

§. 5. Rissa tra soldati sardi e napolitani.

Se concitati eran gli animi in Napoli, più nelle provincie, dove s'anelava una parola del re, per dar sopra alla rivoluzione; ma tal parola il re non la dava, sendo ignaro delle vere sue forze, cinto da traditori e codardi, che gli pingevano empio il reagire. I soldati coll'arme in mano costretti a patire insulti, e a mirare inoperosi la caduta della monarchia, stavano rabbiosi; e se vi sorgeva un duce che quelle ire spartite avesse fatte collettive e volte a un fine, altri erano i destini. L'odio soldatesco allo straniero fulse nel fatto del 20 agosto. Aveva il Piemonte navi da guerra nel golfo con due battaglioni di fanti, sotto spezie di tutelare le vite e le robe de' sudditi sardi; ma spesso scendevano per tentare i popolani; anzi un dì empierono barche di armati, dicendo andar per le spese, e bisognò minacciarli del cannone per farli lasciar l'arme. A terra lavoravano a propaganda; affettavano di spregiare i soldati nostri; entravano ne' picchetti nazionali, dicevano paradiso il Piemonte, felicità la fusione imminente; e per taverne e piazze paoneggiandosi, già s'incamativano da padroni. I faziosi ne gongolavano, e da' Camorristi lor facevan rendere vezzi e finezze. Or sul vespro del 20 alquanti di quelli, cui poi il popolo pe' pennacchi appellò capponi, stavansi sul ponte della Sanità tra camorristi festeggiatori; quando passando sei dei nostri tiragliatori della guardia, presero a berteggiarli, e con essi i lazzaroni spavaldi; perocchè quelli indignati, pria risposero alto, poi cavarono le daghe. I Sardi ebbero spalla da' camorristi; i tiragliatori con l'aiuto de' compagni sopravvegnenti sì gli uni e gli altri picchiaron bene, che i capponi lasciati due di loro malconci, e un camorrista mezzo morto, si salvarono fuggendo. Nel tafferuglio accorsi i Nazionali, mentre fingevano i pacieri, susurravano: *Date, date a questa carne venduta.* Carne venduta intendevano i coscritti connazionali. I feriti sardi andarono all'ospedale; due tiragliatori, pur feriti lievemente, fur condotti con una daga tolta a quelli alla gran guardia. Subito il Villamarina dimandò soddisfazione, come disse, *dell'infame attentato*; e il ministero nostro, non lasciando sfuggire la opportunità di vilipendere il nome napolitano, fece dare dal Tesoro ventimila franchi d'indennità a' due feriti stranieri. Ventimila fratelli per aver insultato la nostra nazionale divisa; mentre i Napolitani pur feriti ebbero punizione, acciò imparassero a farsi battere chetamente. Il Pianelli mandò un Moschitti leguleio, allora creato giudice, a farne processo sin dentro il quartiere S. Potilo; e con ordine del giorno lodò quei capponi *eroi di Palestro e S. Martino.* Ogni cuor patrio fremeva di quella svergognatezza, e fremevano le soldatesche ingiuriate dal loro stesso ministro; ma il processo non fu possibile; chè non si trovò chi vile indicasse a quel giudicastro le persone de' rei.

Ogni dimostrazione rivoluzionaria per contrario era favorita. A S. Carlo si davan opere e balli a prò de' militi lombardi: quando gli ospedali aveano tanti Napolitani, mutilati in quella nefanda guerra.

§. 6. Il Romano consiglia il re ad andarsene.

Don Liborio Romano sino a mezzo agosto s'era col re mostrato avverso all'Italia una, e anzi gli avea fatte certe bozze di proclamazioni, nel dinastico interesse. Avvocato delle due parti, scriveva difese per ambe. Ma a farsi credere tutto del re, mostravagli lettere venutegli d'Italia, spezialmente del Dragonetti, già nostro fuoruscito, che raccomandavagli l'autonomia del reame. Quando poi vide imminente l'assalto in terraferma, ad assicurarne il trionfo, cercò distogliere il monarca dalla difesa; e fecegli a 20 agosto un indirizzo a nome del ministero; che, benchè nol firmassero i colleghi, presentò egli solo. « Sire, le straordinarie circostanze del paese, la difficilissima posizione in che per l'esterno e per l'interno n'ha messo la Provvidenza, ne impongono sacri e penosi doveri, per volgervi parole libere e rispettose, in solenne testimonianza della nostra devozione al trono e alla patria. Veggiamo questa gloriosa monarchia di Carlo III, durata 126 anni, ridotta per forza di tempo e malvagità di uomini al punto che il ritorno della confidenza tra popolo e principe è non solo difficile ma impossibile divenuto. Siamo a tale che stimiam nostro dovere proporre e consigliare alla M. V. di allontanarsi per qualche tempo dal paese e dalla casa de' suoi padri, e lasciare in reggenza temporanea un ministero degno di fiducia. Urgente è il risolvere; nè noi ministri della corona, nè altri potrebbe su ciò mutare la pubblica opinione. In ogni parte è sfidanza universale, e scende nelle moltitudini, e peggio nell'esercito e nell'armata, ch'esser dovriano puntelli del trono e dell'ordine sociale. Siamo convinti di non poter noi mutare cotesta opinione, nè sdegnarla; chè oggi la forza niente può senza la opinioni; nè può nulla, se non quando da essa tragge sue forze. Inoltre alle interne difficoltà le esterne s'aggiungono: siamo al cospetto d'Italia, lanciata nelle rivolture con in mano il sabaudo vessillo: cioè appoggiata col cuore e col braccio a un governo forte e costuito, e ad una dinastia ch'è italiana, e la più antica. Nè il Piemonte manca d'altri aiuti. Francia e Inghilterra, per cagioni diverse e diversi scopi, gli stendono le braccia protettrici; e il Garibaldi è strumento evidente di cotesta politica onnipotente.

Se questo è vero, che resta a fare per salvare l'onore, la dignità e l'avvenire della vostra dinastia? Vuole Vostra Maestà spingere la resistenza all'estremo? ma i mezzi ne sono affievoliti, vacillanti e incerti. Chi può contare sulla manna reale già dissoluta, chi sull'esercito che ha rotto ogni trono di disciplina? Nessun generale il capitanerebbe. E i pochi soldati stranieri che restano sono pur da meno. Questo ammasso d'uomini sprovveduto d'ogni senso d'onor militare, senza sincero affetto al trono, non potrebbe che svegliare la diffidenza de' soldati nazionali e degli onorati cittadini, e tutto minacciare, e nulla garantire. Nessun consigliero chiarovoggente della corona approverebbe una lotta da fidarsi a elementi sì sconnessi e incostanti. Supponendo anche una vittoria dell'esercito regio, sarebbe trionfo infelice, peggiore della disfatta, avuto a prezzo del devastamento del regno e di torrenti di sangue; trionfo che solleverebbe l'indignazione d'Europa tutta, farebbe la gioia de' nemici della vostra casa, e porrebbe lo abisso tra voi e il popolo che Dio fidava al vostro cuore paterno.

Se dunque onore e coscienza sconsigliano la resistenza, e la guerra civile, qual sarà risoluzione onorevole ed umana, degna d'un discendente d'Enrico IV? Unico consiglio è che V. M. s'allontani; e lasci reggente un ministero onorato, capace d'universale confidenza. Ma a capo di esso non porrete già un principe reale; ei non avrebbe la fiducia pubblica, nè garantirebbe gl'interessi della dinastia. Vi porrete uomo che sia generalmente conosciuto e virtuoso, e che meriti la vostra e la universale fiducia. E la M. V. allontanandosi volgerà al popolo parole leali e magnanime, testimoni del suo cuor paterno, e della nobile decisione di risparmiare gli orrori della guerra civile; invocherà il giudizio dell'Europa, e aspetterà dal tempo e da Dio il trionfo del dritto. Questo consiglio diamo con la franchezza della buona coscienza, *ed è il solo che possiamo dare.* Siam certi lo accoglierete; ove per isventura il respingeste, noi sentendo non aver meritato la fiducia del nostro re dovremmo rinunziare all'alto ministero che ne fidaste. »

Da siffatto indirizzo ch'ho stretto in breve, ma che diessi con assai più parole alle stampe, vedrà il leggitore futuro come s'usi oggi capovolgere il senso de' vocaboli e delle virtù, e che mai in bocche settarie significhino patria, onore, coscienza, magnanimità, popolo, opinione, guerra civile e interesse di dinastia. Il più vile consiglio che s'udisse, abbandonare trono e popolo in balìa di settarii stranieri, potenti non di spada ma di corruzione, s'appellava magnanimo atto. Combattere Sardi, Ungari, Polacchi, Inglesi, Francesi e Affricani invasori, dicevasi guerra civile. Il re dovea temere di versare il sangue di costoro, dovea non difendere suoi sudditi, abbandonarli alle costoro rapine. Virtù era il perdere, orrore il vincere; gloria disertare il dovere di re, vergogna il propugnarlo. Trionfare era indignare Europa, era la gioia de' nemici, della dinastia, un porre tra re e popolo l'abisso. Vero trionfo il fuggire, trionfo degno del sangue d'Enrico IV. Oh mio Dio, a tanto melenso capovolgimento di ragione siamo scesi!

Francesco restò muto: dovea far sostenere il ribelle ministro, e sottoporlo a giudizio, per attentato alla monarchia, cui avea giurato; ma nol pensò, e non osò. D. Liborio almanco avria dovuto giusta l'ultima conclusione del suo indirizzo dimettersi; ma con invetriata fronte, facendosi anche maggiore, seguitò.

§. 7. Suo manifesto tradire.

La sfrontatezza di costui non crederanno i futuri. Il romanzatore Dumas, corifeo della rivoluzione, dandosi gran da fare, s'era impunemente ancorato nel golfo, avanti la reggia, sur un battello detto l'*Emma,* donde spargeva arme e proclamazioni, e teneva le corrispondenze de' felloni col Garibaldi. D. Liborio anch'esso, con mezzano un Muratori, dicentesi presidente del general comitato rivoluzionario, vi trescava; anzi la notte del 23 andò egli estesso sul battello, e col Dumas convenne: s'affrettasse il Garibaldi; ed egli indurrebbe il re a lasciar Napoli; in contrario o si salverebbe sur un legno inglese, o dichiarerebbe Francesco traditore della costituzione, e solleverebbe la guardia nazionale ed il popolo. Promisegli inoltre che al primo tentativo di reazione del re andrebbe al Garibaldi *con due colleghi,* per dichiarar lui decaduto, e questo riconoscere dittatore. Anche gli presentò una gentildonna che recherebbegli l'ambasciata; intanto domandasse per lui la protezione del *Par Kings* ammiraglio inglese. Questa di fatto ottenne; e alla dimane mandò al Dumas il suo ritratto, con sotto cosi scritto: *Ritratto d'vn vile, se non vi tengo le promesse che vi feci ieri.* Tai lordure eglino stessi hanno stampate, per vanto.

Il re ebbe prove di quella visita notturna; e consigliato dal general duca di S. Vito, stette per far sostenere il traditore; ma questi o n'avesse sentore, o a maggiore inganno, gli si presentò baldanzosamente a raccontare la sua gita sull'*Emma*, dicendo lavorar col Dumas per far retrocedere il Garibaldi. Non credo Francesco se ne persuadesse; ma il fe' restar libero, e ministro del suo nemico. V'eran poi galuppi e tramestanti mazziniani, che per forza si davan moto. Tra gli altri il fumoso La Cecilia fingeva andar a Reggio al Garibaldi, per proporgli si pigliasse tre milioni, lasciasse il regno, e andasse nelle Marche ad assalire il Papa. Si prese pel viaggio cinquecento ducati; ma come glien'avean promessi 1200, non avendoli, pubblicò la cosa. Il Romano contraddissela in parte, dicendolo mandato per esplorare le Calabrie, il De Martino negò tutto; e stampò avergli fatto dare i cinquecento, per levarsi da torno quell'imbroglione. Fior di ministri!

§. 8. Altra lettera del conte di Siracusa.

Più duro colpo die' Leopoldo conte di Siracusa. Alla nuova dello sbarco del Garibaldi sul continente, convitò a banchetto gli uffiziali della flotta sarda, fe' brindisi a Vittorio, e s'inebriò de' plausi che n'ebbe. Poi andò sulla fregata *Costituzione*, accolto con onori, non al suo grado, ma a' suoi protervi pensieri. E quasi non bastasse, temendo scoperta la sua corrispondenza col principe di Carignano, squarciò l'ultimo legame che il teneva al suo sangue. Sottoscrisse a' 24 una lettera compilata tra il Fiorelli suo segretario, un Niccolini e 'l ministro sardo; dove al re nipote diceva; avergli altra volta consigliato *scongiurasse* il pericolo, e non essere stato udito; ora fatto grande il sentimento dell'unità, non più possibile la lega; le stragi di Sicilia destare errore; la casa Borbone segno d'universale riprovazione; la guerra civile in terraferma strascinare la monarchia a ruina. « Sire » conchiudeva « Non siate cagione di lotta fratricida; salvate la nostra casa dalle maledizioni di tutta Italia; sciogliete i sudditi dal giuramento; lasciateli arbitri de' loro destini. L'Europa e i vostri popoli vi terran conto del sublime sagrifizio; Dio compenserà l'atto magnanimo; l'anima vostra s'aprirà alle aspirazioni della patria; e voi benedirete il giorno in che vi sarete sagrificato alla grandezza d'Italia. Io compio l'obbligo sacro della mia esperienza; e prego Dio v'illumini, e vi faccia meritare le sue benedizioni. »

Questi favellava di Dio, che in tutta la vita l'avea con pagani costumi misconosciuto; favellava di popolo, cui sempre avea dato scandalo, favellava di Borboni, contro cui tanti anni avea congiurato. Il popolo arbitro di sè, qual popolo? la setta messa in seggio? Voleva il re lasciasse inerme il popolo vero, in balìa di trentamila stranieri armati, e per non versar sangue nemico, far che il nemico versasse il sangue d'una nazione a lui fidata da Dio. I dritti de' sovrani sono doveri; doveri di tutela delle genti; abbandonarle alle rivoluzioni dei felloni, è non viltà soltanto, ma reità; siccome sentinella che diserta il posto, e fa perire l'esercito. I prenci non istanno solo per comandare nelle reggie, ma per istendere lo scudo sullo stato, e alzare la spada in fronte all'assalitore, qualunque lingua parli; sono prenci, non per vestire gemmati, ma per levarsi irti di ferro ne' supremi momenti, e combattere per la nazione, e per la salvezza e l'onore della patria bandiera. Sì persuadano i re, la corona esser peso, lo scettro un bastone; per quella denno sofferire e faticare, con questo debbono percuotere i malvagi. Gittar corona e scettro quando scottano è codardia, cui solo le codarde sette appellano *magnanimità.* Il settario zio consigliava al nipote il disertare *per la grandezza d'Italia*, ma veramente per farla saccheggiare; appellava servire la patria il tradirla, sacrifizio la vergogna, e merto sublime l'obblio del più sacrosanto dovere de' monarchi.

Similezza di linguaggio, vicinanza di tempo, unità, di scopo mostrano lo indirizzo del Romano e questa lettera partire da un medesimo cenno. E il real principe simigliante al Romano leguleio, lo stesso dì della lettera scendeva a visitare il Dumas sull'*Emma* a chiedergli consiglio, e dimandare *se mai potesse esser utile a niente.* Quei gli rispose: *Partite.* E visitato l'ammiraglio sardo, non ottenne meglio. Quella sua perfida lettera anche prima ch'andasse al re, nonostante lo stato d'assedio, era stampata su giornali e foglietti, e gittata ne'caffè, per le vie, e per la posta nelle provincie mandata. Fu dardo al braccio del soldato, e alla fantasia della nazione. Se la difesa è inutile, se il trono è perduto, perchè risicare a difenderlo, perchè non chinarsi alla rivoluzione vincente? E fu dardo al cuore di Francesco; preso da malinconia sclamò: *Se non fossi re, se non fossi responsabile della corona al mio popolo e alla mia casa, già da molto n'avrei gittato il fardello.* Ma il maggior dardo Leopoldo confisselo a sè stesso: si rese abbietto; nessun partito gli credè; la lettera leggevano curiosi e diffidenti, tennerla trappola da pretendente: chi fremè, chi rise, nessuno gli fu grato. Che aveva più a fare di lui la rivoluzione?

§. 9. La sua fine.

Ei si credeva alla vigilia d'afferrare la potestà; chè da più lustri baloccato, ora gli avean dato a bevere resterebbe in Napoli luogotenente di Vittorio. Ebbe premio condegno. Dopo pochi dì chiamaronlo a Torino, sotto colore non si trovasse all'entrata del Garibaldi. V'andò di mala voglia, ma speranzoso promise a' suoi amici presto ritornare con altro uffizio. Nulladimeno abbandonato da quanti avea prima corteggiatori, s'imbarcò sulla coverta sarda il *Governolo* a' 2 settembre, accompagnato sino al legno dal Villamarina e dal Persano. A Torino poche cerimonie, parole fredde; s'accorse essere impaccio, e smaccato voltò a Parigi. Colà una sera in teatro ebbe fischi; gridarongli *Le Bourbon à Gaeta,* cioè che a Gaeta dove allora il re combatteva e non in teatro francese fosse il posto d'un Borbone. Per non parlar più di lui, narro qui che fuggito da tutti scrisse al suo segretario Fiorelli, venisse a prenderlo a Livorno, per tornare a Napoli; ma costui, già aggraffato grosso soldo, nol curò; onde egli ridotto con un solo cameriere giunse a Pisa, dove incontanente ai 4 dicembre lo colse la mano di Dio. Fu chi disse s'avvelenasse, altri che fosse avvelenato. E re Francesco combattente allora in Gaeta, ordinò la Corte prendesse il lutto per tre mesi! Morto appena, partito per Napoli il cameriere con la valigia delle sue carte, fu arrestato nel porto, e la valigia recata a Vittorio, che già sedeva nella regia de' nostri re; il quale toltone due lettere ch'eran di suo pugno, ridiè il resto; e quel cameriero creò *mozzo d'uffizio* in Corte. Il cadavere in una cassa al camposanto di Pisa stette come d'un paltoniere due anni o più; poi in giugno 63 la vedova principessa mandò Matteo d'Ayala colà, acciò vi ponessero su un po' di terra; e in fine ottenutone a stento il permesso, potè in settembre menarne gli avanzi nella serva patria.

§. 10. Rivolture nella Calabrie.

La rivoluzione si smascherava senza pericolo. Col primo sbarco del Missori eran venuti mandatarii garibaldesi a metter fico nelle popolazioni; che favoriti da' comitati e da' capitani nazionali procedevano sicuri. Sciolte le brigate Melendez e Brigante, i felloni calabresi già padroni della potestà civile, senz'altro impaccio, abolirono il nome di Francesco, e poservi quel di Vittorio. Un Antonino Plutino antico rivoluzionario, fatto governatore a Reggio, tosto prese a far decreti; tra' primi uno a' 25 agosto espulse dal territorio trentasei persone di Reggio tra ventiquattr'ore; bell'inizio di libertà! Molti Calabresi ricchi, e i più già troppo da' Borboni favoriti, che tenevan mano alla setta, presero gente a prezzo. Come le soldatesche eran fatte da' duci retrocedere, eglino alzavano la bandiera nuova. Catanzaro, Cosenza, Castrovillari, Paola, S. Lucido, scacciavano i pochi gendarmi rimasti; le potestà regie, i regi giudici, voltavano carta; crescean le barbe, e mettevano il cappello a cono e le penne di gallo. Le Calabrie così eran rivoltate anche prima del fatto di Soveria. E il dittatore a' 28 agosto creò con decreto la polizia dittatoria in Sicilia e Calabria.

Sicilia stata dieci anni rifugio de' Borboni, fu poi sempre prima a levarsi contro i Borboni; e Calabria stupefatto il mondo nel 1799 pel favore a' gigli, ora appare sì corriva a combatterli; nè ciò fu colpa di mal governo, come altri dice; fu sì la fallace politica de' Borboni, per la quale han tanti troni perduto; quel sempre accarezzare i nemici e sconoscere agli amici, E dico fallace, perchè se talvolta guadagni qualche settario, mai non guadagni la setta; questa infatti per governativi favori s'era ingrossata di nascoso; e venuto il tempo, nessuno de' fedeli si mosse, e il campo restò libero a' tristi. In Sicilia e Calabria, dove più fu amor di gigli, più i nemici de' gigli potettero. Il governo vuol essere indifferente moderatore de' sudditi; e se gli è generoso il perdonare, non deve trascendere a premiare i felloni, e a porli sopra a' fedeli. Quelli co' premii diventarono gagliardi, non pentiti; questi depressi diventaron fievoli e tacenti. Vuolsi premio e pena secondo giustizia, E Dio fa che l'ingiusto premio sia rimertato d'ingratitudine.

§. 11. In Basilicata.

Era in Basilicata capitano di gendarmi Salvatore Castagna; che sin dal 59 notato apparimenti di bandiere, stampa clandestina, girovaghi, e collette segrete, ne fe' arrestare gli autori, ma poco dalla potestà coadiuvato, l'impunita gittò le cose al peggio. Data la costituzione, si procedè più aperto ad abbattere la monarchia. Ei ne rapportava, i ministri gli davan del visionario, gl'inculcavano s'unisse a' Nazionali; chiedeva più soldati, venivano ordini di sparpagliare quelli che aveva. Di 400 gendarmi gliene lasciarono la metà, di cui un terzo malati, inabili, o guasti. D. Liborio avea messo a Potenza intendente un suo adepto, certo Cataldo Nitti, a farvi la rivoluzione; sicchè tutte cose con faccia legale eran disposte in nome del re per iscacciare il re. Il comitato di Napoli mandovvi con denari di Torino un tenente Camillo Boldoni, nostro diseriore del 48; il quale entrato nel reame pel perdono, andò a sdebitarsi. Si stampa colonnello, raccoglie nel circondario di Corleto un po' di bruzzaglia, e, sicuro di Potenza, vi si accosta. Il Castagna n'ebbe notizia il 17 agosto, e più seppe disarmati e ligati i gendarmi a Tricarico; volsesi all'intendente e a' Nazionali per attelarsi a difesa; ma nulla concluso, ebbe di sera da un prete D. Rocco Brienza l'offerta di duemila piastre e 'l grado di maggiore, se riconoscesse alla dimane il governo provvisorio. Ricusò; e adunati i suoi gendarmi (tra' quali eran pur di compri sottouffiziali, che instigavanli contro di lui), condusseli sull'alba in sei drappelli fuor del paese, in luogo detto il *Monte,* aspettando aiuti, promessigli dal maresciallo Scotti. Ecco una mano di gente taglia il telegrafo; quei del Boldoni appaiono sulle circostanti alture; le guardie delle carceri chiamano rinforzo, però il capitano v'accorre per la strada esterna meridionale, e sbocca appunto dietro le carceri. Ma alcuni drappelli di sinistra, traditi da' sottuffiziali, son tratti alla strada Pretoria, e vi sono investiti dalle case, massime dal palazzo dell'intendenza, dove primo a far fuoco era l'intendente; perlocchè il Castagna dovè correre a raggranellarli, a trarli indietro. Parecchi gittandosi nel fiume son colti, undici muoiono, quindici son feriti, altri restan presi; egli con centosei guadagna l'altura.

Intanto le bande boldoniane entrano in città; ardono gli archivi militari, saccheggiano i quartieri de' gendarmi, e la casa del capitano, la famigliuola di lui maltrattano. Un prete Carbonara e un Emilio Petruccelli inveiscono contro i soldati feriti, frustano i prigioni per le vie, e mezzo morti li carcerano; neppure gli estinti restano illesi. Il Castagna da' monti mandò pel 6° di linea, che venendo al soccorso s'era fermato ad Auletta, ma quel colonnello Perrone non volle saperne, laonde egli avendo a ritrarsi scese al piano S. Loia. Là fu circondato: voleva aprirsi il varco; ma i gendarmi, pochi, avviliti, abburattati da' traditori nelle file, sendo niente armigera truppa, non vollero, e bisognò capitolare. Se non che poi i più, invece d'andarsene alle case loro, si condussero alle regie bandiere. La dimane 19 agosto si proclamò il governo provvisorio, per Vittorio re d'Italia; prodittatori Giacinto Albini e Nicola Mignogna; i quali fecero un curioso decreto, dichiarante *legittima l'insurrezione* della provincia. Sursero *Giunte insurrezionali* ne' comuni, comandante il Boldoni. Per far questo volarono centomila lire, il più venute da Torino,

Dappoi, cosa da non credere! il governo piemontese fece il processo; e condannò in contumacia il Castagna a morte, e altri quaranta gendarmi a galera, in colpa d'aver fatto il debito loro, e non essersi venduti. E i sottouffiziali traditori volsero in dicembre domande di ricompensa al Parlamento.

§. 12. Lettera circolare del direttore Giacchi.

Queste rivolture e l'altre che dirò, mosse dal comitato napolitano afforzato dal ministero, sorgevano quasi contemporanee, per mano degli uffiziali del governo; cioè d'uomini mandati dal ministero in fretta con la veste uffiziale per ispronare la rivoluzione. Nondimeno il Giacchi direttore dell'interno v'aggiunse una lettera circolare a' 29 agosto, modello d'ibrido scrivere, che parendo calmar le cose, le sospingeva: « Si resistesse per qualunque modo alla reazione; l'esercito non poter operare, perchè distratto per l'aggressione estera; nè gioverebbe braccio militare. » Così assicurata l'impunita, seguitava: « Le persone cui scrivo intenderanno il mio pensiero, senza che lo stemperi in più parole. Sanno quali sieno le vive forze del paese: i proprietarii, gli uomini d'intelligenza, quei di mano ferma e risoluta, il clero illuminato, purchè si sappiano adoperare. Non debbe venir meno il coraggio civile in chi sente amor di patria, e 'l dovere. La guardia nazionale che in molti luoghi ha meritato, faccia pure; essa non può mancar d'uomini che suppliscano al suo difetto. In tempi difficili la forza pubblica è nello stesso paese, basta solo cercarla, ordinarla, *indirizzarla al fine supremo della comune salvezza.* Questo si domanda agli agenti del governo, che sappiano suscitarla ed usarla. S'informino al gran principio della salute pubblica, e provvederanno. Degli effetti ne terrà loro gran conto la patria. » Del re neppure un motto. Tal gergo era manifesto agli adepti, a' profani era trasparente; qual fosse il fine supremo, che la salute pubblica, che il coraggio civile, mostrollo dopo pochi dì, correndo a pigliar per mano il Garibaldi. Egli ebbe davvero coraggio d'infamia inaudita.

§. 13. Rivolture nel Palermitano.

Per appoggiare i moti di Basilicata mandarono nel Salernitano un Giovanni Matina e un Luigi Fabrizi modenese; che accozzato una mano de' più caldi corsero a Sala, dove il sottintendente Luigi Guerritore a' 30 agosto con solenne atto, riconoscendo Vittorio e Garibaldi, rassegnava nelle mani del *popolo insorto* la potestà, e dichiarava *mettere nelle mani del colonnello Matina e del cittadino Fabrizi tutti i poteri militari* (ch'egli stesso non aveva!). Cotesti due, proclamatisi quegli prodittatore, questi *capo dell'insurrezione,* gridarono decaduti i Borboni, inaugurarono Vittorio con Garibaldi dittatore. Posero le mani nelle casse, crearono un cassiere; ma vedendo le popolazioni masticarla male, fecero commissarii *organizzatori* delle rivolture in ogni parte; e per infrenare la reazione stamparono al 1° settembre un'ordinanza per disarmare i cittadini della provincia, con giudizii marziali, e stessa pena a qualunque uffiziale civile e militare non desse braccio agli esecutori. Un Lucio Magnani, uno di tai commessarii, con altra ordinanza minacciò fucilazione per gli *arrolamenti d'armati.* Ribassarono il sale; e decretarono a' 4 settembre un indulto agl'imputati e condannati *per qualsivoglia ragione*, fuorchè chi il fosse per reazione;

così liberarono i ladri, e carcerarono gli onesti. Negli stessi modi un Lorenzo Curzio proclamò a' 27 agosto la rivoluzione in S. Angelo Fasanella, e poi un Claudio Guerdile nel distretto di Campagna. Stefano Passero la proclamò in quel del Vallo a' 31 agosto; si fece comandante l'*esercito* del distretto, fe' comitati a Gioj, a Stio, a Laurino. Cose facili ed impunite; chè la potestà regia secondava, le soldatesche ritraevansi a Salerno, e i popoli senz'armi, tenuti compressi da' governanti o da' ribelli, non potevano fiatare. Intanto il Turr sbarcava gente a Sapri il 2 settembre. Il Garibaldi con pochi uffiziali giunse il 5 a Sala; mangiò a lauta mensa, e fe' il Matina governatore della provincia; poi andò ad Auletta.

§. 14. Benevento tolta al Papa.

Racconto il fatto di Benevento. Dissi già d'un Achille Iacobelli di S. Lupo, liberale nel 48, reazionario dappoi. Suo padre Gregorio fu masnadiero insieme a un Antonio Iadonisio; ambi condannati alla forca, questi fu giustiziato, quegli ebbe grazia: le spese del giudizio, benchè per condanna obbligati, mai non pagarono gli eredi, quantunque arricchiti. Stretti dunque da' legami paterni, Achilie Iacobelli e Filippo Iadonisio agli ereditati bottini aggiunsero industrie di brogli e appalti, per favore amministrativo prosperosi. Achille dopo il 49 vestiva la divisa di tenentecolonnello regio, comandava le guardie urbane, ebbe da Ferdinando la concessione del ponte sul Calore al Torello; Filippo fu ricevitore della dogana a Pontelandolfo. Lor s'aggiunse un Giuseppe De Marco di Paupisi impiegato anche in quella dogana. Tal triumvirato, sperando maggior fortuna ne' mutamenti, reggea le fila settarie in quei luoghi tra Molise e l'Avellinese; vi spandeva il clandestino foglio *Ordine,* e i comandamenti del sebezio comitato. In Pontelandolfo si scoperse la cosa; fu denunziato il De Marco; e il giudice Arpaia faceva il processo; ma da Napoli venne ingiunto si ponesse cenere, e l'Arpaia in pena fu traslocato a Sepino. Sì trionfando i congiuratori, s'avvilirono gli accusatori; la congiura seguitò, e data poi la costituzione si palesò. Prese il De Marco ad accozzare in casa sua a Paupisi qualche soldato pontificio disertato da Benevento; cucì camice rosse, raccolse arme, munizioni e moneta. Al 1° settembre fe' una ragunata di tristi nel piano beneventano, armolli con arme tolte ai corpi di guardia nazionali di là dattorno, li vestì rossi, ne fe' squadre, largì gradi, si creò maggiore; e alla dimane in quasi dugento entrò in Benevento: ove già Domenico De Simone, Nicola Vessichelli e un Mutarelli aveano la sollevazione iniziata. Non trovato ostacolo, depose gl'impiegati papali, arse gli stemmi, vuotò le casse, occupò il castello, il collegio de' Gesuiti, e 'l palazzo municipale. Liberò parecchi carcerati, alzò il governo, per Savoia, e vi pose a capo, ricusantisi molti, un Salvatore Rampone notaio e sonatore di flauto. Seguitarono alti sacrileghi contro i Gesuiti; aggrediti in casa, spogliati, scacciati, obbligati a mendicar pane e sussidii per andare altrove. Il cardinale Carafa tennero prigione in casa, aspettando il cenno del dittatore. A' 4 settembre abolirono i dazii. Di là De Marco ingrossato scorreva la campagna; poi andò ad Ariano; poi s'unì a' garibaldini in Maddaloni. Il Rampono si die' a vilezze ed estorsioni; onde gli si oppose Carlo Torre; il quale mandato a Napoli some di formaggi e salami, e forse anche perchè più di lui alto nella massoneria, ottenne d'essere esso creato governatore in sua vece.

§. 15. Stato di Terra di Lavoro e Abbruzzi.

Cheta era Terra di Lavoro, chè, sendovi soldati, i faziosi cagliavano; ma intendente v'era il conte Francesco Viti, servitore de' Borboni tanti anni, e scrittone anche da adulatore, uomo che sapea navigare; il quale in sul bello si chiarì rivoluzionario e fellone. Costui col braccio d'un Rispoli, già regio giudice, mandato da D. Liborio sottintendente in Piedimonte, avea lasciato unir sul Matese un dugentocinquanta rompicolli, che, come dirò meglio, andarono al Garibaldi. Più cheti stavano i più lontani Abruzzi; benchè l'altro fellone generale De Benedictis vi tenesse vivo sotto la cenere il fuoco, lasciasse il paese sguarnito, ed ei stesso con le soldatesche a Giulianova, ad aspettare gli eventi, per dichiararsi.

Bentosto ne' paesi sollevati fu anarchia: occupazioni di terre demaniali armata mano, a Potenza, a Matera, in Capitanata, Terra di Bari e altrove; uccisioni per vendette private al grido d'Italia, rapine alle casse pubbliche, insulti e soprusi alla gente quieta. Che che facessero di nefando, la stampa lodava, sendo la stampa rivoluzionaria sola permessa; e sì sfacciatamente, che sin dal principio d'agosto usciva in Napoli un giornaluccio col titolo *Garibaldi,* portante l'*eroe* in cielo, e percotente la monarchia. Stampa senza compratori; sparsa a ufo, co' danari torinesi.

§. 16. Le cose di Puglia.

Furon qua e là conati di reazioni. A Matera uccisero liberali; a Bari si tumultuò per Francesco: a Bovino il 20 agosto si grido Viva il re, s'assalì la guardia nazionale faziosa, e si scacciarono dal paese i galantuomini ribelli; ma tosto il ministero mandò soldati a dare in fronte a' fedeli al trono. In Ariano a' 4 settembre scoppiò la reazione; i popolani assalirono nazionali e galantuomini, e fecero sangue; chi la scampò ricovrò a Greci. Per contrario fu moto rivoluzionario a Foggia il 17 agosto; e i due squadroni del 2° dragoni presenti lasciarono fare, per reità o viltà d'un maggiore Maresca comandante, e d'altri uffiziali.

Era comandante territoriale delle Puglie un Filippo Flores, nato siciliano, che comprato da fanciullo il grado di capitano, quantunque ubbriacone e tacciato di nefando vizio, era salito a maresciallo; venuto colà con gran potestà, grosso soldo, e più onorificenze. Faceva il terrorista assolutista, perseguitava i liberali, e nominando il re piangeva di tenerezza. Un dì a Bari, avendo un gentiluomo di Barletta urtato a caso un figlio di lui, disse averlo fatto per ispregio perchè liberale, e volea dargli le legnate; e 'l faceva, se gli uffiziali nol tenevano. Altra fiata certi seminaristi gridarono Viva la libertà; ed egli trascorse a batterli con le sue mani. Questo così despota, come udì la costituzione, uscì liberale. Mandò pochi soldati verso Foggia, per sedarvi i moti del 17 agosto; ma per via un ordine ministeriale l'arrestò; e v'andò solo senza gente il brigadiere Bonanno, ch'avvisava si richiamassero di là gli squadroni dragoni; ma il Flores non volle. Anche in Ostuni entrando settembre s'alzò Savoia, e altre terre qua e là, secondo le novelle ch'arrivavano.

Nelle Puglie eran queste truppe: i detti due squadroni a Foggia; a, Bari due di carabinieri, mezza batteria da campo, un battaglione di gendarmi a pie', e uno squadrone a cavallo, sparpagliati in tutte terre. Oltracciò otto compagnie del 13° di linea, reggimento già retto dal famoso Landi di Calatafimi, sperimento lo indisciplinato a Trapani, a Melazzo e a Reggio; e 'l comandava, il siciliano colonnello Andrea Trigona, di dubbia fede, e nuovo ad esso. Il tutto era una brigata, col Bonanno, giuntovi il 12 del mese. Il re per consiglio dell'Ischitella ordinò tutti s'accentrassero a Foggia, per unirsi all'esercito, col quale allora tentava dar battaglia; ma il Pianelli ne fe' restar parte indietro, e all'altra prescrisse la via sì lenta, che arrivò dopo la catastrofe. Il Flores presa la volta per Avellino, ove diceva aspettarlo il collega Scotti, mosse da Bari il 1° settembre. Uscendo il 3 da Barletta, seppe Canosa oppressa da' ribelli de' dintorni, e aspettare i soldati per iscacciarli; però a non passarvi, prese co' cavalli la via dell'Ofanto. Ma il Bonanno co' fanti sulla via consolare, come s'accostò a Canosa, seppevi entrati la vigilia i rivoltosi, e che spezzati gli stemmi reali, volessero assalire i soldati. Di fatto l'osarono dalle colline, ma lasciato qualche morto tosto fuggirono. Incontanente tornò l'ordine in Canosa; e il Bonanno volle un processo verbale firmato dal municipio, attestante egli essere stato provocato alla pugna; perchè a quel tempo il combattere i ribelli sembrava reità di Stato. Ripartì, dolendosene i Canosani; e a Cerignola fu rampognato dal Flores d'esser passato per Canosa. Questi il 6 tenne consiglio sulla via da fare: tutti avvisavano s'andasse per Foggia a prendervi i dragoni, e poi voltar poi Sannio a Capua; egli s'oppose, dicendo non voler impacciarsi con conflitti in Foggia rivoltata; dover volgere ad Avellino, ove l'aspettava lo Scotti. Prese via traversa tra Orta ed Ortona sino alla taverna di Bovino; quivi accampò i cavalli e i cannoni, ei co' fanti riposò in Bovino tre giorni, sino al 9. Colà vennegli una deputazione d'Ariano, ch'avea reagito il 4; e certo tutto il paese era realista, sì che un uomo di cuore n'avria cavato partito. Quel che facesse dirò a suo luogo.

§. 17. Minacce di controrivoluzione in Napoli.

Anche in Napoli era facile il reagire. Al 25 agosto scopersero casse di tuniche crocesignate, e 'l modo come il giornale ne parlò, significò fatte per reagire. Alla dimane i capi nazionali andarono in deputazione alla reggia, a dichiarare essi terrebbero l'ordine; il monarca benigno li assicurò Napoli udrebbe il cannone, ma distante; nè sarebbe campo di guerra. L'altro dì vigendo ancora a parole lo stato d'assedio, tolto il Ritucci, fu messo il general Cutrofiano a comandante la Piazza. L'Ischitella prese il comando de' Nazionali; a' quali si dovean dare altri posti importanti, cioè banchi, ministeri e prigioni, perchè le soldatesche si mandavano a Salerno. Il Cutrofiano, non ostante le opposizioni de' ministri, die' una ordinanza minacciante giudizio militare a' contravventori: ciò spiacque a chi voleva le ordinanze soltanto contro i realisti. Questi vedendosi la voragine davanti, volean fare uno sforzo per salvare il paese; a' 29 agosto si trovò affisso a' cantoni un indirizzo stampato, col titolo: *Appello di salute pubblica. Il popolo napolitano al suo re Francesco II.* Diceva: « La patria è in pericolo, e il popolo ha dritto a chiedere difesa al suo sovrano. L'inimico è alle porte; il tradimento di pochi vili l'ha aiutato, una diplomazia più trista lo sostiene; tra pochi dì ne porrà il giogo, ne farà Piemontesi, ne torrà la cattolica fede. Ma noi da molti secoli siamo Napolitani; il vostro avolo Carlo ne redense dagli stranieri; vogliamo restare Napolitani. Il figlio di Ferdinando non saprebbe usare lo scettro glorioso del padre? il figlio di Cristina ne abbandonerebbe al nemico? Sire, salvate il vostro popolo; in nome della religione che v'ha sacrato re, in nome delle leggi de' vostri predecessori, in nome del dritto e del giusto, in nome del dover vostro, che v'impone di vegliar per noi, e di morire anche per la salvezza del popolo, ve lo dimandiamo. Sire, la patria pericolante vi chiede ad alta voce quattro provvedimenti: 1° Il ministero è traditore, discacciatelo; chiamate alla potestà uomini onorati, devoti al popolo, alla corona, e alla costituzione. 2° Molti stranieri son qui a cospirare contro al trono e alla nazione; espelleteli. 3 ° In Napoli son molti depositi d'arme; si sequestrino. 4° Tutta la polizia è del nemico; mettete invece di essa una polizia onesta e fedele. Sire, questo vi chiede il popolo napolitano. L'esercito è devoto; sguainate la spada, e salvate il paese. Quando è per noi il dritto e la giustizia, è Dio con noi. »

Tai sensi che avean eco in tutti i cuori generosi, furono di spavento alla setta e al ministero; perocchè attuali, potevano in un colpo istrappar loro di mano il trionfo. La sera di quel dì 29 un Diana garzone della tipografia Ferrante denunziò a un Davino fatto allora commissario di polizia, l'autore esserne un prete francese Ercole de Saugliers, che abitava in via S. Teresa, N. 6. Tanto gravava la pressione poliziesca su' sudditi fedeli, ch'era stato mestieri valersi di quel Francese. Incontanente D. Liborio ch'era sordo alle proclamazioni garibaldine, si fe' di fuoco a questa che faceva appello al re; nè vergognò d'andare egli stesso col Bardara prefetto di polizia a mezzanotte alla tipografia a S. Anna di Palazzo, e a casa il Saugliers. Quella trovò chiusa e vi mise guardie; questa invase, perquisì, tolsevi esemplari dello scritto, e arrestò il prete. Poi agguantato il tipografo apersero la stamperia a forza e preservi ottomila di quei fogli. Quindi il Romano insieme al Piattelli andarono al re, narrando l'empietà della cospirazione, ond'ei lor disse con ironia: « Siete più bravi a scoprire le cospirazioni realiste che le settarie. » Appellavano cospirazione un'indirizzo protestativo, dichiarante la cospirazione ministeriale; e ne davano carico al conte di Trapani e al Cutrofiano. Poi s'andavan trionfando, quasi liberata Napoli da eccidio. La paura addoppiò loro sforzi; ringagliardirono di numero e arme i Nazionali; co' giornali moltiplicarono gl'improperii; contro la reazione tutto permesso, violazioni di domicilio e persone, carceri, busso, infamazioni; per puntellare la rivoluzione ogni mezzo, bocche nefande, stranieri armati simulanti popolo, pompa di potestà e legalità. Vementissimi libelli e foglietti ogni dì impunemente si scagliavano per Napoli e province, contro il re, il padre, gli avoli, e sin contro l'onore della privata sua casa. In questo solo libertà di stampa; non per la nazione ma per la setta e pel nemico.

I capi nazionali andarono a' ministri, come spaventati, mostrandosi pronti contro la reazione; e minacciando chiesero a quei conniventi l'espulsione del Cutrofiano governatore della Piazza, che a mantener l'ordine avea spiegato nelle vie le forze militari. Con queste lustre la rivoluzione guadagnava riputazione di vincitrice. La sera del 1° settembre al teatro Nuovo, cantandosi l'inno scritto per la guardia nazionale, dove la canterina sventolava bandiera de' tre colori, fu gridato Viva Vittorio, Viva Garibaldi; e nessuno fu punito. Nè tampoco si punivano ladri e incendiarti. Ne' dì 2 e 3 scoppiavano incendii di palagi al vico Fico al Purgatorio, e alla casa Giura alla strada Capodimonte. La potestà regia non aveva occhi che a sorvegliare realisti, non mani che a sospingere la cacciata del re.

§. 18. Francia vuol soddisfazione per le bastonate al Brenier.

Francia non si lamentò già del violato domicilio francese e del carcerato Sauglier; ma acciò fra' tanti assalimenti all'animo di Francesco, gli si togliesse anche il tempo da deliberare e spirito da risolvere, chiese riparazione per le bastonate al Brenier due mesi innanzi. Vollesi andasse a Parigi un'ambasciata straordinaria per solenni scuse; si desse la fascia di S. Gennaro al Thouvenel (il più ostile al regno) e si pagassero con moneta tutti i danni a' Francesi sofferti a Palermo, come Sicilia fosse rimasta a noi. Il ministero, pagante il tesoro, tutto concesse. Andò il duca di Caianiello a Napoleone, con lettera autografa del re.

§. 19. Proposta di far Napoli neutrale.

Francesco sceso alle voglie del ministero, si fe' da prima persuadere a non permettere si traesse colpo in città; onde questa divenne campo d'impunità a percuoterlo. Gli facean credere un minimo che produrrebbe un eccidio, e si riunirebbe le venture sorti della dinastia: speranzavanlo nel futuro, perchè si facesse scacciare di presente; però ministri suoi e stranieri lodavanlo sempre di benignità. Poscia indusserlo a nuova proposta; e presentavala il De Martino il 27 agosto agli esteri legati. Diceva: «Aver fatto ogni sforzo per impedire la invasione sul continente, e liberare i suoi popoli da una guerra inaudita; ora compiere per umanità un ultimo sagrifizio. Napoli, città capitale, centro dell'amministrazione pubblica, deposito delle forze della monarchia, dovrebb'essere l'ultimo suo baluardo; ma essa è anche centro di civiltà, industria e commercio; vi vive una grande popolazione, e stanvi persone venute da tutte le parti della terra a fidarvi loro capitali e famiglie. Pertanto volendo il re salvarla dalle calamità della guerra, ordinerà: 1° Che le regie truppe vadano a combattere l'inimico fuor delle mura. 2° Che in città resti guarnigione lieve, come in pace, per tener l'ordine, insieme a' Nazionali. 3° Che i Regi non facciano fuoco contro i cittadini, fuorchè per difesa, ove fossero assaliti. 4° Che cessi ogni tema di bombardamento. Usando così ogni potere per allontanare la guerra dalla città, non sarà da incolpare il re, se il nemico dentro la pacifica capitale portasse le ostilità. Di cotali ordinazioni che sicurano stranieri e cittadini si dà contezza agli esteri ministri, con preghiera le notificassero a' loro governi; acciò nello interesse della civiltà, e ne' modi competenti al pubblico dritto avvisino al fine di rendere Napoli neutrale ».

Tal proposta tendeva a ottenere intervento estrano, e porre la città a premio del vincitore; efimero disegno, fatto per pascere il monarca di vane speranze e distrarlo dalle pugne. Ove mai riuscito fosse, ei rinunziava alla sua città, quasi abdicasse; e poneasi come in duello a pari col Garibaldi, in parità di dritti. Nè tampoco piaceva al Garibaldi, che, certo de' brogli, voleva Napoli appunto per aggrandirsi delle sue ricchezze; nè alla setta, che voleva Francesco n'uscisse senza patti. Adunato il corpo diplomatico, molto si disputò. Il Brenier si storceva dicendolo *intervento*; Austria e Spagna ripetevano lo stesso; l'inglese Elliot si negava; e 'l sardo Villamarina volea se ne dimandasse il consenso al Garibaldi. Di ciò il Tedesco e 'l Nunzio pontificio si sdegnarono; e quando il Villamarina dichiarò doverne scrivere a Torino, non si fe' altro.

Dopo questo si pensò rivolgersi a quei soli ch'avessero milizie nel golfo, perchè le sbarcassero a mantenimento dell'ordine; e non ottenutolo, il nostro ministero invitò il Villamarina solo a fare scendere i suoi Sardi; vergognosissimo atto. Nulladimeno il Villamarina che si vedeva il tutto in pugno, considerato ch'avuta la citta in depositto da Francesco, era poi più onta a pigliarsela, rifiutò.

§. 20. Tentativi per nuovo ministero.

Cotante inette difficoltà sorgevano, perchè non volevano far guerra, bensì dar tempo al Garibaldi d'arrivare. Ma Francesco intendendo dover tentare la sorte dell'arme, invitò lo stesso dì 29 il ministero a risolvere il come evitar conflitti in città. Esso rispondevagli con dimanda firmata da tutti quanti, se volesse continuare la lotta o lasciare il regno. Francesco li accommiatò; poi al presidente Spinelli disse, andrebbe a combattere, provvedesse egli a evitar sangue nella città; e a quel di guerra impose d'attuare il disegno da assalire il nemico; e ben si poteva, sendovi là d'attorno trentamila uomini infatti.

Ma ben comprendendo nulla poter da que' ministri sperare, già dal 24 agosto avea dato all'Ischitella il carico di trovar personaggi per un ministero nuovo; ei non seppe trovarne. Dappoi rivoltosi a Pietro Ulloa neppur ne trovò. L'Ischitella, il Falcone, il Cenni, il Gigli, il Latina e qualche altro, richiesti si negarono; anzi il primo tanto spavaldo in tempi sicuri, allora spavaldamente ricusò, con modi villani. Mancò chi coraggioso si gittasse tra la rivoluzione e la patria: chi rinvergava scuse da celar la paura o il calcolo; chi anche andò al comitato a farsi merito del rifiuto e il Falcone e il Gigli, uomini gravi, non avean fede in quei colleghi. Ognuno temeva d'esser tenuto reazionario; e non osando reagire, non si volean porre a far cadere la monarchia per le mani loro.

Frattanto il ministero rumoreggiando accusava di cospirazione il Cutrofiano e l'Ischitella; cospirare allora significava sorreggere il trono. Nel consiglio del 31 quei due minacciarono i ministri onde questi, sicuri di sè, chiesero le dimissioni, ma sino alla venuta de' successori restarono al posto. Per transazione il Cutrofiano s'obbligò di niente fare senza la venia ministeriale; ma subito fu sostituito dal generale Cataldo, nel quale la setta fidava. Non però son da lodare L'Ischitella e il Cutrofiano, che scorta l'àncora nell'operar da forti, non doveansi stare a battagliar di parole, ma valersi di loro forze per salvare la patria. Non è gloria ove non è pericolo; e spesso la sfidata fortuna dà fama immortale.

Il ministero che da mezzo agosto fea le lustre di ritirarsi, superata a opposizione de' due generali, richiese al 1° settembre la dimissione, e lodò l'opere sue, dicendole state *salutari e profittevoli;* ma che mutate le circostanze, e *pensando il più di essi in modo diverso* (non dicea qual diversità) non poteva più esser utile come prima, e lasciava le sedie. Lo Spinelli dal 27 dicendo la moglie malata, avea pregato per andarsene; negatogli, ora firmava la dimanda co' colleghi. Il re mancando i successori non l'accolse. Intanto la stampa e i capi nazionali, da essi stessi sospinti, insistevano che restassero, accusando il re di voler ministri reazionarii, eglino dichiararono per le stampe aver ritirate lo dimissioni, e si fecero fare col braccio de' camorristi le luminarie a ringraziamento.

L'Ulloa desistendo dall'incarico consigliò il re a non più rimuovere il fedifrago ministero in quei momenti estremi; la quistione esser militare; la vittoria darebbe cento ministri, la disfatta meglio peserebbe sovra quelli traditori, acciò non isfuggissero l'infamia: il trarneli parrebbe *colpo di stato,* e forse menerebbe a conflitto in città. Tal consiglio parve arguto; ma l'arguzia non salvava il reame. Qual conforto alla patria venduta è la confermata nefandezza di cinque o sei tristi? Non era solo quistione militare, ma anche civile: quei ministri eran la forza viva del Garibaldi; abbatterli, valeva ridurre costui alla sola efimera forza de' camiciotti rossi. Scorrea forse un po' di sangue; ma ne risparmiava i torrenti versati dappoi senza prò.

§. 21. Seconda proclamazione del Nunziante.

Il Cavour mal vedeva il dissolversi dello esercito napolitano, chè temeva il reame cadesse ne' garibaldini; a questi volea dar la mancia e mandarli via; meglio sarebbegli piaciuta l'annessione per rivoltura militare, come in Toscana. Pertanto valendosi del Nunziante, già ito al suo soldo, e ch'ei teneva sopra una fregata nel nostro golfo, gli fe' dare un'altra proclamazione all'esercito, in tai sensi: « Compagni d'arme. Già pochi dì lasciandovi lo addìo v'esortai ad esser forti contro i nemici d'Italia, e dar prove di militari virtù nella nuova via aperta dalla Provvidenza a tutti i figli della patria comune. Ora è giunto il momento. Da voi lontano s'è cresciuto in me il pensiero della vostra gloria e prosperità; e studiate le italiche ed europee condizioni, forte mi son convinto, non esser altra via di saluto per voi e per cotesta bella parte d'Italia che lo unirvi sotto il glorioso scettro di Vittorio Emmanuele; di questo ammirevole monarca, già dall'eroico Garibaldi nunziato alla Sicilia, e scelto da Dio per costituire grande nazione la nostra gran patria indegnamente spogliata. Tal pensiero m'ha ricondotto a voi, e mi spinge a compiere fraternamente il santo mandato di cui ne' supremi bisogni della patria ciascuno è investito. Sinchè Dio volle Italia divisa, fui più che altri fido alla causa che mi trovavo avere abbracciata; ma quando l'Onnipotente tende a unirla, chiunque non ne siegue lo impulso è traditore della patria. Questa santa verità si rivela da sè alla coscienza, e vi spinge a diserzioni parziali. Ma tal via è funesta all'Italia. Vittorio nel quale è l'Italia incarnata, ha bisogno d'aver tutti uniti, per volgere le vostre braccia contro lo straniero. »

Le parole di santità, Dio, onori, patria in bocca a questo svergognato stomacarono ogni persona di qualsisia partito. Esaltato da' Borboni, disertato al Savoiardo, venduto all'Inglese, esoso, avido, soverchiatore, favellare d'Italia! egli impiccatore del Milano, appellare eroico il Garibaldi! Si spiaceva delle diserzioni parziali, volea la diserzione di tutti; mutare la propria bandiera con quella del nemico appellava virtù militare, traditore chi non tradiva. Ma i soldati che pur traditi si sbandavano per non servire il nemico, udirono indignatissimi quella invereconda scritta; e s'egli avesse osato mostrarsi a terra, faceva la fine del Brigante.

§. 22. Decisione per dar battaglia a Salerno.

Siccome questi avea prima scritto il disegno d'assalire il *filibustiero* in Sicilia, e ora dicevalo *eroe*, cosi l'altro generale De Sauget, reclamatore di innocenza pe' fatti del 48, e poi in settembre 1860 vedremo invitare il Garibaldi, ora a' 26 agosto proponeva del pari di vincerlo in Calabria, o almeno ad Eboli. Segnò tre corpi di truppe, a Salerno, a Nola e a Nocera, comandati dal re: da opporsi al nemico, o che a Salerno, o che a Pozzuolo sbarcasse. L'Ischitella si dimise dal comando de' Nazionali, perchè s'aspettava d'esser mandato a capitanare l'esercito a Salerno; anzi distese il disegno di guerra col Pianelli; ma questi poi nol volle firmare, e forte s'oppose ch'ei v'andasse. Esso Pianelli n'avea fatto un altro: accorrere egli e il Bosco con sei battaglioni cacciatori, congiungersi al pigro Vial, e investire il Reggino. Milizie, arme e cannoni eran pronti; ma tra mille disegni, mai non s'andava. La indecisione prese tutti i generali; chè dopo la lettera del Siracusa, stavan con gli occhi a Torino, tementi o speranti di mostrarsi ostili o favoritori a quello e ne presagivano vincitore: vergogne che tra pochi dì doveano diventar glorie. Il re si trovò in un attimo tra pusillanimi, che forse avanti al nemico facevano il debito loro; mancava il sentimento del dovere, cresceva quello dell'utilità.

A' 24 agosto s'era stabilito: il Pianelli con elette soldatesche facesse campo a

Salerno, per procedere contro il nemico, con facoltà d'ingrossar via via con soldati d'ogni arme, dove ne trovasse. Però s'eran formate a Salerno due brigate, sotto il Won Mechel e 'l Bosco, fatti brigadieri, che aspettavano il promesso Pianelli; mentre questi baloccando il re e l'esercito, tra i tanti disegni, facea che l'un servisse all'altro di pretesto e inciampo a combattere. Il Bosco alla prima scrisse al conte di Trapani la truppa esser volenterosa, e anelante la pugna; ma tosto per dolore a' lombi trasse a Napoli. Dopo tre dì era chiamato alla reggia, dove il re in consiglio di generali discuteva che fosse da fare. Già presa la risoluzione, si scriveva; lessela il Pianelli; ed era s'aspettasse l'avversario presso Napoli. Il Bosco osservò quello valer disonore all'esercito, morte alla monarchia; i soldati esser iti male per defezioni di duci; il Garibaldi non avere sperienza di soldato, ma audacia, per trame settarie; combatterlo col ferro era vincerlo. Poi dimostrò buono il postarsi ad Avellino e a Salerno, tenere le comunicazioni tra i due Principati, e aver Napoli a base d'operazione. Il re approvò; i generali annuirono col silenzio. Solo il De Sauget chiese al Bosco spiegazioni su qualche suo motto, che parea pungere gli autori dell'avviso precedente: allora il re, tratto dallo scrigno il disegno di lui De Sauget dato da pochi dì, dissegli: « Voi stesso con questo scritto proponeste quel campo a Salerno, indicato ora dal Bosco; e oggi perchè consigliate la difesa dentro Napoli? » Il vecchio arrossendo rispose: « Sire, esso è pensiero dell'Ischitella, e v'ho acceduto per deferenza all'età. » Confessava non consigliare con coscienza.

Il re severo ne comandò al Pianelli l'esecuzione; onde s'accrebbero le genti ad Avellino e Salerno, con battaglioni tra' luoghi intermedii, e si postarono altre brigate a Nocera e a' Pagani. Ma indarno tre dì vi si aspettò il Pianelli; invece vi mandò il maresciallo Gaetano Afan de Rivera. Si studiò il terreno, si mutarono i posti avanzati dei corpi stranieri creduti propensi a esser sedotti, si provvide a sbarrare ogni adito, donde il nemico disordinato e senza ingombro di bagagli potea sboccare. Erano a Salerno dodici migliaia d'uomini desiderosi di battaglia; la quale su' piani d'Eboli per la nostra buona cavalleria avea bella speranza di vittoria. Però le popolazioni ilari e sicure s'aspettavano vicino il trionfo della patria bandiera.

§. 23. Indecisioni.

La setta si die' da fare: sparsesi nel campo il re partito da Napoli, che serve pugnare? tutto sciogliersi l'esercito, ciascuno andarsene a casa. Nei corpi stranieri eran Boemi e Tirolesi, pigra gente, venuta a posta a far disordine, che poco valeva, e mostrava gelosia d'ubbidire a Svizzeri; laonde non era da farvi conto, salvo che sul solo battaglione svizzero prodissimo. Aggiungi le rivoluzionarie novelle di Calabria, Potenza e Benevento; le torme sopraggiungenti di soldati sbandati: il fatto del Caldarelli passato con la brigata al nemico, le menzogne molte della stampa; tutto movea le fantasie. Il Bosco fe' una ordinanza a' soldati a rassicurarli a non credere a sgomenti, a star fidi al vessillo reale.

Vie più assai l'arti stesse lavoravano entro la reggia, e vi facean correre voci paurose e false, e di defezioni e anche fellonie dell'esercito tutto. Però Francesco al 1° settembre volle ogni generale desse avviso sulle milizie sue, i più assicuraronle volonterose, altri destreggiavansi dubbiando, altri dissero non saperlo. Ingiunto anche al Bosco d'indagar gli spiriti della sua brigata, ei fe' l'errore d'ordinare una votazione segreta d'uffiziali; ciò mise dubbianza in tutti, quasi stesse all'uffiziale il dire se voglia o no fare suo debito nel momento dell'agone. Gli uffiziali del 7° cacciatori tenerlo ad oltraggio, ricusarono, e unanimi gridarono guerra; il 9° votò, e di 28 ufficiali furon cinque negativi; per l'opposto nell'8 furono 18 negativi contro cinque. Per questo il Bosco a' 5 settembre mandò al re il capitano Francesco Dusmet, confermando lo avviso del combattersi a Salerno, ma die' si scambiasse quell'8° cacciatori. Il re per non dare a tutto il corpo l'onta di pochi, negò il mutamento; e poi fu visto sul Volturno quel battaglione combattere da prode. Fra tante indecisioni, sdegnati chiesero al 1° settembre le dimissioni i conti di Trapani e di Trani, quegli zio, questi fratello del re, quegli da ispettore delle guardie reali, questi da colonnello del 16° cacciatori. Il Trapani disse per salute; il Trani aperto perchè disapprovava il modo di difesa, vedea dubbiezza e inerzia in ogni parte, e più l'onor militare in periglio.

§. 24. Condizione di Napoli.

Il comitato rivoluzionario detto *Ordine* s'era modificato co' fuorusciti; i quali mandati dal Cavour a posta con danari per far l'annessione prontamente, vi s'erano posti a capi. Ciò spiacque a' precedenti, che più giovani e focosi sdegnarono lo star da banda; mandarono messi al Garibaldi, e fecero altro comitato, che appellarono *Azione*. Tal surta dualità non fe' loro danno, sendo ambo sforniti di braccia e di seguenza, e ambo concordi a dar la patria allo straniero; se non che quello *Ordine* cavourrino, volea proclamare Vittorio pria che arrivasse il Garibaldi; e quello *Azione*, mazziniano, volea dar a questo la città. Ambi senza forze materiali, lavoravano con cabale ascose attorno al re che avea la forza. Però fortissimo era il ministero, che col nome regio teneva il regno in pugno; ma anch'esso tentennava se darsi all'uno o all'altro; onde lasciava correre la rivoluzione per decidersi con gli eventi; solo combattendo la reazione ch'avrebbe tutti a un colpo abattuti. Il prefetto di polizia per rassicurare le due razioni, nunziò a' 3 con manifesti vinta la reazione; mentre sugli stessi cantoni si vedevano cartelli di Viva Vittorio, e camorristi a guardarli.

L'Ischitella lasciava il comando de' Nazionali, e 'l surrogava lo zoppo De Sauget, che aspirava al grido d'un tradimento famoso; e già da più dì il ministero e la stampa il predicavano degno di tal posto. Costui in altro consiglio di generali, in quel dì stesso del 3, disse inutile la lotta; e presentò un suo terzo disegno, per mandare le milizie di là da Capua. Il re chiamò alla sua presenza lui e i maggiori nazionali, e disse non farebbe la città campo di guerra, la fiderebbe ad essi; ed eglino a suggellare la promessa, stamparono un indirizzo a' ministri, ampliando le graziose parole sovrane, e pregandoli a restare in sedia, perchè *le persone loro erano rassicurante pegno, e 'l propugnacolo più forte della libertà.* E si consolavano che il re *avea promesso di preferire un sagrifizio magnanimo alla gloria stessa della vittoria*, e di aver ottenuto lo allontanamento d'alquanti generali. Ciò stamparono per dar l'ultimo colpo a' realisti, che in quella regia risoluzione vedevano svanire ogni speranza di riscossa, E 'l Romano per mostrarsi necessario, lo stesso dì mandò quell'indirizzo al re, con sua lettera, dove si firmò *devotissimo e obbedientissimo suddito di Vostra reale Maestà.*

§. 25. Come si potesse vincere.

Si domanda: a' 4 settembre si poteva ancora vincere? era o no necessario lasciar Napoli? Io credo l'arme sole non risolvere la quistione. Le camice rosse stese da Reggio a Sala, per terra e per mare, indisciplinate, sgominate, al primo urto non trovavano terra da sostenerle, ma esse prima erano nelle stesse condizioni, nè s'erano avanzate per forza loro. Imbecillità o perfidia di generali, menzogne di bocca o di stampa, o più che altro i regi ministri aveano sconnessi i bei nostri reggimenti. Tai condizioni erano a Salerno le medesime che a Piale e a Soveria; uguali cagioni avrian prodotti simili effetti; per vincere si dovean rimuovere quelle cagioni.

S'anco il re salito a cavallo fosse corso a Salerno, Napoli restava in man di traditori. Trista impresa combattere l'avversario davante, e avere alle spalle chi aspetta momento a percuoterti. Cominciando la lotta, Napoli faziosa si sollevava pel nemico, e l'esercito reale perdeva la sua base. Anzi, uscito appena il re dalla reggia, i Nazionali avrebbero proclamato Vittorio e i soldati sardi sarieno sbarcati a sostegno. A vincere in mezzo a due nemici in quelle condizioni volevasi un portento. Allora si stava tra due consigli: o combattere a Salerno, o ritrarsi al Volturno; il primo d'incerto effetto, il secondo ruinoso; però questo la rivoluzione diceva atto magnanimo e preclaro. Ma v'era un terzo consiglio? Un uomo di mente e cuore, così avrebbe al re favellato:

« Sire. Questa patria che vi consigliano di lasciare a un avventuriero favorito, non è vostra soltanto, sì che paia generoso il darla; essa è della napolitana gente, a voi fidata da quel Dio ch'è forza e dritto. Difenderla è dovere, abbandonarla è colpa. Non istate a udire la settaria stampa, nè le voci compre dal Cavour e dal Mazzini, venute di fuori a simular popolo in piazza; ma profondate le sguardo nelle case de' cittadini, nelle capanne de' contadini, nelle tende de' soldati, uditene le preci che mandano al Signore, tementi e sommessi, perchè non l'odano quei vostri nemici che Voi alzaste a potestà; siate commosso da' singhiozzi di milioni di sudditi, spaventati della imminente ruina infinita. Re siete, o Sire; Voi pur col danno vostro dovete salvare questo popolo; o l'avvenire dirà misero quell'atto ch'oggi vi fingono generoso. Dar potete la vita, ma darla dovete pel trono, ch'è l'egida della legge. Che direste d'un nocchiero che in fortuna abbandonasse a' flutti nave e naviganti, ed ei solo su rapida lancia volgesse alla sponda? Sire, Voi dovete combattere o morire; chè chi ha animo di re non iscende dal trono che morendo.

Ma non si combatte se pria non s'ordinano le cose a vittoria. Certo è bello non far cruenta questa bella Napoli, ed è fatto eccelso uscirne a far guerra fuori; ma Napoli vuolsi assicurare, e assicurar per terra e per mare; non temerla contraria dietro le reni, ma averla anzi madre e soccorritrice. Sollevate il nazionale sentimento compresso e falsato; la regal voce chiami alla riscossa le frementi province; s'armino a difesa della monarchia e della religione, e di quelle ricchezze, che, cumulate da' vostri maggiori, son quelle appunto cui lo ingordo famelico straniero agogna, in nome d'Italia e libertà. Voi potete dare all'Italia lo esempio del come si sublimi l'onore italiano, schiacciando le sètte, che sono negagazione del dritto, del vero, e del buono.

Il vostro regno era ordinato, e fu disordinato in nome di falso progresso; era forte, e per consiglio d'un Napoleonida l'affievoliste; era buono e religioso, e v'è entrato il male e l'eresia. Accedeste a lega italiana, e 'l Piemonte che la proclamava, ora la ricusa, perchè vuole il vostro stato. Deste la costituzione, e si spezzò lo scettro. Fidaste in nuovi ministri; ed essi tesero agguati, e vi ci precipitano dentro. Questi sono la forza del Garibaldi: questi han punito con deposizioni l'onestà d'ogni provetto uffiziale; han premiato co' soldi dello Stato le congiure contro lo Stato; han messo in seggio i camorristi antisociali; movono e reggono armi, erario o tribunali; e danno moneta e onorificenze a' felloni, e carceri ed esilii a' fedeli. Ma questa loro forza è la vostra forza: la deste con una parola, una parola la ripigli; pronunziatela, e regnate.

Sospendete la nominale costituzione, non attuata mai da' ministri traditori; alla tirannia loro opponete la libertà della legge. Sia in Napoli uno stato d'assedio vero, la salutare dittatura, la quiete; taccia la corruttrice stampa, si permetta la stampa educatrice; si scaccino gli strameri mandati da Torino a scacciar voi. Vadano in mano della giustizia questi reissimi ministri; abbiano punizione secondo la legge. Scegliete ministri di cuore; ritornate al 24 giugno; ogni precedente impiegato ripigli sua sedia; ridate l'arme alle guardie urbane, anzi al popolo vostro, e vedrete in un giorno scomparire gli amici del nemico. Subito consigi di guerra giudichino i generali fuggiti da' confliti, e quei di Marina. Ponete fanti sulle navi, fate capitani i piloti, e la flotta è vostra. Allora chiamate l'esercito, l'armata, e la nazione a seguirvi, montate a cavallo, e cavate la spada in nome di Dio.

Così la vittoria è possibile, così è certa. Sin oggi, ignaro operaste pel nemico, sciente ora, combattete per la patria. Nipote d'Enrico IV, a voi s'addice non abbandonare, ma riconquistare le citta'; nipote di Carlo III, ricostituite la monarchia; figlio di Cristina, fidate nelle benedizioni celesti. Ne' momenti supremi delle nazioni la molle trepidanza è morte, un bell'ardimento è salvezza.

Né crediate esser tardi; chè la mercè di Dio battono ancora assai cuori dritti e generosi. Potente è la voce de' re, potentissimo lo appello a un popolo che vi ama. Non vi sgomenti la parola reazione, cui i nostri nemici appellano infame, perchè la temono: dove l'azione è ingiusta, la reazione è dovere. Non vi rattenga il nome di *Colpo di Stato* che daranno a tanto atto: vincitori, risponderemo trionfando. Non vi spauri un po' di sangue; chè senza versarne non si fiacca il male; e sempre è minore di quello che il male vincitore rinversi. Imitate per lo bene del popolo vostro lo ardimento di quel Napoleone vostro consigliatore, che, pel bene di sè, con premeditato colpo, il 2 dicembre, rovesciava la repubblica che l'avea creato presidente, e si fe' imperatore. Eppure egli ebbe lodi. Voi con diverso, ma doveroso colpo, prevenite chi vende la patria allo straniero, e avrete lodi veraci e immortali. La vittoria del dritto in terra e immagine della gloria dei cieli. »

§. 26. Come si tolse il campo da Salerno.

Questa non è concione da me scritta dopo i fatti; ben molti savii uomini or l'una or l'altra di tali ragioni e incitazioni pronunziarono e scrissero; e più volte il re ne ponderò la giustezza. Mancò solo chi alzasse la mano; mancò un Tullio, che spegnendo Lentuli e Cetegi per salvar Roma, schiacciasse Catilina. Francesco non credente alla molta malvagità, di leggieri dubitando, restava. Promesso di vietare il sangue in Napoli, temeva se ne versasse allo sterpare il ministero, e s'apponesse a voler egli sostenere il regio dritto, anzi che quel del paese. Generosità parevagli sagrificare il dritto proprio o la sua persona, generosità che cedendo di presente, salverebbe lo avvenire della monarchia. Nondimeno piegato a lasciar Napoli mal sicura, era fermo a far guerra nel Salernitano.

Ma già la setta avea saputo stillare sospetti di tradimenti nell'esercito; i duci pensavano che non combatterebbe; confermavanlo i seguiti sbandamenti, e le indisciplinatezze di qualche reggimento. Inoltre era surta opinione del doversi, per vincere, riordinare la truppa, nè potersi fare in faccia al nemico, ma in luogo diviso da' paesani, o difeso da argini naturali; quindi il pensiero del riordinarsi dietro il Volturno, e poi ripigliare la città capitale. Adunque escluso Napoli, nel bivio se avanzare a Salerno o retrocedere a Capua, dopo tentennato più giorni, il re si gittò al secondo partito; e 'l perchè debbo dire.

Ei contava allora su quattro generali: Ischitella, Pianelli, Won de Mechel e Bosco, cui stimava più fidi e valenti. Il primo prediceva guai a Salerno, e sconsigliava Capua; avvisava difendersi contro Napoli; risoluto il no, indispettito scrisse non potersi far guerra in nessuna parte; anzi, il 1° settembre si dimise, dicendo i soldati insubordinati; e al 5 rinnovò l'istanza, sconsigliando ogni guerra. Disse: « se i soldati vincono, non sarebbe vittoria definitiva, per la ostilità del popolo; se perdono, retrocederebbero sopra Napoli insiem col nemico, recando incendii, rapine e stragi. Meglio per carità di patria sciogliere l'esercito. » Il Pianelli promesso andare in Calabria, nè andatovi, ora spinto per Salerno, diceva i soldati non pugnerebbero; dopo forti istanze del re, assicuravalo andrebbe per compiacerlo. Invece il 2 settembre si dimise da ministro, e si dichiarò dimesso di fatto. La dimane uditosi dall'esercito appellar traditore, volse al re lunga lettera a difesa, asserendo aver fatto suo dovere *con gli onorevoli suoi colleghi,* e chiedeva uscir dall'esercito e dal regno. Ve' che vigliacca gente rovinò la patria nostra! Il Won Mechel disapprovava Salerno, e il 29 agosto scrivendone al re notava poter esser girato dal nemico pel Beneventano; dappoi visto balenare alcun suo battaglione straniero, propose mandarlo indietro a Nocera, e finì consigliando il Volturno. Infatti fra quei Boemi correan pratiche di fellonia; e il Dumas ha stampato chiedessero cinque ducati per uomo, e ch'ei promovesse una colletta a posta; certo qualche compagnia gridò Garibaldi, il che sconfidò tutti, che tenevano quei stranieri per eroi. Da ultimo il Bosco, sostenitore di quel campo, temendo la diffalta di quelli nel momento del conflitto porterebbe una ruina, propose andare a Nola; poi in letto per dolori a' lombi chiese lo scambio; ma la sera del 5, udito dal maresciallo Rivera la falsa nuova che il Garibaldi li assalirebbe la dimane, per non rischiare d'esser preso in letto, tolse congedo, e si condusse a Napoli. E il mattino del 6 fe' sapere al re che nè stranieri nè nazionali pugnerebbero, però pria d'altri scandali meglio ei scioglierebbe l'esercito, e partisse per Ispagna. Altri disselo indotto a ciò per ressa de' suoi parenti faziosi.

Tai difformi pareri concordavano nel torre il campo da Salerno; nondimeno Francesco pel mezzo del Bermudez ministro di Spagna interpellò altresì Girolamo Ulloa stato fuoruscito, ch'era rimpatriato con l'amnistia. Questi anche a' 5 settembre con una scritta avvisò pel Volturno; ma restar soldati ne' castelli a Napoli, e questa alla guardia nazionale; che non potendosi difender Capua, perchè non preparata, si pigliasse il Garigliano, e in ultimo s'entrasse a Gaeta e nel Pontificio; sempre esser necessaria la presenza del re fra' soldati. Il qual parere fu veramente il seguìto. Solo contrario a lasciar Salerno fu Matteo Negri tenente colonnello; perche giovine, non udito.

Oltracciò alla reggia non giungevano veraci le nuove. Prima si rapportò il Caldarelli aver lasciato Cosenza per ritrarsi a' monti; poi essersi accozzato a' garibaldini, e marciare insieme sopra Salerno. Quindi lo sgomento, per l'esempio che tutte le truppe affascinerebbe. In quella indecisione entrava in rada l'armata nostra senza bandiera, e con manovre sì sospette, che l'ammiraglio francese mandò legni a riconoscerla. Essa che mai non avea voluto incontrar nemico; sperava trovarlo vincitore a Napoli; gli ufficiali dimandavano ansiosi se il re vi stesse ancora. Subito vi corsero proclamazioni per l'Italia, e si vedevano affisse a bordo; s'impegnavano uffiziali a segnare atti d'adesione, si minacciavano macchinisti di trucidar loro famiglie a terra.

Perduta affatto l'armata, si sperò salvare l'esercito togliendolo da Salerno. Le nuove false, la stampa, i mali esempi, l'impunità trionfavano: in alcuni tradimento, in altri dappochezza e paura. Tanti volti burbanzosi in calma, vedevi in quella efimera tempesta abbiosciati. Consigliavano la pugna i due prenci conti di Trani e di Caserta, garzoncelli messi da canto. Il Cutrofiano ch'avea virilmente gridato di reagire, anch'esso sperduto, consigliò il sovrano a uscir dal regno. Altri da ultimo, dicendo in periglio la regia maestà, gl'insinuarono d'andarsene per mare, anzi che con l'esercito per terra; perocchè potendo il buon popolo fargli amorevole resistenza e spingerlo a difesa, si potea versar sangue in città. Questo spauracchio del sangue in Napoli dissennò tutti. Se il re scendeva a cavallo in istrada, uscendo dalla fatata cerchia della reggia, guardato in viso a' soldati, non si partiva più. Ordinò che tutto l'esercito si ritraesse al Volturno, duce Giosuè Ritucci, maresciallo.

§. 27. Come s'eseguì.

La setta mondiale più volte in questo secolo, con le medesime arti, tal lagrimevole fatto operò. Carlo X in Francia, e poi Luigi Filippo innalzato per simili insidie, ambi scesero da' troni, senza snudare la spada; fuggenti da' soldati che per sostenerli li aspettavano. Francesco caduto nella stessa rete, pur fallò meno di quei rei vecchi, che almeno dappoi salvò se non il trono l'onore. Eppure a distorlo anche da ciò, gli si misero attorno in quelli estremi momenti. I ministri e altri generali rappresentarongli non valere nessuna lotta, evitasse lo eccidio de' suoi fedeli, disciogliesse i soldati e tutti gl'impiegati dal giuramento. Il De Sauget che devotissimo si mostrava, nè lasciavalo un istante, avutane la venia, stese di suo pugno la proclamazione di scioglimento; e l'Ischitella l'approvò. Il re prendendola disse a costoro e a' ministri, ch'ove il ben della patria il volesse, ancorchè dolorosissimo al cuore, l'eseguirebbe; ma deciderebbelo a Capua.

Ciò i congiuratori a diffondere s'affrettarono; nelle stesse aule reali, concorrendovi ogni sorta d'uffiziali a chieder comandi, il capo dello stato maggiore lor rispondeva: Andassero o restassero esser uno; a Capua si scioglierebbe l'esercito. Perciò molti restarono in Napoli ch'avrebbero combattuto da prodi, e molti codardi o sleali andarono baldi sul Volturno; pensandosi a una commedia.

Giunto l'ordine della ritratta il mattino del 6 a Salerno, il maresciallo Rivera mosse sul mezzodì. Le popolazioni attonite al veder indietreggiare quelle migliaia di bajonette luccicanti, n'avevano indignazione e sgomento. I soldati quando s'aspettavano di vendicare le patite onte, si vedevano insozzare d'altra onta maggiore; e biechi, e frementi ubbidivano all'inesplicabile comando di perdere senza battaglia. Non era fantaccino che non dicesselo fallo supremo. Rifacendo le vergognoso vie, guatavano sospettosi quei generali, valenti a retrocedere.

In quella un Carmine Tarantino, figlio d'un oste, scampato con ribaldi dalla reazione d'Ariano, entra la notte del 5 in Montemiletto; coadiuvato dal Fierimonte capo Nazionale, taglia il telegrafo, piglia il corpo di guardia, taluno resistente arresta, e grida Garibaldi. La popolazione freme; la sera del 5 stormeggiando le campane assale a furia i ribelli, e molti n'uccide col Fierimonte, un Colletta, un Leone, e altri; poi i corpi ne sdraia sul telegrafo abbattuto. Al mattino corrono cavalli regi da Avellino, ma tosto per la ritratta richiamati, là vanno Garibaldini a far aspre vendette. Il generale Scotti ito con ordine ministeriale ad Avellino, sia per quei cavalli richiamati, o pel suo confabulare co' felloni avellinesi, cadde in sospetto de' soldati. Die' l'ordine della ritratta per Nola la sera del 7 settembre: si sparse volesse disarmar la truppa; però rappellata, niuno volle entrare in quartiere, nè valse lo Scotti a comandarlo; ond'ebbe a ordinarla in piazza e schierarla avanti il real collegio, sull'uscir del paese. Ma mentre montava a cavallo per vederla marciare, uno del 16° di linea gli trasse col moschetto. Ebbe il viso avvampato, ma il cavallo colto a corto il gittò per terra; nel buio quasi nessun s'accorse del caso; fu creduto gli scoppiasse una pistola d'arcione; e la truppa quieta sfilò. Egli si ricoverò in casa un fazioso d'Avellino, poi tirò solo a Nola; dove preso da' liberali, là appunto ov'ei tant'anni avea burbanzato, fu tosto, per buone informazioni venute da Avellino e da Salerno, lasciato libero, sventuratamente.

Intanto l'esercito in pieno ordine calcava le vie di Capua. Io vidi i fiorenti battaglioni per la strada ferrata trascorrere gridanti Francesco II; ogni bajonetta sventolava un pannolino, ogni pugno era all'aria come a sfidare la rivoluzione. Cominciava un nuovo dramma.

§. 28. Miracoli Garibaldesi.

Molto si è ricantato sul portento della conquista di mezzo regno in diciassette giorni. Sempre questo reame fu facile a conquistare, e difficile a tenere: Enrico VI, Innocenzo IV, l'ebbero quasi senza battaglia; Carlo di Angiò entra nel confine il 18 febbraio 1206, e dopo la giornata di Benevento è in Napoli il 5 marzo; Carlo Durazzo in più brevi dì prese Giovanna I. Carlo VIII entra a' 3 febbraio 1495, e senza sforzo a' 20 del mese è in Napoli. Rapide sono le congiunte invasioni di Luigi XII o Ferdinando cattolico; e sol durò poi la guerra tra loro due. L'entrate de' Tedeschi nel 1707 e di Carlo Borbone nel 1734 furono altresì pronte; benchè il reame allora provincia, senza esercito proprio, patisse lotta di stranieri. Lo Championnet in pochi dì, il 22 genunaio 1799, trionfava in Napoli. Nel 1806 il Massena passava la frontiera a' 9 febbraio, e il 14 pigliava questa città. Il Marat nel 1815, disfatto a Tolentino a' 4 maggio, si ritraeva; e i Tedeschi a' 20 del mese concedevano la capitolazione di Casalanza. Nel 1821 i tedeschi fugato il Pepe a Rieti il 7 marzo, il 22 avean Napoli. Eppure il più di tai conquistatori in breve tempo n'ebbero ad uscire. Carlo Angioino e Carlo Borbonio lasciarono lo scettro a' figli; il primo con abuso di forza, sebben presto, lui vivo, perdesse la Sicilia; il secondo per grandi benefizii. Nè questi cresciuti col tempo furono dimenticati; e vediamo che per le sole cacciate de' Borboni son seguite alle guerre invaditrici le popolari. Così nel 1799, così dopo il 1806, e ora dopo il 60; chè le popolazioni si gittano su' monti alla brigantesca contro il dominio straniero.

Popoli sono fantasiosi e creduli; van di leggieri alle gran promosse dei novatori, ma provatele, rimpiangono l'antico. La setta lavorava da trenta anni; strombettava Messia il Garibaldi; il pane costerebbe la metà, metà il sale, niente tasse, non gendarmi, non carceri, divisioni di terre, matrimonii di frati, scialacquo, feste, allegrezze. Però i molti gonzi e i pochi astuti uniti alla setta fecero folla; l'esercito minato da' suoi duci, non valse, la paura fe' il resto. Quindi il Nizzardo, sendo tutte scene preparate, fe' la sua miracolosa parte: egli innanzi, altri pochi da lato, a drappelli, chi a pie', chi cavalcione a un mulo, chi su carri, chi in barca, con arme varie, sbevazzando per osterie, dormendo disseminati qua e là, tutti inadatti a qualsiasi pugna. Arrivano Calabresi prezzolati, men valenti di loro, buoni a correre, a farsi veder da lontano su creste di monti, a simular fuochi di campi, a tagliar telegrafi, a trarre moschettate all'aria. Egli poi appare sur un monticello, i soldati gli fan fuoco, ei retrocede, e manda il parlamentario, il duce regio chiama consiglio, si dice circondato, licenzia la truppa e sparisce. I soldati gridano tradimento, si sbandano, e si raggranellano dietro ad altri battaglioni, ch'han stessa sorte. Con tal reiterata commedia l'eroe s'appressò a Salerno, dove sarebbe finita, se la reggia non l'aiutava.

Ma la sorpresa e la menzogna durano poco. Clero, nobiltà, agricoltori, ogni onest'uomo e senanto freme di quell'onta; la milizia purgata alquanto di traditori anela la riscossa; e sul Volturno finiscono i miracoli. Se non veniva presto e forte il re galantuomo; il marinaio nizzardo finiva come il pescivendolo Masaniello, strascinato.

§. 29. Ultimi dì della monarchia.

Divulgato in Napoli che il re partirebbe, cessò ogni visibile agitazione; la setta sentì il trionfo sicuro, e die' il motto della calma. I buoni usciti di speranza si serrarono, o ripararono alle ville, o spatriavano, per non veder l'orgie tracotate della bruzzaglia. Tutto mestamente cheto, represso ogni grido, di dolore e di gioia, quella rumorosa città stava muta, stupefatta, in fosca quietudine tetra. Quel giorno angoscioso ad ogni alma patriota fu calma di rassegnazione, l'ultimo della pace, il raccoglimento della vittima sacra alla bipenne. Ma il ministero si valse di quell'ore estreme, per compiere il diroccamento: facea firmare al re decreti innumerevoli, per congedamenti di antichi uffiziali, e creazioni di nuovi, cioè de' suoi più acri nemici; e fur tanti, che non poterono entrare nel giornale; il seguìto ministero garibaldese notificavali poi alle parti, sino a dieci dì dopo partito Francesco; e anche ne simularono altri parecchi, per torna al liberatore la odiosità. E se talun nuovo volea il brevetto con antidata a firma regia, glielo stampavano. Perocchè essi stessi fidavano poco sul durare di quella cuccagna, e volean nomina reale; poi davano l'adesione al Garibaldi; così preferendo anzi sembrare traditori che uffiziali fatti da lui.

Il ministero inoltre eruttava decreti in quello stremo sopra tutte cose di governo; per statistiche finanziere, per proroghe di scadenze commerciali, per diminuzioni di dazii, per nuove leggi forestali, ispezioni demaniali, regolamenti disciplinari di guardie nazionali, diminuzioni di pene a condannati, amministrazioni di bonifiche, accademie, contabilità, ponti e strade, ed altre assai. L'ultimo foglio del giornale del regno, pubblicato dopo partito il re, die' un suo decreto per la scuola di dritto internazionale, col regolamento, dove all'articolo 4° definiva la politica: *scienza d'opportunità.*

Avean gittato voce che il Garibaldi farebbe la parata di Piedigrotta, dovevano attuare la profezia. Però il ministero fu un fuoco a mandar via presto il re. Operoso, condiscendente, tutto allestiva, tutto parea dare per affrettarne lo esiglio. Presto carri per soldati, per bagagli, per famiglie: subito armi, arnesi, vettovaglie; alle strade di ferro non si dava posa; richiesti danari per tre mesi di soldi alla truppa, s'aprivano i banchi. (Poi non si mandavano). Tutto di buona grazia, celermente, via, via, non era condizione cui non accedessero; decisi a non mantener nulla. E sotto spezie di compiangere il monarca, aiutavanlo in tutti preparativi di partenza. Egli sull'ore cinque vespertine del 5, chiamati i ministri, dichiarà uscirebbe la dimane; e die' allo Spinelli il carico di scrivere una proclamazione. Questi commisela a Don Liborio, che già da più dì tenevala fatta. (Il Dumas assicura averla ei letta il 2). E quel traditore si teneva di sua mano preparato lo addio pietoso, che lo ingannato monarca dovea dare al popolo suo. Qui a parola lo trascrivo.

§. 30. Proclamazioni di Francesco.

« Fra' doveri prescritti a' re, quelli de' giorni di sventura sono i più grandiosi e solenni, ed io intendo compierli con rassegnazione scevra di debolezza, con animo sereno e fiducioso, quale s'addice a discendente di tanti monarchi. A tal uopo rivolgo ancora una volta la mia voce al popolo di questa metropoli, da cui debbo ora allontanarmi con dolore. Una guerra ingiusta e contro la ragione delle genti ha invaso i miei Stati, non ostante ch'io fossi in pace con tutte le potenze europee. I mutati ordini governativi, la mia adesione a' grandi principii nazionali ed italiani, non valsero ad allontanarla; che anzi la necessità del difendere la integrità dello Stato trascinò seco avvenimenti che ho sempre deplorati. Onde io protesto solennemente contro queste inqualificabili ostilità, sulle quali pronuncerà il suo severo giudizio l'età presente e la futura.

Il corpo diplomatico risedente presso la mia persona seppe sin dal principio di questa inaudita invasione da quali sentimenti era compreso l'animo mio per tutti i miei popoli, e per questa illustre citta; cioè guarentirla dalle ruine e dalla guerra, salvare i suoi abitanti e le proprietà, i sacri templi, i monumenti, gli stabilimenti pubblici, le collezioni d'arte, e tutto quello che forma il patrimonio della sua civiltà e della sua grandezza, e che appartenendo alle generazioni future è superiore alle passioni d'un tempo. Questa parola è giunta ornai l'ora di compierla. La guerra s'avvicina alle mura della città; e con dolore ineffabile io mi allontano con una parte dell'esercito, trasportandomi là dove la difesa de' miei dritti mi chiama. L'altra parte di esso resta per contribuire in concorso dell'onorevole guardia nazionale all'inviolabilità ed incolumità della capitale, che come un palladio sacro raccomando al zelo del ministero. E chieggo all'onore e al civismo del sindaco di Napoli e del comandante della stessa guardia cittadina risparmiare a questa patria carissima gli orrori de' disordini interni, e i disastri della guerra vicina; a quale uopo concedo a questi ultimi le necessarie e più estese facoltà.

Discendente d'una dinastia che per 126 anni regnò in queste contrade continentali, dopo averle salvate dagli orrori d'un lungo governo viceregnale, i miei affetti sono qui. Io sono Napolitano, nè potrei senza grave rammarico dirigere parole d'addio a' miei amatissimi popoli, a' miei compatrioti. Qualunque sarà il mio destino, prospero od avverso, serberò sempre per essi forti ed amorevoli rimembranze. Raccomando loro la concordia, la pace, la santità de' doveri cittadini. Che uno smodato zelo per la mia corona non diventi face di turbolenza. Sia che per le sorti della presente guerra io ritorni in breve tra voi, o in ogni altro tempo cui piacerà alla giustizia di Dio restituirmi al trono de' miei maggiori, fatto più splendido dalle libere istituzioni di cui l'ho irrevocabilmente circondato, quello che imploro da ora è di vedere i miei popoli concordi, forti e felici. Francesco. »

Il vecchio settario lanciava suo veleno anche in queste parole d'addio, che con curialesco stile poneva in bocca al re sventurato. Facevagli appellare grandi e nazionali i principii evocati dalla setta per isbalzarlo dal trono. Parlava del proseguire la guerra ne' suoi dritti, e taceva per quelli de' popoli ch'ei dovea più del suo trono propugnare. Lodare poi lo zelo del ministero proditore, e raccomandare al popolo (che più importava) a non reagire a pro della corona. E imbeccare quella dichiarazione di irrevocabilità delle libere istituzioni concedute non accolte, nè accettate, ma prese per ribellare e dar la patria allo straniero. Il leguleio preparava per sè la impunità futura.

Il De Martino, che sin da ministro in Roma, ligato a quei liberali, per poco leale condotta avea dalla rivoluzione meritato il portafogli degli esteri, questo De Martino, dico, scriveva pel re una protesta a' potentati d'Europa, contro l'abbattimento della Monarchia; di cui la storia e Dio debbono chiedere anche a lui severa reddizione di conti. Fu questa a verbo:

« Da che un ardito condottiero, con tutte le forze di che Europa rivoluzionaria dispone, ha attaccato i nostri dominii, invocando il nome d'un sovrano d'Italia congiunto ed amico, Noi abbiamo con lutti i mezzi in poter nostro combattuto durante cinque mesi, per la sacra indipendenza de' nostri Stati. La sorte delle armi ci è stata contraria. L'ardita impresa che quel sovrano nel modo più formale protestava sconoscere, e che non pertanto nella pendenza di trattative di un intimo accordo, riceveva ne' suoi Stati principalmente aiuto ed appoggio, quella impresa cui tutta Europa, dopo aver proclamato il principio di non intervento, assiste indifferente, lasciandoci solo lottare contro il nemico di tutti, è sul punto d'estendere i suoi tristi effetti sin sulla nostra capitale. Le forze nemiche si avanzano in queste vicinanze. D'altra parte la Sicilia e le province del continente da lunga mano e in tutti i modi travagliate dalla rivoluzione, insorte sotto lauta pressione, han formato de' governi provvisorii col titolo e sotto la protezione nominale di quel sovrano, ed hanno confidato ad un preteso dittatore l'autorità ed il pieno arbitrio de' loro destini.

Forti su' nostri dritti fondati sulla storia, su' patti internazionali e sul dritto pubblico europeo, mentre Noi contiamo prolungare, sinchè ne sarà possibile, la nostra difesa, non siamo meno determinati a qualunquo sagrifizio, per risparmiare gli orrori d'una lotta, e dell'anarchia a questa vasta metropoli, sede gloriosa delle più vetuste memorie, e culla delle arti e della civiltà del reame. In conseguenza Noi moveremo col nostro esercito fuori delle mura, confidando nella lealtà e nell'amore de' nostri sudditi, pel mantenimento dell'ordine e del rispetto all'autorità. Nel prendere tanta determinazione, sentiamo però al tempo stesso il dovere che ci dettano i nostri dritti antichi ed inconcussi, il nostro onore, l'interesse de' nostri eredi e successori, e più ancora quello de' nostri amatissimi sudditi; ed altamente protestiamo contro tutti gli atti sinora consumati e gli avvenimenti che sonsi compiuti o si compieranno in avvenire. Riserbiamo tutti i nostri titoli e ragioni, sorgenti da' sacri incontrastabili dritti di successione e da' trattati; e dichiariamo solennemenle tutti i mentovati avvenuti fatti nulli ed irriti e di niun valore; rassegnando per quel che ci riguarda nelle mani dell'Onnipotente Iddio la nostra causa, e quella de' nostri popoli, nella ferma coscienza di non aver avuto nel breve tempo del nostro regno un sol pensiero che non fosse stato consacrato al loro bene ed alla loro felicità. Le istituzioni che abbiam loro irrevocabilmente guarentite ne sono il pegno. Questa nostra protesta sarà da noi trasmessa a tutte le Corti; e vogliamo che sottoscritta da Noi, munita dal suggello delle nostre arme reali, e contrassegnata dal nostro ministro d'affari esteri, sia conservata ne' nostri reali ministeri di Stato degli affari esteri, della Presidenza del Consiglio dei ministri, e di grazia e giustizia, come un monumento della nostra costante volontà di opporre sempre la ragione e il dritto alla violenza e all'usurpazione. Napoli, 6 settembre 1860. Francesco — Giacomo De Martino. »

§. 31. Proclamazione della polizia.

Lo stesso dì uscì su cantoni anche una proclamazione del prefetto di polizia, satellite di Don Liborio; la quale va considerata, come espressione di quel ministero, che sollevava la maschera, mentre ancora nella reggia era il re. Dava in questi sensi:

« Cittadini. Il re parte. Fra un'alta sventura che si ritira e un gran principio che s'avanza trionfante, non potete star dubbiosi. L'una v'impone il raccoglimento al cospetto della maestà ecclissata, l'altra vuole il buon senso, l'annegazione, la prudenza e 'l coraggio civile. Nessuno di voi turberà lo sviluppo degli eroici destini d'Italia. Nessuno dilanierà la patria con mani vendicatrici o scellerate. Attendete calmi il memorabile giorno che schiuderà al vostro paese la via da uscire da' perigli, senza altre convulsioni, e senza spargere sangue fraterno. Esso è vicino, ma aspettandolo la città sia calma. Il commercio continui confidente; ciascuno duri nelle consuete sue bisogne; tutte le menti s'uniscano nel sublime accordo della pubblica salute. Per vostra sicurezza la polizia è in permanenza; la guardia nazionale veglia sulle armi. In tal guisa, cittadini, voi non renderete inutile il *lungo e paziente sagrifizio di quelli* che sfidando le incertezze degli eventi, si son sagrificati al governo della cosa pubblica, e che stogliendo i pericoli minaccianti la vostra libertà e la indipendenza della nazione, ne furono i vigili e fermi guardiani. Eglino proseguiranno il nobile mandato; e son certi che la nostra concordia e condotta aiuteranli ancora a sormontare l'ultime difficoltà; e che non saranno sforzati a invocare la severità delle leggi contro le insensate agitazioni de' partiti estremi. Così compieransi i nostri destini; e la storia che terrà conto del patriottismo di quelli che governano, dispenserà del pari la gloria alla saviezza civile di questo popolo veramente italiano. »

Così questi felloni appellavano alla storia, quasi l'umanità dovesse perdere per sempre le nozioni dell'onore e della giustizia. Addimandavano gloria la falsa italianità, paziente sacrifizio il congiurare, patriottismo il governare pel nemico. Ma la storia, narrando fatti, mostrerà che il mandato avuto dal principe per la libertà de' sudditi, il ritorceste contro di lui e contro i sudditi; che deste guerra civile, onte, carceri, ceppi, fucilazioni, arsioni, anarchia, ed enormi lasse a questo popolo ch'era felice e ricco; dirà che il faceste servo di servi; dirà che siete di quei patrioti che vendono la patria; e che vi *sagrificaste* in uffizii, per tuffarvi nella vergogna di rapire al regno la vita, la libertà e l'indipendenza vera, conquistata col sangue de' padri. La storia andrà indarno nelle vetuste sue pagine cercando esempi di tristizie come le vostre; per cui Napoli dovrà arrossire in eterno d'aver dato culla a uomini che l'han brutta di colpa ignota alle genti.

Di tradimenti sono esempli infiniti; ma non di ministri costituzionali che premiano dal re il governo, per iscacciarlo, per distruggergli l'esercito fido, per comprimere la nazione che si volea difendere, e darla inerme e insanguinata a luridi avventurieri, parlanti cento barbari dialetti, per farla saccheggiare e avvilire. Gli Spinelli, i Pianelli e i Romano han preso le cime dell'infamia.

§. 32. Il re lascia Napoli.

Sull'ore tre vespertine quei ministri recavansi a udire l'ultimo vale del giovinetto re. Ei dignitoso alle parole d'addio del Presidente rispose grave, notando il danno della pericolante autonomia del reame, e i mali imminenti; a tal altro di essi volse parole affettuose; secche a' direttori Giacchi e De Cesare; da ultimo al Romano così disse: « Voi, D. Liborio, cercatevi e tosto un passaporto, per sicurarvi il capo, » chè già sapeva ch'avealo in tasca, per iscampare in qualche evento. Al sindaco Giuseppe d'Alessandria e al De Sauget capo nazionale inculcò la tutela della città. Con lettera di suo pugno lasciò allo Spinelli tutte facoltà, a reggere la cosa pubblica; e nel poscritto conferiva ad esso e al Torella la fascia di San Gennaro, e al De Martino la gran croce costantiniana. Mansuetudine d'agnello leccante il coltello che lo sgozza.

Scendeva dalla reggia con la giovinetta sposa, e saliva sulla *Saetta*, piccola nave a vapore, comandata dal tenente Vincenzo Criscuolo. Seguivalo il *Delfino* altra navicella. Con esso erano i duchi di Sangro, e di S. Vito, il principe di Ruffano, l'ammiraglio Del Re, e 'l suo segretario Ruiz. Sull'imbrunire partiva. Lasciava ne' banchi del regno trentatré milioni di ducati in moneta, musei ricchissimi, reggie sontuose, fortezze e arsenali, tutto intatto. Solo andava; ma quanti l'avevano preceduto, e quanti doveano seguitarlo, scacciati dalle case e dalle braccia de' congiunti, uscenti da inique carceri, sciolti dalle funi di scherani sardi, sforzati a esulare da efferati usurpatori! Ei partiva; e un'era d'immensurabili mali s'arrovesciava sulla patria infelice.

§. 33. La flotta nol segue.

Era ordinato che la flotta il seguisse: il ministro, il direttore e il maggior generale, avutone dal re stesso il comando, aveano promesso d'ubbire. S'era provveduto per vettovaglie, attrezzi, munizioni e per dugentomila cantaia di carbone. Rimaneva a custodire la Darsena e l'arsenale il generale Bartolo Marra, col reggimento marina, da starvi e difenderli, sinchè la flotta non partisse per Gaeta; da poi dovea serrarsi ne' castelli, o ritrarsi al Volturno. Nella flotta eran buoni i marinai, non gli uffiziali; avidi o codardi, di guerra non volenti sapere: temevano, lasciato Napoli, chi li pagherebbe? cesserebbero le ruberie, risicherebbero l'avvenire e la pelle; però con lusinghe e minacce guastavano i marinai; dicevano il re manderebbeli a Trieste a servire Tedeschi. De' macchinisti i molti inglesi erano conniventi. Nulladimeno la maggioranza stava pel sovrano; e quando fu veduto uscire, in ogni nave s'alzò spontaneo il grido di Viva il re! Il più de' legni stavan nel porto o nel golfo; pochi fuori, sin oltre il canal di Procida. Francesco stesso incontrandoli dava l'ordine di voltare a Gaeta; e l'ammiraglio Del Re in una lancia recavalo alle fregate più discoste; ma avea rifiuti vigliacchi da quei comandanti già beneficati tanto; Negar netto non osavano; chi dicea la macchina guasta, chi non aver macchinisti, chi mancar alberi e vele, e chi anche promettendo andare, voltava al porto. Il Cafiero, beneficatissimo capitano del *Ruggiero*, fu de' primi felloni. Unica eccezione la *Partenope* fregata a vela: il comandante Pasca ubbidiva: gli uffiziali s'ammutinavano, col pretesto che l'ordine dovesse venire dal ministro responsabile; ma sendo fido il Ferri uffiziale della fanteria di marina, lor cadde la baldanza; e come il Pasca dichiarò alla ciurma l'ordine ricevuto, fu unanime il grido di Viva il re! Parte nel canal di Procida si ferma il vento; arriva in barca un chirurgo di marina a inculcargli il ritorno; ei lo respinge; e fattosi rimorchiar fuori da un vaporetto mercantile che passava a raso, a Gaeta si conduce. Colà i felloni uffiziali chiedevano la licenza; e tosto invece di punizione l'ebbero concessa. Là, giunse anche il Viguna capitano dell'*Etna*, nave mercantile con bandiera regia, che venendo da Ponza per carbone, ignaro della rivoluzione seguita, volle imitare i compagni, e si dimise. Si mandò il vaporetto *Delfino* in alto mare, alla fregala *Borbone* comandata dal buon Carlo Flores, che avrebbe ubbidito; ma l'uffiziale di guardia veggendo il legnetto regio che il chiamava, volse la prua, e fuggì.

Adunque di tanta armata, restava la fregata *Partenope*, e i tre brigantini a vapore, *Saetta, Messaggiero* e *Delfino.* Diffalta enorme e dannosissima. Ma da seicento marinari cannonieri, a lavare quell'onta, accorsero volontarii alla spicciolata, fra tanti rischi a Gaeta; riusciti i più prodi difensori della piazza.

§. 34. Il re lascia alla città ordine e soldati.

Francesco lasciato avea Napoli con ministri e soldati a tutela. Co' banchi guardati, e i castelli in mano, credea renderla neutrale durante la guerra, e rientrarvi da vincitore. Certo sapeva entrerebbe il Garibaldi; ma non credea che flotta, ministero e castelli a lui si dessero a un botto. L'ordine alle milizia era ito di ragunarsi al Volturno; ma non si fe' giungere a tutti uffiziali, benchè non fosse mestieri, chè ogni soldato d'onore dovea sentire il debito di seguire la bandiera. Ma avendo la fazione divulgato il prossimo discioglimento dell'esercito, ciò alcuni rattenne, altri spinse, certi di tornare la dimane. Le carte del comando generale militare, con lo stato maggiore e gl'impiegati, fur trasferite a Capua. Il maggior generale Ischitella, avuto l'ordine, rispose esser dimesso, e uscì dal regno, abbandonando quella monarchia, dove ministro al tempo felice avea tanto braveggiato. Il Pianelli partito il 5, andò a Roma; il Papa lo scacciò. Poteva andare a Gaeta, ma si condusse in Francia ad aspettare la fine; dappoi corse a Torino, a prendersi sfacciatamente il premio. Se il papa nol discacciava, si rimaneva attorno a Francesco a seguitare la tradigione, come fece altri; eppure servendo l'oppressore del suo paese, ancora osa scrivere d'essere onorato, chè forse pensa all'avvenire. Il Fonzeca direttore di guerra il 3 settembre scriveva al re d'aver l'artritide, e volersene andare: era stato di buona salute, quando si arricchiva con le strade di ferro.

In Napoli restavano queste soldatesche. Il colonnello Girolamo de Liguoro col 9° di linea al Castelnuovo; il colonnello Perrone col 6° ne' tre forti Carmine, Uovo e S. Elmo; il maggiore Golisani col 13° cacciatori a Pizzofalcone; un battaglione di gendarmi per l'ordine delle strade; e 'l reggimento marina, come ho detto, col Marra all'arsenale; più che seimil'uomini. È da notare che ito il cenno di partenza all'esercito, si presentarono alla reggia i comandanti de' gendarmi, del 9° di linea e del 13° cacciatori, dichiarando tai corpi voler anch'essi andare. Il re raccomandò al De Liguoro di difendere Castelnuovo; disse a' gendarmi tutelassero la città; pel 13° promise provvedere. Il Perrone ch'era a S. Elmo non potè venire. Del reggimento marina non comparve uffiziale superiore; ma i soldati mandarono deputati al sovrano; e quando ei scese, supplicaronlo in frotta li menasse al Volturno. Pertanto ci lasciò prescritto che questo reggimento e 'l 13° cacciatori partissero, appena consegnati i banchi a' Nazionali, e la flotta fosse ita a Gaeta come doveva.

§. 35. Subito i ministri voltano faccia.

Ma uscito il sovrano, il ministero non ubbidì a niente: ruppe anzi ogni relazione con esso; nè pur volle accusar ricevuta d'un telegramma, giunto poche ore dopo, ordinante al ministero d'affari esteri facesse pagare a Gaeta il milione di ducati, che il banchiere Rotschild, per convenzione seguita poco avanti, dovea pagare tra quindici giorni; perocchè quell'Ebreo più non pagò. Il Fonzeca ingratissimo fellone neppur volle ricevere una lettera il 7, sollecitante lo invio della cassa di campagna, già preparata, per Capua e Gaeta; e disse: *Sono stanco d'aver ordini di lordure sifatte.* E in principal cagione della penuria dell'esercito militante. Nè tampoco il Iauc vicepresidente dell'ammiragliato si degnò pur rispondere all'ammiraglio Del Re, chiedente i legni in armamento, le munizioni e il carbone; ed anzi, ito a Napoli il capitano Rapisardi per tal uopo, fu rattenuto. Il Cataldo comandante la piazza, ricusò d'eseguire qualsifosse ordine lasciato dal sovrano. Il De Sauget quei dì fatto il devotissimo, piangendo col re e con esso lavorando a tavolino, chiesegli per ricordo ed ebbe il temperino ch'aveva usato sul lapis; e come si sdebitasse dirò. Il resto de' ministri, molti grandi uffiziali, altri tradì, altri fu dalla paura tradito. Giorno di disinganni fu; e più traditori i più beneficati. Salvatore Carbonelli direttore a' lavori pubblici scrisse al re il 3, supplicando l'ammettesse a Gaeta, e l'ottenne.

§. 36. I ministri esteri a Gaeta.

Francesco non aveva invitato a seguirlo i ministri esteri, perchè incerto del da fare, intendeva Napoli fosse ancora sede del governo; ma risoluto a fermarsi a Gaeta, scrisselo per telegrafo al De Martino, e che il notificasse al nunzio del Papa, capo del corpo diplomatico, e al ministro russo, che ne avean fatto richiesta. Pertanto furono subito a Gaeta il nunzio e i ministri di Prussia, Russia, Austria, e Brasile, e altri dopo. Quel di Spagna li avea preceduti il 6 stesso. Quel di Torino restava a pigliarsi Napoli. Quei di Francia e Inghilterra dissero aspettare istruzioni da' governi loro, non volevano mancare alle parate garibaldine, al trionfo dell'opera loro; poi l'Elliot si ritirò a Castellammare: e 'l Brenier con tutta la legazione, come sapesse fatta l'Italia una, se n'andò in Francia.

LIBRO VIGESIMOQUINTO

SOMMARIO

§. 1. Raggiri del Villamarina.

Se fu fallo il lasciar Napoli, nol fu minore il non aver prima in altra città immutata la sede del governo. Le redini dello Stato restarono in balia di quel ministero, metà dimesso, metà esulato, diviso di corpi e di pensieri. Dovea stare a posto, come già il senato romano all'entrata di Brenno; ma D. Liborio ch'avea condotto lo cose a tal passo, e volea compiere la nequizia, fingendo aversi a risolvere ciò ch'era risoluto, aduna i ministri la sera del 6 in casa il presidente Spinelli, e vi chiama il sindaco della città. Il partito rivoluzionario concorde alla fellonia, ora trionfante per l'uscita del re, si manifestava scisso in due sette, pel Cavour e pel Garibaldi; ciascuna agognante agguantare pria dell'altra la potestà. Il municipio napolitano (il solo municipio cui Liborio non potè mutare) avea unanime deliberato di non aderire alla rivoluzione; se non che quattro soli de' ventiquattro eletti aggiunti (che non han voto) osarono proporre di presentarsi al Garibaldi, e furono scacciati via. Il sindaco principe d'Alessandria, temente si sforzasse il Corpo di città ad aderire, avea di segreto convenuto con gli eletti non si facessero trovare in nessun luogo; egli si recò in casa lo Spinelli, ove già fervevano discussioni. Chi volea nuovo governo provvisorio; chi asteneva starsi il governo nel ministero. In quella giungeva il Villamarina con Rodolfo Afflitto e altri suoi congiuratori; e molti giù nel cortile lasciava, per averne spalla alle dimande, e che desse faccia di pubblico voto. E dette brevi parole su' due partiti, e sul pericolo di conflitto e sangue, chiese il ministero riconoscesse Vittorio re; egli aver facoltà da dichiararsi commissario regio, e, data l'adesione, farebbe scendere i bersaglieri ch'aveva in rada, per tener l'ordine nella città. Lo Spinelli, volendo le cose con regola, notò la illegalità che ministri di Francesco dessero il governo a Vittorio; meglio farebbelo il sindaco col Corpo di città. Allora il Villamarina al sindaco che ricusava reciso, alto favellò di pericoli imminenti, di cozzi di fazioni, di barricate e sangue cittadino; solo rimedio gli sbarcanti Sardi, solo modo a chiamarli, l'adesione. Quegli rispondeva Napoli avere il re, non volerne altri, il municipio stare al dritto, nè mancherebbe; perlocchè il Piemontese indispettito dichiarò pesare la responsabilità delle conseguenze sovr'esso Alessandria; ma che otterrebbe dagli eletti la condiscendenza debita al nuovo ordine di cose. E se n'andò di mala voglia.

Tosto giunto avviso al sindaco come ignota gente circondatagli la casa il dimandassero, uscì risoluto di non farsi più vedere; ma in istrada soffermaronlo parecchi, un de' quali disse appellarsi Pisanelli, presidente del comitato Ordine; e forte in nome dell'umanità pateticamente richieselo aderisse a Vittorio; onde fu una fatica a sbarazzarsi di costui. Era stato un altro colpo del Villamarina, che voleva, e non potè raggiungere la gloria del suo collega Boncompagni, cui si tassò nella Camera inglese che meritava la forca: ma è incredibile come tai ministri del Piemonte pregiassero l'onore. Napoli lasciata cheta dal re, divisa nello stesso partito rivoluzionario, con plebe armata, e tutte concitazioni e paure, incominciava la sua italianità.

§. 2. Come il sindaco andò a Salerno.

Il sindaco, al minacciar di zuffe e sangue, memore delle raccomandazioni regie volte a lui e al comandante i Nazionali De Sauget, andò da costui per provvedere all'ordine delle strade. Ma questi già venduto al nemico, risposegli niente occorrere; e mostrogli un telegramma avuto allora affermante il Garibaldi stare con grande esercito a Salerno, per entrare in Napoli la dimane, unico rimedio a evitar conflitti in città lo andare a pregarlo di venir solo, senza truppa. E senza dargli tempo, atterrendolo con fantasmi di barricate e saccheggi, menollo issofatto alla strada fornita, dove entro un vagone più ore lo intrattenne. Esso e il più de' ministri eran garibaldesi; e chi era o si fingeva ancora Borboniano susurrava tra' denti che il darsi al Piemonte saria stato danno al re, dove piegare al Nizzardo era non risolvere la quistione di dritto. Con queste baie velando la fellonia e la codardia, si consolavano. Mentre scorrevano l'ore, il De Sauget segnalava a Salerno l'andata sua e del sindaco; ma prima il ministero v'avea mandato un Emilio Civita, tutto del Romano, e il già cameriere commissario Cozzolongo; e la guardia nazionale i suoi maggiori Di Lorenzo e Rendina; i quali d'ogni cosa dettero contezza al Garibaldi. Laonde questi a prevenire le mene del Villamarina, presto presto per telegrafo a D. Liborio rispose: « Appena il sindaco e il comandante nazionale che aspetto saran qui giunti, io verrò a voi. »

Quando questi due giunsero a Salerno, il sindaco veggendosi ricevuto da uffiziali garibaldini venuti a posta, nè scorgendo truppe, domandò dove fosse il campo; e udì con sorpresa il dittatore star nell'Intendenza, solo. Accortosi dell'inganno, volea dar addietro; ma fu con bei modi costretto a proseguire. Quindi detto al Nizzardo le pressioni avute dal Villamarina e dal comitato *Ordine*, dichiarò; il municipio esser devoto a Francesco, e lascerebbe l'uffizio. Rispose: « Createne voi altro ch'abbia spiriti italiani. » E il sindaco: « Anch'io lascio. » Nè, pregato, mutò. Nondimeno dovè tornare a Napoli insieme col dittatore; ma subito uscito dal vagone, prese commiato. Di tal gita del sindaco a Salerno, la setta con mendacio ne traeva, il municipio aver invitato il Garibaldi; ma quegli ito per inganno, senza mandato, punto non invitò; nè esso era rappresentante del municipio. Questo anzi lasciò il posto; nè tampoco fe' pur l'atto di chiedere la dimissione all'invasore.

§. 3. Il morto nato governo provvisorio.

Quella notte tra il 6 ed il 7, quando il Villamarina spacciava temer barricate e conflitti, riuscì quietissima; perchè ambo i comitati contendenti non avean forze, fuorchè di cabale e parole, e mancavano barricatori e combattenti. Solo in carta s'installò un governo provvisorio di sei, cioè Ricciardi, Libertini, Agresti, marchese di Bella, Colonna e Pisanelli, fior di libertà; i quali si posero nel palazzo ministeriale; e ne stamparono la notificazione su' cantoni. Il Garibaldi scorta la gherminella, e forte irritato, ordinò l'arresto de' sei; e volle che nel primo giornale uscito il 7, con lo stemma di Savoia, il prefetto protestasse contro essi, i cui nomi costui stesso il mattino avea pubblicati, e che sarebbero puniti. Ma ei non poteva durarla contro quei tanto benemeriti, ch'aveangli le porte della patria dischiuse; presto si placò; e il giornale seguente fe' altra dichiarazione agrodolce, scusando il fallo; e disse con manifesta contradizione, essere equivoco del prefetto la pubblicazione di quei nomi, e ch'aveano assunta la potestà sino all'arrivo del dittatore. Questo subito dopo lor die' alti uffizii, com'era di ragione.

§. 4. Lettere e proclamazioni.

Prima che movesse da Salerno eran corse lettere e proclamazioni, che trascrivo a parola, per memoria dell'italianissimo stile: « All'invittissimo general Garibaldi dittatore delle Due Sicilie, Liborio Romano, ministro dell'interno. Con la maggiore impazienza Napoli attende il suo arrivo, per salutare il Redentore d'Italia, e deporre nelle sue mani i poteri dello Stato, e i proprii destini. In questa aspettativa io starò saldo a tutela dell'ordine e della tranquillità pubblica; la sua voce già da me resa nota al popolo, è il più gran pegno del successo di tali assunti. Mi attendo gli ulteriori ordini suoi, e sono con illimitato rispetto, Di lei, Dittatore invittissimo, Liborio Romano. — 7 settembre 1860. » E dopo ch'egli scrittore dell'addio di Francesco, avea scritto siffatto invito, fe' anche un bando, così: « Cittadini, Chi vi ricorda l'ordine e la tranquillità in questi solenni momenti è il general Giuseppe Garibaldi. Osereste non esser docili a quella voce, cui da gran tempo s'inchinano tutte le genti italiane? No, certamente. Egli arriverà tra poche ore in mezzo a voi, ed il plauso che ne avrà chiunque sarà concorso al sublime intento, sarà la gloria più bella cui cittadino italiano possa aspirare. Io quindi, miei buoni cittadini, aspetto da voi quel che il dittatore Garibaldi vi raccomanda ed aspetta. Il ministro dell'interno e della polizia, Liborio Romano. 7 settembre 1860. » E tai scritte fe' stampare e affiggere a' muri.

Il liberatore la stessa mattina mandava da Salerno questa proclamazione: « Alla cara popolazione di Napoli. Figlio del popolo, e con pari rispetto ed affetto ch'io mi presento dinanzi a questo nobile ed imponente centro di popolazione italiana, cui secoli di dispotismo non han potuto umiliare, nè ridurre a piegare il ginocchio avanti la tirannia. Il primo bisogno di Italia era la concordia per realizzare la unità della grande famiglia italiana: oggi la provvidenza ci dà questa concordia; giacchè tutte le province sono unanimi, e lavorano con magnanimo slancio alla ricostruzione nazionale. Quanto all'unità la provvidenza ci ha pur dato Vittorio Emmanuele, che in questo momento noi possiamo chiamare vero padre della patria italiana. Vittorio Emmanuele modello di sovrani, inculcherà ai suoi discendenti i doveri che dovranno adempiere per la felicità di un popolo, che lo ha scelto per capo con ossequio entusiastico. I preti italiani che han la coscienza della loro missione, han per garanzia del rispetto col quale saran trattati, lo slancio, il patriottismo, l'attitudine veramente cristiana de' loro confratelli; i quali da' degni monaci della Gangia sino a' generosi preti del continente napoletano, noi abbiamo veduti alla testa de' nostri soldati, sfidare i più grandi pericoli delle battaglie. Io lo ripeto, la concordia è il più grande bisogno d'Italia. Noi dunque accoglieremo come fratelli coloro che non pensavano come noi in altri tempi, e che vorranno oggi sinceramente portare la loro pietra all'edifizio patriottico. Infine noi rispettiamo la casa altrui, ma vogliamo esser padroni in casa nostra, piaccia o non piaccia a' dominatori della terra. Giuseppe Garibaldi ».

Delle bugie sbardellate da questo *redentore* niuno maravigli; chè esse son le ragioni de' settarii: affermare, non dimostrare, scambiar le idee del bene e del male, farsi aureola della colpa. Parlava di secoli di tirannia finita, quando appunto ei cominciava la cruenta tirannia dittatoria; vantava concordia piena, evocando la guerra civile; appellava re Vittorio egli repubblicano; quello modello di re, del quale i re aveano vergogna. Ipocrita in paese religioso, lodava preti, egli carceratore e percussore di preti buoni; e mentiva averli visti ne' pericoli delle battaglie sul napolitano, dove battaglie non erano state. Dava colore di santa crociata a impresa irreligiosa. Rispettare la casa altrui egli che l'altrui casa veniva a saccheggiare; e sfatava alla spartana i dominatori della terra, mentre egli con istraniera gente era sorretto dal braccio de' dominatori, al cui favore s'era già pagato il prezzo con due province italiane. Tai menzogne sciorinava a noi, non per noi; ma acciò pel mondo si strombazzassero, siccome evangelio del redentore novello.

§. 5. Concione di D. Liborio.

Quelle eran lettere pel pubblico, le segrete chi le sa? Credo i duci regi comandanti ne' castelli facessero le sicuranze; perchè il conquistatore s'avventurò a venire in Napoli, con solo dieci uffiziali, e altri pochi giovani napolitani iti a riverirlo, tra' quali unico gentiluomo il principino di Fondi. Messosi presso Vietri nella strada di ferro, arrivò sul mezzodì. Liborio Romano lo aspettava alla stazione col suo popolo prezzolato, un battaglione nazionale, i direttori Giacchi e De Cesare, e 'l Bardari prefetto. Cavò una diceria scritta da esso già da più giorni, a nome del ministero, ma da esso solo firmata, e da' due direttori, febbricosi per farsi nominare in quella tradizione sozza; e quasi in loro tre stesse il ministero, così egli leggendo perorò:

« Generale. V'è innanzi il ministero di Francesco II; ma noi ne accettammo la potestà, per far di noi un sagrifizio al nostro paese. L'accettammo in difficile momento, quando il pensiero dall'unità italiana con Vittorio Emmanuele, che da gran tempo agitava gli spiriti napolitani, sostenuto dalla vostra spada, era già onnipossente; quando era cessata ogni fiducia tra sudditi e sovrano; quando antichi rancori, e diffidenze riprodotte dalle ridate libertà costituzionali, facevan che il reame stesse angosciato, per tema di nuove e violente reazioni. Accettammo il potere, nel fine di mantenere l'ordine, e salvare lo Stato dall'anarchia e dalla guerra civile. Il paese comprese questo nostro intento, e ne ha apprezzato gli sforzi. A noi non mancò la confidenza de' nostri cittadini; e noi dobbiamo al loro concorso l'aver preservata questa città dagli atti di violenza e distruzione, fra tanti odii di partiti. Generale, tutti i popoli del regno, sia per sollevazioni aperte, sia per istampe, ed altri modi, han manifestato chiaramente la volontà di voler far parte della gran patria italiana, sotto lo scettro di Vittorio Emmanuele. Generale, Voi siete il simbolo più alto di questa volontà, e di questo pensiero; però in voi si girano tutti gli sguardi, in voi tutte speranze son riposte. E noi depositarii della potestà, noi pure cittadini italiani, trasmettiamo il potere nelle vostre mani, certi che il terrete con vigore, e che saprete menare la patria verso il nobile scopo: ch'è scritto nelle vostre vittoriose bandiere, e impresso ne' cuori di tutti: Italia e Vittorio Emanimele. » Confessava aver fatto il ministro di Francesco per iscacciarlo. Come da leguleio si possono difendere clienti per far loro perdere la lite, e aver paga dall'avversario, così da ministro avea fatto. E il vincitore il rimertò stendenti la mano, appellandolo salvatore di Napoli, e tenendolo ministro della sua dittatura.

§. 6. Entrata del Garibaldi.

Napoli quel giorno stava così: nobiltà esulante, borghesia in casa, botteghe chiuse, tutte persone del dritto fugato, carcerato o spaurite, i castelli con soldati regi cui si vietava l'azione, ogni vero Napolitano commiserante la patria. Invece settarii di tutto il mondo corsi al grasso convito, le migliaia mandati da Torino a simular popolo, faziosi provinciali fuggiti dalle reazioni, camorristi prezzolati, contrabbandieri, tristi tenuti tant'anni a segno ora sfuriati, malfattori scarcerati, proletarii, bagasce, monelli, tutti irti d'arme, con pistole e pugnali sguainati, scorrevano le strade trionfanti. Inoltre popolo inerte, venuto a guardare la festa non più vista, creduta passasse presto; uffiziali civili nuovi e i pochi vecchi rimasti che per amor del soldo si mascheravano di libertà, e per dar nell'occhio, correvano in carrozze, sventolanti bandiere, inneggianti al nuovo sole. Alcuno si vantava liberale del 1820, che avuto dal re a grazia il servire, ora si paoneggiava di tradimento. V'era d'ambiziosi che volevano torbido, di falliti che risperavano fortuna, di illusi vagheggianti elisi, di famelici al fiuto del banchetto, ed anche di donne scostumate e vecchie che credevano trovar marito tra scavezzacolli nuovi. Ciò facea folla nelle vie dove avea a passare il corteggio; s'erano prese locande e osterie e case opportune, dove nastri, zendadi, fasce, bandiere avean messo. Ogni qualunque casa dovè sventolar bandiera a tre colori; compravala la paura, chi più realista più n'aveva. Fu gran gridare Italia, Garibaldi, Liborio, re galantuomo; e camorristi maschi e femmine con coltelli luccicanti, gridanti a gola piena isforzavano ogni persona a gridar con essi Italia una; nè si contentavano d'un viva solo, con gli stili a' volti volevano le repliche: e Una e Una e Una! ripetevano con gl'indici in alto; senza neppure intendere che mai quell'Una significasse.

Carrozze con camorristi in piè, squassanti arme e drappi; altre con femminacce luride baccanti, burlevoli amazzoni; altre con preti spiritati usciti dal bagno di Nisita, o venuti di lontano a far clericali ovazioni; altre di monaci, fra' quali un Giuseppe da Foria, mezzo scherani, mezzo frati, mescolanti corone e coltelli; altre con nobilicchi, già per vizii esclusi dalla corte; altre di studenti imbriacati di libertà vocale. Di signori, benchè invitati, qualcun raro andò; nessuno del municipio. Presente era la ben creata guardia nazionale.

In quella indescrivibile orgia, primo il Garibaldi in carrozza, con accanto il Bertani, procedeva in piè come Pompeo magno, in camicia rossa, e col fazzoletto svolazzante al collo; e levava alto il cappello colle code di cappone, sì rispondeva co' Viva a' Viva, a' plausi e a' fiori che la rivoluzione gli versava da' preparati balconi. Seguitavano altre carrozze del Sava, già sartore, poi lanaiuolo, fatto ricchissimo e cavaliero da' Borboni, con entro camiciotti rossi; poi il Villamarina, poi il padre Gavazzi vestito rosso e nero, accanto a donna in rossa camicia, tunica verde e bianca veste. Lentamente poi Piliero al palazzo, il trionfatore ascese alla Foresteria; e là passando da un balcone all'altro ringraziava e arringava. Disse: « Giusto è il vostro entusiasmo in questo dì che cessa la tirannia, e comincia la libertà. » Poco udito, niente compreso, moltissimo plaudito. Poscia in una sala gli s'appresenta l'Ayala con altri, cui appellò deputati della città; che fecegli un tronfissimo discorso, chiedendogli dargli un bacio, bacio di 500,000 abitanti!

Tosto ridiscende nella carrozza del sorbettaio Donzelli, e sì anche a processione va al Duomo, a pregar S. Gennaro; copiando le imposture dello Championet di sessant'anni prima. Aveal preceduto colà il Pantaleo; ma benchè iti gli ordini per l'apertura del santuario, il trono chiuso, senza un prete del luogo. Sforzati i cancelli, mancano gli arredi sacri; non riescono alla prima a sfondar le porte della sagrestia, e van per fretta a' Girolomini; battono il portinaio, e li rapiscono. Cercan preti, ne vedono uno a caso ad orare, gl'impongono si vesta, e com'ei nega, là dentro la chiesa il percuotono. Il Pantaleo, venuto il dittatore, sale in pergamo irto d'arme, in veste talare e l'ostensorio in mano; e predica sopra tre stati della legge. Dice: « Dio pria die' la legge a Mosè, poi la mandò più perfetta nel Cristo suo figlio redentore; ora l'inizia perfettissima per questo Garibaldi; redentore novello. » E la turba, e 'l Garibaldi stesso rispondeva: « Viva Dio! Viva Maria Immacolata! Viva Giuseppe Garibaldi! » Da ultimo il sacrilego oratore intona il Te Deum, e dà la benedizione, tra plausi e risa e baldorie. In chiesa come in mercato compratori e venditori; si mangia, si beve; chi per curiosità è accorso, stomacato fugge. La setta che a religione non crede, vuol a forza con religiose moine profanare le cose sante, e celebrare i suoi eccessi.

Il trionfatore uscito di chiesa si piglia in carrozza Liborio Romano, ambo plauditi. Ferma al palazzo Angri allo Spirito Santo, a dispetto di quel principe di casa Doria fuggito in Francia; dove pure alloggiarono pria lo Championnet, poi il Massena. Ei si pose al quarto piano, sotto il tetto, dissero per sicurezza: gli appartamenti occupò la sua marmaglia. Per altro dispetto all'assente principe di S. Antimo di casa Ruffo, mettongli al Palazzo Bagnara il Pantaleo, e gli uffiziali detti di stato maggiore, che credo case di principi non vedessero mai. Bentosto il Garibaldi cominciò a ricevere visite di traditori, tra' primi il general Lanza, il suo avversario di Sicilia! Il dì passò quieto: per Toledo curiosi e stranieri, poche donne civili, quasi nessun gentiluomo, molte bandiere, e, per voglia o forza, luminarie la sera. Il rumorio della giornata, fatto a forza di denaro, gravò sull'erario: e si disse Liborio vi facesse spendere ventiquattromila ducati.

§. 7. Gita a Piedigrotta.

La dimane otto settembre, dì sacro alla festa solenne de' re nostri a Piedigrotta, il dittatore volle esso pure andarvi per divozione, con D. Liborio. Procedeva in carrozza da nolo fra ale di camorristi, con due in piè sugli staffoni, vestiti rosso colle pistole in resta, pronti a difesa; mentre il cielo a dirotto pareva piangere dell'onta nostra. Accanto alla carrozza vedevi un Pancrazi bullettinaio del teatro Fiorentini, e quei commedianti armati di picche, cosa assai buffona. Il Gavazzi e 'l Pantaleo, mancati i preti della chiesa, posero alla vergine i tre colori; lui benedissero, e presentarono, come s'usava a' re, del mazzo di fiori benedetti; ed ei col collo torto rispondeva cristianamente; e baciucchiava quanti eran là camorristi, preparatigli a onoranza.

§. 8. Rabbia contro i gigli.

Sin da un'ora prima che partisse il re s'era preso a fracassare gigli dove se ne vedessero. Vi si svelenivan su con mazze e martelli, tra parole oscene di sacrileghe bocche, così iniziando la moralità del governo incivilitore. N'andarono sfregiati i monumenti patrii; chè quella foga durò molto, e dura; e come nel reame quanto v'ha di meglio fu opera di Borboni, v'erano gigli in ogni parte, e pur ne rimangono, non visti o non tocchi, a dispetto di questi che vorrebbero abolire la storia. In più luoghi i villani si levarono a difesa de' monumenti. A Marcianisi i contadini, carpate falci e marre, si schierarono avanti la fontana co' marmorei medaglioni di Ferdinando IV e Carolina, e li salvarono.

§. 9. Il general Cataldo cede i castelli.

Re Francesco aveva ingiunto al Cataldo governatore di Napoli, e al general Marra, di custodire i castelli, non bombardare, resistere ad assedio; assaliti, rispondessero giusta le ordinanze. Questa inazione comandata fe' passare impunemente l'*eroe* sotto le bocche de' cannoni regi. Un momento al Carmine gli artiglieri volean tirargli addosso quando ei scendeva dalla via ferrata, ma gli uffiziali con l'ordine reale li rattennero. A sera certi camorristi ferirono la sentinella di quel forte; i soldati trassero colpi, e furo anco affrenati da' comandanti. Bentosto sfolgorarono le ragioni de' miracoli garibaldesi: più che settanta uffiziali d'artiglieria, altrettanti del genio, e moltissimi d'altri corpi, corsero a servire lo invasore, benchè i più per ingordigia e codardia. Tenendo perduto il re, volevano la paga dal vincitore; gridavano Italia una, e non risicavano la pancia.

I capi della congiura confabulato col Cataldo, uomo già da esso loro insediato a quell'uffizio, ebbero i castelli. Per tal cessione ei non ha scusa niuna; chè i codici militari di tutte nazioni il dannano; e gli articoli 142 e 145 dell'Ordinanze nostre prescrivono, i forti non dover cedere, se non per estrema violenza, o per ordine di mano del re. Il colonnello Girolamo De Liguoro col 9° di linea, vista quella vergogna, tenne unito il reggimento; poi uscì a bandiere spiegate con arme e bagaglio, trapassò rispettato le vie di Napoli, e giunse intatto a Capua, il 10. L'esempio fu seguito in parte dal 6° di linea de' forti Uovo e Carmine, chè anche ordinate otto compagnie raggiunsero il Volturno. Le altre quattro presidiavano S. Elmo, con una di artiglieri: questi furono sciolti dal loro capitano Bassi; il governatore del forte si fuggì. Il tenente colonnello Paternò dato in iscritto ed a voce alle quattro compagnie del 6° l'ordine di cedere il luogo, fu per essere ucciso da' soldati, e un granatiere s'impadronì delle chiavi. Finalmente gli uffiziali persuasili della impossibilità di sostenere quel castello privo di difesa, li spinsero a ritrarsi a Capua; però uniti con arme e bagaglio, scesero baldanzosi per mezzo la città, senza che un solo osasse far loro gli oltraggi ch'eran sì di leggieri lanciati a' deboli e agl'inermi.

Non così il 13° cacciatori. Il Cataldo fecelo il mattino del 7 entrare nel quartiere Pizzofalcone. A sera si presentò un capitano Valentino Zecca a nome del Nunziante, inculcando agli uffiziali recassero il battaglione sotto il palazzo del Garibaldi a giurare: diceva impossibile il passo per andare a Capua; con Vittorio guadagnerebbero gradi e soldi. Affiancavanlo i capitani Gaetano Pomarici, Michele Giordano, Valentino Ortini e Giuseppe Huber; tentennava il comandante Golisani; poi aderì a' più, inviando l'alfiere Ballo a Capua a domandare il cenno del re. Ma il mattino dell'8, venuto ordine garibaldesco che il battaglione andasse al quartiere Ferrantina, i soldati gridando Viva il re, chiedevano d'andare a Capua; se non che il Golisani già traboccato alla rivoluzione, con l'aiuto degli uffiziali traditori, riuscì a unirli senza arme; e parlò dicendo, volere il re servissero Vittorio; chi si negasse, potrebbe andarsene a casa. Tutti li lasciarono. Solo il primo tenente Francesco De Fortis di guardia al Molo, col suo drappello, battè ritirata a Capua onoratamente. Si susurrò sparisse la cassa del battaglione, il magazzino delle vesti, e altri arnesi.

Il reggimento marina, aspettando indarno la esecuzione dell'ordine regio per la partenza, restò spettatore del baccano, senza che uno de' suoi capi facesse atto; e i soldati per non servire il nemico, si sbandarono. Il re avea raccomandato a' soldati ubbidienza, a' duci l'onor militare; questi credettero onore la viltà, e i soldati li abbandonarono. Moltissimi con alquanti uffiziali recaronsi a Capua; il resto giunti dopo chiuse le porte, rimasero fuori. La gendarmeria spartita per Napoli, fu rattenuta, per fellonia dei suoi duci, general Santamaria, e colonnello Dupuy beneficatissimo da' Borboni; i quali si presentarono al napolitano disertore Cosenz ministro del dittatore. Sì vedemmo lo spettacolo di quei gendarmi con la croce sabauda in fronte. Delle guardie del corpo seguì il re l'Esente Luigi Milano, e trentasette guardie, fatti a Capua uffiziali. Anche parecchi alunni del collegio militare, benchè fanciulli, corsero a Gaeta; dove da alfieri fecero il debito loro.

Il vecchio maggiore Giacomo Livrea, nel forte fievolissimo di Baia con 145 invalidi e artiglieri, non volle cedere, quantunque v'avesse molta polvere in deposito, e in camere inadatte; ebbe l'assedio.

§. 10. Partenza degli ultimi.

La guarnigione di Castellamare il 7 si ritirava, lasciando i bagni e 'l cantiere a' Nazionali, cui il ministero la vigilia avea dato 350 fucili. A Torre Annunziata il comandante tenente colonnello Antonio Ulloa avea preso a pagamento pel mattino del 7 un convoglio della strada ferrata; ma il Carabelli amministratore di essa mandò dicendo non poter tragittare soldati regi. Costui era figlio del Corso Carabelli traditore di Gioacchino Murat; ora arricchito all'ombra de' gigli, mostrava sua gratitudine a Francesco Borbone. Pertanto l'Ulloa costretto a ritrarsi a piè, chiamò anche da Scafati le tre compagnie granatieri, doganieri e armieri; e malgrado i raggiri de' faziosi, pur eccetto qualche uffiziale, l'ebbe tutti. Trasse arme e strumenti dalla fabbrica, e date di questa le chiavi al primo eletto del comune, prese la via di Napoli il 7 sul mezzodì; poi da Portici per Castelnuovo a Capua. Solo pochi veterani per gli ordini del De Sauget loro superiore tirarono a Napoli. A Maddaloni una camerata di 75 allievi militari del collegio fuggì l'8, a fare i soldati del re. Neppure un figlio di truppa volle intendere Italia una.

Nella ritratta andarono perduti per incuria o frode parecchi magazzini d'arnesi militari, che qualche uffiziale s'improvvisò italico per depredare. Io vidi un magazzino accanto la strada ferrata di Maddaloni saccheggiarsi da camorristi, da Nazionali e da pur qualche galantuomo de' liberali. Molti se ne lasciarono a posta per provvedere il nemico. Non fu disfatta la strada di ferro, non tratti a Capua i vagoni, non segati i pali, nè rotte le macchine del telegrafo elettrico; tutto intatto si lasciò, acciò l'arme e le ricchezze della monarchia aiutassero la rivoluzione. Da Capua andò tardi la chiamata agli impiegati della via ferrata; ma sendone i più compri, non ubbidirono.

§. 11. Colonna del Flores disciolta.

Dissi la brigata delle Puglie giungesse col maresciallo Flores presso Bovino. In quel mezzo il maggiore Maresca a Foggia, avendo ordine di raggiungere co' suoi dragoni la brigata, voltò invece a Lucera a proclamarvi il Garibaldi, che fece colonnello lui, e promosse gli uffiziali. Il Flores si tratteneva a Bovino, senza apparente cagione, per aspettare gli eventi; i soldati ignorando i casi napolitani, facevano di strane congetture; se non che iti al Flores due telegrammi in cifra, subito tira per Ariano. Per via incontra una staffetta, con lettera suggellata ad arme regia; leggela, e come si trova con la famiglia in carrozza, chiama il brigadiere Bonanno; e gl'ingiunge menasse la brigata ad Avellino, ch'egli è dal ministro chiamato. Dimandato chi ministro, risponde, il Pianelli. Ciò tutti allieta: se il Pianelli è ministro, il re regna. Quegli mentito così, per rapire la brigata al sovrano, a sfuggire altre dimande, sferza i cavalli, e via.

La colonna giunta la sera del 9 ad Ariano, ebbe da' reazionarii vincitori festevole accoglienza, ma la paura di soccorrere la reazione fu fatale: sorretta, si propagava in tutto il regno. Abbandonata Ariano (che poi fu punita da' Garibaldini) chi osava alzar un dito? le popolazioni inermi non potevano che pregar Dio. Colà s'avevano i giornali nunziatori de' seguìti fatti; sopraggiungevano a stuoli i soldati sbandati delle Calabrie con crude novelle: re partito per Ispagna, esercito sciolto, il Garibaldi ito alla parata di Piedigrotta; nessun soldato ad Avellino, ma camice rosse; e altre siffatte, vere e false. E d'avvantaggio viene al Buonanno una lettera del Flores.

« Consigliargli e comandargli, pel bene de' bravi soldati, di porsi nelle file del dittatore: non valere titubanza; dicesselo al Trigona, al Cosenza e agli altri capi di corpi; egli assumerne la responsabilità avanti l'Europa. Altra speme non avere la misera patria, che vederli fidi soldati dell'eroico uomo della Provvidenza; a lui poter servire, reprimendo le reazioni popolari, *che sanno di barbarie. Si decidessero da Italiani.* » Questo vile che tutta la vita avea fatto lo sfegatato assolutista, pigliava allora quella sconcia maschera liberalesca; appellava barbaro il popolo che vuole il suo re; e acconciatosi col nemico, dice misera la patria che ha tradita. Nientedimanco in quella fuga, preso come un fante da' camorristi a Montefusco, cominciò a gustare le prime italiche dolcezze.

Tal diffalta scoraggiò i soldati; dopo tanta via, si sentono in grembo al nemico; veggono in ogni uffiziale un traditore. Il Buonanno dovea subito voltar pel Sannio; ma tenuto consiglio, si risolse a leggere le proteste del re a' soldati, aggiungendo si darebbe congedo a chi 'l volesse. Unanimi dichiararono volere il re; e si stabilì partire pel Volturno. Dappoi sopraggiungendo altri sbandati, dicenti *tutto finito*, primi i gendarmi presero ad abbandonare la bandiera, poi quelli del 13°, ultimi artiglieri e carabinieri, tutti stimolati da certi uffiziali. Due capitani rubate le casse fuggirono i primi a farsi Italiani; ma altri uffiziali rattenendo la gente, accozzarono parecchie centinaia d'uomini; il più carabinieri, per cagion del loro bravo maggiore Cosenza.

La reazione d'Ariano avea turbato l'alloro del Garibaldi; il quale a spegnere tosto quel fuoco, mandovvi l'ungaro Stefano Turr, con illimata potestà di punire. Questi con poca e trista gente, che saria fuggita a' primi colpi, sendo anzi egli stesso malato, dovè fermarsi in un'osteria a Dentecane; dove udito dagli uffiziali disertori lo stato della regia colonna, mandò per telegrafo proponendo patti al Bonanno. Questi che poteva difendersi o libero ritrarsi, nel momento appunto che stava per voltare a Capua, accetta la proposta telegrafica, manda i capitani Ludovico Bidognetti, ed Emmanuele Occhionero a Dentecane; i quali sebben vedessero in letto quel Turr con pochi mascalzoni, pattuirono che i regi andrebbero ad Avellino a posare le arme: gli uffiziali liberi di servire o d'andare, anche a Gaeta: i soldati o a servir la nazione, o cheti alle case loro. Non credo se ne vedesse mai una più ridicola: posar le arme a nemico non esistente. Intanto il Bonanno sin dalla sera lasciato Ariano, avea retroceduto due miglia, con la superstite gente alla taverna di Camporeale; la dimane ebbe la capitolazione, e l'approvò. Ma i soldati a udirla, sdegnando soffrir quell'onta, ciascuno da quel luogo stesso prese la sua via. Avanzavan solo da settanta carabinieri a cavallo; e 'l Cosenza volea con essi far la via dei monti a Gaeta, ma opponendosi proditoriamente gli uffiziali, pure si sbandarono. I cannoni lasciati sulla via fur poi presi da un Ferrara nostro uffiziale disertore; il nemico raccolse su quei campi 150 cavalli, alquanti fucili e altre armi. Dappoi parecchi uffiziali e soldati di questa colonna passarono alla spicciolata il Volturno; anzi il Trigona presentò la bandiera del 13°, e aveal per vanto; cui un real principe rispose: « Dovevate portarla col reggimento. » Il Bonanno a Gaeta, dopo l'arresto e un giudizio, ebbe sentenza di non colpevole.

§. 12. Punizione d'Ariano.

Partiti i regi, i miseri popolani d'Ariano, quale fugge, quale è ucciso, quale preso. Ligati un centinaio di questi, patiscono chi subita fucilazione, e chi lunghe annose carceri e condanne. Nessun governo legittimo avrebbe osato sì atrocemente punire la ribellione, come la ribellione esordì percotendo la colpa di propugnare il trono. L'ungaro Turr in nome d'Italia, gridando fuori lo straniero, sgozzava Italiani. E a' liberali di Napoli parve poco; tassarono il Turr d'indulgente.

§. 13. La nostra flotta.

Il Garibaldi stando in Napoli senza un soldato nè una barca, il primo decreto che fece fu che tutte navi da guerra e mercantili del reame, arsenali e materiali di marina, s'aggregassero alla flotta del re d'Italia comandata dall'ammiraglio Persano. Prodezza di setta! un tratto di penna d'uomo inerme toglie il frutto de' lavori di mezzo secolo. Ma le ciurme indignate abbandonarono i legni; sicchè quando dopo due dì il Persano, volendo assicurare la preda, die' l'ordine d'andare in Sardegna, nol potè fare, mancandogli i marinari. Il 13 uscì un manifesto promettente a ciascuno venti ducati d'ingaggio per un anno, ducati sei al mese, e il vitto a bordo. Nè pur trovavano chi servisse la rivoluzione; ond'ebbero a usar la forza. Per la rapinata flotta re Francesco protestò a' 19 ottobre, come narrerò.

§. 14. Ministero e municipio garibaldino.

Tantosto il dittatore si fece il ministero. Confermò D. Liborio, e i direttori Giacchi e De Cesare, che anime di fango non arrossirono del pubblico premio di tradimento. Mise alla guerra il Cosenz, con direttore Guglielmo De Sauget nostro tenente colonnello figlio del generale. Alla giustizia il Pisanelli, quello del governo provvisorio; alla polizia fu direttore un Giuseppe Arditi, e rimase prefetto il Bardari per un giorno solo, a non isfuggir la vergogna del servire due padroni in un giro di sole. Tai decreti furono il benservito che il Garibaldi die' a' ministri di Francesco. A' 13 divise il ministero al Romano; lui lasciò all'interno, die' la polizia al Conforti fuoruscito; e dopo pochi dì, fuggito, come dirò, di Sicilia il Crispi, il ricompensò creandolo segretario di stato. E per non lasciare senza premio il general Ghio, ch'aveagli venduti i diecimila soldati a Soveria, gli accomandò la piazza di Napoli; incredibile impudenza!

Sendosi da sè sciolto il corpo di città, subito il giorno 8 D. Liborio ne abborracciò un altro di rivoluzionarii: Andrea Colonna sindaco, dodici nuovi eletti, e ventiquattro aggiunti alle sezioni, e cinque a' villaggi; gente calda d'italianità. E sendosi anche i trenta decurioni rifiutati, rifeceli tutti. Così anche il napolitano municipio fu garibaldino, come gli altri del regno rifatti poco prima. Francesco sol per questo avea tenuto fermo a non mutarlo; onde anche era stato il solo a non abbiettare la patria.

Fu segretario generale della dittatura il medico Bertani già repubblicano, stato a Genova Segretario della *Società nazionale armata,* già capo del servizio sanitario garibaldese nel 48, ultimamente ingaggiatore di volontarii per Sicilia. Questi riuscì più ladro di Cacco, dio de' ladri; e fu a' Garibaldini stessi maraviglia a vederlo sì alto, e al sentirlo intitolare colonnello. Tra esso e 'l dittatore se l'intendevano. Comandante l'esercito in assenza del Garibaldi videsi un Sirtori, già prete, stato in Venezia nel 48, poi fuggito in Francia, e ora, venuto capo di stato maggiore garibaldese, era la prima volta salito a cavallo, eppure detto generale, uomo ambiziosissimo. Questi due parean nominati il 5 settembre, da Casalnuovo. Uscì ministro di lavori pubblici Rodolfo Afflitto, già borboniano sottintendente, un dottor Ciccone alla pubblica istruzione, e 'l fuoruscito Antonio Scialoia alle Finanze; e fu bene, acciò si vedesse in che valeva la sua celebrata scienza. Un Pentazuglia, straniero, fu direttore di telegrafi; un Libertini, reggente del Banco, un Agresti direttore di gran dogana: grassi stipendii a magri e famelici patrioti. Surse prefetto di polizia un Chiola, invece del Bardari, premiato del tradimento col posto di consigliere alla Corte de' Conti. Andarono ambasciatori il marchese di Bella in Francia, il dottor Cattaneo a Londra, e il Leopardi a Torino, per nunziare la felice rivoluzione al beneficiato e a' protettori. Cotali decreti mostrarono la fusione de' due screzii della setta, piemontista e garibaldina.

§. 15. Decreti dittatorii.

A' 9 assai decreti. Che gli atti pubblici s'intitolassero con Vittorio Emmanuele re d'Italia; che i sugelli dello Stato avessero lo stemma savoiardo; riconosciuti il debito pubblico, i banchi, e la cassa di sconto; aboliti i passaporti per entro l'Italia, e altri. Il 10 il generale De Sauget, visto non avvenuto lo scioglimento dell'esercito reale, a non ismentire sua codarda natura, chiese il ritiro, riserbandosi di riservire la rivoluzione, come fosse meglio assodata. Surrogavalo Mariano d'Ayala, già dimesso da tenente, stato nel 48 intendente, ora stampato generale.

Per adescare le moltitudini, saziare le ingordigie e far danari, uscirono decreti a dozzine. Pane a' poveri, con un grano meno del prezzo, a spese del comune. Abolito il lotto, quale gioco immorale, ma dal 1° gennaio seguente; ciò a pompa per lo straniero, chè in Napoli nè il popolo il ricusava, nè i dominatori volean perdere quel provento d'un milione all'anno. Il 14 si decretò i napoletani castelli fidati in perpetuo a' Nazionali, *acciò i baluardi del dispotismo diventassero baluardi di libertà*; burla, che non ebbe effetto. Aboliti i cumuli di più impieghi, che eran già da tant'anni aboliti. Liberati i piccoli pegni, sino a tre ducati. Tolte le cancella doganali tra Napoli e Sicilia; ma ciò danneggiando l'erario, tosto lo Scialoia spiegò, non intendersi abolite le leggi speciali del cabotaggio pel porto franco di Messina e pe' generi di privativa; il che ridusse a poco la gran concessione. Dodici asili d'infanzia gratuiti; un collegio gratuito pe' figli del popolo, da uscir soldati: interdette le sepolture gentilizie; restituiti al comune di Napoli i dazii di consumo; abolite le spese segrete de' ministri; istituiti i giurati per cause criminali; e altri cosiffatti decreti, per far rombazzo: che a far decreti non costava niente. Soprattutto incielavano quella ingleseria dei giurati, veri profanatori della giustizia; ma, cosa nuova e ignota, davan per bella. D. Liborio alla nuova strada Maria Teresa, mutò nome, con quello di Vittorio Emanuele; acciò questi venuto a pigliare, pigliasse anche i nomi dell'opere altrui.

Anche si tolse il titolo di borbonica all'accademia reale; e a vendetta deposero d'uffizio quel Bozzelli liberale autore della costituzione del 48, che aveva impedito allora alla rivoluzione di scacciare la dinastia. E più indietreggiando coll'ire, abolirono i privilegi al Pizzo per la cattura del Murat nel 1816; anzi D. Liborio per farne ogni monumento sparire, volle le diciotto medaglie d'oro, insegne de' decurioni, valenti di peso da settanta ducati ciascuna. Il municipio chiedeva di fonderle o venderle a' nummismatici; e 'l sindaco tardava a darle; ma il ministro forte le volle. Il comune strepitò a lungo pel denaro; la stampa sbottoneggiava; finalmente nel 63 fu stampato: una medaglia esser ita al Museo, l'altre pignorate, poi riscattate, una comprata da un ministro torinese, e sedici fuse, mandatone il valore in lire 5062:63 al Pizzo.

Proclamata con tante decretazioni la libertà, mandarono alle province governatori *con poteri illimitati*; affinchè i popoli ne fossero a forza consolati.

§. 16. Entrata di Sardi e Garibaldini.

Il Persano pigliata la flotta, avea fatto scendere le truppe sarde a pigliare l'arsenale; e anzi in fretta fe' navigare da Genova sulla fregata *Costituzione* un altro reggimento, che scese il 12 a occupare la Gran Guardia. Mentre stava ancora il ministro napolitano a Torino, Vittorio veniva armato a ingoiarsi uno Stato indipendente, sugli occhi di Francia e Inghilterra proclamatrici di *Non intervento.*

Il dittatore, visto pel fatto del 7 al forte del Carmine i soldati regi abborrirlo, incontanente segnalò a' suoi accorressero presto. Il Turr voltava allora con la sua brigata a compiere la reazione d'Ariano; onde toccò al Rustow con la brigata della Milano d'entrar primo in Napoli. Avutone l'ordine ad Eboli, ov'era giunto il mattino dell'8, prese carrozze, carri, muli, asini e ogni maniera di vetture, ed entrò alla grottesca in Salerno, fatto accogliere con una nostra musica militare ch'era lì restata indietro. E di certo per la strada di ferro a poco per volta entrava in Napoli di notte, per ascondere sua luridezza; e alloggiava a Pizzofalcone, ov'erano ancora sodali nostri. Quei primi fur poco più che mille, il resto venne poi. Stranieri di linguaggi e costumi, diversi di voglie e pensieri, ignoti l'uno all'altro, biechi, famelici, disordinati, male armati, peggio coperti, comparvero nella nobile Napoli tai stranissimi vincitori. Tutto è lor lecito. Per loro castelli, reggie, arsenali, monasteri e case; ogni cosa è di questi usciti da tutte le parti del mondo; seguitati da Siculi e Calabri prezzolati e delinquenti, già masnadieri, già galeotti, calpestatori d'ogni dritto, bestemmiatori d'ogni Dio, ignoranti d'ogni legge. Si spandono per palagi, paesi e ville: derubano ogni arnese, minacciano ogni vita, sfregiano ogni monumento, insultano ad ogni grandezza. Napoli che mai non vide Vandali, vide i Garibaldini!

Devastano palagi di ricchi, lordano case di poveri, attentano all'onore delle donne e alla maestà della religione. Frate Pantaleo come imbriaco, a mo' teatrale per piazze e chiese sceneggiava; stivaloni, sproni a rotella, calzoni attillati, tunica rossa, con cintura d'acciaio, barba lunga, capelli arruffati, spadone enorme con elsa a croce, a cinta pugnale, pistola, crocifisso e rosario, e su tutto la cappa da frate, cappellone da pellegrino, e frusta in mano. Cosi montava sul pulpito. Allo Spirito Santo catechizza sacerdoti apostati, sparla de' sacri dogmi, predica le fucilazioni, e si fa plaudire come in teatro. Non men buffone ma più tristo, l'ex barnabita Gavazzi vestito rosso va l'apostasia predicando al popolo de' camorristi. A S. Francesco di Paola maledice Santa Chiesa e Borboni, apostrofa l'enee statue de' re, opera del Canova, e minaccia di mutilarle. Dice: « Non siamo barbari noi; non vogliamo abbattere queste statue; rispettiamo il Canova, ma imitiamo i Romani, che per risparmiare l'opere, vi mutavano le teste. Facciamo lo stesso; sul corpo di Carlo III poniamo il capo del Garibaldi, e su quel di Ferdinando la testa di Vittorio. » E quella turba batteva le mani. Mentre è istrione in città predica di Cristo sulle scene; fa di chiese piazze, e di teatri chiese; poi quelle lordure stampa, e sparge al popolo.

Ogni dì atti ferini di sangue. Un Garibaldino a' 20 settembre nella chiesa di Monserrato s'avventa a un sacerdote sull'altare, lo tragge pel collare in terra, e calpesta l'ostie. Un altro a Montecalvario uccide di fucile una madre col bambino in collo. Un Pessina fatto da' Borboni uffiziale per grazia, disertato e vestito garibaldino, si scaglia furente sovra un gentiluomo di cui si dice offeso anni prima, e traendo la spada a caso taglia l'arteria a un suo compagno, padre di figli, che tosto morì. Un altro nel quartiere di Caserta brucia il cranio con la pistola a un garzoncello richiedentegli tre grani, prezzo di bevuta acquavite. Il 28 fu rumor grande per due oneste fanciulle a San Giovanni, rapite al fratello mentre tornavano dal lavoro. I Nazionali di Torre del Greco sorpresero tre Garibaldini con addosso arme insanguinate, e cose d'oro e preziose. Queste poche ho notate, che intesi e verificai io; ma come tante perpetrate scelleratezze ridire? Qualunque volea vendetta e l'altrui, vestiva rosso, una sciabola a strascico, e tutto impune faceva.

De' tre colori era nausea: a porte, a finestre, al petto, alle mani; bandiere, cravatte, nastri, fazzoletti. Statue di libertà e d'Italia, canti, grida ubbriachesche, bestemmie, atti osceni, urtare, ferire, chiedere, volere, plaudire, illuminare, sparare, tutto a possa, e a libito. Tutte lingue: Ungari, Prussi, Scozzesi, Inglesi, Francesi, Greci, Corsi, Alpigiani a ogni trivio, arme diversissime, assise d'ogni colore e foggia, teatrali, dissimili, fatte in brevi dì, luccicanti di rosso e verde e oro e argento. Bagasce con lance e stocchi e pistole far tresche in istrada; monelli a processioni minacciare, imporre bandiere e lumi, scagliar sassi, spezzar vetri. Contrabbandieri in festa mostrare i contrabbandi col Viva Garibaldi; e vendere il sale a un grano il rotolo, e gridare « Sono usciti i ladri! » essi ladrissimi della cosa pubblica. Galeotti sgalerati allora, co' coltelli alti, trionfare tra quella melma, insultando agli offesi parenti delle vittime loro. Per soprassello l'inno garibaldesco, cantato, sonato su tutti strumenti, ripetuto in terra e in mare, in chiese e in teatri, dì e notte, sempre, sempre, per rabbia, per dispetto, per lascivia; martello incessante, ricordo d'inenarrabili sciagure, scritta sonante di napolitana vergogna.

§. 17. Tirannide liberalesca.

La buona gente usciva poco, non a teatri, non a caffè, sendo la libertà de' tristi la schiavitù degli onesti. Tutti ladri alzate le cervici, pettoruti come Aristidi, insultare alla calamità della patria, perseguitare la virtù, proverbiare cittadini, percuoterli, carcerarli; e schiaffeggiare e ferire uomini venerandi per canizie, scienza e sostenuti magistrati; e ciò senza cagione, senza neanche saputa di quel furente Pandemonio che pur si diceva governo. Un motto, un guardo, lo incontro d'annoso nemico, o emulo o tristo erede o forse anche beneficato, poteva riuscire funesto. Bastava non plaudire agli eroi, non sorridere pronto, non approvare e ti dicevan Borbonico, indi fuori legge. Erano i tempi di Mario. Non passava dì che men di venti persone in Napoli solo non cadessero uccisi. Nè tale anarchia durò una settimana, un mese, una stagione, ma anni.

Soggetti creduti buoni, ch'avean fatto i pinzocheri, baciatori di mani, striscianti nelle sale de' palazzi, a un tratto incamatiti vantarsi carbonari vecchi, sfoggiare i tre colori, predicare aver patito, accusare amici e benefattori, unirsi a' camorristi, e col costoro braccio impunemente far vendette. Sataniche bestemmie, calunnie vocali e stampate, beffe a' miracoli, a' santi, al papa, al re, al costume, a quanto v'ha di più sacro. Morte, morte a' Borboni! udivi, perchè avean riverito la religione. Viva il re Galantuomo! perchè d'essi sacrileghi saccheggiatori era complice e capo. Ad ogni uscio immagini lascive, motti da bordello, grotteschi dipinti di papi e cardinali, statuette invereconde, libri scostumati venali sulle panche, baldanzosa pompa d'ogni cosa dal pudore proscritta. Le bibbie del Diodati legate in oro si vendevano per un niente, affinchè al protestantismo il buon popolo si voltasse. Oh patria nostra, certo non eri innocente; ma il garibaldesco gastigo passò di lungo le colpe!

In ogni capo di provincia o distretto o circondario, lo stesso o peggio. Talora i Garibaldini vi entravano sguardando attorno; e là appunto dov'erano stati bassi e compressi davano in codarde rabbie, schiaffeggiando conoscenti e amici. Spesso a tai baccanali presenti i governatori, e i giudici, con brutta mostra di viltà; e talora uffiziali già regi, vantati puntelli del trono, ch'aveano usato o abusato del potere, surti nuovi Bruti, in capo a quell'orgie, non rifiutare vergogne. Talora eglino stessi, benchè rifatti liberali, avevano insulti; siccome quel conte Francesco Viti, proteo bacchettone, vecchio laudatore di re Ferdinando; che fatto da D. Liborio intendente a Caserta e garibaldesco, i camorristi gli si cacciarono in casa, co' coltelli sguainati il mattino del 9 settembre; e sei menarono con essi a portar la bandiera; e a correre la città luridamente, gridando Garibaldi!

§. 18. Spogli a' Gesuiti ed al clero.

Questi il giorno 11 fece da Papa, con una bolla, appellata decreto, abolente l'ordine de' Gesuiti. Loro proprietà mobili o stabili dichiarò beni nazionali; e con senso retroattivo annullò i contratti da essi stipulati dopo lo sbarco a Marsala. Dieci giorni di tempo agli amministratori o detentori de' beni a rivelarli. Restauratori di morale e libertà, annullavano la facoltà di testare a' trapassati, e le contrattazioni private fatte sotto l'egida delle leggi vigenti. Si chiusero dodici collegi e licei, dieci seminarii e pensionati, e molte scuole gratuite, dove migliaia di giovanetti apparavano lettere, costume e religione. Ma appunto per impedire tali istruzioni percolavano quei padri, non per la immaginata complicità co' tiranni; ciò allora manifestissimo, ch'eglino dal 1854 come dissi, eran guardati bieco dal borboniano governo! Cacciati erano, non perchè borboniani, ma perchè militi della chiesa, perchè avean roba, perchè esosi alla setta. Andarono in mezzo alla via 409 religiosi, molti vecchi e infermi, buoni solo a predicare o insegnare; che sarian morti di disagio, senza la privata carità, che per misericordia della ingiusta sventura in tutte guisa li soccorse. Nè mancarono oltraggi. A Benevento i Garibaldini ne assalirono come narrai la casa, e scacciaronli a forza, senza una camicia, nè un tozzo di pane, in paese atterrito, e loro straniero, per quelle campagne, in balia della provvidenza.

Poi a' 13 fecero in Napoli una Giunta amministrativa della roba de' Gesuiti, da risedere al Gesù, da proporre impiegati, riscuotere rendite e versare nelle casse pubbliche, e far le platee degli stabili. Principiato così, si gittarono sopra vescovi, monache, frati e luoghi pii, a spogliargli di quanto privati testatori avean lasciato per onore di pietà e beneficenza. Un decreto il 21 dichiarò nazionali i beni delle mense episcopali; e promise invece a ciascun vescovo una congrua da non passare i duemila ducati; l'avanzo diceva spartirsi al basso clero. Ciò per tentare a scisma i preti minuti. Torino poi vi tornò con legge del 18 febbraio 1861, come sarà narrato. Però, tementi del clero, un decreto del 7 settembre fulminò multe di 500 ducati, e prigioni di tre anni a qualunque sacerdote con discorsi si mostrasse avverso alle istituzioni dello stato; e dove ne seguisse sedizione, avrebbe pena di complice.

§. 19. Spogli a casa reale.

Calpestarono un altro non men sacro dritto di proprietà, confiscando i beni di casa reale, quei de' maggiorati de' principi reali, e le doti delle principesse; quelli dell'ordine Costantiniano venuto ne' Borboni per eredità di casa Farnese, e tutti quelli che i re donati avessero altrui. Pochi di essi avevano origine demaniale; il più eran compre private de' Borboni con denaro proprio; siccome la reggia di Caserta co' suoi accessorii d'acque e molini, costata tanti milioni, con moneta recata di Spagna da Carlo III; la rifatta reggia di Napoli, e quelle di Portici e Capodimonte, e mobile ricchissimo, e lavori d'arte infiniti; e 'l museo borbonico d'inestimabile valore cumulato da papi, principi e cardinali Farnesi, e da Roma a Napoli condotti. Il Garibaldi decretava esser tutto dello Stato.

La rapina spinsero alle rendite in cedole sul Gran libro; e 'l giornale del 24 ne cantava la gloriosa gesta, mentendo per coprirne la turpezza. Il Conforti appellato ministro di polizia, disse che sapendo aver i Borboni cumulate grandi ricchezze rubando lo Stato, a questo parte ne reintegrava. Egli da prima avea sequestrate parecchie cedole in ducati 184,608 di rendita intestata ad un Rispoli, controloro di campagna; onde messo costui in duro carcere e digiuno, dopo molte violenze, quando già l'infelice era tocco d'apoplessia, gli fe' confessare quelle esser de' reali. Poscia pigliò altri ducati 317,186 di rendita de' germani, zii o sorelle del re; sicchè tutta la proprietà in rendita napolitana rapita sommò a ducati 501,701, che calcolata alla pari faceva il capitale di dieci milioni e 34,880 ducati; ma già comprate assai più, quando le nostre rendite valevano il 120 per cento. Cotai milioni il Conforti voleva intestare al Garibaldi; ma oppostisi gli agenti di cambio, dopo gran discutere s'aggregarono all'erario pubblico; e subito presero a vendere le cedole, abbassandone ogni dì più la ragione, ma per far denari, e inghiottirli.

Re Ferdinando l'avea comprate col risparmio, e col cumolo di annosi frutti, per istabilire maggioraschi e doti a' figli, e benchè avesse potuto sicurarli fuor di regno, pur li teneva in patria a prova di predilezione, e fidanza nel popolo suo. La prima partita era tutta economia privata, porzione dell'eredità di quel re lasciata a' figli e a' poverelli. Dichiarare illegittima tale credità significava negare le liste civili de' sovrani, e i patrimonii delle case regnanti. La seconda partita veniva in gran parte da' maggioraschi de' principi, e dalle doti delle principesse, costituiti per virtù d'antiche leggi; erano economie fatte a pro degli orfani reali sin dall'infanzia. E tra l'altre due appartenenti al giovine re; una d'annui ducati 5415 d'economie sulle sue entrate qual principe ereditario; e l'altra di ducati 67,509, interessi moltiplicati per ventitrè anni dalla dote ereditata dalla madre sua Cristina di Savoia, e 'l prezzo del suo palazzo di Roma venduto. Così la dote d'una principessa sarda fu confiscata da un marinaio di Nizza, in nome di re sardo. Fu latrocinio atroce fatto a privati, col pretesto del casato regio. Ma i professori di libertà, ubbriachi del non credibile trionfo, appellavano reintegrazione di roba furata allo Stato; anzi il Conforti dissela reintegrazione legittima, col suo curialesco vezzo del pompeggiare leggi, quando ogni legge conculcava.

Francesco da Gaeta il 3 ottobre, per nota del ministro Casella, protestò alle nazioni straniere, non per rimpiangere la perdita del patrimonio dopo la ruina del reame, nè l'infausta sorte delle sorelle e parenti spogliati per ragion del sangue, ma per isnudare le calunnie degli spogliatori. Diceva: « Unita la sua causa a quella del popolo suo, ei non avea curato di porre sue sostanze al sicuro, perchè avrebbe sdegnato di serbare per esso una tavola, in mezzo al naufragio della patria. »

Altro decreto del 25 settembre creò una Giunta per l'amministrazione de' beni di casa reale; e vi si videro due, adoratori del sol nascente, stati proni a' Borboni, smascheratisi unitarii allora; dico il conte Viti del quale ho parlato, e un certo Talamo, stato nel 48 liberale, nel 49 retrogrado, e fatto da Ferdinando magistrato e presidente. Ma il 10 del mese quei beni si dichiararono nazionali; e quella giunta fu stretta al solo ordine Costantiniano; degli altri beni i fruttiferi fur dati ad amministrare alla *Cassa di Ammortizzazione*, e i deliziosi al nuovo sovrintendente di Vittorio. Infine a' 25 videsi altro dittatorio decreto, ordinante si prendessero da tali incamerati beni sei milioni di ducati, da spartirsi tra' danneggiati per la libertà, previe domande da presentarsi tra quattro mesi. Su ciò tornerò appresso.

§. 20. Casa e impiego al Dumas.

Che sperpero si facesse delle cose regie si può intendere; ma va notato che a' 14 settembre D. Liborio menò a mano il romanzatore Dumas nella regia Casina al Chiatamone; e una lettera del Garibaldi gliela die' per un anno; acciò cotesto comico repubblicano francese potesse in Napoli vivere da re. Avea costui già fatto danari mescolandosi nelle forniture d'arme; e molta moneta avea presa all'erario; ma quasi le sue spampanate narranze garibaldesche non fossero pagate abbastanza, a' 16 di quel mese andò direttore del Museo; e quantunque negasse il giuramento a Vittorio, pur venne insediato. Il primo suo atto fu l'apertura della sala di statue oscene, che pel costume si tenea chiusa. Nientedimanco i giornali anche liberalissimi stomacarono: dicevano, quegli straniero, ignorante ed avido, non potere in quell'uffizio far altro che rapinare cose di valore; e si strepitarono ch'ei si dimise il 28. Prese invece a impiastrare un giornalaccio detto *Indipendente*, pagato dal dittatore.

§. 21. Il Gavazzi.

Tolta la robba a' religiosi, volevano togliere la Fede. Si pose su una schiera di frati e preti ambiziosi e scostumati, che per inneggiare a' vincitori, rinnegarono i voti sacri e 'l culto de' padri; a' quali sursero archimandriti certi famosi, su' quali bene è tornare. Alessandro Gavazzi di Bologna ex Barnabita, già carcerato, e graziato dal papa, andava co' pentiti in Roma per iniziare la rivoluzione del 48; fuggì all'entrata de' Francesi, die' lezioni pubbliche di protestantismo in Inghilterra, e poi in America, ov'ebbe plausi e sassate. Giullare politico, ridicoloso Sperandio degli oratori, s'infatuò a far protestanti i Napolitani; e salito in bigoncia entro chiese e teatri, in sale e piazze vomicava dicerie pazze e tronfie, e anco le stampava. Il 30 settembre al Mercato concionò, sinchè non fu capito; ma preso a dir male della Vergine, ebbe fischi e sassi, e pe' suoi camorristi che gli fecero spalla potè fuggire. E lo stesso in altre piazze. Più sicuramente il 2 ottobre predicò sul palcoscenico al teatro S. Carlo, pria del dramma. Mandava poi suoi adepti per le province, con permessi di sua mano, convalidati dai ministri, a eruttare da' pergami lorde ingiurie a' Gesuiti, al papa e a' Borboni. Mezzo preti, mezzo Garibaldini; mescolando vesti, colori, armi e cose sante, con atti svenevoli invocando Dio, sconnessi in atti e parole, accozzavano vituperii e calunnie.

§. 22. Il Pantaleo.

Del Pantaleo, più buffone di tutti, avemmo presto una grossa scena. Il cardinale avea messo rettore alla chiesa da' partiti Gesuiti il sacerdote D. Bonaventura Cenatiempo, già vicario generale ad Avellino. Il Pantaleo volendo del Gesù far suo teatro, pose cartelli che al mattino del 16 settembre vi direbbe messa e spiegherebbbe il vangelo. Turbato il rettore, per non far peggio chiudendo la chiesa, già preparata a festa per l'Addolorata, ne pensò un'altra. Spogliò de' paramenti l'altare, coperse le immagini e i quadri, velò la statua della Madonna; scurò i finestroni, tolse il Santissimo, vietò le musiche e le messe, e mandò via chierici e serventi. Volle caso a velare la statua pigliassero il gran panno nero del Sabato Santo, e posto in fretta, andò con la croce capovolta, che crebbe lutto. Al mattino lo inatteso spettacolo fe' nel popolo emozione, ira ne' settarii. Il rettore, solo in sagrestia, aspettò l'uragano, Quattro deputazioni di Nazionali, garibaldini, camorristi e preti della *Legione Sacra,* entrarono schiamazzando, chiedendo il perchè quel mortorio, e che cessasse. Rispose; gli arredi star chiusi per l'inventario, la statua coperta pe' restauri. Vollero la pianeta per la messa; n'hanno una logora, e un calice dal piè d'ottone, fremono, gridano, vanno a S. Chiara a pigliarne altri, ed eglino stessi attillati, sudano a parare lo altare, co' pesanti candelabri sulle spalle. Ultimamente arriva il Pantaleo, tra una turba baccante; che vestito come già dissi alla brigantesca, gittatasi la pianeta addosso, esce alla messa. Dopo il vangelo si volta a spiegarlo: correva quello dell'idropico guarito dal redentore; dice l'idropico esser l'Italia inferma, idropica di Gesuiti, di papa, di Borboni; occorrendole il medico, esser venuto redentore il Garibaldi a guarirla. Il grottesco personaggio, il ridicolo sermone, condito di imprecazioni al pontefice, e grida e gesticolazione satanica, sì l'oratore affralirono, che compiuta alla peggio la funzione, gli ammiratori l'ebbero a sorreggere per ricondurlo in sagrestia; dove esso e quelli tra plausi e Viva si ristorarono con sorbetti e dolciumi.

Un altro dì, in quella sua tragicomica assisa, insieme con la sua druda e altre madamoselle e camorristi navigò ad Ischia per gozzovigliare. Colà surtogli il ticchio di predicare al vescovado, mentre si sveleniva in bestemmie, tenendo l'ostensorio nella sinistra e gesticulando da arlecchino, rovesciò l'ostia per terra; nè punto di raccoglierla si curò. Indi peggio in altre chiese, poi si sbevazzò con la masnada in bacchichi deschi; e sì empiamente trionfante in Napoli fe' ritorno. E ne fe' mille. Si resero pur famosi altri di cotali gerofanti, tra' quali padre Rocco da Brienza, e padre Giuseppe da Foria.

§. 23. Il Caputo.

Alquanti preti provinciali con qualcuno di Napoli fecero un comitato ecclesiastico unitario; e stamparono proclamazioni contro la potestà temporale del papa. A' 20 settembre scrissero al Garibaldi, in nome del clero napolitano, scusandosi di non averlo accompagnato al Duomo, perchè nol sapevano; e finivano protestando *Unità e libero esame*; ma niuno firmò. Tantosto uscì a capitanare cotale schiera monsignor Fra Michele Caputo. Costui dell'ordine de' Predicatori, proposto più volte vescovo da re Ferdinando, e sempre rifiutato da Roma, ch'avea mala notizia di lui, nondimeno per reiterate raccomandazioni regie era riuscito vescovo ad Oppido; ma vi si fece tanto amare che ne fu scacciato a furor di popolo, caso unico nel reame nostro. Eppure co' lavori di Corte ottenne la diocesi d'Ariano, dove ospitò, come dissi, re Ferdinando nell'ultimo suo viaggio di Puglia. Ora scopresi a un tratto italianissimo; e con la gratitudine de' settarii, cumula il livore contro Roma e 'l suo benefattore, sciorina un libello pel *dritto nuovo*; compiange *le stragi* della reazione d'Ariano, ordina un funerale pel 17 settembre; e la dimane fa pubblico atto d'adesione nella sala dittatoria in Napoli, a quella rivoluzione, proclamatrice dello spoglio papale. Giurò *al regime del magnanimo Vittorio Emmanuele, re d'Italia sì degnamente rappresentato dall'eroe di Calatafimi e Palermo.* Subito il giornale a' 22 lo stampò. Fu il solo vescovo di tutta Italia, che allora di tanto si macchiasse.

§. 24. Libertà di coscienza.

Il dittatore proclamò solennemente la libertà di coscienza; col che pose la pietra fondamentale del protestantismo. Con decreto suo annullò la bolla di Benedetto XIV *Etsi pastoralis*; e die' facoltà a' Greci Albanesi in Sicilia d'esercitare aperto il culto loro. Per foga di fare il pontefice e annullare leggi di pontefici nel religioso, esso e i suoi consiglieri dettero una proibizione che non v'era. Imperocchè cattolici sono quei Greci, e godeansi già libertà piena di seguire loro consuetudini e privilegi, che punto non si oppongono alla Fede. La bolla non solo concesse loro quelle libertà ed immunità ed esenzioni, ma crebbene i privilegi conceduti da' papi precedenti; e solo vi noverò i dogmi e i riti da ritenersi e osservare.

25. Giuramenti.

S'approvò il 17 settembre la formola del giuramento de' pubblici uffiziali. D. Liborio giurava a Vittorio nelle mani del dittatore; e tutti gli altri giurarono a D. Liborio da lui delegato. Sopravvenivano dalle province adesioni da' comitati e da' municipii; nè fu maraviglia, sendo gli uni e gli altri opera liboriana. E quelli indirizzi dicevano come il comitato napolitano avea lor mandato danari per assoldare gridatori e combattenti. Assai uffiziali già regi giurarono alla rivoluzione; ma sendo i più già stati deposti con decreti di Francesco stesso, questi giuratori erano in gran parte impiegati liboriani, ovvero bisognosi del soldo, o timorosi di mostrar nimistà a' vincitori. Ben non pochi s'affrettarono sorridenti a chinarsi al sole novello; ma tosto, dal 24 settembre in poi, parecchi di questi che insozzatisi di tal giuramento pensavansi aver superata la burrasca, andarono deposti col motto: *perchè colpiti da pubblica indignazione*; ovvero *in omaggio alla opinione.* Pria col giuramento abbiettati, poi cassi. Novissimo trovato di libertà, inveire togliendo soldo e fama.

La magistratura, la meno tocca sin allora dalle costituzionali dimissioni, giurò pronta. I collegi giudiziarii di Napoli, ciascuno a camere riunite, fecero l'adesione; i presidenti pronunziarono discorsi caldi di libertà, mostra vera di servitù, esaltando quanto pochi mesi prima avevano esecrato e percosso. Esageratissimo fu il Niutta presidente di Corte suprema di giustizia; così rimertando il *tiranno re,* ch'avealo messo sì alto. Aderì in Gran Corte de' Conti; aderì il consiglio di Stato. Fra tanti magistrati pochi si negarono: noto per Napoli il Falcone, che si ritirò, e l'Andreana che non aderì nè giurò. Con tanta celebrata libertà di coscienza, quelli si pensavano giurando non vincolare l'anima a niente. I nuovi giurarono in otto giorni a' Francesco e a Vittorio.

§. 26. Cacciata dell'arcivescovo.

La setta incredula in religione pretendeva giuramenti, e li voleva dai vescovi. Il turbo volse sull'arcivescovo cardinal Riario di Napoli. Già sendovi ancora il re, avevanlo insultato a disegno, mentr'ei riedeva in carrozza da una funzione religiosa. Entrato il Garibaldi, questi avvezzo alla inetta compiacenza dell'arcivescovo di Palermo, vistosi non accolto al Duomo, la inghiottì male. Cominciò il Pantaleo l'8 settembre a presentarsi al porporato, sperando guadagnarlo; vi tornò più pettoruto il 12; al 19 menovvi per ausiliario il Caputo. Richiestolo aderisse al governo dittatorio, e trovatolo duro, il villano frate alzò la voce; talchè il cardinale dignitosamente gli disse: « *Chi siete voi? aspettate fuori* » ond'ei si partì minacciando: *Mi farò conoscere.* Al mattino del 31 comparve un Trecchi cremonese, dicentesi colonnello, con lettera firmata dal dittatore, chiedente tre cose: Adesione semplice e schietta, abilitazione de' preti garibaldini agli uffizii religiosi, e invito al clero e a' seminaristi di armarsi per la patria. Rispose non potere aderire, ma starebbe passivo a cose di governo; abiliterebbe i preti a seconda de' canoni della chiesa: non potere istigar sacerdoti e seminaristi a guerra, cosa contraria allo stato clericale. Il Trecchi lampeggiando gastighi se n'andò; tornò sulle ore due pomeridiane, comandando o sottoscrivere o partire. Il porporato replicò non partirebbe spontaneo, cederebbe alla violenza: si ebbe intimato l'esilio tra quattr'ore. Sull'imbrunire lo stesso Cremonese condusselo alla Darsena, in carrozza stata di re Francesco, e sull'*Elettrico* vaporetto già regio il menò.

Colà era salito il Pallavicino, settario piemontese che andava a Torino per conciliare l'antagonismo tra il Cavour e 'l Garibaldi; però costui v'andò pure, come a visitarlo sul legno, sperando forse parlare col cardinale, o con la sua grandezza sopraffarlo. Il porporato sur una sedia nella stanza di poppa impassibile stette; nè die', nè ricevè saluto. Fu menato a Genova, donde navigò a Marsiglia. Il buon popolo napolitano stupì della tirannia, e forte mormorò; perlocchè i giornali dissero esser partito spontaneo. Invece la domenica 25, il Pantaleo, presente il Caputo, predicò al Gesù il vero della cacciata e la cagione, ma che avendo Austria nel cuore, non meritava qual nemico d'Italia stare in Napoli, e godersi la mensa. Inoltre corse voce l'ammiraglio francese avesse impedita la partenza; e anche illuminarono le stanze dell'episcopio, a mostrare fosse tornato; onde la piazza si gremì di popolo. Lo stesso dì un decreto minacciò pene afflittive e pecuniarie a chi ecclesiastico predicando o scrivendo avversasse la rivoluzione. E per addormentare con la gola la plebe, decretarono limosine per settantacinquemila ducati; da largirsi in tre mesi, a libito d'una giunta, senza giustificazione di documenti, da torsi metà da' beni reali, e metà dalla cassa ecclesiastica, cioè dalle confiscate rendite clericali. Poi la limosina andò ne' camorristi. Al cardinale mandarono indirizzi di condoglianza affettuosissimi parecchi cittadini ragguardevoli, il clero metropolitano, il clero superiore e inferiore, il vicario, i professori del liceo, i parrochi, e molte comunità religiose.

§. 27. E d'altri vescovi.

Il dittatore veggendo il popolo a contrariarlo in quel che più gli coceva, il religioso, ne die' colpa a' prelati. Però contro questi inveì. Carcerava i vescovi di Montuoro, di Bovino e di Reggio. L'Apuzzo di Sorrento, stato presidente d'istruzione pubblica sino al 54, sorpresero i carcerati a Massa, la notte del 15 settembre; circondarongli di sgherri la casa, frugarongli le carte e il mobile, e menaronlo a Napoli alla prefettura, e dopo un dì alla Concordia. Passati altri sei giorni, senza fargli vedere nè pur uno de' suoi, imbarcaronlo, e a Marsiglia. Il cardinal Carafa di Benevento, reo d'aver negata l'adesione, tennero come prigione nel suo palazzo più dì; spaventaronlo il 17 settembre, scassando le porte della chiesa, scampanando per chiamar gente al sermone d'un prete sciagurato; alla dimane invasero l'episcopio, e preso lui, mandaronlo scortato a Napoli; dove maltrattato, alla fine poserlo sur un legno, che a Civitavecchia lo sbarcò. Cominciava su' pastori la persecuzione, che ancor non posa. E tra tanti percossi il Caputo avea vergognosi onori.

§. 28. I poteri illimitati.

D. Liborio capo del ministero considerandosi padre della rivoluzione credeva esercitare esso la dittatura, siccome avea regnato per Francesco. Ma gl'ingrati, sono con ingratitudine pagati, che fra' tristi il benefizio non ha senso di virtù. Ei voleva fare e disfare, e solo presentare suoi decreti al dittatore che firmasse; ma la pensò diversamente il Bertani, segretario generale della dittatura, che più mascagno di lui volea far presto e bene i fatti suoi. Questi emanava decreti, nè pur domandava le firme de' ministri *risponsabili*; nè stampandoli li facea distinguere da quelli proposti da' ministri; ne dava esecuzione a quelli deliberati nel consiglio. Da sè comandava provvedimenti gravi, senza farne motto; tale che questo medicuzzo lombardo si può vantare d'aver fatto il padrone del nostro misero reame. A' 13 settembre decretò non fossero più nelle province intendenti, ma governatori, cioè regoli; e v'aggiunse *poteri illimitati* non più visti; e peggio vi mandò repubblicani, che riescon sempre spietatissimi tiranni. Allora sapendo di durar poco, e che tosto l'alleato Cavour verrebbe a snidarli, andavano di fretta a impinguarsi. Uomini nuovi agli uffizii, ignoranti di leggi, ignoti al paese, usarono degl'*illimitati poteri* alla turca. Tassavano imposte, bandivano taglie, nominavano a impieghi, licenziavano impiegati in volta, pigliavano danari, approvavano conti, discioglievano municipii e guardie nazionali, facevano collette, armavano, disarmavano, carceravano, esiliavano, fucilavano. Spesso i decreti loro contraddicevano quelli del dittatore, ambo ogni legge contraddicenti. Acuni di questi in pochi dì si resero famosissimi; come lo speziale De Luca a Campobasso, e 'l verseggiatore De Virgilii a Teramo; il quale lasciata la garrula lira pigliò l'arte del boia con preclara efferratezza. Costoro arcidittatori non ubbidivano niente a' ministri, che stavano a ludibrio in sedia, quindi disordine, sperpero di moneta, scompigli comunali, slegamento govarnativo, anarchia, vendette, rapacità, fazioni e sangue.

§. 29. Fasi del ministero romano.

I ministri distesero un regolamento da por modo agli arbitrii, ma il Garibaldi non l'approvò; proposero altri governatori, nè furono uditi; di poi strepitarono, e parve la vincessero; ma usciti di consiglio, il Bertani facea peggio che prima. Rigridando ebbero stabilito ch'ogni atto dittatorio si discutesse in consiglio, e 'l contrassegnasse un ministro; eppure quel dì stesso il Soriani, ch'era stato in quella decisione, pubblicava atti di governo, senza proposta, nè firma ministeriale. Allora il ministero capito il latino fe' istanza per ritrarsi. Già n'avea fatte altre a' 10 e a' 23 settembre; ultimamente il 25 tutti, tranne il Conforti, scrissero al Garibaldi: « Voi siete venuto acclamato fra noi; ma badate, e provvedete che dietro i vostri passi non resti solco di lagrime e di dolore. » Per l'opposto il domino Bertani a capo de' repubblicani, che volean salir su, fe' assaltare il ministero dalla stampa. A' 21 del mese i famosi Zuppetta, Libertini ed Agresti con altri presentatisi al Garibaldi a Caserta avean chiesto ministri nuovi; però quegli il 25, pigliando la dimissione di questi, e ritenendo il solo Conforti, che seppe essere il più furbo, rifece il ministero così: il Conforti a polizia e interno, il Giura a' lavori pubblici, lo Scura a giustizia, l'Anguissola alla marina, un De Sanctis all'istruzione, e il Cosenz alla guerra. I direttori Giacchi e De Cesare scesero poi a' 9 ottobre. In tal guisa Liborio dopo novantadue giorni, dal 27 giugno al 27 settembre, ne' quali, servito due padroni, avea compito il più turpe tradimento che udissero gli uomini, lasciava l'insozzato seggio. E seguì speciosissimo tratto: veggendosi esoso a ogni partito, andò al Garibaldi, e avutone solenne dichiarazione *d'aver ben meritato della patria,* contentissimo l'affisse alle muraglie. Credetelo, o posteri; il ministro di Francesco s'onorò d'avere il *ben servito* dal Garibaldi.

§ 30. Gare tra il Cavour e 'l Garibaldi.

Seguitava acerba la dualità nella rivoluzione tra cavourrini e garibaldesi. Il Garibaldi a seguitare il regnar dittatorio, diceva farebbe l'annessione al Piemonte, dopo liberate tutte regioni d'Italia: cioè pur Roma e Venezia, e fors'anco Nizza; e conchiudeva: « Ov'io mancassi di mezzi, non raggiungerei questo supremo scopo, che sarebbe allontanato dalla diplomatica Torino. » Voleva il Cavour pronta annessione, per metter presto le mani sul nostro, e torre nostre ricchezze dall'unghie garibaldine; sapeva impossibile allora il conquisto di Roma e Venezia; e voleva il certo, rapito al re italiano, non badare a baio del cacciar Tedeschi e Francesi; sapeva questi trionfi permessi da Francia; offesa Francia, finire la commedia. Però insisteva, e forte stigava suoi cagnotti ad affrettare l'annessione.

I rivoluzionarii nostri eran pur divisi; ma i più, con più volpina logica stavano col Cavour. Pensavano: volevamo rivoluzione, e s'è avuta, impieghi, e li abbiamo presi, vendette, e le sfoghiamo; Roma e Venezia sono ossi duri; che possiamo noi contro Francia e Alemagna? qui s'è fatto con ciarle e moneta, là si vorrebbero cannoni. Liberati noi dal tiranno, i nostri consorti di là aspetteranno. Abbiamo necessità del Piemonte; s'è con le grida cacciato Francesco; ma ei sta a Capua con quarantamil'uomini, e accenna a tornare; e se s'accorge della burla, torna. Per siffatti egoistici istinti spingevano la patria ad abdicare alla sua vita, e darsi imbavagliata al Piemonte, per assicurare il mal fatto con l'arme straniere del Galantuomo.

D'altronde quella garibaldinata era anarchia. Gli stessi encomiastici di lui dicevanlo incapace a governare. In Sicilia già tutto in cinque mesi era disfatto, e nulla costruito. Il De Pretis, prodittatore per titolo, dittatore di fatto pel Cavour, ora pure imponente al bene; tale ch'ei credè vantarsi, quando in agosto stampò che a Palermo non s'avea che un assassinio al giorno. Ma eran ben più, e in ogni città e villaggio si trucidavano famiglie, si saccheggiava, s'ardeva senza pietà, impunemente. Su terraferma la insopportabile oppressione de' liberali dissonnava le popolazioni, e forte stavan sul reagire. Laonde il Cavour facendosi delle sue seminate tristizie pretesto a raccogliere il frutto, fea buccinare che solo il governo e la forza di Vittorio domerebbe l'anarchia. Il De Pretis favorì sull'isola con ogni sforzo tal concetto; ma gli si opponeva il Crispi, ch'avea trovato gusto a fare il finanziere, e accusollo al Garibaldi; pertanto le rabbiose invidie e ingordigie tra annessionisti e repubblicani s'alzarono tanto, che per cento ducati dati in piazza il Crispi fu fatto fischiare; onde riparò a Napoli, dove in ricompensa fu alzato ministro agli esteri. In contrario il Garibaldi deponeva quel ministro di marina, il Piola, e mandavalo in Calabria; ma il De Pretis non ne volle il successore, dicendo stare già a Napoli altro ministro di marina. Ciò spiacque assai colà, temendosi volessero tornare l'isola alla napolitana dipendenza, tanto più che il dittatore s'intitolava *delle Due Sicilie*, e crebbe fuor di modo il sospetto. Impertanto il Garibaldi mandò a' 10 settembre una proclamazione a Palermo, attestante l'amor suo a' Siciliani: aver loro lasciato altro sè stesso nel De Pretis, rappresentante non solo la dittatura, ma eziandio *la santa idea nazionale*; il quale nunzierebbe l'ora opportuna alle annessioni. Conchiudeva: « A' vili che s'ascondevano quando combattevate sulle barricate per l'Italia, rispondete che presto proclamerò l'annessione; ma dall'alto del Quirinale, quando Italia, visti suoi figli in una famiglia, potrà accoglierli in seno tutti liberi, e benedirli. »

Nulladimanco il De Pretis, *altro sè stesso*, abbandonò l'isola il 12, e se ne venne in

Napoli, ove ebbe mal viso dal dittatore. Però fervendo più le passioni a Palermo, e più agitandosi gli annessionisti, furono imprigionati trentatrè de' più caldi, fra' quali il Turillo, un Iacona, un Vergara, un Michele Capuzzo e il tenente Paternostro. Il Bottero deputato sardo si salvò sur una fregata. Per tai cose, crescendo i tumulti e le minace plateali, quel ministro si dimise.

Il Garibaldi fremendo indarno, per mostrare di cedere in qualche cosa, decretò a' 14 statuto piemontese legge per Napoli; ma nol faceva eseguire, E prometteva dichiarar poi il giorno da cominciare ad aver vita; così tra l'antico e il nuovo statuto restava il governo suo dispotico. Più libero, secondo l'idee costituzionali, era lo statuto napolitano; ma passavalo il torinese pel tollerare nello Stato oltre la nostra cattolica Fede, l'altre religioni; nel che sta la libertà delle sette. Quel dì 14 rizzò prodittatore in Napoli l'ex prete Sirtori.

A' 15 venne tra noi il Mazzini, e sospinse il Garibaldi a tener duro; onde questi il giorno medesimo sguainò una famosa lettera a certo Brusco di Genova così: « Mi dite che il Cavour faccia credere d'essere in buone relazioni con me; ma sebbene io sia disposto a sagrificare le mie simpatie sull'altare della patria, pur vi fo certo che non potrò mai riconciliarmi con uomini ch'hanno attentato alla dignità della nazione, e venduto una provincia italiana. » Si faceva lo Spartano, scordando che già s'era riconciliato a Genova e a Torino, quando si prostituiva a quel venditore, per essere preposto alla iniqua spedizione di Sicilia,

Intanto a impedire l'annessione corse il 17 a Palermo, e alloggiò nella reggia. Acremente rimproccia i ministri, lor vieta di rispondere, li congeda, e fa prodittatore Antonio Montini, stato segretario intimo del Mazzini, e uno de' tre che in Toscana avea votato nell'assemblea contro l'annessione. Rifacendo il ministero, pone lo scavatore di zolfi Parisi all'interno, il Pisani alle Finanze, il Corvaia all'istruzione, il Fabrizi alla guerra, l'Orlando a' lavori pubblici, un Fauchè alla marina, uno Scrofani a giustizia, e l'Ugdulena al culto: ministero proteiforme. Poi s'affaccia al balcone, e sì parla alla folla: « Son molto contento d'esser tra voi; vi ringrazio de' Viva, e d'aver fede in me; fate bene a non volere un'annessione ch'io dichiaro intempestiva; così mostrate aver senno italiano. L'annessione ci assoggetta alla diplomazia, e c'incatena di nuovo. A questi dì mi tentarono in Napoli per farla; ma dietro il Volturno sono ancora altri fratelli nostri colle catene a' piedi; onde ora ne bisogna combattere per loro. Combattiamo adunque. Chi impedirà che Italia si faccia? Popolo di Palermo, popolo delle barricate, li ringrazio un'altra volta di non aver creduto a chi calunnia i miei fini: il migliore amico d'Italia e di Vittorio Emmanuele sono io. » Nè di ciò pago, lancia una proclamazione, lodando i Palermitani *stati impavidi contro i bombardatori*, e più ora contro uomini corrotti, gridanti annessione per privati interessi. Egli dover mirare al Volturno e a Roma, dove sono ancora Italiani da liberare; a Roma proclamerebbe il regno d'Italia, ma sinchè starvi catene da infrangere, seguirebbe sua via, o morrebbe. Poi non fe' nè l'uno nè l'altro. Dopo poco d'ora ripartì. Il nuovo ministero anche stampò il programma, dicente *intempestiva l'annessione.* E un altro ne stampò il Mordini, senza farne motto.

Ma tutta Sicilia ribollente nell'anarchia, pur dava sintomi di reazione. A Montemaggiore presso Termini uccisero l'arciprete, e altri dieci galantuonimi; arrivando la forza, il populo fuggì in massa; i rivoluzionarii presine quanti ne giungono, venti tosto ne fucilano, altri condannano a' ferri.

In Napoli, soffiando il Mazzini, i partiti s'esaltavano; il comitato repubblicano aggrandiva, pareva imminente la repubblica. Questa forse salvava da' Piemontesi il reame; che in breve con sue forze sole rifaceva la monarchia; se non che tal pericolo sentito da' congiuratori, non per odio a repubblica, ma per paura de' regi, vieppiù li strinse al Piemonte. Fecero due indirizzi: uno a Vittorio che presto venisse, l'altro al Garibaldi che presto l'annessione fecesse. Firmaronli nella bottega musicale del Cottran a S. Ferdinando un qualche migliaio; ma parecchi de' sottoscrittori, udendo quelle carte andrebbero nelle mani dell'onnipotente Bertani, per timore de' carpiti impighi, corsero a cassare i nomi loro, dicendo aver senza leggere firmato. Stampati gl'indirizzi, il dittatore sdegnato, forte co' ministri Pisanelli e Afflitto si dolse; ond'eglino col non averlo saputo si scusarono; però chiamati lo Spaventa e 'l Bellelli, il primo alzò sì la voce che fu minacciato d'esilio. Ma la guardia nazionale faziosissima che vedeva la impotenza della garibaldesca milizia, e temeva tornassero i regi punitori, voleva l'esercito sardo; e fu sul punto di chiedere la cacciata del Mazzini; ma mandò col Leopardi dodici uffiziali e altrettanti sottuffiziali in deputazione a Torino. Il nuovo sindaco col nuovo Corpo di città, ch'avevano la medesima paura, si ardirono il 24 recare gl'indirizzi al dittatore a Caserta; e pregaronlo mandasse fuori il Mazzini, e non promovesse repubblica. Rispose: *Farò fucilare chiunque si dice repubblicano.*

A questi dì, il Bertani movendo il tutto, il reame era messo a sacco. Il Garibaldi, vissuto sempre povero, allora contraffacente il Cincinnato, pur lasciava spendere per la sola sua mensa seimila franchi al giorno. A tante pressure per la annessione si storceva, parlava mozzo, e talora infuriava; a' 5 ottobre il decurionato di Salerno, che l'avea dimandata, dimise. Tentennava tra 'l Mazzini e 'l Piemonte; a quello per passione, a questo per bisogno.

§. 31. Reazioni.

Intanto le popolazioni all'udir partito il re si commovevano; ma eran compresse col sangue. S. Antimo a otto miglia da Napoli si levò il 13 settembre contro i Nazionali; e con a capo un Diosanto vecchio contadino, fa a pezzi il ritratto del Garibaldi, alza quelli di Francesco e Sofia, e assale la casa d'un curato creduto capo carbonaro, ma sendo ei fuggito, non fa danno. Il sindaco mandò a Capua chiedendo soldati regi, da soccorre il paese minacciato da' garibaldini. Qualcosa simile era avvenuto a Cesa e S. Arpino propinqui. Anche ad Aversa fu un po' di rumore. Ma i generali borboniani fitti sul difendersi al Volturno, lasciarono cadere quei moti, che aiutati divampavano in tutto il regno. Solo guardavano alla posizione militare, non pregiavano la quistione politica e sociale; però questa abbandonarono, quella sbagliarono. Accolsero quindi e quinci impunemente camice rosse e camorristi; e oppressero i villani inermi: alcuni uccisero; e ben sessanta, e nove donne altresì, con lunghe funate, strascinarono a Napoli, tra vigliacche battiture e sberleffi per via Toledo. Eppur quelle donne tra quei strazii gridavano Viva il re! S. Antimo, sciolta la guardia nazionale, ebbe taglia di ducati trenta per ogni ora che i garibaldini vi dimorassero.

I popolani di S. Tammaro presso S. Maria avendo il 12 disarmato i camorristi, e riposto le insegne regie, ebbero le liberalesche punizioni; ma quattro de' più cerchi a morte si salvarono nella vicina Capua. Anche fu punita la reazione di Marcianise, e 'l duce garibaldino per ordine del dittatore due tosto fucilò, molti carcerò. Le persecuzioni a Canosa e a Bitonto furono quanto più sicure più atroci. Ho detto quelle di Montemiletto, ed Ariano. A Isernia sin dal 27 agosto s'eran commossi gli animi. Altri moti scoppiarono a Resina, a Scafati, e nel Nolano. Ma non m'è possibile tutte dire le reazioni del reame; in ogni parte compresse nel sangue, pel braccio di stranieri guidati da' camorristi. E i diarii raccontavano le costoro geste con ischerni e gioia.

§. 32. Carcerazioni e nefandezze.

Cotai moti spontanei, nè suscitati nè sorretti da' regi, dicevano aperto agli usurpatori la volontà del popolo; onde presero a infamarlo, e tacciarlo d'ignorante e avverso a libertà, per barbarie secolare, e per la trentenne tirannide di Ferdinando. E a farli *liberi e civili* a forza, non lasciarono illegalità, nè efferatezze. Misero le mani addosso a qualunque sapessero aver seguenza e simpatie in qualsivoglia città o borgata. Ad Arzano, preso un ex capo urbano, e menatolo a Casoria, gli tagliarono con forbici le labbra, in pena d'aver gridato *Viva il re*! Ma che cito altri? dirò il fatto a me scrittore, dimorante pacifico nella mia villa a Maddaloni. M'ero negato all'invito d'andare a Napoli a inchinare il Garibaldi, la dimane mandaronmi il decreto di deposizione (firmato da Francesco) che tenni a grazia. Eppure il 14 un commissario Iossa ex camorrista, partì da Napoli con ottanta sgherri e Nazionali; ebbe a Caserta altra gente dall'intendente Viti che m'era da tant'anni collega e amico; e giunto a sera con trecento a Maddaloni, mi circondò la villa, e con isguainate arme entrò in casa. Noto a lode di due uffiziali garibaldini, che supponendoli masnadieri, accorsero a mia difesa. Allora il commissario, apertasi la veste, mostrò incamatito la fascia a tre colori, come fosse il toson d'oro; e m'ordinò lo arresto. Così violato il domicilio, violarono la libertà personale, contro il dettame de' loro statuti. Frugarono case, cantine, giardini e 'l vecchio mio castello ben quattro ore; mi presero l'arme, benchè n'avessi legal facoltà, mi rubarono qualche arnese e strappatomi a' figli miei, con apposito convoglio per la strada ferrata a Napoli mi condussero. Quivi i camorristi del mercato accorrevano a vedere le mie arme, perchè v'era una lancia da caccia; e dicevanla fatta per uccider essi! Il Iossa mentre altri mi susurrava all'orecchio poter io andar fucilato, mi chiese e prese una ricca spada, promettendo rapportar bene. Costoro che declamavan tanto contro la borboniana polizia, sfrontatamente sin dai primi giorni così rapinavano.

Sul vespro del 14 mi condussero alla prefettura; dove divulgata voce ch'io fossi lo esoso commissario Campagna, trovai schierati centinaia di camorristi maschi e femmine, per isbranarmi; visto non esser io quello, pur la Sangiovannara mi puntò le pistole alla vita sino alla prigione. Questa sozza cloaca avea cento infelici, il più soldati regi, l'un sopra l'altro, sul mattonato, senza paglia; e uno svizzero con la gamba franta penzolone moventesi brancolando. Tre dì, a terra come cane, tra l'afa e il lezzo mi vi tennero; al quarto per reclamazioni d'amici fui chiamalo su; e il commissario Davino, dicendo non aver saputo esser io il noto scrittore di tragedie, mi chiese scuse; dopo altri due giorni, fattomi obbligare a non uscire da Napoli, e di presentarmi ogni mattina, mi liberarono allora, per ricarcerarmi appresso.

Vidi in quella mia detenzione andar prigioni personaggi insigni per grado ed età: vescovi, generali, magistrati, principi e duchi; che l'incubo della reazione accecava i liberatori. Vidi camorristi menar prigione un galantuomo, cui avean derubato il danaro in tasca, e incolparlo di lacerare i decreti del Garibaldi dalle mura. Vidi il venerando magistrato Francesco Morelli menato alla prefettura, schiaffeggiato da certi cui egli avea per misfatti condannato. I ladri carceravano i giudici; la melma sociale poneva il piede su' ministri della legge.

Vidi, giustizia di Dio! menato a Sant'Elmo quel general Ghio che pochi dì prima in premio del suo tradimento a Soveria s'era dal Garibaldi fatto governatore di Napoli. La setta ricordò egli essere stato il combattitore dei Pesacane nel 1857, e averne avuto premii; forte ne chiese vendetta; nè gli valse il fresco servigio; lo implacabile Bertani, accusandolo d'aver fatto fucilare trenta compagni di quel *martire*, gli scoccò un processo. Anche temettero che, sì alto locato, potesse reagire, e tradir essi; e sì questo tristo fu onorato di carcere fra tanti onestissimi personaggi. Quando poi venne il Piemonte, ch'avea preso a soldo il Nunziante, guastò il processo, e liberò questo traditore di Soveria, cui meglio stava il capestro.

Mentre carceravano i buoni, i galeotti scarceravano. Richiamate da re Francesco le guarnigioni dall'isole di Ventotene e S. Stefano, escono liberi dall'ergastolo; quei di Ventotene mandano a Napoli il capitano nazionale del luogo, per ottenere dal *redentore* la libertà. Il 28 ne fuggono 150 dal lanificio del Sava. E chi contro loro? si vestivan rosso, e diventavano liberatori.

§. 33. Santificazione del regicidio.

Il settembre fu seguenza d'iniquità, empietà e misfatti. Plebe irta d'arme, popolo indignato. Nazionali scherani; garibaldini atei e vandali, scellerati potenti; rapine, contrabbandi, mancanza di commercio, caro di vettovaglie; erario dilapidato, non percepiti dazii, nessuna giustizia, nessuna sicurezza di vita e di roba; ospedali carichi di feriti, case cariche d'alloggi, teatri, piazze, chiese, fatti luoghi di spettacoli turpi, accozzamenti di mali preti, di donne, di camorristi, a chieder soccorsi per feriti e martiri, tutte estorsioni. Nelle province turbolenze, paure, e rabbie. Chi a predare, a carcerare, a uccidere; chi a pagare, a fuggire, a fingersi liberale. La stampa tutta faziosa, spaventata di tante fazioni opposte, accusava i ministri, il Bertani e i suoi latrocinii; e finiva gridando tribunali statarii e forche. Dove arrivavano soldati regi, fuggivano i ribelli, e 'l paese festeggiava: dove camice rosse, i camorristi facevano festeggiare con servizio e sacchegi. Arme qua e là, qua e là pianti, sperperi, vendette e rappresaglie. Quel Garibaldi parve l'anticristo.

Costui frattanto spudoratamente sciorinava decreti, perchè il reame pagasse la rivoluzione patita, e ne premiasse gli eroi, vivi o morti. Pensioni a vedove, figli, sorelle e genitori di *martiri.* Venti ducati mensuali alla vedova d'un Porta galeotto; trenta a quella d'un Lanza pur morto in galera; venti a quella d'un Caprio; sei a quella d'un Cappuccio, spento nella fresca reazione di Montemiletto; trenta a quella di Domenico Romeo, e quattromila ducati in una volta a' suoi figli da porsi sul debito pubblico; sessanta a Silvia figlia adulterina di Carlo Pesacane. Videsi il 21 settembre promovere maggiore un Vincenzo Padula, spento a Melazzo; sì promosso un morto, per crescere la pensione alla madre. Lungo saria notare tutte le sparnazzate pensioni; ma scorò ogni anima onesta la decretazione del 25, che die' trenta ducati al mese alla madre del regicida Agesilao Milano, e dote di ducati duemila a ciascuna delle due sorelle; perchè, diceva, « sacra è pel paese la memoria di Agesilao Milano, che con eroismo incomparabile s'immolava sull'altare della patria, per liberarla dal tiranno. » Apoteosi che il regicidio canonizzava di santità.

Inoltre Mariano d'Ayala a' 29 settembre stampò in un giornale il panegirico dell'assassino, appellandolo *eroe senza esempio tra antichi e moderni, superiore a Scevola, superante tutti per robusto animo; uomo generoso ch'ebbe generoso disegno; fiero giudice di costumi corrotti.* E tentò anche sublimarne la santificazione a pubblico culto; che comandando i Nazionali, ragunolli il 30 avanti la reggia: sermoneggiò dicendo non voler giuramenti, chè la fede è ne' cuori, e quella piazza essere stata testimone d'altro giuramento spergiurato; dappoi li menò passeggiando al Camposanto, dove appese ghirlande di fiori a finte tombe del Milano e de' *martiri* del 48. Ma i Nazionali stucchi del cammino, del caldo, e del sopruso d'essere tratti a profanazioni empie, sbottoneggiavano. L'Ayala urtando nella coscienza pubblica, dopo alquanti dì lasciò il comando; e fu surrogato dal vecchio De Sauget, cortegiano di tutti i vincitori.

LIBRO VIGESIMOSESTO

SOMMARIO

§. 1. Disinganno di re Francesco. — 2. Il ministero di Gaeta. — 3. Riordinamento dell'esercito. — 4. Diffidenze ne' soldati. — 5. Il Ritucci duce supremo. — 6. Altri provvedimenti. — 7. Tradimento del generale De Benedictis. — 8. Vergogne di Siracusa ed Augusta. — 9. I difensori della cittadella di Messina. — 10. Proteste. — 11. Proposta d'unire Napoletani e papalini.— 12. Perchè non accolta. —13. Parti tra' congiuratori divise. — 14. Colloquio di Chambery. — 15. Il Piemonte arma ed insidia. — 16. Pretesti inventati. — 17. Come intimati. — 18. Insulti del Fanti e del Cialdini. — 19. Finzioni napoleoniche. — 20. La sua innocenza. — 21. Invasione rivoluzionaria nelle Marche. — 22. L'esercito di Pio IX. — 23. Disegno del Lamoricière. — 24. Invasione sarda. — 25. Perugia e Spoleto. — 26. Castelfidardo — 27. Conseguenze. — 28. Ancona.— 29. Protesta di Napoleone. — 30. Proteste di Pio IX. — 31. Protesta di re Francesco. — 32. Persecuzioni al clero. — 33. Proteste de' Gesuiti.— 34. Confutazione all'inglese.

§. 1. Disinganno di re Francesco.

Francesco allontanandosi dalla città capitale v'avea lasciato governo, soldati, Nazionali e ministero; ma questo, entrando il Garibaldi, si scioglieva; e 'l suo presidente il partecipava per telegrafo al sovrano. Il quale però stando ancora sul legno, prima di scendere a Gaeta, era tuttavia consigliato a più non far sangue; e, com'era disegnato, licenziare l'esercito e partire. Tal ritratta avea dato il crollo al reame; ma avea pur rannodato in gran parte le soldatesche, depurate di più, traditori e vili, tolte dal contatto de' settarii, e messe lungi dal monopolio della fittizia opinione. Erano in manco numero, e sconnesse per diffalte e onte patite; più fievoli per la perduta metropoli, sede della potestà, e per mancanza di moneta, di mezzi e spedienti; ma per questo appunto frementi, e anelanti di cancellare le vergogne. L'istinto nazionale moveva le popolazioni a sorreggerle; da ogni banda si dava favore a' soldati per raggiungere il Volturno; e non ostante fiumi e monti, e l'ire e le carceri e le fucilazioni rivoluzionarie, i soldati a migliaia calavano d'Abruzzo e da Calabria e Puglia; nè curando i parenti e le natie capanne, accorrevano al re, per isfidare stenti e cannoni. I parenti stessi incitavanli. Udii una madre gridare al reduce figliuolo: « Che vieni a far qui, quando a Capua il re combatte per noi? » Chiusa Capua, molti alla spicciolala dettero nelle scolte garibaldesi, ed empirono le carceri; pur molti mentito vesti, risicando le vite, a nuoto il fiume passarono; altri in villici panni aspettava qualche scaramuccia, e lanicandosi tra' camerati, carpata qualche arma per terra, si faceva conoscere a' colpi contro il nemico. Lo esercito regio sommò in breve intorno a quarantamil'uomini, tra' quali buone artiglierie, e quarantacinque squadroni di cavalli.

I conti di Trani e Caserta giovanetti germani del re, siccome colonnelli, s'eran co' loro reggimenti recati a Capua per terra, e avean veduto lo spirito e l'entusiasmo della truppa; però chiamati a Gaeta, al fratello ch'era ancora sul legno, il mattino del 7, apersero come forte, numerosa e fida fosse la soldatesca, e ben si dovesse sgarar le acque e sfidare la fortuna. Francesco scorgendo l'errore ove l'aveano tratto, e 'l fallo d'esser partito per mare, straccia la preparata proclamazione d'addio, e mostra il viso.

§. 2. Il ministero di Gaeta.

Fuorché l'impudente D. Liborio, il resto del ministero Spinelli, chi tornava a vita privata, chi lasciava il regno: primo, come dissi, il Pianelli, poi l'8 settembre i Torella e Spinelli; ma costui lasciava i germani a corteggiare la rivoluzione. Il De Martino diplomatico scriveva l'8 al re, quasi vantandosi d'aver co' colleghi, cedendo al Garibaldi, salvata Napoli; e attestava fedeltà, e chiedeva ritiro; mentre il figlio s'acconciava nella diplomazia dell'usurpatore. Il più di tai ministri parlando mozzo e compilato, e operando doppio, si sarebbero sublimati a fedelissimi, se trionfavano i gigli. Francesco adunque, accogliendo loro precedenti rinunzie, creò nuovo ministero. Già due giorni avanti avea surrogato al Lanzilli il magistrato Pietro Ulloa e 'l riconfermò al ministero di giustizia, giugnendovi quelli d'interno e polizia; pose l'ammiraglio Leopoldo De Re alla marina, il commendatore Giuseppe Canofari agli esteri, il barone Salvatore Carbonelli a finanze, co' lavori pubblici, istruzione e culto, e 'l generale Casella fe' ministro di guerra e presidente; a' 14 chiamò direttore di guerra Antonio Ulloa colonnello: uomini di pensieri diversi.

Incontanente il 7 s'ordinava all'intendente di Terra di Lavoro venisse a Capua col suo consiglio e l'amministrazione; ma ei celato l'ordine, si recò col consiglio (salvo due soli che si negarono) a prostrarsi al Garibaldi; però fecesi nuovo intendente Francesco Longo con residenza a Mola, che poscia a' 29 fu dichiarata capoluogo. Un decreto del 10, citando l'articolo 67 dello statuto, sciolse le guardie nazionali di Capua, Teano e Pignataro, circondarii sede di guerra. Quindi l'11 si proclamò lo stato di guerra pel reame; e s'ordinò a tutti magistrati di ubbidire al militare. La dimane un altro decreto, ricordando come pel 30 dovessero seguire i collegi elettorali, e poi il parlamento a' 20 ottobre, considerandone la impossibilità, li differiva. Altresì stabilissi la *Gazzetta ufficiale* a Gaeta, direttore Michele Farnerari, e 'l primo foglio usci a' 14 settembre.

§. 3. Riordinamento dell'esercito.

Il 7 stesso si ordinò l'esercito in tre divisioni di fanti e una di cavalli. Il brigadiere Filippo Colonna con la prima ebbe due brigate comandate dal general Gaetano Barbalonga e 'l tenente colonnello La Rosa. La 2ª divisione col maresciallo Afan De Rivera, anche in due brigate, col brigadiere Luca Won Mechel, e 'l colonnello Vincenzo Polizzy; la terza di riserva, col brigadiere Luigi Tabacchi in tre brigate, guidate da' colonnelli Gennaro Marulli, Giovanni d'Orgemont, e Giuseppe Ruitz. Il marchese Giuseppe Palmieri brigadiere comandava la cavalleria in tre brigate, co' brigadieri Antonio Echanitz, e Fabio Sergardi, e 'l colonnello Rodolfo Russo. Intanto si ricomponevano gli sbandati corpi; il 12° cacciatori venuto, come dirò, d'Abruzzo, e i battaglioni 1°, 3°, 11° e 13.° I soldati di cavalleria come giungevano s'inviavano a' loro corpi verso Gaeta; lo stesso per artiglieri, gendarmi e treno. A Gaeta si ordinò il 1° di linea co' suoi soldati stessi. De' reggimenti 2°, 5°, 11°, 12°, 13° e 15° pria si fecero piccoli battaglioni, poi dopo i combattimenti di Morrone e Caserta se ne accozzarono due reggimenti co' numeri 2° e 4° di linea.

Risoluto dunque a guerra, il re l'8 settembre die' un ordine del giorno, così: « Soldati. È tempo che la voce del vostro re s'oda nelle vostre file, di quel re che crebbe tra voi, che tutte cure vi prodigò, e ch'ora viene a dividere la vostra sorte. Non sono più tra noi gl'illusi e i sedotti, che hanno immerso il reame nel lutto; però appello all'onore e fedeltà vostra, perchè fatti gloriosi cancellino l'onte della codardia e de' tradimenti. Siamo ancora tanti da fiaccare un nemico combattente con arme di seduzioni e d'inganni. Volli sinora molte città risparmiare; ma ridotti sul Volturno e sul Garigliano, aggiungeremmo altri umilianti ricordi alla nostra condizione di soldati? Permettereste che il vostro sovrano lasci il trono, e v'abbandoni a infamia imperitura? No, in questo supremo momento raccogliamoci attorno alle bandiere, per difendere i dritti, l'onore, e il nome napolitano, già scemato. Che se ancora v'hanno seduttori che v'additino a modello gli sciagurati corsi per viltà al nemico, ricordate invece quei bravi che seguendo le sorti di re Ferdinando IV, s'ebbero lodi universali, e regia gratitudine e beneficenza. Quel bell'esempio vi sia di gara generosa; e 'l Dio degli eserciti proteggerà la giusta causa nostra. » Alfine i soldati si sentivano parlare d'onore e di pugna; alfine si sentiva ricordare laudata la generosa fedeltà de' seguaci del quarto Ferdinando, cui tant'anni sin dentro la borboniana regia s'era irriso; perocchè i grandi veri han bisogno di grandi infortunii per isfavillare. L'ombre onorate di quelli esuli decennali avevano almanco refrigerio di loda; ma ahimè, presso a un secondo e più aspro esilio di Borboni!

§. 4. Diffidenze ne' soldati.

I soldati proruppero in grida d'entusiasmo e d'affetto: ma dubbi eran molti loro duci. Parecchi uffiziali avevano seguito l'esercito, credendo si sciogliesse; speravano salvare il decoro, e far col nemico una capitolazione che lor sicurasse gradi e soldi. A udir molti di battaglia allibirono; molti codardamente di notte disertaroro; altri restaronsi, per giovare alla rivoluzione più seguendo il re da traditori che combattendolo aperto; nè mancò chi con l'animo all'avversario, rimasto a posto per dovere, operava svogliato e fiacco. Certo solo i soldati eran colà fedeli tutti; gli uffiziali chi si chi no, parecchi spaventati dal mal vento temevano di perdere il pane avvenire; nè volevano per troppo zelo serrarsi la via d'acconciarsi col vincitore. Tal necessaria condizione dell'esercito, per le minacce settarie, e in potenza d'Anglia e Francia, ne rese sempre dubbii i consigli, e incerti i passi. E i soldati sospettando de' duci, con le meridionali fantasie crescevano le dubbiezze, davano in mormorazioni che infermavano la disciplina; e per mancanza di confidenza si tentennava a seguire la via rapida e dritta della vittoria. A' 6 settembre venne la cancelleria del comando delle armi, con le persone e lo stato maggiore. Gli ubbidienti furono tre colonnelli, due tenentecolonnelli, due maggiori, venticinque capitani, e trenta subalterni; il resto avea chiesto quel mattino stesso la dimissione.

Era a Capua governatore da qualche anno il maresciallo Raffaele Pinedo; questi, il 7 settembre si mise in letto. Il duce Ritucci il visita e 'l trova malato; ma la dimane, avuto ordine di mandarlo prigione a Gaeta, mancò di porgli la guardia; ond'ei la notte con tutta la sua famiglia sparì. Si sparse avesse pattuito dar Capua al nemico, e perchè scoperto fuggisse; altri disse per codardia. Certo dopo due giorni egli da S. Maria (dove già stava il nemico) scrisse al Ritucci dichiarandosi innocente; essersi allontanato per iscampare da ordita calunnia, e che poi si scolperebbe. Il Ritucci gli surrogò provvisoriamente il general De Cornè; e il 9 proclamò lo stato d'assedio; nel qual dì prese il governo della fortezza il maresciallo Salzano, quello ch'avea fatto il debito suo a Palermo, richiamato a posta dal ritiro.

§. 5. Il Ritucci duce supremo.

L'esercito, ingrossando ad ogni ora con soldati sbandati, avea mestieri d'un duce. Francesco stette in forse se porvisi egli stesso. Aveva a Palermo lasciato il comando a' generali Castelcicala e Lanza, ed egli col Filangieri da Napoli aveva emesso consigli, ineseguiti. Ne' fatti di Melazzo, Messina e Calabria, quasi non prese parte; fe' fare a' ministri, e fu peggio. Ora sul Volturno, spiccatosi da grossi traditori, veggendo men fosche le cose, poteva egli stesso capitanare le soldatesche, ma se stimando ignaro dell'arte di guerra, e valutando la difficoltà di movere su largo paese un esercito operatore, diffidò. Senza uomini di consiglio, nè mai sperimentati, tra un turbinio d'avvenimenti, distratto dalle cose civili e politiche, ove credeva più valere, non volle sottoporsi altresì al pondo de' doveri di capitano. Anche religione e pietà il contennero, parendogli baldanza e colpa, non sentendosi capace, pigliare la responsabilità di vita e morte di tanti soldati. Impertanto stando già il generale Giosuè Ritucci a capo delle truppe, il confermò. Questi s'era nostro buon soldato; avea combattuto a Palermo e a Velletri onoratamente; era in età virile; ministro costituzionale, per non imbrattarsi co' colleghi, era disceso; però si poteva sperare in lui.

Francesco possedeva allora quelle terre che occupava con le milizie; chè il reame, pe' presidi messi dal ministero Spinelli, sotto ferrea pressione si teneva pel Piemonte. Era opportuno subito lanciarsi all'offesa, armare le popolazioni, e far che il paese insorgesse contro i felloni e lo straniero. Ma questo, sapendo di reazione, spaventava quei consulenti; e datisi alle deliberazioni, che sempre ne' grandi fatti riescono a niente, si strinsero alle sole cose di guerra. Il re fu di parere investir Napoli con trentamil'uomini, e sì o chiamare in campagna rasa il Garibaldi, ove era facile il superarlo; o nella città bloccarlo o affamarlo. Contrastò il Ritucci: disse le truppe tolte appena dalle seduzioni rivoluzionarie, allora raggranellate, doversi riordinare; meglio con iscaramucce alzarne gli spiriti prima. Ciò a' primi dì era bene; protratto a un mese, fu fallo.

§. 6. Altri provvedimenti.

Un decreto del 10 concesse a vedove ed orfani militari morti in battaglia pensioni uguali al soldo de' defunti, da valere dalle prime ostilità di Sicilia. Il 12 a premiare gli uffiziali militari e civili, ch'avean passato il Volturno, si decretò la durata del servizio lor si contasse doppia, e fossero dispensati dal servire i quarant'anni, e d'aver sessantacinque anni d'età, e de' due anni dell'ultimo grado, per aver soldo intero al ritirarsi d'ufficio; che il tempo durato ne' collegi militari s'intendesse servizio, e che ciascuno ritirandosi godesse un grado d'onore superiore al grado suo. Al 14 una lettera ministeriale del Casella dichiarò disertore chi de' militari chiedesse licenza, o si fosse allontanato dalla bandiera.

Già dal 6 in Napoli s'era ingiunto a' comandanti i reali legni armati o svernanti si recassero a Gaeta, o per sè, o facendosi rimorchiare da piroscafi nostrani o francesi; e s'erano dichiarati ribelli i disubbidienti. Poscia l'8 da Gaeta il ministro di marina die' due giorni di tempo, acciò gli uffiziali marini si recassero in quella nuova sede di governo, o s'intendessero deposti. L'altro dì il ministro a nome regio lodava il comandante e la ciurma della *Partenope* e lor prometteva premii; e dichiarava rei d'alto tradimento i rimasti a Napoli.

§. 7. Tradimento del general De Benedictis.

Ho detto di soldati accorrenti d'Abruzzo. Colà fur traditi alla rivoluzione la piazza di Pescara e i forti dell'Aquila, in questo modo: Vi comandava il generale De Benedictis, uomo sin allora strombettato sapiente, che faceva il buono e il fido, e avea pianto all'udire suo figlio Biagio in Sicilia disertato de' primi al nemico. Il 6 luglio avea dato agli Abruzzi una proclamazione, raccomandante ordine, e astegnenza dalle avventatezze ch'avean fatto abortire la costituzione del 1848 e tutti incitava a unirsi attorno al costituzionale trono di Francesco II. Dappoi dimandò la dimissione, appunto a quei dì che chiedevala il Pianelli ministro: coincidenza di pensieri e di fatti. Ritrarsi al momento del pericolo era codardia sposata a tradimento; ma aspettando il decreto restava a posto per corrompere le milizie cui comandava. Nulladimeno il 10 settembre, simulando l'onesto, scriveva a Gaeta; dicevasi minacciato di vita, e aggiungeva; « Tutto Abruzzo, levatosi, *come un sol uomo*, con tripudio immenso e generale, chiede l'annessione; le tre province han proclamato dittatore il Garibaldi; resta Pescara; indarno vi si avrà sangue e saccheggio; il re non vi guadagna che il rancore de' popoli. » E allora anzi cominciava in Abruzzo la reazione pel re, ed egli la comprimeva. Fatto cedere il forte d'Aquila; il 10 medesimo scriveva al ministro di guerra del Garibaldi a Napoli: « Pochi militari *dementi o perfidi*, di cui le dirò i nomi vogliono avvelenare il tripudio universale. Ho riparato pel forte d'Aquila; per Pescara si minaccia alla vita mia e al comandante; i Nazionali non bastano contro truppe ordinate; mandate un battaglione per mare da Ortona a tener Chieti. » E finiva svelando il numero e le qualità del presidio di Pescara. Questo savio uomo facendo la spia al nemico, e cercando soldati estranei per vincere i proprii soldati, appellava *dementi o perfidi* i fedeli alla bandiera e al giuramento. Avendogli Gaeta risposto, ei si smascherò l'11: « Aver già dal 5 chiesto licenza esso i figli Giambattista e Michele. » E tant'anni esso e i figli avean mangiato il pane de' popoli, che or tradiva a ignobile straniero.

La guardia avanzata di Pescara il 5 avea preso cinque carri d'arme e munizioni, volte ad Aquila, per armarvi i corpi rivoluzionarii che vi si accozzavano; il De Benedictis ordinò per telegrafo li lasciassero liberi. Comandava a Pescara un colonnello Piccolo: v'eran sette compagnie del 12° cacciatori col maggiore Pirelli, la batteria N. 9 col capitano Dupuy, quattro compagnie Zappatori con l'aiutante maggiore Escamardi, e una compagnia d'artiglieria di piazza. Giunse l'8 il dispaccio di D. Liborio nunziante il governo dittatorio, e ordinante i soldati aderissero o si congedassero, gli uffiziali aderissero o sarebbero deposti. Il consiglio di difesa, citando gli articoli 142 e 143 dell'Ordinanze di piazza, decise nullo l'ordine liboriano; si difenderebbero. La truppa dette in Viva il re, sonò l'inno borbonico; ma corso il comandante Piccolo ordinò zittissero, onde il fiutarono traditore. Bentosto un dispaccio del De Denedictis aggiunse: « Francesco per volontà di Dio è uscito dal regno; consiglio alla guarnigione di ubbidire al dittatore. » Nulladimeno gli uffiziali riconfermatisi nella difesa, mandarono il 10 a Gaeta un tenente Ricciotti, per avere ordini sovrani. Ma tosto il giorno dopo sollevandosi pel re da tutte parti i contadini abruzzesi, questi acchiapparono una carrozza con entro un De Cesare governatore garibaldino di Teramo, un Tripodi maggiore nazionale reclutante garibaldini, e un Delfico travestito da servo; e li condussero a' soldati, con isperanza fossero ammazzati. Il Piccolo a salvarli poseli nelle sue stanze, sotto parata d'arresto; ma lor faceva avere carte, giornali e visite; tale che di là dentro reclutavano felloni a prezzo, e dirigevano sicuri la rivoluzione. Anzi costoro e il Piccolo e il Pirelli confabulando, stabilirono di torre al re quelle soldatesche. Cominciossi a trarre cannonate la notte, fingendo essere investiti; poi sparsero mancar vettovaglie e denari, niente esser da fare, meglio andarsene a casa; appresso misero nell'ordine del giorno i soldati poter liberamente servire il Garibaldi o andarsene; e promisero d'avvantaggio a chi se n'andasse quindici giorni di paga, e il congedo scritto. Da ultimo i capitani stessi, fatto posar l'arme, licenziarono la gente a' 16 del mese. Il Piccolo die' il forte a' Nazionali. Ma l'Escamardi con dodici uffiziali e intorno a quattrocento soldati camminarono a Capua; fecero lo stesso altri drappelli sparpagliati negli Abruzzi.

§. 8. Vergogne di Siracusa ed Augusta.

Anche i forti di Siracusa e Augusta in Sicilia cedettero per tradimenti. Ambo i comandanti dipendevano dal Fergola, ch'era nella cittadella di Messina. Con futili pretesti tolto da Siracusa il comandante Rodriguez, poservi il Locascio, uomo venale. Il quale con alquanti uffiziali superiori presero dal 29 agosto a buccinare il re fuggito a Trieste; doversi i soldati affratellare alla Nazione; e certi uffiziali e sottuffiziali congiurati s'andavano fuor della piazza spasseggiando con nappe tricolorate al petto, a corteggio della bandiera sarda e delle musiche rivoluzionarie per le strade. Pertanto a' 31 il Locascio scriveva al Fergola, il forte essere aperto, la guarnigione *stare in contatto con le truppe italiane*; e chiedeva danari e istruzioni sul da fare. Indignato risposegli il Fergola: danari avrebbe; 'il suo dovere star prescritto nell'articolo 142 delle Ordinanze, intanto il 5 settembre venivano da Napoli cinquantamila ducati a Messina e diecimila cinquecento a Siracusa pel soldo alle truppe; però come i soldati videro lo *Assirten* portare con uffiziali di tesoreria il danaro, e assicurare il re stare a Napoli, e inculcare fedeltà, tutti prorompenti in Viva al re, sparlaron forte del Locascio; sicchè costui spaventato s'imbarcò; ma gli artiglieri voltarono i cannoni sul legno, minacciando affondarlo, se partisse. Egli mandò il figlio a giustificarsi; e dicendo essere ordine regio lo abbandonare Siracusa per difendere Napoli, con intramessa de' consapevoli uffiziali li indusse. Così senza capitolazione a' 6 settembre lasciò il forte a' paesani; di che ebbe rampogne acerbe con lettera dell'onorato Fergola, ma non uguali alla vergogna. Aveva una compagnia d'artiglieri, una di pionieri, e due di granatieri dell'11 di linea; tenneli sette giorni accampati sulla marina, provveduti di vettovaglie dal comandante garibaldino, mentre suscitava in tutti i modi la diserzione; e ottenne che molti uffiziali e sottuffiziali s'aggregassero al battaglione rivoluzionario, che là si formava, detto *Cacciatori delle Alpi*. Imbarcò la gente il 13 su vapore sardo, e giunto il 13 a Napoli s'ascose. Allora l'altro maggior traditore general Ghio, comandante, come dissi, pel Garibaldi la piazza di Napoli, per più mostrarsi devoto al nuovo padrone, fe' pubblica mostra di quella ingannata truppa per via Toledo, tra plausi e fiori; ma i soldati abborrenti da quell'onta, la dimane fuggendo la vituperevole bandiera, per varie vie e con pericolo accorsero al re sul Volturno.

Di simile vergogna si bruttò il colonnello Pietro Tonson Latou comandante d'Augusta. Il 6 settembre per introdotto del comandante garibaldino di Messina scrisse al Fergola, dicendo il popolo per l'esempio dell'avuta Siracusa dimandare Augusta; ebbe risposto studiasse l'Ordinanze, facesse suo dovere. Egli tenne sino al 17, quando contratto col municipio un patto, di recarsi a Napoli, non isforzato da nessuno, lascia la piazza e s'imbarca sul *Protis*, che mandato dal re arrivava dopo la capitolazione. Il console Francese di Siracusa, sopra un legno sardo raggiuntolo in mare, volea tornasse addietro prigione di guerra; ma il capitano del *Protis* nol sofferse, e tirò a Napoli. Qui si pretese i soldati scendessero senz'arme da prigionieri; e li avrebbero sforzati, se il Barbier de Tinan ammiraglio francese non s'opponeva. Posti i soldati a scegliere tra l'andare al re, o tornare a casa, o restar col dittatore, si divisero così: 359 andarono col *Protis* a Gaeta, 190 tornarono a' loro focolari, uno solo si pose con la rivoluzione.

§. 9. I difensori della cittadella di Messina.

Il Fergola nella cittadella di Messina faceva il debito suo. Il 21 agosto, caduta Reggio, un Lella consolo sardo era ito a tentarlo con promesse; e vi tornò addoppiandole il 29 e il 31. Costui faceva il mezzano a uffiziali disertori chiedenti il congedo. Pel decreto garibaldino del concedere dieci giorni agli ufficiali per aderire al suo governo, e per le tolte Siracusa e Augusta, si moltiplicarono seduzioni e minacce. Sovente assalivano i posti avanzati, non ostante la scritta convenzione, sperando in un colpo di mano; ma il presidio quantunque patisse qualche diserzione, più si scaldava alla difesa. Il 10 settembre per l'*Assirien* ch'avea portato il danaro, mandò a Gaeta una deputazione, cioè il colonnello Cesare Auguissola, sette uffiziali e due soldati di ciascun corpo. Francesco accoltola benignamente, mandava il 14 questo scritto: « Soldati. Lontano da voi, e da' vostri bravi uffiziali, sento il bisogno di manifestarvi d'esser pago del contegno e valore della guarnigione. Le fatiche durate e avvenire accresceranno a voi gloria, all'arme napolitane onore. Ubbidite a' superiori, questo è il primo movente alla vittoria. Ricordate che sono re e soldato; che cresciuto tra voi, palpito di gioia, udendo i vostri bei fatti; ricordate di difendere una fortezza di storico rinomo, e che i miei pensieri son per voi. Benedica il cielo l'arme vostre; e un dì potrete dire con vanto: Io nel 1860 fui tra' difensori della cittadella di Messina. » I deputati tornarono il 23 del mese, recando altri uffiziali desiderosi d'onore. Il Fergola pubblicò la lettera regia, e anche le regie proclamazioni dell'8, 12 e 20, il che crebbe l'entusiasmo. Eran promossi brigadieri i colonnelli De Martino, Cobianchi, Anguissola e Albanese; maresciallo il Fergola. Il quale tenne bene la disciplina; celebrò i giorni di gala, e talvolta respingendo gli assalimenti messinesi, mescolava a fuochi di gioia, quelli a palle. Cominciando il 13 ottobre a mancare la moneta e le vettovaglie, i soldati s'accontentarono di scemare il pasto, e tutti uffiziali e soldati unanimi offersero i loro risparmi: accozzano quattordicimila ducati, e danli al comandante. Così questi calunniati soldati napolitani in quelle strettezze, divisi dalla società, tra tutti implacabili nemici, anzi che reclamar paghe, soccorrevano del proprio la cassa. Ma che valea? doveansi vituperare pel mondo le cose nostre; buone o male; e 'l ministro napoleonico Billault diceva al senato parigino, che l'esercito napolitano avea voltato le spalle; sì a disegno confondendo traditori e fedeli, codardi e prodi.

§. 10. Proteste.

Restando a' regi le due sponde del Volturno e del Garigliano, Capua e Gaeta, la cittadella di Messina, Civitella del Tronto e Baia, già queste due isolate, cinte d'assedio o bloccate, si difendevano. Il general Casella presidente del ministero, mandava a' 16 settembre agli stranieri ministri nel reame questa protesta: « Il general Garibaldi, seguendo sue usurpazioni, entrato in Napoli, dava tra gli altri tre decreti, su' quali è da chiamare l'attenzione de' monarchi. Col primo a' 7 settembre dichiarava flotta ed arsenali del regno uniti a quei di Vittorio Emmanuele re d'Italia; e che di questo così intitolato re fossero le arme da porsi ai suggelli dello Stato e delle pubbliche amministrazioni. Sin dal principio di queste imprese, restando Europa attonita, ma impassibile, si chiedevano dal napolitano governo spiegazioni al Piemonte; e il conte di Cavour a nome del suo re rispondeva, esser contro gli ordini suoi cotesti attentati al dritto delle genti; e che il Garibaldi pigliando la bandiera facevasi reo di manifesta usurpazione. Ma non ostanti tai dichiarazioni il pirata continuava suoi preparativi sul suolo piemontese. Dal 6 maggio sin ora sono usciti pubblicamente da' porti di Genova, Livorno e Cagliari più di venticinquemil'uomini, e armi, munizioni, battelli a vapore e a artiglierie: uffiziali sardi, e deputati al parlamento torinese vennero a dirigere le operazioni militari, e rivoluzionarie e politiche del condottiero della invasione; e numerosi comitati a Genova e a Torino aperto lavoravano a eccitare e a sorreggere le rivolture sul territorio nostro. La forza straniera sospinge e dà la mano all'interna fellonia. E l'occupazione di Sicilia e di gran parte del continente sono conseguenze dell'incomprensibile tolleranza del governo piemontese, soprattutto dopo la dichiarazione data il 26 maggio dal Cavour. Mentre i porti sardi erano inviolabile asilo a tanta pirateria; mentre il vessillo sabaudo proteggeva quelle masnade, i legami tra le due corone eran di pace; e il ministro di Vittorio alla corte di Francesco assicurava ogni dì, e sino all'ultima ora, gli amichevoli sensi del suo re.

Sua Maestà Siciliana bramoso d'evitare altri conflitti in Italia, e fidando nel suo dritto incontrastabile, spera respingere la invasione e terminare la guerra, senza aggiungere a' torbidi interni le internazionali quistioni; ma s'è giunto a tale, ch'egli è costretto fare appello alla ragione, alla giustizia, e a' più legittimi interessi d'Europa. Le bande raccolte su terra amica hanno occupata la maggior parte del regno, con la città capitale; e la rivoluzione non le precede già, ma le segue. Il duce, di esse piglia la dittatura, fa dono della flotta napolitana, la mette agli ordini di un regio ammiraglio sardo, decreta che la giustizia si renda a nome del re sardo, e a questo attribuisce titoli di sovranità sur un reame, che costituito con solenni trattati, fa parte degli stati indipendenti d'Europa. Impertanto re Francesco, protestando contro tali atti d'usurpazione violenta, chiamavi sovrani a considerare qual sorta di pubblico dritto si tenda a stabilire nel mondo civile; e spera che il sardo re s'affretti a respingere con l'indignazione della lealtà questo presente vergognoso all'onor suo della flotta e del territorio d'un re amico, fatto da chi egli stesso ha usurpatore appellato. Spera che al vedere i grandi mali prodotti dall'eccessiva tolleranza del suo governo, quel re non permetta più che il suo nome e la sua bandiera servano a invasioni di pacifici stati, a versamenti di sangue innocente, e a violazioni di trattati. E spera che non manchi dal protestare contro questo titolo nuovo di re d'Italia, dato dal Garibaldi, che suppone l'estinzione de' dritti riconosciuti, e degli stati indipendenti che sono ancora nell'italiano paese.

In ogni caso il governo di Sua Maestà protesta di nuovo contro i garibaldesi decreti; li dichiara nulli e illegittimi, anche nelle conseguenze; e fa appello alla giustizia d'Europa, contro sì reo operare; che farebbe del mediterraneo, mare di civiltà e commercio, un campo aperto alla pirateria: e lascerebbe a una nazione il profitto della conquista, senza aver passati i pericoli e la responsabilità della guerra. »

Seguivano altri atti protestativi, dei quali notati quello del 5 ottobre contro l'usurpazione de' beni di casa reale; e d'altri parlerò appresso. Qui accade notare l'altro del 6 ottobre, denunziante all'Europa il cinismo di quel duce della rivoluzione, che a nome d'un re facea l'apoteosi del regicidio, premiando i parenti di Agesilao Milano. Il Casella conchiudeva: « Non protestare egli contro tanto scandaloso decreto, perchè ogni senso d'onore, morale e religione impresso nella coscienza dell'umanità protestavano per esso; ma denunziare alle genti civili questo orrendo deificare l'assassinio, come chiarissima prova della depravazione di gente immorale, che co' tradimenti avean rapita la potestà. »

§. 11. Proposta d'unir Napolitani e papalini.

Francesco parendogli bene coordinare le operazioni del suo esercito con quelle dell'esercito papalino, mandò a Roma Franceseo Luvarà, capitano di stato maggiore, per trattare col Merode ministro dell'arme pontefice sul modo di difesa contro il comune nemico. Offeriva: il Lamoricière si avesse anche il comando de' nostri; il papa prendesse un pò di nostra artiglieria e cavalleria, soverchia a noi, a lui opportuna; difendessi in comune il territorio tra Capua e La Cattolica, siccome quello occupato allora dalle due bandiere; e che più uscisse all'offesa da tai due limiti, farebbe senza mutua obbligazione di soccorso. Ciò proponendo, il re voleva provvedere a due difetti, a noi d'un generale, al pontefice di soldati. Il Luvarà recava eziandio lettera del conte di Trapani del 9 settembre al Merode, la quale accennando alle proposte, mostrava come le patite spoliazioni di Benevento e Pontecorvo nel reame doveano essere stimolo e ragione ad accettarle. Inoltre l'11 settembre movea per Roma il generale Cutrofiano con lettera autografa di Francesco al papa. Ma a Roma temevano infirmare le sorti della chiesa, e perdere il sostegno che speravano di Francia. Primo il Lamoricière si negò, così al Merode scrivendo: « I Bonaparti in Francia, i Murat a Napoli: difendere Francesco è ostilità a Napoleone. Proponete Changarnier o Bedeau; eglino ponno salvare la monarchia. Il Grammont ha saputo la lettera del Trapani; però se non rassicurate la Francia sul mio non intervenire a Napoli, abbiate certo che non farà nulla per noi contro il Piemonte. Io non voglio

Napolitani, se non con la nostra nappa, e sul territorio nostro. » Il Merode rispose al Trapani ricusando, e facendo diversa offerta: « Essere, diceva, il Santo Padre memore di Gaeta ospitale; però niente più caro al suo cuore che una speciale alleanza coi reali di Napoli; ma tra' perigli che cingono il trono pontificale, saria mal consiglio rendere la causa della Chiesa solidale d'altri umani interessi, alti che fossero. La causa della sedia di S. Pietro per esser la causa di tutti dev'essere la causa di sè sola; debbono i suoi difensori chiedersi a tutti i fedeli soccorso; ma evitar di darle rischi per umane controversie. Impossibile che il Lamoricière lasci il territorio papalino. Se il re di Napoli non è padrone de' suoi Stati, neppure Vittorio è padrone de'-suoi; perchè questi non è che il vessillo, o piuttosto la maschera della rivoluzione, ch'è guerra dell'ingiusto contro il giusto. Il re protesti contro lo spoglio, lasci guarnigioni nelle piazze forti, e dimenticando le sventure proprie si lanci a difesa di Santa Chiesa. Così soldati e cannoni porterebbe intatti in campagna romana, prenderebbe egli ed i suoi la bandiera, la nappa, e 'l soldo pontificio, sarebbe d'altissimo aiuto; e 'l mondo ammirerebbe il sangue di S. Luigi sacrare la spada alla Fede. Consiglio è questo più eroico che consueto, ma l'opere mezzane non bastando, esso è degno del discendente della casa più illustre della cristianità. »

Tal consiglio immaginoso era; mai non poteva un re con l'arme in pugno voltare le spalle a un Garibaldi, e lasciar la difesa del suo regno, allora appunto che una sola giornata felice bastava a restituirlo trionfante nella sua reggia. E quale aiuto riusciva al papa un fuggiasco con la vergogna sulla fronte? Per contrario, considerato in condizioni d'allora, certo il nome del Lamoricière bastava a ripigliare Napoli a un urto; e una volta gittata la rivoluzione indietro, forse il Piemonte non si smascherava; e salvato il regno, restavano salve l'Umbria e le Marche. Il re a' 13 settembre offerse al papa tremil'uomini, di quei tornati dagli sbandamenti, perciò più fidi; a' quali porrebbe la nappa pontificia; e più offerse cavalli e sedici cannoni montati. Chiese almeno il Lamoricière mandasse un uffiziale a stabilire un disegno di guerra. E di fatto ordinò che un corpo col maggiore Pagano movesse per Ceprano, con mezza batteria da montagna e altri cannoni da campo. Già un uffiziale papalino avea tolti due nostro obici ad Isoletta.

Da Roma fu risposto; il Lamoricière non poter accettare altro comando, che il devierebbe dalla difesa di santa chiesa, non potersi aver relazioni con l'esercito napolitano; s'accoglierebbero truppe, purchè mutassero nappa e bandiera. Il Luvarà dichiarò la impossibilita dello aderire, per restarne affievoliti, senza utilità dei vicendevole accordo. Nondimeno il De Merode e 'l Lamoricière mandarono a Gaeta il colonnello Mortilliet e 'l capitano Muquelon; ma mentre si trattava, i fatti di Castelfidardo e Ancona distrussero l'esercito papale. Eppure il re non abbandonò il trattato; chè volea l'unità della difesa uguale alla medesimezza degl'interessi, e sperava Napoleone al veder quei turpi assalimenti voltasse a politica generosa; ma il Merode sempre insisteva che il re venisse al soldo del papa. Anzi sursero tai difficoltà sulla gente menata dal Pagano, che questi tornò indietro; e il Mortilliet dispiaciuto si dimise, e servì tra noi.

Un altro fine del re era assicurarsi un luogo di ritirata in caso sinistro, e tenervi in piè un po' di truppa, come il duca di Modena nel Veneziano; ma nol potè persuadere al Merode, temente di Francia, perlocchè il Luvarà ito e ritornato, e 'l Cutrofiano ed altri persino a mezzo ottobre nulla conclusero. Questa pratica ne riuscì di pregiudizio; chè tenne i pensieri di salvezza colà donde partiva il danno, dico in quelle terre tenute da napoleoniche arme; ch'ove si volgevano gli animi alle forze interne, e a sorreggere e propagare le reazioni, si salvava il reame col reame, e si tenevano i soldati alimentati e agguerriti a danno dell'invasore.

§. 12. Perchè non accolta.

Il governo papale avea sue ragioni a negare da principio un accordo ch'avria dato a' suoi nemici pretesto d'assalirlo. Francia avea promesso molto di tutelare lo stato della Chiesa, e pur avea dato pubblici consigli di prudenza al Piemonte. Questo se la rideva; sapeva parole i consigli, ma starsi cinquecentomila Francesi a proteggerlo contro i soccorritori del dritto; sapeva poter esso intervenire a spogliar principi e papi, niuno poterli difendere, pel *non intervento* ordinato da Inghilterra scismatica, mantenuto da quella Francia già primogenita figlia della Chiesa. Sapeva il consiglio di prudenza significare trovar un pretesto, prudente da togliere odiosità allo spoglio. Impertanto Pio IX vedendo Europa tacere, e Francia poter tutto, e farlo percuotere atteggiandosi a protettrice, si rassegnò alla sorte, fidando in Dio; ma non volle con nessun atto dar pretesti allo assalitore e al protettore.

Ciò fu la disperazione de' uomini, ridotti a non poter rinvergare un'ombra di ragione per assalirlo; ond'ebbero a torsi la maschera, e usar mera forza brutale. Già l'inaspettata resistenza di re Francesco sul Volturno, avvertiva la rivoluzione non valere più sue magagne; le pratiche tra il re e il papa, tendenti a far un nucleo di forza italiana peli dritto, eran minacce di riscossa; le non riuscite mene a ribellare le Marche e l'Umbria, Perugia doma, l'oro sprecato indarno, tutto a' congiuratori diceva, non ti esser tempo da perdere. Il Piemonte o dovea veder crollare l'edifizio rivoluzionario costatogli tanto; o subito dovea entrare da rapinatore a sorreggerlo a forza. Mise giù le chiacchiere volpine di sua diplomazia, e le filantropiche imposture, e pigliò la parte del lupo. E dopo lamentato i popoli oppressi da' preti, e strombettato che impedirebbe le rivoluzioni, dovè portarle con le sue baionette in paesi tranquilli.

§. 13. Parti tra' congiuratori divise.

Napoleone per far fare avea più ragioni: malvedea quel nodo di legittimisti armati col Lamoricière; voleva eseguito il libello del suo Guerronière; voleva strappato il bel nido di Napoli a' Borboni. Protestantismo, bonapartismo e massoneria, d'accordo a distruggere l'opera di Carlo Magno, s'eran divise le parti. Sardegna con la militante setta mondiale operava; Inghilterra, mentre quella interveniva, gridava, *non intervento*; e Francia, fingendo sconsigliare l'assalimento, stava con l'arme cariche, a impedire ch'altri entrasse con l'arme a guastarlo. Inghilterra fu il macchinatore, Vittorio il masnadiero, Napoleone il manutengolo. E chi ebbe la parte migliore?

§. 14. Colloquio di Chambery.

In agosto Napoleone era venuto a visitare le sue nuove provincie savoiarde. Il Cavour mandò a Chambery il medico Farini ministro, e 'l general Cialdini; giunsevi il 28, sotto spezie d'omaggio, ma per concertare il modo e avere il permesso d'assalire. Fu significativo quello scegliere il Farini settario ribelle al papa, e 'l Cialdini non men settario soldato; costui accennante non a cerimonie ma a guerra. I giornali francesi ammutirono; gli stranieri stamparono, quei due iti a cercar licenza d'invadere Marche ed Umbria, e Napoleone rispondesse: *Fate presto; sbrigatemi del Lamoricière.* Tornati frettolosi a Torino il 29, seguirono due dì consigli lunghi di ministri. Il Persigny ministro intimo del Bonaparte, scrisse a Torino; *importare che Italia si pacifichi, non importare il come.* I giornali parigini ufficiosi dichiararono bugiarde quelle voci; ma il fatto sbugiardò essi.

§. 15. Il Piemonte arma e insidia.

Incontanente il Piemonte raguna quattro divisioni e mezzo di soldatesche in Toscana e Romagna sulle frontiere; il Fanti fingendo rassegnarle si pone ad Arezzo, il Cialdini alla Cattolica. Chiamano volontarii; un Masi in Toscana, il Roselli in Romagna accozzano masnade. In breve sessantamila soldati e molti avventurieri stan pronti; e il Fanti sparge prepararsi a impedire al Garibaldi d'entrar nel Pontificio. Il papa chiesto pel ministro francese il perchè di quell'armamento, n'ha in risposta, non ne temesse, sarebbegli anzi d'aiuto. E per darla più a bevere stampano che una sollevazione romanesca danneggerebbe la causa italiana; e che i sardi passando la frontiera avrieno a combattere i Francesi. I giornali prezzolati d'Italia e Francia ripetevano a nausea esser fida e onesta la politica sarda; non allenterebbe all'altrui, calunniarla i clericali. Intanto di nascoso co' comitati sospingevano forte i sudditi papalini a rivoltura, sperando si movessero, per dire d'esser chiamati. Non riusciti a niente, dovettero svergognarsi affatto.

§. 16. Pretesti inventati.

Vittorio cominciò il 7 settembre con una nota del Cavour al papa; così: « Vedere con rammarico mercenarii a servirlo; questi offendere la coscienza politica d'Italia e d'Europa, mantenere il fermento negli animi, ingiuriare il sentimento nazionale, impedire la manifestazione de' voti popolari. Vi mettesse riparo; la sua coscienza obbligarlo a impedire che stranieri soffocassero l'espressione de' patrii sentimenti; niuno aver dritto di porre lo arbitrio de' venturieri sopra un paese civile. Aver pertanto ordinato a' suoi soldati in nome dell'umanità vietassero a' papalini di comprimere l'Umbria e le Marche; però invitare il pontefice ad ordinare issofatto il disarmamento di quei corpi, minaccia continua alla pace d'Italia. » Questa intimazione fatta insolente a posta, perchè in niuna guisa vi si potesse accedere, fu il pretesto inventato per ispogliare il papa, sovrano il più antico ne' tempi moderni.

Nel 1859, quando Austria dimandò lo scioglimento de' corpi franchi al Piemonte, questo con molto scalpore, sorretto da dugentomila Francesi, il negò; ora esso manda consimile ordine al fievole papa, cui il proteggitore francese costringe a non essere aiutato da nessuno. Ma i corpi franchi del Piemonte erano preparati per assalire l'Austria, dove i corpi papali stanno a difesa; sono cristiani chiamati dal vicario di Cristo, a tutela de' suoi sudditi cristiani contro i settarii, braccio di protestanti. Vittorio mandante il Garibaldi, francese di Nizza, con Ungari, Polacchi, Prussi, Inglesi, Dalmati e Greci, per recare la rivoluzione e scannare Napolitani, ora teme ch'un Lamoricière turbi la pace d'Italia! Questi servente un sovrano indipendente nel suo territorio turbava la pace; le masnade del Masi, del Roselli, del Nicotera, del Bertani, tutelavano la pace, entrando armata mano in terra altrui!

Il Cavour ciò scrivendo era goffamente smemorato. Diceva quelli stranieri offendere la coscienza d'Europa; e obbliava quelli essere stati chiamati per consiglio di Napoleone e di tutte le nazioni cattoliche; obbliava aver egli stesso nel parigino congresso al 27 marzo 56 proposto il papa soldasse stranieri, per non aver più guarnigioni tedesche e francesi nei suoi Stati. Dunque consigliava egli nel 56 ciò che nel 60 diceva offendere la pubblica coscienza?

Per cucire poi una veste a quello strano atto, più imperturbato faceva stampare, il Lamoricière prendere atteggiamento sospetto; con esso, poter il papa minacciare il trono sabaudo, sconvolgere Italia, commovere Europa; doversi presto presto fiaccare, per salvare l'ordine sociale. Con questa polve negli occhi a' balordi, fingendo averla non col papa, ma co' suoi stranieri barbari, fece inventare e stampare ne' suoi giornali un falso ordine del giorno del Lamoricière, come questi promettesse a' suoi il sacco di dodici ore in tutte città rivoltate. Subito il giornale di Roma smentendolo dichiarò la turpezza dell'invenzione. Egli niente arrossendo seguitava a stampar menzogne, e pronosticare imminenti sollevazioni, e a sollecitarle; ma con tutti i suoi sforzi le popolazioni stavan chete.

§. 17. Come intimati.

A mostrare come egli credesse alle accuse che dava al pontefice, senza aspettarne risposta, anzi prima che l'intimazione partisse, il ministro Fanti a' 6 settembre faceva imbarcare a Genova ventiquattro cannoni; da servire, come scrisse nel rapporto uffiziale, per l'assedio di Ancona; e la dimane esso Cavour ordinava con lettera al Persano di menar la flotta ad Ancona, e dipendere dal Cialdini: per pigliare prestissimamente questa fortezza. E gl'ingiungeva si recasse ad avvisarne il Garibaldi, *per andare intesi*, ma pregasselo del segreto. Volea colpire improvviso e alle spalle.

Inoltre gli mandò il Dora carico di cannoni d'assedio. Poscia il giorno 8 lanciava due squadre d'avventurieri a provocare con la invasione le rivolture nelle terre papali, una sopra Urbino, altra a Città della Pieve. E mentre ciò faceva, mandava lo *ultimatum* accusatore; anzi per renderlo più esoso, e provocarsi una mala risposta da farne rombazzo, mandollo pel conte della Minerva, quello, che ministro sardo a Roma, v'aveva istigata la fellonia, onde n'era stato scacciato a' 3 ottobre dell'anno prima; sicchè questo tristo, giunto il 10 settembre a Civitavecchia, non fu fatto entrare, e dovè spedir per un corriere la lettera ch'arrivò dopo la invasione. Il cardinale Antonelli rispose la dimane, confutando i nuovi principii di dritto pubblico sguainati dal Cavour, e lo strano pretendere che solo il papa non avesse stranieri al soldo, cosa di dritto d'ogni sovrano, di tutte le età. Rispetto al Santo Padre, capo comune de' fedeli, niun cattolico essere straniero; tutti i cristiani aver dritto a difendere lo stato della Chiesa, retaggio della cristianità. Confutava eziandio le ingiuste accuse a quei papali soldati, e dimostrava come le conseguenze della repressione di Perugia eran da imputare a chi da esterna terra l'avea provocata, e dato arme, danari, e modi da ribellare. Conchiudeva la Santa Sede appellare al dritto delle genti, e protestare delle violenze.

§. 18. Insulti del Fanti e del Cialdini.

Prestabilito lo spoglio, il Fanti ministro e duce supremo dell'esercito sardo, pria che tai note diplomatiche si scambiassero, scriveva il 9 al Lamoricière, nunziando il suo re averlo mandato sulle frontiere, per occupare Marche ed Umbria, 1°, se i papalini usassero forza a comprimere le manifestazioni nazionali di quelle contrade; 2° se avessero ordine di marciare in qualunque città, per opporsi alle manifestazioni; 3° se già si fossero represse, e il Lamoricière non richiamasse i suoi, e non lasciasse libere le popolazioni. Qual meritava risposta siffatta intimazione da Gengis-Kan, minacciante in casa altrui guerra a chi l'ordine pubblico tutelasse? Il duce papalino, dicendo non aver facoltà, mandò a Roma il dispaccio. Ma il Fanti non aspettata risposta richiamò il messo l'11; e cominciando la non denunziata guerra, die' un ordine del giorno, e disse: « Bande straniere venute da ogni parte d'Europa han piantato nell'Umbria lo stendardo di religione che bollano..... » e finì: « L'Italia non è più il convegno e il trionfo d'un audace o fortunato avventuriero. » Accennava al Francese generale del papa, in quel tempo ch'egli stesso mandava gli avventurieri Masi e Roselli, e 'l suo governo sguinzagliava il Garibaldi, seguiti da stranieri di ogni lingua. Ma il più di lui bestiale Cialdini, con più impudenza, in altro ordine a' suoi prorompeva: « Vi conduco contro una masnada di briachi stranieri. Combattete, disperdete inesorabilmente tai compri sicarii! »

Il Fanti e il Cialdini ambo furono molti anni mercenarii allo straniero, ambo sempre al soldo delle rivoluzioni, e allora appunto servivano a prezzo i Sardi spodestatori de' loro sovrani e avean faccia da denigrare i difensori del papa; de' quali i più eran nativi dello Stato, e gli estrani erano quasi tutti gentiluomini, venuti per divozione a sostenere la Chiesa sotto un duce rinomato. Il Farini nella sua lettera circolare del 13 agosto avea detto *non potersi tollerare che nel regno si facessero preparazioni di violenze a' governi vicini:* ed ora dopo men d'un mese, sendo egli ancora ministro, entrava in casa il vicino, a violentarlo con masnade e soldatesche. Di tali assalti alla barbara, Europa stupì. Pio IX provvide all'onore di quei nobili guerrieri della cristianità, con lettera del 10 settembre al cappellano maggiore delle sue truppe.

§. 19. Finzioni napoleoniche.

Ei non poteva credere gli mancasse il promesso aiuto della cristianissima Francia, e del suo imperatore, cui poco avanti avea tenuto a battesimo il figliuolo; nè credeva tanto Sardegna imbaldanzita che osasse invadere lo stato papale; sì bene s'aspettava a vedervi lanciato un qualche Garibaldi; e si teneva forte abbastanza da ricacciarlo fuori. E Napoleone ch'era il perno di tutte queste nefandazze, usò infingimenti insigni, per mantenere il Santo Padre in illusioni. Non un verbo sul conciliabolo di Chabbery; lasciava correre su' giornali quanto se ne diceva, sino al 18 del mese, dopo i fatti compiuti, come dirò. In prima il Grammont suo ministro a Roma assicurava non entrerebbero i Sardi, già ventimila Francesi prepararsi a occupare le piazze dello Stato; solo dal Garibaldi si guardasse. Poi Napoleone lasciava divulgare il sunto d'una sua lettera a re Vittorio, sconsigliante lo assalimento; e il Grammont dava il 10 un dispaccio al governo papale, con facoltà d'inserirlo nel giornale, come l'imperatore avesse da Marsiglia scritto per telegrafo al re ch'*ei sarebbe obbligato a opporsi con la forza* alla invasione; onde era ito ordine che da Tolone venissero truppe ad aggrandire il corpo francese. (Un battaglione venne subito; il grosso arrivò al 1° ottobre, dopo lo spoglio, venuti credo a combattere Austria, se interveniva a difendere il papa). E dove una sua parola detta davvero tutelava lo Stato, con subdulo giro fe' dal suo ministro a Torino dire che troncherebbe le relazioni ufficiali dove non si desse assicurazione di non invadere. Ed il Grammont dandone scienza al Courcy consolo francese ad Ancona, e al cardinale Antonelli, diceva: « L'imperatore non tollererà la colpevole invasione del Piemonte. » Ma come dal Courcy tal dispaccio ingenuamente era reso pubblico, il comitato rivoluzionario d'Ancona spiccò suoi adepti al Cialdini per sapere il netto; e tosto divulgò nella città egli aver risposto: *Né il Gramnont né il consolo anconitano sono iniziati ne' segreti della politica imperiale.* Certo egli tornante da Chambery ne sapea meglio. Laonde i giornali ministeriali di Torino presero in celia la cosa; e la *Gazzetta del Popolo* cinicamente stampò: « La Francia ha il privilegio di gridarci, e noi di udire le sgridate; ma come sotto il tavolo teniamo la sua mano unita alla nostra, così mai non avremo a temere opposizioni vive da questa buona e indulgente amica. »

Mentre Napoleone con quelle moine addormentava Roma e il suo duce, acciò fossero sopraffatti, Vittorio a quel teatrale brontolare rispondeva non poter seguire i consigli di lui. E l'11 settembre, giorno seguente alla minacciosa lettera del suo alleato, riceveva in udienza certi fuorusciti Marchegiani ed Umbri, che s'era fatti venire a presentargli *il grido di dolore* delle popolazioni, e a supplicarlo proteggessele *contro l'anarchia*; ed ei consolavali che li libererebbe. Il dì stesso l'esercito suo, per ordine anteriore, senza aspettare le risposte di Roma alla intimazione, non credendosi forse in debito d'aspettarle, valicava il confine alla Cattolica, assaliva Pesaro, e iniziava l'invasione da Napoleone vietata, e sì n'era sicuro che il giorno medesimo stampò nella *Gazzetta* i decreti di nomina del Pepoli e del Valerio a commissarii regi ne' paesi da conquistare, e d'altri sei dignitarii e amministratori, nelle persone di esuli espulsi da Roma il 6 marzo.

Cominciò la guerra senza dichiarazione di guerra, all'usanza sarda. Solo uscì quello stesso dì 11 una proclamazione di Vittorio a' soldati, scritta dal Farini, dicente andare a restaurare l'ordine civile, a togliere una cagione perenne di discordie; e che egli aveva sì una ambizione, ma quella del *restaurare i principii dell'ordine morale in Italia*, a preservarla dalla rivoluzione e dalla guerra. Ciò lanciando in quieti paesi disordine, rabbie civili, brigantaggi ed empietà. Ma i nostri antichi videro mai sfacciatezza più grossa? La dimane il Cavour emanava un *memorandum* lunghissimo per giustificare l'aggressione, con tutte le ragioni del lupo. I sovrani europei per non far guerra, benchè fremessero, si spinsero a solo rimostranze severe a Torino. Ma Napoleone che minacciava guerra a chi difendesse il papa, non restò dal difenderlo egli a parole: disapprovò l'assalimento, e più richiamò da Torino l'ambasciatore con gran sicumera; ma vi lasciò *un incaricato d'affari*; sicchè scambiate le persone e il titolo, rimase la cosa con l'amicizia inalterata. Compiuta la conquista, ei tornò un po' indietro. Prima il Grammont rettificava una parola nel sunto dei suoi dispacci, ov'era detto l'imperatore s'opporrebbe *con la forza*, protestando non aver egli scritto tal parola. Ma essa nascente dal contesto d'ambo i dispacci, ora sottintesa nel primo, ove si prometteva afforzamento di Francesi, ed era chiara nel secondo, ov'era detto, l'imparate s'opporrebbe *en entagoniste*. Certo a opporsi a' cannoni bisognavano cannoni. Poscia i giornali parigini lamentaronsi che il papa avesse stampato quei dispacci: non rimproveravano Torino d'averli disprezzati, e laceravano Roma d'aver fatte pubbliche le ingannevoli promesse di Parigi. Da ultimo, quando la gente apriva gli occhi, t'esce il *Moniteur* a' 13 ottobre a difendere il padrone, negando aver mai il Grammont nunziato il 7 settembre al Lamoricière soccorso de' ventimila Francesi; averlo solo scritto al consolo Courcy d'Ancona, e ciò disapprovato dall'imperatore. Or come il dispaccio non al Lamoricière, ma al governo romano era ito, così il *Moniteur*, parendo negar tutto, nulla negava.

§. 20. La sua innocenza.

Facendo rumore la risposta del Cialdini al Courcy, e uscendo un pò di chiaro dalla conventicola di Chambery, il mondo teneva il Bonaparte complice delle geste sarde; però il Thouvenel suo ministro credè a' 18 settembre con lettera diplomatica parlare di Chambery, parendogli il suo imperatore n'uscisse innocente. Disse il Farini accompagnato dal Cialdini esser ito colà per cortesia; ma mostrato lo imbarazzo del re pel garibaldino trionfo, ch'ove proseguisse nel pontificio solleverebbe Italia e assalirebbe Venezia, il che susciterebbe guerra europea, aver dimostrato esservi un modo solo a scongiurare tanto pericolo; entrare i Sardi nelle Marche e Umbria a ristabilirvi l'ordine, *senza attentare all'autorità papale*, combattere la rivoluzione nel napolitano, e aspettare da un congresso le sorti d'Italia. Quindi, soggiungeva il Thouvenel, Napoleone, benchè deplorasse la tolleranza sarda a far tanto procedere le cose, *non disapprovava* la proposta di porvi fine; ma che ciò supponeva doversi veder prima compiuta la ruina della monarchia napolitana; che la potestà pontificia fosse salva, e che l'Europa sentenziasse sull'ordinamento italiano. Però facendo Torino il contrario, la responsabilità dover pesare su Vittorio, non su Napoleone innocente.

Con questa cicalata il Thouvenel difendeva l'onore del suo padrone, quando spogliato era il papa, e Vittorio veniva non a combattere, ma a sorreggere il Garibaldi. Napoleone sempre fermo nel fine, sempre titubante ne' modi, con giocolini di parole si pensava accalappiare il mondo stolto. Ma il mondo gli rispondeva: È onore per Napoleone il dire d'essere stato ingannato? e sopportava lo inganno? E perchè avea permesso entrassero Sardi ov'erano Francesi? Egli sentinella del *non intervento*, dava ad altri facoltà d'intervenire? E s'era per fiaccare la rivoluzione, perchè non potea fiaccarla il papa co' soldati suoi? Concedeva a stranieri il dritto negato al legittimo signore? E perchè di tal dato permesso non n'aveva avvisato il papa, e anzi avealo assicurato i Sardi non entrerebbero? E perchè poi licenziò il consolo Courey in pena di avere sperato il Cialdini trattenesse l'invasione? Napoleone con quelle subdule e contraditorie cose incantava la Europa, dando a sperare che facesse egli; dopo il fatto faceva l'innocentino con le pappolate del Thouvenel. Costoro con cinquecentomila baionette padroneggiavano, aspiravano al vanto di sì scioccamente mentire.

§. 21. Invasione rivoluzionaria nelle Marche.

Dardeggiato co' fatti, volea medicare a parole; ciò dicono politica nuova; ma è scelleratezza puerile fare il male, e condannandolo negare d'averlo fatto; come il folle che chiudendo gli occhi nega il sole. Plombières precedette la guerra italica; il Pepoli a Parigi precedette le annessioni delle Romagne; Chambery precede le invasioni Marchigiane. Dopo Chambery, il Piemonte slargò il programma; prima tentava le Marche co' corpi franchi, or manda anche soldati regi a conquista; suoi giornali nunziano la invasione, e doversi far presto, pria che avanzi il Garibaldi; andrebbe la gioventù avanti, si suscitassero rivolture piccole o grandi, l'esercito verrebbe dietro. Dissi il governo sardo aver mandato un Masi a radunare volontarii, mentre diceva niente saperne. Fe' costui colonnello; e 'l decreto gli fermava il soldo dall'8 settembre in poi. E appunto l'8 questi rompe il confine con ottocento d'ogni età e condizione vile; entra la dimane in Città della Pieve, sopraffà e respinge pochi gendarmi, e volge a Piegaro piccola borgata. Qui proclama Vittorio, guasta il telegrafo, assassina due gendarmi, deruba certe case di campagna, e rompe un ponte; ma udendo venire il generale Schmid, rifugge in Toscana. Lo stesso dì 8 il Roselli con altra marmaglia sorprendeva Urbino; entrava il 10 in Fossombrone, e n'era da pochi gendarmelli discacciato. Le popolazioni non si mossero, e anzi accolsero bene i soldati papali.

Avvenne in queste ignobili invasioni che alcuno supponendo arrivassero a Tivoli, mandò due documenti al sindaco, da darli al Masi. Erano un mandato di pagamento a costui qual colonnello, e la quietanza dì esso per lire 665,25. Ne uscì provato come il Cavour pagavagli il soldo, mentre protestava contro quelle bande. Uomo dichiarato insigne, che si faceva cogliere sul fatto con la menzogna in bocca. Per aggiungere all'azione invaditrice il foco interno e distrarre le forze de' difensori, fu suscitato un po' di susurro verso Frosinone e Rieti; ma quivi anco bastò qualche soldato a smorzarlo, e a fugare gli agitatori.

Chetando i popoli, s'aveva a fingere che ribellassero, Torino pingea come rivolture del paese le invasioni de' Masi e Roselli, e ne elaborava nei giornali le notizie prima de' fatti. Per darvi più colore facevano venire, a nome di queste provincie, deputazioni d'uomini, che da più tempo fuorusciti aveano domicilio a Torino. Qualcuno di questi si disagiò sino al campo del Cialdini, per parer di tornarne col mandato de' suoi compatrioti. Perloccchè il re galantuomo, non potendo restar sordo a cotesto nuovo *grido di dolore,* quando già l'esercito suo avea passato la frontiera, faceva stampare bel *Giornale uffiziale* del 12: « avere il re al mattino accolta la deputazione dell'Umbria e Marche; e rimasto commosso de' perigli di quelle a popolazioni, aver ordinato a' suoi soldati v'andassero a proteggere l'ordine. » Eppur non mancò chi plaudisse, perchè le insidie felici sembrano cose belle al volgo.

§. 22. L'esercito di Pio IX.

L'esercito pontificio già fievole, si stava da qualche anno accrescendo, per consiglio del congresso di Parigi e di Napoleone. In aprile 1860 Napoleone stesso d'accordo co' potentati cattolici avea proposto al papa compiesse l'esercito con cattolici di tutte nazioni, acciò senza intervento esterno guardasse lo Stato. Ma esso dovea bastare a combattere le aggressioni rivoluzionarie, non a far battaglie, sendo il papa in pace con tutti i principi della terra. Adunque s'era accresciuto con Francesi, Belgi, Irlandesi, Tedeschi e altri, tutti cattolici, e quasi tutti gentiluomini e agiati, che spregiando i sarcasmi, ed anche i segreti dispetti di certi sovrani, erano corsi a difendere S. Pietro, quando i potenti abbandonavano alla rapacità de' nemici. Il Lamoricière v'aveva aggiunto il suo nome; e benchè molto in pochi mesi operasse a render soldati quei volontarii, pur non poteva, mancando la moneta, ordinare pienamente l'aministrazionc e 'l fornimento, e meno assettare a difesa le fortezze.

Visti i Sardi ingrossare sulla frontiera, le assicurazioni di Torino e Parigi avean dileguati i sospetti; e veramente non era da credere il Piemonte aggredisse aperto il papa; però il Lamoricière pensando avere a pugnare col solo Garibaldi, udito che i soldati di Napoli aveano sdegnato d'unirsi a costui, era certo di fronteggiarlo bene con le forze sue. Ma avendosi a guardare dalle bande a massa di Toscana e da quelle del regno, cioè da settentrione, da mezzodì e dal mare, dovè sparpagliare l'esercito tra Ancona, Pesaro, Perugia, Orvieto, Viterbo, Spoleto e altri luoghi. Tutto tra indigeni e stranieri montava a ventunomila, non bene addestrati, nè bene armati: l'artiglieria difettava di cavalli e d'uffiziali istruiti, i fanti, salvo due battaglioni e mezzo, non avean fucili rigati e a percussione, mancavano traini ambulanti da feriti, e ogni cosa fatta in fretta non era perfetta. Il duce poste le dette guarnigioni fe' del resto tre colonne mobili: lo Schmid a Foligno, il Pimodan a Terni, e 'l De Courten a Macerata; egli con una riservetta si pose a Spoleto. Eran da movere in tutto quattordici smilzi battaglioni, cioè ottomila fanti, cinquecento artiglieri e trecento cavalli. Contro sì pochi il Piemonte, per ischiacciarli a un colpo, mandò quarantamil'uomini, oltre le rivolture e i corpi franchi.

§. 23. Disegno del Lamoricière.

Entrati questi e ricacciati, come ho detto, arriva la lettera del Fanti al Lamoricière a Spoleto; però questi minacciato, fuor d'ogni pensiero, da tutte l'armi sarde, pur si preparava a far fronte; quando la sera del 10 il governo gli faceva sapere che l'ambasciatore francese assicurava aver Napoleone scritto a Vittorio ch'ei s'opporrebbe. E 'l 62.° di linea navigato in fretta a Civitavecchia il parea confermare. Finzione acciò il Lamoricière fidando nel soccorso non provvedesse al periglio. Incontanente sboccano due eserciti da Toscana e da Romagna, per porlo in mezzo; laonde egli, non valendo più il disegno fatto contro il Garibaldi, il mutò a un tratto; e la stessa sera del 10 ordinò il concentramento delle sue poche forze, per correre veloce ad Ancona, e dar colà forse una battaglia, o ricovrare nel forte. Lasciò cinquecent'uomini a Spoleto; scrisse al De Courten piegasse ad Ancona, allo Schmid d'arretrare a Viterbo e a Perugia; ed egli il 12 usciva da Spoleto, seguito dal Pimodan, chiamato da Terni. Così, raccolto a Foligno altro battaglione giunto da Perugia, egli con otto battaglioni di fanti, sedici cannoni e trecento cavalli s'affrettava per Tolentino a toccar Macerata, ch'è a otto miglia da Ancona pria che il nemico gliel vietasse. Fidando nel soccorso di Francia, studiava a non farsi cogliere a pugna disuguale pria dello arrivo de' Francesi.

Lo Stato pontificio, perdute le Romagne, avea quattro provincie: il patrimonio di S. Pietro con Roma e le legazioni di Civitavecchia, Viterbo ed Orvieto; la Campagna o la Marittima, con Velletri e Frosinone; l'Umbria in tre legazioni di Perugia, Spoleto e Rieti; e le Marche nelle legazioni d'Urbino, Ancona, Macerata, Camerino, Fermo ed Ascoli. Pertanto i Francesi occupando il patrimonio, venivano a coprire anche Campagna e Marittima; sicchè all'avidità sarda restavano sole aperte Marche e Umbria. Queste due regioni son divise dall'appennino che va da settentrione a mezzodì: il Tevere era in certa guisa il limite occidentale del territorio minacciato. Da ciascuna parte dell'appennino era una città da far difesa, Ancona di là, Roma di qua: però due disegni il Lamoricière poteva fare: o ripiegare sull'una o sull'altra. Ei sapendo Roma guardata da' Franccsi, stimò correre ad Ancona, per non farla cadere.

Ciò molti han criticato. Dicongli errore il ripiegare sopra Ancona non difendibile, e aver lasciata Roma, dove avrebbe salvato l'esercito; appongongli il non aver tutti raggranellati i suoi, e che invano lasciasse soldati a Roma sicuri, e battaglioni per perire a Spoleto, Perugia, e altrove; e accusanlo d'inopportuno coraggio, per serbar sua fama d'intrepido, anzi che salvare con onorata ritratta l'esercito al papa. Facile è giudicare dal successo. Credo il disegno saria stato buono, se l'aiuto francese non fosse mancato. Nondimeno s'egli piegava intatto su Roma, avria potuto, minacciando le spalle a' Sardi, tenerli dall'entrare nel regno in aiuto del Garibaldi sul Volturno; e forse Italia non arrossirebbe delle fucilazioni piemontesi.

§. 24. Invasione sarda.

I papalini non ebbero tempo di radunarsi. Il Fanti da Toscana con due divisioni entrò da tre parti. Il Cialdini dalle Romagne con tre divisioni la sera dell'11 assaliva Pesaro e Fano. Sorprese nella prima il colonnello Zappi con milledugento uomini quasi tutti italiani, e tre male accosciati cannoni di ferro; il quale col delegato monsignor Bellà, si ritrasse nel forte vecchio e guasto, con mura smattonate; dove benchè percosso e con la breccia aperta, si tenne tutta notte, e altre quattr'ore della dimane. Alzata bandiera bianca, uscì il prelato a parlamentare, e poco mancò non l'ammazzassero. Il Cialdini ricevendo con fosco ciglio, volle prigionieri tutti, nè risparmiò al Zappi e a' suoi nessuna contumelia, quasi fosse gran vergogna l'aver fatto suo dovere. Tenneli nove ore in piedi sul campo, sotto cocente sole, minacciati di sterminio, senza pane, senz'acqua; e quando ebbe la canaglia pronta, mandolli in città. Gente pagata e briaca a fischiare, a gridar vituperii, e gittar fango e torsi. Peggio prepararono a Rimini. A monsignore fischi e bestemmie; confiscate carrozze e cavalli, rubato il mobile, disseppellito e rapinato il vasellame d'argento, lui mandato per le ribellate città quasi in berlina berteggiato al passo, sino a Torino. Il Cialdini prese a Fano trecent'uomini, e a Sinigaglia tagliò la via ad altri mille col Kanzler, che v'era ito per combattere il Masi, e udendo Piemontesi assai, dava addietro; eppure circondato e stanco dal cammino, si difese presso il villaggio S. Angiolo quattr'ore, e ruppe il cerchione perdendo sol cinquant'uomini, danneggiato il nemico, si salvò a Monte Manciano, e la notte ad Ancona. E riuscì ad entrarvi anche il De Courten con un reggimento.

Il Cialdini a Sinigaglia ebbe da' traditori uffiziali del telegrafo i dispacci del Lamoricière, dicenti come con seimila s'appresserebbe a Macerata per guadagnare Ancona; onde corse a serrargli il passo. Fu allora che per via incontrò il messo del comitato anconitano, cui fe' le fiche e die' la famosa risposta. Sendo innanzi al duce papalino, fatte quaranta miglia in trent'ore, a sera del 16 occupò con due divisioni Osimo e Castelfidardo, donde dominava le due strade che menano ad Ancona, e con barricate vi si afforzò.

§. 25. Perugia e Spoleto.

Il Fanti entrato lo stesso dì 11 dall'altra banda dell'Appennino, volse a Castello; dove settantadue gendarmi credendo aver a fare con masse si difesero a Porta S. Germano, e furono sopraffatti. Parlamentarono; e segnossi un atto dove si dichiarò rispettarsi la sovranità e 'l governo papale; ma sopraggiunto a sera un generale de Sonnaz, savoiardo, rimasto a servire l'Italia della setta, prese possesso della città per Vittorio. Il governatore protestò contro tal violazione; e 'l Sonnaz firmò la ricevuta della protesta. Poi per Fratta tirò a Perugia. Di qua lo Schmid con due battaglioni era uscito verso Città della Pieve, ov'ebbe l'ordine del duce di dare addietro; ma ei supponendo gli entrati fossero volontarii minaccianti Perugia, vi ritornò. Il De Sonnaz in avanguardia del Fanti con diecimil'uomini e una mano di ribelli racimolati per quei loghicciuoli, ebbe aperte le porte della città da' faziosi di dentro, mentre lo Schmid con 1500 soldati entrato da altra porta s'ingegnava di guadagnare il forte; però s'incontrarono sulla piazza del Duomo. I Sardi respinti occuparono le case per forza, sfondandone le porte, e sì da dentro riparati presero a combattere. Altra fiera pugna durava a porta S. Margherita, che sendo stata occupata prima da' papalini, non fu potuta esser tradita. Ultimamente lo Schmid considerando aver combattuto contro milizie ordinate numerosissime, e che cinto d'attorno si trovava, consentì a una tregua di poche ore, chiestagli del De Sonnaz mislealmente; perchè sebben desse parola che i Sardi s'allontanerebbero dalla città, e ridarebbero le avute porte allo Schmid, sino all'arrivo del Fanti, non ostante i patti si valse della tregua per far entrare altre soldatesche; e sempre alle reclamazioni prometteva lo allontanerebbe; sinchè giunse il Fanti col resto dell'esercito, che tutti chiuse i passi. Lo Schmid si trasse nel forte; ma accingendosi all'ultima lotta, visto non avere scampo, trattò col Fanti. Quegli chiese posassero l'arme, ciascuno potesse rimpatriare, gli uffiziali serberebbero loro bagaglio. Ciò parendo duro, si ricusò, e scorsero alquanto ore; se non che, ricominciato il fuoco, si mostrò un pò d'indisciplina nel 1.° battaglione del 2.° straniero; per la qual cosa lo Schmid capitolò con quelle condizioni, aggiuntovi che gli attuali serbassero spada.

Nulladimeno i vincitori violarono in più modi i patti; e per giustificarsi stamparono, il presidio fosse prigioniero di guerra; laonde i vinti patirono ogni maniera d'insulti villani, e lo Schmid più di tutti. Primo atto di potestà di quei sgherri fu sopra un parroco di nome Santi, cui apposero colpa d'aver da una finestra ucciso un sergente. Piglianlo, strascinanlo in piazza, abborracciano là un tribunale, e senza prove tel condannano. Non valgono testimonianze d'accorsi gentiluomini, non quella del cardinale arcivescovo Pecci, non il suo protestare innocenza. Lo spietato Sonnaz il fucila incontanente. Dopo alquanti giorni fu provata giuridicamente l'innocenza, e carcerato lo accusatore ribaldo; ma il Santi non risurse.

Quindi volgono a Spoleto. Questa vecchia rocca con un muraccio di cinta, e tre breccie aperte, avea due soli cannoni di ferro, trecento Irlandesi, e altrettanti Tedeschi, Svizzeri, gendarmi e dragoni venuti da Foligno. Il generale Brignone il 16 le intimò la resa; rifiutato, la investì co' cannoni, poi con l'assalto, ma fu respinto. Ricominciò da lontano; e 'l piccolo presidio la durò dodici ore sino a sera, quando il comandante O' Reilly, disperato di soccorso, finite le cartucce, accettò i patti d'onorata capitolazione. I Sardi stizziti d'aver perduti 73 uomini, malgrado i patti caricarono di vilipendii i prigionieri, e tre ne assassinarono. Dopo queste prodezze il Fanti con tutte forze volse a Macerata, per istringere il Lamoricière.

§. 26. Castelfidardo.

Questi giunto a Macerata il mattino del 15, dopo stentato cammino per su' monti con duemil'uomini, vi riposò, aspettando il Pimodan da Terni con 2600 fanti. Se tirava ad Ancona, scansava la battaglia; ma ei temendo incontrare il nemico pria di congiungersi al Pimodan, e anche per mettere in salvo due milioni di franchi, che allora inopportunamente gli eran giunti da Roma, piegò a Recanati, dove imbarcato il denaro sur un vaporetto, volse a Loreto; e giunsevi il 16 a sera. In questo transito, ebbe a Montesanto la notificazione del ministro dell'arme dell'assicurazione del Grammont, che Napoleone opporrebbesi agli invaditori; perlocchè il Lamoricière fidando nel soccorso francese, si decise più a mostrare il viso al nemico, e tenere il campo sotto le batterie d'Ancona sino all'arrivo degl'imperiali. Credeva la via sgombra, perchè gli uffiziali del telegrafo, dando i suoi dispacci a' Sardi, rispondevano da essi imbeccati; onde gli avean segnalato quelli stare a Sinigaglia. A Loreto s'accorse dell'inganno, e che la via d'Ancona era chiusa: pure v'aspettò il Pimodan, che, rumoreggiandogli il nemico a tergo, giunse la sera seguente. Tennero consiglio: si trovavano con due divisioni piemontesi a fronte, due alle spalle, una a sinistra, e a dritta a mare. Dovevano o per questa banda salvarsi a Roma, o retrocedere combattendo il Fanti, o dar dentro ad aprirsi a forza il passo ad Ancona. Deliberarono far questo alla dimane.

Nunziata la battaglia, fu bel vedere primi i Lamoricière e Pimodan, poi tutti i soldati recarsi al santuario di Loreto a farsi la comunione. Di là si va ad Ancona per due vie, dette di Osimo e di Camerano; sulla prima tra Loreto ed Osimo e Castelfidardo villaggio, sull'altra sta dirimpetto l'altra villa Crocetta; e poco avanti Cascine, borgata, dove seguì lo scontro. I cialdiniani postati su l'alture d'Osimo e Crocetta, più che ventimila con sessanta cannoni, serravano i passi; i papalini, cinquemila con quattordici cannelli, doveano di giù sforzar quelli; e di mezzo stava il Musone, fiumicello, con un ponte fortificato.

Il 18 settembre ad ore otto il Pimodan con l'avanguardia non potendo superare il ponte, guadò il Musone sotto il fuoco del nemico, e questo sulla opposta sponda incalzò; poi investì le alture Cascine e Crocetta, e alla prima bravamente scacciò i Sardi da un colle e da una casa rurale, e fe' cento prigionieri. Gli zuavi con impeto respinsero un reggimento entro un bosco al ciglion del colle, dove questo riordinato e soccorso potè far testa e coll'artiglierie fulminare. I papalini non riuscirono a far passare il fiume a più di quattro cannoni, però poco rispondendo, pativano danni senza pro. Avrebbero dovuto tutti insieme procedere rapidi a cuneo, per isfondare il cerchio; ma una parte sola seguì il Pimodan all'assalto d'una seconda casa; gli Svizzeri e certi battaglioni indigeni non lasciarono la casa di prima; la cavalleria percossa si sgombrò, e ripassò il Musone, fuorché lo squadrone delle guide. Perlocchè gli zuavi rimasti soli retrocessero a Cascine; dove aiutati dagli Svizzeri occuparono una casa, e ancorché con danni, vi si tennero; sinchè riordinati procedettero a secondo assalto, dove il Pimodan fu ferito.

Il Lamoricière rimasto a riserva con quattro battaglioni di fanti e mezzo squadrone di gendarmi, visto tardare lo effetto del primo urto, ordinò a' suoi di varcare il Musone a sostenere l'avanguardia; ei corse al Pimodan, che quantunque ferito si difendeva alla gagliarda. Ma quella riserva a' primi colpi si commosse, primi gli stranieri fuggirono, poi gli altri fuorchè il 2.° battaglione di bersaglieri romani che difesero la posizione. Indarno il duce vola a riordinare i fuggenti: fanti, cavalli, artiglieri e uffiziali si sbandano: ond'ei lasciatone la cura a' colonnelli Cropt e Allet, torna al luogo della pugna. Per via incontra il Pimodan piagato mortalmente d'altro colpo al ventre, menato sulle braccia. Allora sentendo l'impossibilità di spuntarla, ordinò la ritratta, cui il nemico non molestò; o che non vedesse il disordine, o che temesse il valore dei pochi pugnaci; però il generale raggranellati a stento 45 cavalli e 350 fanti, prese la via d'Umana e Sirolo per Ancona; ma dopo altra lieve molestia a coda, non v'arrivò che a sera, con soli ottanta fanti e quei cavalli.

In questo fatto d'arme men che duemila papalini pugnarono; il resto senza colpo fuggì; chè tra loro n'eran molti traditori mandati dalla setta a servire tra quelle genti ragunaticce, i quali seminavano lo sgomento nei punto dell'azione e fu stampato dal famoso Curletti, segreto complice del Cavour, che il colpo mortale al Pimodan dettolo un Biambilla sicario, fatto da esso ingaggiare in quelle soldatesche, e poi da' vincitori in premio promosso.

§. 27. Conseguenze.

La dimane il Cialdini trovò i fuggiaschi a Loreto, egli ebbe per capitolazione, ch'eran da quattromila; solo gli sfuggì un tenente Holdoner, che con due cannoni e quaranta artiglieri, salvate pur le carte del duce, da Recanat per mare ad Ancona si ridusse. I Sardi s'infamarono contro i feriti; alcuni rabbiosamente finirono sul campo, ad altri morenti strapparono i preti da canto. Molti prigionieri, contro i patti, patirono ingiurie grosse: spogliati dei cavalli, delle valigie e sin delle vesti, menati a Genova in carceri, su marcita paglia, affamati, seminudi tra lezzo e insetti. I peggio trattati furono gl'Irlandesi, cui il filantropo Russell nel dispaccio dell'11 luglio 61 disse non riconoscere per sudditi britanni. Il Cialdini imbrattò più quella sua vittoria con menzogne sperticate: dà al nemico undicimil'uomini, dice il Lamoricière fuggito, fa venire quattromila da Ancona. Poi credè usar cortesia mandando il cadavere del Pimodan alla vedova, con sulla cassa questa iscrizione: *Il generale Cialdini alla marchesa di Pimodan. Oltre il rogo non vive ira nemica.* E che ire, e che offese, e che faccende eran mai tra l'onorato Pimodan e lui assalitore non provocato, nè atteso? Niuno pensò mai di scrivere un verso di commedia sur un assassinato, da mandare alla moglie. Gentilezze da poltrone. Nè anche il cadavere per via scampò agli scherni della bordaglia. Ma a Roma ebbe esequie insigni, *a nome del sommo pontefice e della chiesa romana,* come nunziò la iscrizione. Seguirono il 2 ottobre nella basilica di S. Maria in Trastevere, presenti cardinali, prelati, generali, e anche milizie francesi col loro duce Goyon; e la sera stessa la salma fu condotta a S. Luigi de' Francesi, accorrente popolo infinito a spargere sul feretro fiori e ghirlande. Poscia in Francia e in tutta Europa ebbe funerali e messe di requie, e orazioni di vescovi e cardinali.

I prigionieri usciti poi quai cadaveri semoventi da quelle tombe di vivi, mezzo nudi si tornarono da Genova a Roma. Il Santo Padre pose una giunta, per compensarli, secondo il danno, delle lor rubate robe. A lui il mondo cattolico mandò indirizzi commoventi, e danari raccolti, col titolo, diventato celebre, di *obolo di S. Pietro*; il qual soccorso seguita da più anni sì copioso, che il pontefice, ancorchè dispogliato di tante province, potè pagare il debito pubblico di tutto lo Stato, e i pesi del governo, e sostentare gl'impiegati cacciati via dagli usurpatori.

§. 28. Ancona.

Il Fanti presso Ascoli, Terni, Narni e Rieti, e fatti altri 1400 prigionieri, il 20 si congiunse a Macerata col Cialdini, e corse sopra Ancona. Già da tre dì il Persano da mare la bombardava. Il Lamoricière entrandovi nel caldo del fuoco, trovolla male acconcia a difesa; poco da terra, niente da mare; sol 25 cannoni vecchi sulle batterie del porto, 110 su quelle di terra, tutti di poca portata, nessuno rigato; non zappatori, tutti fucili all'antica, moltissimi ammalati, sol 4200 uomini buoni a servire. Date per brogli settarii le forniture a faziosi, mancavano farine e grani, nè v'eran mulini dentro; v'era poca carne fresca. E 'l comitato segreto facea guerra traditora con notizie vere o false, tutte spaventose. Il Lamoricière verificato vero il dispaccio del Grammont, niente sospettando d'insidia napoleonica, sperando venir soccorso, si riconfermò nella difesa; e anche il console francese s'aspettava a veder sul mare qualche vela di Francia a impedire con un cenno il blocco, almeno le bombe; ma queste piovvero dieci giorni sulla innocente città, nè comparve una barca soccorritrice. Per contrario i faziosi spargevano pur tra le milizie la famosa risposta del Cialdini, e più che a Chambery Napoleone gli desse permesso d'operare, *purchè presto.* E veramente fece presto; che il Fanti il 25 settembre dichiarò il blocco; e 'l giorno prima il Persano, dopo cominciato il bombardamento, l'avean notificato da mare.

La notte seguìta al 25 i papalini respinsero un assalto contro il villaggio Piè della Croce, ma al 26 la città fu tutta circuita dalle cinque divisioni sarde, e da quattro fregate e da altre sette navi con quattrocento cannoni. Questo dì fur presi i ridotti della Croce di Pelago e di Polito, e i borghi Montagnolo e Porta Pia; onde la difesa strinsesi alla città. Da Montepelago tentato l'assalto alla lunetta S. Stefano, fu respinto; ma il 27 impigliatosi foco al Lazzaretto, venne abbandonato. La dimane le fregate ruinarono le batterie di mare; scoppiò un magazino di polvere, vi morirono cencinquanta persone, s'aperse una breccia di cinquecento metri, caddero le mura ove appoggiavano le catene del porto, e 'l molo diventò una macerie. Distrutte tutte difese, e la citta danneggiata per otto giorni di bombe, a che far morire altra gente? si capitolò. Il Lamoricière die' la spada al Persano; e 'l Fanti dispettoso si vendico, seguitando il fuoco per altre dodici ore durante il trattato; sì la invidia di cotesto liberatore costò la vita ad altri cittadini.

La difesa d'Ancona, benchè breve, fu pel soverchiante nemico, onorevole al vinto. Si disse ostinato il Lamoricière d'essersi voluto ridurre colà quando al veder tanta oste avrebbe dovuto senza far giornata retrocedere a Roma. Ei si difese per aver creduto alle promesse di Francia; ma dimenticò chi fosse l'autore del 2 dicembre. Anche dopo Castelfidardo, se non si serrava in Ancona, meglio voltava per Roma o pel regno; se avesse recato la sua spada a Francesco, vi trovava trentamila soldati pronti a seguirlo come salvatore. Ma invero a quei dì era sì depressa la fama dell'arme nostre, ch'ei non poteva porvi speranza; non ancora seguìti i fatti del Volturno.

§. 29. Protesta di Napoleone.

Castelfidardo e Ancona, siccome Palermo e Napoli, si fecero parer colpi di scena, improvvisazioni d'audaci, sfuriata subitanea di nazionalità; ma cose eran preparate da molto con astuzia serpentina. Presa Ancona sull'Adriatico, cominciava il compimento del proclama napoleonico del 59, il principio del secondo atto della costruzione d'Italia, promessa al cugino Pepoli a Torino. Il Bonaparte si contentò di fare una protesta, fors'anco combinata a Chambery, e richiamare lo ambasciatore come ho narrato. Ma sarà sempre ricordata per sozza nequizia l'aver da Chambery mandata ad assalire il fievole papa, suo compare, e intanto fattogli sperare soccorsi, acciò non si difendesse. Ciò vinse la perfidia dello zio nelle Spagne. Poi schiccherò quella nota del Thouvenel de' 18 settembre, per parer l'innocente: dava in cambio delle Marche ed Umbria rapite una tantafera del suo severo ministro: era tigre che in pelle di lione facea l'agnello.

§. 30. Protesta di Pio IX.

Il pontefice a' 18 settembre avea fatto solenni proteste all'Europa; ma con allocuzione in concistoro a' 28 più forte le ripetè. Compianse i valorosi spenti per la Chiesa, rigettò le calunnie lanciate dalla setta piemontese contro quei difensori, e sè giustificò d'averli a sua defensione invitati. Combattè l'ipocrisia di chi fingono recar l'ordine morale nello Stato del Santo Padre, mentre hanno a casa loro scuole di lascivie, scritti scandalosi, e fatti orrendi; ed essi stessi lavorano a distruggere il pudore, a deridere i sacri misteri, il culto, e le cerimonie divine, a storcere ogni nozione di giusto, a sbalzare il fondamento della società civile e religiosa. Dichiarava nulli gli atti del re usurpatore; reclamava la integrità del dominio della Chiesa, e proclamava il diritto di tutti i cattolici, calpestato dalla rivoluzione. Si lamentava di non essere soccorso da' potenti della terra;e condannava lo immorale principio di *non intervento*, che statuisce impunità sulla licenza; quando appunto il Piemonte lo viola per entrar nello Stato altrui: onde conseguita lo assurdo, esser lo intervenire permesso solo quando sorregge lo rivolture. Ricordava a' sovrani quella esser causa di sovranità, comune a tutti; sperava i cattolici accorressero a difendere il Padre comune dall'arme parricide d'un figlio degenerato; e conchiudeva sperare in Dio.

Poi per la giornata di Castelfidardo fe' battere una medaglia, pe' suoi soldati, a ricordare la disfatta; e niuna onorificenza per vittoria fu mai portata con maggiore onore. Posevi la croce rovesciata, e 'l motto che S. Giovanni scriveva a' tempi di Claudio: *Victoria quae vincit mundum fides nostra.*

§. 31. Protesta di re Francesco.

Francesco da Gaeta, prevedendo gli aggressori non fermerebbero al Tronto, levò sua voce anch'esso, quasi grido supremo di tradita giustizia; e ai 23 settembre mentre pioveano le bombe sopra Ancona, facea mandare alle corti straniere un *memorandum,* così: « Il re allontanandosi da Napoli per combattere sul Volturno gli avventurieri della rivoluzione, già protestava contro gli atti della invasione, che minacciando ruina al regno, calpestava altresì tutti i principii di dritto su cui posa la sicurezza delle nazioni. Dal punto che la rivoluzione organizzata in tutta Europa, trovava un duce e un esercito, e che uno stato vicino le permetteva alzasse il suo vessillo, e fornivale arme, vascelli e soldati, il re poteva sperare ch'essendo solo contro la rivoluzione europea, l'Europa accorresse a dargli aita; almeno a impedire, che il suolo sardo fosse d'asilo e arsenale a cotali imprese non più viste. Ma i potentati non han creduto loro dovere opporsi a tal minaccioso progredimento rivoluzionario: e 'l regno delle Due Sicilie lasciato solo, ruinato dal tradimento, affralito da una condizione, dove il Piemonte s'ha l'utilità della guerra senza averne i danni e i perigli, è in pericolo di soccombere. Ma s'esso cade, s'apre per Europa un'era nuova; distrutti i trattati, si consacra un altro pubblico dritto; e 'l mondo con l'esempio nostro impara esser concesso agli avventurieri della rivoluzione il solcare alla libera con loro navi questo mar mediterraneo, dove tutte nazioni hanno interessi politici e commerciali. Per quattro mesi l'Europa sorpresa ma impassibile ha visto soldati della rivoluzione passare a migliaia tra le flotte di marittime nazioni, con legni carichi d'arme e munizioni; ha visto i porti d'uno Stato a noi vicino servire d'asilo e rifugio agl'invasori del nostro paese, ha visto la bandiera sabauda proteggere navi e battaglioni d'un duce rivoluzionario, i cui atti già il sabaudo re aveva disapprovati e accusati d'usurpazione. Siffatti esempii non andranno perduti; e con la sanzione data dall'evento a tanto rovesciamento di dritti, tutti gli Stati della terra ne sentiranno del pari la minaccia. Nè si tarda a vederne le conseguenze. Non ancora è consumato lo abbattimento delle Due Sicilie, e già eserciti piemontesi invadono senza cagione lo stato della Chiesa, senz'altro pretesto che quello d'accorrere a pro della rivoluzione. Al re delle Sicilie, dopo aver compiuto il dover suo di combattere le rivolture interne e la esterna aggressione, quelle da questa sospinta, più non resta che indirizzarsi di nuovo all'Europa; per istabilire la legittimità della sua causa; per additare lo scoglio sul quale altri troni naufragheranno; per protestare, e lasciare alla imparziale pubblica opinione il valutare gli eventi, che chiamanlo a propugnare la monarchia che ha da Dio, dal suo dritto, e dall'amore de' popoli suoi. »

§. 32. Persecuzioni al clero.

Ma il Piemonte, comprata con Nizza l'impunità, si rideva di proteste; e mentre *sotto il tavolo stringeva la mano alla Francia*, contentava la protestante Inghilterra, perseguitando monache e frati, sbandeggiando prelati, ghermendo beni di chiesa, e tutte tartassando cose e persone clericali. Copiava l'Enrico VIII in Italia. Tolsero le giurisdizioni a' vescovi, annullarono le donazioni a' corpi morali, soggettarono al regio *Placet* tutte ecclesiastiche provvisioni, ed altre cose. Il Fanti entrato appena nelle Marche carcera il cardinale De Angelis, e da Fermo il relega a Torino; dove ancor mentre scrivo è prigioniero, non reo che della porpora. Lo stesso, presa Ancona, fa al cardinale Antonucci; e acchiappa l'altro cardinal Morichini a Foligno, mentre passava per recarsi da Roma alla sua diocesi di Iesi. Relegano anche a Torino i delegati di Pesaro e Macerata; così con l'arresto dei vescovi e de' principi della Chiesa inziando nelle usurpate contrade la persecuzione. L'Italia uscita da' cannoni rigati di Francia avea paura de' preti. I Cialdini e Fanti stati avventurieri, divenuti generali d'un re, copiavano il venturiero Garibaldi; perchè della setta uno è il programma. Solo sendo più di questo forti sorpassavanlo in ferità; e permisero al lezzo della marmaglia in Perugia e altrove il sacco a' conventi, e 'l codardo strazio de' religiosi; il che nel regno non fu troppo potuto fare, per la men guasta natura del minuto popolo nostro.

Incontanente nelle Marche e Umbria seguì la obbligata abolizione dei gesuiti; fidatone per sevizia l'esecuzione a' corpi franchi; i quali come invitati a nozze, largivano a' padri minacce, insulti e beffe. Il Masi ad Orvieto, invaso il collegio, serrava a digiuno nelle cellule i religiosi; minacciavali di morte, acciò rivelassero i tesori; e tolto quanto v'era d'argento e oro, spaventavali con colpi di pistola per sopra le teste; in fine spogliatili camera per camera, privi d'ogni cosa, li mandò fra sgherri, traversando Toscana, alle carceri di Livorno.

§. 33. Proteste de' gesuiti.

Il padre Beckx generale de' gesuiti volse poi a' 24 ottobre da Roma una protesta a re Vittorio, in questa maniera: « Il generale della compagnia di Gesù ricorre rispettosamente a piè del trono di V. M. per aver giustizia e riparazione de' torti gravi fatti al suo Ordine in Italia a questi tempi; e, se tai dimande restan vane, per protestare pubblicamente contro l'ingiustizia. Sin dalle prime italiche rivolture del 47 e 48 fur soppresse negli Stati sardi tutte le case della Compagnia, sull'isola e in terra ferma, confiscati i beni, dispersi i padri; e per ombra di legalità fu dato posteriore decreto di soppressione e confisca. Ciò seguì senza saputa dell'Augusto padre di V. M., e anche contro il pensiero suo; perchè in tutto il suo regnare fu benigno sempre con l'Ordine, sempre impegnò i padri a tener fermo, e talvolta si lamentò co' superiori del temer di qualcuno, quasi mancassero di fidanza nella lealtà di sua parola e protezione. Eppure il decreto s'esegui con forza retroattiva; s'invocò per legittimare lo spoglio, e tuttodì vige. Venuta la guerra italica del passato anno, la Compagnia ha perduto in Lombardia tre case e collegi, sei in Modena, undici negli Stati papali, diciannove in Napoli, e quindici in Sicilia. In ogni parte spogliaronla di beni mobili e stabili. Quasi cinquecento suoi figli furono cacciati delle case loro e dalle città, condotti quasi malfattori tra armati, di paese in paese, ammucchiati in prigioni, e trucemente oltraggiati e seviziati. Sinanco, si è lor vietato qualche asilo in pietose famiglie; e in molti luoghi non s'ebbe un riguardo agli anni, alla fievolezza, alla infermità. E ciò senza aver eglino colpa avanti alle leggi, senza giudizio, senza giustificazione, tutto a maniera dispotica e selvaggia.

Che se tali atti fossero avenuti per furor popolare in momenti di tumulto, forse li patiremmo silenti; ma come vi si vogliono legittimare con leggi sarde, come i governi provvisorii surti in Modena, negli Stati della Chiesa, e nelle due Sicilie s'appoggiarono all'autorità del Piemonte, e come per dar forza ed esecuzione a tali iniquità s'invoca ancora il nome di V.M., ei non mi lice restar di tanta ingiustizia spettatore; e qual capo supremo dell'Ordine, sono in debito di chiedere soddisfazione, e protestare avanti a Dio e agli uomini; acciò la rassegnazione religiosa non paia debolezza, o confessione di colpabilità, o abbandono di doveri.

Protesto adunque solennemente contro la soppressione delle nostre case, contro le proscrizioni, gli esilii, le prigionie, le violenze e gli oltraggi patiti da' miei confratelli; protesto innanzi a' cattolici, in nome de' dritti di santa Chiesa violati sacrilegamente; protesto in nome de' benefattori e fondatori delle nostro case e collegi, le cui espresse volontà si trovano, nello interesse de' morti e de' vivi, private d'effetti; protesto a nome del dritto di proprietà calpestato da forza bruta; protesto a nome del dritto di cittadino e della inviolabilità personale, di cui niuno senza accusa, senza procedura e senza giudizio potria andar dispogliato; e protesto in nome dell'umanità oltraggiata in tanti vecchi e fievoli espulsi da' loro quieti asili, privati d'assistenza, senza pane, gittati sulla via. Queste proteste presento alla vostra regal coscienza; le deposito sulla tomba di Carlo Emmannele IV, vostro predecessore illustre, ch'or fa cinquant'anni scese volontario da quel trono ch'ora è vostro, per venire a morire in mezzo a noi, vestito dall'abito, ligato da' voti della Compagnia di Gesù, e professando nel nostro noviziato di Roma, ove ora riposano le sue ceneri benedette, questa religiosa vita, ch'oggi il vostro governo biasima e perseguita, con odio calunnioso ed implacabile.

Il ricordo de' benefizii che questa Compagnia pel passato s'ebbe dalla casa di V.M. e 'l sublime carattere onde siete vestito, mi dan dritto a sperare non restino senza effetto tai mie suppliche e proteste; ma se la voce di tanti calpestati dritti non s'udrà da' tribunali della terra, ne appellerò al supremo di Dio santo onnipotente, dove la oppressa innocenza sarà per fermo risollevata dal giudice eterno re de' re, padrone de' dominatori.

Nelle mani di questo Dio lascio la causa nostra: e 'l supplico di ispirare a V. M. ed a' suoi consiglieri un senso di giustizia ed equità per tanti miei figli innocenti perseguitati. Ad ogni modo i miei confratelli ed io ci consoleremo d'esser trovati degni di soffrire pel nome di Gesù Cristo, e con la coscienza di non aver dato motivo a questa recrudescenza d'antichi odii; se motivo non sia lo aver predicato la croce e 'l rispetto a santa Chiesa e al suo capo supremo il pontefice sovrano, e la fedeltà e la sommessione a' principi e alle potestà stabilite da Dio. » In questo secolo che il coraggio par fuggito dalle corone e da' troni, questi veri animosamente un umile religioso sguainava ad un monarca soggiogato e abbiettato dalla setta, che neppur la nobiltà ne comprendeva. E che caso potea farne Vittorio, da Massoni sospinto, da ingordigia adescato?

§. 34. Confutazione all'inglese.

Qui va detto un dispaccio dell'Hudson, ministro britanno a Torino, lancia della rivoluzione, che scrisse a' 14 novembre al suo Russel; dove si pensava confutare il Beckx, all'inglese, con bisticci di numeri, e lanciava a' gesuiti sarcasmi volteriani e protestanti. Nè tampoco risparmiò la memoria di Carlo Alberto. Fra l'altre uscì in queste parole: « È da notare che delle 51 case di gesuiti soppresse, n'eran 34 nel solo regno delle Sicilie, in quel sì mal governato regno. Donde segue che il ragguaglio de' vizii d'un governo col numero de' stabilimenti gesuitici sarà il primo fatto, che fermerà l'attenzione de' rappresentanti italiani, ove mai quelle proteste saran loro sottomesse; e controbilancierà in gran parte lo appello a' dritti di proprietà che si volge al sovrano. » Costui pesava in sue bilance il conculcato dritto di proprietà con asserti vizii di governi abbattuti. Inoltre per ira massonica o scismatica dimenticava la scienza dei numeri, suprema deità di sua genie; imperocchè a calcolar bene dovea comparare il numero delle case soppresse con quello delle popolazioni dove stavano. Erano 34 case nel regno, ma tra dieci milioni; n'erano undici tra due milioni, nello Stato rapito al papa; sei nel Modenese, fra mezzo milione; e tre in Lombardia, tra più di due milioni. Dunque per ogni milione d'anime eran case di gesuiti a Modena, cinque nel Pontificio, tre ed un terzo nelle Sicilie, e una e mezzo in Lombardia; sicchè se fossero state in proporzione del mal governo, il peggiore saria stato il Modenese, poi men cattivo il papale, e pur meno il Siciliano, e il migliore saria stato il Lombardo sotto il tedesco, del quale appunto predicavano i gesuiti essere sostegni. Da questi numeri, giusta gli spiritosi principii dell'Hudson, s'avria che avendo il *pessimo* Tedesco meno gesuiti, questi vadano in proporzione del buon governo. E se fosse vero che in cattivi governi fossero più gesuiti, il Piemonte che tra quattro milioni n'avea 18 collegi era peggio che Napoli governato. Anche peggio il costituzionale Belgio, che n'ha 21 in cinque milioni; e forse peggiore l'America repubblicana, che benchè mezzo protestante n'ha ben assai.

Per verità i gesuiti allignano meglio in paesi ove più si rispetta il dritto, e dove è piuttosto libertà vera, che non libertà settaria ingoiatrice dell'altrui. La massoneria che tende a cassare la religione, va promettendo libertà; e mentisce; perchè un popolo senza Dio, anzi che esser libero, neanche può esser sociale, se non ha despota che il corregga. La libertà e la religione vanno insieme: fiacchi questa, distruggi quella.

LIBRO VIGESIMOSETTIMO

SOMMARIO

§. 1. Condizione de' Napolitani sul Volturno.

Re Francesco stava appoggiato a due fortezze, Capua e Gaeta, e a due fiumi, Volturno e Garigliano, con quasi quarantamil'uomini, avanzo d'esercito già fiorente. Questo rattenuto dallo schiacciare la rivoluzione quand'era neonata; fatto retrocedere quand'era bambina, acciò pigliasse forza, e padrona del regno insulare si consolidasse; fatto in parte dissolvere, quando conquistatrice sul continente s'avventò, s'era pure per ordini traditori scemato più che mezzo, e fatto lasciar Napoli, e riparare da spaurito dietro fiumi e montagne. E ora quando la rivoluzione padrona del doppio regno è adulta e vigorosa, quell'avanzo affralito d'esercito, che intiero non aveva lei bambina combattuta, ora deve in disperate condizioni affrontarla e farle testa. Nè tampoco esso è puro; ancor v'ha chi nelle sue file cospira, chi sparge sgomenti, chi sparla, e insospettisce, e diffida; i duci stessi l'un l'altro si guatan biechi; manca un uomo. Ha lasciato i campi aperti, ove a ordinate milizie è facile superare le masse, e s'è ridotto in luoghicciuoli alpestri, in arie malsane, dove fatiche, disagi e febbri affrangono il soldato, dove la forte cavalleria è più impaccio che aita. È menato in terreno a sè contrario, buono al nemico. Sanità, abbondanza, esaltazione d'animi, aiuti stranieri, danari, luogo, tempo, avvenire, tutto sta co' garibaldesi; tutto ciò manca a' Borboniani; ma con la rabbia dell'onte patite è il desio di vendicarle.

§. 2. Capua.

Capua è l'antica Casilino, famosa ne' fatti d'Annibale, lontana due miglia dalla vetusta Capua, ch'era dov'è oggi S. Maria. Fondata da Landone longobardo nell'856, presso le ruine del ponte, pria sede di principato, poi città regia, patì molti assedii. Nel 1501 il duca Valentino la saccheggiò; nel 1734 il tedesco Thaun la cedè a' Borboni. Poscia fu capo di provincia; ma trasferita la sede alla nuova Caserta, restò solo arcivescovile. Ha diecimila abitanti, edifizii e chiese belle, cittadini ricchi, nobili casati. Ricordo Pier delle Vigne, Ettore Fieramosca, Bartolommeo di Capua, il Pellegrino. In capo alla Campagna Felice, pianura ubertosissima, ha corona dei monti Tifatini, e delle più vicine punte, dette Palombara, Gerusalemme, Triflisco, Calligola e altre della catena appennina.

Mutò più volte fortificazioni. Ve ne fe' buone Carlo V; poi l'ingegnere d'Herbort dal 1720 al 1731, col metodo modificato del Vauban. Tutta sulla sinistra del Volturno, è quasi triangolo, co' lati di tramontana e ponente sul fiume; quello a mezzodì con la porta di Napoli ha larghi fossi, da inondarsi in caso d'assedio. Qui son cinque fronti, sette sul fiume, che cinge con angolo acuto il lato occidentale; e da tal banda entra nella città con un gomito, ov'è Porta Romana. La quale sta in un'opera permanente, con batterie e casematte, e altre soprapposte a cannoniera e a barbetta; il che fa un ridotto, ch'è poi preceduto da due ponticciuoli mobili, e da opere esterne, che coprono il ponte di fabbrica, costruzione etrusca, rifatta da Federigo II. Tutte le fortificazioni, con 120 cannoni hanno sette trinceramenti e nove bastioni, a orecchioni e fossi, con cammini coperti, piazze d'arme e spalti. In mezzo alla cortina del fronte S. Carlo s'erge una cittadella quadra, a torri bastionate con fosso, costruita nel 1552 da Carlo V.

Capua vale dal lato politico, perchè domina la strada d'Italia, le due rive del Volturno, la più ricca pianura, e la più ampia provincia del reame; ma val poco pel militare, or che sovrastano l'arme d'offesa; onde tiensi piazza d'ordine terzano. Più la infiacchisce la folta popolazione, e i tanti ospizii e monasteri e chiese; ch'esposti alle bombe, scorano, affamano, noiano i difensori, e sono esca alle fiamme, e materia alle ruine. Aggiungi i troppi stabilimenti messivi a questi anni: la sala d'arme, la 7ª direzione di artiglieria, la 2ª del genio, due ospedali militari, l'ospedale meretricio, e 'l laboratorio delle capsule fulminanti.

Oltracciò trattevi macchine guerresche e attrezzi e ordigni d'ogni maniera, parea piuttosto opificio che piazza forte. Tanto l'ingombro, che stettero lunghi anni allo scoperto macchine ed affusti. Ma grande era il pericolo per la polvere, le capsule e le munizioni, poste in magazzini non costruiti a prova di bombe.

I nostri generali tenevano Capua per nulla; e benchè più volte si pensasse fortificarla alla moderna, e farvi un campo trincerato, sia ignavia, sia caro di moneta tenevasi per magazzino. Cominciato il fuoco in Sicilia, se ne trassero alla spicciolata macchine e munizioni per mandarle altrove, e poi anche parecchi cannoni d'armamento, per fonderli in fretta a cannoni rigati. Allora si fusero di bei pezzi antichi da

24, di rame americano; e malaugurata coincidenza! il primo disfatto avea nome il *Sovrano.* Il Pianelli armando altri luoghi disarmava Capua. Al 1° settembre, ita tutta la polvere di dote, sol ne restavano da cento cantaia di grana grossa; e già milioni di cartucce a cavo piramidale e a fondello, e gli approvigionamenti da bombe da 12 e da 8, delle granate da 6 e da 5, 6, 2 eran corse a Pescara, a Messina, a Napoli e altre parti. Non v'erano spianate per mortai, e sol cinquanta affusti potevano reggere al trarre; mancava il legname per blinde, nè s'era pensato a sale, tabacco, vino, aranci, farmaci, filacce, neve e altre vettovaglie. In sì mal munita e popolosa città, con arme e attrezzi vecchi, s'ebbe a improvvisare la difesa della monarchia.

Niuno credeva s'avesse a far davvero. L'8 settembre il Ritucci, visitando le fortificazioni e i magazzini, subito ordinò lavori, e fe' venire da' dintorni vettovaglie e munizioni; la dimane proclamò lo assedio. Allora a parecchi uffiziali codardi cadde il fiato, e disertarono; preferendo al rischio della pelle il parer traditori. Il Salzano nuovo governatore si mise alacremente a render la città capace di difesa.

§. 3. Sue adiacenze.

Nasce il Volturno sotto il Bifeo, sul confine di Terra di Lavoro e 'l Chietino; volge tra Isernia o Venafro pel ponte de' 25 archi, piega attorno Torcino a mezzodì, rivolta a levante tra Piedimonte e Caiazzo, sin oltre Amoroso; dove unito al Calore che vien da Benevento rigira a occidente, corre tra Caiazzo e 'l Tifata sino a Capua, e quindi a mare, in giù da Mondragone quattro miglia. Da Caiazzo in qua rapido e profondo, bagna terre classiche per celebrità di storia e di arti. Sulla riva dritta uscendo da Capua e la strada regia, con un ramo a destra per Caiazzo; quella, fatte più miglia, bipartendosi va per S. Germano a Ceprano, e per Sessa a Gaeta e Terracina, fuor del regno. Sulla sinistra riva, uscendo da porta di Napoli, trovi molte strade: una per la Foresta alla foce del Volturno; altra a S. Tammaro, ed Aversa e a Napoli, altra quasi retta per S. Maria a Caserta, con un ramo obliquo a dritta sopra l'antica Appia a Maddaloni e al Caudio. Inoltre v'ha la via di ferro che presso S. Maria s'alza su' campi, quasi lunga diga. Sulla sinistra, a oriente della piazza, è il campo d'istruzione, con in mezzo la chiesetta S. Lazzaro, e poi la via per S. Angelo in Formis, ch'è l'antico tempio di Diana Tifatina, sulle falde del monte, a un miglio e mezzo dalla città. V'ha pure due viette incassate, serpeggianti per quelle chine.

Santa Maria, Capua antica, sta due miglia ad oriente, con quasi ventimila abitanti. Essa oltre le dette strade ha quella che dell'antico Criptoportico, ora carcere, mena al fiume dov'era il ponte a battelli; di là s'aggiunge a quella ch'è tra Caiazzo e la via di S. Germano. Sede di tribunali d'industria e commercio, ricca, prosperosa, non aveva a sperare di meglio; ma stanza di legulei e storcileggi costituiti a comitato segreto, parve la città più guasta di fellonia che fosse di questa provincia tranquilla. Stante attorno grossi borghi, diventati comuni fiorenti: Curti, S. Tammaro, S. Prisco, Casanova, Casapulla, Musicile, Regale, Portico, Macerata, Marcianise, e altri paeselli, tutti utili agli assedianti di Capua.

Caserta è quattro miglia avanti, surta da cent'anni sull'aulico villaggio Torre, a piè dell'erto monte ov'è Caserta vecchia. Qui Carlo Bornonio fe' la gran reggia, I boschetti, S. Leucio, le cascate, i mulini, i quartieri: quanto vedi è opera di Borboni, maraviglia di stranieri. Fatta capo di provincia, crebbe in pochi anni co' villaggi a ventisettemila abitanti.

N'ha diciottomila Maddaloni, città tre miglia avanti, sedente sin da' tempi romani sul pendio del primo colle orientale del Tifata, succeduta all'antica Galazia Campana. Prosperosa e ricca quasi quanto S. Maria, ha men loglio settario. Per lo sbocco della via Sannita ha favore di commercio interno; e saria buona posizione militare; ch'ove i regi tenevanla, Capua non s'investiva. Per tale importanza militare v'era sin da remoti tempi Castel Galazio già combattuto da Annibale; e fu nel medio evo regio castello, fortificato da Ruggiero, ora in macerie. Sovrasta il monte S. Michele con l'eremo. Nella valle tra questo e il monte Longano è il grandissimo ponte acquedotto. Ameno paese, ampio orizzonte, grassi campi, fiorenti oliveti ed ortaggi e frutteti ed aranci. Oh patria mia, accogli il sospiro dell'esule tuo figlio!

§. 4. Inazione de' regi.

L'esercito regio, pel già fermato disegno di tener la riva dritta del fiume non curò nessun luogo sulla sinistra; dove se fossesi stato a S. Maria, Ceserta e Maddaloni, il Garibaldi doveva assalirle in pianura scoperto e affrontar Capua da rasa campagna, che nol faceva, o con ruina sua. Stavano i posti avanzati napolitani avanti Capua, sulla via di S. Angiolo, a' cappuccini, presso S. Tammaro e alla Foresta, a mo' di grand'arco attorno la piazza; i cavalli perlustravano le strade. S'abolì la scala a Triflisco; disfecesi il ponte a battelli, toltine gli attrezzi, per vietare quel passo; ma così anche s'abolirono due veicoli opportuni a pigliar l'offensione. La stazione avanti Capua, tagliata la ferrovia, diventò corpo di guardia. Sulla riva dritta costruirono una batteria al colle Palombara, da vietare il paesaggio a Triflisco e S. Iorio. Messa guarnigione in Capua, il resto dell'esercito posava indietro a scaloni, a Caiazzo, Teano, Sparanise, e in altri luoghi circostanti, e su per le vie, anche di là dal Garigliano, sino a Gaeta. La quale diventata sede regia, ebbe presidio di seimil'uomini tra artiglieri e fanti. Il Ritucci a vietare anche sbarchi da mare verso Mondragone, postò da quella banda soldati, e ruppe il ponte fra Cancello e Arnone. Preveduto ogni minimo sbocco di nemico, tutto a difesa, niente a offesa parato, teneva sue forze in lunghi luoghi. Se avesse avute spie, e saputa l'impotenza del Garibaldi a quei dì, e com'ei s'andava afforzando sul Tifata, non isparpagliava tanto la sua gente senza pro. Nulladimanco lavorava a fortificare Capua, a riordinare le soldatesce, e gli sbandati vegnenti a torme: ogni dì istruzioni e marce, o accampamenti al sereno e alla pioggia. I soldati quantunque da sei mesi affaticati, sopportavano tuttto, sperando vendetta. Scorsero parecchi dì con perdita di tempo, sendo gli avversarii sconnessi senza arnesi nè attrezzi; chè i Garibaldini in quel primo botto del napolitano trionfo, pensavano a farsi vestiti teatrali, da pompeggiar per Toledo.

Re Francesco sollecitato da lettere di soldati venne l'11 a Capua, e dettò un ordine del giorno, così: « Soldati lascio Capua al vostro valore; lungi l'idea del tradimento, chè i vostri duci sono leali e prodi; e 'l mostreranno guidandovi alla pugna e combattendo con voi. L'ora della prova è vicina; siate saldi, e l'onor della bandiera sarà salvo. » E voglioso di lanciarsi avanti, spiccò la dimane uffiziali a sospingere il Ritucci; il quale per incontrario mandò a Gaeta il capitano Fabri a dichiarare il perchè credea non muovere all'offese; di nuovo il re gli mandò il capitano Luvarà; ed ordine preciso di procedere ad offesa ebbe da una lettera ministeriale del 15. Si negava dicendo fidare nel valore di pochi, non di tutti, non dover risicare un colpo se non sicuro; respinto nell'assalire, saria rovina; stando sulla difesa, pigliava tempo, l'Europa si commoverebbe, l'esercito resterebbe intatto. Concetti erronei, che dettero tempo d'afforzarsi al nemico. Egli poi il 18 mandò un suo disegno di guerra di cui parlerò.

§. 5. Il Garibaldi sul Tifata.

Il Garibaldi scontento che tanta gente seguisse il re, e nessuno a lui si unisse, volle di nuovo tentare i soldati; e a' 9 del mese lor volse altra proclamazione: « Se non isdegnate Garibaldi a compagno, egli ambisce pugnare a lato vostro i nemici della patria: tregua alle nostre discordie. » Ma come non che sdegnarlo schifavanlo, e lui conoscevano pel peggior nemico avesse la patria saccheggiata, anelavano di rispondergli con le schioppettate. Intanto ci s'aggrandiva d'arme, pecunia e uomini, per quanto ne poteva trarre dagli arsenali e banchi nostri, e di Sardegna; e sognando ancora a rinnovare i miracoli, si pensava ch'appena si mostrasse un po' grosso, Capua gli cadrebbe in grembo.

Il Viti infondente della provincia, datosi a lui, emanò lettere incitanti i municipii ad aderire con indirizzi al dittatore; e fece correre voce il re fuggito a Spagna; onde n'ebbe subito premio con maggiore uffizio. Ma il dittatore volendo uno strumento nuovo gli sostituì un Pizzi curiale capuano. I sindaci di Caserta e Maddaloni, quando ebbero i garibaldini, aderirono; e prima di loro, l'8 del mese, avea aderito S. Maria, ma con firma del secondo eletto, chè il sindaco ebbe paura. Qui la sera del 12 il dittatore per telegrafo chiese novella dello stato del paese; e sicurato del pieno abbandono de' regi, mandovvi la dimane il Sirtori con un battaglione, che mise posti avanzati fuor dell'arco antico, alla chiesetta S. Agostino; ma comparendo una pattuglia di cavalli, prese a barricarsi in città, e domandò soccorso. Dopo il mezzodì v'arrivò la brigata dell'Eber, poi quella del La Masa, e poco stante il Garibaldi, che viste le cose, andò a Caserta, nella reggia di Carlo III. Là gli arrivò altra gente. A Maddaloni venne il 14 la brigata d'un Milbitz, pseudopolacco venuto a fare l'Italia. Questi in aprile 49 capitano repubblicano a Roma, poi capo d'una certa legione polacca, dopo la catastrofe andò in Grecia; dove ingegnandosi a suscitare la rivoluzione sociale, ebbe in febbraio 52 la scacciata: al fiuto del torbido corse tra noi. In quei primi dì eran già sotto il Tifata da dodicimil'uomini, duce il Turr; la sera del 15 sopravvenne la brigata raccolta dai Nicotera in Toscana comandata da un Morici.

Questa gente era una confusione: incerti i comandi, le destinazioni e gli ufficii; varii di nazioni, linguaggi, armature, vestiti; eglino stessi del disordine si vantavano, dicevanlo modo nuovo di guerra, quello il battagliar garibaldesco. A un minimo rumore s'armavano tutti, si batteva la chiamata, e più ore sotto l'arme si restavano cianciando. Uffiziali a migliaia, di stato maggiore a centinaia; mutavan corpi a fantasia, si davan da sè gradi e uffizii, andavano, venivano, secondo il capriccio. A forza pigliavano alloggi: usavano, abusavano dell'altrui, il loro sperperavano; per un niente vendevano arme, arnesi, e munizioni; sicchè molte volte eran dall'erario rimontati. Più crescevano, e più il disordine. Alloggiati nella reggia, re da taverna, scialacquanti, bravacciacci, bestemmiatori, insultatori, rapinatori: il mobile, i parati ogni dì v'assottigliavano, venduti pe' circostanti paeselli; opere d'arti manomesse, colombi, fagiani, cignali, tutto ucciso e distrutto. Il Medici s'allocò nelle stanze di terreno sul cantone occidentale, dove tant'anni stette re Ferdinando. Nelle case private facevan peggio; portavano gli arnesi da una casa all'altra, o ardevanli o vendevanli; soprattutto biancherie, vestiti, cose preziose, dove che fossero ascose disparivano. La casa mia, tenuta tre mesi da' Bixio, Avezzano e Carbonchi, andò derubata. Famoso fu un furto a Caserta, in casa Leonetti, di due casse con quattromila ducati, là depositate dal vecchio Vial.

Le popolazioni use a veder soldati e corteggi reali strabiliavano a tanto borboglio d'ignobili re, baldanzosi, scorazzanli senza ordine, senza comando, a quattro, a dieci, a venti, cantanti canzoni liberalesche, ignote agli orecchi, orrende alla religione e al pudore. Nondimeno a vederli sì scervellati si confortavano che presto andrebbero all'aria. Egli della guerra non si davan pensiero, tenevanla vinta. Un capitano toscano mio ospite dissemi il 14: *Domani prenderemo Capua.* Come, sclamai, senza assedio? rispose; *Certo, l'ha detto Lui!* Ma invece di Capua la sera presero me, più facile impresa.

Costoro vantandosi liberali, perchè combattevano il re, s'avevan fatto del Garibaldi un re ignobile! cui prodigavano eroiche adulazioni, per averne gradi e benefizii. La cortigianeria, là tra quei liberaloni, avea sì messo il tallo, che il loro scrittore Rustow ne fa sapere, che sendo quell'eroe astemio di vino, parecchi di gran beoni affettavano di non berne; e che bisticciandosi tra loro si calunniavano l'un l'altro, per trarre il favore a sè. Quelli affettati dispregiatori de' cortigiani a' re nati, contraffacevanli prostrati a un re marinaio. Tra l'altre l'avean tirato a promettere feudi da' demanii regi e comunali a' suoi principali seguaci, nuovo Alboino Longobardo; e s'incielavano sognando le baronie. Lo stesso Rustow ha stampato egli trovarsi il 15° scritto nella lista; e che avrebbe per sè scelto il palazzo di S. Leucio; con le adiacenze.[1] Frattanto si davano bel tempo; la sera a Caserta andavano a teatro a udir drammi allusivi, tra bandiere e viva; dove nessuna donna osava comparire, fuorchè la moglie del Pizzi intendente, grassissima e beffata.

[1] Vedi: *Einnerungen aus dem italienischen feidzuge von 1860*, Lipsia, 1861. Vol. I, pag. 262.

§. 6. Prime scaramucce.

Il Ritucci per riconoscere il nemico fe' il 15 una piccola colonna di fanti e cavalli col capitano Giobbe; e fu quella che spaventò il Medici a S. Maria; laonde statuì assalire la vegnente notte, e ne mandò l'ordine alle brigate del Medici e del Polizzy a Pignataro ed a Teano; ma il Polizzy arrivò tardi, e non si fe' nulla. Poteva assalire la dimane, e restò; ma fu esso assalito. Perocchè avendo il Garibaldi promesso d'aver Capua il 15, ciascuno gli credeva, per le sue precedenti profezie, avverate tutte, se non che non istava D. Liborio in Capua; nondimeno pratiche v'aveva, e credè ch'accostandosi grosso gli aprirebbero le porte; onde vi corse fiducioso. I suoi, sparsa voce i cannoni di Capua fosser carichi a polvere, con baldanza s'avanzarono il mattino del 14 sino a porta di Napoli, incalzando i posti avanzati del 9° di linea, ch'avendo fucili a selice, colpiti di lontano da fucili rigati, ebbero a retrocedere a' bastioni; ma intervenendo i cannonieri della batteria Sperone con le scaglie, a quei primi colpi d'artiglieria tonanti in quei campi, i rossi lasciati molti morti fuggirono a precipizio. All'ora stessa avevano aggredito a Gradillo i primi posti del 14° cacciatori; e 'l tenente colonnello Vecchione loro rispondendo teneva cavalli in pronto per istoccheggiarli, se osavano guadare il fiume.

Il Garibaldi col consueto stratagemma del parlamentare per corrompere, e far tregua per guadagnare posizioni e girare i regi, da dar loro colore da capitolare, quel dì stesso dimandò tregua di 24 ore, per seppellire suoi morti; cui il Salzano concesse, ma il Ritucci restrinse al solo fronte di terra. All'alba del 16 un Winckler ritentò il guado a Gradillo, riassalendovi i posti del 14° e la 3ª compagnia del 6° cacciatori; ma accolti a cannonate rincularono. Anche un'altra colonna di fanti con cento cavalli ungari investirono le guardie avanzate di porta di Napoli, e fur perseguitati dal 10° di linea e dalla cavalleria. Il dì stesso che chiese la tregua, il Nizzardo mandò uno Csudafy ungarese per la via di Maddaloni, Ducenta e Solopaca nel distretto di Piedimonte, con alquante centinaia d'uomini, per farvi co' faziosi del luogo la rivoluzione, e dar nelle spalle a' regi. E per coadiuvare questo e sorprendere Caiazzo, spinse per Limatola un Giambattista Cattabene romano, con altra gente, perchè sulla dritta del fiume impedisse a' Borboniani di girare le posizioni sue. Questi ingegnandosi passare a Caiazzo ove avean fautori, furono visti dal tenentecolonnello La Rosa, che mandò ottanta soldati col capitano Laus, e dodici villani con le scuri. Avvenne che un uffiziale nazionale zeloso per la rivoluzione osò strappare le scuri a' villani; ma i soldati le fecero restituire. Disfecero le scafe di Sguiglia, Pietradelpesce, Alvignanello e Campagnano; assalirono e dispersero un cento garibaldini già passati; e ritornando vittoriosi a Caiazzo, i villani al grido di Viva il re, dettero nel posto nazionale a vendicare l'offesa del mattino. Fuggito l'uffiziale, pochi trovati là schiaffeggiarono; e tolte l'arme recaronle al La Rosa; il quale sgridandoli le restituì. Di tal fatto dappoi il Piemonte fe' giudizio; e condannò quattordici persone alla galera, punendo con incredibile abuso la ricusata ribellione, precedente alla sua entrata. Il La Rosa dando contezza delle rotte scafe al Ritucci, aggiunse poter il nemico girare a Piedimonte, e noiarlo alle spalle; fu risposto tenesse Caiazzo, ed ebbe una compagnia di zappatori per trincerarsi.

§. 7. Assalimenti del 19 settembre a Capua.

Il dittatore tuttavia fidando nelle segrete mene dentro Capua, tentò il 19 un assalimento su tutta la linea regia, sperando che come giorno di S. Gennaro i Napolitani festeggiassero il loro martire nelle chiese, e gli amici gli aprissero la Capuana porta. Ciò puerile sembra, ma con più puerili stratagemmi sin allora avea proceduto. Per allontanare i sospetti, nunziò andrebbe all'arcivescovado di Napoli a venerare il santo, e sì da spigolistro vi andò, ma dal dì prima, sotto spezie d'aver saputo d'essere assalito, ordinò sue genti, e la notte spinse due battaglioni con uno Spangaro per S. Tammaro alla Foresta, ch'è a ostro della piazza, intercettando la via d'Aversa, con ordine s'avanzasse al mattino sopra Capua. Altra colonna col La Masa volse a S. Angelo; il resto col Rustow e i cannoni trovati ad Ariano, tenne al centro, per operare al mattino; mentre che contemporanei eran disposti simili assalimenti a Gradillo, a Triflisco, a Roccaromana e a Caiazzo.

Pria parlo di Capua. Sull'alba il Rustow e lo Spangaro da S. Maria e dalla Foresta s'avanzarono sicuri, come a parata. Lo Spangaro incontrati i posti regi, cominciò lo schioppettio; ma alla prima respinto, riparò ferito nel vicino bosco di Carditello. Poco dopo il Rustow con molte migliaia urta ne' posti avanzati; i quali combattendo recedono sin sotto gli spalti e nelle vie coperte. Egli per le strade di S. Maria e S. Tammaro, ascoso da' pioppi laterali arriva al campo; vi posta due cannoni, e stimando quella l'ora promessa dal *Profeta*, si lancia sotto quasi a' bastioni, sperando entrar dentro insieme co' regi. Ma cominciano le cannonate a scaglia, prima dal forte Sperone, poi dagli altri Olivares, Conte Aragona, Castelluccio e S. Amalia, che spaventano gli assalitori. Cadono a centinaia, fuggono tutti; chi s'asconde nella stazione o ne' vagoni, chi dietro S. Lazzaro, chi ne' circostanti casini, chi ne' fossi; il più in carestia di nascondigli rivola a S. Maria. Ma i primi posti regi riescendo dalle vie coperte, afforzati da quattro compagine del 9° di linea e due squadroni di cavalli, con due cannoni rigati e uno da sei, condotti dal generale Rossaroll e dal tenentecolonnello Negri, dan loro addosso; ricaccianli dagli asili; li stoccheggiano, e perseguitano di là da' Cappuccini. Dopo tre ore co' Viva al re tornarono indietro; e furono messe di guardia avanzata quattro compagnie dell'8° cacciatori.

A S. Maria fu un terrore. I faziosi plauditori di stranieri, a vederli fuggire, credettero entrassero i regi, e allibirono sapendo aver meritato il gastigo; però altri s'unisce a' garibaldini a levar barricate, altri fa fagotto, e piglia vie strane, altri alza bandiere bianche alle finestre. Il Rustow racconta di parecchi de' suoi fuggiti a Caserta, gridando: *Si salvi chi può*, e tutta Caserta spaventarono. Vi perdettero quattrocent'uomini. Tra' prigionieri morì dalle ferite a Capua un Puppi dicentesi colonnello, comandante la brigata cacciatori delle Alpi; un maggiore Montesi, il rivoluzionario Cozzo palermitano, e più che decimata restò una compagnia di 150 svizzeri al soldo della rivoluzione. Ferito fu un maggiore Piccoli parmense; e il Rustow perduto il cavallo nella fuga campò a stento.

I Borboniani raccolsero pe' campi moltissime armi e arnesi gittati. Dei loro ebbero ferite un capitano d'Arrigo, un lenente Tieri, venti soldati, e 'l vecchio generale Rossaroll. Era dal ritiro venuto volontario; dimandato perchè, rispose: « Il soldato non è mai al ritiro in tempo di guerra. » Al primo colpo uscì fuori, e tornò con franta la clavicola destra. Il re promosse lui a tenentegenerale e il Negri a colonnello.

Se una colonna di seimil'uomini procedeva a S. Maria, incontanente la pigliava; però i garibaldini dubitandone, a mostrar d'esser forti, nel pomeriggio all'ore quattro riassallirono i posti regi e sforzaronli; ma altresì respinti dalla piazza e inseguiti rifuggirono, lasciando oltre i morti trentadue prigionieri. Dei regi fu ferito l'alfiere De Tommaso e qualche soldato. Questo preludio di guerra vera disanimò i rossi, inorgogliti pe' facili trionfi. Fuggirono per monti e campi, a piè e in carrozza, gittando le purpuree tuniche, sino a Napoli. Dimandavano i passaporti, e fur seicento in due giorni, i più garzoncelli. Molti chiedevano impieghi civili, e n'avevano in quella cuccagna.

§. 8. A Gradillo e a Triflisco.

Mentre speravano Capua per sorpresa, a tenere i regi impacciati, assalivanli nelle altre parti. La brigata Sacchi sull'alba tentava guadare a Gradillo. Il Vecchione col 14° cacciatori vi teneva d'avanti al real bosco postata la 1ª compagnia, che bravamente si sostenne. Il Sacchi pose in luogo alle artiglierie con un Ernesto Ferrara nostro disertore, che puntolle contro i compagni d'arme; onde meritò per tal vergogna, non riuscita a nulla, la promozione a capitano. I cacciatori regi presto afforzati furono da quattro compagnie dell'8° cacciatori, e da quattro obici; e più il tenente colonnello Zattera da Formicola col resto del 14° di linea e venticinque dragoni stette su' vicini campi ad aspettare il nemico ove guadasse il fiume, che non l'osò. Anzi alquanti cacciatori guadaronlo essi, a perseguitarli in quelle fratte, e vi fecero venti prigionieri con un uffiziale. I regi v'ebbero due morti, e tra ventisei feriti, un capitano Fiore.

Altro conflitto fu avanti i molini di Triflisco, ov'era il maggiore Enrico Pianelli col 15° cacciatori. Corsevi altresì il generale Barbalonga da Vitulaccio col 2° cacciatori e sei cannoni; e poi il Colonna, comandante la divisione, col 4° cacciatori, che die' lo scambio a' precedenti. Anche là sloggiati da ogni banda i nemici, parecchi drappelli passando a nuoto il fiume, perseguitaronli sull'altra sponda; fecero 90 prigionieri con un uffiziale, due cannoni inchiodarono, due rovesciarono a fiume, e altre arme e bandiere menarono a Capua. I prigionieri si scopersero il più soldati sardi coi congedi in tasca.

§. 9. A Roccaromana.

Lo Csudafy, ito com'ho detto nel distretto di Piedimonte, raggranellati ne' dintorni un po' di faziosi, corse quel mattino stesso sopra Roccaromana. V'era un maggiore Angellotti con dodici uffiziali e 276 soldati, avanzi del 13° di linea, e carabinieri de' sbandati d'Ariano. I posti avanzati, veggendo sull'ore dieci scendere il nemico da vicina montagna, diero il segno, e sostennero alquanto l'urto, sinchè sopraffatti indietreggiarono ai compagni; allora tutti in ordine aperto sostennero il fuoco. Aiutavali la popolazione, che carpate arme d'ogni sorta, da campanili e da case traeva sugli stranieri. Nondimeno l'Angellotti, vista sproporzionata la pugna, mandò per soccorso a Pietramelara vicino, ov'era il colonnello Leopoldo Kenig comandante le fazioni unite del 2°, 11° e 13° di linea: il quale disse dover guardar sè, nè si scomodò; perlocchè l'Angelotti, prima replicò per altro uffiziale l'inchiesta; poi v'andò esso; nè avrebbe niente ottenuto, se i soldati non avessero con alte grida chiesto d'accorrere. Prima andò una compagnia del 4° di linea, poi le compagnie cacciatori del 2°; da ultimo il maggiore De Francesco con 180 uomini; e giunse in punto che i precedenti eran per piegare. Uniti da tre bande assalirono i garibaldini a suon di tamburo, gridando Viva il re; e con le baionette cacciaronli sin sotto il monte S. Maria di Castello, dove l'alfiere Dioguardi del 13° lor tolse la bandiera. I vinti dispersi cercarono scampo alla spicciolata; ma la popolazione uomini e donne, con rusticane arme, davano ingratamente la caccia a quei liberatori. Ne morirono ottanta, sessantrè restarono prigioni, il resto qua e la passando il fiume a nuoto potè riguadagnare Piedimonte. De' soldati mancarono pochi; de' contadini tre ebbero ferite. Il Kenig che avea ricusato il soccorso alloggiava in casa di faziosi. Pur si tentò far fuggire i prigionieri; ma pe' soldati oculatissimi cadde la trama.

§. 10. E a Caiazzo.

Per contrario a Caiazzo non fu pugna. V'era il 6° battaglione cacciatori col tenentecolonnello La Rosa, ch'avea poca voglia di starvi, ancorchè il duce Ritucci ito colà, e scorta la importanza della posizione, gl'inculcasse di tenerla. Quella popolazione era devotissima al trono, eccetto poche famiglie; tra le quali un Manetta fiorentino, stato agente di casa Corsi feudataria del luogo, e rimastovi possidente. Costui ebbe favori dal governo, e fu riconosciuto regio percettore, per cessione del titolare; in ringraziamento era segreto fautore di garibaldini. Dissi esser volto a questa parte con una compagnia bolognese Vincenzo Cattabene; passò il fiume a Sguiglia e a Limatola; e il La Rosa che prima l'avea fatto respingere, ora senza un perchè al vederlo di lontano, raguna la sua gente, abbandona la città, e se ne scende a Piana. Perlocchè il Cattabene sicuramente, col favore del fiorentino Manetta, e messo entro Caiazzo per un giardino di lui, quasi senza i paesani se n'avvedessero. Ma i giornali strombettarono egli aver preso la città a forza, combattendo strade e case a una a una, e affogando i regi nel Volturno.

Adunque in questa giornata del 19 settembre i garibaldini respinti a Santa Maria, a Gradillo, a Triflisco e a Roccaromana, per mascherare le quattro rotte divulgarono Caiazzo presa d'assalto. I regi sospettando tradimento guardarono bieco il La Rosa. I nuovi ospiti riuscirono fatali alla città; ma subito reclamavano da vincitori alloggi, arnesi, animali, vettovaglie, e d'ogni cosa altrui usavano ed abusavano. Quel Cattabene era di Sinigaglia, scrittore della Pallade nel 48, ora di Palladino fatto maggiore; s'accorse del muso arcigno de' paesani, e mandò in fretta a Maddaloni per rinforzo. Ebbe un Vacchieri detto colonnello con un 5° battaglione della divisione Medici; che arrivò la sera del 20.

Quando dopo più mesi seppesi il vero di Caiazzo occupata senza colpo, gli scrittori garibaldesi, per celare la rotta ne' quattro scontri, inventarono questi essere stati finti assalti, per distrarre i regi da Caiazzo, unico scopo della giornata. Magra invenzione; perchè sol poche centinaia s'eran trafugate in quella città, vuota; nè era mestieri mandare le migliaia sotto Capua per occupare un luogo dieci miglia discosto. Scopo della giornata fu un assalto su tutta la linea, e aver la forte Capua per sorpresa, non Caiazzo indifesa. Ma riuscì loro funesta.

§. 11. Ripresa di Caiazzo.

Essa è città vescovile di cinquemil'anime, edificata da remoti tempi col nome di *Cajatia*, in cima a un colle, a palmi 744 sul mare. Da piè a mezzodì lo passa il Volturno, che la separa dal Tifata. Lontano ha il Taburno ad oriente, il Malese a tramontana, i monti di Gerusalemme a ponente. Stante attorno paeselli, tra' quali Piana a due miglia, Gradillo incontro al bosco a capo di bella pianura, che larga un miglio se ne stende molte dietro Capua. Qui improvvidamente s'era ritratto il La Rosa, col 6.° cacciatori, uno squadrone del 3.° dragoni e quattro obici a schiena; quando il mattino del 21, udito lo aiuto del Vacchieri a' garibaldini, chiese al generale Filippo Colonna soccorso, non per assalire, ma per sicurare la ritirata. Vennegli il tenentecolonnello La Rocca col 4.° cacciatori, due cannoni e uno squadrone di cacciatori a cavallo; nè pur gli parve bastante, che poco stante rescrisse aver avuto respinta la guardia avanzata. Il Colonna gli mandò invece l'ordine di ripigliare la città, donde si minacciava il fianco e le spalle dell'esercito regio. Era mezzodì. Il La Rosa, preso, siccome più anziano, il comando del tutto, dispose assalire per tre parti: una compagnia del 6.° dalla collina di sinistra, altra con due cannoni da destra, ed egli per la via consolare. La quale erta e curva ben poteva andar contrastata; ma il Vacchieri e 'l Cattabene aventi mille uomini s'eran messi nelle case e dietro le barricate; il primo in città, l'altro in certi casini e nel monastero, asserragliato in un oliveto, sul fianco meridionale del paese.

Pertanto i regi non impediti sino all'alto, là cominciarono le fucilate. Il La Rosa non so con qual criterio spinse avanti a corsa la cavalleria; la quale trovato barricato il passo, percossa a salvamano, retrocedendo sgominò i fanti; nondimeno sospinti da' sopravvegnenti si riprese lo schioppettio. Fu colto di mortal ferita il La Rosa in testa a' suoi, sì scontando il fallo d'avere la citta abbandonata. Surrogatolo il La Rocca, ringagliardì l'azione, tale che il Cattabene investito ne' casini, veggendoli andare in fiamme, rifugiò dentro Caiazzo; donde tutti uniti i garibaldini dalle barricate e da tutte parti contrastavano. Ma commovendosi alle loro spalle la popolazione, i contadini afferrate a furia mazze e falci e pietre a ogni maniera li molestavano.

In mentre costoro, aspettando da Caserta soccorsi, alla gagliarda facevan difesa, arrivavano sul campo regio il Ritucci col Negri, e tosto anche i giovani fratelli del re, conti di Trani e Caserta. Il Ritucci da prima avea disapprovato quell'assalto, per un suo diverso disegno di guerra; ma trovandolo cominciato, e instando il conte di Trani, si spinse a proseguirlo. Fu mandato il maggiore Giovanni delli Franci dello stato maggiore, con quattro compagnie dell'8.° cacciatori a rinforzare la pugna; e s'ordinò allo squadrone de' cacciatori di smontare e combattere da fanti. Questi giovani ardenti precipitaronsi con impeto sulla barricata già guasta dall'artiglieria, e disfecerla in un lampo; perlocchè tutti i soldati contentissimi d'esser lasciati fare, lanciaronsi in frotta dentro Caiazzo, cercando il nemico in ogni porta, cui aprivano col ferro e col fuoco. Facendo con le bajonette giustizia degli stranieri, come i popolani lor davano di braccio, e serravano le vie i vinti, fu un macello. I villani sbucando da case e botteghe, a gran festa andavan cercando i nascosti, a' soldati gli uomini, a sè il bottino arrogando. Gli a cavallo presi i passi di fuori, e sulle sponde del fiume, davano su' fuggiaschi: chi cadeva ne' soldati campava la vita, chi ne' villani era spacciato co' mazzapicchi; altri disperati lanciavansi nel Volturno e percossi insanguinavanlo, altri ne' suoi vortici affogava. Nulladimeno cinquecento col Vacchieri riuscirono in più punti a guatarlo, e per Limatola si salvarono.

I soldati furenti disfanno le combattenti case; e, menati da' popolani, salgono su quelle de' cittadini italianizzanti, ch'avean ricettato il nemico, e quale ardono, quale fan saccheggiare. Indarno i superiori sforzansi a tenerli; onde bisogna chiamarli a raccolta in aperta campagna. Mandano invece a guardare la città un battaglione straniero, giunto allora dopo la pugna; ma questi al vederne uscire i vincitori con arnesi e vettovaglie rapite non si tengono dal far peggio; e fu altra fatica a ritrarne questi secondi; sicchè l'infelice città già mezzo manomessa da' garibaldini, patì un mezzo sacco da' Napolitani e da villani, e un'altro da' Boemi, lo stesso dì. Ed è bene notare che trionfando dopo più mesi il re galantuomo, i liberali saccheggiati risaccheggiarono i contadini, loro togliendo il rapito ed il loro, alcuni uccidendo, altri a vendetta carcerando; di che poi il nuovo governo fe' gran giudizio, non contro gli ucciditori, ma contro le famiglie delle vittime loro.

Il Cattabene ferito s'era con diciotto de' suoi nascoso in una casa bassa alla piazza del vescovado, dove fecelo prigioniero il capitano Giovanni Afan de Rivera. I garibaldini perdute arme e munizioni e due bandiere (una proprio nel conflitto, presa dal sergente Antonio Santacroce del 6.° di linea) ebbero trecento morti, cento feriti, tra' quali cinque uffiziali e due chirurghi, e 232 altri prigionieri; che menati cortesemente vennero a Capua. Perderono i regi cinquantuno sul campo, con un tenente Massarella, e 'l tenentecolonnello La Rosa, spirato all'ospedale di Capua la notte del

23; e feriti intorno a cento, con tre uffiziali Laus, Antonini e Perino. La pugna durò tre ore e mezzo: i soldati posero a piè de' reali principi le bandiere conquistate.

Del La Rosa fu detto cadesse per man de' suoi, per dispetto d'aversi a ripigliare con sangue la città da esso senza colpo abbandonata; ma passato fuor fuora dalla palla, non ben si seppe se da' soldati o da' nemici colpito, onde restò dubbio se da prode o da traditore finisse.

§. 12. Fatti di Piedimonte.

Piedimonte città vescovile, capo distretto, con ottomil'anime, era devota al trono, eccetto pochi. In qualche propinquo paesello eran certi ambiziosi faziosi, cui facean da capi un Achille Del Giudice e un Beniamino Caso, gente da niente, arricchita negli ultimi prosperosi anni; i quali impuniti dopo il 48, avean anzi saputo trovar protezione dal regio Comando territoriale; onde potevano cospirare alla sicura, stretti col sardo Villamarina. La città era grata a' Borboni per fresco benefizio; che re Ferdinando itovi in settembre 41, al tempo d'un alluvione, le fe' dare dal Tesoro settantamila ducati per le arginazioni de' torrenti. Là dopo il 48 il governo relegava certi faziosi o camorristi d'altri distretti, e tra gli altri fuvvi un canonico Caporale, che prese a fare lo istruttore d'ogni adepto di setta. Alla concessione del 23 giugno, pochi tristi, istigati da mali preti, minacciarono di vita il vescovo Di Giacomo, tenuto sin allora per dotto e santo uomo; il quale chiese protezióne a' principali del paese, che alacremente con la Guardia urbana si posero a custodirlo. Creata dappoi la Guardia nazionale faziosa e 'l nuovo municipio, come giunse il 7 settembre, spacciano il re fuggito in Ispagna, l'intendente ordinare ubbidienza al Garibaldi, abolirsi i dazii. E dati trentotto ducati a' pezzenti per imbriacarli, uniti un centinaio di monelli, seguiti da' Nazionali, portarono in processione il busto dell'eroe, co' consueti Viva e luminarie.

D. Liborio v'avea mandato sottintendente un Rispoli, stato regio giudice in Arienzo, ligio della setta; il quale fe' entrar nel paese certi facinorosi, tra' quali un Fanelli e un Pateras, ladrissimi; che corsero le terre taglieggiando i ricchi, e raggruzzarono molte migliaia. Inoltre fe' comporre sul Matese un certo battaglione di 250 uomini tra disperati e camorristi, con anco un Paolo Zito, prete di S. Maria la Fossa venuto con ottanta persone, omicidiario già da Ferdinando graziato del capo. Costui passando per Castello fu respinto dalla popolazione armata, e rifugiò nella Casina Del Giudice. Il sottintendente adunque diventato garibaldesco inviò incontanente al Turr in Ariano quel battaglione detto *Legione del Matese* con capo un De Blasi, mandato dal Garibaldi; fe' il municipio aderire alla rivoluzione, e creare un provvisorio governo di sette, tra' quali esso e 'l De Giudice, benchè costui assente ito a Campobasso a fare lo stesso. Ma tal governo durò un giorno solo; chè udendo a' 9 settembre stare i regi a Caiazzo, i reggitori s'ascosero in casa un Del Santo posta in fin del caseggiato, donde si scorgevano molte miglia di strada, sulla quale potevan venire i soldati; e spauritissimi, pregarono il duca di Laurenzana e 'l fratello conte Gaetani, ex feudatarii del luogo, andassero a Caiazzo a far atto d'obbedienza; il che molto volentieri eseguirono.

Indi a pochi giorni giunto nel distretto lo Csudafy con garibaldini sardi, questi dopo la rotta di Roccaromana ripararono a Piedimonte, e si barricarono; ma mancando munizioni non osarono stendersi a Caiazzo, ove era il Cattabene entrato, e ve li chiamava; però ripresa da' regi Caiazzo, sentendosi in peggior condizione, spiccarono corrieri per soccorsi ad Ariano, e ad Isernia. Di là venne il battaglione De Blasi; di qua aspettavano il Pateras, riuscito buon grassatore, che menava compagno un Sarcione di Ravescanina, famoso ladro fuggito di galera. Ma lo Csudafy non ostante tai soccorsi, viste le popolazioni contrarie, e che i regi già stesi ad Amoroso potevano serrarlo, se la svignò la notte dei 24 col de Masi e co' sette del governo provvisorio, fuggendo tra' monti con tortuoso giro, per Cusano, Cerreto, e Solopaca a Maddaloni. Ma il Pateras a mezza via rivoltò all'Isernino.

I Piedimontesi disfecero esultanti le barricate, spezzarono le croci di Savoia, rialzarono i gigli. I principali, e primo il conte Raffaele Gaetani si posero a capi del popolo per impedire vendette; fecero una guardia nazionale buona, e chiesti soldati a Caiazzo, ebbero il 2.° estero col tenenteconnello Migy, uno squadrone ussari e due cannoni, la sera del 25 accolti con gran festa. E anco ad Alife il 26, passando il 6.° di linea vegnente da Teano, ebbe ovazioni con i ritratti reali in trono. Il Migy pose sottintendente Enrico Sanillo, uomo ricco e onesto, perquisì le case de' Del Giudice e Caso, e vi trovò arme e vesti garibaldine e lettere del Villamarina. Con questo si armarono quaranta volontarii sotto un sergente Paone gendarme, che andò a perlustrare il Matese. Questi pochi riposero il governo regio, e cantarono *Te Deum* in S. Polo, S. Massimo, Campochiaro e Pietraroia. E correndo molti a ingaggiarsi pel re, fecesi in brevi dì un battaglione d'oltre cinquecento, gente buona e scrutinata prima, comandata da un capitano Pesce. Non v'essendo arme per altri, chi accorreva era mandato al generale Scotti di San Germano. Intanto creato dal re a Gaeta sottintendente Felice Retez di S. Lorenzo, questi venne; ma i garibaldini corsi a S. Lorenzo minacciarongli la famiglia, e sacco e fuoco alla casa ove non tornasse; e si sforzaronlo a lasciare il posto, dove pertanto restò il Sanillo.

§. 13. Titubanze.

Il duce Ritucci, uomo onesto, avea nondimeno certe idee che gli facevano temere le reazioni; nè sembra s'avvedesse andarsene allora il tutto in balia della rivoluzione. Dopo più spinte a lanciarsi all'offesa, egli titubante fra due temenze di far poco o troppo, aveva da ultimo il 18 settembre scritto al Sovrano, proponendo movere sopra Napoli con più colonne parallele, e in due giornate; ma ne dimostrava molte difficoltà: temeva i soldati in rasa campagna si sbandassero; che anche vincendo, la resistenza della popolazione napolitana darebbe campo a rinnovare la *Santa Fede* del 1799, e a insanguinare la città; che Capua abbandonata sarebbe girata, e la rivoluzione debaccherebbe sino a Gaeta. In risposta lettere ministeriali del 19 e del 21 gl'ingiungevano recisamente *andasse avanti a distruggere il nemico, e a volgere simultaneamente sopra Napoli.* Bene i fatti d'arme del 19 e la ripresa di Caiazzo nel 21 distolsero in quei dì ogni disegno: ma dopo questo, sperimentato in più parti l'ansia e il valore del soldato, era da por giù ogni dubitazione; e s'ei si lanciava avanti, seguendo la fortuna, in quello sbalordimento del nemico, in breve finiva la guerra. Fatalmente alla dimane si raffreddò, e scrisse al re che meglio il raccogliere le forze; tale il parere di tutti i generali di divisioni; e al ministro di guerra propese lo abbandonare altresì la presa di Caiazzo, per non tenere lo esercito troppo diviso. Re Francesco mandò a persuaderlo prima il Cutrofiano, poi il brigadiere Rodrigo Rivera, ed anche egli stesso andò con esso a discutere un disegno di guerra presso Sparanise; dove trattandosi se meglio voltare a Napoli, o assalire il Garibaldi al Tifata, non si concluse, e passarono più giorni.

§. 14. La colonna Mechel.

Dopo il fatto di Caiazzo, per nettar la sponda destra del Volturno, era ito da Teano verso Amoroso il maresciallo Won de Mechel con la sua divisione di tre battaglioni stranieri, e degli avanzi di quei di linea, comandati dal Ruiz, quello di Calabria. Il 2.° estero col capitano Violanti giunse ad Amoroso il 24, e vi disarmò i paesani. Il Mechel saputo lo Csudafy fuggire da Piedimonte per serrargli la via di Maddaloni, corse sino a Sguilla; ma già quegli a Solopaca avea passato il fiume. Trovò Ducenta asserragliato da quattro compagnie garibaldine, che osarono qualche difesa sulle prime case; ma tosto ripararono dietro le barricate, e come s'accorsero i soldati girare a circondarli, fuggirono. I dragoni aspettato si togliesscro gl'ingombri, non ebbero tempo da raggiungerli, ma i tiragliatori ne uccisero parecchi, e fecero prigionieri e bottino. Quelli riparato un po' a Limatola, presto al rumore de' regi, se la svignarono; ed il Mechel varcato il fiume, spinsesi alla Cantinella, trivio tra Limatola, S. Agata e Maddaloni, senza veder nemico.

Il Bixio a Maddaloni avvisato da' fuggiaschi, temè essere assaliro;, chiese soccorso a Caserta, e in fretta piantò cannoni sul gran ponte; ma il Mechel, compiuta la ricognizione tornò ad Amoroso, e là a S. Salvatore e a Campagnano s'acquartierò; dove da Piedimoute giunse il 27 anche il Migy. Così i garibaldini ricacciati sulla riva sinistra del Volturno, stavano come in cordone su' monti da Caserta a' Ponti di Valle. Tai fatti d'arme e scaramucce mostrarono costoro non avere scienza guerresca, non sapersi sicurare negli accampamenti, niente valere all'aperto, sol combattere dietro mura e barricate, nè quasi altra forza avere che quella delle stampe celebratici. In fatti i loro duci erano i più giornalisti e scrittorelli, che inventando loro imprese le divulgavano pel mondo.

§. 15. Ospedali garibaldesi.

Gli ospedali loro si colmavano di feriti, di malati, e di codardi dicentisi malati, per alloggiare fuor di pericolo; ma n'uscivano a grado loro scorazzando per bettole e bische. Non bastavan stanze, nè infermieri, nè serventi; mancavano farmaci, filacciche, bende e biancherie. C'erano certe dame forestiere, facenti le soldatesse e le infermiere a pompa, che raccoglievano danari attorno; fra le quali il dittatore stesso strascinandosi, andava perdendo il capo; nè delle gravi dillatorie parti si dava pensiero, abbandonate però agli altri. Tra esse eran famose la famosissima Misse White appellata la Mario pel marito, una Misse Flora Dorant, e una chiamata la contessa della Torre, figlia del general Salasco piemontese, moglie d'un Milanese; la quale vestendo mezzo da uomo con stivali, sproni e sciabola, in quella democrazia l'aristocratica affettava. La White avea raccolte in Inghilterra mille piastre pe' feriti cui il Garibaldi rifiutò, dicendo Napoli ricco non averno uopo. Cotali donne per gelosia di mestiere s'odiavano forte, eppure stavan sempre su e giù vociando per gli spedali, con noia de' medici; i quali dicevano elleno andar piuttosto cercando bei giovani che curando malati, e anzi loro carezze ritardare le guarigioni. E veramente taluno che saria guarito, eccitato da loro moine perì. Esse inoltre andavano scroccando; e già a' 18 settembre un dottor Ripari capomedico con avviso ne' giornali avvertiva i Messinesi a non fidare in una certa contessa Della Torre che intrigava per aver soccorsi a pro de' futuri feriti. E costei là scornata era venuta a Caserta. Qui pure i medici strepitarono, e ottennero anche l'ordine d'allontanamento di quelle sirene; ma protette tanto facevan peggio, in quella Babilonia.

Oltracciò era surta una legione di preti *evangelici*, per servire gli ospedali; ragazzi presuntuosi e indisciplinati, corsi a far rumore e grassa vita, che anzichè servire, si facevano servire; onde fu chi sclamò: *fossero venuti per farsi adorare?* Ma quella commedia prese brutte proporzioni, quando pe' seguìti conflitti gli ospedali da Caserta a Nola e a Napoli s'empierono di feriti.

§. 16. Il Garibaldi recluta.

Il dittatore dopo i fatti del 19 e del 21, ove ebbe altresì prova della nimichevole popolazione, cominciò a smettere la burbanza, e lo abbagliamento di sua maravigliosa fortuna. S'era ito lamentando d'aver troppa gente, allora s'avvide averne poca, e sfuggirgli. La stessa sera del 19 die' una proclamazione a' volontari; e parlandovi vagamente di trionfi, dicea non compiuta ancora la vittoria, non libera tutta Italia; onde se li chiamava attorno. S'affrettassero tutti a far la nazione armata, supremo il momento, i loro fratelli combattere nel cuor d'Italia; doversi andare a incontrarli a Roma, per movere a Venezia congiunti. Cuore! Ferro! Libertà! E altri paroloni siffatti, che movevano chi non avea viste le cannonate capuane. Le sue masse sciogliévansi tutte, se non veniva la nuova dell'entrata de' Sardi nelle Marche, e la loro discesa alle spalle de' regi.

Posero da per tutto ruoli d'ingaggi: chi volea farsi merito ne promoveva. In Napoli era una *giunta d'arrollamento*, con a capo Francesco Carrano, già guardia del corpo di Ferdinando, condannalo per duello, pur graziato e fatto alfiere, e poi corso nel

48 in Lombardia con volontarii. Ora dicentesi maggiore reclutava nel quartiere Ferrantina, per la rivoluzione. A' 15 settembre s'accozzò una compagnia francese della De Flotte, a onore di quello ucciso a Reggio; comandavala un Paugam. Gia s'era fatto un battaglione di dugent'uomini; appellalo ungherese; con a duce un Megyerody, che parlava tedesco, e sembra s'acconciasse il casale all'ungura, per parere Ungaro, cosa usata da molti; perchè la rivoluzione ostentava tenere rappresentanti di quella nazione nelle file. In fatti quel battaglione aveva tutte genti alemanne, e anche svizzeri, il più disertori nostri. Laonde parecchi s'infingevano Ungari o Polacchi; tra gli altri il Milbitz generale a S. Maria, sendo suo vero nome Milbitz da Isenschnid, puro tedesco, si diceva polacco. Un decreto del 25 stipendiava altri due depositi di siffatti Ungari a Napoli e Messina. E d'ogni lingua se ne accozzò più centinaia.

Un Folliero, lenente di marina disertore, cominciò un reggimento fanti di marina. Una mano di preti provinciali fe' compagnia armata, e andavano incitando giovanetti a vestire la camicia rossa. Al caffè sul cantone S. Giacomo un Bottini prete aperse ruoli di volontari pel La Masa, costui matto per far parlare di sè. Padre Pantaleo a' 25 settembre proclamò una crociata d'ecclesiastici e secolari. E ho citata la legione evangelica, cioè protestante, per gli ospedali. Infinite reclutazioni si facevano nelle province. A Nola reclutava un Gandini. A Caserta si reclutava nel quartiere S. Carlino; si reclutava a Maddaloni, ed ad Aversa; ma mala gente, ita per mangiare e aggraffare. I Calabresi menati per grana 35 al giorno, e con promessa d'aver solo a guardar Napoli (forse sperando altro), mandati invece sotto Capua a fare a schioppettate, si richiamavano a' patti, e il più se ne andava. Di soldati regi non avevano uomo; e dove i duci loro li avean dati, sparivano. Così da Mola scomparve la brigata Bonanno, e quella del Caldarelli, e si dileguavano da Napoli quelle venute da Augusta e Siracusa.

Il ministero dittatorio richiamò in vigore le leggi militari precedenti; tollerò eziandio le divise Borboniane, purchè con al berretto lo stemma di Savoia, e dichiarò disertori, e come tali puniti, i soldati che non si presentassero in tre dì; dove in contrario chi verrebbe, scemeria la metà del servizio militare. S'invocava la borbonica legge per punire i soldati non ribelli alla borbonica bandiera; disertore chi non disertava; pena di morte a chi non s'univa allo straniero, per uccidere sulla patria terra i suoi compagni connazionali. Assurdi di logica settaria, tirannia non più vista.

§. 17. E si fortifica.

Sperimentata impossibile l'offesa, il Garibaldi pensò a difesa. II Turr malato va a Napoli, surrogato a comandare la divisione il Medici. Il Cosenz fa laboratorii al capo di Posilipo, a Pietrarsa e all'arsenale, per munizioni da guerra, massime cartucce e palle coniche per carabine rigate. I fornitori regi son costretti a dare quanto occorre agl'invasori. Il disertore La Via tenentecolonnello provvede ad animali e fornimenti; fan perquisizioni di cavalli e muli, piglianli senza pagare, spajano le pariglie, e dan carte. Non trovando artiglieri, che gli sbandati presi ricusano, n'hanno da' Sardi e dagl'Inglesi che stanno nel porto. L'altro disertore tenentecolonnello Muratti, poco avanti messo dal Pianelli a capo dell'arsenale, dà cannoni, obici, munizioni e giochi d'arme; il resto levano da' castelli. Aiutanti il Longo disertore del 48, e i disertati di fresco Locascio, Gaeta, Iovine, D'Auria, Zaini, Ferrarelli, Veneti, e altri di questi ingrati, cresciuti per regie grazie nel militare collegio, e che tutti hanno genitori e fratelli in quel patrio esercito contro del quale armano gli stranieri.

Serrano l'entrate in S. Maria: il disertore Morante, capitano del genio, vi fa batterie; una sulla ferrovia a' quattordici ponti, con quattro cannoniere; due spazzano le rotaie sino a Capua, l'altre di banco, con trincee di 500 metri a parapetti per fucilieri. Si fa altra batteria sotto l'arco antico su la via consolare, con due pezzi, e trinceramento e fosso; e tal linea difensiva stendesi all'anfiteatro campano. Il Longo con altri disertori n'elevano verso S. Angelo: la prima di due cannoni alla cava Lucarelli, sulla china settentrionale di S. Iorio, per colpire di là dal fiume; la seconda con parapetto e gabbioni e due cannoni da 12 sulla strada avanti Capua, a dugento metri su la casa Luongo. A questa la guarnigione traeva dal bastione Sperone, senza pro; perchè le spolette, vecchie del 1800, prima d'arrivare scoppiavano in aria.

Tracciavano sul monte una via per cannoni; sette rigati ne postarono a S. Iorio, due sul capo del bosco, traenti alla taverna Nuova e sul piano Fasaneria, altri là dattorno. Il Gaeta costruì una batteria che prese suo nome. Da ultimo quattro cannoni di montagna e otto rigati stavano mobili sulla via di S. Angelo, da accorrere dove di bisogno. Questi otto eran la batteria della *Garibaldi,* allestita dal Nicotera, giunto da Genova a' 22 settembre; ma per artiglieri v'avean messo mascalzoni raccolti a stento. Ammannirono altresì una maniera di ponte, come a passare il fiume a Triflisco, e dar nella sinistra a' regi; e anzi sull'alba del 27 vi lanciarono alquanti battelli, che incontanente vennero da' regi cannoni distrutti. Iniziati anche lavori per una parallela, lavoratori e militi a' primi colpi del forte fuggirono; nella quale occasione la soldatessa contessa sfoderò la sciabola per rattenere i fuggenti; e 'l Garibaldi gridò più volte: *Dove sono i prodi di Calatafmi?* Ma là non era il Landi. Degradò gli uffiziali; e come i fuggiti erano Siciliani, n'uscì il vezzo di schernire quei *picciotti*; ond'egli con ordine il proibì.

§. 18. Sue posizioni.

Teneva l'esercito postato così: L'ala destra a Maddaloni d'ottomil'uomini col Bixio, suo vecchio collega repubblicano in Roma, cui disse: « Maddaloni è di grande importanza, difendetela a possa. » Il centro era a S. Angelo, con l'Eber, il Medici e l'Avezzana (costui triumviro a Genova, e ministro nel 49 a Roma, giunto allora d'America); e la sinistra col Milbitz a S. Maria e a S. Tammaro. La divisione Turr con le riserve a Caserta, dichiarata a' 25 quartier generale. Così occupava tutto il Tifata una catena di posti avanzati e sentinelle, per S. Angelo, Gradillo, Limatola,

Morrone, Valle, e Meddaloni; col fronte a settentrione, forte per aspri luoghi, fievole da mezzodì.

Or mentre ci faceva lavori non da offesa ma da difesa, mentre scacciato dalla riva dritta stava a modo d'assediato, si die' aria di vincitore, nunziando gravemente che assediava Capua. I suoi giornali ripetevano al mondo. Se non che smentendolo la crescente dissoluzione de' suoi, rimediò nunziando a' 27 la venuta de' Piemontesi: « I nostri fratelli Italiani comandati dal bravo Cialdini combattono i nemici d'Italia; il Lamoricière è disfatto, le province sono libere dal papa, Ancona è nostra, l'esercito settentrionale ha passato la frontiera napolitana; noi in breve stringeremo quelle mani vittoriose. » Queste menzogne d'Ancona presa (che ancor non l'era) e dell'aver i Sardi varcata la frontiera, tennero insieme il resto de' garibaldini, che nell'aspettazione pensarono a trincerarsi.

§. 19. Posizioni de' regi.

La loro salute fu il titubare de' regi, che lasciolli cheti tutto settembre. Tra' quali si perdè tempo in discussioni su minute cose di servizio, sul se e come assalire, sul voler provvedere ad ogni ideale difficoltà. Era in Capua un consiglio d'uffiziali superiori e generali dove Matteo Negri sempre preponderava. La setta sparse come il general Negri padre di lui, già disertato, comandasse a S. Maria (che non era vero) e per tal suspicione, al figlio ripugnava lo assaltare quel luogo, ove credea combattere il padre; onde sempre sconsigliava la guerra d'offesa. A' 26 del mese lo pseudopolacco Milbitz comandante a S. Maria entrò parlamentario in Capua: al ritorno si vantò il Salzano gli dicesse: « Noi e voi pensiamo al modo stesso; ma noi siamo obbligati a difendere quel vessillo che tutta la vita tenemmo, ora fidatoci da un re disgraziato. » Non credo ciò il Salzano proferisse, forse altri fu, chè quel discorso tra parecchi de' primi correva. Non si pensava davvero a sconfiggere il nemico, ma a sostenersi; e si stancavano i soldati per pigliare posizioni e fortificarle. A' 23 s'addoppiarono i posti avanzati, s'abbatterono gli alberi sulle vie consolari propinque; si compiè lo armamento con cannoni di Gaeta; si fe' un dente di terra avanti il bastione Sperone presso il fiume al Saliceto; e una batteria alla stazione della via ferrata. Altre batterie montarono sulla destra del Volturno, a Triflisco, a Palombara, a Formicola, per vietare il guado; una alla Masseria Marra dove il fiume fa gomito verso Capua: altra a sinistra di quella, alla Tavernola; e altra presso Amoroso, dove imbocca il Calore. L'esercito accampava al Poligono dietro la città; e seguitava su tutta quella riva, con larga curva a fronte de' garibaldesi. Avea dunque la dritta a Capua, il centro dietro i monti Palombara e Taverna Nova, con posti sulle dette batterie e la manca a Caiazzo, col maresciallo de Mechel e la brigata straniera, sino ad Amoroso.

Così i regi duci riposavano; e se prima era fallo, dopo i fatti del 19 e 21, quando il soldato avea ripresa la coscienza del suo valore, dopo la invasione nelle Marche, quel riposare fu inscusabile errore. Sperare Europa si commovesse per Francesco, che non s'era commossa pel papa; sperare nel tempo, quando misurato era il tempo dalle tappe de' Sardi da Ancona al Volturno; sperare i Sardi non entrassero, dopo ch'erano entrati nel territorio di Santa Chiesa, furono fievoli concetti. Unica via di salute era il subito sconfiggere il Garibaldi; chè o Vittorio mancando di pretesto s'asteneva d'intervenire, o, se l'avesse osato, si poteva seguir fortuna e vincer lui. Forse Vittorio recedeva, perchè non si sogliono aggredire i vincitori; e 'l vincerlo, dove si fosse istigata la guerra popolare, era lieve; come i seguiti fatti dimostrarono. Ma i nostri generali abborrivano la guerra del popolo, ed eglino non sapevano o non volevano fare la guerra militare.

§. 20. Si cerca un generale in Francia.

Re Francesco, cercando un generale, dopo la ricusa del Lamoricière, mandò pel costui consiglio in Francia a invitare la Changarnier o il Bedeau. V'andò da Gaeta, con lettere uffiziali, il capitano Luvarà a' 21 settembre. Trovò malato il Bedeau, l'altro vide ad Anton, fattosi accompagnare dal nostro ministro Canofari; e gli mostrò lo stato del regno, quello del volonteroso esercito, e quanto la gloria di lui s'alzerebbe per facile vittoria. Ei da prima parve accettasse, e anzi studiò e discusse sulle carte la posizione de' due eserciti, insieme col Luvarà; il quale richieselo del parere sul miglior disegno di battaglia. « Il disegno » rispose « si fa contro un generale; contro il Garibaldi si va dritto a sconfiggerlo dove sta. » Ma dopo lunga riflessione, considerando ciò potesse spiacere al Bonaparte, ch'aveva allora suscitato il disastro di Castelfidardo, annuì di venire, ma a patto Napoleone l'invitasse; il che valse rifiuto. Il Luvarà tornò vuoto a Gaeta a' 7 ottobre.

§. 21. Il disegno della battaglia.

Intanto il re sentendo la necessità di presto movere alle offese, ingiunse il 27 al Ritucci recisamente di dar battaglia, secondo un disegno disapprovato da costui e dal Mechel; però eseguito per ubbidienza. Questo dì stesso proclamò a' soldati: « essere favorevoli gli eventi della guerra, dover ripigliare il perduto trono; raccomandare religione, generosità, dopo la vittoria, carità a' prigionieri e a' feriti, rispetto alle proprietà, ubbidienza a' duci, e l'onore e 'l decoro del nome napolitano. » Non ostante tai documenti solenni, i settarii hanno stampato, il re aver promesso il saccheggio.

Il disegno (che si susurrò fosse del Lamoricière) era questo: 4500 uomini col maresciallo Afan de Rivera assalire S. Angelo; altrettanti col brigadiere Tabacchi investire S. Maria; il de Mechel con seimila da Amoroso (venti miglia discosto) passando il Volturno, e poi pe' ponti di Maddaloni su la strada di S. Lucia sboccasse a Caserta alle spalle del nemico; ed ove trovasse Maddaloni sgombra potesse con un battaglione occuparla. Inoltre tra l'una e l'altra ala de' combattenti una brigata col general Colonna guarderebbe la dritta del fiume da Capua a Caiazzo, da opporsi ove il guado si tentasse. Tal disegno come tutte macchine complicate, poco alla esecuzione valeva.

Era campo d'offese disposto a troppo distanze; impossibile unità di comando, difficile simultaneità di movimento; forze in più luoghi sparpagliate, deboli in ciascuna parte; restava inoperosa la cavalleria, inutile sui monti, e immota una intera brigata a guardare il fiume. Temevano il nemico guadandolo si cacciasse tra le nostre due ali; ma considerata la qualità di esso, avrei lasciato a posta quel passo per adescarvelo; chè anch'esso si sarebbe diviso, restando fievole a S. Maria e a S. Angelo, e con un'ala oltre il fiume, a petto scoperto, che di leggieri in rasa campagna andava da' regi cavalli pestata. Era allora tra' nostri duci una teoria; girar l'avversario, e non farsi girare; ma chi gira risica sempre d'esser girato, salvo avesse forze da pigliar tutto il paese. Per questo a non fame girare girando, mettemmo una brigata inoperosa, che se tenevasi a Capua in riserva, vinceva la giornata; per questo assalimmo il nemico là appunto ov'ei preparato stava, dove urtato di fianco, cioè da mezzodì, non avea difesa. Ma si temeva di restar tagliati dalla fortezza; il che anzi con istratagemma si doveva suscitare, per cavar da' ripari gli avventurieri, e sperperarli in campagna aperta. Se tanta tema d'esser taglaiti fosse stata negli altri eserciti antichi e moderni, non si sarebbero vinte battaglie se non di fronte, che avvien di rado.

Canone di guerra è fare al nemico quello che non vorrebbe, e 'l non fare quello che vorrebbe; e noi con doppio fallo nol tirammo in agguato, e demmo di cozzo là appunto dove egli ne aspettava. È altro canone non tentare la fortuna più volte, e noi quattro volte in un dì la tentammo a S. Maria, a S. Angelo, a Morrone, e a Maddaloni; dove perdendo in un luogo solo cadeva il tutto. E dividendo in tante parti le forze nostre, neppur le chiamammo tutte in quel supremo momento: molte migliaia restavano a Gaeta e di là del Garigliano gittati sulle strade, mentre sul Volturno pendevano le sorti supreme.

I nostri duci ignari delle fortificazioni elevate dagli avversarii, non avevano esplorato il terreno; sapevanlo, ch'era stato campo d'istruzione; ignoravano le trasformazioni fatte; spie non avevano, e temendosi tradimenti nessuno s'udiva. Credevano solo S. Angelo fortificato, e vi spinsero soldati migliori; tennero le guardie reali, nuove al fuoco, per assalire S. Maria, cui si credeva aperta; e i nuovi soldati trovaronsi a fronte ostacoli impreveduti, dove non bastava il buon volere.

§. 22. Quale sarebbe dovuto essere.

Stando i garibaldini a S. Maria, Caserta e Maddaloni, avevano a settentrione il Volturno e i regi; e a occidente Capua; onde erano liberi da oriente per ritrarsi a' Principati, e da mezzodì per Napoli, sorgente delle forze loro. Ora tra Capua e Napoli stava quasi sgombra la via, salvo un po' di marmaglia ad Aversa; sicchè diecimil'uomini potevano una notte sorprendere Napoli, e averla a un colpo; dove il popolo insorgendo a un tratto avrebbe messo le mani addosso a' pochi stranieri, e felloni. Presa Napoli, il Garibaldi perdea la sua base, la baldanza, e il denaro e l'opinione; perdeva il mare, si trovava stretto anche da mezzodì, nè poteva che ritrarsi co' più pervicaci a' Principati, in fra popolazioni pronte con tutte armi a percuoterlo. L'indole de' regnicoli li fa inerti avanti al nuovo venuto, ma spingeli a furia addosso al fuggiasco.

Tal disegno balenò in mente al Ritucci, quando propose andare a Napoli con tre colonne; ma volendol fare lento in due dì, e fermare a Capodimonte e altri luoghi, *per non insanguinare la città*, perciò solo saria stato senza effetto. E questo medesimo timor del sangue fe' prescegliere il disegno ch'ho enunciato; cioè d'opprimere l'avversario nelle sue posizioni, e lasciare Napoli al vincitore. Ciò avrebbe anzi più insanguinato Napoli; perocchè il Garibaldi scacciato dal Tifata, si gittava sulla città, come fece a Palermo; e fatte fortezze delle case, traeva aiuti dal mare, da' Sardi, e dagli Inglesi e Francesi. Sicchè tanto il disegno del Ritucci, quanto questo della battaglia sul Volturno, ambo ideati per evitar danni a Napoli, vieppiù l'avrebbero insanguinata.

E anche risoluto di combattere il Nizzardo al Tifata, meglio provvedevi a vittoria usando l'arme ove noi eravamo forti ed egli debole, dico artiglieria e cavalleria; e con tirarlo fuor da' luoghi ove s'era asserragliato, non già investirlo di fronte nel suo forte. Ove con molte artiglierie da mezzodì lo si bombardava entro S. Maria, lo si sforzava a uscirne in campagna rasa, sotto l'ugne de' cavalli. Ma era una specie di dogma il non potersi bombardare; e più preferire far morire i soldati che guastare mura. Ma non si fa guerra senza guasti; e per non bombardare fummo bombardati.

Non pertanto l'assalire il Tifata costava poco a' 22 settembre: costò molto al 1.° ottobre, e non riuscì. Credo errore il dare là quella battaglia; ed errore il tempo, il modo, la disposizione e l'esecuzione.

§. 23. Garibaldi prepara la difesa.

Lo stesso dì che a Capua si ordinava lo assalimento, il 28 settembre, a Napoli se ne parlava ne' caffè. Perderonsi più giorni per farne consapevole il de Mechel, e in epistolare corrispondenza con esso; nè tampoco fu lui potuto trovare dal Ritucci ito sino a Caiazzo; onde mancata anche una conferenza, il Mechel dovè solo per ordini scritti operare. Pertanto il Ritucci al mattino del 30 settembre adunò in Capua i generali, e ingiunse il da fare alla dimane, dicendolo *Gran riconoscenza armata*, per non dir battaglia. Bentosto il Garibaldi ebbe contezza del tutto. Oltracciò nell'ore vespertine davansi agli uffiziali le prescrizioni scritte, come s'usciva per le parate; e giravano pe' caffè, però note al comitato rivoluzionario, che vigile stava.

Adunque il Garibaldi istrutto dell'ora, del modo, e de' luoghi dell'assalimento, provvide a difesa. Sul mezzodì rassegnò l'esercito a Caserta e a S. Maria, avvisò il Bixio a Maddaloni; poco dopo molestò i regi avanti a' bastioni, per distrarli dall'offese e tenerli tutta notte desti. In quella congiuntura i nostri distrussero certe casupole e pagliai d'impedimento al trarre dei cannoni. Nel tempo stesso quegli ostentò forze a Triflisco; posevi una batteria, e parve con ponti di voler passare; onde il Barbalonga ch'era là, salutò co' cannoni gli avversi; che fuggirono, con tutto avessero in aiuto prima uno e poi l'altro battaglione della brigata Dunn, e alquante compagnie della 1.ª divisione di riserva. Ma quella mostra bastò allo scopo di darne sospetto di voler passare, e costringerne a star là inoperosi a guardare le sponde. A sera il Nizzardo arringò i suoi a S. Angelo; chiamò da Napoli quante altre avea genti, otteneva dalla fregata inglese *Renown* marinari cannonieri, e quanti artiglieri sardi erano in rada, cui tutti pose a' suoi cannoni; e richiamò il Turr a Caserta, e l'Orsini, che, atteso con ansia, recò batterie compiute, e munizioni e attrezzi; di sorte che adunò il massimo delle forze sue.

Dissi come prima di passare a Reggio avesse trentunomila uomini; altri vennero poi; s'erano formate legioni ungheresi e francesi, e battaglioni di volontarii. Quando si trattò di pagare se ne trovarono cinquantamila; ma come molti si tenevano indietro, non credo errare sommando ai quarantamila i garibaldini combattenti al 1.° ottobre; invero poco valenti in campo, ma numerosi a sparare dietro barricate e trincee. Stavano così in battaglia sopra quindici miglia curve. L'ala dritta a Maddaloni, duce il Bixio con la 18.ª divisione, la brigata Eberhardt della divisione Medici, e la colonna Fabrizi, tutti intorno agli ottomila con otto obici. Presso Castel Morrone, tra Caserta e Limatola era come sentinella un Bronzetti della 16.ª divisione, con poche centinaia. Alla stretta di Gradillo stavano le brigate del Sacchi e del morto Puppi. Il Medici e l'Avezzana tenevano l'alture di S. Angelo sino a S. Maria, con la divisione 17. ª carabinieri genovesi, il reggimento Brocchi del genio, e la brigata Spangaro della 18.ª divisione, con nove cannoni, tra' quali quattro rigati. A S. Maria alla sinistra il Milbitz avea la 16.ª divisione, ch'era del Cosenz ministro di guerra, e la 15.ª e quattro cannoni, con la brigata comandata da un Corte, distaccata ad Aversa. A Caserta quartier generale stava il Turr con ottomila di riserva; cioè le brigate Eber, Giorgis, Paterniti, e la calabrese del Pace con tredici cannoni. A tutti la strada ferrata aggiungeva d'ogni maniera soccorsi d'uomini, artiglieri sardi e inglesi, munizioni, farmaci e vettovaglie. E quelle artiglierie eran rette da' nostri uffiziali disertori, che l'arte ne' reali collegi sovente a regie spese avevano imparato. A costoro i giornali davano lodi infinite di valore e ingegno; a' rimasti fidi lanciavano biasimi di viltà e ignoranza.

§. 24. Giornata del 1.° ottobre, a S. Angelo.

La notte il Ritucci disponeva i suoi sul campo avanti al forte. Alcuni reggimenti non avevano ubbidito all'ordine di cuocere la carne; qualche altro arrivava allora; onde s'ebbero a mandare i soldati alla pugna, chi stanco, chi con solo pane. Pria dell'alba il maresciallo Rivera volgeva a S. Angelo la sua divisione di 6500 fanti e cavalli; il brigadiere Tabacchi con altrettali ver S. Maria sulla via consolare; e 'l brigadiere Sergardi con due squadroni lancieri e quattro cannoni a S. Tammaro. Riserva di fanti non si fece; il resto de' cavalli in 1500, co' brigadieri Ruggiero e Palmieri, stettero in aspettazione sotto Capua. Così di qua incominciavano tre assalimenti mentre da Amoroso il Mechel aggredir doveva Caserta e Maddaloni, ciò per riprendere a forza tali città, abbandonate ventiquattro giorni prima. De' cinque conflitti dirò a parte a parte.

Il Medici e l'Orsini comandanti a S. Angelo, aveano la notte ricostruite le disfatte batterie alla caserma de' pontonieri sul fiume; tenevano un reggimento Dunn sur un ridotto alla Casina Luongo; e sulla prima linea difensiva il reggimento Spangaro, due battaglioni zuavi e del genio, e altre genti della brigata Eber. Il resto della divisione Medici guardava la strada per S. Maria, il quadrivio, e le campagne dattorno con la mobile batteria detta *Garibaldi,* postata su quella strada sino al ponte della via cupa di Piazza. Nel villaggio stavano gl'Inglesi e gli Ungheresi. Inoltre era la brigata Sacchi a S. Leucio, con ordine d'accorrere pei monti a S. Angelo, ove occorresse.

Il Rivera mandò a S. Angelo le sue due brigate di cacciatori coi brigadieri Barbalonga e Polizzy, uno squadrone d'Usseri, e l'artiglieria comandata dal maggioro Gabriele Ussani. Procedendo in fitta nebbia che la tremula alba offuscava, scontrarono alla palude Ciccarelli i primi posti avversi, e li respinsero. Indi il cannone rivoluzionario, tonando dalla casina Luongo, fu segno che mosse tutta la linea di quattro miglia, da S. Angelo a S. Tammaro, nel cui centro ad angolo acuto entrante sta S. Maria. Escono i garibaldini ad opporsi; e tosto rotti, perseguitati dagli ussari, ricovrano nelle trincee. Là il Longo, (quel disertore del 48, e poi preso, e dannato a morte, e graziato!) dicentesi generale, puntati i cannoni contro i connazionali, esce da' parapetti con un battaglione della brigata Dunn; ma colpito in fronte, è da' suoi fuggenti tratto a salvezza. Allora l'Avezzana con due battaglioni della brigata Simonetti, si caccia tra S. Maria e S. Angelo, e dà nella dritta a' regi; mentre il Medici, raccogliendo quanto può della 17.ª divisione e della brigata Spangaro, s'oppone di fronte; e si posta presso a una batteria sulla china del monte a occidente del villagio. S'ingagliardisce la zuffa, e tonando l'artiglierie, e piegando or gli uni or gli altri, durano un pezzo. Soprattutto si versava sangue, alla Cupa Lucarelli, là dove si congiunge con la via consolare presso il fiume; ivi i garibaldini ebbero i maggiori danni della giornata; erano i più Toscani e Lombardi, cadenti a centinaia, ferito il Dunn, e parecchi uffiziali uccisi o feriti. I regi pugnarono bravamente, massime il 7.° cacciatori col tenentecolonnello Tedeschi; e dopo alquante ore superate barricate e casine, presi i cannoni, scacciarono i nemici, e anche l'Avezzana e il Simonetti dalla strada tra S. Angelo e S. Maria; e ributtaronli dietro a fossi e barricate.

Intanto il dittatore ito sull'alba a S. Maria, e colà iniziata la pugna, udendo il cannone dalla dritta, v'accorse, sperando poter voltare il Medici sulla sinistra de' Borboniani assalenti S. Maria. Giunse in regia carrozza, nel fitto del fuoco, al quadrivio; gli morì il cocchiere, un cavallo, e due guide, e per punto non restò egli preso; che investito da una mano di cacciatori, sguizzò gittandosi di carrozza e fuggendo per un valloncello; e perchè non conosciuto, non perseguitato. Un suo uffiziale fu da' contadini preso, e dato a' regi. Egli per vie traverse arrivò al Medici;

comandò si tenessero a possa, e salì alla vetta S. Iorio a guardare il campo, che per la nebbia e 'l fumo non potè. Ito al villaggio S. Angelo, scorse i regi padroni de' superiori poggi, fugato lo Spangaro che v'era a guardia; onde si sforzò di rattenere i fuggiaschi d'ogni corpo, gridando *sè vincitore su tutti i punti*; così rattestata una compagnia di Genovesi e due della brigata Sacchi corsa da S. Leucio, con molti de' sparpagliati, li postò dietro macerie, fossi e macchie, a schioppettare come si potea.

Il Barbalonga poco prima, comparendo certi cavalli avversi, mandò chiamando cavalleria; vennevi senza saputa del duce il colonnello Puzio con due squadroni carabinieri, che arrivato inopportunamente, die' una carica senza frutto. Perchè i cavalli garibaldini al vederlo sparirono, e i fanti rifuggiando alle colline percotevano a man salva i carabinieri, impacciati in luoghi aspri; ond'ebbero a voltar faccia. Nulladimeno i cacciatori regi, ancorchè stanchi e digiuni sempre guadagnavano terreno sino al meriggio, quando un po' si riposarono Ma i garibaldini non ostante il dittatore presente, scemavano d'animo e numero; e sì pochi restarono, che quando dopo un'ora i regi tornarono alla pugna non li trovaron più. Dappoi superate tre barricate, rotti gli Ungari presso S. Angelo, che soli fecero colà qualche resistenza, presero quel villaggio; inchiodarono e rovesciarono in burroni certi pezzi, quei sei presi alla Casina Luongo con altre armi e munizioni mandarono a Capua; e fatti molti prigioni, si ristorarono con la zuppa del nemico.

Il Garibaldi involto nella fuga, vedendo ch'ove i vincitori scendessero a percuotere nella sua dritta a S. Maria era perduto; sebbene avesse chiamata la riserva da Caserta, pur ne trasse buon colore d'allontanarsi per sollecitarla; e lasciò i suoi pochi superstiti, che s'andavan su per quelle creste fuor di tiro rifugiando. Sendo tutte le strade prese, dovè per viottoli e vallate trafugarsi a S. Maria, ove giunse sull'ora due pomeridiane. Questo dunque de' molti assalimenti della giornata aveva avuto compimento; mancò un generale che senza posa si lanciasse con quei prodi cacciatori a dar ne' fianchi de' rossi a S. Maria. Ma il Rivetti s'era stato giù, lungi dalla pugna; e i brigadieri Barbalonga e Polizzy, co' soldati stanchi sedettero su' trofei.

§. 25. A S. Maria.

Fieri affronti intanto seguivano a S. Maria. Il Milbitz vi stava con a manca il reggimento Fardella a S. Tammaro, e quello Melenchini alla via ferrata; al centro i reggimenti Langee e Sprovieri, e il battaglione volontario di Napoli, con altre riserve dietro; teneva la compagnia francese in casa La Valle incontro l'anfiteatro, e alla dritta sino alla via di S. Angelo i reggimenti Corrao e La Porta; tutti con trincee e cannoni.

Il Tabacchi menava 1500 regi in due brigate de' tre reggimenti della guardia, mezzo battaglione tiragliatori e alquante compagnie del 9.° di linea, co' brigadieri Dorgemont e Marulli. Comandava l'artiglieria il colonnello Matteo Negri, e 'l maggiore Ferdinando Ussani. Partivansi in tre: una col Dorgemont pe' Cappuccini s'avanzava tra la via consolare e quella a S. Tammaro; altra col Marulli moveva sull'anfiteatro, ambe con cannoni e cavalli; e la terza d'un reggimento granatieri e due compagnie tiragliatori dovea stare in riserva col Tabacchi. Il Negri, messe artiglierie dove la strada fa gomito coperto da una taverna, colpiva sull'anfiteatro e sugli archi antichi. Così quelle opere dell'età romane ritornavano a usi guerreschi, sempre più dall'ire umane che dal tempo percosse.

L'altra colonna di cavalli menata dal Sergardi volgeva a S. Tammaro, e fermava sulla strada presso la prima barricata nemica, alla taverna Ortichella. Il garibaldino Fardella al vederli, temente gli tagliassero la ritirata, lasciò pochi a guardia, e di corsa ripiegò sul Melenchini alla via di ferro. Ma il Sergardi stette molte ore inoperoso; chè aveva ordine di guardare la Foresta, ove supponevano nemici, e nessuno v'era; però tal comparsa di cavalli colà, non solo non fu utile, ma recò il danno di fare unire il Fardella al Melenchini, e sì ingagliardire l'avversario dov'era assalito da vero.

Tonando i primi colpi a S. Angelo, le due colonne s'avanzarono a S. Maria, ma con troppo aperte ali, onde si trovaron fievoli in ogni parte. Scontrano a' Cappuccini i posti avanzati, e respingono sul La Masa ch'usciva coi suoi; ed egli e quelli bentosto rifugiano nelle trincee. Il Tabacchi destinato a riserva fu spinto anch'esso colla sua colonna sulla via di ferro; e anche rigettò dietro i trinceramenti il Melenchini e 'l Fardella. I regi allora quando si credevano aver vinto, trovaronsi a un tratto avanti a ostacoli non preveduti, colpiti in fronte a scaglie su due lunghe e dritte vie dagli artiglieri sardi, colà postati da' nostri disertori Verdinois, Morante, Iovine, Ferrari ed altri. Nondimeno sulla via consolare superarono una barricata; ma scontrarono la seconda agli archi antichi, che per l'ingombro della prima non si potea colpire; la quale fulminandoli da presso costrinseli a dare indietro. La sezione di tre cannoni troppo inoltrata ne ebbe l'uffiziale giordano sfracellato, un altro ferito su' pezzi, e i cavalli uccisi; onde restò abbandonata e perduta.

In quella sull'ore otto del mattino arrivavano da Gaeta i giovanetti prenci reali, conti di Trani e di Caserta; i quali fattisi in mezzo, mentre con l'esempio e la voce rianimavano i soldati, soccorserli col 1.° battaglione del 10.° di linea col tenentecolonnello Afflitto chiamato da Capua. Il Negri con 10 pezzi dalla Taverna percosse e danneggiò le batterie contrarie; e i nostri fanti dopo un'ora riordinati tornarono all'assalto; ma uscendo i rossi ad incontrarli, in breve su tutta la linea fu general conflitto. La colonna della nostra sinistra col Marulli corse impetuosa sulla via S. Angelo, per isfondare il centro avverso, e separarlo dalla sua dritta, che già in quella parte piegava. Accorrendo il La Masa, fu tosto sforzato a rinculare nell'anfiteatro, se non che la compagnia francese da due casine con fitto fuoco rattenne i vincitori; i quali con orrore si stettero a combatterla, invece di seguitare la vittoria. Anche il Milbitz, uscito dagli archi antichi era con danno respinto; tale che parecchi bravi soldati dei 10.° di linea, inseguendolo, superarono gli accessi della città, e toccarono le prime case. Cercavano riniforzi, ma niuno li seguitava; riserva di fanti non v'era, la cavalleria non poteva operare ne' luoghi abitati; e là dove un solo battaglione fresco bastava a vincere, mancò. Quindi non per opposizione di nemico, ma per difetto di compagni, ebbero a lasciare le toccate mura.

In quell'ora decima del mattino in tutta la battaglia la fortuna volgeva a' Borboniani; fuggirono i ribelli, le strade di S. Maria eran deserte, le finestre avean pannilini, e già la popolazione s'aggruppava con voci reazionarie, e cercava arme per dar su' fuggenti. Ma i nostri duci, mancando d'impeto, non s'avvidero del nemico scoraggiato; lasciarono passar l'ore, e dettero tempo accorresse per la via di ferro da Caserta prima la brigata Assanti, poi l'altra Pace, che rinforzando i rossi li fecero di nuovo uscire alla riscossa sulle strade. Inoltre arrivavano in fretta da Napoli e da Aversa quanto v'era d'armati e settarii stranieri, e artiglieri sardi e inglesi; di sorte che la difesa, quantunque confusa, pur potè per numero arrestare il progredimento de' soldati reali.

Credesi non si vincesse per colpa delle guardie reali, non istruite a combattere in ordine aperto, sendo state sempre corpi d'onore. Assalendo serrati come in parata, colti dalle scaglie, parecchi s'invilirono; e quando si comandò l'ordine sciolto, spartironsi a gruppi, ed eran colpiti in frotta. Or l'uno or l'altro fingendo ferite sbiettava; altri allenando per digiuno e stanchezza, si lasciava cadere per terra; cosicchè i pochi rimasti non si trovarono bastanti contro i freschi arrivati. Brutto fu il vedere uffiziali a nascondersi o a partirsi; mentre altri bravamente, e i reali principi correvano pericoli nel mezzo de' colpi per rattenerli. Una granata scoppiò avanti a' cavalli dei principi, e una scheggia lacerò l'abito del conte di Caserta. Eglino adoperandosi da cavalieri menavano avanti quanto lor veniva alle mani; ma non v'essendo riserve, i pochi combattenti s'assottigliavano, così che sul meriggio tutti s'eran ridotti per terra sotto le mura capuane.

Arrivavano il re e il conte di Trapani in divise e a cavallo; e spinsero un'ora dopo novello assalto sulla via consolare, e sulla strada ferrata; il nemico dapprima resistè, ma tosto restandovi ferito il Milbitz, riparò dietro i parapetti, e trasse a scaglia. Uno squadrone di cavalli ito col maggiore Pesacane, colto in fronte, ebbe a voltar faccia, e disordinò e disanimò gli assalitori. Allora il re vedendo l'impossibilità del vincer di fronte, ordinò che la colonna vincitrice di S. Angelo e 'l Sergardi da S. Tammaro, dessero sui fianchi di S. Maria; il che saria stata corta vittoria. L'ordine non andò al Rivera, che, rimasto indietro, non fu visto combattere; ma giunse a' brigadieri Polizzy e Barbalonga, i quali per la stanchezza de' soldati è da credere perdessero molto tempo a riordinarli. Dall'altra parte il Sergardi ubbidendo mosse co' suoi cavalli a S. Tammaro, fugò i rari difensori delle quattro barricate; ed entrato, prese alquanti prigionieri e una bandiera; mentre il popolo festeggiandolo co' pannilini e plausi, le case de' faziosi ardeva. Egli più non veggendo nemico mandò chiedendo un battaglione di fanti per investire di là S. Maria, e non potendoli avere, restò.

Nulladimeno i garibaldini stavano in peggior condizione; perduto S. Tammaro e S. Angelo, sostenentisi appena agli archi antichi e all'anfiteatro, patite molte morti e feriti, erano grandemente scemati. Chi vedeva allora la guerra, lasciava il posto; e noi li miravamo arrivare a torme a Napoli pallidi e tacenti. De' Calabresi e Siciliani pochissimi si tennero. Ma i regi combattuto in pochi e senza riserve, non avevano un battaglione fresco da ristorare la fortuna; però la battaglia durando sospesa per iscambievole impotenza, la mancanza d'azione de' vincitori di S. Angelo e S. Tammaro die' tempo al nemico di provvedere. Arrivava fuggente il dittatore; che al vedere tanto sgominio pur là, correva gridando: *si rassicurassero*; *esser egli su tutti i punti vincitore*; e sì rattestando andava i fuggitivi. Venendo da Caserta il resto della riserva, cioè il Turr con le brigate Eber e Giorgis, spinsele parte fuori S. Maria, parte a S. Angelo; ed altri Sardi e cannoni accorsi da Napoli postava sulle batterie della ferrovia e degli archi antichi.

Frattanto Francesco e i reali principi adunando per entro Capua e fuori i più volenterosi per tentar l'ultimo forzo, lanciarlonli sull'ore quattro vespertine contro le insuperate trincee. I rossi uscirono a incontrarli dalla via S. Angelo e dalla città, assalendoli di fianco e di fronte; onde seguinne sanguinosa avvisaglia per oltre un'ora. Là una palla lontana colpì il Garibaldi avanti la barricata, con poco danno alla gamba sinistra. Il re raggranellate alquante centinaia del 10.° e del 9.° di linea, mandolle a rafforzare la pugna col colonnello De Liguoro; ma benchè facessero prodezze, sendo magre, e arrivando poche per volta, bastarono solo a serbare le posizioni virilmente dal colonnello Marulli sostenute. Allora il duce Ritucci, considerando non si poter vincere con sì sparute forze, ordinò la ritratta, e che cavalleria e artiglierie la proteggessero.

In quel mentre per gioco della sorte quattro compagnie tiragliatori per la strada di ferro, superate le trincee, toccavano le prime case di S. Maria, abbandonate da' difensori; e chiedevano rinforzi per entrar dentro, quando lor giungeva l'ordine di ritirata. Impertanto cominciando questa da tutte le parti, i garibaldini uscirono a incalzare; ma pochi squadroni di carabinieri, non ostante l'inadatto terreno e l'albereto, sì menarono le sciabole, che lor ne cavarono la voglia. Ferito a morte con arme bianche caddevi un Flugel tenente ungherese con altri molti; e i carabinieri facevano più, se la fortezza nol vietava, che sovente errando i colpi scambiavali per nemici e li feriva; come avvenne presso la casa Saullo, in punto ch'eran per dare un'altra carica. Il colonnello Grenet, con soli cent'uomini superstiti del suo reggimento e lo stendardo, fe' sosta; e aiutato da' cavalli, tenne il fronte sinchè tutta la truppa si ritirò.

Similmente per ordine ritraevansi le genti da S. Angelo e S. Tammaro, dopo un giorno d'inutili combattimenti. Lasciavano i luoghi con tanto sangue conquistati, per mancanza di mille uomini freschi, da proseguire la vittoria. E stava sulla dritta del Volturno il Colonna con una brigata intatta, a vietare gl'intentabili guadi al nemico, che nè il voleva, nè il poteva. Divisi in più parti, mancò l'unità del comando e la simultaneità delle offese: dove si vinse si restò fermi; si die' a' vinti il campo di agglomerarsi a S. Maria; dove, per pochezza de' nostri e per gagliardi ripari avversi, più deboli eravamo; colà appunto ov'era mestieri d'impeto e forza. Il Ritucci, restato sempre avanti al fuoco, sfidò inutili rischi, poco guardò lo insieme; e parve più impavido soldato che veggente capitano.

§. 26. A Maddaloni.

Il Mechel aveva ordine di studiare il tempo, per procedere con la sua divisione da S. Salvatore pe' ponti di Valle e la strada S. Lucia, e assalire il 1. ottobre i garibaldini a Caserta; il che se avesse fatto, dando lor nelle reni, impediva alle loro riserve d'accorrere, e poteva di rovescio S. Maria investire. In tal movimento stava la forza del concepito disegno; nè certo era facile eseguirlo appieno, quando già il nemico, sapendolo, v'aveva preparato ostacoli e contrasto. Ma il De Mechel variò dal prescritto: scemò sue forze; die' tremil'uomini al colonnello Ruiz (quello di Calabria) acciò per Morrone salisse a' casertani monti, donde scendere a combattere Caserta; e a sè co' tre battaglioni stranieri riserbò lo aprirsi il passo pe' ponti, e occupare Maddaloni. Spinse infatti il Ruiz la sera innanzi, a guadagnar cammino; ma costui movendo da Caiazzo si fermò due ore presso la scafa al Torello, e fece una seconda fermata a Ducenta; dove il Mechel sopraggiungendo, a riposare lo trovò. Dovea prevedere non poter più quella colonna giungere alla designata ora a Caserta, e dovea ripigliarla seco; ma si contentò rimproverarlo e sollecitarlo; e co' suoi tre battaglioni, cinquanta cavalli e dodici cannoni proseguì.

Il Bixio lo aspettava, attelato a opporglisi così: la brigata Eberardt alla dritta, sul monte Longano; l'altra Spinazzi al centro, a Villa Gualtieri, poco in giù dell'eremo S. Michele, a cavaliere sulla strada per Caserta; a sinistra quella Dezza sul monte Caro; in riserva la colonna Fabrizi, all'eremo del Salvatore sulla via di Maddaloni. E, fortificato il gran ponte con cannoni, stava un battaglione a Valle di vanguardia.

Il Mechel giunto sull'ore sette matutine fugò questa gente; e scorte le posizioni nemiche, suddivise in tre la sua brigata: mandò il maggiore Migy col 2.° battaglione sul monte Caro; il maggiore Cechter del 5.° al monte Longano; ed egli in mezzo col 1.° comandato dal maggiore Goeldlin e le artiglierie, investì dalla strada le barricate sotto gli archi del ponte. Iti quelli su, cominciò verso l'ore nove, da tre partì la pugna. Le sue forze in proporzione d'uno contro quattro neppure tra sé in valore eran pari; il 3° battaglione, tutti Svizzeri, già stanziato a Maddaloni, eran bravi e fidi, sapevano le distanze del tiro su quei luoghi studiati da loro; sicchè non mancando colpo, fecero de' rossi mal governo; ma gli altri due quasi tutti Germani, il più Boemi, mandati da quelle sette a posta a minarne, non ebbero nè valore, nè fede.

Nulladimeno i Garibaldini del Dezza sui monte Caro, non punto gente migliore, al vederli fuggirono per la china occidentale del Tifata; onde accorse la brigata Spinazzi da Villa Gualtieri, e qui venne chiamata dal Salvatore la colonna Fabrizi. Quei del Dezza ristorati dal soccorso, si postarono qua e là per le vette a schioppettare accovacciati; ma li aiutò più la inazione de' Germani, che sordi a' comandi gittavansi per terra, accusando fame. Eran gente raccogliticcia, parlanti dialetti diversi, inintelligibili anche tra loro, che rendeva impossibile la disciplina. Gli uffiziali e sottuffiziali sendo svizzeri, frementi dell'onta, s'unirono con pochi soldati di nazione Ungheri e Viennesi, e lasciati quei tristi indietro, affrontarono il nemico; il quale ora scendeva a incalzarli, ora rinculava; e questa vicenda tra' pochi bravi dell'una e dell' altra parte durò sino al tardi. Però quelle non tocche vette servirono di rifugio a parecchi fuggiaschi garibaldini della giornata.

Intanto le artiglierie regie dalla strada percussando le avverse, prima le fecero tacere, poi fuggire; perlocchè il Mechel conquistato un cannone, si volse a rinforzare la sua sinistra, già presso i molini alle mani. Colà l'Eberardt si difendeva strenuamente, e si fe' sangue: vi perì un giovinetto capitano figliuolo del Mechel, colpito in fronte. Il misero padre verso una lagrima, poi gridò Viva il re! e si scagliò a vendicarlo. Il nemico percosso pur di fianco fuggì a rotta, abbandonando Longano: di qua gli Svizzeri ne fecero strage con giusti tiri, dove quelli sbagliando le distanze davano in terra; però danneggiato molto, il Bixio col restante piegò a Villa Gualtieri ove non essendo incalzato, si potè formare in una linea perpendicolare a quella che teneva prima, con le spalle a Caserta e a Centurano, come a impedire quel passo.

Restando Maddaloni aperto al vincitore, il Mechel passò il ponte, e fermò a mezza via, alla Cappelletta, traendo con qualche cannone in su, a S. Michele. Se procedeva alla città, il Bixio girato alle spalle avrebbe avuto a fortuna lo scampar presto; e già per tal timore i suoi fuggivano a sciami, giù per le rocce occidentali con cavalli e bagagli in quei ripidi luoghi. La mia villa lor servì di nascondiglio; varcatene le mure, s'ascondevano per macerie e macchie. Chi gittava l'arme, chi arnesi e camice rosse, chi in tugurii cercavan vesti paesane; gremite di fuggiaschi le vie di Napoli e dei Principati. Altri scampando per Maddaloni, allo entrare gridava s'alzassero le bandiere nere sugli ospedali per salvare i feriti; e sì il paese si commoveva alla riscossa, che un popolano uccise qualche garibaldino dalla finestra. Ma il Mechel o non sapesse lo affralimento del nemico, o impedito dalla mala volontà de' Boemi, non occupò la citta; e stette più ore in aspettazione di novelle del Ruiz, col quale piombar d'accordo sopra Caserta. Troppo distanti erano. Laonde veduto non riuscito questo scopo, verso l'ore cinque vespertine cominciò la ritratta.

Allora il Bixio con poche centinaia raggranellati per quei greppi molestò i regi a coda, ma non troppo. Raccolse la dimane 63 Alemanni, che volontarii s'eran per quei casolari rimasti a dormire; e cantò vittoria. Ma la sua divisione ne fu disfatta; e centinaia di morti per quei valloncelli, mal sepolti, più mesi dopo al cader delle piogge con l'ossa biancheggiarono.

§. 27. A Caserta.

Il Ruiz frattanto con gli avanzi del 6.° 7.° e 8.° di linea andando pian piano, anche a Limatola riposò. Era là un Bronzetti garibaldino con 250 uomini, ch'avean fatte empietà grandi; malconcia la chiesa, stoccheggiati i santi, guaste più case, spezialmente quella d'uno speziale, perchè realista, e i farmaci e l'ampolle sperperate; ma al vedere i regi s'eran ritratti a Morrone. Il Ruiz, che doveva andare a Caserta, si fermò; e mandò a combatterli il maggiore Nicoletti, con un battaglione del 6.° Questi li assaltò nella vecchia torre sopra il paese; poscia afforzato da' maggiori De

Francesco e Musso con altri cinquecento, difendendosi pur quelli alla disperata, dopo più ore v'entrarono in frotta. Uccisero il Bronzetti, il chirurgo e altri pochi, il resto ebbero vivi; cioè undici uffiziali, dugento soldati, e sei feriti. Il Ruiz sul tardi s'incamino per Caserta Vecchia, dove più non valeva lo andare, e trafelato sull'imbrunire v'arrivò. Quei ch'avean superato Morrone, venendo avanti disordinatamente, ebbero quattro colpi con l'avanguardia della brigata Sacchi al parco di S. Leucio; e preso un capitano con pochi altri, lasciato il De Francesco sul propinquo monte a guardare la posizione, si congiunsero a sera col Ruiz sopra Caserta Vecchia, stanchissimi, digiuni, e alla spicciolata. Questo Ruiz spensierato si cacciò nel convento de' Cappuccini, e lasciò la gente al sereno e affamata; onde fu necessità che uffiziali e soldati si sparpagliassero alla cerca di pane e paglia, senza più ordine nessuno di milizia. E giuntogli la notte ravviso del Mechel che tornasse indietro, udendo la vicinanza del nemico, invece d'unire la truppa, ordinò sull'alba a' maggiori Musso e Nicoletti di raccogliere quanti potessero soldati, e tenere il posto, mentre egli altrove campeggerebbe; e al tenentecolonnello Freschi comandò si ponesse sulla china del monte di rimpetto Morrone, per farsi guardare lo spalle. I cannoni in quello sparpagliamento rimasti abbandonati, ove il nemico se n'avvedeva erano rubati; egli con pochi artiglieri li ridusse al piano di Morrone; e raggranellando per via drappelli come capitavano, se ne andò, abbandonando gli altri.

La sera del 1.° ottobre, come a Caserta udironsi i regi sul monte, fu un terrore: i pochi Calabresi là rimasti nicchiarono, e fu gran fatica dell'Ungaro Teleki a tenerne alquanti. Il Garibaldi da S. Leucio vi mandò i Calabresi dello Stocco e la brigata Assante, ed egli al mattino corsevi per Briano co' carabinieri genovesi, ordinando a tutta la brigata Sacchi di seguirlo. Oltracciò comandò al Bixio accorresse da Maddaloni pe' monti. Il Sirtori giunto allora, spaurito più di tutti, chiamò in fretta da Napoli i Piemontesi di truppa regia; ed ebbe la notte un battaglione bersaglieri, che postò coi suoi cannoni al mercato. Tanto sgomento avanti a pochi Borboniani dispersi, mostra come la battaglia avesse l'esercito rivoluzionario prostrato. Intanto i maggiori Nicoletti e Musso ch'avean raccolto da 250 uomini per ciascuno, e il De Francesco, credendosi seguiti dal Ruiz, e che s'avesse giusto il disegno a scendere al piano, stettero a' loro posti così: il De Francesco alla dritta incontro S. Leucio; il Musso al centro un po' giù, dalla via a Morrone; e 'l Nicoletti presso la torre di Caserta Vecchia. Il Musso cominciato uno schioppettio co' rossi a Casolla, come uno de' suoi fu colto, i soldati si precipitarono giù a vendicarlo; scacciarono gli avversarii dalle occupate case, cinquanta ne agguantarono, altri uccisero, fugarono il resto; ed elati del prospero successo s'avanzarono a Caserta, mandando, al Ruiz avviso che venisse. Costui ito già più miglia lontano, mandò invece l'ordine di ritratta, il quale giunse al De Francesco solo, che con alquanti prigionieri lo raggiunse; ma il Musso pugnante non l'ebbe. Ebbelo sì il Nicoletti: ma i suoi che avean sentito lo schioppettio a Casolla, non vollero dare addietro, e si spinsero al piano; dove volgendo a dritto s'accostarono a Caserta, sino ad Aldifreda e allo stradone S. Antonio. Là combattendo le pugnaci case, qualcuna a sinistra ne conquistavano.

Intanto il Bixio da Maddaloni e il Sacchi da S. Leucio, già prese le alture, bersagliavano le spalle a' regi; dalla dritta arrivava il Garibaldi, dalla manca i Calabresi, e di fronte i Piemontesi co' cannoni infilavano lo stradone; però quelli da tutte parti cinti, senza artiglierie per rispondere, sopraffatti, posarono l'arme. Il Musso ignorando in che mala condizione fosse, scese da Casolla, andò più ore cercando pe' campi i compagni, sinchè saputo ch'eran prigioni capitolò con la gente dei Bixio sulla strada tra Centorano e Caserta. Gli uni e gli altri prigionieri furon cinquecento, ma se ne trovarono molti altri per vie e capanne, dove sin dalla sera avanti s'eran iti, come ho detto, ricoverando per mangiare; sicchè tutti furon da novecento presi con arme o senza: uomini dal loro condottiero abbandonati. Questo Ruiz intanto, raggruzzati di là da Morrone ottocent'uomini, passando a guazzo il fiume, a Caiazzo si ricondusse; rotto, senza battaglia; ma tre volte rischiò d'esser da' soldati ammazzato, che il gridavano traditore; onde spaurito fuggì a Capua, solo, lasciando ogni cosa. In Calabria aveva abbandonata tutta la brigata, a Caserta ne abbandonò mezza: sì due volte nella stessa guisa, in men di due mesi, mancò: esempio non più visto di dabbennagine di chi due volte fidò in lui. Fu il Crouchy del 1. ° ottobre.

§. 28. Critica della battaglia.

Questa giornata tale fu che l'ho descritta, scevra delle fantasie schizzate dalle penne garibaldesce. Assai orrori di strategia e tattica reserla inutile prima e dopo. Ogni buon capitano se assale il nemico da molte bande, si fa grosso in una, e fa nell'altre finti sforzi per tener diviso e incerto l'avversario; noi per l'opposto dividemmo e suddividemmo le forze nostre, facendo davvero in tutte parti, e in nessuna con numero sufficiente. Anche superando il nemico, il costringemmo a concentrarsi; e vincitori restammo inoperosi, con le membra spezzate a venti miglia, ignari gli uni degli altri. Ciascuno aspettando dell'altro novella, dopo vinto non avanzava, ond'ebbero trionfi vani. Tentammo quattro volte la fortuna; e per una sola che ne fu contraria, non valsero le tre prospere. Avevamo quarantamil'uomini, e combattemmo col terzo; non lasciammo riserve, i cavalli inopportunamente usammo. Con pochi, mentre fiorenti divisioni posavano oltre il Volturno, combattemmo pe' destini del reame. Ignorando i ripari avversi, là dov'erano maggiori lanciammo soldati men pugnaci, e stanchi e digiuni. Respinti, invece di tentare assalti di fianco, tornammo sempre ad assalire il punto stesso, e con forze minori; sicchè anche superati gli ostacoli due volte, fu vano per mancanza di seguito; e senza prò lauto sangue si sparse.

I garibaldini descrivono la battaglia tronfiamente, con pugne da epopea; chè parecchi di loro sendo scrittorelli, mandavano lettere a' giornali encomiatrici di sè stessi, poi per tutta Europa ristampate. Ma se i Borboniani non seppero vincere, neppure lo esercito rivoluzionario guadagnò terreno: dopo la giornata i regi restarono a' posti di prima; quello scemò per fughe, perdè il prestigio, strinse le linee d'avanguardie, niente altro operò, ed ebbe necessità di quarantamila Sardi che il cavassero da quella stretta. Anche le perdite, per la nostra migliore artiglieria furono a lui più sanguinose. Avemmo mille e più fuori combattimento, oltre i detti prigioni. Il nemico, dice il Rustow, avesse 506 morti, 1328 feriti, 1389 tra prigioni e smarriti; ma vedemmo parecchi dì la strada ferrata menar feriti in Napoli, e qui pigliarsi a forza carrozze da nolo e private, per portarli ad ospedali e conventi; il rapporto uffiziale di S. Sebastiano novera 1050 feriti giunti colà nel solo 1.° ottobre. Se Napoli era pieno, i paesi più vicini eran colmi. Credo perdessero tra morti, feriti e prigionieri da quattromila: fuggiaschi non numerabili.

Confrontando i danni, vedesi i soldati regi meglio menate le mani; per l'opposto i duci loro fecero meno de' duci avversi; di questi alquanti, e anche il Garibaldi ebbero ferite; de' regi niuno, che i più si tennero discosti dal fuoco. Gli uffiziali rossi risicando molto nella impresa operavano volonterosi; e dove non bastavano forze, s'aiutavano con bugie, favellando di vittorie tra sconfitte; gli uffiziali regi se buoni tacevano, se mali spaurivano i soldati; onde avvenne che i Borboniani vincendo retrocedevano, e quelli fugati tornavano a' posti perduti.

§. 29. Il Garibaldi si trionfa.

Il Garibaldi che pe' nostri errori era campato da ruina, nell'ore pomeridiane fugato da S. Angelo, diceva alto *siamo vincitori;* ripetevalo chiedendo soccorsi a Napoli e a Caserta; e ripetevalo al Bixio scacciato da' Ponti di Maddaloni. A Napoli commossa per l'aspettazione del regio vessillo, fe' incollare a' muri un suo telegramma: *Siamo vincitori su tutta la linea.* Smentivalo il pallore de' fuggitivi, le centinaia degli arrivati feriti, lo accorrere de' Sardi e degli Inglesi. A S. Maria il 2 fu dopo il meriggio un panico terrore: Garibaldini e plebe sclamando: *Viene la cavalleria regia!* uscirono in frotta verso Caserta. Le botteghe si chiusero, sparirono i venditori, le barricate restarono deserte: e bel caso fu che s'incontrarono co' Casertani, fuggenti del pari da' veri regi scesi da Caserta Vecchia. Rassicurati poi dell'errore, ciascuno tornò baldo al posto, senza altro danno che il digiuno, per fuga de' venditori.

In Napoli grande ansia: temere e sperare, far capannello, dimandare, serrarsi, pregar santi, secondo i pensieri e lo parti. Seguì buia incerta notte, peggior domani. Il colonnello sardo Santarosa venuto in città con un reggimento, rimbarcò in fretta mezza la sua gente; e aspettava l'avvicinarsi de' regi, per navigar via col resto. Chi sospirava i gigli accorreva, mandava corrieri avanti: non si sapeva spiegare come i generali del re, tenendo la via sgombra e Napoli aperta, tardassero tanto; imminente era del popolo lo scoppio; s'aspettava la bandiera. I rivoluzionari ad ammaccar gli animi mandarono per le strade in più drappelli i prigionieri di Caserta, laceri, stanchi, digiuni, sputacchiati da' camorristi. Allora ogni onestuomo si sentì stringere il cuore. E intanto i prigionieri garibaldini dentro Capua avean cure pietose, e anche permesso d'esser da' compagni e dalle loro soldatesche visitati.

La sera del 2, assicurati dalla inazione de' regi, ordinarono le luminarie in Napoli:

due camorristi a nome della potestà sforzavanle; ma riluttando la coscienza, furono pochi lumicini e radi. Mancava questa scelleratezza dell'ostentare allegria tra tanto versato sangue. Il Gavazzi concionava, raccontava a' lazzaroni maraviglie, gesticolava da ossesso, e si faceva plaudire a verbo. Da una loggia del teatro S. Carlo, predicò che Vittorio dicesse al papa *Datemi Roma, e vi darò Cipro e Gerusalemme.* Il dittatore dettò mirabilia della battaglia; encomiò i suoi; e più gli Ungaresi (benchè fossero Tedeschi), per vezzeggiare quella nazione, cui prometteva l'anno venturo sbarcherebbe in Dalmazia a liberare Ungheria; e per darne un arra, fe' pubblico dono a Turr di due batterie, una da sei e una rigata. Anche pubbliche grazie rese all'anglo comandante del *Renown,* ch'avea fornito artiglieri.

§. 30. Perchè i regi non riassalirono.

A ragione trionfava, poi che i duci nostri non usavano le forze. Il re la sera del 1.° ottobre, ricordando che talora il non riuscito in un dì compissi il domani, pensò d'accampare sotto gli spaldi, per ricominciare le offese al mattino; laonde vietò lo ingresso in Capua alle ritraentisi soldatesche. Se ciò s'eseguiva con fresche schiere, chiamando la brigata Colonna vicinissima, l'urto coincidendo con quello da Caserta Vecchia, per le prostrate forze avverse, risuscitava la fortuna. Ma i generali, che niente delle male condizioni garibaldesche sapevano, nè punto nelle reazioni popolari speravano, vedevano dannossima l'audacia del riassalire alla dimane; prima osservarono che meglio i soldati riposerebbero nelle mura, per uscir più vigorosi al mattino; entrati, la vinse il sonno. Al re mostrarono la mala voglia della guardia reale, sconnessa, depressa, e mezzo spogliata; la ignoranza de' casi del Mechel; la difficoltà d'aver subito truppe fresche, e nuove munizioni e arnesi; la temenza di suscitare scene di sangue in Napoli; e la possibilità d'un sinistro, che disagerebbe lo esercito, ultima speranza del reame. Difficile dopo anche una vittoria ripigliare il campo la dimane, difficilissimo dopo tanto contrastata pugna. Posta la ignoranza de' danni garibaldesi, quelle ragioni parean buone; e il re la notte stessa tornò a Gaeta.

Ne' dì seguenti il re e i ministri instavano vieppiù a persuadere il Ritucci procedesse avanti; ma venute le nuove della quasi disciolta brigata Ruiz, ei più si raffreddò. Mancandogli spie e ogni notizia del nemico e del paese, guardando solo alle scemate condizioni del suo esercito, preferì lo aspettare. Imitava Fabio, ove si voleva Marcello. Non sentiva il rumoreggiare de' Sardi sulla frontiera; e per non combattere presto un nemico affralito, presto si trovò tra questo e altro nemico forte. Il ritardamento spiaceva a' soldati, sospettanti di tutti: il 5 su' bastioni volendo quelli far fuoco senza comando, fu un tumulto; seguì il giudizio di guerra, e la fucilazione d'un sergente Bruno, del 13.° cacciatori; dopo di che a impedire altro scoppio, quasi ogni dì nella piazza erano i conti di Trani e di Caserta. Così la sola punizione vista in tutta la guerra fu a uno che voleva combattere, mentre stavano impuniti codardi e traditori. A' 5 ottobre il re diede al Ritucci facoltà di promovere sul campo sino a colonnello, e largire croci cavalleresche sino a commendatore. Dappoi l'8 fe' tenentegenerale lui e il Salzano, maresciallo il Mechel, e brigadieri altri; e pur cosi promosso, incredibile cosa, il Ruiz. Seguitarono sessioni, e ingiunzioni spesse per assalire; niente fu deciso, non ostante si sapesse il preparato plebiscito, e l'entrata de' Piemontesi.

§. 31. Il nemico provvede a sua salute.

La dimane della battaglia accorse chiamato al campo rivoluzionario il Cosenz ministro di guerra, a comandare tutte le genti a S. Maria. Presero a far ripari: arretrarono le avanguardie, lo tolsero da S. Tammaro, e crebbero le trincee attorno. Una batteria avanti gli archi antichi, con sacchi a terra, a dente, alta quattro metri, con quattro cannoniere, da dominare la campagna; e prolungarla da' canti con due cortine a feritoie; dentro restò l'anfiteatro, e 'l terreno tra le vie di Capua e S. Angelo. Altra batteria e palizzata nella gola a manca di questa ultima strada, là dove i regi avevano sfondato, e lor disgiunte l'ale. Altra di quattro cannoni presso la stazione della ferrovia; una sul ponte verso S. Tammaro, con sacchi a terra, e tre pezzi da battere il fianco meridionale della via di ferro; e un'altra alla cappella de' Lupi sulla via di S. Erasmo. Ogni strada asserragliarono, con fossi, parapetti e feritoie;, e tutta S. Maria cinsero con una curva di circonvallazione. Sull'atrio della chiesa di S. Angelo posero due cannoni grossi; uno rigato sul piano del villaggio, e altro più giù, da infilar la via. Per lavorare pigliavano muratori a forza, e pur da Napoli. Dal napolitano arsenale, per cura de' nostri disertori uffiziali, trassero arme e attrezzi e cannoni senza fine. Sicchè quelli assedianti dopo il 1.° ottobre si serrarono da assediati, aspettando i Sardi liberatori; e i duci nostri lor ne dettero l'agio e il tempo.

Il Garibaldi a' 7 del mese con altra proclamazione promise danari e onori a chi disertasse dal re; nè ebbe un soldato; anzi i Calabresi a torme se ne andavano. Per aver almeno fanciulli, corse il 13 al militar collegio di Maddaloni; ma vistosi guatar bieco, lor tolse l'arme, il denaro della cassa, e sin le vesti; ancora che i suoi avessero già occupato parte del luogo, e depredato il meglio. Ma generoso lasciò invece 112 ducati per una colezione.

§. 32. Disordine di quell'esercito.

I garibaldini da spensierati meriggiavano per le vie, poltrivano per taverne e insidie, tuffavansi nelle vivande, nel vino, nelle lascivie, e disperatamente giocavano e sguazzavano. Vestiti magni, ricami, galloni, trine, fasce, stivaloni, sproni dorati, mantelli teatrali e muliebri. Brilli così e scialacquanti, per denari, non più sentiti in tasca, cercavano agi e fuggivano fatiche; i men valenti più gonfi, i più oziosi più rapaci; quindi disordine, abusi, ruberie. Era marmaglia ragunaticcia, senza ordinanza, nè ubbidienza, invadente cose pubbliche e private; non potendo meglio barattavano gli arnesi, l'arme, le cartucce, le coperte, e fu mestieri fornirneli reiterate volte; tanto che il Zambeccari direttore di guerra, con minaccioso editto del

19 proibiva la vendita di cose militari. Svolazzati i soldati, migliaia vedevi d'uffiziali, fattisi tali da sè. Il ministro Cosenz a spurgarli, e a farli parere men tristi al vegnente re Vittorio, ordinò ch'ogni divisione notasse gli uffiziali in tre classi; pria i buoni, poi chi difettasse, in ultimo i mali. Eppure siffatto esercito non mai giunto ad aver ordine, dicevano enfaticamente *meridionale*; a dinotare la solidalità d'ambi allo scopo stesso.

§. 33. Voci d'un Garibaldi morto.

A un tratto sparsesi per Napoli morto il Garibaldi a Caserta per ferita; il cadavere chiuso in cassa ito con lagrime e mistero alla Torre, imbarcato per Genova. Forse altro morto fu quello, se fu; ma la fola, per le sopravvenute cose, prese radici e diventò popolare. Dopo tanti vanti e ostentata vittoria, il veder quell'esercito svanire, serrarsi, nè più operare, l'accorrere del Cosenz al campo, lo sparire del Nizzardo, tutto parea confermare quella morte. Quando ei fu per poco riveduto in Napoli, disserlo falso; e per oltre un anno rimase fermo nelle napolitane fantasie che più non vivesse. E la universale opinione teneva la setta, in ogni cosa menzognera, capacissima di falsare un uomo.

LIBRO VIGESIMOTTAVO

SOMMARIO

§. 1. Fatti d'Isernia. — 2. Sua reazione. — 3. Saccheggiata da' garibaldini. — 4. Punizione. — 5. Disfatta del Nullo. — 6. Reazioni Sorane. — 7. Reazioni in Abruzzo. — 8. Reazioni in Puglia. — 9. Atti del re a Gaeta. — 10. Prestito di cinque milioni. — 11. Resa di Baia. — 12. Scaramucce avanti Capua. — 13. Le legione inglese. — 14. Tre ingordigie. — 15. Il Garibaldi ubbidiente. — 16. Deputazioni a chiamare Vittorio. — 17. Il nuovo prodittatore. — 18. Lettere di Francesco a' sovrani. — 19. Proteste de' sovrani. — 20. Cinismo diplomatico del Cavour. — 21. Voto delle Camere sarde. — 22. Come si decretò il plebiscito. — 23. Rumori che ne seguitano. — 24. Manifesto di Vittorio all'Italia meridionale. — 25. Confutazioni. — 26. Osservazioni. — 27. Intervenzione di Vittorio. — 28. Altri dittatorii decreti. — 29. Altri compensi a' martiri. — 30. Il plebiscito. — 31. E in Sicilia. — 32. Sua nequizia. — 33. Più reazioni in Abruzzo. — 34. Reazioni nel Reggino. — 35. Reazioni sul Gargano. — 36. Reazione di Carbonara.

§. 1. Fatti d'Isernia.

Le province sdegnavano la rivoluzione imposta: la gente del contado fida all'antico, non che astiare lo straniero e la setta, ogni cosa nuova teneva per viziosa. Al popolo anche il bene vuol farsi a modo; e i novatori volevano il male, e in un botto; però in tutto il regno un cupo fremito compresso sospingeva gli animi a fieramente reagire. D. Liborio a' 26 agosto avea creato intendente di Molise un Trotta, liberale di quella provincia; il che mosse gelosia in un Nicola de Luca, farmacista, capo allora del comitato rivoluzionario di Campobasso. Questi giunto negli anni innanzi a sposare una figliuola dell'intendente Cenni, surse pel costui favore avvocato; e visse brogliando nell'amministrazione; onde il governo ebbe a torre il suocero da quella sedia. Eppure tal confonditore di giustizia nel 48 uscì liberale e deputato al parlamento; e vi fe' mozione d'abolire le tasse, come regie angarie. Poi ebbe carcere, condanna e grazia. Eccolo martire nel 60. Subito con altri del comitato andò al Trotta, chiedendo gridasse Vittorio; ma vistolo tentennare, corse furente a Napoli in punto che v'entrava il Garibaldi; e n'ebbe il decreto di governatore. Il Trotta intendente dimandò per telegrafo che fosse egli; ebbe risposta che tacesse l'intendente, l'altro farebbe il governatore; dualità ridicola e impossibile nello stesso uffizio; onde il Trotta lasciò la sedia. Allora il De Luca, avuti anche i *poteri illimitati,* si die' a soprusi, a rapine e a vendette: dimetteva, carcerava vecchi impiegati, largiva impieghi e soldi a' peggiori, e a prezzo, e presto presto pagò i molti suoi creditori.

Nel distretto d'Isernia era ito sottintendente anche a' 26 agosto un Giacomo Venditti, che fattovi comunella co' caporioni congiurati, proclamò Savoia l'8 settembre, spezzò con vituperii i gigli, e perseguitò chiunque serbasse segno o immagine di Francesco. Egli in mercato ne sputacchiò l'effigie sur una moneta, e la calpestò, lodò un Raffaele Falciari che v'orinò sopra, e tirò una schioppettata al busto del re. Ciò, mentr'ei scarco d'ogni dignità di magistrato s'affaticava ad abolire la storia in quel cantuccio di montagne, suscitava nella popolazione fremiti e livori. Laonde a star sicuro chiamò colà a sua difesa una mano di garibaldini, 250 ribaldi accozzati a Viticuso da' due ribaldissimi Fanelli e Pateras; che v'aprirono bottega d'estorsioni, libidini e prepotenze, seguitati da poca bruzzaglia del paese, e da qualche prete, cui il vescovo per lascivie avea punito. Per pretesto a far bottino entrarono il 10 nel seminario a rumoreggiare; e pregandoli a non turbar la quiete del luogo lo Scardusio vicedirettore, gridandogli *abbasso*, poserlo cavalcione a un asino, e con beffe scacciaronlo dalla città. Inoltre, sendo là maestro d'eloquenza un gesuita D. Luigi Testa, piemontese (però sospetto del passato governo ito fuori, e poi, morto Ferdinando, tornato) benchè tenuto liberalesco, era mal visto da chi quella cattedra agognava; onde susurrarono all'orecchio dall'infatuato sottintendente, lui come ex gesuita aver sensi retrivi; ed ei permise invadessesi il palagio vescovile, e quello sin da' fianchi del vescovo si strappasse.

Protettore del Venditti era Stefano Iadopi isernino, già deputato al 48. Questi avendo molti nemici, e pur tra' suoi parenti, s'era negli ultimi undici anni vissuto cheto, e anzi careggiato dal vescovo, e rispettato dalla potestà, sicchè aveva ottenuto dal sovrano piazze franche pe' figli e nel seminario e nel collegio del Sannio; ma con la rivoluzione rismascheratosi rivoluzionario, volea de' nemici vendetta; e in Napoli il Venditti proteggendo, l'avea suo. I garibaldini chiesero molta moneta a' gentiluomini, che per paura pagarono. Poi scacciato il penitenziere Giura per levargli la sedia, posergli a prezzo il ritorno in città, ch'ei povero non potè. Passando un uffiziale regio, strapparongli i bottoni della divisa; quanti reduci d'Abruzzo transitavano alla spicciolata, o incitavano a disertare o insultavano, e rubavano del bagaglio; onde questi n'andavan frementi di vendetta, e nel popolo testimone il fremito instillavauo. Quei ribaldoni scorazzando sforzavano le case altrui, e stuzzicavano l'ire, acciò la gente tumultuasse, e lor desse pretesto al sacco. Però chi 'l potea lasciava la città, gli altri balenavano, o andavano al vescovo; ma che fare il buon vecchio?

§. 2. Sua reazione.

Reagendo prima parecchi paesi attorno, accorsevi il Fanelli. A Gallo, in cima al Matese, già ricco e quieto, fe' omicidii, sacco e fuoco; e benchè la popolazione si difendesse, sopraffatta da migliori arme fuggì. Si saccheggiarono le case de' realisti e de' liberali, fu catturato un Boiano ricco, che per ricatto die' duemila ducati. A Cantalupo, giungendo a sollievo del popolo il grano regio, i garibaldini aggraffatolo il venderono; e 'l popolo a quello sperpero del real dono si commosse. Sendo pochi garibaldini rimasti a Isernia, presero la notte del 14 settembre sulla via un Altopiede contadino, sospetto ladro; imputarongli il furto d'una valigia, frustaronlo, insozzarono, e con minacce di morte strascinaronlo pel paese; all'accorso fratello lo stesso; ambi gittarono in criminale. L'arbitrio del sospetto, e 'l soverchio della sevizia fu astio a' popolani.

Quel dì 14 il Iadopi ch'era sindaco, prevista la reazione, tolsesi il meglio di casa, e abbandonando la cosa pubblica, in Napoli si trafugò. I garibaldini con a capo il galeotto Costantino Sarcione, saputo che il maggiore Achille De Liguoro con una mano di gendarmi moveva da Mignano su Venafro, quasi tutti a' 27 si partirono. Il Venditti chiamò a difesa i Nazionali, ma non li trovò; onde in carestia di buoni parliti, pensò rimutare mantello, e cercò in fretta i deposti borbonici suggelli; ma troppi testimoni v'era. I contadini carpate quante poterono arme e marre, corsero a festeggiare i regi; e lo spaurito Venditti aprì le carceri, arringò a' delinquenti, e credè averli persuasi a difendere contro il popolo la libertà. Questi prima ubbriacati, fecero pattuglie pel buon ordine; dappoi vista folta la popolazione, svelarono i timori del sottintendente, e ad essa s'unirono. Era notte; la gente prorompe in Viva Francesco, spezza l'arme sarde, rialza i gigli; fugge il Venditti, restano i pochi faziosi paesani serrati in casa De Bagis; donde non so se per livore o paura esce una schioppettata. Il sangue sublima l'ire, sfondano con asce le porte, trovan molti in arme, e fansi giustizia. Primo Cosmo De Bagis odiatissimo muore, molti cadono feriti, ferito cade per morto il giudice regio Boccia, ch'avea rinnegato il governo tant'anni servito; il resto, eccetto un prete rispettato per l'abito, menati prigioni. Fra questi era un giovanetto figlio del Iadopi, ferito in un occhio, ma per via nel buio ignoto colpo il finì. Barbaro omicidio di non innocente figlio, ma per odio del padre. Questi poi stampò averlo là lasciato per tener le fila dalla rivoluzione nel distretto.

Al mattino udendosi il lontano rombo del cannone del 1.°ottobre gl'Isernini temendo i regi venissero a punire la città degl'insulti garibaldeschi, pregarono il vescovo s'interponesse. Il buon prelato unì i gentiluomini, fe' curare i feriti, soccorrere i prigioni, e uscì a capo della popolazione, credendo incontro a' soldati; ma non li vedendo tornò indietro. Poco stante il De Liguoro mandò ordine regio che facea Capo Nazionale il popolano Vincenzo Curcio, e sindaco Michelangelo Fiorda. E un decreto del dì stesso vi creò sottintendente l'isernino Vincenzo de Lellis. Ciò ripose la quiete quel giorno.

Reagendo il vicino paesello, Le Pesche, agguantò il fuggente Falciari ch'avea moschettato il busto del re; e il 2 il mandò malconcio ad Isernia. Qui al vederlo sfuriati tutti; ricordatisi aver egli orinato sulla moneta, vituperato mogli e figlie di popolani, corrongli alla vita: batterlo, martoriarlo, ammazzarlo è opera di molti; poi ferocemente il nudo cadavere impendono a un fanale, con in bocca quelle parti di corpo ch'aveva usato a disonore delle famiglie. Oscena vita, orrendo fine.

Monsignore chiamati a sé i gentiluomini, volea con essi movere per Venafro a cercar soldati, da tutelare la legge; ma il popolo credendo esserne abbandonato nol permise; ond'egli scrisse al De Liguoro, e n'ebbe il tenente Rescia con 60 gendarmi. Questi sessanta furono segnale di universale reazione; chè tutti i paesi del distretto rialzarono l'arme borboniane in un'ora, quasi senza sangue. A Civitanova uccisero e arsero in piazza un prete Cioffi, ch'avea predicato la rigenerazione.

§. 3. Saccheggiata da' garibaldini.

Il De Luca da Campobasso, a soffocare la reazione nel nascere, e infocolato dall'amico Iadopi che volea vendetta del figlio, chiamò quanti potè garibaldini da tutte parti; e cacciandosi a forza innanzi pur le guardie nazionali, corse sopra Isernia. Fermò a Castelpetroso; alloggiò in casa un'Innocenzo Ferrara; dopo cenato carcerò l'ospite. Ligatolo mani e piedi, gli saccheggiarono la casa; presero la moglie, presente il marito, ella lottò, e fu salva per carità di talun Nazionale. Arsero per via il casino Melogli, e, saccheggiato prima, anche quello Scarselli. Così assaggiato lo altrui, quella masnada d'oltre a ottocento con sacca e funi entrò il 4 ottobre in Isernia; d'onde i sessanta gendarmi, non potendo bastare, erano insieme a' reazionarii usciti. Il De Luca pose stato d'assedio e corte marziale, sciolse la guardia nazionale, e inflisse alla città e a' principali possidenti una tassa di dodicimila ducati. Poi carcerò non i colpevoli ch'eran iti co' gendarmi, ma chi fidando nell'innocenza s'era stato; e piene le carceri, mandò pel vescovo. I garibaldini albanesi urlando sfondarono il portone; non trovando per l'episcopio il prelato, frugarono casse e armadii, invece di lui agguantarono arnesi, monete, posate, orologi, il laccio d'oro con la croce, il pastorale e i vestiti. Mobili, quadri e anche i vetri spezzarono. Presa andò e recata al De Luca una cassetta con 900 ducati della Beneficenza, nè più se n'ebbe novella. Trovato il vescovo in chiesa ginocchione avanti al Santissimo, non gli valse l'età, la fievolezza, il carattere, l'atto, il luogo, non la presenza di Gesù sacramentato; afferratolo, strascinaronlo pe' gradini, e se nol difendeva col corpo e con le lagrime il canonico Del Vecchio, l'ammarazzavano. Tratto fuori, minacciarlo di fucilazione, gli comandano dir Viva Garibaldi: il misero vecchio tacente sospirava. Una donnicciuola, al vedere dalla finestra quello strazio, dà un grido pietoso; e risposta una schioppettata la figliuoletta le ferisce, lei uccide. Serrano da sezzo il vescovo in una camera senza letto, con solo un po' d'acqua. Intanto spogliano la chiesa, e mettono le mani sui calici; ma i Nazionali con essi venuti vietarono quest'ultima empietà.

Saccheggi simiglianti in altre case. In quella del ricevitore distrettuale Gennaro De Lellis, a lui stesso drizzano i moschetti al viso, e stette vivo per favor d'alcun Nazionale. Sendo il denaro della cassa in salvo, manomisero la roba, mobili, arnesi e dispense; una cappelletta disfecero, bucherarono una tela di S. Francesco, i calici sparirono. E il De Luca gavazzava, quasi l'unità italica raffermasse col subisso delle ricche case isernine. Dove non eran ricchi, rubavano a' poveri; a chi il vestito, a chi l'anello, la caldaia o il pane. N'empievano carrette, e via per Campobasso.

Peggio la notte. Uccisioni e libidini turbano molte casucce. La notte del primo del mese i reazionarii, cieca plebe, colpiti, s'eran vendicati di tre nemici; saccheggiarono, non stuprarono, non percossero cose sante; gli uomini di chiesa anche nemici rispettarono. La gloria di straziare in chiesa un vescovo, e saccheggiare e bruttare un paese si conseguì da un governatore da' *poteri illimitati*, venuto ad alzare il re galantuomo e la morale d'Italia.

§. 4. Punizione.

Il generale Marulli saputo a Venafro da' fuggenti i garibaldeschi eccessi, mandò due battaglioni gendarmi e granatieri, certi volontarii e due cannoni. Il De Luca e il Venditti al mattino del 5, ebbri del trionfo, preparavano giunte marziali da condannare il vescovo e altri carcerati; quando la malaugurosa voce di *Vengono i Regi* lor ruppe il generoso disegno. Dal terrazzo scorsero i soldati alquante miglia giù; e primo il Venditti col bottino in sella fugge. Il De Luca atterrito, udendo i suoi sonare a raccolta, scende in piazza, grida essere amici i vegnenti, manda i prigioni a Casteldisangro, ed egli con pochi cagnotti e la moneta se la svigna. Però i garibaldini non più sonando la tromba, si stettero spensierati per bettole e caffè.

Il maggiore Sardi comandante i regi spiccò i volontarii dalla parte di Fornelli e Sessano, per isboccare alle Grazie sull'alto della città, a serrare l'uscita del paese; egli avanzando sulla via consolare, giunto alla contrada Forni a un miglio dalle mura, trasse una cannonata, quasi ad avvertire il nemico. Poi entrò per la via a dritta, i soldati percotendo quanti vedevano rossi, che sbalorditi non fecero difesa. Fuggivan su, ma vista la uscita presa alle Grazie, rinculavan dentro; vagavano per le strade, ed eran colti; ad ogni sbocco percussori, e le case serrate; sforzandole venivan sugli scalini stramazzati; altri per le tetta inerpicandosi tombolava. Chi potea toccar la via di Campobasso credevasi salvo; ma scontrava gendarmi e villani, che fuggiti la vigilia, al rumore de' colpi tornavano vendicatori spietati. Quei che scortavano i carcerati, investiti da questi stessi, si sbandarono per le macchie; e in vario modo ebbero morte o prigionia. Fresco il peccato, prontissima la punizione. Certi garibaldini sorpresi nei palazzotto Iadopi, credendo reazione plebea, si difesero; onde i soldati furiosi, posto fuoco all'edifizio, il più di quelli passarono per l'arme; e i contadini seguitando inviperiti contro l'odiate mura, tra le fiamme e le ruine fecero il resto. Nella città sola fur morti da quaranta, molti feriti, e 55 prigionieri; il resto pe' campi perì o campò come il caso volle.

Ma i villani baldi per l'aiuto de' gendarmi, entrando dalla parte superiore in Isernia, si dettero col saccheggio altrui a rifarsi del loro; depredare se men ricco più ingordo. Il buon vescovo risicò d'esser da' carceratori ucciso a vendetta; ma un garzoncello con un boccaccio ammazzò la guardia, e lo liberò; ed egli salvo appena, udendo i nuovi lamenti, supplicò gli uffiziali, e impedì altri danni; ma il tolto non si restituisce. Due volte in ventiquattr'ore Isernia dalle due parti sofferse il sacco.

§. 5. Disfatta del Nullo.

Riposto il governo, il maggioro De Liguoro, temendo i garibaldini tornassero grossi a tagliar la ritratta al Sardi, spiccò da Venafro gente a Fornelli; ma il Sardi per ordine si ritrasse a Teano; onde g'isernini vistisi di nuovo soli, rifugiarono a' monti. Allora il De Liguoro con quanta forza potè corse il 15 a Isernia; e arrestata una spia, seppene che tre battaglioni garibaldesi e cinquanta cavalli correvano da Campobasso a vendicare la rotta.

Il Iadopi col figlio ucciso e poi la casa arsa, non si rammaricando d'esserne egli stato cagione, aveva a Napoli carpito ordine che un Nullo colonnello con nerbo di rossi recasse nuove calamità alla patria sua. Subito ne rimbombò la voce, e giusta l'uso correvano mirabilia del Nullo; prodissimo tra' prodi, uno de' mille in battaglia benchè ferito non aver lasciata la bandiera. Uscì da Campobasso con tre battaglioni detti *dell'Etna, della Maiella,* e *del Gran Sasso*, un migliaio di vagabondi d'ogni paese; e s'afforzò con una ragunata di camorristi d'un Girolamo Pallotta da Boiano; gli uni e gli altri buoni a rapinare. All'osteria di Pettoranello ch'è in valle, divisi in due, una parte salì il monte sulla dritta, l'altra col Nullo andò a Pettoranello, ch'è in capo a un colle sulla china settentrionale del Matese; aspettando arrivasse il De Marco da Maddaloni, e il Pateras da Abruzzo, per istringere Isernia da due bande.

Qui il De Liguoro avea mille gendarmi e molti paesani volontarii; ma dubbiando se aspettare il nemico o andarlo a investire, raccolse i suoi il 17 ottobre sul piano delle Grazie, e mandò avanti 160 gendarmi. Questi pochi, ingrossati co' soldati del posto avanzato, e con i contadini accorrenti dai monti, come scorsero il nemico, alla prima gli dieron sopra. Una banda col capitano Monteleone si postò sulla via regia tra' due corpi avversi; gli altri investirono Pettoranello con due colonne, una col tenente Graux, altra co' volontarii. Il Nullo alle prime schioppettate fuggì; e i regi entrati sull'imbrunire nella villa, alquanti uccisero, fecero 10 prigionieri, e saccheggiarono e arsero la casa d'un Santoro, dov'era stato il Nullo, e avea fatto resistenza. Al mattino da tutto il distretto accorsero popolazioni con rusticane arme; sopraggiunsero da Isernia altri gendarmi col tenente Battista; sicchè questi e il Graux con gran numero accerchiarono la seconda colonna garibaldese rimasta sul monte della sua dritta. Gli assaliti fuggirono al piano dove impacciati nel terreno molle, gridando mercè, parte s'arresero; altri fuggendo eran fatti a pezzi da' villani: un pugno di ventisette verso Carpinone incappò nelle donne, che tutti fuorchè cinque, con ispiedi li uccisero. Percossi in ogni luogo, si fecero cadaveri assai; soli 372, tra i quali molti feriti, caddero prigioni, perdute bandiere, cavalli e salmerie. Pochi per Castelpetroso laceri scamparono. De' regi perì solo un gendarme; pochi i feriti. I popoli sollevandosi in frotta, benchè senz'arme buone, corsero addosso al De Marco accorrente da Maddaloni; che non giunto nè anche a Boiano, fuggì con la masnada a fiaccacollo perdendo a coda parecchi: tra gli altri un Pietro Rampone detto capitano, fratello del Rampone flautista messo a preside in Benevento.

§. 6. Reazioni Sorane.

Altre reazioni furono a Sora e in Abruzzo. Da più anni era sottintendente nel Sorano un Colucci, giovine e careggiato, despota e persecutore, ch'avea fatto il braccio regio odiare; costui data la costituzione alza bandiera nuova, e o che mutasse o che gittasse la maschera, si fa italianissimo. Correvano a Napoli deputazioni ad accusarlo; ma D. Liborio che tutti onesti dimetteva, proteggeva lui già tanto di liberali percussore. Il 7 settembre va a Sora un Lorenzo Iaconelli, zoppo, condannato e graziato; che subito fa col Colucci mostruosa lega; e ambo proclamano il governo garibaldese, con a capo un Iucci da S. Germano, un Visocchi d'Atina, e un Loffredo di Sora, con segretario esso Colucci. I tre ricusano e protestano; però ambi a nome d'un triumvirato non esistente governavano, esosi a tutti i partiti. Molti che per odio di lui s'eran fatti liberali, ora per odio di lui si fecero realisti.

Il re che non sapea supporlo fellone, il mandò chiamando a Gaeta per dargli maggiore uffizio. V'andò un gendarme travestito a gran rischio, che gli potè parlare la notte del 14 settembre; il ricevè brutto, e con minacce lo scacciò. Intanto a riporre in fede quei luoghi, andavano novecento gendarmi co' maggiori De Liguoro e Cocca; parte a Sessa, parte a S. Germano. Qui faziosi, non più che quaranta, s'ascosero; il popolo gridò Francesco, ne tolse a forza i busti di casa l'abate di Montecasino e festeggiandoli uscì incontro a' soldati. Sopraggiunse il generale Scotti, e fece il disarmamento senza giudizio, noiando piuttosto i buoni che i rei; alla dimane disarmò Atina e altri loghicciuoli, quando invece ottimo consiglio era armare il popolo fedele.

Corse tai novelle a Sora, il Colucci fuggì in Abruzzo; donde per recarsi a Napoli, passò per Isernia, e alloggiò dal collega Venditti; ma scoppiata pur la la reazione il 30 settembre, egli affrettandosi a partire e· afferrato da' paesani, che in odio al Venduti eran per ammazzarlo. Ebbe un'accettata sulle spalle; poi dentro il carcere si svelò sottintendente regio, come fuggisse la rivoluzione, e fu liberato. Ma egli per non avventurarsi a passare tra regi soldati, si gittò ne' monti della dritta, e s'ascose in Atina.

Era da più anni a Caserta un Klitsche de la Grance, straniero, ch'avea figliuoli nell'esercito. Questi l'11 settembre chiesto al re di fare una brigala di volontarii, ebbe per quattro battaglioni un decreto del 16, e fu colonnello. Venuti da Ponza uomini d'arme siciliani, ch'avean mogli e figli appresso, se ne fe' il primo battaglione; gli altri ebbero volontarii, villani e soldati sbandati, con uffiziali mezzo invalidi; e benchè stessero nelle sale d'arme di Capua e Gaeta fucili a migliaia, questa gente pochi n'ebbe, e parecchi portavano lance su bastoni per arme. Prima a' 18 mandò il 1.° battaglione col maggiore De Merich, e tre compagnie di gendarmi, per Roccaguglielma, ove erano stati uccisi due galantuomini. Lo stesso dì il colonnello papalino Mortillets entrava con carabinieri in Pontecorvo, plaudito dalla popolazione, fuggiti quattrocento mascalzoni. Il De Merich giunto la sera del 19 a Roccaguglielma, la disarmò, ripose gli Urbani, e mandò gente a Vallefredda e a S.

Andrea, per tenervi l'ordine; indi armati 124 volontarii co' fucili tolti, tornò a Gaeta.

Il Klitsche con due battaglioni e 'l terzo in embrione, lasciato a formarsi il quarto ad Itri, mosse di qua a' 28 settembre per Pico e S. Giovanni Incarico; passò il Liri, e con duemil'uomini si avanzò ad Arpino, ove i garibaldesi avevano alzato bandiera; ma più non li trovò. Al mattino, afforzato dal capitano Aiello con due compagnie di gendarmi e due obici, volse a Sora. Tutto il distretto rialzava i gigli; però fuggendo i faziosi da ogni villa, s'agglomerarono nella valle di Roveto sul passo d'Abruzzo. Il Klitsche con seicent'uomini, e due obici uscì da Sora la sera del 5 ottobre; lasciò una compagnia a Balzorano, e di costa al Liri assalì quelli entro un bosco presso Civitella roveto, e gl'inseguì sino a Canistro. Uccisine da quaranta, i feriti e i prigionieri rimenò a Sora.

§. 7. Reazioni in Abruzzo.

Primo nel distretto d'Avezzano a ribellarsi era stato Tagliacozzo il 13 settembre, per opera d'un Luigi Vacca, e d'un Filippo Mastroddi; ma il popolo fremendone, come udì il Klitsche a Sora, subito la notte antecedente al 1.° ottobe reagì; arse stemmi e ritratti di Vittorio, alzò quei di Francesco, vi ballò attorno, e a niuno fe' male. Ma il giorno 9, sendo i contadini a' campi, sopraggiunsero i famosi Pateras e Fanelli; i quali fuggiti dall'Isernino con un migliaio di masnadieri, entrarono in Tagliacozzo. Alla prima saccheggiano le case più ricche e vi dan fuoco; poi la sera stessa, spaurendo del Klitsche che venisse a punirli, fuggironsi col bottino a Pescara. Avezzane capodistretto reagì l'11; il popolo rialzato il governo e le immagini di Francesco, obbligò i Nazionali, e lo stesso sottintendente Vincenzo Cardona a dar l'arme e le munizioni lasciate dal Pateras. Il Cardona mandò richiamando costui, dicendo non v'esser timore di regi; ma scoperta la lettera, il popolo invasogli il palazzo, lui carcerò; e l'avria morto, se nol salvava il conte Resta ricevitore distrettuale, che sendo borboniano avea seguenza; e il potè liberare e ospiziare in casa sua. Il Klitsche vi mandò sottintendente un Giacomo Giorgi; il quale disarmati i faziosi, armato il popolo, e unite a sè le guardie doganali, tenne la quiete.

Il Klitsche intanto a punire il Pulsinelli e altri lanaiuoli nel Sorano, che arricchiti per la protezione de' Borboni, ingratissimi eran iti col Pateras ad ardere Tagliacozzo, multò quei fabbricanti di panni; e avendo a nudrire la sua gente tolse danari dalle casse pubbliche. Di ciò gli fanno gran carico; ma certo dovea vestire e sostentare i suoi. A' 6, avuto ordine d'inoltrarsi in Abruzzo, fu la dimane ad Avezzano, e s'unì alla gente del Giorgi; però in tutto il distretto risalì il governo antico. Il Cicolano dal 20 settembre s'ora rivoltato, benchè senz'arme a gridar Francesco; i faziosi si raccolsero a Petrella del circondario di Collefegato; donde armati, con tamburi e trombe per dar terrore s'accostarono a Tagliacozzo. Ma i villani con ronche e scuri lor dettero addosso, e sperperaronli; poi perseguitandoli dove fossero, costrinserli a riparare nel Pontificio, già occupato da' Sardi; ma salvarono le vite, non le case, che parocchie ne andarono diroccate, in Borgo S. Pietro e altri luoghi. Una mano di faziosi accozzata in Magliano sul Palentino, udendo allora Vittorio entrar nel regno, instigante un Masciarelli promotore della ribellione, fece una scena, portando il busto di Francesco nella bara con giocosa esequie al sepolcro. Venuto a' 20 ottobre il Klitsche a punirli fuggirono; ma le dispense del Masciarelli sfamarono la gente; egli pur fuggito ebbe multa di dodicimila ducati, tosto mutati in grano, che neppur die'; sicchè quel saccheggio poi strombazzato si ridusse a poche vettovaglie e a quattro muli. Certo la gente del Klitsche raccogliticcia e mal composta dove arrivava era un malanno; ma i popoli sopportavano volentieri pel timor de' faziosi; e anco sapendo i Piemontesi nel cuor del regno, pur sempre gridavano Borboni.

Nel Chietino dopo che il Comandante di Pescara, ebbe a' 16 settembre tradito, e dato il forte al suo prigioniero Clemente De Caesaris (rivoluzionario già condannato per congiure, poc'anzi da re Francesco graziato) questi tennelo con una mano di faziosi raccogliticci, e la prima notte in gran paura non v'entrassero i villani reazionarii; sinchè al mattino v'arrivarono due compagnie di Nazionali da Chieti. Quivi il De Thomasis intendente per Francesco avea fatto proclamare dal decurionato il governo dittatorio, benchè senza dichiarazione esplicita di decadimento de' Borboni; il che si fe' quasi da per tutto. Nulladimeno il Garibaldi, volendo là uno devoto suo, pose a Chieti invece del De Thomasis il De Caesaris; il quale con certi ceffi attorno fecevi il Pascià, e per paura della brontolante reazione dettava orribili sentenze, ferocemente eseguite. L'arcivescovo che non andò al triduo in Chiesa, ebbe fieri insulti e minacce.

§. 8. Reazioni in Puglia.

In Puglia le popolazioni, benchè inermi e tartassate, reagivano. Tuffata la reazione nel sangue a Bovino ed Ariano, surse sul finir di settembre in Montesantangelo, Mattinata, Peschici, Vico, Accadia, Montefalcone, S. Bartolommeo, Apricena, S. Giovanni Rotondo, e altri paeselli di Capitanata. Calpestavano le immagini del *Galantuomo* e del dittatore, restituivano quelle di Francesco, e cantavano *Te Deum.* In S. Marco in Lamis s'era per minacce cantato per Vittorio da due preti soli e dal municipio; il popolo guardollo bieco, e ruminava vendetta. Poco stante una domenica certi garzoncelli altercando dettero a caso il grido di Francesco; incontanente tutta la gente il ripete; e infervorata spezza gli stemmi, alza i gigli e 'l ritratto di Cristina venerabile, e pregala come a Santa facesse tornare il figlio. Non fecero male, eccetto a un sartore liberalicchio, che per non dire viva Francesco, fu morto a furore. La dimane portano Cristina in processione, e fan cantare il Te Deum da' Frati di S. Matteo sul piano fuor del paese, nell'atrio dell'Addolorata, non potendo la chiesa capir la moltitudine. Poi ne' dì seguenti, sospettando di soldati da Foggia, i villani risoluti s'armarono e stavano sulla sua. A Biccari la domenica 15 ottobre disarmarono i Nazionali, e si barricarono. Cotai moti per impeto, senza concerto, senza capi, dove uniti sariano valuti molto, disgiunti partorivano sangue e fuoco.

Infatti s'andavan raggranellando garibaldini e camorristi, per ischiacciare un dopo l'altro quei paeselli. Ma la reazione sì ringagliardì a' 21 ottobre, per isdegno del plebiscito, come narrerò.

§. 9. Atti del re a Gaeta.

Francesco in quel rumor guerresco non dimenticando le cose religiose, ottenne rescritto del papa al 1.° ottobre, concedente a' soldati i beni spirituali concessi alle milizie papali il 10 settembre, cioè facoltà a' cappellani di dare indulgenze plenarie in *articulo mortis*; e ch'ove i soldati in estremo di vita mancassero di confessori, pur s'avessero quelle indulgenze, invocando i nomi di Gesù e Maria.

A' 5 ottobre il ministro Casella scriveva a' ministri stranieri: «Dopo partiti da' porti sardi gran numero di volontarii apertamente, or dianzi sbarcavano a Napoli battaglioni del re di Piemonte in soccorso del Garibaldi sul Volturno. Quantunque incredibili fatti da cinque mesi succedonsi nel reame, nondimeno il re non credeva a tanto assalimento contro l'universal dritto delle genti, la lealtà regia, e la fede delle nazioni. Nessuna cagione di guerra è tra le Due Sicilie e il Piemonte, non interrotta l'amistà; e sa il mondo sin dove re Francesco spingesse il desiderio d'alleanza con esso. In questo momento stanno ancora ne' due regni i ministri delle due corti; bene il governo del re dovrebbe lamentarsi di Sardegna, eppure non ha voluto dar pretesto a interrompimento d'amistà; per contrario in piena pace, senza dichiarazione di guerra, i Sardi invadono il regno, combattono il suo re, e aiutano i suoi nemici. Solennemente adunque protestiamo, e denunziamo all'Europa tanto attentato. »

Il mondo vide un'altra baldanza nuova. Il Garibaldi a' 6 ottobre dichiarò enfaticamente il blocco di Gaeta e Messina, ne' modi de' trattati di Parigi nel 56; quasi la rivoluzione che niun dritto conosce avesse poi jus di invocare il dritto internazionale a danno de' potentati legittimi, a cui pro fu stipulato. Francesco l'11 del mese fe' protestare così: « Il re ridotto tra il Volturno e Gaeta, non solo è assalito in terra dalla rivoluzione, ma vede i proprii navigli a bloccarlo per mare. Non può Europa riconoscere blocchi decretati da potestà illegittime, per infliggere alle nazioni il sagrifizio delle commerciali libertà. Il Garibaldi non è un governo. Napoli fatta ribelle non è nazione. Riconosciuto regno è le Due Sicilie; riconosciuto re è Francesco, e sta a Gaeta; non può illegittimo assalitore proclamare blocchi, niuna nazione lo può accettare. L'atto del Garibaldi è pirateria; l'Europa civile tollererebbe piraterie nel Mediterraneo; e i marittimi potentati assisterebbero impassibili a tanto rovesciamento di pubblico dritto. » Nessuno infatti rispettò quella spampanata garibaldese; e navi d'ogni nazione navigavano a Gaeta; sicchè il re potè al 15 di quei mese agevolare il commercio, esentando per sei mesi delle tasse di tonnellaggio e lanternaggio le navi in quel porto, e sulle spiagge di Borgo, Castellone e Mola.

A' 19 lo stesso Casella volgeva altro manifesto all'Europa: « Il Persano vice ammiraglio sardo ha accettato il comando de' navigli delle Due Sicilie, datogli dalla rivoluzione; le navi involate han ricevuto a Genova provvisioni e nuove ciurme; esso

Persano ha alzato la sua insegna sulla Borbone, nave ad elica del re siciliano. Tal reo appropriarsi lo altrui non ha esempio nella storia. Senza dichiarazione di guerra, senza conquista, durante la pace tra due Stati, uno si vale degl'imbarazzi interni dell'altro; piglia il dono della rivoluzione, e fa sua la flotta dell'amico. Tai fatti non han di comento mestieri; e il re denunziandoli all'Europa, protesta. »

§. 10. Prestito di cinque milioni.

Partendo da Napoli l'esercito non aveva altra moneta che le esigue casse militari di Gaeta e di Capua: quella con dugentoventimila ducati, questa con trecentomila, per le quali a' 6 settembre s'era stabilito il cav. Polpi qual pagator generale della cassa di campagna. Per provvedere a tanta guerra il Carbonelli, ministro di Finanze, propose un prestito; che approvato in consiglio di Stato fu co' decreti del 10 e 20 ottobre stabilito. Per forza dell'articolo 2.° dello statuto si concesse facoltà di provvedere con modi straordinarii agli urgenti bisogni dello Stato; s'aprisse un credito per cinque milioni di ducati; e che il ministro di Finanze desse biglietti con registro a doppio e sua firma, da dividersi in cinquantamila azioni di ducati cento, con frutti di ducati cinque.

§. 11. Resa di Baia.

Restava tra Napoli e Pozzuolo il piccolo forte di Baja sulla spiaggia, carico di molta polvere e munizioni. Difendevanlo 88 invalidi e 57 artiglieri, col maggiore Giacomo Livrea, e pochi cannoni sur un muro senza fosso; mancavano legna, carboni e danari; v'era solo biscotto e salame; olio per tre giorni. Il fellone sottintendente del distretto v'andò il 17 settembre a chiedere che cedesse; e dopo lui s'accostò un maggiore garibaldino, per averlo in consegna. Al rifiuto, il sottintendente ordinò a Nazionali di Pozzuolo e Bacoli non vi facessero entrar commestibili, ma il presidio a' 26 del mese con una sortita fugò le camice rosse, e raccolse da mangiare. Poscia per mare mandò a Gaeta quanto potè munizioni, per isgombrare il luogo, e chiese vettovaglie; ma tardandone l'arrivo, e ingrossato il nemico, a' 4 ottobre cedè. V'entrava sul vespro Marino Caracciolo nostro disertore, e disse avervi trovato 160 mila cartucce, e altra polvere, e munizioni d'artiglierie. La dimane, giungendo da Gaeta una tartana con biscotto, visto ceduto il forte, prese i difensori; che per patto potevano, e vollero andare al re.

§. 12. Scaramucce avanti Capua.

Avanti Capua i posti avanzati per la vicinanza stavano sempre sull'arme, o facevano foco all'aria, di che i giornali davan racconti magni. La gente accampata con tempi crudi e piovosi s'ammalava: meno i regi, usati da un anno a' disagi; più i garibaldini, nuovi al mestier del soldato. I regi lasciato il posto alla Palombara di là dal fiume, avean piantata una batteria presso le fabbriche di Triflisco, e un'altra sulla china di Gerusalemme, donde lanciavan granate sulla via di S. Angiolo; però gli avversi una notte costruirono sotto il pino Lucarelli una batteria da quattro pezzi, e altra sulla via da S. Iorio a Gradillo, per proteggere la costruzione d'un ponte. I Napolitani da Gerusalemme le smontarono, incendiarono due casine abitate da' rossi, e sì danneggiaronli, che fu cessato il lavoro del ponte.

Il mattino dell'8 cominciò, presente il Garibaldi, una scaramuccia tra' posti verso S. Angelo, che si propagò su tutta la linea. Il nemico grosso dal luogo dello Catena s'avanzò; i regi retrocessero ordinati sotto il tiro pella piazza; poi soccorsi da gente fresca col colonnello De Liguoro, ricacciarono gli assalitori, sin nelle trincee, n'inchiodarono i cannoni, e mangiarono la loro zuppa. Sul vespro quelli numerosi tornarono a vendetta, e pur prima respinti i regi posti, venner dappoi ricacciati. Seguì tregua di 24 ore per seppellire i morti.

Sendo pertanto i garibaldini di S. Maria affievoliti per isbandamenti, ferite e malattie, furono ritratti a Caserta il 14 ottobre; e andò là invece il Bixio da Maddaloni, con gente poco più valente. I regi divisavano il 15 avanzarsi verso S. Angelo, per distruggere certe case rurali che molestavano le sentinelle avanzate, e per iscoprire se mai lavorassero ad approcci. Subito i traditori ne dettero avviso; e 'l Garibaldi sospirando d'altra battaglia campale, ottenne da Napoli duemila Piemontesi; cioè la brigata Re, e una compagnia bersaglieri; che giunti in fretta per la ferrata la sera del 14, s'accamparono là dove sapevano verrebbero i Borboniani, su' terreni adiacenti al quatrivio S. Angelo. Pioveva a dirotto; ma eglino in sospetto d'assalimento la notte, udito non so che rumor di venti, fecero da tutte bande un fuoco vano. Sul mattino il nostro colonnello Vecchione uscito di Capua co' battaglioni 6.° e 14.° cacciatori, e alquanti artiglieri del genio, lasciò a mezza via metà de' suoi, e urtò ne' posti avversi col 14.° e due compagnie del 6.°, li fugò, e preso loro bagagli, e pur qualche prigioniero Sardo. Ma questi aiutati da' Garibaldini, assalirono a loro volta; e ne seguì un grosso affronto attorno certi casolari, che fur presi e ripresi più fiate. Il nemico temendo un altro 1° ottobre, spiegò grandi forze, e 'l Vecchione dovè batter ritirata. La cosa durò due ore; perdemmo un alfiero, un sergente, e quaranta feriti; gli avversi ebbero due uffiziali morti, e feriti più.

§. 13. La legione inglese.

Da un pezzo si decantava una legione Inglese, fatta dagl'italofili brittanni; giunse a Napoli il 15 ottobre sull'*Emperor*; eran 630 vestiti bene, con belle arme, uffiziali ricamati in oro, e colonnello un Peard appellato dal giornalume il Garibaldi inglese. Ebbero preparato ricevimento: guardie Nazionali con rose sulle canne de' fucili, e le consuete femine, acciò su terra di Sirene non mancassero muliebri braccia a rimertare i nuovi liberatori. Queste frammiste a lazzaroni con fasce e bandiere, e tre compagnie delle infiorate guardie, accolgonli alla Darsena; poi entrando in via Toledo preceduti da musici hanno scenici plausi, più in là silenzio; e inosservati volgono a Caserta. La dimane il Garibaldi li passa a rassegna avanti la reggia, insieme con gli altri, va per mezzo galoppando, e smontato chiama gli uffiziali, cui fa un po' di commedia sulle nazionalità; frasi sulla consolidazione de' popoli nella libertà; che sendo venuti Ungari e Inglesi e Polacchi ad aiutare Italiani, ora Italiani aiuteranno Ungari; e conclude: « Noi lo faremo! » Poco eco d'Italiani ebbe; gl'Inglesi, non capito niente, plaudirono a modo loro. Quella luccicante legione, dove tutti si davano per *lordi,* piaciuta a Toledo, parve una schiera di pifferi a quei Garibaldini socialisti. E questa gente che non servì a nulla, era costata ventimila lire sterline, di cui solo cinquemila raccolte in Inghilterra; il resto pagò Napoli.

§. 14. Tre ingordigie.

Il Garibaldi trovato gusto alla dittatura, volea durasse. Avea predicata l'unità sì proclamerebbe in Campidoglio; aveva a tu per tu intimato al suo re scacciasse via il Cavour e 'l Farini; pubblicamente negato di rappaciarsi con questi; gonfiamente nunziato d'andare a Roma e a Venezia; e a' 29 settembre imbeccato dal Mazzini avea proclamato: « Non possiamo volere che Italia con annessioni parziali e successive sia avviluppata a poco a poco nel municipalismo del Piemonte. Che il Piemonte diventi italiano, non già che Italia diventi piemontese. Uguaglianza è che tutte parti s'uniscano in una, affinchè poi si concorra a creare il codice nazionale. » Ma non diceva come la unione si farebbe.

Il Cavour in contrario volea por fine alla dittatura. La potenza del Garibaldi era stata impaccio a' suoi disegni, ma l'impotenza di lui dopo il Volturno gli era impaccio maggiore. Prevedeva lo schiaccerebbe la reazione; Francesco sulla braccia de' sudditi condotto a Napoli, diroccherebbe le macchinazioni di tanti anni; con qual pretesto intervenire armata mano? Ingordi tutti e due, questi con più forza, avea più ragione.

De' liberali regnicoli eran le ragioni più abbiette, perchè da paura. Temendo il re vincesse, e punisse, e sfumassero gli stipendi presi con la fellonia, subito i più diventarono annessionisti; in Vittorio vedevano la tavola del naufragio, la patria vinta era salvezza loro, e invocarono la conquista. Dunque tre ingordigie s'intrecciarono; il Garibaldi a regnare, il Cavour a scavalcarlo; e i liberaloni nostri a mangiarsi la patria.

§. 15. Il Garibaldi ubbidiente.

Il Cavour usò tutte arti a soppiantarti il mal alzato marinaro. Sollecitò suoi adepti a mandar dal reame deputazioni a Vittorio, per dare il *grido di dolore*; convocò il parlamento torinese al 2 ottobre, perchè coprisse con ombra legale gli spogli fatti, e decidesse tosto accogliersi le annessioni: sapeva ubbidirebbe. E ad ammorbidire il dittatore, mandogli Giorgio Pallavicino Trivulzio (vecchio prigioniero dello Spielberg) per porgli il morso. Intanto facea dire da' giornali, *la protratta dittatura esser pericolosa.* Questo Pallavicino nel parlamento torinese del 56 disse di Napoleone III: *A redentori siffatti preferisco Austria e Borboni.* Poi fu protettore della società Lafarinesca, per chiamare in Italia quel redentore: ora viaggia a Napoli per impiastrare un plebiscito contro i Borboni. Giunse il 23 settembre a Caserta, con lettera di Vittorio.

Il Bertani segretario della dittatura quel dì stesso 23 avea ordinato al Tripoli comandante rivoluzionario nel Teramano adunasse gente, e *vietasse a' Sardi lo entrare nel reame,* dicendo ne chiedessero il permesso al dittatore. Ma il Pallavicino obbligò il Garibaldi a contrascrivere egli stesso la dimane 24 al medesimo Tripoli, che entrando i Sardi *accogliesseli da fratelli.* Né gli bastando, fe' andare il de Virgilii governatore di Teramo a S. Egidio, a trarre indietro il Tripoli; anzi cassò questi d'uffizio, e riposevi il borboniano general Veltri traditore.

Il Bertani presentendo la sua cacciata e il finire della cuccagna, voleva dall'erario due milioni per fare a Genova la rivoluzione repubblicana; il che negandosi dallo Scialoia ministro di Finanze, fe' tanto rumore, che l'amico suo dittatore non osò più difenderlo; ond'ei con buon mattino si partì il 30 settembre. Lo surrogò il Crispi, che prese anche gli Affari esteri. Ma il ministero che gridava la segreteria dittatoriale incompatibile con la responsabilità di esso, visto salir costui, diè la dimissione a' 2 ottobre.

Ma dopo il 1° ottobre il Garibaldi diventò maniero, e affatto abbassò le ali. Sin dal 19 settembre s'era sperimentato impotente contro l'esercito regio scemato di traditori; mancati i suoi per fughe, ferite e malattie, il resto sfilarsela, non più volontarii; e per contrario non disertare al re un soldato, strepitare le reazioni, il Cavour trattenergli altre spedizioni Sarde, spariti i soccorsi mondiali; pensava, se non poter passare il Volturno, meno passerebbe il Tevere. Vedeva i faziosi di Napoli spaventati dello afforzarsi del re, voler subito Vittorio co' Piemontesi. Smise la boria, e ubbidì al Cavour. A' 3 ottobre licenziò da prodittatore l'ex prete Sirtori, dicendo per attendere alla guerra; e nominò il Pallavicino: mezza abdicazione, Questi, primo atto di potestà, lo stesso dì ordinava al Mazzini di sloggiare. Allora fu bello vedere tanti Mazziniani rinnegare il Mazzini, e tenersi a offesa essere Mazziniani. Ma colui sorretto dal Crispi non ubbidì; laonde il prodittatore nuovo il 5 scrissegli una lettera, senza mandarla, che stampò nell'*Opinione Nazionale.* Pregavalo andasse, perchè egli anche senza volerlo, con la presenza divideva i partiti, allora quando era necessità unire le forze. Rispose egli il 6 anche in istampa: Non andrebbe; Italiano in terra italiana chiamata a libera vita, sostenere nella sua persona il dritto d'ogni Italiano a vivere in patria.

§. 16. Deputazioni a chiamare Vittorio.

Il comando Cavourrino del mandare deputazioni trovava fra' faziosi umili esecutori. Ma nelle province bisognò più fina arte, col braccio vile del borboniano generale de Benedictis. Costui il 24 settembre da Solmona spinse telegrammi a' capi rivoluzionarii d'Abruzzo, dicente che cinquemila soldati sbandati con cannoni e galeotti evasi dalle galere minacciassero sacco e fuoco alle città; s'armassero, si difendessero, provvedessero al loro scampo. Questa menzogna spaventando tutti, subito i consapevoli caporioni posero avanti la necessità d'invocare una mano forte da salvare i cittadini, nè esservene altra che quella di re Vittorio già vicino; sì sotto quello spauracchio ottennero andassero deputazioni a pregare i generali Sardi di presto mandar truppe. I deputati videro il Fanti e il Cialdini a Villafavorita, di là da Loreto, che lor risposero dimandassero a Torino; del Garibaldi dissero corna: usurpatore del potere regio, aver fatto i miracoli co' soccorsi segreti del Piemonte; ma esser finita; Capua e Gaeta egli non prenderebbe. I deputati tornarono indietro. Intanto a Chieti i piemontesti stendevano indirizzi a Emmanuele; il De Caesaris governatore garibaldino s'opponeva; ma giunte novelle del 1° ottobre, sebbene gridasserla vittoria, egli stesso rimandò i deputati a pregare il sabaudo re. Questi adunque con l'altre deputazioni furono il 3 ad Ancona; il Parini scrisse egli proprio l'indirizzo d'invito al monarca, e 'l fe' firmare a' deputati nel palazzo Nasuti. Era certa accusa al Garibaldi, che volesse repubblica, d'onde la necessità che Vittorio entrasse col principio monarchico a porre l'ordine. Prima lo firmarono, poi lo lessero: il perchè Antonio Brunetti da Chieti volea cassar sua firma, e non gliel permisero; ond'egli co' colleghi se n'andò; e alla presentazione mancò la deputazione chietina. Capitanarono tutti, e parlarono per tutti, i due proditori l'intendente De Virgilii, e il general Veltri; questi carbonaro del 1820, graziato e carezzato da' Borboni.

In Napoli subito dopo la battaglia forte supplicarono Vittorio mandasse presto quattordicimil'uomini; e una mano di felloni il 3 ottobre si presentò al Cavour e al principe Carignano a Torino. Non potevano di ribelli fare un esercito; ma potevano accozzarne ventisei sfrontati, che senza mandato del paese si recassero ad offerire un nobile reame alla straniera cupidità. Buono notarne i nomi: Del municipio sette: Ruggiero Bonghi, Giuseppe Capomazza, Giovanni Turco farinaio, Carlo Lapegna, Luigi Persico, Michele Baldacchini, Ferdinando Pandola; de' magistrati tre: Giuseppe Vacca, Giuseppe Ferrigni, e Filippo De Blasio; della Guardia Nazionale due: Andrea Colonna e Carlo Ulloa; di dichiarati *notabili* quattordici: Andrea Ranieri, Cesare Ventimiglia, Gabriele Caracciolo, Antonio Dentice, Ridolfo d'Afflitto, il principe di Strangoli Pignatelli, Gaetano Atenolfi, Guglielmo De Sauget, Luigi Settembrini, Luigi Del Donno, Casimiro Vetromile, Ettore Filioli, Vincenzo Grossi, e D. Liborio Romano l'onoratissimo ministro di Francesco. Il più di costoro erano allora con la rivoluzione saliti in uffizii grassi, e volevano assicurarli coll'arme straniere, e straricchire, com'è poi avvenuto. Il principe Pignatelli di Strangoli, esule del 48, supplicata grazia e avutola, profferse a re Ferdinando sudditanza e riconoscenza, e rimpatriò; anzi fatto gentiluomo di camera, si paonneggiava col vestito ricamato; ebbe inoltre tante concessioni che potè duplicare il valore dei suoi fondi. Ora con iniqua fellonia si disobbliga.

Partiti il 3, sono il 7 a Livorno, e di là per terra verso Ancona, ov'eva Vittorio. Parimenti quei di Sicilia avean mandato nove persone a chiedere l'annessione, in nome dell'isola; il principe di Trabia e 'l fratello Ottavio Lanza, Gabriele Colonna marchese Del Fiume, il conte Manzoni, Vincenzo Giusti mercante catanese, Matteo Raeli di Noto, Felice Spetalieri, Gaetano Monroy principe di Belmonte, e Pietro Vitale mercante messinese. Partiti il 29 settembre, concertati col Cavour, si presentarono al Carignano il 5 ottobre. Il 6, prima ancora che Vittorio vedesse la deputazione, a calmare le paure s'annunziava a Napoli con cartelli l'entrata di lui con l'esercito nel reame.

Tai mene vedendo il Garibaldi, cinto di Mazziniani, sbuffava; e minacciava pubblicare i documenti della complicità del governo sardo nella invasione; minaccia ridicola a quel governo spudorato, che indi a poco, per ammorzare appunto le garibaldesi borie, stampò esso stesso le prove di molte sue ribalderie per far lui vincitore.

§. 17. Il nuovo prodittatore.

Il prodittatore nuovo cominciò col far pagare a' vinti. Un decreto del 5 die' alla compagnia Rubattini 450 mila franchi, pel Cagliari ch'avea portato il Pesacane nel 57, e già per forza inglese restituito; e inoltre 150 mila pe' due vapori Lombardo e Piemonte menati dal Garibaldi a Marsala, sotto colore che restaurati restassero trofei. Così alleviavano il popolo redento. Lo stesso dì 5 si tolsero i poteri illimitati a' governatori, e s'abolì la segreteria dittatoriale; cose a pompa, che in tanta anarchia, ognuno di quelli eroi a libito illimitatamente si scapricciava. Il Pallavicino il 6 stampò suo programma, intento a conciliare i partiti rivoluzionarii; e prometteva beni senza fine, e anche rispetto a' sacerdoti *purché apostoli di Cristo, non del Borbone.* La dimane con altra scritta invitò le famiglie fuggite a ripatriare, promettendo protezione contro i *partili estremi,* e sicurezza; la rivoltura gli pareva moderazione, e sicurezza la polizia de' camorristi. In prova di sicurezza quel dì medesimo fu un incendio all'albergo de' Poveri, il dodicesimo dal 30 giugno sin'allora. Anche il Colonna sindaco invitò a ripatriare; ma la gente fuggiva.

Armati e insediati tuti disordinatori, parlavano d'ordine co' decreti. A proposta del prefetto di polizia mettevan su una guardia cittadina di quattromila volontarii dell'eta d'anni 17 a' 40, in quattro battaglioni, per servire a' castelli, a' banchi e alle prigioni, con ferma di due anni, e grana trenta al giorno per ciascuno. A' 6 il prodittatore abolì i comitati di qualunque colore, per ferire i Mazziniani oppugnanti l'annessione; ma il comitato di questi restò, protetto dal dittatore; e i comitati annessionisti pur restarono, protetti dal prodittatore. Il Garibaldi costretto per debolezza a cedere, ubbidiva in palese, riluttava di nascoso. Allora lo stato del reame era questo: ministeri con potestà sconnesse, nelle province governatori onnipotenti e indipendenti, erario vuotato, un dittatore pugnante col prodittatore, impiegati nuovi, incapaci, famelici; tutti a tirare a sè, discordi nelle porzioni, concordi nell'arruffare, e a schiacciare la gente buona, borbonica appellata. Sicurezza tra rivoluzione e reazione, tra due eserciti combattenti e un terzo per intervenire; tra migliaia di galeotti indigeni ed esteri baldi e prepotenti, tra anarchia e conquista, tra repubblica e annessione, tra lascivie e ateismo, tra Cavour e Mazzini. Dominante su tutto la paura de' legittimisti, che già levavano il capo; laonde il Conforti pose tosto contro di essi la *legge de' sospetti*; denominati *attendibili*, per la quale egli e tutti i rivoluzionarii avevan tanto infamato i Borboni. Ciò che non era consorteria fu sospetto.

§. 18. Lettere di Francesco a' sovrani.

Tai cose all'ombra del napoleonico braccio avvenendo, re Francesco vittima più designata volgevasi per aiuto a quello stesso Napoleone. A' 4 ottobre, quando i suoi generali potevano con breve corsa da Capua a Napoli tagliar quel nodo, era consigliato a sperare in quel nemico nato de' Borboni. Scrissegli ringraziarlo d'aver ben accolto il duca di Caianiello (due mesi prima); e dichiaratogli lo stato miserevole del reame, il pregava stendesse siccome a Roma il guardo proteggitore anche sul napolitano: « Non pel mio interesse vi parlo; lo scettro non mi die' sinora niuna ragione d'amarlo; ma responsabile avanti a Dio della felicità, e pace de' popoli a me fidati dal cielo, debbo sino all'ultimo mio sospiro adempierne i doveri. »

E a' 6 scrisse a' sovrani di Francia, Austria, Russia, Prussia, Spagna, Inghilterra e Belgio; e notato esser solo a lottare contro tutta la rivoluzione europea sorretta dal Piemonte, finiva: « Ciò stabilisce un nuovo dritto pubblico fondato sulla distruzione de' trattati e del dritto delle genti. Questa causa che difendo io solo non è mia soltanto, ma di tutti i sovrani, e di tutti gli stati: qui si combatte una quistione di vita o di morte per altri stati d'Europa. « E Napoleone col suo vezzo del favorire a parole l'opinione pubblica, come allora in Francia era un sentimento d'affetto pel giovine re che si difendeva, non potè mancare d'onorarlo di *simpatia*; anzi l'11 dicembre scrissegli ch'*ei rappresentava il dritto e la giustizia; e che era vittima di colpevoli violenze!*

§. 19. Proteste dei sovrani.

I potentati protestarono. Spagna il 9 ottobre per Diego Coello suo legato a Torino dava una nota; in tai sensi: « Il governo della regina protesta contra l'ingresso dell'esercito Sardo nelle Due Sicilie, e contro la designata annessione di esse alla Sardegna. Sinchè i dolorosi fatti di cui la meridionale Italia fu teatro potevan sembrare opera di rivoluzione, la Spagna fidando nelle reiterate proteste di Torino di non partecipare in niun modo a quelli atti contrarii ad ogni dritto internazionale, si limitò con tutta Europa a condannarli, e a chiedere che re Vittorio ponesse rimedio a ciò ch'egli stesso vituperava, e mostrargli le funeste conseguenze, che per la causa d'Italia e pel riposo d'Europa cotali fatti produrrebbero. Ma oggi in presenza d'avvenimenti ch'Europa mira con dolorosa sorpresa, il silenzio e la moderazione della Spagna parrebbero abdicazione de' dritti e doveri che ha di difendere una legittima dinastia, unita per sacri legami a quella della regina, e di mantenerne i dritti a quel trono garantiti dal trattato del 1759, e da tutta Europa riconosciuti.

I trattati che costituiscono il dritto pubblico su cui riposano la pace e l'equilibrio delle nazioni non si possono lacerare con suffragi universali, che nelle circostanze e con la forma preparate nell'Italia meridionale si compiranno. Non mai l'Europa ammetterà negl'internazionali rapporti ciò che ogni dritto e ogni patto rovescerebbe. Per condannare la serie dei fatti ch'ha ridotto le due Sicilie nello stato in cui è, non è mestieri appellare alle più ovvie nozioni di dritto e morale, basta riprodurre il severo, ma giusto giudizio che Sardegna stessa emetteva sulle invasioni in Sicilia e in Napoli, e ricordare la riprovazione solenne che Vittorio uffizialmente infliggeva a' violatori dello stato amico, portanti guerra a una nazione in pace con la Sardegna. Invano si pretende ora giustificare l'intervento col pretesto di domare l'anarchia, nata per volontarie aggressioni, e di fiaccare la rivoluzione: la violazione de' principii morali, l'ostracismo delle dinastie legittime non sono mezzi da arrestare le rivoluzioni. Spagna fe' ogni sforzo per astringere in alleanza i due stati maggiori d'Italia: ed ora vede con profondo dolore la serie di vicende, che cominciate con l'attentato a' dritti d'un orfanello innocente, Roberto 1° di Parma, e seguitando contro il pontefice sovrano, finisce con la conquista delle Sicilie. Nella speranza di veder consolidata la pace del continente e chiusa per l'Italia l'era delle rivoluzioni, la regina astraendo da' dritti legittimi cui la violenza può conculcare, spera ancora che la Sardegna faccia sosta sul pendio funesto, e rimettendo all'avvenire le soluzioni ch'ora non possono mai essere definitive, lascerà all'Europa l'alta missione di metter fine alle lotte d'Italia, secondo i voti veri dei popoli, e i dritti de' re. »

Protestava Russia il 10 ottobre, e diceva: « Il governo Sardo ha messo il colmo a tutte le violazioni del dritto delle genti. » Prussia protestava a' 13. La Baviera dichiarava, nella sua gazzetta uffiziale, i procedimenti sardi insultare il dritto, i trattati, e la morale. Ma il Piemonte collegato con la setta mondiale si rideva di tai proteste di carta. Sapeva star Massoni sopra alcuni di questi stessi protestatori troni; sapeva i monarchi da Massoni cinti e consigliati; sapeva le proteste farsi piuttosto per pabolo di tai re, che per ispavento del Piemonte; sapeva Spagna più interessata sì, ma impotente per le napoleoniche minacce a usar l'arme; però l'impunità davagli l'audacia del misfatto, ch'è il coraggio de' tristi.

§. 20. Cinismo diplomatico del Cavour.

Il Cavour a quei dì recitava una commedia nelle camere, per cavarne permesso a pigliare il reame; e ciò presente il Winspeare, che nostro ministro rappresentava là un re amico in corte amica. Quegli ch'avea sempre mostrato innocenza, si smaschera il 6 ottobre, cosi al Winspeare scrivendo: «Gli avvenimenti napolitani avean già determinato il re a mandarvi vascelli, con soldati da sbarco per tutela de' sudditi suoi. Poi le cose son peggiorate. Francesco ha abbandonato la città capitale, e sì ha quasi di fatto abdicato al trono. La guerra civile che v'infierisce, e l'assenza d'un governo regolare mettonvi in pericolo l'ordine sociale, perlocchè le città e i corpi costituiti di Napoli han mandato petizioni per soccorso a re Vittorio, cui la Provvidenza ha dato la missione di pacificare e ricostruire l'Italia. Pe' doveri da tal missione imposti ei manda a Napoli soldati, il che salverà Italia ed Europa; porrà fine all'anarchia, al disordine, e al versamento del sangue italiano. » Tal lurido atto di cinismo fu gittato a mo' d'insulto avanti alla balorda Europa. Sardegna promove sedizioni reiterate, manda arme, danari, vascelli e uomini a sorreggerle, fa da un complice potente imperatore consigliare a un tradito sovrano, e anzi sforzare, a dar franchigie, e a chiedere italica lega; essa la lega promette, a patto s'abbandoni Sicilia; abbandonata, rigetta la lega, e fa assalire il continente. Compra i principali duci; fa persuadere il re a lasciar Napoli per non insanguinarla; e quando n'è uscito per combattere fuori, dice che ha abdicato. Si piglia la flotta, finge che il reame sia di nessuno, si fabbrica indirizzi d'inviti; e senza dichiarar guerra, manda legioni a combattere il re e le nazionali sue schiere. Da ultimo sul punto di veder tante iniquità soccombere sul Volturno, lancia il suo re *Galantuomo* con cinquantamil'uomini freschi alle spalle d'un esercito smezzato dallo frodi, e combattente da sei mesi, appunto nel momento ch'è per trionfare. Corre lo zio a bombardare il nipote; si versa il sangue napolitano fingendo impedirne il versamento; si porta la guerra, e s'appella pace; e ciò perchè la Provvidenza die' a Vittorio il mandato di pacificare Italia, che senza esso era in pace. Oh malvagia provvidenza!

Il Winspeare rispose la dimane a tai sensi accennando, e conchiuse: « L'occupazione Sarda è contraria a ogni dritto: i fatti precedenti, la parentela e l'amistà fra' due re rendonla straordinaria e nuova nella storia moderna. Le proteste di re Francesco, gli sforzi guerreschi sotto Capua rispondono allo strano argomento della supposta abdicazione. » E lasciò Torino.

§. 21. Voto delle camere sarde.

S'eran chiamate le camere pel 2 ottobre, per averne sanzioni al fatto e al da fare: ciò per appagare gli allocchi, e sforzare il Garibaldi. Il Cavour lesse lungo discorso stampato che distribuì a' deputati. Diceva: « Il parlamento è già tre mesi die' al ministero cinquanta milioni; con essi s'è secondata la fortuna, e compiuto imprese da segnar orme profonde nella storia del risorgimento italiano. Con quel denaro liberammo Umbria e Marche, e, fuorché Venezia, tutta Italia. (Confessava dunque aver *liberata* Napoli co' denari). Venezia e Roma non possiamo aver subito, senza chiamar qui tutta Europa; ma Roma, necessario capo d'Italia, potremo tra sei mesi, con mezzi morali ottenere. S'avanza l'universal convincimento che nelle società moderne il sentimento liberale sorregge quello religioso. Quanto al reame, non possiamo lasciar quei popoli nella incertezza del provvisorio, o l'anarchia divorerà la patria comune, e 'l movimento nazionale esporrebbe a pericoli estremi le province già libere, e quelle di recente liberate. Napoli deve votare come Toscana, *incondizionatamente*; qualunque condizione sarebbe ingiuriosa al resto d'Italia, e contraria al suo organamento. Il pensiero garibaldesco di differire il voto, sarebbe ruinoso. Una nazione di 22 milioni opera da sè, nè si fa da altri imporre il suo cammino. Se quando Napoli era staccato dal Piemonte parea ragionevole ritardare l'annessione, ciò svaniva dopo prese Umbria e Marche. (Così una usurpazione dava dritto all'altra). Siamo a tale che l'era rivoluzionaria dev'esser chiusa per noi; perchè per noi la rivoluzione è mezzo, non fine. » E dopo sì vile confessione d'esser rivoluzionano solo per pigliare l'altrui, finiva chiedendo, la Camera desse facoltà d'accettare e stabilire con decreti le annessioni di Marche, Umbria, Napoli e Sicilia.

Quella camera ligia di lui stette pure alquanti dì a concionare, il deputato Cabella chiese vedere i documenti su cui s'appoggiavano i disegni ministeriali; ei negolli, dicendo ciò nuocere. S'oppose alle annessioni l'altro deputato Giuseppe Ferrari: dimostrò le leggi sarde inferiori alle napolitane; queste essere ottime paragonate alle migliori; gli annessionisti di Napoli essere avventurieri; il concetto garibaldesco difese, il Cavourrino disapprovò, perchè opposto alla guerra contro Venezia e Roma. « Come mai, Signor Cavour, dite chiudere l'era delle rivoluzioni, voi che aspettate rivoluzioni in Roma e in Venezia? » Altri deputati spiattellarono i mali recati a' paesi nostri; dimostrarono stare il comunismo in Sicilia; uccidervisi trenta o quarant'uomini al giorno, niuno pagare, niuno ubbidire, tutti comandare. Però altri sclamò: « Non isveliamo nostre vergogne allo straniero! » Nulladimeno l'11 ottobre decisero, con soli sei voti contro, l'annessione. Quei deputati dettero facoltà, d'impossessarsi dal nostro, supponendo affermativo il nostro voto, non ancora dato.

A' 16 si discusse in Senato. Il senatore Brignole Sale osò fra tante gloriate nequizie alzar la voce pel dritto nella tornata del 17. Dichiarò quel governo autore unico de' mali d'Italia; e toccato degli spogli al Papa, venne a' nostri così: « Quel reame è d'un principe indipendente, che vi sta, che cinto d'un resto di soldati fedeli resiste all'orde rivoluzionarie. Noi non eravamo con esso in pace? non aveva egli qui il suo ministro? un nostro ministro non era presso di lui? il governo del nostro re non ha publicamente e sovente disapprovata la rivoluzione siciliana? perchè ora fargli guerra, e soccorrere la rivoluzione che disapprovammo? che ragione di sì rea condotta daremo? Protesto alto a pro de' grandi principii su cui l'ordine sociale riposa. »

I ministri Cavour e Cassinis risposergli, aver egli idee antiche, la giustizia non esser cosa da tutti i tempi. E il primo, a proposito delle tolte Marche, confessò: « Forse i mezzi non furono tutti regolari, ma lo scopo santo giustifica in gran parte l'irregolarità de' mezzi usati. » Santo lo spogliare il papa! E il senato contro dodici voti approvò la legge. Questa commedia facevano, dopo che già Vittorio co' battaglioni sardi era entrato nel regno.

§. 22. Come si decretò il plebiscito.

Già il Mordini prodittatore in Sicilia avea dato a' 5 ottobre un decreto, convocanto i collegi elettorali pel 21 ottobre (conseguente al decreto dittatorio del 25 giugno) per eligersi i deputati ad un'assemblea in Palermo; e prometteva fissar poi il giorno dell'apertura. I piemontisti furiarono, che l'assemblea era indugio da poter favorire la reazione, e il ritorno di Francesco. Schiamazzarono il Mordini voler essere proditttatore eterno; avversare l'annessione, per protrarre suo mal governo. Giuntane la nuova a Napoli, il Mazzini in segreto, e aperto il Crispi e il Ricciardi, capi del comitato repubblicano, proposero al Garibaldi una *costituente*, per esaminare le condizioni dell'annessione, e decidere le sorti della nazione. Essa, dicevano, delibererebbe se prolungare la dittatura, o farsi annessione condizionata, o incondizionata. Condizione dover essere l'obbliganza di Vittorio d'unir all'Italia Roma e Venezia, e lo stipularsi per l'isola e la terraferma separate autonomie amministrative. Non escludersi il plebiscito, ma dover seguitare al voto adesivo delle assemblee. Ciò dimandavano, sperando il tempo sventasse gl'intrighi Cavourrini, e illuminasse il paese sul gran fatto dell'annessione; ciò pareva atto virile, ammendante la viltà del dare un popolo a baratto, senza condizione. Al Garibaldi, cui spiaceva uscire dallo scenico palco ove l'avean messo, la cosa subito entrò. Ma, stolti! impostosi il padrone, cercavano condizioni. Più logici i piemontisti ch'aveano agguantati i soldi grossi, i camorristi che si vedevan pagato il mal fare, i codardi ch'avean plaudito a vincitori, presentivano che mancando l'esercito Sardo, tornerebbe il Borbone a far giustizia; anzi sapendo con quai trame lo si tenesse dal piombar su Napoli, tutti a un tratto diventarono annessionisti, e pel meno stimarono pazzo il loro celebrato Garibaldi. Che importava a quei gaudenti la patria conquistata e serva? Tra essi e i repubblicani fu un ingiuriarsi, smascherarsi, accusar l'un l'altro di latrocinii e prepotenze, tutto cose vere, però pungentissie.

Il Crispi il 7 in consiglio di ministri propose per terraferma un decreto come quello del Mordini: si divisero di pareri; il Pallavicino minacciò dimettersi, e corse a Caserta a sforzare il Garibaldi, e il potè. Strappagli a 8 ottobre il decreto de' comizii popolari per SI o per NO (copiando l'autore del 2 dicembre) con questa formola: « Il popolo vuole l'Italia una e indivisibile con Vittorio Emmanuele re costituzionale, e suoi legittimi discendenti ? » Prescritto il voto palese, però non libero tra tanti armati.

In conseguenza si modificò il ministero: un Coppola ministro alle Finanze, con un D'Errico direttore invece del Di Cesare; un Raffaele Audisio invece del Giacchi direttore all'Interno; e un Giovanni d'Andrea direttore di giustizia e Filippo De Blasio direttore a' Lavori pubblici; ma tosto a' 27 questi si diero al Settembrini, che ricusò; e se li ebbe a' 30 Francesco Giordano. Direttore di guerra invece di Ludovigo De Sauget fu il Zambeccari. Fu creato maggior generale e capo della Guardia Nazionale del regno il Tupputi, quello graziato del capo da Ferdinando I nel 1821. Quel giorno 8 fu tolta la potestà a' Mazziniani, e data agli annessionisti detti *moderati,* che surrogarono nello scorticare la patria. E appunto a quei dì dopo la battuta del Volturno, facevano per paura in tutto il reame innumerevoli carcerazioni di buona gente, e licenziamenti d'uffiziali onorati. Il 9 giungevano per mare a Napoli parecchi battaglioni piemontesi, che posarono a Pizzofalcone. L'11 si decretò che lo squittino della votazione seguisse il 29, e quello finale in Napoli dalla corte suprema di giustizia il 6 novembre. Il dì stesso 11 andarono lettere circolari a' governatori delle Provincie, ove fingendo volere la libertà del voto s'inculcava l'annessione. Alla dimane altre lettere permisero il voto a militari, monaci, magistrati, studenti, e a qualunque passasse per via: cosi potevan dare il voto stranieri, e garibaldini, e camorristi, e più volte in più collegi.

§. 23. Rumori che ne seguitano.

Ma le cose non quietarono. Il Mordini da Palermo mandò il suo ministro Parisi a insistere per l'assemblea; e il Garibaldi, abburattato da' repubblicani, dichiarò volere si procedesse in Napoli come in Sicilia. Tra esso Parisi e 'l Pallavicino fu guerra; chi parlava ultimo al dittatore vinceva: poserli insieme a una conferenza la sera dell'11 a Caserta, per definire se assemblea o plebiscito. Colà male parole magne tra il Pallavicino, il Crispi e gli altri; il Garibaldi infuriò contro tutti. Decidendosi se il Pallavicino o il Crispi restasse in Napoli, quegli visto costui protetto si partì minacciando i fulmini di Torino. La dimane ripigliandosi la sessione in Napoli non volle venirvi; laonde il ministero annessionista dopo lunghe grida si dimise. Accorse il Persano, e poi il Villamarina a persuadere il dittatore, nè riuscirono. E in piazza rancori: chi grida *costituente* chi *annessione*; si sona la chiamata generale. Allora il Pallavicino co' ministri, a spuntarla, chiaman l'aiuto de' comitati (da esso loro proibiti) e 'l mattino del 13 fu tumultuoso. Con danari s'accozzarono alquante centinaia di lazzari avanti il palazzo Angri, e venute le bandiere e i SI preparati, poserli al cappello, gridando *annessione*: eran con essi parecchi ragazzi, alquante donne, nessun galantuomo. Correvano le strade figgendo stampati SI su botteghe e usci, e sforzando altri a porli in fronte. I Nazionali, chiamati colle trombe per fare strepito e numero, ebbero dallo zoppicante De Sauget una parlata per l'annessione; e tosto mandarono deputati dichiarando al dittatore essere stanchi de' Mazziniani. L'accozzata bruzzaglia finalmente gridò Viva Garibaldi, abbasso Crispi, morte al Mazzini! Perlocchè il dittatore compreso di orrore, fattosi al balcone della Foresteria parlò e concluse: *Morte a nessuno de' miei amici!*

Ciò a Toledo, nell'altre strade silenzio: il popolo non capiva niente; in più luoghi stracciò i SI, non per la costituente, che non sapea che fosse, ma per Francesco; e sì minacciando fugò il concionatore Gavazzi. Ma niuno del popol vero si dava un pensiero: la lotta era tra i popoli dei *clubs,* gridanti secondo il motto e la paga. Il dopo pranzo del 13 tennesi altra consulta coi Pallavicino, Crispi, Conforti, Cattaneo, Saliceti, De Luca, Turr e altri; nè meno batoste; l'opinioni quante le teste: chi voleva, chi no condizioni all'annessione, chi l'assemblea prima, e il plebiscito poi, chi questo prima, chi questo soltanto, chi nè l'uno nè l'altra, ma solo il decreto e 'l plebiscito. In quel fracasso andarono al dittatore gl'indirizzi de' comitati piemontisti; ond'egli che avea necessità dell'esercito Sardo, abbiosciato, ritirò il decreto preparato per la costituente, e si calò a tutto.

Il Crispi il 15 si dimise dal ministero degli esteri; e tennelo il prodittatore sino al 21, che il passò a un Biagio Caranti. Il ministero vittorioso stette; e 'l Conforti dal balcone della Foresteria nunziollo a' suoi adepti, e che verrebbe presto Vittorio. Il Garibaldi che la sera del 14, come ho narrato, avea dovuto chiamar duemila Sardi a S. Angelo, e che vide al mattino altri quattro bastimenti di soldati nel porto, non osò più fiatare; e anzi quel dì 15 firmò un magnanimo decreto, dichiarante Italia una e indivisibile, con Vittorio re costituzionale, e ch'egli in sue mani deporrebbe la dittatura conferitagli dalla nazione. Da qual nazione? Oltracciò il Conforti dubitando i Mazziniani tirasserlo ancora, e che per quel decreto si potesse intendere inutile il plebiscito, gli fe' dichiarare netto che si farebbe; e 'l pubblicò il 7 co' commenti prodittoriali. Il municipio napolitano in premio della sollecitata annessione die' al Pallavicino la cittadinanza, parendogli onorare costui, facendolo cittadino di patria data allo straniero; e quando i cittadini fuggivano, e per sicurezza scrivevano sulle porte; *Domicilio estero.*

Nè pure il Mordini in Sicilia potè tenere: a' 17 anch'esso promulgò il plebiscito per l'isola, e per lo stesso giorno 21. E con una proclamazione disse: *preparassero il grande atto, il cui merito è dovuto al nuovo Washtngton Garibaldi*; vera derisione, in quel momento che costui vedevasi d'ogni intorno il voltafaccia de' suoi plauditori al sole nascente di Torino.

§. 24. Manifesto di Vittorio all'Italia meridionale.

Mentre la rivoluzione si fabbricava con le mani sue non so che dritto a farne suoi vassalli, e si creava una sentenza parlamentare, anche pria d'averla andava ad eseguirla con baionette e cannoni il suo servo re. L'esercito Sardo era entrato grosso nei Pontificio, non solo per ischiacciare il Lamoricière, dove bastavano meno forze, ma per procedere nel regno; però vennevi re Vittorio, avendo a combattere un altro re. Ma in punto del varcar la frontiera, mancando pretesti meno iniqui della forza, fu dal Farini scritto e da Vittorio firmato il 9 ottobre ad Ancona un manifesto ai popoli d'Italia meridionale, cosi:

« In solenne momento volgo le mie parole a voi, che mutato in nome mio lo stato, mi mandaste oratori a chiedermi d'esser restituiti nell'ordine, confortati di libertà, ed uniti al mio regno. Voglio dirvi che pensiero mi guida, e guai sia in me coscienza de' doveri di chi dalla Provvidenza fu posto sopra un trono italiano.

Salii al trono dopo una grande sventura. Mio padre mi die' un alto esempio rinunziando la corona per salvare la liberta del suo popolo. Cadde con l'arme in pugno, e morì in esiglio; quel morire accomunò più le sorti della mia casa con quelle d'Italia tutta, che da secoli dà a terre straniere l'ossa de' suoì esuli, per rivendicare il retaggio d'ogni gente posta da Dio negli stessi confini, e stretta da una sola favella. Educato a quell'esempio, la memoria di mio padre fu la mia stella polare. Tra la corona e la parola data non potevo tentennare; raffermai le libertà, le feci gittar radici nel costume de' popoli, non potendo io avere in sospetto ciò che a' popoli era caro. Nella libertà del Piemonte fu rispettata l'eredità che Carlo Alberto presago avea lasciato a tutti gl'italiani. Con le franchigie rappresentative, con la popolare istruzione, con le grandi opere pubbliche, con libertà d'industrie crebbi il ben essere de' miei sudditi, volli rispettata la religione cattolica, ma libero ognuno nel santuario della sua coscienza, e ferma la civile potestà, resistetti a quella ostinata fazione che si vanta sola amica de' troni, ma che intende a comandare in nome de' re, e a frapporre tra principi e popoli le cancella di sue passioni intemperanti.

Tai modi di governo non potevano essere senza effetto pel resto d'Italia. Concordia di principe e popolo per l'indipendenza nazionale, e per la libertà politica e civile, la tribuna, la stampa libera, l'esercito che avea salvato la tradizione militare italiana sotto bandiera tricolore, fecero del Piemonte il vessillifero e 'l braccio d'Italia. La mia forza non nacque da arti occulte, ma da aperto influsso d'idee, e da pubblica opinione. Così mantenni negl'Italiani sotto il mio scettro il concetto dell'egemonia nazionale, onde dovea sorgere la concorde armonia delle divise province d'una sola nazione. Italia comprese il mio pensiero, quando mi vide mandar soldati in Crimea, accanto a' soldati di due grandi potentati d'Occidente. Io feci entrare il dritto d'Italia nella realtà de' fatti e degli interessi europei. Al congresso di Parigi parlai per la prima volta all'Europa de' vostri dolori; e fu manifesto a tutti come la preponderanza austriaca in Italia fosse infesta all'equilibrio europeo; e quanto pericolo sovrastasse al Piemonte, se il resto della penisola non si francasse dagli influssi stranieri. Il mio magnanimo alleato l'imperatore Napoleone III sentì questa italiana causa esser degna della grande nazione su cui impera; i nuovi destini della patria s'inauguravano con questa guerra, e gl'Italiani soldati combatterono degnamente accanto alle invitte legioni di Francia. I volontari accorsi da tutte le province italiane sotto la sabauda croce, addimostrano come tutta Italia m'avvesse investito del dritto di parlare e combattere in nome suo.

La ragion di stato pose fine alla guerra, ma non a' suoi effetti, che s'esplicarono per la inflessibile logica degli avvenimenti e de' popoli. S'io avessi avuto ambizione, sarei stato sodisfatto della Lombardia; ma avevo speso il sangue de' miei soldati non per me, per l'Italia. Avevo chiamato all'arme gl'Italiani, e alcune province avean mutato ordini interni, per correre alla guerra dell'indipendenza, dalla quale i loro principi abborrivano. Dopo la pace di Villafranca, quelle province mi chiesero protezione contro il minacciato restauro degli antichi governi. Se i fatti dell'Italia centrale eran la conseguenza della guerra cui avevo invitato i popoli, se gl'interventi stranieri doveansi per sempre bandire, si doveva difendere in quei popoli il dritto di legalmente e liberamente manifestare loro voti. Ritirai il mio governo, ed essi fecero un governo ordinato; ritirai le mie truppe, ed essi ordinarono forze regolari, e vennero in tanta gara di civile virtù, e in tanta riputazione e forza, che solo per violenza straniera sarebbero stati vinti. L'idea monarchica fu affermata, e la monarchia moderò il pacifico moto popolare. Così l'Italia crebbe nell'estimazione delle genti; e l'Europa vide gl'Italiani essere acconci a governarsi da sè. Accettando le annessioni io sapevo a quali difficoltà europee andavo incontro; ma non potevo mancare alla parola data nelle mie guerresche proclamazioni. Chi mi taccia imprudente giudichi riposato, che sarebbe diventata, che diverrebbe Italia quel dì che la monarchia apparisse impotente alla ricostituzione nazionale? Per le annessioni il moto nazionale non mutò sostanza, tolse nuove forme: accettando dal dritto popolare quelle belle province, io dovevo riconoscere l'amplificazione di quel principio; nè m'era lecito misurarlo con la norma degli affetti e interessi miei particolari; onde per l'utilità d'Italia, feci il sacrifizio che più costava al mio cuore, rinunziando due nobilissime province del regno avito. A' principi italiani ch'han voluto essermi nemici ho sempre dato consigli schietti, risoluti, sebbene indarno, ad incontrare il pericolo che il loro acciecamento avrebbe fatto correre a' troni, e ad accettare la volontà d'Italia. Al granduca invano prima della guerra offersi alleanza. Al sommo pontefice, nel quale venero il capo della religione de' miei avi e de' miei popoli, fatta la pace, scrissi indarno offerendo assumere il vicariato per le Marche e l'Umbria. Era manifesto tai province, sol contenute da mercenarii stranieri, se non ottenevano le guarentigie da me proposte, presto o tardi sarebbero cadute in rivoluzione. Non ricorderò i consigli dati molte volte da' potentati a re Ferdinando di Napoli. I giudizii proferiti sul suo governo nel congresso di Parigi preparavano i popoli a mutarlo, se vane fossero state le querele dell'opinione, e le pratiche della diplomazia. Al giovine suo successore offersi alleanza per la guerra dell'indipendenza; trovai chiusi gli animi ad ogni affetto italiano, e gl'intelletti abbuiati dalle passioni. Era naturale che i fatti succeduti nel centro e nel settentrione della penisola sollevassero più e più gli animi nelle parti meridionali. In Sicilia fu aperta rivoltura; là si combatteva per la libertà, quando un prode guerriero devoto all'Italia ed a me, il general Garibaldi salpava in suo aiuto. Erano italiani, io non poteva, non doveva rattenerli. La caduta del governo di Napoli raffermò quello ch'io sapevo, cioè quanto sia necessario al re l'amore, a' governi la stima de' popoli. Ma alcuni atti dettero temenza non si interpretasse bene la politica rappresentata in mio nome; e tutta Italia ha temuto che all'ombra di una gloriosa popolarità si rannodasse una fazione pronta a sagrificare il vicino trionfo nazionale alla chimera del suo fanatismo ambizioso. Tutti gl'Italiani si son volti a me, perchè scongiurassi questo pericolo. Era mio debito il farlo; che ora non moderazione, non senno sarebbe, ma fiacchezza ed imprudenza, il non pigliare con ferma mano la direzione del moto nazionale, del quale sono responsabile avanti all'Europa. Mandai soldati nelle Marche e nell'Umbria a sperdere quell'accozzaglia di gente d'ogni paese e d'ogni lingua che vi s'era accolta; nuova foggia d'intervento straniero, e la peggiore. Proclamai l'Italia degl'Italiani; e non permetterò che diventi nido di sette cosmopolite, per tramar disegni di reazione e demagogia.

Popoli dell'Italia meridionale! Le mie truppe s'avanzano tra voi, per raffermare l'ordine. Non vengo a imporvi la mia volontà, ma a far rispettare la vostra; voi potete liberamente manifestarla. La Provvidenza che protegge il giusto ispirerà il voto che deporrete nell'urne. Qualunque sia la gravità degli eventi, attendo tranquillo il giudizio dell'Europa civile e quello della Storia, perocchè ho coscienza di compiere doveri di re e d'Italiano. In Europa la mia politica non sarà inutile a riconciliare il progresso de' popoli con la stabilità della monarchia. In Italia so che io chiudo l'era delle rivoluzioni. — Vittorio Emmanuele. — Farini. — »

§. 25. Confutazioni.

Tal manifesto scritto da quel Farini saccheggiatore del palazzo estense a Modena, assassino dell'Anviti a Parma, è tanto cumulo di menzogne, ipocrisie e sfrontatezze, che a confutarlo a parola a parola si vorrian volumi. Appella alla storia; ma questa pesando in giuste lance quei paroloni, coprenti ingordissime ambizioni, con le lagrime e il sangue di popoli innocenti versato poi a fiumi, ricorda fatti atroci e scellerati; e pone sopra infame piedistallo l'impudente re, che pigliando l'altrui si finge benefattore, il mentitore ch'osa innanzi al sole storcere a gloria la turpezza di sue rapine, lo stolto che con sofismi giustifica attentati ignoti al secolo, e alla morale delle genti. Gl'Italiani, ma più i Napoletani stupefatti, chi a voce chi a stampa gli notavano: « Il padre vostro rinunziò la corona, non per salvare la libertà, ma *perchè fu vinto.* Dite ch'educato al suo esempio volete unire la gente italiana, e *avete venduto Nizza!* Credete aver gittato nel costume de' popoli le radici della libertà; quale? *la supremazia tiranna delle sètte?* Osate vantare il ben essere de' vostri sudditi, voi che *aggravati li avete di tasse e debiti a milioni*? Voi, *carceratore di cardinali e vescovi,* v'atteggiate a protettore della religione cattolica! Accusate gli *uomini del dritto*, come fazione intenta a comandare in nome de' re; e sì accusate voi proprio, firmatore d'ogni vitupero, che fate comandare a' popoli dalle fazioni de' Cavour e de' Farini. Dite invece chi mai comandò in nome di re Ferdinando? Asserite che il vostro esercito Sardo sotto il tricolorato vessillo salvasse la tradizione militare italiana; ciò forse *a Novara*, dove, vinto, saccheggiò la patria città? Vi par necessano dichiarare che la vostra forza non nasce da occulte arti; tutti il sapevamo, e poi il faceste dire in parlamento, *ch'è comprata a contanti.* Notate la concorde armonia delle vostre province; *e bombardaste Genova?* Accusate Austria di preponderanza in Italia, e celebrate il vostro magnanimo alleato; ma *Napoleone volle alla preponderanza austriaca sostituire la sua,* assai più grave; e voi, voi, nuovo Ludovico il Moro, apriste a' Galli le porte d'Italia. Volete provare d'essere stato investito del dritto di parlare e combattere a nome d'Italia, citando i volontarii corsi a voi; ma da Napoli non partì *neppure uno*; e gli altri, pochi e di bassa mano, rappresenteranno 24 milioni? Accennate alla logica inflessibile degli avvenimenti, cioè *a' vostri brogli felici*; ma dunque tutto che avviene è logico? fu logica la secolare servitù d'Italia? logico l'affamato libertinaggio che voi le preparate? Il non esservi contentato della sola Lombardia la dite prova di non ambizione? *avevate* anzi *un'ambizione maggiore, volevate ogni cosa.* Apponete agl'itali prenci il non esser corsi alla guerra dell'indipendenza; ma essi sapevano quella esser guerra di *servaggio alla gran setta*; e temevano i vostri artigli. Dite a Villafranca minacciato il restauro de' caduti governi: non minacciato, *pattuito era, e giurato da voi.* Volevate difendere ne' popoli la libertà del voto? *libertà, a patto di scegliere voi!* Dite aver prima ritirato il vostro governo, e i popoli fecero un governo ordinato: doppia menzogna, che i vostri stessi commessarii vi restarono con altri nomi, e s'ordinarono *assassinando* come a Parma *l'Anvili.* E più mentite vantando le province saper governarsi da sè: esse prima da sè governavansi; dopo liberate, *ebbero i prefetti piemontesi.* Non esagerate le difficoltà diplomatiche al mantenere la vostra parola di pigliarvi l'Italia: tutte difficoltà eran tolte non la vendita di Nizza; e la parola di pigliar l'altrui non va mantenuta, Dimandate, che sarebbe d'Italia se mancasse il vostro braccio? *tornerebbe alla sua pace.* Fingete vi dolga il sacrifizio di Nizza: *baratto faceste; vendeste pochi Italiani, per comprarne molti.* Insultate le vostre vittime, rimproverando a' principi i non seguiti vostri schietti consigli; se prima seguivanli, prima eran perduti; re Ferdinando non li seguì, e morì sul trono. A Francesco consigliaste lega e abbandonare la Sicilia; e quella rifiutaste, questa abbandonata avete presa; ed ora scendete a scacciarlo dall'ultima sua terra. Offeriste al pontefice d'avere il suo vicariato nelle Marche: oh generoso! *offeriste non di dare, ma d'avere.* Gli rimproverate i soldati stranieri; ma voi stesso nel vostro congresso di Parigi li proponeste. Profetaste rivoluzioni future; intanto voi venite a portar la rivoluzione a forza. Citate la rivoluzione di Sicilia, e *l'avete fatta voi.* Citate il Garibaldi, e voi l'avete mandato, pagato, soccorso. Dite non aver dovuto rattenerlo; e a tutta Europa diceste *averlo tentato!* dunque confessate la menzogna? Apponete a' Borboni il non godere stima e amore di popoli; or ora vedrete il sangue che per essi verseranno, e sperimenterete quanto stimano ed amano voi. Tutti gli Italiani asserite essersi volti a voi; tutti! o forse i 26 venuti a nome di Napoli, o i nove a nome di Sicilia? Giustificate l'assassinio delle genti del papa, perchè di sètte cosmopolite; e perchè venite contro l'esercito nazionale napolitano, combattente con le vere sètte cosmopolite da' cento linguaggi mandate da voi? Ora ne permettete la libertà del voto; ma sotto la pressione di centomila vostre bajonette, e del coltello de' camorristi, co' quali voi antico re non arrossiste di collegarvi. Conquisi dalle perfidie, siam già nelle vostre catene, venite pure co' cannoni a ribadirle; ma cessate d'insultare alla nostra infelicità, col proclamarci liberi di chiamarvi padrone. »

§. 26. Osservazioni.

Ciò a confutazione del manifesto; ma più fortemente s'osservava: Vittorio non solo attenta al dritto delle genti, ma anche quello detto da esso *dritto nuovo* conculca. Gridando NON INTERVENTO avea minaccialo Napoli, quando temeva entrasse nello stato papale contro la rivoluzione; ed ora egli a sorreggerla interviene. All'Austria e Napoli negava lo aiutare il dritto; a sè dà il dritto d'aiutare la sètta.

Guarentigia de' popoli è la sovranità degli stati, o che si trasmetta dalla nazione, o che stia nel monarca. Circoscritta ne' suoi confini per seguenza di secoli, o per singolarità di stirpi, o per unioni d'interessi, quella sovranità è sua, opera libera nella sua terra, riposa nel dritto internazionale. Un popolo s'agita, muta forme o dinastie, per cozzi d'interessi o passioni; ma nelle peripezie sue serba l'autonomia, ch'è sua vita, e la sovranità, ch'è suo onore. Se il motto *non intervento* fosse schietto, si fonderebbe su tai principii di giustizia, sarebbe la guarentigia reciproca delle sovranità, il veto allo interrompimento de' civili progressi de' popoli, il veto alla morte de' corpi sociali, l'affermazione costante dell'esser loro. I popoli delle due Sicilie sono un corpo sociale, sin dalla venuta de' Barbari; Carlo magno tentò, ma non potè aggregarli alla sua monarchia, siccome non l'avea potuto il Longobardo. Dappoi ebbero un re, ma già con altri nomi erano un agglomeramento di principati ch'aveva una vita distinta in Italia; e seguitò regno altri sette secoli, uno e vivo sempre.

A spegnare tal vita s'era nel 48 nel 60 suscitata la rivoluzione dal braccio straniero, come la si vinse nel 48, si vinceva nel 60, e con meno sangue: i soldati combattenti erano nazionali, tosto trionfava la vera volontà nazionale. Si mandò un avventuriero sorretto con denari ed uomini di tutto il mondo, col dito inglese e francese incoraggiato dalle costoro flotte possenti e presenti. Fu intervento abbietto, che aiutando i pochi faziosi combattè la maggioranza, cioè la sovranità della nazione. Con uomini stranieri in nome d'Italia s'assassina un popolo italiano. E il fatto mostra che la nazione napolitana non vuole perire; pugnò sul Volturno col suo re, contrastò, circoscrisse in breve cerchio lo sforzo armato della setta mondiale; un altro conato, e trionfava. Il Garibaldi già più non poteva illudere ed ingannare nove milioni; l'intervento larvato era vinto. Ed ecco interviene aperto il Piemonte a salvare lo avventuriero da esso mandato; si fa invitare da venticinque suoi adepti, e viola i confini d'uno stato esangue per cento codarde ferite, a spegnere una sovranità di quattordici secoli. Calpesta il principio del *non intervento* che proclama; Italiano, trucida Italiani; liberale, spegne la libertà d'una nazione; grida *Fuori lo straniero!* e s'unisce a una marmaglia di mille paesi, per asservare la terza parte d'Italia. Tanto enorme assassinio d'un popolo, impunito al cospetto d'Europa, sarà fonte di sangue infinito. I Napolitani protestano fuggendo il plebiscito, combattendo, morendo, ed esulando. Questo popolo non ebbe mai piene e indigene rivoluzioni; e Vittorio proclama di venire a chiudere l'ora delle rivoluzioni! ma è frase copiata da Napoleone III; perocchè cotesti Italiani in maschera copiano tutto di Francia, anche le parole.

§. 27. Intervenzione di re Vittorio.

Il de Virgilii, messo da D. Liborio governatore a Teramo per Francesco avea dal 27 settembre scritto al governo dittatorio a Napoli, *sperare che* presa Ancona, i Sardi entrerebbero nel regno. Generosa speranza! Poi il 13 ottobre nunziò entrato il Cialdini la vigilia con ottomil'uomini (cioè il giorno stesso della decisione della camera torinese, e prima del voto del Senato) e già altri diciottomila esser volti a Pescara. Re Vittorio vide a Grottamare i venticinque Napolitani, che il pregavan *di riporti nell'ordine*; ed entrò il 15 ottobre sul mezzodì in Giulianova, ricevuto da' traditori De Virgilii e de Benedictis, sul ponte del Tronto. Fu a Chieti il 17, la dimane a Teramo, l'altro dì a Popoli, appresso al Cialdini. Per tai città, silenti le popolazioni, non mancarono poesie ed indirizzi stampati, anche di corporazioni religiose, meramente falsi, cui poi i superiori ebbero per le stampe a smentire, Ma il falso si spacciava all'Europa.

§. 28. Altri decreti dittatorii.

Intanto a Napoli, prima del voto d'annessione, s'annetteva di fatto. A' 5 ottobre s'abolì il ministero di Sicilia in Napoli, si tolsero le rappresentanze diplomatiche all'estero, ambascerie, legazioni e consolati; e il decreto pregava re Vittorio d'incaricare suoi agenti, per la protezione del nostro commercio. Conseguentemente due giorni dopo licenziarono quasi tutti quei rappresentanti, e sin qualche usciere di legazione. Pei consoli posero una giunta di scrutinio; s'intendeva quelli da ritenere dovevano aver tradito il re. Crearono a' 28 settembre una commissione, da far l'inventario de' beni mobili e immobili di Casa reale, per passarsi alla *cassa d'ammortizzazione*. Poi a' 19 ottobre dichiararono nazionali quei beni; dettero alla cassa l'amministrazione de' fruttiferi, e a un soppraintendente di casa Vittorio quelli deliziosi: ciò prima del plebiscito. La commissione stette pe' soli beni dell'ordine Costantiniano.

Il dittatore e i suoi s'affrettarono a fruire della potestà fuggente. Pubblicarono il 15 ottobre con data del 25 settembre un decreto, concedente le strade di ferro nel regno a una società Adami e Lemmi di Livorno; negozio rovinoso; e d'avvantaggio approvarono tre patti addizionali chiesti da' concessionarii, ch'essenzialmente i patti della concessione scambiavano. Vincolavasi per lunghi anni il paese, si sottoponeva al carico di 650 milioni di lire, ch'era la spesa presuntiva, e d'assicurava alla società l'utile del sette per cento, senza ch'essa sborsasse un quattrino. Ma si seppe che il Crispi e il Bertani s'avean preso 65mila franchi; e 'l La Farina a vendetta stampò nel *Cittadino* di Palermo il documento per notar Zezza, comprovante tal mancia pagata dalla società. Poi il Piemonte disfece tutto.

A' 16 uscì il nuovo regolamento doganale; abolente le frontiere col resto d'Italia. Tolsero la polizia a' giudici circondariali (e bene fu) e si die' per allora a' sindaci (e fu perno di soprusi). Numerose mutazioni di persone nelle forze di mare; ritirati i vecchi, licenziati i pochi stati fidi al dovere, promossi a gradi alti i disertori e i traditori. L'Anguissola vessillifero della diserzione fu viceammiraglio; sebben tolto dal ministero di marina, perchè troppo Garibaldesco; il surrogò un Sandry, straniero, sotto gli ordini del Persano. Quei traditori si ricamarono le divise, tutt'oro; e passeggiavano pettoruti, quasi vincitori di Buda, ostentando i vergognosi gradi; di che stomacato anche l'usurpatore governo sardo, ricusò poi approvarli; onde con doppia onta se n'ebbero a svestire.

I rivoluzionarii ricordando le promesse chiedevano l'abbattimento di S. Elmo; ma il Turr comandante la piazza, dicendo che quel forte starebbe sempre nelle mani della Guardia Nazionale, dichiarò nemico della patria chi volesse demolirlo. Così un Ungaruccio insegnava a' Napolitani l'amore della patria. Ma il Garibaldi il 18 a burlar tutti n'ordinò il disarmamento, riserbandosi di dar poi l'ordine di abbattimento.

A' 19 si ordinò uno squadrone di Guardie Nazionali a cavallo; a' 23 n'uscì decreto per quattro reggimenti, di quattro squadroni ciascuno, sul continente. Non noto, nè il potrei, le destituzioni d'ogni sorta d'uffiziali: a' 29 moltissimi cattedratici dell'Università; ch'anco le scienze dovevano esser rosse, per adagiarvi i nuovi arrivati, subito il giorno dopo stampati professori. Inventarono regolamenti nuovi. Sciolsero al 1.° novembre la Commissione d'istruzione pubblica; ne fecero un Consiglio con larghe facoltà; presidente il ministro, vicepresidente il Baldacchini eterno.

E presto le mani in sagrestia. A' 19 ottobre dichiararono abrogati privilegi e immunità ecclesiastiche, nel penale e nel civile. A 22 abolirono l'antica prammatica *Da Monialibus*, e tutte leggi inferenti servitù a case private in pro de' luoghi pii. Il giorno dopo annullarono tutti i decreti e rescritti modificatori de' Consigli degli Ospizii; tolsero a questi quanto v'era clericale, e proscrissero a' Vescovi di restituire i beni, e dar conto delle amministrazioni tenute. Più tardi il Garibaldi die' agl'Inglesi permesso di fabbricare cappella pubblica, e anche il suolo *gratis, perchè*, disse, *questo popolo adora lo stesso Dio degl'Italiani.*

§. 29. Altri compensi a' martiri.

E sempre più compensare martiri. Un decreto de' 24 settembre vietò i sostituti a' ricevitori e percettori dell'entrate pubbliche; ciò con onesto colore, ma col fine di strappar quei grassi proventi a' gaudenti antichi, e darli a' gaudenti *martiri*; chè chi titolare potea tra' coltelli andare a quelle sedie nelle province? Vedesti dimissionarii a centinaia, e subito insediarvi di nuovi. Chi non si dimetteva era poi licenziato; così allocarono assai adepti. A Eduardo Pandola giovanastro si die' la conservazione d'Ipoteca in Napoli, grossissimo boccone, in premio d'esser ito a chiamar Vittorio: nè di men grossi agli altri. Non bastando uffizii, davano pensioni e doni, per allora e per l'avvenire: ducati trenta mensuali alla madre di Domenico Romeo, morto nel 48, e ducati quattromila a' quattro figli d'un Domenico De Clemente, morto carcerato a Ventotene; venti alla vedova e figli d'un Porta finito in galera; trenta alla vedova e figli d'un Luigi Lenza, pur galeotto; venti alla vedova e figli di Giuseppe Caprio, anche in galera morto. A' 22 un decreto di ritiro al Saliceti con ducati 2500 annui. A' 23 ducati sei mensuali alla vedova d'un Cappuccio, ucciso da' reazionarii di Montemiletto. A' 24 pensioni uguali a' soldi alle vedove e figli degli uccisi ne' fatti d'arme, nominati Schiaffini, Montanari e Brocchi (stranieri) improvvisati maggiori e colonnelli. Ducati quindici al mese alla vedova d'un colonnello Costa, già dimesso; diciotto alla madre e sorella di Giambattista Aiello, letteratuccio, morto più anni prima in pace; venti alla figlia d'un maggiore Pisa; e anche la vedova del colonnello Rossaroll, morto il 49 a Venezia, ebbe la pensione da noi. Saria lungo citar tutti i decreti stampati, e gl'innumerevoli non pubblicati.

Più rumore fe' il decreto del 25 ottobre, ordinante si togliessero da' beni di Casa reale incamerati sei milioni di ducati, da spartirsi a varie categorie di martiri, per saccheggi, esilii, carceri e altri danni patiti dal 16 maggio 1848 sin allora; e che una giunta d'*integerrimi* cittadini vi provvedesse, sulle domande da presentarsi. Parecchi de' martiri ch'avean già aggiustati i fatti loro, e agguantati grossi impieghi, prevedendone un visibilio da rimbombar troppo, protestarono contro il decreto, e rinunciarono, cioè i Poerio, Scialoia, Caracciolo, Massari, Spaventa, e altri; ma chi avea più fame, o l'avuto teneva per poco, protestò contro la protesta; e furono i più. Contro tanto cinismo re Francesco a' 8 novembre fe' dichiarare a' potentati: « Non esser bastato alla rivoluzione il pigliare inestimabili ricchezze artistiche, che sendo proprietà personali di sua casa aveva ei lasciato godere a' suoi popoli; non bastato confiscare i maggiorati, le doti delle principesse, le sostanze delle orfane in esilio, i legati del defunto re a' poveri, la eredità di Cristina venerabile; non appagarsi delle confische, ma distribuire i beni privati della real famiglia a chi da dodici anni cospira contro di essa, il trono e la società. E tal decreto darsi due dì dopo il plebiscito, e undici dopo l'entrata di re Vittorio, cospiratore anch'esso contro il napolitano trono; venuto col nome regio, e regii soldati ad assicurare l'esecuzione di cosiffatto decreto. » E Vittorio il ratificò.

E gioco più tristo si vide. Uffiziali deposti per fellonia, chiesero i soldi degli anni restati senza uffizio, quasi il soldo, non mercede all'opera, benefizio fosse. Qualcuno stato sol pochi dì impiegato nel 48 volle ed ebbe undici anni di soldi. Fu stampato che primo il gran liberale Conforti, stato ministro poche settimane, avesse settantaduemila ducati, per soldo di ministro dal 48 al 60, quando lo stato avea pagato il ministro in sedia. Supponevano l'uffizio un contratto, e che uno avesse dovuto e potuto durare ministro costituzionale undici anni di seguito. Che il *finanziero* Scialoja si pigliasse sessantacinquemila ducati, e suo padre diciottomila; che il Dumas, il De Cesare e 'l Ferrigni avessero 440mila ducati, per istudiare, quegli storia, l'altro economia, e 'l terzo il culto; che il Massari, il Ciccone e il Bella ne prendessero cinquantamila, per istudi agronomici, e così altri. Siffatte rapinazioni non più udite stomacarono anche i liberali, e ne fur chiassate. Ma alcuni di quelli nominati volsero un processo di diffamazione (non di calunnia) a un Filippo De Boni, che primo nel giornale *Il Popolo d'Italia* l'avea detto; destinatovi un magistrato La Francesca, fu fatto traslocare; sì la cosa dormì; e quel giornale oppresso, il 14 aprile 1864, le stesse accuse ha ripetuto.

Dall'altra banda per economia un decreto del 23 ottobre chiuse il collegio del Salvatore per un anno, e si abolì il fondo di soccorsi a' letterati per veri. Invece dettero pensioni alle camorristesse: mensuali ducati dodici a Marianna la Sangiovannara; e altrettanti per ciascuna ad Antonia Pace, a Carmela Faucitano, a Costanza Leipnecher e a Pascarella Proto, *perchè esempi inimitabili di coraggio civile nel propugnare la libertà.* Invece de' letterati pagavano quelle silfidi.

Oltracciò grazie di pene. Il dittatore a reclutar seguaci apriva le galere. Un decreto pel 29 ottobre assolveva dalla condanna per delitto comune un barone Giuseppe Bentivegna da Corleone, perchè fratello di martire. Ei guardava grosso, tenea per liberale qualunque il dicesse, galeotto, ladro o assassino che fosse; onde moltissimi ne cavò d'ergastolo, bambinelli da forca. Faceva largo per serrare la gente onesta.

Infatti la carcere diventò luogo di buoni; vi trovavi sempre magistrati, prelati e signori.

§. 30. Il plebiscito.

A' 21 ottobre seguì il plebiscito, a mo' di Franza, con *suffragio universale,* fuorchè ne' luoghi tenuti dal re. Ciò dopo decretata l'annessione, con le carceri piene de' più considerati personaggi del reame, con la potestà stretta nella setta, con dittatorio governo, con cinquantamila Garibaldini, e migliaia d'onnipotenti camorristi sparsi per ogni parte; ciò quando Vittorio, re da proclamarsi, stava con altri cinquantamila soldati sardi di guarnigione entro Napoli; con la guerra fervente, col terrore universale, tra il sangue e le persecuzioni. Cotante arme straniere a guarentigia delle fellonie, a sicurezza della conquista, assistevano al *libero voto.*

Fu giorno di spavento. In ogni pur minimo paesello i faziosi prese le sedie municipali e i gradi Nazionali, sforzavano le volontà. Con essi erano contrabbandieri, speranti sempre durasse la cuccagna, proletarii per mangiar senza fatica, ambiziosi per guadagnar soldi e croci, talun possidente illuso da promesse d'abolirsi le tasse fondiarie, galeotti fuor d'ergastolo, e facinorosi credendo più non fosser leggi: cotai genti, che n'ha ogni paese, davano vita al plebiscito. Dall'altra parte nessun uomo onesto metteva importanza legale a quell'abbozzo di comizii non più visti, opera di forza da durare quanto la forza; ciascun buono schifando quei brogli di piazza si serrava in casa. In tempi ch'a un girar di palpebra l'uomo era morto, e che, non che impunita, premio ne veniva all'assassino, salvar la persona era il pensiero generale. Talun minacciato andò per paura a dare la sua scheda; pensava: che guadagna Francesco col mio NO? metto il SI, e sto quieto.

In Napoli più giorni prima affissero cartelli, dichiaranti NEMICO DELLA PATRIA chi s'astenesse, o desse il voto contrario. Al mattino del 21 cominciarono i camorristi con suoni e bandiere a scorrere la città; poi primo il dittatore pose il voto; poi il prodittatore col municipio in forma pubblica; poi Garibaldini d'ogni nazione e lingua: Sirtori, Bixio, Turr, Eber, Eberardt, Rustow, Peard, Teleki, Megiorody, Dunn, Csudafy e quanti altri di tai barbari nomi eran lì. Votarono stranieri quanti ne vollero venire, domiciliati o no; votarono giovincelli imberbi, e donne, e la Sangiovannara! In ogni luogo di comizio due urne palesi, acciò la paura vincesse la coscienza; e chi osava stender la mano a' No? ne tenevan coperta l'urna Nazionali e Camorristi; questi porgevan le cartelle affermative, niuno le leggeva; dove qualche imprudente osò dimandare la cartella del NO, provò il bastone e il coltello. Con più ferite fu scacciato dal comizio di Monlecalvario un vecchio, presenti gli eletti e i Nazionali. Nulla per far numero i dominatori dimenticarono; solo non piantarono l'urne nelle carceri piene di reazionarli, a sforzarli a' SI. Eppure l'urne eran deserte: sul tardi i camorristi di quartiere in quartiere dettero il voto in tutti i dodici comizii. Non si confrontavano le tessere con le liste, nè con le persone; nè pur le tessere dimandavano; qualunque compariva era festeggiato. Da ultimo i sovrastanti, impazienti empievano l'urna a piene mani.

Se ciò in Napoli, che nelle province? Il Rustow garibaldino (nel 2.° vol. pag. 114 delle sue *rimembranze*) narra che a Caserta lo stato maggiore della sua divisione, ch'era di 51 uffiziali, nè più tutti presenti, si trovò d'aver dato 167 voti. Ne' paeselli afferravano i passaggieri, e tiravanli a' voti; e poi scorrazzando per le comuni vicine andavan per tutto empiendo l'urna. Ingannavano anche i contadini, dicendo i SI accennassero al ritorno di re Francesco; e l'ignaro villico contento si pensava col suo voto richiamare il suo re. Guai a chi osasse illuminarli. L'arcivescovo di Rossano a' 14 ottobre scrisse a' parrochi considerassero se quell'atto portasse o no nocumento alla religione e alla morale e dessero il *sì* il *no*, senza rispetto umano, valendosi della promessa libertà. Incontanente fu insultato e carcerato.

Non ostante loro sforzi, in parecchie terre ove non erano forze armate non si votò; e sino a Barra sulle porte di Napoli; anzi in molti luoghi, come or ora dirò, la popolazione reagì, con sangue assai. Il governatore di Capitanata dopo tre dì scriveva al ministero: «Il giorno del plebiscito è stato per questa provincia giorno di ribellione, i comizii in più comuni non si sono raccolti. Si son fatti e si fanno sforzi straordinarii perchè il movimento non sia generato. Qui sono reazioni universali; mandate soldati e arme. » Ma quel dì il dittatore in Napoli s'era baloccato in una locanda presso un suo colonnello; e dopo pranzo fattosi al balcone tra due donne rosse, concionò d'*Italia una* alla solita turba, che niente comprendendo, alzava braccia ed indici, a significare *unità*.

§. 31. E in Sicilia.

In Sicilia tra chi voleva l'assemblea costituente e chi l'annessione incondizionata furono rumori; ma fucilati o scannati alcuni, carcerati molti, atterriti tutti, si creò come sul continente il plebiscito unanime. Dissero in Palermo essere stati votanti 36267, de' quali 36232 *sì*, venti *no*, e quindici nulli: in tutta l'isola 432053 *sì*, e soi 666 *no*. E se ne vide una bella: il prodittatore Mordini, quel dì stesso 21 stampa un decreto: «Considerando il nome di Giuseppe Garibaldi esser destinato a crescere di celebrità nei secoli, e che le future generazioni avrebbero la religiosa memoria di ricercare i luoghi stati segreti testimoni dei pensieri e delle intime risoluzioni dell'eroe del secolo XIX; udito l'unanime consiglio di Stato, fra le acclamazioni del popolo, decreta che la stanza ove l'eroe ha dormito a Palermo, nel padiglione contiguo al palazzo reale sulla porta nuova, sia serbata in eterno, col mobile e nello stato come si trova. Tal decreto in marmo si muri sulla porta. » Conseguentemente lo Scrofani ministro di polizia fe' processo verbale di venticinque arnesi della stanza, compresi gli ignobilissimi; e posevi un guardiano con quindici ducati al mese. E già il *Precursore* giornale palermitano aveva il 12 del mese stampato che il Garibaldi scendeva da un re di Corsica. Fumi di democrazia! Per contrario un dittatorio decreto confiscava i beni dell'ex direttore di polizia Salvatore Maniscalco, dichiarato *nemico della patria*. E a' 31 s'ordinò una medaglia d'argento pe' Garibaldini.

§. 32. Sua nequizia.

Quei voti moltiplicati con le mani, fu più lieve moltiplicare con la penna, per aggiustare una bella maggioranza. Benchè decretato pel 6 novembre la pubblicazione finale, pur l'accelerarono di tre dì; acciò precedesse l'entrata in Napoli di Vittorio, e si serbasse un po' di pudore a questo re che non ne aveva. Pertanto il 5, dopo il meriggio, schierato 24 compagnie nazionali avanti la reggia napolitana, la suprema Corte di giustizia sur una tribuna che faceva il quarto lato, proclamò del plebiscito il risultamento. Molti di quella corte già sfegatati de' Borboni, andarono a quella vergogna, sperando salvare i soldi; ma il più esaltato di tutti, il Niutta presidente, nunziò concionando la decadenza de' Borboni, e si rallegrò della perduta autonomia napolitana. Disse essere stati un milione e 302,064 *sì,* e 10312 *no.* Poi salve di cannoni da' castelli e da mare, viva, luminarie e colpi di fucili nella notte. Quella piazza fu detta *del plebiscito.* Nel popolo fu tristezza e sbalordimento, solitudine nelle strade. Non ostante l'arti settarie, ciascuno sentiva in cuore l'umiliazione della patria; e chi in carcere, chi saccheggiato, chi perduti parenti, case, uffizii e lucri, tementi di peggio, davan preci e lacrime a Dio.

Notarono voti negativi, per mostrarvi stata libertà; se furonvi, eran di Garibaldini, che soli potevano osarlo. Presto la falsità di quei numeri i dominatori stessi ulularono: centomila carcerati in un anno, trentamila licenziati d'uffizio, migliaia di fucilati, d'esiliati, relegati e sorvolati; gli arsi in 28 paesi disfatti, i *briganti* combattenti sui monti, e i congiunti di tutta questa gente ostile al nuovo ordine di cose, entrano ne' diecimila NO, ovvero votarono pel SI? Alla menzogna de' plebisciti risponde la verità dagli stati d'assedio permanenti, tenuti con leggi o senza leggi, che tuttora comprimono le riluttanti popolazioni. Il Cavour impudentemente con dispaccio ringraziò il Pallavicino, pel risultato del plebiscito, *a lui in gran parte dovuto.* Ma il pretendente Murat con lettera stampata disse che *l'urne de' voti stavano tra la corruzione e la violenza.*

Disserlo *fatto compiuto,* certo compiuto per restar monumento di nequizia. Una gretta minoranza invoca il suffragio universale; impone la sua volontà, con le bajonette di due eserciti stranieri, e li fa combattere e votare; inventa un dritto di moltitudine che calpesta; il finge unanime, e della finzione si fa clava per ischiacciare il dritto popolare. N'è conseguenza la menzogna in trono, e servaggio orrendo in maschera goffa di libertà. Sono pochi, e si dicon tutti; e perchè pochi, son paurosi e spietati; e a contenere i cittadini han bisogno d'arme estrane, di magistrati agozzini, e d'assediare, disarmare, bombardare, ardere e fucilare. Atteriti, comandano col terrore; isolati, s'associano i camorristi; corrotti, corrompono; e odiati in patria, fan la patria serva altrui, perchè essa li respinge. Quel plebiscito fu la tazza di cicuta al reame, come quella propinata in Atene a Focione; dove fugati dal comizio gli onesti, i votanti erano schiavi, infami, e forestieri.

L'Europa seppe presto il vero. L'Elliot ministro inglese a Napoli, scrivendo al suo governo il 16 ottobre, avea detto: « Moltissimi vogliono l'autonomia, ma sono sforzati a votare per l'annessione; e infatti la formola del voto e il modo del raccoglierlo sono sì disposti, che assicurano la più gran maggioranza possibile per l'annessione, ma non a constatare i desiderii del paese, » E il 10 novembre soggiunse: « I risultati delle votazioni in Napoli e Sicilia rappresentano appena i diciannove tra cento votanti disegnati; e ciò ad onta di tutti gli artifizii e violenze usate. » E 'l ministro Russell, uno de' fabbricatori della rivoluzione, nol celò nel dispaccio dei 31 gennaio 61 a Torino: « I voti del suffragio universale in quei regni non han gran valore; sono mere formalità dopo una rivoltura, ed una ben riuscita invasione; nè implicano in sè lo esercizio indipendente della volontà delle nazioni, nel cui nome si son dati. » Bensì ei soggiungeva, potere i rappresentanti della nazione a Torino deliberare sull'annessione. Ma tali rappresentanti eletti alla maniera stessa dello eletto Vittorio, non potevano aver mandato per l'annessione, che si facea parer fatta: non causa, ma conseguenza dell'annessione sono i deputati al parlamento italico, e se quella è nulla questi sono illegali.

Re Francesco l'8 novembre, pel ministro Casella, protestava da Gaeta contro quel nuovo atto di violenza da truppe straniere fatto al suo popolo; da non invalidar mai i dritti della corona, nè distruggere l'autonomia e indipendenza del reame.

§. 33. Più reazioni in Abruzzo.

Mentre i telegrafi empievano il mondo del'*unanime* plebiscito napolitano, cominciava invece nel reame la reazione materiale e morale, cui tutto lo sforzo d'Italia e della setta mondiale non ha potuto in molti anni domare. Il De Virgilii messo da D. Liborio intendente a Teramo, benchè del partito piemontista, si pose d'accordo co' due De Caesaris e Tripoli garibaldesi, mandati dal *comitato d'azione* napolitano, e s'obbligo a non far niente senza il loro consiglio; perocchè quei liberali, quantunque scissi, si tenevano le mani, non sapendo qual partito salisse al potere, scopo precipuo del patriotismo. Quanto a percuotere i compratioti erano concordi; però sin dall'8 settembre il De Virgilii proclamando il governo provvisorio per Emmanuele, avea dettato un'ordinanza così: «Qualunque prenderà l'arme per avversare in qualsiasi modo il movimento italiano, sarà dichiarato nemico della patria, e fucilato. Una Commissione militare con rito sommario procederà immediatamente alla punizione. » Nulladimeno da tutte parti si reagì, e in molti paesi non si fe' plebiscito; il perchè quell'intendente, ebbe necessità d'atterire con una proclamazione da Maometto: « Tutti i comuni dove si son manifiestati o si manifesteranno movimenti reazionarii sono dichiarati in istato d'assedio, e vi sarà eseguito rigoroso disarmamento. Chi mancherà di presentare le arme di qualunque natura sarà punito con tutto il rigore, alla militare, da un consiglio di guerra subitaneo. Gli attruppamenti saran dispersi con la forza. I reazionarii presi con le arme *saranno tutti fucilati.* Gli spargitori *di voci allarmanti saran considerati reazionarii, e puniti con rito sommario.* » E finiva con questo grido selvaggio: « *Colpite i reazionarii senza pietà.* » E spietatamente con la rabbia della paura si colpiva e fucilava.

Nel Chietino fu rumoroso il fatto di Caramanico, terra di cinquemila abitanti. Facendosi il plebiscito libero, la gente dava voti negativi, s'opponevano i faziosi; e seguendo diverbi e minacce, un contadino spinsesi a dimandare l'urna de' voti per Francesco; ebbe da un De Dominicis uno schiaffo. L'insulto move i villani; i piemontisti traggono colpi di fucile sul popolo; questo risponde con mazze e pietre; e afforzato da quei del villaggio S. Eufemio, disarma il corpo di guardia, il De Dominicis e un altro uccide, e loro case saccheggia. Alla dimane canta il *Te Deum* in chiesa per Francesco. Ma il dì seguente arrivati da Chieti Garibaldini, Nazionali e Piemontesi con un Raffaele De Novellis; i quali, sendo fuggiti gli autori, inveirono contro innocenti: tre senza giudizio per private vendette fucilan tosto; molti ligati menano a Chieti, e per via, alla strada S. Croce, un di questi, appellato Niccola Lattanzi, sventrarono con baijonette. Poi col pretesto di visitar le case, parecchie ne saccheggiarono; peggio al villaggio S. Eufemio; e il bottino per Chieti e altri luoghi apertamente venderono.

Nell'Aquilano la votazione quasi non si fece: il popolo dava addosso a chi s'accostava all'urne; e giunte le nuove de' Sardi entrati, quei paeselli gridando Francesco presero spontanei l'arme rurali; e con nappe rosse chi saliva a' monti, chi ad Aquila s'accostò. Il famoso general Pinelli, spregiando quei disarmati villani, uscì d'Aquila il 28, con alquanti soldati e cavalli; e guidato da un Ponzi fazioso dei luogo, volse a Pizzoli; ma tra Acquaoria e S. Vittorino intorniato da' popolani, perduto qualche uomo, voltò la schiena, e fu colpito da un sasso nelle reni. Il 27 era stata una levata generale: Marano, Cesaprobbe, Campotosto, Gabbia e molti villaggi attorno Montereale insorsero in massa; mettono i NO a' cappelli, alzano bandiera borbonica, e in migliaia, uomini, donne e fanciulli, s'accozzano sotto il palazzo del conte Francesco Canofari a Montereale, lui gridando capitano. Questi pria cercò tenerli quieti, poi vistili irrompere ad atti contro certi liberali, a sera si ritirò; onde la gente senza capo, senza danari, nè arme, dopo tre giorni s'andò sciogliendo. Intanto il Pinelli riesce da Aquila a vendetta, con battaglioni e cannoni, e invade Pizzoli; saccheggia, uccide a libito; carceri, taglie, fucilazioni. Lo stato maggiore alloggia in casa un Alessandro Cicchettani, e al mattino questi è fucilato nel suo giardino, presente la moglie. A S. Vittorino la gente, tenentesi le nappe rosse, senza più, è presa, percossa, ligata, e tradotta nelle carceri di Aquila; due per rifiutare di sputar sulle nappe, son trucidati. Fuggono da tutti i paesi gli aiutanti; uomini, donne, vegli e bambini a' monti; patito fame, freddo, e notti crudissime, passato il turbine, tornano alle case, e trovanle saccheggiate; masserizie arse, grano, olio, vino per vendetta sparso nel loto e colante ne' chiassuoli; sperperate tante fatiche e sudori sparsi sull'aratro e su' campi. Si strappano i capelli, si vedono nudi, affamati, oppressi, e ferocemente gridano morte agli assassini! Ogni Piemontese è nemico, ogni arma a ucciderli è buona; si gittano alla campagna, e comincia quella atroce lotta, detta *Brigantaggio*, che per le cagioni medesime nata, in ogni paesello, per tutto il reame divampa.

Il 3 novembre un Serafino De Giorgio tenente nazionale di Scurcola, con molti Garibaldini detti *Cacciatori del Velino*, movendo da Collearmele per riporre la rivoluzione in Avezzano capodistretto, scrisse al sindaco movessegli incontro co' principali, o ferro e fuoco; il quale impaurito andò. Ma la popolazione ciò udendo, tutta commossa, sonando campane a stormo, s'armò di rusticani ferri, raggiunse il sindaco, lo sforzò a retrocedere, e die' sopra a' Garibaldini. Alla prima ammazzarono un D. Felice di Cesare da Menaforno; e fuggendo gli altri, perseguitaronli sin presso Celano. Coltine qua e là tre, con pali e zappe li finirono; poi tornarono ad Avezzano, con la testa del Di Cesare trionfalmente.

Il Pinelli il 4 novembre dichiarò lo stato d'assedio nella provincia; e vi alzò corte marziale con tre articoli: « 1.° Chiunque sarà colto con arme di qualunque specie, *sarà fucilato immediatamente.* 2.° Ugual pena a chiunque spingesse anche con parole i villani a sollevarsi. 3.° Ugual pena a chi insultasse il ritratto del re, o lo stemma di Savoia, o la bandiera nazionale. » Dunque quel re allora eletto con suffragio universale unanime, non stava sicuro neppure in effigie; e bisognò pena di *morte immediata* per rattenere i regnicoli dall'insultarlo. Anche al Farini, fatto come dirò luogotenente, die' nell'occhio; e rivocò quel manifesto; ma vi lasciò il Pinelli, come il De Virgilii, il De Thomasis, e altri Neronini. Cinti di cannoni e bajonette, i bravi davano la caccia per monti e valli a' villani inermi; e dove afferravan uomini subito fucilavano; poi come scannati montoni n'empivan carri, e portavano al paese; ovvero per ispavento delle mogli e de' figli, avanti loro case, proibita la sepoltura, li piantavano.

§. 34. Reazioni nel Reggino.

Nel reggino alcuni Borboniani divisavano ripigliare Reggio, facendo massa a Pèllaro luogo vicino, e anche alla cittadella di Messina, donde speravano arme e soldati. N'eran corse pratiche, e il Fergola chiese permesso a Gaeta di mandar trecent'uomini; ma il ministero ai Francesco rispose, non isguarnisse la piazza. Intanto i congiurati cercavano unir più paesi della provincia, per levarsi insieme; ma inopportunamente avanti tempo si mosse un Vincenzo Aiossa a Cinquefronde, che assalì e disperse quei Nazionali. Però accorsi il sottintendente Poerio e l'intendente Plutino, con Nazionali e Garibaldini, seguì, nel paese un conflitto con molto sangue; il che disanimò gli altri. Dopo qualche settimana Francescantonio Carbone di Pedavoli, unita gente di più comuni, si mosse il 20 ottobre, sperando ne' soldati del Fergola; e il dì stesso si rivoltava Pèllaro. Giunti garibaldini e Nazionali, si combattè alla spicciolata per campi e strade, e fu sedata la cosa; ma scorrazzando ne' paesi fecero gran danni, con rapine, fuoco e uccisioni. Pèllaro, Valanidi, Fossato, Pedavoli, e Lubrichi ebbero saccheggi ed omicidii. Oltracciò requisioni di guerra in più luoghi: a Oppido presero duemila ducati.

§. 35. Reazioni sul Gargano.

La reazione dove aperta dove larvata cominciava in ogni parte. Quasi in tutto il Gargano tacque il plebiscito; tacque in S. Marco in Lamis; pochi il vollero in S.

Giovanni Rotondo; il popolo guardò torvo. In quella certi soldati sbandati entran nel paese gridando Viva Francesco II, ed han sèguito immenso; un farmacista italianissimo osa trarre con lo scoppietto e uccide un uomo; è preso, strascinato e sbranato. Poi menati dal furore dan sopra a' votanti; alcuni fuggono; ne agguantano ventisette, li carcerano, e minaccianli di morte, se chiamassero Garibaldini in S. Giovanni.

Governatore di Foggia era Gaetano Del Giudice di Piedimonte, messovi da D. Liborio; che subito s'era fatto Garibaldesco: accozza quanti può liberali, dugentocinquanta Garibaldini, e pur due frati con fasce tricolorate, e accorre. La popolazione al vederli da lontano piglia l'arme, uccide i ventisette nelle carceri; ed esce incontro agli assalitori: a' primi colpi il Del Giudice va in volta e ricovra in un convento di campagna. Al rumore si solleva pur S. Marco in Lamis, comune grosso di sedicimil'abitanti. Il governatore assalito al mattino, perduta una bandiera, prigionieri e morti, fugge a Manfredonia. Quivi ha due cannoni, raccoglie faziosi e Garibaldini, e fatti 1500 uomini, ottenuto dal dittatore poteri illimitati, sparge il 26 una proclamazione, minacciante a preti e reazionarii galere, taglie, ferro, fuoco e fucilazioni. Il dì stesso a vendetta move a S. Giovanni, per la via di Rignano, ove avea fautori; ma visto da S. Marco, questa popolazione tumultuando picchia ogni porta, tutta notte aduna arme e munizioni, e assale i Garibaldini, che dormito a Rignano andavano a S. Giovanni. Questi trovatisi in mezzo tra le due popolazioni uscite a percuoterli, dopo due ore di zuffa si ritraggono a Rignano. Ne' seguenti dì avvisaglie lievi.

Il Del Giudice, fallita la forza, cercò con arte acchetare S. Marco, terra grossa. S'interposero i preti; si considerò già i Sardi nel cuor del regno indifeso e inerme, venir forze da tutte parti; e si venne a conposizione, per la quale i Garibaldini entrarono in S. Marco chetamente. Il comandante, certo Romano, per dire d'aver fatto votare il popolo, pretese ciascuno mettesse il SI al cappello; e a' contadini si disse il *sì* significare la pace. Si contentò di tal finzione. Dappoi imposero la tassa di guerra in seimila ducati; cioè 3000 a' galantuomini, e 3000 al clero. Il Del Giudice potè negli altri comuni vendicarsi meglio: seguirono cacce d'uomini, uccisioni, rapine, e ogni abbominio. Fucilò dieci a S. Giovanni; molti condannò a' ferri, moltissimi a carceri; e posevi taglia di diecimila ducati anche per metà su' preti. Taglia di quattromila a Cagnano. In quella tumultuava Roseto, pur con sangue e fucilazioni represso. Lo stesso ad Ascoli, e fuvvi morto il capitano Nazionale. Ma la reazione salì a' monti; e il Gargano lungo tempo fu di rea guerra teatro infelice.

§. 36. Reazioni di Carbonara.

A Carbonara nell'Avellinese più feroci fatti. Già a' 16 settembre un Filippo Senese di Lavello, molto da' Borboni beneficato, posta insieme una masnada, era entrato in Carbonara; e col favore del nuovo municipio e de' capi nazionali avea sforzato il nuovo giudice Domenico Paradisi a dargli l'arme sequestrate per giudizii. Poi tratti i reali busti dalla casa comunale e dal Giudicato, spezzandoli e calpestandoli in piazza, aveva eccitato a ribellione il popolo; li quale anzi stupidito e fremente dell'oltraggio, sol perchè inerme sopportando, cupo e silente ruminava vendetta. A' 21 ottobre chiamato al plebiscito, com'esce dalla messa, grida unanime: *Viva Francesco II! Non vogliamo urne. Si faccia una scritta che vogliamo Francesco re nostro: questo è il nostro voto.* Allora il capitano furiando con improperii si lancia nel Corpo di Guardia, e minaccioso afferra il fucile. Parte del popolo il piglia a sassate, l'altra si caccia in chiesa e dà nelle campane; però uscita la popolazione tutta, picchia per le case e trattine a forza quei del municipio, il clero e il giudice, li mena in piazza. Là prepara un rogo, su vi getta l'effigie del Garibaldi e di Vittorio; e trituratili con falci e mazzapicchi, sforza uno de' liberaloni ad appiccare il fuoco. Segue messa solenne in chiesa, poscia la processione, con in trionfo le immagini di Francesco e Sofia, sempre traenti in mezzo il clero e le autorità. Giunti sul ciglione di profonda vallata, ecco, danno con l'asce addosso al ricevitore del registro, poi al giudice conciliatore; e anche il regio giudice atterravano, se qualcuno non gridava: *È il giudice mandato da Francesco II.* Morirono nove liberali, nè più, chè fuggirono. La notte fu chi svergognò la causa, saccheggiando le case degli uccisi; nulladimeno il giudice al terzo dì, chiamati i caporioni, persuaseli a denunziare i ladri alla giustizia, e a restituire il derubato. I fuggiaschi rapportarono ad Avellino autori della reazione essere il giudice, il suo supplente e l'arciprete. Quindi a' 26 corsevi con una canaglia ragunaticcia un Felice Moccia, ex gendarme, poi fuoruscito a Torino, dicentesi maggiore. Il supplente e l'arciprete avvisati s'ascosero; il giudice fidato in sua innocenza restò; nè fu ignominia che non patisse, e stette per esser fucilato; poi qual malfattore tratto alle carceri d'Avellino, vi languì un anno, ed ebbe dal traditore procurator generale Giacchi indegni vituperi ed insulti. Dopo lungo giudizio e maltrattamenti, esso, il supplente e l'arciprete furono dichiarati innocenti; ma questi due pe' disagi della latitazione morirono.

Adunque il giorno del plebiscito iniziò in tutto il reame la reazione, e il brigantaggio delle due parti; guerra civile, nazionale, e sociale. E plebiscito sì insanguinaio è oggi il dritto di Vittorio Emmanuele.

LIBRO VIGESIMONONO

SOMMARIO

§. 1. Anarchia. — 2. Pericoli del padre Gavazzi. — 3. Capua non presa. — 4. Fatti di Civitella del Tronto. — 5. Protesta di re Francesco. — 6. Simpatie francesi ed inglesi. — 7. Affetto all'infortunio. — 8. Le grandi misure del Cavour. — 9. Avvisaglie sul Volturno. — 10. Attentato al Garibaldi. — 11. Fatto del Macerone. — 12. Il fucilatore dei paesani. — 13. Disegni di guerra. — 14. Succede duce il Salzano. — 15. Abboccamento del Cialdini e 'l Salzano. — 16. Incontro di Vittorio col Garibaldi. — 17. Scontro a Cascano. — 18. Pericolo corso da re Vittorio. — 19. Capua bombardata. — 20. Resa. — 21. Commedie garibaldesche. — 22. Prima impresa del Chiavone. — 23. La linea del Garigliano. — 24. Vittorio respinto dal Garigliano. — 25. Il regio campo bombardato da mare. — 26. Nuovi disegni di guerra. — 27. Pratiche per passare la frontiera. — 28. Mola bombardata. — 29. Nuove diffalte. — 30. Tentata capitolazione a Terracina. — 31. L'arme a' Francesi. — 32. Il basta all'Italia. — 33. Gaeta. — 34. Fazioni a Montesecco. — 35. Diffalta del colonello Pianelli. — 36. L'assedio a Gaeta. — 37. Il presidio di Messina. — 38. Il congresso di Varsavia. — 39. Ibridezza inglese.

§. 1. Anarchia.

Il libero pensare mena all'errore, il libero fare mena al male; e la rivoluzione ch'è libertà di pensare e d'operare è menzogna e delitto; però col trionfo, diventata essa governo, si succedono innumerevoli fallacie e misfatti, che sono impaccio al narratore. Codardie, tirannie, ferocie, spogli, false glorie, vendette, rappresaglie tutte simili dovrò dire, sol variando nomi e luoghi; nè per far opera più gradevole inventar posso, nè tacer voglio. Come la provvidenza tutte cose dispone a un fine, così un filo lega coteste peripezie uniformi, ch'han tanto bruttato e insanguinato il reame, e ridottolo al presente servaggio; ma il fine della Provvidenza sta nello avvenire, lo storico narra il passato.

I camorristi fabri plateali di quei brogli, lor parendo aver dato il trono a re Vittorio, pettoruti si fecero domini di fatto. Viaggiavano gratis per le vie ferrate, accompagnavano alla libera i contrabbandi, battevano i doganieri, imponevan multe e contribuzioni a' privati, comandavano feste, lumi, bandiere, menavan gente in carcere, schiaffeggiavano, ferivano, uccidevano qualunque lor paresse. A ogni sopruso s'accompagnava l'inno garibaldese, quasi compensamento d'ogni male, notte e dì negli orecchi. Andavano per piazze vendendo le rubate cose, le mercanzie di contrabbando, il sale a un soldo il rotolo, e gridavano: *Sono usciti i ladri!* Ladro il governo di Francesco per miti imposte, galantuomo Vittorio che le lasciava a loro; ma presto s'assaporarono le imposte del galantuomo. I Garibaldini peggio de' camorristi, dove gli occhi le mani: padroni di tutti luoghi, entravano in cose e conventi, vi portavan figli e mogli o drude, comandavano con la frusta, e pigliavano a libito, sin la carrozza per andare a spasso. Ciò facendo, e d'ogni sacra cosa sparlando, dicevano libertà!

Pigliò una vertigine a tutti. Il 25 ottobre s'ammutinarono gli artefici dell'arsenale; e due loro ispettori ferirono. Lo stesso due giorni dopo a Pietrarsa; accorsero soldati, e chiusero il luogo. Lo stesso alla fonderia d'Heardy. I garzoni sartori si scioperarono per far crescere la mercede. Il prefetto di polizia a' 29 minacciò punizioni a' perturbatori, ordinanza morta. Soffiavano nel fuoco parecchi giornali stranieri, e paesani, che volean la rivoluzione più avanti sospingere; ma chi abbrancato il potere voleva fermarsi s'infuriava per la furia altrui. Il ministro di Polizia con ordinanza il 3 novembre abolì molti giornali francesi e la *Torre di Babele*, perchè metteva in canzone *persone inviolabili*, cioè esso Conforti e consorti.

§. 2. Pericoli del padre Gavazzi.

Fra tanta anarchia anche la religiosa. Il Pantaleo, il Gavazzi, il padre Giuseppe da Foria, o altri apostati facevan prediche per libidine di bestemmiare; stampavano, strepitavano, mescolavano armi e crocifissi, pugnali e rosarii, cocolle e tuniche rosse, cingoli e fasce tricolorate, e in piazza, in teatro e in chiesa. Il Gavazzi col dittatore volevano piantare il protestantismo in Napoli; però abolito il concordato col papa, e i posteriori decreti sino al 57 per libertà ecclesiastiche, davan suoli gratuiti a' protestanti, da ergere un tempio a Messina, e due a Napoli; de' quali uno per la *Congregazione evangelica.* Il Gavazzi per far più presto, cominciò pigliando le chiese fatte, cioè voltando chiese cattoliche al nuovo culto; e pose gli occhi su quelle de' Gesuiti espulsi, il Gesù nuovo e S. Sebastiano. Ottennele a' 23 ottobre con decreto dicente: « dargli quei *locali,* acciò si destinassero al culto cattolico romano nella sua purità, e alla spiegazione della scrittura, e alla semplice evangelizzazione di quelli che da gran tempo il desideravano. » Appella *locali* le chiese, quasi prima vi fosse l'islamismo. Il Gavazzi ne prese possesso il 25, scacciandone il rettore messovi dal cardinale; invano il Vicario generale reclamò e protestò. Tosto fe' radere il marmoreo giglio dallo scudo della porta, simbolo dell'Immacolata, ch'ei credè di Borboni; tolse i quadri de' santi gesuiti, e un'enea statuetta della Madonna, dicendo l'altre immagini e i confessionali abolirebbe dopo. A' 27 afflisse un cartello nunziando sè direttore, un Miele rettore, e un Bottini vicerettore, la chiesa appellarsi *Il Cristo risorto*; invitarsi il popolo per l'apertura la dimane, e alla predica del nuovo titolo; e andar poi tutti in processione al camposanto, a *inghirlandare le teste de' martiri del* 48. Il popolo ne fremè, e spiacque anche a quei liberali che non volevano scismi, e più a certi preti liberali, che in quella chiesa trovavano a dir messe ben pagate, i quali giurarono d'impedirlo. Inoltre un Arduino, maestro di cappella del Gesù, che dal *rito puro* prevedeva aver lo sfratto, sendo uffiziale nazionale, pose su i colleghi; e corsero in molti al general Tupputi, minacciando subugli; sicchè spinserlo a ottenere dal prodittatore la revocazione del decreto. Portando al mattino, sendo liberali e non liberali contro il novatore, popolo, nazionali e preti schieraronsi in piazza; e comparso il Bottini con le chiavi, Francesco Carovita maggiore del 3.° battaglione, svillaneggiandolo, gliele tolse, e 'l mandò via. In quella parecchi popolani chiamando con gran voce il Gavazzi, dicevano: « Voleste la costituzione, e noi zitti, ora ve la pigliate con la casa di Dio; ma è finita, oggi chi more more. » Gl'italianissimi venuti a udire la predica del Gerofante, a tal predica non fiatarono. Il popolo statosi là minaccioso più ore, non si partì, se non viste ite le chiavi al ministero. Poi messe le spie al Gavazzi, saputolo il 30 ascoso in casa un amico al vicolo Carrozzieri, il chiamò giù con istrepito; ma i Nazionali accorsi, a scansare il peggio, preserlo prigione, e tra fischi e improperii sel portarono. Ma avendolo a sera rimandato libero, il popolo gli corse a casa: ei fuggì, s'ascose, si tagliò la barba, smise la giubba rossa, e con cartelli dichiarò solennemente non esser protestante. Liberale sì, martire no. Rinunziò al decreto e al dritto sulla chiesa; la quale stette chiusa, sinchè, tornato l'arcivescovo, l'ebbe il parroco del rione. Dissesi il Gavazzi carpisse dal tesoro da dodicimila ducati, per paga di prediche; ma per allora la restò l'oscena commedia. Il Pantaleo più buffone ne fe' altre.

§. 3. Capua non presa.

A' 23 ottobre avemmo una boria squisita. Il Fasciotti consolo Sardo stampa: *Capua s'è presa; v'entrano i Garibaldini*: e col bollo della polizia l'affigge a' cantoni. Parve crudo l'annunzio, benchè si fosse avvezzi a veder l'impossibile. Già i camorristi preparano baldorie e chiassi, cominciano i viva; ed ecco sul tardi un altro cartello sotto al primo, firmato *Pantaleo*, che uomo privato avvisava i Napolitani, così: « La presa di Capua è un sogno per ora. » Costui e il Fasciotti sì insultavano a una grande città; ma esecutori erano di più lontano insultatore. Il Cavour volle in quel dì della riapertura del suo parlamento rallegrare i deputati con tal colpo da scena. La falsa notizia di Capua presa volò pel mondo con la elettricità; la smentita viaggiò poi lenta.

§. 4. Fatti di Civitella del Tronto.

Civitella del Tronto città di duemil'anime sul confine del regno, a sette miglia da Teramo, si crede surta sulle rovine di Bolegra. Al medio evo fu castello forte, famoso per l'assedio che vi fe' Alfonso magnanimo, e pe' respinti Francesi col Duca di Guisa nel 1557. Ma da più tempo demolite le fortificazioni basse, restava solo il maschio sul picco del monte e la cinta della città. Venne sul cader d'agosto, mollata Teramo, un Mensingher capitano del Genio a riparare i parapetti, e compiere il bastione a' Cappuccini. Il traditore general De Benedictis, comandante territoriale pel re, ne trasse una compagnia che v'era del 12° cacciatori, col capitano De Falco, che tosto si die' alla rivoluzione; e sospettando di 180 paesani volontarii e duecento gendarmi col capitano Giovine, che s'opponessero alla ribellione teramana, aveali mandati a Civitella. Sicchè il presidio fu di questi ottanta veterani con l'Alfiere Giudice, sessanta artiglieri con l'aiutante Santomartino, e diciannove soldati littorali, con ventuno pezzi armati, quasi tutti di ferro, e vecchi. V'eran poi un maggiore Salines, l'aiutante maggiore Tiscar, e comandante il maggiore Luigi Ascione, uomini da nulla. Uditosi il Garibaldi a Napoli, e 'l surto governo rivoluzionario a Teramo, il Mensingher disertò, ed ebbe avanzamento. L'Ascione per reiterate istanze, a stento adunò il Consiglio di difesa: fu deliberato lo stato d'assedio, preparare la resistenza, e incaricarne il Giovine stato artigliere. Questi provvide alle vettovaglie, compì con mura a secco il bastione di cinta a' Cappuccini, asserragliò gli aditi, piantò cannoni, preparò macigni per rotolarli sugli assalitori; e ascose in sicuro la polvere, che posta in alto poteva scoppiare alle prime bombe.

L'Ascione aveva ordine regio di tenersi a possa; ma trattava ascoso coi ribelli, col proditore intendente De Virgilii, e con l'altro fellone general Veltri, cui mandò atto d'adesione per esso e pel Tiscar. A mezzo settembre vennero parlamentarii tre giorni alla fila: uno dal De Caesaris di Penne, e dal Tripoti, dicentesi maggiore, ch'avea certi mascalzoni scorrazzanti; altro dal Veltri, che speravasi presentare le chiavi di Civitella al vegnente re galantuomo; e 'l terzo dal De Virgilii, offerente quai si volessero patti. Il consiglio di difesa, tenuto a dovere dal brontolio de' soldati, rispose difenderebbesi, giusta l'Ordinanze. Ma nell'ore vespertine del 26 il sergente Messinelli, di guardia a porta di Napoli, sorprese una donna con sotto i panni una lettera all'Ascione, col suggello di Savoia; l'aprì, e lesse il Virgilii attestargli aver il Garibaldi aderito a ogni patto. Nacquene tumulto; i soldati corrono in piazza con anche un cannone agli alloggi del comandante e del Salines, gridando a' traditori; riesce al Giovine acchetarli, e salva quei due codardi e piangenti. Nondimeno l'Ascione potè nunziare la cosa al Tripoti, chiedendo il duplicato della intercettata lettera, da lui non letta. Pochi dì appresso si posero attorno alla piazza una mano di Piemontesi, certi Nazionali usciti di Civitella col loro capo Ortiz, quelli di Campli condotti da un Caravelli, e altri raccogliticci faziosi e doganieri, appellantisi *Battaglione Sannita.* Tenevan pratiche nel forte, ov'era un comitato sotto l'Attorre secondo eletto, che pur mandò l'adesione a re Vittorio. Per tai cose i soldati sospettosissimi vegliavano; e visto l'Ascione bazzicare sulle mura con le chiavi, credendo le gittasse al nemico, la notte il volevano uccidere; e la seconda volta il Giovine lo salvò, pigliando esso le chiavi. A' 4 ottobre onomastico del re, salva reale, *Te Deum*, luminarie e suoni.

Gli assedianti sendo pochi, facevano gran fuochi per parer assai, ammazzavano i villani che recassero viveri, rompevano i molini, e fucilavano i molinari. Il perchè il presidio, costretto a macinare a braccia, fremeva, ed era altresì incitato da' volontarii ch'avean prese l'arme, e volevan fare; laonde il Giovine costretto ad aderire, un dì con molta gente e un pezzo da quattro assalì Campli, grosso comune là da presso; dove aiutato da' contadini e reazionarii de' dintorni, mandò gli avversarii in volta, che i più ripararono nelle Marche. Oltre i morti perderono 24 prigionieri, 10 cavalli e 450 fucili. Fu pure un po' di saccheggio. Due giorni dopo giunti Garibaldini raccolti nel Chietino e nel Teramano a bloccar la piazza, il loro comandante tenentecolonnello Curci, nostro disertore, postosi al villaggio Ripa, dimandò la resa. Appresso venne da oriente il briaco general Pinelli con Piemontesi, che intimò: resa, o fil di spada. Rifiutato si pose all'ossidione.

§. 5. Protesta di re Francesco.

Mentre Vittorio con fresco esercito scendeva per gli Abruzzi, Francesco da Gaeta a' 24 ottobre faceva dal suo ministro protestare: « Sin da' primi giorni del regnare del re, la rivoluzione lavorava aperto contro i reali dritti. La pace di Villafranca lasciava in ozio i ribelli d'Italia; ed essi s'univano ad avventurieri d'ogni nazione per invadere il reame delle due Sicilie; mentre seduzioni e tradimenti, con l'aiuto d'uno stato italiano si preparavano. Bene il re comprese il Garibaldi esser preludio d'invasione maggiore; avanguardia i corpi franchi ch'avean fatto la guerra lombarda, i volontarii italiani, ungari, inglesi, e tutti vecchi e nuovi soldati della rivoluzione mondiale. Però ad affrontare il pericolo avea provveduto: militarmente, mandando trentamil'uomini in Sicilia; politicamente, ripristinando la costituzione del 1848; diplomaticamente, denunziando a' sovrani d'Europa lo imminente pericolo, comune a tutte monarchie, e proponendo al Piemonte di mutare le alleanze con la rivoluzione per quella col regno delle Due Sicilie, e assicurare la pace e lo avvenire d'Italia. Europa sa come s'accogliessero le previdenti offerte del re. L'Esercito in Sicilia dopo molte pugne fu ritratto, per non devastar Palermo; e si rimase all'invasore aperto il continente. La costituzione servì di scudo a' cospiratori; e il mondo vide un ministro napolitano vantarsi d'aver nel suo ministero costituita la rivoluzione, per isbalzare dal trono il suo re. Alle diplomatiche istanze, potenti sovrani risposero il re combattesse; chè il suo valore guadagnerebbe le simpatie e l'aiuto d'Europa. Ciò il re ha fatto; ed anzi ha risparmiato alla sua città capitale gli orrori della guerra; e privo di quella forza che la ricca città suol concedere al suo possessore, con solo pochi superstiti a' tradimenti, ha già un mese e mezzo, con tutte sfavorevoli circostanze, difeso Capua e la riva del Volturno, preso la offesa, e rintuzzato gli sforzi del Garibaldi. Dagli atti stessi di costui l'Europa vede esservi legioni Ungaresi, Inglesi, Francesi, e volontarii d'ogni terra. Il reame ha visto battaglioni Sardi accorrere a difendere il Garibaldi nella battaglia. E non ostante ciò era il re fiducioso di piena vittoria; ma ecco arriva il re di Sardegna a capo del suo esercito, che passa la frontiera del regno; percorre e sottomette le popolazioni fedeli, e manda per mare artiglieri e battaglioni. Francesco era bastante contro la rivoluzione e le settarie mondiali bande; non era bastante a tanto sforzo d'inaspettato nuovo nemico; nol poteva essere, dopo tanti compri tradimenti, egli privo di moneta, senza la citta capitale, senza tanta parte di regno; e nol poteva, perchè vivendo come ogni sovrano sicuro, sotto l'egida del dritto europeo, fidato nella parola del re di Piemonte, non doveva aspettarsi gli verrebbe addosso senza cagione, senza pretesto, in piena pace. Per sì turpi atti forse i regi soldati saranno schiacciati; forse soccomberà l'indipendenza e la monarchia antica di questo paese; ma soccomberanno insieme tutti i dritti, i principii, e le leggi, su cui la sicurtà delle nazioni riposa. Le Sicilie cadute saran prova al mondo ch'è lecito calpestare la lealtà e la giustizia; portar prima la rivoluzione in uno stato amico, e poi tra' legami d'amistà correre a raccorne l'ereditario, calpestando dritti e trattati, spregiando le umane leggi, e sfidando l'opinione dell'Europa civile. »

§. 6. Simpatie francesi e inglesi.

Francesco aveva ancora speranza nella Francia, e in Napoleone, fattosi credere amico suo e del reame; sentiva meritarne le simpatie per gli eseguiti suoi consigli, e n'aspettava le conseguenze. Tre fatti parevano confermare le speranze. A' 16 ottobre veniva da Napoli a Gaeta con tre vascelli e l'avviso *La Mouette* il francese viceammiraglio Barbier de Tinan; il quale ancorato appena nella rada si recò ad ossequiare il re, partecipandogli aver dall'imperatore ordine d'impedire qualunque blocco o sbarco di nemici da Sperlonga al Garigliano. Altro fatto che a Terracina la vanguardia francese s'ingrossava, come a serrare quella via alla rivoluzione. E, terzo, arriva a Roma una seconda divisione di truppe. Inoltre da Roma si faceva intendere queste nuove genti aver da entrare nel regno; di che re Francesco tenne pur parola co' suoi sul Garigliano.

Nè da prima alle promesse fallivano i fatti; chè comparsi il mattino del 27 presso Mondragone sei legni sardi, il Barbier spinse la fregata Descartes ver la foce del Garigliano a spiarli; e saputo che s'appressavano a Gaeta, spiccò il vascello *Redoutable*, giuntogli allora da Beyrut, a vietare il passo. I Sardi mandato un parlamentario al Barbier, tornarono indietro. E Francesco, ciò visto dalla spiaggia, mandò il ministro di marina a ringraziare il viceammiraglio. Però i Napolitani vivevano sicuri da mare, e aspettavano soccorsi da terra.

A' 26 ottobre un'altra: il vascello inglese Renow, quello che al 1° ottobre avea prestato gli artiglieri al Garibaldi, venne a Gaeta, da parte dell'ammaglio Mundy, per porgere a nome del suo governo amichevoli offerte. E 'l comandante eseguivale favellando al ministro Casella, che gli restituiva i sovrani ringraziamenti. Cosi due forti scesero a ingannare il debole con queste maschere, che dopo pochi dì dovevano cadere.

§. 7. Affetto all'infortunio.

Non però mancarono atti di verace affetto tra' sovrani, tra quelli dico non mobili di setta, che mostrarono esservi ancora simpatia pe' nobili infortunii. Delle proteste de' potentati feci motto; qui noto ch'arrivava a Gaeta il ministro sassone Kleist de Loss, a presentare al re l'ordine cavalleresco di quella real casa: cortese dono in tanta malvagità di tempi. Parecchi altresì de' dignitarii napolitani, esulati per non vedere i debaccamenti della rivoluzione, udito il rumor dell'arme sul Volturno, più suppliche volsero al monarca d'accoglierli al suo fianco; tra' quali son da notare il principe di Castelcicala, e quel della Scaletta tenente delle Guardie del Corpo; cui il re a' 15 ottobre, affettuosamente ringraziando, per cagione della strettezza di Gaeta, nol permise.

§. 8. Le grandi misure del Cavour.

A quel tempo l'imperatore d'Austria faceva concessioni all'Ungheria, e poneva l'arciduca Alberto a comandante l'esercito d'Italia, col generale Benedek. Di ciò il Piemonte impensierì, temendo assalto. Una lettera del Cavour all'ammiraglio Persano, del 22 ottobre, dandogli tai novelle, ordinavagli tenesse pronta la squadra per l'Adriatico, e facesse una leva forzata di marinai sul Napolitano. Ma sapendo che i regnicoli fuggivano la rivoluzione, aggiunse: « Se il codice napolitano non punisce di morte i disertori, ne stenda un decreto, e li faccia fucilare. Il tempo delle grandi misure è arrivato. Dica al Garibaldi che se siamo assaliti, lo invito a imbarcarsi con due divisioni, per venire a combattere sul Mincio. » Questo scellerato appellava *grandi misure* il fucilare gl'innocenti che nol volevano servire; ma se allora tuonava sul Mincio il cannone, non so quanti Sardi avrebbero ripassato il Tronto.

§. 9. Avvisaglie sul Volturno.

Al sentirsi i Piemontesi alle spalle, l'esercito regio prevedendo aver a lasciare il Volturno, pensa metter Capua in assetto da sostenere assedio. Cominciarono sortite di ricognizione, per vedere se si lavorasse ad opere d'offesa, e per abbattere gli alberi d'ingombro al tiro de' cannoni. Laonde seguivano spesso scaramucce su' posti avanzati, e sulle rive del fiume: una la sera del 18, altra più grossa al mattino, chè il nemico cercò impedire la tagliata degli alberi a manca della batteria Sperone. Fu un avanzare e retrocedere vicendevole; dove pugnarono Piemontesi e Inglesi: di questi perirono molti, chè ubbriachi si cacciavan sotto i cannoni, e vi cadde il loro capitano Dixon. Sul fiume il tenentecolonnello Ussani, visti fanti e cavalli presso la casina Raguè, li cacciò con le granate; quindi appiccò il fuoco alla casina Lucarelli, cui poi i nemici spensero; e co' pezzi dal monte Gerusalemme spazzò la via di S. Maria. Similmente costrinse ammettersi i lavori cominciati a pie' del monte e sulle creste. Sinchè si tenne quella riva, i Garibaldesi non osarono affacciarsi.

§. 10. Attentato al Garibaldi.

A quei dì stando il Garibaldi nella casertana reggia, avvenne cosa tenuta segretissima. Era solo con un uffiziale, quando questi tratta la pistola gli gridò: *Alfine ti colgo, ho aspettato tre mesi; muori.* E gli tirò alla vita; ma non andò il colpo. Accorso il Missori dalla contigua stanza, il Garibaldi sclamò: *Arrestate quest'uomo che ho amato.* Pochi giorni appresso, a' 28 ottobre, scrivendo egli sull'alture di S. Angelo, tra corti uffiziali, uno sopraggiunse, e gli disse: *Ora Il... è stato precipitato da una roccia, e s'ha rotto il collo.* Rispose: *Va bene!* e seguitò a scrivere. Di tal sua indifferenza alla morte di persona già a lui cara molti maravigliarono: chi sapeva la cosa, tacque. Ciò ha stampato il Rustow garibaldino prussiano, che là comandava una brigata, e aveva interesse a tacerlo, nè più volte svelare[1].

Vedi redentore di popoli, che poco dopo decretata l'apoteosi al punito feritore di re Ferdinando, fa morire precipitato il minacciatore alla vita di lui dittatore. Decretava tiranno il re che dal magistrato fe' giudicare il reo; e sè celebrava liberale che senza giudizio precipitava un uomo da una roccia. Questo sono le bilance del dritto nuovo.

§. 11. Fatto del Macerone.

Era a S. Germano il maresciallo Scotti con poche truppe; il più di volontarii e soldati raccogliticci, con carico piuttosto politico che militare, per proteggere le popolazioni contro i faziosi. Dipendevano da lui quei che ad Isernia avevano il 5 e il 16 ottobre sperperati i due corpi garibaldesi; e là s'era rimasto il maggiore De Liguoro, spiando il Pateras che si diceva scendesse d'Abruzzo co' suoi ribaldi, nei punirli delle rapine. Colà recatosi anche lo Scotti non so perchè, ebbe a sera del 19 notizia di grosse colonne di truppe regolari accampate nella valle Vandra, di là dal Macerone, però parecchi, asseverando fossero Piemontesi, istigavano lo Scotti a occupare la sera stessa la forte posizione del Macerone, dove si potea contrastare il passo; ma egli, duro, si stette, e lasciò il nemico v'arrivasse primo. Al mattino gli giunse da Teano il 1° di linea, minorato di due compagnie, ch'erano ad Itri; reggimento capitolato a Melazzo, poi dal Brigante a Reggio disciolto, che per alacrità di soldati accorsi volonterosi s'era ricomposto a Capua in 800 uomini col maggiore Auriemma; corpo certamente fievole di coesione, dopo tante peripezie. Adunque con questi stanchi del cammino, con poche centinaia di gendarmi, certi volontarii e due pezzi da montagna, lo Scotti il mattino del 20 mosse incontro a tutta l'oste Sarda, dicendo fosse il Pateras con la sua masnada.

I Piemontesi procedevano a grosse colonne l'una sull'altra insieme a' pochi faziosi che raggranellavano tra via; guidava l'avanguardia il generale Griffini con due battaglioni bersaglieri e due cannoni della 4.° divisione. Presso al Macerone, lasciata la strada sigillò sull'alture, e vi si postò, mandando i faziosi avanti a insultare i Borboniani. Lo Scotti al veder questi divise i suoi in tre, sulla strada, e su' lati alle montagna, e gridò: *Date la caccia a quei mascalzoni.* Infatti furono respinti sino alla

[1] *Rimembranze della guerra d'Italia,* Lipsia 1861, in tedesco, vol. 2 pag. 103.

vetta; ma là i Napolitani si sentirono improvvisamente colti da scaglie non viste, eppure procedendo baldi, già due compagnie eran per pigliare i due abbandonati cannoni, quando sbucando di dietro al monte il 3.° d'infanteria Sarda, perduti alquanti uomini ebbero a piegare. In quella sopraggiungeva il Cialdini con la brigata Regina, che sulla via maestra corse alla carica, mentre prolungando l'ale accennava a circuire i nostri. Questi resistettero mezz'ora; morì il tenente Mattiello, fu ferito il tenente Giordano; ma visto aver da fare con un esercito, prima i volontarii e i gendarmi s'allontanarono, percossi dal 7.° bersaglieri, e da uno squadrone di Lancieri; e poi il resto nel 1.° di linea rimasto solo e circuito, e per istanchezza del cammino fatto da Teano inabile a' movimenti, ordinandolo lo Scotti, pose giù l'arme. Tutti gli altri se la svignarono pe' monti a Venafro. Restarono prigionieri da seicent'uomini, e molti uffiziali, con lo Scotti, che parve esservi ito a posta, nè s'era mosso di dentro la carrozza. Il Cialdini lo mandò con un suo uffiziale a Solmona; e notò nel dispaccio *ch'ei vi consentiva volentieri.* Costui vecchio carbonaro, fatto nel 49 il reazionario inviperato, ora non so se traditore o imbecille, a scusarsi d'aver combattuto pel re, stampò una umile lettera al Cavour, vantandosi liberale. Certa gente in tutte fortune va a galla, perchè vacua.

§. 12. Il fucilatore de' paesani.

Borioso per tal trionfo il Cialdini scrisse per telegrafo al governatore di Campobasso, raccontando il conflitto alla spartana, e finiva: « Faccia pubblicare che fucilo tutti i paesani armati che piglio: ora ho cominciato. » Cominciava l'arte del boia. Questi alla vigilia del plebiscito, infingendosi chiamato dal paese, fucilava i paesani che s'armavano alla difesa della patria, e mentre egli stesso altri paesani armati menava, quelli uccideva, e senza giudizio, e se ne vantava. Si vide, che non parea vero, sì lordo telegramma stampato sulle cantonate di Napoli. E quasi tal proclamata infamia fosse poco, v'aggiunse la spavalderia di fare scrivere dal giudice di Venafro al general Ritucci, ch'ove fosse torto un capello a' prigionieri garibaldini, farebbe rappresaglie sul generale Scotti e su' soldati regi prigionieri. I rivoluzionarii armati in casa altrui dovevano essere rispettati, i paesani armati dovevano essere fucilati.

Però il ministro Casella volse da Gaeta il 1.° novembre una nota al corpo diplomatico, mostrando l'ingiuria d'uno che s'appella generale d'un re, a un generale d'altro re: « I Garibaldini che secondo le leggi d'ogni paese meritavano morte, son già per regia generosità trattati umanamente, nudriti e vestiti meglio che gli stessi fedeli, in mentre i regi prigionieri fatti il 1.° ottobre sono sforzati contro ogni dritto a esser soldati della rivoluzione. Il fucilare i paesani merita più severo giudizio dell'Europa; la sola esistenza di tai schiere di volontarii confessata dal nemico, mostra quanto sia la pretesa unanimità del plebiscito; oltracciò il Piemonte con questo nuovo dritto di guerra pretende creare a sè il privilegio esclusivo d'adoperare il nuovo elemento di forza militare da esso inventato, cioè i volontarii. Mentre re

Francesco lascia la vita a' volontarii stranieri e a' suoi ribelli diventati Garibaldini, i generali sardi mettono a morte i sudditi fedeli del legittimo sovrano combattenti per la patria; e sì anche calpestano le militari leggi, che sublimano la vita del soldato. »

Quello stesso dì 20 il Cialdini credendosi aver finita la guerra s'avanzò con trecento cavalli sino a Venafro, e vi stette la notte; ma udito i Napolitani a Caianello, tornò ratto a Isernia; dove aspettò il secondo corpo d'esercito, e il terzo condotto da re Vittorio; il quale stato il 23 a Casteldisangro e il 24 a Forlì, giunse a Isernia il 25. Allora congiunti, grossi di 36 mila uomini, s'avanzarono a Venafro, e v'entrarono la sera del dì stesso. Il re sardo posò in casa i Cimorelli, scontenti di quell'onore.

§. 13. Disegni di guerra.

A Gaeta, ignorandosi da prima l'entrata di re Vittorio, dopo un consiglio di generali s'ingiungeva il 15 ottobre incisamente al Ritucci di rilanciarsi con piena libertà d'azione all'offesa. Recavagli l'ordine il brigadiere Ulloa direttore di guerra il 19. Ma venute le nuove certe de' giunti Sardi, convenne al duce far nuovo disegno di guerra, non farsi cogliere alle spalle sulle rive del Volturno. Chiamò da tutte bande le spartite truppe. Quei di Piedimonte lasciarono cento malati, e seco menarono i volontarii. Vennero le genti da Caiazzo, Sparanise, Pigliataro; si disarmarono le batterie piantate sul fiume; si lasciò Capua munita di soldati; e il grosso dell'esercito si ridusse a Teano, ove già prima stava il brigadiere Echanitz con una divisione. Restò un battaglione a Taverna nova, per guardare i Garibaldini a Triflisco, una brigata a Calvi, altra alla taverna della Catena; il resto accampò presso Teano, tale da poter da tutti i lati far difesa. Saputasi la prigionia dello Scotti, si richiamò a' 23 il battaglione da Triflisco, abbandonato affatto il Volturno.

La soldatesca pronta al suo debito in qualunque ineguale scontro, tutta ardimento lavorava a preparar difesa. Ma il Ritucci era in gran dubbiezza, e gli a lui d'attorno discordanti. Matteo Negri, promosso generale, diceva Teano male scelto per dar battaglia; proponeva i monti di Cascano, col Garigliano al dorso, sulla linea naturale di ritirata. Il duce o indeciso, o temendo di spie, non si manifestò; ma perdè tre giorni in vana aspettazione. Ha scritto voler là indugiare, come luogo mediano tra Capua e Gaeta, tra Garibaldini e Sardi, per combattere gli uni o gli altri, ovvero per S. Germano unirsi al Klitsche, e voltare in Abruzzo alle spalle de' Piemontesi, a sorreggervi la guerra popolare. A me sembra Teano luogo non medio, ma appartato, dove non impediva la congiunzione de' due nemici; e poteva restar tagliato da Capua o da Gaeta, sforzato a battaglia disperata, o a ritrarsi in Abruzzo a far guerra di partigiani; il che poteva esser consiglio dopo una sconfitta, non doveva essere elezione prima della pugna.

Il re, udito il Cialdini a Venafro, ordinò al mattino del 22, s'assalisse pria che gli arrivassero l'altre genti; ma quegli già ora tornato indietro ad Isernia. Come facevamo la guerra senza spie e senza danari, nulla si sapeva, e si perdè l'occasione di coglierlo quella notte che vi dimorò. Stimarono poi errore assalirlo ad Isernia, in forte posizione, noi con soldati stanchi dal cammino, con Garibaldini a tergo; ma non si mossero da Teano, che fu il peggio, anzi retrocessero a Sessa. Enorme fallo fu il perdere un regno, senza dare una battaglia. Se avventato era l'assalire Isernia, ben si poteva vietare il passo al ponte tra Isernia e Venafro. Qui diecimil'uomini postati su' monti di costa, afforzato di cannoni il ponte, certo si ributtava il nemico; come si ributtò poi sull'aperta sponda del Garigliano; s'anco ei sforzava il passo, poteva in quel disordine esser rotto di leggieri dalla nostra intatta cavalleria su' larghi Venafrini campi. Forse non osava sforzarlo, e dovea girare il Matese per Campobasso, e sboccare a Maddaloni, ovvero entrare per Alife; dove avendo a passare a guado il Volturno, non mancava opportunità di coglierlo con vantaggio. Sempre era utile a noi, privi di forza marina, scansare il mare e difenderci dentro terra, col popolo amico. Chiamar questo all'arme, dargli le tante migliaia di fucili inoperosi nelle sale di Capua e Gaeta, movere la guerra nazionale al bugiardo promotore delle nazionalità, e molestarlo, e torgli i foraggi, e le relazioni, ciò saria stato disegno generoso, cui spesso fortuna arride. Ma i nostri militari diffidavano del popolo: salvo accettar pochi volontarii, e male armarli, non si pensò altro. Disegno proprio di guerra non si fece; perchè parecchi generali non volevano far guerra.

§. 14. Succede duce il Salzano.

La stampa rivoluzionaria, le mene settarie, la stanchezza de' disagi li aveano sconfortati. Talun diceva uscir vana la lotta, tal altro si lasciava uscir da' denti doversi assicurare lo avvenire personale. Con questo intento inducevano il duce a tenersi grosso a Teano, sperando si venisse a capitolazione, e a riconoscimenti di gradi e soldi: risorgeva il pensiero del 7 settembre a Capua. Ma ciò ineseguibile era pe' soldati, cui nessuno avrebbe osato proporlo. Già la mal riuscita guerra, movendone lo fantasie e l'ire, lor faceva veder traditori in ogni generale, e sì sbuffavano, che anche la vita del Ritucci parve in pericolo. Il re, non che di lui sospettasse, ma a evitare qualche eccesso, si recò il 23 a Cascano; e chiamatolo con affettuosi modi, sel tenne vicino. Gli surrogò il Salzano, uomo invero non buono innanzi, ma che in Sicilia e a Capua s'era mostrato volonteroso e fido; ma lo stato maggiore restò lo stesso.

§. 15. Abboccamento del Cialdini e 'l Salzano.

Che si tentasse di capitolare è certo, perchè il Cialdini, avente segrete pratiche tra' nostri, scrisse il 24 chiedendo abboccamento col general comandante; e il Salzano non so da chi indotto accedè. Recarsi a parlamentare con un invasore entrato senza dichiarazione di guerra, era bassezza, era mostrar d'acconciarsi al suo desiderio; andarvi per ricusare, fu onorare quell'avversario con discussioni vane, dove si volea ferro. Mosse il mattino del 25 con mezzo squadrone di cacciatori a cavallo verso Teano; dove incontrata cavalleria Garibaldina lasciò i suoi: avvertendo l'uffiziale avverso quelli essere sua scorta. A' primi posti sardi scrisse al Cialdini; il quale da Presenzano rispose verrebbe tra due ore alla congiunzione delle strade di Venafro e S. Germano. Il Cialdini con preamboli magnificò sue truppe, l'Italia una, il plebiscito, l'inutilità della guerra, il re agli estremi; e concluse risparmiasse il sangue, posasse l'arme, Vittorio assicurerebbe soldi e gradi a ogni uffiziale. Il Salzano rispose, maravigliarsi che un soldato di re a soldato d'altro re consigliasse diserzioni e tradimenti; egli e i suoi, fidi al giuro e al dritto, farebbero il debito loro, ancora ch'avessero a cadere, sendo all'infamia felice preferibile la virtù sventurata. Così nemici si divisero. Tornando non trovò la sua scorta; chè i Garibaldini invitato a bere quei soldati, rubarono i cavalli, e poi essi stessi, indarno reclamanti, menarono prigioni alle Fratte. Il Salzano alto del sopruso si lamentò co' Piemontesi che l'accompagnavano, e vi sprecò il fiato, sendo la cosa fatta d'accordo; dopo restituirono gli uomini, non i cavalli. Di questa svergognatezza dei restauratori dell'ordine morale, pur si querelò il ministro Casella, nella su citata nota del 1.° novembre.

§. 16. Incontro di Vittorio con Garibaldi.

Il Garibaldi avuto libero il Volturno, invitato da un dispaccio del Farini a farsi incontro a Re Vittorio, fe' ripigliare la costruzione dal ponte a Formicola, che si compiè la sera del 24; ma sì male, che non poterono passare i carri e l'artiglierie. La dimane primo il Medici, secondo il Bixio, poi le brigate Milano ed Eber col Rustow e la legione inglese travasarono; in tutto cinquemil'uomini, il meglio che lor restava, con cento a cavallo. Si spinsero in laberinti di viuzze tra Gerusalemme, Bellona e Vitulaccio, saccheggiando la campagna, e pigliando qua e là qualche centinaio di soldati malati, e parecchi degli stranieri, che a posta s'eran rimasti indietro. Presso Bellona il Bixio cadde di cavallo in una pozzanghera, e si ruppe una gamba, onde il portarono a Napoli, ed ei si pose nel palazzo Angri. Gli altri fermarono a Calvi; la sera accamparono a Caianello, donde stendendo i foraggiatori a Teano, ebbero opportunità di quella bravura sulla scorta del Salzano. La notte il Garibaldi si teneva vicino la famosa Wite; e il Rustow l'altra non men famosa contessa della Torre: le quali due, quando al mattino furono messe insieme in una carrozza, vennero a tai scaramucce, che bisognò torne una, e porla col cocchiere.

Questo mattino del 26 ottobre, Vittorio col Cialdini e due divisioni veniva da Venafro su Caianello. Il Nizzardo co' suoi avviato sur un sentiero che mena a Vairone e Marzanello, avea mandato avanti il Missori con cavalli; il quale tornò con Piemontesi, nunziando il re poco discosto sulla via consolare. Ei lasciata la gente, volse là, e incontrò prima il Cialdini, poi Vittorio, cui disse: *Saluto il re d'Italia*; rispose *Grazie!* Se arrossisse non so. Si fe' accompagnare da esso a Teano; ma con poco gradimento dei suoi, che dietro le spalle susurravano, i Garibaldini potersene andare; però dopo mezzodì mandò a questi l'ordine di retrocedere a

Calvi. Il dittatore vide a Teano con mal piglio i suoi vecchi consettari; il Fanti ministro di guerra, e 'l Farini venuto a soppiantarlo. Si ritrasse a Calvi, il re dormì a Teano.

§. 17. Scontro a Cascano.

Mentre i Piemontesi s'accostavano, i nostri duci perdevano un tempo prezioso; non dettero battaglia nè a Caianello, nè a Teano, nè pure a Cascano, ove pria la disegnava il Negri. Risolvettero porsi dietro il Garigliano, ch'era la men difendevole di tutte le posizioni. Francesco a '25 con ordine del giorno a' soldati li aveva infervorati a difendere sulle sponde del Garigliano la patria bandiera. Il Cialdini giunto senza guerra a Teano, pensò girare per Roccamonfina e Montecroce a tagliar la ritirata a' nostri, e ributtarli sopra Capua. Ciò era mal disegno, potendo egli stesso esser tagliato e stretto in quelle sterili montagne; ma tutto era buono contro i borboniani duci, che non avevano spie, nè mai pensavano ad assalire; nondimeno abbandonò il disegno, disse per male strade, e prese a molestare i nostri a coda nella loro ritirata sul Garigliano. Questi dall'ore undici del 26 avean cominciato tal movimento, con a retroguardia la divisione Medici. Questi avea mandato con ventiquattro cacciatori a cavallo, per riconoscere il nemico, un tenente Loriol, che tratto da false relazioni entrò in Teano, e assalito, e difendendosi, riuscì, quantunque egli stesso da tre ferite colto, a salvarsi con pochi compagni. I Sardi sull'ora una pomeridiana assalirono la nostra ala sinistra ai villaggio S. Giuliano, perlocchè i nostri voltarono il viso; e andò il Negri con artiglierie a proteggere la divisione Echanitz e la brigata d'Orgemont lungo S. Morìa la piana. Gli assalitori sormontati i monti della loro dritta, accennavano a tagliare la ritirata, mentre cercavano rappellar le nostre forze a S. Giuliano. Allora la brigata Polizzy della divisione Mechel ratta prese l'alture di dritta e sinistra sulla grande strada; ma benché difendesse il terreno, retrocesse sino al villaggio Gusti, ove formò il piede; occupò il monte superiore, pose ingombri sulla strada, e con tre cannoni arrestò la foga del nemico, sebben sempre di numero crescendo. Nondimeno non vi si poteva sostenere, se la brigata Mortillot con una bella marciata di fianco non pigliava l'alture di Cascano, e guarentiva l'ala dritta verso Mondragone, perlocchè i nostri artiglieri e cacciatori ben postati chiusero da ogni parte il passo agli avversarii, e lor fecero vuoti nelle file. Videsi quei vantati italici eroi valer meno de' Napolitani; che non osarono avanzare sino all'otto della sera, quando disordinati dettero indietro. Mancarono i nostri (e l'hanno scritto i nemici) di prendere la vittoria in pugno, e incalzare i vinti. Un primo trionfo, rinfervorando il soldato e le popolazioni salvava il pugno; ma col preconcetto disegno di ritirarsi, il Salzano mentre più ferveva il foco, faceva passare il Garigliano a molti corpi, all'artiglieria, e alla cavalleria, condannata in tutta la guerra ad essere ingombro. La nostra retroguardia rimasta padrona del campo vi riposò due ore; poi, quasi avesse perduto, si ritirò dietro il fiume, a mezza notte.

§. 18. Pericolo corso da re Vittorio.

Tranquillamente i Piemontesi attesero più giorni a riordinarsi a Sessa, e Vittorio potè andare avanti Capua, a vedervi l'altre sue genti, giuntevi per via di mare. Il Garibaldi stando a Calvi sulla strada, fece una corsa a Sparanisi, per non incontrarsi col re; ma i suoi gli resero onori militari. Tra questi era la legione inglese voracissima, tutti beoni e scorrazzatori, vagolanti le campagne a rapinar polli, pecore, porci, e botti e masserizie; dove arrivavano era un fuoco; pigliavano, fracassavano, ardevano. Nè il Peard loro capo li frenava: dicea vietarlo la legge inglese; nè sapendo verbo d'italiano, nè comprendendo, nè sendo intesi, non eseguivano comandi d'altri; tanto che neppure avean saputo l'entrata dal re galantuomo. Ora quel dì 27, passando Vittorio presso Calvi con seguito di soldati regolari, quei bestioni sparpagliati pe' campi, preserli per soldati napolitani, e lor fecero una scarica di moschettate, che per esser tratte alla sbadata andarono alto. Il Garibaldi s'incollerì pel rossore di tanto disordine de' suoi, dove volea farne superba mostra; e più pensando quanta infamia gli venïva dall'assassinio del re d'Italia, fe' da un Consiglio di guerra condannare due Inglesi a morte; ma si placò, e fece grazia; perchè i regicidii gli parean peccati più veniali degli attentati dittatori. Subito ebbe ordine di ripassare il Volturno; laonde a sera mogio e umiliato, sulle giù calcate vie giunse alla scafa di Formicola; e la dimane a Caserta si ricondusse.

Vittorio passò il fiume, e sulla via di S. Angelo sino al quadrivio vide le sue genti schierate, ebbe i consueti plausi, e la sera medesima tornò a Sessa. Là per disobbligarsi fe' il Garibaldi *Generale d'armata* con la croce dell'Annunziata; questi ricusò tutto; e i liberali lodaronlo di modestia; ov'era superbia; che voleva fare il dittatore perpetuo.

§. 19. Capua bombardata.

Il La Rocca generale sardo aveva il 22 preso il comando di tutto l'esercito assediante Capua. Comandava il Genio un general Menabrea, Valdese, prima reazionario, che ceduta Savoia alla Francia, si rimase a servire la rivoluzione. A' 27 ebbero da Napoli a S. Tammaro altra colonna di truppe col Pernot, fanti, cavalli e cannoni; altri due battaglioni occuparono Cajazzo. La divisione calabrese accozzata dall'Avezzana a Maddaloni, lo stesso dì andò a S. Angelo. Ne' dì seguenti il cannoneggiamento mostrò i Napolitani tirar meglio a segno; però il galantuomo ne sgridò i suoi; e veggendo difficile e lungo l'accostarsi alla città, ordinò si bombardasse da lontano, dove il danno non era de' soldati difensori, ma de' cittadini, cui era venuto a liberare.

A' 28 il La Rocca intimò la resa al governatore De Cornè, con lettera, ove detto che Francesco nol poteva soccorrere, l'avvertiva ch'ove l'artiglierie sarde facessero male all'innocua popolazione, il de Cornè ne sarebbe responsabile, *come se egli stesso la bombardasse*; e però al tempo della resa non gli concederebbe nessuna condizione. Così i nostri soldati eran detti bombardatori anche quando erano bombardati. Il governatore rispose, si difenderebbe; giudicherebbe Europa chi colpevole delle vittime per assedio d'una piazza fatto da re amico a re amico e indipendente; egli dover compiere il debito di soldato.

La fortezza aveva i posti avanzati a mille metri dallo spalto; avea guarnigione di seimila e più fanti, alcune compagnie zappatori, 1500 artiglieri, due squadroni di carabinieri, e quattro pezzi da campo; troppa gente. Sulle fortificazioni eran 240 cannoni, tra cui un solo obice da 80, due da 60, e molti cannoni da 24. Vettovaglie per cinquanta giorni, danaro no; onde bisognò imporre un semestre di fondiaria anticipato. Mali affusti, e niente ricamini, non casematte a prova, unica difesa la cinta principale; pochi e diruti parapetti, poca polvere, le polveriere mal costruite, esposte alle offese. I soldati quasi tutti sbandati di Calabria, diffidavano degli uffiziali, sospettavano tradimenti, e pur v'erano da' settarii del mese ipocritamente aizzati. Il de Cornè tenuto consiglio, quantunque molti per le dette cagioni consigliassero la resa, stette fermo; supponendo il bombardamento a sì stretta e popolosa città, fosse per minaccia, credeva quel liberatore non oserebbe cosa sì atroce.

Questi costruì sette batterie di mortai, lavorandovi i nostri disertori Locascio, Zaini, Iovine, Ferrarelli, De Benedictis, Adragna, Cosentino ed altri, che tutti per munificenza sovrana avevano studiato nel real collegio, ora pagavanlo servendo il nemico, e bombardando una patria città. Ogni batteria aveva fossi, spalleggiamenti e terrapieni, accanto a casine fortificate, con difensori coperti. Dalla Foresta salivano alla Mottola, a Ortichella, ai Cappuccini, al podere La Valle, e alle casine Gravante e Tognino; come in semicircolo attorno al forte sulla sinistra del fiume. Sulla dritta ne fecero a S. Maria a Fornello.

Il De Cornè fe' sortite il 28, il 29 e il 31 ottobre; e seguirono scaramucce qua e là, massime verso S. Angelo; mentre la piazza co' tiri guastava i lavori. Andarono smontate le batterie alla Foresta, a Mottola, a Ortichella e a' Cappuccini; onde le ripiantarono più lungi, con cannoni rigati, dove i vecchi pezzi capuani non pungevano. Ricostruirono la prima a Fiumemorto, la seconda al luogo Marchesa, la terza al limite della guarnigione sulla via di Napoli, la quarta al giardino Morelli. Come fur pronti, Vittorio per godersi lo spettacolo venne il dì d'Ognissanti 1.° novembre, e co' suoi Della Rocca e Menabrea salì a S. Angiolo, per dar egli il segno dello sterminio. Ne scese il Garibaldi, dissero per non veder il male d'una città italiana, credo per non stare coll'italico re. Questi sull'ore quattro vespertine alzò la bandiera rossa; la batteria Locascio dal podere La Villa trasse la prima bomba, e seguitarono tutto l'altre con orribile rimbombo.

La città era miseramente percossa; rispondevano a furia i bastioni, in duello non uguale, perchè essi divergenti, i nemici convergenti traevano i colpi. Capua sommava avvolta in turbini di fuoco e fumo, e le granate mandate e rimandate con paraboliche strisce e con lampi e scoppi terribili corruscavano l'aere, e portavano morte e ruine: a sera quella rabbia allentò, non cessò. Eran cadute molte centinaia d'italianissime bombe a danno d'italiani edifizii, e d'uomini e donne e bambini innocenti. E i nostri infami disertori, tra quei spietati spietatissimi, per mostrarsi valenti agli stranii padroni, lanciavan la morte a' compagni, agli amici, a' parenti. Il Iovine avea in Capua la moglie e due fantolini.

§. 20. La resa.

V'eran dodicimila abitanti esterrefatti, il clero orante, le monache piangenti con lamentose grida, e 'l cardinale arcivescovo Cosenza, buon vecchio, ma come di corpo, di spirito fievolissimo. Sospinto da' settarii del paese e da' pianti monacali, ricevute più deputazioni, scrisse al governatore: « Le chiese aver dovuto smettere gli ufficii divini, già per bombe danneggiati i sacri templi, costernata la popolazione e il clero, tementi la distruzione, tutti singhiozzare e pregar lui. Egli padre di quel gregge fidatogli da Dio, supplicare il maresciallo di presto liberare la città, *sotto qualunque condizione*, da altre ruine; ed egli si farebbe responsabile a Dio e al re, degli effetti di tale inchiesta. »

I generali uniti in consiglio furono discordi. Fortificazioni intatte, soldati animosi, l'onor militare non ancor sodisfatto, più lunga difesa poter favorir l'esercito sul Garigliano. Per contrario s'osservava la piazza abbondare di tutto, fuorchè di polvere, unica difesa in quella battaglia l'artiglierie; esservene per sei dì con risparmio, per due se con quella furia; non potersi raggiungere i cannoni avversi fuor di portata; le polveriere mal fatte poter con danno de' cittadini scoppiare; abbondare le palle, ma non del calibro de' cannoni; vecchi gli affusti non reggere a' colpi; non speranza di soccorso; doversi cedere dopo due dì, e aver la città rovinata e morti d'innocenti. Potè più la pietà. Arduo era fare intendere tai ragioni a' soldati, che stavano in orecchi, sospettosi di tradimenti, pronti a reagire: corsero momenti di gran trepidazione: come Dio volle si provvide. Sull'ore cinque matutine del 2 novembre s'alzò bandiera bianca e fanali; ma il nemico non badò, e bombardava. Fatto giorno, sendo ito a S. Maria il maggiore Negri, il Della Rocca non volle concedere tanto d'ora da avvertire re Francesco; e minacciò dopo un'ora ripigliare. Dettoglisi che non uccideva soldati ma innocui cittadini, e che noterebbelo la storia, rispose, non importargli di storia e d'innocenti, farebbe di Capua una macerie. Quel dì stesso si pattuì: « La piazza con tutte armi vettovaglie e arnesi, tra ventiquattro ore a' Sardi; le porte e i bastioni incontanente; la guarnigione con l'onore dell'arme uscirebbe la dimane con bandiere arme e bagagli, a duemila per volta; e, fuorchè gli uffiziali, deposte l'arme a pie' dello spalto, andrebbe a Napoli, per esser mandata ne' porti di re Vittorio. » E altri patti minori. Tal cosa die' da dire alle lingue: ceduto troppo presto, poche sortite, con novemil'uomini potersi aprire il passo a S. Germano, per voltare a Gaeta o in Abruzzo. I soldati istigati da' settarii, frementi del veder date al nemico quelle vettovaglie negate a loro per parsimonia, la notte aperti i magazzini ne fecero mal governo, e avrian proceduto a peggio, se gli uffiziali con loro pericolo non li avessero rattenuti. Al mattino gli uffiziali disertori, con incredibile sfrontatezza, vennero con gli stranieri a godersi lo infortunio de' loro connazionali, sfilanti inermi in mezzo ai Piemontesi. Si gloriavano dell'infamia. Il La Rocca quel dì stesso scriveva a nome di Vittorio al Garibaldi, esser contento de' Garibaldini, e l'ottenuto successo doversi in gran parte alla loro operosità. Vollero calmare il fermento degli avventurieri, e mandarli via con dolci parole; ma fu monumento di fratellanza tra il filibustiero e il re, che sin allora, disconosciutolo diplomaticamente, avea proclamato venir nel regno per combatterlo; fratellanza tra Vittorio e l'Avezzana condannato a morte da' suoi tribunali.

Sendo stata Capua piuttosto magazzino che fortezza, trovaronvi molti affusti, macchine, carri e munizioni, 23093 arme da fuoco e da taglio nella gran sala, e tra cannoni di ferro e bronzo ed obici e petriere 323 pezzi, ed un solo rigato.

A Napoli la sera del 2 i camorristi fecero le luminarie, con minacce a' vetri; però lumi parziali, a' primi piani, e in vie maestre. I Nazionali felloni sparavano dalle finestre e da usci, con ferite di passanti, ed esoso gioire. Chi stava a' villaggi, credè battaglia in città per entrata di regi. I prigionieri entrarono il 4 fra insulti codardi di camorristi, e la freddezza del popolo; mal graditi agli uni e a gli altri, a quelli per aver fatto molto, a questi per aver fatto poco. La dimane salparono per Genova; ma una parte tornò indietro, e si disse per opposizione di navi francesi; i giunti a Genova, non volendo entrare ne' reggimenti sardi, s'ammutinarono, e furon sedati colle bajonette. Gli uffiziali rimasti in Napoli ebbero assegnati due franchi al giorno per ciascuno; e chi n'avea bisogno dovea recarsi ogni mattino al Comando di piazza a stendere la mano, e prima lunghe ore aspettare in istrada alla berlina. Miseramente li vedevi con abiti consunti e smortiti, con pallidi volti, per un anno di disagi e di mala guerra, aver quella ignominia in premio; e per giunta sopportare i disertori freschi e burbanzosi per la sabauda livrea, passar loro davanti incarnanti, inargentati di nuovi gradi! Ma avean la buona coscienza.

§. 21. Commedie Garibaldesche.

In Napoli furono altre due commedie. Un barone Spedalieri palermitano offerse al Garibaldi due bandiere; questi volle con pompa darle agli Ungari, ancorchè il battaglione di tal nome quasi Ungari non avesse. A' 31 ottobre alzato un altare sulla piazza della reggia, a dritta si schierò la detta legione col Turr, a manca i Garibaldini, dirimpetto la Guardia nazionale. Il dittatore venuto da Caserta sull'ore nove, s'accostò all'altare col Pallavicino, che faceva il padrino; il Pantaleo, detto messa in S. Francesco, uscì a battezzare le bandiere co' nomi di Stefano e Giuseppe; e 'l Garibaldi le porse al Teleki, con un discorso dicente, la libertà d'Italia essere stretta alla libertà d'Ungheria. Poi la legione giurò alle bandiere; e 'l Turr con diceria manifestò tra l'altre che tornando in Ungheria *disperderebbero il nemico con l'impeto dell'uragano.* Così costoro, che a religione non credono, fan sempre di religiose cose sacrilega mostra. Dappoi il Garibaldi sul balcone della Foresteria, e 'l Villamarina accanto, predicò: « Grande e bel giorno è questo, che annoda la fraternità d'Italia e d'Ungheria; solidali sono i liberi popoli; la libertà ha nemica l'ambizione. Questa accieca il papa-re, e gli fa avversare tal movimento nazionale sì nobile, sì puro.... » e due volte replicò *sì puro* « ch'è unico nella storia del mondo. Il papato è cancro d'Italia, ostacolo alla liberazione delle genti, religione del diavolo, che vuole gli uomini schiavi. » E Napoli avea gli spettacoli di tai purezze, con lascivie, ingordigie, e ribalderie non più viste.

A' 4 novembre un'altra sulla stessa piazza: Palermo mandò certi uomini col sindaco Verdura a recare al Garibaldi e agli sbarcati a Marsala la cittadinanza palermitana, con argentea medaglia per ciascuno; su cui lo stemma palermitano e la leggenda: *Marsala, Calatafimi, Palermo;* e al rovescio: *A' valorosi seguaci di Garibaldl il municipio redento.* Fanno una cerimonia in istrada; il dittatore firma i brevetti sulla foresteria, entra la moglie del Crispi, ei la presenta agli astanti quale combattente tra i mille. Di questi ch'esser dovevano 1072, rispondono 426; e la duchessa Verdura lor pone le medaglie al petto, che sue figliuole preparano. Poi il dittatore li apostrofa, li appella *Giovani veterani operatori dell'impossibile,* parla del passato e dell'avvenire d'Italia. Ed eglino dopo pochi dì mandarongli pel Turr una stella in diamante, con l'epigrafe *I mille al loro duce.*

Ma già impallidendo l'astro garibladese, la genia rivoluzionaria voltava il viso al nuovo sole. Il giornale a' 2 novembre stampava i nomi di trentanove donne presedute da Emilia Higgings inglese, vedova Pandola, per raccogliere danari da offrire a re Vittorio; erano le stesse che innanzi facevano collette per le camice rosse. A' Garibaldini il 4 andò l'ordine di lasciare Napoli, dove il re sardo doveva far l'entrata solenne.

§. 22. Prima impresa del Chiavone.

In Abruzzo il Klitsche de la Grange per lo ingrossar de' Sardi, e pel fatto del Macerone, si condusse sull'altipiano di Rovere, e tentava pigliar Aquila per sorpresa; ma occupato S. Demetrio, ebbe ordine di retrocedere. A' 29 ottobre abbandonò la Marsica, lasciando sottintendente ad Avezzana il Giorgi di Civitella Roveto, borboniano ch'avea seguito in quei luoghi ma sbizzarrito; che vi fe' abusi. Rimasto per la ritratta sguarnito anche il distretto Sorano, l'ex sottintendente Colucci sbucò dal nascondiglio, e corse a S. Germano a governar per Vittorio quel distretto, e seco portò un Capocci e un Bartolomucci di Picinisco rivoluzionarii. Per primo atto incitò con editto le popolazioni a dar addosso a' reazionarii, e a pigliar vivo o morto un Luigi Alonzi detto *Chiavone.* Il quale, stato militare e guardaboschi, ora capo squadra del Klitsche, non avea licenziata la sua gente, ma se la teneva, non pur anco deciso sul da fare; fe' sapere volersi dar l'arme, ma a' Sardi, non al traditore Colucci. Questi rabbioso del rifiuto, e dello sprezzato editto, smaniando di tornar a Sora a farvi, a nome di Italia, quel ch'avea fatto a nome de' gigli, prese a prezzo cento uomini di Casalvieri, gente ab antico nemica de' Sorani; e sì tra cotai Giannizzeri rientrò nella sua città capitale. Tantosto il popolo afforzato dal Chiavone die' sopra a' Casalvieresi il 2 novembre; e dopo due ore di zuffa, fugati questi, dovè il Golucci rifuggire a S. Germano, ruminando ferro e fuoco. Ma sendo a tutti partiti esoso, tante grida si fecero, che il ministero sel chiamò a Napoli, e 'l pose in polizia segretario intimo, e 'l fu poi dell'Afflitto, e dello Spaventa: uomo nato a far lo sgherro di qualunque governo. Il Chiavone padrone di Sora, rispettò la proprietà e le persone de' cittadini, dicendo averli liberati da' briganti.

§. 23. La linea del Garigliano.

Sin da quando i Borboniani s'eran posti sul Volturno, temendo dalle spalle per isbarchi a Mondragone, volevano alzar batterie su quella costa, che per difetto di moneta non seguì. Conosciuta poi tarda la invasione sarda, e perduti per tradimenti i forti di Pescara e Aquila, risoluta la ritratta al Garigliano, si sentì necessità d'afforzare questa posizione. Il Garigliano figlio del Fucino, sulla frontiera si chiama Liri, e un dì si chiamava Verde, che per Isoletta gira i monti, si congiunge al Rapido presso S. Germano, e tra altri monti sbocca vicino Traetto a mare. Ha tre ponti, a Isoletta, a Pontecorvo e quel di ferro sulla foce. Sicchè la seguenza di montagne circoscritte dal fiume, dal mare e dalla frontiera, era il terreno ultimo tenuto dal regio esercito, stremenzito da' lunghi disagi; e s'aveva improvvisamente a fortificare. Disegnaronsi in fretta trincee e fossate a Isoletta, a Pontecorvo, sulle strade da questo a Pico, alle gole di S. Nicola e S. Andrea, e al ponte di ferro; ma mancando danari, tempo, utensili e artigiani, si fe' poco; e il meno, ov'era maggior uopo, a questo ponte sulla strada da Capua a Mola, che per l'aperta campagna e pel mare, era il punto più fievole; sicchè la nostra ala dritta di battaglia restava affatto indifesa.

Ma i regi credevano il mare neutrale, per le assicurazioni dell'ammiraglio francese, che pur n'avea dato allora prova, come dissi, mandando indietro i legni sardi; onde il re l'avea rimertato con la fascia di S. Gennaro. E appunto per la sicurezza di tal protezione s'era indietreggiato là, ch'era delle prese posizioni la peggiore. Adunque dormendo sul Barbier de Tinan, si lavorò solo a una testa di ponte: volevano fare due bastioni quadri con batterie di fianco; ma per fretta si cominciò un trinceramento a dente, con due mezze lunette. Eppure mancati denari e utensili, presentendo vicino l'assalto, da non poter compiere il lavoro, videro la necessità del disfarlo; che pe' fossi e per le alzate terre potea dar nascondiglio e riposo al nemico; nè anco bastando il tempo a disfarlo, s'assicurarono togliendo le tavole al ponte. Eran due falli a un colpo, ma il terzo e 'l maggiore fu il fidare in favori altrui, e in Francia. Quasi immancabile la parola fosse di un uffiziale di Napoleone, non curarono afforzare la dritta sul mare, con batterie da combattere i legni. Qualcuno propose metter cannoni sulla collinetta avanti Scauri; e 'l Salzano additando i vascelli imperiali, rispose: *Ecco là chi ci difende!* Ma n'avessero pur difeso, era posizione quella da starvi a lungo un esercito sì numeroso e sì stretto, risoluto a non lanciarsi mai all'offesa? la mera difesa era condannata a perire.

§. 24. Vittorio respinto dal Garigliano.

Dopo il fatto di Cascano, i Piemontesi stettero a riordinarsi due giorni a Sessa, e prepararsi per isforzare il Garigliano. Videro la foce più debole; nè dubitarono vincere la prova correndovi grossi. Vittorio stesso il mattino del 29 s'avanzò con tre colonne, e legni da ponti per passare il fiume. Noi avevamo colà in batteria 32 cannoni da campo e otto da montagna con tre battaglioni, 3° e 4° cacciatori, e uno del 3° di linea, e dietro al ponte come posto avanzato il 2° cacciatori, con pochi cavalli. Vi comandava il generale Colonna. Il nemico fu scorto all'ore otto matutine; e Matteo Negri comandante l'artiglieria, ito con pochi uffiziali a riconoscerlo, videlo numeroso, con cinque squadroni di cavalli; però lasciato al 2° cacciatori carico di rattenerli, volto a preparare la difesa. La cosa cominciò sendo l'aere fosco con migliaia di schioppettate, dove i nostri per la soprabbondanza degli assalitori, ebbero a rinculare combattendo. I Sardi incitati dalla presenza del loro re s'avanzarono animosi; ma il Negri li accolse con tal grandine di scaglie e fuochi di battaglioni, che di cadaveri seminarono il campo. Una mano de' loro, spintasi a corsa, afferrò la cominciata testa di ponte, e la vecchia torre guardiana delle coste ch'è là vicino; e di là e da' fossi, e di dietro le alzate zolle e da altre gore, ascosi sparavano. Ma chi restò scoperto die' addietro; e sebben più volte da Vittorio spinti, sempre decimati voltarono lo spalle. In quella tra' Borboniani, non si sapendo del disfatto ponte, levossi una voce ad appellare la cavalleria per dare addosso ai fuggenti; e in breve il 3° dragoni che fu il più prossimo s'avanzò, ma avanti al ponte vuoto ebbe a voltar le briglie; però volenterosissimi i fanti di ogni arma in fretta, aggrappandosi per le lamine di ferro, passavano sull'altra sponda a perseguitare i Sardi, a far prigionieri, e a raccorre i feriti.

Duro fu che pel ponte smosso s'impedisse a' cavalli di raccogliere il frutto della giornata; ma più dura riuscì la morte del general Negri, che colpito al piede, poi all'addome, cadde dicendo: *Difendete questo passo e vinceremo.* Nato a' 24 giugno 1818, ferito a Catania nel 49, ora avea pugnato a Caiazzo, a Canna e a S. Angelo, guadagnato più gradi in due mesi. Felice che morì vincendo, nè vide la ruina della patria. Boccheggiante, a Scauri spirò; a Gaeta ebbe esequie; il re gli decretò un monumento. La pugna durò due ore, con poco sangue, per le precoci fughe del nemico. Avemmo morti undici uomini, e feriti 86 con quattro uffiziali; 10 cavalli morti e 30 feriti, quasi tutti dell'artiglieria. I Sardi assalitori e scoperti patirono assai più.

§. 25. Il regio campo bombardato da mare.

Dopo questo, Vittorio non osando ripetere la prova, pensò alla flotta. Sceso nel regno col permesso degli alleati, sapeva che l'ordine imperiale del guardare la spiaggia da Sperlonga al Garigliano era scherzo; però fe' movere da Napoli il Persano co' legni, por bombardare il borboniano campo da mare. Vennevi il mattino del 28; ma il Barbier in buona fede gli si posò avanti la foce del fiume, e 'l mandò indietro. Il Galantuomo conturbato del vedersi costretto a combattere con meno disuguali arme, e temente che col tempo i casi della guerra sinistrassero, si volse co' telegrafi a Parigi e a Londra; appellò al *non intervento,* e fors'anco a Chambery, ch'aveagli permesso intervenire esso. Napoleone, che proteggeva Francesco come il Papa, cioè per farlo cadere adagio, avea fatto il generoso a guardare la spiaggia, credendo non servisse, e che da terra i Napolitani fossero disfatti; ma vistili saldi contro il suo pensiero, restò. Non lasciò già l'atteggiamento proteggitore; ma, fattosi con più dispacci sollecitare da Londra, volse il 1° novembre l'ordine al Barbier che guardasse Gaeta, non la spiaggia. Costui avria dovuto avvisarne, sì da poter montare qualche batteria di costa; ma o per non dispiacere al padrone, che ciò appunto non voleva, o per l'ordine perentorio, issofatto si partì. Avvisò il il Persano d'avergli lasciato il mare, e sull'imbrunire ne die' contezza a Gaeta, dopo il fatto. Francesco fidatosi alla napoleonica parola, si trovò a mali partiti, con la soldatesca esposta a doppie offese di nemico implacabile, che alla sicura colpirebbela di fianco. I nostri intanto avean meglio rafforzato il posto del fiume, e pur cominciata sulla foce una batteria a dente, per quattro cannoniere da battere il mare; che in due notti era quasi co' parapetti compiuta, ma non armata. Forse la notizia di tal lavoro fe' affrettare l'assalto. La sera del 1° novembre, sulla mezzanotte, con tempo piovoso e torbido, il Persano fattosi co' vascelli impunemente sulla spiaggia, cominciò a bombardare i dormenti soldati; i quali percossi come dal cielo con cannoni rigati da 80 e da 40, pur restavano a posto. Poco stante giunse l'ordine regio della ritratta a Mola, che s'esegui ordinatamente tutta notte, soffrendo i colpi appresso appresso lungo l'aperta strada. Il Persano raggiunto lo scopo, per sola libidine d'uccider uomini traeva contro chi non poteva far risposta; ma volle il cielo recasse poco danno, per l'agitazione de' flutti, e per poca perizia. Solo un pezzo da campo ne fu smontato, pur menato a Mola.

Come i piemontesi videro sguernito il fiume, s'avanzarono baldanzosi. Il De Sonnaz con l'avanguardia, mentre l'ala dritta faceva vane mostre di forze verso Mortula e Suio, assalì le due companie del 6° cacciatori, rimaste al ponte in retroguardia; le quali contrastarono maravigliosamente, e mortovi il loro capitano Bozzelli, vollero in gran parte cadere combattendo, anzi che darsi prigioni. Così messo tavole sul ponte, passò il Garigliano.

§. 26. Nuovi disegni di guerra.

I Borboniani posarono a Mola, a Castellone, e sulle alture: eran due divisioni di fanti con un reggimento di cavalli; altra divisione di fanti era a Gaeta; il resto, cioè la cavalleria, molta artiglieria, e quasi altri tremila fanti stavano ad Itri dal 30 ottobre col maresciallo Rivera, oltre a molti gendarmi, volontarii e sbandati. Tutti laceri e smunti da' disagi di tanti mesi, dalla mal'aria, dal poco vitto e dall'avversità.

Mola a quattro miglia da Gaeta, sulla via che tira alla frontiera di Terracina, fu in antico Formia, famosa per la morte di Cicerone. Ha ottomil'anime, è lunga, con case da' lati, sullo stretto spazio tra il monte e il mare; ha davanti una valletta, e 'l monticello S. Antonio, che naturalmente serrano il paese, cinto di mura private e giardini. Qui in poche ore costruirono due traverse con fossi e artiglierie sulla strada; murarono le finestre delle case laterali con feritoie; posero due pezzi in batteria sopra S. Antonio, e fecero un dente sulla strada di Maranola. Questo punto difendibile pur dipendeva da mare; ma sendo il lido sotto il tiro de' vascelli francesi, e se n'era anche avuta rassicurazione, non vi si temeva aggredimento. Ancora si sperava in Francia! destino de' deboli è fidarsi alle parole del forte, e soggiacere. La sera del 2 congregati sette generali, cioè i Salzano, Colonna, Barbalonga, Ruggiero, Polizzy, De Luna, e Bartolini, citato l'inganno francese, il bombardamento seguito, Mola non difendibile, dissero non convenire stendersi nelle province senza vettovaglia, nè moneta; peggio a passare la frontiera; e avvisarono ridurre l'esercito al piano avanti Gaeta. Il re co' ministri per contrario osservarono: quel piano non capir tanta gente, non aver ritirata nè uscita, percosso dalla flotta avversa; doversi tosto i soldati rifugiare nel forte ultimo baluardo, che per tante migliaia di bocche dovrebbe rendersi. Proponevano, lo esercito per Civita Farnese operare nella valle di S. Germano e in Abruzzo, e aiutato dalla popolazione molestare gli stranieri alle spalle, e turbar loro lo assedio di Gaeta. Il Casella corse a Mola a persuaderne i generali; ma questi opponevano: « i soldati affaticati da sette mesi mancar di scarpe e camice; risollevati d'animo per gli scontri di Cascano e Garigliano, essersi riscoraggiati pel tradimento francese; una volta iti altrove, perderebbero la base, senza depositi, nè rifugi, nè denari, costretti a vivere da briganti; ora sostenerli la presenza del re, fuor di questa, sbanderebbero, come in Calabria; e un mal fine terminerebbe la campagna infelice sì, ma onorata. » Tra quei generali eran di fidi, ma surti allora co' gradi, avean poca voce, e meno esperienza; nè più era stanchezza, volean finirla, e proponevano ciò appunto che prestamente la finiva. Eppure l'esercito era numeroso, nè scoraggiato che pel continuo retrocedere; menarlo avanti una volta, anche sì tardi, potea sforzare la sorte; nel soldato era forza e volontà, nè in faccia al nemico, in tanto stremo, disertava; membra vigorose v'era, ma fiacche menti di duci; e il vigor delle membra non giova al poltrone. Qualcuno avvisò difendersi a Mola; e il Mechel, promesso di tener con la brigata straniera l'avanguardia, vi si postò. Ma il Salzano, tornato a Gaeta, forte quistionava co' ministri: questi fermi dicevano Abruzzo, egli no; Abruzzo proponeva chi non vi doveva andare; ricusavalo chi andar vi doveva.

Mentre si deliberava ancora, il Persano sul meriggio del 5 s'accostò con le navi, e cominciò a trarre sopra Mola; ma il Barbier mandò un vascello a rattenerlo, e anche scoccò qualche palla, per avvertirlo d'essergli a tiro; ond'ei s'ebbe a slargare. Ciò fu più fuoco al nostro male.

§. 27. Pratiche per passare la frontiera.

Francesco acceduto a' consigli di Napoleone, non sospettava averne abbandono;

sperava anzi fossegli d'aiuto la seconda divisione francese giunta a Civitavecchia; ma teneva per certo che mandando soldati in campagna di Roma sarebbervi accolti da amici, e restasservi in guarnigione, come le truppe Modenesi a Verona. Ciò sperando, mandò il colonnello Della Rocca a farne domanda al Papa, e a chiedere il consenso del Goyon generale di Francia. Viveva allora un Alfonso d'Avalos, marchese del Vasto, fatuo babuasso, ma anche più ambiziosissimo; che, niente valendo, studiava a parer di valere: si dava l'*Altezza serenissima,* teneva per ciamberlani certi nobili spiantati, e riccone essendo, mostrandosi sfegatato de' Borboni, susurrava lascerebbeli eredi del suo. Cerimoniero in corte, si fingeva tutto, spacciava protezioni; e anche a questo scemo avea la setta gittato l'amo. Talun gli diceva: Tra *Altezza e maestà* è piccol passo, e l'ingalluzzava. Agli anni passati s'era sovente recato a Roma per cose di religione, e si faceva credere mandato dal re; tra noi parea tenesse il papa per fratello. A costui dunque fu altresì dato il carico di trattare per l'entrata della truppa nel pontificio. Egli e il La Rocca da prima ne fecero intendere il Goyon non opporsi all'entrata, ma voler la venia del papa; e il nunzio papale a Gaeta assicurava che volentieri, purchè contenti i Francesi. Ciò incarnando il pensiero del re, divisato sin da agosto, di tener alla una sua bandiera a Roma, fu cagione dell'ultima ruina dell'esercito. Del resto, ricusandosi i duci d'andare in Abruzzo, e sendo impossibile il tenerli a Gaeta, poco era da fare; e come ne' casi disperati per consueto si risolvono cose mezzane, si ordinò che alquanti battaglioni accrescessero il presidio di Gaeta, il resto movesse per Itri, ad aspettare gli eventi. E il Salzano per eseguirlo tornava a Mola.

§. 28. Mola bombardata.

Intanto i Sardi non volendo risicare un dubbio assalimento da terra, trovarono argomenti da persuadere il francese ammiraglio, Mola esser del re d'Italia, e potersi bombardare. Vennervi la mattina del 4 con sette piroscafi, e presero a percussare la misera città, mirando più all'ospedale, ove 1600 malati e feriti giacevano. Ruinavano i letti, la popolazione desta nel sonno e atterrita dava disperate grida, chi fuggiva, chi nell'infime grotte e cantine ricovriva. I nostri improvvisarono batterie sulla spiagge sotto i colpi avversi; e due ne fecero, una con due cannoni rigati da 12, e l'altra con due da 24; e quantunque senza parapetti, e pochi contro tanti, drizzando i colpi i colonnelli Ussani e Giobbe, sì imberciarono che costrinsero il Persano a prendere il largo. Ebbero nondimeno smontati tre de' quattro pezzi, con morte di molti artiglieri marinari.

Dappoi giunto il Salzano con l'ordine della ritratta per Itri, questa cominciava in ordine sul pomeriggio. I Piemontesi, consapevoli, a molestarla, fecero l'assalto simultaneo da terra e da mare. Accadde che il Mechel, ch'avea promesso difendere l'entrata di Mola, quel dì fu malato; e la sua brigata straniera a' primi colpi si sgominò: solo gli Svizzeri a Maranola tennero fermo; ma i Tedeschi e Boemi tutti vennero meno, come avean fatto sempre. Fellonescamente lasciarono il posto, e indarno adoperandosi il Mortillet a trattenerli, si gittarono a confondere gli ordini degli altri corpi. Salvezza sarebbe stata il rivoltar tutti il viso, e già qualche battaglione cacciatori col Polizzy difendeva l'entrata al paese; ma le trombe risquillando la ritratta, e la voce dei duci, che per l'ordine avuto volevano andar via, richiamaronlo indietro. Stette a retroguardia la batteria svizzera col 10.° battaglione cacciatori, che rattenendo il nemico retrocedevano combattendo: caddero feriti l'aiutante maggiore del 10.°, e 'l tenente Brunner; e il capitano Fevot bravissimo, colpito presso la locanda Cicerone, lasciò la vita e la difesa. Le quattro compagnie svizzere restarono a Maranola tagliate.

Le schiere si ritiravano ordinate; ma la divisione Colonna ch'aveva ordine d'andare a Itri, e stava sulle alture sovrastanti alla strada traversa di Gaeta, dove poteva almeno difendere la ritirata, invece prima di tutti, sprezzando il regio volere, a Gaeta piegò; e dopo lei l'altre per la stessa via. E lor ne venne peggio: sbucate su quella strada ch'è di costa al golfo, fur presi di fianco dalla flotta; dar non potevano indietro, che i Piemontesi s'erano ficcati in Mola a Castellone, e dovean procedere colpiti dal mare nemico. In tal maniera quei duci che non vollero condurre i soldati a conquistare la vittoria, furono sforzati a conquistare la disfatta. Chi pigliava l'alture, chi i fossi, e chi sul mortifero sentiero aveva a correre; nè solo soldati, cannoni, carri e cavalli, vedevi carrozze con feriti, famiglie intere fuggire lo bombe di Mola e incontrare le cannonate della spiaggia, a piè, sui ronzini, vergini piangenti, madri co' bambini in collo, malati fuggenti dal percosso ospedale, correr carponi su quella via, dove quel codardo Persano da invulnerabili legni cannoneggiava. La flotta francese guardava. La persecuzione cessò avanti al borgo: molti battaglioni accamparono a Montesecco; nè pur cheti, che i Sardi dal monte Conca co' lunghi cannoni li molestavano.

§. 29. Nuove diffalte.

II re pensò da prima a ripigliar Mola con doppio assalto da Gaeta e da Itri, ma considerato che vincendo, non potea ritenere il luogo, gli era uopo rimandare quelle truppe verso Itri al grosso dell'esercito. Tutti generali facevano disegni, ma la volontà non era in tutti. L'andar per Civita Farnese a S. Germano, movere le popolazioni, e ritentare la fortuna, niuno il volea sentire. Dicevano i soldati depravati, eppur non uno disertava, e anzi accorrevano Abruzzesi volontarii. Ultima sventura il comando a Itri cadde nel brigadiere Ruggiero, per ragione d'anzianità, che stando al ritiro avea spontaneo chiesto di servire; uomo dubbio molto, codardo certo. A lui andò l'ordine regio così: « Assalite, resistete; respinto, ripiegate per Fondi a Terracina. » E a rafforzarlo gli si spedì la brigata del Mortillet con lo squadrone di guide, per la via di Sperlonga dall'opposta marina. Dovean seguirli altri battaglioni, e animali della batteria dà campo ritratta entro Gaeta; ma i loro capi che non volevauo andarvi, tornarono indietro dicendo impraticabili quelle vie già fatte allora dal Mortillet. Sicchè rimasero fuori Montesecco dieci battaglioni, i cacciatori a cavallo, e due batterie; diecimila quattrocent'uomini inutili alla pugna, ruinosi alla piazza. Fatto non più visto di generali, che, non volendo nè disertare nè combattere, pur sempre di posizione in posizione retrocedendo, disubbidendo al sovrano, menarono un esercito numeroso in luogo chiuso e stretto, senza speranza d'uscita, sotto le mura dell'ultimo baluardo, per costringere i soldati, il re e la fortezza ad abbassare ingloriosamente senza guerra le arme e la bandiera.

Francesco sperava il Ruggiero si difendesse ad Itri, in quelle strette gole, e desse tempo da respirare, e ritardar lo assedio a Gaeta; e ove pur sopraffatto fosse, e spinto fuor del confine, credeva i soldati trovassero riposo in paese amico, e avessero da' Francesi accoglienza come i Modenesi da' Tedeschi. Così sperava tener alto il vessillo, o servirne il papa; ed egli fatto ogni potere a Gaeta, sarebbesi ritirato a Roma tra' suoi, ad aspettare gli eventi. Ma tutto mancò, perchè consigli, uomini, e cose gli eran preparati a rovescio. Il Ruggiero, non che combattere, non pur visto nemico, dimentico dell'onor militare, fiutata l'avanguardia sarda chiamò in fretta tutti i corpi dalle loro buone posizioni, e corse a Fondi. Già il brigadiere Palmieri, avuto l'ordine la sera, avea primo passato Portella sull'alba del 8 con la sua divisione; egli col resto della truppa, poche ore dopo il raggiunse. La brigata del Grenet da Pico e S. Giovanni Incarico si ritrasse intatta coi cannoni, ma con penosa marciata pe' monti, senz'acqua, senza pane, e senza ch'uomo sbandasse, giunse a Terracina. La brigata ch'era a Isoletta, inchiodò i dieci cannoni del castello, gittò le munizioni al fiume, e per Ceprano entrò nello stato papale. E il Klitsche che a S. Germano si preparava a combattere una colonna sarda accorrente da Mignano, per ubbidienza si appressò al confine, e fu poi l'ultimo a passarlo il 6 novembre. Parecchi soldati sulla frontiera abbandonarono le inutili bandiere; ma entrarono nel pontificio 16686 soldati, 641 uffiziali, e 3351 animali; uomini e animali mal ridotti, la metà infermi, avanzi di sette mesi d'iniqua guerra. Da Palermo a Portella, sempre indietreggiando, o vincitori o vinti, s'era riuscito a distruggere senza una battaglia il più fiorente esercito d'Italia, che non voleva esser distrutto.

§. 30. Tentata capitolazione a Terracina.

Le pratiche a Roma non avean seguito i desiderii de' regi consiglieri; i quali non vedevano Napoleone far cortesie di parole e durezze di fatti; il papa guardato da napoleoniche arme, nè potere quel che volesse. Il Goyon alle istanze non rispondeva, aspettando da Parigi la risposta; la quale, ritardata molto, giunse il 6, quando appunto i nostri varcavano la frontiera. « Non entrassero; o depositassero l'arme, nè più mai si ricostituissero in esercito bellicoso. » Stettero fuori Portella più ore aspettando il Salzano, sinchè saputolo rimasto a Gaeta, sull'imbrunire entrarono in Terracina. Allora tra il Ruggiero e 'l Palmieri surse gara di comando; perchè l'uomo è vano anche nelle miserie: spettò al Ruggiero, che fu contento d'aver potestà, per dar l'ultima spinta all'esercito napolitano. Mandò il Palmieri con una divisione avanti verso Torre tre ponti, che fermò a Mesa; egli col resto, digiuni e abbattuti spiriti e corpi, si gittarono per terra sulla piazza e sulla lunga Terracinese strada.

Al mattino la flotta sarda parata a guerra minaccia la città; e la già nostra fregata Borbone col fianco sulla piazza e le micce accese sta pronta a fulminare i soldati giacenti, e l'un sull'altro ammucchiati. L'ammiraglio Albini intimava gli lasciassero l'arme, o bombarderebbe; la potestà del luogo, temente, pressava: e in quelle penose dubbiezze entrava altresì la brigata straniera col Mortillet venuto per la via di Sperlonga. I duci dovevano con pronta risoluzione allontanare la gente, e fuor dalla vista del mare risolvere con riposato consiglio; dovean tosto voltare per Abruzzo, e piuttosto morire con l'arme in mano, che astringere diciottomil'uomini all'ignominia; ma i pericoli d'Abruzzo non capivano in mente di chi voleva meriggiare in guarnigioni, e inghiottirsi i soldi; però calarono al peggio, cioè a capitolare per assicurarsi l'avvenire. Mandarono un parlamentario all'esercito sardo a Fondi, e deputati a bordo. Ciò risollevò le passioni irose ne' soldati. Allora giunse un capitano Marmony mandato dal Goyon con la napoleonica risposta, e inculcante ch'ove procedessero nel pontificio darebbero l'arme a' Francesi; risolvessero per le ore quattro vespertine. Dopo tre ore arriva con un uffiziale in carrozza il De Sonnaz, lo assassino del parroco Santi a Perugia, con la testa alta; sale alla locanda, seguonlo i nostri generali, e uffiziali quanti ne capiva il luogo; ma il brigadier de Liguoro li licenziò, e chiuse le porte, lievemente convennero sul posar l'arme; furono difficoltà sulle condizioni, su' gradi militari, sulla sorte degli stranieri, e sulla facoltà da concedersi a ciascuno d'aderire o no. Là alzandosi le voci, gli uffiziali entrarono con impeto nella stanza. Allora il Savoiardo mal cinguettando l'italiano, e fatto chiamare l'Albini comandante la flotta, lor favellò d'Italia; minacciò bombe, e additando i vascelli, conchiuse: « Avete a dar l'arme a ogni modo, o a' Francesi o a noi; e credo nessun Italiano vorrà cederle piuttosto allo straniero che a' fratelli. » Risposegli dalla folla il Salerno capitano di stato maggiore: « I Napolitani cedono anzi a una grande nazione che a voi, da cui non avemmo che inganni e bombe. » Questo vero fu fuoco alla boria di quel vincitore; sì che cieco d'ira, proruppe in francese: « Laches! vous n'etes pas Italiens: je vous cracherais sur le visage! » Non seguitò, che un urlo terribile da ogni parte interruppe lo spavaldo iialianissimo, che insultava in francese, accennando col braccio alle visibili fregate. Sì bassa offesa da chi, sapendosi inviolabile per dritto delle genti, osava con codarda baldanza lanciarla a soldati infelici, era invero cosa insopportabile e amara. Molti a gridargli, a sfidarlo, a pianger di rabbia; nè mancò chi era tentato a gittarlo dalla finestra. Il Liguoro trasselo in altra stanza, e trovatolo ammorbidito, e sceso esso ad escludere dagli accordi la brigata straniera, n'usci dichiarando tutto concluso; avrebbero gradi uguali, paga maggiore, la bandiera di Vittorio, e agli uffiziali tempo da risolvere: « No » fu una voce « non vogliamo abbandonare gli stranieri stati nostri compagni d'arme; non vogliamo servire il nemico della nostra patria. » E tutti in un attimo scendono giù, sonan le trombe, e chi a cavallo, chi a piè pe' monti di dritta, a furia verso Roma, tosto furono lontani dal cannone. Il De Sonnaz e l'Albini, sbaldanziti da quell'unanime odio di tante migliaia d'uomini, cercavano con modeste parole trattenere qualcuno: un tenente Echanitz al secondo gridò: « Ammiraglio, l'esercito di Napoli non meritava offese vili, ma rispetto generoso. Tra Napolitani e Piemontesi sarà odio eterno. »

§. 31. L'arme a' Francesi.

Imbruniva, pioveva a dirotto, e tutti uomini e animali da due giorni digiuni, malati, estenuati, silenti, domi dalla inenarrabile sventura, senza pane, senza moneta, accalcati genti, bagagli, cannoni e cavalli, procedevano per le nude pontine paludi, come in lande infernali, senza speranza. Cacciati dalla cara patria da ingordi stranieri, andavano a dar l'arme ad altri più stranieri, in terra amica, ma non men tribolata di questa infelicissima Italia. A Velletri ebbero dal francese general Riduel cordiale accoglienza, un po' di pane, un po' di foco, e la terra per letto. Al mattino dell'8 novembre andarono senz'arme accantonati in più paesi dello Stato. Re Francesco assediato non avea modo da soccorrerli; il papa non aveva moneta; eppure disarmati i soldati non mancarono a' doveri militari; la guardia, l'appello, la messa, la parata e la rassegna, come in guarnigione. Dappoi istigati da' demagoghi di quei luoghi, e anche forniti di danari per disertare, cominciarono a pigliar le vie di casa; e anzi tacitamente, non v'essendo modo da sostentarli, si chiuse gli occhi; ed erano ridotti al terzo, quando a' 26 dicembre giunse l'ordine regio del congedamento. I cavalli già stremi si venderono per poco; e il re fe' parte del prezzo dividere a' congedati, ultimo dono.

Tal disinganno suggellò le speranze sopra Francia. Ma i reduci soldati non trovarono riposo nelle paterne case; la setta padrona carceravali, percotevali, insultavali, e peggio li sforzava a servire l'abborrito nemico. Religione, patria, madri, sorelle, istinto spingevanli al niego; e il più per necessità, altri per isdegno si gittarono alla campagna; e iniziarono quella reazione spicciolata, che avvelenò a' vincitori il dolce della proditoria conquista.

§. 32. Il basta all'Italia.

I Piemontesi a' 14 novembre entrarono in Velletri, sperando forzar la mano a Napoleone; ma questi temente la commozione di Francia cattolica, mandò l'ordine severo; onde si partirono, restituendo altresì 700 scudi presi in quelle casse. Il Cavour allora dimandò al Sire di Francia qual dovesse essere il territorio da lasciare al papa; e quegli ch'avea già comandato al Goyon di guardare il patrimonio di S. Pietro, e la Campagna di Roma, spiegò, il paese da tenere essere al *sud* quello di Velletri, al *nord* Civitavecchia e Viterbo, e all'*est* sino a Castellammare; però s'ordinasse al Fanti di rispettare tai confini; e sì fu fatto. Dunque Napoleone diceva avanti e indietro, sin qua e sin là, la rivoluzione ubbidiva, e in tal guisa Italia era libera, e Napoleone innocente.

§. 32. Gaeta.

Poco su da Mola, un promontorio dell'antico monte Cecubo disteso a occidente nel Tirreno, s'abbassa in un istmo che tiene una penisola di 3500 tese di giro, con pianta simigliante ad un elmo. Quel monte detto Orlando per una torre sì detta, che fu tomba romana d'un Lucio Manuzio Planco, s'alza a 166 metri sul mare, e ha sulla falda meridionale la citta d'oltre a tremil'anime; chè Gaeta antichissima. Disserla ÆTA anteriore agli Argonauti; Silvio la fa de' Lestrigoni, Strabone de' Samesi, Virgilio da Enea, che vi seppellisse Gaieta sua nudrice, tal nome le fa dare. Il Cecubo rinomato pe' vini, e la terra amenissima tirarono i Romani a farvi ville: ve l'avea Cicerone, e vi fu ucciso; e ve l'ebbero Tiberio, Faustina, e Antonino Pio.

Nell'ottavo secolo, distrutta Formia da' Saracini, i fuggiaschi fortificaronsi in Gaeta, e vi si sostennero. Federigo II alzò le mura, ora vecchie, del castello, Alfonso I le nuove. Carlo V bastionò la citta, ch'ebbe allora importanza militare. I Borboni miglioraronla, ma non rifecero tutto secondo l'arte moderna; aggiunsero al vecchio; sicchè la piazza per natura forte, per arte difetta. Ferdinando II v'ha speso molto; vi s'arricchì un capitano Guarinelli, che fabbricò muraglioni fradici, onde l'opinione che fosse saldo propugnacolo riescì vana: non forti ripari per artiglieria, non angoli sull'istmo, non coperto alle batterie esposte, non buone polveriere, nè veicoli di passaggio, non ospedali a prova di bomba; e le naturali difese, un tempo validissime, valevano poco contro le odierne macchine che da quattromila metri lontano le percuotono.

La penisola da settentrione a occidente è roccia alta e brulla sul mare, e d'impassibile accesso; eppur v'hanno alquante batterie staccate. Sull'istmo detto Montesecco, e sul mar del golfo a mezzodì stanno le fortificazioni non disgiunte appellate *Fronte di terra*, e *Fronte di mare*. Quelle del fronte di terra alquanto convesse son di 1200 metri; di cui 500 da sinistra bagnate dall'acque di Terracina, 550 sull'istmo, e 120 sul golfo; han 230 bastioni, cortine, batterie, falsebrache, e ridotti interni ed esterni, di vario nome, con fossi tra mezzo e davanti; quasi tutti con solo un ordine di batterie scoperte, poche casematte da alloggiamenti, e una strada coperta. Sono opere a difesa l'una dell'altre, tale che percuotono il nemico negli approcci, non per combattere bombardamenti lontani; e più sendo sopra rocce, i colpi vi riescono micidiali per iscoppi certi e vicini; e perchè in una linea possono esse venir colte d'infilata da mare, e in alcuna parte anche di rovescio. Avean poi cannoni vecchi, e sin di quattro secoli, più da museo che da battaglia. Il fronte di mare per 2200 metri ha tre cortine, due bastioni, e quindici batterie, parte con fuochi scoperti, e parte con casematte, anche per arsenali e alloggi. Tutto l'armamento a' 5 novembre era di 559 cannoni, 66 obici, e 67 mortai all'antica: mancava il legname, mancavano le spianate di legno pe' mortai; e pur di munizioni si difettava, dappoi che il ministro Pianelli appunto allora n'avea cavato 1200 cantaia di polvere, per provvedere Calabria e Abruzzo, che servirono a' nemici.

La città ha pochi edifizi a prova di bomba, e pochi magazzini, ma coperti di sottili tettoie; ha tre polveriere non ben garantite, male ordinate, mal situate, e con pericolosi accessi. Poche batterie han magazzini, e umidi, da portarvene con rischio nell'atto del combattimento. L'Istmo è di 700 metri largo, 600 lungo; di la è il borgo con undicimila abitanti; poi colli e monti, denominati Atratina, Cappuccini, Lombone, Colle, Colle Tortano, Monte Cristo che va verso Itri, e 'l colle S. Agata e 'l monte Conca verso Castellone.

Gaeta ebbe molti assedii. L'846 respinse i Saracini, il 1289 Giacomo d'Aragona, per aiuto del papa. Nel 1434 presela in pochi dì Guido Torello co' Milanesi; presela nel 1435 per blocco Alfonso d'Aragona, dove a sua volta in battaglia marina restò prigione. Pietro Foreglia corsaro rinnegato tentò indarno d'averla nel 1463, Carlo VIII l'ebbe, e col sacco, nel 1495. Alfonso II l'anno dopo la riconquistò. Nel 1503 Consalvo di Cordova la espugnò con istento. Dappoi nel 1707 v'entrò per assalto aiuato da tradimento il Tedesco Dunn; che con molto sangue vi fe' prigioniero il vicerè Vigliena. Più di leggieri la prese Carlo III Borbonio nel 1734. L'assediò il Massena nel 1799, e vinse per ignobile capitolazione d'un comandante svizzero; ma presto l'abbandonò. Per contrario nel 1806 vi si chiuse il Philipstadt con seimila reclute napolitane; e quantunque perduto tutto il regno, vi resistè cinque mesi, contro lo stesso Massena, e morì per ferita; ma egli avea libero il mare, difeso dagl'Inglesi. Finalmente nel 1815 i Tedeschi conquistaronla per Ferdinando I, dopo quattro mesi d'assedio sul napolitano Begain, che tenevala pel francese Murat. Eppure Ferdinando a cotesto ribelle e liberale, difenditore di Francesi, die' una pensione; e Ferdinando II il fe' generale del suo esercito; e morto lui die' a' figli cinquanta ducati mensuali. Per l'opposto or vedremo gl'italici usurpatori carcerare, relegare, fucilare e sputacchiare ogni soldato che non fosse traditore del suo paese.

§. 34. Fazioni a Montesecco.

Gli accampati a Montesecco occupavano il 5 novembre le alture dal colle Lombone a' Cappuccini, monte S. Angelo, e il Borgo. Giunservi altresì intatte le quattro compagnie straniere tagliate a Maranola, varcando i monti col bravo loro capitano Hess. I Sardi mandato a inseguire il Ruggiero una parte del loro esercito, si posarono con ventiduemila uomini a Mola e a Castellone, co' posti sino a Cappella Conca. Di là la notte del 9 trassero cannonate a' nostri, ma colsero in mare, e pur la notte appresso un cento granate con poco frutto. La piazza non rispose per la distanza; lavorava in fretta a montare artiglierie, a spianate per affusti, a parapetti, e banchine sul fronte di terra; e a lavoratorii e blinde.

Il re sin allora non avea voluto far da capitano; ora nella piazza il volle, parendogli più lieve, non avendo a ordinar battaglie su largo paese, ma tennevi un governatore; prima il Milon, poi a' 10 novembre il vecchio Vial, e altri dopo, come dirò. Intanto sendo necessità scacciarsi delle truppe arrivate contro l'ordine regio avanti la piazza, e che l'affamavano, il Salzano e gli altri duci pensarono mandare al Cialdini il colonnello Enrico Pianelli e i tenentecolonnello Antonino Nunziante, per chiedere il passo a' congedati senz'arme, ma nol poterono ottenere. L'11 fu un caso scandaloso: il brigadiere Barbalonga e 'l maresciallo Colonna ch'avea disubbidendo menato la sua divisione colà, si spiacquero che i loro soldati stessero a disagio a cielo scoperto, quando quei della Guardia eran dentro; chiesero alto d'entrare anch'essi; non concesso, proruppero in improperii, presenti i soldati, si licenziarono, e partirono. Abbandonavano il sole d'occidente.

Già a' soldati s'era detto il congedamento; nulladimeno uscito il re per passarli a rassegna, chiesero con entusiastiche grida di rimanere; ebbero concesso restassero là a difendere gli approcci. Nel pomeriggio il nemico urtò ne' primi posti, i quali da prima retroceduto, ripigliarono il luogo e vi si tennero con lungo fuoco di moschetteria. Un Antonini capitano del 14.° per aver abbandonato il posto, fu punito; e all'alba della dimane il capitano Orlando con gli stessi soldati ripreselo a forza, e fu promosso maggiore.

§. 35. Diffalta del colonnello Pianelli.

Quel dì 12 i Borboniani stavano così; A S. Agata e al Borgo il 15.° cacciatori, a' Cappuccini il 3.° al Lombone il 14.° a Torre Viola le quattro compagnie straniere, ad Atratina il 4.°, e alla sua sinistra verso il camposanto il 6.° Sull'istmo i battaglioni 2.° 7.° 8.° 9.° 10.°, e i cacciatori a cavallo: comandava tutti il brigadiere Sanchez de Lima. Il giorno avanti il Pianelli colonnello del 15.° postato al borgo, avea messo quattro compagnie sull'alture circostanti, una sulla spiaggia, egli col resto al centro. Fu visto andare in carrozza a Mola, e disse aver parlato al Cialdini per affari di servizio. S'era concluso lo scambio di mille e dieci Garibaldini con altrettanti Napolitani. Più eseguendosi quel dì lo scambio avanti al borgo, gli uffiziali Sardi bevevano il caffè col Pianelli, quando il nemico urtò in tutta la linea. Il Sanchez accorse con aiuti da Montesecco a sostenere lo scontro: già il 14.° era alle mani, e soccorso da quattro compagnie del 2.° si sosteneva gagliardamente; e in tutti gli altri luoghi si faceva il dovere; ma non là dove il Pianelli. Gli uffiziali sardi beventi con esso, udendosi i colpi mentre si permutavano i prigionieri, gridarono niente essere, perchè giorno di tregua; e il colonnello invece d'accorrere alla pugna, si chiamò le quattro compagnie dalle alture, e schierò il battaglione col fronte al mare, e il fianco sinistro al nemico; sicchè questo il potè accerchiarci. Allora parlamentò col comandante avverso, tornò nunziando tutti prigioni, e fe' posare l'arme a una compagnia per volta. Solo otto uffiziali e 78 soldati della dritta poterono con la fuga involarsi all'inganno. Il nemico sgombrata con tal prodezza la regia ala dritta, die' di fianco e di fronte al 5.° cacciatori su' Cappuccini, che retrocesse; ma spinto dal Sanchez tornò all'assalto e riprese il posto; poi da soprabbondanti forze colpito, perdute tre compagnie, si salvò a Montesecco. Così i Sardi procedendo colpivano di fianco e di fronte i Borboniani l'un dopo l'altro, e conquistarono le posizioni, fuorchè il Camposanto dove baldamente il 6.° cacciatori resistè. Le quattro compagnie straniere con l'Hess a Torre Viola restarono prigioniere. Alle 5 vespertine il Sanchez dopo otto ore di pugna chiamò a raccolta a Montesecco. Morirono tre uffiziali e 71 soldati; feriti sette de' primi e 56 de' secondi; e tra prigionieri e traditi al nemico furono 34 uffiziali e 986 soldati. A sera il re chiamò tutti dentro Gaeta; e la guarnigione sommò 19700 soldati, 1770 uffiziali, con 1080 animali!

Il Pianelli dal campo sardo scrisse ad Antonino Nunziante, comandante l'8.° cacciatori, stigandolo a disertare; e mandovvi un suo aiutante, che fu preso nel borgo da una pattuglia. Trovato il viglietto, il Nunziante che, quantunque fratello del famigerato traditore avea lealmente servito, fu sottoposto a consiglio di guerra, che a' 16 dichiarò *costare non esser colpevole.*

§. 36. L'assedio a Gaeta.

Dunque a' 15 novembre cominciò l'assedio a Gaeta, quando il nemico si mostrò a tiro, e iniziò lavori; ma fu da' colpi discostato. Mancando a' nostri la moneta, il ministro Casella ridusse le paghe a' soli soldi, salvo il resto a pace fatta. E benchè già parecchi si fossero mandati a Civitavecchia a comprar viveri e munizioni, pure il 16 del mese andò Antonio Ulloa, brigadiere direttore di guerra a Marsiglia. Pio IX donò vettovaglie, e arnesi d'artiglierie preparati per Ancona, non più serviti. Lavorandosi notte e dì per bastioni, affusti e blinde, e cominciato il fuoco, il re volle allontanare le sorelle e i fratelli bambini; però Maria Teresa vedova di re Ferdinando, con le principesse e gl'infanti conti di Girgenti, di Bari e di Caltagirone, s'imbarcava il 18 sul *Generale Alava* piroscafo spagnuolo; e con la contessa di Trapani e sua famiglia, andò a Civitavecchia, e indi a Roma, là regalmente ospitata e visitata dal Santo Padre al Quirinale. I principi conti di Trani, Caserta, e Trapani, e la giovinetta regina Maria Sofia restarono col sovrano, a difendere in tanta disperazione di fortuna la terra ultima del reame. I rivoluzionarii spargevano avrebbero Gaeta in pochi dì, come Ancona.

§. 37. Il presidio di Messina.

Nella cittadella di Messina, quando a' 9 agosto succedeva al Clary governatore il maresciallo Fergola, v'erano tre reggimenti, 3.° 5.° e 7.° di linea, ma incompiuti, e quasi tutte cerne; cioè sette compagnie del 2.° del genio, 83 cannonieri marinari, il 3.° 5.° e 7.° di linea, 26 artefici, 12 veterani, 38 spedalieri, 42 compagni d'arme, e 18 galeotti; in tutto 199 uffiziali, e 4153 soldati, spartiti nella cittadella, e ne' forti San Salvatore, Lanterna, e Lazzaretto. Stavano sulla spiaggia di S. Ranieri sei legnetti sottili tratti a terra. Fuorchè paglia e poca, niente v'era di casermaggio, avendo il Clary innanzi dato tutto all'appaltatore. Nulladimeno il Consiglio di difesa, come il re fu chiuso in Gaeta, dichiarò la piazza sostenersi, giusta le ordinanze. Volonterosissimi i soldati, disponendosi il congedamento a chi avesse compiuto la ferma, non pur uno il volle, tutti chiesero servire a guerra finita, e non abbandonare la monarchia; laonde un ordine regio del 2 novembre premiò quei generosi con medaglie d'argento di Francesco I. Mancato il danaro, unirono quattordicimila ducati d'offerte volontarie; spese queste, il Fergola a' 26 novembre dichiarò esser venuti i giorni delle privazioni; sospese le paghe, fuorchè la sola razione, e pur ridotta mezza. Risposero: *Viva il re!* e coglievano l'erbe per satollarsi. Mancato il tabacco, il Fergola ne comprò del suo; e altri uffiziali pegnorarono in Messina gli ornamenti delle mogli, per comprare grano. Il presidio ogni sera al Santissimo; e chi non capiva in chiesa, s'inginocchiava fuori.

§. 38. Il congresso di Varsavia.

La rivoluzione, sì volente Parigi e Londra, imbestialiva in Italia, fremendone Europa; ma Europa dominata da massoni, rossa e divisa da rancori e gelosie stolte, non sapea che contemplare attonita tanto scempio di giustizia e dritto. Lettere di potenti monarchi a Francesco inanimavalo alla difesa, e promettevano soccorsi di danari e soldati; ma i loro ministri il più cime di sètte, baloccavanli tutti con gare diplomatiche e vane. Fu un momento che parve le corti del settentrione si riscuotessero. Unite avean vinto il primo Napoleone, e i trattati di Vienna avean dato quarant'anni di pace al mondo; ma per quei patti Austria teneva Lombardia, e Russia le bocche del Danubio. Il nuovo Napoleone gittò nel settentrione il pomo della discordia, con la guerra di Crimea; ei l'odio suggellò col trattato di Parigi nel 55, che le bocche del Danubio tolse alla Russia. Conseguitò che questa die' alla Francia stessa la facoltà di strappare la Lombardia al Tedesco; e ne nacque sotto nome di libertà il servaggio d'Italia. Però la Russia per vendetta dell'Austria, lasciò sublimare il Sardo, ito in Crimea a dargli il calcio dell'asino, e abbassare il Borbone, che a lei era restato fido; tanto è più facile restituire l'offesa che il benefizio! I due rivali settentrionali avean nondimeno odio comune al Bonaparte e alla rivoluzione; e la Prussia, anch'ella insultata a Neufchatel, parea naturale bramasse la fine delle bonapartine perfidie. Sul principio di settembre l'imperatore austriaco die' un pranzo a Schoenbrunn per la festa dello Czar; e disse al ministro di lui che bramerebbe aver con esso imperatore un colloquio. Alessandro rispose vedrebbersi a Varsavia, il Bonaparte viaggiava con la moglie pomposamente in Algieri per allontanarsi dalle cose d'Italia, acciò si compissero; ma udito del colloquio, s'impensierì, troncò le teste, e tornò a Parigi il 21. Intanto il suo legato a Pietroburgo, chiesto spiegazione, aveva il 13 del mese dal Gorschakoff primo ministro russo assicurato, niente contro Francia si farebbe, sol forse un accordo generale tra i potentati. Non però rassicurato Napoleone, con un *memorandum* a Pietroburgo, *ripudiando la solidalità con le invasioni del Piemonte,* dichiarava l'abbandonerebbe, ove questo assalisse l'Austria; solo tutelerebbe i possedimenti che la Francia pagò col suo sangue.

Quel congresso minaccia terribile alla rivoluzione mondiale, per mene diplomatiche, e arti sotterranee, tardò sino al 22 ottobre. Primo arrivò lo Czar, poi il reggente di Prussia, ultimo a sera l'Austriaco. Stettero tre dì; primo l'Austriaco bruscamente voltò le spalle; al mondo si die' del tronco colloquio onesta ragione lo aggravato male della Czarina madre; onde il Russo la sera del 25 si partì, e potè raccorre l'ultimo respiro della genitrice, che trapassò a' 2 novembre. Molto da quel congresso Europa aspettava, molto se ne parlò, che discutessero ancora si domanda: Napoleone vinceva.

Se Austria sperava aggiustare le cose italiane, parmi anche a Russia importasse spezzare i ceppi del trattato di Parigi, e ripigliare le bocche del Danubio. Sinchè tal principal nodo della quistione non si sciolga, ardua cosa è la lega settentrionale.

§. 39. Ibridezza inglese.

Oggi la diplomazia ha sempre enigmi, perchè non tien fede; e spesso credi astuzia ciò ch'è interesse. Ne die' prova solenne il Russell ministro inglese, con due dispacci opposti, per cose e persone stesse. Quando temeva il Cavour cedesse la Sardegna alla Francia, egli, stimatore delle italiche rivolture, le disapprovò; e con nota del 31 agosto 1860 all'Hudson legato a Torino disse che « re Vittorio era stato libero di non accettare i patti di Zurigo; ma accettatili, e data la parola reale, non esser libero di trasgredirla, e assalire il vicino. Austria combatterebbe per buona causa, Italia soccomberebbe, Francia interverrebbe e sarebbe guerra europea. Se ciò il Cavour spera, non si illuda; i potentati vogliono pace, e Inghilterra ha nell'Adriatico interessi da tutelare. » Ciò significava non piacergli ch'Italia, avendo Venezia, pigliasse forza in mare. Eppure dopo questa disapprovatrice nota, basata su teorie antiche, lo stesso Russell, scorsi due mesi, altra allo stesso Hudson ne manda il 27 ottobre; la quale citate le disapprovazioni alle usurpazioni sarde, venute da Russia, Francia e Prussia, le confuta con teorie nuove. Bensì dice: « non voler *allora* discutere se il papa potesse aver ragione a difendersi con soldati stranieri; e se possa dirsi aver Francesco abdicato, quando ancora teneva alla la sua bandiera a Capua e a Gaeta. Ma certo aver ragione i *popoli* italiani d'aver invocato il Piemonte contro *i loro tristi governi*, che mal provvedevano alla giustizia, alla libertà personale, e alla prosperità de' sudditi. » Lodava Carlo Alberto, Vittorio, il concetto d'Italia una; e s'afforzava col pubblicista Wattel, che approvò la rivoluzione portata dalla casa d'Orange in Inghilterra. Provava il papa essere odiato « perchè teneva soldati stranieri; odiati i Borboni, perchè vinti da un Garibaldi, con duemil'uomini. Odiati giustemente pe' venuti Tedeschi del 1820, per le decennali prigionie de' liberali del 48. A ragione i Napolitani averli scacciati, come gl'Inglesi nel 1688 avevano scacciato gli Stuardi. Inoltre la rivoluzione essersi fatta con moderazione e senno; al rovesciato governo non esser seguito scoppio di popolari vendette; essersi alzata una dinastia gloriosa, tra le simpatie e gli augurii d'Europa. » Non so s'ei rileggendo ora cotesta sua nota non rida o non vergogni, vedendo che governo è succeduto a quei *tristi governi*, e che libertà personale e giustizia e prosperità s'abbia tra le relegazioni, le fucilazioni, la miseria e la fame questa saccheggiata Italia; vedendo quale scoppio di popolari vendette per molti anni si reiteri dopo il rovesciamento del legittimo governo, e come la nuova *gloriosa* dinastia s'innalzi tra la gloria delle disfatte. Ma

Inghilterra lodava i ribelli altrui, mentre i suoi impiccava.

Ma perchè in sì breve tempo due sì dissimili note? ingiusto in agosto liberare i Veneziani: e giusto in ottobre liberar Romagnuoli e Napolitani dai governi patrii? la rivoluzione in agosto non aver dritto d'assalire il Tedesco, e in ottobre aver dritto d'assalire Italia? Enigma parve: ma chi scambia l'interesse pel dritto, questo fa mutabile come quello, e sembra enigmatico al volgo. Poi s'è saputo il Russell in agosto volea blandire l'Austria, per cavarne un trattato su' cenci per la carta; ma che negatolo l'Austria, per non dare a stranieri un monopolio a danno de' sudditi, sguainasse a vendetta il secondo dispaccio. Il Russell pesò il dritto nella bilancia dei cenci.

LIBRO TRIGESIMO

SOMMARIO

§. 1. I Garibaldini morenti. — 2. Entrata di Vittorio in Napoli. — 3. Adulazioni. — 4. Partenza del Garibaldi e del Mazzini. — 5. Persecuzioni a prelati. — 6. L'eccelso è luogotenente. — 7. Il popolo è ignorante. — 8. Scioglimento de' Garibaldini. — 9. Come si fa il re. — 10. Ricompense. — 11. Ritorno del cardinale arcivescovo. — 12. Fatti di Gaeta. — 13. Ricognizioni. — 14. Vittorio a Palermo. — 15. Mal governo, o ridicolezze del Farini. — 16. Cresce la reazione. — 17. Proclamazione di re Francesco l'8 dicembre. — 18. Critiche. — 19. Scemamento della guarnigione di Gaeta. — 20. Cose della cittadella di Messina. — 21. Come agguagliavano la regione del debito pubblico. — 22. Re Vittorio lascia Napoli. — 23. L'ultime geste del Farini. — 24. I mobili del conte di Trapani. — 25. Reazioni e punizioni. — 26. Il Carignano secondo luogotenente. — 27. Nuovi consiglieri. — 28. Peggiori mali in Sicilia. — 29. Umanità napoleonica. — 30. Suoi generosi consigli. — 31. Fraudolento armestizio. — 32. Risoluzione per difenderesi. — 33. Avvisi della Commissione di difesa. — 34. Abbandono de' Francesi. — 35. Bombe da terra e da mare.

§. 1. I Garibaldini morenti.

Venuto il Galantuomo, i Garibaldini cadevano nel nulla; perocchè i felloni assicurati non aveano mestieri di più celebrare queste larve d'eroi. I volontarii se n'andavano a sciami, restava esercito d'uffiziali; e pur di questi, parecchi, voltati al sol nascente, sfatavano le cose loro e i compagni, per dar nel genio a' Sardi. Non si parlava più de' miracoli garlbaldesi; il *redentore* stesso ecclissato s'impicciolivа, il Cavour gli teneva le spie a' fianchi. Prevedendosi lo scioglimento della sconnessa turba, pensarono ad assicurare lo avvenire di ciascuno; e abborracciarono una Giunta, da notare gli uffiziali per classi; ma mancando ruoli e brevetti, foggiaronli in fretta, secondo favore o arbitrio. Ne fu presidente il Rustow; e ha stampato che tenevan riguardo a' servigi che potevano rendere, anzi che alla morale delle persone; perchè Italia non dovea star sul sottile a scrutinare ladri e truffatori, quando avea bisogno d'uomini coraggiosi, e far numero. E poi come ficcar la morale in quel guazzetto?

Il Garibaldi a' 2 novembre scrisse a' suoi legati a Parigi e a Londra, che pel fatto del plebiscito deporrebbe la potestà, a pie' di Vittorio; e cessò da quelle rappresentanze. Non pertanto sperando il colloquio di Varsavia portasse guerra, e i Tedeschi passassero il Po, e fosse bisogno di lui, non volea sentir parlare di licenziamento; e anzi chiese a Vittorio il lasciasse dittatore per un anno. Ma il Farini venuto di costa al re, e che si maneggiava a restar luogotenente del regno, gli rideva in faccia. Sperò tirare Vittorio col fargli vedere la sua gente; e n'ordinò la rassegna a Caserta il 6 novembre, che fu la parata funebre de' Garibaldini; ei corse a S. Maria a invitarlo; ne tornò a mezzodì solo e scuro, dicendo il re verrebbe la dimane sull'alba, e dispose anche la seconda parata; ma la notte scatenatisi venti, acque e tuoni, fu pretesto a non far nulla. Vittorio non volea vederli, e tirò dritto a Napoli, per l'entrata solenne.

§. 2. Entrata di Vittorio in Napoli.

Il Farini gli stampò una proclamazione così: « Il suffragio universale mi dà la sovrana potestà di queste province; accetto l'alto decreto della volontà nazionale, non per ambizione, ma per coscienza d'Italiano. Crescono di tutti gl'Italiani i doveri; più che mai vuolsi concordia sincera e costante annegazione; tutti i partiti debbono inchinarsi avanti alla maestà d'Italia, cui Dio solleva. Dobbiamo instaurare un governo che dia guarentigia di viver libero a' popoli, e di severa probità; ed io fo assegnamento sul concorso efficace di tutta la gente onesta. Dove nella legge ha freno il potere, ivi il governo tanto può pel pubblico bene, quanto il popolo vale per la virtù. All'Europa, mostriamo che se la irresistibile forza degli eventi superò le condizioni fondate sulle secolari sventure italiane, noi sappiamo ristorare nella nazione unita l'impero di quelli immutabili dogmi, senza de' quali ogni società è inferma, ogni autorità è combattente ed incerta — Vittorio Emmanuele ». Tai paroloni imbeccati a questo sgraziato re, parranno oggi sarcasmi lanciati a sè stesso, oggi che i popoli assaporato hanno il suo viver libero e la sua severa probità; ma allora quelle frasi gonfie davansi a' Napolitani, in cambio dell'avita prosperità e indipendenza.

Acciò i Napolitani s'accorgessero che dovevano gioire, i congiuratori già alto insediati, volenti fargli magnifica l'entrata; e i bruchi piombati sul municipio si davano a spese magne. Disegnarono dodici archi trionfali e piramidi, un monumento bambagino a Napoleone III, quattro statue al Cavour e a tre generali sardi, un certo tempio al Garibaldi con una iscrizione ridicola, tutto carta, pali, tele e funi, con pitture trasparenti, lumi o ghirlande. Cominciarono venti giorni prima, ma lenti, mancando i denari, o non bastevoli alla sete de' sovrastanti; sicchè la gente per quelle dilazioni, si sperava che Vittorio non avesse faccia sì tosta da venire in Napoli. Rimediarono parecchi simulacri posticci, dove vittorie garibaldine, dove ritratti de' Fanti, Cialdini, Turr, Medici, Cosenz, e altri massoni. Quel del Garibaldi, fatto e posto, tolsero in fretta. Avanti la reggia ascosero con panni l'enee colossali statue di Carlo III e Ferdinando I; e v'alzarono sopra un enorme catafalco quadrato, vero mausoleo di carta, e stracci, con pitture. Il bello furono cento statue di gesso simili, poste per Toledo su piedistalli, con una mano alta e una giù, quasi sonassero il contrabbasso; certe nude femminone, cui dicevano essere le cento città d'Italia proclamanti l'unità. Ma tutti ne ridevano; e il garibaldino Rustow ha stampato ch'avevamo messe quelle bagasce in mostra, per allettar Vittorio a star con noi. Pigliarono da dugentomila ducati per tai baie.

Ma il cielo nemico d'Italia guastò tutto; la notte precedente acque dirotte e venti e turbini: a pezzi le città, colanti le pitture, sbrandellati i canavacci, bucherati i cartoni; tutto scollato, vedevi travi e funi, forche non archi trionfali. Tra quei squallori e piovendo entrò Vittorio quel dì 7 sull'ore nove e mezzo in carrozza, col Garibaldi a lato, e 'l Pallavicino e il Mordini prodittatori di Napoli e Palermo, a fronte. Gli fean corteggio a pie' lazzaroni scamiciati, e camorristi plaudenti e saltellanti con ombrelli e frasche; poi carabinieri armati, lo Stato maggiore, e un drappello di guide, poca gente, scarsi plausi, rari fiori. Ei salutava col guanto dove vedea qualche balcone pieno, quasi voglioloso di saluti protettori. Carlo III borbonico era entrato gittando danari d'oro, bello e giovine; Gioacchino tutto diamanti e pennacchi, da eroe di cento vittorie; costui tapino, sgradevole, spauriva. Faccia scura, occhi gonfi, baffoni, tozzo, sporco; il popolo strabiliava, nè si persuadeva sì laida figura portasse tante belle promesse cose. Ma gli facean rumore attorno i *camorristi,* tra' quali un Antonio Lubrano, famigerato omicida, che co' suoi strepitanti gli stette sullo sportello della carrozza sino a palazzo. Questi dappoi andò alla Polizia a vantare tal servigio alla causa, protestando non dover più esser carcerato, dopo avuto l'onore di stare a' fianchi di Sua Maestà.

Poco stante avendosi a presentare al re il plebiscito, i prodittatori Pallavicino e Mordini andarono a prendere il dittatore ch'era sceso all'albergo. Il primo portava il cordone dell'Annunziata avuto allora, non dato al Mordini, benchè pari in grado; perchè quegli avea promosso il plebiscito, questi l'aveva avversato. Il Garibaldi al vederlo gl'impose il togliesse, ei ricusò, e seguirono di male parole; tanto che il Pallavicino se n'andò solo con la carrozza; e 'l Garibaldi col Mordini, in carrozza da nolo, turbatissimo andò alla reggia. Trovò il re nella stanza del trono, nè si cavò il cappello; onde ne fu dal cerimoniero avvertito. Sull'ore undici, assistendo il municipio rivoluzionario, e altri faziosi o vigliacchi dicentisi *corpi dello Stato,* il filibustiero co' suoi ministri presentò a Vittorio l'atto del comizio. Parlò il Conforti dicendo, il popolo a immensa maggioranza averlo proclamato suo re. Ei rispose breve; si fe' il rògito dell'atto; e sì cessata la dittatura, il ministero si dimise; e 'l Nizzardo s'andò a chiudere nella locanda co' suoi pochi amici.

Già la sacra Penitenzieria interrogata per più dubbii, massime se i sacerdoti potessero cantare il *Te Deum*, per la proclamazione de' governi nuovi, aveva a' 6 ottobre risposto NEGATIVE. Però nel duomo, negatosi il clero, vi cantarono una dozzina di preti apostati raggranellati in fretta e una parte del clero palatino, che con iscandalo universale, ingrati al re benefattore, per non perdere i soldi, si prestarono. A S. Lorenzo cantò il Caputo. Lumi non si videro, e incolparono la pioggia: venuto il sereno; il sindaco supplichevole più volte invitò la popolazione a illuminare almeno Toledo e qualch'altra strada; ebbe meschino effetto.

§. 3. Adulazioni.

I giornali rumoreggiando supplivano al popolo. *L'Omnibus* già favorito da' Borboni, stampò la venuta di Vittorio Emmanuele esser *quella del Messia; la venuta di Dio!* Questo Dio nero la sera al teatro S. Carlo ebbe l'inno scritto da Domenico Bolognese; il quale inneggiato a libertà nel 48, non solo scansò qualsisia pena, ma ottenne da re Ferdinando due impieghi e due soldi; eppur cantò Garibaldi *precursore, angelo e Dio, ed Emmanuele d'Italia Dio.* Pose il Petrella la musica, che riuscì misera. Il re niente n'udì; chè cominciato lo spettacolo, certi garibaldini volendo entrare nel teatro già pieno, trassero le pistole, e si fe' rumore, e accorsero Carabinieri, di che turbato Vittorio poco stante si ritirò. Ma l'estro d'incensare il vincitore prese i poeti a dozzine, e pur di quei che l'anno innanzi avean cantate le nozze di Francesco. I più servili pompeggiavano di libertà. Tosto si videro libercoli poetici di molti; ne ricordo del Baffi, di Sesto Giannini, di Quintino Guanciali beneficato da' Borboni, e d'un Luigi Cancrini stato ispettore di Polizia. Uscì anche un *Omaggio Partenopeo al re Galantuomo,* i cui poeti furono i due Baldacchini, Stefano Paladini, Luigi Indelli, Federico Quercia, Francesco Arabia, Carlo Presterà, Francesco Proto, Carlo Dalbono, Pietro Sterbini (non Napolitano), e pur tre donne, Laura Oliva, Giovanna Milli e Rosa Massa. Eran pochi; ma il loro lodatore Emmanuele Rocco, già scrittore del giornale borboniano, e poi del giornale sabaudo, sentenziò quelli essere i nostri *vati più chiari*; sì per servilità sminuendo gl'ingegni della patria. Ma il cielo niente adulatorio piovve quasi sempre; e sendosi le luminarie protratte a' dì 17 e 18, con rovesci d'acqua le spense.

§. 4. Partenza del Garibaldi, e del Mazzini.

I garibaldini Bixio, Turr, Cosenz e Medici fur nominati tenentigenerali sardi. Al Villamarina ministro presso Francesco diessi il cordone dell'Annunziata, e meritava anche il cordone del Turco. Al Garibaldi oltre il cordone e 'l grado generalesco si promisero castella, la dote alla figlia, e un grado al figlio; ricusò, e insistè per avere la luogotenenza delle Due Sicilie con pieni poteri, cioè la dittatura, cui avea preso gusto. Il Farini secondo il volere del suo protettore Cavour doveva essere governator generale delle *province meridionali*; ma egli ambiziosetto seppe farsi luogotenente; sì guastando il disegno del Cavour, che tal posto serbava al principe Carignano. Pubblicò il decreto con data del 6 da Sessa, dov'esso ex medico d'un villaggio, Luigi Carlo Farini, era fatto luogotenente generale nel Napolitano, con potestà d'emanare, sino all'adunamento delle Camere, ogni maniera d'atti, per istabilire e coordinare l'unione di tal Paese al resto della monarchia, e a provvedere a straordinarii bisogni. Alle cose diplomatiche e di guerra si provvederebbe da Torino. Ciò portò che al Montezemolo designato per la Sicilia si dovè dare il medesimo, per non offendere l'isola con un da meno. Il Cavour la sentì male, ma la dovè inghiottire. Al Garibaldi seppe anche più dure le esaltazioni di cotai due luogotenenti, ambo nemici suoi; vistosi abbandonato a un botto da tanti, fermò di partire.

Prima firmò due decreti con antidata, uno pel Dumas, che abitasse, qual presidente onorario del Museo, la Casina regia del Chiatamone per un anno; l'altro con data dei 5 da Caserta pel Pantaleo, cui fe' vicario al Cappellano maggiore del regno di Sicilia, invece di monsignor Lello. Poi die' l'ultimo addio *a' compagni d'arme*, tronfio di parole e concetti, concludendo si riverirebbero presto, per liberare gli altri fratelli ancora schiavi. Pien di livore sull'alba del 9 lasciò la città, ben diversamente da quel che v'era entrato; era seco il figlio, un Bassi, un Gusmarolo, un Forsecanti e un servo Manuele. Prima di salpare salì a far visita al Mundy ammiraglio inglese, e n'ebbe saluto con l'artiglierie, l'ultima illusione. Il commediante sognando di far davvero la parte di conquistatore, bruscamente desto, pigliava la parte di Cincinnato; e sull'Annibale vascello inglese alla sterile Caprera si riduceva. Lo stesso dì partivano il Pallavicino, il Turr, e altri principali.

La Provvidenza cominciava sin d'allora a fiaccare i rivoluzionarii nel buono del trionfo. Restava capo di Garibaldini il Sirtori; ma percossi nel loro duce, e sospinti dal Mazzini, minacciavano. La sera del 12 molta gente sotto la reggia chiese il richiamo dell'eroe, e che si demolisse S. Elmo. A porta Capuana corsero fucilate co' soldati. Uscì un prudente ordine di Vittorio, dichiarante lo esercito de' volontarii aver ben meritato dalla patria e, da Lui; e comandava s'ordinasse definitivamente secondo i regolamenti. Per l'effetto s'instituì un consiglio generale, per l'organamento dell'esercito meridionale, cosa finta a inganno. Si die' anche il mandato d'arresto pel Mazzini, a pompa, chè non osarono pigliarlo; ond'ei si partì con comodo; e a Londra stampò aver traversato Italia tutta sino a Genova, ove s'era imbarcato.

Il 15 Vittorio tenne a pranzo da sessanta persone, cioè ministri, ex ministri, sindaco ed eletti di città; e ripetè il 18. L'Inghilterra soppresse la legazione di Napoli; che fu approvazione del fatto compiuto.

§. 5. Persecuzioni a' prelati.

La rivoluzione sapendo il clero avverso, si sveleniva contro i Vescovi. Scacciato era dalla diocesi monsignor Salomone arcivescovo di Salerno. Il Bruno vescovo d'Uggento, insidiato nella vita, fuggiva travestito a Brindisi, dove noleggiò una barca per l'isole Jonie; ma avvisato lo aspettassero là dentro i sicarii, scampò per terra a Bisceglie. A monsignor Rotondo arcivescovo di Taranto apposero desse tremila ducati per la reazione, e dovè fuggire a Grottaglie, donde di nascoso a Napoli si ridusse. Monsignor Filippi vescovo d'Aquila fuggì di notte a Rieti, e poi a Roma. Monsignor d'Avanzo vescovo di Castellaneto avea de' primi raccolto collette per l'obolo di S. Pietro; però minacciato per lettere da' faziosi d'altre diocesi, era guardato da' suoi. Avendo il 31 agosto a recarsi all'altra sua diocesi di Calvi, era da molti accompagnato parecchie miglia; giunto presso Gioia, due Garibaldini appostati trassergli colpi: una palla dritto al cuore cessò su la croce vescovile, un'altra gli passò fuor fuora il braccio e i muscoli del petto. Vivo per miracolo, entra in Gioia; e là una masnada di Nazionali fingendogli difesa, il mena a un casino, e multangli la vita a denari: così tra altri rischi potè curarsi a Casamassima; donde poi il 2 ottobre ad Avella sua patria riposò. La potestà ordinò farsi il processo agli assassini *in via correzionale*; sarcasmo di cui risero i rei gloriantisi del fatto. Monsignor Cilento vescovo di Rossano è a' 20 ottobre assalito nel palazzo da dugento armati con un commissario di polizia; rovistata la casa, nè trovato reità, lui pigliano; per viaggio presso Corigliano il tengono una notte a cielo scoperto; e a Cosenza chiudonlo in segreta, come malfattore. Era reo d'avere scritto pel dominio temporale.

§. 6. L'eccelso è luogotenente.

Il Farini stato galuppo della setta, ora addimandato *l'eccelso,* gran politico, grande scrittore, sendo uomo da chiacchiere, non mancò, pigliando il luogotenentato, d'accozzare una spampanata di frasi. Diceva: « un paterno reggimento manterrebbe le promesse del principato italiano; con la prosperità e 'l ben essere consoliderebbe in unità, le sparse membra della comune famiglia; rassoderebbe l'ordine materiale e morale, e quelle guarentigie di libertà e pubblicità, che non tolgono, ma crescono forza a un'amministrazione riparatrice. Farebbe opere pubbliche, ravviverebbe agricoltura e commercio, riformerebbe la istruzione popolare, migliorebbe la beneficenza, sarebbe degno interprete dell'intenzione del re, ch'è simbolo di concordia italiana. » Di sì largo promettitore avemmo due mesi d'incredibili stoltezze.

Dopo impiastrata una storia, e predicato gran tiranno Ferdinando II, ora postosi a fare egli il re, la prima cosa decretò un reggimento di carabinieri per Napoli solo. Si fe' un consiglio di luogotenenza, fior di setta: il Ventimiglia a Interno e polizia, lo Scialoia a Finanze, l'Afflitto a' Lavori pubblici, il Pisanelli a Giustizia, il De Vincenzi all'agricultura e commercio, il Piria a Istruzione pubblica; e inoltre tre consiglieri senza incarichi, il Mancini, il Ferrigni e 'l Caracciolo di Bella. I dicasteri di Guerra, Marina ed Estero, restarono aboliti. A costoro rimertati per aver chiamato a nome del regno Vittorio a disfare il regno, si dettero ducati quattrocento mensuali per ciascuno, e a un certo Bonghi, segretario, dugento. Esso Farini tirava duegentomila franchi per spese di viaggio (che non viaggiava), e undicimila ducati il mese. Per segretario si chiamò un Visconti Venosta, ch'avea pur nell'Emilia tenuto. A' 10 fece direttore di Giustizia un Gennarino De Filippo, leguleio, direttore di polizia un Giuseppe Arditi, prefetto di Polizia Filippo De Blasio maestro di scuola, e direttore di Finanze il giornalista De Cesare, che si firmava femina. Le cose di marina comandava il Persano. A' 21 nuova mutazione: il Ventimiglia scese a direttore del demanio pubblico; andò alla polizia Silvio Spaventa, e all'interno l'Afflitto; separarono anche il dicastero di grazia o giustizia, e culto; posero al cultò il Ferrigni, all'altro restò il Pisanelli; riunirono l'agricoltura ai lavori puhblici, ambi al De Vincenzi: gente ch'avea fatto parte del comitato rivoluzionario del Villamarina; e tutta insediata cominciò il non più finito regno de' *consortieri*, intento a demolire il lavoro di due secoli, e ogni gloria napolitana.

Subito pubblicarono la legge elettorale sarda. E per dar più sedie, istituirono a' 25 una Consulta di trenta, ove trenta congiuratori ficcarono; e vi splendevano i Baldacchini, de Blasiis, Capuano, Ciccone, Cosens, Imbriani, Leopardi, Massari, Poerio, e Settembrini, detti *martiri*, sebben molti non avessero mai avuto torto un capello. E il Settembrini, già da Ferdinando graziato del capo, avea poc'anzi stampato una lettera a' Napolitani, consigliante (e chi non consigliava?) accettassero lieti la supremazia del Farini, siccome *eccelsa capacità*; ma profetò la luogotenenza sì, ch'era opera di setta, la *capacità* no, ch'è dono di Dio. Tosto a' 27 si decretò che la Consulta terrebbesi sciolta col convocamento delle Camere, perchè si sapeva tai stessi *sommi uomini* vi dovevano sedere.

Fu adunque un lavorio di demolizione; dissolvere, nominare, gittar nella via quanto era buono; famiglie a migliaia fuor d'impiego, punita l'onestà; odio, vendette, rapacità furono ragion di governo. Avean sempre congiurato, nè sapevan far altro; però ignorantissimi d'ogni ordinamento governativo, davano con dottrinarie parole colpi bestiali alla cieca: finanze a ruba, molteplici comandi, impossibile ubbidienza, sferzate a tutti, favori solo alla falange stretta e insaziabile de' consettarii. Poi tutto camuffare alla subalpina; regolamenti strani, incompresi, in lingua barbara, inutili; uno stracciare, un'ingordigia asinina, un abbeverarsi di vendette e di moneta. Leggi del luogotenente ogni dì, dove il re stesso non potea farle; foga di dettarle, e impossibilità d'eseguirle. Quindi stupori, lamenti, imprecazioni diurne contro sì stolte nè credibili tirannie.

§. 7. Il popolo è ignorante.

La sera del 13 gran tumulti: a palazzo un popolaccio gridava: *Vogliamo Garibaldi a Napoli.* In altre strade *Abbasso Farini e la luogotenenza*; altrove *Abbasso il SI*; e in più parti *Viva Francesco.* Baruffe a' quartieri Porto e Capuana tra Piemontesi e Garibaldini, con morti. La dimane al quartiere Vicaria, alla Duchesca, e nella fabbrica de' tabacchi, moti reazionarii, con bandiere bianche, Viva a Francesco, e abbassi a Vittorio. I Nazionali n'arrestarono un centinaio tra maschi e donne e fanciulli. Tutta Napoli fu assediata di soldati. Sul vespro del 16 per altra dimostrazione legittimista fuori grotta, v'arrestarono da quaranta persone, e più la notte in Napoli. Per contrario il 18 poche dozzine di preti provinciali con serica bandiera andarono sotto al palazzo a gridar Viva Vittorio Emmanuele; il quale ebbe rossore di farsi al balcone. Ma il regno, quantunque senz'arme, si commoveva. Il 6 ad Amalfi avean provocata la reazione i marinari, cui si aggiunsero molti Nazionali; e bisognò accorressero milizie da Massa e da Salerno. Tutto Abruzzo, e 'l Reggino vedevano qua e là alzarsi bandiere di gigli, per moti popolari spontanei, non retti da coesione nessuna, puniti sempre ferocemente. Ciò smascherando la menzogna del plebiscito, impensierì i liberali padroni, e presero a incolparne la ignoranza del popolo. Stamparono con data del 14, e con gran sicumera una lettera di Vittorio *Al mio caro Farini*, dicente esser commosso del vedere ne' Napolitani poco sin'allora curati gl'istituti d'educazione popolare; però egli dare dugentomila lire, per cotesto *progresso cristiano e civile.* E da siffatto re, che appunto per mala educazione faceva quella figura, Napoli si sentì rampognata d'incivilità, e di poco cristiana!

Ma mentre parlavano sempre di scuole, l'Università stava chiusa; perchè gli studenti avevano a strepitare in piazza; e i nuovi cattedratici poco di scienza e più di demagogia dotti, dovevano brogliare per farsi deputati ai parlamento. A' 19 s'istituì una cassa di risparmio, e s'ordinarono quattro scuole pel 1° gennaio, a prova ch'avevam bisogno d'imparare dal Piemonte l'abbiccì. Ciò non appagava: il popolo sbuffava dell'usurpazione. Il 22 presso Pozzuolo fu briga tra garibaldini ed un oste; accorsero Nazionali e soldati, dove sei Garibaldini morirono. Al Mercato il 24 furono tumulti; e la sera gli artefici della Darsena gridarono Viva Francesco, da farlo sentire a Vittorio su nelle stanze. Lo stesso a S. Brigida. La sera del 21 nuovi schiamazzi al Mercato; e accorsi i Sardi, i popolani si chiusero nelle case; e dalle finestre fischiandoli, sclamavano *Vogliamo il re nostro!* Per serrare la bocca alla plebe, s'abolì il 17 il dazio su' cereali, per la sola città: e nientedimeno il prezzo del pane non scemò, approfittandosene i camorristi padroni del lutto; ed ebbero a rimediare con lo antico modo borboniano, già tanto da esso loro vituperato, del dar pane con perdita a minor prezzo. E la pure vedevi parzialità e brogli; e mancato il denaro, non potè seguitare.

§. 8. Scioglimento de' Garibaldini.

Il popolo voleva Francesco, e i Garibaldini volevano repubblica. Cessando a questi le paghe, schiamazzavano ogni sera. I loro duci Sirtori, Bixio, Medici e Cosenz, a evitare lo scioglimento, proposero menarli in Lombardia, a ordinarli bene; ciò portando il fuoco altrove, e provocando il Tedesco, non si potè fare; e invece non ostante le grandi promesse, un decreto del venti cassò quell'esercito conquistatore. Si die' a ciascuno facoltà d'andarsene, con tre mesi di soldo, e 'l viaggio; ovvero entrar nell'esercito reale per due anni; ma soldati v'eran pochi; gl'Inglesi si spogliarono tutti; il resto fremeva. Per gli uffiziali posesi una Giunta mista, da determinare i gradi e l'anzianità, vagliando i servigi resi e i *precedenti fatti.* Tal rivedere le bucce all'opere passate partorì un diavoleto. Micidiarii e furfanti, stati buoni per redentori, ora volevanli onesti. Finalmente scesero a un semestre di stipendio e 'l viaggio, e subito da settecento se n'andarono, con quella paga corrucciati. Trovo scritto il licenziamento costasse sedici milioni.

Ma gli stessi dimessi domandavano impieghi civili. Stranieri, camorristi, galeotti, vantando servigi alla libertà, volevano premio: al solo luogotenente porsero 45 mila memoriali; talvolta bisognò scacciarli col ferro. A' 25 novembre volendo entrare per forza nel palazzo ministeriale, gridando *Abbasso i consiglieri, abbasso Farini*, e sfasciando le porte, furono a colpi di bajonette giunti indietro sanguinosi. Il dì seguente fu peggio. Il Sirtori con una proclamazione ordinò a' suoi Garibaldini non tumultuassero; ma a' 26 da duemila di essi per amore o per forza furono imbarcati per Livorno. Lo Scialoia consigliero di Finanze dichiarò nel giornale non esservi impieghi più; datisene troppi, e pur troppo promesse future, pagarsi soldi oltre il potere; e anzi il servizio andar peggio di prima, cresciuti i contrabbandi e i furti. Confessioni necessarie, lodanti il passato. Costoro impinguatisi volenti lasciar magri gli altri: a forza largheggiavano co' più adunchi; rotto il freno alle passioni, l'invidia promoveva corruzione generale; più uffiziali, più corrotti. Solo quel dicastero di Finanze passava già di 65 mila ducati lo assegno pe' soldi. Eppure il medesimo Scialoia ogni dì creava impieghi nuovi; e spesso tre impieghi dava a uno, come al *martire* Belleli. Molti condannati per latrocinii passavano per martiri di tirannia, e avevano uffizio.

§. 9. Come si fa il re.

Vittorio dovendo far l'entrata a cavallo in testa alla truppa il dì 20, sendo preparate le cose, uscì in carrozza sull'ore undici intorniato da Nazionali a cavallo, e andò al campo, ove passò le soldatesche e la Guardia Nazionale a rassegna. Al ritorno, avendo la rivoluzione tutti i suoi sforzi agglomerati in via Toledo per le ovazioni, ei non volle passarvi; voltò rapido pel Lavinaio, e serrossi in casa, a dispetto de' dimostranti. Anzi a fuggire questi i minacciati e gli affamati, se ne salì a Capodimonte; e tra donne e animali, come in Harem, si chiuse. Strana condizione di questo vincitore! Re collegato con la rivoluzione, piglia l'altrui da Cosacco, e s'appella galantuomo; spoglia il papa, e si dice cattolico; promette per torre, fa trattati per lacerarli, parla per tradire, invoca dritti popolari per rapirli; e aggrappandosi a questi, non osa dirsi rivoluzionario; sdegna il popolo, si dice re per la grazia di Dio, chiama fratelli i re, e sudditi i popoli, di cui proclama la sovranità. Però odiato da' re come apostata, da' settarii come re, proclamatore di morale e civiltà, lordo di sangue, abbrutito di lascivie, crede ingannare tutti scialacquando e sbevazzando tra lagrime e imprecazioni. Vinto nella vittoria, infelice nel trionfo, maledetto tra le adulazioni, vivente menzogna, sforzato a delirii di sensi per non guardarsi nel cuore, è autore e vittima insieme di politica senza base, perchè mancante di virtù.

A' 22 del mese accolse solennemente i suoi stessi commessarii Valerio e Pepoli, presentatigli i plebisciti delle Marche e Umbria. A' 26 ricevè deputazioni del parlamento sardo, con le felicitazioni per le nove annesse provincie. La rivoluzione gli dava a far questa parte, e lo stipendio.

§. 10. Ricompense.

Ad assettare le cose militari, un decreto del 17 novembre incorporò i nostri uffiziali marini nella marineria sarda, co' gradi e anzianità acquistati sino a' 30 settembre; sicchè caddero le promozioni garibaldesi, con ismacco di quei felloni. Per gli uffiziali di terra posero a' 28 una commissione mista di generali sardi e napolitani, per esaminare i titoli di chi de' nostri facesse adesione. Già un decreto de' 17 avea fatto Alessandro Nunziante luogotenentegenerale, e membro del comitato di fanteria e cavalleria, spudorato premio al tradimento, che stomacò anche i liberali: *Come!* gridavano, *costui messo nell'esercito più onorato del mondo!* Ma egli osò stampare a sua difesa; nè trovò da stampare, se non nella *Gazzetta Ufficiale* di Torino, degna di lui. I giornali e la gente la cantarono lunga; i ministri tacquero, chè non potevano parlare. Per contrario quell'esercito più onorato del mondo faceva vili offese a soldati onorati: tenevano i napolitani prigionieri in castelli subalpini, barbaramente, e su fradicia paglia affamati, con panni da state in crudo verno! sì tartassandoli per indurli a pigliar la livrea. Sempre rispondevano NO: messi in luoghi stretti e umidi, gridavano *Viva Francesco!* ligati talora a due a due, e mandati in fortilizi lontani, come potevano fuggivano, o a casa, o a' Tedeschi. Di 2500 uffiziali, solo 300, e i più per bisogno, fecero adesione.

Anche i preti progressisti volevano ricompense; non s'accorgevano che il progresso vuol dire abolire. Non avendo niente, strepitavano. La sera del 29 novembre, col colore di chiedere il Caputo per cappellano maggiore, s'affollarono sotto la casa del Ferrigni ministro del culto, e gridarongli *Abbasso*. I Nazionali n'arrestarono dodici, per farli tacere.

§. 11. Ritorno del cardinale arcivescovo.

Il Farini, visto Napoli sospirare il suo cardinale arcivescovo, Sisto Riario Sforza, e anche per contradire al Garibaldi che l'avea scacciato, fa l'11 dicembre scrivere al porporato, il re desiderarlo. Rispose: « essere stato brutalmente con altri vescovi mandato fuori; niente meglio bramare che tornare al gregge; il dittatore essersi irritato, per non aver egli nelle cose sacre potuto usar verso di lui quanto s'usa co' sovrani non separati dalla Chiesa; sperare non più pretenda da' vescovi quanto è noto eglino non poter concedere. » Il Pisanelli consigliere del culto gli rescrisse una lettera tutto mele, invitandolo a tornare; cui Sisto replicò ringraziandolo dell'invito, e che verrebbe, certo il governo lascerebbe la libertà alla Chiesa, e allontanerebbe gli elementi acattolici con malizia nelle diocesi introdotti. Seguì altra lettera a nome del Farini; che egli dolentissimo della violenta espulsione, darebbe segno di riprovarla, mandando a Civitavecchia una fregata a pigliarlo; avrebbesi nel sacro ministero libertà d'azione; e fargli queste promesse: « 1° libero il cardinale di porsi o no in relazione col governo. 2° Starebbesi al concordato del 1818; benchè egli (il Farini) pensasse *che i dritti di regali sieno mere usurpazioni dello Stato.* 3° S'eviterebbe d'ordinare il *Te Deum*, e altre funzioni sacre. 4° Governando lui non toccherebbe quistioni religiose. 5° Tornando, potrebbe esser ricevuto dal clero; e anche dal ministro del culto, se il volesse. 6° Volendo non vedere il re, aspettasse a mezzo dicembre, quando quegli partirebbe. 7° Egli Farini, da privato gli farebbe visita una sera. 8° Egli abborrire i preti ribaldi, vestiti alla garibaldesca. Ciò a nome del governo promettere; non però poterlo a nome de' futuri ministri e parlamenti. » Il cardinale tolto congedo da Sua Santità, e altresì dalla vedova regina Teresa di Napoli, partì il 28 da Roma. Credendosi venisse per mare, i napolitani prepararonsi il 30 a riceverlo sullo sbarcatoio sotto il baldacchino: gran popolo accorso volea staccargli i cavalli dal cocchio, e menarlo a braccia; e stavano in pronto musici, ulivi, arazzi e fiori. Ma ei venne improvvisamente per terra la sera; ond'ebbe accoglienza quanto men preparata più affettuosa. Scendendo dalla carrozza di posta a S. Giovanni e Paolo, al ravvisarlo, *è arrivato il cardinale!* fu un grido. La fazione rivoluzionaria usò ogni mezzo per iscemare le manifestazioni giulive: chi poneva lumi, chi con isconci atti e parole li spegneva; ma presto sovrabbondando il popolo con faci e torce, il farinaio Turco, fingendo dargli onore misesi sullo sportello della carrozza gridando tratto tratto *Viva Vittorio Emmanuele!* sinchè monsignore Spaccapietra ch'era anche in carrozza, stucco di quel controsenso, sclamò, smettessero le grida, invece si ringraziasse il Signore con *Te Deum*, e preghiere; e sì fu fatto. Indispettiti prepararono insulti pel mattino: certi preti provinciali, camorristi e Nazionali con quel Turco, corsero avanti l'arcivescovado; ma già tutto il tempio vastissimo gremito era di clero e popolo; onde con pompa si cantò il *Te Deum*. Dentro si pregava Dio, fuori si bestemmiava. Poi tutto il dì quei tristi, piena di loro cagnotti la non ampia piazza, schiamazzarono sotto il papalzzo, minacciando fuoco; e sovrapposto lo stemma sabaudo al portone, chiamarono il porporato al balcone per benedire le bandiere. Vennero Nazionali d'altri quartieri a metter pace; ma non valendo le buone, volevasi ferro; perlocchè un maggiore Como, pensò di porre una bandieruccia al balcone; ciò fece; e gli schiamazzanti fingendo avesse benedetta la bandiera, s'acchetarono. Il Farini, avvertito durante la violenza, disse non poterla impedire; ma il giorno dopo gli pose carabinieri di guardia, ridicola difesa; e alle reclamazioni di Sisto, rispose soavemente, avrebbe sempre domato i tumulti di piazza.

Il clero presentò il suo pastore d'una ricca pianeta e messale la vigilia dell'Immacolata, anniversario della sua elezione a quella sede.

§. 12. Fatti di Gaeta.

Il Cialdini lavorava a stringere Gaeta; avea seco il generale del genio Menabrea; piantava batterie a Castellone, all'Accampamento, alla Scansatoia, alla Fontana, su Montecristo, a Casa Arzano, sul colle S. Agata, nella Valle Calegno, a' Cappuccini, a Casa Occagno, a Casa Tucci, a Torre Viola, e su' colli Atratina e Lombone. Costruiva inoltre una strada nella valle S. Agata. La piazza co' tiri disturbava i lavori, ma con cannoni vecchi non sempre arrivava; laddove il nemico n'ebbe poi 166 rigati, traenti da' mille a' quattromilasettecento metri: assedio non era, ma opera da bombardamento, cui la fortezza non aveva da ben rispondere. Occupato parte del borgo, però molestato da' colpi, i cittadini ne fuggivano; one il Cialdini a' 18 novembre chiese poche ore di tregua per farli sloggiare, e l'ebbe. Alla sua volta il governatore Vial dimandò rispettasse le case di Gaeta, che secondo l'uso alzassero bandiera nera, per coprire infermi: rispose limitandole a tre, e a una quarta per la regina; ma Sofia desiderò si mettesse invece sul bel tempio gotico di S. Francesco, da poco edificato. Concesselo, purchè le bandiere non eccedessero le quattro; come tenesse parola, vedremlo.

Il Vial la dimane scrissegli aver 600 cavalli e 560 muli; gliene darebbe la metà, purchè lasciasse passare gli altri nel Romano; o si dovrebbero uccidere. Negollo, aggiungendo, *uccidesse pure*; ma niuno ebbe cuore di farlo. Il re a torre da' rischi i ministri stranieri, li invitò ad andare a Roma, e terrebbeli come presso di sè; die' l'ordine di S. Gennaro al Nunzio Apostolico, e a' ministri di Austria, Russia e Prussia; il cordone costantiniano a quel di Sassonia, e l'altro di Francesco I a quel di Toscana. Nulla allo Spagnuolo, chè avea già tutti gli ordini cavallereschi napolitani; il quale volle restare, affettando magnanimità; tristo consigliero, non ultima cagione di queste rovine. Quei ministri s'imbarcarono sul *Loreley*, battello prussiano. Mancata la moneta, a' 25 si sospese la diaria a' soldati.

Una tempesta del 25, obbligò quattro navi mercantili sarde a salvarsi nel porto di Gaeta; e furono catturate; ma Francesco a non punire mercanti innocenti libere le rimandò.

§. 13. Ricognizioni.

Il brigadiere Bosco avea scritto dal 6 settembre al re di seguirlo; poi sendo malato a Napoli, ebbe un trattato con l'Ayala ch'allora comandava i Nazionali; il quale a' 13 nunziavagli il governo l'avrebbe volentieri nelle file italiane; o che desse parola di non raggiungere Francesco per due o tre mesi; perlocchè egli a' 15 scrisse al re aver promesso per solo due mesi. Per questo fatto fu chi il tacciò disertore; i giornali disserlo redento all'Italia; ma egli il 1° ottobre protestò nel *Lampo*, dichiarando seguirebbe il suo re. Pertanto il 17 novembre scrissegli da Civitavecchia esser finito il tempo della parola data, e verrebbe. Infatti giunse il 19, ed ebbe una brigata.

Scorgendo il nemico lavorare in più posti, sospettandosi lavori d'approccio e di batteria nella valle Atratina e dietro i Cappuccini, si designava una sortita; ma col Bosco si decise far prima una ricognizione sino a Cappuccini, e di là guardare nella valle di Calegno. Splendendo la luna s'aspetto l'alba; però su quell'ora, il 20 il Bosco con 440 cacciatori scelti dall' 8°, 9°, 16°, ed esteri col tenentecolonello Migy, lasciato altro battaglione scelto da' 7° 8° e 9° cacciatori col maggiore napolitano Cottsheber, s'avanza. Il Migy sale il colle Atratina, sorprende nella valle la sentinella ma al rumore la guardia grida all'arme. Avvenne per caso che il Cialdini quel dì passasse a rassegna là da presso parecchi battaglioni; però scorti i Napolitani dall'alto, potè incontanente opporre due battaglioni dal borgo, e da' Cappuccini, e col telegrafo ne chiamò un terzo dal colle Lombone. I nostri ingaggiato il fuoco, pochi contro tanti, si ritraevano combattendo; e fu il Migy colto da una palla fuor fuora. Accorse il Bosco con due divisioni a sorreggerlo; ma le artiglierie della piazza comandate dall'Ussani percotendo il nemico in fronte il costrinsero a celarsi. S'era visto non lavorarsi sulla valle Atratina; e benchè pochi cacciatori avanzatisi durante la zuffa, non vedessero lavori avanti a' Cappuccini, non poterono gir oltre; sicchè la ricognizione riuscì per metà; ma col danno di trenta soldati tra morti e feriti, e cinque uffiziali feriti, di nome Napoli, Della Noce, Zelger, Rieger, e 'l Migy, che la sera morì all'ospedale.

Il governatore Vial vecchissimo e malaticcio ritraevasi a Roma il 2 dicembre; surrogavalo interino il brigadiere Marulli. Il nemico sapeva tutte le cose della piazza; chè mandava uffiziali vestiti all'inglese a vederle. Sapendo dunque le male condizioni delle polveriere e 'l loro sito, fe' una batteria sul Montecristo di cinque cannoni rigati da 50, per colpir quelle, e 'l laboratorio al torrione francese, lontana 3200 metri, cui la piazza non poteva rispondere che con tre soli cannoni rigati da 11 e da 4 dalla batteria Trinità. Molte granate non iscoppiate si raccoglievano, e si rifondevano.

Per demolire l'ultime case del borgo, ch'ascondevano armati, il Bosco propose una sortita la notte del 4 dicembre. Il maggiore Simonetti con 120 cacciatori del 7° 8° 9° e otto artiglieri inermi col tenente Corrado vi s'accosta, fuga la guardia, e pianta la polvere. Ritrattosi, due scoppi due ne diroccano.

Queste due lievi sortite senza più si fecero durante l'assedio; di che v'ha chi accusa gli assediati, e chi li scusa. Dicono ineseguibili le sortite per la molta distanza della piazza al nemico, da esser girati e tagliati fuori: non potersi spiegare molte forze nello stretto istmo, subito esser viste e affrontate; molto sangue e poco frutto. Altri osserva ciò valere per una piccola guarnigione, non per Gaeta, che mandando fuori dodicimil'uomini protetti da' bastioni, poteva in una notte disfare le batterie avverse, e ridersi delle girate; non tutte l'opere distare 4000 metri; si potevano rovesciare le più vicine, certo si versava sangue, ma la guerra si fa col sangue.

I Sardi sicuri dietro batterie fuor di tirata percolavano la città, nè curavano bandiere nere, anzi sembra pigliassero a bersaglio, malgrado le promesse. A' 6 dicembre due granate sfondarono il muro e la scala di S. Francesco, con tutta la bandiera. Alle reclamazioni il Cialdini promise baderebbe meglio. Nulladimeno quell'ospedale s'abolì; i malati menaronsi ne' quartieri di S. Caterina e S. Domenico, luoghi più lontani; ma nunziatili al Cialdini, acciò vi rispettasse le bandiere, negò, dicendo mettessero i malati nelle casematte, o per mare li mandassero altrove. A quei dì il bombardamento era lieve, nè passava i trecento colpi al giorno.

§. 14. Vittorio a Palermo.

In Sicilia il garibaldino Antonio Mordini, contento della prodittatoria podestà, suscitava suoi partigiani a dimandare con indirizzi a Vittorio che vel lasciasse; se non che prevedendo lo sfratto, facea decreti in fretta, massime per pensioni a martiri e vedove. A' 26 novembre nunziò la venuta del re, e dal balcone parlò al popolo, gloriando quello e 'l Garibaldi. Vittorio dopo il mezzodì del 30 novembre partì da

Napoli col Cassinis ministro di giustizia; giunse, al mattino seguente, e trovò la dimostrazione d'entusiasmo, come si preparano alle ballerine. Prima religiosamente s'inginocchiò in Duomo, accolto da quell'arcivescovo tirato da certi suoi preti. Il dì stesso emise un bando, ricordante un suo avolo stato re di Sicilia, e suo fratello re eletto nel 1848; e prometteva il ben di Dio. La dimane, fe' luogotenente il marchese Massimo Cordero di Montezemolo, che sbarcò col Cordova e 'l La Farina. E 'l Cassinis anch'esso proclamò, che alla dittatura *ch'avea leso ogni principio di moralità,* succedeva governo di riparazione e concordia. Sì spudorati furono che confessando immoralissimo il governo dittatorio, tenevanlo a base di loro dritto; e pigliandone l'eredità, l'insultavano, e si vantavano riparatori. I due bandi non piacquero; e per tal cinismo, e per la stoltezza di ricordare l'avolo Vittorio Amedeo II che in due anni di regno fecevi odiare il nome piemontese. Malgrado la promessa concordia, avendo il Sindaco nunziato alla città, il re voler camminare a piedi, qual cittadino tra cittadini, nè l'impacciassero con troppi onori, questi invece uscì in carrozza con carabinieri, e sciabole nude; pompa simigliante a paura, spiaciuta assai.

Sorsero consiglieri di Luogotenenza il La Farina all'intorno, il Cordova alle Finanze, lo Scalia a' lavori pubblici, il Pisani all'istruzione. Da Torino si provvedeva per le cose straniere e militari. Così finì la dittatura e la prodittatura, che in pochi mesi avea sciorinato 634 atti di signoria; cioè 18 leggi e 248 decreti per lo interno, 10 leggi e 89 decreti per le Finanze, 10 leggi e 135 decreti per la giustizia, e 7 leggi e 117 decreti per la sicurezza. Avea messo fondo a quanto v'era di moneta; i governatori di Palermo spendevano da seicento franchi al giorno per soli sorbetti! Computo fatto, le mercedi per impieghi, pensioni, assegni e sussidii pigliavano l'entrate di dieci mesi dell'anno; sicchè con quelle di due mesi s'avean da sostenere i pesi dello stato. Ma a quei rapinanti primi succedevano avvoltoi secondi, e maggiori.

Ma i rimasti scavalcati, e chi nel caos sperava fortuna stavano di mala voglia. Garibaldini e repubblicani, abborrenti il La Farina e la luogotenenza, col pretesto di sonare l'inno garilbaldese, facevano tumulti con Viva ed Abbassi; perlocchè il re Galantuomo ripetè quello che a Napoli, con una lamentosa lettera al Montezemolo sulla poca istruzione popolare de' Siciliani; così questo popolo dottissimo poc'anzi nel plebiscito ch'avea chiamato lui, era tassato ignorantissimo oggi che non si piegava alla servitù. Fece commendatori de' Santi Maurizio e Lazzaro gli arcivescovi di Monreale e di Palermo, il Torrearsa, lo Spedaletto, e cavalieri altri molti. Il 7 dicembre presto presto, lasciando quel pandemonio, corse a Gaeta a vedere i lavori del bombardamento; e subito si rificcò nella reggia di Napoli, senza farsi vedere a nessuno; perchè qui eran rumori più grandi.

§. 15. Mal governo, e ridicolezze del Farini.

Sempre grida, quistioni, risse, per caffè, teatri e strade, tra Piemontesi e Garibaldini, tra questi e Napolitani, tra camorristi e paesani; uccisioni impunite, paure, e spavalderie, busse e imprecazioni; a tutto rimediava ritmo garibaldese, con plausi esosi, eterni, incredibili. Quell'inno fu scritto nel 1859 a invito del Garibaldi da un L. Mercantini, con musica d'un Olivieri capo banda della brigata Savoia. La sera del 1.° dicembre al teatro Nuovo dopo l'inno gran viva, dopo la marcia reale sarda fischi, e 'l commissario di polizia fu quasi battuto. Il prefetto di polizia cui s'ordinò chiudesse il teatro, nol volendo, si dimise. Chiuso il teatro, il popolo sovrano aperselo a forza; e raggranellati pochi musici a caso, salirono Garibaldini sul palco a cantar l'inno, e sino a tarda notte si sfogarono. Abolito l'inno, volevano per dispetto, con grida e strepiti infiniti. La sera del 14 a S. Carlo tanto chiassarono, che non gli ascoltatori soli, ma anche i musici, e alcuni con gli strumenti fracassati, si fuggirono. Per l'opposto la sera seguente a' Fiorentini recitandosi un dramma osceno, il culto uditorio nol volle finito.

Da' primi del mese s'era preso a gridare repubblica; però il 6 uscì un manifesto con firme Filippo De Boni, Aurelio Saffi, Giovanni Nicotera, e Giuseppe Libertini, disapprovante tal grido, *non perchè non esprima tutta l'aspirazione dell'anime nostre, ma perchè ora potrebbe frangere il fascio delle volontà popolari.* Sì sorretto *il fascio delle volontà,* volsero indirizzi al re: togliesse il Farini, richiamasse il Garibaldi, demolisse S. Elmo, facesse strade, scacciasse il Nunziante, mandasse a spasso il resto degl'impiccati antichi, alzasse chi avea patito per la libertà, conquistasse Venezia e Roma.

Il Farini credè far paura ponendo comandante di piazza il generale sardo Ricotti; e per gittar polvere agli occhi, decretò a' 6 dicembre si facessero strade comunali per 800 mila lire, ridicola inezia, non v'essendo un quatrino. Non fidando neppure ne' Nazionali, chiamò Nazionali da Torino, Milano, Toscana, e Bologna. Per attuare le libertà costituzionali, ordinò Giunte municipali, da far liste elettorali; e per aver tempo da brogliare s'avevano a installare a' 20 del mese. Voleva promulgare il codice penale subalpino; ma la Commissione che l'esaminò avvisò contro, per non esacerbare il paese. Ei non potendo mutare altro mutò i nomi: il prefetto di polizia si disse *Questore*, perchè così a Torino, quasi avesse a cercare denari. E chiamò impiegati della questura di Torino.

Altro rumore gli alloggi militari, non più da Napoli patiti, che per supplirli i possidenti pagavano il tre per cento; allora pagavano la tassa, e aveano gli alloggi, spesso insolenti, e gravosi tanto da costringere i padroni ad andare in locanda. S'aggiungeva il caro del vitto: i conquistatori, quasi non avessero mai bene, caricavano bastimenti di commestibili, e mandavano a casa, sino verdure e uova; onde tutto incarì. Inoltre ognidì più sui prezzi delle vettovaglie i camorristi aggravavano l'estorsioni, dazio di paura. E il popolo ricordando le fresche promesse di paradiso, lamentava: « *Ma i Borboni ci facevano mangiare a buon mercato!* » Il sindaco Andrea Colonna si dimise, e 'l surrogò suo zio Giuseppe. Il Sirtori a' 15 dicembre con altra proclamazione a' Garibaldini inculcava quiete; ma esso, il Farini, il sindaco, il re, ogni principio d'autorità vilipeso, anarchia era tutto.

Le donne di certi carcerati camorristi fermarono la carrozza di Vittorio, gridando grazia; e rinfacciarongli i loro mariti aver fatto entrare il Garibaldi; sentì l'insulto, sferzò i cavalli, e le piantò strepitanti. Arrestati due liberali, un Calicchio, e un Libertini dicentesi amicissimo del Nizzardo, furono scandali, perchè temendo chiassi l'avean preso con inganno. Un ispettore De Grazia fattogli visita, come per ambasciata del luogotenente, l'avea con garbo tratto in Questura. Oh! violazione di domicilio, sopruso, arresto senza mandato di magistrato! e anche qualche uffiziale di polizia si dimise, disse, per non parer complice dell'arbitro. Ed essi stessi perpetravano per vani sospetti carcerazioni infinite di prelati e borboniani: ma carcerare liberali! bisognò lasciarli subito. Quindi bistrattavano il Farini; appellavanlo: *Presuntuosa nullità.* E questi, l'*eccelso!* venuto con tanta prosopopea, e che viveva da re nelle stanze di Francesco II, s'ammalò d'itterizia, per bile.

Aveva stampato *voler morir povero*; ma graditogli il vivere principesco, niuna grandezza più il contornava. A Portici scelse a camera da letto quella già servita a Pio IX, mutata da Ferdinando in oratorio; i custodi cercavano dissuaderlo; cocciuto il volle, e vi pose il letto; ma dopo due dì il letto e la stanza per caso andò in fuoco. Dopo la dittatura nell'Emilia avea maritata una figlia con pompa a un Riccardi: sel portò segretario a Napoli; e gli morì la notte della vigilia di Natale. Avvertito degli strepiti universali che quell'aria non gli poteva durare, si die' da fare, ad agguantare il meglio.

§. 16. Cresce la reazione.

Intanto nelle provincie crescean di numero le reazioni. A Cervinara il 29 novembre i contadini disarmavano i Nazionali, spezzavano il busto del Galantuomo, squarciavano le bandiere italiche, alzavano l'immagini di Francesco e Sofia. E circuite le case de' liberali, massime de' Verna, tutta notte furon colpi da fuoco; ma giunti Garibaldini e Piemontesi con cannoni si pugnò acremente, sinchè fugati i reazionarii, s'uccisero innocenti a vendetta, s'arsero case di realisti, e fu saccheggiato il paese con lurida ingordigia. A Santeramo, comune di novemil'anime nel distretto d'Altamura, il 7 dicembre, i popolani alzarono i gigli, spensero il giudice Dell'Uva, e gli accorsi Nazionali di Gioia respinsero; poi dopo alquanti dì sopraggiunti Piemontesi e Nazionali, questi con due ore di zuffa sbaragliarono i paesani, e fecero le consuete vendette. Lo stesso dì 7 a Sava presso Taranto uccisero tre galantuomini liberali, disarmarono la Guardia, arsero gli stemmi savoini, e alzarono i borboniani; poi al solito dalle soldatesche erano atrocemente puniti. Nulladimeno l'ire si ringagliardivano, e qua e là scoppiavano. A Sora, donde il Chiavone avea dovuto ritrarsi, a mezzo dicembre nuova reazione; chè i contadini v'entrarono uccidendo cinque Nazionali; e arsa la croce sabauda, portarono trionfante il busto di Francesco. Il 5 dicembre s'era mosso Penne. In Abruzzo la ferocia de' Pinelli e Devirgilii più che comprimere pungeva la reazione; dove con atti, dove con parole, ogni paese rumoreggiava; ma non aveva armi, nè capi. Bande soldatesche alla caccia, fucilavano contadini, e i cadaveri non facevano seppellire, a terrore; ma dove cadevano Sardi, li sotterravano sul luogo, per celar loro danni.

§. 17. Proclamazione di re Francesco, l'8 dicembre.

Francesco l'8 dicembre dava a' suoi popoli una proclamazione, così: « Da questa piazza, dove difendo più che la mia corona, la indipendenza della patria nostra, s'alza la voce del vostro sovrano, per consolarvi nelle miserie, per promettervi tempi più felici. Traditi ugualmente, ugualmente spogliati, risorgeremo insieme dalle nostre sventure; chè mai non durò a lungo l'opera dell'iniquità, nè sono eterne le usurpazioni. Ho lasciato cadere nel dispregio le calunnie, ho guardato con disdegno i tradimenti; e sinchè tradimenti e calunnie assalivano me solo, ho combattuto non per me, ma per l'onore del nome che portiamo. Ma quando vedo i sudditi miei, che tanto amo, in preda a' mali dell'anarchia, e della dominazione straniera; quando li vedo popoli conquistati, portati il sangue e le sostanze ad altri paesi, calpestati dal piede estraneo, padrone, il mio cuore napolitano mi batte indignato nel petto, solo consolato dalla lealtà di questo prode esercito, e dalle forti e nobili voci, che da tutto il reame s'alzano contro il trionfo della violenza e dell'astuzia. Io sono Napolitano, nato tra voi; non ho respirato altr'aria, non ho veduto altri paesi, non conosco altro suolo che il natio. Tutti gli affetti miei sono entro il regno, i vostri costumi sono miei costumi, la vostra favella è la mia favella, le vostre nobili brame sono mie brame. Erede di aulica dinastia che ha lunghi anni regnato in queste belle contrade, ricostituendo la indipendenza e l'autonomia, non vengo già dopo spogliati gli orfani del loro patrimonio, e dei suoi beni la Chiesa, a impadronirmi con estrane forze della più deliziosa parte d'Italia. Sono principe vostro, che ho sagrificato ogni cosa al desio di serbar tra voi la pace, la concordia e la prosperità. Il mondo l'ha veduto; per non versare vostro sangue, ho preferito rischiare la corona mia. I traditori pagati dallo straniero nemico sedevano, accanto a' fedeli nel mio consiglio; ma nella sincerità del mio cuore non potevo credere a' tradimenti. Troppo mi costava il punire; mi doleva aprire dopo tante sventure, un'era di persecuzione; e così la slealtà di pochi, e la mia clemenza hanno aiutato la invasione piemontese, pria con avventurieri rivoluzionarii, poi con esercito regolare, e resero inattiva la fedeltà de' miei popoli, e il valore de' miei soldati.

Fra continue cospirazioni, non ho fatto versare una goccia di sangue, e m'hanno accusato di debolezza. Se l'amor tenero pe' sudditi miei, se la natural fiducia della giovinezza nell'altrui onestà, se lo amore istintivo del sangue meritano tal nome, certo debole fui. Quando sicura era la ruina de' miei nemici, ho fermato il braccio de' miei generali, per non consumare la distruzione di Palermo; ho preferito lasciar Napoli, la mia casa, la mia diletta città capitale, per non esporla agli orrori del bombardamento, come quei che tosto Capua ed Ancona patirono. Ho creduto in buona fede che il re di Piemonte, dicentesi mio fratello, mio amico, che protestava contro il Garibaldi, che negoziava meco un'alleanza, pei veri interessi d'Italia, non avrebbe rotto tutti i patti, e violato tutte leggi, per invadere i miei Stati, in piena pace, senza motivo, senza dichiarazione di guerra. Se questi sono i miei fatti, preferisco le mie sventure a' trionfi de' miei avversarii.

Avevo dato l'amnistia, avevo aperto la patria agli esuli, conceduta la istituzione; nè certo ho mancato allo promesse. Ero per guarentire alla Sicilia istituzioni libere, che tutelassero con separato parlamento la sua economica ed amministrativa indipendenza, e togliessero ogni ragione di sfiducia e scontento. Avevo chiamato ne' miei consigli uomini creduti più accetti all'opinione pubblica in quelle circostanze; e per quanto me n'han permesso le aggresssioni incessanti di cui sono vittima, ho lavorato ardentemente alle riforme, a' progressi, a' vantaggi del paese.

Non sono i miei sudditi che han contro me combattuto; nè discordie intestine mi strappano il regno; mi vince la ingiustissima invasione dello straniero. Le Due Sicilie, salvo Gaeta e Messina, ultimi asili della loro indipendenza, sono nelle mani de' Piemontesi. E che ha dato questa rivoluzione a' miei popoli di Napoli e Sicilia? le finanze già floride tanto, sono ruinate, l'amministrazione è un caos, la personale sicurezza è spenta; le prigioni son piene di sospettati cittadini; invece di libertà, stati d'assedii nella province, e un generale straniero detta leggi marziali, e decreta fucilazioni subitanee a quanti de' miei sudditi non s'inchinano alla sabauda bandiera. L'assassinio ha premio, il regicidio ha l'apoteosi, il rispetto al culto santo de' padri nostri dicesi fanatismo; i promotori della guerra civile, i traditori del natio paese hanno pensioni, cui paga il pacifico contribuente. Tutto è anarchia, tutto han rimestato stranieri avventurieri, per saziare avidità. Uomini che mai non videro questa parte d'Italia, o che per lunga assenza ne dimenticarono i bisogni, fanno ora il vostro governo. Invece delle libere istituzioni che io v'ho dato, aveste sfrenatissima dittatura; invece della Costituzione, la legge marziale. Sparisce sotto i colpi de' vostri dominatori l'antica monarchia di Ruggiero e Carlo III; e le Due Sicilie son dichiarate province di regno lontano. Napoli e Palermo sono rette da prefetti di Torino.

V'è rimedio a tal mali, e alte calamità più grandi che prevedo: la concordia, la risoluzione, la fede nell'avvenire. Unitevi attorno al trono dei vostri padri; copra l'obblio gli errori tutti; e il passato non sia pretesto a vendette, ma salutare lezione. Io fido nella Provvidenza, e quale si sia la mia sorte, resterò fedele a' miei popoli, e alle istituzioni che ho concedute. Indipendenza amministrativa ed economica, per le Due Sicilie; con parlamenti separati; amnistia piena per tutti i fatti politici; questo è il mio programma; fuor di tai basi non vi sarà pel mio paese che dispotismo e anarchia.

Difensore della sua indipendenza, io resto qui, e combatto per non abbandonare sì santo deposito e caro. Se la potestà torna in me, sarà per tutelare tutti i dritti, rispettare tutte le proprietà, guarentire persone e sostanze contro ogni sorta d'oppressione e saccheggi. E se la provvidenza ne' suoi alti disegni permette che cada l'ultimo baluardo della monarchia, mi ritirerò con integra coscienza, con incrollabile fede, con immutabile risoluzione; e aspettando la inevitabile ora della giustizia, farò voti fervidissimi per la prosperità della mia patria, per la felicità di questi popoli, che sono la più grande e diletta parte della mia famiglia. — Francesco. »

§. 18. Critiche.

Tal proclamazione pietosa era, e fe' commozione nelle anime belle in Europa; ma l'ultima sua parte promettente costituzioni e parlamenti ebbe nel regno critiche e scontentezze. In Gaeta stessa non tutti i ministri vi furono concordi; la consigliò di segreto il Bermudez, ministro di Spagna, uomo uscito dalle barricate di Madrid, ascoso amico di Napoleone. Lodaronla certi che s'appellano *legittimisti illuminati, liberali*, che solo in qualche città sono, e non da arme; ma la nazione napolitana nella sua gran maggioranza, che per la data costituzione si vedeva a quelle ruine, a sentirla ripromettere dalle casematte di Gaeta, ne fu sorpresa, e amareggiata. Si diceva: « Perchè, o Sire, lo immutabile proponimento di serbare la costituzione? ma che mai quaggiù v'è d'immutabile? E v'han forse ne' reggimenti de' popoli forme costanti? e dopo tante sperimentate e mutate forme governamentali nel mondo, sarà duratura sempre e per tutti la moderna costituzione? Sire, a ripromettera tre cagioni v'han potuto spingere: o perchè l'avevate promessa, o perchè la credete atto di politica, o perchè in sè buona la credete. L'avevate promessa! ma nessuno plaudì; la nazione presentì sue sventure; e i settarii che per quella metteste in seggio, schiacciarono col nome vostro il popolo, scacciarono voi, chiamarono l'inimico. Sciolta dal fatto è la parola vostra; e nessuno ve la ridomanda; quando veramente dimandata vi fosse, allora sarìa tempo di considerarne la convenienza; chi ora v'ha consigliato quest'inutile dichiarazione, ha gravemente fallato, o v'ha tradito.

Credete forse atto di politica riproclamando ciò che appellano concessioni, e sono spine e veleni? credete contentare i partiti? Gli avversarii sanno quanto esse valgono, sprezzano tai lusinghe; i fautori vostri si sdegnano a vedere alzar da voi la bandiera de' vostri eterni nemici. Per questa bandiera perdeste il regno; il ricuperereste per essa? Verseremo noi il sangue, per mettere con voi in seggio uomini e cose settarie, che hanno la missione di distruggervi? uomini che lancerieno voi sulla via di Vittorio, e il reame su quella del Piemonte, e farlo di già indipendente servo di massoneria, oppressore di Santa Chiesa, arena d'ambiziosi, terra di rapine? Grande errore politico è il vostro il cercar di contentare gl'incontentabili nemici vostri; o scontentare e infievolire i vostri amici: resterete solo, lancerete la dinastia nell'abbandono, rinunzierete a riconquistare con proprie forze il trono de' vostri padri.

Ma forse vi par cosa buona in sè la costituzione? Certo i liberaleschi la dicono libertà; ma servi essi stessi de' loro mastri, danno vera e obbrobriosa schiavitù. La Provvidenza va permettendo tanti trionfi di costituzionali, appunto perchè i popoli ne abbiano sperimento nelle miserie. Sinchè trionfano, facciano dunque; fucilino, uccidano, carcerino, spoglino, affamino questo popolo infelice, infiorato come vittima, e celebrato libero e sovrano nelle carceri e tra pidocchi. Quando ne sarà dato di voler noi, allora vogliamo là libertà vera, che non s'ha nè da parole, nè da forme; quella vogliamo che tutti fa eguali in effetto avanti la legge, che non sublima furbi e ingordi, che non compra e corrompe, che non vende la fede e Dio. Non vogliamo brogli di ministri e d'elezioni, non tirannie di parlamenti venali, non servilità di magistrati, non ferocie soldatesche e concessioni. Voi, sire, volete essere il padre de' vostri popoli; e con la istituzione, vi spogliate della paternità, per darla a' settatori servi dello straniero. Costituzione alla moderna è fatale parola, è lotta perenne, madre di debiti e tasse; governo assurdo, non giovato punto nè a Grecia, nè a Spagna, nè a Belgio, nè a Torino; che non quieta, se non a forza, e là dove, come ora in Francia, è una burla. Ne si oppone ch'Europa tutta si fa costituzionale; ma oggi, e 'l domani chi lo sa? e perchè imitare il male? Ove necessità prepotente il volesse, sarebbe una sventura, ma non dev'essere elezione.

Sarebbe mai chi vi consigliasse darla da burla? crediamo che niuno, anche abbiettissimo, oserebbe a voi nato re proporre tal metodo, degno di chi surse sopra altrui troni con congiure e menzogne. Se veramente liberale esser vi piace, anche a noi piace; ma non promettete nel buio dell'avvenire: aspettate, non vi tenete aperta questa sola e scabrosa strada; non vi chiudete le altre possibili vie della Provvidenza, lasciate agli eventi, e all'amore de' popoli il modo da ricondurvi su trono liberale; ma tanto liberale che la sozza tirannide della sette fiacchi per sempre. Concedere a' nemici quando s'è vinti, non è grandezza; grandezza è il concedere vincitore; e quando vincitore sarete, non mancherà clemenza nè sapienza nè pietà in chi è sangue di S. Luigi; non mancherà nella nazione napolitana il senno da ricostituirsi con istituiti patrii davvero liberali, e giusti e virtuosi. »

In tal guisa la proclamazione fu da' più giudicata e lamentata; ma in Francesco era da lodare anzi che l'atto, l'amino generoso, offerente quanto oggidì si mette in cima di felicita. Le costituzioni sono le fantasie di questo secolo. Siccome i guardinfanti, trovati per coprire le impudiche, andarono per moda anche alle regine; così quelle, inventate per coprire le congiure, or son da re e popoli sublimate a leggi universali. Non nate in nessun paese speciale, parti di torbidi cervelli, sono in ogni contrada straniere; ma debbono fare il loro corso sanguinoso, come tutte le fantasie di questa misera umanità.

Infatti quella proclamazione nessun frutto die': i rivoluzionarii risero delle promesse, ma ne presero nota per lo incerto avvenire; nessun legittimista costituzionale si mosse; i Borboniani puri s'intiepidirono; i reazionarii spinti da amor di patria e della monarchia non si curarono di statuti, e alzarono sempre bandiera bianca; fu seguita da silenzio; ma sarà forse inceppamento in appresso.

§. 19. Scemamento della guarnigione a Gaeta.

Gaeta sopraccaricata di soldatesche doveva presto mancare d'alimenti; onde fu necessità congedarne una parte. Pertanto il 7 dicembre il conte di Trapani, zio del re, recavasi nel Romano per compiere lo approvvigionamento, e tener vive le relazioni con le corti straniere. Il re a' 9 promise riconoscerebbe i gradi concessi dopo il 6 settembre agli uffiziali ch'avevano passato il Volturno, benchè allora avessero congedi e dimissioni. A' 14 sciolse tre reggimenti della Guardia. Ma a' 20 tutti gli uffiziali della guarnigione volsergli un indirizzo. « Tra' disgraziati avvenimenti di cui la tristizia de' tempi ci fa spettatori, noi in una volontà rinnoviamo l'omaggio della nostra fede al trono della Maestà Vostra, reso più onorato e splendido per la sventura. Cingendo le spade giurammo che la bandiera a noi fidata sarebbe difesa col sangue nostro; ed ora quai si sieno le sofferenze, le privazioni e i pericoli, cui il cenno de' duci ne appella, gioiosi sagrificheremo le vite, e ogni altro bene, pel trionfo della causa comune. Custodi dell'onor militare, che solo distingue il soldato dal bandito, vogliamo mostrare a V. M. ed all'Europa, che se molti de' nostri col tradimento o con viltà macchiarono il nome napolitano, molti più furono che lo trasmisero senza macchia alla posterità. Sia che presto si compia il destino, o che sovrastino lunghe sofferenze e lotte, baldi e rassegnati affronteremo la sorte; e incontreremo le gioie del trionfo, o la morte dei prodi, con calma dignitosa, da soldati, ripetendo il nostro grido: Viva il re! » Francesco fe' ringraziare, e che non potendo tener tutti, tutti del pari stimerebbe. Fu uno stento a persuadere soldati e uffiziali alla partenza; la quale per Terracina, con altresì molte famiglie, nella notte seguì. Eppur restaron 994 uffiziali, 12219 soldati, e 1448 animali; ben troppi.

Si facevano pratiche a Marsiglia per vendere due nostri legni, il *Sannita* e la *Saetta,* ch'erano nel cantiere di Tolone, del cui prezzo comprare vettovaglie e cannoni rigati; e infatti furono venduti dal nostro maresciallo La Tour. Questi inoltre aveva avuto a Roma cinquecentomila franchi dal ministro di Finanze Carbonelli; e raccolse anche offerte da' fuorusciti napolitani in Francia ma trovò ostacoli a comprare le merci; sin fu costretto a far cuocere egli le gallette fuori Marsiglia; e riuscì a far giungere il 23 dicembre alla piazza due bastimenti di vettovaglie. Il Trapani e il ministro Carbonelli altre ne mandarono da Roma. Invece gli assedianti pativano di vettovaglie, e in estrema penuria se ne fecero venire di Sardegna: accadde che a' 9 dicembre il *Tigre* brigantino genovese carico di grani, gittato dalla tempesta sotto il forte, era catturato; utile preda in gran bisogno; ma il re libero al nemico lo rimandò. Vano e fatal desio di Francesco di sopraffare con grazie gl'ingenerosi sui combattitori.

Ito come ho detto Vittorio l'8 dicembre a visitare i lavori del bombardamento a Mola, sospese il fuoco per quel dì; e 'l Cialdini lo nunziò alla piazza. Francesco avendo pur comandato non si traesse colpo quel dì della Madonna, fe' rispondere che volentieri, ma sperare si desse parola di non far lavori. Il Cialdini non replicò; ma due giorni appresso, dopo fruito della sospensione, rifiutò, accusando la burrasca per la tarda risposta.

§. 20. Cose della cittadella di Messina.

Stringendo Gaeta, guardavano a Messina. A' 27 novembre scendeva là il general Chiabrera con due reggimenti; e a' 3 dicembre v'arrivava la fregata *Borbone,* ribattezzata *Garibaldi*, con un Negri, aiutante generale di re Vittorio, che richiese il governatore della cittadella, se caduta Gaeta, cederebbe. « No » rispose il Fergola « il mio dovere è prescritto dalle ordinanze, nè questa piazza dipende da Gaeta, ma dal nostro re, nostro signore. » Francesco mandò diecimila ducati a' 15 dicembre; e altrettanti con panni e vettovaglie ne recò a' 16 il capitano Bellucci; ma ciò bastando sino al finire dell'anno, lo stesso Bellucci ne portò altri ventimila a' 6 gennaio. Poi a' 24 di tal mese il *Dahomè* legnetto francese vi menò da Gaeta mille donne e fanciulli di famiglie militari, gran peso in quelle strette; se nonchè a' 2 febbraio v'andò il Tago carico di vettovaglie. Il re a' 29 dicembre avea dato al Fergola facoltà di conferire per valore agli uffiziali le croci di S. Giorgio e Francesco I.° E il Santo Padre mandò un quadretto dell'Annunziata, da porsi nella chiesa dei forte; che seguì il 15 febbraio con pompa.

§. 21. Come agguagliarono la ragione del debito pubblico.

Intanto i redentori, trovato prosperosi i Napolitani, lavoravano con rabbia incredibile a far presto sparire la differenza, e agguagliare le nostre alle condizioni del misero Piemonte. Principalissima differenza era il debito nostro, tanto in proporzione minore, il quale con l'annessione andava fuso ne' gran debiti sardi; ma sinchè la fusione non seguiva, lor faceva scandalo la ragion commerciale di esso, che dipendendo dall'opinione pubblica, si manteneva alta. Questa tra noi era stata al 120 per cento, molti anni; alla partenza di re Francesco da Napoli era scesa all'89; ma resistendo il re sul Volturno e a Gaeta, stando sospesa la fortuna, non scendeva più. Ma al Cavour ch'aveva i fondi torinesi al 70, parve brutto Napoli l'avesse all'89, quasi il vinto più dei vincitore avesse credito nel mondo. Inoltre avendosi i due debiti a fondere, voleva, per dar meno all'occhio, agguagliarne prima a ragione. Cento astuzie per ordine suo il Farini e i suoi usarono per abbassarla; ma la speranza che il re vincesse faceva renitenti i possessori a invilirla; onde vennero a una vergognosa determinazione. Gli undici milioni sequestrati al re non s'eran potuti vendere; il Coppola ministro garibaldese n'avea contrattato la vendita al Rotschild al corso del 90; ma dicendosi il Rotschild banchiere borboniano, venne disapprovato il contratto; e lo Scialoia e 'l De Cesare per mezzo di certi loro parenti venderono con ribasso, sinchè in pochi dì scemarono di dodici punti. Oltracciò a' 9 dicembre il Farini decretò un prestito di venticinque milioni di lire da darsi a' comuni per opere pubbliche, e posele in vendita a vil ragione; nè bastando venderono altri 650 mila ducati di rendita napolitana al medesimo *borboniano* Rotschild al 74. Così gl'italianissimi, facendo debiti per noi, impinguavan sè, ed ebbero il piacere di veder Napoli agguagliata a Torino pur nella miseria de' debiti. Il far debito a quel modo, illegale in regno assoluto, è illegalissimo in costituzione. Già con calunnia la infamatrice stampa n'avea vituperato re Ferdinando: ora i calunniatori fanlo essi da vero; e il popolo redento paga.

§. 22. Re Vittorio lascia Napoli.

Re Vittorio in Napoli, presente a tanto scialacquamento, guardava: i suoi duci saccheggiavano, carceravano e fucilavano; ed egli dall'Harem di Capodimonte scendeva, per firmare decreti di rapine e brogli, o per cerimonie come re da scena. A' 16 dicembre stette alla benedizione delle bandiere ai Nazionali. Fecero una cappella di frasche e carte al campo di Marte, dove il municipio gittò ducati 1221.72; un abate Stellardi, detto cappellano maggiore dell'esercito, cominciò una cicalata, così: « Ricevete queste bandiere dalle mani del più leale de' re! La Chiesa l'ha consacrate. Dio l'ha benedette, i suoi tre colori sono simbolo di Fede, Speranza a Carità. » A' 20 chiamò a servire i soldati napolitani delle leve del 57, 58, 59 e 60, tirannamente sforzandoli a servire il nemico; ei credeva con ciò torre braccia alla reazione, e ve l'aggiunse; chè quelli fuggivansi a' monti, e iniziarono la guerra brigantesca. A' 25 dichiarò nulle le condanne per reati politici dal 15 maggio 48 al 26 giugno 60, dicendole *offesa alle leggi e alla coscienza pubblica.* Ciò quando ei senza giudizio fucilava gli uomini del dritto, quando in Napoli quel dì stesso carceravansi molte persone *sospette* d'aver *lettere da Gaeta.* Delitto aver colà parenti, delitto chiederne nuove.

A' 26 si pubblicarono i decreti per l'annessioni al Piemonte degli Stati d'Italia. Quel di Napoli avea la data del 17, firmato da Vittorio: quel di Sicilia, Marche ed Umbria erano del 24, firmati a Torino dal Carignano; tutti sulla ragione de' plebisciti unanimi. E pochi dì prima avea dichiarato queste plebi ineducate; e 'l dì stesso 26 si vedevano entrare in Napoli i Nazionali di Bologna e Toscana, e poco dopo quei di Milano e Torino, acciò contenessero il popolo; che sebbene inerme, alzava notte e giorno bandiere bianche, minacciava con cartelli gli stranieri, e gridava viva Francesco, morte a Vittorio!

I faziosi e i Garibaldini, benchè tutti contro tai moti, pur tutti erano al governo avversi; e con opere ultrarivoluzionarie l'impacciavano. La notte di Natale il cardinale presentendo volessero nel Duomo turbare le sacre funzioni, vietò si celebrasse la messa di mezzanotte; ed eccoti certi uffiziali nazionali teneri della religione, a voler entrare dal porporato per istoriarlo; respinti, tirano sassate a' vetri, e pur qualche schioppettata. Il prelato a' 29 richiamò il Farini alla parola, e protestò che qualsivoglia atto cui fosse sforzato per tumulto s'intendesse nullo. Quegli rispose a' 5 gennaio, dicendo gl'insultatori essere stati poca bordaglia; e co' suoi paroloni gran che promise.

Sendo dunque Napoli e il reame in anarchia e allerta civile; mentre i faziosi stessi tacevano petizioni, per mandare via l'*eccelso* Farini, Vittorio un dì si pensò appagare di sua persona il popolo, in pubblica udienza. Nessun onesto v'andò; v'andò il popolo del plebiscito; entrarono a torme, tutti postulanti, in mille divise; camice rosse, sciabole, stili, e pistole, grida strane e contuse; lazzari, femmine, frati, tutti a sospingere e urtare. Egli ripinto sotto una finestra, ebbe bisogno delle guardie per ritrarsi, e pure in recondite stanze pressato. Sgombre a forza le sale si trovò quel sovrano popolo aver fatto parecchie annessioni d'arnesi di su le tavole. Sgomentato, stanco di tanto gridio, sentendosi a Napoli straniero ed esoso, stucco del suo gran Farini, partì a mo' di fuggiasco, improvvisamente, la notte seguita al 26 dicembre;

e a furia per le poste a Bologna, di là su vie ferrate a Torino trionfante giunse la sera del 29.

§. 23. L'ultime geste del Farini.

Il Farini ubbriacato, nelle grandezze bamboleggiava, e il reame era dissoluto in cento Babelli. I consiglieri snocciolavano sempre leggi nuove, cioè sarde, che facevano mala vista; perchè (e 'l sapevan essi) men buone delle nostre. A Torino si pensò metter calma col balocco della Costituzione; onde a' 27 dicembre sciolsero la Camera; e a' 3 gennaio 1861 dettero il decreto per aprirsi i collegi elettorali a' 27 del mese, e le Camere nuove a' 18 febbraio; nuova fonte di brogli e ambizioni. Ogni dì sentivi abbassi al Carini e a' Consiglieri, e petizioni con firme a migliaia. Dall'altra parte per le vie di Chiaia e S. Lucia udivi Viva Francesco, Morte a Vittorio. E perchè niente mancasse, l'oro francese lanciava proclamazioni murattiane. A' 30 dicembre fu ferito di pugnale avanti S. Carlo il San Donato, un *de' martiri*. Dopo pochi dì s'attentò alla vita dello Scialoia, consigliere alle Finanze, e n'ebbe l'abito traforato. Ad ogni ora per le strade feriti e morti; tra Garbaldini e Piemontesi duelli spessi; fremiti reazionarii, smargiasserie camorriste, imprecazioni d'affamati, mormorazioni, sclamazioni di tutti.

I giornali ufficiosi di Francia consigliavano *rigore a qualunque costo*, unica salute la forza. A re Francesco avean consigliato clemenza. Il governo sapeva i più rei esser liberali, nè contro essi osava; ma al vedere la gran maggioranza nazionale riluttare, atterrito, si die' ad atterrire. Quasi poche fossero le crudeli nequizie di Pinelli, e Virgilii e Cialdini, il Cavour mandò ordini di fuoco. Impertanto il capo dell'anno e dì seguenti in Napoli si carcerò gran gente: i generali borbonici Polizzy, Barbalonga, De Liguoro, Palmieri, D'Ambrosio, i due Marra; altri parecchi ufficiali prigionieri di guerra posero ne' castelli; e pure arrestarono gli antichi gendarmi, ancorchè avessero presa la croce sabauda. Cittadini molti carcerarono: io scrittore, malato di febbre, fui preso la notte in casa, senza cagione, cui mai non seppi. Quei generali e altri militari relegarono in castelli di Piemonte, altri ne indussero sin dentro le carceri ad aderire a quel governo; me posero in prigioni pienissime e sozze. Più volte, promettendo grosso uffizio, tentaromni a servire la rivoluzione; su niego, mi tennero tre mesi, e uscii poi dando danari a un cagnotto dello Spaventa. La paura a quei liberali mise la febbre del carcerare; leggevano le lettere di posta, e spudoratamente mostravanle, voltando ogni parola a reità: reità schifare quei lezzi, rimpiangere il ben perduto, sperare in Dio. E per aonestare loro rabbie, sparsero avere scoperta un'ampia cospirazione borboniana.

Nelle province non lavoro, non commercio, tutte arme, vendette, e aggressioni; niente autorità, tutto forza, e in quelle mani. Care le biade, i panni, la moneta, scarsezza di faccende, il popolo avvezzo all'abbondanza, pativa; e le carcerazioni, relegazioni e fucilazioni portavano in tutte famiglie lagrime e lutti. L'amministrazione a sacco; allora stesso scopersero furti per ventimila ducati ne' lotti, e per cinquemila nel registro e bollo. Essicate le sorgenti all'erario, non si trovando chi desse danari, il Farini si voltò al solito vezzo rivoluzionario d'addentare la Chiesa. L'ultimo suo atto fu sequestrare le rendite de' Vescovi, che *senza motivo canonico* fossero dalle diocesi assenti: sì alla persecuzione aggiungeva l'inverecondia d'invocare il dritto canonico che obbliga i pastori a residenza. Motivi erano non canonici, ma di ferro. Aizzando la canaglia e minacciando, li tenevano lontani, e lor ne davano pena, pigliandosi il reddito. Infamia era, ma grosso boccone: chè allora, non contato Benevento, già trentasette diocesi in terraferma eran vacanti. E gustato il buono, le addoppiarono, come dirò. Primo all'iniquo decreto rispose il 12 gennaio Francesco Lottieri, vescovo di S. Agata, che aspre verità replicò a quei tiranni.

§. 24. I mobili del conte Trapani.

Vittorio annetteva regni, la plebe annetteva arnesi, la rivoluzione annetteva tutto. Dissi il decreto dittatorio del 2 settembre dichiarò nazionali i beni di Casa reale, de' maggiorati reali, e dell'ordine costantiniano; e tosto fur dati al demanio. Il decreto tacque del mobile; pur tal ruffa se ne fece, che se n'ebbe poi a comprare, per addobbare le stanze al re Galantuomo, al Farini e agli altri vincitori. Sfuggiva alla rapina il mobile del conte di Trapani, per vendita fattane a tempo dal Manera suo amministratore, che ne trasse dalla reggia il resto. Avvenne che un veneziano Luigi de Vio, maggiore garibaldino, occupate certe stalle del Manera, nè potendone aver altre, si vendicò con l'arte della spia e del calunniatore, mestiero allora di gran frutto. A' 15 dicembre denunziò ladro il Manera, e aver trafugato mobile regio. Subito il Farini mandò sgherri. Il demanio con poliziotti e soldati, senza mandato di magistrato, senza forme legali, suggellò il mobile del Trapani, e pur quello del Manera; e lui anche, indarno reclamante, scacciò da una parte di casa sua, e posevi sentinelle sarde. Il dicastero dichiarò tutto essere della nazione. Di ciò la vile spia si vantò in giornali, quasi Venezia liberata, dicendo la presa valere tre milioni, che non giungeva a' centomila, e i giornali nunziandola si svelenivano sui *ladri Borboni, non sazii mai di smungere la desolata nazione; ch'ora comincia a respirare.* I Borboni ladri del loro, giusta il Proudhon, dicente *furto la proprietà.* E per dimostrare più il Trapani ladro, quel governo sequestrò e vendè la dote della principessa moglie di lui.

Il Manera protestò con le stampe, e reclamò al governo, e a' tribunali; ebbe strapazzi, insulti, minacce; dimostrò il decreto dittatorio confiscare i maggiorati, non mobili privati; esser massima di dritto pe' mobili il possesso valer titolo, e chiese la restituzione, e i danni. Il governo benchè interrogasse suoi savii, l'agente contenzioso, e la Commissione de' presidenti, e n'avesse dichiarato la mancanza del dritto, litigò. Il presidente Talamo e il procurator regio Savelli, pocanzi borboniani, ora sfegatati savoini, sendo magistrati e membri della Giunta del demanio, facevano da giudici, e parti, ponevano ostacoli al giudizio, mutilavano le difese, dilazionavano; e stiracchiaronla sino al 29 aprile del 61, quando il tribunale non potè negarsi a condannare il demanio alla restituzione ed a' danni.

§. 25. Reazioni e punizioni.

Dicevano scoperta una cospirazione: certo tutto il regno cospirava, ma aperto, come chi piagato si dibatta per non morire. Sulle porte di Napoli nel circondario d'Agerola a' 4 gennaio fu reazione. Nel Chietino sul cader del 1860 la popolazione d'Arielli arse stemmi e bandiere; creato duce un contadino Nunziato di Mecola, voltano il 6 gennaio 61 ad Orsogna, e vi son ricevuti col Santissimo. Stando lì, i Nazionali di Lanciano corsero ad Arielli per far mano bassa; ma uscite le donne e i garzoncelli con arme rurali, furono rotti; e rimasero morti con l'asce un Propini tenente, e altri, tra' quali un Vespa calzolaio fratello d'un fatto commissario di polizia a Napoli. Al dì seguente arrivano a vendetta Piemontesi con Nazionali di Chieti, che sopraffatta la popolazione inerme ad Orsogna, fucilarono per rabbia lo innocente vecchio padre del Mecola, ed altri. Altri Piemontesi ad Arielli fucilarono Camillo e Nicola di Fabio uffiziali Nazionali; devastarono la casa del marchese Crugnale ex feudatario, e lui tranquillo carcerarono a Lanciano. S'erano pur mossi Tollo, Crecchio, Ari, Canosa, ed altri paeselli attorno; però tutti atrocemente puniti.

A Sansevero di Capitanata, certi artigiani proclivi al socialismo, la sera del 2 gennaio, col pretesto che uscisse il grano dal paese, tumultuavano; e al mattino replicavano; ma i contadini non iti a lavorare nel tempo piovoso, al veder quel disordine gridarono Viva Francesco. Allora aggrediti da Nazionali e artigiani, uccisero in furia un Domenico Sparavilla tristo uomo, e 'l suo figlio più di lui tristo gravemente ferirono. I Nazionali in risposta spararono sul popolo; tre ne freddarono sul botto, molti storpiarono, moltissimi carcerarono che gridavan Francesco; e al dì seguente ne fucilarono due senza giudizio, per saziare la vendetta.

§. 26. Il Carignano secondo luogotenente.

Il Farini mostrata sua solenne incapacità, esoso a ogni partito, fu gittato da canto; e sì avanti al fatto venne meno ridicolosamente quest'altra fatua settaria celebrità. Vantatosi di *restaurare l'ordine morale*, fu sopraffatto dalle immoralità sfrenate da esso; e cadde macero come canna. Vittorio nel consiglio del 31 dicembre a Torino lo cassò; e scorta l'inconvenienza d'aver insultato un reame con un medicuzzo luogotenente, stimarono rimedio mandarvi Eugenio di Carignano cugino del re. Il decreto del 7 gennaio gli assegnò due milioni di lire annuali, a peso dell'erario napolitano per sole spese di rappresentanza; sicchè il reame fuso nell'unità italiana, restava solo per pagare a sì sterminato prezzo quell'altro pupo. Investironlo di poteri regi sino a parlamento convocato: ma con di costa un Costantino Nigra, figlio d'uno spedaliero, fanciullone caro al Cavour; stato dicevano mezzano de' segreti fra costui e Napoleone, bellimbusto inzuccherato dalla massoneria, fatto segretario generale di stato, da stare su' consiglieri della luogotenenza, e ogni cosa.

Ambi partirono il 9: si fermarono l'11 a Mola, giunsero a mezzodì del 12 a

Napoli, ricevuti da' faziosi con grandi speranze, e col consueto fornimento de' *dimostranti*. Il Favini vi fe' l'ultima comparsa; andò a ricevere il successore, e 'l portò a palazzo, come a cedergli la corona. Poi si ritirò a Portici, a smaltire il veleno, benchè avesse titolo e soldo di ministro; e stettesi in quella reggia sino a' 6 febbraio, quando tornò in Piemonte, a Saluggia ove avea comprato un castello; che, quando teneva lui, alzava con fasto la bandiera, vero trofeo di sue rapine. Masaniello due secoli prima nelle grandezze impazzì; similmente costui l'anno dopo uscì pazzo, e poi morì, come il Voltaire, mangiando il suo sterco.

Il Nigra sparse due proclamazioni; una di Vittorio, raccomandante a' Napolitani il cugino amato; l'altra di questo, che dopo le solite promesse di felicità nuove, conchiudeva: « Sarei fortunato se caduto l'ultimo propugnacolo borbonico, potessi dire al re: Se occorrono leve e guarnigioni dalle province napolitane, chiamatele a nuovi cimenti; questa parte d'Italia può anch'essa governarsi senza soldati. » Insieme a questa sciocchezza promulgò la legge comunale sarda, acciò i comuni nostri s'impiemontassero; e anche il codice penale per decreto dell'8, ma non l'eseguirono allora. Uscì lo stesso dì sul giornale uffiziale una lettera del vescovo Caputo, che fornicava insulti a Francesco II, e a tutti i sovrani d'Italia.

§. 27. Nuovi consiglieri.

Per togliere da Napoli elementi d'ira, un decreto del 16 trasferì la Giunta di scrutinio ne' Garibaldini a Torino, a questi assegnando varie stanze in Piemonte; cassato chi non andasse. E affinchè in quel tempo di libertà, soltanto liberali avessero voce, spensero a' 16 tre giornali: *La Croce rossa, l'Aurora e l'Equatore*, mandarono camorristi a fugare gli scrittori; e 'l giornale del governo trionfante l'annunziava. Poscia a promuovere lavori da occupare la gente, mancando la moneta, un decreto ordinò si prestassero da Torino dieci milioni di lire all'erario napolitano, quando pochi giorni innanzi avean venduto, come ho detto, 650 mila ducati di rendita napolitana. Si faceva comparire Torino ricco, e Napoli povero; bisognoso di questa limosina, quando pagava due milioni di soldo al solo Carignano!

Il Nigra vanaglorioso andava dicendo corna del governo del Farini; essere venuto lui ad aggiustare tutto; ma tutti al vederlo sì squasimodeo gli ridevano alle spalle. Tenuto strumento di Napoleone, n'aggravò il sospetto; perocchè chiamando egli alla prima per consiglio D. Liborio Romano, si sospettavano gravi mutazioni, sendo questi capace di farsi Francese, e Tunisino. Col senno di costui a' 17 gennaio sorse nuovo Consiglio di luogotenenza così: lo Spaventa a Polizia, il Mancini al Culto, Antonio La Terza a Finanze, Luigi Oberty a' Lavori pubblici, l'Imbriani a Istruzione, l'Avossa a Giustizia, e come corona esso D. Liborio all'Interno. Leggemmo allora un epigramma su costui, che in pochi mesi servì Francesco, Garibaldi e Cavour, e che servirebbe al mutar de' destini *o col Mazza o col Mazzini*. Egli salendo al dicastero dichiarò farebbe *secondo coscienza e giustizia*, per cui Napoli incarcò le ciglia. I liberali fecero contro tutti costoro indirizzi al Carignano; il 19 gridarono in frotta

Abbasso Spaventa sin sotto il palazzo ministeriale; e la Guardia Nazionale ne fe' rimostranze al Nigra. La sera, temendosi peggio, posero soldati in piazza. Dappoi il 20 si stamparano i senatori del regno d'Italia; e ve n'era quarantove di Napoli e Sicilia; de' principali traditori, come il Niutta, il Garofalo di marina, l'Afflitto, il De Sauget, e altrettali, con certi giovani nobili piegati alla rivoluzione in seguito ne fecero altri a minuto. Il Carignano die' balli in maschera; e per empiere le sale invitò bassa gente, nuovissimo spettacolo a quelle mura, ne sbucciarono quattro duelli. Invitato Antonio Statella principe di Cassero, ricusò il viglietto; e saputo l'invito venirgli perchè sin dal 1833 aveva il cordone dell'Annunziata, questo issofatto decorosamente restituì.

§. 28. Peggiori mali in Sicilia.

Nè in Sicilia era meno scompiglio. A' 13 dicembre s'eran visti a Palermo cartelli di repubblica. Gli scolari per non pagare i dritti di laurea, la sera del 27 schiamazzando gridarono *abbassi*, pur arme puntarono contro gli universitarii impiegati. Il partito garibaldese ostile a La Farina alzava il capo, e comandava in piazza; giuntovi il Crispi, crebbegli animo, e si gridò abbasso al Montezemolo, al Cordova e al La Farina. Questi memore che il Crispi altra volta aveva arrestato lui, mandò ad arrestare esso e altri capipopolo. Il Crispi e l'avvocato Ferro, sentendo picchiare, gridarono a' ladri; accorrono i Nazionali: e nel fracasso fuggono; gli altri son presi, tra' quali il Raffaelli ostetrico, famoso inventore della calunnia di torture borboniane; allora ligato mani e piedi sur una sedia, è da' rigeneratori imbarcato di notte e sbandito. Sulla sera del capo d'anno la moltitudine sotto la reggia gridò abbassi; ripetuti la dimane; il questore minacciava con cartelli, i Nazionali li stracciavano; e il municipio piegava a' più. Si firmavano petizioni contro il Montezemolo e 'l La Farina; e questi andava all'uffizio cinto di scherani.

Orrido lo stato delle provincie. Un canonico Cannella di S. Stefano di Bivona, stato segretario del vescovo di Girgenti, s'era per quiete ritratto a Palermo co' germani, gli uffiziali nazionali del suo paese a' 23 dicembre l'invitarono a rimpatriare; v'andò fiducioso. Ed ecco al 26 aggredito da popolaccio in casa, andò a sacco e fuoco; ed egli co' fratelli trucidato, e i cadaveri alla via, guardati da' Nazionali. Il 1° gennaio seguivano a Catania e a Messina dimostrazioni sorelle a quelle di Palermo; ma il 13 a Girgenti repubblicane. In ogni contrada poi latrocinii, assassinii e arsioni; non si usciva, se non col sole, e armati e in molti; la notte tutti sbarrati in casa; di giustizia era pur l'idea dimenticata. A Palermo ringagliardendo l'ire ogni dì più contro i governanti, l'inno garibaldese già esoso a' Borboniani diventò inno anticavourrino, però da due parti abborrito. I Consiglieri non si potendo tenere contro tanto fracasso, si dimisero; e il Torrearsa tolse il carico dei nuovo Consiglio, che tutto fe' di Siciliani: egli alle Finanze, Amerigo Amari a Interno, Filippo Orlandi a Giustizia, Santelia a Lavori pubblici, e 'l Turrisi al Commercio. Il La Farina colle pive nel sacco se n'andò a Messina sua patria.

§. 29. Umanità napoleonica.

Tanta convulsione nel reame, reazione brulicante, erario vuotato, ingordigie insanziate, misfatti, rabbie e rappresaglie, gli usurpatori apponevanlo a Francesco, ostinato a difendersi entro Gaeta. Lui bombardato e minacciato d'eccidio, dicevano *Bombino*, promotore d'eccidii; lui esautorato, accusavano *usurpatore d'una terra italiana, i suoi soldati ribelli d'Italia.* Sendo tutti stranieri a combattere Napolitani, quelli appellavano eroi, questi *briganti.* Per plebiscito pigliavano un regno, e non si vedeva un regnicolo contro Gaeta. Gaeta era scandalo; e per torselo dagli occhi, usavano arme d'iniquità e di forza: co' giornali gittavan vituperii, co' cannoni gittavan bombe. Ma non bastando, corsero per aiuto al magnanimo alleato.

Napoleone si faceva da' giornali accusare di tutelare il Borbone; che ciò gli fea gioco in Francia; ma in Italia dove quella proiezione speranzava i legittimisti, negavano la tutela. I giornali dei Cavour difendevano Napoleone, dicendo esser meglio avere avanti Gaeta Francesi che Russi; vana essere quella tutela, perchè già la flotta italiana non potere sfidar la fortezza; egli colà servire più la rivoluzione che Francesco. Italia senza Napoleone esser niente; egli volere quello che Italia vuole; egli là far la causa di lei, impedircene venga altri. A tai ciniche rivelazioni nessun giornale bonapartino s'adontò. Infatti Napoleone stava lì con la flotta, per più ragioni; evitava ch'altro potentato proteggesse il re, e ne nascesse guerra da guastar suoi disegni; designata era la vittima, proteggendola egli, addormentava tutti, per farla con men rumore e sicuramente cadere. Faceva la parte del generoso, faceva pompa di difendere lui Borbone; che magnanimo! e sì l'umiliava, il forzava a ringraziarlo, e a diventar piccino. Oltracciò sperava con magistrati consigli indurlo ad andarsene cheto, per far ridicola la sua caduta, e renderlo abbietto a' Napolitani e all'Europa. Pertanto lasciatogli bombardare l'esercito sul Garigliano, e a Mola, copriva l'opera iniqua con parole d'oro, e gli mostrava affetto, guardandogli Gaeta da Mare per insinuarsi paterno consigliero. Ma vistolo contro l'aspettazione sì risoluto a difesa, e l'esito dubbio, e 'l regno a sollevarsi, e Francia ed Europa ammirare quell'atto virile, e sperarlo trionfante, cercò trar pronto profitto di sue arti.

§. 30. Suoi generosi consigli.

L'11 dicembre 60 il Barbier de Tinan aveva mandato al re una lettera di lui del 6. Dicevagli: « ingiusta l'aggressione sarda; egli aver impedito il blocco, par dargli prove di simpatie, ed evitare una lotta estrema, dove la giustizia stava dalla parte di chi soccombere doveva. Ma non potere egli intervenire; credere *star negl'interessi del re il ritrarsi con gli onori di guerra*, prima d'esservi inevitabilmente sforzato. Lodarsi la costanza, sinchè v'è speranza di vincere; ma quando inutile sangue si sparge, il dovere del re come uomo e come sovrano obbligarlo ad arrestarne l'effusione; ed Italia ed Europa ammirerebberlo, per aver evitate al popolo nuove sventure. Valutasse da una parte il disinteresse di lui, e dall'altra il dispiacere d'avere forse a ritrarre la flotta. » Cotesto parlare doppio e compilato, e altro dire e altro parere è in effetto spergiurare e ingannare. In simigliante guisa tra gli antichi, riputandosi empio il porre le mani sui rifugiati in luogo sacro, i persecutori v'accostavano il foco, e si sforzavanli e fuggire e cadere nelle branche loro. Si credevano non essere empi, quasi le parole offendessero il Nume, non il fatto. E Napoleone, dichiarando sacro il diritto v'avea gittato il foco della rivoluzione.

Francesco stupito di quella conclusione, prima scrisse al Barbier, dicendogli non essere là egli re soltanto, ma pur duce di soldati: e dover guardare al loro onore. Dimandavagli: 1° se la flotta si trattenesse ancora tre settimane, siccome il Thouvenel aveva assicurato; 2° se almeno lasciasse un legno a impedire il blocco, 3° se le navi francesi al suo soldo potessero transitare. Il Barbier, uomo leale, aveva a' fianchi un capo di stato maggiore iniziato a' misteri; e questo degno uffiziale di Napoleone III fe' scrivere all'ammiraglio una risposta con parole dolci, e in sostanza: non sapere niente, parlare da privato, ma credere non potersi la flotta trattenere tanto; niun legnetto resterebbe, nè i mercantili, benchè francesi, oserebbero navigare. Aggiunse non s'illudesse, sarebbe abbandonato; e *forse la guarnigione al vedere ito lo appoggio morale di quella flotta, sentirebbe un vuoto difficile a colmare.*

Infieriva in Gaeta il tifo, e quel dì 12 n'era morto il duca di Santo Vito aiutante generale del re. Ma questi con tutto che tribolato dalla moria, e che per la inopinata pressura di Francia sentiva sua condizione aggravata, pure dignitosamente il 13 rispose a Napoleone, in tai sensi: « La lettera di M. V. mi pone in crudeli imbarazzi. Risoluto a resistere sino agli estremi, e salvare l'onor militare, i consigli affettuosi della M. V. e il pensiero del ritiro della sua armata, mi conturbano, e spingonmi a chiederle un po' di tempo pria di risolvere. Debbo studiare le mie condizioni, per vedere se scoperto da mare io possa a lungo protrarre la difesa. Di rado, o Sire, un re torna sul trono, se un raggio di gloria non indora la sua caduta. Gl'invasori del mio regno dopo l'ebbrezza d'un trionfo dovuto alla codardia e al tradimento de' miei generali, trovano ora grandi ostacoli ad asservare i miei sudditi, con idee impugnanti alle tradizioni ed interessi loro. Veggo in Europa addensarsi difficoltà, ed anche l'alta intelligenza e potenza di V. M. mi fanno sperare non lontano il dì che la giustizia non sia più dal Piemonte calpestata. Se ciò è sogno, questo almeno è certo che combattendo pel mio dritto soccombo con onore, sarò degno del nome che porto, e lascerò un esempio ai principi futuri. Se nulla dalla resistenza avrò a sperare, pur mi resta da provare al mondo che sono superiore alla mia fortuna. Qui in principio sono sovrano, ma in fatto capitano; non ho più stati, questa fortezza posseggo e soldati fedeli; e abbandonerei per tema di rischi personali, e per non versare sangue (che pur troppo evitato volli) l'esercito che vuol serbare onorata la bandiera, e questa piazza cui gli avoli miei fecero baluardo della monarchia? Morire posso, o restar prigione; ma i prenci debbono saper morire a tempo; e Francesco I fu prigioniero; ei non difendeva come me il suo regno, e la storia il lodò. » Finiva chiedendo tempo a pensare, e con ringraziamento d'averlo sin allora con la flotta difeso, quando nessun altro potentato avesse osato o voluto soccorrerlo. Ciò fu il falso di questa bella lettera, lanciante con immeritata lode all'ipocrita protettore, uno strale agli altri potentati, che appunto perchè dal Bonaparte minacciati, nol soccorrevano.

§. 31. Fraudolento armestizio.

Il nemico col favor delle nebbie avea di notte lavorato in più luoghi; i nostri attorno a opere d'artiglierie e genio preparavansi a respingere gli assalti; e costruirono una batteria proposta dal colonnello Ussani a Torre Orlando, per due cannoni rigati da campo, a colpire i lavoratori lontani. Si tirava di qua e di là, per contrabbattere l'opere di ciascuno. Ma i Sardi che punto non pensavano ad assalti, e per la superiorità de' cannoni fidavano nel bombardamento, aveano bisogno di fare le cose chetamente, e non essere sconciati ne' lavori da' buoni imberciatori napolitani. A' 27 dicembre il Barbier a nome di Napoleone fe' al re doppia proposta; armestizio per quindici giorni, dopo de' quali la piazza cederebbe; o che durante l'armestizio ciascuna parte lavorasse a suo grado. La dimane si rispose, la prima proposta essere mera dilazione per cedere; la seconda stare tutta a pro del nemico, che impunemente lavorando affretterebbe la caduta del forte.

Non riuscita questa melensa insidia, il Cialdini s'affrettò a por su le batterie, da fare almanco rumore e paura. A' 7 gennaio n'avea pronte sedici, con 52 pezzi, tra rigati, obici e mortai; a Casa Tucci, a Casa Occagno, a' Cappuccini, in valle Calegno, a destra del Tortano, sul monte S. Agata, a Cannella Conca, alla Scansatoria, e all'Accampamento, presso Castellone; questa quattromila metri discosto, cui la piazza non avea strumenti da rispondere. Una bomba scoppiò nell'ospedale; un'altra nel palazzo regio, e una scheggia urtò a pochi passi dalla regina, che disse: *Non mi sarebbe spiaciuto d'esser ferita*. Però la guarnigione con iterati prieghi ottenne che la real famiglia co' ministri abitasse la casamatta della batteria Ferdinando. E il consigliero ministro spagnuolo vi si ficcò anch'esso. All'alba dell'8 il Cialdini, smascherate sue batterie, vomita da ottomila palle, e bombe e granate, e alcune neppur piene, gittando quanto aveva alla mano per ispaventare, e fare accettevole le generose bonapartine proposte. La piazza rispose quel dì con 2327 colpi, e fe' zittire le batterie avverse a' Cappuccini; nè patì più che sette morti e venti feriti; ma grande fu il danno della città. Sul mezzodì, nel pieno del fracasso videsi un generale sardo andare all'ammiraglio francese; e questi poco stante mandò a nome dell'imperatore chiedendo al re che sospendesse il fuoco, per concludere un armestizio da durare sino al 19 gennaio. Accedutovi il re, venne al mattino del 9 in Gaeta il Barbier, promettendo egli garantire i patti; sospendersi l'arme sino al tramonto del 19; il Cialdini e 'l governatore di Gaeta s'impegnerebbero a non lavorare in niuna guisa; uffiziali francesi avere la facoltà di visitare la piazza, e gli accampamenti. Il re accettò, il Cialdini ricusò il patto di sottostare alle visite de' Francesi, ma disse impegnare *il suo onore*, a non fare opera nuova nessuna, per approcci, batterie e strade. Francesco a non mostrare durezza, stabilì così la tregua, senza scrittura, ma con l'intramessa dell'ammiraglio. Lo stesso dì fe' governatore il Ritucci; e sospese le costruzioni delle due cominciate batterie a Torre Orlando, e al Picco di Malpasso. Il Cialdini per contrario seguitò e con più fretta alla sicura i lavori; nè faceane mistero, nè troppo ascondeva i lavoratori. I giornali per calmare le ansie plateali, e sgabbellar Napoleone che pareva proteggere la fortezza, spiattellavano la cosa, e dimostravano il tempo dell'armestizio essere appunto il tempo occorrente a compiere i preparamenti al bombardare. Il Ritucci con processi verbali constatava il lavoro del nemico; e indarno fe' da uffiziali francesi vederlo con gli occhi loro; il Cialdini rispondeva *non esser vero*; intanto piantava in gran numero grossi cannoni. Doveva la piazza rompere di fatto il fraudolento armestizio; ma temendo la flotta francese si partisse incontanente, e chiuderebbesi il mare, quando appunto s'aspettavano bastimenti di provigioni, bisognò cagliare, e sopportare quel sopruso dall'ingannevole nemico, e dal falso amico.

§. 32. Risoluzione per difendersi.

La sera del 15 i ministri stranieri tornarono da Roma, per presentare la dimane gli omaggi al re, nel suo dì natalizio; e tutti consigliaronlo a perseverare. Ei li fe' invitare a rimanere. Volendo cadere da re, occorrevano testimoni e compagni i rappresentanti del dritto europeo, quasi padrini in quel duello sproporzionato tra la mondiale rivoluzione e un piccolo abbandonato prence; acciò gli altri monarchi presentissero la futura loro sorte, era chiamata l'Europa ad assistere legalmente al bombardamento di un re e d'una regina nell'ultimo loro asilo, in nome d'una nazione assente e oppressa. Ma gli ambasciatori non tutti annuirono; chi per politica, chi per paura si negò; restarono monsignor Giannelli nunzio pontificio, il Bermudez di Spagna, il conte Szèchonyi d'Austria, il Verger di Baviera, il Kleist-Loos di Sassonia, e 'l Frescobaldi di Toscana.

Francesco il 15 scrisse a Napoleone: « La flotta di V. M. partirà tra pochi dì; e questa piazza non avrà relazioni col resto della terra. Dopo la dichiarazione dell'ammiraglio di Francia, stetti in gran dubbio, e i pareri erano pur divisi di quelli cui mi consigliai. Restando qui abbandonato dal mondo, m'espongo a cadere nelle mani di sleale nemico, a perdere la libertà, e forse la dignità e la vita; ma ritirandomi cederei una fortezza intatta, offuscherei l'onor mio militare, e per vana prudenza rinunzierei alle speranze dell'avvenire. E come cedere quando i miei popoli spontanei in tutte province insorgono contro la piemontese popolazione? Cedere quando da ogni banda mi s'incoraggia; quando da tutta Europa uomini privati e governi m'animano a difendere la causa mia, ch'è pure quella de' sovrani, del pubblico dritto, e dell'indipendenza de' popoli? Se può a taluno parer temeraria la mia risoluzione, V. M. che ha cuor grande e nobile, saprà comprenderla e approvarla. Sono stato vittima dell'ingiustizia e dell'audacia d'uno stato ambizioso; ho perduto i miei stati, ma non la fiducia in Dio, nè nella giustizia degli uomini; ora il solo mio patrimonio è il dritto, e per difenderlo è mestieri mi faccia seppellire s'è d'uopo, sotto le fumanti ruine di Gaeta.

Non titubai già per questo possibile avvenire, temei solo di cadere prigione, e sentire nella mia persona oltraggiata la reale dignità; ma se m'è serbata quest'ultima prova, se l'Europa consente a tanto attentato, non darò un lamento, saprò rassegnato sostenere la mia sorte. Ho fatto ogni sforzo per persuadere la regina a separarsi da me; le sue tenere preghiere e generose risoluzioni m'hanno vinto; dividerà con meco la Fortuna; si consacrerà alle cure de' feriti e degl'informi; sarà una Suora della Carità. Non sapendo se V. M. riconoscerà il blocco, e se più mi sarà dato avere novelle della M. V. sonomi affrettato a scriverle, perchè l'ultima nuova che da questa Gaeta le arrivi, le porti testimonianza della mia stima profonda, sincera riconoscenza, e vera amicizia. »

La dimane le salve de' cannoni nunziarono il dì natalizio del re, cui risposero i legni francesi e spagnuoli: poi *Te Deum* al Duomo, baciamano a Corte, e le cerimonie de' diplomatici; nel pomeriggio la parata militare. Il Casella, ministro degli affari stranieri, mandò il 18 una nota a' potentati, nunziando l'armestizio, dicendolo dannoso, perchè noi avevamo i mezzi di difesa compiuti, e i Sardi aveano bisogno di tempo per armare le batterie; essersi acceduto per compiacere Napoleone. Incredibile ch'Europa sopporti uno de' suoi re, spogliato e bombardato. In Gaeta difendersi non la corona d'antica dinastia, ma i trattati e il dritto, che sorreggono la pace e l'indipendenza de' popoli e de' monarchi. Francesco volersi tenere a possa, ancora che abbandonato da Europa. Sperare non si riconosca il blocco, sperare ch'Europa con nota collettiva intimi alla Sardegna di garentire la libertà del re e della regina, ove salvino le vite, nel disperato furore dell'assedio.

§. 33. Avvisi della Commissione di difesa.

La Commissione di difesa interrogata sulla possibile durata di resistenza, opposta a' maggiori sforzi dal nemico, unita in sessione il 16, die' in due sentenze: Il maggiore De Sangro e 'l capitano Andruzzi osservarono: « Le fortificazioni sottostare a' mezzi d'offesa avversi, mancar d'utensili e materiali per migliorarlo, o rifarle in caso di guasti per doppii assalti da terra e da mare. Non bastare i cannoni al fronte di terra, deboli l'opere esterne; presto potervisi dalle batterie de' Cappuccini aprire la breccia; pochi i mortai, non uguali le polveri, difettose le spolette, mancar riservette per polveri, mal costruite mal situate quelle che v'erano, e con pericolosi accessi. Il nemico per la maggior portata di sue artiglierie offende senza patire offesa, e la vana la superiorità ch'avea Gaeta sull'altre piazze, cioè d'avere il fronte di terra più largo di quello d'assalimento; oggi invece l'avversario spiega da lontano colline più ampia linea di quella del nostro fronte di terra; onde può questo colpire di sbieco, e quel di mare di rovescio. Oltracciò percotendo da lontano, procede co' lavori sicuro, sotto il vano fuoco della piazza. » Però, enunciate altre considerazioni minori, avvisarono potersi dopo quindici giorni esser costretti alla resa. Ad essi aderiva il general Pelosi. Ma gli altri colonnelli Ussani e Rivera, e i generali Polizzy, Rivera e Traversa, avvisarono che, stante l'alacrità della guarnigione e la pochezza de' danni patiti sin allora, si potrebbe reggere due mesi.

Certo la mancanza di grossi cannoni rigati rendea fioca la difesa; solo qua e là s'eran messi in batteria piccoli pezzi rigati da campo. Il maresciallo La Tour in Francia non potè averne; chiestine al Belgio, non potevano passare per Francia; a farli fondere, e poi venire in lungo giro di mare, volevasi tempo che mancava. Però in tanta disuguaglianza di arme, la piazza restò vittima eroica, ma impotente.

§. 34. Abbandono de' Francesi.

Il mattino del 19 venne per mare il Menabrea generale del genio e 'l colonnello Piola capo dello stato maggiore sardo a intimare la sera, offerendo onori di guerra, libera partenza del re, soldo e riconoscimento di gradi agli uffiziali napolitani. Ricusati, insistettero, ed ebbero secondo rifiuto. Sull'imbrunire la flotta francese partì. Il re lasciò libera l'andata a qualunque il volesse; tutti restarono, fuorchè tre uffiziali e 150 soldati, che per affranta salute, e piangendo, ebbero ad andare. Poco avanti molti potentati avean dichiarato non riconoscerebbero il blocco; ma il Persano sapendo queste esser parole, proclamollo il 20, e 'l nunziò al governatore. Questi rispose: il blocco non esser legale, per non v'esser dichiarazione di guerra; ma aggreditosi il reame in più modi iniqui, poco importare una illegalità di più. E, non ostante il blocco, lo Sphynx la notte, eludendolo, sbarcò vettovaglie.

I diarii ripigliarono le contumelie contro Francesco, reo d'inumanità e d'effusione di sangue; anche stolto lo dissero. Stolto e inumano chi assalito in casa sua si difende; eroi e generosi gli aggreditori fucilatori de' paesani. E Napoleone facente la parte di protettore, isolato Francesco da' suoi naturali amici, impostogli l'armistizio da durare appunto quanto occorreva a montar le batterie ostili, allora lo abbandonò. Una nota del Moniteur del 17 avea dichiarato la flotta lasciar Gaeta, per ragione del *non intervento*, e per evitare la effusione del sangue; cioè per farla bombardare!

Ciò in Francia, dove abbondano i cuori generosi, fe' stomaco; e più osservarono il bombardamento comincerebbe il 21 gennaio, anniversario della decollazione di Luigi XVI. Tal ricordo coincidente col bombardamento del giovinetto Borbone, non poteva piacere al terzo Napoleone, pauroso de' rumori; onde credo vero quanto si disse ch'ordinasse a' Sardi bombardassero l'altro dì. Certo si videro legni francesi entrare in colloquio coi Sardi avanti la piazza. Il Cialdini già parato a fulminare da terra e da mare, poteva cominciare il 21, ma aspettò il 23.

§. 35. Bombe da terra e da mare.

Questo dì sull'ore otto la nostra batteria Regina trasse il primo colpo, e 'l seguì tutto il fronte di terra, a battere i Cappuccini e 'l colle Lombone, sicchè tosto ridusse quelle batterie per più ore a tacere. Invece quelle del lontano colle Tortano traevano alla sicura. Sull'ore undici s'accostarono da Mola undici legni a vapore tra fregate e cannoniere, ov'eran due sole navi napolitane, non avendo trovati marinari a menarle contro il proprio re; e anche d'uffiziali, quantunque traditori, pochi osarono sfidare questa seconda infamia. Cominciarono fuor di tiro a trarre alle batterie di mare Guastaferri e S. Maria, le quali rispondendo colsero un legno; ciò bastò che tutta la flotta ignominiosamente si ritirasse a Mola, gittando colpi innocenti. Forte per lo opposto si cannoneggiava da terra con tutte batterie smascherate. Poscia a un'ora e mezzo pomeridiane la *Confidenza* nave cannoniera osò accostarsi; ma subito percossa da Guastaferri stava per affondare, ond'ebbe ad essere soccorsa dall'armata, che però venne a tiro. I Napolitani, presenti il re, la regina, e 'l conte di Trani, sì giulivi risposero, che in mezz'ora sforzarono a voltare verso Ponza. E questa fu la ridicola bravata del Persano, detto l'*eroe d'Ancona*, che sprecò in mare da quattromila palle; le quali scoppiando, sott'acqua, uccisero di parecchi pesci, che raccolti rallegrarono le mense soldatesche. Gl'Italici che credevano Gaeta cadesse come Gerico alla vista di lui, smaccati, spargevano quella essere da mare come Cronstadt fortificata.

Ma da terra, donde per distanza offendevano incolumi, erano bravissimi, anzi furibondi. I nostri alla presenza del conte di Caserta, che là comandava, rispondevano a suon di strumenti, con prontezza ed entusiasmo. Oltre gli artiglieri accorrevano militari d'altri corpi, per vedere, sprezzando il periglio, addoppiando con la presenza e la voce lo sforzo di tutti. Si continuò la notte, aggiuntovisi il furtivo trarre d'una cannoniera dal mare di Terracina. Avanti l'alba una granata partita dalla cortina S. Andrea ruppe sulle batterie a' Cappuccini, e v'arse le munizioni, con dannoso scoppio al nemico. Quel dì 22 la piazza scagliò 10679 colpi; forse l'avversario metà più, da mare e da terra. De' Napolitani morirono il maggiore Solimene e dieci soldati; restarono feriti i tre uffiziali, De Filippis, Tarangioli, e Bonocore, e 112 soldati. Molti danni alle fortificazioni di terra, nulla a quelle di mare. Una granata pose foco all'ospedale S. Caterina, spento per operosità degl'impiegati; nel porto patì per colpi da terra la fregata Partenone, e s'affondarono il piroscafo Etna, e più legnetti doganali. Ma la notte, pur durando la zuffa, si lavorava a restaurare i danni.

Il re di Baviera ritirò l'ambasciatore da Torino, e scacciò via il Doria, legato sardo; le dame bavare mandarono a Maria Sofia un indirizzo grazioso; e l'imperatore d'Austria die' a Francesco e a' due fratelli Luigi ed Alfonso l'ordine di Maria Teresa, che sol si concede per insigni fatti di guerra.

LIBRO TRIGESIMOPRIMO

SOMMARIO

§. 1. Guai a' Borbone di Spagna. — 2. Elezioni al primo parlamento italiano. — 3. Anarchia nel regno. — 4. Seguito dell'assedio di Civitella. — 5. Diversione negli Abruzzi. — 6. Fatto di Tagliacozzo. — 7. Ecatombe di Scurcola. — 8. Ritratta ad Oricoli. — 9. Sacco alla Badia di Casamari. — 10. Fatto di Bauco. — 11. Fatti di Collalto e Carsòli. — 12. Orrori del Pinelli. — 13. Il tifo e la protezione di Napoleone. — 14. Scoppii. — 15. Cortesie. — 16. Bombe capitolando. — 17. Partenza del re. — 18. Il prezzo di Gaeta. — 19. Considerazioni sull'assedio. — 20. Falsità, insulti, e giustizia. — 21. Luminarie. — 22. S'insedia il codice piemontese. — 23. S'abolisce il concordato con Roma. — 24. Terzo opuscolo del La Guerronière. — 25. Le camere francesi. — 26. Proclamazione del re d'Italia. — 27. Volenterose infamie. — 28. Intimazioni alla cittadella di Messina. — 29. Sua condizione. — 30. Bravure Cialdiniane. — 31. Difesa. — 32. Resa. — 33. Viltà del Cialdini. — 34. Tardo ordine regio. — 35. Come cadde Civitella del Tronto.

§. 1. Guai a' Borboni di Spagna.

Precetto massonico è attrarre alle logge quanti si possano principi reali, per farne insegna, e sgominare l'interno delle reggie; nè loro difficile è pigliarvi alcun prence vicino al trono, che non potendo sperare la corona per la grazia di Dio, la spera per grazia della rivoluzione. L'esempio degli Orleanesi molto poteva; e già abbiamo visto talun Borbone di Napoli, cinto di tentatori, e irretito, tentare la fortuna, servendo quella setta, che il doveva, e con vergogna, rovinare. Strali maggiori si tempravano contro i Borboni di Spagna. Là i partiti bollivano; chi pel Papa e per Napoli, chi centra, chi fiutando imbrogli, chi aspettando chi vincesse. Il governo in breve sentiva sua fievolezza, retaggio di timidi. La regina viaggiò col marito per le province orientali; ma tornando a Madrid la sera del 12 dicembre 1860, un giovine di condizione servitore le puntò una pistola: impedito e preso, confessò volerla uccidere. Ciò quando in Napoli si decretavano apoteosi ad Agesilao Milano. I giornali dissero l'assassino mentecatto, la cosa *senza importanza*; e i tribunali sentenziarono ch'era pazzo.

Questo alla costituzionale Isabella II; ma guai maggiori alla linea primogenita di quei reali. Periva in Isvizzera per improvviso male lo infante D. Ferdinando; e dopo alquanti dì recatosi a Trieste il fratello primogenito conte di Montemolin con la consorte Maria Carolina di Napoli, l'uno e l'altra nel dì stesso, del medesimo male perirono. In quella Spagna ove già aveano mitria tutte libertà, la setta voleva procedere al suo fine supremo; abbattere cioè trono e religione, ultimi legami sociali. Essa tra Carlisti e Isabellini gittava vampe, e faceva suo D. Giovanni, ultimo figlio di Don Carlos; il quale per ingraziarsele avea già proclamato principii acattolici, repubblicani, e antispagnuoli; ora la repentina morte de' suoi maggiori fratelli ponevalo nel dritto di legittimo re, il che le speranze de' legittimisti scombuiò. Pochi giorni dopo l'attentato alla regina, un altro matto trasse una pistolata al ministro generale O' Donnell, uscente dal senato, e 'l ferì: fu ricordo da Orsini.

§. 2. Elezioni al primo parlamento italiano.

Nel nostro regno mentre si bombardava si creavano deputati per l'italiano parlamento. La legge elettorale sarda ha per elettori solo i privilegiati dal censo; slargate le frontiere, dettero quella legge a' popoli *redenti*, quasi temendosi di sperimentarne lo amore; perlocchè tra' venti milioni d'italiani solo hanno dritto d'elezione qualtrocentomila, di cui quasi la quarta parte impiegati del governo. Questo però con denari, impieghi e brogli, si può fare un parlamento suo servitore; nel che sta il massimo servaggio di cotesta libertà. Adunque decretati i collegi elettorali, determinati i distretti, i deputati, i titoli di dritto per elettori ed eleggibili, si stringeva in 443 persone la sovranità di venti milioni. A' 3 gennaio un decreto stabiliva, come dissi, le elezioni pel 27 del mese; e le camere pel 18 febbraio. Il Cavour voleva deputati ch'approvassero sue geste, il Mazzini voleva repubblicani guardanti a cose maggiori; e se le popolazioni avessero potuto dare i voti sputavano l'uno e l'altro. Ma nelle contrade annesse la popolazione era libera solo di servire alla rivoluzione, sforzata co' coltelli a gridare libertà; sicchè tutto era faccenda di danari da far luccicare i coltelli. In Piemonte potevano un poco gli uomini onesti e cattolici operare; ma questi e là e in Lombardia emisero il motto: *Nè elettori, nè eletti*, cioè astenersi; e per tre ragioni: 1.° mancare la liberta del voto, e dove riuscissero buoni deputati, sarebbero cassati come nel 58. 2.° eligendo un parlamento per tutta Italia, riconoscerei implicitamente la rivoluzione e lo spoglio al papa. 3.° Ad ogni modo i cattolici eletti andrebbero sopraffatti da' settarii mandati dal resto d'Italia. Questo astenersi dispiacque al Cavour, perchè volea farsi gioco d'una opposizione in minoranza, e porsi egli in mezzo tra cattolici e mazziniani, a fingere il conciliatore; ma rimasto a fronte al Mazzini, cominciò una vergognosa battaglia. I due partiti padroni d'Italia, bisticciandosi crudamente a voce e in carta, empivano di vituperii i giornali: perfidie, rivelazioni, calunnie a vicenda. I repubblicani strombazzavano certe liste firmate dal Garibaldi. Il Cavour aveva D. Liborio in Napoli e 'l La Farina in Sicilia; e mandava casse di moneta, fortissimo argomento elettorale, da inanimire i camorristi. Per contrario il Dumas nel suo *Indipendente* spubblicava i tradimenti di D. Liborio, e le sue cospirazioni contro Francesco. Se non che il Cavour che stava incavallato, e dava danari, croci e impieghi, la vinceva; e nelle guerre de' tristi spesso il più tristo vince; però i Mazziniani dovettero cagliare e venire a patti. Non fu difficile una tregua tra quei confratelli: convennero non assalire Austria quell'anno, e far deputati d'accordo. Il Cavour inoltre si rappaciò col Rattazzi suo rivale sin dal 48 ch'era capo d'un terzo partito rivoluzionario; e chiusegli la bocca promettendogli la presidenza della camera futura. Certi giornali si lamentarono che, sendo la camera in dritto d'eligersi il presidente, cominciasse a servire prima anche d'essere eletta. Ma questa è la parte de' parlamenti liberaleschi, servire.

Astenendosi adunque in tutta Italia moltissimi elettori cattolici, comandando i camorristi ne' collegi elettorali, questi riuscirono smilzi. Nel Parmense uno uscì eletto con solo 59 voti. In Napoli il liberatore Garibaldi sudò pur raggranellare 376 voti, se pure furono. Tutto lo sforzo della rivoluzione in quel primo entusiasmo non potè dall'alpe a Lilibeo unire più che centomila elettori, cioè i suoi satelliti impiegati; nondimeno fecero comparire fossero 242,581 votanti. Nè tampoco concordi, sendo ambiziosi e venali, e furono briglie e rumori infiniti, e talor busse e sangue. A Mirto nel Messinese certi facinorosi invasero la sala elettorale e scannarono il presidente e i suoi figli. Seguirono ballottaggi moltissimi, cioè nuove votazioni tra' nominati in minoranza; dove bastava la maggioranza relativa per essere deputato. D. Liborio mestatore tra noi di quelle acque, si fe' eligere in otto collegi; e sfacciato, stampava l'opinione pubblica gloriarlo; nè arrossiva dopo le spiattellate rivelazioni del suo complice Dumas; parevagli onore l'infamia! Lui imitavano i consortieri; onde udivi sempre i nomi stessi menati a cielo in ogni distretto. Ne sbucciò quella camera.

A' 3 febbraio Vittorio nominò presidente del senato italico Ruggiero Settimo, a pompa, sapendo non verrebbe, chè stava a Malta vecchione e col pie' nella fossa. I senatori e i deputati napolitani partirono il 15, sul battello Volturno; e andò anche il 1.° battaglione Nazionale di Napoli, come a trionfale corteggio. E i deputati ubbidienti elessero Urbano Rattazzi, come il Cavour padrone volle.

§. 3. Anarchia nel regno.

Nel regno cresceva l'anarchia; bruttata ogni terra di misfatti impunemente, in Napoli omicidii a dozzine per giorno. Fe' spavento tra tanti l'assassinio d'una gentildonna il 4 febbraio in via Toledo, per man d'un Garibaldino, e a prezzo. Certi coniugi Petrucci con quattro figli aggredirono la casa del consolo americano a Sorrento. Il commercio scemava per paura del presente, incertezza del domani, e ingordigie di camorristi e dominatori. A' 31 gennaio gli operai gridarono in piazza del Castello *Vogliamo lavoro*, e a' dì seguenti seguitarono con *abbassi* a questo e a quello. Il popolo qua e là prorompea: *Vogliamo il re nostro!* e avea busse, ferite e carceri. Un Garibaldino col coltello bucherava certe immagini di Santi; disse una donnicciuola: *Dalli, svegliali, dormono da tanto tempo!* Anche a Maddaloni il 6 febbraio popolo e pontonieri dalla strada ferrata tumultuavano chiamando Francesco. Ma tanta nel reame era la fede nel vicino trionfo del diritto, che aspettavano Francesco giorno per giorno, condotto da Dio. La moneta del due carlini con l'effigie sua diventò rara; se l'appendevano al petto per medaglie; se ne mandavano per tutta Europa. A' teatri gran rumori ogni sera, massime al Nuovo, che da ultimo arse improvviso la notte pria del 18 febbraio. E arse tutto per man d'iniqui il famoso Duomo di Nola la notte dopo il 12.

La luogotenenza stampava regolamenti, leggi, decreti, ordinanze, credendo contentare; e più scompigliava. S'abolirono dal 1° febbraio i ministeri di marina in Napoli e Sicilia. D. Liborio per crescer clienti largiva impieghi, e ne creava di nuovi a posta. S'ordinò a' 17 del mese l'erario sborsasse un milione da spartirsi in sussidii per cagioni politiche, cioè a' *martiri*. Il Nigra si lisciava i baffi; il Carignano stava a Mola dal 1° del mese, per godersi il bombardamento, e tener conciliati il Cialdini, il Menabrea e 'l Persano sul modo da stringere la piazza. Fu scoperta una congiura Murattina; correvano danari da Francia; e vi si acconciavano quanti, disservito i Borboni, e mal pagati dall'Italia, speravano con quel terzo vessillo risalire. Minacciarono processi; ma sendo il Nigra pupo di Napoleone, e sperando pur D. Liborio in un possibile governo murattino occupar qualche sedia, non si fe' niente.

In Sicilia il simigliante: tante l'ire, i misfatti e i rumori, che cadendo gennaio, il Torrearsa, il Tunisi e l'Amari, consiglieri, chiesero licenze, in parte date. Consiglieri salivano e scendevano. Un decreto del 12 aveva ordinato gli acattolici godessero i dritti de' cattolici, mentre Siciliani acattolici non v'era; ma per suscitargli, e aggiungere a tante rabbie le religiose. Per dar lavoro tolsero in prestito sei milioni di franchi da Inghilterra; perocchè nelle provincie, sotto colore di volere i demanii, s'accennava a comunismo; anzi a Mascalucia invasero le proprietà private, e bisognarono battaglioni. A' 20 febbraio si dimisero Salvatore Marchesi dal dicastero d'istruzione, e Filippo Orlandi da quel di giustizia: a questo andò Filippo Santocanale, di quello prese la firma l'Amari; sinchè il 26 il consiglio rifecesi così: L'Amari a interno e finanze, il Santocanale a giustizia, culto e istruzione, il Santelia a' Lavori pubblici, e 'l Carini a sicurezza. Più efficace provvedimento fu un nerbo ai quindicimila soldati corsi da Torino.

§. 4. Seguito dell'assedio di Civitella.

Intanto il Pinelli messosi attorno a Civitella del Tronto, mandava a mezzo novembre posti avanzati in circuito a 250 tese dalle mura, e pose la gran guardia a 500 nel convento di S. Maria; ma le sentinelle percosse trassersi indietro; e più per due sortite a' 25 e a' 29 i Sardi sempre fuggirono. Costrutti in tempo nebbioso quattro bastioni alle Crocette, al piano Ginestre, e su Montesanto, cominciarono sull'alba del 10 dicembre un bombardamento, che durò due giorni, e fe' danno solo a' tetti; tale che in sei mesi d'assedio nessuno morì di ferite. A' 20 usciti per legna certi artiglieri vennero assaliti; accorsa la guarnigione, ingrossò la zuffa. I napolitani inseguirono i nemici, fugarono la gran guardia a S. Maria, arsero e saccheggiarono i posti militari; e trovata la chiesa insozzata da somieri e da avanzi d'orge, e l'altare volto a trincia-carne, tolsero le statue della Madonna e de' Santi, e portaronle a processione nella chiesa madre.

Il Pinelli si vendicò, appiccando fuoco a' casolari e villaggi d'attorno, e col bombardamento; che fatto di notte o colle nebbie era niente. Avuto rinforzi, tentò l'assalto il 29 dicembre: i suoi ascosi dalla nebbia s'accostarono a cento tese; ma scorti, a' primi colpi gittarono le scale. Agli 8 gennaio chiesero tregua per otto dì; avutala, usarono delle consuete cortesie fra uffiziali, per corrompere: le ostililà si ripresero il 17. Il presidio die' contezza di tai fatti al sovrano in Gaeta, per mezzo d'un Filippo Enea ardimentoso paesano, che tra mille rischi andò; il quale quantunque i traditori ne avvisassero il nemico, seppe eluderlo; e il 24 recò ordine regio del 19 encomiastico della guarnigione, con la promozione del Giovine a colonnello, e facoltà di promovere d'un grado uffiziali e soldati.

§. 5. Diversione negli Abruzzi.

A quei dì il reame tutto anelava la riscossa, ma slegato era. I dominanti a sottrarvi un po' di fuoco, chiamarono a entrare ne' reggimenti sardi i prigionieri; e come ricusavano, li andavano chiappando per monti e boschi, e poi ligati e seminudi mandavanli in Piemonte, dove molli di freddo e strazio si morirono. Però a fuggire l'orribile tirannia del dover servire il nemico, si gittavano piuttosto alla campagna, a combattere per la patria accosto a' loro cari; onde s'univano in bande, e col favor de' paesani s'andavano armando. I settarii per contrario servivano da spie e da guide a' Piemontesi, per farli agguantare o uccidere, onde ne nascevano vendette e zuffe pur nelle città. A Barletta in gennaio cittadini contro cittadini, parenti contro parenti, e per tre dì corse sangue.

Negli Abruzzi mettendo l'ubbriaco Pinelli in disperazione i paesani, l'ire s'alzavano, le montagne formicolavano di fuggiaschi. Parecchi corsero a Roma, a gittarsi a' pie' d'alti personaggi napolitani, supplicandoli di mandare arme a sorreggere quei moti, a difendere i sudditi regi iniquamente trucidati. Parve giusto e opportuno il fare una diversione strategica in quei luoghi; chiamarono da Gaeta uffiziali, e adunarono certi soldati e volontarii di quelli allora sciolti. Già certe bande paesane con un nucleo di soldati andava raccogliendo un conte de Christen francese, stato col Klitsche La Grance, che riuscì buon soldato, ma bizzarro. Impertanto venuto da Gaeta Francesco Luvarà maggiore, si fe' colonnello, col carico di pigliare in Abruzzo il comando del tutto, e unire gente a combattere lo straniero. Egli sospinto e aiutato dal ministro Carbonelli, che stava allora in Roma, accozzò sulla frontiera cento soldati dell'11.° cacciatori, sessanta Abruzzesi, certi uffiziali volenterosi, tre Romani, alquanti volontarii Francesi, un abate Rocchetti genovese più soldato che prete, e Giacomo Giorgi. Costui aveva fatto mala prova col La Grance; ma entusiasta e avventato, supponevasi avesse seguito in quelle parti.

§. 6. Fatto di Tagliacozzo.

Il Luvarà con questi non bene armati entrò in Carsòli la sera del 40 gennaio, accolto festosamente da' popolani. Gli accorsero incontanente volontarii e soldati congedati senz'armi nè vesti; ma supplendo l'entusiasmo, si procedè a S. Maria, e la sera del 15 a Tagliacozzo, ov'erano da 400 Piemontesi del 40.° di linea con un maggiore Ferrero. Occupò l'alture di Roccacerri, e da tre bande investì il nemico, che presto fuggì, inseguito sino a Scurcola, lasciando certi morti, e sette prigionieri con tende e munizioni. Al mattino si richiamò da Scurcola la gente, per tenere in Tagliacozzo i paesani, che volevano manomettere le case de' liberali, a vendetta delle case loro arse il 9 ottobre dal Pateras. Il Luvarà impedito ogni rappresaglia, e visto l'ardore degli animi, trovandosi aver già quattrocent'uomini, ma privi di tutto, corse, chiamato, a Roma, per sollecitare il fornimento, e avere gente degli sciolti corpi stranieri, che volevano servire. Lasciò il Giorgi, con ordine di star fermo, e ch'ove fosse da superiori forze costretto, voltasse nel Cicolano.

§. 7. Ecatombe di Scurcola.

Costui volendosi illustrare spacciò vigliacco il Luvarà partito, e ruminò un'impresa. Tra le bande paesane erano uomini tristi; e v'era uno zingano Giorgio soprannomato Piccione, stato Garibaldino, vantantosi gran che; questi gli promise ch'avrebbe Scurcola a un colpo. Infatuato ordinò la partenza; e benchè venisse alle brutte con certi uffiziali oppositori, riuscì a pigliare trecent'uomini; e la sera del 19 scortato dallo zingano voltò a Scurcola. V'era una compagnia del 6.° di linea col capitano Foldi; il quale avvisato da costui, postò un po' de' suoi a mezza via al convento S. Antonio; e come vide i Borboniani passar oltre, dette coi razzi il segnale d'accorrere a quei che presidiavano Magliano, Avezzano e Cappelle. Il Giorgi sbadatamente sull'imbrunire assalì Scurcola, fugò quei che v'erano, e padrone del paese, pose i suoi feriti sulle panche del corpo di guardia nazionale col chirurgo e 'l cappellano; e sparse la gente per le case. Ecco dopo due ore i Piemontesi fanti e cavalli guidati da' felloni di Magliano e Avezzano, mettersi agli sbocchi, ed entrar grossi da tutte parti: perlocchè i Giorgini al buio e spartiti per ignoto paese, non si trovavano l'un l'altro: fugge chi può, chi tocca il monte è salvo, chi ne dà nel nemico. Il Giorgi dovè la vita al cavallo, e scampò da tre lancieri che lungo tratto il perseguitarono. I fuggiaschi superando alte e nevose vette ripararono a Carsòli, dove pur si dovettero ritrarre i pochi a Tagliacozzo rimasti. I Sardi alla prima uccisero i feriti nel corpo di guardia; poi preso il Mauto chirurgo e D. Gennaro d'Orsi cappellano, sputacchiaronli, batteronli, e con bassi insulti serbaronli al supplizio. Dettero un bando che qualunque cittadino ascondesse un forestiero sarebbe fucilato; tutti per ispavento cacciarono gl'infelici ospiti alla via, e pur talun innocente stantevi per caso. Così afferrati rei e non rei, ficcavanli nel cimitero fuor del paese; donde al mattino cavandoli a uno a uno, prima gli uffiziali poi i soldati lor traevano colpi addosso sulla via, a orrenda caccia disordinata; sicchè pur riuscì a qualcuno di scappar via tra tanti carnefici. Colma era la strada di cadaveri e sangue, nè sazie quelle tigri. Il cappellano d'Orsi caduto per più colpi, s'alza e grida: *Non vi temo*: corrongli alla vita e strappatigli il crocifisso, calpestatilo, e lui legano a un albero; nè volendo egli proferire viva Vittorio, lo finiscono con baionette. In brev'ora 117 uomini a sangue freddo immolarono. Per ordine di sospendere venuto da Avezzano avanzarono 45 persone da quell'ecatombe; nè fur salvi, che in varie guise caddero. Il chirurgo Mauto tra questi ebbe ad Avezzano promessa la vita, purchè rivelasse le cose di Roma, e dicesse Viva Vittorio; e anzi scongiurato da amici a salvarsi, rispose avere un Dio e un re; negò sempre, e fu fucilato. Intanto i sette Piemontesi presi a Tagliacozzo avean cortesia, ed erano mandati salvi nel Pontificio a' Francesi!

Temo non esser creduto a dire le infamie tutte degli uffiziali sardi in quei luoghi: dirò questa: Un d'essi avea perduto il 13 fuggendo da Tagliacozzo il cavallo, presogli in buona guerra da un Caretti volontario, figlio d'agiato contadino, ch'aveva una cascina in qua da Scurcola. Vi corre con trabanti e carrette, piglia mobili, grani, animali, e sino il fieno e i polli; e messo tre giorni a caricarsi la roba, da ultimo col zolfanello arde la casa. I Piemontesi quantunque sentissero Tagliacozzo sgombro, non s'accostavano; poi spinti da' faziosi v'entrarono guardinghi; ma appena assicurati, si lanciarono al sacco nelle case de' cittadini Borboniani, cioè i Iacomini, Cornacchia, Santini e altri. Si distinse capo saccheggiatore un maggiore De Litala.

Ma mentre colà e in tutto il regno seguiva tanto macello d'uomini, i liberali napolitani mandavano il 25 febbraio una petizione al luogotenente, dicendo: « cominciata una nuova era per l'umanità, si comminasse la multa e la carcere a chi maltrattasse un animale! »

§. 8. Ritratto ad Oricoli.

Il Luvarà ottenuto a Roma l'occorrente, mandò prima da sessanta Svizzeri con un tenente Foltet; poi tornando vide ad Arsoli il Giorgi e lo scacciò via, indi a Carsòli trovò settantadue soldati. Sapendo gli si unirebbero i paesani aspettava i carri con l'arme, ma tosto seppe i Francesi averle a Vicovaro confiscate. Ciò fu la ruina dell'impresa. Parecchi malandrini col pretesto di servire Francesco andavano pe' monti taglieggiando, e tra essi eran capi quello zingano Giorgio, un suo fratello e un Grugnolo. Il primo tirò con lo schioppo all'immagine della Madonna, la palla ribalzata dal muro gli forò il cappello. *Tristo presagio!* disse; e 'l dì stesso, chiamato, andò a Carsoli. Preso e disarmato, aveva in tasca le prove ch'era spia piemontese, e ch'avea promesso far sorprendere i regi; però tutti e tre condannati da un consiglio di guerra ebbero morte. Il Luvarà visto non poter con pochi armati tenere il campo, si ritrasse ad Oricoli il 6 febbraio; e in fatti dopo due ore i posti avanzati assaliti si ritrassero pugnando; ed ebbero tre morti e dodici feriti; sicchè tutti si ridussero in quel paesetto sopra un monte. Con essi erano diciotto legittimisti francesi, alcuni ottimi, altri pessimi, che anche disertarono al nemico.

§. 9. Sacco alla Badia di Casamari.

Il conte De Christen sul finir dell'anno avea raccolti soldati e paesani; e ne potè armare da quattrocento con fucili ch'ebbe da Terracina pel Teverone. Ma una molto maggiore quantità d'arme e munizioni fur per ispie sorprese da' Francesi e confiscate. Anch'egli sostenuto, riuscì a farsi liberare, e raggiunse i suoi a Subiaco; donde mosse a Sciffelli, e vi fu raggiunto dal poi famoso Chiavone, con una banda di cent'uomini. Dimandò d'alloggiare nella badia di Casamari, e non l'ottenne. Chiamato dal Luvarà per unirsi ad esso, non volendo sottostare, ricusò; onde restarono fievoli tutti e due divisi. Nondimeno disegnava assaltar Sora, ov'erano cinquecento Piemontesi, e vi s'accostò il 19 gennaio. Quel sottintendente che sapeva il distretto aspettar quello per sollevarsi, si tenea la carrozza pronta per fuggire; ma si rinfrancò pel soccorso di più migliaia di soldati. Ciò saputo il Christen a un miglio da Sora, retrocesse; e sull'alba entrò nel monastero di Casamari; il terzo dì, che fu il 22, udendo i Sardi passar la frontiera, postò il Chiavone di là dal fiumicello Amaseno, ed ei col resto si pose dietro la Badia. Il generale De Sonnaz con mille uomini sul vespro assalì il Chiavone, che piegò su' monti; e 'l De Christen s'inselvò. Il bravo Savoiardo senza inseguire quelli armati, si lanciò invece sulla inerme badia da tre parti, entrandovi come d'assalto. Minacciò di morte i monaci se non isgombrassero; e i miserelli uscendo s'ebbero anche colpi appresso. Poi a spezzar porte, rovistar celle, cantine, terresante, a rubar panni, materassi, moneta, ori, argenti, sacri arredi, pissidi, calici, a sparger per terra l'ostie, a rompere braccia a crocifissi, a stracciare immagini, e quanto insaccar non potessero a minuzzare e manomettere. Arsero le carte del pio luogo, la farmacia, il fienile e 'l molino; e accese le candele nelle celle come a festa, se n'andarono con le carra del bottino, sull'ore nove della sera, a suon di tamburo, trionfanti.

Accorsi contadini a spegnere il foco, salvarono a stento, sebben guasto, quel monastero già stanza di S. Bernardo, insigne monumento di storia artistica e religiosa. I depredatori bruciarono un'osteria sulla strada, poi venderono il rubato a Sora, Castelluccio e Isoletta. Tre ruine in ottocento anni ebbe quella Badia, prima da' Saracini, poi da' giacobini del Macdonald, ora dai sardeschi *restauratori dell'ordine morale*, che senza battaglia andavano cenobii saccheggiando.

§. 10. Fatto di Bauco.

Vicino al peccato la punizione. Il De Christen riparò a Bauco, paesetto in cima a un monte, munito all'antica, naturalmente forte; i cui paesani prima spauriti credendoli Sardi, poi fur larghi di cortesie. Il De Sonnaz per isloggiarnelo uscì il 28 gennaio da Sora con duemil'uomini e sei cannoni; i Borboniani tra soldati e volontarii da quattrocento, sbarrate le porte con sassi, carponi sulle mura li aspettarono. Gli assalitori credendo sorprenderli s'accostarono taciti sull'alba; ma percossi, a' primi colpi si sgominarono, e presero a trarre co' pezzi da lontano, che quel dì furono dugentocinquanta cannonate niente dannose. Tornati più volte, e sempre con palle e pietre decimati e respinti, patirono da 180 morti e feriti. I nostri avevano quasi finite le munizioni, nè sapevano donde averne, quando il Sonnaz offerse patti. Convennesi ei se n'andrebbe primo; e infatti vergognosamente se n'andò; ed ebbe a lasciare i feriti più gravi a Casamari, che vi pagarono il fio delle scelleratezze del 22, non vi trovando più i farmaci ch'avevano arsi, nè quei monaci dotti chirurgi, che curati li avrebbero con carità. Ripassarono la frontiera sanguinosi, lasciati sotterra parecchi, e abbandonando pur Ceprano e Falvaterra ch'avevano occupato. Il Christen raccolse attorno le mura di Bauco 147 fucili, seminatevi da' feriti, prezioso trionfo; poi la sera alle rimostranze del comandante papalino di Veroli si partì; anzi dicendo aver pattuito di non combattere più, lasciò il comando a un De Coataudon pure francese. Il quale a' 10 febbraio s'accozzò con Luvarà in Oricoli; ove fatto un nucleo di ottocent'uomini, cominciarono ad ordinarsi.

§. 11. Fatti di Collalto e Carsòli.

Sentendo i Piemontesi avanzarsi a Carsòli, tennero consiglio, se scacciarneli, ovvero occupar Collalto, terra pontificia tenuta da' felloni, cinta di mura in luogo aspro, dove fortificarsi. Questo decisero, e partironsi il 12 febbraio. Da Poggioginolfi mandarono avvisando quel sindaco; ma là eran parecchi delle marchigiane bande del Masi; e vi stavano ricovrati molti faziosi di Carsòli e dintorni; i quali fecero rispondere no dal cancelliere comunale, e che si difenderebbero. Infatti ben barricati accolsero i Napolitani a schioppettate; questi infuriati sforzano con accette il portone, ed entrano percotendo. I più scamparono per una buca dalle mura opposte; morirono il cancelliere e altri; e fur chiappati due Mari, zio e nipote, ribelli di Carsòli. La dimane il consiglio dannolli a morte; ma accorsi parenti piangenti e offerenti riscatto, i capi ch'aveano la truppa bisognosa, si contentarono di duemila ducati. Dopo alquanti dì saputosi Gaeta caduta, il Luvarà tornò a Roma per ordine regio. Il Coataudon rimasto duce tornò ad Oricoli; e anzi, mancandovi le vettovaglie, procedè avanti. S'accostò a Corsoli sull'alba del 22 da tre bande, e segui una scaramuccia con una cinquantina di Sardi, de' quali chi fuggì, chi s'ascose; mortovi un tenente e altri 14. Ventitrè prigionieri non furono fucilati a vendetta di Scurcola, ma incolumi dati a' papalini della frontiera, che ne li mandarono. Dopo due dì, per ordine di re Francesco, che come dirò volle por fine alla guerra, i nostri dettero l'arme a' soldati del papa. Solo il Chiavone tolta la sua banda si ripose ne' monti, a guerreggiare per suo conto.

§. 12. Orrori del Pinelli.

L'Abruzzo superiore, dopo le *fucilazioni immediate* proclamate ed eseguite dal Pinelli, non quietava. I montanari alla spicciolata facevano fiere rappresaglie; e loro davano la mano quei dell'Ascolano, per odio alla leva e a' nemici del papa. Tenevano da più giorni come assediata una compagnia di Sardi ad Acquasanta; però il Pinelli ricordevole delle petrate di Pizzoli, v'accorse con un esercito il 28 gennaio a liberarla. Poi postosi su' monti ascolani accaneggiava i reazionarii, saccheggiava, ardeva chiese e cappelle, nè a men di quattordici ville die' foco con sacrilegi e rapine, vendendo all'incanto arredi sacri, vesti sacerdotali e ogni bottino, a vil prezzo. Che potevano quei paesani sparpagliati, senz'arme, con appresso robe e famiglie fuggenti? presi, erano fucilati tra le braccia delle mogli e de' figli. Cotesto Pinelli, non so se più ubbriaco di vino o d'iniquità, era stato in Piemonte messo in disponibilità per mala condotta, ora l'avean mandato comandante una colonna mobile per *redimere* l'Italia. Il codardo, potendo sicuro braveggiare, die' un famoso bando il 3 febbraio a' suoi soldati: « Un branco di quella progenie di ladroni ancor s'annida su' monti; snidateli, siate inesorabili come il destino. Contro nemici tali la pietà è delitto; sono i prezzolati scherani del vicario non di Cristo, ma di Satana. Noi li annienteremo, schiacceremo il sacerdotal vampiro, che con sue sozze labbia succhia da secoli il sangue della madre nostra. Purificheremo col ferro e col fuoco le regioni infestate dall'immonda sua bava, e da quelle ceneri sorgerà più rigogliosa la libertà. » E quasi avesse dettato l'Iliade, mandò siffatto scritto all'*Armonia* di Torino, giornale religioso, sfidandola a stamparlo. Eppure tanto stupida pompa di rabbia fu dal *Popolo d'Italia* dichiarato *generoso proclama!* ma la stampa europea, ancora che liberale, stomacò; tanto che il governo dovè con un decreto del 10 riporre quel Pinelli in disponibilità; mandandovi invece Luigi Mezzacapo disertore napolitano, che quelle medesime infamie non disse ma fece. E non aveano detto e fatto altrettanto i Cialdini, De Virgilii, Curci, Galateri e Quintini? Nulladimeno il Pinelli stette altri giorni a comandare; poi si ritirò, e a mezzo aprile fu riposto, a far peggio.

§. 13. Il tifo e la protezione di Napoleone.

Sperando che, presa Gaeta, il regno intero calasse ad ubbidienza, addoppiarono gli sforzi. Tutto lor propizio, mare, terra, danari, arme, favor di stranieri; tutto mancava alla piazza, non alleanze, nè speranze, non danari, nè arme acconce, nè spazio, nè buone difensioni, nè magazzini; ogni cosa meno del bisogno, fuorchè gente, che anzi sendo troppa, la consumava per vettovaglie, paghe e luogo. S'aggiunse il tifo, cominciato i primi dì, cresciuto poi molto sino a cento per giorno; nè valevano cure, nè che il re e la regina spregianti il rischio, sovente gli ospedali visitassero. La notte del 4 febbraio il tenentegenerale Ferrari, stato istitutore del re, moriva nella stessa casamatta dal re abitata.

Dopo il bombardamento del 22 il foco scemò, lavorando i Sardi a restaurare e a crescere le batterie; e non ostante il ben diretto cannoneggiamenlo napolitano, poterono con le notti, le nebbie e i mascheramenti compierne molte, mentre da Castellone co' lunghi cannoni percuotevano la città mirando alle polveri e agli arsenali. A' 27 gennaio aveano già gremito di cannoni le vette de 'Cappuccini. Un legnetto spagnuolo con dispacci a quel ministro non fu fatto passare, per cagione del blocco; invece a' 27 un dispaccio francese passò. Era indiretto consiglio di cedere; una lettera del ministro francese di marina al governatore, nunziantegli che il Barbier teneva in Napoli *La Mouette*, per imbarcare il re, ove per telegrafo il chiamasse; non però quel legno verrebbe, *se non quando la bandiera fosse alzata per capitolare*. Così quel Napoleone che con minacce impediva Spagna ed Austria di soccorrere il misero re, riserbava a sè solo il dritto di proteggerlo; e sì offeriva tanto lavoro, solquando cessasse la difesa. Francesco rispose, che, deciso a sostenersi all'estremo, dove avesse a capitolare, quantunque il telegrafo fosse in mano del nemico, si valerebbe dell'offerta.

§. 14. Scoppii.

Il foco avverso dannificava poco le fortificazioni sempre dagli assediati risarcite, ma sterminava la città; case crollanti, strade impraticabili, molti paesani feriti a morte, uomini e donne, e sin due canonici dentro la curia, e malati negli ospedali. La sera del 31 certe navi al buio s'accostarono, per colpire d'infilata il fronte di terra, ma furono costrette a scostarsi. I Sardi sempre alle polveriere e a' magazzini traevano, per mandarli in aria. A' 4 febbraio accesasi certa paglia vecchia gittata a pie' della batteria Transilvania, era pericolo le vampe entrassero nella riservetta delle munizioni; un Chiapparella artifiziere, spontaneo si fe' cullare, e scoppiandogli i colpi attorno, la spense tra mille rischi. Ma a sera del dì stesso una bomba sfonda la volta del magazzino a' Cappelletti, arde due cantaia di polvere, squarcia l'edifizio, rovescia un cannone, e fa sei metri di breccia nel bastione. La dimane, seguitando veementissime le offese, ecco sull'ore quattro vespertine scoppia orribilmente il magazzino della cortina S. Antonio, il meglio costruito, ov'erano quaranta cantaia di polvere e quarantamila cartucce; mezza cortina s'arrovescia in mare, crolla la cinta tra essa e la cittadella, questa resta isolata e crepolata, cadono in mucchi le casematte e case propinque, e seppelliscono uomini e cannoni. Rotte, colme le strade, non più comunicazioni con la città e co' magazzini, udivi tra 'l ferale rimbombo di mille bronzi, uscire dall'orrendo sepolcro pianti, lamenti, e strida pietose disperate. Scompaiono in un attimo trecento soldati e cento cittadini; schiacciato è il tenentegenerale Traversa; percosso il tenentecolonnello Sangro, sbalzato in luogo inaccessibile, spira senza soccorso; atterrati morirono i due tenenti Guarriello e Troiano. E il crudo nemico, acciò niuno soccorra i morenti, là in quelle ruine drizza i fuochi; nè gli bastando, manda fregate da mare a percuoterle di fianco. Nulladimeno quantunque non si vedessero mai meno di quindici bombe per aria, accorsero uffiziali e soldati a diseppellire le vittime; nè sol dal nemico veniva il pericolo; chè spesso qua e là per entro i rottami le nostre interrate granate andavano scoppiando. Ma la carità guidava i generosi, e sprezzando i doppi pericoli, tosto trassero salvi un uffiziale e altri uomini e donne.

E pure in quell'incendio l'animo de' difensori col pericolo s'addoppia: spezialmente gli artiglieri della isolata e squassata cittadella e quelli della semicrollata cortina, presente il comandante conte di Caserta, con gran valore combattono, a rintuzzare il nemico. Tutta notte da terra e da mare quella furia seguitò; ma le navi non osarono farsi vicine; notte per abnegazione e valore memoranda a' Napolitani; che oppressi da ingenerosi avversarii, mostrarono esser maggiori della fortuna.

Ma dello scoppio chi sa la cagione? forse una bomba forò la volta; forse il tiro curvo gittolla nello spazietto avanti la chiusa porta del magazzino, e spezzandola lanciò dentro la fiamma; forse fu mano compra. Si trovò tra i rottami qualche ordigno di corda a cilindro con polvere dentro. Il custode del magazzino che stava, e 'l dovea per uffizio, sempre colà, si trovò vivo in altro luogo. Taluno a Roma profetò il giorno dello scoppio; ed anche Ancona era per iscoppii caduta. Di tradimento sonò Europa; e la nota diplomatica del nostro ministro Casella nol tacque.

§. 15. Cortesie.

Il dì seguente più infuriando il bombardamento con danni gravi alle batterie e alla città, pure con estrema difficoltà si lavorava a strappare dalle enormi macerie gli ancor vivi, che dalle infime cantine si sentivano lamentare: perlocchè il Ritucci la sera chiese sospensione d'arme per due giorni, e l'ebbe a patto non lavorasse a riparare la cortina. Già s'era cominciato a farvi un parapetto di botti, ma per torre ogni motivo di dubbio si disfece. Il nemico per l'opposto in que' due dì si rifornì e ricompose da ripigliare intatto le offese; il che si dovè patire, per senso d'umanità, e valse per restituire a vita parecchi infelici. Intanto aggravandosi il tifo, il 6 erano morti nella casamatta del re il duca di Sangro suo aiutante generale, e l'abate Eichollzer confessore della regina. Però durante la tregua si chiese di mandare a Terracina quattrocento malati; il Cialdini rispose li prenderebbe a Mola, per restituirli sani; poi n'accettò solo dugento. Richiesto d'altri due dì, per finire di scavare altri vivi sepolti, concesse dodici ore; e mandò pure richiesta un po' di neve per gli ospedali. In ciò faceva pompa con parole ed atti di stucchevole magnanimità.

L'8 febbraio la commissione di difesa dichiarò durare nella resistenza; ch'ove il nemico osasse salire la breccia si respingerebbe colle baionette. Alla dimane piovendo a tempesta le bombe, primieramente arse una blinda avanti un magazzino di munizioni; sul tardi s'alzò fiamma nel bastione S. Antonio; ambo i fuochi smorzati dal presidio. Ma i danni alle artiglierie e alla città crescevano oltre misura, e seguitavano ferocemente pure la notte, e 'l giorno appresso.

§. 16. Bombe capitolando.

Sul cadere del 10 una lancia parlamentaria reca alla regina una lettera della imperatrice di Francia, dicente essere durata abbastanza la difesa, non avere scopo lo scempio di tante vite, non isperasse d'Europa soccorso. Ciò nella real coppia mosse commiserazione per tanti fidi soldati e cittadini, morenti di tifo, disagi, scoppii e bombe: batterie guaste, scoperte senza parapetti; magazzini esposti a saltare in aria, ponti infranti, blinde rotte, spianate inservibili, affusti mutilati, nè avere legno per risarcirli; se non che i difensori tra tante contrarie cose, alacri riparavano e rispondevano, e talora sforzavano il nemico a tacere. Gaeta pareva maceria; passeggiavi su calcinacci, schegge di ferro e bronzo, cadaveri, barelle, membra mozze; udivi tuoni, lamenti, strida; vedevi morenti boccheggiare, case aperte o crollate, rocce nudate, torroni infossati, palle cadenti e fiammeggianti, e qua e là tra gli edifizii fumo e vampe. Un altro mese, e Gaeta non era più. Il re considerando la gloria di maggior difesa, e 'l danno di tanta gente, volle piuttosto esser pietoso che costante.

Al mattino dell'11 chiesta sospensione d'arme per capitolare, il Cialdini rispose, non cesserebbe se non firmati i patti, *tale sempre stato suo costume.* II Ritucci mandò la dimane a Mola i generali Antonelli e Pasca e 'l tenentecolonnello Delli Franci, con lettera, dove notato essere singolare il costume del versare sangue indarno, protestava a' contemporanei e alla storia della necessità, che spingevate a rispondere offese ad offese. In risposta ei da tutte batterie addoppiò il foco; e più furiosamente i Napolitani ripigliarono la battaglia. Difficile è la temperanza nella prosperità, ma chi indegnamente prospera s'ubbriaca. Quel Cialdini, fucilatore di contadini, più bestia che uomo, dimentico d'aver detto *quello essere suo costume*, pensò incolparne il Ritucci, e risposegli: « dovevate parlare d'umanità il 19 gennaio, quando vi proposi buoni patti; allora rifiutaste; ora perduti di speranza, parlate di risparmiare sangue; ma io non temo nè contemporanei nè storia. » Ignorava essere legge di guerra e onore di soldato il difendere le fortezze, sinchè avanza possa e speranza. La gente settaria non teme la storia, perchè se la fa scrivere a prezzo: s'accorgerà che non tutte penne si vendono. Finiva rinfacciando aver dato neve e mignatte; e che non cessava le bombe, perchè altra fiata il Ritucci avea mancato alla parola d'onore lavorando alle batterie. Così si sveleniva sul vinto; mentre, tacciandolo delle colpe sue proprie, seguitava a far morire innocenti! Sendo il re risoluto a cedere, il Ritucci si dimise, acciò il personale dissidio non nocesse a' patti; ma scrisse al Cialdini una lettera grave rettificando le cose. Prese il governo il generale Milon.

Intanto rea guerra seguitava: tutto è foco, bronzo, e ferro; i danni e le morti crescono; nè men pugnace è la notte; anzi s'aggiunge qualche nave che al buio s'accosta, spara e fugge. Nuove batterie si smascherano al mattino del 13; e perchè non sia vano l'averle fatte, vomitano la morte. Stipulate erano le condizioni della resa, sol mancava la trascrizione del lungo testo; ma il Cialdini non volle tampoco cessare, e bombardava. Sull'ore tre vespertine la batteria Transilvania scoppia dalle fondamenta: mura, cannoni e uomini spariscono tra colonne di nero fumo e vampe, e a gran distanza a mare e su tutto il fronte di terra piovono miste a pietre e ferri umane membra lacere ed arse. Il nemico dà in barbare grida di gioia, e a vietare soccorsi a' morenti là tutti i tiri converge; ma la carità quelle spietate rabbie non cura, si fanno incredibili sforzi a salvare i sepolti, e s'arriva a trar salvo un artigliere slanciato sur una roccia sporgente in mare; in mentre dal resto delle batterie si risponde furiosamente, a prova che il valore non è fiaccato dalla sventura. Si cessò la sera sull'ore sei e 15 minuti.

Quest'ultimo giorno per mera barbarie di quel Cialdini morirono due uffiziali, Giordani e Pannuti, e 51 soldati; feriti furono due uffiziali e 26 soldati; e perirono quattro cittadini e un'intiera famiglia. La capitolazione con 23 articoli lasciava a' Napolitani gli onori di guerra; depositate l'arme sull'istmo, sarebbero prigionieri sino alla caduta di Messina e di Civitella, dappoi liberi: agli uffiziali due mesi di paga, e due di tempo, per dichiarare se servire l'Italia, o ritirarsi, o dimettersi. Il re del denaro rimasto in cassa fe' pagare le pensioni alle vedove e agli orfani, il resto agli uffiziali secondo i gradi, da' cento a' trenta ducati.

§. 17. Partenza del re.

Il 14 die' questa proclamazione d'addio: « Generali, uffiziali, e soldati di Gaeta. La sorte della guerra ne separa. Combattuto insieme cinque mesi per la indipendenza della patria, sfidando e sofferendo gli stessi pericoli e disagi, debbo in questo momento metter fine a' vostri eroici sagrifizii. La resistenza divenuta era impossibile. Se il desio di soldato spingevami a difendere con voi l'ultimo baluardo della monarchia, sino a caderne sotto le mura crollanti, il dovere di re e l'amore di padre oggi mi comandano di risparmiare tanto generoso sangue, la cui effusione or non sarebbe che ultima manifestazione d'inutile eroismo. Per voi, miei fidi compagni, pel vostro avvenire, per premiare la vostra lealtà e costanza e bravura, per voi rinunzio al bellico vanto di respingere gli ultimi assalti d'un nemico che questa piazza difesa da voi non avrebbe presa senza seminare di cadaveri il cammino. Voi da dieci mesi combattete con impareggibile coraggio. Il tradimento interno, l'assalto di rivoluzionarii stranieri, l'aggressione d'uno Stato che dicevasi amico, niente v'ha domato, nè stancato. Tra sofferenze d'ogni sorta, passando per campi di battaglia, affrontando tradigioni più terribili del ferro e del piombo, siete venuti a Capua e a Gaeta, segnando d'eroismo le rive del Volturno e le sponde del Garigliano, sfidando per tre mesi in queste mura gli sforzi d'un nemico padrone di tutta la potenza d'Italia. Per voi è salvo l'onore dell'esercito delle Due Sicilie; per voi il vostro sovrano può tenere alto il capo, e nella terra dell'esiglio dove aspetterà la giustizia di Dio, il ricordo della vostra eroica lealtà gli sarà dolcissima consolazione nelle sventure.

Sarà distribuita una medaglia speciale che ricordi lo assedio; e quando i miei cari soldati torneranno in seno delle loro famiglie, gli uomini d'onore s'inchineranno al loro passaggio, e le madri mostreranno a' figliuoli come esempio i prodi difensori di Gaeta. Generali, uffiziali, soldati, io vi ringrazio; a tutti stringo le mani con affetto e riconoscenza; non vi dico addio, ma a rivederci. Serbatemi intatta la lealtà, come eternamente vi serberà gratitudine e amore il vostro re Francesco. »

All'ore sette del 14, mentre il nemico occupava il fronte di terra, il re, la regina, i reali conti di Trani e Caserta con altri e i ministri stranieri recavansi a porto di mare, tra doppie file di soldati distaccati da ciascun corpo. In quest'ultima pompa militare, un grido di Viva il re, uno scoppio di lagrime e singulti li accompagnò; parecchi uscivano di fila per lanciarsi ai piedi del monarca, per baciare le vesti dell'eroina ch'avea con essi diviso perigli e disagi. Ella non trattiene il pianto, e coll'umido fazzoletto saluta pietosamente quei fedeli, che in tanta codardia dell'età, s'inchinavano alla virtù proditrice. S'imbarcano sulla *Mouette.* La batteria S. Maria con ventuno colpi dà l'ultima salva reale; e come il legno scompare dietro il promontorio, s'abbassa la patria bandiera, che quei tre mesi aveva gloriosamente su quell'ultima rocca sventolato. Contavansi ventuno Borboni di Napoli in esilio.

Al mattino del 5 il principe di Carignano, che non arrossì d'esssere presente, e 'l Cialdini con una brigata sarda fecero sfilare sull'istmo la guarnigione con arme e bandiere; posatele, imbarcaronle per le isole. A' generali volsero motti d'encomio; ma tennerli in disagio tutto il dì; a sera mandaronli a Napoli. Trovarono 701 bocche da fuoco, di cui 298 di bronzo; cantaia 2612 di polvere, arme bianche 10868, da fuoco 58212, proiettili 209859, e dugentomila cartucce. Fu poi battuta a Roma la medaglia d'argento, e distribuita a' difensori, con l'effigie del re e della regina, e Gaeta al rovescio.

§. 18. Il prezzo di Gaeta.

Napoleone già s'avea preso il prezzo di Gaeta con Montone e Roccabruna. Tai città erano state tolte dal Piemonte nel 1848 al principe di Monaco; questi al vedere Nizza data a Francia, non potè meglio che vendere al Bonaparte i suoi dritti per quattro milioni; il quale si prese i due comuni. E Vittorio, gridante fuori lo straniero, non fiatò. Ell'era la mercede dell'allontanamento della flotta francese da Gaeta; però il trattato si firmò a' 2 febbraio. Napoleone col discorso alle camere parigine, giustificava il richiamo della flotta col consueto motto copritore delle cupidigie, *Non intervento;* ma aggiunse: *benchè fosse degna di simpatia una sventura reale sì nobilmente sopportata.* E a suggellare la sua pretensione a generosità, oltre la prestata *Mouette,* avria voluto Francesco a Parigi; ma Francesco scese a Civitavecchia, e corse a Roma.

Anche il Russo pagò lo ingrato suo abbandono con un elogio sul giornale ufficiale: « Giammai nessun sovrano cadde più nobilmente; tal condotta lascia al vinto maggior prestigio e simpatia! Ei porterà seco il rispetto del mondo, che la posterità non a' soli vincitori serba le glorie sue; e quando Dio colpisce i re non è sempre per castigarli. » Con sì belle parole compensava un trono perduto a quella dinastia che non aveva voluto assalire lui, e rapinato da chi lui aveva assalito. Con quell'elogio sè condannava; e presto n'ebbe la paga, in marzo con le rivolture polacche suscitate da Francia.

§. 19. Considerazioni sull'assedio.

L'espugnazione di Gaeta non fu per assedio, ma per blocco e bombardamento, con palle da scoppio, gittate in linee curve. Ciò prima non valeva a pigliar piazze, ed era tenuto barbaro, perchè mortifero a' cittadini e poco dannoso a' bastioni; ma lo incivilitore Piemontese l'usò, e gittò in cinquantuno giorni sessantamila bombe, minando case, chiese, ospedali, e poco o niente smozzando le fortificazioni; le quali poi con tutto gli scoppii neppure ebbero breccia praticabile ad assalto. Ricco di grossi cannoni rigati, allora inventati, di cui mancava Gaeta, potè piantarli a 4700 metri, donde colpendo senza essere colto, proteggeva gli altri ch'andava più innanzi piantando; i più da presso pose a 850 metri; cioè si finì dove negli altri assedii s'era cominciato. Non lavorò ad approcci; ad assalti neppure pensò. L'investimento durò 102 giorni, dal 4 novembre al 15 febbraio, e dal 19 gennaio da terra e da mare. La flotta oltre il blocco non fe' quasi nulla; sebbene potesse con frutto trarre d'infilata e di rovescio sul fronte di terra; ma non osò.

I Napolitani dal fronte di terra traeano con 170 cannoni vecchi, e consunti pe' precedenti assedii de' quali sol quattro rigati e piccoli, e cinque allora là dentro con inadatti ordigni rigati. Aveano difetto di legno, l'approvigionamento incompiuto, non esatto, polvere alterata per vetustà. Trassero 35250 colpi, nè più, risparmiandoli pel caso d'assalto. Il nemico combatteva con altrettanti e più pezzi de' quali 75 rigati e grossi. Dava su mura e roccie, dove ogni colpo percotendo scoppiava, ed era micidiale. I nostri traevano su creste di monti, ove la palla o passava o imborsava in terra. Gaeta era forte pel gran fronte e lo stretto istmo, convergendo i fuochi sulla stretta via onde potea venire assalto; allora fu l'opposto, perchè l'avversario di lontano, da larghi luoghi e molti, convergeva suoi fuochi sulla piazza. Costruita da resistere agli antichi modi d'offesa, a queste nuove enormi bombe a percussione non reggevano mura nè volte. Pur le mancò l'ausilio delle sortite per guastare i lavori avversi; che riescono quando a un salto sorprendi il nemico, ma son vane e sanguinose a cercarlo più miglia, tra monti gremiti di cannoni.

La guarnigione servì con amore: non iscarsezza di vitto, di paga, e vestimenta, non disagi continui, non fiatori di tanti corpi in breve spazio, non aspri lavori, non tifo, non ferite, non iscoppii, non morti strane e atroci, abbatterono punto gli animi. Artiglieri, marinari, artefici, soldati, tutti combatterono gridando Viva il re, spesso entusiasti per la presenza dell'eroica regina e del sovrano e de' reali fratelli, che ne valutavano il valore e la costanza. Le vettovaglie con parsimonia bastavano sino a' 4 aprile, con tutti gli scoppii v'era da respingere ogni assalto, e protrarre la resistenza. Francesco abbandonato dall'Europa volle cedere, parendogli colpa versare sangue indarno.

Morirono 17 uffiziali e 809 soldati, sopravvissero alle ferite 26 de' primi e 543 de' secondi. D'ammalati n'erano in in gennaio 400 a Terracina, in febbraio dugento a Mola, altri 800 ne restarono dentro. Perirono uccisi più che cento cittadini. Quest'ultima ossidione di Gaeta paragonata alle precedenti, meno durò, per le cagioni dette, ma sovrastò per grandezza, numero, arme, offese e isolamento; per non dichiarata guerra, per re e regina assediati co' ministri d'Europa, e soprattutto per la pusillanime inoperosità de' potentati, che si facevano su quello scoglio lacerare in volto i patti sociali. La monarchia cadde con dignità, e forte manderà sua voce nello avvenire.

§. 20. Falsità, insulti e giustizia.

Napoleone e la setta dispettosi di tal nobile caduta, lavorarono poi sempre a discreditare Francesco. Mentre il bombardavano, accusavano con falsità. Stamparono a Londra una lettera dicentesi scritta a lui da Vittorio in agosto 59, che il pregava farsi liberale e confederarsi a lui; ciò per dargli colpa di rifiuto, e fingere giusta l'aggressione. Ristampata da cento giornali, il governo sardo non la smentì, giovandogli quel falso; ma smentilla il nostro ministro a Londra.

La setta, incapace d'onore, preparò codardi insulti alla sventura. Entrando la real coppia in Roma la sera del 14, fuochi a tre colori, prezzolati italianizzanti, grida di Viva Vittorio, e fischi: sotto le finestre del Trapani zio del re strillarono *Fuori i lumi*, quasi a sforzarlo a gioire per la caduta della sua casa. I Francesi pattuglianti lasciarono fare; poi dissero *basta*; ma parecchi nobili cuori di Francia fremettero. Per contrario i reali esuli accolti regalmente dal Pontefice al Quirinale, udivano i Viva de' Romani in folla, a rimertarli di dolce simpatia. Accorsero più deputazioni a presentare omaggi, e fu notata pure quella degl'Inglesi là residenti. Al mattino una scritta a nome de' Romani mostrò la indignazione per la codarda settaria offesa. Il papa volle i reali fermassero in quel suo palazzo la dimora.

Francesco a' 16 fe' dal suo ministro Casella notificare a' potentati le cagioni politiche e militari della cessione di Gaeta. Disse: « L'ostilità inglese, il non intervento prescritto da Francia, l'inazione d'Europa, il bombardamento, il tifo, gli scoppii (cui non è strano il tradimento) spinsero il re a cessare. » Finiva accusando il Cialdini delle bombe durante il trattato, onde *perirono altri cittadini e soldati*. L'Inghilterra s'insozzò di cinica offesa: quel ministro Russell, gittata la maschera, scrisse il 20 al nostro ministro Fortunato, che, caduta Gaeta e partito il re, non poteva ei più rappresentare a Londra un re delle Due Sicilie; e aggiunse tal caduta essere effetto de' non seguiti consigli inglesi. Più vero avrebbe detto: per non aver voluto il re essere servo d'Inghilterra. Il Fortunato gli rispose dignitosamente.

Meglio sentirono la giustizia i magistrati di Francia. Francesco tenendo come dissi il *Sannita* a Marsiglia, l'avea venduto per munire di vettovaglie Gaeta. Il Cavour citò i compratori a lasciare il legno *perchè del Piemonte*; i tribunali condannarono l'attore consolo sardo alle spese; appellò, e fu ricondannato ad Aix. Allora in Francia gli animi irritati dalle italiche infamie disdegnavano e nelle camere s'alzarono voci generose.

§. 21. Luminarie.

In Napoli per Gaeta caduta comandarono luminarie e *Te Deum*, a gioire della patria sconfitta. Giunta la nuova la sera, s'aggruppa un poco di bruzzaglia, e con torce, grida e strumenti andò melensamente correndo. La dimane il municipio invitò i patrioti per una *dimostrazione grande*; ma a sera la stessa gente per Toledo minacciando e lanciando pietre a' vetri, dove non mettessero lumi; la polizia dietro faceva spalla. Guai a chi non gridasse *Viva*. Parecchi ebbero busse e ferite, le carrozze non gridanti erano fischiate e fermate; i Nazionali dalle botteghe scaricavano i fucili. E tanto potè lo entusiasmo che quel popolo re la sera stessa generosamente saccheggiò le botteghe d'un pizzicagnolo e d'un corallaio a Chiaia, non illuminate a festa. La terza sera medesima *dimostrazione* con musica in testa e grida: Viva Garibaldi nostro *vice-rè!* Morte a' Borbonici! Fuori lo straniero! e sempre con le petrate alle finestre. Ciò nelle vie principali, nell'altre buio e mutezza. Il giornale uffiziale stampò lunghe liste di comuni festeggianti; e posevi anche Isernia ch'avea pocanzi patite le cialdiniane fucilazioni. In ogni comune ove fosse un prete de' loro, si sentiva il *Te Deum* in chiesa, sacrilega commedia, vietata indarno da' Vescovi; perlocchè il giornale Lampo stampò: *il governo deve cancellare i vescovi dalla terra della libertà*, cioè liberamente ucciderli o bandirli. Cotesti generosi come compiono uno spoglio, vogliono a forza che i ricchi accendano lumi e i preti ne ringrazino Dio; non credono a Dio e odiano la nobiltà, ma pretendono le cose di chiesa, e le feste de' signori, per irretire il popolo, che sanno non credere a loro, ma a' gentiluomini e a' preti. Però carcerano e fucilano chi non ride o canta a' loro delitti. Tiberio vietava le lagrime, i liberali comandano il riso.

§. 22. S'insedia il codice piemontese.

Caduta Gaeta, il Sabaudo, calunniatore e spogliatore de' Borboni, avea grandi doveri avanti alla nazione napolitana. Tutto parea gli arridesse; sparito l'esercito regnicolo, tronche le speranze de' legittimisti, egli potente avanti al popolo inerme e domo, dovea guadagnarlo, farsi amaro, ed eseguire le tante spifferate promesse d'un *governo riparatore*, giusto per tutti, e sorreggitore d'ogni dritto. Ma non fe' che trapiantare leggi e persone piemontesi in Napoli, comprimere la nazione, mangiarne le ricchezze, abolirne i fasti e i ricordi. Fu giustizia di Dio che i Napolitani, spregiatori spensierati delle patrie cose, le straniere assaporassero. A fingere generosità uscì con data del 17 lo indulto per tutti i delitti politici sin allora commessi, ciò in grazia *dell'esultanza generale di tutto un popolo, per la gloriosa espugnazione di Gaeta.* Ma distinguendo la legge i *delitti* da *misfatti,* questi restavano punibili, e lo indulto parendo tutto perdonare, quasi niente perdonava. Lo stesso dì stabilirono la nuova provincia di Benevento con 244,173 abitanti, diminuendo le province de' due Principati, Molise, Capitanata e Terra di Lavoro, e alterando la secolare circoscrizione territoriale, con danno di tanti paesi.

Per dare addosso al clero e a' reazionarii, due decreti aggiunsero alle discordie politiche le civili e le religiose. Al 18 febbraio fu prescritto che dal 1° luglio valesse il codice di leggi e procedure penali sarde, con certe modificazioni, e con la istituzione de' Giurati. Sì un tratto di penna aboliva le leggi d'un regno, imponeva codici stranieri, e mutava lo stato sociale d'un popolo, come soggiogato. I *giurati* sono uomini non giuristi, anzi artigiani ed idioti, messi a giudicare della vita de' cittadini, dove pure giureconsulti talora fallano; originalità inglese, trapiantata da' massoni in Italia, per tiranneggiare con nome di libertà. Da gran tempo strimpellavano essere i giurati gran guarentigia di libertà; ora sotto paruta di regalarne tanto bene, con uomini scelti da' loro prefetti facevano condannare i *briganti*. Già in Francia i Vandesi legittimisti ebbero da' Giacobini nome di briganti; anche i Francesi del decennio dissero briganti i Calabresi; e adesso quest'altra francioseria rinnovarono, appellando briganti i pugnaci per Francesco. Non pertanto sendo reputato ottimo il codice napolitano, quel vederlo abolito pel Sardo, spiacque assai, anche a' liberali, che già si sentivano incatenare a servitù. Sursero proteste e rimostranze, pur dei comuni. Catania protestò forte.

§. 23. S'abolisce il concordato con Roma.

Già in dicembre il Pepoli aveva abolito gli ordini religiosi nelle Romagna, e loro tolte le robe. E il Cavour capo di quel governo abbrancatore de' beni della Chiesa, scriveva il 20 novembre una nota minacciosa al cantone svizzero di Berna, ch'avea sequestrati i beni de' vescovati di Como e Milano; dove forte ei sostenne la ragione di proprietà, accusandolo di *abuso contrario al dritto*. Costui voleva egli solo usare del dritto nuovo. Ed ecco per ordine suo in Napoli a copiare il Popoli, un Pasquale Mancini leguleio di Piscinola, stato editore del Machiavelli, ignorante e presuntuoso, allora consigliero al Culto, esce a rifare il dritto ecclesiastico. Cominciò il 10 gennaio a pretendere da ogni monastero stati minuti d'ogni loro cosa e pure delle qualità personali de' frati e delle monache. A' 30 vietò rigorosamente a' religiosi *ogni comunicazione co' loro superiori e capitoli generali*. Il giorno dopo s'intruse ne' particolari dello discipline de' chiostri, e comandò gli mandassero ogni quindici dì rapporti su' mancamenti de' monaci; il chè fecelo ridicolo. Il Riario cardinale arcivescovo ne protestò il 6 febbraio con lettera al Carignano, appellandosi al concordato. Ed ecco a compiere l'opera il Mancini con sei decreti il 17 del mese abolisce il concordato del 1848 con la Santa Sede; richiama la polizia ecclesiastica del Tanucci; dà agli acattolici parità di dritti, abolisce i privilegi dei clero, pone il ricorso *ab abusu* contro le autorità ecclesiastiche, scioglie le commissioni diocesane per vescovadi e Benefizii vacanti, e le chiama a dare i conti del passato; sopprime conventi, benefizii cappellanie; istituisce una cassa ecclesiastica con altre norme amministrative, per ispartire l'entrate a' preti poveri e all'istruzione popolare; toglie a' Vescovi ogn'ingerenza nei conservatorii, confraternite, opere pie e ritiri; e spoglia e sopprime più case religiose. Lo stesso giornalismo liberale disse quei decreti *marchiati col suggello d'incostituzionalità*. Ma tai leggi Manciniane promulgate per ingalluzzamento dell'autore, il governo stesso sapevale odiose, e a calmar gli animi ne dichiarò l'attuazione ad altro tempo. Intanto il Mancini nuovo Czar toglieva benefizii, sospendeva e regalava prebende.

Contro l'illegale abolizione del concordato protestarono il 7 marzo al Carignano, rispondendo capo per capo, sette arcivescovi, e quattordici vescovi rimasti nelle loro sedi: gli altri v'aderirono in seguito. Allora perduta la speranza d'infellonire il clero, presero a perseguitarlo. Abolirono nell'Università la cattedra di teologia, dove insegnò S. Tommaso; promossero giornali protestanti, introdussero in pubbliche scuole catechismi neganti il purgatorio, e dichiaranti mito la storia d'Adamo ed Eva. E abolita la cattedra di S. Tommaso, decretarono s'alzassero in quell'aule le statue d'esso santo, del Vico, di Pier delle Vigne e del Giannone; strana misura! Monsignor Francesco Gallo vescovo d'Avellino, costretto a lasciare la diocesi, stava a Barra col suo vicario in casa il principe di Fondi: corso ad arrestarlo a' 24 febbraio il Tupputi generalissimo de' Nazionali; il quale non isdegnando l'arte dello sgherro, imposegli aderisse al governo, rispose il farebbe, purchè non attentasse a' dritti verso Dio e la Chiesa; ma no, aderire in tutto, o esulare. Monsignore protestò con lettera al Consigliero del culto; e 'l carbonaro Tupputi tosto il menò col vicario sul battello *La Clotilde*, e consegnò a un capitano di carabineri, che a Torino il 10 marzo li condusse. Il prelato pagò il viaggio; e nondimeno i governanti tassarono la sua mensa in ducati 273.50 per vitto e spese di quella cattura! Vistisi schifati da' vescovi, tentavano sempre d'irretirne qualcuno. Al Cosenza cardinale di Capua, che per grave età avea mostro qualche debolezza, mandarono il gran cordone de' Santi Maurizio e Lazzaro; ma egli la dimane il 2 aprile il mandò indietro.

§. 24. Terzo opuscolo del La Guerronièrre.

Napoleone, bombardato Gaeta, tentò bombardare il papa con altro libello del suo La Guerronière, già pria d'uscire strombettato, col titolo *Francia, Roma e Italia*. Costui avea quattro impieghi con 120 mila franchi l'anno: stato legittimista, organista, repubblicano e imperiale, banderuola de' paganti, assimigliaronlo al Danubio, che nasce cattolico, segue protestante, finisce Turco. Uomo senza coscienza, ingegno falso, mobile bonapartino. Con sì ricca livrea, accanneggiato contro il papa, costui dunque tutto omaggi e prostrazioni, sfilosofando, mentendo, contradicendosi, e smozzando e storcendo i fatti, canta il crucifigge a Pio IX, e l'osanna a Napoleone. Questi far tutto per salvar quello, quegli tutto per ruinare: ostinatissimo a' consigli, a torto far di Roma quistione religiosa, a torto respingere l'offerte di Torino, massime il non accettare Vittorio per suo vicario; a torto ricusare Piemontesi per custodi. E non conchiudeva punto, acciò concludesse il lettore col *crucificatur*, ed ei paresse moderato, senza impegnarsi in niente. Finiva con pompa di generosità, che Francia terrebbe ancora sua spada in Roma. Lavoro era a cassare dalle coscienze francesi i sensi di religione e di giustizia, a esautorare il pontefice, e a incolparlo dell'iniquità altrui. Non un motto contro il Piemonte usurpatore, non uno contro il Garibaldi, il Cavour, il Cialdini; tutto contro l'oppresso dispogliato. Ma se il papa era reo d'ostinatezza contro i napoleonici consigli, perchè non più reo Vittorio ostinato a rifiutarti più che consigli, i suoi patti solenni di Villafranca e Zurigo?

Tutti i giornali officiosi, giudaici e protestanti posero nelle stelle quel libercolo: ma ebbe risposte pur molte ed eloquenti; non che il meritasse; ma perchè l'autore s'ingrossava mostrandosi portavoce d'un più grosso. Pertanto non potendosi tenere per cosa privata, il cardinale Antonelli ai 26 febbraio scrisse a' legati pontificii, smascherando le ipocrisie e le calunnie di quello spudorato scribacchino. Ma il suo padrone in premio fecelo senatore.

§. 25. Le camere francesi.

Maneggiandosi a forviare l'opinione, Napoleone mirava a far che le camere di Francia sospingessero lui a compiere suoi disegni sopra Roma. Erano senatori creati e pagati da lui; erano deputati eletti pel patrocinio suo; ma quei troppi paradossi, quell'insultare con ossequii la vittima, quell'apporre le perfidie proprie all'innocente, stomacò; la lealtà francese s'adontò; Francia tutta arrossì del volpino assalimento; e nella camera si alzò tale opposizione che sorretta dalla formidata eloquenza del vero, costrinse il Bonaparte a far sosta. Il Keller dimostrò con la lettera del delinquente Orsini, Napoleone essere l'esecutore testamentario di quell'assassino; aver fatto suo quel programma, e averlo eseguito. Il cugino Napoleone con un discorso (che dicesi scritto dallo stesso La Guerronière) eruttò il 1° marzo in senato improperii contro il papa e i Borboni, ed elogi all'italiche rivolture; ma fu con clamori e tumulti e con gravi orazioni rintuzzato. Nientedimanco il ministro Persigny ne stampò dugentomila copie, e sparsele per Europa, in onta al papa, e pur le affisse nelle case comunali di Francia. L'imperatore scrisse al cugino, congratulandosi del *suo trionfo parlamentare*, e stampò la lettera, e poi osò con note diplomatiche dire quella parlata aversi a caricare al cugino, non vincolare la politica. Cotali invereconde contraddittorie farse illustrarono nella coscienza universale la lealtà del Vaticano.

A quella parlata rispose con lettera a' 15 marzo il duca d'Aumale orleanese, ricordando i trionfi de' Borboni, rettificando la storia, rinfacciando le napoleoniche doppiezze, la quale fe' rumore grande, e benchè il Bonaparte ne proibisse rigorosamente l'entrata, più desiderata, facea colpo, massime ne' militari. Corse quest'aneddoto, che consigliato il principe Napoleone a sfidare l'Aumale, rispondesse: *Io non mi batto co' nemici di Francia.* Dunque con gli amici?

§. 26. Proclamazione del re d'Italia.

A' 8 febbraio s'inaugurava il parlamento detto italico. Era illegale, perchè non rappresentava tutti gli stati italiani; illegalissimo per Napoli, purchè i deputati, dopo quel plebiscito falso, s'erano eletti e raccolti, mentre il re legittimo con le nazionali truppe combatteva ancora nel reame, cinto da' ministri de' potentati; e si costituivano quando ancora la bandiera patria sventolava sopra Messina e Civitella. Oltracciò i sedicenti eletti, notissimi cospiratori, stati i più da Torino ospiziati e rifocillati acciò le vendessero la patria, erano stati lontani tant'anni, ignari de' napolitani interessi, e servi del nemico. Ma conquistata dalla setta l'Italia, doveano darle forma. Il Minghetti scrisse il discorso della corona, compassato, che nunziò: « Italia libera e unita, con propizia l'opinione delle genti, sarebbe guarentigia di pace al mondo. Francia aver tolto il ministro da Torino, ma ciò non alterare la fiducia nel suo affetto. Francia e Italia strinsero indissolubili nodi; Anglia fu larga di confortevoli avvisi; con Austria s'usa opportuna prudenza. Voglionsi infine altre tasse e imprestiti per compiere gli armamenti. » I deputati coprirono i brogli elettorali e la parvità de' loro elettori, sè stessi magnanimamente approvando.

Il Cavour a' 21 propose *per Ordine del re* al senato una legge, onde questi assumesse per sè e discendenti titolo di re d'Italia, e appellarsi Vittorio Emmanuele II. S'osservò: « e perchè prima al senato, creature sue, e dopo a' deputati; invertendo l'ordine costituzionale? perchè il re *assumere*, e per suo ordine, il titolo, quasi conquistatore, e non accettarlo dalla nazione? perchè dirsi secondo, sendo re d'Italia primo? Volere forse essere re Piemontese padrone d'Italia? » I 131 senatori dopo alquante chiacchierate, approvarono il 23, unanimi; ma nella ballottazione segreta uscirono due palle nere; cioè due avevano avuto paura di negarsi apertamente. Ed erano senatori pagati bene! Nella camera bassa, medesima commedia l'approvazione unanime, e le due palle nere; parve i votanti pigliassero la cosa a scherzo. Ciò dovea farsi il 15 marzo; ma il Cavour avea il 13 per nefasto, e 'l volle il 14, ch'era pure natalizio del re. A' 17 uscì la legge così: « Il re Vittorio Emmanuele II assume per sè e successori il titolo di re d'Italia. » Tal formola equivoca accollante a re non a regno, a titolo non a cosa, fu suggerita da Napoleone, che degli equivoci è il re; per render meno restii i potentati a riconoscere quella sua fattura. A Torino nessuna festa, chè il municipio non avea danari, e i privati n'intravedevano i danni al Piemonte. Il senato voleva il re s'intitolasse *per la grazia di Dio*; i deputati volevano *per la volontà della nazione*; il Cavour contentò tutti e con legge stabilì si dicesse *per la grazia di Dio, e per la volontà della nazione*, che risucì alla formola mazziniana *Dio e popolo!*

Il 20 il Cavour nunziò la dimissione del ministero, per insediare il ministero italiano. Mutazione di nome! Ne scesero il Mancini e il Corsi, e a' 22 surrogaronli il De Sanctis e 'l Natoli, col Niutta ministro senza carico; siciliano il secondo, napolitani gli altri; ma con sempre onnipotente il Cavour; servo di Napoleone.

Protestarono per la proclamazione del re d'Italia il Granduca Toscano da Dresda a' 26, il Duca di Modena da Vienna il 30, la reggente di Parma da Wartegg in Isvizzera il 10 aprile, la Santa sede il 15. Re Francesco non protestò, parendogli superfluo; ma con lettere de' 5 e 28 aprile da Roma a' suoi ministri allo straniero ne fe 'motto, tenendo *impotente a invalidare i dritti suoi la chimerica frase di re d'Italia, data da una rivoluzionaria assemblea.*

§. 27. Volenterose infamie.

Delle vergogne de' fattori d'Italia non mancavano documenti; ma in marzo se n'udirono confessioni solennissime. Gli uffiziali traditori di re Francesco, tenendosi da Vittorio poco compensati, reclamarono al parlamento contro i decreti del ministro di guerra. Dicevano tra l'altre cose: « Essersi nel napolitano esercito stabilito un forte partito d'uffiziali, per favorire l'impresa del Garibaldi, la espulsione de' Borboni, e l'unità italiana. Erano uffiziali ne' molti comitati rivoluzionarii del regno; ed alcuni spezialmente facevano parte del comitato del ministro sardo in Napoli, assistito dall'ammiraglio Persano, e dall'altro generale sardo Ribotti (quello cui re Ferdinando graziò del capestro!) e dal Nunziante: ciò per movere i soldati a sorgere contro Francesco, e far questo partire, prima che arrivasse il Garibaldi. Ma non riusciti per la fedeltà di tutti i soldati, gittarono semi di scissure ne' capi; de' quali, benchè molti sapessero le mine scavate al trono, nessuno n'avvertì il re. Così fattolo andar via, ed entrato come per incanto il Garibaldi, questi riconoscente ordinava il riordinamento dell'esercito regolare, con tutti gli elementi *buoni* dell'esercito borbonico; e fecelo il suo ministro Cosenz, che die' a *tanti meritevoli* le regolari promozioni. Venuti i Piemontesi, disfecero l'opera dittatoria. Però gli uffiziali hanno reclamato: il ministro tratta male lo elemento militare patriottico, mal retribuito di tante fatiche, con fonderlo co' prigionieri borbonici, porli nel medesimo scrutinio, tenerne degradata una parte, mandarne l'altra a riposo, senza badare ad età e a servizii resi. Eppure il ministero non esaudendoli ha risposto: 1° che non essendovi esercito in Napoli, il Piemonte non voleva unire il suo col residuo di quello, ma ingrandirlo, che però chi vuole entrarvi deve accettarne le condizioni. 2° Che non avendo il Garibaldi mandato del re, sono considerati nulli i decreti suoi. 3° L'esercito sardo avere col fatto conquistato Napoli; perchè se non giungeva a tempo, Francesco sarebbe in Napoli, e 'l Garibaldi giustiziato. Il plebiscito essere stato urgente necessità. 4° Che avendosi a scegliere credonsi migliori gli uffiziali di Capua e Gaeta, che quelli rimasti in Napoli; i quali mancando al giuramento, s'erano col mantello della patria tenuti al sicuro, lontani dalla guerra. » E a tal cinica risposta più cinicamente i traditori contrarispondevano: « Tal discorso del ministero chiarisce l'indole municipalista piemontese, e la sfrenata mania d'aggrandirsi con l'altrui. È vero che la maggior parte dell'esercito napolitano seguiva il re; ma una piccola parte n'era rimasta in Napoli, ed ha cooperato, massime co' lavori d'artiglieria e genio agli assedii di Capua e Gaeta. 2° A negare il mandato al Garibaldi, bisognava che il Villamarina protestasse contro l'abuso; ma questi invece incoraggiava gl'individui a lavorare. Sconoscere la dittatura data dal popolo, significa sconoscere il potere che fece re Vittorio Emmanuele, 3° Tenere il plebiscito per una necessità è falso, ed enorme indegnità: 4° Credere migliori i prigionieri di Gaeta che i reclamanti è urtare il buon senso politico. Se Francesco vinceva, voi, Piemontesi, ne avreste abbandonati alla morte o alla miseria; dunque sfidando tai pericoli per servire voi, noi vili non fummo. Vili ci chiamate per ingordigia, per aggraffarvi tutte la cariche dell'esercito italiano. »

Grandi veri erano cotesti, fuorchè il non essere vili. Sfidato avevano i pericoli del tradire, perchè sapevano i Borboni non punire nessuno; chè se avessero vista una forca, erano eroi di fedeltà. Ora del felice tradimento gloriosi, osarono davvero che il Parlamento giudicasse. E in dicembre ne seguì pubblico scandalo: il Nicotera attestò ch'eglino avevano avuto dal comitato Pontentino la promessa di paga maggiore. Il general Gugia osservò ch'eransi promossi da sè per tre gradi ciascuno. Il deputato relatore provò che i reclamanti s'erano tenuti lontani da' rischi guerreschi. E quella camera stomacata di tanto spolverato lezzo, s'andò diradando; e quando vennesi al deliberare, i banchi erano vuoti, e mancò il numero. I reclamanti chiedevano alto la retribuzione de' trenta denari, e non la potevano avere! E così re, ministri, diplomatici e militari spiattellavano al cospetto dell'Europa e per le stampe loro vergogne; e la giustizia di Dio puniva di volenterose infamie cotai fabbricatori d'iniquità.

§. 28. Intimazioni alla cittadella di Messina.

Volga ora il racconto all'ultime iliadi. A' 12 febbraio entrava nella messinese cittadella Patrizio Guillamat tenentecolonnello mandato dal re a comandarvi l'artiglierie e lo stato maggiore: i poliziotti messinesi volevangli impedire il passo, ma scesi in barche venti soldati a difenderlo, passò. La dimane il general sardo Chiabrera chiese spiegazioni, ed ebbe risposto, il mare per patto essere libero. Egli poi il 14 notificò la capitolazione di Gaeta, e intimò la resa in nome di Vittorio re d'Italia e della nazione; e disse: « Se la resistenza finora fu tollerata, oggi è delitto. » Il Fergola replicò si difenderebbe. Ne' dì seguenti quegli chiese abboccarsi, mandando una lettera del Cialdini, che gonfio del gaetano bombardamento, offeriva al presidio i patti di Gaeta, o vorrebbe co' suoi cannoni, e non darebbe quartiere. All'abboccamento venne il 18 un maggiore S. Marzano replicando l'intimazione: ebbe promesso la risposta il domani.

Questo dì 19 il tenente Gaeta tornò da Roma con trentamila ducati in oro, e lettera regia inculcante il dovere; i soldati dettero in Viva il re, e venuto il San Marzano, s'udì dire: *La piazza non si rende.* Tosto con grande alacrità si posero a' lavori giorno e notte, e fecero telegrafi tra la cittadella e i forti, comprato il filo elettrico in Messina. Due colonnelli, il Ferrara del 3° di linea, e il Mileti del 5° con pochi uffiziali, tacciando apocrifa la lettera del re, tentavano tumulti per isfoizare il comandante a cedere; ma questi li scacciò dalla fortezza; e a' 22 nunziata la colpa e la pena alla guarnigione, conchiudeva: « Sono sette mesi che con istenti e privazioni manteniamo su questo baluardo intatta la reale bandiera e 'l nome napolitano; l'Europa e i nostri stessi nemici debbono ammirare la nostra fede; saremo degni di quest'ammirazione, perseverando sotto il vessillo dell'onore e della religione. » Eppure quel dì disertavano altri uffiziali, con un Gabriele Vallo colonnello sospettato spione; altri disertarono i dì seguenti, i più per codardia; altri il Fergola mise fuori. Un maggiore De Michele, disertato, si offerse poi al Cialdini per comandare una batteria contro la cittadella, e fu spregiato.

§. 29. Sua condizione.

La cittadella era in mala condizione: re esule, monarchia caduta, Europa tacente, sola in mezzo al mare, non di soccorso speranza, nemici ingenerosi. Si difendeva per l'onore patrio, leso da tanti traditori, per costanza di soldati, per l'ultima protesta del reame contro la straniera usurpazione. Era mal munita. I lavori fatti dopo il 48 non resistevano alle offese; e infatti videsi poi il bastione D. Blasco demolito tutto dalle bombe. Inoltre per gli avversi cannoni rigati la difese bastionali restavano fiacche. Non vi era un cannone rigato, non un affusto da ricambio; piene le polveriere, che v'aveano messo le polveri di Palermo, Catania, Termini, Trapani e Girgenti e quelle de' forti Gonzaga e Castelluccio; laonde s'erano conci a polveriere molti magazzini, cosa di pericolo grande. Mille donne e fanciulli facevano ingombro, spesa, e impaccio di strida e paure. In sei mesi s'era lavorato poco; perchè i due colonnelli Ferdinando Guillamat e il Vallo tramavano la diffalta: solo il forte S. Salvatore s'era ben munito dal generale Anguissola.

Impertanto Patrizio Guillamat fe' tosto una batteria a fior d'acqua a sinistra della Lanterna, con quattro colubrine da 21; e per allungare i tiri de' nostri cannoni fuse palle espansive di piombo. Egli e gli uffiziali Lamonica, Cavaliere, Gaeta, Lauria ed altri lavorarono notte e dì; i soldati, i marinari cannonieri non istanchi mai; ma cominciato tardi, mancò il tempo.

§. 30. Bravure Cialdiniane.

Arrivava il Cialdini il 27 con la flotta; e cominciò batterie sulla spiaggia Contessa; il Fergola scrissegli ciò ostare all' articolo 4° della convenzione di luglio tra 'l Medici e 'l Clary; ed ei vedersi costretto a spiegare sue difese contro i lavori e contro Messina, centro degli approvvigionamenti di guerra. Il 28 visti sbarcare altri cannoni a Mosella e Contessa, replicò li allontanasse, o trarrebbe. Il Cialdini rispose secco: facesselo, purchè v'arrivasse. E avea ragione, chè le palle non giunsero. Il Fergola a' 27 scrisse a' consoli stranieri, che poichè il nemico senza notificazione infrangeva i patti, ei dovea difendersi, e pregavali sgombrassero tra ventiquattr'ore dal porto loro navigli. Costoro passato il tempo, dimandarono, dilazione *in nome dell'umanità*; ed ebbero risposto: volentieri, purchè cessasse il nemico. Volti al Cialdini, questi rispose *no*; poi nunziò che la tregua finirebbe il 2 marzo. Al 1° del mese rispose alla lettera del Fergola così: « Debbo dirle: 1° Che sendo Vittorio Emmanuele proclamato re d'Italia dal parlamento, la condotta di lei sarà considerata ribellione. 2° Per conseguenza non darò nè a lei nè alla guarnigione nessuna capitolazione, e mi si renderanno a discrezione. 3° Se farà fuoco sulla città, io farò fucilare tanti uffiziali e soldati vostri quanti saranno morti dentro Messina. 4° I beni di lei e degli uffiziali saranno confiscati, per rifare i danni a' cittadini. 5° In ultimo consegnerò lei e i suoi al popolo di Messina. Ho costume di tener parola. Tra poco sarete nelle mie mani. Ora faccia come crede, io non riconoscerò nella S. V. un militare, ma un vile assassino; e per tale il terrà l'Europa intera. »

Il secolo decimono ha vista pur questa lettera. Uno dicentesi capitano d'Italia, entrato in guerra senza dichiarazione di guerra, però degno di morte per legge d'ogni nazione; appella *vile assassino* l'onorato soldato che difende la sua bandiera sull'ultime mura della patria assassinata. Strapotente per tutte arme, si vanta di tenere parola contro il debole. Ed è sì codardo, che mentre prepara le offese dalla città, proibisce la difesa all'avversario, minacciando fucilazioni e confische. Certo ogni fortezza non soccorsa deve cadere; ed ei promette dare nelle mani del popolo (cioè dei camorristi) generali e soldati pugnanti per sacro dovere. E osa appellare all'Europa, egli che metteva sè nelle nazioni de' Tartari e de' Caffri. Boia vestito da generale.

Il Fergola gli rispose, farebbe suo debito; e mandò a' consoli umanitarii la lettera di lui; a' suoi la nascose; ma il Cialdini la stampò, e per de' traditori la sparse nella piazza. Laonde certi uffiziali congiurarono per uccidere il Fergola, il Guillamat e 'l Gaeta; e sebbene scoperti e presi, ciò scoraggiò il soldato, che capiva nessuna speranza avere. E qualch'altro uffiziale disertò. A' 3 marzo il commodoro d'una fregata americana H. Bell offerse mandar lettere del maresciallo al re; e se la risposta fosse per la cessione, recherebbela tosto, per salvare le vite di tanti bravi soldati, e 'l danno della città. Il Fergola scrisse al sovrano lo avvenuto: essere cinto da terra e da mare; non potere co' suoi pezzi arrivare agli avversi, e alla flotta grossa di dieci legni; supplicavalo mandare un legno a pigliare le donne e i fanciulli pericolanti, e dannosi alle vettovaglie e alla difesa.

§. 31. Difesa.

Il Guillamat per supplire a' cannoni rigati, prese dal cantiere 12 cannoni di ferro, e ne fe' tre batterie al piano S. Stefano, senz'affusti, infossandoli in terra con le bocche a 12 gradi d'elevazione; e occorrendo spolette da durare 45 minuti secondi, tolsele dalle bombe da 13, e le inumidì. Così potendoli caricare forte, quando a' 5 del mese spararono, andarono oltre la meta. Una di tai granate l'11 colpì un vapore sbarcante munizioni a Contessa. Ma non potevano trarre che a punto fisso.

Il nemico ergeva batterie entro la città, a Montesanto, al Noviziato, e a sinistra di esso. Il Fergola a' 7 scrisse a' consoli: essersi proposto di non offendere la città, ma lavorandosi in essa per assalirlo, era sforzato a contrabbattere, e dannificare le case. Recando tai fogli il tenente Brath a' legni stranieri alle Grotte, sebbene con bandiera bianca, fu cinto di barche, donde gridavano a' marinari: *Gittatelo a mare, e vi daremo cento ducati.* Quasi lo stesso scrisse al Cialdini e risposto questi *Facesse pure, terrebbelo ribelle,* gli mandò le copie dell'Ordinanze regie, che gli prescrivevano di combattere. Parve persuaso, e rispose più calmo.

La piazza aperse il fuoco alle due ore vespertine del giorno 8, sonando l'inno reale; poco stante, scorto inutile trarre da certi bastioni, che i colpi non arrivavano, vi fe' sosta; ma in due ore il Noviziato e Montesanto ebbero gravi rovine, e quello prese fuoco. A sera si scemò; ma i nostri vecchi affusti non reggevano, nè v'era da rifarli;

e in due dì, quantunque il nemico tacesse; i nostri cannoni erano già guasti. Solo dodici al fronte di terra valevano; e di sedici mortai solo cinque; gli altri affusti giacevano a pezzi; le casamatte dell'opere principali crepolavano, e bisognò non più usare i mortai. Contro Messina non puntò, sendo vano molestare innocenti, in zuffa senza speranza, sol fatta per onore.

Il nemico dopo il mezzodì del 12 smascherò sue batterie; due di cannoni al Noviziato, due a Montesanto, due di cannoni e mortai alle Moselle, pria celate da cose e da alberi, tutte da alture, o coperte e fuor di tiro; erano da' cento tra cannoni grossi e rigati, cui non si poteva rispondere. Il forte D. Blasco ne fu smantellato, e bisognò abbandonarlo. Poco stante s'appicca foco a' padiglioni 3.° 4.°, e cresce per vento: due pompe non bastano, l'acqua è recata a mano, nè giova. Scoppiano tre magazzini di polvere, e con morte di parecchi soldati, rendono inutile la batteria S. Carlo. L'incendio piglia la chiesa vicino al magazzino Norimberg ridotto a polveriera; quindi investe S. Stefano, e la blinda delle riserve di polvere a fronte di mare: tutta la cittadella, tra fumo e vampe, potea saltare in aria. E i soldati smorzando gl'incendii son decimati dalle avverse granate: in poche ore erano piovuti migliaia di colpi.

§. 32. Resa.

Messa all'ore 5 1/2 la bandiera bianca, il nemico dopo mezz'ora sostò. Chiesta tregua per ispegnere lo fiamme, e trarre le vittime dalle macerie, *No*, grida il Cialdini, *rendetevi a discrezione; o seguito.* Va il generale De Martino per patti men tristi: *No* ripete, il *foco distruttore v'investe; non potete altro; a discrezione.* Il consiglio di difesa considerò: « i viveri poter durare venti giorni, non isperarsi aiuto, disparità d'arme tra l'offesa e la difesa; rovesciati gli affusti sul fronte di terra, per sostituirli doversi sguarnire il fronte di mare minacciato da dieci vascelli; lesionata la casamatta principale, le fiamme stendersi minacciose alla polveriera, e da ultimo mille donne e fanciulli strepitanti. Sendo salvo l'onor militare, la pugna non avere scopo. » Inoltre per l'arti tortuose de' traditori erano nella guarnigione sospetti e dubbi. Si cedè. La previdenza del ministro Pianelli avea sguarnito di polveri Capua, e n'avea sopraccaricato Messina; però quella s'arrese per non averne, questa per averne tanta da scoppiare.

A tarda sera il colonnello De Nunzio tornò con la capitolazione, dettata dal Cialdini in sette articoli; l'ultimo diceva: *Le robe e le persone saranno rispettate, sotto la guardia della bandiera di Vittorio Emmmuele.* Si lavorò a spegnere l'incendio. Il Fergola die' alla guarnigione l'ultimo vale, incuorandola a sperare giorni più felici: « Addio, la sventura ci divide; lode e lealtà fu la nostra divisa; resti eterna, scolpiamola ne' cuori; essa ne unisce indissolubilmente al nostro infelice ma eroico sovrano. » E valendosi di ottenute facoltà regie, die' croci cavalleresche a' più meritevoli uffiziali e soldati.

§. 33. Viltà del Cialdini.

Il Cialdini al mattino seguente entrò nel forte a godere della vista dei vinti. Non fe' atto cortese; a trenta passi da' prigionieri dimandò del Guillamat, e a mo' di poliziotto gli ordinò l'arresto. E com'ei dignitoso porsegli la spada, respinsela, dicendo: *La sua spada non merita l'onore ch'io la tocchi*, e 'l fe' pigliare dagli sgherri; lo stesso agli uffiziali Gaeta, Brath e Cavaliere. Tutti e quattro fur menati nel maschio; in mezzo a un reggimento sardo schierato da tre lati, quasi pronto a capitale esecuzione; dove sublimati dalla coscienza d'aver fatto il dovere, e d'avere meritata la rabbia di quel sozzo *liberale*, stettero due ore tra vita e morte. Poi menati digiuni in segreta, ebbero aggiunto l'altro uffiziale Gulli, e poi, scambiato questo, il Falduti; e là, come alla berlina, erano segni alla curiosità e agl'improperii del volgo messinese. Per contrario i soldati nostri a vederli, a confortarli; i sottuffiziali si toglievano i galloni per fingersi loro trabanti e servirli. Fremendo ogni cor generoso, fu un Salvatore Grosso, tenente del 5.° di linea, che per ingraziarsi a' vincitori, gridò: « Vorrei dare un pugnale nel cuore di Francesco II, schifoso e vile! » Francesco l'avea fatto uffiziale. E passando avanti alle cancella de' carcerati sputacchiò al Gaeta. Il Gaeta l'avea difeso per non farlo scacciare dalla piazza. Ciò gli uffiziali Piemontesi udirono e videro, e lasciarono fare. Così il Cialdini eseguì il patto 7.° dettato da lui, *che le persone e le robe erano rispettate*; e pure lasciò parecchie case depredare. In quella tonava il cannone pel di natalizio di Vittorio. È da notare che il general Chiabrera e altri cortesemente più dì visitarono i carcerati; ma erano Toscani e Lombardi.

Dunque il Cialdini cinto da un esercito insultò il Guillamat prigioniero. Nessuna codardia maggiore del braveggiare senza pericolo: uomo contr'uomo non l'osava. La provvidenza smascherava la viltà di questa gente settaria appunto nel loro trionfo, e fe' che la spada del Guillamat non fosse deturpata dalla mano del Cialdini. Finalmente a' 17 del mese un consiglio di guerra imputò i prigioni d'aver coartata la volontà del maresciallo, per allungare la resistenza. Risposero: « essere uffiziali di stato maggiore; non entranti nel consiglio di difesa; non avere il Fergola mestieri di sprone; eglino non avrebbero il forte ceduto, se non mucchio di rovine; aver fatto debito di soldati. » A' 21 i giudici a porte chiuse, deliberato a lungo, decisero non essere luogo a giudizio. Se il facevano, era altra pagina del *dritto nuovo* inventato da' Sardi in mezzo all'Europa.

§. 34. Tardo ordine regio.

Imbarcandosi la guarnigione per Napoli, arrivava il 15 una nave francese con l'ordine regio della cessione. Francesco l'11 aveva ottenuto per mezzo della legazione di Francia, s'estendessero i patti di Gaeta anche a' difensori di Messina e Civitella, ed a soldati entrati nel pontificio, eccetto gli articoli 10 e 11 così modificati: « Amnistia piena pe' fatti della guerra alle persone chiuse in Civitella; ancorchè nè militari, nè amministratori; le truppe ite nel pontificio imbarcarsi a Civitavecchia; gli uffiziali e impiegati delle due guarnigioni potranno tra diciannove giorni dichiarare se servire il Piemonte, e intanto avranno paga. I sottuffiziali e soldati delle classi 57, 58, 59 e 60 non avranno congedo, gli altri sì, con due mesi di soldo. » E con tal convenzione fatta sin dall'11 del mese, il Cialdini teneva sino al 21 sotto giudizio e carcerati il Guillamat e compagni. Senz'essa li avria fucilati.

Francesco mandava altresì l'ultimo saluto alla guarnigione. Ringraziavali, e prometteva un dì richiamarli per conquistare la patria. E die' facoltà al Fergola di concedere commende, croci e medaglie degli ordini di S. Giorgio e Francesco I a' più benemeriti uffiziali e soldati; a lui la Gran Croce di S. Giorgio. Dal 1.° settembre al 13 marzo erano disertati dal forte ventuno uffiziali, otto n'erano stati espulsi, e pur v'era altri traditori, che, come quel Grasso, si manifestarono con la vittoria dello straniero. Dappoi per pabolo alla rivoluzione, che volea la cittadella rasa, se ne diroccò quella parte che poteva offendere la città.

§. 35. Come cadde Civitella del Tronto.

Restava la borbonia bandiera su Civilella del Tronto, ch'avria potuto a lungo durare: ma là erano gravi mutazioni intervenute. Il colonnello Giovine ebbe da rivoluzionarii nunziato (e non ora vero) che tenevasi la sua famiglia a Napoli in ostaggio; però si calò anch'esso a pratiche segrete per rendere il forte. Dell'avuta regia facoltà d'alzare d'un grado uffiziali distinti usò con parzialità, promovendo i pronti a mutare; anzi lo stesso ex comandante Ascione promosse tenentecolonnello. Dappoi teneva consigli ogni dì dove con esso l'Ascione e 'l Salines insistevano per cedere, opponendosi il Santomartino ed altri. Il Pinelli che sebbene messo in disponibilità, stava ancora là, nunziò a' 14 febbraio la capitolazione di Gaeta, e intimò la resa. I soldati e i paesani reazionarii forte s'opponevano; perlocchè il Giovine nuovo colonnello, *per non comandare*, come disse, *una guarnigione ribelle*, sull'ora bruna passò al nemico con altri diciannove; e la sera stessa scrisse a' gendarmi lo imitassero. A' 16 scrisse all'Ascione così: « Sono stato bene accolto da' Piemontesi. *Ho ottenuto* che stanotte, tutti i gendarmi, veterani, artiglieri e littorali che non mi seguiranno al Passo di Civitella saranno considerati fuori legge. Dunque chi vuol venire esca per la porta, per le mura, e anche facendo fuoco contro chi s'oppone; e qui avrà grazie e favorì. Legga tal foglio alla guarnigione riunita. » E a tal foglio s'accompagnava altro del Pinelli, minacciante non dar quartiere, se non s'arrendessero. Quel Giovine che s'era fatto onore si vituperò in ultimo sperando farsi merito co' nuovi padroni; ma la sbagliò, che indi a poco andò carcerato a Torino, incolpato del sacco di Campli, e vi stette prigione sino al 17 gennaio 1862.

Intanto i soldati niente smarriti, gridando Viva il re, si confermarono nella difesa; sospettosi dormivano sulle batterie; e a' 25 respinsero altro assalto, dove i Sardi perderono alquanti morti, e quindici feriti. Francesco mandò anche a Civitella l'ordine di cessare, col general Della Rocca e uffiziali francesi, a mezzo marzo. Sorsero allora nel forte diversi umori: chi voleva, chi no, ogni dì alterchi; ma la sera del 20 venne fatto all'Ascione di aprire porta di Napoli, mentre il presidio stava per le case divise. Così entrò nella piazza il Mezzacapo già nostro tenente disertore del 48, allora generale sardo succeduto ai Pinelli. Col dispaccio uffiziale nunziò essersi arresa dopo quattro giorni di gran fuoco; e poi disse averla avuta per dedizione; doppia menzogna. Incontanente afferrò il Santomartino e altri trentadue militari e paesani de' più pervicaci alla difesa; e cominciò a fucilarli.

Primi caddero morti Domenico Messinelli ch'aveva scoperta la trama coll'Ascione, un Supino di S. Egidio, e un altro, mentre s'andava saccheggiando; e giunsero a strappare le vesti e gli orecchini da dosso alle figliolette del Santomartino. Dopo due dì pose un consiglio di guerra, che dannò a morte esso Santomartino e quattro gendarmi, a prigionie di dieci anni molti veterani, e parecchi borghesi mandò a giudizii criminali. Fremeva di non trovare un frate Leonardo Zilli da Campotosto, oblato de' minori conventuali (ascososi in un forno); posegli taglia di 400 lire, e promise impunità a due artiglieri carcerati; questi per salvarsi svelarono il nascondiglio. Ben ligato il frate, gli fecero sul tamburo la sentenza, e 'l fucilarono ad Ascoli. Al Santomartino e agli altri per intramessa d'uffiziali francesi sospesero la morte; poi commutaronla con ventiquattr'anni di ferri. Mandaronli a Savona in Piemonte; dovo il Santomartino tentando di fuggire, fu trucidato, che lasciò giovine moglie e cinque fanciulli.

In tal maniera il *restauratore di morale*, compiè la conquista; e vendicò lo scorno d'essere stato sei mesi attorno a una bicocca, assassinando i difensori, e ponendo a colpa la difesa della patria. Anche smurò la fortezza, per distruggere quel ricordo; ma v'e la storia.

LIBRO TRIGESIMOSECONDO

SOMMARIO

§. 1. I vincitori non riposano. — 2. Stato di Napoli. — 3. E di Sicilia. — 4. Il vescovo Caputo. — 5. La lontana voce del Murat. — 6. Fasi della massoneria francese. — 7. Nuovi governanti e peggiori. — 8. Arresto del duca di Caianiello. — 9. Reazioni generali. — 10. Duello a penna tra 'l Garibaldi e 'l Cialdini. — 11. Pericoli dello Spaventa. — 12. Altre mutazioni in Sicilia. — 13. Seguito dell'anarchia di Napoli. — 14. Di tutto colpa re Francesco. — 15. Il Ponza, terzo luogotenente. — 16. Il gran libro dei debiti d'Italia. — 17. la festa dello statuto. — 18. Morte del Cavour. — 19. Il nuovo ministero italiano. — 20. Spagna ed Austria a pro del papa. — 21. Risposte ubbiose di Francia. — 22. Napoleone riconosce il re d'Italia. — 23. Altri riconoscimenti. — 24. Approvazione del debito. — 25. Delizie del rigenerato regno. — 26. E delizie di Napoli. — 27. Eccidii di Montemiletto e Montefalcione. — 28. Sequenza di reazioni. — 29. Il Ponza si dimette. — 30. Il Cialdini quarto luogotenente. — 31. Crea corpi franchi. — 32. Cade lo Spaventa, e altri. — 33. Contese d'impieghi.

§. 1. I vincitori non riposano.

Le rivoluzioni d'altri tempi, sendo mosse da bisogni sociali, quando abbattevano la tirannia, stabilivano la libertà legale; ma oggi sendo mosse da sètte, abbattono invece la libertà legale, per istabilire la tiranna anarchia de' malvagi. Abbassata la borboniana bandiera in tutto il regno, distrutto lo esercito nazionale, padroni i dominatori d'ogni cosa, pareva la rivoluzione dovesse posare, e cominciare nel paese un governo nuovo, se non migliore dell'antico, almeno ordinato e tranquillo. S'era perduta l'indipendenza; ma almeno si poteva avere pace e libertà civile, giustizia imparziale, sicurezza e tutela della possidenza e della religione. Spenta la patria monarchia, e la nazionalità, credevamo vivere almanco ignorati provinciali, lasciati incolumi negli affetti, nel commercio, nelle arti, negli studi, nella famiglia, avere la tutela delle persone, del respiro. Europa ancora s'aspettava vedere pacificata Italia, e i padroni valersi dell'incredibile vittoria per fruirne con senno, e mettere radici, e basi d'utilità generale, tale che la gente vi si potesse adagiare. Ma ad ingiusta fortuna non si congiunge assennatezza. Le ree passioni trionfanti volevano sfogo; e la rivoluzione frutto di massoneria che vuole scardinare l'edifizio cristiano e sociale, aveva il mandato di cominciare allora la distruzione, e mutare leggi, costumi, religione, e proprietà. Ciò urtando negli affetti e interessi di tutti, scomodava ogni sorta di cittadini, e apriva l'abisso della guerra civile.

Uomini iniqui avidi e furibondi avevano aiutato il mutamento, e volevano la parte: ma insaziabili, nè mai posando, rendevano a' dominatori stessi amaro il pane della rapina. Da una banda la supremazia de' peggiori pesava sulla nazione, dall'altra la melma sociale con improntitudini e scelleratezze incalzava oppressori ed oppressi. I governanti doveano combattere tutto: col protestantismo la cattolicità, con le tasse la possidenza e 'l commercio, con lo *spionaggio* la pace domestica, co' debiti l'industria, e co' premii alla colpa combattere la naturale onestà. Vedesti gente a migliaia vantare finti delitti per carpirne paga. Re Vittorio compensava la madre del regicida Milano; e soffriva a parte del governo il Gallenga ch'attentò alla vita dal padre suo. Per avere dominio dovea tenere per capitani i fucilatori Pinelli, Mezzacapo e Cialdini, e i traditori Pianelli e Nunzianti; per ministri i D. Liborii ed i Manna, proditori ministri di Francesco; e per cappellano maggiore un Caputo, vescovo apostata di Santa Chiesa. Doveva appoggiarsi a camorristi, a contrabbandieri, a disertori, ad uomini abbiettissimi ch'avevanlo aiutato; e con esso loro a brano a brano spartire la preda.

Oltracciò l'universale coscienza, il general ribrezzo per tanti perpetrati garbugli assassinii, ipocrisie e cinismi, pareva una cospirazione immensa contro quel parto sforzato d'iniquità; però la paura e 'l sospetto facevano vedere un congiuratore in ogni onest'uomo che sentisse messa, o dovizioso sbuffante nelle imposte, o nobile schifante quei mascalzoni lustrati, o sacerdote trepidante per la Chiesa. L'arte dello spione diventò lucrosissima e onorata; fare la spia per l'Italia era ponte a chiappare impieghi, si compravano i servi, i compari, gli amici; laonde un motto, uno sfogo, un lamento anche in casa sua erano cagioni di prigionie e relegazioni. In tutto il reame carceri sozze piene di gentiluomini; e fu patente d'onestà l'esservi chiuso; e certo unico sollievo tra le miserie era il non trovarvi compagnia di tristi; ma ve ne mettevano camuffati da buoni, a posta per espiare. Il governo arrovesciando l'uffizio suo, non infrenava i cattivi a tutela de' buoni, ma quelli scatenava, questi percoteva.

§. 2. Stato di Napoli.

Il Carignano, principe reale tra tanti abbietti, andava indarno per Napoli profondendo inchini; niuno il salutava. Pochissimi de' nobili, e si additavano, gli fean corte; fe' stupore il ricco marchese del Vasto, già cerimoniero di re Ferdinando, e da' Borboni e dal papa favorito; ma fatuo e imbecille, si scusava paoneggiandosi *d'avere parentela con re Vittorio.* Il Carignano, mentre re Francesco era ridotto in una casamatta bombardata, non aveva arrossito di preparare balli nella reggia di lui; ma non trovò dame decenti che v'andassero.

Il governo, oltre la popolazione irritata, aveva altre tre spezie di nemici nuovi: i camorristi facinorosi di Napoli, i Garibaldini facinorosi di tutto il mondo, e le associazioni operaie facinorosi a disegno. Tutte e tre sul popolo e sul governo (ambo avversi) pesavano: era la rivoluzione che la rivoluzione lordava, e spingeva a sempre maggiori reità. D. Liborio avea già alzato i camorristi a uffiziali; il Farini n'espulse molti; tornato D. Liborio, non potendo riporli su' seggi, fece di essi e d'altri tristi un'orda di sicarii, prezzolati agenti ufficiosi delle governative tirannidi, che per le strade armata mano i segreti ordini de' dominatori eseguivano. Dove per leggi non si poteva inveire, facevanlo fare da costoro; chi reclamava aveva il resto. In D. Liborio s'accentravano queste due file governative, d'aula e di piazza; il suo nome stesso infatuava la potestà. Contro di lui correvano petizioni al luogotenente (nè firmavanle che liberali) dicenti *il paese non poter sopportare un'amministrazione, i cui alti fanno ribrezzo alla pubblica moralità.* Tra esso e lo Spaventa gravi ire in Consiglio, per impieghi da dare o da torre. Torme di postulanti e minacciosi ingombravano i ministeri, sforzavano gli usci, e presentavano suppliche impugnando pistole: una il 12 marzo ne scattò e ferì un uomo. A contentare i più audaci, si davano ritiri con pensioni, ascensi, uffizii nuovi; e quando per fare l'unità i ministeri stavano per cessare, sbucciavano direttori, sottodirettori, segretarii, ispettori, migliaia di gaudenti sulla pubblica cosa. Alla fine del mese mancava da pagarli; e udivi più schiamazzo. D. Liborio dava Seicento ducati al mese a un suo giornale; lo Spaventa quasi altrettanto; quindi lotte in Consiglio e in istampa; e i giornali senza paga per indignazione o invidia sfringuellavano. Si die' fondo a tutto; anche a' banchi di pietà, denari di privati; e sì furono asciutti, che non si facevano le pegnorazioni della gente minuta; e la Tesoreria stette serrata appunto ne' giorni di Pasqua. Furti uffiziali da ogni parte: mancarono settanta cantaia di tabacco dal magazzino della dogana; tuttodì in dogana si rubavano le merci, non si pagavano dazii, anzi pagavansi a' camorristi; aperto seguiva il contrabbando.

A mezzo marzo ammalandosi di veleno cinquanta soldati ad Avezzazano, ne morirono cinque: gridarono a' reazionarii; si verificò l'appaltatore per ingordigia di guadagno avere messo segala-cornuta nel pane. Ne' teatri ponevano su la scena papi, preti, monache, crocifissi, e madonne; ne' giornali in grottesco disegnate le cose sante, e sin la Vergine e la Trinità. Il 22 nella processione dell'Addolorata in Napoli, udendosi a Toledo grida reazionarie, corsero colpi di fuoco. Le poste andavano male, s'apprivano le lettere, per trovarvi colpe. Gli eletti dei quartieri per piati col comandante piemontese della Piazza dettero l'11 marzo la dimissione. Le province strepitavano contro i governatori. Catanzaro contro lo Stocco tumultuava; peggio a Lecce; s'imprecava a Salerno; si facevano *dimostrazioni* a Monteleone. In tutte parti poi furti, arsioni, uccisioni, vendette e rappresaglie.

D. Liborio sospinto e maledetto non ebbe faccia da più resistere: quasi offeso, ne scapitasse la sua riputazione si licenziò, con una scritta accusante i colleghi e 'l governo. Lamentavasi delle cadute sue speranze di conciliazione, di rifare la guardia cittadina, di creare opere da dar pane e lavoro al popolo, di rendere morale l'amministrazione; e ciò per opposizioni in Consiglio, per danari promessi e mancati, e poca speranza d'averne; ond'era derivata la popolare scontentezza, e perduto il suffragio della maggioranza che proclamò il plebiscito, questo impudente malvagio l'opera sua stessa condannava, difendendosi. I colleghi sì accusati si dimisero anch'essi, ma restarono a questo; la dimissione di lui fu accettata il 12 marzo. A' 27 si videro da dugento, i più vestiti rossi, gridare per Toledo: *Abbasso il ministero!*

§. 3. E di Sicilia.

In Sicilia sempre anarchia. A S. Margherita presso Sciacca un dì si venne alle mani: otto uccisi, molti feriti. A Trapani l'8 marzo, sbarcando certi poliziotti antichi, ne trucidarono cinque a furore, e poi strascinati e mutilati per le vie. A Realmuto i partiti sempre sull'arme e su' colpi. I Siracusani fecero una dimostrazione contro il luogotenente Montezemolo e l'intendente Lanza. In Palermo una setta di pugnalatori imponeva sua volontà anche al governo: per tutte strade assassinii; non si poteva viaggiare; caro di vettovaglie. Non procedeva giustizia, nè potea nulla, pendendo sul capo del magistrato o del cittadino il pugnale, non testimonii, non accusatori, non reclamanti; facili paure, necessario silenzio. E il Montezemolo co' consiglieri in cene e pranzi.

Per diminuire odio, come il popolo s'esasperava per le notizie correnti sulla soppressione degli ordini religiosi, osarono un indegno stratagemma. Il Giudice della Monarchia, un canonico Cirino Rinaldi, diè fuori in marzo lettere circolari, così: « Le dò lietissima nuova; per l'alta considerazione presso il governo meritata dal clero regolare e secolare, non sono a temere mutazioni tendenti a sopprimere in Sicilia gli ordini monastici de' due sessi. Conscio di questo beneficente e fermo proposito del governo, ubbidisco ad ordine superiore nunziandolo ai reverendissimi capi degli ordini religiosi monastici, acciò svanisca ogni sospetto contrario, si ripari agl'inconvenienti già prodotti, e si prevenga quanto potesse alienare la stima del governo, e provocare repressioni. » Così raccomandavano sicurezza, dove preparavano la mina.

Ma nelle due parti del regno uno era lo scoraggiamento. I liberali bonarii inarcavano le ciglia, vedevano l'abisso ch'aveansi schiuso, i repubblicani apponevanlo al mal governo piemontese, e i gaudenti al popolo mal educato; le stesso camere di Torino rimbombavano di recriminazioni scambievoli. L'un l'altro incolpava; e colpavano tutti, per aver imposta la famelica rivoluzione alla patria.

§. 4. Il vescovo Caputo.

Erano guasti parecchi preti provinciali, pochissimi di Napoli, unico un vescovo, quel d'Ariano, fra Michele Caputo domenicano. Al quale volendo dar premio, e col suo nome tirare altri, diero il capitanato sul clero Papalino e regio. Papa Benedetto XIII con la Bolla *Convenit* del 6 luglio 1711 concedeva a Carlo III Borbone e successori di nominare un cappellano maggiore del regno napolitano sul clero palatino e regio, che numeroso era, da dipendere dal sommo pontefice. Tal privilegio esentava quei sacerdoti dalle giurisdizioni vescovili, solo soggettandoli al detto maggior cappellano, e a Roma. Era nel 1860 cappellano il vecchio monsignor Naselli; nè avea rinunziato, nè Francesco, ch'era allora a Gaeta, l'avea dimesso. Ma diventato il regno provincia annessa al Piemonte, Vittorio pretese poter nominare un cappellano maggiore, quasi ei fosse successore di Carlo, e re del regno napolitano che più non era; e ne gratificò quello sciagurato Caputo. Costui, entrato in sedia altrui, con quel decreto radicalmente nullo, il notificò al clero regio e palatino, con lettera tutta errori e contradizioni, storcente il bene e il male, confondendo i testi scritti, gonfia di cose liberalesche, e da razionalista e protestante. Pertanto la sacra congregazione del Concilio con lettera da Roma del 28 febbraio quella disapprovò e confutò; e a lui dimostrò la incompatibilità d'essere vescovo ad Ariano e gran cappellano a Napoli, e come cessato di fatto il regno, cessava quest'uffizio, e 'l regio clero tornava alla dipendenza vescovile; però comandavagli andasse alla diocesi, o meglio venisse a Roma per penitenza. Ma sperando ubbidisse, non fe' pubblico il monitorio.

Egli pervicace nol curò; e anzi appellandosi ancora cattolico, disubbidendo al papa, faceva contro il papa predicare alla protestante nelle chiese di patronato regio i mali preti sospesi da' vescovi loro. Il cardinale di Napoli non potendo quello scandalo sopportare in San Francesco di Paola, in S. Maria la Nuova e nella Nunziatella, ricorse al Nigra, ma questo bimbo s'imbellettava allo specchio. I governanti non paghi di profanare le chiese, profanarono le preci sante ne' teatri; prepararono in quello di S.Carlo lo *Stabat Mater* del Rossini pel 40 marzo, fittandone le sedie come a spettacolo. Il cardinale fe' rimostranze alte, perchè s'impedisse tal contaminazione, spezialmente in quei giorni della Passione; ma fecerla, e vi assistè il Carignano. A lui rispose il Segretario generale al culto, il Mancini, un de' celebratori del motto *Libera chiesa in libero stato*, dicendo essere ben fatto; e che i tre predicatori aveano predicato in regola e bene. Così egli giudicando di cose sacre, padroneggiava in sagrestia.

§. 5. La lontana voce del Murat.

Mentre l'unità partoriva tanti mali, e Napoleone se ne lavava lo mani, suo cugino Luciano Murat pretendente al napolitano trono, levava di lontano sua voce, per crescere frastuono nel pandemonio. Da Buzenval volse una lettera il 27 marzo a un *Caro Duca* in Napoli; accusava mestatore il Piemonte, *meritamente esosi i Borboni*; compativa il decapitato regno, e prometteva paradisi s'ei fosse re. Primi a stamparla al 1.° aprile furono i giornali officiosi di Parigi, dicendola presa da foglio straniero: andati a citarlo, tacquero. Niuno effetto fece, quasi voce infantile in gran burrasca, ma ei mandò a brogliare in Napoli suo genero barone di Chassiron. Non avea partito; credo l'avriano salutato alquanti traditori de' Borboni, scontenti della paga sarda; e pure si buccinò del proteiforme D. Liborio: certo tratto tratto andavano a lui e a Parigi qualche coppia di Napolitani recanti indirizzi. Fu notato che il Cavour a' 25 del mese nella Camera lodò Gioacchino Murat padre del pretendente, come propugnatore d'Italia; ciò con solenne mendacio, sendo quegli stato mero prefetto francese nel regno. Tal coincidenza di lode in quella bocca, e la lettera, ne' giorni stessi, fe' supporre si trafficasse della corona di Napoli tra 'l Cavour e Napoleone. Oltrecchè il sardo governare rapinando e spogliando questo reame, mostrava non tenerlo per suo. I rivoluzionarii si scagliarono con la stampa contro la baratteria e i due sospettati autori; e Lord Cowley legato inglese a Parigi dichiarò al ministro Thouvenel che se il Murat movesse per Napoli vi troverebbe il Garibaldi re. Napoleone al solito fe' il Giano; permise la lettera murattina nel Monitore; poi da' suoi giornali fe' dire ei la disapprovasse, e anche lasciò stampare una sua lettera disapprovatrice, consigliante il cugino a viaggiare per sei mesi, poi dopo più settimane, quando non vi si pensava più, il Monitore a' 21 maggio dichiarò apocrifa la disapprovazione. Con tai moine tastava le acque, e ricordava al mondo il dimenticato pretensore.

§. 6. Fasi della massoneria francese.

Di costui molto a quei dì si parlò, per cagione della Massoneria, rafforzata in Francia, con 350 mila massoni e massonesse, tutti sotto la mano dell'imperatore, che vi teneva i suoi a capi. N'aveva avuto gran pro alla sua esaltazione, onde le facea buon viso; ma temendola, avea cercato inbavagliarla col decreto del 7 settembre 1850, proibente alle logge di parlare di politica, pena la chiusura. I massoni spaventati presero a rabbonirlo; e anzi a' 9 gennaio 52 proposero a Gran Maestro il cugino Murat, e 'l proclamarono il 19. Questi era stato affiliato in Austria, ch'avea diciott'anni. Aggiustate così le cose, andarono bene sino al 61; quando il Murat, sendo pure senatore, surta nel senato la quistione del potere temporale del papa, si vide in bivio; se dava il voto al papa offendeva la massoneria, se all'Italia, faceva rinunzia al preteso trono sebezio; vincendo l'interesse proprio, si pose col papa. Che scandalo! i giornali massonici l'insultarono, egli sospese gli scrittori, i giornali, e loro logge, con decreto; però cresciute l'ire, giunta la nuova elezione che cade ogni sett'anni, non fu rieletto. Napoleone per non fare uscire di casa quello scettro settario fa presentore candidato l'altro cugino Napoleone Geronimo, ch'avendo in senato sbardellati vituperi al papa e a' legittimi re, era simpatico; in fatti nell'adunanza pubblica massonica del 21 maggio fu dimesso il Murat; ed eletto il cugino. Ottima scelta! Tra questi due si parlò di duello, ma non seguì. L'elezione fu disfatta per illegalità; e dovendosi procedere a rielezione, il governo impedì l'adunanza; poi l'ordinò pel 14 settembre, poi la prorogò. Tra' due cugini durò lunga guerra massonica; sinchè il maggior cugino imperatore impose silenzio ad ambo; e di suo arbitrio con decreto del 12 gennaio 1862 fe' Gran maestro il suo maresciallo Magnan; più docile strumento. Il decreto imperatorio rendente l'ordine schiavo, in duro a' liberaleschi settarii; ma dopo un po' di broncio l'inghiottirono, e tutte le logge si sottomisero. Ma già il padrone imperatore avea preso la protezione della società massonica, e datole gran favore; che il suo ministro Persigny a' 16 ottobre 61 con ordinanza metteva a un fascio la massoneria con la società di S. Vincenzo de' Paoli; sotto spezie di regolarle a' sensi di legge, quella a suo modo consolidò, questa distrusse. La quale stabilita in Francia dal 1775 contava sottecento opificii, intenti ad opere di beneficenze; e allora per non restare schiava si sciolse; dove la massoneria imbavagliata come cane dal padrone gli leccava le mani.

§. 7. Nuovi governanti, e peggiori.

In Napoli, dimesso D. Liborio, si tirò avanti con incompiuto Consiglio. Ingiusta dominazione, ingiuste leggi, ingiusti uffiziali; non comando nè ubbidienza, terrore e insolenze, furti e tasse; la canaglia sovrana, il popolo servo, il governo fatto nella sua tirannia ludibrio di sètte. A Torino pensarono rimediare, con accentrare colà, più le cose, stringendo la potestà del luogotenente, e governare da lungi co' partigiani. Un decreto del 29 marzo disordini nuovi: alla luogotenenza quattro dicasteri: 1.° Interno e polizia, 2.° Grazia e giustizia, 3.° Istruzione, agricoltura e commercio, 4.° Lavori pubblici e Finanze; tutti guidati non più da Consiglieri, ma da Segretarii generali; ciascuno dipendente da' ministeri di Torino; ma scemata la dignità restarono gli stessi i soldi. Andò al primo Silvio Spaventa, al secondo Stanislao Mancini, al terzo Paolo Emilio Imbriani, al quarto Vittorio Sacchi; onde i Napolitani ripetevano in canzone: Lo spavento alla polizia, i sacchi alle finanze.

Era un passo all'abolizione della Luogotenenza, finale vilipendio al reame; quelli uomini erano i consortieri stessi che in qualsivoglia mutazione s'imponevano al paese. Anche i liberali sbigottiti, fecero a' 2 aprile una petizione al parlamento. Ma il parlamento pure consortiero era. Col Carignano e il Nigra incapace e imbelle, re vero fu lo Spaventa, incredibile cosa! sì basso cadde il regno di Ruggiero. Successore e nemico di D. Liborio, temendone i seguaci, fe' l'opposto che lui; perseguitò i camorristi; trovatine vestiti da Garibaldini, tenenti e capitani, li rimandò in galera o nell'isole, eccetto chi si desse a lui. E senza misericordia su' Borboniani gravava, per rabbia antica, e per offa alla rivoluzione.

Non si può descrivere l'anarchia di quei giorni: nessuno avea fede in quel governo: i buoni aspettavano, i tristi fremevano, e cercavano d'aggraffare presto. Però rapine in tutte amministrazioni: ne' magazzini dei tabacchi, nell'Albergo de' Poveri, a S. Pietro martire, e vi metteano fuoco per distruggerne le prove. Impieghi a pessimi, a nipoti e parenti, talora a illetterati, spesso a stranieri; spariva la moneta, tribunali e borsa deserti, strade vietate da masnadieri, tutto sospeso; sempre grida, lamenti, aggressioni, carcerazioni e morti. Arme in ogni parte; nazionali, soldati, carabinieri, garibaldini, camorristi, e in niun loco sicurezza; sin ne' teatri entravano, non più visti, carabinieri con pistole montate. Il reame sperante reazioni, ma sconnesso e inerme, plaudiva ai briganti indigeni, che dessero su' briganti Sardi: non si congiurava, ch'era impossibile, ma s'aspettava Francesco ogni dì per vedere giustizia. I dominanti tra il paese avverso e la rivoluzione furiosa, odiata d'ambo le parli, facevano leggi a dozzine, e pubblicavano; ma non osando eseguirle ordinavano si sospendessero.

Il deputato Ricciardi a rimediare chiese in Parlamento che *re Vittorio si stesse a*

Napoli, e vi si facesse vedere, non stesse ascoso come l'altra volta. Ma Vittorio che del bronchio de' Napolitani e Siciliani avea avuto una prova, non tentò la seconda. I giornali di Napoli proponevano questa si facesse città capitale. Un giornale del Palmerston propose si governassero i regnicoli *con giogo di ferro.* Oh se 'l diceva un Borbone! Ma ferreo giogo era; si rimpiangeva il passato blando, tranquillo; s'odiava quella plebea tirannide spietatissima, gravante sulle robe, sulle vite, sulla Fede e su' costumi. La gente fuggiva a sciami a Roma: madri, vedove, orfani, storpi vittime della guerra civile, militari, gentiluomini dotti, e possidenti, per avere pace. Il giorno di Pasqua, dopo la benedizione papale al Vaticano, ritirandosi re Francesco in carrozza, riconobberlo i regnicoli, e sel misero in mezzo, con entusiastiche grida e lagrime gridando: *Viva il re nostro! Viva il figlio della Santa!*

§. 8. Arresto del duca di Caianiello.

Lo Spaventa a spaventare, e a intrattenere il mondo con un gran chè, piglia il destro d'una lettera di Francesco al duca di Caianiello, e te 'l coglie in casa la notte dopo il 5 aprile. Quindi visite domiciliari a centinaia, a parrochi, preti, cittadini, militari e monasteri. Niente trovò; ma sparse scoperta una grande cospirazione, avere salva la patria, schiacciata la reazione. Il Caianiello uomo ambiziosetto, aristocratico, e pure a democrazia sorridente, è di quei ch'oggidì dicono odiare *gli estremi*, credendo porsi in mezzo. Parente di rivoltosi, fu da re Ferdinando carezzato; costituzionale nel 48, e pari al parlamento, vagheggia tai forme; ne' seguìti anni stette non contento; nel 60 andò nunzio di Francesco a Napoleone. A' vincitori non accedè; ma reazionario non era, nè il voleva parere. Nondimeno fu scelto a vittima, acciò percotendo un borboniano *liberale*, più i non liberali impaurissero. Non trovarongli reità, nè tampoco la sospettata lettera regia; ma poserlo carcerato, sotto un processo eterno; perchè fatti arresti assaissimi nelle province, dicevano tutti correi, per tenerli serrati, con un giudizio da non aver fine.

Le carcerazioni, inusitate tant'anni, solevano essere d'aggravio alla fama; ora invece sì frequenti, e a' buoni, facevano pietà e onore. De' giudizii niuno s'impacciava; gli stessi giudici tremavano; il popolo credea vicino il giudizio di Dio su' carceratori.

§. 9. Reazioni generali.

La reazione nelle città si comprimeva, ne' contadi scoppiava: la gente pigliava l'archibugio, e saliva a' monti. Tutto aprile fu lotta popolare contro la rivoluzione, ma disuguale: questa aveva seco i brogli, i mezzi della potestà; e tutte forze e ricchezza d'Italia; le popolazioni sconnesse, senza erario, nè capi, nè unione, con mal'arme; circoscritte ne' luoghi loro, erano l'une dopo l'altre con gran sangue schiacciate. Vincere no, ma potevano col sangue protestare all'Europa. Furono reazioni attorno Napoli, presso Avellino, a Castiglione d'Abruzzo, a Vico di Capitanata, a Venosa, a

Melfi, in Calabria. Correvano colonne di soldati da Napoli, grossissime dall'alta Italia ne scendevano. In Cosenza il 15 del mese i rivoluzionarii stessi scacciarono il governatore e gl'impiegati, e v'andò con truppe il Plutino a sedarli. Reazioni ad Avigliano, Grassano e Maschito in Basilicata: fucilaronvi i ritratti di Garibaldi e Vittorio. La notte dopo il 7 aprile, assalito il corpo di guardia a Ripacandida, uccidono il capo nazionale Michele Anastasia. Alla dimane arriva Carmine Donatello di Rionero, soprannomato Crocco, con numerosa banda; alza il governo per Francesco, e canta il *Te Deum*. A' 10 entra in Venosa, chiamato da' cittadini, saccheggia e uccide quattro o cinque liberali; e lo stesso a Lavello. A Melfi ogni ordine di cittadini si solleva il 12 aprile; gridano Francesco, e *morte a' liberali!* aprono le prigioni, ardono gli archivii, spezzano con accette i busti di Vittorio e Garibaldi; i Nazionali si rifanno Urbani, e i ricchi proprietarii Colabella e Aquilecchia sono menati in trionfo. Le donne più che gli uomini ferventi, nessuno eccesso. Il 15 v'entra Crocco ovante: ma essendo naturalmente ladro, e gittatosi alla reazione per far fortuna, vi rapina le casse. Al venire de' Piemontesi potea difendersi e vincere; ma per assicurare il bottino esce; eppure sostiene sette ore di conflitto presso Barile. Poscia entrò in Monteverde, in Calitri, in Carbonara nell'Avellinese; dove i Nazionali stessi fecero fuoco su' soldati.

Sul Gargano, sendo sempre la reazione viva, contraria era la lotta. A' 20 e 21 moti a Marano e ad Aversa. Il 5 maggio a S. Eramo nel Nolano furono zuffe tra' paesani e gli Ungari là stanziati. Conflitti ad Atella tra reazionarii e Piemontesi. Il simile nel Barese, ad Oria, a S. Angelo e a Taviano, dove il sindaco stilettarono. Ove non regnavano soldati, era reazione. Chiavone a' 3 maggio entra in Monticelli, uccide il sindaco, arde la casa del capitano nazionale, i ritratti vittoriani e l'archivio; e plaudendo il popolo, alza le immagini di Francesco e Sofia, e 'l governo borbonico: poi accorrendo molta soldatesca si ritira. Il 9 reazione a Pico. I paesani fuggenti da tutte parti dalle fiere persecuzioni piemontesi, ingrossavano i Chiavoniani. Dopo pochi dì si moveva Fondi; v'entravano i fuorusciti da Terracina e da' monti: ma n'uscivano all'appressarsi de' soldati. Quel sindaco Amante, vecchio carbonaro, non risparmiò infamie contro le vite e le robe de' legittimisti, cui non largiva solo busse e carceri, ma sino le messi ardeva e gli alberi tagliava. A un Giuseppe Conte agiato e buono, carcerò parenti e amici, arse i campi, uccise i bestiami, e mandò anche a Terracina satelliti a pigliarlo; perlocchè questi cieco per vendetta si gittò in campagna, fe' rappresaglie terribili su' poderi dell'Amante, e per punto lui non scannò. Poi s'unì al Chiavone, combattè sotto di lui, poi cheto si ritrasse a Terracina; ma scorso più tempo, i Francesi contro ogni dritto preserlo in casa, e consegnaronlo agl'*Italiani*.

Il Cavour sicurato da Napoleone che Austria zittirebbe, notò sguarnire la linea del Mincio, e mandare eserciti nel reame: questo divenne un gran campo militare, e una gran caccia d'uomini, dove milizie e settarii accaneggiavano fratricidi le popolazioni per valli e selve, ogni zolla insanguinando. Chi i fucilati contò? chi gli uccisi in zuffe? chi le sevizie, i saccheggi, le arsioni? Per menomo sospetto afferravano pacifici, chi più sapessero amati dal popolo, o capaci di rintuzzare l'oppressione; prima serravanli, poi inventavano garbugli giuridici per tenerli a lungo. Carcerarono l'arcivescovo di Conza e Campagna. Pe' fatti Melfesi prendono i ricchi Aquilecchia e Colabella, strascinanli fra gli urli per le strade, a vendetta de' precedenti popolari osanna; poi il 24 con un Parrini incolpandoli d'essere capi, liganli, ammanettanli, e di notte mandanli a Rionero, con ordine d'ucciderli, se per istrada apparisse aggressione. Colme le prigioni di Potenza, n'acconciano altre. Ma tra tanti pugnanti o pazienti, non un grido di repubblica o Murat; il cuore a Francesco; e i liberali al vedere il paese sì corrivo all'antico e avverso al nuovo, tremavano per sè, fuggivano nelle città grosse, e rimpiangevano la mal pregiata quiete e sicurezza perduta.

Le provincie travagliavano per reagire, Napoli per contrario sendovi più pronte compressioni, per progredire nella rivoluzione travagliava. E i dominatori che con questa contenevano il popolo, non potevano essa contenere. A' 22 aprile posero direttore di polizia uno Stampa, sotto lo Spaventa, per crescere soldi, non per fiaccare l'anarchia crescente. A' 23 i servi dell'ospedale Incurabili, presero a coltellate gli studenti; questi volevano giustizia, il direttore non osò; tornarono la dimane armati e numerosi per torsela da sè; ma corsero Nazionali, e presero quattro serventi. Lo Spaventa percussore acre di buoni e cattivi, comandava alla Turca; odiatissimo da tutti.

§. 10. Duello a penna tra 'l Cialdini e 'l Garibaldi.

Tra' vincitori a Torino era guerra d'altra sorte. Il Garibaldi contraffacendo il Cincinnato a Caprera sbuffava del trovarsi fuor della mensa; e più messo in bizza da' suoi, si faceva venire deputazioni democratiche, e rispondendo si sveleniva contro ministri e deputati. Poi si recò a Torino a bevere ovazioni preparate; e alla Camera vestito da scena a farsi plaudire. Il Cavour invido, sdegnoso di tai bajate, per accoccargliela, fe' dal suo Ricasoli porre in parlamento una quistione, che sforzò il rozzo marinaio a spropositare, e farsi ridicolo. E questi che non sapeva aprire bocca, se non imbeccato, un dì presentò una proposta scritta, e poi parlando sbagliò, che prese egli stesso a oppugnarla; di che forte si rise; ma ne tremò il Rattazzi, ch'aveagliela data, e temea si scoprisse.

Il Cialdini non isbuffando meno per quelle Garibaldinate, surte nella camera reclamazioni per l'esercito meridionale contro l'esercito regolare, soffiate dal Cavour, che voleva sbattere tutti e due, sguainò una lettera al Nizzardo, dichiarandogli nimicizia. Disse: « Nemico d'ogni tirannia, combatterò a ultranza anche la vostra. Voi eravate sul Volturno in pessime condizioni, quando noi arrivammo. » Dunque Garibaldi *tiranno,* Garibaldi *vinto*? La provvidenza cavava queste verità da quella bocca. L'altro risposegli, e finì dicendo aspettare d'essere sfidato; intramessisi amici, i due eroi s'abbracciarono nella reggia, coi musi torti. Tal duello rimasto nelle penne fu pretesto a subbollimenti: a Mondovì ov'erano Ungari col Turr, corse sangue la sera del 25 aprile; la sera del 24 fu a Napoli una chiassata a Toledo, camorristi, Garibaldini, Nazionali e studenti, e pure quelli del collegio medico, menarono in processione il busto del *liberatore*; e una statuetta in gesso di Masaniello, in atto di chiamare a ribellione il popolo; e gridavano: *Abbasso Cavour, Cialdini, e 'l mal governo!* E alcuni degli schiamazzatori concionando agguagliavano il Garibaldi a Cristo.

§. 11. Pericoli dello Spaventa.

Arrestati alquanti di tai demagoghi, si studiarono provvedimenti per evitare rumori nuovi. Tolsero il Cenni da governatore della napolitana provincia, e poservi Ridolfo Afflitto, stato borboniano, poi ministro rivoluzionario, allora senatore d'Italia. Fecero Questore un Diego Taiani. Abolirono il Comando generale della Guardia nazionale delle province napolitane, e impicciolirono il Tupputi a capitanare solo quella di Napoli: seconda ceffata all'autonomia. Oltracciò lo Spaventa a non fare entrare Nazionali tra dimostranti, stampò una lettera proibente la divisa fuori servizio. Ma il più di quei giovanastri s'erano fatti liberali, appunto per paoneggiarsi alla militare; onde loro parendo perdere tutto il bene della libertà, tennerlo a offesa mortale; e i camorristi e i mazziniani soffiavano nelle fiamme. Montate su l'ire, quel mattino stesso, venerdì 26 aprile, tutti insieme, uffiziali e militi co' soliti tumultuanti corrono a' ministeri gridando: Morte allo Spaventa! Gl'impiegati da' balconi chiamano soccorso, serrano le porte; ma sforzate, lo Spaventa s'acquatta in uno stipo; e in quella confusione viene fatto a certi Piemontesi e carabinieri trafugarlo senza cappello, per segrete scale al real palazzo. I sediziosi non trovato lui, si gittano sul mobile che fu rubato o guasto; si ripigliano i carcerati della vigilia; e ingrossati fanno calca avanti la reggia. *Morte a Spaventa, a Cavour, a Cialdini*; *Viva Garibaldi solo!* e anche *Mora Vittorio Emmanuele* si gridò. Poscia per Toledo imperversando, scontrano in carrozza D. Antonio Spinelli, il già presidente e collega di D. Liborio, e presolo per lo Spaventa bastonano lui e 'l cocchiere; e l'ammazzavano, quando ravvisato per l'onorando capo ministro di Francesco II, papà della rivoluzione, gli chiedono scusa. Poi corsi a casa lo Spaventa (ch'era dello zio, consigliere Croce borboniano) l'assalgono, la rovistano, vi fanno bottino, e rompono vetri e porte. Indarno il Tupputi e altri metteano pace; la folla per plebe cresciuta a ventimila, ripresi i gessi del Garibaldi e Masaniello, strillano per via: *Viva chi?* rispondono, *Garibaldi! Mora chi?* rispondono *Cavour, Cialdini*, e talora anche *Vittorio!* Finì sull'imbrunire per istanchezza. Poscia una proclamazione del Carignano imputava il fatto *a pochi Borbonici tristi*, mentendo così in faccia al popolo, che stomacato stracciavala dalle mura. Nè solo non seguirono punizioni, ma a coprire la cosa sempre col mendacio, tentarono far firmare a' Nazionali la protesta di non aver preso parte, ma nessuno firmò. Bensì il 14 maggio banchettarono nel teatro S. Carlo uffiziali nazionali e militari in segno di pace; ma si mandarono da Torino i tre nostri disertori Cosenz, Boldoni e Carrano, per mettere ordine nella guardia nazionale. Lo Spaventa sublime sfrontato, non curante l'odio universale, seguitò in seggio.

§. 12. Altre mutazioni in Sicilia.

In Sicilia, potendovi più la rivoluzione, più potevano i tumulti; nè solo ladri e assassini alle strade e sugli uffizii governativi, ma anche corseggianti pirati in mare. Per infinite proteste o dimostrazioni contro i governanti, bisognò mutarli. A mezzo aprile tolto il Montezemolo, vollero provare un militare, e mandarono un generale Della Rovere con cinque Segretarii generali: un Carlo Faraldo a interno, un Napoli a istruzione, un San Giorgio a giustizia, un Ciaccio a sicurezza, e un Caccia a Finanze; non però fu quiete. A' 25 del mese a Tusa presso Mistretta, per cagione de' demanii, trucidarono il capitano nazionale; cinque possidenti, lo speziale ed altri. Corse a Palermo le male parole tra 'l Cialdini e 'l Garibaldi, seguì come a Napoli la gran dimostrazione *Morte al Cavour e al Borbone!* e anche *Fuori Vittorio!* Accorsero Nazionali ed ebbero legnate, e pur dovettero lasciare uno ch'aveano preso; nè giustizia si vide, ma al mattino un bando del nuovo luogotenente. Poco stante ad Alcamo conflitti e guerra civile. A Catania il 22 maggio si gridò repubblica.

§. 13. Seguito dell'anarchia di Napoli.

In Napoli non si riposava mai; perocchè i rivoluzionarii spregiando la potestà come cosa creata da loro, ogni libito si facevano lecito. Sullo scorcio d'aprile seicento cuochi a spasso inveirono contro gli osti, e vedendo canestri con pranzi, fracassavano e furono busse e ferite. Uscì un giornale *La spada di Garibaldi*, modello di gonfia insolenza, che insultando quel mansueto cardinale Riario, l'appellò: *Diavolo con corna e coda; stargli bene la corda, cosa nuova pel diavolo. S'impiccano tanti galantuomini, impicchiamo ora lui in nome di Dio*. Apertasi all'Arco Mirelli una scuola protestante, ben milleseicento padri di famiglia con petizione dimandarono si chiudesse, e indarno. Anche nell'arsenale, come in ogni luogo pubblico, erano ladronecci senza fine: sparivano arme, metalli, munizioni, vesti e tutto; però il viceammiraglio Di Negro, arrestò i caporioni; gli operai s'ammutinarono, e bisognò con soldati ligarli e scacciarli. Ma il Di Negro spaurito, e sempre cinto di carabinieri, dovè tornare a Torino.

Napoli tra quei scioperi d'operai, e tante cavallette straniere corse alla pasciona, beveva a larghi sorsi l'odio al Piemonte. Piemontisti non v'era più se non pascenti; molti più i Garibaldini famelici. E 'l Garibaldi con infinta di predicare pace lanciava il tizzo. A quei dì scrisse alla società operaia, accettandone la presidenza con le consuete smargiassate, e conchiudeva: « Faremmo sacrilegio a durare nella religione de' preti di Roma, fieri e terribili nemici d'Italia. Fuor delle terre nostre quella setta perversa. Vogliamo preti cristiani sì, ma non della religione de' nostri nemici. Fuori le vipere dall'eterna città. » Vipera il papa, buon cristiano lui! Ciò col capovolgimento d'ogni idea unisono era. E che era allora il regno? università, accademie, tribunali, borse deserte, studenti schiamazzanti, camorristi uffiziali, ex martiri gaudenti, ladri onnipotenti, carceri di buoni colme, vizii trionfanti, tutte virtù nascose, erario distrutto, impiegati vecchi alla strada, stranieri in ogni sedia, religione irrisa, assalita, percossa, masnadieri, pirati, ricatti, assassinii, vendette, reazioni, conflitti, incendii, penurie e fucilazioni.

§. 14. Di tutto colpa re Francesco.

La rivoluzione madre di tanti mali, ne dava colpa a Francesco II, come ei da Roma movesse le reazioni nel doppio regno. Questi tanto calunniato, *tiranno Bombino*, poteva dunque tanto? era sì tristo, e la gente per lui esulava, e si faceva carcerare e fucilare? Odiatissimi i Borboni, avevano dunque tanti seguaci, che in ogni parte, d'ogni male i Borboniani erano autori? Ma non valevano assurdi nè contradizioni. Aveano vinto calunniando, e seguitavano loro usanze calunniando, ancorchè a sproposito, e le calunnie tornassero loro in capo. Mentre tutta Europa allibiva a tanto strazio del bel paese, gli usurpatori straziatori s'aiutavano con telegrammi falsi, libelli, concioni rimbombanti, e giornali che fra tutte nazioni col denaro degli Oppressi salariavano. Questi aveano l'assunto di storcere la verità a danno de' vinti. Napoli e Sicilia in anarchia perche ineducati, ladri, feccia borbonica, pretina, bigotta. Il reame affogato nel sangue era anche infamato. Quando queste stesse accuse mostravano la falsità del plebiscito, quando il confessato odio popolare al *progresso* sbugiardava i sedicenti liberatori di popoli, quando eglino lasciando il paese a sè stesso, ancorchè spogliato, gli avrebbero dato almeno la pace, questi impudenti credevano giustificare loro rapine, perseguitando e vituperando il misero re sin nell'ultimo esiglio.

Il loro *magnanimo alleato* già prepossente consigliero del giovine prence, or si maneggiava a fargli lasciare Roma. Il Grammont ministro di Francia osò chiederne al Santo Padre lo allontanamento. Pio IX rispose: « Il papa non ricusa ospizio a nessun esule; nè il negò a' profughi Bonaparte; nè il negherà al figliuolo di Ferdinando II, il suo ospitatore a Gaeta. Principe italiano, non scaccerà un principe italiano, e una famiglia non d'altro rea che d'essere sangue di re. »

Rabbiosi, mentre versavano sangue, strombazzavano barbari i Napolitani, ignoranti, briganti, *frutto della corruzione seminata da' Borboni*. Essi corruttori e cagione della guerra civile, ne accagionavano il precedente lunghissimo regno di pace. Reità de' Borboni l'arricchire i popoli, acciò respingessero la setta spogliatrice! Tirannia de' Borboni farsi amare da' tiranneggiati, per aizzarli contro i futuri redentori! Spogliato Francesco d'ogni bene avito, e pure della materna dote, ridottolo quasi a mendicità, spacciavanlo brigante pagatore di briganti! Il Cavour co' dispacci a tutta Europa accusava Francesco *di turbare la quiete del Piemonte*, e innestare la reazione nell'ex reame annesso all'Italia con suffragi universali. Ancora gli echi risonavano delle celebrazioni date da essi al Garibaldi entrato a semmovere il regno; ed ora negavano al legittimo re il diritto di stendere la mano al popolo suo.

Lo spodestato è impotente a pagare chicchessia; invece gli usurpatori col rapinato oro pagano spie e traditori sin nelle interne stanze dell'esule monarca. Tanta ressa fecesi a lui d'attorno, ch'ei fe' scrivere il 6 maggio a' suoi legati all'estero, dichiarando *com'ei non ostante le sollecitudini de' sudditi suoi, si astenesse da ogni tentativo di restaurazione, credendola allora inutile ed inefficace.* Quest'atto spiacque agli uomini del dritto, chè quasi teneva inopportuna la lotta di tutto un popolo contro lo straniero. E la rivoluzione se ne valse, e mostrandolo a' regnicoli diceva: anche l'ex re sconosce queste pugne; siete briganti.

§. 15. Il Ponza terzo luogotenente.

Il Carignano non potendola durare, sullo scorcio d'aprile si die' malato, e chiese andarsene; nè valse i ministri pregassero per due altri mesi sino alla chiusura del parlamento. Al designato successore il conte Ponza S. Martino, subito stamparono grido di grande amministratore, animo forte, cima d'onestà. Già il servire l'usurpazione era disonestà; gli altri vanti aspettavansi alla prova. Ma gl'Italianissimi stessi scrissero di lui: « Poliziotto in Torino, puntate bajonette su' petti genovesi, avere trattato per pugnalare il Mazzini; essere stato un de' mandanti all'assassinio di Pellegrino Rossi. » Iniziatore della guerra alla Chiesa e all'arcivescovo Franzoni, avea detto in parlamento: *Pochi resistono alla sedizione del denaro, l'oro fa miracoli.* Si divulgò ch'ei partendo per Napoli, chiedesse al Cavour *oro e ferro;* oro per corrompere, ferro per tenere la potestà, e incatenare vescovi, preti, e frati. Ebbe ferro ed oro; le soldatesche a grossi battaglioni s'addoppiavano. Dopo il Farini *eccelso,* e il Carignano *principe*, il Ponza *onesto*: terzo sperimento.

Parlatosene due settimane, n'uscì a 16 maggio il decreto. A' 20 il Ponza arrivò, il Carignano partì, e seco il bel Nigra. Per un mese che abitò nella *Foresteria,* questo figlio di spedaliero fe' spendere ventimila ducati d'addobbamenti alle camere: ma delle sue insulsezze non lordò la storia. Il principe lasciò proclamazioni di *ringraziamento* al popolo, pel *datogli appoggio*, quando tutto gli era avverso; alla Guardia Nazionale pel *patriottismo*, ch'era ita a scannargli lo Spaventa; all'esercito *pel represso brigantaggio e per le sue gloriose geste sotto Gaeta*, dove non aveva osato accostarsi. Infelice, che con quattro menzogne lasciò la sedia.

Il Ponza venuto in quella sanguinosa tragicommedia a fare la parte d'uomo onesto, prometteva legalità, non vedendo se esso fosse legale. Uno parve di quelli ecclettici, che barcollanti nel conciliare il bene col male si condannano all'assurdo. Con una scritta invocò il soccorso de' buoni, e promise fare giustizia a tutti senza passione. Die' due lettere circolari, una amministrativa, l'altra politica, inculcati: esecuzione di leggi, tenere la legalità sopra i partiti, niuno senza prove molestare, far tacere le passioni politiche, aver nella sola legge la forza. Paroloni da abbagliare, nati morti: la rivoluzione avea necessità di terrori e partiti; la legalità perdeva il reame in un mese, chè tutti le avrieno sputato in faccia il plebiscito. Dopo queste spampanate, ei si pose nella reggia, come già il Farini.

Ebbe dal ministro Minghetti istruzioni scritte: « rapportasse sullo stato del regno; mandasse forti governatori nelle province indocili; economia di nuovi stipendii, vigilanza sugli amministratori, severità a tempo, far risedere i magistrati nelle sedie, prontezza a mantenere l'ordine; e purchè stia forte la legge usi pure l'arme ». Usare l'arme era disdetto a' Borboni e al papa: il Piemonte venne appunto per impedire questo orrore, ed ora esso solo ha dritto di usare l'arme.

Il Nigra, pastorello confettato, tornato a Torino sotto la mano del Cavour, stampò a vendetta un libercolo prolisso sul paese nostro. Credendolo cima di malizia per infamare i Borboni e i Napolitani, mandaronlo pomposamente attorno per Europa; ma giovò a sbugiardare essi. Al Carignano aveano fatto dire *avere avuto appoggio dal popolo*; al Nigra si fe' dire l'opposto, cioè nemico il clero, la nobiltà, i soldati napolitani. I Borboni averli educati male: preti ignoranti, popolo ignorante, senza coscienza, nè dignità, ogni classe di cittadini sotto varie forme cercare l'elemosina, *non escluse le più elevate*. Dunque i nobili sprezzatori del Carignano e d'esso Nigra erano iti a cercare loro la limosina? Mendici i Napolitani, erano venuti essi a sfamarli; ignoranti i Napolitani, aveano però da ignoranti fatto il plebiscito? Sì cieca fu la rabbia settaria che gittò nella penna di quel ridicolo Nigra tanta confessione di sua impotenza, e mostrò co' vituperii ad una nazione la stizza d'averla trovata avversa. Ma da quel libercolo sapemmo che in quattro mesi queste province aveano cresciuto di cinque milioni e mezzo le spese! Come balordamente aveva amministrato, balordamente smascherò le rivoluzionarie ipocrisie.

§. 16. Il gran libro de' debiti d'Italia.

Fuggito dalle finanze il ministro Vegezzi, il surrogò l'ebreo Bastogi, livornese, stato cassiere della *Giovine Italia*, che nel 33 soccorse di denari il Mazzini, quando col Melegari e 'l Ramorino andò a ribellare Savoia. Questo ministro nuovo disse alle Camere, l'Italia quell'anno avere il disavanzo di 267 milioni; poi dopo tre settimane disse avere sbagliato, essere milioni 315. E a' 28 aprile chiese far debiti da far entrare in cassa 500 milioni; cioè che bisognava farne per 750; il che dovendo gravare su' popoli, promoveva tasse e debiti maggiori in appresso. Il Piemonte da che fu costituzionale fece ogni anno debiti; entrando in ogni altro stato, il primo che faceva ora imporre debiti illegali o anticostituzionali; solo in Napoli ne aveva imposti per oltre 132 milioni; diventato regno d'Italia, il primo atto è far debiti. Si trattò di vendere anche demanii e robe di Borboni. Inoltre il Bastogi propose legge per costituirsi un Gran Libro di debito pubblico d'Italia, da porvi prima quei 750 milioni, e poi i debiti precedenti dei singoli stati.

Re Francesco a' 25 maggio pel suo ministro volse dispacci a' suoi legati allo straniero così: « Il governo sardo chiede al parlamento di Torino un prestito di 500 milioni di franchi. Aggravando ciò il giogo nelle due Sicilie, e i pesi che il disordine dell'usurpazione fa insopportabili al reame, Sua Maestà per dovere presso sè e i popoli suoi, protesta contro tal progetto di debito; e acciò niuno s'illuda, dichiara ch'egli non mai ne riconoscerà gli effetti in quanto riguardano le Due Sicilie. » E al 1° giugno: « II Piemonte mette in vendita i beni dello stato, del demanio, di Casa reale, de' reali principi, e degli stabilimenti pubblici civili e militari. Sua Maestà dichiara che avrà sempre irrite e nulle tali alienazioni fatte da usurpatori, contro i dritti, le leggi, e gl'interessi dei suoi stati. » E a' 10 giugno: « Il governo sardo chiede a quel parlamento una legge per unire i varii debiti pubblici italiani in un Gran Libro. Sendo ciò usurpazione della legittima potestà delle Due Sicilie e nuovo attentato alla prosperità pubblica e privata de' sudditi, Sua Maestà protesta contro tal disegno, che porterebbe confusione e ruina a' possessori delle rendite napolitane e siciliane. Tal fusione piace al Piemonte, per disgravare l'indebitato suo erario; ma non debbono le Due Sicilie sopportare lo aggravio di eccessi pecuniarii di cui non presero parte, e di cui sono vittime infelici. Il pubblico debito delle Sicilie con oltre nove milioni d'abitanti è il terzo di quello del Piemonte, che unito alla Lombardia ha otto milioni d'anime; i primi dunque pagano il terzo di quel che paga il Piemonte: assimilarli è scaricare sopra i Napolitani e Siciliani le tasse sarde e lombarde. » E dimostrati altri speciali danni, conchiudeva che il re in nessun tempo riconoscerebbe le conseguenze di tal fusione; e avvertiva i possessori di rendite regnicole di procurarsi certificati doppii, per documenti a' loro dritti in tempi migliori.

Per questi fatti come più la rivoluzione metteva forza, la confidenza pubblica diminuiva, e con seco la ragione del debito. Sotto Ferdinando fu al 120 per cento; uscito di Napoli Francesco scese al 74; quando poi Francia riconobbe Italia diminuì al 73; e quanti più sono stati dappoi i riconoscimenti degli altri potentati sempre più sono calati; e quando da ultimo ha avuto Venezia è ridotto al 54. Ciò perchè la coscienza universale nella durazione dell'Italia una vede il fallimento certo.

§. 17. La festa dello Statuto.

Il Piemonte festeggiava lo statuto la seconda domenica di maggio; ma per tredici anni quel dì piovve sempre a dirotto; reclamavasi per mutarlo. Stabilendosi ora la festa per tutta Italia, furono discussioni lunghe, per tre quistioni: atmosferica, religiosa, e politica. Si parlò del tempo, degli uragani, del caldo e del freddo; chi voleva maggio, ma piove a Torino, chi giugno, ma fa caldo a Napoli, chi marzo, ma è pazzo. Chi voleva chi no v'entrasse la religione; chi non voleva la festa affatto, chi si. Vinsela giugno. Il senato l'approvò a' 20. II decreto usci a' 5 maggio, che dichiarò festa nazionale annua, celebrante in tutti i municipii l'unità e lo statuto, la prima domenica di giugno: giorno commemorativo di niente; finzione la festa, fittizio il giorno.

Il decreto non fea motto di religione; e 'l ministro Minghetti spiegò tal silenzio significare starsi al sistema di *Chiesa libera in libero stato*. Eppure la dimane scrisse a' municipii d'invitare il clero a celebrare il *grande evento* d'Italia una, ma aggiungeva che *deplorandone le illusioni,* non si molestasse; celebrasse le messe qualche prete volonteroso in chiese di padronato comunale. Così creava vescovi i sindaci, e moveali a incitare preti a ribellare a' pastori; nuovo fonte di vessazioni. Ma subito a spaurire i vescovi uscì il 7 maggio altro decreto firmato dal Cavour; che diceva:

« Apparterranno al re le nomine e rivoche de' vescovi ed arcivescovi. » Il proclamatore di *Chiesa libera* stabiliva dunque l'amovibilità de' vescovi, che non è neppure in Inghilterra protestante, dove nè re nè parlamento possono rivocare parroco o vescovo, se non dopo lungo e ponderato giudizio. E se l'arrogarsi il dritto di nomina è usurpazione, quel di rivoca è empietà, perchè agguaglia l'impiego civile all'episcopato. La Santa sede ch'ha il reggimento universale della Chiesa rarissimamente e per gran fatto rivoca i pastori; il Cavour si creava da più del vicario di Dio. Non però i prelati spauriti, chiesero a Roma se fosse lecito prendere parte a quella festa; la sacra penitenzieria rispose NEGATIVE. E 'l Cavour a vendetta ordinò che la potestà non andasse alla processione del *Corpus Domini*.

Di fatto in tutta Italia celebrarono la festa solo i governanti, senza popolo nè clero. Nel regno nostro riuscì sì squallida, che i giornali sfogavano in vituperi. Distribuendosi pane a' poveri, sovente come in Amalfi, ricusaronlo dicendolo *pane scomunicato*. Nelle prigioni, come a Campobasso, i carcerati rifiutarono i pranzi. In Napoli pur meno, che popolazione e clero mostrò volere essere cattolico a dispetto de' tiranni: in nessuna delle 85 parrocchie si festeggiò. Furono messe e *Te Deum* in tre chiese sole: in S. Lorenzo, perchè del municipio, in S. Giacomo, perchè del ministero, e in S. Francesco di Paola, perchè palatina. Nella prima pontificò il Caputo con cinquanta preti e monaci delle province; e fe' il discorso un Maione cappellano d'ospedale, con bestemmie da piazza, spiaciuto anche al Ponza, che ne fe' lamento. A S. Giacomo celebrò un Postiglione, nunziatosi membro del comitato ecclesiastico unitario, che pure con un sermoncino invitò a sangue e vendette. In S. Francesco, non trovandosi un nostrano, disse messa un Piemontese moderatamente, con uditori gl'impiegati soli e silenzio. Eppure tal *Te Deum* in questa sola chiesa costò ducati 1158.99; e altrettanto in ogni ricorrenza di *Te Deum*, quasi ogni mese: e dove come chiesa palatina dovea pagare Casa reale, si faceva pagare al municipio. Per Toledo sull'ore dieci mattutine certi monelli col gesso del Garibaldi strillarono, senza eco. E gli studenti in processione da S. Lorenzo all'Università menarono una bandiera nera, con la lupa e 'l lione, alludenti a Roma e Venezia. Alla plebe un po'di rame.

Nelle carceri politiche di S. Maria Apparente lo ispettore volle celebrare nell'oratorio del luogo; e, nuovo strazio! obbligovvi a cantare il *Te Deum* quei sacerdoti detenuti; ma ancorchè minacciasse stafillate, non li ebbe. S'acconciò a far celebrare due preti provinciali condannati per colpe comuni; e colla paura tirovvi pochi de' laici carcerati, benchè materialmente, senza rispondere punto al canto. Si vendicò vietando per qualche dì la celebrazione delle messe a' sacerdoti buoni.

I governanti a vendicarsi de' Napolitani, volevano proibire la festa di precetto a S. Antonio, il 13 giugno, perchè anniversario dell'entrata del Sanfedista cardinal Fabrizio Ruffo nel 1799: i giornali strepitavano, i camorristi braveggiavano; ma il popolo serrò le botteghe, andò a messa e a spasso come in domenica. Il Mancini segretario generale pel culto schizzò un altro po' di fiele il 28, assegnando nove ducati mensuali a' preti sospesi *a divinis* da' vescovi per cagione della libertà.

In Sicilia poco diversamente; ma il telegrafo nunziò il clero festeggiare lo statuto; poi i reggitori si sbugiardarono, il luogotenente chiamò a Palermo monsignor Guttadauro, vescovo di Caltanisetta, a rispondere sul divieto ch'avea dato a' preti. In Trapani sendo esule il pastore monsignor Ciccolo, il clero stette sul niego; cantò un Pero, prete novatore. Il Celesia Vescovo di Patti, tenuto sequestrato a Palermo, con lettera protestò. E altri ancora; ma qualunque si negasse, era chiamato a Palermo in pena.

§. 18. Morte del Cavour.

Mentre il Cavour faceva a forza festeggiare gl'Italiani ei moriva. A sera del 29 maggio il piglia un male strano; mescola salassi e chinino; ha delirii, vomiti, febbre, agghiacciamenti, brividi, accessi al cervello, sete e stertore. Non credea finire; favellava di grandi disegni, e pregava i medici guarissero presto, non aver tempo da stare malato, dovere la domenica visitare il traforo del Moncenisio. Ma appunto sull'alba della domenica, proprio il 2 giugno designato a festa, intristì.

Parroco della sua parrocchia, la Madonna degli Angeli, era padre Ignazio da Montegrosso, cui tenevano relegato a Cuneo, onde vi stava rettore padre Giacomo da Poirino. Il Cavour sin dal 55, presentando la legge sui beni ecclesiastici, memore dell'accaduto al Santa Rosa, s'accaparrò quel frate, che promisegli lo assolverebbe, nè farebbe rinnovare lo scandalo del Santa Rosa. E fra Giacomo puntuale venne l'ultimo giorno, e stettevi mezz'ora. Hanno stampato i parenti ch'ei chiamato il Ferini, dicessegli: « Mi sono confessato, ora mi comunicherò; voglio si sappia che muoio buon cristiano. Sono tranquillo; non ho mai fatto male a nessuno. » Credea burlare Dio; e morendo percussore di Santa Chiesa in terra cattolica, volle cattolico parere. Nel gran passaggio, asseriva non aver fatto male a nessuno, egli che per brogli e congiure avea fatto versare torrenti d'umano sangue. Ipocrita e bugiardo, la contraddizione tra i detti e i fatti usata in tutta la vita, usò morendo; e con la menzogna in bocca comparire avanti al Dio della verità.

I giornali cattolici encomiavanlo, ch'avendo preso il viatico avesse abiurato gli errori; ma subito il fratello di lui dichiarò non avere abiurato niente. Presto si seppe ch'era il Gran Maestro della massoneria italiana. Mercante in tutto, di zolfo, grano, riso, voti, città, popolazioni e stati, anche col confessore mercanteggiò. Sei mesi prima alla camera chiedentegli Roma, avea risposto: « Sapete voi che accadrà fra sei mesi? » Era sano, avea cinquantanni; cadde malato il giorno del *Corpus Domini*, spirò dopo l'alba del 6 giugno, giorno dell'ottava, giorno che per miracolo antico del 1453 Torino festeggiava la processione del Sacramento, cui egli abolì; ma seguì la processione del funerale la sera seguente, con gran pioggia. Gli amici dissero che anche il cielo piangeva: Italia in tante coincidenze vedeva il dito di Dio. Re Vittorio fe' cavaliero di S. Maurizio e Lazzaro, e con pensione di mille lire annue rimertò, quel frate Giacomo, confessore del Gran Maestro de' massoni; chè faceva prò far credere al popolo colui morto confessato, però cosa giusta le usurpazioni fatte.

Costui la setta strombazzò grande ingegno; certo la malvagità è astuta; se nol fosse, non saria da temere; ma furberia non è ingegno, il quale tende a fine buono. Il malvagio non ha talento, ma mal talento; non è degno d'encomio, ma di pena, e più quanto più sia in alta sedia. Da più secoli la grama umanità non aveva esempi d'ipocrisie e menzogne simiglianti; ei si dovrebbe tornare col pensiero a quelle di Fozio di mille anni avanti. Con la sua morale si fece quattordici milioni, raspati in pochi anni; e fu chi stampò quaranta. S'ordinarono funerali in ogni terra, monumenti, e piagnistei; la rivoluzione si die' gran da fare. Però sul clero che si negava s'aggravavano le persecuzioni: i religiosi predicatori di Girgenti a punizione fecero viaggiare a Palermo. Al funerale a Parigi andò la massoneria tutta: Polacchi, Ungari, Greci, Inglesi, ma non un patrizio napolitano; e pur ve n'era esuli le migliaia. In Napoli gli posero un busto all'Università, sconciamente tra S. Tommaso e Vico! A dargli il successore nel Gran Maestrato fu un impaccio; ma Napoleone che voleva un pupo suo vi tirò su quel fanciullon del Nigra, novizio nell'ordine; perlocchè le logge di Napoli e Palermo protestarono. Il Bonaparte ne rise, e volle d'avvantaggio mandassergliela ambasciatore a Parigi, così dal suo salotto comandare alle due massonerie d'Italia e Francia. Italia rappresentata dal Gran Maestro significò questa *redenta Italia* essere massoneria.

Due giorni dopo il Cavour, morì un Guglielmo Stefani esule veneto, autore della famosa agenzia telegrafica a Torino, messa per servire la setta, e spacciar notizie guaste o false; e pure ricchissimo finì. Il mondo perdè insieme questi due bugiardi. E dopo pochi altri dì mancò d'apoplessia il piemontese generale Dabormida. In breve erano finiti male parecchi di quei congiuratori: si ricordava il Landi della polizza falsa, il principe di Siracusa, il Teleki ungaro suicida, e 'l Farini malato e presto pazzo. I buoni speravano finisse la rivoluzione, quasi mancassero i birbanti.

§. 19. Il nuovo ministero italiano.

I rivoluzionarii temettero che tolto l'uomo iniziato a' segreti bonaparteschi, mancasse il continuatore; onde si volsero com'era dovere a Parigi, perche quel sorreggitore provvedesse. Anche a Napoleone era duro l'aversi a fidare ad altri, che tenessegli l'Italia sua, mascherata da Italia una. Ma d'ambiziosi servi mai questa terra non ebbe difetto; e il fatto ha mostro vani i timori e le speranze, e che pure senza Cavourri e Farini, volenti Francia e Inghilterra, durerebbero le ruine. Parigi designò il Ricasoli, il D. Liborio di Toscana, talento mediocre ma superbissimo, non cattolico nè protestante, non nemico di nessuna fazione, pieghevole a tutte. Questi adunque, creato dal Francese, favorito dall'Inglese, rimpastò il ministero di prima, con uomini come lui stati di tutti i partiti, obbligati a prolungare il Cavour, cioè ubbidire a Parigi e a Londra. N'uscirono il Fanti, il Natoli e 'l Cassinis. Andò Bettino a presidente, il Minghetti a interno, il Bastogi a finanze, il Della Rovere a guerra, il Menabrea a marina, il Miglietti a giustizia, il Peruzzi a' lavori pubblici, il

De Sanctis a istruzione, e il Cordova ad agricoltura; nomi stessi sempre, uditi or qua or là tra gli attori di queste infelici redenzioni. De' quali si notava il Menabrea stato oppositore della politica Cavourrina, e finto clericale, ora obbligarsi a continuarla. E sendo il Della Rovere in Sicilia, nè potendo moversi di là, tenne frattanto il ministero di guerra il Ricasoli in parrucca. Il quale ai 12 del mese si presentò alla Camera, ed espose il suo programma: « Continuare l'opera del Cavour, propugnare il dritto ch'ha Italia di compiersi; apparecchiarsi ad ogni evento; chiedere un prestito, crescere le imposte; procedere ratto alla unificazione governativa; devozione allo statuto. » Tal programma, con la consolazione de' debiti e delle tasse, fe' intonare osanna a' giornalisti ufficiosi, perchè n'avevano parte; ed ebbe lodi insigni da' giornali ufficiosi della Senna, perchè programma di Napoleone.

§. 20. Spagna ed Austria a pro del papa.

Austria e Spagna vedendo le napoleoniche mene, le sue tante promesse a proteggere i dritti sovrani del papa, e poi tutti i fatti contrarii, chiesero schiarimenti sulla efficacia futura della protezione. Spagna a' 21 maggio rinfacciò all'imperatore francese « d'aver respinte le istanze della regina per salvare il Santo Padre; avere detto *non essere necessario altro intervento che il suo*; a nuove inchieste aver risposto *s'attendessero gli avvenimenti.* Dappoi il Cavour in parlamento aver dichiarato sua Roma. Essa essere sì presidiata di Francesi, ma ciò non assicurare per sempre il pontefice. Opportunamente ed utilmente i potentati cattolici appoggerebbero Francia per sì nobile scopo. Spagna credere esser venuto il momento d'operare, e stare pronta. *La città capitale del mondo cattolico è de' cattolici*, è la residenza del pontefice sovrano; e niuno ha dritto di spogliarnelo, nè in tutto, nè in parte. Sperare lo imperatore provochi un congresso cattolico, per mettere fine a' pericoli della Santa Sede, e a' conflitti che assediano il pontefice, e gl'impediscono d'esercitare la sua legittima potestà, con danno della cattolicità, che di sì grave e ingiusta spogliazione patisce le conseguenze. »

Austria a' 28 del mese riprotestava a Parigi contro la violazione de' trattati; e dichiarava: « Non essere intervenuta, per non turbare Europa; ma al vedere Sardegna procedere negli ultimi spogli, s'era commossa al pericolo degl'interessi cattolici e del papato; la cui indipendenza è fondata sul potere temporale. Essersi insieme a Spagna sino dall'ultimo autunno volta all'imperatore francese, per mettere fine alle invasioni; questi averle dissapprovate, avere ritirato da Torino il ministro, ma avere detto di aspettare, per assettare dappoi le cose di Santa Chiesa. Ma le cose essere ite in peggio. I ministri Sardi dalla tribuna dichiarare voler Roma; disegno insensato, che toglierebbe al mondo cattolico la sede del supremo gerarca della Chiesa. È vero che Francia la presidia; ma essere giusto che sopporti essa sola i pericoli della protezione? Austria e Spagna che sino dal 48 correvano a difendere il papa, anche adesso con tutte loro forze andrebbero a salvare la città che *s'appartiene unicamente alle cattoliche nazioni.* »

§. 21. Risposte ubbiose di Francia.

Il Thouvenel ministro parigino a' 28 rispose con un rovescio d'ipocrisie, e sferzate nebulose e prolisse, ch'io tenterò con meno parole snebbiare. « I sentimenti d'Austria e Spagna sono quegli stessi di Napoleone. Egli deplorò e biasimò i fatti dei Piemonte, ne limitò le conseguenze, crebbe le truppe a Roma, sicurò il papa. Egli ha profonde e immutabili simpatie pel capo della Chiesa. È dovere de' potentati cattolici l'unirsi a semplificare e facilitare lo scioglimento della precaria condizione dove *le circostanze* hanno collocato il potere temporale. Non discuto se lo stato papale sia oggi *proprietà manomorta* della cattolicità, in virtù d'un dritto che non è scritto; ricordo la storia non sanzionare tal dottrina; non solo cattolici, ma anche scismatici hanno nel trattato di Vienna restaurato il papa. L'imperatore fermissimo sul punto di mantenere il capo della Chiesa sul trono, pensa eziandio che il *saggio esercizio* dell'autorità, e il consenso (poi corresse *contento)* delle popolazioni, sia condizione primaria della solidità del potere. I pericoli di Roma vengono da fuori. Austria e Spagna ne invitano a prevenirli, ma non ne indicano il modo; e tanto meglio il potrebbero, quanto la loro posizione verso l'Italia è diversa dalla nostra. Vedemmo con rammarico non eseguite le stipulazioni di Villafranca e Zurigo; e avremmo bramata non caduta la monarchia delle Sicilie; ma ciò non ne toccò direttamente. Senza approvare il fatto, senza proteggere la cosa nuova, nessun dinastico interesse impedisce a noi di rannodare le relazioni col regno d'Italia; solo ostacolo per noi è Roma (il trattato di Zurigo non gli era ostacolo!). Possiamo sperare che Austria e Spagna collegandosi su tal punto con noi, pongano la sollecitudine per la Santa Sede sopra ogni altra considerazione? Non dissimulerò che il *Non intervento* salvatore della pace d'Europa, esclude l'uso della forza; ma v'ha stretta connessione tra la regolazione de' fatti che modificarono la penisola e lo scioglimento della questione romana. L'imperatore sarà lietissimo se Austria e Spagna entrassero in questa sola via, che senza scosse menerebbe a pratici risultamenti; ma assicura non aderirà a cose incompatibili col rispetto che professa per l'indipendenza e dignità della Santa Sede. »

Dunque questo difensore di Chiesa Santa dichiaravala *manomorta*, fondata sopra un dritto che non è scritto; che non cattolici soli, ma anche scismatici e maomettani ne debbano decidere, e debba sottostare a *saggezza* di governo e *contento* di popoli. Non dice chi di ciò giudice; nè perchè non trovi scritto quel dritto ch'è scolpito nella storia dei secoli, in migliaia di volumi e trattati, e nella coscienza della cattolicità; nè perchè voglialo scritto, quando lui non legano i dritti da esso stesso scritti ne' trattati. Spiacesi de' fatti, ma Francia essere impotente, perchè inceppata dal *Non intervento*; quando egli intervenuto per farli compiere, minacciava acciò non si disfacessero. Finalmente da quei bisticci traspariva che, solo riconoscendosi i fatti compiuti, si risolverebbe la sorte di Roma, cioè che egli, proteggitore del papa, voleva restasse spogliato; cioè: Io proteggo il papa a parole; se voi volete proteggerlo co' fatti, vi farò guerra.

Austria e Spagna non avrian temuto una guerra leale; ma i Napoleoni son usi a far la guerra traditrice, collegati con le sètte, e già esse ne sentivano in casa brontolare i tuoni. Certo se consigliati all'antica avessero più nobilmente affrontato allora l'uragano, non sariensi poi esposte a fare il comodo del nemico, e patir guerra col vantaggio di lui, che ne sceglie il tempo e il modo; ma rette anch'esse con forme più o meno rivoluzionarie, e con ministri della stessa congrega, sinchè tal politica suicida terranno, saranno impotenti a qualsiasi atto gagliardo, e condannate, non che a salvar altri, a perder sè. Pertanto non osando por mano a' ferri, risposero coi dispacci. Austria a' 16 giugno replicò, accettando le promesse del sire francese *pel mantenimento integrale della sovranità temporale*; e appellando a Zurigo, gli rinfacciò che non Roma solo, ma Zurigo gli dovrebbe essere ostacolo al riconoscimento del regno d'Italia. Spagna dopo alquanti giorni non meno esplicitamente lo stesso ribadì. Intanto Italia rosseggiava di sangue e vergogna, le Sicilie battagliavano, e il misero pontefice restava per forza a esser protetto da chi, per farlo spogliare, non vuole che altri il protegga.

§. 22. Napoleone riconosce il re d'Italia.

Napoleone schermendosi dalla forza del vero con diplomatiche nebbie e ipocrite frasi, dava un altro passo a pro di quella iniquità che fingeva disapprovare. Alla rivoluzione italiana non il mancato Cavour, ma il mancato denaro era impedimento; non mai sazia, sitibonda sempre di oro, messo fondo agli erarii di tutti gli stati occupati, era a tale ridotta che andava per prestiti a' privati. Se non trovava danari, l'edifizio crollava, s'infrangevano le catene d'Italia. Il Bastogi chiedeva il prestito, ma dove i prestatori? prestare a chi? a Sardegna scomparsa? a Italia scomposta? quale sicurtà dava questa violatrice di dritti? Era necessità che Napoleone a tenere ritta questa sua bandiera le stendesse le braccia. Quante lustre contro le invasioni sarde! trattati, nolo, consigli, ministri richiamati, minacce, proteste: ed ecco a mezzo giugno ei manda pel Vimercati un dispaccio a Torino, che promette il riconoscimento *del re d'Italia*; ma perchè non sia male interpretato, dichiara: « non dar giudizio sul passato, non associarsi all'avvenire, e meno incoraggiare intraprese da turbare la pace generale; Egli sta fermo al *non intervento*, ed ove Italia aggredisse altri, sarebbe sola nel periglio, sola nelle conseguenze. Il riconoscimento non indebolire le proteste della corte di Roma; Roma seguitare col presidio francese, sinchè guarentie sufficienti copriranno gl'interessi che là quell'arme condussero. » Il Vimercati a parole recava altre imbasciate. Il Ricasoli a' 24 del mese rispondeva più a lungo, riepilogando a modo suo il dispaccio francese, storcendone le frasi; e dichiarava: « profonda, gratitudine pel prezioso segno di simpatia che l'imperatore dà alla causa nazionale, riconoscendo *il regno d'Italia*. Il governo voler la politica del Cavour, voler costituire la nazione *in compiuta unità*; sperare proteggerne i dritti senza sterili agitazioni, nè dar complicazioni pericolose all'Europa; voler dare al paese la sua gloriosa capitale, ma senza niente togliere alla grandezza della Chiesa, e all'indipendenza del papa. Sperare che presto l'imperatore richiami i suoi soldati, senza che ciò mova apprensioni ne' sinceri cattolici. Roma rimasta a sè, saran facili gli accordi con la corte romana, felice conseguenza per l'avvenire della rivoluzione e dell' Italia. »

Tai due lettere tutte bisticci e contraddizioni, discordanti tra esse, eppur fatte d'accordo, eran mascherate abbiette cui l'onesta gente fremendo derideva. I giornali v'almanaccarono sopra molto, per dar campo alle fantasie, mentre Napoleone faceva a suo modo. Egli diceva riconoscere il *re d'Italia,* il Ricasoli fingeva riconosciuto il *regno d'Italia,* ch'è ben più; quegli parea dire salvo il dominio del papa, e Roma; questi fingeva intendere salva la *grandezza della Chiesa e l'indipendenza del papa,* ma voler Roma. E quando l'uno affermava quel che l'altro negava, quasi fossero d'accordo in parole come in fatti, il Bonaparte dava l'atto di riconoscimento. Il quale a' 18 del mese con dispaccio a' suoi ambasciatori, per rassicurare Europa, faceva dire: « Le sue truppe continuerebbero ad occupar Roma; il riconoscimento non doversi punto supporre approvazione della politica già in altro tempo da esso biasimata; appartenersi allo avvenire il giudicare sull'*ordinamento più atto a fermare i destini della penisola.* » Ciò detto per tenere aperto un adito al Murat. Il Monitore a' 25 nunziò lo imperatore riconoscere *l'atto legislativo pel quale re Vittorio assumeva il titolo di re d'Italia.* Riconosceva dunque il titolo di re, non il regno; era ricognizione di fatto, non di dritto; ma il fatto era giusto, o no? disapprovato, lo riconosceva? dunque il dritto niente è? avea sempre detto essere ligato da Villafranca, ora chi l'ha sciolto? il trattato sta, ed egli riconosce il fatto contro i trattati suoi? Ma senza coscienza, giocolando su' concettuzzi, abusava della forza della Francia, e insultava il mondo con l'equivoco, diventata sua insegna. Sparsero il facesse a consolare l'Italia pel perduto *grand'uomo.* Fu gran fatto rivoluzionario, e la setta mondiale giustamente il plaudì; ma per esso era necessità; che ben più rivoluzionario fatto fu quando Europa lui riconobbe. I Borboni di Napoli furono i primi, ora ne raccolgono il frutto. Tanto è vero che il senno politico migliore sta nella giustizia e nel dritto. Il ministro di re Francesco a Parigi abbassò l'arme.

§. 23. Altri riconoscimenti.

Subito dopo riconobbelo il Portogallo clientulo d'Inghilterra. Già a' 13 aprile l'avea riconosciuto il Marocco, in luglio Haiti, e poi il Turco. Napoleone lavorava diplomaticamente, e nell'anno seguente ne persuase le corti del Nord, che credo facesserlo per dispetto all'Austria, e 'l debole Belgio per ubbidienza. Ciò avvenuto nel 1862 non mi accaderebbe narrare, ma è bene non lasciare tal pagina incompiuta. Il Belgio spinto da Francia, in aprile 62 riconobbe « il titolo di re d'Italia, senza costituirsi giudice degli avvenimenti ch'aveanlo stabilito: riserbandosi libertà d'estimazione, rispetto alle eventualità che potrebbero modificare questo stato di fatto. » E 'l ministro Frère nella Camera spiegò: « Non solo tal riconoscimento non conferisce nessun dritto, ma se i governi caduti in Italia saranno restaurati, noi li riconosceremo. » E il deputato Vilain osservò: « Non dovevate riconoscere quello che in Italia s'è fatto, che sta anzi sulla via di disfarsi. » E 'l deputato Dumortier: « Il Piemonte s'è impadronito *da traditore* del regno di Napoli; ei non conosce niente di sagro, non dritto delle genti, non trattati, non vincoli di sangue, non fede giurata, non onore, nè virtù. » E il Thibaut. « Re Vittorio *è fuori della legge*, è il grande anarchista della società internazionale; è l'insorto contro la civiltà. Maledizione a lui! » E condanne più gravi risonarono nel senato.

Prussia pure da Napoleone pregata, avuto da Torino assicurazioni d'impedire ogni movimento rivoluzionario contro Roma e Venezia, scese il 21 luglio a dichiarare che: « prendendo atto di tai formali dichiarazioni riconosceva il titolo di re d'Italia; ma con ciò non ritrattava i giudizi dati sui consumati fatti, nè il riconoscimento esserne gurarentigia, nè implicare sanzione retrospettiva della politica tenuta da Torino. Molto meno pregiudicare le quistioni che interessano i terzi, e rinunziare a piena libertà di giudizio, per le eventualità future che potrebbero modificare lo stato di cose presenti. » Il ministro Bernstorff in parlamento aggiunse: *non essersi inteso riconoscere il principio delle nazionalità*. I giornali pubblicarono che il Durando ministro italiano rimproverato d'aver promesso di non toccare Venezia e Roma, rispondesse *quella promessa non avere il valore della carta su cui era scritta*. Però quando la Prussia nunziò all'Austria il riconoscimento, notando la detta promessa, Vienna rispose *essa non valere nemmeno la carta su cui è scritta*. La Russia pure, sempre sollecitata da Napoleone, scese anche essa in simile modo il 18 agosto 62. Ciò dopo pattuito a utilità propria certe cose, che la stampa pubblicò essere queste: 1° Scioglimento del collegio militare polacco in Piemonte. 2° Licenziamento de' volontariii polacchi. 3° Mantenimento del potere temporale del papa. 4° Dominio dello Czar in Oriente. 5° Stazione per una flotta russa nell'Adriatico, come l'aveva già a Villafranca presso Nizza. Nulladimeno protestò non intendere pregiudicare nè risolvere nessuna qustione di dritto.

Re Francesco protestava il 1° luglio contro tai riconoscimenti, notando che dopo le precedenti riprovazioni non era mutata la condizione delle cose: malcontento e miseria, partiti estremi alle mani, guerra civile, sangue a torrenti, stragi di popolo inerme, non essere motivi da fare oggi trovar conveniente ciò ch'avevano ieri per ingiusto condannato.

Il ministero italico cantò vittoria; la stampa e i sinistri della Camera accusaronla come disfatta: nel riconoscimento la disapprovazione e l'insulto, dritti e nazionalità sconosciuti, patti vergognosi e impossibili, prieghi vigliacchi, Francia padrona, Napoleone protettore, Italia serva, e ligata al suo carro.

§. 24. Approvazione del debito.

Sotto la consolazione del riconoscimento francese approvavano le camere il gran libro e il debito. Il Bastogi chiedendo la istituzione del gran libro de' debiti copiava la *Convenzione nazionale francese*; nè ripugnò dal dirlo: *Essa fuse i debiti in un solo, e noi faremo altrettanto*. L'Ondes deputato siciliano osservò quella *Convenzione* essere un'assemblea di scellerati: e fu soverchiato da urli e proteste *in nome della civiltà*. E il ministro Cordova disse quella Convenzione *benedetta da tutto il mondo civile*. Ministro di re benedire l'assemblea distruggitrice della monarchia francese, e regicida!

Il napolitano Ricciardi a scansare il debito propose *il denaro d'Italia*, a simiglianza dell'obolo di S. Pietro; cioè invocare la generosità degl'Italiani per la rivoluzione; siccome la generosità de' cattolici soccorre il papa. La camera gli die' su la voce, e la proposta rigettò. Un giornale de' loro tacciò il Ricciardi d'innocenza antidiluviana e preadamitica; e a ragione, perchè servendo i danari a pascere i liberali, come sperare i liberali stessi li pagassero? Il *denaro d'Italia* avria sfolgorato a condanna, sendovi invece d'esso i debiti e le tasse enormi da pagare a forza. Riusciva a diverso plebiscito; nel primo aveano moltiplicato i voti; qui doveano moltiplicare le monete, delitto di cui i liberali sono sempre innocentissimi.

Quei deputati, ancorchè scorie di sette avevano vergogna d'approvare tanti debiti, e pochi assistevano alle tornate. Messo il 1° luglio a' voti il debito de' 500 milioni, de' 443 rappresentanti ve n'era sol 256, de' quali 242 approvarono, come necessità di rivoluzione. Ora seguendo il debito effettivo in oltre 700 milioni, ogni fava di deputato costò più che tre milioni al paese. Approvarono a occhi chiusi; senza guardare lo stato finanziero, senza vedere conti, nè documenti: in ubbidienza alla setta, assassinarono la patria. Il Ricasoli li pagò promettendo dalla bigoncia Venezia e Roma; *questa di concerto con Francia, quella dappoi, secondo l'opportunità che si prepara e sorge nel tempo*.

Così unificato in tutta Italia il debito pubblico, il reame nostro già degli altrui debiti aggravato, ora pativa tal debito nuovo. E questo in tanto discredito ed arsura non si trovava ad allocare, malgrado i riconoscimenti francesi. Gl'Inglesi tanto incitatori d'unità co' giornali sconsigliavano il negozio. A stento si contrattò al 70, il più con ebrei stranieri; cioè avevano settanta lire, mettendone a debito cento. Inoltre fecero concorrere la città; ciascuna sottoscrisse per più milioni; Napoli non volle; e dicevano i liberali: *Che ingrata, dopo essere stata liberata!* però sforzarono a sottoscrivere per milioni dieci. Dappoi la gazzetta uffiziale del 10 agosto portò un dispaccio del Ricasoli allo straniero, che per saggio dell'italianismo italiano dichiarava l'imprestito fatto; ed essere entrati in cassa 300 milioni, scrivendone a debito 714! A premiare tanta impresa il mercante Bastogi fu fatto conte; e 'l Ricasoli tenne a banchetto i banchieri; che sì spogliando Italia trincavano alla sua grandezza.

§. 25. Delizie del rigenerato regno.

Il reame di qua e di là dal faro progrediva nella guerra civile. In ogni paese lotte politiche, sociali e religiose: ladri, micidiarii, bestemmiatori e liberali s'associavano con Torino alla tirannia sulla patria. I giovani chiamati a militare ingrossavano la reazione. In Sicilia grandi scompigli, e passioni garose e vendicative. La notte seguita al 18 maggio posero foco in più parti alle cataste di zolfo grezzo nelle miniere d'Apaforte, Stincone, e Bosco nelle torre di S. Cataldo e Serradifalco; aggravò il danno la esalazione de' gas che pe' circostanti campi distrusse piantagioni, seminati e bestiami. Si penò una giornata a spegnere il foco, e vi perì qualcuno. In Catania il governatore sconfortato si dimise; e a' 20 maggio i Piemontesi a reprimere un gran tumulto presero 49 persone, e acciò non fuggissero spararono loro addosso, e sette sul fatto n'uccisero. Gl'impiegati in ogni parte erano il triplo del bisogno; negli ospedali di Siracusa il quadruplo de' malati; al giornale uffiziale di Palermo trentadue redattori, pagati cari. In Messina si vide uccidere un impiegato per averne la sedia. E le ruberie uffiziali crescevano all'avvenante: nella dogana di Palermo le balle di mercanzie sparivano a dozzine.

Sul continente stragi, vendette e rappresaglie a vicenda; sopra ogni monte zuffe. I reazionarii rompevano telegrafi, assalivano procacci, n'uccidevano le scorte, sorprendevano Nazionali, e, spesso volenti, disarmavanli; dove vedessero Sardi li assalivano di fronte, da tergo, di fianco, e percossi lasciavanli, per tornare a sorprenderli di nuovo. Quelli colpiti senza veder nemico, spedati, trafelati per aspri cammini, facevan mala prova, e spesso a scansare la pugna andavano con le trombette in testa, acciò gli avversi avvertiti sgombrassero. Il governo in quella gran reazione materiale e morale s'appigliò al terrore; disarmò in parecchi comuni le Guardie nazionali tenendole de' Briganti conniventi; ad aizzare la guerra civile fece corpi franchi con divise nazionali; reclutati tra camorristi e Garibaldini, che per prezzo giornaliero andavano avanti; ma, capaci d'ogni eccesso, più su' cittadini che su' banditi gravavano; onde talora il governo stesso li doveva punire. I reazionarii a centinaia gremivano i monti di Stilo, Castellammare, Nola, Sora e Capitanata, con bandiere bianche. Poserne anche sull'Osservatorio del Vesuvio in faccia a Napoli. Il Chiavone a' 27 maggio s'accosta a Sora, e scaramuccia. Sul Gargano assalgono S. Angiolo; e poco dopo Poggio Imperiale e S. Paolo, e minacciano Serracapriola e Sansevero.

In Nicastro gridasi abbasso l'intendente. In Antrodoco il popolo a furia uccide il sindaco Mattei ed altri che infuriavano su Borboniani infelici. Ad Altafiumara nel Reggino un prete apostata mette la bandiera tricolorata nelle mani di Gesù redentore, ma fugge all'ira popolare, e la bandiera va in pezzi. I governanti in molti paesi tolsero i battagli alle campane, per tema di chiamata generale. I Piemontesi sentendosi odiati odiavano. In S. Vito nel Chietino un tenente fucila una Rita de Pompeis madre di sei figli, rea d'aver dato pane al marito su' monti. Nell'Aversano per insultare le monache, mandavano musici a strimpellar l'inno garibaldino in chiesa.

Cipriano della Gala capobanda audacissimo sul Nolano aveva un fratello detto Giona nel carcere di Caserta; vi manda Antonio Caruso di Avella suo compare (ex soldato) con venticinque armati. Finge portarvi la sera del 20 giugno due prigioni ligati; aperta la porta, uccide il custode, grida Francesco, libera il Giona e cento altri, e tutti in frotta sfidando e respingendo sin dentro la città gli accorsi Nazionali e Piemontesi, si riducono a' campi; che fu bell'atto di bravura. A' 18 di quel mese lo popolazioni di Pizzo e Francavilla vennero alle mani, e vi fur morti e feriti. Lo stesso pochi giorni appresso tra quei di S. Marzano e S. Valentino. Dal quartiere de'

Granili di Napoli fuggivano ducento regnicoli, cui volevano mandar soldati a Genova; e pur di quelli fatti soldati disertavano a drappelli nelle marce, tutti alla reazione. Molti dei mandati furono serrati in Alessandria, si lasciavano morir di fame anzi che servire. A' 21 giugno i reazionarii entrarono in Chiauci nell'Isernino, e saccheggiarono la casa del capo nazionale fuggito. La domenica 23, invasa la stazione della via ferrata a Cancello, chiesero la cassa; ma trovati solo pochi ducati, gl'impiegati offersero argenteria e cose preziose, ricusaronlo dicendo volere solo il danaro del re; poi spezzarono i busti di Vittorio e Garibaldi, e uccisero come spia il vicino cafettiere. La notte seguente sono messi sossopra Boiano e Castelpuzzano nel Sannio, dispersi i Nazionali. La notte dopo il 27 i Sardi mossero da Durazzano ad assalire Cervino: i reazionarii uscirono a incontrarli, appiccarono la zuffa per via, che durò sino all'alba, quando quelli, perseguitati alle reni, ripararono nel vecchio baronale castello di Durazzano. A' 29 giugno entrarono reazionarii in Siano, il 30 in Caserta Vecchia, il 6 luglio in Boscotrecase, il 7 in Vasto Girardi presso Isernia. In Nola grave zuffa con danno de' Nazionali e Sardi. A Marigliano strapparono di mano alla forza i coscritti di leva. In Acerra il 31 si gridò: morte a' liberali! E sullo scorcio del mese a Napoli fuggivano da Piedigrotta cento condannati.

I Piemontesi non lasciata addietro nessuna atrocità, non potendo più, crebberle col terrore di quel briaco Pinelli, tolto poc'anzi con tanta sicumera dagli Abruzzi. Fecerlo comandante delle soldatesche mobili in Terra di Lavoro; ei subito fe' bando, minacciando morte a qualunque andasse pei campi senza apparente motivo. E cominciò fucilando alla cieca certi infelici trovati con un tozzo di pane, e poi sei sacerdoti, detti reazionarii. A chi ricordò la legge, rispose; *Son preti e basta.* E un giornale parigino tai fatti criticò così: « Il Pinelli è valente, opera bene, ma parla male! » Non però i briganti lasciavano lui tranquillo; i campi bevevano sangue piemontese, ed ei non si mostrava che con battaglioni e cannoni; però co' cannoni faceva il re del piano, ma non osava salire a' monti, dove i briganti erano re.

Tra tanto scompiglio non tutelata la possidenza, nè vite, nè onore; non sicurezza, non affari, sterili le dogane, morto il commercio, crescente la povertà, inani provvedimenti, malversazioni, ire ne' popoli, scoraggiamento ne' liberali. Tanto importava a fare l'Italia una!

§. 26. E delizie di Napoli.

Napoli al vedere bandiere su' propinqui monti, e fuochi d'accampamenti, con le meridionali fantasie aspettava imminenti i Borboni. Cartelli di Viva Francesco piovevano da' punti di Chiaia e Sanità; la gente s'incontrava ilare, confortavasi, a ogni legno in rada sperava interventi, e vi furono sì corrivi cervelli che ne sperarono pure da' legni inglesi. Solo da Napoleone niuno sperava. Fabro del napolitano servaggio, sorreggitore potente dell'usurpazione, impedendo ad Austria e Spagna l'aiuto al papa, ribadiva le nostre catene; che a un primo colpo di fuoco sul Mincio, le Sicilie più terribili vespri rinnovavano sugli stranieri tiranni. E in quelle febbrili ansie d'aspettazione lo Spaventa spargeva *finita la reazione*; ma di segreto si sbugiardava con paurose lettere circolari: sapeva che in un'ora di riscossa a lui non restava un capello. Ogni notte Nazionali e truppe vegliavano sull'arme; e nondimeno l'ultimo di giugno una mano d'audaci spintasi per impeto nella caserma del 4° battaglione nazionale a rapire l'arme, corsero ferite. Comparendo già giornali del dritto, non potendosi per legge sopprimere, vi mandavano camorristi, o con nuovissimi pretesti a percuotere gli scrittori. A mezzo giugno la Tragicommedia assalì col vero gli usurpatori, ma tre dì soli, avidissimamente letta durò: vanno poliziotti alla stamperia, pigliano i manoscritti del 4° foglio non ancora fatto, agguantano il gerente, e 'l pongono in segreta, perchè sveli gli autori; niente da lui sapendo, pure asserendo essere mio lo stile, a me fanno un processo *per cospirazione contro l'Italia*. Nessuna libertà d'opinione, fuorchè pe' rivoluzionarii. Vedevi sovente energumeni a frotte, luridi e biechi con nude spade e sventolanti banderuole, gridare per le vie Vittorio o Garibaldi, e menare busse a chi non si scappellasse. Vendendosi aperto ogni figura oscena, si vietava il ritratto del papa, col pretesto che il prezzo fosse per S. Pietro; e fecero perquisizioni a chi sospettassero n'avesse. A S. Antonio a Segno visitarono pure nelle pissidi con l'ostie sante. Ancorchè non uffiziale, ogni liberale era spia, giudice, carceratore e boia: libertà solo per essi, e pe' ladri padroni di tutto. Nè il tacevano: rubata una bottega a Magnocavallo, vi scrissero su: *Viva Garibaldi, che ci ha dato la libertà*. Sulle calende di luglio si scoprì un vuoto di ventisettemila ducati nella lotteria. In ogni amministrazione era ruffa; tutti pigliavano, nessuno faceva suo dovere. Anche i manovali della strada ferrata ricusavano la fatica; ma lo Spaventa che si faceva custodire la persona da un drappello di camorristi, dichiarò camorristi quei lavoratori, e li relegò a Ponza, con incredibile abuso; e poi tornarono per sentenze di tribunali. Ma quanti governi v'erano? Torino comandava da lontano; da vicino comandavano i militari, il luogotenente, i comitati, i circoli, i prefetti, le società operaie, i capi nazionali, i malviventi d'ogni maniera; era una tregenda, una baccanalia di bassi tiranni. Ma il San Martino i mercoledì dava balli nella reggia. Egli il 21 giugno revocò il Mancini dal segretariato di giustizia e culto e posevi Giuseppe Mirabelli; a 2 luglio revocò da direttore delle finanze il De Martino, e abolì il posto. A' 6, sciolto la commissione amministrativa per l'Ordine Costantiniano, quei beni ingoiò il demanio.

§. 27. Eccidii di Montemiletto e Montefalcione.

A' 7 luglio i reazionarii entravano in Montefalcione. La dimane tutte le popolazioni a oriente d'Avellino gridano Francesco; dodici paesi n'alzano la bandiera; e i liberali cerchi a morte fuggono ad Avellino, per aiuto e vendetta a quel governatore ex speziale De Luca. Questi furente accozza in fretta Nazionali, camorristi e soldati. Primo un Carmine Tarantino figlio d'un oste, capitano nazionale, fa quaranta volontarii, e con pochi soldati e un uffiziale Sardo, si spinge a Montomiletto guidato da' fuggiti. V'era sindaco un arciprete Leone ex galeotto graziato; il quale con altri s'unisce al Tarantino, e insieme vanno ad assaltare Montefalcione; ma costretti a retrocedere, tornano a Monlemiletto. Qui pure tutto in tumulto; si serrano in casa i Fierimonte, e benchè forte si difendano, vi sono assaliti pure da donne e fanciulli. In quella i reazionarii montanari invadono il paese, ch'era la notte precedente al 9, ed essi e la popolazione gridando Francesco II, addoppiano lo assalto: chi porge arme, chi pietre, chi fascine, chi appicca il fuoco, più di tutti inferocite le donne. Arsa la porta, entrano in furia, scannano a libito; muore l'arciprete galeotto con due fratelli, il cui padre già era morto nella reazione di settembre; muoiono quei di casa Fusco e Colletti; il Tarantino è squartato; pochi de' suoi quaranta si salvano. L'uffiziale sardo con cinque soldati sono menati al camposanto, e fucilati.

In quella un cenciquanta soldati co' Nazionali d'Atripalda s'accostavano a Manicalzati, ed erano respinti. Il De Luca con molte compagnie nazionali e cento Soldati entra in Montefalcione il 9; ma percussato da tutte parti, fugge, e ripara in un convento fuori del paese, dove mezza giornata si difende; e vi periva, se da Nocera non giungevano a tempo i battaglioni Ungheresi a pie' e a cavallo, che dopo un po' di sangue, fuggendo il popolo, respinsero i montanari, che ripararono a Lapio. Gli Ungari colti trent'uomini in una chiesa, trucidarono, fucilarono cinque persone, e padroni della terra d'onde sparita era la popolazione, si svelenirono per le case con sacco e fuoco senza pietà, sotto il comando del governatore. Così l'*unanime plebiscito* era sorretto dal braccio di settarii d'Ungheria; così gridandosi *Fuori lo straniero* si facevano dallo straniero ardere i patrii paesi. I liberali davano lodi infinite al De Luca, per avervi, dicevano, fatto un vero macello. E in premio quell'ex speziale fa alzato a commendatore de'soliti Santi.

§. 28. Seguenza di reazioni.

Accorse da Terra di Lavoro con assai truppe il Pinelli, e occupò i luoghi più aspri: i reazionarii volsero altrove. A' 18 assalirono Monteforte. A' 22 il capobanda Caruso invase Moschiano, e v'alzò i gigli; v'accorsero Piemontesi da Lauro, ma dopo lunga pugna, mortovi il capitano Belgeri del 61.° di linea fuggirono rotti e perseguitati. Nel Sorano Domenico Coja da Cardito ex soldato, animoso e intraprendente, scorrazzava per le Mainarde e pel gran gruppo di monti da Arce ad Isernia; teneva la truppa in iscacco; e sendo avveduto e non sanguinario, avea seguito in ogni terra. La notte del 10 luglio entrò con soli vent'uomini in Vallerotonda, comune di tremil'anime, dove si sapeva che verrebbe; tanto che il capo nazionale per non avere poi briglie col governo se n'andò a S. Germano. Egli senza far male a nessuno arde gli stemmi savoini; poi bussando casa per casa, ha sessanta fucili, munizioni da guerra e da bocca, e se ne va in pace. Il governo carcerò il sindaco e 'l capitano, e sciolse la guardia. Il Centrillo dopo pochi dì entra in Cardito sua patria, grida Francesco, toglie il ritratto di Vittorio senza sfregiarlo, anzi lo saluta come re nato, e fattosi dare dal cassiere un po' di denaro, gliene lascia ricevuta. Chiavone a' 17 rompe il telegrafo a Sora, entra in Roccavivi, poi in S. Giovanni, la dimane in

Villavallelonga, piglia 29 fucili, ha un conflitto a Balzorano e altro a Montesantangelo; invade a' 20 S. Vincenzo presso Castellone, e v'arde case di liberali. I suoi entravano in San Pietro in Fine. I contadini in tutte parti poi, a cagione della messe inebbriati, con suoni e canti salutavano Francesco, e commovevano i paesi.

Nel distretto di Larino erano piene sommosse a mezzo luglio. Castelluccio, Acquaborrana, Montecilfone, Guglionesi, S. Felice, Acquaviva, tutta la linea di qua dal Biferno sino all'Adriatico tumultuava; A' 9 luglio entravano reazionarii in S. Giuliano di Puglia, e festeggiati dal popolo, intuonavano il *Te Deum*. Nel Teramano invasi Fano-Adriano e Tossiccia, disarmati i Nazionali, perivano parecchi liberali; in Castello si combattè. Nel Cotronese la reazione trionfava: Cotronei, Spinelli, Caccuri facevano governi provvisorii; le soldatesche fuggivano a Policastro. A Zagarese presso Soveria, entrano Borboniani il 14 luglio, affratellano col popolo, ardono le bandiere e una casa, ammazzano il sindaco e 'l capitano nazionale. A quei dì medesimi entrano in Carlantino in Capitanata, rompono gli stemmi, bruciano le carte, cantano il *Te Deum*, e saccheggiano la casa del capitano. Gagliarda la reazione insanguinava il reame; ma senza capi, senza nesso, avea trionfi momentanei e parziali: provava soltanto l'odio universale alla rivoluzione.

§. 29. Il Ponza si dimette.

Il luogotenente Ponza che si pensava col programma della legalità vincere la prova, sopraffatto da tanto empito di reazioni e di soldateschi eccessi, vide la legalità ludibrio. Se fosse stato onesto da vero, avria confessato che l'unico atto legale era abbandonare la usurpazione; ma s'avvide quell'aria non confargli. Un Monale ch'avea portato seco gli guidava le cose di governo; egli dovendo tenere il paese con solo la forza, nè bastandogli i battaglioni che aveva, forte chiedeva a Torino soldati, e più che soldati oro, *per fare i miracoli*; si stringeva almeno a quindici milioni. Soldati venivano, denari no; e i soldati mai bastavano. Il ministero torinese vedea nei fatti di Napoli uno smacco; nel sistema del Ponza una lentezza, una ruina; chè ruina parevagli il non vincere presto, e condensarsi sul capo tanto cumulo d'odio o sangue. Il bravone del Cialdini si vantava ch'ei con quei soldati s'inghiottiva il regno, per un suo certo specifico infallibile: *tanti presi, tanti fucilati*. Ciò parve spiritoso al Ricasoli, e mandatol chiamando, gli concesse d'andare. Ei tenne consiglio co' deputati napolitani della sinistra; e avutone promessa di cooperazione, perocchè la paura della reazione accomunava Erodi e Pilati, se ne venne borioso con facoltà eccezionali, anche sopra il luogotenente. Sbarcò il 9 luglio a Napoli con altre truppe, e vi surrogò il Durando. Ai 12 con un bando a' soldati disse purgherebbe il paese dalle *bande d'assassini*. E per assassini non intendeva i Pinelli e i Galateri. Aggiungeva: « *Vi riusciremo aggiungendo a noi lo elemento popolare e liberale. All'arme! pugneremo per la patria e per la libertà.* » Tai parole d'uno venuto appunto per torne libertà e patria, niuno illudevano, sapendosi qual fosse l'elemento popolare suo amico, cioè camorristi e gruppi stranieri. Compreselo il Ponza, ne vide scemata la dignità, governativa, e lacerato il suo programma della moralità e legalità. Veniva un luogotenente di fatto sopra un luogotenente di dritto, e conseguenza lo stato d'assedio senza proclamarlo. A che buono il Cialdini, se non a fucilare? Anche sterminasse la reazione co' supplizii infiniti, sapeva ei poi lenire i centomila mali sociali da esso evocati?

Il Ponza cercò persuadere il Ricasoli che buono il Cialdini purchè subordinato, inopportuno superiore, con quei conferitigli poteri, contrarii all'iniziato sistema di pacificazione. Ebbe risposto; s'acconciasse con lui: egli *oprebbe a modo di guerra.* Allora dimandò d'andarsene, dicendo così rimediare all'onore del ministero, che potrebbe gli spezzati poteri stringere in una mano. In coscienza sentiva il paese avverso, menzogna il plebiscito, aversi col terrore a tenere; impossibile governare con leggi e onestà un paese usurpato; ineseguibile il suo programma, ed egli inciampo. Andandosene servì la rivoluzione. Volevasi persona disonesta, carnefice, e spietato; e 'l Cialdini era l'uomo.

§. 30. Il Cialdini quarto luogotenente.

Della sua partita e più dell'iniquo successore i liberali meno spinti si spiacquero: il municipio e la guardia nazionale gli stamparono indirizzi per tenerlo; ma parendogli torsi con onore da quella sedia spinosa, stette duro. Un decreto del 14 fe' luogotenente il già venuto Cialdini, unendo il civile e 'l militare, come il La Rovere in Sicilia: ma ebbe un Cantelli Parmense per coadiuvarlo nel governo, il quale si portò un Forzani che faceva tutto. Così il nobile reame di Ruggiero fu retto da un segretario del coadiutore d'un ex incisore, luogotenente d'un re servo di setta. Il Ponza venuto con tanta gazzarra di lodi, se n'andò dopo quarantaquattro giorni, a' 16 del mese, colle pive nel sacco; ne pur volle vedere il Cialdini.

Costui si pose pur nella reggia, ma in altre stanze, che ogni nuovo venuto voleva aule nuove; però continuò gittare moneta, e correre pe' reati palagi racimolando mobili, tappezzerie e quadri, con danno dell'arte. Nè denari v'era: venderono gli argenti della reggia, fusero i candelieri, e ne cavarono seimila ducali. E come gli orefici paurosi ricusavansi, lo Spaventa li sforzò.

Il Cialdini esordì con una goffa proclamazione a' Napolitani, il 19 luglio, che finiva così: « Poco o nulla potrei senza di voi, con voi potrò tutto. Tra chi vi ruba o v'assassina, e chi vuole difendervi sostanze e vite non è scelta dubbia. (E s'aveano presi allora i candelieri!) Invoco e attendo l'appoggio delle frazioni di tutto il gran partito liberale: chi vuole libertà, Italia una e Vittorio Emmanuele, sia meco. Un sol grido nostro, purchè simultaneo e concorde, avrà eco irresistibile dal Tronto al greco mare. A sperdere in breve le bande reazionarie basta gittare lo sgomento in chi da lontano le move e paga e dirige. *Quando il Vesuvio rugge, Portici trema.* » E tremando Portici chi non tremerebbe? Tal ridicola allusione a Portici condannava la suo *eco irresistibile*, sendosi colà ritratti il più dei nobili napolitani, sdegnosi di vedere l'orge de' rapinatori della patria; ed egli tronfio si paragonava a un Vesuvio ruggente, e con tanti armati dichiarava vigliacca guerra a gentiluomini inermi. E scioccamente confessava politico il *brigantaggio*, che in ogni atto aveano negato.

§. 31. Crea corpi franchi.

Torino visto che a reprimere l'ex regno non valevano carcerazioni e fucilazioni preventive, si calò all'onta di rifare lega co' Mazziniani. Il Cialdini poc'anzi nemico del Garibaldi n'invocò il braccio, e si chiamò il Garibaldino Nicola Fabrizi, lancia del Mazzini. Visto non bastare i soldati, pensò mettere Napolitani contro Napolitani, e fiaccare in guerra civile le forze vive indigene de' Borboniani e de' repubblicani. Ordinò corpi volontarii; due compagnie per distretto, da fare quindicimil'uomini; razzolò in trivii e lupanari vagabondi, affamati, galeoni, facinorosi, camorristi, ladroncelli, e Garibaldini; i quali come pratici de' luoghi mandava innanzi a' primi colpi. Con mendacio li appellò *Guardie Nazionali mobili*, dove appunto delle Guardie nazionali diffidava. Re Vittorio a rabbonire i Garibaldesi die' il 12 luglio un decreto, permittente a' mille di Marsala di fregiarsi le medaglie avute dal municipio di Palermo; così turpemente approvando quella *pirateria* ch'avea diplomaticamente condannata. Il Cialdini accolse gioviale gli uffiziali garibaldini; di più che a seicento riconobbe i gradi, e poseli a quelle compagnie mobili *alla caccia de' briganti*. Significava valersi, di tutte nefandezze: guerra atroce al passato, al clero, alla nobiltà, all'onestà; permessi tutti modi di compressione, non legge, non giustizia, non pietà.

§. 32. Cade lo Spaventa, ed altri.

Questo connubio fe' cadere lo Spaventa, odioso a tutti i partiti. Pochi dì prima seguiva orribile caso. Avendo mandato i camorristi all'isole, pure n'avea di grossi di costa a guardargli le spalle, cui ogni eccesso, perchè contro i Borboniani, concedeva. Chi voleva una vendetta, disegnava reazionario il nemico, e se ne disfaceva. Di quei ribaldoni lo Spaventa avea fatto un comitato, detto *Virgolatorio*, che chiamavano *virgola* la mazza; il cui capo un Demata cappellaio minacciava, bastonava, e per pacifiche case andava danari estorquendo, e taglie e ricatti. Un dì chiese 1500 ducati a un barone, questi per salvarsi ne pagò issofatto 700, promise il resto la dimane; ma ricorse al S. Martino allora luogotenente, che senza saputa dello Spaventa ordinò l'arresto del Demata al commissario Ferdinando Mele. Costui stato camorrista anch'esso, e anzi complice del Demata all'uccisione che narrai dell'ispettore Perrelli, a' 28 giugno dell'anno prima, ora scordata la setta antica, lo agguantò. Il Demata aveva un fratello Salvatore, condannato per assassinio, allora evaso di galera, eppure fatto dallo Spaventa impiegato nelle poste, che anche fea parte nel *virgolatorio* comitato; questi stizzito del vedere il già collega carceratore del germano, si vendicò con una pugnalata a' 17 luglio soll'ore quattro vespertine, e il Mele posto boccheggiante in una carrozzella, come già la sua vittima il Perrelli, Dio volle spirasse similmente pria d'arrivare all'ospedale de' Pellegrini. Ma all'illustre salma la rivoluzione fe' il mortorio il 20, che movendo dall'ospedale onorò Pignasecca, Toledo, S. Giacomo, Fontanamedina, Montoliveto, e tornò dond'era partito, con l'augusta presenza del Questore, de' poliziotti, de' Nazionali, di molti impiegati, e di lurida plebe.

Lo Spaventa contro cui tutti sbottonneggiavano ebbe a segnare di sua mano il 20 stesso il decreto cialdiniano, che alla vedova e a' tre orfani dava 480 ducati di pensione all'anno; ma l'onta che per quella protezione gli cadeva addosso, costrinselo a lasciare l'uffizio; e n'ebbe altro maggiore a Torino. Prese quella sedia Filippo De Blasio. Intanto la polizia per avere nelle mani lo assassino, tenuto ascoso dalla *Camorra*, si chiamò i capi, ch'aveano pure gradi nella Guardia Nazionale, e minacciò li terrebbe per correi, se nol consegnassero. Così svelato da' suoi, fu colto a' 30 del mese in una casa al Sedile di Porto; si difese, ma sanguinoso fu tratto al carcere. Subito confessò. E mentre a tanti innocenti in prigione non si faceva processo, a quel galeotto fecerlo prestissimo; a' 22 ottobre fu condannato a' lavori forzati.

Anche il questore Taiani fu surrogato dall'Avola. Il Cialdini per più sicurezza chiamò d'Italia l'indispensabile Filippo Curletti, già segreto mandatario del Cavour, sicario del Farini a Modena, e del Boncompagni a Firenze, e dell'Azeglio in Romagna. Poselo regolo nel dicastero poliziesco di Napoli con decreto del 25; ond'ei potè al sicuro collegarsi co' grassatori di strada; come poi si scoperse. A' 26, dimessosi il Mirabelli segretario generale di giustizia, v'andò il Pironti.

§. 33. Contese d'impieghi.

Per contentare i Mazziniani, il Cialdini si die' a manomettere ogni residuo d'impiegati antichi, benchè punto non s'impeciassero di politica; tutti alla via, sino agli uscieri: solo restarono i più traditori. Il Sacchi segretario alle Finanze un dì licenziò tutti gl'impiegati doganali del Cosentino. I posti davansi a' settarii soli; e i più grassi di *ricevitori* anche a' deputati al parlamento, sì pure l'apparenza perduta d'indipendenza. Tanto diroccamento stuzzicò mille ambizioni; l'avere impiego, febbre vecchia, ne' liberali fu mania; e il governo n'era roso. V'era già uffiziali assaissimo, nè c'era da pagarli; e le continue richieste toglievano tempo e pace; ma i famelici imprecando a' pasciuti fean ressa. Il De Blasio, leguleo di Guardia Sanframonte, salito a Segretario generale di dicastero, seduto lui, pensò un rimedio; e a suo consiglio il Cialdini con decreto del 24 luglio pone Commessioni provinciali a esaminare le domande (acciò sitibondi e sazii s'accapigliassero tra loro), e ordina si stampassero sul giornale i nomi de' postulanti e dei raccomandatori, sperando con tal berlina spaventarli. Ma non giovò: le lunghe liste nel giornale chiarivano la spudorata fame de' liberali; le dimande diluviavano; massime per posti di polizia, perchè l'arte poliziesca è loro la più facile; fu necessità a' 5 agosto apertamente pubblicare non si terrebbe conto di più dimande por quel dicastero; e pure fu indarno.

Il governo invece valevasi del Cialdiniano terrore per abolire bel bello i dicasteri in Napoli, accentrandone i carichi a Torino. Il 7 luglio sì soppresse la direzione di guerra; il 5 agosto quella d'istruzione pubblica, e l'8 quella d'agricoltura e commercio. Gl'Italianissimi fuor della pasciona s'ammattivano per rabbia, e sol per paura non gridavano Francesco; ma studiavano gli eventi, per dare a' governanti sgambetti in nome della libertà.

LIBRO TRIGESIMOTERZO

SOMMARIO

§. 1. La congiura di Frisa. — 2. Bandi Cialdiniani. — 3. Fucilazioni. — 4. Tenerezze napoleoniche. — 5. Fatti reazionarii. — 6. Sacco e fuoco. — 7. Stragi d'Auletta. — 8. Assassinii uffiziali nel Beneventano. — 9. Seconda cacciata del cardinal Riario. — 10. Arsioni di giornali. — 11. Serenate a deputati e senatori. — 12. Il parlamento unico nella storia. — 13. Mali della leva. — 14. Il Cialdini garibaldese. — 15. Dimissioni e premii. — 16. Reazione di Pontelandolfo e Casalduni. — 17. Strage di Piemontesi. — 18. Giustizia Tartara. — 19. Altre rabbie civili. — 20. L'onesto d'Azeglio. — 21. L'intervento passivo inglese. — 22. Attentati al re prussiano, e alla regina greca. — 23. Misteri del Curletti a Torino. — 24. Misteri sul Tofano in Napoli. — 25. Persecuzioni. — 26. Seguito della guerra civile. — 27. La lettera circolare del Ricasoli. — 28. Il suo vero scopo. — 29. Proteste. — 30. Risposte al Ricasoli. — 31. Feste del 7 settembre. — 32. Piedigrotta. — 33. Nobile Cialdiniano sdegno. — 34. Duelli Mazziniani. — 35. A ROMA CON. — 36. Nuovo luogotenente in Sicilia. — 37. Fucilazione sul continente. — 38. I mali della Chiesa.

§. 1. La congiura di Frisa.

La libertà fu salva la notte del 23 luglio. Sendo ancora Francesco in Gaeta, due suoi generali per avere persona in Napoli corrispondente, si valsero di monsignor Bonaventura Cenatiempo stato vicario in Avellino; il quale aderì, sperando la vittoria del re risparmiasse i mali alla religione ed al regno. Gli diero compagno un Girolamo Tortora di Nocera uomo dappoco, un Salvatore Cardinale faccendiere, e un Ettore Noli, spia del passato governo, che vantava gran clienti; in giugno vi s'aggiunsero i tre Francesi Coataudon, De Lupe e De Christen, ch'aveano bene combattuto a Bauco; uomini più da moschetti che da maneggio, e stavano col capo agli spassi. Avea monsignore fittato un casino sullo scoglio di Frisa a Posilipo, dove parecchi convenivano; ma in luglio sopraggiuntovi da Roma un De Luca di Potenza, questo cicalone menandone vanto fidò il segreto a un Cefarelli, credutolo amico, ed era spia dell'Arnulfo, generale de' Carabinieri, e aspirava a impiego in polizia, ch'ebbe in premio dappoi. Pertanto la sera del 23, carabinieri e scherani, invaso il casino, presero il Cenatiempo, il Noli, il Tortora, e 'l giardiniere; nè trovarono carte, eccetto due liste di nomi dimenticati dal Tortora in una borsa, e un po' di denaro del Cenatiempo, cui sequestrarono. Supponendo carte e arme ascose in giardino, facevano fossi; e trascorrendo l'ora, i tre Francesi che tornavano in barca, al vedere luccicare bajonette nelle stanze, voltarono indietro. La cosa menava in nulla, se il Noli per promesse e paura non vomicava tutto; e giunse il 6 settembre ad arrestare con poliziotti il De Christen, che fidato al passaporto inglese se ne stava in locanda a S. Lucia. Di questo colpo i governanti fecero gazzarra, e gran processo, sebbene mancassero prove, ma per foga d'inveire. Dopo un anno condannarono a' lavori forzati per dieci anni gl'inquisiti; ma più che la condanna fu poi famosa la fuga del Cenatiempo dalle prigioni, il 14 ottobre 1862, entro una cesta.

Anche inveirono contro Carlo Tocco duca di Popoli, figlio del principe di Montemiletto, a Portici. Su' principii del mese l'ispettore di polizia cinto di camorristi l'aveva insultato in carrozza, ove per poco a colpi di stocchi non l'uccisero; ma come il Sorrentino, capitano nazionale del luogo, reclamò contro tal disordine spinto da chi avea debito di tutelare la sicurezza de' cittadini, giurarono vendetta. Imbeccarono al Cialdini la baiata del far tremare Portici; e fecergli tra primi arrestare quel duca e 'l colonnello borboniano De Lozza, e cacciarli in S. Maria Apparente. Fecero altresì una perquisizione al principe D'Ottaiano, nella sua casa ad Ottaiano.

§. 2. Bandi Cialdiniani.

La facoltà data al Cialdini *d'agire a modo di guerra* era altro tradimento in governo costituzionale, intimazione di guerra civile, di nemico contro nemico, devastazione, saccheggio; ma egli, liberalone, pigliando tal facoltà da chi non potea darla, tradussela in peggio; chè in guerra si dà quartiere a' prigioni, si lasciano le popolazioni, solo gli armati combattonsi; ed ei comandò sacco, fuoco, fucilazioni d'armati e d'inermi, senza giudizio, a libito d'un caporale, senza dar tempo a confessione. Nè già originale fu; copiò le gesta decennali de' francesi proconsoli del Bonaparte, in questo terre stesse.

Un colonnello Galateri comandante a Teramo stampò a' 20 luglio così un bando: « Sarò inesorabile, terribile co' briganti. I buoni *non debbono* farsi sopraffare: s'armino di falci, di forche e tridenti, e li perseguitino in tutte parti; la guardia nazionale e la truppa li sosterrà. Chiunque darà ricetto ad un brigante, sarà senza distinguere sesso, età e condizione, fucilato. Lo stesso alle spie. Chiunque richiesto, sapendolo, non aiuterà la forza a scoprire il covo e le mosse de' banditi avrà *posta a sacco e fuoco la propria casa.* Son uomo che tengo parola. » Con ciò spingeva il figlio contro il padre, la sposa contro il marito, l'uomo pacifico a fare il boia; fucilato chi non combatteva per far fucilare i suoi; ferro e fuoco a chi non aiuta i carnefici: e vantavasi tenere parola! scelleratezza senza utilità, che fe' dare un grido d'orrore alla stupida Europa. Il Cialdini in Lecce il 22 del mese pubblicò esso una proclamazione, chè forse non trovò chi la firmasse: « I briganti presi coll'arme in mano, e gli evasi dalle galere saranno *immediatamente fucilati.* Daransi 25 lire per lo arresto d'ogni refrattario. A' soldatii sbandati che si presentano assicuro la vita. » Dunque chi fido al re non volea sottoporsi alla rivoluzione era pareggiato ai galeotti, fucilato immediatamente, messo la persona e prezzo basso come un cane. Un Facino comandante in

Capitanata stampò a quei dì una notificazione agli abitanti di Volturino: « Vi lascio, ma v'avverto che se tornano i briganti, io pure tornerò, e v'arderò a' quattro angoli; e porrò fine una volta alla vostra connivente incessante reazione. » Confessava il popolo reagire, e voleva arderlo! L'altre proclamazioni pigliavano modello da queste. S'arrivò a minacciare morte a chi non combatteva i briganti: « Chiunque resterà indifferente sarà trattato come brigante » proclamò il Fumel poco dopo. E un birro fatto prefetto, un De Ferrari l'appellò *guerra santa*.

L'onesto Ricasoli che inorridisse Europa si spiaceva, sol perchè dichiarato unanime il plebiscito, e i dissidenti *pochi e briganti*, veniva da quei proclamatori sbugiardato; onde se ne sgabellò col richiamare a Torino il Galateri, come poco prima s'era richiamato il Pinelli, e poi rimandato in Terra di Lavoro. Volea si facesse senza stampare. Il Cialdini per contrario volea fare e stampare, e per atterrire, e per mostrare ai mondo la difficoltà dell'impresa, e poi la bellezza del suo trionfo, di cui si tenea certo. Laonde il Ricasoli non potendo richiamare lui, rimediò scrivendo nella Gazzetta uffiziale, le cialdiniane crudeltà essere *assurde calunnie*. Quel governo nella necessità dello stato d'assedio, non osando mostrare all'Europa che senz'esso non poteva dominare, poselo senza dirlo. Con dispacci dubbii, elastici, e moltiplici die' facoltà ampie agli uffiziali civili, amplissime a' militari: ciò pose due forze a fronte che s'urtavano; dove l'arbitrio d'ambo procurava i popoli. Però non amministrazione, non giustizia, non legge: legge la volontà d'ognuno che potesse; roba, onore, vita del cittadino è niente; ogni nefandezza è buona, purchè si domini.

§. 3. Fucilazioni.

Promettevano la vita a chi si presentasse; spesso mettevanli in galera, spesso ne' corpi franchi, per accaneggiare i fratelli, onde ridisertavano; più sovente mandavanli affunati, dicendoli briganti presi, e per via faceanli sbranare o straziare dal *popolo* furioso. Anche per le vie di Napoli davano tai pompe di lunghe funate d'infelici contadini, tra le sevizie di quei camorristi: un dì i prigioni, a salvarsi gridarono: *Siamo ladri, e non briganti*; al che rispettosamente non fur tocchi. Il 26 luglio prendevano nel Leccese nel bosco Cellino undici soldati sbandati con solo cinque fucili, senza resistenza; rei solo di non essersi presentati; portanli a Brindisi in prigione; poi li chiamano fuori, e come escono loro fanno fuoco. Così non giudicati, non confessati cadono; uno con tre colpi non more, si rialza, ed è con istrazii finito. La vecchia madre, udendolo, d'apoplessia spirò. E il governatore della provincia un A. Calenda ne fa lettere stampate; diceli presi dopo aspro combattimento da' bravi militi, e gli altri incita ad imitarli. Il giornale uffiziale non osò dire altro che *Furono presi undici sbandati!*

Molti reazionarii stavano sul monte di Somma, con un Pilone; che aveano parenti nel propinquo comune. Sostenute vittoriosi più zuffe, erano onta e minaccia a Napoli otto miglia lontano. Non si potendo vincere, si volle atterrire. Per denunzia di un capitano nazionale va a Somma un maggiore Franchini con una compagnia di Bersaglieri; entra di notte, ordina tutti si chiudessero, egli aspettare briganti per combatterli. Invece carcera nelle proprie case sei persone indicate dal capitano; un Mauro ottuagenario e un suo nipote; uno Scatena mercante di vino, un Romano possidente, D. Francesco Persico, e un giovinetto Scozio de' più ricchi del luogo; e in mezz'ora trattili in piazza, loro negando il confessore, li fucila. Ciò non terrore, fremiti d'ira in quelle parti suscitò: i liberali stessi levarono la voce, e 'l ministero riprovò, perchè *eccessi di zelo*, ma non punì. Punizione e terribile dettero i reazionarii. Una sera vanno da Portici vent'uomini come Nazionali, con uno che si finge ispettore di polizia; picchiano la porta del capitano, entrano, e gl'intimano di seguirli, « Che! » grida egli « il governo sospetterebbe di me, che ho fatto morire qui sei miei paesani reazionarii! » L'impudente confessione esacerba l'ire; e benchè volessero ucciderlo sul monte, subitamente il fanno a pezzi; e pure l'accorrente e gridante madre ammazzano.

Di simiglianti fatti in ogni terra era spettacolo; non tutti si sanno, nè tanti ne potrei rapportare. Il governo lasciata la briglia a' suoi scherani, fingea niente sapere, e disertava ogni pur minima capanna. Un contadino è colto presso Pozzuolo, con carte ove si parla de' Borboni, forse non reo; ma l'uffiziale per non annoiarsi in ricerche tantosto il fa fucilare a Quagliano. Un altro uffiziale, richiesto d'un prete dal paziente, risponde: *Ti confesserai sotterra.* Il Pinelli talora levandosi dal desco, parodiava Tito: *Non ho fucilato nessuno; ho perduto la giornata.*

§. 4. Tenerezze napoleoniche.

Anche Napoleone fe' mostra di schifare quelle stragi, e parlò; ma per questa ragione. Correa pe' giornali il Ricasoli trovasse tra le carte del Cavour il patto di cedere Sardegna, e che per impedirlo ne desse contezza a Londra; dove tal cosa, ch'avria reso Francia padrona del Mediterraneo, spiaceva. In fatti ne fu rumore, e il Russell ne parlò in parlamento. Il senatore italico Siotto-Pintor scrisse un libro, dimostrante l'odio di Sardegna alla Francia. Napoleone cagliò, ma mostrò il veleno. Il suo ministro Thouvenel il 22 luglio scrisse al Rayneval a Torino di notare l'emozione cagionata da' rigori de' militari piemontesi nelle province meridionali; ed essere urgente che il governo si svincolasse dalla responsabilità delle giuste accuse di cui sarebbe segno. E dimandasse: « se fosse vero il Pinelli bruciasse vivo un giovinetto; se fucilasse due contadini mentre lavoravano il campo; se a Campobasso si torturasse uno acciò rivelasse le famiglie rispettate da' briganti; e che nominatele per dolore, n'andassero gli uomini di quelle famiglie fucilati. » Di tai poche cose dimandava; de' paesi arsi no. Ebbe riposto, *niente esser vero*; mentre gli stessi giornali uffiziali parlavano sempre di *briganti fucilati*.

§. 5. Fatti reazionarii.

Considera il misero stato dello popolazioni, tra Piemontesi e Briganti: quelli fucilano chi dà un tozzo di pane, questi percuotono chi non ne dà. Ciascuno ha parenti, figliuoli, amici su' monti; ed è sforzato a pigliar l'arme a perseguitarli, o andar carcerato, o arso, o ucciso.

Dall'altra banda i reazionari padroni de' campi, conoscitori de' luoghi, e delle persone, van pizzicando i caldeggiatori degli stranieri. Uccisero un Ciccio Corvino, agente degli Spinelli, che in settembre avea dato al Garibaldi i cavalli di casa reale a Cardito. Scorrazzando pei paesi, uccidevano liberali, e sempre con la mano dei paesani. Parecchi ne stanarono in S.Mauro nel Catanzarese; moschettarono il Sindaco di Crognaleto nel Teramano. A Taverna presso Catanzaro cadde in un scontro morto un Mercuzio capo nazionale di Sorbo. A' 24 in Valle di Prata fugarono sindaco e Nazionali, e presero le bandiere e i fucili della Guardia. A' 26 scacciarono i Nazionali da Gioia; il popolo festeggiò Francesco; e fur morti parecchi liberali e Garibaldini. Accorsi soldati e guardie mobili in molti, seguì pugna feroce per quattr'ore; e le bande si ritirarono al borgo S.Vito; donde per più sopravvenuta truppa dovettero uscire. Questa si gitta a stragi e a vendetta sui paesani. A' 24 e a' 26 le bande svaligiarono la posta presso Vairano; rapirono i cavalli di posta tra Cosenza e Catanzaro. Il 25 disarmarono i Nazionali di Chiaiano sulle porte di Napoli; e i giorni appresso scesero al Vomero e a Capodimonte quartiere della città; dove aggredite più case, n'ebbero arme e munizioni. Il 27 in Montebello nel Teramano presero i fucili, arsero carte e stemmi, alzarono le statue di Francesco. A' 28 ruppero la strada ferrata e 'l telegrafo tra Cancello e Maddaloni. A' 29 entrarono in Pennapiedimonte nel Chietino, e danneggiarono i liberali. Lo stesso dì a Castelpagano in Molise uccisero rivoluzionarii; in Cerepiccola presi i fucili de' Nazionali, arsero l'archivio. Il 31 assalito il procaccio vicino Monteforte, benchè scortato da quarant'uomini andò a sacco. Quel dì stesso fu preso Circello nel Sannio; e al 1.° agosto Colle, capo del circondario, dove agguantati parecchi soldati del 62° costrinserli insieme col giudice ad assistere al *Te Deum* per Francesco. La popolazione alzò i gigli e liberò i carcerati. Poi accorrendo da tutte parti soldatesche e guardie mobili, i reazionarii, mandati i prigionieri su' monti sostennero aspro conflitto il quattro presso Circello.

Ai 2 agosto in Avella saccheggiarono un Lancia; e quel dì stesso fecero il medesimo in Ailano al sindaco e al corpo di guardia. Il 3 una banda entra in S. Paolo, uccide lo arciprete, il sindaco e il capitano, arde l'archivio, disarma i Nazionali, e saccheggia liberali. Alla dimane altra banda presso Cancello, visti soldati ne' vagoni della strada ferrata, fa fuoco; quelli scendono, appiccano la zuffa e n'hanno la peggio. Il 5 a Montedicore fu aspro combattimento durato più ore; dove i soldati soccorsi d'altri novanta uomini da Maddaloni, la durarono sino a sera. Il 6 a Cervino i soldati del 61.° fur con molti morti messi in fuga; e nell'ore pomeridiane i vincitori assalirono gli altri a Durazzano. Lo Alonzi detto Chiavone reclutava sue bande nel Sorano sua patria, tra quei della Selva e delle contrade S. Rocco e S. Giorgio; un dì il sardo colonnello Lopez fa perquirere da quaranta case in quei luoghi; trova solo donne, gli uomini erano col Chiavone. Accampavano a Fontana Brecciana, al

Fico, sul monte Santelia, e su Montesantangiolo, dove difficile era raggiungerli, e più poi vincerli. Scendevano sempre a colpo sicuro: il 9 ruppero i telegrafi presso Sora, e sostennero un conflitto. In Puglia la banda Crocco invase Ruvo, trucidò più liberali, arse la casa al sindaco, al cancelliere, all'arciprete, e la scheda di notar Patrissi. Ritraendosi, scontrò nel bosco Monticchio gli accorrenti soldati del 62.°, e sino a sera li combattè. In Calabria il 12 disarmarono Pernocari e Rombiolo.

Tutto brulicava di reazionarii, briganti o no; nè le soldatesche osavano transitare se non numerose; anzi il Pinelli avendo ad accorrere con truppe in Capitanata, s'imbarcò il 29 luglio, e con lungo giro sbarcò a Vieste, ove già la reazione aveva ucciso undici liberali. Giunto con truppe oltre il bisogno, quando le bande erano partite, fe' alla sua volta vendette e barbarie da invidiarle i cannibali; fucilò più dozzine di persone, tra' quali l'arcidiacono, quattro canonici, e 'l capitano nazionale, perche esso e tutta la guardia avevano plaudito ai *briganti!*

Briganti appellavanli per infamare con nome infame i difenditori del proprio paese! Certo non mancavano masnadieri, figli della rivoluzione e Garibaldini, che mutato mantello, cercavano con la bandiera bianca far fortuna in quella confusione. Né tampoco i legittimisti privi di buone armi, senza capi, nè danari, potevano far guerra grossa, guerra facevano la sola possibile: spartiti su tutte montagne, infestavano le strade, molestavano da' fianchi e da coda i soldati, uccidevanli a minuto, vendicavansi dei liberali che aveano venduto la patria allo straniero. I municipii o le popolazioni favorivanli e incitavanli, molti sindaci ricusavano le indennità di via a' militari sbandati che andavano a presentarsi, quasi a punirli, e il governo ebbe con lettere a minacciarli, tassandoli fautori del *brigantaggio*. Eppure il più dei sindaci erano liberali; ma aveano paura del popolo, che bieco guardava ogni atto, e notava. Nelle provincie a chi cantasse l'inno garibaldese correvano legnate, e talora sino dentro Napoli.

§. 6. Sacco e fuoco.

Il Cialdini vistasi più ardua impresa che non pensava, le guardie mobili costare molto e fruttare poco, perire il fiore de' soldati per ferro e stenti, affogato dall'odio universale, come sentivasi impotente a bombardare gli Appennini, si gittò al solo che poteva, pigliare vendette atroci delle popolazioni avverse, a simiglianza del fatto a Montefalcione. Carcerare per niente, fucilare per sospetto, non dar tempo a confessarsi, ardere case e paesi, inveire contro le robe e le vite, ciò ora più facile che affrontare i briganti; e trovò volonterosi esecutori, per la codarda umana natura, che dove non ha pericolo braveggia. Erano paesi aperti, in balia di chi entrasse; la gente gioiva a rivedere la patria bandiera, e gridava Francesco; e tal *delitto* cui il Cialdini non avea possa da impedire, punivalo con ferro e fuoco. Sbugiardava il plebiscito e l'Italia, minava innocenti, cumulava odii ad odii, ma il faceva, non potendo altro. Appellando briganti gli avversi, rendeva manigoldi i suoi. Non vinceva, ma seminava la morte, trionfava de' miseri, sfogava rabbie di setta.

Dovrò narrare le stragi di più dozzine di terre, e 'l farò brevissimo, benchè iliadi occorressero. Quelle di Vieste toccai. Dopo un conflitto presso Strongoli, i soldati arsero il villaggio Spinelli. Il 18 luglio, entrati reazionarii in Montecillone nel Sannio, accorsero soldatesche da Vasto, e furono rotte; ritornarono il 27 in numero maggiore; e dopo aspra zuffa, scacciati quelli, arsero molte case, e presi cittadini, possidenti, vecchi, preti e padri di famiglia, issofatto da sessanta ne fucilarono. Il 10 di quel mese i Sardi entrano in Pescolamazza terra dell'Avellinese, dove il popolo avea riposto il governo de' Borboni, e vi fanno sangue e sacco; tra l'altre barbarie pigliano un Luigi Orlando, onesto e religioso; incolpanlo autore, perchè *la sua casa non era stata come altre tocca da' briganti*, e 'l menano a morire. Chiede il confessore, ed ha a stento il suo medesimo figlio sacerdote, che sino all'ultimo con apostolico animo il confortò. Tosto è fucilato, presente la famiglia sua; poi liganlo a un tronco, e mettongli a ludibrio nelle mani la rivoluzionaria bandiera. Sì bravi sugl'inermi, dove correano schioppettate cagliavano: quel dì stesso seguìa forte scontro tra il Pinelli a Cipriano La Gala, su' monti di Cancello, durato più ore; i montanari con gran fischi e sberleffi appellavano quel generale a mostrarsi, che non osò.

§. 7. Stragi d'Auletta.

Auletta terra di tremil'anime nel Salernitano, sopportata male la rivoluzione, sentendo dura la tirannia liberalesca, anelava a scuotere il giogo. Udito ne' vicini boschi di Petina, Sirignano e Polla una mano di Borboniani li chiamò; i quali movendo dal bosco Lontrano entrarono il 28 luglio tra entusiastiche grida, e balli e suoni e canti attorno all'effigie di Francesco e Sofia. I pochi liberali del luogo corsero a Pertosa e a Caggiano, invocando armati per reimporre a' conterranei la libertà. Nessuno si mosse, eccetto un Peppino Oliva capo nazionale di Pertosa, che con alquanti racimolati satelliti ad Auletta s'accostò, ma ebbe a fuggire indietro. Dappoi accorso da Napoli un battaglione, e la legione Ungarese, preso con seco Nazionali mobili sull'alba del 30 circuirono il paese; perlocchè i Borboniani, veggendo, non poter vincere tanti, batterono ritirata; e con poche fucilate s'aprirono il passo. Gli assalitori invece di dare appresso a questi avversarii, entrarono nell'inerme paese per la contrada *Piano;* e spartiti per le vie quante incontravano persone d'ogni età e stato uccidevano, poscia preso nota de' più facoltosi, n'investirono le case, e dettervi sacco e fuoco. Prima a' fratelli sacerdoti Pucciarelli, de' quali tosto D. Giuseppe trucidarono; l'altro D. Giovanni potè fuggire allora, e poi ebbe due anni di carcere. Saccheggiate parecchie case, strapparono dalle paterne mura l'arciprete Amato, con altri tre sacerdoti, e Francescantonio Carusi, e per fucilarli menaronli avanti la chiesa rovesciata dal tremuoto; e là inginocchiati tennerli molto tra vita e morte; e come un di quei preti settuagenario non reggendo in ginocchio s'alzò, un sergente col fucile gli ruppe il capo. Poi li menarono pel paese a ludibrio, e cavati dalle case altresì i germani Nicola e Giuseppe Carusi, Nicola Amato, Raffaele Lafragola e altri, tutti ringinocchiarono al largo Campitelli, e con battiture straziarono; sinchè per le lagrime di molti e massime d'una cognata dell'arciprete che col bambino in collo seguendoli al supplizio spetrava i sassi, il capitano fe' grazia. Tra questi un Vittorio Amorosi liberato appena, correndo a consolare la sua famiglia alla Casina, ripreso per via da altri soldati, è serrato in una chiesa, e là dentro con altri scannato. Così sommariamente i liberatori quarantacinque persone assassinarono; un cento ne ligarono, che con infiniti strazii e contumelie strascinarono a Salerno, dove il durissimo carcere biennale loro parve una fortuna. Di Auletta arsa sonò alto la fama, anche ne' giornali governativi, che loro scelleratezze anche esageravano per ispaventare, curando il possesso, non l'infamia.

§. 8. Assassini uffiziali nel Beneventano.

Sul principio d'agosto nel Beneventano s'alzarono i gigli in S. Marco dei Cavoli, Molinara, S. Giorgio la Molara, Pago, Pietralcina, Paduli e altri paeselli. Quando Francesco die' la costituzione, i faziosi di S. Giorgio divulgarono, il governo permettere la partizione de' terreni ex feudali del principe di S. Antimo; tosto elessero sindaco nuovo, devastarono il bosco Mazzocca, venderono il legname, spartirono il suolo, e ancora il tengono. Poscia espulso l'agente del principe e 'l curato, gl'istigatori pur fremevano al vedere i buoni schifare quelle rapine; e anelanti di torseli dagli occhi, ogni dì contro i principali intessevano calunnie, massime sul favorire il brigantaggio. Accadde che il 6 agosto uno del Colle, soprannomato Pelorosso con cinquant'uomini a cavallo entrò in S. Marco de' Cavoli, e con l'aiuto pronto della popolazione scacciò gli accorsi soldati del Galantuomo, ripose il governo per Francesco; e fe' lo stesso a Molinara. I liberali di tai luoghi fuggirono presso i consettari a S. Giorgio; ma quelli e questi, odorando la venuta pur là de' reazionarii, ripararono a Benevento. Infatti l'8 del mese il Pelorosso entrò come trionfante in S. Giorgio con le popolazioni de' dintorni; prese il danaro comunale, in ottomila ducati, e voleva saccheggiare le case degli usciti; ma la buona gente con preci, e sagrifizii pecuniarii lo impedì. Egli ripostovi il governo borbonico, passò a Pago, e poi a Pietralcina: aveva più che mille uomini, armati di spiedi e mazze; però sull'alba del 10, sorpreso da' Piemontesi, nè potendo sostenersi, dovè sloggiare; ma i Piemontesi non lo perseguitarono, trovarono cosa più facile ammazzare i paesani; nè men di quaranta innocenti sul botto ne uccisero. Ma poco dopo quel sindaco Giacomo Tavini, che avea chiamato i soldati, fu esso e la sua druda morto a vendetta. I Sardi di là corsero il 12 a Paduli, che spontanea il 9 s'era rivoltata, senza sangue; e issofatto cinque persone, lor negando il confessore, fucilarono.

I liberali di S. Giorgio fuggiti a Benevento, accusando i loro nemici d'aver chiamati i briganti, e mentendo d'aver patito sacco e fuoco alle case, ottennero Piemontesi per assalire la patria. Il comandante v'arrivò di notte, e trovati certi armati pel buon ordine, incontanente li trucidò; poi visto il paese cheto, e nessuna casa tocca, verificata la menzogna, pur tasso di duemila ducati le famiglie ricche, oltre le razioni per la truppa, e se n'andò. Ciò a' liberali parve niente; e volendo la morte degli onesti oppositori di loro malvagità, fiottarono attorno al prefetto beneventano, certo Gallerini, e a un Lupi delegato di polizia; asserendo quelli sempre cospirare pe' Borboni; eglino non potere senza rischio rimpatriare; volersi esempio di terrore. Quei Gallerini e Lupi non men tristi di loro, regimati soldati, corsero non per vedere la verità, ma per contentarli di vendette. Prima entrarono in S. Marco, bramosi d'uccidervi l'ex capo urbano Nicola Ialardi, ricchissimo; non trovatolo, saccheggiarongli e arsero la casa, rubandogli oltre a cinquantamila ducati; e 'l medesimo fecero a Vincenzo de Conno. Di là bene imbottinati voltarono a S. Giorgio, e giunservi la notte del 4 settembre. Stando quei cittadini ignari e dormenti, alcuni ne presero ne' letti, altri cavarono da' nascondigli, tutti chiusero in una stalla; e fatto un conciliabolo co' più felli, e col fellone giudice Anfiero, risolsero a spavento del popolo sagrificare, alquanti de' più amati, acciò meglio al liberalesco gioco si curvasse. Primi scelti furono Michele Pappone ex capo urbano, Luigi Germano sindaco, e Giovanni Paradiso, questi perchè fratello d'un gesuita, e padre del giudice di Carbonara, gemente come dissi nelle carceri. Al mattino menanti infunati al largo della Fiera; indarno corrono piangenti e scapigliate le mogli e le figlie; indarno domandano un confessore; mentre ancora camminavano, hanno di dietro una salva di schioppettate. I cadaveri tutto il dì a terrore proibita la sepoltura, tengono sulla piazza. Un garibaldino tagliò le dita al Germano per pigliar l'anello, altri gli strappò i calzoni. Similmente assassinarono altri otto infelici; due centinaia di persone carcerarono, che penarono in lungo giudizio, compiuto poi in luglio 1863. E quando i giudici dichiararono innocenti i tre Pappone, Germano, e Paradiso, si trovò ch'erano stati fucilati. Storie conto e paiono favole. Dove i briganti non avean saccheggiato, saccheggiavano e assassinavano i prefetti del re galantuomo restauratore di morale. Il prefetto Gallerini non fu già impiccato, ma traslocato; ma lo punì Dio: gli tolse l'unico figlio, e a lui il sonno.

§. 9. Seconda cacciata del cardinale Riario.

Col versamento di tanto sangue s'avvicendavano persecuzioni spietate. Da che il cardinale arcivescovo Riario per invito del Farini era tornato, ancorchè la canaglia il molestasse, imperturbato seguiva suo uffizio di pastore. Come il Cialdini stabilì il connubio tra il governo e la piazza, diventato principio governativo lo sfogamento d'ogni passione, risolvettero sbarazzarsi di qualunque per grado, stato, o ingegno avesse popolari simpatie. Primo il cardinale. E acciò spaurisse, e partisse, permisero calunnie e soprusi: rumori sotto le finestre, sassate, minacce: un giornale, il dissi, propose d'impiccarlo; e 'l telegrafo napolitano nunziava al mondo, l'*arcivescovo aver preso parte alla cospirazione, e stare in carcere*; poi smentì lo arresto, non la congiura; poi ripetè che il porporato, *viste sue trame scoperte, se n'andrebbe volontario.* Arti vili a spaurirlo; ei le sprezzava. A' 28 luglio impiastrarono un indirizzo d'operai al Cialdini, dicendolo promotore di reazioni, essere *urgente misura di salvezza* l'allontanarlo. E 'l bombardatore Cialdini, pauroso d'una zimarra rossa, a quel fittizio ordine di popolo sovrano ubbidì. Sull'ore vespertine del 31 luglio, il questore Aveta e 'l segretario Amore, andarono al Riario, e dissergli, cortesi da prima: « crescere la reazione, il governo non aver ragione d'imputare lui, ma trepidare per la sicurezza di lui; non potergli la persona difendere. » — « Io non temo niente » rispose il cardinale. Replicavano: « Ma altri abusa del suo nome, e ne prepara imbarazzi, è bene s'allontani. » — « Io non mai detti imbarazzi al governo, nè per me temo, nè tutela chiedo. È debito vostro tutelare la mia persona, come quella d'ogni cittadino. Non posso abbandonare la mia Chiesa, se non costretto. » Allora mutato verso, gli porsero il passaporto bello e fatto, con intima partisse tra un'ora, cui stesero a tre. Accorse il clero piangente; egli calmo, tutti confortando s'accommiatò. Trovò sgherri per le scale, poliziotti in cortile a scrivere i nomi de' visitatori, grosse pattuglie in istrada, e in piazza i camorristi appostati per urlare e fischiare. Poserlo in una loro carrozza, e con poliziotti scortaronlo sino all'imbarco sul *Tancredi*, ch'erano l'ore nove. A mezzanotte partì; giunse a Civitavecchia. Intanto quella lurida bordaglia schiamazzante come in trionfo per Toledo, dette avanti la reggia cento Viva al Cialdini, meritata ovazione.

§. 10. Arsioni di giornali.

I giornali rivoluzionarii lodavano la cosa, tassando capo brigante il cardinale; nè s'accorgevano di lodare il brigantaggio dandogli quel capo. Ma per essere soli a stampare, nè avere chi con la verità li rintuzzasse, conveniva ammutire i giornali onesti. Questi tra mille pericoli, per prodigio di coraggio, nascendo e morendo, cambiando nomi e tipografie ripullulavano; la popolazione leggevali ansiosa, per bevere qualche sorso di verità. Abolirli con legge non si poteva, abolivanli col fatto; camorristi e studenti al soldo correvano per le tipografie, minacciavano, battevano i tipografi, sparnazzavano i caratteri, insultavano gli scrittori, pigliavano e ardevano i fogli. Così il 2 agosto fecero alla *Settimana*, al *Flavio Gioia*, al *Corriere di mezzodì* e all'*Araldo Cattolico*. E i giornali compri stampavano che alquanti *giovani generosi de' più colti* per zelo di patria, avuta la missione di far giustizia, l'aveano pure fatta *con cortesia*. Sì sforzando a tacere gli avversi, avevano ragione. Che libertà d'opinione, che ordine, che costituzione! Cardinale espulso, fucilazioni a libito, giornali arsi, tipografie manomesse: e 'l terribile Cialdini si faceva fare sul viso dentro Napoli tai scompigli: questi tirannissimi aveano sbandito i Borboni quai tiranni.

§. 11. Serenate a deputati e senatori.

Se ciò piacque al Cialdini, presto ebbe a ingozzarne una amara, ostico frutto del suo connubio colla piazza. Il parlamento dopo l'erculea fatica del prestito, prese a' 23 luglio le vacanze. In cinque mesi, in 109 sessioni, avea molto parlato, più approvato, sempre tra rumori e chiassi. Interpellanze a centinaia, risa, urli, fischi, plausi, bestemmie, ire senza fine. Aveva approvato alla grossa 83 disegni di legge, tutte per imporre spese, leve, tasse, strade ferrate o debiti; l'amministrazione, l'erario, la giustizia, la sicurezza lasciavano in fondo. Alquanti de' deputati napolitani, capitanati dal Ricciardi, perchè repubblicani, avevano avversato quelle rovine; eglino forse avriano fatto peggio, ma quella sistematica opposizione parea difensione del giusto, e molte verità avevano spiattellato. Gli altri detti *pecore della maggioranza* non sentivano ragioni; dicevano sì o no, o sì e no insieme secondo l'imbeccata ministeriale. I nostri liberali stomacati di tanta servilità di deputati e senatori, agli oppositori fecero festa, agli altri prepararono *colascionate*; ma questi odoratolo, se ne scesero quatti a uno a uno dal legno; perlocchè s'andò a salutarli in casa. La sera del 28 raccolsesi una turba in piazza S. Ferdinando, e alla prima procedè sotto la casa del venerando martire Poerio, ove cominciò la beffarda scena: scurrili strumenti, nacchere, talabalacchi, tripodi ferrei, pignatte, e campanelle fesse stracciavano gli orecchi, con musica infernale, e urli e fischi. Oltracciò una ridevole pantomima d'un burlone archimandrita, al cui cenno gli strepitanti spippolavano canzonacce, e alternavano moine di riverenze e ossequio all'onorevole deputato; e intanto altri saliva su, e lasciavagli all'uscio lettere di benvenuto, con augurii di salute e flessibilità di schiena da incensare a' ministri. Dono fecero lo stesso al De Blasiis, e ad altri deputati e senatori. Ripeteronlo la sera del 1.° agosto a' Pisanelli, Vacca, Assante, Capone, Leopardi, e altri siffatti, con non minore musica a' cieli strimpellante.

I giornali ufficiosi alto s'indignarono, e non s'erano indignati quando con sassate a' vetri ordinavano luminarie; popolo sovrano allora, ora dicevanlo *feccia ineducata.* A quei dì stessi lodavano patrioti i fischianti al cardinale, e appellavano *giovani colti* gli abbruciatori dei giornali onesti. Il governo die' soddisfazione a' suoi servi deputati e sonatori: ora un Giovanni Gervasi arcirivoluzionario, già mobile de' ministeri borboniani, ove andava pitoccando limosine da re Ferdinando, che ora con un giornale *La pietra infernale* si sdebitava dicendone calunnie, di che i liberali ridevano forte; ma trovatolo promotore di quella libertà contro i liberali segugi del ministero, si spiacquero: serrarono in S. Elmo.

A' deputati siculi ora per incogliere peggio: minacciati di vita, stettero più di in porto sul legno; poi alla spicciolata, con poliziotti di spalla si trafugarono in casa; il famoso Paternostro, stato Bey musulmano, allora liberalissimo incensatore di Torino, minacciato co' coltelli a' cantoni, si chiuse in Misilmeri, sua patria.

§. 12. Il parlamento unico nella storia.

Quel parlamento tutto di rivoluzionarii spiaceva anche al ministro Minghetti; che a' 27 giugno disse nella Camera essere male il non trovarvi rappresentanti il partito conservatore, *che pure era nel paese*, e certo l'averne qualcuno da potere insultare gli era comodo: ma il Ricasoli che si faceva arma di tutto, dimenticato quel detto del collega, mandò pel mondo a' 31 luglio una nota, per dimostrare i grandi lavori compiuti dal primo parlamento italiano; e vi si gloriava del non trovarsi nel parlamento neppure un legittimista, *fatto unico nella storia*, quando in tutte le straniere camere v'hanno sempre fautori de' principi spodestati. Con ciò si diè su' piedi; significando quella Camera *unica nella storia* non essere nazionale, ma settaria; imperciocchè veramente unica fu la rabbiosa tirannide della fazione, che quella vantata libertà parlamentare volle per sè soltanto. I legittimisti chi per tema, chi per non riconoscere le rapine perpetrate, chi per non giurare all'usurpatore, non erano andati a' voti, chi v'andò non fu libero. Loro uffiziali statistiche portano i voti degli elettori essere stati 170,567; da' quali tolti quei dati da settantamila impiegati governativi, restano centomila eleggitori de' 443 deputati, ch'era tutto lo sforzo della giovine Italia. Dunque in ventidue milioni d'abitanti centomila sono i padroni, gli altri tutti schiavi, per pagare e servire. E quei padroni oggi arricchiti hanno ridotto l'Italia alla misera condizione che veggiamo. Gl'Italiani costretti a pagare in oro le loro catene, protestarono col denaro a S. Pietro ogni giorno offerto; i Napolitani con quello, e con le reazioni pugnaci.

§. 13. Mali della leva.

A' gravi scompigli del paese s'aggiunse la leva de' soldati, ordinata con decreto del 30 giugno, reiterata con altro decreto del 22 agosto; e peggio eseguita con la legge sarda. La legge del 1834 di Ferdinando II era paterna molto: l'obbligazione per famiglie accennava alla loro conservazione, e aveva molti capi d'esenzioni: l'unico assoluto, l'unico relativo, l'ammogliato e diviso, il sostegno di famiglia, l'emancipato, il licenziato in dritto e in medicina, il diacono, il seminarista, e altri; nè ciò erano privilegi, come dissero i liberali, erano anzi libertà di famiglie e d'individui nella scelta delle professioni, e generali per tutti. Oltracciò ogni famiglia con due o tre figli dava un soldato, le più numerose ne davano due; il cambia-numero ammesso tra' parenti; tre gradi di giurisdizioni su' reclami; il cambio militare per ducati 240; e infine le facili grazie sovrane rendevano lieve cotesto tributo di carne. La Sicilia, non pativa leva affatto; il continente soleva darne dodicimila all'anno; e servivano in patria, bene nudriti, meglio vestiti, con giusta e morigerata disciplina, in paese tranquillo, e sempre accanto al re. La legge sarda di origine tedesca, non guarda a famiglie, però tende alla loro distruzione; piglia tutti i nati d'un anno, nessuno esclude, alza il cambio militare a 729 ducati, mena i giovani in climi diversi, lontani da' cari suoi, sotto ferrea tirannide soldatesca, mal vestiti, peggio nudriti: è la tratta de' negri. Si volevano poi trentaseimil'uomini in un botto, e usando loro leggi con valore retroattivo, obbligando a servire giovani già nelle precedenti leve disobbligati. Oltracciò la legge antica, pigliando marinai da' luoghi marittimi e dalle isole, esentavali da leva terrestre; ciò abrogato, sforzavano i marinai a servire nell'esercito: l'isole d'Ischia, Procida, e Ventotene, fuggiti a un tratto tutti i giovani, restarono tutte squallide e spopolate. Tra noi il solo nome del Piemonte fu odio; servire il nemico della patria, morire lontano! piuttosto con l'arme in mano combattere e morire su' patrii monti.

All'ordine odiato della leva s'aggiunse errore più grosso, chiamando a servire i soldati di Francesco delle classi del 57, 58 e 59; i quali abborrendo vieppiù quelle nemiche insegne, corsero su' monti a ingrossare la reazione. I municipii ebbero di tristi giorni, brutto e periglioso lo ubbidire o no; i sindaci o liberali o codini stavano sulla brage. Pur ve ne fu di baldanzosi; quel di S. Vincenzo in Terra di Lavoro intimò la leva con una grida: « Guai a chi non ubbidirà.; tutti i suoi parenti saran carcerati, avranno arse le case, incendiati i ricolti ». E altri per contrario concedeva facili esenzioni; dava passaporti per esulare e incitamenti per fuggire; ma guai a loro: i militari mettevano sindaci e cancellieri in carceri lontane. Sovente tra liberali e militari eran brighe e bisticci; quelli per inveire essi, questi per accusarli dell'odio ond'eran segno tutti. Intanto all'Europa co' telegrammi si nunziava entusiasmo per la leva; poi come non potevano mandare le cerne, i prefetti dicevano che i municipii non avevano ancora le carte pronte. Quanti uomini potevano agguantare, soldati o no, ligati come malfattori mandavano in Piemonte, per torre alimento alla reazione; ma pur di là disertavano a centinaia, o a' Tedeschi, o a' monti nativi; e 'l potevano di leggieri, sendo quasi tutti i Carabinieri venuti nell'ex regno, a carcerare Napolitani. I serrati in Fenestrelle congiurarono, per impadronirsi del forte il 22 agosto; e stettero a un punto, chè scopertasi poche ora prima la trama, vennero disarmati. In quell'universale nazionale istinto di non servire lo straniero, i liberali s'arrabbattavano per iscoprire gl'istigatori.

Nella Sicilia la leva non più vista era più abborrita. In molte parti corse sangue: a Castellammare stracciarono i decreti dalle mura; a Licata il dì del sorteggio scagliaronsi sugli uffiziali municipali, e alcuni ne morirono; Canicatti tumultuò sul finir d'agosto, sedato con sangue da accorsi soldati. Non passava dì che non cadessero soldati piemontesi. Però il governo di Sicilia sospese un po' la leva; chè la tutto era tumulto; dentro Palermo il 7 agosto ferirono mortalmente Domenico Peranni, stato ministro garibaldino delle finanze.

§. 14. Il Cialdini garibaldese.

Nelle provincie la guerra civile e sociale, e in Napoli la tragicomedia governativa. Due consorterie s'avvicendavano, a tiranneggiare il paese; quella de' tornati fuorusciti, e quella di D. Liborio, col quale stava la parte garibaldese; esse facevano la politica, gli uffiziali, la piazza; esse tutte intrigo e favori, con due compri popoli, si bisticciavano, s'urlavano, si calunniavano a parole e in giornali; e il paese in mezzo. Il Cialdini datosi a' sinistri del parlamento e a' Garibaldini, ignaro d'ogni decoro, abburattato dal comitato D. Liborio, patteggiò col Nicotera, per aver ottomila volontarii da guardar Napoli, acciò potesse tutte soldatesche avventare a' briganti; e spinsesi a un decreto, il 14 agosto, per vestirli con tunica e berretto rosso. Ordinò feste splendide pel 7 settembre, anniversario dell'entrata del *redentore*, e lasciò partire deputazioni d'operai per invitarlo a Caprera. La notte del 7 agosto, o per contentare la rivoluzione o per paura, arrestò da quindici generali borbonici, tra' quali il vecchio Fergola difensore della cittadella di Messina, e altri uffiziali; e rovistate loro case, nè trovato indizio di nulla, mandolli nel forte del Carmine; e la dimane tra file di soldati, come galeotti per Genova gl'imbarcò. Carcerò inoltre quarantacinque ecclesiastici, col vicario generate Maresca, il penitenziere maggiore Pica, tre parrochi, e molti paesani non rei d'altro ch'avere pensieri legittimisti; nè loro mai il perchè di tanto abuso fu detto. A' 9, accerchiata la casa dell'ordine gerosolimitano, al Balì fra Luigi Capece Minutolo, indarno protestante per la indipendenza dell'ordine, fu imposto lo esilio. Un cenno dicasteriale chiuse le congregazioni di spirito pe' giovanetti, e adorare Dio fu colpa. Ciò in Napoli, nelle province era legge il ferro.

Tal rigore per la paura pareva prudenza; ma seminava lagrime e odio in ogni famiglia; sel sapevano, e tenevano cannoni nelle strade. Or fra tai delizie, mentre da Napoli vedevi i fuochi briganteschi su' monti, e si sentivano le scorrerie ne' propinqui villaggi, e sin dentro le mura, il municipio napolitano stampava tre indirizzi giojosi: uno il 5 agosto al Garibaldi, dandogli del *grandissimo, grand'anima*, e che i nepoti *saranno sopraffatti da tanta grandezza*; dopo, la dimane pensarono al re, cui ne mandarono altro meno tronfio; e 'l terzo di ringraziamento al Cialdini, *l'eroe che restituì la tranquillità alle travagliate province napolitane*. Sciocchi insulti alla verità, cui per libidine di senilità il sindaco Colonna il mattino del 20 andò a presentare all'eroe in palazzo. Ma tali impiastrati mendacii servivano di tema per nunziare all'Europa con cento dispacci il brigantaggio estinto. E ferveva guerra furibonda.

§. 15. Dimissioni e premii.

Per le colascionate a' deputati, e più pe' bestiali modi del Cialdini, e pei tanti ostracismi d'innocua gente, sursero dissidii tra esso e il Cantelli. Questi uomo di poca levatura, ma alquanto onesto, vedendo i repubblicani afforzarsi attorno al luogotenente, s'afferrava alla legalità impossibile. La cosa fe' anche ombra a Torino, temente i Mazziniani soverchiassero il favore del Cialdini; e mandarongli rimostranze e divieti; tale ch'ei dovè ritirare la facoltà al Nicotera, e sequestrare certi fucili d'un deposito mazziniano. Indispettito, chiese la dimissione dalla luogotenenza; promettendo restare contro il brigantaggio. Ciò mentre si pigliava i ringraziamenti d'averlo estinto. Ma chi mandare? altri governerebbe ov'era lui? S'aggiunse grido che sarebbe governatore della napolitana provincia invece dello Afflitto, il Massari, stato corriere della Giovine Italia; non certo meno dell'Afflitto tristo, ma ignobile. I giornali sbottoneggiarono. Il De Biasio succeduto allo Spaventa, mandò a Torino una lista detta *espurgazione* della magistratura, per allocarvi suoi creati e parenti; e benchè gli venisse negato, carpì dal Cialdini quattro nomine d'intendenti, mentre Torino altri ne nominava. Se ne lamentò il Cantelli: egli non rispose, e mandò i suoi al governo. Nella stizza tutti e due presentarono le dimissioni. I ministri spinsero a Napoli il collega Peruzzi, che partì il 19. Poscia il 24 s'accolse la rinunzia del Cantelli; e la dimane venne invece un Giovanni Visone, con facoltà di anco supplire in caso di assenza il Cialdini, che restò, sinchè si trovasse il successore. Già dal finire di luglio s'era accolta la rinunzia dell'Imbriani da segretario generale di pubblica istruzione; pomposa incapacità confettata dalla setta, riuscito nullo all'opera; fecerlo commendatore de' Santi Maurizio e Lazzaro. Commendatore pure di quei miseri santi leggemmo i generali Nunziante, Piattelli, Bixio, Medici e Turr; bella significativa compagnia! ugual premio agli assalitori ed a' traditori del nostro paese.

§. 16. Reazione di Pontelandolfo e Casalduni.

Seguiva frattanto una immane lotta. A mezzo agosto i giornali stanziarono la statistica delle vittime nel napolitano in nove mesi; noveravano 8968 fucilati, 10604 feriti, 6112 prigionieri, 64 sacerdoti fucilati, 22 frati, 918 case arse, sei paesi dati in foco, 2903 famiglie perquisite, 12 chiese saccheggiate, 60 ragazzi e 48 donne uccise, 13529 arrestati, 1428 comuni sollevati. Li noto per dire la opinione d'allora, ma computo non giusto era; potevano i giornali sapere tutto? la rivoluzione ora copriva, ora esagerava; delitti assaissimi videro il sole e le stelle, Iddio li ha contati. E s'era in principio; e mentre tai conti si cercavano, ardevano Pontelandolfo e Casalduni, di cui or mi tocca dire la tragedia nefanda.

Terre a tre miglia l'una dall'altra, quella ha cinquemila abitanti, questa tremila, ambe a mezzodì del Matese, sulla sannitica strada. Erano mali umori nel paese, pieni i monti di reazionarii, i popolani guatavano bieco i novatori, odiavano i Piemontesi. Un Fusco di Casalduni, chiesto dal municipio a presentare il figlio soldato, rispose: « Giova morire per Dio e pel re, meglio fucilato sugli occhi miei, che servire Emmanuele. » Molti sparivano dalle case; si susurrava di reazione, gli animi si gonfiavano. Arrivava il 1.° agosto a Pontelandolfo il De Marco garibaldino stampatosi colonnello, con una masnada; ma il 5 udendo i briganti minacciosi sul Matese, se ne andò; e appresso a lui fuggirono i liberali, il sindaco, il delegato di polizia, i capitani, i tenenti; restò il giudice e i cittadini pacifici a discrezione di chi venisse, appunto in quel dì della fiera di S. Donato, quando più forza occorreva. Il delegato fermatosi a Casalduni rattiene cinquanta guardie mobili che da Benevento andavano a Cerreto, e li alloggia in una chiesa, non per bisogno, ma per isfregio. Se non che l'intendente di Cerreto volle a sé quei cinquanta; allora il delegato co' liberali a' 7 agosto si fuggì a Benevento; restava solo il sindaco Luigi Ursini, per non abbandonare la patria in perigliosi momenti.

Sul vespro del 7 un Cosmo Giordano con solo quindici uomini entra in Pontelandolfo, gridando Francesco: era fiera, gran popolo, grand'ire represse; scoppia com'eco immensa Viva Francesco II; e al clero ch'era in processione alla cappella S. Donato, fanno cantare il *Te Deum.* Il popolo mena le campane a stormo, abbatte le croci sabaude, alza i gigli, arde gli archivii del giudicato e del comune, piglia l'arme de' Nazionali, straccia le bandiere, apre le carceri, e fa tre omicidii: un Vitale colpito per isbaglio da una palla diretta allo stemma, un Tedeschi di S. Lupo, creduto spia, e un Michelangelo Perugini liberaluccio, cui arsero anche la casa. Alle case di tre italianissimi, Iadonisio, Melchiorre e Sforza, tolsero qualche mobile, senza più. La dimane schiusero il fondaco del sale al Iadonisio ma poco sale e tabacco, e niente moneta si trovò, che l'avea salvata; nondimeno dappoi pretese ed ebbe compenso come di pieno saccheggio.

I tornanti dalla fiera la sera del 7 appiccano quella febbre a Casalduni: si grida Francesco e Sofia, s'impongono lumi e bandiere bianche a tutte case; vanno a pezzi le immagini di Vittorio e Garibaldi, e gli stemmi sardi; quei de' Borboni ripongono. Il sindaco e un tenente de Blasio chiamano i Nazionali, niuno si presenta, tutti erano reazionarii; però fidalonsi a' soldati del disciolto esercito, acciò l'ordine tutelassero. La notte i giovani chiedevano arme, crebbero al mattino; s'ebbero sei fucili, e preseli un Filippo Corba dicentesi capo; ma i tumultuanti strappatigli corsero incontro a nuova turba, che menava un De Angelis carbonaro del 1820 e Garibaldino, e ad altramente de' villaggi con rami d'ulivo gridante Francesco. II sindaco die' a un Giuseppe Leone ex sergente borboniano il carico di tenere la quiete; il quale con la riverita divisa, ubbidendogli la plebe, ottenne anche la libertà del Garibaldino. Ma costui fuggendo per Fragneto-Monforte, caduto in altri reazionarii, perì.

In Fragneto-Monforte e Campolattaro, paeselli propinqui pure si reagiva. Qui andò depredata qualche casa liberalesca; là l'8 agosto entravano venti soldati sbandati, che col popolo ruppero stemmi e bandiere, tolsero l'arme de' Nazionali, e qualcosa a' liberali rapirono. A' 10 cantarono il *Te Deum*, arsero la scheda di notar Nardone, e 'l mobile d'un D'Agostino, cavaliere borbonico, tramutato piemontista. Cosmo Giordano il 9 svaligiata la posta, ne prese i cavalli; e rientrato in Pontelandolfo, aguantò un Libero d'Occhio, corriero segreto de' Garlbaldini De Marco e Iadonisio, e lo fucilò. I suoi si fornivano d'arme, munizioni, vestiti e danari, chiedendone a' possidenti de' dintorni. In Casalduni il Leone tenuto dal sindaco a soldo, serbò l'Ordine un po' meglio. Se le bande del Matese scendevano, movevano tutta la provincia; ma spartite, guardando al poco e al presente, niente fecero; eccetto che il 10 s'accostarono in pochi a S. Lupo; e trovatovi i Sardi barricati , dopo alquanti colpi, se n'andarono. Era là il Iacobelli, fatto cavaliere da re Ferdinando, per aver nel 48 guidato i soldati regi contro i rivoltosi suoi colleghi; ora guidatore di soldati piemontesi. Stato di tutte bandiere, aveva ottenuto il comando de' Nazionali del distretto; ma con quell'ordine di carta, non trovato i Nazionali, si stava serrato, aspettando i soldati stranieri.

§. 17. Strage di Piemontesi.

L'11 giunsero da Campobasso a Pontelandolfo quarant'uomini del 36.° di linea, con un tenente Bracci e quattro carabinieri. Uno spedato fu tosto ucciso da' popolani a legnate; gli altri spaventati, avute munizioni dal vicesindaco, serraronsi nella torre ex baronale posta in alto, donde potevano far difesa; ma come assaliti le palle entravano dentro, il tenente volle uscire. Investiti a furore di popolo, piegano a S. Lupo; e trovano sbarrata la via da' Napolitani sbandati con a capo un Angelo Pica. Stando tra due fuochi, prima ne cadde uno, ucciso da una donna con un sasso in fronte; cinque perirono per moschettate; gli altri rabbiosi accopparono per vendetta il loro tenente ch'aveali cavati dalla torre; poi fur facile preda dei Napolitani, che menaronli disarmati a Casalduni tutti, fuorchè un sergente rimasto celato da una fratta. Il popolo gridava *Morte agli scomunicati!* E un Nicola Romano vicesindaco, ch'avea fatto l'imbroglio del plebiscito per Vittorio, temendo ora pagare pena, si sfegatava a gridare con gli altri *morte morte!* onde dappoi andò fucilato, bel frutto del suo plebiscito. Il Pica comandante tutta la gente volea salvare i prigionieri; e a sera visto Casalduni stare in valle, disadatta a difesa, volgeva a Pontelandolfo; quando udendo soldatesche da S. Lupo, retrocesse al largo Spinelle. Preparandosi a zuffa imminente, temè i prigioni l'impacciassero, come pochi dì prima a Colle certi salvati generosamente s'erano rivoltati contro; e tantosto tutti e trentasette li fucilò. Indi per la scorciatoia a Pontelandolfo si ridusse. La plebe finì quei moribondi, e pure v'accorse qualche sacerdote a confortarne l'agonie. Il sergente ascoso nelle fratte, scoperto da quei di Ponte, fu menato a sera a Pentolandolfo; e sacramentando non combatterebbe più contro Francesco, a tal patto ebbe la vita. Così fu il solo salvato, e non tenne il giuro.

Le bande là radunate, sospettando del Pica, ch'aveano saputo facesse fuggire i liberali, lo deposero; poi garrirono pel comando: chi vuole Cosmo Giordano, chi il Leone, ambi ex sergenti; questi è ferito, e si ritira; quegli resta; ma i più scontenti, si vanno diradando, e ritraggonsi al Matese.

§. 18. Giustizia tartara.

A Casalduni per sicura nuova di soldati marcianti, niuno riposò; cittadini d'ogni ordine, età e sesso ruggirono; pochissimi nell'innocenza fidando, stettero; ma Pontelandolfo niente sapendo, fu colto. Sull'alba del 14 arriva da Benevento un colonnello Negri con cinquecento non soldati, ma assassini, guidati da due liberali del luogo e dal De Marco. La banda Giordano ridotta a cinquanta, appiattata in un boschetto, alla prima scarica uccide venticinque Sardi; poi scorto il numero grande, s'allontanò. Il Negri aveva il debito d'inseguire a vendetta quelli armati e pugnaci, ma codardamente tirò al paese inerme e innocuo, più facile impresa. Gli abitatori dormivano; il De Marco a salvare i liberali si ficca nel palazzotto di Giovanni Perugino, e manda uffiziali in quel del Iadonisio; i soldati si gittano per le case. L'ora mattutina, la nudità, il letto, il sonno, lo spavento, facilità ed esca ai delitti: stupri orrendi, saccheggi sozzi, arsioni infami. Due figliuoli innocenti d'un Rinaldi ammazzano nelle domestiche mura, avanti a' genitori; una Concetta Biondi, vezzosa giovanetta, uccidono; fucilano un Nicola Biondi sessagenario; a un Giuseppe Santopietro strappano dalle braccia il fantolino, e lui freddano; e mentre sforzano una donna, e pur dalle orecchie le strappano l'anella, accorrendo il marito lo stendono morto. Chi dirà lo spavento tra la morte e le fiamme di quella città infelice, bruttata da italici rigeneratori! Impotenti contro i Tedeschi, contro inermi son prodi. Profanate, saccheggiate le chiese, gittano l'ostie sante, rubano le pissidi, i voti argentei, e sin la corona della Madonna. Due de' manigoldi, al misfatto credono il tempio crolli, e fuggono esterrefatti; dopo due settimane uno torna, si fa la disciplina avanti la sfregiata statua, e lagrimando s'incolpa e chiede perdono, dicendo il compagno derubatore della pisside esser morto. Durato due ore il sacco d'uccisione, il Negri a nascondere sue perdite, arse avanti la cappella S. Rocco i venticinque cadaveri de' suoi uccisi; poi temendo esser sorpreso da' tornanti reazionarii, voltò col bottino per Fragneto a Benevento. Ciò fu salute; chè la popolazione corse a estinguere gl'incendii; ma le case degli assenti dentro e fuori la terra arsero tutte.

All'ora stessa quattrocento Piemontesi da S. Lupo con seguito di mascalzoni guidati da quel tristo del Jacobelli, credendo sorprendere la popolazione entrarono da più parti in Casalduni, sparando all'aria, spaventando quei pochi di vecchi e donne e fanciulli rimasti. Un Tommaso Lucente da Sepino, adottato da un Mazzarella ricco, stato blandito da' Borboni, ingrato pur contro il paese della sua fortuna, precedeva i soldati, indicando la case da ardere, prima quella del sindaco Ursini. In ogni parte sacco, lascivia, incendii; nudi i cittadini fuggivano dalle fiamme; chi bastonato era, chi ammazzato. Un Lorenzo d'Orso, là venuto per faccende, fattosi sull'uscio a salutare i soldati, è spento; e poi la casa col cadavere son arsi. Il vecchio arciprete fugge in camicia, e ne more indi a poco. Un malato rizzandosi sul letto per ispavento, è ucciso. Ugual ruina che a Pontelandolfo, ma meno sangue; perchè quasi deserto il luogo, e più pochi gli assassini. E similmente dopo tre ore i bravi incendiarii, temendo tornassero i *Briganti*, retrocessero abbottinati a S. Lupo; onde del pari i cittadini poterono lavorare a spegnere il foco. Dappoi per più dì i saccheggiatori co' carri impudentemente per quei paeselli e per la citta di Benevento andavan le rubate cose, e pur gli arredi sacri, vendendo.

Ma in quel funesto giorno 14, da tutte bande, per boschi e valli, fuggivano famiglie a centinaia col più prezioso: bambini lattanti, vecchi sfiniti pallidi, malati, gittati per vie strane e fuor di mano, mancare di vesti, di scarpe, di pane; persone tenere e gentili, i pie' nudi nella polvere, sulle ghiaie, nel loto, cadere estenuati per fatica o pel sole scottante; vedere le Fiamme dell'avite case, udire i gemiti degli arsi, le schioppettate de' fucilatori; invocare la Madonna, fuggire tremebondi, nè sapere dove, da tanti manigoldi, da tanti insaziabili liberali stranieri e paesani, che tal rovescio di mali sulla patria evocato, vi rinnovavano dopo mille anni le dimenticate orge saracine. Nè per via riposavano; ove apparisse soldato allibivano, ove scorgessero gli orribili Nazionali, spie e guidatori di stranieri, si tenevano morti; sovente entrando in qualche terra, sperando refrigerio, trovavano difese e carceri. L'Ursini sindaco di Casalduni, carco di donne e fanciulli, allenato per lungo cammino, entrando sull'imbrunire in Benevento, è carcerato; forse reo d'avere salvo dal saccheggio il suo paese ne' dì della reazione. La dimane quei trionfatori d'inoffensive mura inumavano con cinico laconismo per telegrafo al mondo: « Ieri all'alba giustizia fu fatta contro Pontelandolfo e Casalduni. » E la trista Europa guardava.

L'altro dì i reazionarii tornarono in Casalduni arso; e celebrarono la festa di S.

Rocco, senza far male a nessuno; nè i Piemontesi, stanti a S. Lupo a un passo, osarono assalirli. Quando se n'erano iti, dopo alquanti dì tornarono Piemontesi, guardie mobili e liberali, col sergente lasciato vivo dai briganti; il quale pagava la generosità indicando i cittadini da ligare. Ne presero oltre a quattrocento tra Pontelandolfo, Casalduni e Campolattaro; alcuni fucilarono, altri straziarono, altri tennero in prigione tre anni. A combattere i *briganti* sul Matese non pensavano.

§. 19. Altre rabbie civili.

Simiglianti furori ogni parte del reame bruttavano. Le bande il 13 agosto arsero sul muso al Cialdini un bosco presso Lettere, le cui fiamme immense ei dalla napolitana reggia vide più dì; laonde a vendetta sciolse quella guardia Nazionale *connivente*, come disse, *co' briganti*; e carcerò a Castellammare 29 preti, tre frati, il vicario generale di Sorrento, e moltissima gente su quel d'Amalfi e dintorni. Arrestare religiosi, mentre la reazione passeggiava tutte province, era prova solenne d'impotenza militare; il vigliacco bombardatore non poteva da lontano bombardare gli appennini. Lo stesso dì 14 le bande manomettevano la casa d'un D'Auria dentro Francolise. La dimane fur disarmati i Nazionali in Capodrise; lo stesso in Picinisco; ardeva mezzo bosco a Pescocostanzo. Nell'avellinese disarmavano i Nazionali a Nocera, entravano in Pietrastormina, e in S. Angelo a Scala. Nel Teramano dopo un conflitto entravano in Carmignano, malmenandovi quattro case; ardevano in Fano-Adriano la casa del sindaco. In Basciano seguì aspra vendetta: un mese prima il capo nazionale Bernardo Giannone avea fatto da' Piemontesi fucilare un vecchio Pietro Petrillo padre di nove figli, per punirlo di certi suoi figli militanti su' monti, e 'l capo sur una picca avanti la casa di lui ad insulto avea piantato. Fremevane tutto il paese; ma i figli del morto gli fanno la posta, e sorpresolo in carrozza, naso, mento, occhi gli tagliano, e poi lo scannano. Ne' villaggi Frondarola e Caprafico, a tre miglia da Teramo, altre vendette e saccheggi a' liberali. A' 15 il fratello di Cipriano La Gala uccise dentro Nola il dilaniatore di quei Nazionali. La dimane raccolsero molte arme in S. Vitagliano. Il 17 visitata Quadrelle, disarmata la guardia, catturano il sindaco; e vi tornarono il 23. Quel dì stesso 17 con zuffa di due ore tra Masserie e Maddaloni ruppero ed uccisero soldati. Quel dì fu invaso Vorticare in Calabria; si pugnò nel bosco Mormicchio; in Fragneto briganti e popolo arsero case di liberali; a Montefalcone fucilarono il sindaco e due figli; la guardia nazionale di Pagani s'unì a' briganti; il popolo di Roseto aggredì i soldati. A' 19 le bande entrarono per avere arme in Letino. Il 20 entrarono in Mercogliano a tre miglia da Avellino, disarmarono il paese, e alcuni catturarono. Si combatteva a Lagopesole. A Cantalupo uccisero un tenente, e arsero l'archivio giudiziario. Uccisero cinque liberali a Roccamandolfi, apersero le carceri, tolsero l'arme de' Nazionali. Combattendosi a Campochiaro, i Sardi ponevano foco alle case. In Guardiaregia, le bande, saccheggiati i fuggiti liberali, ne spartirono a' poveri il bottino, e arsero l'archivio. Il 21 presero l'arme a' Nazionali di Sant'Egidio. E sino in Napoli quel dì una pattuglia nazionale perlustrando Poggioreale, assalita da più colpi, sanguinosa fuggì.

Francesco Basile di Colle nel Sannio, che con numerosa schiera avea scorrazzato pel Beneventano, entrò in S. Pietro in Fine in Terra di Lavoro ai 19; e arse le case dell'arciprete, del sindaco e del capitano; in quella i suoi accecati dalle fiamme non videro le soldatesche che, favorite dal buio, poterono sorprenderli, e percussarli a salva mano; onde si ritrassero, non inseguiti. Dappoi come i Sardi in gran numero vietavangli i passi, tentò il 21 passare la frontiera; ma respinto da' Francesi a Ceprano, tornò indietro: una parte s'internò ne' monti, e ripassato il confine a Falvaterra, dette l'arme a' Francesi; l'altra guadagnò i monti regnicoli. I Piemontesi in tutte queste fazioni non davano quartiere; fucilavano i prigionieri. Fu tra questi un Carelli ex uffiziale regio: sul luogo dei supplizio a S. Germano, volendoglisi bendare gli occhi, disse: «Ho latto fucilare quindici Piemontesi, nè li bendai.» E sbendato, da forte il 94 agosto morì, comandando il maggiore Spinola.

§. 20. L'onesto d'Azeglio.

I giornali tai fatti rapportavano, ma monchi, scontorti, dissimulati. Molti altri ignoti furono; che perpetrati per monti e boschi restar muti per sempre; ma quelli bastavano a fare inarcare le ciglia a chi avea creduto alla *rigenerazione*. I filantropi Palmerston e Gladstone, cagioni primarie di tante ruine, alle interpellanze nel parlamento inglese rispondevano freddo iniquamente. Ma Massimo d'Azeglio patriota, che soleva conciliare la rivoluzione con l'onestà, stimò conveniente aggiustare le cose con le parole. Prima scrisse a' 2 agosto una lettera al senatore Matteucci, dicendo: « Si tratta di sapere se abbiamo il dritto di dare archibugiate a' Napolitani, che non ci vogliono: perchè è notorio che briganti e non briganti nessuno vuol sapere di noi. » E quegli rispose che sicuramente s'aveva dritto di farne una *cura chirurgica con eroici rimedii.* Logica era questa d'uomini ch'aveano tanto piagnucolato per poche dozzine di felloni, carcerati dai legittimi re; ora le fucilazioni a migliaia chiamano *rimedii eroici.* Fecergli coro i giornali della fazione; tutti a dare sul capo all'Azeglio, accusandolo proteggitore de' briganti, *con quella suicida lettera*, e che rimbambito fosse. Egli soperchiato dal fiotto, fe' a' 16 una certa ritrattazione ben curiosa, parendogli onestà: disse la prima lettera *scrivesse senza pensarvi, non credendo si stampasse.* Sicchè spiattellò la natura della sua onestà; onestà nelle lettere private, non nelle stampate, il dare l'archibugiate era dritto qua, là no.

Ma i liberali napolitani per quella *chirurgica cura* andavano in giolito; e ne facevano ringraziamenti al Cialdini: così negli stessi luoghi milleottocent'anni prima s'adorava Nerone e ringraziava d'avere uccisa la madre. Il Petruccelli scrisse: « Alla politica ecclettica del San Martino a favore dei Borboniani e clericali, al narcotico dell'amministrazione civile è seguita la vivificante elettricità del governo militare! » Questa scimia del Robespierre l'ardere e fucilare appellava *vivificare*! E infatti il Piemonte per qual dritto potea dominare? rinnegato il dritto divino, calpestato quel dei trattati, irriso il popolare, solo poteva quel del fucile.

§. 21. L'intervento passivo inglese.

A quei dì gli ufficiosi fogli di Francia dicevano mirabilia delle reazioni napolitane, e martellavano sulla impossibilità de' Sardi a domarle. Ciò spiaceva a Londra, parendole Napoleone cercasse pretesto a ficcarsi in mezzo; aggravavano la cosa le rivelazioni del Ricasoli su' segreti patti tra il Bonaparte e 'l Cavour. Confermavale in punto il Mazzini, che in principio d'agosto disvelò un disegno d'alleanza tra Torino e Parigi, scritto di mano del Cavour a' 21 giugno 1858, dove si cedeva Nizza, Savoia, Sardegna, Liguria, Genova e Sicilia. Il *Moniteur* pose una smentita anonima recisa di tale accordo; ma la gente avvezza a tante bugiarde smentite rise; e 'l Mazzini con lettera assicurò che Francia mai non darebbe Roma, se prima non avesse Sardegna.

Impertanto alzatosi il sospetto anglicano, fu scagliato un colpo di lancia il 6 agosto, nella chiusura del parlamento brittanno; che il commessario della regina dissevi ch'ella s'era astenuta dallo *intervento attivo* in Italia. Sì tacitamente confessava lo intervento passivo: passivi interventi le lettere del Gladstone, le ciance del Clarendon nel congresso parigino, le minacciate bombe per avere il Cagliari, l'aiutato sbarco di Garibaldi, la tessuta capitolazione del Lanza, il battaglione e gli artiglieri inglesi combattenti a Capua. Passività queste, ma ingenuamente sì parlando, dava una fiancata a Napoleone autore attivo de' Plombières, Solferino, Castelfidardo e Garigliano, che pure sempre protestava non essere intervenuto nè attivo, nè passivo.

Gl'Inglesi allora o per intervenire passivamente, o per opporsi a qualche intervento attivo pel Murat, piantarono due vascelli nel sebezio golfo; i quali al vedere ardere la selva di Lettere, sbarcarono qualtrocent'uomini a Castellammare, offerendo aiuto al comandante sardo. Questi chiamate milizie da tutte bande si preparò a combattere i legittimisti, di cui temeva una discesa nella città, e ringraziò gl'inglesi. La cosa fe' rumore; ma l'ammiraglio sparse avere mandato i marinari per fare gli esercizii a terra; poi per manovra di mare a' 16 sopraggiunsero altri sette vascelli da Malta a posare nel golfo. Napoleone la masticò male; i suoi giornali schizzavano fiele.

I Napolitani guardavano attoniti quelle comparse; e come da ogni vento speravano salute, credettero i vascelli portassero Francesco! I liberali divulgarono quelli venuti ad aiutare l'unità. Si stampò allora un motto del Ricasoli: « Se non andiamo a Roma co' Francesi, v'andremo con gl'Inglesi. »

§. 22. Attentati al re prussiano, e alla regina greca.

La rivoluzione interveniva in ogni parte di mondo co' modi suoi. A Baden il 14 luglio un Becker giovinetto di ventidue anni, gridando a re Guglielmo di Prussia *re scimunito*, gli scaricò una pistola, e 'l ferì al collo. Preso, disse sperare la sua impresa avesse le conseguenze stesse di quella dell'Orsini, che con le bombe persuase

Napoleone a scendere in Italia; egli credere aver persuaso re Guglielmo a creare la unità germanica, e a farsene capo. Fu modestamente condannato a vent'anni di prigione. Si seppe che quel monarca prima d'essere re era il capo della massoneria germanica; e sembra che, dimentico del giuramento settario, quel colpo fosse ordinato a dargli lo svegliatoio. Certo l'abbiam visto svegliato poi nel 1866 alzare il programma del Becker, e vittorioso far grazia a costui. Ma quai secoli videro mai cose simili: monarchi di Francia e Prussia ubbidire ad assassini! tanto l'uomo è sceso basso.

Poco stante, a' 17 settembre per la stessa idea dell'unità ellenica, un Aristide Dusios tirò anche una pistolata alla regina di Grecia ch'era a cavallo, nè la colpi. Avea diciannov'anni, ed era figlio d'un dignitario della corona.

§. 23. Misteri del Curletti a Torino.

La setta venuta negli stati del papa e del re di Napoli a portar l'ordine morale, s'ebbe in agosto uno smacco solennissimo. Torino da più tempo udiva grassazioni, assassinii, stupri, nè mai sapeva i rei. Un Tanino locandiere e spia poliziesca stava a capo di malfattori, ma sorretto da più alti barbassori; il quale rottosi con un Vincenzo Cibolla suo cagnotto, il fe' per ladro carcerare; però questi al veder lui tra' birri, gli gridò: *Me la pagherai.* Infatti rivelò ventinove reati d'uccisioni, furti e ratti, o autore e complice esso Tanino; di che si fece processo. Allora Filippo Curletti stato segreto operatore del Cavour, direttore di polizia a Bologna, braccio del Farini a Modena e a Parma, capo gridatore contro il Granduca di Toscana, direttore nelle Romagne e nelle Marche col D'Azeglio e col Popoli, e finalmente col Cialdini ispettore generale di polizia in Napoli, il Curletti dico, aggrandito per tristizie, prese a proteggere da Napoli quei delinquenti; e molto s'adoperò presso il magistrato, cavalier Soardi, a far cadere la cosa: ma non riuscì; e in aprile parecchi di quei birboni ebbero condanne. Il Cibolla vistosi perduto, spiattellò cose novissime; disse polizia, assassini e prostitute star uniti per malfare; molti nominò, molti più alti impiegati si riserbò; ma accusò il Curletti di fornire gl'indirizzi, e pigliarsi la quota del derubato; una volta per sua parte avuto due braccialetti d'oro e mandatili alla moglie. Il magistrato scrisse in segreto al Curletti; ma il Cibolla addatosi che il volessero salvare, l'allegò per testimonio. Importante quell'ispettor generale della napolitana polizia dovè comparire in ringhiera: alle accuse del complice negava, ma da' sragionevoli nieghi spillava la verità; asseriva cose tosto trovate false, e più s'avvolpacchiava. Aggiunsesi che il Soardi testificò quanto ei si fosse maneggiato per attutire il primo processo. L'udienza tennelo reissimo, non pertanto il fisco arrestò tutti, fuorchè lui, tanto benemerito della patria, che poteva metter chiaro ne' misteri delle sceneggiante italiche annessioni. Quando poi la processura provò la reità, avvisarono non aspettasse il carceratore; e fattolo salvare in Isvizzera, spiccarono il mandato d'arresto.

Il Tanino mezzano tra lui e 'l Cibolla morì di veleno in prigione ai 7 agosto; nè potè parlare, nè seguì l'autopsia, nè se ne fe' giudizio. I giornali schiamazzavano; il governo ch'avea il dovere di vederne il fondo, seppellì tutto, nè quello solo, ma più grosse rivelazioni d'altro ladro detto Pavia. Ma il Curletti da Svizzera non tacque; stampò un unico libello famosissimo, rivelatore di nefandezze sue, del Cavour, di Vittorio e di altri facitori d'Italia, e de' brogli de' plebisciti. Promise dir più, forse gli empierono la bocca, ma il detto bastò, perchè Italia quantunque vittima arrossisse d'aver partorito tanti ribaldi rigeneratori.

Per giunta la notte del 27 agosto surto incendio a Torino, si verificò che i carabinieri, detti *arma benemerita*, si gittavano nelle stanze a rubare. E d'incendii, non tutti per caso, se n'aveva ogni dì; quel mese ne furono sessanta nella sola provincia di Cuneo. Così Italia macinata da tasse gravissime, sofferiva altresì fuoco, uccisione e grassazioni pe' suoi governanti collegati a' malfattori. Anco il brigantaggio nel Napolitano, fu vena d'oro a' dominanti: estorsioni per carcerare e per iscarcerare, per fucilare e per non fucilare; o peggio correità coniuganti veri, spartizioni di saccheggi e ricatti.

E s'è veduto il brigantaggio politico talvolta allentare per istanchezza e tempo; quello comune rivivere sempre, per connivenza d'uffiziali; siccome le dichiarazioni stesse de' briganti hanno più volte attestato.

§. 24. Misteri sul Tofano in Napoli.

Co' misteri torinesi facevano pariglia altri napolitani misteri. Giacomo Tofano, quei ch'ebbe quattro impieghi nel 1848, e poi esulò, avea difeso a Genova nel 57 certi là accusati di cospirazione; però stava sempre coi fuorusciti nostri, insieme lavorando contro il trono di Napoli. Dopo il trionfo, venne presidente di Gran Corte Criminale; fecerlo deputato al parlamento, ebbe una gratificazione di ventimila franchi per pagare certi suoi debiti, e ottenne gratis il collegio per due figli. Severissimo pertanto contro i Borboniani, allungava il processo al duca di Caianiello, e se ne vantò. A un tratto fu destituito; e 'l segretario generale di giustizia nunziandoglielo consigliavalo a stare zitto, o che si pubblicherebbero cose da stare meglio coperte. Corse al Cialdini, non ebbe udienza, ma invece una lettera minacciantelo pubblicherebbe il rapporto che il condannava; rispose, *pubblicasselo pure*; ma non si pubblicò. I giornali dissero essersi trovato negli archivii le prove come fosse spia pagata di re Ferdinando contro i compagni fuorusciti. Ei con lettera del 12 settembre scolpandosi, aggiungeva: « Lo spettro del terribile rapporto deve spaventare altri, non me. » Accennava a colpevoli maggiori; si parlò d'altri liberaloni anche pagate spie tra' fuorusciti, a Londra e a Torino si citarono bacalari grossi. La stampa strepitò si facesse la luce. Come aveano sepolto il mistero del Curletti, coprirono questo del Tofano. Restò senza impiego; da deputato dimandò al parlamento un'inchiesta e un processo; ma stampatisi negli atti uffiziali della camera da trenta documenti per dimostrarlo spia, si dimise pure da deputato.

Non so s'ei fosse o no reo di quella colpa; certo è ben molti tra' fuorusciti gridanti Italia, oggidì pasciuti eroi, stendevano le mani a re Ferdinando, che, spie o non spie, li soccorreva di denari; certo parecchi tornati vincitori eran corsi alla prima negli archivii, a trarne in fretta le carte loro importune; ma anche in quelle rimaste i governanti fecero di grandi scoperte; tale che bisognò soffocarle, per timore di peggio. Sicchè tra tanti solo quel Tofano disgraziato la pagò. Di lui dicevano facesse in esilio due parti, aiutata la barca rivoluzionaria, e ragguagliatone Ferdinando. Poi scrisse un libro prolisso; affermossi amico non spia del Canofari, nostro legato a Torino; noverò suoi maneggi contro il tiranno Borbone, svelò sue malizie da presidente criminale contro i legittimisti, per servire Italia. Dichiarò avere tenuto in carcere *persone ragguardevoli da lui conosciute innocenti*, per servire il paese. Veh in che mani la giustizia!

§. 25. Persecuzioni.

Il Cialdini datosi al partito radicale, n'appagava le brame e le vendette. Destituiva quanto più sapesse degli antichi; moltissimi magistrati l'8 agosto licenziò. Carcerava a furia; quanti potea chiappare accasciava in bastimenti, e mandava a Genova; fu detta la tratta de' Napolitani. Non bastandogli il carcerare preti e vescovi, n'inventò un'altra. Facevano liste d'ostracismo, e mostravanle, onde parecchi sapendosi scritti esulassero spontanei: chi no, era preso e portato sul legno. Così sforzati o spauriti, quel mese andarono fuori migliaia di gentiluomini con le famiglie: i principi di Montemiletto, Monteroduni, Sepino, S. Antimo, Spinosa, Forino, Pignatelli; i duchi di Popoli, Regina, Frezza; i marchesi Imperiali e Mari, il barone Rodinò, il commendatore Patroni, e altri moltissimi signori a quei dì andarono a ingrossare le schiere degli esuli in Francia e a Roma. Detto anche a me in segreto d'essere pinto in quelle liste, non volli partire, mi ascosi più settimane; ma il primo dì che uscii, a' 6 settembre, fui sostenuto per istrada; e prescrittomi di scegliere o carcere o esilio, il 14 esulai. A' 22 agosto presero monsignor arcivescovo di Salerno; poco dopo il vescovo di Teramo; poi quel d'Aquila, Filippi, col suo vicario fuggì a Roma. Anche donne popolane e civili arrestarono, e serrarono insieme con prostitute. Alla ferocia, aggiungevano l'ostentazione, per ispaventare.

§. 26. Seguito della guerra civile.

E la guerra civile più sempre infuriava. Per adescare il popolo fecero a Campobasso e altrove collette, da premiare chi si distinguesse contro i briganti; ma trovati pochi paganti, infierivano contro innocenti. Scioglievano le guardie nazionali di Visciano, e S. Egidio, *perchè fautrici di briganti*; e altre molte. Per una reazione in Ofena nell'Aquilano, condannarono parecchi a pene enormi. Ma le pene erano grazie; chè imperando il soldato, nessuna potestà valeva; un caporale a libito carcerava e fucilava qualunque persona. Sospettano che Cotronei in Calabria parteggi co' briganti; a' 21 agosto corronvi battaglioni, cingono e assaltano il paese, non trovano nemico, nè ostacolo, eppure vi danno sacco e fuoco. Il Pinelli sloggia in due ore i passionisti da Caiazzo; un d'essi il padre Tofano si tratteneva in casa privata; subito il lega e 'l manda a piedi a Caserta; ma come stanco cade sur un mucchio di pietre, quei soldati manigoldi con fucilate alle spalle gli abbreviano il viaggio. Esso Pinelli a' 24 di quel mese fucila per mero sospetto tre uomini nel cimitero di Mola.

Il giorno 23 presso Maddaloni seguiva altro conflitto con Cipriano La Gala. I reazionarii entrarono in Serino, e alla buona ebbero l'arme da Nazionali. Facevano la posta al ministro Peruzzi viaggiatore, invece gli colsero il cameriere con l'argenterie. Il 23 sostennero una zuffa sopra Somma, e respinsero i Sardi; questi a mostrare vittoria, afferrano cinque miseri contadini, e li fucilano dietro Somma. Dappoi corrotta una donna, attirarono colà un di quei capi, il Barone, ex sergente, e sorpresolo la notte nella stanza, temendo si difendesse, là subito il crivellarono di palle.

A stringere quei del Matese v'andarono il 24 con venti battaglioni come a giornata campale: fu grande schioppettio, e nessun frutto, fuorchè mezzo bosco arso a Leino, e fucilati certi innocenti carbonieri e vetturali, battezzatili briganti. I montanari divisi in frazioni, tratti i primi colpi, scapolavano tra dirupi, e assalivano altrove. Il 26 catturarono il capitano nazionale di Campodimele. In S. Giacomo, distretto di Sala, uccisero nella zuffa un sergente nazionale. Fu il 28 un moto reazionario a Cotrone. Il 31 i reazionarii gozzovigliarono in Vico di Palma, sur un'altura nel Nolano; corrivi cento Piemontesi, sono fugati; e il Pinelli rabbioso mandovvi la dimane un battaglione, che non trovati i briganti mette foco al villaggio.

Tante arsioni di paesi impietosirono anche i briganti, che per carità di patria si astennero il più che seppero d'entrare nell'abitato. E anche i cittadini pregavanli stessero fuori, per non dar pretesto al ruinare le patrie terre. I Sardi non li potendo vincere coll'arme, usavano modi iniquissimi: pigliavano i parenti tutti, vecchi, lattanti, donne pregne, e serravanli in segreto, sinchè quelli non si rendessero. Le province tutte grondavano sangue e lagrime: i briganti medesimi non ne sopportando lo strazio, venivano talvolta co' pie' loro a porgere i polsi a' ceppi; per pietà de' loro cari. Così fatte funate di rei e non rei, n'empievano bastimenti, e a Genova. Allora il Cialdini, reso esecratissimo il piemontese nome, predicava vittoria piena: faceva da' governatori stampare telegrammi di rose, e si pavoneggiava trionfatore. Ma sempre più chiedeva soldati; e cinque altri reggimenti n'aveva per mare, entrando settembre.

§. 27. Lettera circolare del Ricasoli.

Il ministro barone Ricasoli avea poc'anzi con atto diplomatico promesso che il napolitano *riscaldato dal sole della libertà* presto quieterebbe; or volgendolo invece infierire e andare arso, pensò incaricarne altri, secondo il vezzo della scuola Cavourrina, calunniatrice de' principi, per ispossessarli. Però con sozza inverecondia prese a calunniare il papa, già più che mezzo spogliato, per ispogliarlo tutto; ma v'aggiunse lo stile diplomatico nuovo, cioè razzolato ne' trivii delle sette. Era corsa voce avesse apostatato dal cattolicismo; il negò; nondimeno cattolico schizzò il suo loto in verso il vicario del Signore, con un dispaccio del 24 agosto a' potentati del mondo.

Lamentava che parecchi pure liberali, udendo sì dura guerra in Napoli consigliassero rinunziare a tal paese; ciò non potere essere, che essendo Italia costituita, *tutto ciò ch'è Italia è suo!* Paragonava le cose napolitane a quelle d'Inghilterra, Francia e Spagna, dopo le politiche trasformazioni: le cose napolitane non essere politiche, ma brigantaggio e saccheggio: solo cinque province patire, quelle cioè vicine al pontificio. Storceva la storia del napolitano brigantaggio d'altri tempi. Insultava l'esercito borbonico, che fuggito avanti a un pugno d'uomini, la bandiera disonorò, come allora con rapine e assassinii la disonorava. La reazione europea sperare in tal brigantaggio, la quale starsi entro Roma, come cittadella. Di là Francesco battere moneta falsa per pagare i briganti; il denaro di S. Pietro pagare *arrolamenti* in tutta Europa; da Roma partire arme; la romana corte stare co' briganti in lega. Sperare ciò valesse a dimostrare il potere temporale del papa essere divenuto incompatibile con la civiltà; il che faciliterebbe il compito all'Italia, di rendere Roma all'Italia, e di restituire alla Chiesa libertà e dignità.

§. 28. Il suo vero scopo.

Tal dispaccio uscì pubblico il 30 agosto, stampato contemporaneamente da' giornali di Parigi e di Torino; onde si sospettò concertato col Bonaparte. Subito spinto a' cieli dalla setta, stomacò ogni onest'uomo; piacque a' massoni e a Londra, spiacque in Francia. Quivi il primo dì qualche giornale lo lodò; ma visto il mal effetto voltò carta. Che che sia, a Napoleone dovea spiacere quel detto *È d'Italia tutto ciò ch'è Italia*, che oltre l'accennare a Corsica e a Nizza, tagliavagli le speranze murattine sulle Due Sicilie; inoltre ei non trovava quel Ricasoli morbido come il Cavour; anzi sentivalo riottoso su' segreti patti stipulati con quello. Mandò a Torino un Benedetti; e dopo due dì cioè il 1° settembre il Ricasoli dichiarò lascerebbe il ministero degli esteri appena si trovasse il successore; intanto prese l'interno; donde scese il Minghetti.

Egli per fermo si stringeva ad Albione; e il Cialdini a' 10 settembre die' lauto banchetto all'ammiraglio della flotta inglese. Sperava il barone con la spalla inglese sforzare la mano a Napoleone, ed entrare nel Romano, acciò poi come l'atto compiuto approvasse la cosa; però lanciata quella strana accusa diplomatica al papa, per cavarne pretesto d'andare a Roma ad abolire il covo brigantesco, fe' rumoreggiare l'arme su' confini. Ma Napoleone gliel'accoccò: il generale francese Goyon fe' leggere ne' quartieri alle soldatesche l'ordine di respingere le aggressioni con la forza. Infatti una grossa mano di Sardi, come sbagliasse la strada, entrò nello stato verso Bolsena a' 27 agosto; ma giunta a San Lorenzino, per forte diverbio col comandante francese, tornò indietro. Lo stesso dì una più grossa schiera faceva il medesimo da Pontefelice e da Castelnuovo di Porto sino a Montorso. Poi al 1.° settembre un sessanta sul vespro, parte dal monte, parte co' battelli dal lago assaltarono il casotto de' soldati pontificii all'epitaffio presso Terracina: v'erano quattro carabinieri, che di dentro la torretta si difesero un'ora, e quattro assalitori ferirono, sinchè non giunsero i Francesi. E or qua or là, su tutta la frontiera tentarono d'irrompere, perlocchè il Goyon scrisse nero a' generali italici: *essere stanco del loro procedere, mutassero registro.* E altra fiata, avendo i Sardi ucciso un pacifico villano pontificio su quel di Velletri, loro manifestò *l'orrore che sentiva per quell'assassinio.* Ma gl'italici generali, fiutato il miccio del cannone, rispondevano tutto mele.

§. 29. Proteste.

Il governo pontificio protestò a' 7 settembre laconicamente contro il Ricasoliano dispaccio: Calunnie le accuse, non decoroso rispondervi; farne appello a' ministri europei sedenti in Roma, e allo esercito francese, che testimone poterne constatare la verità. I ministri di re Francesco anche il 7 dettero una nota a' suoi legali nelle corti straniere. Dimostrarono politica la reazione appellata brigantaggio da' Sardi; essere sollevazione generale, per manifestazione di principii d'ordine sociale, l'esistenza attiva contro l'invasore, sentimento di vera nazionalità. Lo stesso essere avvenuto nel 1799 e nel 1806, per la ragione stessa. L'esercito per tradimenti compri dal Piemonte, compro in parte, pur con la parte fedele aver pugnato; e avria vinto, se fresco non gli arrivava alle spalle il re sardo; anche questo aver dal Garigliano respinto; e vi saria durato, se il francese da mare nol facea bombardare. Il Piemonte calunniare l'esercito napolitano, mentre i traditori di esso che niun rischio corsero premia, e i fedeli che combatterono carcera, e manda a Fenestrelle ed ad Alessandria, contro i stipulati patti di Gaeta, Capua e Messina. E numerate le nefandezze sarde, le fucilazioni, le arsioni, le tasse, i saccheggi, l'anarchia, le relegazioni, gli arsi giornali, e gli esaltati camorristi, dimostrarono prudente e dignitoso il contegno della Santa Sede; e re Francesco non aver partecipato a quei terribili e sanguinosi fatti, benchè avesse dritto di propugnare la causa sua.

Anche i Napolitani fuorusciti levarono la voce contro quel cumulo di menzogne, con una protesta, messa il 5 settembre nel diario francese *L'ami de la religion*, dimostrante la intollerabile tirannide degli usurpatori. Tosto firmaronla 34 principi, 30 duchi, e da 130 marchesi, conti e baroni, dappoi moltissimi altri con lettere stampate v'aderirono. Nè v'eran compresi i vescovi, nè le migliaia di gentiluomini esulati per le parti lontane della terra; nè pure un solo de' rimasti nel regno, servi in patria, tra' fucili e i coltelli, sforzati a silenzio di tomba.

§. 30. Risposte al Ricasoli.

Da tutte parti, in tutte lingue uscirono risposte al Ricasoli in giornali e in libretti, delle quali era questo il succo: « Diceste che *Napoli scaldata al sole della libertà* tosto sanasse; ma più si scalda, e più inferma; perchè cotesta malvagia libertà vostra è tirannide vera agli spiriti e a' corpi, alle costumanze e alla religione, a' pensieri e alle borse; perchè è libertà d'assassini che sana co' coltelli e con le tombe, e fa d'un regno un serraglio. Vantate libertà di stampa, e fate in piazza falò de' giornali; libertà di religione, e carcerate vescovi e cardinali; libertà politica, e vi componete una Camera *unanime*, che voi soli rappresenta; libertà di opinione, e carcerate, fucilate, ardete chi non pensa come voi. Sanguinosa derisione vantare napolitane libertà! Celebrate Italia fatta, e parlate d'italiane speranze? sperate sempre, e che cosa? ma i vostri sono atti da disperati: ordinanze statarie, taglie, saccheggi, carceri piene, relegazioni, spingere cittadini contro cittadini, ardere paesi, versare sangue a torrenti. Dite non poter Napoli abbandonare, perchè *sendo Italia costituita, tutto ciò ch'è Italia è suo*: e Savoia non era costituita, e Nizza? ed eran sue, e voi le vendeste; e pur Napoli da molti secoli era costituita, e voi la guastaste; e oggi inventate un dritto d'Italia, per disfarne le parti, e farne un cadavere. Scusate la guerra civile citando Inghilterra, Francia e Spagna dopo le mutazioni; ma già quelle mutazioni non attentarono all'essere vitale di quei paesi, e nondimeno dettero esempi terribili, che appunto vi doveano rattenere dall'evocarli nella patria cheta e prosperosa, per saziare vostre ingordigie. Quei Paesi non proclamarono plebisciti unanimi; voi magnificaste la *unanimità*, come esempio *unico* nella storia; e se è unico, perchè citate la storia? Citate la Francia del 93; dunque non è sole di libertà, ma è il regno del terrore, e col terrore ne volete sanare; dunque perchè a Parigi si scapezzarono tante migliaia di cittadini, sarà giusto fucilarne le migliaia in Napoli? Reclamate pe' governi il dritto di repressione, ma tal dritto negaste al papa, e a' Borboni: infamaste re Ferdinando per pochi carcerati felloni, e voi potete fucilare a torme? voi intrusi ne avete il dritto, quegli legittimo no? E voi siete governo, voi, socio di camorristi, pagatore di regicidi? voi reprimere, e che cosa! l'onore, la fede, l'amor di patria, perchè riluttano alle vostre prepotenze? Per un fanciullo Mortara fatto cristiano, intronaste l'Europa, per commoverla; e ora per migliaia di fanciulli che fate orfani, non temete di commovere l'umanità? Dichiaraste a forza di calunnie immorale il governo papale; e correste a colpirlo, per istabilire l'*ordine morale*; e se ora altri volesse correre a stabilire l'ordine morale e sociale sconvolto da voi?

Appellate *briganti* gli avversi? ma stanno in casa loro; sono briganti i padroni della casa? e voi stranieri in casa loro che mai siete? Le due Sicilie da quarant'anni riposavano, veniste voi, e sursero i briganti; andatevene, e cesseranno; o che *briganti* siete voi. Mandaste i mille in terra altrui, uomini d'ogni lingua, nè briganti, eroi li appellaste, fate passeggiare baldi gli assassini dell'Anviti, tenete grassatori e masnadieri per ispettori generali di polizia; nè questi dite briganti, briganti dite chi combattano la tirannide vostra. Chiamateli *assassini volgari*; ma voi avete i Cibolla e i Tanino e i Curletti, e li arrestate con un caporale; nel Napolitano mandate centomil'uomini, nè bastano contro quei volgari assassini. Trionfate notando che *non hanno un generale*, e ciò mentre accusate Francesco di suscitarli; non han generali, appunto perchè Francesco non l'ha comandato; ma senza capi vi tengono testa, perchè sono popolo, che senz'arme, in naturali rocche, vi combatte, come può. Certo lo vorreste in pianura assembrato, per fulminarlo alla sicura di lontano co' cannoni rigati ch'esso non ha; e vi scomoda a risicar la pelle su pe' greppi; era sì *glorioso* quel vincere Gaeta da lontano; ora bombardate gli appennini!

Cascante di ragioni, ricorrete a ridevoli inezie, asserendo il brigantaggio prodotto dal mal governo de' Borboni. Birbi i Borboni che non educarono loro sudditi ad accogliere voi a braccia aperte! Eglino colpare al brigantagio che non ebbero mai! Imperocchè non si vide che nel 99, nel decennio dal 6 al 15, e dopo il 60, cioè dopo le tre cacciate de' Borboni; cioè combattevano gli stranieri scacciatori, per affetto a' Borboni, e tornati questi, cessarono. Dunque non toccate i Borboni, e questo popolo non briganteggia. Mentite dicendo ch'essi pure n'ebbero; ebbero qualche masnada, ma non vi mandarono mai un battaglione; voi vi mandate tutto l'esercito d'Italia.

Che Francesco in Roma batta moneta falsa per pagarli, non provate. Si contenterebbero di moneta falsa? ma vivono combattendo, vivono con l'amore delle popolazioni, vivono con le greggi, con le catture de' liberali che v'hanno chiamati; sicchè voi siete la cagione vera di ruina ad ogni partito. Che può Francesco, cui tutto rapiste, e sino la eredità della santa madre, Francesco guardato da' vostri alleati Francesi, che stanno tutt'occhi sulla frontiera? Dite li paghi il papa col denaro di S. Pietro, e che ne avete prove, ma non le mostrate queste prove. Già stampaste il denaro di S. Pietro niente produrre, ora gli date tanta possa? E il papa pagherebbe i fautori altrui, non i suoi nelle Marche e in Romagna?

Dicevate indigeno il brigantaggio; ora vi contradicete dicendolo fatto da reazionarii d'Europa; ma i fucilati regnicoli sono. Voi, voi avete a soldo quel ricettacolo di settarii d'ogni nazione, che appellate Ungaro battaglione. Per dire che sono pagati da Roma, asserite i briganti stare solo sulla frontiera. Sì, v'era la reazione in Abruzzo, e per ordine di Francesco fu abbandonata; invece ingrossa nel Nolano, ne' Principati, nel Sannio, in Basilicata e in Calabria, regioni interne e lontane. Montemiletto, Auletta, Pontelandolfo, Casalduni, Spinelli, Cotronei e altri paesi ch'avete arsi stanno lungi dal Tronto e dui Liri, e vi sputano sul volto il mendacio.

Accusate i Borboni d'avere infiacchiti gli animi; e dopo un anno e mezzo di guerra, e tante bombe e danari e sangue profuso, non avete con l'italiche e settarie forze domati questi fiacchi? Forti sono quelli che v'ubbidiscono? Insultate l'esercito napolitano che corrompeste; dite che disonorava la bandiera; e voi premiate con commende Sanmauriziane i loro traditori Nunziante e Pianelli? questi dunque onoravano la bandiera? Dite de' soldati sbandati, che non affetto ma abitudine li fa combattere per Francesco: ah dunque non sono più briganti, si fanno fucilare per abitudine! Contradicetevi pertanto con le parole ed i fatti, accozzate pure menzogne e calunnie, appigliatevi a frivoli sofismi, cotesti sforzi stessi hanno già dimostrato al mondo che le persone assassinate sono ben più numerose de' voti ch'aveste nell'unanime plebiscito. E voi, signor barone, operatore e rimuneratore di scelleratezze, atteggiatevi pure a fierezza di virtù; esecrato, bruttato di sangue di migliaia di martiri del vostro stupido orgoglio, non temete di Dio? forse credete Dio non sia? o che le lagrime di tanti orfani e vedove innocenti non arriveranno al suo trono onnipotente? »

§. 31. Festa del 7 settembre.

Il Cialdini per ingraziarsi i Mazziniani avea promossa la festa del 7 settembre, anniversario dell'entrata del Garibaldi. La società operaia, invitando costui a venire, diceva: « In voi sta la salvezza della patria, in voi la felicità del popolo; gli operai vi stringono la mano, e con essi *Napoli tutto*. Sorgete, la patria vi chiama, prossimo è il 7 settembre, perchè non celebrarlo a Roma? » Lo *eroe* non andò a Roma vietandolo Napoleone, non venne a Napoli, vietandolo Vittorio. Lo stesso Cialdini il dì della festa stette sospettoso, la soldatesca sull'arme, la regia piena di bersaglieri, accampati sulla paglia; cosa non vista mai, quando la dormivano i tiranni. Al municipio indebitato, che allora il 24 agosto avea chiesto un prestito di due milioni e mezzo di ducati, fecero spendere ducati 8912,33; poi lumi e bandiere, a pena di sassate. Il mattino la società operaia andò in processione: aprivano il corteo certe madamoselle con bandiere, e su le lettere I. N. R. I., significanti dissero, *Ioseph Niceanus Redemptor Italiae*. Il Pantaleo salì sforzando il passo sur un mezzanino del palazzo Angri, stato ostello del redentore, e dal balcone sermoneggiò spropositi incredibili. Disse il Garibaldi *l'arcangelo della redenzione*; paragonò l'entrata di esso in Napoli a quella di Gesù in Gerusalemme, e che la vinceva. E un giornale gloriandolo lamentò che essendovi tante chiese, vituperate da preti briganti, mancasse un pergamo al Pantaleo, per inviluppparvi *il pensiero del 7 settembre*.

Per dare forza morale al governo scaduto nella opinione, la flotta inglese schierata è pavesata a festa nel golfo, fe' salve d'artiglieria: salutava l'opera del suo intervento passivo. Ma standosi il popolo da banda; stretto il rumore in poche piazze, la giornata passò cheta; e la polizia ne menò vanto; diceva: *oggi è stato il nostro Solferino*! In Palermo quel dì passò mesto e silente.

§. 32. Piedigrotta.

La dimane 8 settembre, festa di Piedigrotta per voto borboniano, il Cialdini volle quasi re andarvi. Il municipio v'invitò per la messa monsignor Caputo, ed egli rispose: « Pregherò Dio che desse lume al capo della Chiesa, che cessi di proteggere Francesco re de' briganti, e si ravvegga degli errori ed orrori commessi con iscandalo della cristianità. » Tal protervia stancò Roma. Già la congregazione del Concilio l'avea, come dissi, ammonito a' 28 febbraio e 'l sopportava; ma a tale indegna offesa, gli scoccò il monitorio, che nol fece nè bianco nè rosso. A Piedigrotta benedì il fucilatore Cialdini; come l'anno avanti il Gavazzi avea benedetto il filibustiero Garibaldi. Mancò la gaiezza de' contadini, non accorsi, mancò la napolitana gaiezza; serrati i balconi de' palazzi signorili a Chiaia, poca soldatesca, molti Nazionali, prezzolati plauditori, senza più. Pel Caputo quella festa fu l'ultima, chè appunto l'anno seguente, la vigilia di essa, comparve al cospetto di Dio. Chiamato il parroco per l'estrema unzione, volendo entrare per sapere se fosse confessato, i preti apostati glielo vietarono: il vicario gli mandò il priore de' padri predicatori al cui ordine il moribondo apparteneva, e pure fu respinto. Fecerlo morire come un cane, sforzato a non ritrattarsi. Il governo a vendetta carcerò il parroco ch'avea negato l'olio santo.

§. 33. Nobile Cialdiniano sdegno.

Il Cialdini visto i Piemontesi schifati, i piemontisti pochi, e i liberali aggrupparsi al nome del Garibaldi, faceva, per avere almeno questo appoggio, la scimia a costui, col quale un mese prima s'era bisticciato. E giunse a tale che il credettero Mazziniano. Però i Piemontisti a torselo da dosso scrivevano petizioni, promotori i Vacca, Bonghi, Pisanelli; e questi stessi a scagionarsene, scrissero a lui, promettendogli di sorreggerlo co' loro partigiani e suffragi. Egli superbo più della superbia, s'arrovella, piglia la palla al balzo, e brusco li rifiuta; anzi soggiunge: « Se volete riesca il mio mandato, parlate e scrivete contro di me; ciò mi farà gran bene nel concetto del paese. » Provvidenziale insulto fu a quei venditori della patria lo sterco loro gittato in volto da quello spavaldo. Ma con più danno della patria presero stupida vendetta; chè avendo il luogotenente tolto l'assegno di mille lire al mese al giornale *Il nazionale*, gliela fecero crescere da Torino a 1300. Napoli pagava. E al Dumas, cui si dava casa al Chiatamone, crebbesi il sussidio a sedicimila franchi, per impiastrare storie contro i Borboni; e giustamente, chè occorreva lui proprio per sì sozzo mandato.

Il Cialdini iroso si svelenì sul municipio; il 13 del mese scrissegli, che invece di pensare a cose serie e pronte, e dare pane al popolo, perdesse il tempo sollazzandosi in *Arcadia felice*, in discussioni di lingua. Non mai in otto secoli fu vista simigliante ingiuria *all'eccellentissimo senato napolitano*, onorato da tutti i re; ma quel democratico liberalesco senato l'ebbe a ingollare da uno sgherro in sedia regia. Nè già aveva torto a discutere di lingua, quando per la subalpina invasione i nomi delle cose nelle ordinanze, nelle tariffe e nelle leggi erano barbari ed ignoti; e lo spiegarli era dovere, non arcadico sollazzo. A quel fango di trivio loro gittato per ispasso della marmaglia, i senatori risposero laconico: *Fare atto di patriottismo col tacere*. La gente rideva di tai scene; ma sempre il sentimento patrio era indignato contro quel lurido avventuriero, che dalla profanata reggia insanguinava e insultava la nazione. Egli la capì, e mutò verso; stampò nel giornale uffiziale una dichiarazione curiosissima: « La mia lettera al municipio ha raggiunto lo scopo; spiacevami il biasimo di cui era segno; dopo la lettera accusatrice sono surte molte testimonianze di fiducia e simpatia a' Consiglieri; dunque essa ha prodotto il bene che volevo: *il risultato giustifica il mezzo.* » Con tal disinvoltura accusò ricevuta della pubblica disapprovazione.

§. 34. Duelli mazziniani.

Tra queste scaramucce va notato un aneddoto che cavò qualche goccia di sangue mazziniano. Al Petruccelli rinfacciavano che fatto più mestieri settarii, tentasse nel

59 propaganda bonapartesca; a questi dì scrisse contro gli uomini del partito d'azione, ch'erano l'ieri suoi amici. Tirato a sorte chi dovesse gastigarlo, uscì il Nicotera, che lo bastonò in piazza. Subito la sfida; dopo molto disputare di padrini, scelta la sciabola, il Petruccelli a' 5 ottobre fu sfregiato al viso; ma ei dopo ferito ferì alla mano il Nicotera, contro le leggi del duello; che fe' altro chiasso. Erano deputati, liberali, mazziniani tutte e due; il simbolo dell'Italia *una*.

§. 35. A ROMA CON.

Da qualche tempo si taceva di Venezia, e si nominava Roma: là stava il quatrilatero, quà l'alleato magnanimo. Ma benchè questi avesse dato il *veto*, il Ricasoli sperando spuntarla col favore di Londra, lasciava movere la bruzzaglia, raggruzzare volontarii, e sotto nome di guardia mobile scorrazzare su' confini. Per questo anche il Cialdini vezzeggiava il Nicotera, il Ricciardi e altrettali; sperava rifarsi dello smacco de' briganti con l'andare a Roma. Il 19 settembre dovea seguire gran dimostrazione; già si vendevano cartelloni da porre a' cappelli A ROMA CON... e il ritratto del Garibaldi. Nessuno li comprava, qualche burlone posene in fronte a certi asini al mercato; il popolo aspettava la commedia, i dimostratori raccoglievano loro adepti. A un tratto per riciso comando di Parigi il Ricasoli ordina la sospensione; e il Cialdini già spinto troppo, dimanda per telegrafo: *Siete sicuro della intenzione di Napoleone*? Controrisponde: *Molto bene*. Allora il luogotenente non di Vittorio, ma del Bonaparte, il partecipa a' capi; questi la masticano male, ma costretti promulgano un avviso di sospensione. Nientedimanco risolvono di farla senza meno al 1° ottobre, la giornata del Volturno; già mandano attorno i cartelli *A Roma con...* ; ma viene a Napoli il francese generale Montebello, e fa capire al Cialdini ch'a Roma non andrebbe nè *con* nè *senza*.

Questi dunque trovandosi tra l'uscio e il muro, sul punto di romperla con gli amici, ebbe a faticare por impedire la cosa. Allestì soldati ed arme; fe' emanare ordinanze dalla Questura; e temendo i Nazionali s'aggiungessero a' dimostranti, scrisse la vigilia al Tupputi: « Non potersi permettere la Manifestazione tendente ad accelerare la quistione romana, perchè facendosi, se ne ritarderebbe la soluzione. » E finiva: « Ho pregato, ho persuaso per isventarla, ma dove s'osasse, contrasterei con ogni mia possa. » Questo argomento che putiva di cannone la vinse: non si fe' niente; fuorchè pochi monelli andarono col busto dell'eroe e col cartello per Toledo. Napoli rideva, i mestatori si mordevano le dita; e Toledo quel dì 1° ottobre fe' bel vedere; bandiere a' balconi, mostra di festa in alto, e in istrada capannelle, pattuglie e cannoni.

Bell'annunzio di festa fe' quel giorno la gazzetta uffiziale, stampando il bilancio dell'entrata e delle spese da gennaio ad agosto; entrati ducati 12, 858, 769, 90, e usciti 27, 337, 974, 20; cioè barattati in più quattordici milioni e mezzo di ducati in otto mesi, gran frutto di libertà. Francesco II a Roma quel dì volle una messa nella chiesa l'Angelo Custode de' Siciliani, dove con la real famiglia e la nobiltà esulata pregò requie pei morti sul Volturno. Io per ordine scrissi il discorso, che poi non si lesse per basso intrigo, e perchè il cardinale d'Andrea che ne dovea dare il permesso non si fe' trovare; ma fu stampato.

§. 36. Nuovo luogotenente in Sicilia.

In Sicilia era non brigantaggio, ma anarchia; leggi e ordinanze sempre, e tutte mute. Sbrigliate le passioni, ogni paesello, ogni tetto avea partiti; vendette e rappresaglie a vicenda, e impunite; tutti in paura, governanti, giudici e testimoni, niuno accusava; si scannavano l'un l'altro, secondo portava caso, forza o astuzia. Sangue nelle frequentate vie e nelle solinghe; assassinii isolati o in brigata premeditati o in risse; case minate, arse, famiglie intere distrutte, campi bruciati, alberi tagliati. Mancando la giustizia se la facevano per rabbia tumultuando, trucidando i rei nelle carceri, o che i Nazionali stessi sparavano su' tumultuanti in frotta. A' 27 agosto ebbe un colpo di pistola in Palermo Giambattista Guiccione ex Questore, allora consigliero d'appello, mentre stava in carrozza avanti la sua casa; della ferita ancorchè mortale guarì; non si trovò il reo; i giornali ne gravarono il deputato Paternostro. A Catania uccisero di schioppo un uffiziale nazionale; e benchè morente indicasse i colpevoli, niuno li toccò. Il luogotenente Della Rovere lasciava fare, per iscansare la opposizione ch'ebbero i predecessori; e perchè avea pochi soldati, sendo tutte forze sul continente, preferiva l'anarchia alla guerra; ma l'odio si cumulava sul Piemonte, cui tutti della perduta siciliana quiete accusavano. Da ultimo cercò d'andarsene alla sua sedia di ministro; non si trovava chi surrogarlo volesse; il general Brignone ricusò, l'altro generale Pettinengo accettò, sapendo durare poco, sendo decisa l'abolizione delle luogotenenze. Costui giunse a Palermo il 16 settembre, e 'l dì stesso die' la proclamazione *agl'Italiani di Sicilia*. Si disse straniero a' partiti, ma vedere *in tutti i liberali la maggioranza d'un solo gran popolo*. Era dunque straniero al partito non liberale, ma perchè tenuto inerme e schiavo era minoranza. Il partente Della Rovere ch'avea preseduto a quell'anarchia fe' farsi anche gli archi di trionfo, e stampò che *lasciava simpatie nel popolo*. Passò il 21 per Napoli, e confabulò col Cialdini.

§. 37. Fucilazioni sul continente.

Sul continente con libidine di sangue si fucilava, per rabbia, per paura, per diletto, per isbaglio. A' 9 settembre i reazionari presso Marigliano fecero parecchi soldati prigionieri, e proposero al Pinelli di scambiarli; rispose averne fucilati quanti n'avea; onde quelli ebbero a fare lo stesso a' soldati suoi. Ciò s'affaceva a quei duci non curanti di loro soldati, e speranti con tal terrore a tenerli dal darsi prigioni. L'8 del mese seguiva un'avvisaglia a Ischitella. Chiavone assalì Rendinara, e a' 9 Castelluccio, ov'arse le case del sindaco e del capitano nazionale, e anche il bagaglio del 43° di linea. Sopravvenuti i Sardi, durò ott'ore la lotta; il Chiavone si ritratte sull'Antera; e assalito colà, respinse alla sua volta. Vi caddero cinquanta soldati. Vendicaronsi moschettando quattro paesani a Sora, per mostra d'avere vinto. Ne' giornali vittorie quotidiane, tacevano le perdite; parlavano gli ospedali, sin dentro Napoli, pieni. I Borboniani l'11 entrarono in Raiano, e minacciarono Caiazzo. Lo stesso dì invasero Antonimina in quel di Geraci. Il 19 stavano in S. Benedetto, villa di Caserta. Si combatteva a Villavallelonga in Abruzzo, e il 30 presso Avellino. Questo dì entravano in S. Antonio Abate villaggio di Lettore. E la banda De Crescenzo su' piani di Palma fugava più volte i soldati; entrava in Poggiomarino, e ricattava tre liberali.

Seguitano atrocità crude; la notte del 14 settembre una mano di Sardi corre a Castelnuovo, villa a 13 miglia dall'Aquila; circonda la casa del parroco Aristo, e 'l piglia; indarno dichiara innocenza, solo avere nemico un Sidone sindaco; il capitano tel mette a cavallo, e per la via di Calascio, nel buio de' monti l'assassina, e 'l sotterra. Campochiaro nel Sannio, entrando i montanari, grida Francesco; arrivano Piemontesi a' 25 settembre, quelli non trovano, mettono foco a certe case, saccheggiano quella di Giuseppe Manselli ex capo urbano, e fucilano un medico Bucci con altri. Sullo scorcio del mese una notte entrano reazionarii in Carbonara nel Nolano; alla dimane, partiti quelli, entrano soldati senza contrasto; pigliano tre fratelli e una sorella; e sospettando parteggiassero pe' briganti, li fucilano. In Colle sforzano certi possidenti a pagare molti denari, perchè sospetti di reazione. In Cerreto alcuni fidando nel Cialdiniano bando, dante a' magistrati facoltà d'ammetterò fuori carcere chi si presentasse, s'erano ritratti in seno di loro famiglie; i Sardi ne afferrano alla sicura venticinque, e dopo sommario giudizio militare, li moschettano. Lo stesso in altre terre, e a Benevento; che città papale, non avendo mai visto supplizii, inorridì.

I briganti sul finire del mese sorprendevano in Forcella Vallecastellana un uffiziale con venti soldati, e dieci Nazionali; questi quai traditori della patria uccisero, di quelli ebbero pietà, e li mandarono liberi. Dappoi venuti i Piemontesi con un general Longoni, non trovati i briganti, fucilarono parecchi cittadini a vendetta della generosità fruita. Or mentre la rivoluzione tanti innocenti spegneva, andava per Europa piagnucolando un Lucatelli uccisore d'un gendarme papale, condannato da' tribunali alla forca. Il papa per un assassino non doveva tenere corte di giustizia; essa senza giudizio poteva fucilare le migliaia.

Intanto infiniti i danni alla proprietà. Sendo molti i reazionarii sul Gargano, per vivere tartassavano i possidenti. Un maggiore Martini non osando combatterli, die' a' 16 settembre un bando, ordinante ad ogni persona di abbandonare tutte case, casine e capanne in campagna, pena la morte; il che pur troppo dappoi nell'altre province imitato, abbandonava a' malfattori la proprietà costata tanti sudori. Cadendo settembre Cipriano La Gala occupava il molino d'Acerra, il Pinelli trovò comodo lo sloggiarnelo da lontano co' cannoni; quegli si partì, il molino rovinò. Allora già si contavano tredici paesi più o meno saccheggiati ed arsi, oltre innumerevoli arsioni e saccheggi a minuto; poi il numero crebbe assai; e i fucilati, assassinati, e carcerati chi conta? o chi gli esuli per l'ampia terra piangenti? E ogni dì a dozzine scioglievano Guardie nazionali e municipii.

§. 38. I mali della Chiesa.

Nè le percosse alla Chiesa erano minori. Di ottantotto arcivescovadi e vescovadi che sono sul continente già settantuno n'erano vacanti per iscacciati pasturi; cioè: Acerenza, Acerra, Amalfi, Andria, Anglona, Aquino, Altamura, Aquila, Ascoli, Aversa, Avellino, Bari, Bitonto, Bova, Bovino, Brindisi, Caiazzo, Calvi, Capaccio, Caserta, Castellaneto, Castellammare, Catanzaro, Cerreto, Chieti, Cotrone, Foggia, Gaeta, Gravina, Ischia, Isernia, Lacedonia, Lauriano, Manfredonia, Marsi, Marsico, Melfi, Mileto, Molfetta, Monopoli, Montevergine, Muro, Napoli, Nicastro, Nicotera, Nola, Oria, Rapolla, Reggio, Rossano, Ruvo, Salerno, Sant'Angelo de' Lombardi, S. Agata de' Goti, Sessa, S. Marco, Sora, Sorrento, Solmona, Squillace, Taranto, Teano, Teramo, Termoli, Trani, Tricarico, Troia, Tursi, Ugento, Valle Capaccio, Venosa, e forse pure altre, oltre Benevento ch'è anche nel regno.

Dove il vescovo faceva istanze per tornare, il prefetto rispondeva *avere consultato il popolo*, questo non volerlo, non avrebbe difesa contro, la rabbia popolare. Dove i municipii stessi domandavano il ritorno del pastore, come spesso, il governo dichiarava *essere libero di tornare*; poi davagli *il consiglio* di non farlo, per non correre pericoli nelle reazioni. Intanto tenendoli per assenti volontarii si pigliava loro beni, e vi teneva esattori, cui compensava sino al venti per cento!

Ordinarono a' capitoli delle Cattedrali d'eleggere i vicarii capitolari, sinchè i vescovi assenti non nominassero vicarii piacenti al governo. Primo rispose l'arcidiacono d'Aquila a' 10 settembre; non potere per coscienza contro il dettato del Concilio di Trento ubbidire, perchè vivo il vescovo, e nella pienezza de' dritti. Similmente risposero quei di Sorrento, Castellammare, e gli altri. Pio IX a' 30 del mese con allocuzione deplorò i mali della Chiesa nel reame, la licenza della stampa, gli arsi paesi, i trucidati sacerdoti, l'espulsione del cardinale Riario, e l'esilio o la prigionia di tanti vescovi e prelati. E i giornali compri accusavanlo di proteggere i briganti, e d'avere duro cuore per l'Italia, quasi la fittizia Italia ch'arde e fucila dovesse meritare l'approvazione del vicario di Dio.

Le carceri, oltre che luride, e anguste per tanta moltitudine, tenevansi con tale durezza, che gli avvocati napolitani d'ogni partito convennero sui principii d'ottobre in una protesta, con accuse e lamentanze mosse a' dicasteri di giustizia, interno e polizia. I governanti rispondevano celebrando la beatitudine della libertà; e per persuaderne la gente, mandavano preti e frati apostati predicandolo per le chiese. Un di questi nomato Santanelli, in S. Maria di Capua, il dì dell'Assunta, salito in pergamo, avea detto un sermone, paragonando l'Assunta all'Italia; quella ebbe sostenitore un Giuseppe, questa un altro Giuseppe; quella portò un Emmanuele, che redense l'umanità dalla schiavitù; questa ha portato altro Emmanuele ch'ha redento l'ex reame dalla schiavitù de' Borboni. O egli non credeva a Maria, e ne scapitava il suo eroe; o vi credeva, e ne profanava il nome santo. Ma tronfii sciocconi, seguiti da adepti plaudenti, aveano di logica mestieri? La rivoluzione usava tutte arme per fiaccare la Chiesa cattolica: un decreto del 16 ottobre stabilì il *ministero de' culti*, derogando alla costituzione che prescriveva *uno* il culto dello stato. Agognando l'unità italiana, aveano tolta l'unità geografica, vendendo Nizza, e la unità sociale, aizzando tanti partiti; e lavorano a distruggere la eminente unità religiosa, che dà all'Italia il primato fra le nazioni.

LIBRO TRIGESIMOQUARTO

SOMMARIO

§. 1. Considerazioni sul brigantaggio. — 2. Lo sbarco di Borjes. — 3. La banda Mitica. — 4. Principesche nozze. — 5. Abboccamento di Compiegne. — 6. Inconorazione di Koeningsberg. — 7. In Napoli il gioco s'aggrava . — 8. L'anniversario del plebiscito. — 9. Giudizio a Marsiglia. — 10. Seguito di fatti brigangteschi. — 11. La luogotenenza di Napoli abolita. — 12. Lamentanze e risposte. — 13. Il primo prefetto di Napoli. — 14. Proclamazione del Chiavone. — 15. Fatto di S. Giovanni Incarico. — 16. Accordi di Francesi e Sardi. — 17. Più rabbie civile. — 18. Più rabbie governative. — 19. Più rabbie parlamentari. — 20. Rabbie finanziere. — 21. E rabbie garibaldesi. — 22. Fatti del Borjes. — 23. Sua morte. — 24. Ruine di Torre del Greco. — 25. L'obolo del povero, e le larghezze de' ricchi. — 26. Decreti contro i monasteri. — 27. Il guardasigilli e l'episcopato. — 28. La reazione non è spenta. — 29. Napoleone tenta scacciare Francesco da Roma. — 30. Calunnie. — 31. Ricchi doni a Francesco e Sofia. — 32. Gioia siciliana per la leva. — 33. Ribellione di Castellammare del Golfo. — 34. È abolita la luogotenenza siciliana. — 35. Le prigioni liberali. — 36. Anarchia. — 37. I consorti. — 38. I liberali. — 39. Socialismo e comunismo. — 40. Monarchi incorreggibili. — 41. I criteri del reame. — 42. Licenza.

§. 1. Considerazioni sul brigantaggio.

Quello ch'appellavano brigantaggio era guerra, e la più terribile che mai popolo facesse a dominatori ingiusti; perchè lor toglieva sangue, moneta, e riputazione. Essa sonava orrenda per Europa, ma quelli, che a possesso non a fama guardavano, lasciavano dire; e anzi eglino stessi talvolta novelle spaventose od esagerate di loro scelleratezza diffondevano. De' paesi arsi ingrandivano le rovine, acciò le popolazioni spaurissero; però di sangue e minacce e iniquità facevano pompa esosa; e sortivano lo effetto, che i cittadini e i montanari d'accordo si studiavano di tener la guerra fuor de' paesi, per non dar pretesto a saccheggi e devastazioni. Era dunque una furia di zuffe spicciolate, campo ogni valle, parapetto ogni macerie, agguato ogni fratta. Le bande a minuzzoli, pronte a' movimenti, a dividersi, a raccogliersi, a celarsi, e a tornar di fianco a tergo improvvise, vivevano ne' territorii natii, ove ogni albero sapevano, di leggieri trovavano viveri, e munizioni, con vantaggio assalivano, senza rischio si scansavano, tagliavano i telegrafi e le strade, infestavano i passi, rapivano vettovaglie e bagaglie, e padroni delle vette, scorto da lungi il nemico, percussuvanlo e sparivano. Però le soldatesche italiche, sebbene in centomila, e altrettanti in Nazionali e Corpi franchi, non bastavano a coprire il reame. Suddivise anch'esse per tutti luoghi, per darsi la mano e accorrere ove fosse bisogno, non duravano pe' disagi, tra fredde notti e caldi soli, in mal'arie, odiate, ingannate, poco lor valeva la superiorità dell'arme; la disciplina nello sgominamento de' corpi scemava, ed eran costrette contro briganti a diventar briganti da vero. Questa è la precipua cagione dello scadimento militare dell'esercito detto italiano.

Impertanto quel reagire era nazionale, locale, spicciolato, nè poteva aver sussidio d'uomini stranieri. Mancava d'un capo dirigente, appunto perchè spontaneo e naturale, espressione patriota, sfogamento d'odio popolare contro lo straniero. Far la guerra grossa in quelle condizioni, era finirla; chè di leggieri i Piemontesi co' loro mezzi di guerra opprimevanla d'un colpo. Chiesti intanto a storcere siffatto smacco dal loro plebiscito, facean di continuo dai giornali nunziare sbarchi di stranieri sulle coste, ed entrate di briganti dal Pontificio; e per farsi credere anche diplomaticamente n'alzavano lamento. Ciò ingannava amici e nemici, onde talora qualche straniero bramoso di pugnare pel dritto v'accorreva, e subito vi periva. De' quali or ora dirò qualche cosa. Ma per quella necessaria guerra spezzata era appunto impossibile una sollevazione generale del popolo, quando Europa impassibile permetteva a tutte le mondiali forze rivoluzionarie d'opprimerlo. Disarmato, schiacciato, spiato da' settarii sin nelle case, non poteva nè unirsi, nè parlare: un terrore comprimeva tutti. Mancava lo annodamento, la corrispondenza tra paese e paese; i più intelligenti o arditi erano carcerati o sbandeggiati; la gente minuta soltanto si gittava a' campi, e con armi o senza, come poteva in drappelli combatteva; sovente erano contadini, ch'ora arditissimi archibugiavano, ora mogi mogi zappavano la terra. Più volte i fuorusciti da Roma e da Malta tentarono di stringere la direzione delle cose, per preparare la sollevazione unanime e piena; ma sempre impediti e avversati da mani ignote, o palesi, e talvolta col nome del re stesso dicentesi alieno dalle reazioni, mai niente d'efficace poterono.

Quella guerra dunque riusciva a sfogo di rabbia, a sanguinosa protesta, a sperpero di vite e sostanza di governanti e governati. Ma vi si aggiungeva il brigantaggio comune; che molti tristi con Francesco in bocca trescavano in quella grande anarchia, e sfruttavano le simpatie delle popolazioni, guerreggiando per sè. I più ladri perloppiù facevano i capi, cui s'univano spesso facinorosi e Garibaldini; ma il forte erano i soldati regi, che per vendetta de' Sardi ingrossavano le bande, e pagavano col loro sangue le altrui malvagità. Oltracciò anche i capi buoni, col tempo tra tanti rischi e disagi, tra il fuoco e le ferite, acquistavano ferocia; che in quell'orribile pugnare, dove a ogni ora si gittava la vita propria, non si poteva tener in conto la vita e la roba altrui. Nulladimeno quei capi stessi, buoni o mali, per tenersi le popolazioni, pesavano su' soli liberali, ed essi e loro beni e bestiami sterminavano. Dappoi i liberali per rappresaglia, e a gittar la divisione tra' reazionarii, spinsero col braccio de' governanti loro cagnotti a briganteggiare su' legittimisti; così il nome di Francesco II copriva la doppia rovina, che pesò su tutti i partiti, a prò de' più malvagi. E certi uffiziali governativi reclutati nella melma, giocatori, ruffiani e peggio, dividevano co' briganti il prezzo delle rapine e de' ricatti; di che furono prove giudiziarie, e vani svelamenti a quel governo impotente al bene.

È poi da considerare il *dritto nuovo* proclamato dagl'invasori menare dritto al dritto del brigantaggio. Se non v'è dritto per Francesco, nè pel papa, meno ve n'è per Vittorio; se non vale più il dritto regio, neppure vale il dritto privato, nè v'ha proprietà, per nessuno; se la società patisce la legge del forte, ciascuno studia d'essere forte come può. Il popolo in quei governanti posticci, in quei camorristi fatti *delegati* e ispettori, non riconosceva potestà. Vittorio, luogotenenti, prefetti, magistrali, tutti teneva per briganti, venuti a spogliare il regno col gius del cannone; però credeva stare in dritto combattendoli alla brigantesca; e soccorreva in tutte guise, con denari e munizioni, e sino co' voti a Dio, qualunque in quantunque modo s'opponesse agli usurpatori. Anche avendone danno godeva delle umiliazioni che i patrii montanari davano dalle native rocce a' bombardatori del suo re, tiranneggianti la patria terra. Per tai ragioni il brigantaggio, sia politico, sia comune, sempre tra noi surse in tempi d'usurpazioni. Infierì nel 99, e dal 1806 al 1815, durante la occupazione francese; tornato il re legittimo, finì. In quel decennio ebbe aiuti d'Inghilterra, con uomini, arme e moneta; Ferdinando IV regnava in isola vicina; e sino gl'inglesi eserciti scesero, e vinsero in Calabria battaglie formali; eppure non si potè fare una controrivoluzione generale. Era però assai più difficile farla nel 1861, non vedendosi in mare una bandiera amica. Il reame fremente della ignobile conquista, travagliava, reagiva, ma indarno; le genti divise, inermi, spiate, torturate, non potevano con parziali fatti scuotere un giogo retto da dugentomila sgherri, sostenuti da tutta la rivoluzione mondiale. Le vittorie erano transitorie e mero appagamento di vendetta, le punizioni implacabili e interminabili.

§. 2. Lo sbarco del Borjes.

I legittimisti di Napoli e di Francia, non bene ciò considerato, al vedere cotante reazioni sconnesse pensavano mancasse un capo dirigente, e bastasse mandarne uno per indirizzarle a vittoria. Adocchiarono un D. Iosè Borjes, amico *cabecilla* spagnuolo, stato, compagno de' Cabrèra e de' Zumalacarreguy nelle guerre civili di Spagna; il quale vivendo esule e bisognoso in Francia, si persuase a gittarsi per Francesco, nel regno. Ebbe a Parigi conferenze con nobili Francesi e Napolitani, e con altri iti da Roma; ebbe promesso denari e uomini, e sicurazioni che a migliaia stessero lui aspettando. Toccato un po' di denaro, accozzò da venti Spagnuoli, e navigò a Malta. Là aspettò la moneta, nè molta n'ebbe, che parte naufragò per via; uomini non ne vide; comprò venti fucili; e da ultimo sperando gli arrivasse gente dall'Illirio, come gli aveano promesso, s'imbarcò. Traversò il mare nemico in una speronara, eludendo le spie piemontesi che il tenevano d'occhio; e con solo ventidue compagni si lanciò in impossibile impresa.

Alzano a cielo il Garibaldi, che andò con mille, da sicuro porto in sicuro mare, sorretto da mezza Italia, da Francia e Inghilterra, con oro massonico, con la già compra flotta avversa, e co' preparati tradimenti militari. Questo Borjes niuno canta, ch'avendo tutte cose contrarie andò a dare la vita pel solo principio del dritto, e con magnanima annegazione; perchè l'uomo giudica dal successo ancorchè scellerato. Per bonaccia di mare scese a caso su deserta spiaggia tra Bruzzano e Brancaleone, la sera del 13 settembre; volse a un lume, trovò un pastorello che il guidò a un luogo detto Falco, ove al sereno riposò. Al mattino entrò in Precacore; terricciuola di cinquecent'anime su quel di Gerace, accolto a festa; ruppe gli stemmi, alzò i gigli, cantò il *Te Deum*, fe' limosine, pagò ogni cosa il doppio, sparse proclamazioni; e ingrossato di venti paesani la sua banda, a vespro volse a Caraffa. Presso S. Agata, assalito da guardie mobili, si gittò ne' campi detti Cannavia e vi sostenne il foco; a notte stette nel convento di Bianco, e vi lasciò il suo servo ferito al piede. Intanto i rivoluzionarii entrarono a vendetta in Precacore e saccheggiarono quel misero paesello. Guidavali un Giuseppe Barletta di Caraffa, supplente giudiziario, stato spia nel 47, fellone nel 48, rivelatore de' correi nel 49, onde ritenne la carica, allora rifattosi liberale saccheggiatore.

§. 3. La banda Mitica.

Il Borjes udito d'un Ferdinando Mitica ch'aveva una banda d'oltre cento armati, vi si fe' condurre il 15, presso Cirella. Quegli sospettandolo mandatario de' Piemontesi per tradirlo, nol ricevè, se non dopo accertato ch'avea combattuto colle guardie mobili; ma dissegli non gli ubbidirebbe come a generale, se non dopo altra zuffa. Il mattino del 17 assalirono insieme Platì, e trovaronvi resistenza non aspettata, per Nazionali e cento Sardi arrivati la vigilia da Reggio; eppure se il Mitica che guidava la cosa fossesi valuto del primo impeto, riusciva; chè v'uccise parecchi Nazionali, con un Francesco Oliva, gran settario, e i Piemontesi pugnavano timidamente; ma udito che più battaglioni sardi sbarcavano a Bovalino, si ritrasse. Andarono a Ciminà, e v'ebbero fucili; poi per non aspettarvi l'accorrenti soldatesche, presero la montagna, piovendo a dirotto; e la dimane 18 i monti di Catanzaro; quindi tra varie imboscate combattendo, si ritrassero nel piano di Gerace in pochi; perlocchè il Mitica impaurito, sciolse la banda e s'inselvò. Allora il Borjes restò quasi solo con gli Spagnuoli, in paese sconosciuto; e cominciò quella ritirata, che resterà unica, tra centomila accaneggianti nemici.

Quando ei s'era accostato a S. Agata, un Francesco Rossi, stato anche liberale nel 48, e poi spia borbonica, allora sindaco, al vedere la popolazione commoversi per accoglierlo, s'ascose in casa l'abate D. Antonio Franco, con la famiglia e le cose preziose; e al mattino del 15 fuggì a Bianco, dove accusò di reazione il popolo, e designandone capi i Franco suoi salvatori. Pertanto un Melissari, maggiore nazionale Reggino, ragunato pe' dintorni la spuma de' settarii, scese a S. Agata, aggredì il palazzo Franco, prese il barone primogenito, il fratello Giuseppe e lo zio abate, sendogli l'altro fratello fuggito; e li menò a Bianco. Sopravvenuti Piemontesi, cavaronli di prigione, fucilarono lo abate in piazza, i due fratelli rimenarono a S. Agata a piede, e tosto fucilaronvi Giuseppe; il barone restò salvo per grido unanime della popolazione che innocentissimo il giurava. Questi assassinii non erano soli. Scorrazzavano per le terre moschettando a due a tre a quattro alla fila, sospetti o no, a terrore. Arsero il convento di Bianco, reo d'avere ospitato gli Spagnuoli; fucilarono il padre vicario per la strada, e poi lo Spagnuolo ferito; fucilarono un notaio di Bovalino; arsero il convento con la chiesa del santuario di Polsi sur un monte; perchè disserlo *covo di briganti*. Il Mitica ch'avea creduto salvarsi nascondendosi, fu da un molinaio che gli vendeva il pane, indi a pochi dì, tratto in agguato; dal quale fuggì ferito, ma due giorni dopo fu trovato ne' monti morto d'inedia, o per quel colpo.

§. 4. Principesche nozze.

I reali di Napoli nell'esilio erano di doppie nozze allietati: Luigi conte di Trani primogenito delle seconde nozze di re Ferdinando con Marta Teresa d'Austria, nato il 1.° agosto 1838, impalmava sua cognata, sorella di M. Sofia regina delle Due Sicilie e della imperatrice d'Austria, figlia del duca Massimiliano della casa di Baviera, Maria Matilde Ludovica, nata a' 30 settembre 1843. Le nozze seguirono a Monaco il 5 giugno 61. Poco dopo Maria Immacolata Clementina, sorella di re Francesco e d'esso Luigi, s'univa all'arciduca Carlo, fratello del Granduca Ferdinando IV di Toscana, celebrando il sacro rito il Santo Padre, a' 19 settembre, in Vaticano. Non s'invitò corpo diplomatico, che si volle sol religiosa la cerimonia: erano presenti la reale famiglia, i cardinali palatini, il cardinale di Napoli, e altri dignitarii e dame. Il pontefice in sacri paramenti benedisse le nozze e l'anello, disse la messa *pro sponsis*, e la orazione dominicale, e comunicò gli sposi. Ultimamente loro volse affettuoso discorso, e concluse: « Confido che il Signore, pel trionfo della giustizia e per la libertà della Chiesa, presto vi riconduca Egli come per mano a quelle *terre papali* che vi appartengono, e dove siete desiderati da' sudditi, che pure benedico. » Sì ricordava il dominio diretto di Santa Chiesa sul reame, obbliato da' nostri re.

§. 5. Abboccamento di Compiegne.

Da molto si parlava d'un abboccamento tra il sire di Francia e quel di Prussia: nunziato, disdetto, differito e riannunziato, seguì il 6 ottobre a Compiegne; dove re Guglielmo, prima della sua incoronazione, venne a restituire la visita futura a Baden da Napoleone. Questi umiliata nel 34 la Russia col braccio d'Austria, e nel 59 Austria col consenso Russo, lavorava a tirarsi la Prussia, per isolarla in Germania, insospettirla a' vicini, e cercare brogli e mutazioni, da stendersi egli un po' sul Reno. Solleticando quella Corte ambiziosa, tenea vivo il foco in Germania, faceva agognare la sua alleanza, e dava peso al suo braccio; sempre l'apparenza di quelle carezze, lo aggrandiva in Francia e fuori. Però aveva invitato altresì l'Ottomano, che non si scomodò. Che trattassero a Compiegne niuno seppe; i fogli prussiani spacciarono la visita niente avere di politico; i fogli francesi dissero averne molta. Napoleone menò seco i ministri, Guglielmo no. I Francesi stamparono gli uffiziali prussiani avere baciata la mano a Napoleone; gli uffiziali protestarono in istampa: *non essere vero; piuttosto si troncherebbero le mani che baciare qeella del nemico del loro paese.*

§. 6. Inconorazione di Koeningsberg.

Re Guglielmo stato capo della massoneria germanica parea non più ricordasse il settario giuramento; ond'era stato mestieri a ricordarglielo, con un colpo di pistola. Già i liberali dicevano Guglielmo convertito alla religione de' fatti compiuti e del dritto nuovo; ma per allora recarono delusi; perciocchè la vigilia dell'incoronazione, il 17 ottobre, egli tra' gran dignitarii e i rappresentanti della nazione, disse: « I sovrani di Prussia hanno la loro corona da Dio; domani io la prenderò sull'altare, e me la porrò sul capo: ciò significa la regalità per la grazia di Dio, dove risiede la sanità della corona ch'è inviolabile. Così comprenderete il significato dell'atto cui v'ho chiamati a testimoni. Le novelle istituzioni vi chiamano a dare consigli; voi mi consiglierete, ed io v'ascolterò. » La dimane nell'atto dell'incoronazione replicò: « La corona non viene che da Dio. » La rivoluzione mondiale fremè: sentire nominare Dio e dritto! disserlo *atto profano, da fariseo, parole imprudenti, sfida alla democrazia!* Ma appunto quel re che la sfidava si poneva da sè la corona sul capo, e se la guardava; dove chi alla democrazia piegava il ginocchio, presto in premio n'aveva a servaggio abbietto, o la corona infranta e l'esilio.

A quel solenne atto fu presente, malgrado le rimostranze sarde, il principe di Carini, legato di Francesco II re delle due Sicilie; che da Guglielmo con in petto l'ordine di S. Gennaro fu ricevuto. In Napoli i gentiluomini, a dimostrare gradimento di quel discorso recarono innumerevoli viglietti di visita al consolo prussiano. Quella dichiarazione d'un re pure costituzionale fu un fenomeno in questa era de' plebisciti; e più dopo dieci dì che avea visitato lo inventore de' plebisciti moderni: era sprezzo, rivalità, antagonismo, o minaccia?

§. 7. In Napoli il giogo s'aggrava.

Ritorno al reame, dove l'oppressione ogni dì più s'aggravava. Il Cialdini aveva messo monsignor Maresca vicario generale di Napoli e altri cinque sacerdoti in una cameruccia di Castelnuovo, con un solo spiracolo, presso al fetore del salume delle dispense; nè punto loro permise il dire messa. Il prelato in tanta sudicia condizione cadde in mortale morbo; però sugli estremi lo scarcerarono l'11 settembre; larva d'umanità, e tarda, ch'ei per favo sulla nuca fluiva il 22 del mese. Per giunta la dimane della scarcerazione, andar sequestrate le rendite della mensa arcivescovile, con ordine ai fittaiuoli pagassero a' vampiri del governo. Soleva il cardinale quell'entrate largire in beneficenze e in ornare tempii; onde fur tolte a' poveri e agli artegiani. Riconosciuto innocente, eppure esiliato, gli confiscavano la mensa, come a tanti vescovi s'era fatto. Ogni rivoletto tiravano al governo. Erano sul reame continentale 8330 istitutii di beneficenza, con reddito di due milioni e 574,839 ducati, e grana 15, lasciati dagli avi nostri; tolsero a quelle amministrazioni ogni elemento clericale; niuno onesto fu più beneficato, tutto colò in premio di felloni.

Favellando sempre d'istruzione, niente curavano meno che la dottrina. L'università v'era a pompe; sessanta professori, il più ignoti ed ignari, clienti di consortieri divenuti senza i legali concorsi cattedratici del nulla, in Napoli dottissima, poco sapevano aprire bocca, e dove compariva qualche scienziato o letterato a udirli, loro si rappallottolavano le parole tra le labbra; i quali poi iti a deputati o ad altri molti uffizii insieme, lasciavano deserte le cattedre, o con sostituti anche più melensi. Talora a favorire qualcuno ponevano a ritiro con soldo altri messovi tre mesi prima; e sì una cattedra pagava due, ambo inoperosi e incapaci. I pochi insegnanti diversissimi erano: chi ateismo, chi protestantismo, chi cattolicismo falso insegnava: lo scolaro non sapeva che credere. Peggio ne' collegi reali, dove restarono professori senza scolari, diffidandone i genitori, e sdegnati dell'udirli a sonare il tamburo e fare l'esercizio invece d'imparare grammatica. Da Torino mandarono uno Scavia *organatore delle scuole magistrali*; che organò per sè, obbligando scuole e licei a comprare i libri suoi; più a ciò intendevano tutti maestri. La gioventù di questo tempo sempre intronata il capo di civiltà e progresso, svezzata di studi gravi, e istigata sempre a sensuali passioni e a plateali tumulti, e tristo preludio, non di libertà, ma d'abbrutimento e servaggio. Il governo corruttore ogni opera voltava a male. Lo Albergo de' poveri, istituto immenso della carità de' Borboni, per tutte scienze e arti tra' fanciulli del popolo, ogni cosa guasta e stravolta, diventò spelonca di miserie, arena di rapinazioni, semenzaio di immoralità; tra la fame, i cenci e 'l lezzo, vi reclutava il vizio. Mandaronvi una macchina fotografica, e ordine di ritrarre le più avvenenti alunne, e poi l'*effigie a Torino*, per la scelta! Agli educandati de' Miracoli e S. Marcellino, già prediletti dalle nostre regine, per nobili fanciulle, sendosi maestre ed allieve negate a' giuramenti e a' *Te Deum*, fur dichiarate brigantesse, e poco dopo espulse armata mano da' carabinieri. E altresì n'incolparono lo interino vicario monsignor Tipaldi, e 'l dannarono a multa e prigionia.

Alla cupidigia e all'ire giungevano l'odio alla religione; promovevano scuole protestanti con danari e forza; ne ponevano in una casa del collegio musicale a S. Pietro a Maiella. Gli alunni indignati strimpellavano scordati strumenti nell'ora delle sacrileghe lezioni, e pur vi lanciarono torsi e limoni; ma un ordine virulento in ottobre li obbligò a sopportare in casa loro la propagazione dell'eresie. Indarno il vicario Tipaldi reclamò al dicastero si vietasse quello scandalo. Libera per la città correva stampata una lettera garibaldina del 1° ottobre alla Guardia Nazionale: « I preti complici del papa sono come lui vostri nemici; lavatevi di questa sozzura. Ogni volta che sul vostro passaggio s'incontra la grottesca figura d'un figlio del Sanfedismo e dell'Inquisizione, dovete come schifosa schiacciarla. Fate sparire dalla luce del sole quei cappelloni multiformi, simbolo per Italia di miserie e vergogne di diciotto secoli. »

Ma seguita a' diciotto secoli *serviti* la *libertà* trionfante, allora appunto s'aggravava su Napolitani giogo non più visto di questa tirannissima padrona. Solo liberi i congiuratori, e implacabili dominanti col braccio straniero. Fu una setta consortiera che pigliò tutto, potestà, onori e ricchezze; che occupata ogni sedia, vantando libertà e sovranità di popolo, teneva il piede sulla popolazione. Pesando sopra tutti, solo proni a Torino, furono strumento di distruzione d'ogni cosa patria. Calunniato Ferdinando sulle opere pubbliche, la rivoluzione diroccando sempre, niente educava; dopo un anno videsi prima opera pubblica (o fu municipale) 220 pisciatoi, costati ducati 2530,35, che l'appaltatore fe' eseguire da altri pel terzo del prezzo. Bensì per ogni festicciuola stendevano pali carte e tele, pagate quasi marmo. Tre cose egregiamente sapevano fare: rubare, fucilare e carcerare. Il martire Conforti allora ministro di polizia, scriveva il 16 ottobre a' prefetti *ritenessero prigioni i detenuti politici, ancorchè da' tribunali dichiarati innocenti*. Fu miracolo, e 'l noto a lode, che un solo, Gaetano del Giudice, prefetto di Capitanata, rispose *non ubbidirebbe*; onde fu dimesso.

Sperperati gl'impiegati antichi, fuorchè i traditori, bentosto anche a questi si fe' sentire il giogo. Il Piemonte, fedeli o no, ne diffidava, li traslocava, e talora scemando soldi e gradi; chi rifiutava era cassato. Sbottoneggiano tutti, massime gl'ingegneri meccanici della marina a vapore, dove erano i più felloni a re Francesco; aveano la paga de' trenta denari; e loro parevano pochi. Tutto fu Piemonte; Piemontesi a ogni sedia, anche a operai della darsena, a' tabacchi, agli ospedali; alle ferrovie, a' telegrafi; sino le nudrici de' trovatelli venivano da Genova, forse perchè reazionario il latte napolitano. E acciò anche il nome del regno scomparisse, già ne' subalpini consigli si ruminava l'abolizione della luogotenenza. L'odio nazionale pertanto s'aguzzava contro quei servi dello straniero, agozzini in patria; e gli stessi liberali fremendone, davano su disperazioni: al 1.° ottobre un colpo di fucile feriva il Pironti, segretario generale del dicastero di giustizia; a' 23 novembre l'Avitabile presidente del Banco ebbe sul suo seggiolone tre pugnalate al braccio.

§. 8. L'anniversario del plebiscito.

A prova delle napolitane contentezze colebrarono l'anniversario del plebiscito, messa su la prezzolata compagnia d'istrioni dimostranti. Stampati migliaia di SI a un torchio, li attaccarono di notte a usci e botteghe, tutti a uguale altezza, onde al mattino gli abitanti svegliaronsi col SI in capo. Qualcuno credendolo SI LOCA strepitava per la soperchieria, dicendo aver altri anni di locazione. Tal'altro per istizza posevi NO, e fu carcerato, chè la libertà era solo per l'affermare. Ma innumerevoli NO svolazzarono per aria, lanciati da' tetti e da' ponti. L'italianissimo municipio, a eternare la memoria di tanto giorno, mutò nome alla piazza della reggia, l'appellò *del Plebiscito*; e pose il busto del Vico nella Villa reale, con ipocrito controsenso, essi campioni de' *fatti compiuti*, onorare quel filosofo della *Provvidenza!* Festa fu senza popolo, il giornale governativo l'aggrandì con paroloni; ma sendo la paura più della gioia, il Cialdini quel dì stesso 21 ottobre carcerò parecchi gentiluomini, e sino il principe d'Ottaiano, pusillo d'animo, e innocuo affatto.

Ma la nobiltà napolitana quasi a protesta mandava deputati a Francesco II in Roma, che quel mattino appunto presentarongli al quirinale una spada d'onore con elsa d'oro massiccio, e un diadema di diamanti alla regina. I legati tra l'altre cose gli dissero: « I vostri avversarii, o sire, sono pur nostri avversarii; ma il loro trionfo comprato con arti perverse sarà passaggiero; non profusione d'oro, non fallaci promesse, non carceri, nè supplizii varranno a fermare nel Piemonte il vostro regno, che di mano gli sfugge. Voi solo ne siete legittimo sovrano; voi ogni cuore desidera, ogni labbro appella. Noi sfidando il terrorismo che pesa sulla patria infelice, stretti in un voto concorde, consensi d'immutabile fedeltà, poniamo a' vostri piedi questa spada. » E con parole affettuose e riverenti offersero alla regina il diadema. Il re graziosamente parlò, accogliendo i doni, e mandando teneri saluti a tanti nobili sudditi, che in patria e nell'esilio contrastavano alla tirannide straniera; e a quei bravi altresì, che sprovvisti di tutto, fuorchè di coraggio, combattevano su patrii monti un nemico, tanto di numero superiore e di forze, quanto privo di dritto e d'umanità. Molti altri doni a dimostrazione d'affetto ebbe da tutta Europa, di cui in ultimo dirò.

§. 9. Giudizio a Marsiglia.

La coscienza del dritto di lui era in ogni alma; di che videsi bella prova in Francia stessa. Stando egli a Gaeta, teneva a Marsiglia il *Sannita*, a Tolone la *Saetta*; ma per pagare le forniture alla piazza, faceva vendere dal maresciallo La Tour le due navi a certi Francesi; quella per 450 mila franchi, questa per dugentomila. Il Bassa console sardo a Tolone, dicendo di Savoia quei legni per cagione del plebiscito, fe' istanza di rivendicazione; ma il tribunale per mancanza di qualità nell'alloro, dichiarò non ammessibile la domanda. Allora un Castellinard altro uffiziale sardo riprodusse l'azione stessa a Marsiglia; patrocinavalo un Thourrell; difendeva i compratori e il venditore il Berryer. Questi all'udienza dell'8 novembre dimostrò la rivoluzione non opera di popolo, ma d'Inghilterra; eppure essa al tempo della vendita tenere ancora l'ambasciatore presso Francesco, e tenervelo tutte le nazioni; Francesco allora anche re di fatto, difendersi da eroe. Gli astanti plaudirono molto; il tribunale respinse l'istanza spudorata. E là e a Parigi fur tanti i Viva e le congratulazioni al Borryer, che il governo, tenendole per dimostrazioni ostili, parecchi carcerò.

§. 10. Sèguito di fatti brigateschi.

Il Cialdini sapendo ne' supremi consigli abolita la luogotenenza, e ch'ei dovea lasciare la sedia, sentendosi venuto meno all'impegno e a' sbardellati vanti, trovò facile cosa il consueto rimedio di storcere con falsità il vero; la reazione non potuta domare fingere finita, e tra guerra, e sangue simulare pace e riso. Tolta a' giornali uffiziali ogni notizia di brigantaggio, celebravalo invece estinto in tutte provincie; e co' telegrafi n'empieva l'Europa. All'invereconda smargiassata rispondeva l'eco delle schioppettate sino presso le mura di Napoli; e i giornali non compri ne contavano di grosse, e, come nelle cose buie, più del vero, seguivano come prima i soliti conflitti, fucilazioni, rappresaglie, scelleratezze e vendette, sempre, per più ire, crescenti. Alcuna cosa ne noterò. In Valle Castellana tra Marche e Abruzzo erano bande grosse: a' 31 settembre sorpresero a Fornisco trenta bersaglieri e dieci Nazionali, ch'andavano chiappando reclute; preserli tutti; i soldati, disarmatili, mandarono via, cinque Nazionali col tenente ammazzarono. Accorse da Ascoli un maggiore col 19.° battaglione, si fermò ad Acquasanta, e spiccò cent'uomini avanti, che presso Forcelle furono respinti; però chiamò soccorso da Teramo, Aquila e Ancona; e presi per quei luoghi parecchi innocenti contadini, dodici a vendetta ne immolò. Similmente fu un conflitto a Montecilfone, dove i montanari manomisero la casa a un liberale: costui accusò correi i suoi nemici; onde molti andarono fucilati, cui poi, seguìto giudizio, i tribunali dichiararono innocenti. Inoltre il comandante promise con un bando la vita a chi si presentasse; avutone da due dozzine, ligolli come per mandarli a Larino; ma fatte due miglia li uccise. Su' primi d'ottobre per un tafferuglio in Marrucci, tra Marruccesi e Arischiani, si fucilarono sulla piazza d'Arischia tre *facinorosi*, cioè borboniani. Chiavone standο sul confine fu il 7 assalito a S. Francesca dai Francesi; e perduta la bandiera e 'l bagaglio, si ritrasse nella selva di Sora. Altro conflitto l'8 tra 'l Pinelli e 'l La Gala seguì su' Monti nolani; e altro a' 10 su pianura; i soldati con la peggio ripararono a Cancello. A' 9 fu un'avvisaglia di cavalli tra Ascoli e Candela, e altra simile il 15 tra Lavello e Venosa. Il dieci si pugnò nel circondario di Melfi.

La notte dopo il 15 il capobanda Conte ferma la diligenza tra Fondi e Itri, chiama a nome tre passeggieri, gli altri lascia; erano Eliseo Altieri pubblicano a Fondi, Gaetano Loffredi, e 'l canonico Bianchi esuli da Terracina, anzi questi stato Garibaldino e combattente sul Volturno. Uno della banda, ex soldato di Gaeta, disse all'Altieri: « Ricordi lo schiaffo che mi desti sulla piazza di Fondi? ora tocca a me. » Quegli infatti senza cagione, solo per odio della divisa l'avea schiaffeggiato. Menati al monte, ligati ad alberi, ebbero mala morte; le teste stavano la dimane sul ponticello, ove fu la cattura, con questo cartello: « Uccisi, perchè nemici della religione e del legittimo re. » Ma il Conte che s'era gittato in campagna per la persecuzione del sindaco di Fondi, poco stante, lasciata la banda, stavasi cheto a Terracina; se non che carcerato da' francesi, fu consegnato a' Sardi.

Francesco Piazza di Mola, detto Cuccitto, catturò il sindaco di Mola, liberalone, e l'uccise. Poi su' monti di Roccaguglielma die' da fare a' soldati. Un dì ne prese cinque dell'11.° di linea e un carabiniere; non li fucilò, ma disarmatili, dielli a' carabinieri papalini: due furono da' Francesi restituiti a' Sardi; gli altri, perchè regnicoli, vollero servire il papa; e fur mandati a Civitavecchia, in un battaglione che v'era di disertori italiani. A' 23 ottobre in Cerignola il viceconsolo francese ebbe il sacco. Al Frejavilla viceconsolo a Barletta s'intimò pagasse gran moneta, o gli s'arderebbero i grani sur una masseria; ei n'avvisò il governo, ed ebbe arso il frumento, che valea quattromila ducati. Il 1.° novembre tre uffiziali piemontesi, passaggiando fuori Foggia, furono uccisi da' briganti. E allora appunto il Cialdini cantava su cento trombe il brigantaggio spento.

§. 11. La luogotenenza di Napoli abolita.

Avea promesso energia, e purgare il paese; la prima parola tenne, fucilando e carcerando, l'altra non potè; anzi i reazionarii inasprì, i delitti addoppiò. Tenea per su gli appennini cento battaglioni; e vedeali dopo tre mesi assottigliati e stremenziti, per istenti, morbi, e ferro. Aggiuntivi corpi franchi, cioè disperati e vagabondi armati, aveano mal risposto. Sceso era a impetrare il braccio multiforme della setta, a stringersi a' Mazziniani, a inneggiare al Garibaldi: tutto senza frutto, fuorchè d'infamia. Ciò anzi gli die' il crollo; perocchè venuto ordine da Parigi di smettere le minacce su Roma, e di attutire il *partito d'azione*, il Ricasoli in necessità d'ubbidire il potè in Piemonte e in Toscana, ma arduo era nel Napolitano, ove i più arrabbiati per la Cialdiniana protezione erano corsi. E se difficile a chicchessia il contenerli, impossibile era al Cialdini ch'aveali imbaldanziti. Inoltre i *moderati* (cioè i rivoluzionarii che *s'affrettano lentamente*) oltraggiati da lui, lavoravano a vendetta, e 'l volevano fuori. Laonde ne' Torinesi consigli fu risoluto abolire la luogotenenza per aonestare il richiamo. Egli, benchè piacessegli la reggia, nè punto il mestiere del boia lo stancasse, non potendo scendere di grado e restare prefetto dove avea fatto il principe, chiese licenza. I diarii governativi baloccavanlo, stampando che se n'andava *perchè compiuta la missione di spegnere il brigantaggio*; e il giornale uffiziale non parlò più di briganti; prova che non ve n'era più.

§. 12. Lamentanze e risposte.

Il decreto fatto a' 9 ottobre, tardarono a stamparlo; ma in Napoli si seppe; e fe' alla prima vario effetto. Ridevano i Borboniani a sentire giù quel ludibrio di mezzi re mascalzoni nelle reggie de' nostri sovrani; ma i liberali non sapeano masticarla, sentivano il mal frutto di loro congiure, restare nulli. A' 16 del mese uscì il decreto: soppressa la luogotenenza, i consigli luogotenenziali, il segretariato di stato, i dicasteri, e i segretarii generali. Allora il rammarico schiostrò da tutte quelle bocche; dicevano e stampavano: « Come! consumato è il fatto, cui *l'opinione generale* del paese condanna? il governo crede essere in dritto, mentre si scosta dallo spirito e dalla lettera del plebiscito? poteva esso tal fatto compiere ch'offende sette milioni d'abitanti? E l'abolizione in Napoli, in Sicilia no? dunque siamo più schiavi, più odiati, meno uomini noi? Questo è il premio dell'avere scacciato i re nostri per fare l'Italia, che per gratitudine ne impiccolisce a prefettura, e la sovrana Napoli livella a Teramo, perduto ogni avanzo del secolare suo lustro? »

I reazionarii un po' in istampa, meglio a quattr'occhi rispondevano: « Celebratori di fatti compiuti, ora invocate dritti? Plaudiste il Piemonte al compiere de' precedenti spogli, ora il ratterreste da questo che vi spiace? Conculcaste ogni dritto umano e divino, cooperaste all'usurpazione, insediaste con tradimenti lo straniero, faceste luminarie per la presa delle napolitane fortezze, pel bombardamento del patrio re, per l'esterminio dell'esercito nazionale; celebraste le fucilazioni de' vostri conterranei, le arsioni de' nativi paesi, e pretendete rispetto? Accennate al plebiscito? chi il fece? non i nobili, nè il clero, nè l'esercito, nè il popolo; voi co' Garibaldini lo faceste, brogliando, moltiplicando schede e numeri, tra pugnali e moschetti; e 'l faceste *incondizionato,* si volente il *Cavour* vostro compratore. Legittima conseguenza n'è la prefettura. Ciò, dite, umilia il paese; ma più assai s'umiliò quando per voi fu conquistato da una setta, e vide straniero re, straniere armi, straniere leggi, stranieri uomini e lingue e comandanti, e spogliarne d'ogni grandezza e ricchezza, e sino irridere e percuotere la sacrosanta religione de' padri. Consolatevi; non voi soli, anche i Siciliani diman l'altro avranno la prefettura; ma voi prima, perchè più pochi. Voi autori di tante ruine, voi che la patria lasciata dagli avi indipendente riduceste in servaggio, voi osate lamentarvi del Piemonte chiamato da voi? Mercede giusta vi die', mercè di traditori. Oggi coi denari nostri, con la forza nostra impera; questo significa il plebiscito: fatene un altro. »

§. 13. Il primo prefetto di Napoli.

I liberali smaccati, supplicarono, ch'almanco il prefetto fosse napolitano, ch'almanco onesti napolitani avessero uffizio. Ma scartandosi partegiani dell'antico, avevano a cercare gli onesti fra' felloni. Bene Torino avrebbe voluto guadagnare gli antichi; ma ove n'avesse trovati, con ciò cessavano d'essere onesti, il coraggio di servire i tiranni della patria l'ebbero i soli liberali. Il prefetto fu piemontese, quell'Alfonso La Marmora bombardatore di Genova sua. Alquanto tentennò, egli di casa onorata, e del dritto antico; e già si sperava che come ricusò la guerra al papa, ricusasse di servire in Napoli il governo spogliatore; ma barattando l'onore per l'oro, accettò; sì al suo passato, al suo casato insultando, e girandosi nella nuova utilitaria via della rivoluzione. Fecerlo comandante generale delle soldatesche nelle meridionali province, e prefetto di Napoli: a questo solo secondo uffizio s'addissero con centoventimila lire di soldo!

Venne a' 30 ottobre. Il Cialdini si partì le calende di novembre, dicendo a' Napolitani: « Gradite il poco che feci; perdonate se non seppi far molto. Parto, tranquillo, vi lascio un addio che viene dal cuore. Tolga il cielo che il mio soggiorno tra voi sia stato di danno a queste belle province! » Ma neppure il cielo potea togliere il sangue di cui l'aveva inondate. Arrivato con tanta burbanza, partiva abbiosciato con quell'addio, lampo di rimorso, coscienza di missione fallita. Non ripetè più quel suo squisito motto: *Quando il Vesuvio rugge, Portici trema*; ma gliel ricordarono certi cartelli sulle muraglie, così: « Quando il Vesuvio rugge, Cialdini fugge. »

Fece il benefico, assegnando cinquantamila ducati per edificare una borsa, e trentamila per opera a pro d'artigiani; danaro, disse, risparmiato dalle spese di rappresentanza. E tante erano che in tre mesi risparmiava ottantamila ducati! Così la rivoluzione risparmiava e beneficava. Umiliato partiva; restavano i Pinelli, i Galateri, i De Luca, i Franzini, i Fantoni, i Quintini, ed altri di tai manigoldi. Restava il brigantaggio doppio, più irato, più agguerrito, più sforzato a furiare; restavano i corpi franchi, più oppressori che proteggitori delle popolazioni, sovente disertanti essi stessi, ad assassinare per loro conto; restavano pagine sanguinose di trista storia, inaugurate per più e più anni nello sprofondato regno. Acciò crescesse confusione, lo stesso dì 9 ottobre abolita la luogotenenza, altro decreto destinava due *commissarii straordinarii*, per Napoli e Sicilia; che dovessero fare non si seppe; e poco stante, cioè a' 5 gennaio 62, senza revocare questi, si decretarono altri due *alti commissarii straordinarii con pieni poteri*; poi dopo un anno, cioè a' 9 ottobre 62, un terzo decreto abolì i due primi *commissarii*.

§. 14. Proclamazione del Chiavone.

A quei dì i giornali d'Europa stampavano una proclamazione del Chiavone a' popoli delle Due Sicilie del 30 settembre; di cui erano questi i passi principali: « All'arme, all'arme! La patria è preda dello straniero; noi siamo schiavi, calunniati, insultati, percossi, fucilati sennza pietà: hanno saccheggiato le nostre case, hanno bruciato i nostri paesi, hanno pugnalati e morti in diverse guise i più onesti cittadini; hanno colmo de' migliori le carceri, battuto i vescovi, bombardato i nostri re, rubato gli arsenali, la flotta, e bruttato, sperperato e distrutto quanto avevamo di nobile e grande. Colma è la misura degli oltraggi: leviamoci tutti; libertà e indipendenza; fuori lo straniero!

Un'orda settaria veniva da tutte le parti della terra a saccheggiarne; un re, cui appellano *il galantuomo*, entrava da ladrone a spogliare suo nipote, a portare catene a' Napolitani; le calunnie, le frodi, i tradimenti abbattevano il trono di Ruggero, spegnevano la nostra nazione. Ma essa con magnanimo sdegno insorge contro la menzogna e gli oppressori; essa vuole il suo re, le sue leggi, la sua religione: a' plebisciti delle sètte risponde con un NO terribile, che dall'uno all'altro lato d'Europa rintuona.

Già da sei mesi alzai il patrio vessillo, e 'l feci sventolare sugli occhi de' baldanzosi nemici. Quel Dio che soccorre gli oppressi, e confonde la prepotente iniquità, mi die' forza da reggere con pochi valorosi alla fame, a' pericoli, a' disagi; e in molte disuguali pugne mi fe' vedere le spalle de' vanitosi eroi di Palestro e S. Martino. Tutte le forze della serva Italia non valsero a snidarni da' nostri liberi monti; chè la mano del Signore umiliava i superbi.

Ma ora non sono solo: Abruzzo, Puglia, Principati, Basilicata e Calabria si levano a percuotere gl'insaguinati distruttori, i fucilatori d'inermi, gli eretici saccheggiatori di Chiesa, derisori de' Santi e di Dio. Tutto il reame con veementissima ira combatte; e l'ossa degli avi nostri, frementi dalle tombe, vanno gridando: Fuori lo straniero! All'arme! ogni città, ogni borgo o casolare vegga i suoi figli alzare le braccia per la patria. Uno sforzo universale da ogni banda dia sopra a questi Vandali piemontesi. Noi combattiamo pel suolo natio, per gli altari, per le mogli e figli nostri. Si vinca o si muoia. S'usi ogni arme: spade, fucili, marre, bastoni, e sino le pietre degli appennini sono arme nelle mani d'un popolo, rivendicatore della libertà. Mostriamoci degni degli antenati, degni di Francesco II, di questo figlio d'una santa, propugnatore de' nostri dritti. Portiamolo sulle braccia nostre alla riconquista del reame; rialziamo la patria ed il trono; e s'abbiano le sètte sovvertitrici della società l'ultimo abbattimento su questa terra de' vulcani. All'arme! »

Avea da quattrocent'uomini, nè più ne accoglieva, non potendo senza moneta nudrirli; e poi là giovavano anzi le molte, che le grosse bande, però molti accorrenti ricusava. Ma non potea scacciare di qualche nobile straniero, che vago di pugnare pel dritto gli arrivava; quantunque fosse inopportuno a durare in quei stenti. Il governo italico per torsi quello stecco dagli occhi si raccomandò al magnanimo alleato; al quale il troppo alzar Francesco sconcertava i disegni, e importava abbattere quella bandiera legittimista, laonde fu scritto al Goyon comandante i Francesi in Roma, cooperasse a spegnere i briganti sulla frontiera. Questi Vassalli come ho detto il 7 settembre, ma a tal mestiere si dava a malincuore. I rivoluzionarii tentarono altresì comprare Chiavone, e mondarengli a posta in novembre quel La Varenne ch'aveva stampato il libello sulle torture borboniane il quale trovò duro.

§. 15. Fatto di S. Giovanni Incarico.

Il Chiavone sostenuto un conflitto a' 7 novembre, l'11 assalì il castello d'Isoletta presso S. Giovanni Incarico; e sconficcate le porte fe' a pezzi i soldati; dei quali dieci soli si salvarono a S Giovanni, ma perseguitati da' Chiavoniani v'entrarono insieme; e s'ingaggiò altra lotta con quel presidio. I Sardi si difendevano dalle case: postovi foco, fuggivano; poi scontrato poco discosto un nerbo di truppe accorrenti, ritornavano con queste; e si rappiccò una zuffa sanguinosa; sinchè i reazionarii si ritrassero alla montagna vicina. Cadde prigioniero entro S. Giovanni il marchese Belga Alfredo de Trazegnies di Namur, che da tre dì stava nelle bande; giovine di trent'anni, nobilissimo; non gli valse il nominarsi, il maggiore Savini, senza nessun giudizio, quel dì stesso, per ordine del Lamarmora lo fucilò con altri tre, o in una fossa li sotterrò. Così vendicò la rotta. Dopo due settimane vennero uffiziali francesi, con ordini, a disumare il cadavere di quel gentiluomo.

§. 16. Accordi di Francesi e Sardi.

Lamentandosi i Sardi del Goyon, questi chiamato a Parigi ebbe ordini recisi di mettersi d'accordo per isbarbare il brigantaggio dalla frontiera. Tornò a Roma il 1.°

dicembre con titolo nuovo di *Comandante il corpo d'esercito d'operazione in Italia*; malizietta bonapartina, dove di Roma si taceva e d'Italia si parlava. Mandò un capitano a Gaeta pel concerto; e d'allora in poi Francesi e Sardi con assalimenti combinati cingevano i reazionarii di quae di là, dal confine; sì calpestando pur la larva del *non intervento*. Corse sovente il sangue francese, per tal non francese guerra; e succeduto indi a poco al Goyon il Montebello, fu migliore accordo. Il Chiavone molestato da' Francesi, ebbe a spartire i suoi tra Pico, Pàstena e Campodimele; poi si ridusse a Montemagno presso Fondi, ove fu ferito in un conflitto; e s'andò a curare a Sciffelli.

§. 17. Più rabbie civili.

Erano in Terra di Lavoro altri capibanda. Un Vincenzo Matteo, bell'uomo, coraggiosissimo, che poi morì combattendo. Un Centrillo che due anni tenne a bada le soldatesche, sinchè corso per sue faccende a Roma, fu da' Francesi dato a' Piemontesi, che in carcere il trucidarono. Un Maccarone che uccise il capo Nazionale di Viticuso, e più anni si tenne presso Roccaguglielma. Un Fuoco che disarmò i Nazionali di Galluccio, e uccise il liberale arciprete di Caspoli, e s'uni poi al Tristany l'anno appresso. Ma di questi e d'altri molti in tutte province altri faccia memoria.

Cipriano La Gala il 12 dicembre in uno scontro presse Sanseverino respinse i soldati. A mezzo il mese nel bosco Rumitelli nel Sannio furono altre zuffe; e altre il 25 a Pietragalla. Presso Ricigliano. I reazionari sì stizziti erano, che sorprendevano le poste e leggevano le lettere, per aver contezza de' liberali, e far sovr'essi giustizia sommaria; sicchè molti scrivendo alla liberalesca, si scrissero le sentenze. Per vendicare Pontelandolfo arso, alcuni scesi dal Matese il 21 dicembre, agguantarono un Piscitelli, stato indicatore delle case da bruciare e de' cittadini da fucilare, e 'l trucidarono. Di ciò gl'italianissimi furenti, non potendo farla a' briganti, sospettando che tra gli uccisori fosse un Gennaro de Michele di Casalduni, l'atterrano: il capitano Nazionale Mazzacchera gli aggiusta una briglia in bocca; e poi con due funi, una tirata avanti da esso, l'altra tenuta dietro dal sindaco Ferdinando Cocucci, strascinato pel paese, menanlo avanti la casa paterna, gli cavano gli occhi, e presentanli a' genitori. Quindi semivivo menando alle Spinelle, e là dov'erano morti in agosto i Piemontesi, quel capitano, quei sindaco, e 'l servente comunale il finirono. Era sostegno della famiglia; la misera madre a capo di pochi dì moriva, il padre acciecava. E quel governo cosiffatti assassinii per sospetti, non puniva, plaudiva.

§. 18. Più rabbie governative.

Là dove i cittadini potevano impunemente far da giudici e da manigoldi, che i tribunali? S'abborracciavano giudizii di maestà, si condannavano persone a centinaia. I soldati magistrati inappellabili. Il Lamarmora seguitò l'usanza Cialdiniana, e faceva senza legge fucilare e ardere, acciò il terrore supplisse alla forza. Nullo il segreto postale; il governo copiava i briganti; nulla la libertà di stampa, privilegio di soli rivoluzionarii. A' 9 novembre la canaglia che s'appellava studiosa rinnova in via Toledo i falò de' giornali indipendenti, *La stampa meridionale, l'Araldo, la Settimana e l'Alba*; dice distruggere il *brigantaggio morale*; nè soddisfatta, visto che seguitavano, la dimane corre alle tipografie, rompe torchi, sperde caratteri, batte gli scrittori. La polizia stigante guardava. Ma che era ardere giornali, dove s'ardevano paesi? Il governo sfacciato, per ricusarne la solidalità in Europa, stampò un manifesto del Procuratore Generale riprovante il fatto; ma a' colpevoli non fu torto un capello.

Il duca di Caianiello, carcerato nove mesi, non trovatasi reità, uscì per sentenza, ed esulò a Parigi. Il deputato Ricciardi a' 4 dicembre in parlamento deplorò la trista condizione del napolitano; nè sapendosi tenere, sborrò in lodare il governo de' Borboni, quello contro cui tutta la vita s'era vantato aver congiurato; e conchiuse chiedendo l'altr'anno s'aprisse la Camera a Napoli. I colleghi gli risero in faccia a dilungo. Due giorni dopo ne toccò una al fratel suo, conte de' Camaldoli, ma legittimista; cui la sera del 6 perquisirono la casa; e benchè non trovassero indizio di colpa, il carcerarono. Mandaronlo alla corte criminale come capo di comitato reazionario; la quale dopo diciassette giorni gli die' la liberta provvisoria; con obbligo di residenza in città. Egli si tolse a tal vessazione, fuggendo a Roma. Arrestarono ben altra gente.

Torino servitosi de' comitati e delle sette per diroccare l'antico, ora temeva di quelle sue arti, nè solo de' legittimisti, ma de' medesimi suoi settarii: voleva rincatenare la belva. Il Ricasoli il 20 novembre scriveva a prefetti, che « se le società segrete fecero opera di coraggioso patriottismo quando cospiravano, ora che Italia è fatta, sono ree di fellonia, cospirando contro il governo nazionale: » cioè contro esso Ricasoli; però ordinava si sorvegliassero e punissero.

§. 19. Più rabbie parlamentari.

Quasi tante perpetrate morti e nefandezze non bastassero, i liberaloni del parlamento si scagliavano contro la troppa libertà. Il Petruccelli a' 6 dicembre disse: « La libertà talvolta è omicida. Abbiamo bisogno d'un nuovo anno 1793. A ogni cittadino un moschetto, a ogni traditore un patibolo. » E fu chi diegli del bravo. Ma come nel 93 il primo patibolo s'alzò pel re, così lucida era la conseguenza. E che meno del 93 nel napolitano? ma colui volea farvi il deserto, acciò vi sguazzassero poche belve come lui: fu lampo della feroce legge Pica uscita l'anno appresso.

Il deputato Bertoni a' 7 accusò il ministero di violare il segreto postale, violato anche ad esso. I ministri se n'offesero, dichiararono che ove fosse vero si terrebbero *rei di delitto*. Elessesi una giunta a verificarlo; la quale chiese vedere i registri dell'Interno, e 'l Ricasoli non li volle mostrare. Essa trovato vero il delitto, per evitare lo scandalo, fe' un ridicoloso rapporto: assicurò violato il segreto postale, e che il Bertani avea ragione, ma che anche i ministri non aveano torto. Forse voleva dire che a leggere le lettere de' cittadini bene, ma d'un deputato no; e non fu rimestato.

§. 20. Rabbie finanziere.

I guai maggiori di quel governo malversatore stan sempre nelle Finanze. Proclamata ladra l'amministrazione antica, i liberatori co' fatti loro si mostrarono ladrissimi. Stamparono d'uffizio che nel 1860 riscossero d'entrate lire 471,499,722.60, e ne spesero 829,875,728.10, cioè in più 348 milioni e 376,005.50 che raggranellarono vendendo a libito rendite pubbliche. Ma dicevano quello essere anno anormale. Poi nel 1861 spesero un bilione e undici milioni e 39,881.63 lire, cioè in più delle entrale 533 milioni e 608,416.30; cui rimediarono con lo imprestito dei 700 milioni. Questo a' profani manifestarono, il vero chi 'l seppe mai? Disonesti scialacquanti di quel del pubblico, avriano arso il mare. Non bastate le tante cresciute tasse, non il decimo di guerra imposto nel napolitano, esteso il 5 dicembre a tutta Italia, non i debiti fatti allora, quel ministro Bastogi a' 21 dicembre disse in parlamento, ch'oltre i milioni spesi in più quell'anno, ne occorrevano altrettanti da spendere nel 62; però chiedeva altri prestiti, altre imposte. Propose anche vendere titoli di nobiltà a denari. Febbre era di pigliare e sparnazzare. La rivoluzione sin oggi s'ha inghiottito e inghiotte un milione e più disavanzo per ogni giorno che passa; sicchè a tutto il 66 gl'Italiani han pagato, per tasse quattro bilioni e mezzo al governo rivoluzionario, che ha speso invece otto bilioni. E quel che celebravano la costituzionalità del vedere i conti, e accusavano di non dare conti i prenci assoluti, che spendevano poco, quelli dico gran costituzionali non hanno poi dato un conto in sette anni, perchè forse è in essi un abisso che neppure osano guardare. Ma quella camera non si sbigottiva di nulla, e anzi il 12 del mese riconfermava il suo voto del 27 marzo, cioè *Roma capitale d'Italia*; e col deliberamento stesso dichiarava mancare all'Italia, oltre Roma « l'armamento nazionale, l'ordinamento, l'efficace tutela delle persone e delle proprietà, un *personale onesto*, abile e devoto alla causa nazionale, il riordinamento della magistratura, lo sviluppo de' lavori pubblici e della guardia nazionale. » E volea Roma, per regalarle tai felicità.

§. 21. E rabbie garibaldesi.

E sendo pure poche le rabbie civili, governative e parlamentarie, il Garibaldi vi mestava dentro, con lettere nefande, cui la setta spargeva a josa. Una a' Napolitani del 16 novembre: « Preparatevi un ferro. » E poco dopo contro i preti: « Via, scorie d'inferno, l'umanità è stanca e inorridita di voi. » Altra il 30 a un Mignogna: « Dite a' preti, borbonici, e murattini, e simile canaglia, che la giustizia di Dio è vicina. » E altra il 23 dicembre all'*Associazione abruzzese*: « Bisogna combattere i preti avvoltoi, corvi assuefatti a pascersi di cadaveri, che disseminano le tenebre sulla terra. »

Non ripeterò le parole sacrileghe ed eretiche. Ignorantissimo, che pure avea fatto rimbeccato eroe d'orrenda commedia, superbiava sì scempiatamente; e bestemmiava a cose sacrosante, cui s'inchinarono Tommaso d'Aquino, Dante, Galilei, Vico, e i maggiori ingegni umani. E sì nel secolo decimonono bestemmiava aperto, innanzi a tanti che si vantano dotti, e che pure s'insozzavano a plaudirgli. In nessun secolo, dove la coscienza potesse sull'uomo, sarebbe possibile un Garibaldi.

§. 22. Fatti del Borjes.

Il Borjes lasciato dal Mitica nel piano di Gerace con ventidue compagni, stranieri in terra ignota, cominciò a ritrarsi verso Roma, perseguitato da migliaia d'uomini da telegrafi, e dalle poliziesche trame rivoluzionarie. Nelle Sile trovò reazionarii; detto chi fosse, a che venisse, alzavano le spalle: « Il re venga con un battaglione, tutto il regno s'alzerà per lui; senza ciò che sperare? avremmo arse le case, sgozzati i parenti. » Presso Barile due Spagnuoli l'abbandonano, un Zafra e un Montier, che ne pagano la pena, fucilati a Potenza. Traversò Calabria e Basilicata; qui incontrò Carmine Donatello detto Crocco con quattrocent'uomini, appellantesi generale; il quale, intento più a rapinare che alla causa regia, baloccava quei generosi soldati in ignobili fatti. Del Borjes insospettì, e gliel disse: « Se andiamo alla militare io ridivento caporale. » Era pure là un Langlais francese, che ingelosito stillava gelosie negli uffiziali napolitani. Nulladimeno si congiunsero. Il 25 ottobre hanno una scaramuccia; il 3 novembre vanno a Trevigno chiamati da' paesani, vi trovano nemici, combattonli due ore, ed entrano; il Crocco uccide sei liberali, e ne saccheggia le case. Ma partiti essi, tornanvi i Sardi, e vi fucilano quaranta persone inermi, e una giovanetta, che gridando Viva Francesco cadeva.

La banda entrò in Calciano e Caraguso; il 6 volse a Salandra: v'erano dugento guardie mobili e Piemontesi, che perduta la bandiera e alquanti uomini fuggirono tutti. Entrato in Salandra, il Crocco uccise e saccheggiò liberali. L'8 furono a Croco, il 9 ad Aliano, dove incontrate guardie mobili, altri ammazzarono, altri catturarono, il resto fugarono. La terra gridò Francesco. Al mattino giunsero da cinquecento tra Nazionali, Mobili e Sardi del 62° col capitano Polizzi. il Borjes dà loro sopra dalla via di Stigliano; nel più caldo fuggono pria i Mobili, poi i Nazionali; e i Sardi messi in mezzo, caduto morto il capitano e 40 soldati, si sbandarono pe' boschi. Stigliano invitò i vincitori, ch'entrarono trionfanti con canti e festa.

I liberali di Potenza spaventatissimi mandarono al La Marmora deputazioni per soccorso; il quale chiese altri soldati a Torino, e presto n'ebbe. La voce di quella rotta fe' accorrere volontarii da tutte parti a' montanari, sicchè tosto furono in 700 bene armati. Il 12 mille Piemontesi comparvero presso Cirigliano, ma non ingaggiarono la pugna; e soffersero sul muso che i Borboniani entrassero in Grassano, città di seimil'anime. L'altro dì questi stettero in S. Chirico, e n'uscirono per assalire i Sardi in un villaggio, e li ruppero. Più forte badalucco seguì a Pietragalla presa a forza.

Ma il Borjes straniero, non compreso, senza seguito, era a' capobanda più impaccio che aiuto, nè poteva dare indirizzo guerriero e politico a quelle slegate pugne. Eppure a quei giorni di entusiasmo si poteva fare: occorreva un nome e moneta, cose mancanti al Borjes. Come senza moneta tenere in disciplina tanta bisognosa gente? L'uomo in campagna di qualsiasi nazione deve vivere o col denaro o con iscorrerie, dove non si guarda sottile. L'onesto Spagnuolo da prima si ritrasse nel bosco di Lagopesole per non vedere rapinazioni; e altresì molti altri scontenti del Crocco s'allontanavano. Questi contro il parere del Borjes volle andare ad Avigliano, città di quindicimil'anime, e benchè v'entrasse fu respinto. Il Crocco che volea bottino s'apparta; il Langlais, che volea comando, fa una consulta, e depone da' gradi gli Spagnuoli. Il 22 assaltano Bella; pigliano un terzo della terra, uccidono liberali, ne guastano le case, e al mattino si partono. Segue altro disordinatissimo conflitto verso Muro; s'uniscono ad altra banda di 47 uomini disciplinati; ed entrano a sera con luminarie in Balvano. L'altro dì sono in Ricigliano, il 26 dopo un conflitto in Pescopagano. Dopo due giorni il Crocco, stizzito delle opposizioni al suo rubare, fa un colpo, unisce i suoi partigiani, e disarma gli altri, ex soldati; i quali piangendo chiedevano invano di servire per solo pane. Vanno al Borjes; e 'l pregano dicesse al re, eglino volere combattere e morire per lui, venisse con un nodo di forze, tutto il reame lo seguiterebbe. Dappoi si spartirono in piccole bande. Il Borjes indignato s'allontana: non potendo guerreggiare a buon fine si vede inutile; risolve andare al re per concertare i modi da fare una guerra grossa; e volta per Roma.

§. 23. Sua morte.

Perduto metà de' suoi Spagnuoli, pure seguìto da pochi generosi regnicoli, con in tutto ventidue uomini traversa Basilicata, Avellino, Matese, Abruzzo, inseguito, atteso, circondato da cinquanta battaglioni e da sette generali; sempre senza ricette, combattendo, marciando con istratagemmi, patendo fame, sete, freddo, pioggia e neve. Passato il piano di cinquemiglia e Avezzano, arriva le sera del 7 dicembre a Scurcola: al *chi vive* della sentinella, risponde *carabinieri*, e passa. Ferma a reliciarsi a un'osteria, trova per guida un paesano di S. Maria; traversa Tagliacozzo, delude le sentinelle che credonli castagnai, e passa pure S. Maria. Erano avanti alla frontiera, tutto aveano superato; ma assiderati, strutti, co' cavalli stanchissimi, hanno suprema necessità di riposo; e fermano a una Casina Mastroddi, detta Luppa, a quattro miglia dal confine.

La guida dicendo avere una lettera per Aquila, chiese licenza; ed eglino il fecero andare, il quale sebbene pagato in oro, tornò a S. Maria, e li denunziò al Colella capo nazionale, che tristo montò la sua guardia, o chiamò da Tagliacozzo il maggiore sardo Franchini. Costui già per telegrafo avea saputo la passata per Scurcola, ma non sapeva dove andare; però alla chiamata corse con bersaglieri; e unito al Colella il mattino dell'8 circondò la Luppa. La sentinella spagnuola tira al maggiore e non fa foco; questi risponde, nè pure va il colpo; ma un Nazionale col fucile al petto fredda lo Spagnuolo. Gli altri destati si difendono; cinque escono e vanno a pezzi; gli assalitori più che cento, tra' quali un prete fra Lello, del Colella, mettono foco alla casa, perlocchè il Borjes alza bandiera bianca. Il Franchini considerato avere due soldati feriti, dopo un'ora di fuoco annuì al patto di *salve le vite.*

Il Borjes dignitosamente gli die' la spada, e anzi gli lodò la sua gente. Egli da villano ligatili tutti e diciotto, trasseli a S. Maria; dove li spogliò pure de' panni, loro ne pose di luridi, e sino imbrattò i volti, per mostrarli briganteschi ceffi. Anche uno schiaffo al Borjes fu dato. Sì miseramente menatili a Tagliacozzo, il demone dell'avarizia piglia quei liberali. Il Franchini, il Colella, e gli altri caporioni, consigliantisi a ristretto, divisosi l'oro tolto a' prigionieri, per levare di mezzo le reclamazioni e le testimonianze, decisero fucilarli subito. Indarno i miseri allogarono i patti, indarno essere militari; confessati in fretta, strascinarono sulle porte del paese. Prima i dieci Spagnuoli in ischiera, poi che il Borjes disse tirassero al petto, risparmiassero il volto, tutti inneggiando a Dio, caddero; tosto gli altri otto regnicoli furono abbattuti, ch'erano le ore quattro vespertine. Poco di ora appresso arrivava ordine di non uccidere i catturati, e a ragione, chè ne speravano rivelazioni d'importanza. Fu voce costante li assassinassero in tanta fretta, senza nessuna maniera di giudizio, per pigliarsi impunemente il denaro, in più migliaia di lire; e si notò lo spendere e spandere di quel Franchini e suoi uffiziali e i Colella, già mezzo falliti. Il governo non potea guardare pel sottile, e stampò il fatto a uso del pubblico.

È pregio di storia ricordare i nomi de' diciotto Stranieri: esso Borjes, Gaetano Cambre di Valenza, Giuseppe Desurientier di Bilbao, Nicolao Moschy e Francesco Jorus di Catalogna, Michele Chieraldi di Valenza, Pasquale Morenici di Catalogna, Francesco Donsy di Valenza, Laureano Casenas di Castiglia, Pietro Martinoz d'Aragona. De' nostrani: Francesco Pacaso di Avegliano (d'Italia), Leonardo Disco e Mario Grallecchia di Basilicata, Luigi Molino di Trivigno, Michele Tomù di Molise, Michele Pezzulli di Barile, Pasquale Salines di Siracusa, Michele Cannano di Calabria. Così per la legittimità perì quel tipo di Spagnuolo, uomo d'onore, e bravo, ch'ebbe tutto, fuorchè fortuna. A' 17 del mese il napolitano principe di Scilla, e 'l parigino visconte di San Priest ottennero per intramessa di Francia dal Lamarmora l'esumazione del corpo di lui; e 'l menarono a Roma, ov'ebbe dagli esuli napolitani solenni funerali.

§. 24. Ruine di Torre del Greco.

Quel dì 8 dicembre fu sacro a maggiore sventura. A Torre del Greco celebrandosi la festa all'Immacolata, i camorristi italianissimi, indarno opponendosi il preposto canonico Noto, svestirono la Vergine, e sacrilegamente l'addobbarono di massoniche insegne, con la tricolorata fascia, a guisa de' loro delegati poliziotti. E sì volean menarla a processione, e 'l facevano, se un gastigo di Dio all'ora stessa nol vietava. Limpido era il cielo, dolce l'acre, poco mancava al meriggio, quando improvvisamente sotterranee scosse e frequenti, pria lievi, poi gravi, travagliano la vesuviana mole. Mugghia il monte e geme, sinchè sull'ore tre con gran fracasso si squarcia ne' fianchi, e gitta nugoli di smisurato fumo, che alzatosi alla vetta, a forma d'immenso pino lo copre. Sembra fitta notte; granulata nera cenere piove a rovescio sulla terra e sul mare. S'aprono un dopo l'altro cinque crateri in qua dalla voragine del 1794, poco su dalla città, che tra profondi muggiti vomicano bitume e massi e folgori e lava. Questa, larga duemila passi, giù per la china allaga il piano; quindi in due partita, una va di vallone in vallone, altra volta a Torre, e orrendamente la minaccia. Già la città sembra in quel fracassio dover essere inghiottita, o sprofondata nell'abisso, che il vulcano di sotto le spalanca; ma ecco la lava pria dell'alba del 9 improvvisamente s'arresta; perchè lo interno foco, travolgendosi alle antiche vie, risale al vertice del monte con le consuete eruzioni. Le squarciature de' fianchi cessano di gettare; ma ne' sotterranei cozzi, ribollendo le ignivome materie sotto la città, rincalzano i tremuoti; si screpola il terreno, si fendono le mura, il mare s'abbassa, ovvero meglio il suolo sette palmi s'alza sul mare. Le case fondate sopra antiche lave, se le sentono trabalzar di sotto, e aprirsi in fenditure; ne sboccano nuove sorgenti d'acque minerali; le antiche già saluberrime diventano vulcaniche e disgustose, nè più atte a umano uso. Il propinquo mare da sottomarini rigurgiti sconvolto, ribolle; la terra esala gassi mortiferi ad uomini ed animali, le case s'inchinano e crollano, Torre del Greco è una ruina.

La popolazione di ventimil'anime tutta potè fuggire con alquante masserizie, accalcate sulle strade, che screpolate impedivano i carri; anche la via ferrata fermò. Fu grandissima sventura con grandi disagi e perdite di roba, ma non pericolò uomo; onde questo e lo arrestamene della lava ascrissero a miracolo dell'Immacolata. Al giorno 11 tutta l'eruzione era spenta.

§. 25. L'obolo del povero, e le larghezze de' ricchi.

Il pietoso caso ebbe eco nell'animo di re Francesco; che quantunque esule e povero, incontanente mille ducati, posso dire tolti alla sua mensa, fe' tenere al cardinale di Napoli, con questa lettera del 15 del mese: « Come a pastore della diocesi ov'è Torre del Greco, mando a Vostra Eminenza mille ducati da parte mia e della regina, per aiuto a' quei danneggiati infelici. Non è lagrima de' miei sudditi che non mi cada sul cuore; nè penso alla mia povertà, se non quando come adesso, m'impedisce di fare il bene che ho sempre anelato di fare. Una nuova calamità aggiunge crude sventure alle tante che gravano su' popoli miei; gli abitanti d'una città vicina alla mia reggia errano raminghi in aspro inverno, attorno a' loro focolari distrutti. Torre del Greco somiglia a Pontelandolfo e Casalduni, sol misera meno, che non può apporre agli uomini l'atrocità della sua ruina. Vostra Eminenza sa quello che iniquità e tradimento fecero della mia corona. Sovrano proscritto non posso accorrere tra' miei sudditi per sollevarne le pene. La mano del re delle due Sicilie è impedita; l'esule non ha ricchezze che lasciando la terra degli avi, ne portava soltanto lo imperituro amore per la patria perduta. Ma sieno pur grandissime le mie sventure, e fievoli le mie facoltà, re sono, e debbo l'ultima stilla di sangue e l'ultima mia moneta a' popoli miei; nondimeno l'obolo del povero ch'oggi loro mando, valerà forse più assai agli occhi loro, che tutto quanto in più prosperosi tempi, che certo torneranno, potrò fare a lenimento delle loro infelicità. » La vedova regina M. Teresa die' mille franchi, cinquecento il conte di Trani, dugento quel di Caserta, cento quel di Girgenti, cento quel di Trapani. E i fuorusciti napolitani aggiunsero tutti la loro moneta sottratta all'amaro pane dell'esilio. Soccorsi erano fievoli, ma amorevoli più, che di continuo ogni dì tra gli esuli si facevano collette e lotti per sussidii alle povero famiglie di tanti sbandeggiati.

La rivoluzione fe' anche pompa di largizioni. Il medico ex luogotenente Farini che tante migliaia del reame s'avea beccate, die' magnanimamente dieci franchi, tra' torinesi oblatori. Ma il redentore Garibaldi, sentito anch'esso quel *grido di dolore* da Caprera, non avvilì sè e i danneggiati col dare danari, ma presa la penna mandò una brava lettera, promettente *unire la sua voce a quella de' generosi che l'alzeranno per quell'infelice popolazione.* E argomento patetico, aggiunse: « Roma e Venezia sorelle schiave hanno l'amore de' liberi, che giurano strapparle agli esecrati sterminatori. Torre del Greco non è infelice quanto Roma e Venezia, perchè la lava e i tremuoti non possono ammiserare la razza umana quanto preti e tiranni. » Significava aversi a spendere per Roma e Venezia, non per Torre; a' Torresi bastava il sollievo d'udire da quella bocca, che, nudi, al freddo, fuor dagli aviti tetti caduti, erano meno infelici de' Veneziani e de' Romani ne' loro palagi!

§. 26. Decreti contro i monasteri.

I rivoluzionarii sempre discordi concordano nell'odio alla Chiesa; s'aggiungeva la stizza d'avere trovato il popolo religioso; e 'l clero forte al dritto; contr'esso ribattono i colpi. Già dal 17 febbraio il Carignano con decreto avea dichiarato cessare avanti la legge gli enti morali le case monastiche de' due sessi, e le congregazioni regolari, eccetto quelle che con altro decreto designerebbe come benemerite per servigi alla popolazione. Nondimeno concedeva a' religiosi esistenti lo stare in comune ne' loro conventi, e in chiostri designati dalla potestà, purchè fra tre mesi dichiarassero volerlo. Finalmente a' 20 novembre uscì decreto del 12 ottobre, che eccettuò dalla distruzione gli Escolopii, i Barnabiti, i fratelli delle scuole cristiane, quelli di S. Giovanni di Dio, le Salesiane, le suore della Carità, le case de' Teatini, de' Girolomini e de' Cinesi in Napoli, i Benedettini di Montecassino e Cava, i Certosini di Padula, e i Paolotti di Paola, con obbligo di sottostare alle leggi sull'istruzione pubblica, gli ospedali, le Opere pie e la polizia ecclesiastica. I non eccettuati potevano tuttavia vivere in comune, purchè il dichiarassero al direttore della Cassa ecclesiastica, fra tre mesi. Tementi del popolo, davano mezzi colpi alla volta. Altro decreto de' 22 dicembre die' facoltà d'occupare le case religiose pel servizio militare e civile. Così come spada di Damocle pendevano su tutti, colpivanli alla spicciolata, secondo ira o avidità; e monaci e suore scacciate da' loro ricetti, doveano mendicare pane e tetto pel mondo. Subito danno principio: sconficcare monasteri coll'asce, artefici, architetti, camorristi e birri violare clausure, farvi inventarii e spogli, sprezzare le proteste di vescovi e badesse, irridere alle lagrime e al pudore delle vergini consacrate al Signore. Attentati alla religione e alla proprietà, ogni dì per più anni rinnovati, erano sacrileghi preludii alla piena distruzione degli ordini religiosi.

§. 27. Il guardasigilli e l'episcopato.

Intenti ad abolire la Chiesa, pretendono che il papa allegramente ne ratifichi la ruina, e si spogli da sè; però a spaurirlo minacciaronlo col dilemma, o spogliamento, o scisma. Il guardasigilli avvocato Miglietti a' 26 ottobre scoccò lettere a' vescovi, e 'l credo gran colpo di stato. Loro dettava norme di condotta, li condannava, ne misconosceva la potestà; pretendeva il Clero approvasse in fatto e in dritto l'opera rivoluzionaria *e le sue conseguenze*; si sottomettesse alla dittatura dello stato, lodasse anche quelle geste. Per adescarlo prometteva malleverie al ministero religioso, e pegno di conciliazione quella loro panacea della *separazione della Chiesa dallo stato*; cioè offriva in premio della servitù, cotesto divorzio della Chiesa dalla potestà civile, base di protestantismo, madre d'ateismo. Al diniego minacciava nero, priverebbe di garantia la religione, reprimerebbe il clero, l'abbandonerebbe in balia de' partiti. Sperava che adescamento o paura discostasse il minuto clero da' vescovi e dal Santo Padre; e nella intestina discordia, or gli uni or gli altri sanzionassero i fatti compiuti o da compiere per l'abbattimento della Chiesa. Quel leguleio Miglietti misurando alla stregua sua i campioni di Gesù Cristo, si pensava trionfare, e sciocco se ne paoneggiò in parlamento.

Ma il clero cattolico, salvo i pochi già settarii, unanime fu e compatto. L'episcopato accolta la sfida a fronte alta, gli rispose da tutte parti d'Italia contemporanemente con proteste simiglianti, perchè la verità ch'è una non ha mestieri di consulte. Oppugnarono il principio eterodosso, che regio ministro s'arroghi dettare comandi a' vescovi, rimproverarli, e negare loro il magisterio avuto da Dio; dichiararono eglino non riconoscere in terra altro maestro e superiore che il Vicario di Cristo; quelle asserzioni ministeriali ostare a' principii eterni di giustizia e morale, calunniare i vescovi, insultare la verità. Bene essere vero che il clero inferiore, l'episcopato, e il laicato nella maggioranza si mostrino concordi nel rifiutare l'ordine di cose presenti; e pur vero ch'essa è deplorevole condizione *da non potere nè dover durare*; certo dover cessare. Il clero piegarsi a qualunque forma di governo, ma non a quanto si oppone al vero e al giusto; però dove il ministro a cessare quelle condizioni pretenda i vescovi approvino quanto coscienza riprova, e ribellino a Santa Chiesa, ci s'inganna, morrebbero prima. Approvando, si fariano scismatici e ribelli a Dio. Le popolazioni essere religiose e stare con essi; ma eglino successori degli apostoli essere pronti a soffrire la pressura del mondo; e sentirsi forza da resistere, e dare eziandio le vite contro l'iniquità.

Simili proteste lanciava l'episcopato napolitano. Primo l'esule vecchio Moniteri di Sora, dichiarati gli stessi sensi, così infine quel ministro apostrofò. « In somma che ci comanda? quale *ordine di cose, quai conseguenze* vuole che i vescovi riconoschino ed autentichino? Noi non vediamo attorno che sanguinosissima anarchia. Autenticheremmo le missioni protestanti ne' paesi nostri? la propaganda della società biblica? le erezioni delle scuole e degli anglicani tempii? Forse i decreti violatori delle proprietà della Chiesa, e della ecclesiastica giurisdizione? forse le chiese fatte quartieri e stalle, la distruzione di tante comunità religiose, e sino de' chiostri delle vergini sacre? o il mal governo degli stati rapiti a S. Pietro? o gli insulti che da cotesta Torino, sotto gli occhi de' ministri, si lanciano alla santa persona del vicario di Gesù? Vorrebbe ella mai che noi, ministri di religione pura e santa, autenticheremmo il trionfo della dissolutezza, lo spargimento di tanto sangue, le arsioni di tante terre, la desolazione di tante famiglie, il disfrenamento di tante passioni, lo sconoscimento della virtù e della verità, la perdita eterna dell'anime, e le innumerevoli offese alla maestà infinita di Dio? » Dopo pochi dì uscì lo indirizzo di cinquanta vescovi, con a capo quei di Capua, cardinale Cosenza, cui avevano creduto con insolenti onori guadagnare. E si affrettarono ad aderirvi quanti altri erano pastori presenti o assenti dalle loro sedi. Niuno maravigli il Miglietti osasse insegnare a' vescovi il modo d'approvare la nuova scostumatezza appellata civiltà; già poco avanti, il 10 settembre, il Ricasoli avea stampato una lettera al papa, quasi a insegnargli l'evangelio. Ignorantissimi, tenuti ritti da Napoleone, si credevano saputi in tutto; e invece si spifferavano sori pel mondo. Si scoperse che il Ricasoli in quella lettera avea rubate idee e parole al Tosti monaco cassinese, azzeccate a sproposito.

§.28. La reazione non è spenta.

Tutto il reame fremente di tante percosse alla monarchia patria e alla religione, dava grida reazionarie. In novembre a Portici le donne sciamanti contro la leva gridavano Francesco; e pure ligate e carcerate invocavano *il figlio della santa*, e sputavano improperii a' carceratori e a' *ladri di Piemonte*. Di tai scene vedevi da per tutto; l'11 decembre in Napoli svolazzavano cartelli in molte strade: *Non vogliamo leva, vogliamo servire il nostro re, non lo scomunicato, combatteremo si, ma per la santa causa nostra*. Pertanto gli armati su' monti col favore popolare aveano tutto. L'8 dicembre scendevano in Civita, si vendicavano de' liberali, e pugnavano codardi. Tenzone a Canistro a mezzo il mese; il 14 due uffiziali piemontesi uccisi sulla strada di Polvica, verso Nola; il 18 combattimento presso S. Martino nella Valle Caudina; il 21 uno scontro con la banda De Crescenzo in quel di Carbonara; dirli tutti è impossibile.

Il Cialdini gridando spento il brigantaggio non credeva restare sbugiardato; certi che neve e freddo lo spegnerebbero, i rivoluzionari tenevano sicuro il trionfo, sol che intrattenessero i montanari sino all'inverno; l'inverno fido alleato invocavano. Ed ecco invece col freddo quella guerra incrudelire, chè i *briganti* tenevano le tende là appunto dove i soldati non osavano disagiarsi. Il La Marmora con disegni sopra disegni moveva intorno e concentrava truppe, e i suoi colonnelli davano editti furibondi. Un Fantoni, prescritto alla turca che niuno uscisse in compagna, nè seco recasse pane, dichiarava: *I contravventori senza eccezione di tempo, luogo o persona, saranno tenuti per briganti e fucilati*. Ne inorridirono pure le camere inglesi; e 'l Russell per difenderlo, prima disse non poterlo credere, poi nol potendo non credere, asserì il Ricasoli il disapprovasse. Intanto si fucilava; innocentissimi contadini e cittadini passavano per quelle arme codarde, chè impotenti contro gli armati, braveggiavano sugl'inermi. Fucilazioni disapprovate, ma perpetrate molt'anni infamemente a libito di un caporale, si strombazzava spento il brigantaggio, e si fucilava; si disapprovava, e si puniva chi non mostrava energia fucilatrice. Così licenziarono i generali della Chiesa e Doda, e il colonnello Brienzi, ed altri; chi voleva ascendere alto faceva il boia. Un maggior Fumel con più editti dichiarava *intendere di vedere due soli partiti, briganti e controbriganti, tenere per briganti gl'indifferenti*, delitto *il rifiuto di combattere*, sicchè minacciava ogni pacifico cittadino. Proibito tenere o portare o vendere arme, proibito il pane, la caccia, recare vesti, abitare campi, uscire di notte, e fino il ferrare i cavalli; tutto a pena di morte, senza processo, immediata. Erano rabbie a vendetta de' loro danni: l'esercito per cammini, malattie e ferite, stava smezzato. Dicevanlo sul pie' di guerra; ma vedevi reggimenti smilzi. Nella camera si disse che in Capitanata un reggimento era ridotto a settanta cavalli, e molte compagnie di fanti a cinquant'uomini: si rinnovavano con gente fresca scesa d'Italia.

§. 29. Napoleone tenta scacciare Francesco da Roma.

Per far credere la reazione spinta da re Francesco da Roma indussero Napoleone a un atto indegno. Richiamato il Grammont, mandò nuovo ambasciatore al papa il marchese La Valette; che giunto il 3 dicembre, il 10 si recò da Francesco; e tra nebulosi giri di parole questo gli disse: « L'imperatore che ha grande affetto e sincera simpatia per vostra Maestà, le consiglia nel suo interesse di vedere la inconvenienza del suo soggiorno in Roma; il quale incoraggia la guerra e il disordine ne' suoi antichi stati. Il dritto non muore per mutazioni di luogo; chi può sapere lo avvenire? saria bene che la fama non apponesse alla M. V. la direzione o il desiderio d'una sollevazione impotente a renderle il trono, e solo produttrice di sangue, anarchia e sterminio, che sono di scandalo all'Europa. A tal consiglio uffiziale io da privato aggiungo osservando che eseguendolo si potrà reclamare dal Piemonte la restituzione del privato patrimonio, e anco la dote dell'augusta genitrice, di cui indegnamente fu spogliato. L'imperatore ha dovuto per politica riconoscere il regno d'Italia; ma ciò appunto darebbegli dritto a reclamare quella restituzione. » Ciò ribatteva con gran proteste di simpatia bonapartina; e osò provarlo citando la presenza favoritrice della francese flotta a Gaeta.

Francesco rispose: « Parlate in nome dell'imperatore, e nel vostro nome. Credo il consiglio imperiale venire da amore per me, ma seguirlo non posso. Sono principe italiano, e a torto perseguitato, nè mi credo in debito di lasciare la sola terra italiana che m'accoglie. Qui oltre che re delle due Sicilie sono duca di Castro e principe romano; v'ho il palazzo degli avi miei, e l'ultimo asilo in tanto naufragio. Qui sur un lembo della mia patria, qui parlo la mia lingua, v'ho i miei interessi, sto vicino al mio paese, e a' sudditi miei. A me, dite, s'appone il sangue che si versa, ma anzi debbe apporsi a chi violando tutti i dritti, mentendo e corrompendo, invase un pacifico stato. Ora s'appellano *briganti* e *banditi* chi in lotta disuguale difendono la indipendenza della patria; così ho l'onore d'essere un bandito anch'io. La posterità non a me imputerà il sangue che si versa; poichè sono io che lasciai Napoli per non insanguinarla; e dopo Gaeta sciolsi dal giuramento il resto dell'esercito, dove potevo spingerlo su' monti. Ora ho doveri da compiere, e li compirò; non abbandonerò il posto che mi dà la Provvidenza. Non incoraggio la sollevazione, perchè non è ancora tempo, ma non rinnegherò chi combatte in mio nome; un giorno mi porrò in testa al mio popolo, per discacciare i nemici della mia patria. Già molti seguii de' consigli dell'imperatore: udii il suo ministro Brenier, e detti costituzione, amnistia, e alleanza col Piemonte: ora sono in Roma, e 'l re piemontese ha usurpato il mio trono. Credetti all'ammiraglio De Tinan, e accampai le truppe sul Garigliano; una notte mi furono bombardate da mare, e fu mia ruina. So che la politica spinge i re a comprimere le personali simpatie; non mi lagno, ma tutte le convenienze della politica contro me si sono volte. »

Il La Valette insistendo offriva asilo in Francia, e ridipingeva lo splendere delle ricchezze che sarieno restituite. Francesco ripigliò: « Ricusai già le ospitalità offertemi in Germania, ove ho congiunti, e in Ispagna, ov'è il ceppo della mia stirpe: in Francia, non potendo respingere i leggittimisti dalle mie sale, sarei d'impaccio all'imperatore, che pure ebbe il suo primo riconoscimento dal padre mio. La restituzione del mio non m'adesca; quando si perde un trono, poco importa il patrimonio. Se l'abbia l'usurpatore, o il restituisca; nè quello mi strappa un lamento, nè questo un sorriso. Povero sono, come oggidì tanti altri migliori di me; stimo più la dignità che la ricchezza. » Quegli allora: « Duolmi che l'amistà dell'imperatore si raffreddi pel non seguito suo consiglio; il Piemonte raddoppierà sue istanze; e ciò sarà inciampo alla permanenza delle truppe francesi in Roma. » E Francesco: «Non credevo potesse tanto sull'imperatore la pressione del Piemonte. In ogni caso, ove seguisse lo abbandono del Santo Padre, il battaglione sardo che imprigionerà Pio IX in Vaticano, può anche fare prigione il re delle due Sicilie al Quirinale. »

Siffatta conferenza fu per minuto scritta a' legati borboniani allo straniero, il dì stesso; nobilissima risposta d'animo dignitoso alle mene della malvagità. Ma incapaci d'arrossire i malvagi seguitavano; e il La Valette chiese al governo papale lo allontanamento dello spodestato monarca; ma ebbe risposto: « Roma patria di esuli, anche a' Bonaparti vinti e da tutta Europa banditi die' asilo; e 'l pontefice alle richieste de' grandi potentati ricusando, li proteggeva. » Cotai maneggi aperti e subdoli, e in forma di consigli, e per compri traditori, assediarono molti anni il misero re, nè sinora l'hanno vinto.

§. 30. Calunnie.

Oltracciò la setta adoprava la sua arma migliore, la calunnia. Su' giornali di tutte lingue correvano motti e storielle contro Francesco, e Sofia, che, ammirata come *eroina di Gaeta*, giovava infamare. Corrispondenze, aneddoti, immagini grottesche ed oscene, nulla d'abbietto si lasciò intentato. Spargevano avesse animo feroce, portasse pugnali e pistolette, uccidesse per ispasso un gatto del Quirinale. Inghilterra protestante fremea d'orrore, non pei diecimila fucilati nel napolitano, ma pel fatto d'un gatto romanesco. Poi svaporata tal fiaba, rincalzavano calunnie nuove; non più un gatto, ma una cameriera s'era trovata uccisa; quinci compianti e imprecazioni. Di laide inventate fotografie, e d'altri vituperi taccio; parti eran degni di quella schiera che niente di sacro rispetta, e che vile essendo, vorrebbe ogni grandezza abbassare.

§. 31. Ricchi doni a Francesco e Sofia.

Per contrario le simpatie d'Europa si manifestavano con doni d'alto valore, e indirizzi e sottoscrizioni, che son da notare. Le dame di Parigi (i primi nomi di Francia) presentarono un forziere d'argento massiccio, pesante quaranta chilogrammi, con quattro bassirilievi allusivi a Gaeta in fondo d'oro, e agli angoli le statuette sedenti della Fede, Speranza, Carità e Valore: sul coperchio gli stemmi di Napoli e Baviera, con real corona di diamanti e smeraldi. E un album dentro con l'indirizzo e le firme, e l'umile coroncina stata d'una suora della carità morta di bomba a Gaeta, cui la regina s'era surrogata per curare i feriti. Le dame della Franca Contea mandarono la statuetta di Giovanna d'Arco, tutta argento su base d'alabastro, con gli stemmi, e il libro degl'indirizzi. Quelle di Bordeaux un braccialetto d'oro con perle e diamanti. Quelle di Borgogna un album con preghiere per la messa e immagini miniate. Quelle di Lione un cassettone a cappelletta con dipinti, in mezzo la Madonna, e a' lati S. Francesco e S. Sofia. Quelle di Normandia un ricchissimo album. Quelle di Poitiers un'anfora d'oro, con giglio d'argento chiudente le reliquie di Santa Redegonda. Quelle di Rheims lo antico napolitano ordine cavalleresco dell'Ermellino, ed un serico paludamento ricamato in oro, col suo motto latino e francese: *Malo mori quam foedari*. Quelle di Turenne una corona con le reliquie di S. Martino. Quelle della Vandea un album, e uno stipetto con tre ritratti miniati di santi. Quelle di Laval, Emè ed altre città un indirizzo ed un'argentea coppa sulle tre statuette della Fede, Speranza e Carità. Quelle di Brettagna un indirizzo in ricchissimo libro. E sin gli operai di Parigi l'indirizzo con milleottocento firme.

Le principesse sovrane di Germania mandarono aurea corona d'alloro con su ciascuna foglia il nome della principessa donante. Le dame d'Austria, impetrato dall'imperatore di concedere a Sofia l'ordine di Maria Teresa, che si dà a insigni combattenti, mandaronglielo su braccialetto di diamanti. Quelle di Vienna dettero un angelo sur una torre, con base a bassirilievi allusivi a Gaeta, tutto argento. Quelle di Gratz un ricco libro tedesco con la imitazione di Cristo del Kempis. Quelle d'Inspruck un album. Il reggimento 27.° tedesco mandò un grande album in pergamena miniato, con indirizzo e firme di tutti gli uffiziali. Il reggimento Ulani di cui Francesco è l'ordinario colonnello die' una sciabola d'onore, e un album ricchissimo. I nobili di Prussia mandarono uno scudo d'argento tutto a bassorilievo: sta in mezzo sulla rocca di Gaeta il re e la regina; questa tiene la mano sur un soldato ferito; il re ruota la spada contro l'orde ribelli, che con arme, stampe e tradimenti lo combattono, e tirangli il manto di dosso; ma due cherubini sollevano la corona al cielo fra un coro d'angioli brandenti le spade: lavoro stupendo. Le dame di Baviera mandarono un cassettino, con tre medaglie battute a posta in oro, argento e bronzo con l'effigie della regina. Le dame inglesi un diadema d'oro e diamanti con torri e pietre preziose, disposte così che le lettere iniziali de' nomi d'esse pietre dicono *Gaeta.* I lordi inglesi una spada gioiellata al re. E i gentiluomini e le dame napolitane, il dissi, la corona e la spada. Oltracciò molte poesie, musiche, e indrizzi da tutte parti, in ispezialità dalle Romagne.

Tanti doni d'alto valore metallico ed artistico, non erano già a coppia seduta in trono, cui viltà e ingordigia inneggiano sempre; ma erano a discacciati dal trono avito a nome di progresso e civiltà. Appunto erano proteste dell'Europa civile contro la menzogna e la rapina, simpatie alla nobile sventura, ammirazione dell'eroica caduta, arra di giustizia avvenire.

§. 32. Gioia siciliana per la leva.

Il continente in travaglio, e più la Sicilia. Famiglie contro famiglie, comuni contro comuni, masnadieri contro tutti; il forte sul debole, in ogni parte, sin nelle prigioni, ogni dì eccessi e laidezze spesso sugli innocenti. Il governo non vi guardava, nol potendo, per non turbare i tristi, ch'erano le sue braccia. Ma l'8 dicembre appurò che la disperazione spingeva al desiderio d'un vespro contro i Sardi; la paura gli die' l'ardimento contro i buoni, e in dieci dì solo in Palermo arrestò da trecento gentiluomini, monaci e popolani. Tra quali dolori e gli assassinii e l'anarchia, la rivoluzione ch'è menzogna vi simulava la gioia; e la simulava su ciò appunto che in quell'isola era più esoso, cioè sulla imposta di sangue, che per benefizio de' precedenti re mai non avevano patita, dico la leva militare. A invogliare i giovani davano banchetti municipali, mandavano preti apostati a predicarla nelle chiese, come il giubileo; i quali attorniati da scenico volgo di faziosi, cui appellavano popolo, si facevano come istrioni plaudire. Dove chiappavano giovani facevano con musica in testa entrare trionfanti in città, per fingere allegrezza. Ma parlò la loro stessa uffiziale statistica. Per la reclutazione di quell'anno 1861 solo nell'isola ebbero 4897 refrattarii, più 2952 disertori, cioè descritti nella seconda categoria e non presentati; in tutto 7819, oltre le migliaia disertati poi da' reggimenti; numeri nunziati sulla bigoncia dal ministro. Dove il popolo vero tumultuando gridava *Abbasso la leva*, correvano soldati a impararagli l'italianità con le busse, e mescolavano schioppettate a battimani. Il telegrafo poi spargeva delirii di gioia. Il dì della estrazione de' numeri, i giovani erano già fuggiti, solo presenti vecchi e donne schiamazzanti. Il governo infuriava, scioglieva qua e là guardie nazionali, e sino in Palermo l'8.° battaglione sciolse sul finire d'ottobre, poi accentrando truppe da tutte bande improvvisamente sur un comune, accerchiavano, non facevano uscire neppure uno degli abitanti, e pigliavano così in Adernò, in Paternò, in Biancavilla, e in altri molti. Scoppiarono molti tumulti sanguinosi; in Mazzara a mezzo ottobre, e più a Sciacca con due uccisioni, coadiuvanti i Nazionali; e in pena furono sciolti. Al Mezzagno, a Mezzoiusi sollevazioni, ferite, arsioni d'archivii municipali. Le reclute, se non carcerate e ligate, fuggivano; e pur sendone trentasei strette nel lazzaretto di Palermo, la notte dell'ultimo dell'anno, con una scala di corde, scesero in istrada, e s'imbarcarono per Malta; laonde i chiappati mandavanli tosto in Piemonte; e sì celleratamente accalcati, che parecchi nella traversata ne perivano. Ma l'Europa udiva portenti della siciliana gioia.

§. 33. Ribellione di Castellammare del Golfo.

A Castellammare del Golfo, comune di tredicimil'anime, l'anarchia agitando gli spiriti infuriò. Già da' cantoni aveano stracciati i primi decreti per la leva; al censimento della popolazione si fremè; ma quando in dicembre si videro strappare i figli, s'esaltarono l'ire. Al capo d'anno 1862 ragunatisi armati in molti al villaggio Fraginesi, s'accostarono sul vespro alla città tirando in aria, e gridando: *Abbasso la leva, Fuori Vittorio, Abbasso i pagnottisti, Viva la repubblica!* Il giudice s'ascose; ma il delegato di polizia Gaspare Fundarò, il comandante Francesco Borruso e certi uffiziali nazionali fecero resistenza; morì il comandante con la figlia e due uffiziali, arse loro case, quelle del medico Calandra e d'Asaro. I sollevati altri uccisero, altri percossero, presero i denari al precettore de' dazii, arsero le carte comunali, del delegato, del giudicato e de' doganieri, strapparono le bandiere e l'arme di Savoia, tolsero a' carabinieri le divise, e inermi li scacciarono via. La dimane, sentendo la necessità d'avere un capo, vollero Pietro Lombardo ottimo cittadino, che non volente, pure accettò, a patto si cessasse ogni delitto; sì ebbero grazia il delegato di polizia ed il sindaco, sul punto che al grido di *morte a' liberali* erano immolati. Poscia cantarono il *Te Deum* per la repubblica. Accostandosi soldati da Alcamo, li affrontarono; uccisero Antonino Varvaro comandante i militi a cavallo, un Bocchini sergente, e sei altri; presero feriti un tenente di linea Cesaroni e altri quindici soldati, fugarono il resto.

Sull'alba del 3 vennero due legni a vapore con truppe e 'l generale Quintini; questi sbarcando appicca la zuffa: muore il capitano Mazzetti dello stato maggiore con molti soldati; altri parecchi ed un uffiziale restano feriti; ma i paesani colti dalle scaglie de' cannoni s'ebbero a trarre a' monti. Allora le vendette folgorarono su' cittadini innocenti. Il Quintini afferra sette persone, tra' quali un prete D. Benedetto Palermo, che temendo si bombardasse uscivano dal paese; e issofatto, senza indagine, li fucila. Anche in Alcamo, accennando il popolo a risentirsi, dettero le punizioni prima della colpa, con carceri e disarmamenti. I liberali a saziare loro ire, infierivano contro i migliori; accusandoli Borboniani; quindi persecuzioni e carcerazioni infinite, sevizie, giudizii triennali e passionati, severissime pene e ingiuste da quelli che sin allora aveano fatto del cospirare e ribellare un mestiero.

§. 34. È abolita la luogotenenza siciliana.

Da ultimo il 1.° febbraio 62 s'eseguiva il decreto abolitore della luogotenenza in Sicilia. Il Pettinengo lasciando l'isola come l'avea trovata in disordine pieno, stampò lo addio d'encomio a tutti; e 'l municipio di Palermo fe' a lui un indirizzo tutto incenso: bello scambio di turiboli. Se n'andò il 2. I giornali incielavano il mirabile contegno de' cittadini, e la gran contentezza per l'isola tagliata in province; contentezza sfavillata con cruenti rivolture. Con quell'atto era diroccato il trono di Ruggiero.

§. 35. Le prigioni liberali.

Finiva l'anno 1861 più che il precedente per noi cruentissimo. La libertà del male quintuplicò i misfatti. Napoli, una delle ventiquattro province ora dette meridionali, ebbe 4500 reati di sangue, tra omicidii e ferite, non mai prima giunti a' mille; nè certo fur tutti denunziati alla potestà, molti tacendo pel timore del peggio. La *statistica* nota quell'anno sul solo reame continentale carcerati 47,700 persone, e fucilati 15,665; ma è accurata, in tanta confusione? Che in Napoli solo fossero sedicimila carcerati disselo il deputato Ricciardi in parlamento il 27 giugno 62. E che prigioni! vietato a' parenti vedere parenti, e a' difensori i clienti; non carta, non penne, non libri; ammonticati malfattori, e onest'uomini, preti, militari, nobili, dotti, contadini, marinari, soldati, ogni condizione, ogni età, avoli, figli e nipoti, tre e talora quattro generazioni, rei solo d'essere parenti o conoscenti di briganti. Anche mendici gittavano là dentro a punire la povertà, e sradicare con tal crudo modo l'indigenza. Zeppe tutte carceri col doppio che ne potevano capire, voltavano a carceri conventi e chiese. La gente nuda, in ceppi, tra pidocchi e fetore, su nude selci, senza coperte, senza luce, senza passeggio, per anni lunghi, sentir fuori le grida e i lagni delle mogli e de' figli, nè poterli abbracciare! Dell'orribile pane quasi pasta cretosa, i carcerati di Palermo facevano pipe, e davanle per irrisione a' passanti. Spesso la potestà non sapeva i nomi de' prigioni, nè la colpa, nè i tribunali compatenti a giudicarli; sì scorrevano mesi e anni, e taluno per disperazione s'appiccò alla grata. Pertanto frequenti tumulti e uccisioni tra quelli animi esacerbati; colpi tra loro e i custodi, fucilate in frotta dalle sentinelle, ribellioni, furti, vizio e abbrutimento. E quanti innocenti in quelle bolge; Re Ferdinando vi tenea soldati veterani a custodi; la rivoluzione a premiare suoi terribili ausiliarii, quelli scacciò, posevi galeotti vecchi e camorristi, meritevoli d'avere gridato, o lavorato col coltello a quella libertà; i quali orrendi carcerieri svelenivansi su vittime infelici; spesso battiture, incatenamenti, torture atroci, busti ferrati, e anco a preti e fanciulli; nè placabili se non per prezzo. Sessanta de' primarii avvocati napolitani protestarono in iscritto *contro gli abusi e le illegalità governative nel trattamento de' carcerati.* Accuse aspre anche nelle camere risonarono; s'accusò la fame, il pane, le battiture, le torture, indarno! E con tanti carcerati sempre carcerare; dicevanlo giustizia, fare la patria, creare l'unità. I giudizii, mancando il fondamento legale, si ritardavano, per fabbricarvi calunnie, per dare la pena senza la condanna; e i magistrati (come fe' il Tofano) vantavansene, quale *affetto alla causa patria.* Quando i sospirati giudizii seguivano, vedevi i giurati, plebe ignara o compra, giudicare secondo imbeccata o passione. E anco dichiarata l'innocenza, la polizia non ubbidiva; chè per la lettera del Conforti del 16 ottobre 61 riteneva in carcere i giudicati innocenti. In quelle vantate costituzionalità la potestà giudiziaria a quella di polizia sottostava.

§. 36. Anarchia.

Fuorchè il bene, tutto fu lecito; però sfrenato il giornalismo rivoluzionario, schiacciato il conservatore; *le società operaie emancipatrici*, stese in tutti luoghi, in più sètte, furono stati nello stato, lavoranti al socialismo. Tra repubblicani e moderati guerra esosa, a chi più aggraffa della patria: uffizii, benefizii, deputazioni al parlamento divisi tra loro; scambii di faziosi, confusione di criterii, opportunità di mal fare esser politica. Ordini non eseguiti, esecuzioni non comandate, incagliamento d'ogni ruota, anarchia d'idee e alti, in su e in giù, sciupìo d'ogni cosa, abbattimento d'ogni virtù, guerra iniqua, incessante al buono e al vero. Linguaggi doppi, magnificazioni dell'ingiusto, vanti del brutto; a' vizi appellazioni di virtù, ingegno il mentire, gloria ingannare, arte il tradire, dritto la forza. Tal governo distruggitore di civiltà, morale, e religione, scontorcitore delle innate idee di giustizia, incapace a crear nulla, nè unione, nè fortezza, nè concordia, nè sapienza, pur proclama *Italia una*; e per unirla la disunisce in ogni terra, in ciascuna famiglia.

Per tenere quest'anarchia imperante bisogna il terrore; quindi stato d'assedio ascoso o aperto, dalla prima entrata del Piemonte, poi con le leggi Pica e Crispi reso legale e stazionario; quindi norma di governo la menzogna e il fucile. La Guardia nazionale, composta di molti felloni da D. Liborio, diventò Guardia pretoriana della rivoluzione, serva di tutti i governanti; prostrata al Garibaldi, ai Farini, al Nigra, al San Martino, al Cialdini, e a' prefetti posteriori; spia, carceratrice, serva dello straniero, tiranna della patria napolitana. I buoni in essa non possono che fremere e ubbidire.

Europa che creduto a' vituperii de' governi passati aspettava beatitudini, ora questo pandemonio guarda, e tace. Inghilterra e Francia non aveano più Italia ubbidiente e contribuente; che i suoi principi con la prosperità l'avevano affrancata. Ora la rivoluzione ingoiati tutti suoi beni, l'ha rifatta bisognosa e inerte, e serva di tutti, con la distruzione degli opificii, con gli scioperi degli operai, co' trattati nuovi di commercio, co' debiti a bilioni. Ora gli stranieri sono padroni veri nè già solo della potestà nostra, ma sin de' nostri poderi. Ciò Inghilterra e Francia volevano; però questa Italia abbietta questa incielano a parole, e spogliano a fatti. Dove potesse davvero divenir una, la spezzerebbero.

§. 37. I consorti.

La ruina maggiore venne dall'esser caduto il governo ne' fuorusciti, incapaci e furibondi: tutti rancori e odio contro la patria che li sprezzava; però implacabili venditori, e flagellatori del popolo ch'aveano calunniato, ligi al Piemonte ch'aveali pasciuti e messi in quei posti da vendetta e da fortuna. Alcuni di questi fastosi d'italianità impiastrarono libri, dove tutto forestierume, non è d'Italico che bastarda lingua. Figli di sètte, non viste nè studiate le condizioni patrie, giudicando con dottrine false, eran corsi come bruchi pieni d'idee e parole oltramontane, per attuarle a ogni costo. Facevano inganno a sè e al natio paese; credevansi buoni a tutto, per raspare dovizie; nè aveano rimorsi per tanto versato sangue, nè vergogna di tanta abborrita altezza.

Distrutto il reame, ridottolo a prefettura, ogni cosa napolitana han distrutto, tutto vollero nuovo, niuna tradizione, costumanza, e sperienza rispettando. Incapacità e mania di far leggi in ogni cosa, sempre guastare, niente editare, non mai sintesi, solo tritume, slegamento, incoerenze; più leggi sull'obbietto stesso, e recalcitranti. E dove le antiche eran ottime, e consuetudinarie, per foga di mascherare Napoli all'inglese o alla franciosa, impongono in tanta gonfiezza italianizzante istituti strani, incomprensibili, incomodi. Sì fra diluvii di leggi niuna legge; l'istruzione, l'amministrazione, il commercio, la sicurezza, la magistratura, il culto, divennero come creta, su cui gl'imbecilli legislatori studiavano a dar forme puerili mutate a ogni ora; però confusione, pugna di governanti, e governati, imperizia di reggere e d'esser retti, impossibilità d'ubbidienza. E a scusare loro insipienza stavano sempre sul ritornello di Napoli imbestialita e imbarbarita da' Borboni. Incivilita l'hanno, con la miseria.

Costoro ognor gli stessi, salienti o scendenti, nemici tra sè, tengonsi a mano, per governar soli, e impedire altri; e non par vero come tanti e tali errori abbiano potuto fare essi, che tante accuse lanciarono a' precedenti governi. La provvidenza che tutto mena a bene li fa trionfare; nè certo a cospiratori si potea più alto gastigo infliggere, che dare loro potenza di tutto; onde stettero in necessità con l'opere loro stesse sbugiardare loro calunnie, e sè mostrare inetti e iniqui. I rivoluzionarii insegnano a' popoli che le rivoluzioni portano solo ruine.

§. 38. I liberali.

La nazione il perduto bene pianse da' primi dì; ma de' liberali fu amaro il disinganno. Gran male parea qualche centinaio sprecato; ora debiti a bilioni, venduti i demanii, le regie strade di ferro, gli opificii e i beni religiosi. Gridavano al mal governo, hanno la rapina uffiziale. Parea tirannide qualche sopruso basso, hanno l'arbitrio soldatesco. Gravava la mite tassa su fondi, pagano tasse a cento a cento. Spregiavano il bene della sicurezza, sono alla mercè de' ladri d'ogni nazione. Lamentavansi per certi *martiri*, ora siamo martiri tutti, nè già vegeti e rubizzi, come i Poerio e i Nisco; ma arsi, saccheggiati, trucidati, sbanditi, relegati a migliaia, senza giudizio, per sospetto o vendetta. Volevano l'inviolabilità del domicilio o della persona, veggono anche i santi spiccati da muri. Mentivano che lo straniero comandasse, oggi impera la massoneria mondiale, un pilota inglese, un caporale francese. Volevano libertà; hanno parlamenti vendereccі, servi di tiranni, proclamanti leggi statarie. Ciò i Napolitani soffrono, i contemporanei veggono, i trionfatori stessi l'un l'altro tai nefandezze rinfacciansi; e pure se ne vantano; sicchè hanno reso contro di loro impossibile la calunnia e l'esagerazione. Arti liberalesche sono: promettere e mancare, strombazzare principii nuovi e rinegarli, gridare libertà e tiranneggiare, economia e sparnazzare, pace e fare guerra, invocare la storia e scontorcerla, filosofia e slogicare, baciare e tradire, dare consigli per fare ruinare, proteggere per assassinare, bollare i vizii con onesti nomi, e di tutto valersi per trionfare malvagiamente. Tutti a una scuola, da stesse passioni mossi, piaggiatori di popoli per dominarli, niente sanno, fuorchè quell'arti apparate ne' conciliaboli delle congiure. In ogni parte di mondo gli stessi, stessi frutti hanno dato.

§. 39. Socialismo e comunismo.

Eppure alcuno si consola di tai mali pel *bene dell'umanità*, nè vedono più avanti. Ma gl'iniziati a più alti misteri sanno che l'unità è danno italiano, e più ponte a disegni maggiori. È pretesto, per avere *un re solo*; uno s'abbatte meglio che sette. L'unità percuote il papa, che predica Dio, e 'l comandamento *Non rubare*; finito il papa, la terra avrebbe l'unità universale, senza Dio. Già per questo si sono fondate associazioni mondiali, apertamente. Allora avrebbero effetto il socialismo e 'l comunismo, sètte opposte. Quello esagerando il diritto alla libertà vuole abolita l'autorità; questo esagerando la potestà pubblica, ne fa un nume che confischi tutto per tutti. I socialisti sono atei, che negando Dio negano re e magistrati; i comunisti, sono protestanti, che dicendo Dio il creato, fanno nume la moltitudine; quelli negano la divinità creatrice, questi negano la libertà umana. E sì opposte sètte sono d'accordo a combattere il cristianesimo, perchè questo propugna quanto è di vero nell'autorità e nella libertà. In Italia *repubblicani* e *moderati* sono appunto socialisti o comunisti teorici, ma in pratica confiscano per sè la roba di tutti. A parole intanto vantano *la ragione*, spacciano formole astruse, e diconle *verità*; ma non l'hanno trovate, l'hanno inventate; perchè la ragione umana lasciata a sè sola, non sa trovare nulla. Inventano la *verità*.

§. 40. Monarchi incorreggibili.

Spesso fu detto la storia giovare più a' curiosi e a' dotti, che a' popoli; i quali niente mai per essa ammaestrati, sogliono rifare gli errori stessi. Ciò e naturale in plebe che non legge, non intende il passato, e opera per istinti; ma che i monarchi guidatori de' popoli loro fidati da Dio, si stiano ciechi, senza studiare le esperienze di quaranta secoli, e i più pensino a feste e a cacce, abbandonando altrui la cosa pubblica, e si facciano poi coi modi stessi precipitare da' troni, ell'è cosa da far disperare de' destini della civiltà. E peggio che certi monarchi anzi che combattere il nemico, blandiscono, o gli danno forza e potestà; ed anzi eglino stessi si fanno massoni, o servono a quella macchina che tutti tende a schiacciarli. Vergogne incredibili veggiamo. I sovrani non leggono o poco cose utili, e a spizzico e a balzi; non pur guardano i fatti recenti e contemporanei, si serrano in cerchio di falsi cortegiani, niente veggono bene; e quasi sempre a caso procedendo si fanno strascinare nelle comunali trappole delle sètte. Come fallarono loro avi nel secolo passato, fallarono i figli prima del 48, e i nipoti prima del 59. La massoneria con innumerevoli braccia li irretisce; veggonlo, e per fievolezza o paura danno dentro, per rammaricarsi poi in inutili pentimenti.

Illustri scrittori da ottant'anni in qua alzano gridi di sgomento; la Chiesa da oltre cent'anni denunzia al mondo i pericoli sociali; i principi risero, poi caddero e piansero; poi risorsero e tornarono a ridere, e a credere morti i loro eterni nemici. In questi anni medesimi di tanta lotta, tra tanti fuochi e ruine, eglino più che mai abburattati da massoni, massoneggiano; e quando il papa sfolgora col *sillabo*, unica bandiera di salvezza alle genti, cotesti regnatori n'hanno paura, e 'l fanno irridere, e combattere, vietare. Intanto servono al nemico sociale, gli s'inchinano, gli danno arme; e anzi con quest'arme l'un l'altro insidia, assale e spegne; così verrà la volta per tutti. Se il danno colpisse sovrani solo, saria meno male; ma nessun prence dà un lamento che non abbia eco terribile in milioni d'uomini; le principesche sventure sono popolari; il loro cadere mena fiumi di sangue. Or poichè eglino non sanno o non vogliono difendere loro troni, è suprema necessità che noi da noi stessi alziamo la bandiera del dritto, a difendere la religione, la patria, le tombe de' padri, la prosperità e la morale. Il dritto è dichiarato nel *sillabo*; chi pugna per esso, propugna l'umanità, il buono, il bello, l'avvenire de' figli. La provvidenza di Dio sta, ma non è da uomini pretendere miracoli divini, dove basta il valore nostro. Una grande impresa i grandi avrebbero a capitanare, o si contentano della vergogna d'ubbidire codardamente a' loro nemici; non veggono loro forze, nè l'umanità ch'è stanca del falso; osino, che forse chi alzerà il vessillo della verità avrà con se l'universo.

§. 41. I criterii del reame.

Il reame delle due Sicilie cadde per settarie arti. I massoni nel secolo passalo accerchiati i Borboni, pria fecero disdire il vassallaggio a Santa Chiesa, poi sottilizzare sulle regalie, poi guastare i costumi; in ultimo proclamarono repubblica. Caduti, ricominciarono; essi venderono al Bonaparte Ferdinando IV nel 1806. Perdonati e carezzati al 1815, crearono il 1820. Essi, anzi gli uomini stessi sfuggiti a' patiboli, Ferdinando II nel 1830 perdonò e chiamò, e poseli a ministri, a generali, a magistrati. E questi da allora sin al 1860 dominatori d'ogni cosa, assolutissimi essendo, posero i pie' su' fedeli al trono, seminarono loro adepti in ogni uffizio, posero con ingiustizie semi di malcontento, e prepararono la caduta. Ferdinando vide il fallo, ma nol corresse, ne più il potea; credè bastasse il suo braccio, e l'arricchire quelli uomini. Mancato lui, con un re giovinetto e nuovo, spenti i vecchi fedeli, giunti ad alte sedie i giovani faziosi, i settarii di fuori strette le mani a' settarii di dentro, fu facile dare il crollo. Ora gli autori di tanta iattura si gloriano come di grande impresa; ma che gloria? gli eroi fondano gl'imperi, i codardi e scellerati li ruinano. Ruinati siamo, ma la caduta de' popoli non è eterna; e il mondo presto si stanca dell'ingiusto. Almanco le sventure portino ammaestramento; qualunque sia la futura sorte del nostro sventurato paese, aspiri almeno a reggersi libero da' settarii. Questi sono naturale colonna de' governi usurpatori, i quali sovr'essi si debbono appoggiare; i governi legittimi per contrario si debbono appoggiare sul popolo, e hanno il dovere di sperperare le sètte; nè si sperperano con l'innalzare i congiuratori. A costoro si perdoni pure, ma non si dia potestà. Ora se mai verranno un dì legittimi governi, e dopo tante sperienze, non metteranno sonno, e ritorneranno a far da' massoni tartassare i soggetti, cadranno con vergogna nuovamente, e giustamente.

Ogni Stato deve avere un criterio, un principio, una dottrina che lo guidi nel suo corso tra le nazioni; criterio movente da sue condizioni geografiche, fisiche e morali; non averne è stoltezza, che lo condanna a immobilità, o a movimenti ciechi e inani, e, necessaria conseguenza, a isolamento, a cadere vittima del primo assalitore. Qual più, qual meno, le dinastie napolitane mancarono di criterii fermi; e tutte caddero a un modo, assalite di fuori. I criterii del nostro reame due naturalmente essere denno, per l'interno, e per l'esterno: dentro, educare il popolo al livello della vera civiltà, renderne feconda la mente e il braccio, la scienza e la prosperità, propugnare il sentimento patrio, guarentire la libertà di tutti, saper trovare la virtù, e premiarla, e tenerla a guardiana del trono; fuori, stare collegato con alleati naturali, tendenti al fine stesso, e tenere l'occhio sull'Italia; niente permettervi senza nostra saputa, farvi da sentinella al dritto. Si combatterà forse; ma meglio combattere forti, ch'essere sforzati deboli.

I nostri re negli ultimi trent'anni si tennero in isolamento stretto. Per troppa velleità d'indipendenza non curarono alleati, si chiusero nella fidanza dal dritto. Ma quaggiù il fievole è per natura dipendente. Volemmo neutralità nel gran cozzo delle idee sociali che il secolo mena; neutralità nelle alleanze, nelle guerre, nel commercio, sempre mutoli e mogi; sì dovevamo cadere senza altrui aiuto, come già neutrale la veneta repubblica cadde. Che se deboli in Europa, in Italia eravamo forti, dovevamo non abdicare al nostro seggio, ma stendere il braccio alle sue sorti, guidarla, indirizzarla nel cammino del vero e giusto progredimento; invece ne vedemmo impassibili i mutamenti, i travagli, le ingiustizie, e l'ingrandimento del rivoluzionario Piemonte. Nostro debito era alzare la spada allora a percuotere il cruento edifizio; aspettammo ch'esso afforzato percotesse noi. Nè difficile n'era il vincere, combattendo per la libertà di tutti, congiunti alle forze vive d'Italia onesta e religiosa. L'irragionevole isolamento del paese in mezzo a un mondo ardente, l'apatia fra tante passioni stravolte, ne fe' vittima necessaria d'altrui ingordigia.

Ora dirò cosa che a molti spiacerà, ma perchè vera è, la dico senza ambàge. Questo reame nacque vassallo di Santa Chiesa. Ruggiero fondatore della monarchia fe' atto politico a renderne omaggio al pontefice in Vaticano; Sisto IV l'anno del giubileo 1475 condonava a re Ferrante d'Aragona lo antico tributo, e strinselo a una chinea bianca bardata, da presentarsi ogni anno in segno di vassallaggio, la vigilia di S. Pietro; nè per molti secoli tal cerimonia, adempiuta anche dal potentissimo Carlo V, fu tenuta a bassezza. Si abolì per massoniche arti, contro il dritto; e n'è conseguenza il presente servaggio. Il pontefice in mezzo alla penisola è la mente naturale d'Italia, siccome il re di Napoli n'è la spada; congiunti guideranno a bene il bel paese; non permetteranvi ambizioni, nè stranieri domimi, e capi d'italica lega detteranvi pace e giustizia. Il re delle due Sicilie dev'essere nel suo stato promotore di virtù, e fuori spada del Papa.

§. 42. Licenza.

La storia promessa dal 47 ai 61, qui co' fatti di quest'anno si chiude; quelli posteriori, s'appartengono alla cronaca del *regno d'Italia*, ch'altri studierà; ingratissimo lavoro. Noiose ripetizioni di scelleratezze, malversazioni, terrori, supplizii e tasse; sequenza d'uomini stessi, succedentisi nello sbranare la patria; sempre il venuto dopo aggravare il giogo, e aggiungere più tasse, supplizii, terrori, malversazioni e scelleratezze, cresciute insieme di numero e intensità. Comandare di pochi in nome di popolo. Ora ciascuno esterrefatto pel passato e per l'avvenire, dimanda: dove s'andrà? saranno possibili calamità maggiori? possibili saranno, chè la mondiale setta qui corre al suo ultimo fine. Sono uomini iniqui, ma guardateli; come già i Barbari, braccio di Dio punitore, sono medicina a' nostri falli; e trionferanno, sino a che, purgate le colpe nostre, Dio li annienta. Intanto preghiamo: il Signore è padre di tutti, ma rare volte ha incenso da' felici; la sventura adorna gli altari, e s'inginocchia e prega.

FINE

INDICE DEL SECONDO VOLUME

www.ingramcontent.com/pod-product-compliance
Lightning Source LLC
LaVergne TN
LVHW050909080826
845145LV00001B/25

* 9 7 8 8 8 9 6 5 7 6 1 1 3 *